民法典与民事检察监督研究（上册）

主　编　张雪樵　宫　鸣　贾　宇
副主编　冯小光　王　莉　肖正磊　刘　霞

中国检察出版社

图书在版编目（CIP）数据

民法典与民事检察监督研究：上下册／张雪樵，宫鸣，贾宇主编；冯小光等副主编 . — 北京：中国检察出版社，2022.6

ISBN 978-7-5102-2742-4

Ⅰ.①民… Ⅱ.①张…②宫…③贾…④冯… Ⅲ.①民事诉讼—司法监督—司法制度—研究—中国 Ⅳ.① D925.104

中国版本图书馆 CIP 数据核字（2022）第 087982 号

民法典与民事检察监督研究（上下册）

主　编　张雪樵　宫　鸣　贾　宇
副主编　冯小光　王　莉　肖正磊　刘　霞

责任编辑：王伟雪
技术编辑：王英英
封面设计：天之赋设计室

出版发行：中国检察出版社
社　　址：北京市石景山区香山南路 109 号（100144）
网　　址：中国检察出版社（www.zgjccbs.com）
编辑电话：（010）86423707
发行电话：（010）86423726　86423727　86423728
　　　　　（010）86423730　86423732
经　　销：新华书店
印　　刷：河北宝昌佳彩印刷有限公司
开　　本：710mm×960mm　16 开
印　　张：61.5
字　　数：998 千字
版　　次：2022 年 6 月第一版　2022 年 6 月第一次印刷
书　　号：ISBN 978-7-5102-2742-4
定　　价：218.00 元（上下册）

检察版图书，版权所有，侵权必究
如遇图书印装质量问题本社负责调换

编写说明

随着精准监督、双赢多赢共赢等检察监督新理念的生根发芽、民事检察办案实践的突飞猛进，以及民法典的颁布实施，民事检察人对民事检察理论研究热情空前高涨。

带着日益丰富的民事检察监督实践和鲜活的思考，以2021年6月16日举行的中国法学会检察学研究会民事检察专业委员会第一届年会暨全国民事检察工作座谈会为新起点，民事检察理论研究工作开启了新征程。

经中国法学会检察学研究会民事检察专业委员会确定，由浙江省人民检察院承办的第一届年会主题为"民法典与民事检察"，共收到来自31个省市区检察机关和部分高校的论文543篇，各文章围绕年会主题，紧跟民法典立法，密切联系民事检察工作实际，涵盖民事检察工作的各个方面，涉及众多学术前沿和深层次问题，体现了民事检察的最新研究成果。

本次最终评选出86篇获奖论文，其中一等奖6篇、二等奖20篇、三等奖29篇、优秀奖31篇，各论文主题突出、观点鲜明、内容充实，代表了目前全国检察机关民事检察研究的前沿水平。本书在此基础上，将获奖论文进一步划分"民法典理解与适用""民事检察精准监督""民事虚假诉讼监督""民事检察制度建设"四个主题，集结成册出版。

在民事检察专业委员会第一届年会暨全国民事检察工作座谈会上的讲话

（2021年6月16日）

张雪樵

一、心怀"国之大者"，忠实履行民事检察职责，充分发挥民事检察制度效能

习近平总书记指出，对"国之大者"要心中有数，关注党中央在关心什么、强调什么，深刻领会什么是党和国家最重要的利益、什么是最需要坚定维护的立场。有些同志认为，刑事案件关系到国家政权安全和社会秩序稳定，而民事案件只是在不同的当事人之间分配利益，无论谁输谁赢，国家利益都不受影响，社会财富都一分不少。这种观点割裂了政治与民事司法的关系，是典型的低站位、小格局。日前，中共中央、国务院公布了《关于支持浙江高质量发展建设共同富裕示范区的意见》，这是以习近平同志为核心的党中央把促进全体人民共同富裕摆在更加重要位置作出的一项重大决策，充分体现了党中央对解决我国发展不平衡不充分问题的坚定决心。为什么要选取浙江省作为共同富裕示范区？因为浙江省富裕程度较高、均衡性较好，城乡居民收入连续二十多年居全国各省区第一位，而且浙江城乡居民收入倍差为1.96，远低于全国平均水

平。众所周知，浙江的民营经济特别发达，一个很重要的原因就是营商环境好，而法治是最好的营商环境。所以民事司法不是一个普通的案件，审结就完了，它关系到国家整个经济社会的发展。党的十九届五中全会提出了在2035年要建成现代化国家，如果仅仅依靠长三角、珠三角等"江东父老"，就难以实现到2035年建成现代化国家的战略目标。所以，平时我们审查的借贷案件、买卖合同纠纷绝不仅仅是当事人的"家事"，而且是十分要紧的"国事""天下事"，事事关系政治。我们办理涉企案件时，有没有多长个心眼，如何体现、强化"恒产者有恒心"的经济理念，如何让企业家坚定投资创业的信心呢？

除了经济纠纷，普通的民事权利救济也十分重要。近期出现的一些蓄意报复社会的恶性事件，驾车冲撞无辜路人，抢方向盘与乘客同归于尽，还有冲进校园砍杀小学生，这些事件都惨不忍睹，对社会的伤害难以估量。但当事人采用非理性的方式发泄怨恨，其根源也许就是一桩普通的民事纠纷或者一个平常的诉求。按照国家的制度设计，司法是维护社会公平正义的最后一道防线，提起诉讼、上诉申诉，最后到申请检察监督等"一条龙"的权利救济程序，应该足以化解当事人的诉求和社会戾气。这些惨痛的教训需要我们认真地反思，怎样让每个人的合理诉求都得到基本满足，或者说，怎样给每个面临困境的人都尽量留后路、存希望，这不仅仅是政府和社会的责任，也是司法机关应有的担当。对此，我们树立并且强化公权监督与私权救济相结合的民事检察思维。在本次修改民事诉讼监督规则时，我们明确规定当事人向人民检察院申请监督的期限为两年，有人提出来六个月就可以了，何必等两年。我们就是要把检察救济这扇门关得迟一点，让当事人多一个寻求救济的机会。民事诉讼监督规则还新增复查制度，以期最大限度保障当事人合法权益。虽然现在的复查改变率不到5%，但我们一定要坚持这项制度，我们的目的就是尽量让每一个当事人，不要因为司法的不公使他的权利得不到救济，检察官决不能以走完流程为办案任务，还应当努力追求定分止争。不仅如此，对涉案隐患，还要做好"排雷兵""吹哨人"，要争取处理好每一件民事检察案件，让每一个案件成为社会和谐稳定的润滑油；而不能因为处理不好，激化当事人戾气，变成引发社会矛盾的"火药桶"。如果通过我们办理的民事监督案件，社会矛盾缓解了，恶性事件减少了，就等于国家治理体系和治理能力的现代化水平提高了，就等于社会主义国家现代化建设的阻力降低了、合力增加了。

昨天我到杭州市上城区检察院化解一个侵权责任纠纷案件，这个案件是 2015 起诉的，当事人是一名单眼的残疾人。为什么起诉呢？他认为我们国家各大医科院校使用的权威教材——人民卫生出版社的《眼科学》里提到一个概念，就是双眼的人可以形成立体视觉，关键是提出：驾驶汽车、操作高精度的机械仪器还有绘画等需要有良好的立体视觉。也就是说，单眼人因为没有立体视觉，不适宜从事驾驶汽车、操作精密仪器和绘画等工作。他认为这个论断有错误，以致影响了教育招生、招工政策对单眼残疾人的权利限制。法院一审认为，教材跟你没有具体的利害关系，裁定驳回起诉，他上诉后被维持原判，后来又不停地申诉。高检院把这个案件作为一个领导包案化解的老信访案件分配给我办理。其实他既是为个人，但更多的是为残疾人这个群体。如果我跟他说这个案件与你没关系，按照法律规定一审、二审法院没判错，那么他永远不会满意。这类问题不仅是一个法律问题，还是一个老百姓的基本权利保障问题，虽然昨天上午他签署了息诉罢访协议，但接下去我们要启动公益诉讼程序解决涉及的残疾人就业权利的保障问题。举这个例子，是想强调民事检察要从"国之大者"出发，时时讲政治，案案重落实，忠实履行民事检察职责，把民事检察的制度优势切实转化为治理效能。

二、坚持系统观念，找准民事检察监督支撑点，最大限度促进审判公正

习近平总书记强调，全面依法治国是一个系统工程，必须统筹兼顾、把握重点、整体谋划，更加注重系统性、整体性和协同性。检察机关的民事监督案件与公诉案件不同，公诉是承载刑事案件的主导功能，而民事案件是审判在前，监督在后，首先是人民法院承担民事司法的主体责任。检察机关对民事诉讼和执行活动的法律监督，是启动纠错程序，促进法院重新审视并自我纠错。实现民事司法公正主要依靠各级人民法院，最终依靠审判人员。民事检察监督不是在独立、封闭地完成民事案件的处理，而是通过对民事审判活动的监督，服务法院、协同法院实现个案的司法公正。所以，只有坚持系统观念，才能把握好民事监督的工作重点，才能发挥好民事检察的制度价值。

坚持系统观念，需要解决的首要问题是找准民事检察监督的支撑点。按照杠杆力学原理，杠杆上有三个点：支撑杠杆的支点、对杠杆用力的动力点、承受重物的阻力点。如果用力小，阻力大，那么，支撑点应当尽量靠近阻力点。民事检察办案力量十分有限，区区不到一万人，监督的用力点只有生效裁判监督、审判违法监督和执行监督，而纳入监督范围的案件有数千万件。反差大，就需要监督杠杆的支撑点尽量靠近广大审判人员的阻力终端，靠近对整体民事案件有实质性影响的阻力终端。只有这样，才能最大限度促进审判公正。如果把支撑点靠近民事检察人员的终端，靠近启动监督程序的少量案件，那么，就会极大限制民事检察工作的监督实效。目前，我们还是只注重自己办了多少案件，抗准多少，采纳多少，一般不去考量对民事审判人员的影响力。

那么，如何把握民事检察监督杠杆的支撑点？我认为，以最

大限度影响广大民事审判人员为效果取向，做好两个高质量监督产品。

一是对事监督中的精准监督。如何用我们办理的少量案件，最大限度去影响广大民事审判人员？首先是做成引领性监督案例。就是注重选择在法治理念、司法活动中有纠偏、创新、进步、引领价值的典型案件，争取监督一件，就推动一个领域、一个地方、一个时期的司法理念、政策、导向提升一步。要倡导哪些理念？民法典规定的公平原则、诚信原则、绿色理念和公序良俗，还有促进社会文明和社会进步，特别是关心弱者、弘扬美德善行的社会主义核心价值观等。2021年3月底，我主持了以互联网直播方式听证的一件破产公司董事为公司债务承担连带责任赔偿案。我们注意到有几位董事是被总公司委派到子公司担任董事的普通员工，只拿总公司的工资，其实他们就是依据劳动合同上岗的普通用工人员。不持有公司股份，他们拿着几万元的工资，今天要判决一下子承担几千万元的债务，倾家荡产。那么作为检察官，处理这个案件就要考量拿几万元工资的上班族与为公司承担数千万元债务之间的利益衡平问题，是否有利于鼓励蓝领族奋斗创业实现白领梦的问题。要做成引领性案例，还需要高人一等的本领和功夫，多思多学多下功夫，摆事理、穷法理、通情理，求极致，以质取胜，以理服人。

其次是做大监督案例的影响。要做好检务公开这篇文章，公开听证不仅仅是程序公开，要积极利用公开听证来扩大监督的影响，公开是一种监督力量，影响力的大小实质就是监督力的大小，只有影响力做大，才能更大限度地影响到更多的审判人员，才能更大范围地促进案件的公正处理。这里我也谈一个观点，为什么高检院党组要求四大检察听证实现"应听尽听"？按照我的理解，听证是人民法院审判程序在检察办理环节的前置，或者说是检察机关审查案件的公开程序。检察环节的听证与法院的庭审有什么区别？法院的庭审只允许原告和被告等当事人、证人、鉴定人等诉讼参与人可以发表意见，这个制度从哪里来？从西方来，从英美法系来。相比较中国封建时代，一个县太爷在他的衙门里面升堂问审不允许旁听，的确是一种进步。但我们是社会主义国家，我们是人民主权的国家，应当让人民群众在司法审查环节有更多的话语权。我们开展听证比法院庭审有优势，不仅当事人、诉讼参与人可以发表意见，与案件没有利害关系的人大代表、政协委员或者其他的专家学者，也可以参与进来发表意见。我们的听证场所，就是人民群众参与司法的一个公开的场所，这就是人民性的体现。检察听证是我们中国特色的社会主义司法制度，是对资本主义司法制度的一种超越，是一种更加完善的司法制度，也是我们实现习近平总书记提出的让人民群众在每一个司法案件中都感受到公平正义的一个有效的程序设计，我们要通过听证让更大范围的人民群众来监督司法，促进案件的公正处理和司法队伍的纯洁本色。我们现在建成了公开听证直播网，但用得还不多，大家还有顾虑，怕在互联网上讲出去的话收不回来了，这说明准备工作还不充分，检察官的内功火候还没练好，需要加快弥补短板。

二是对人监督中的深层次监督。民事检察监督不能做"稻草人"，必须抓住对人监督这个"牛鼻子"。最长记性、最不容易忘记是对人的监督；对人监督往往能起到"打一针疼一片的效果"。目前民事检察监督的三个用力点，一般不予研判审判人员的主观过错，只要违法行为得到纠正就大功告成审判人员因为民事检察监督而问责的寥寥无几。所以，民事检察监督的工作方法需要反思。

要做好这两个监督产品，还需要完善考核评价的标准。精准监督与深度监督都着眼于最大限度促进审判公正。目前对民事检察工作的考核评价数据只看案件数量，譬如虚假诉讼监督，如果只考核抗诉案件数量和改判结果，那么就无法判断虚假诉讼的高发是否因为检察监督得到根本治理。如果割一茬又一茬，那么，人民群众就不会满意。

三、与时俱进，开拓创新，努力实现让人民群众从每一个司法案件中感受到公平正义

一是要强化数字思维。数字时代打破了人的物理空间，代码成为人的通行证，民事案件的调查取证、还原真相已经依靠颠覆性技术。借助智慧检务增强线索发现能力。2020年11月开始，高检院在全国检察机关组织开展"智慧民事检察监督平台"试点应用工作，利用信息化手段破解虚假诉讼"发现难"。这项工作只是开端，今后要充分运用大数据来发现有损司法公正的各类案件线索。

二是要善于借助"外脑"。2020年高检院已建成检察民事行政专家咨询网，并从专业律师、专家学者中选聘咨询专家3300余名，目前正在13个省级单位开展试点，随着统一业务系统2.0版上线在全国推广运行。希望各级院用好这个网，切实提升办案质效。

四、坚定"四个自信"，准确把握民事检察理论研究的重点内容，不断完善中国特色社会主义检察制度

民事检察是中国特色社会主义检察制度的重要组成部分。2012年民事诉讼法修改，进一步完善了检察机关民事诉讼法律监督内容，将审判人员违法行为、执行活动和调解书等纳入检察监督范围，并新增检察建议、调查核实等监督方式和措施，规范了当事人申请监督的条件，对加强民事检察工作提供了制度支撑。实践是检验真理的唯一标准。法律制度的完善永远在路上，理论研究需要聚焦实践中存在的突出问题，需要对现行制度提出反思，更需要提出旨在解决问题的修法建议。譬如，向上一级法院申请再审，驳回再

审后才能向检察机关申请监督,时间拉长了,而且上级法院都有定论了,检察监督能否扳过来,等等,这些顾虑对当事人申请检察监督的信心是否有影响;还有如果经过抗诉启动再审改判,大多数案件已经执行完毕,已经得益的当事人往往不愿意调解,执行回转的难度大,实际效果如何,等等,都可以进行观察、研究。如果有些制度虽然作了重大修改,但老百姓的期望没有得到满足,他们关心的问题还没有实质性的促进,就需要我们去剖析问题、去反思。目前,各省级院与部分市级院依托当地高校共设立民事检察理论研究基地47个,其中,由省级院主导设置研究基地30个、由市级院主导设置研究基地17个。下一步,各地要加强与研究基地的协作,共同就民事检察的重大理论和实践问题开展研究,力争产出更多优秀民事检察理论成果,促进民事检察理论研究与民事检察实践融合发展。

  同志们,党的检察事业走过了90年光辉历程,民事检察也经历了30多年长足发展,这承载着几代检察人的光荣与梦想。进入新发展阶段、开启新的征程,我们要始终坚持以习近平法治思想为指引,忠实履职,砥砺奋进,努力实现民事检察高质量发展,以优异成绩向建党100周年和实现第二个百年奋斗目标献礼!

目 录

民法典理解与适用

未成年人民事行为能力法律制度研究　　　　　　　　　张　文　林丽铃 /003

论我国民法典上缔约过失责任之性质定位　　　　　　谢科可　朱严秀 /013

利他合同第三人权利的司法认定　　　　　　　　　　　　　　　纪　闻 /026

无名合同法律适用研究：困境与反思　　　　　　　　　黄俊杰　杨浩宇 /042

民法典中不当得利的立法解读和司法适用　　　　　　　　　　　王　栋 /057

浅析混合共同担保人间的法定追偿权　　　　　　　　　王文娟　王新玥 /064

民法典"隐藏"的担保制度体系　　　　　　　　　　　　　　　王晓东 /072

动产抵押中抵押财产转让的效力　　　　　　　　　　　　　　　马文君 /080

论民法典对抵押物交易规则的立法选择与完善　　　　　肖云燕　胡自莹 /088

民间借贷中买卖型担保裁判问题探析　　　　　　　　　柳红翔　赵　凯 /099

房屋让与担保人提出执行异议的审查标准构建　　　　　　　　　柏　婷 /106

民法典视野下侵权补充责任的体系冲突与完善　　　　　　　　　匡　俊 /115

民法典高空抛物致害责任规则适用研究　　　　杨仓仓　钟　毅　李晓霞 /131

高空抛物民刑法律适用问题研究　　　李　越　张利祥　黄顺根　张小玉 /146

堆放物损害责任的责任主体演变及认定建议　　　　　　　　　马宇飞 /156

浅析《民法典》第366条的适用与完善
　　——关于居住权的问题研究　　　　　昌学文　李　军　邓　伟 /165

大数据时代个人数据权属边界探析　　　　　　　曾　涌　刘剑桥 /172

检察业务中个人信息保护风险的隐忧与思考
　　——如何借助诉讼可视化开拓民事检察新领域　　龚　宇　游文惠 /185

以"两权分离"为基础的农地"三权分置"的意蕴及实现
　　——民法典对土地承包经营制度的法律表达　　杨育正　杨惠嘉 /202

夫妻财产归属法律适用研究　　　　　　　　　　　　　　　刘丽娜 /217

夫妻共同债务规则研究　　　　　　　　　　　　　　　　　申维娜 /225

夫妻共同债务纠纷"同案异判"问题检察监督探究　　　　　张　瑶 /236

农村妇女离婚案件中存在的难题及解决思路
　　——以民法典中的居住权制度为视角　　　　　张庆斌　李　魁 /248

民法典视角下"代孕"的合理与合法性研究　　　　　　　　王宏伟 /260

疫情背景下民法典情势变更制度的司法适用与检察监督
　　　　　　　　　　　　　　　　　　刘合臻　戎益华　崔恒伟 /270

从公共利益视角看影视类短视频著作权权益的保护边界　　刘沛豪 /278

民事检察精准监督

民事检察精准监督研究　　　　　　　　　　　　　　　　　周　庆 /285

民事调解精准监督研究　　　　　　　　王　虹　张江华　黄丽竹 /300

精准监督视野下民事检察的价值定位和路径探索　　　　　郭培英 /314

新形势下对民事检察精准监督的思考和建议　　　　　　　李朋举 /324

民法典时代互联网法院民事诉讼精准监督研究　　　　　王雪梅　王文惠 /331

完善和构建民事再审检察建议机制研究　　　　　　　　尹　月　严冰心 /341

基层检察院民事再审检察建议适用效果研究　　　　　　梁志顺　盛玉竹 /351

民法典实施背景下民事检察类案监督研究

　　　　　　　　　　　　　　　　　　赵煜亮　刘雅倩　董明玉 /363

民事诉讼类案监督的实务困境和破局　　　　　　　　　　　　　侯巍冰 /373

论基层检察的民事类案监督　　　　　　　　　　　　　　　　　洪　菊 /380

民法典实施与民事检察监督创新发展

　　——以民间借贷类虚假诉讼监督为切入点　朱子聪　冼春宇　刘元见 /388

依法行使民事检察权与尊重民事审判规律关系研究

　　　　　　　　　　　　　　　　　　　　　　　李　勇　冯文娟 /396

对民事违法审判行为实施检察监督的范围和方式

　　——以 S 省检察系统的相关办案数据为分析入口

　　　　　　　　　　　　　　　　　　胡思博　王　昱　李晓杨 /408

审判人员违法行为监督与破产程序的断裂与弥合

　　　　　　　　　　　　　　　　　　朱祖洋　吴红梅　孔令泉 /423

法官违法行为检察监督的路径重构

　　——以民事调查核实权的构建为视角　　　　　　　　　　　于丽红 /434

构建新时代检察机关发挥检察监督职能　助推解决执行难
　　机制研究　　　　　　　　　　　　　　　　　　　　　　方　强 /446

以善意文明执行理念检视民事执行检察监督之进路　　　　　　何安林 /459

民事非诉执行监督疑难问题研究　　　　　　　　　　　　　　程建玲 /473

民事检察监督视角下民事缺席审判证据制度的完善

　　　　　　　　　　　　　　　　　　董倚铭　刘文刚　张瑜桐 /486

论民事诉讼中法院依职权收集证据的检察监督

　　　　　　　　　　　　　　　　　　马连龙　元旦尖措　陈存金 /501

检察监督视域下小额诉讼程序探析
　　　　　　　　　　　　　　江苏省南通市通州区人民检察院课题组 /510
破产程序中检察监督的定位与职权构建　　　　胡守鑫　李欣宇 /520
民间借贷案件刑民协同监督研究　　　　　　　　　　　王玄玮 /535
刑民交叉案件民事裁判监督研究　　　　　　　　　　　李　珂 /547
涉众型经济犯罪民刑交叉案件一体化处理与检察监督路径
　　构建探析　　　　　　　　　　　　　　　　　　王　玮 /556
刑（行）民交叉案件疑难点司法实务探析　　　　　　　张宝全 /568
诈骗犯罪被害人民事权利救济路径探析　　　　　　　张杨馨 /581

民事虚假诉讼监督

民法典背景下虚假公证民事检察监督探索　　　马红梅　贺冬蒙 /591
民事检察数字化改革赋能虚假诉讼监督场景化应用的
　　进路分析　　　　　　　　　　　　　　叶伟忠　郑　明 /598
检察机关发现虚假诉讼机制新探索
　　——以绍兴地区应用智慧监督系统发现虚假诉讼为例
　　　　　　　　　　　　　　　　　　　　曾于生　章芳芳 /607
防范和打击虚假诉讼工作机制研究　　　　　　　　　王广军 /618
试论民事虚假诉讼检察监督环节的完善　　马琳娜　潘永芳　马佳伟 /627
虚假诉讼民事检察监督的现实困境与应对
　　　　　　　　　陈惠明　胡　薇　陈　艳　杨明霞　杨　斌 /644
冒名诉讼类型、效力及其规制研究
　　——以江西熊某等道路交通事故理赔虚假诉讼案为例　罗　军　陈明湖 /657

民事虚假诉讼程序范围研究 　　　　　　　　　　　胡晓煜　刘　洋 /667

单方虚假诉讼与民事检察监督依职权启动探索 　　　　彭　曦　沙孝能 /680

刑民一体协同打击虚假诉讼问题探究 　　　　　　　　汪培伟　刘海璇 /693

浅析"稀释债权型"虚假诉讼的检察监督路径 　　　　吕益军　陈梓宁 /705

逃避履行债务型虚假诉讼案外人权益救济途径研究 　　王志彬　刘　倩 /713

民事虚假诉讼检察监督视域下刑事讯问、询问笔录的证据效力探究
　　　　　　　　　　　　　　　　　　　　　　　　陈　乐　季发明 /723

论调查核实权在虚假诉讼检察监督中的"合力式"保障路径
　　　　　　　　　　　　　　　　　　　　　　　　　　　吴明轩 /731

虚假调解的审查判断与检察监督 　　　　　　　　　　　　　　高嘉澍 /751

虚假仲裁检察监督实务研究 　　　　　　　曾传红　陈惠滨　施玉玲 /761

案外人执行异议虚假诉讼的监督路径 　　　王　炜　张　源　王连民 /775

民事检察制度建设

浅析民事检察案例指导制度理论与实践 　　　　　　　沙莉萍　黄维娜 /787

检察机关民事支持起诉的问题与完善
　　——以维护弱势群体利益为视角 　　　　　　　　　　　许光勇 /799

民事检察支持起诉的适用与完善 　　　　　　　　　　　　　贾妙景 /811

论检察机关民事支持起诉制度 　　　　　　　　　　　　　　孟祥国 /819

检察机关民事支持起诉的实践与思考 　　　　　　　　　　　陆瑞芳 /827

民事检察和解制度研究 　　　　　　　　　邬　兰　李雁若　耿姗姗 /842

民事检察和解制度的实践与探索 　　　　　　　　　　王　婧　张　敏 /850

夫妻共债纠纷检察和解制度探析 潘 霞 /858
论监督型调解 杨劲松 唐永刚 吴强林 /866
社会治理视野下的民事检察和解问题研究 李江峰 /877
民事检察听证制度研究 马 坦 /888
浅谈民事检察公开听证制度的研究与完善 吴申申 杨泽臣 /898
论民事检察听证的功能定位与完善路径 严 城 毛建中 蔡晨星 /908
试论检察听证中专家辅助人的角色与定位 费会平 孙 远 刘 巍 /919
论民事智慧检务及其发展方向 张 驰 /930
大数据与民事检察工作融合模式研究 徐 赟 /938
民事检察"倒三角"现象的存在原因、危害及化解建议 徐 涛 /945

民法典理解与适用

未成年人民事行为能力法律制度研究

张 文 林丽铃[*]

摘 要：未成年人由于其身心尚未成熟，缺乏完全的意思能力，导致行为能力欠缺。对此，我国民法典对未成年人行为能力进行了新的规制，将民事行为能力年龄下调至8周岁，增加了"纯获利益"条款等。世界各个国家也建立起了不同的未成年人行为能力制度，因此从比较法的角度对未成年人行为能力制度进行考察，以期对进一步解决我国未成年人行为效力规定僵硬、立法笼统等问题有所借鉴和裨益。

关键词：民法典 未成年人 民事行为能力 法律行为效力

一、未成年人民事行为能力制度的罗马法渊源

"行为能力，指人们依法行使权利和承受义务的能力。罗马法虽然没有现代民法意义上的行为能力名词，但却早有这样的概念和规制。"[①] 相应的未成年人之民事行为能力制度也肇源于罗马法，但也并非系统性地体现在罗马法中，而是零散地规定于其中，并通过格老秀斯、普芬道夫等法学家的研究和发展得以在大陆法系国家中固定下来。

罗马法很早就考虑到未成年人之生理和心智与成年人存在差异，并通过年龄这一相对容易遵循的标准，将未成年人的行为能力作了区分。优士丁尼

---

[*] 张文，厦门理工学院国际教育学院助教；林丽铃，福建省连江县人民检察院检察官助理。

[①] 周枏：《罗马法原论》（上册），商务印书馆1994年版，第131页。

法将 7 周岁以下的未成年人规定为幼儿（infanti），视为完全无行为能力人；将 7 周岁以上之未适婚人（其中男 14 周岁，女 12 周岁适婚）含近幼儿和近适婚人，视为相当于现代民法中的限制行为能力人，这个年龄阶段的未适婚人既不得结婚也不能立遗嘱，但可以为对自身有利的行为或通过"监护人准可"作出其他有效的法律行为。① 此外，康斯坦丁帝时期，还规定了男子满 20 周岁，女子满 18 周岁，若能证明自己有独立的行为能力，经请求可以从君王处获得"年龄恩准"，除不得为赠与和处分重要财产行为外，其他方面享有完全民事行为能力。② 此项规定也是后世行为能力缓和制度的起源。

从历史背景上来说，罗马法上的未成年人行为能力制度始终以家父为核心，只有家父才能具有完全行为能力，家子和其他人只能借助家父的名义进行有效法律行为。这注定了罗马法上的未成年人行为能力制度必然是以身份为本位的制度，这与以理性为设定前提的现代民法大相径庭。③ 但不可否认的是，罗马法最早关注到未成年人的成熟程度不同将行为能力进行三阶段划分并作出防止未成年人遭受成年人侵害的保护性规定，同时考虑平衡相对方的利益，这对现代民法产生了深远的影响，并为后世一直借鉴。

二、未成年人民事行为能力的比较法考察

现代民法的未成年人行为能力制度建立在一个以理性为基石的行为能力制度的框架下。理性在行为能力制度中又体现为对意思能力的要求。意思能力是行为能力的基础，年龄、智力以及精神状况等是行为能力的判断标准，因此未成年人的行为能力类型划分及其效力核心在于未成年人的意思能力程度。然而意思能力是事实状态，行为能力则是法律状态。将每一个案中意思能力与行为能力进行一一匹配实践中难以实现，所以现代大多数国家都借鉴罗马法的内容，从年龄、心智等标准入手对未成年人行为能力进行规制，使行为能力制度得以固定下来。然而基于不同国家的政治、社会、经济背景的差异，各国的未成年人行为制度大相径庭。据此，笔者分别从大陆法系与英

---

① 参见［意］彼德罗·彭梵得：《罗马法教科书》，黄风译，中国政法大学出版社 2005 年版，第 34 页。

② 参见谢邦宇：《罗马法》，北京大学出版社 2000 年版，第 112 页。

③ 参见徐国栋：《从身份到理性》，载《西北政法学院学报》2006 年第 4 期。

美法系的视角,选取具有代表性的国家的未成年人行为能力制度进行考察研究,以期对我国的未成年人行为能力制度之完善有所裨益。

(一)大陆法系国家的未成年人行为能力制度——以德国、日本为视角

大陆法系国家在未成年人行为能力制度的类型规制上有单级制与复级制之分,采用单级制的国家有日本、法国、蒙古国等,复级制则以德国为代表,因此笔者选取德、日两国的未成年人行为能力制度作为考察对象。

1. 德国

德国作为采用复级制立法模式的代表国家,以18周岁作为成年的标准,并对18周岁以下的未成年人之行为能力依据年龄进行两个层次的细分。

第一年龄层次,《德国民法典》在第104条第1项和第105条中规定了未满7周岁的未成年人为无行为能力人,其意思表示无效。值得注意的是,《德国民法典》第105a条中对已成年的无民事行为能力人进行日常小额的生活行为,一经履行视为有效的规定,不能类推适用于未成年无民事行为能力人。由此不难看出,总体上来说对于未满7周岁的未成年人的行为效力,德国民法典视为绝对无效,非常严苛。卡纳里斯甚至认为第104条和第105条均违反了宪法规定的禁止过度(übermaßverbot),应当失效。[1]

第二年龄层次,《德国民法典》第106条将已满7周岁的未成年人规定为限制行为能力人。第107条和第111条对未成年限制行为能力人的行为效力作了一般性的规定,即未成年人的合同法律行为需要经过法定代理人的允许或追认才可以生效,否则处于暂时无效状态。未成年人的单独的法律行为若没有法定代表人的必要的许可,不得有效。未成年人未经法定代理人允许实施的单方法律行为无效。

同时《德国民法典》也对未成年人的行为效力作出了一些特殊规定:第一,限制行为能力人实施的纯获法律利益行为有效。根据《德国民法典》第107条可反向推知,限制行为能力人的纯获法律利益行为可不经法定代理人允许而有效。第二,未成年限制行为能力人享有目的范围内的"零花钱"自

---

[1] 参见[德]卡尔·拉伦茨:《德国民法通论》(上册),王晓晔、谢怀栻等译,法律出版社2003年版,第142页。

由支配权。根据《德国民法典》第 110 条①（又称零花钱条款）规定，已满 7 周岁的未成年人的父母或经其同意的第三人给未成年人"零花钱"时，未成年人若按照给予的目的使用零花钱时，可视为未成年人父母对该合同推断允许，从而合同有效。第三，扩大未成年人行为能力的情况。根据《德国民法典》第 112 条和第 113 条的规定，法定代理人同意未成年人可以单独从事营业、提供劳务以及从事劳动之后，未成年人对相应的营业或缔结劳动合同关系引发的法律行为享有完全的行为能力，但不包含须得到监护法院批准的情形。不置可否，这两条是对未成年人行为能力的扩张，并且在扩大的范围内，法定代理人无权代理未成年人但可以收回授权。②

此外，德国的未成年人行为能力制度注重对自由意志的尊重和未成年人的保护，但也没有完全罔顾善意相对人的利益。一方面，《德国民法典》第 108 条第 3 款承认未成年人成为完全行为能力人后追认的效力。这体现了对未成年人自由意志的尊重，符合未成年人的成长规律。另一方面，《德国民法典》第 109 条第 2 款规定，若未成年限制行为能力人谎称得到代理人允许而实施法律行为时，善意相对人方则不因事先知晓事实而失去撤销权。但总体上来说，德国民法的重点还是在对未成年人行为能力的强制保护，对相对方的兼顾较为薄弱。

2. 日本

与德国不同，日本的未成年人行为能力制度采取单级制的立法模式。其将 20 周岁作为成年的标准，但并未像德国一样按照年龄对未成年人的行为能力进行再次细分，而是对未成年人不作进一步划分，均视为限制行为能力人，显然这里的限制行为能力人的外延要大于德国。③

《日本民法典》第 5 条第 1 款、第 2 款对未成年人的法律行为效力作了

---

① 《德国民法典》第 110 条规定，如果未成年人已用金钱履行合同中的给付，而该金钱是法定代理人或经法定代理人同意的第三人为此目的或为供任意处分而交给未成年人的，未成年人未经法定代理人同意而订立的合同视为自始有效。

② 参见［德］卡尔·拉伦茨：《德国民法通论》（上册），王晓晔、谢怀栻等译，法律出版社 2003 年版，第 155 页。

③ 日本民法典在文义上将未成年人规定为无能力人，但此处的无能力人与复级制国家的无行为能力人却截然不同，其行为效力是可撤销的。因此笔者在本文中采用渠涛编译的《最新日本民法》（2006 年版）的表述，采用限制行为能力人的表达。

一般性规定，未成年人实施的其他法律行为必须经由法定代理人同意，违反规定的行为可以撤销。并在第120条对撤销人的范围作了规定。值得注意的是，日本的撤销制度与我国未成年人行为相对方的撤销权有云泥之别。因为《日本民法典》中享有撤销权的乃是本人及其法定代理人，而在我国或者德国撤销权属于相对方，并且只能在法定代理人追认未成年人行为之前行使。同时撤销的效果也会因为主体的不同而有多种情形。《日本民法典》第121条将可撤销的行为视为自始无效，但是限制行为能力人仅在其所受利益限度内进行偿还。关于一般成年人的撤销返还义务，第703条和第704条根据受益人的善意与恶意进行区别，善意受益人仅对现存利益返还义务，即对已消耗或不存在的受益无须返还，而恶意的受益人对于所有的受益利益负返还义务。为了保护未成年人，无论是善意还是恶意，未成年人都仅在现存受益限度内返还。①

同时，《日本民法典》对未成年人的行为效力也作了例外的规定。第一，未成年人纯获利益或免除义务的行为无须经法定代理人允许。《日本民法典》第5条肯定了未成年人对纯获利和不使自己负担义务的行为具有意思自治能力，应当说这一点与德国的立法和目的是相同的，日本民法仅在表述上更为详尽。第二，关于未成年人"零花钱"条款。《日本民法典》第5条第3款同样规定了"零花钱"条款。未成年人从法定代理人处获取的"零花钱"，可在目的范围内自由处分，未规定目的的零花钱亦同。这在一定程度上有益于培养和提高未成年人的理财和生活自理能力。第三，未成年人营业的许可。《日本民法典》第6条承认在法定代理人许可未成年人营业的情形中，未成年人享有与成年人一样的能力。但为了保护未成年人，同时规定未成年人不能承受事业时，法定代理人可以撤销或者限制许可。与德国不同，《日本民法典》并未允许未成年人在雇佣或劳动关系中扩张行为能力。第四，结婚成年拟制。不同于德国，《日本民法典》第753条肯定未成年人因结婚行为而成年。根据该条款，未成年人一旦结婚就取得完全行为能力，不再需要法定代理人的管理和监督，是日本民法上重要的限制行为能力缓和制度。

可以说，日本民法对于未成年人的保护也是相当的优厚，为了避免相对

---

① 参见[日]山本敬三：《民法讲义Ⅰ——总则》，解亘译，北京大学出版社2004年版，第61页。

人遭受意想不到的不利益，日本在民法中也设置了相对人的保护条款。一方面，《日本民法典》第20条规定了相对人的催告权，在给定的一个月以上的催告期内，能够单独追认者没有确切答复的视为追认，不能单独追认者不给予确切答复视为撤销。另一方面，《日本民法典》第21条禁止限制行为能力人撤销其使用诈术获取信任所为的法律行为。关于诈术的含义值得探讨，从保护未成年人的角度来说，笔者认为，使相对人误信，例如，对未成年人事实沉默等行为就不属于诈术，否则未成年人的利益就很可能得不到保护。这里的诈术应该认定是使相对人积极误信的行为，例如，使用伪造的身份证、驾照等，这种情形下应当认为该未成年人心智、已经具备缔结该合同的能力，因此行为不得撤销。此观点在《法国民法典》第1307条中也得到了支持。

（二）英美法系下的未成年人缔约能力概述

按照普通法，目前英美两国大多数州的成年年龄降低至18周岁。在英美法系上并没有系统的行为能力制度和法定代理人的概念，不论是婴儿还是将满18周岁的未成年人，不作区分，都适用未成年人缔约能力的规则。因此，笔者将以英美法系未成年人的合同缔约行为能力为视角进行比较法考察。

在英美国家，通常推定人们具有合同缔约能力，未成年人也不例外。但考虑到未成年人的意思能力不充分，又相应地发展出了保护未成年人缔约能力的一系列法律规则，被称为"未成年人法律原则"。[①] 根据"未成年人法律原则"，未成年人缔结的合同不对其强制生效，他可以因行为能力欠缺主张合同无效或可撤销，这是目前英美法系对于未成年人缔约能力的一般性规定。具体而言，在美国，未成年人缔结的合同除法律规定有效外，其他的合同一般都是可撤销的合同；而英国除了法律规定的有效合同外，还有可撤销合同和绝对无效合同的区分。在英国使未成年人获得持续利益的合同，例如土地租赁合同、婚姻合同、股票买卖合同以及合伙契约等对其是可撤销的，因此合同有效持续至未成年人撤销之前。此外，依据《1874年未成年救济

[①] 参见郑晓剑：《未成年人民事行为能力制度比较研究——兼论我国法上相关制度的改革与完善》，载《南阳师范学院人文社会科学学报》2012年第3期。

法》第 1 条，三种类型的未成年人的合同被认为是"绝对无效"合同，分别为关于未成年人偿还借贷的款项、关于非生活必需品的提供和接受合同以及向未成年人开的一切账单。更为恰当地说，这里的"绝对无效"指的是对未成年人方不生效力。①同时，英美法国家为了缓解绝对无效和可撤销模式的僵硬，结合社会现实，也作出了一些灵活性规定。

第一，未成年人签订的必需品合同具有效力。在英美合同法中的必需品合同，包括必需商品如文具、图书以及必需服务如乘坐交通工具合同、学徒合同、教育合同等，都对未成年人具有约束力，不因未成年人行为能力欠缺而无效或者可撤销。美国《加利福尼亚州民法典》将必需品认定为是维持未成年人日常生活或者家庭需要的必要物件。英国《1979年货物买卖合同法》第 3 条第 3 款则认为必需品是在出售和交付两个时点都必须是未成年人生活和需要之物。但是必需品的含义由于社会、经济环境的不同也会大有不同，同时针对不同的对象是否必需也会有截然不同的判断。

第二，未成年人欺诈的法律规定。英美法根据衡平法的规则，对未成年人的合同欺诈行为作了特殊的规制。如果未成年人谎称自己是成年人并采取手段使得他人与其签订合同，未成年人仍然可以主张无效或撤销，但是他不能因此而获得利益，衡平法院判决中会要求其返还因此获得的不当得利。但值得注意的是，正如莱斯利有限公司诉谢尔案所示，未成年人谢尔伪装成年获取贷款，法院最后没有支持莱斯利公司请求返还 400 英镑贷款的请求。因为未成年人归还的利益可以是原物返还也可以用转手后获得财产替代，但是若获得物品是货币或者财物被消耗后则不能要求未成年人仍然要予以金钱赔偿，否则与使得合同强制生效无异。

三、我国未成年人民事行为能力的现行立法比较

我国的民法将 18 周岁作为成年的标准，同时规定满 16 周岁的未成年人若能以自己的劳动收入为主要生活来源，也认为具有完全行为能力。在未成年人行为能力的类型化模式上，我国主要借鉴了德国的立法经验，同样采取复级制模式，根据 8 周岁的年龄标准将未成年人划分为无民事行为能力人和

---

① 参见［英］A.G. 盖斯特:《英国合同法与案例》，张文镇等译，中国大百科全书出版社 1998 年版，第 192 页。

限制民事行为能力人。无民事行为能力人法律行为只能由法定代理人代为实行；未成年限制民事行为能力人实施法律行为效力待定，由法定代理人同意或追认生效，相对方可在追认前进行催告或者撤销合同，这是关于未成年人行为能力的一般性规定。

同时，我国对未成年人的行为能力作了一些具体和特殊的规定。不得不说的是，2021年1月1日起施行的《中华人民共和国民法典》对未成年人民事行为能力制度进行了一些新的规制，具有重大进步意义，同时也值得探讨。

第一，《民法典》第21条将无民事行为能力人年龄下调至8周岁。在此之前我国民法通则将10周岁以下的儿童认定为无民事行为能力人，饱受诟病。现将无民事行为能力人的年龄标准下降为8周岁不得不说更符合社会生活的实际情况。因为如今8周岁的未成年人基本都已经上小学，已经具备一定行为能力了。目前的复级制国家都采用较低的无民事行为能力年龄标准，例如德国也采用7周岁作为年龄标准。

第二，明确了我国限制行为能力人可以独立实施纯获利行为以及与年龄等状况相适宜的行为。与最高人民法院《关于贯彻实行〈中华人民共和国民法通则〉若干问题的意见（试行）》①（以下简称《民通意见》）第6条相比，《民法典》第22条将原来的限制行为能力人"接受奖励、赠与、报酬"的行为有效更改为可以实施"纯获利益的法律行为以及与年龄、智力等相符的行为"。毋庸置疑，纯获利益的含义外延要广于奖励、赠与、报酬的行为，德国和日本民法上都有相似的概念，这也是立法上的一大进步，同时也解决了《民通意见》第6条与原《合同法》第47条的不协调。但民法典的立法虽然参考了《民通意见》第6条，却没有完全采纳，根据《民法典》第144条的规定，我国无民事行为能力人所实施的法律行为仍然无效，并不能参照使用第145条的规定。

第三，增加了限制行为能力人实施法律行为由法定代理"追认"的规定。《民法典》第145条规定，限制行为能力的未成年人实施的法律行为可由法定代理人同意或追认，相较于之前的《民法通则》第12条增加了"追认"二字。在民法典出台前，民法仅有限制行为能力人的法定代理人同意制度，而追认制度规定在《民法典》第503条合同效力部分。因此，民法典的

---

① 已失效。——编者注

出台结束了我国之前立法上的不统一的状态，使得立法逻辑更经得起推敲，同时对于相对方的动态交易安全也是一种保障。

第四，《民法典》第145条与《民法通则》第58条第2款相比，将限制行为能力人的法律行为效果统一为效力待定，结束了原《民法通则》第58条无效与《民通意见》第6条效力待定的矛盾。德国民法将限制行为能力人所实施的行为进一步地划分为单独法律行为与其他法律行为，并规定限制行为能力人实施的单独的法律行为无效，比如当未成年人单方提出解除合同时未被追认，即便事后法定代理人进行追认仍无效，而实施的其他类型的行为效力待定。这是出于对未成年人更深层次的保护的需要，因为单方法律行为通常伴随着形成权的行使，会直接发生权利变更，对于未成年人来说存在更大的风险。因此是否借鉴德国根据行为类型对限制性行为能力人的行为效力进行划分，今后的立法可做考虑。

四、未成年人民事行为能力的制度反思

随着民法典的出台，我国未成年人民事行为能力制度迈向了新的台阶。

（一）增加"日常生活行为"条款

我国《民法典》第144条完全否定了无民事行为能力人的行为能力，笔者建议增加未成年无民事行为能力人在实施"日常生活行为"时，在符合未成年人自身利益的情况下，行为有效的规定。首先，承认未成年无民事行为能力人部分参与社会活动的行为效力，有利于培养未成年人的自主自决的能力、支配财物的能力以及学习日常生活的基本技能。这无疑是对未成年人今后融入社会最有益的帮助和保护。其次，未成年无行为能力人虽然心智不够成熟，但是不可否认他们也能够从事一些简单的日常生活行为，例如在乘坐日常交通工具、添置文具和学习材料等与日常生活息息相关的事务。目前我国小学的入学年龄标准为7周岁，有些地区6周岁的儿童都已经上小学，因此有些儿童已经参与到社会生活中来，放学买零食甚至游戏充值和网购都不是罕见的事。这些行为虽并非对于未成年人来说是"纯获利益"的行为，但一味地否认他们的行为能力与社会事实情况相悖。最后，我国增加无民事行为能力人实施"日常生活行为"有效之规定，有迹可循，有法可鉴。

（二）进一步明确未成年限制行为能力人自主活动范围

根据我国民法典的规定，目前我国的未成年限制行为能力人可独立从事的活动范围为从事纯获利益的活动和与年龄、智力等情况相符合的活动。因此，笔者建议增加以下规定使得未成年限制行为能力人可从事的活动范围更加明确，更有利于未成年人参与社会生活和司法实践的稳定。第一，增加"零花钱"条款，笔者认为，未成年限制行为能力人在目的范围内或可自由支配的范围内使用零花钱的行为，应当认定为有效而非效力待定。此时未成年人与法定代理人的意见不同也不应当否认行为的效力，尊重未成年人在这种情况下的意思自主并且自己承担责任，对未成年人的成长和担当来说是适宜并且可以承受的风险。第二，增加独立从事营业的条款。我国民法典和劳动法都已经认可已满16周岁的未成年人可以提供和从事雇佣或劳动行为，并且在其能够以自己的劳动收入为来源的情况下具有完全行为能力，这是其行为能力的扩张。笔者认为，我国既然允许已满16周岁的未成年人受雇于他人工作，那么在法定代理人许可的情况下，未成年人可以从事营业行为，此时也相应地承认已满16周岁的未成年人可以独立实施与营业相关的行为，具有完全行为能力。

（三）承认成年后的追认效力，促进私法自治

例如，17周岁的未成年人自行缔结了一个合同，在其18周岁时被法定代理人发现并拒绝追认，虽然该未成年人现今已经成年，拥有完全行为能力，但是根据我国现行的法律，该合同只能因为被拒绝追认而无效。

在未成年人订立合同后，法定代理人追认前其变成成年人，应当承认他成年后追认的效力。因为未成年人一旦达到成年标准，就具有完全行为能力，能够理解自己的行为并且为自己的行为负责。若此时否认成年后的追认效力，成年后的行为人又要重新签订新的协议，这不仅使简单的事情复杂化，也与民法私法自治的精神不符。因此，笔者主张承认未成年人成年后的追认效力。与此同时，为了避免法定代理人与该成年人双重追认权的存在，笔者认为当未成年人成年后，其追认的效力取代法定代理人的追认。

论我国民法典上缔约过失责任之性质定位

谢科可　朱严秀*

摘　要：作为损害赔偿责任的一种类型，缔约过失责任在其独立性问题上，学界争论颇多，司法实践中也不相统一。德国法上缔约过失责任的发展是为了填补其侵权责任法固有的漏洞，在民法典视野下，我国侵权责任制度不存在类似的问题。为了将缔约责任和侵权责任相区分，"独立说"通常以保护义务、归责事由、责任环境作为判断标准，而这些区分实则反映了"独立说"视角下的缔约责任是对德国缔约过失制度的错位移植。我国民法典中的缔约责任无独立之必要，并应隶属于侵权责任。

关键词：义务　缔约过失　侵权责任　归责原则

一、问题的提出

缔约过失责任，通常是指当事人为缔结合同而进行准备工作时，由于一方疏于必要的注意，致对方当事人遭受损害，应向对方承担的损害赔偿责任。①关于缔约过失责任在我国法上的性质定位，"独立说"为我国主流学说，认为缔约过失责任是一种区别于违约责任与侵权责任的独立责任形式。②侵

---

* 谢科可，浙江省湖州市人民检察院专职委员；朱严秀，浙江省湖州市人民检察院检察官助理。

① 参见王洪亮：《债法总论》，北京大学出版社2016年版，第69页。

② 参见崔建远：《合同法总论》（上卷）（第2版），中国人民大学出版社2011年版，第437页；韩世远：《合同法总论》（第四版），法律出版社2018年版，第171页。

权责任说则认为,缔约过失责任仍隶属于侵权责任,原因在于我国侵权法保护的范围足以涵射比较法上缔约过失责任处理的案型。①此外,司法实践中关于缔约过失责任的性质界定亦是观点各异。比如,最高人民法院(2015)民一终字第 182 号民事裁定认为:"能源公司、能源槽探分公司及庆田公司即使存在未取得探矿权、以探代采等过错并因该过错导致所涉合同无效,但该过错也属合同无效之过错,性质上是缔约过失,应承担缔约过失责任,并非侵权责任"。与之相反,仍有部分裁判表达了缔约过失责任属于侵权责任的观点,②但是支持此种见解的较为罕见。根据我国法上缔约过失制度的发展脉络,《民法通则》对缔约过失责任进行了首次引入。③而后 1999 年制定的合同法,在承袭了《民法通则》的基础上,通过第 42 条、第 43 条、第 58 条对缔约过失责任作出了明文规定。民法典除删去了《合同法》第 58 条外,对有关缔约过失制度的条文基本未作修改,仍保留了《民法总则》第 157 条第 2 句与原《合同法》的规定。④易言之,民法典对缔约过失责任的性质之争并没有给出明确回应。由于缔约过失责任制度肇始于德国,由耶林教授首先提出,经过后世学者的发展,缔约过失责任逐步成为针对先合同义务的违反而承担损害赔偿的责任基础。⑤因此对于其性质定位上的差异将会引起可填补

---

① 参见李中原:《缔约过失责任之独立性之质疑》,载《法学》2008 年第 7 期;张金海:《耶林式缔约过失责任的再定位》,载《政治与法律》2010 年第 6 期。

② 参见陈某某、吴某某与武汉正大有限公司、宜昌正大畜牧有限公司等侵权责任纠纷二审民事判决书,(2015)鄂武汉中民二终字 00726 号;刘某某、郭某某、温某某缔约过失责任纠纷判决书,(2020)冀 04 民终 1165 号;牛某某、马某某缔约过失责任纠纷二审民事裁定书,(2020)豫 09 民辖终 34 号。

③ 梁慧星教授认为,《民法通则》第 61 条第 1 款确立了我国民事立法上的缔约过失责任制度。参见梁慧星:《民法》,四川人民出版社 1988 年版,第 142 页。

④ 《民法典》第 157 条规定:"……有过错的一方应当赔偿对方由此所受到的损失;各方都有过错的,应当各自承担相应的责任";第 500 条规定:"当事人在订立合同过程中有下列情形之一,造成对方损失的,应当承担赔偿责任:(一)假借订立合同,恶意进行磋商;(二)故意隐瞒与订立合同有关的重要事实或者提供虚假情况;(三)有其他违背诚信原则的行为";第 501 条规定:"当事人在订立合同过程中知悉的商业秘密或者其他应当保密的信息,无论合同是否成立,不得泄露或者不正当地使用;泄露或者不正当地使用该商业秘密或者信息,造成对方损失的,应当承担赔偿责任"。

⑤ 参见[德]迪特尔·梅迪库斯:《德国债法总论》,杜景林、卢谌译,法律出版社 2004 年版,第 95 页。

损失范围上的不同，对赔偿请求权人的权益分配有着至关重要的影响。笔者认为，若欲究明缔约过失责任在我国民法典上的法律属性，宜追本溯源，以德国法上缔约过失制度的存在事由为观察视角，将其置于我国本土损害赔偿法的体系框架中予以阐释说明。①

二、德国法上缔约责任独立于侵权责任的现实因素

（一）损害赔偿法的二元结构：债务不履行责任与侵权责任

《德国民法典》第 280 条第 1 款是关于债务不履行损害赔偿责任的核心条款。②从该条款中，可以发现损害赔偿请求权是以"义务的违反"为基础的。③由于债务关系的当事人是特定的，德国通说又将特定主体间的法律关系称之为"特别结合关系"，④因此在债务不履行责任中，义务人是特定的。相应地，在除债务以外的其他义务关系被视为"一般普通关系"。在"一般普通关系"中，任何人都负有不得侵害他人权益的不作为义务，否则，义务人须承担侵权责任。所以侵权责任中的义务人是除被侵权人之外的不特定主体。由此观之，如果根据"特别结合关系"与"一般普通关系"的划分，把义务简单切割为"债务"与"非债务的义务"这两种类型，那么因违反义务造成的损害赔偿责任就只包括债务不履行责任和侵权责任。⑤

根据前述论证，除却具有牺牲补偿色彩的危险责任、公平责任等，从义务违反的角度看，损害赔偿责任要么是侵权责任，要么是债务不履行责任。

---

① 在现行法上并无称为"损害赔偿法"的法律。所谓损害赔偿法，系指关于损害赔偿诸法律的总称，乃法学上的用语，旨在建构损害赔偿制度的体系。

② "债务人违反因债务关系而发生的义务的，债权人可以请求赔偿因此而发生的损害。债务人无须对义务之违反负责任的，不适用前句的规定。"转引自《德国民法典》，陈卫佐译，法律出版社 2015 年版，第 94 页。

③ 参见［德］莱茵哈德·齐默曼：《德国新债法：历史与比较的视角》，韩光明译，法律出版社 2012 年版，第 78 页。

④ 参见［德］迪特尔·梅迪库斯：《德国债法总论》，杜景林、卢谌译，法律出版社 2004 年版，第 4 页。

⑤ 诚然，损害赔偿责任的产生并非一定源自义务的违反，比如基于危险原则，按分配正义，在损害发生时，引入危险源的行为人须承担危险责任。但这种类型的损害赔偿责任非因义务的违反导致，因此暂且不在本段的讨论范围之内。

由此，缔约过失责任在德国损害赔偿法上没有独立于侵权责任和债务不履行责任之必要，其上位概念必是这两种损害赔偿责任之一。又因在缔结合同或者其他交易行为为目的而接触的情况下，缔结合同的当事人之间就产生了"特别结合关系"。那么一旦进入合同谈判阶段，缔约当事人之间就依法产生债的关系，他们因此而负有说明义务和保护义务。① 这种义务强度超过了侵权法上的注意义务，因而缔约过失责任应隶属于债务不履行责任。②

（二）德国侵权责任法的局限性

缔约过失责任理论最初被引入德国司法实践中，主要是为了弥补《德国民法典》中侵权法存在的漏洞。其中最著名的案例就是1911年的"地毯卷案"：一顾客至一家商店买地毯，在店员协助挑选的过程中，两卷地毯由于店员的触碰而倒塌，从而砸伤了该顾客。③ "地毯卷案"是帝国法院建构先合同权利及法益侵害类型案例的蓝本。笔者认为，要探讨此案在当时损害赔偿责任上的分配，宜先从德国法上侵权责任和债务不履行责任在法律适用上的差别入手，去检讨缔约过失制度在当时被迫切需要的现实因素。

1. 归责原则加重受害人举证负担

德国侵权责任法的归责原则，一般都是采过错责任原则，因此通常要由受损害的人负举证责任。即便《德国民法典》第831条的雇主责任为过错推定责任，④ 也容易产生因雇主通过免责事由抗辩而使受害人求偿权不能实现的

---

① 参见［德］维尔纳·弗卢梅:《法律行为论》，迟颖译，法律出版社2013年版，第151页。

② 这种观点也得到了德国实证法的支持:2001年德国债法现代化改革将缔约过失责任最终以《德国民法典》第311条第2款、第241条第2款、第280条第1款三个条文进行了成文化。

③ 参见齐晓琨:《德国新、旧债法比较研究——观念的转变和立法技术的提升》，法律出版社2006年版，第46页以下。

④ 该条规定:"(1)为某事务而使用他人的人，对该他人在执行事务中所不法加给第三人的损害，负赔偿义务。使用人在挑选被选用人时，并且，以使用人须置办机械或须指挥事务的执行为限，使用人在置办或指挥时尽了交易上必要的注意，或纵使尽此注意也会发生损害的，不发生赔偿义务。(2)以合同为使用人承担第1款第2句所称事务的处理的人，负同样的责任。"转引自《德国民法典》(第4版)，陈卫佐译，法律出版社2015年版，第319页。

问题;而债务不履行责任却无此限制。因为《德国民法典》第 278 条规定的是债务人为履行辅助人的责任,①其通常以合同的生效为前提,且合同债务人并非因自己的过错而承担责任,而是因为其履行辅助人的过错而承担替代责任,即债务人须为履行辅助人的违反义务行为负无过错责任。在缔约责任的情况下,如果适用侵权法中举证责任的要求,难免加重受害人的负担。

2. 为辅助人负责机制上的调和能力有限

首先,如果雇员同时为其雇主与他人合同关系上的履行辅助人,若存在适用《德国民法典》第 831 条的场合,那么此处的损失实际是指雇员在履行合同义务的过程中,给合同当事人以外的第三人造成的损失。②这种情形下,由于雇主与第三人不存在合同关系,雇主的责任因此轻于第 278 条中债务人的责任。③所以在德国当时的司法实践中,雇主通常会运用第 831 条第 1 款作为避免承担赔偿责任的"避风港"。而在《德国民法典》第 278 条中,债务人须无条件地替代履行辅助人承担责任。

其次,如果实际进行缔约磋商的辅助人并非该缔约主体的雇员,而是与缔约主体无指示服从关系的承揽人时,那么此时就排除适用《德国民法典》第 831 条之规定,缔约主体只需承担一般侵权责任。但是,如果就缔约过失情形适用债务不履行责任之规定,那么依据《德国民法典》第 278 条的规定,债务人都应对其辅助人的过错行为致缔约相对人的损害承担无过错责任。④

通过对比分析上述两条款之差异,我们可以发现,在"地毯卷案"中,如果依据《德国民法典》第 823 条、第 831 条之规定,伤者是可以追究商店侵权责任的。然而商店却能依据《德国民法典》第 831 条中的免责条款,从而主张由声称自己无经济实力的店员承担侵权责任。问题在于,顾客和商店

---

① 该条规定:"在与债务人自己的过错相同的范围内,债务人必须对其法定代理人和债务人为履行其债务而使用的人的过错负责任。不适用第 276 条第 3 款的规定。"转引自《德国民法典》(第 4 版),陈卫佐译,法律出版社 2015 年版,第 93 页。

② 如果是雇员在履行合同过程中造成合同对方当事人的损害,那么优先适用第 278 条,就无适用第 831 条之余地。

③ 法律依据是第 831 条第 1 款第 2 句:如果事务所属人在挑选雇员时,以及他在指示雇员处理事务时,尽到了必要的注意,则他就可以免责,而由雇员对自己所造成的损失承担责任。

④ 参见孙维飞:《〈合同法〉第 42 条(缔约过失责任)评注》,载《法学家》2018 年第 1 期。

虽然尚未缔结合同，但由于顾客为缔结合同而在商店受到损害，如果适用《德国民法典》第 831 条将使其损害得不到填补，这样的处理结果显然不合理。因此本案法官最终适用了《德国民法典》第 278 条，使得商店没有了任何免责的可能性。① 法院认为，当出卖人和有兴趣购买的消费者，在展示以及观赏货物的过程中，必须去注意他方的健康及财物的义务逐渐形成时，那么对于对方当事人而言，在准备进行买卖的阶段就产生了具有类似契约的性质，并且在此范围内产生法律行为拘束力的法律关系。

3. 保护范围相对封闭

根据《德国民法典》第 823 条第 1 款的规定②，可知德国侵权法仅保护绝对权。本条的规范意旨起初是为避免无限扩大因加害行为而赔偿损失的范围。然而随之带来的问题是，假设加害人只是因过失造成受害人概括的财产损失，尤其是与受害人在合同成立前即存在某种"特别结合关系"的场合，就不能通过侵权法救济，受害人的纯粹经济利益也无法得到合理保护。根据《德国民法典》第 280 条的规定，债务不履行责任所保护的权益却没有前述限制，缔约过失责任中的义务人所造成的损失亦不常常是绝对权的损失，因此当时的司法官只能通过缔约责任来避免侵权法的这一缺陷。

在损害赔偿责任二元分立的结构下，缔约主体之间因磋商合同进行接触的过程中当然发生"特别结合关系"。德国缔约过失责任的发展，是建立在侵权责任并不能为合同订立前受害人因义务人违反保护义务而所受损失提供合理保护的基础之上的。由此，无论是为契合损害赔偿法的理论逻辑，还是为填补侵权法上的漏洞，将缔约过失责任独立于侵权责任，置于债务不履行责任之下，在德国法上有正当性基础。

三、我国民法典的优势

以德国民法中缔约过失责任的发展是为弥补侵权责任固有的缺陷为观察

---

① 参见齐晓琨：《德国新、旧债法比较研究——观念的转变和立法技术的提升》，法律出版社 2006 年版，第 48 页。

② 即"故意或有过失地不法侵害他人生命、身体、健康、自由、所有权或其他权利的人，有义务向该他人赔偿因此而发生的损害"。转引自《德国民法典》(第 4 版)，陈卫佐译，法律出版社 2015 年版，第 317 页。

视角可知，缔约过失责任是否独立于侵权责任是我国现行民事责任体系中评价的关键。

（一）雇主责任的归责原则采无过错责任

在雇佣关系中，不同于德国民法上雇主责任的过错推定归责，我国司法实践对于雇主责任一直采无过错责任。《民法典》第1191条也明确了雇主对雇员在执行工作过程中对他人造成损害的侵权行为承担无过错责任。① 由此，在民法典视野下，我国的侵权法已经可以为受害人提供充分的保护。

（二）承揽人缔约责任不受为辅助人负责规则之约束

在承揽关系中，我国《民法典》第1193条对定作人责任作出了明确的规定，② 定作人对承揽人造成他人损害的行为原则上不承担无过错责任。但是债务履行辅助人的范围可以囊括承揽人，也就是说，当缔约磋商者的辅助人为承揽人时，如果我国实证法上有类似《德国民法典》第278条的规定，那么使缔约过失责任隶属于债务不履行责任，较使其属于侵权责任而言，对缔约相对人的保护程度更高。③ 由此牵出的另一个问题便是为债务履行辅助人负责之制度在我国民法典上是否有正当性基础？

对此，解亘教授认为，我国的为债务履行辅助人负责之规则应被债务不履行责任所吸纳。因为我国的违约责任归责原则为无过错责任，因此在合同责任领域，能使债务人得以免责的事由并不会因其使用了辅助人而发生改变。那么关于债务不履行（违约）的一般条款不仅能规制债务人亲自履行合同的情形，还应能涵盖债务人使用了履行辅助人的情形。由此，债务人为履行辅助人负责的实定法依据为《民法典》第577条。④ 也有学者认为，《民法

---

① 《民法典》第1191条："用人单位的工作人员因执行工作任务造成他人损害的，由用人单位承担侵权责任……"

② 《民法典》第1193条："承揽人在完成工作过程中造成第三人损害或者自己损害的，定作人不承担侵权责任。但是，定作人对定作、指示或者选任有过错的，应当承担相应的责任。"

③ 参见孙维飞：《〈合同法〉第42条（缔约过失责任）评注》，载《法学家》2018年第1期。

④ 参见解亘：《再论〈合同法〉第121条的存废——以履行辅助人责任论为视角》，载《现代法学》2014年第6期。

典》合同编规定"违约责任"的第八章中的相关规定也可适用于非因合同产生的债之关系，因此《民法典》第577条可作为债务不履行的一般规则。①笔者不赞同上述观点。理由如下：第一，应根据非因合同产生的债权债务关系的性质来判断能否准用合同编通则的相关规定，换言之，如果非合同之债与合同的相关规则在性质上相冲突就不能适用合同编通则的规定。②此处讨论的实证法基础仅限于债务不履行责任之一的违约责任，而缔约过失责任与违约责任因所违反的义务性质不同而泾渭分明，因此《民法典》第577条并不能辐射至缔约过失责任。第二，我国民法典并未设立债法总则编，也摒弃了关于债务不履行责任的一般性规定，对于债务人应对其债务履行辅助人导致的债务不履行承担无过错责任之规定更是暂付阙如。

综上所述，定作人如果在选用承揽人上没有过错，因承揽人的原因造成他人损害的，定作人无须承担侵权责任。另外，我国民法典亦未曾建立为债务履行辅助人负责的机制，定作人也无须承担债务不履行责任。所以将缔约过失责任从侵权责任中独立出来缺乏法律适用上的必要性。

（三）保护客体不限于绝对权

从保护的客体来说，《德国民法典》是通过第823条第1款和第2款、第826条这三个"小的一般条款"来进行有限的"区别性的法益保护"的，因此才需要发展出一套缔约过失制度来调和侵权责任法的规范缺陷。而依据我国《民法典》第1165条，③其保护的范围是民事权益，且不只限于绝对权。《民法典》总则编第五章对民事权益进行了非常全面系统的列举，包括了人格权利、个人信息、人身权利、财产权利等。由此可见，我国侵权法保护的范围非常广泛且具有变动性。④缔约过失责任的发生机理是在缔约磋商过程中，缔约一方对另一方的意思表示发生合理的信赖而自愿支出一定费用或者

---

① 参见翟远见：《论〈民法典〉中债总规范的识别与适用》，载《比较法研究》2020年第4期。

② 参见王利明：《论民法典合同编发挥债法总则的功能》，载《法学论坛》2020年第4期。

③ 《民法典》第1165条："行为人因过错侵害他人民事权益造成损害的，应当承担侵权责任……"

④ 参见程啸：《侵权责任法》（第三版），法律出版社2021年版，第140页。

放弃了其他交易机会。①因此当侵权责任法以民事权益为保护对象时，缔约一方所受损失完全可以被纳入侵权责任法的规范机制。

四、"独立说"之批判

我国持"独立说"的学者认为，缔约过失责任与侵权责任相区分的理由大致如下：一是违反义务的内容之差异。从《民法典》第500条与第501条的规定来看，合同缔结前的义务即先合同义务不包括保护义务。在缔约过程中，如果一方没有尽到照顾保护的义务而导致他方遭受人身损害时，发生的是侵权责任而非缔约过失责任。②二是归责事由之差异。缔约过失责任通常以缔约人的过错为成立要件，侵权责任则既有过错责任，也有大量的无过错责任。三是责任环境之差异。缔约过失责任要求缔约人双方为订立合同而接触磋商，以双方当事人存在特别结合关系为前提，而侵权责任不需要此项基础。③

对此，笔者持反对看法。如前所述，从缔约过失的发展渊源上看，该制度本为调和德国侵权行为法固有的缺陷，诚如德国民法学家梅迪库斯所言："如果侵权法的这些不足之处被消除了，缔约过错在很大范围内也就没有适用的必要了。"④我国侵权责任法并不存在该项漏洞，理由前文已详述，于此不赘。接下来笔者要检讨的是，前述支持"独立说"的三种论据真的能够足以将缔约过失责任与侵权责任彻底"撇清"吗？

（一）我国民法典中的先合同义务也包括保护义务

在"义务—责任"的损害赔偿责任思维下，缔约双方通常承担了法定的诚信磋商义务，即先合同义务。我国民法典中没有"先合同义务"的表述，

---

① 参见朱广新：《合同法总则研究》（上册），中国人民大学出版社2018年版，第208页。
② 参见程啸：《侵权责任法》（第三版），法律出版社2021年版，第104页。但是程啸老师在该书第520页又称"违反安全保障义务的侵权责任也会和缔约过失责任、违约责任发生竞合"，与其前述观点的态度又似乎矛盾。
③ 参见韩世远：《合同法总论》（第四版），法律出版社2018年版，第171页。
④ 参见［德］迪特尔·梅迪库斯：《德国民法总论》，邵建东译，法律出版社2013年版，第343页。

但是《民法典》第 500 条、第 501 条中均规定了违反先合同义务之类型,具体包括恶意磋商、欺诈行为、故意泄露或者不正当使用商业秘密以及其他违背诚实信用原则的缔约行为。然而"保护义务"①能否通过《民法典》第 500 条第 3 款的兜底条款纳入"先合同义务"的范畴,进而承认基于此项概念亦发生缔约过失责任实有分析之必要。

在司法实践中,不少法院认为缔约过程中的先合同义务包含保护义务,②然而,在涉及缔约过程中违反保护义务之情形时又选择用侵权责任中的安全保障义务去规制。例如,"原审被告内江市市中区万园网吧在自己的经营场所与他人缔约服务合同过程中,不管合同是否成立生效,都具有照顾、保护对方免受人身损害这一法定的附随义务";③"原告张某与被告万达百货公司为缔结合同而进行接触、准备或磋商过程中,被告万达百货公司有义务保护原告张某的人身安全,对原告张某的人身损害存有过错"。④即便有法院认为"被告长丰公司……同时也违反法律规定的缔约中相互保护、照顾等先合同义务……严重违背诚实信用原则,其主观过错是明显的,依法应承担缔约过失责任",⑤该判决书中所提的"保护义务"也仅能作广义理解,而非保护与缔约目的无关的法益之义务。

在学理上,持反对意见者认为,缔约过程中的违反保护义务的行为由于涉及固有利益之保护,并且和缔约目的没有直接因果关系,因此仅成立侵权责任。⑥相反,也有人认为此种行为发生于缔约阶段,违反了依据诚实

---

① 一般而言,缔约阶段引起的所有义务都可以称作"保护义务",本段讨论的"保护义务"应作狭义理解,是指当事人从事缔约磋商之时因一方之过错,致他方与缔约活动无关的身体、健康、财产等法益受有损害之行为。

② 参见田某某与北京育新物业管理公司缔约过失责任纠纷一审民事判决书,(2014)海民(商)初字第 26776 号;上海劲轩国际物流有限公司与中国人寿财产保险股份有限公司上海市分公司财产保险合同纠纷一审民事判决书,(2018)沪 0109 民初 9552 号。

③ 参见余某某与童某某违反安全保障义务责任纠纷二审民事判决书,(2016)川 10 民终 365 号。

④ 参见张某与中建二局装饰工程有限公司、中建二局第三建筑工程有限公司等违反安全保障义务责任纠纷一审民事判决书,(2014)满民初字第 928 号。

⑤ 参见原告黄某与被告长丰公司、黄某辉挂靠经营合同纠纷一审民事判决书,(2017)苏 0116 民初 2048 号。

⑥ 参见孙森焱:《民法债编总论》,法律出版社 2006 年版,第 567 页;于飞:《我国〈合同法〉上缔约过失责任性质的再认识》,载《中国政法大学学报》2014 年第 5 期。

信用原则所产生的义务,所以受害人可以在侵权责任和缔约过失责任中进行选择。①

笔者认为,应从法律适用的角度对"保护义务"进行解释分析。首先,《民法典》第500条第3款作为兜底性条款,其弹性空间较大,由此可知,《民法典》第500条第1款、第2款仅为例示性规定,并不具有限定性作用。《民法典》第501条作为第500条的特别法,其法律后果包含了对固有利益(商业秘密)的赔偿。②既然违反保密义务的缔约过失责任已被《民法典》第501条明文规定,那么同属于缔约中加害行为案型的违反保护义务致人损害之行为为何必须"绝缘"于缔约过失责任体系?其次,《民法典》第500条第3款传递的精神是以遵守诚实信用原则与否的标准去判断是否违反先合同义务。由此,如果缔约一方在磋商过程中违反诚实信用原则致相对方固有利益受损,那为何不能据此认定缔约过失责任?

职是之故,"独立说"认为缔约过失责任不包括保护义务之理由不能成立。

(二)过错责任原则恰好能体现缔约过失与侵权之交集

为保障理性人的行为自由,促进个人积极进取,几乎所有国家的侵权法的基本归责原则都采过错责任。过错是令侵权人承担损害赔偿责任的唯一归责事由,除非法律另有规定。我国《民法典》第1165条第1款亦确立了侵权损害赔偿责任采过错归责的基本原则。但是随着近代社会工业文明的发展,一些大型企业所从事的经济活动即便尽了一般人的注意义务也难免损害,或者某人对于他人出于特定关系而具有控制力,但是直接加害人却无责任能力而免责。针对前述情形,如果依旧采过错责任原则对受害人反而不利,与侵权法填补损害的功能相悖。于是侵权法在基于公平正义之考量,在分担损害的途径上发展出了无过错责任。也就是说,适用无过错归责的侵权行为往往是立法政策上政治决断、道德规范机制的结果,因此对其认定相较一般侵权行为更加严格。我国民法典对无过错责任的侵权行为也仅在第1188

---

① 参见王利明:《合同法研究》(第一卷),中国人民大学出版社2015年版,第355—356页。

② 参见孙维飞:《〈合同法〉第42条(缔约过失责任)评注》,载《法学家》2018年第1期。

条、第 1189 条、第 1191 条、产品责任、机动车交通事故责任等章节条文中作出了封闭性规定。所以,无过错归责的侵权责任仅是侵权法上的例外情形,并不能因为缔约过失责任不存在这样的例外而将其从侵权责任体系中剔除出去。相反,同为缔约责任与侵权责任基本归责原则的过错责任反而模糊了两者之间的界分。

(三)侵权责任法也涵盖特别结合关系

一般而言,侵权法的调整对象仅限于在损害产生前未发生直接接触的当事人之间,而不包括因当事人之间的直接社会接触而产生的"特别结合关系"。[①]可以说,这种观点是在德国损害赔偿法二元结构的基础上发展出来的一种新颖的侵权理论,其并不能完全覆盖于我国的侵权法上。我国民法典侵权责任编中有些情形,也会因当事人直接的社会接触而负有较高的注意义务从而发生"特别结合关系"。比如,我国《民法典》第 1198 条规定的"安全保障义务",即公共场所的经营者、管理者或者群众性活动的组织者负有保障他人人身财产安全的注意义务。该注意义务强度显然高于侵权责任中的其他不作为义务。再如我国民法典侵权责任编第六章的"医疗损害责任",医务人员与患者在诊疗活动中产生的接触关系相较于社会一般普通关系更为密切,医务人员的保护义务更是远超消极的不作为义务。因此以侵权责任不以特别结合关系为前提的理由也不能成立。

(四)"独立说"是对缔约过失制度的错位继受

笔者通过逐一分析支持"独立说"的论据,发现独立说视野下的缔约责任仍然带有浓厚的德国法色彩,其本质是对德国法学说的错位继受。从比较法的角度看,如前所述,我国侵权行为法的规范模式不同于德国法,其雇主责任既不采过错推定归责,在调整范围上也能够涵射绝对权之外的法益。如此分析并不是说我国不需要继受缔约过失制度,而是意欲说明经过对该制度的本土化检讨,我们应视缔约过失责任为一种特殊的侵权行为,没有必要将其独立于侵权责任。

[①] 参见王泽鉴:《法学上之发现》,载《民法学说与判例研究》(第四册),北京大学出版社 2009 年版,第 7 页。

我国的缔约过失责任无独立于侵权责任之必要，并且应隶属于侵权责任。以比较法为观察视角，德国法中缔约过失责任的发展是为了弥补侵权责任固有的缺陷。而立足本国实证法与司法实践，经本土化检讨，可知我国民法典中的侵权责任不存在德国法上的缺陷，具体表现为：首先，侵权责任保护客体包括绝对权之外的民事权益，雇主责任归责原则采无过错责任。其次，我国严格区分雇佣与承揽，也没有建立债务人为履行辅助人负责机制，因此即便说"将缔约责任独立于侵权责任对缔约相对人保护程度更高"也缺乏我国实证法的支持。最后，由于我国民法典中的先合同义务也包括保护义务，过错责任原则反倒能体现缔约责任与侵权责任之交集，侵权责任也包括特别结合关系，因此，部分学者所支持的"独立说"实际是对缔约责任制度的一次错位移植。

利他合同第三人权利的司法认定

纪 闻[*]

摘 要：利他合同纠纷中常见的争议焦点是合同约定不明时如何认定第三人是否享有权利。民法典正式确立了利他合同规则，但未规定合同约定不明时的利他合同第三人权利解释规则，司法实践中也尚未形成具有解释力的第三人权利认定方法。比较法中的传统第三人权利认定方法"当事人意图考察"存在"双重意图困境"和"意图虚化困境"。结合利他合同制度史和第三人权利正当性理论而提出的"原因关系考察＋合同对价考察"方法，具有法理基础和民法典规范基础，其可操作性也能在现有的离婚赠与协议、货物运输合同等利他合同纠纷中得以体现。

关键词：利他合同　第三人权利　离婚赠与协议　货物运输合同

一、问题的提出

利他合同，也被称为第三人利益合同、利益第三人合同，是指合同双方当事人为第三人设定权利的合同。《民法典》第 522 条第 2 款[①]正式确立了利他合同规则，终结了前民法典时代《合同法》第 64 条是否为利他合同规

---

[*] 纪闻，最高人民检察院第六检察厅干部。

[①] 《民法典》第 522 条规定："当事人约定由债务人向第三人履行债务，债务人未向第三人履行债务或者履行债务不符合约定的，应当向债权人承担违约责任。法律规定或者当事人约定第三人可以直接请求债务人向其履行债务，第三人未在合理期限内明确拒绝，债务人未向第三人履行债务或者履行债务不符合约定的，第三人可以请求债务人承担违约责任；债务人对债权人的抗辩，可以向第三人主张。"

则的解释论之争,为第三人权利提供了明确的规范基础。当合同明确约定或法律明确规定第三人享有对债务人的直接请求权时,直接依据《民法典》第522条第2款认定第三人享有权利并无疑义。

然而,司法实践中常出现的情况是合同中没有明确约定第三人是否对债务人享有权利,仅是约定债务人向第三人给付。《民法典》第522条第1款(原《合同法》第64条)也规定了第三人仅能受领给付但没有请求权的不真正利他合同,因此在合同约定不明时,如何认定涉案合同是不真正利他合同还是利他合同,对于第三人利益有重大影响。

对于该问题,在立法层面,民法典并无明确规定;在司法层面,既有司法裁判尚未产生具体的第三人权利识别方法;①在理论层面,国内主要利他合同文献更多关注利他合同的比较法介绍、利他合同规则的规范解释论,尚未重点研究利他合同第三人权利的司法认定论。因此,本文尝试提出合同约定不明时的利他合同第三人权利认定方法,以期能更准确地适用利他合同规则。

二、"当事人意图考察"的认定困境

利他合同第三人权利的正当性基础决定了第三人权利的司法认定方法。传统主流的利他合同第三人权利正当性理论是"当事人意志论",即第三人权利来源于当事人的意志,合同当事人之所以愿意赋予第三人权利,是因为这种约定促进了他们的合同自由。通过将合同效力扩及于当事人之外的第三人,也就扩大了他们自由意志的实现范围。②建立在"当事人意志论"上的第三人权利认定方法即为在合同中考察当事人是否有赋予第三人权利的意图。然而,不同法域的司法实践表明,单纯考察"当事人意图"难以辨识第三人是否享有权利,从而难以准确区分利他合同和不真正利他合同。

---

① 笔者通过"中国裁判文书网"等数据库,以判决理由中包含"利他合同""第三人利益合同""利益第三人合同"为关键词,检索到争议焦点为第三人是否享有权利的裁判样本95个。样本中绝大多数案例没有就第三人的权利认定进行具体的说理论证。后文将运用本文提出的认定方法在既有裁判样本上进行检验。

② 参见张家勇:《为第三人利益合同的意志论基础》,载《清华法学》2008年第3期。

(一) 双重意图困境

"双重意图困境"是指通过"当事人意图考察"认定第三人是否享有权利时，仅当事人有"使第三人受益"的意图即可，还是要求当事人同时有"赋予第三人权利"的意图。

关于"受益意图"和"赋权意图"的争议，各法域的观点也不尽相同。在英国利他合同规则的立法过程中，就存在"受益意图"和"赋权意图"的讨论。法律委员会采纳了双重意图标准，即第三人取得权利既要有"受益意图"也要有"赋权意图"，理由在于仅有"受益意图"可能导致权利设定的不确定性，因此要对当事人意图的认定采取更清晰明确的标准。① 最终在英国的利他合同制定法《1999年合同法（第三方权利）》第1条规定，第三人享有权利有两种情形：一是当事人明确约定第三人享有权利；二是当事人没有明确约定时，在适当解释的基础上，如果合同表明当事人有受益意图且没有表明不愿意第三人强制执行合同时，第三人享有权利。可以看出，英国法对于约定不明时的认定标准是"受益意图＋适当解释"。英国法的双重意图标准对于第三人权利的认定更为严苛，因为当第三人提起诉讼时，在合同未明确约定赋权意图时，合同当事人为避免承担责任通常都抗辩自己没有赋权意图。② 英国立法对此的补救"适当解释"规则实际上难以发挥作用。立法和相关资料没有表明什么情形才是"适当解释"，司法裁判中也未形成类型化的认定标准，而且总体来看还是以否定第三人享有权利为主，因为在没有明确约定以及合同当事人抗辩无赋权意图的情况下，很难通过"适当解释"来证成第三人享有权利。因而英国学界认为，所谓通过"适当解释"来判断第三人是否享有权利，最终都变成通过"适当解释"来否认第三人享有权利。③

美国法没有强调双重意图标准，通常情况下只要求合同当事人有"受益意图"即可。然而，"受益意图"的问题是可能导致享有合同权利的第三人

---

① See The Law Commission, *Privity of Contract: Contract for The Benefit of Third Parties*, 1996, p. 76.

② See McKendrick, E. Contract Law. Macmillan Education, 2017, p. 130.

③ See Roe, T. "Contractual Intention under Section 1 (1) (b) and 1 (2) of the Contracts (Rights of Third Parties) Act 1999", Modern Law Review, Vol. 63, No. 6, 2000, p. 891-892.

范围过大。因为在利他合同的订立过程中,"向第三人的履行会使第三人受益"是合同当事人都能预见到的合同效果。如果仅要求"受益意图",那么几乎所有的向第三人履行的合同都是利他合同,利他合同和不真正利他合同的界限也就失去意义了。此外,"受益意图"的含义本身也模糊不清,例如"受益意图"的认定是合同当事人有使第三人受益的合同行为即可,还是要求第三人应得到受益的后果,或者还是让第三人可以通过诉讼程序实现合同利益即可?这都是美国法实践和理论中存在的问题。[①]

"双重意图困境"也存在于我国利他合同第三人权利的认定中。基于《民法典》第 522 条第 2 款"当事人约定第三人可以直接请求债务人向其履行债务"的文义解释,似乎立法上倾向于采纳"赋权意图"说,那么在合同约定不明时的司法认定中应考察双方当事人是否有赋予第三人权利的意图。但在实际法律适用过程中,也会存在和英国法中出现的同样问题,即难以证成合同约定不明时双方当事人的"赋权意图"。事实上,从我国利他合同裁判中也可发现只有少数案例分析到了当事人是否有赋予第三人直接请求权的意图,[②]更普遍的情况是,如果合同表明债务人应向第三人给付时,直接认定第三人享有权利。"应向第三人给付"考察当事人是否有使第三人接受债务人给付利益的意图,更接近于"受益意图"说,但也可能产生和美国法一样的问题,即享有权利的第三人范围过大,难以区分利他合同与不真正利他合同。

(二)意图虚化困境

"意图虚化困境"通过"当事人意图考察"认定第三人是否享有权利时容易出现两个极端:一是"约定不明即无意图",直接认定第三人不享有权利;二是"意图拟制过度",通过合同典型目的、公共政策等方法进行过度推定,实质上无视了合同当事人意图。

"约定不明即无意图"的现象多出现于利他合同制度确立初期。由于"当事人意图考察"在前述的"赋权意图""受益意图"上未能给出明确的认定标准,因此在约定不明时为了维护当事人意志作为第三人权利的正当性

---

① See Eisenberg, M. A. "Third-Party Beneficiaries", Columbia Law Review, Vol. 92, No. 6, 1992, p. 1378-1379.

② 参见(2010)卢民二(商)初字第 670 号民事判决书。

基础,司法裁判对权利认定的尺度过于收紧。例如美国早期的利他合同司法实践中,一些法院就采取了"清楚"(Clear)、"明示"(Express)、"确定"(Definite)标准,即合同无法明显表明当事人赋予第三人权利时,就认定第三人无权利。[①]我国目前的利他合同司法实践也多采取此态度。我国只有少数案例会在约定不明时继续探寻当事人意图,多数情况下如果合同没有明确约定第三人权利,法院不会继续考察第三人是否享有权利。"约定不明即无意图"的问题在于将现实缔约的过程过度理想化。事实上大部分利他合同的订立中,当事人不会在合同中"白纸黑字"地载明第三人享有权利,一旦发生违约纠纷,债务人自然抗辩合同无"赋权意图"或"受益意图",而第三人作为非缔约方,想证明合同中有明显的当事人意图是相当困难的。因此,"约定不明即无意图"实际上用简单的形式标准代替真实的当事人意图分析,阻碍了第三人权利的实现。[②]

"意图拟制过度"的现象则多出现在利他合同制度发展较为成熟的时期。由于利他合同适用的领域不断扩大,对第三人的保护成为司法政策考量的重心,因此在合同约定不明时,有时法院更像是"创设"了当事人的赋权意图。例如在法国著名的"血液污染案"中,医院通过快递公司将血液寄给患者,但患者收到血液时发现已被污染,由此通过合同请求权起诉快递公司,法院支持了患者的请求。评论认为,法院在该案中为了保护患者,相当于"创设"了患者的受益第三人请求权。这是因为在侵权救济中,需要患者证明快递公司有过错,而在合同救济中,是快递公司需要证明其不存在过错。[③]

更显著的例子是运输合同。德国、日本和我国台湾地区基本都将为第三人订立的运输合同视为利他合同,我国大陆也有越来越多的学者将此类运输合同,尤其将快递合同视为利他合同。基于"当事人意志论",运输合同是利他合同的证成思路为合同当事人有为第三人(收货人、旅客等)设定权利

---

① See Eisenberg, M. A. "Third-Party Beneficiaries", Columbia Law Review, Vol. 92, No. 6, 1992, p. 1379.

② See Prince, H. G. "Perfecting the Third Party Beneficiary Standing Rule under Section 302 of the Restatement (Second) of Contracts", Boston College Law Review, Vol. 25, No. 5, 1984, p. 928.

③ See Hallebeek, J. and Dondorp, H. Contracts for A Third-Party Beneficiary: A Historical and Comparative Account. Brill, 2008, p. 146.

的意图。然而现实中几乎很少有运输合同载明合同当事人的赋权意图，那么就只能通过合同目的解释，拟制此类合同中当事人有赋权意图。意图拟制的解释方法实际上让当事人意图变得无关紧要，解释的目的不在于探寻当事人是否真的愿意向第三人提供给付，而是为了第三人的损害提供请求权基础，以致也有观点认为收货人权利不是来自合同约定，而是法律特别规定。① 我国目前处于利他合同制度确立初期，"意图拟制过度"的现象还较为少见，但是从比较法的经验来看，未来我国利他合同司法实践也有可能出现该现象，因此需要在研究中予以关注。

（三）两大困境成因

"双重意图困境"和"意图虚化困境"的成因在于其第三人权利理论基础"当事人意志论"在现代社会背景中的解释力面临着重大挑战。

一是当事人意志是否还为合同效力正当性的唯一基础。"当事人意志论"发端于18—19世纪自然法理论和自由主义哲学的全盛时期，对于这个时代的意志理论法学家和哲学家来说，意志是合同效力的核心概念。② 然而，自20世纪开始，随着社会经济的发展、社会分工和交换的强化，阻碍合同自由的权力、等级和命令也大量出现。合同表现出来的关系对当事人的束缚开始加强，囊括合同当事人、普通第三人、社会组织乃至国家的合同关系复杂化，"关系性契约"的难题随即出现。理论界开始认为合同关系已不单是当事人磋商的结果，当事人合意也不再是其承担合同责任的唯一依据。合同已经成为包括当事人合意在内的多种社会因素博弈的结果，合同关系开始高度社会化，合同具有了承载多重社会关系的能力，传统合同的意思问题在现代转化成与合同相关的"关系性难题"。③ 例如英国学者阿蒂亚认为，合同中的自由选择价值的重要性正在衰减，非自愿的权利义务的重要性在提升，具体表现为以允诺为基础的合同责任在减少，以受益或信赖为基础的合同

---

① 参见黄立主编：《民法债编各论》（下），中国政法大学出版社2003年版，第689页。
② 参见[美]詹姆斯·戈德雷：《现代合同理论的哲学起源》，张家勇译，法律出版社2006年版，第283页。
③ 参见刘承韪：《契约法理论的历史嬗迭与现代发展——以英美契约法为核心的考察》，载《中外法学》2011年第4期。

责任在增加。①

二是"当事人意志"论能否回应现代利他合同在主体和应用领域上的变化。传统利他合同多发生在以自然人为缔约主体的情景中,而现代利他合同更多地运用于组织与组织之间。组织体交易常见的涉他性和关系性以及合意的复杂性,分别体现出对自然人交易的相对性、简单功利交换和一对一"合意"内涵的突破。②关注自然人当事人意图的分析方法在现代以公司为主体的合同中往往解释力匮乏,当事人意思的探寻难以有效解读公司间合同的目的。③因而在美国现代利他合同案件中,尤其是以组织体为合同当事人的案件中,对于第三人权利的认定,"第三人信赖"要比"当事人赋权意图"更为常用。④利他合同的适用领域也发生了变化。传统利他合同所涉的法律关系多为债权人和第三人有在先的借贷关系或债权人希望赠与第三人财产等,而现代利他合同开始应用于私主体联系密切的合同网络中。合同网络又被称为契约群,是指多个合同以特定因素(缔约目的、交易标的或合同主体等)彼此关联而形成的合同群落,譬如供应链契约群、基础设施建设契约群、互联网交易平台契约群、金融契约群等。⑤利他合同网络的特征在于合同主体(利他合同当事人和第三人)数量多、主体流动性大(主体的进入和退出具有开放性)。美国新近的研究发现,在合同网络式的利他合同裁判中,由于合同网络主体的变动性,此种合同中往往不会载明具体的受益意图和确定的受益人,传统意图解释方法难以适用,法院在当事人意志论基础上的拟制解释也具有不确定性。⑥

---

① See Atiyah, P. S. The Rise and Fall of Freedom of Contract. Claredon Press, 1979, p. 4-7.

② 参见冯果、段丙华:《公司法中的契约自由——以股权处分抑制条款为视角》,载《中国社会科学》2017年第3期。

③ See Oman, N. "Corporations and Autonomy Theories of Contract: A Critique of the New Lex Mercatoria", Denver University Law Review, Vol. 83, No. 1, 2005, p. 107-108.

④ See Paglin, O. S. "Criteria for Recognition of Third Party Beneficiaries' Rights", New England Law Review, Vol. 24, No. 1, 1989, p. 113.

⑤ 参见徐英军:《契约群的挑战与合同法的演进——合同法组织经济活动功能的新视角》,载《现代法学》2019年第6期。

⑥ See Alan, S and Scott, R.E. "Third-Party Beneficiaries and Contractual Networks", Journal of Legal Analysis, Vol. 7, No. 2, 2015, p. 326-330.

三、"原因关系考察+合同对价考察"的认定思路

为化解"当事人意图考察"思路在认定第三人权利时出现的困境,本文提出"原因关系考察+合同对价考察"的认定思路,即合同没有明确约定时,先考察第三人和债权人之间是否存在法律关系,若无则第三人不享有权利;若有则主要通过合同对价考察债务人是否从债权人处得到相应的利益,若合同对价具有合理性,则表明债务人同意通过利他合同实现第三人利益,那么第三人享有权利。该认定思路的法理基础可从利他合同中的原因关系和第三人权利的正当性基础上探寻,在具体适用时可借助民法典中的合同解释规则进行个案认定。

(一)"原因关系考察+合同对价考察"的法理基础

1. 原因关系的再审视

大陆法系利他合同理论中,债权人和债务人之间的关系被称为基础关系或补偿关系,第三人和债务人之间的关系被称为执行关系或履行关系,第三人和债权人之间的关系被称为原因关系或对价关系。本文的认定思路第一步要考察的就是第三人和债权人之间是否存在原因关系,那么首先要回答的是原因关系对于第三人权利产生有何意义。

利他合同中第三人权利中的利益来自第三人和债权人之间的原因关系。通过对利他合同史的梳理可发现,利他合同的制度功能在于实现债权人和第三人间的利益关系。

具体而言,向第三人履行的制度最早可追溯至罗马法中的"任何人不得为他人缔约",其含义是如果这种契约没有为债权人带来利益则无效,从反面来说,如果某人为他享有利益的第三人订立要式合约,则该要式合约有效。①这种利益情形主要为第三人是受约人的债权人。在这种情况下,立约人的履行可以清偿受约人的债务,从而避免被第三人强制执行罚金或抵押财产。②因此,"为第三人缔约"在受约人和立约人内部间的生效要件是受约人

---

① 参见李飞:《委托交付制度的历史与现实——兼论我国〈合同法〉第64条的定性》,载《比较法研究》2014年第8期。

② 参见[意]彼德罗·彭梵得:《罗马法教科书》,黄风译,中国政法大学出版社1992年版,第313页。

和第三人存在经济利益关系。

在17—18世纪的古典自然法时期,第三人的利益有了新的表现形式,即第三人是票据交易中的持票人。票据交易中出票人和受票人约定由受票人向持票人付款,以结算出票人和持票人之间的交易关系。这种交易模式中第三人能否直接向受票人请求给付和行使诉权,对第三人利益影响重大。该时期的社会需求促使实践和理论上允许第三人直接对债务人行使权利。[1]因此,第三人在原因关系中的利益实现开始成为第三人权利理论证成的现实动因。

19世纪后,赠与开始成为原因关系的重要形式。在民法典运动初期的法国,这种赠与主要体现为家主死后对家属未来的抚养安排,通过人寿保险实现,故人寿保险金可视为投保人对受益人的生前赠与。[2] 20世纪初,美国《合同法第一次重述》第133条将债权人对第三人的赠与作为利他合同第三人的类型之一,即受赠受益人。现代第三人在原因关系中的利益形态更加丰富。原因关系不限于合同关系,还包括侵权责任、无因管理、不当得利和缔约过失等债权关系,也可以是抚养与赡养等人身关系,还可以是用人单位与劳动者之间的劳动关系等。[3]

从上述梳理可知,债权人使第三人享有请求权,必定有一定的原因,该原因的种类具有开放性,可以无偿也可以有偿,可以是合同关系也可以是身份关系,但本质都是为了赋予第三人利益。因此,利他合同中债务人向第三人的给付,实际上可被视为债权人向第三人所为给付的间接履行,是债权人使第三人获得利益的手段。因此,在原因关系中的利益是第三人最终能够享有利他合同给付的法律原因。

明确利他合同是为了实现原因关系中第三人的利益,利他合同与不真正利他合同的区别也得到进一步厘清。一般认为,利他合同与不真正利他合同的区别是前者第三人有权利,后者第三人无权利,但这是不同的表象,两者的区别不是纯粹的解释问题,而是原因关系上的区别。利他合同中的利益设

---

[1] See Hallebeek, J. and Dondorp, H. Contracts for A Third-Party Beneficiary: A Historical and Comparative Account. Brill, 2008, p. 55-67.

[2] 参见岳卫:《利他型人寿保险中投保人与受益人的对价关系》,载《法学研究》2017年第6期。

[3] 参见张婧:《真正第三人利益合同关系的相对性及类型化》,载《商业研究》2017年第4期。

定是为了满足第三人和债权人之间的原因关系,所以给付是第三人以自己的名义为自己利益受领;不真正利他合同中,第三人虽然是以自己的名义却是为债权人的利益而受领履行,因为该种合同中不考虑第三人和债权人的原因关系,第三人受领的利益是来自债权人和债务人之间的关系,不是自己和债权人间的关系。①

因此,当合同对第三人权利约定不明时,首先考察第三人和债权人之间是否存在法律关系,这种法律关系一般多为买卖、借贷等合同关系。如果不存在法律关系,那么第三人仅是履行受领人,不享有对债务人的直接请求权,该合同即为《民法典》第522条第1款规定的不真正利他合同。

2. 第三人权利证成的再思考

原因关系描述了第三人利益的来源,但是利益不等于第三人权利,需要进一步分析第三人利益如何上升为第三人权利,这也是"合同对价考察"所要判断的。"合同对价考察"中的要旨在于第三人在原因关系中的利益是否经过债权人、债务人、第三人的认可上升为权利。第三人权利司法认定论的理论基础在于第三人权利正当性论,因而"合同对价考察"的法理基础也在于如何证成第三人权利的创设。

利他合同第三人权利的证成需解释合同中三方主体利益、意志和权利的关系。现代权利理论中的"权利程序理论"可作为理论框架,其理论要旨为权利的本质内容是利益,该利益通过主体的正当性程序评价后上升为权利。权利的内核是利益,但并非所有利益都上升为权利,只有被正当性程序评价后的利益在法律上才被描述为权利。正当性程序评价是指主体可以平等自由地参与利益的评价,评价后的利益包含了主体的意志。由此,"权利程序理论"打通了利益、意志、权利之间的关系,即"利益—正当性程序评价(主体意志)—权利(正当利益)"。②

运用"权利程序理论"的利他合同第三人权利的证成可简述为:第三人权利的利益内核来自第三人和债权人之间的原因关系,此种利益通过债权

---

① 参见李飞:《委托交付制度的历史与现实——兼论我国〈合同法〉第64条的定性》,载《比较法研究》2014年第8期。

② 参见彭诚信:《现代权利理论研究——基于"意志理论"与"利益理论"的评析》,法律出版社2017年版,第192—198页。

人、债务人、第三人自由平等地在利他合同程序中评价后成为正当利益，在法律上表现为第三人的权利。具体而言，在利他合同中合同当事人都参与评价了第三人在原因关系中的利益。对于债权人而言，利他合同是实现他和第三人原因关系中第三人利益的手段，因此债权人希望通过利他合同让债务人向第三人给付利益。对于债务人而言，缔结利他合同不是为了创设第三人权利，而是为了从债权人处得到相应的利益。第三人权利的创设过程中也应当包含第三人的参与。第三人参与利他合同体现为，第三人同意债权人通过利他合同实现其利益，如果第三人不同意他的利益通过利他合同实现，则可以行使拒绝权使该权利没有被创设，那么第三人利益只能在他和债权人的原因关系中实现。综上所述，当第三人在原因关系中的利益在利他合同程序中经过三方主体参与评价后，上升为可向债务人行使的权利。

建立在上述第三人权利正当性理论基础上的"合同对价考察"具体表现为：由于原告是第三人，所以提起诉讼已经表明他没有拒绝第三人权利；债权人通常不是被告，所以重点在于债务人是否愿意通过利他合同实现债务人自己的利益，而非债务人有没有赋予第三人权利的意图。在合同无明确约定的情况下，债务人往往抗辩自己没有赋予第三人权利意图，因此判断债务人是否已经同意通过利他合同实现自己的利益，主要从合同对价入手，即债务人从债权人处得到的对价是否合理。对价合理性可结合利他合同中的其他条款、交易习惯等要素综合判断。如果对价合理，则可认定第三人在原因关系中的利益经过利他合同三方主体认可上升为权利，那么第三人可直接向债务人主张权利。

（二）"原因关系考察 + 合同对价考察"的规范基础

"原因关系考察 + 合同对价考察"旨在填补民法典未规定、司法实践未达成共识的利他合同第三人权利解释规则。由于实践中利他合同第三人权利约定的模糊性以及传统"当事人意图考察"的适用困境，利他合同制度较为成熟的法域在立法上或司法中形成了专门针对利他合同第三人权利的解释规则。例如《德国民法典》第329条规定了债务加入式的利他合同第三人权利解释规则，第330条规定了第三人终身定期金合同的第三人权利解释规则，第331条和第332条规定了利他遗赠合同的第三人权利解释规则；美国《合同法第二次重述》对于约定不明的第三人权利采用信赖解释规则，即如果合同使受益第三人产生其被赋予权利的合理信赖,则应当认为该受益人是享有权利的意定受益人。①

在解释论的立场上,我国民法典中的一般合同解释规则可成为"原因关系考察+合同对价考察"解释路径的规则依据。《民法典》第142条在原《合同法》第125条的基础上,确立了文义解释、整体解释、目的解释、性质解释、习惯解释、诚信解释等一般合同解释规则。"原因关系考察"可纳入目的解释规则,"合同对价考察"可纳入整体解释、习惯解释规则,由此构建民法典中的利他合同第三人权利解释规则。

1. "原因关系考察"与合同目的的解释规则

"原因关系考察"纳入合同目的的解释的思路是,当利他合同对于第三人权利约定不明时,实现第三人和债权人在先的法律关系是不是合同的履行目的。我国司法实践中有案例作出了初步的探索,即在通过查明合同履行目的是偿还债权人对第三人的借款,从而认定第三人对债务人享有直接请求权。②

2. "合同对价考察"与整体解释、交易习惯解释规则

"合同对价考察"判断的是债务人从债权人处得到的对价是否合理。合理的合同对价表明债务人同意通过利他合同实现第三人在原因关系中的利益,是债务人承担合同责任的交换条件。合理性的判断可结合合同中的其他条款进行整体解释,例如通过合同整体的权利义务分配来判断该合同对价是否为向第三人承担责任的交换条件。交易习惯本就具有判断合同经济合理性的功能,即交易习惯应能促进当事人经济利益增长,至少是促进一方当事人经济利益的增长,并且另一方的损失小于增长的范围。③因此,合同对价是否符合该行业利他合同的对价标准或当事人之前订立的利他合同对价标准,也可成为判断对价合理性的考量因素。

四、"原因关系考察+合同对价考察"的具体适用

本文将在具体案型中检验"原因关系考察+合同对价考察"的可操

---

① 参见美国《合同法第二次重述》第302条评注。
② 参见(2020)赣1102民初3463号民事判决书。
③ 参见陈彦晶:《商事习惯之司法功能》,载《清华法学》2018年第1期。

作性。通过"中国裁判文书网"等数据库,以判决理由中包含"利他合同""第三人利益合同""利益第三人合同"为关键词,截至2021年4月15日,检索到争议焦点为第三人是否享有权利的相关裁判样本中,①数量较多的纠纷类型为离婚赠与协议纠纷和货物运输合同纠纷。离婚赠与协议是指夫妻双方在离婚协议中订立了赠与其子女财产的情形,也被称为离婚协议中的"赠与子女财产条款"或"离婚协议中的第三人利益条款"。这种纠纷的争议焦点是子女是否有权向离婚协议中约定向其给付的一方提起诉讼,要求给付方依约履行义务。货物运输合同纠纷中的争议焦点则为当收货人和托运人并非同一人时,收货人可否基于运输合同向承运人主张合同权利。下文将在这两种案型中适用"原因关系考察+合同对价考察"的认定思路。

(一)离婚赠与协议中子女权利的认定

在离婚协议中,往往仅约定了父母一方向子女给付财产,但并未明确子女是否享有请求权。在裁判样本中发现,对于子女是否享有权利的认定几乎各占一半。认定子女享有请求权的判决未正面阐明理由,通常是直接认定此类条款是利他合同条款,因而子女享有独立请求权。②认定子女无请求权的案件中,往往认定离婚赠与协议是"经由指令而为给付"的不真正利他合同,因而子女无独立请求权。③

既有理论研究中,认为离婚赠与协议是"经由指令而为给付"的代表性理由是离婚协议约定夫妻一方或双方财产归属子女,探究其本意,是夫妻双方就离婚时财产归属而向对方所作之允诺,没有向子女作出允诺。④该类观点值得商榷。一是未依据利他合同原理分析夫妻双方的意思表示。现代利他合同中向第三人的允诺不是独立于合同双方当事人间的允诺,债权人和债务人约定由债务人向第三人给付,债务人获得合同对价,并不需要单独向第三

---

① 案例检索中排除了利他人身保险纠纷和第三者责任保险纠纷,因为《保险法》规定了这两种保险中受益人的直接请求权,因此利他人身保险合同和第三者责任保险合同属于法定的利他合同,并非本文所讨论的对第三人权利约定不明的利他合同。
② 参见(2015)石民一终字第01091号民事判决书。
③ 参见(2017)苏0404民初2626号民事裁定书。
④ 参见许莉:《离婚协议效力探析》,载《华东政法大学学报》2011年第1期;陈敏、杨惠玲:《离婚协议中房产归属条款相关法律问题探析》,载《法律适用》2014年第7期。

人发出允诺。二是该类观点难以为约定不明时的离婚赠与协议提供权利识别方法。如果离婚赠与协议明确约定子女的权利,自然可被认为有向子女作出允诺,但实践中常见的往往是对子女的权利约定不明,该类观点未能给出较有解释力的方案。认为离婚赠与协议是利他合同的多数观点目前仅处于规范构成讨论的阶段,主要从法律构造相似的角度认定此类协议为利他合同,但未对三者间的关系进行具体阐述。该领域的代表性文献也认为应当从理论层面论证父母与子女原因关系上的具体构成。①

依照本文提出的方法,首先要考察第三人利益是否存在于原因关系中。本文认为该种原因关系是亲属法中父母对子女的法定权利义务关系。《民法典》第1084条规定:"父母与子女间的关系,不因父母离婚而消除。离婚后,子女无论由父或者母直接抚养,仍是父母双方的子女。离婚后,父母对于子女仍有抚养、教育、保护的权利和义务。"该条文是离婚后父母仍然对子女承担义务的规范基础。该法定义务表明,子女本就在和父母的身份法律关系中享有利益,父母通过离婚协议中的赠与条款履行对子女的抚养义务。实践中,此类条款通常表现为"一次性给付子女房屋或其他价值较大的财产",从而保障子女未来的生活需要。

法定义务表明了离婚赠与协议中子女请求权的利益来源,但仅完成了"原因关系考察"。还需要进行"合同对价考察"来认定给付方是否同意通过利他合同实现子女在原因关系中的利益。此时,可运用整体解释判断离婚协议中的对价合理性。离婚协议是对子女抚养、财产及债务处理等事项的"一揽子计划",因此可结合离婚协议中抚养权的归属、其他财产和债务的分配情况等约定,来判断给付方向子女承担合同责任是否违背其意愿,从而最终认定子女对给付方是否享有直接请求权。

(二)货物运输合同中收货人权利的认定

目前我国立法中没有直接将收货人为第三人的货物运输合同定性为利他合同,因而本文的方法对于收货人权利的认定仍有一定的应用价值。现有司法实践中关于支持收货人合同请求权的裁判基本避开了合同中是否有收货人

---

① 参见陆青:《离婚协议中的"赠与子女财产"条款研究》,载《法学研究》2018年第1期。

权利的约定，直接认定收货人是利他合同中的第三人。① 对于否认收货人合同请求权的裁判，多以合同相对性为由驳回。例如入选 2015 年最高人民法院十大消费者维权典型案例的"杨波诉巴彦淖尔市合众圆通速递有限公司乌拉特前旗分公司、付迎春网络购物合同纠纷案"中，法院认为，根据合同相对性原则合同只约束缔约双方当事人，速递公司将货物错交给他人，属于托运人与速递公司之间的运输关系，故对收货人关于速递公司应当承担赔偿责任的请求不予支持。②

既有国内理论中，多数观点认为此类货运合同为利他合同，故第三人享有合同请求权。其主要理由是货运合同法律关系结构与利他合同一致；将收货人定性为有请求权的第三人有助于保障其利益。③ 这种论证理由值得商榷。一是关于"构造相近"，货运合同和非真正利他合同，以及由第三人履行合同制度的法律关系构造都很相近，都是合同当事人和第三人；二是单纯"保护收货人利益"理由不足以证成收货人享有权利。

依照本文的方法，首先考察收货人和托运人之间的原因关系。收货人和托运人之间的原因关系，通常为买卖合同。在第二步的"合同对价考察"中，通常承运人取得向收货人履行的对价即运费，由此在货运合同没有其他约定排除收货人权利时，收货人的利益经过利他合同上升为对承运人的权利。该种证成思路不仅可运用于托运人支付运费的寄付型货运合同中，同样也可运用于收货人支付运费的到付型货运合同中。到付型货运合同的特殊之处在于如何理解承运人是从收货人处获得利益，是否与利他合同中第三人不承担义务的特征相悖？该问题的本质在于利他合同中可否约定附条件的第三人权利。传统利他合同理论也承认可以约定第三人承担有限义务，只要该义务不超过其享有的利益。④ 承认到付型运输合同是利他合同也能解释当收货

---

① 参见（2014）东商终字第 94 号民事判决书。
② 参见（2013）乌前民初字第 2301 号民事判决书。
③ 参见周洋：《快递行业消费者权益定位与法律救济》，载《重庆社会科学》2012 年第 8 期；苏号朋、唐慧俊：《快递服务合同中的消费者权益保护》，载《东方法学》2012 年第 6 期；郑佳宁：《快递服务合同违约损害赔偿的理论剖析与审视》，载《北京社会科学》2017 年第 9 期；胡家强、苏雨彤：《快递损害赔偿法律问题探析》，载《中国海洋大学学报（社会科学版）》2017 年第 4 期。
④ 参见吴文嫔：《论铁路货物运输合同收货人之法律地位》，载《北京交通大学学报（社会科学版）》2013 年第 3 期。

人不付款时，承运人可拒绝交货，这是承运人依据利他合同中的基础关系而产生的抗辩权。①

综上所述，"原因关系考察＋合同对价考察"在离婚赠与协议和货物运输合同这两种现有主流利他合同纠纷中得到初步检验。此外，该认定方法也能为我国司法实践尚未经常出现的前沿利他合同纠纷提供思路。例如对于第三人不承担责任的利他免责条款纠纷，认定该第三人是否享有抗辩权时也可考察第三人和债权人的原因关系以及考察合同中限免第三人责任对债务人造成的损害是否和债务人得到的对价相均衡；对于政府和社会组织为受益公众订立的政府购买公共服务合同纠纷，认定受益公众的权利时也可考察原因关系中受益公众和政府的公共福利给付关系以及考察合同中质量保证和政策性优惠等要素判断对价合理性。

---

① 参见张家勇：《为第三人利益的合同的制度构造》，法律出版社2007年版，第268页。

无名合同法律适用研究：困境与反思

黄俊杰　杨浩宇*

摘　要：无名合同是指法律没有对其专门规定名称和规则的合同。民法典合同编沿袭合同法无名合同的适用原则，赋予法官类推适用的权力。《民法典》第467条作为授权式类推适用条文，极大程度依赖于承办人的自身素质，一定程度上使无名合同同案不同判情形的发生。为了更好地发挥无名合同的法律作用，规范法官的司法裁判行为，在无名合同的法律适用规则上应当遵循特定的适用顺序：优先通过合同编通则对无名合同的效力进行判断，具体规则可参照分则与其他法律的规定；对混合合同的法律适用除应坚持综合说的观点，还应正确划定参照适用的边界。

关键词：无名合同　法律适用规则　参照适用　类推

无名合同的存在是由我国经济发展的现实需要决定的，并随着契约自由理念在我国的普及而蓬勃发展。我国民商事活动日益频繁，技术的更新、社会的变革使合同关系变得更加复杂，合同的种类越来越多，仅靠《民法典》合同编分则部分所规定的19种典型合同已经不能满足社会现实的需要，但"合同法不会也不可能将所有种类的合同规定无遗"。[①]

为缓解司法实践的压力、给予法律适用指引，原《合同法》第124条确

---

* 黄俊杰，四川省成都市金牛区人民检察院二级检察官；杨浩宇，民法典国民科普教育基地研究员，西南政法大学兼职硕士导师。

① 于飞：《合同法总则代替债法总则立法思路的问题及弥补——从"参照适用"的方法论性质切入》，载《苏州大学学报（法学版）》2018年第2期。

立了无名合同的适用规则,规定无名合同适用合同法总则的规定,参照适用合同法分则或其他法律中最类似的规定。2020年5月28日正式颁布的《中华人民共和国民法典》(以下简称《民法典》)第467条第1款仅在条文表述和体例编排上对原《合同法》第124条规定进行了细微调整,沿袭了其对无名合同适用规定的精神:在合同编分则中未规定的合同可以适用合同编通则的规定,并可参照适用其他类似的合同的法律规定。这种规范方式为处理无名合同案件时提供了法律指引,但条文中出现的"可以参照适用""最相类似"等不确定性文字又为该规则在法律适用上带来了阻碍。

民法典并不是我国民法研究的终点,而是民法再体系化的起点。[①] 准确理解民法典条文的内涵并适用于法典化时代尤为重要,厘清无名合同适用规则有利于无名合同在民商事活动中的发展,有利于正确裁判维护司法公正。"参照适用"作为重要的立法技术,极大精简了法律条文的数量,但实践中对"参照适用"的理解和运用极大程度依赖于承办人的个人素质。民法典时代,对法的解释提出了更高的要求,"可以参照适用"的不同理解和适用可能导致同案不同判现象发生,这会极大程度损害我国的司法正义。无论是从无名合同的绝对数量还是其在社会生活中的运用范围来看,无名合同纠纷中的法律适用问题都是法律实践中的重点与难点,有必要对无名合同相关条文进行分析,以寻找无名合同纠纷解决的正确路径。除对无名合同适用规则的顺序进行分析外,缓解无名合同司法裁判难题还需对"参照适用"和"最相类似"词语的法律内涵进行分析,对参照适用的界限进行认定、对类型化标准进行确定,使在面对社会转型阶段出现的新问题时可以在保留相当灵活性的基础上确保裁判的公正合理。

一、无名合同概述

(一)无名合同的概念

无名合同是指法律规范未明文赋予特定名称的合同,是契约自由原则的产物,与有名合同相对应。以"有名""无名"方式进行分类最早可以追溯到罗马时期。但罗马时期契约是否"有名"主要是看诉讼法上是否有名,因

---

① 参见王雷:《民法典适用衔接问题研究》,载《中外法学》2021年第1期。

此，此时的"无名"与现代法的"无名"有着本质区别。① 后无名合同理论的研究经由罗马法复兴迈入新阶段，并向现代化含义所转变，为两大法系所接受。无名合同的产生与发展顺应了时代的变化与发展，是法律充分保障民事主体意思自治的体现，是对民法自由、平等原则的尊重，"非典型契约一方面采取契约自由原则，一方面又是典型契约的产物"。②

（二）无名合同的分类

不同学者对无名合同的类型有着不同的解读，有学者认为无名合同依其内容可以分为三类：纯粹非典型契约、契约联立和混合契约；③ 有学者认为应当是：纯粹的无名契约、准混合契约和混合契约三类；④ 有学者将无名合同分为纯粹的无名合同、混合合同和准混合合同；⑤ 还有学者认为除纯粹的无名合同和混合合同外，联立合同与准混合合同也是无名合同的一种。⑥ 对上述观点进行归纳可以发现，学界普遍承认无名合同包含纯粹无名合同和混合合同两种，对无名合同类型的分歧在于是否将准混合合同、契约联立作为独立的无名合同类别，特别是合同联立的认定问题上学界存在较大分歧。

笔者认为采取两分法更为恰当。首先，合同联立仅是合同存在的方式，与其是否"有名"并无必然联系。"数个合同不失其个性，而相结合着"⑦ 称之为合同联立，通过该定义可知，合同联立的一项重要特征是各合同保有"独立个性"，但合同独立个性的保留与合同是否"有名""无名"并无联系，它不发生法律适用的困难。例如甲在购买房屋时同时约定由房产公司负责在庭内修建游泳池，在该种类型的合同中，买卖合同与承揽合同之间保有自己

---

① 参见杨小强：《非典型合同论》，载《中山大学学报（社会科学版）》1997年第S1期。
② 参见窦安旎：《浅析无名合同的法律适用——以租友合同为视角》，载《当代经济》2015年第18期。
③ 参见王泽鉴：《债法原理》（第一册），中国政法大学出版社2001年版，第110—114页。
④ 参见史尚宽：《债法总论》，中国政法大学出版社2013年版，第10—11页。
⑤ 参见王利明：《合同法研究》（第一卷），中国人民大学出版社2002年版，第25页。
⑥ 参见杨立新：《合同法专论》，高等教育出版社2006年版，第43页。
⑦ 史尚宽：《债法总论》，中国政法大学出版社2013年版，第11页。

的独立地位，但从本质来说其仅为两个有名合同的单独订立，并不会发生合同混合的情形，可以对其分别适用买卖合同和承揽合同进行规范。其次，准混合合同应属于混合合同的一种。准混合合同是指合同的一部分由有名合同组成，其他部分不属于任何有名合同，混合合同指合同本身是由有名合同的部分内容与其他合同结合构成的一个合同。从组成部分来看，准混合合同与混合合同并无差别。笔者认为，依照混合合同的概念和特征，只要合同存在有名合同的部分，其余部分是不是有名合同、各部分的混合比例大小对认定其为混合合同并无实质影响，这些因素仅可能影响法官参照适用相关有名合同的程度和范围。因此，完全可以将准混合合同纳入混合合同之中，归于混合合同的一个类型。综上所述，按照无名合同的内容，将无名合同分为纯粹的无名合同和混合合同两类较为妥帖。

（三）无名合同的现实意义

无名合同随市场经济的发展而不断发展壮大。从数量上看，无名合同已成为现代社会经济活动的重要组成部分，以无名合同为关键词在中国裁判文书网进行搜索，检索出多达12832篇涉及无名合同的裁判案例。从立法功能来看，无名合同还有填补法律漏洞之功效。法律不可避免具有滞后性，有名合同不可能将社会中出现的所有合同涵盖其中，给法官提供明确的规则指引。即便无明文规定，法官也必须在既有的规则体系中寻找适当的法律规则甚至援引法律原则，为解决无名合同纠纷提供法律依据。

无名合同在实践中的运用是合同法不断完善的动力来源。契约自由作为现代合同法的一项重要原则，指引人们进行商事交往。依据契约自由原则，行为人只要不违反法律规定和公序良俗，即可依照自己的意愿订立合同，各种新型合同由此产生和发展。新型合同不断发展成熟，当其发展到一定阶段具有普遍适用性时，这些新型合同又会朝着有名合同转化。例如物流服务合同，随着我国物流产业的不断发展，物流服务成为人们生活中不可或缺的部分，为了更好地调整这一社会关系，民法典将原属于无名合同的物流服务合同新增于合同编分则中，成为有名合同的一种。从这一方面来说，无名合同的发展也会推动合同法的完善。因此，无论是从其数量，还是对立法的作用来看，无名合同都具有无可比拟的现实价值和不可替代性。

二、无名合同法律适用现状及评析

民法学本质为实用法学,对民法问题的研究最终还是要立足于其实际现状,对无名合同适用现状进行分析可以对无名合同相关状况进行量化考察,为寻找和解决无名合同问题提供实证来源。"法律的生命在于经验",司法实践中的大量无名合同案件为明确适用标准提供了参照。对实证情况的分析不仅有利于为无名合同规则的适用顺序和范围提供实践经验支撑,还为民商事活动中类推适用的规则提供了参考。本文以中国裁判文书网数据库作为样本选取的来源,以原《合同法》第124条作为法律依据,[①]以民事案件为限定,对中国裁判文书网公开文书进行检索,截至2021年4月8日共检索出相关文书12832篇,获得充足的样本数据。

(一) 2011 年至 2021 年无名合同裁判数量年份分析

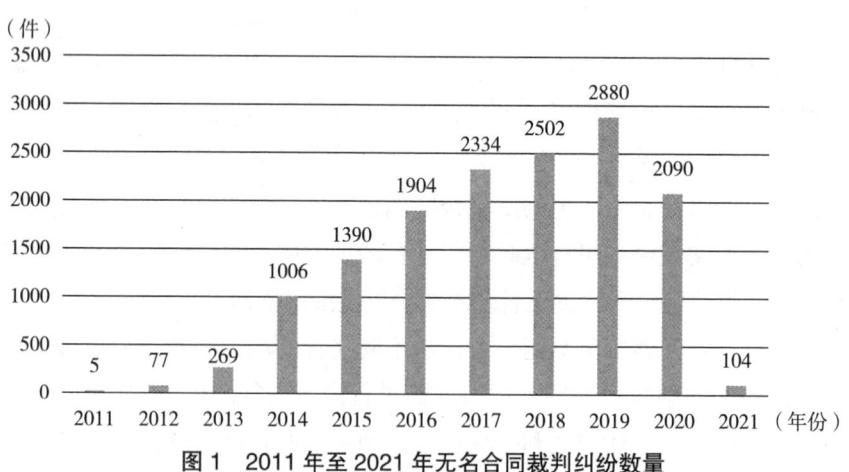

图 1　2011 年至 2021 年无名合同裁判纠纷数量

从统计的2011年至2021年无名合同年数量表来看,2011年至2019年无名合同案件数量呈现稳定上涨趋势。表明我国在处理无名合同方面的

---

① 需注意的是,根据《最高人民法院关于适用〈中华人民共和国民法典〉时间效力的若干规定》第1条第2款的规定,除非法律、司法解释另有规定,民法典施行前的法律事实引起的民事纠纷案件,适用当时的法律、司法解释的规定。因时效问题,我国现行的无名合同案件大多还采原合同法的规定,因此本文数据检索以合同法的相关条文为依据,数据检索时间截至2021年4月8日。

能力水平有所提升,这也从侧面反映了实践中无名合同出现频率变高,已有的典型合同已经不能全然概括社会中的合同类型,非典型合同的适用率较高。

(二)无名合同裁判纠纷的类型表现

通过归纳参照适用的合同类型,梳理出无名合同参照适用具有广泛性的特点。在处理无名合同纠纷过程中参照适用的"最相类似"合同类型涵盖借款合同、买卖合同、劳务合同、赠与合同等多种类型。其中借款合同占无名合同的最大比例,达到3393件;买卖合同数量居于全部类型的第二名,占有1242件案件数;后依次为贷款合同(957件)、租赁合同(916件)、劳务合同(884件)、担保合同(734件)、委托合同(677件)、保证合同(385件)、承揽合同(331件)、物业服务合同(198件),可见较大程度依赖于当事人意思自治的典型合同有较大的可能性被援引为无名合同的适用规则。

(三)适用无名合同的法院层级观察

根据对无名合同案件法院层级进行整理,可以发现约97%的案件由基层法院审理,仅有3%左右的案件由中级法院审理和认定,高级法院与最高法院的审理数量不到0.3%。可见,无名合同更多的是一般民商事案件,更加考验基层法院法官的类推、说理等能力。

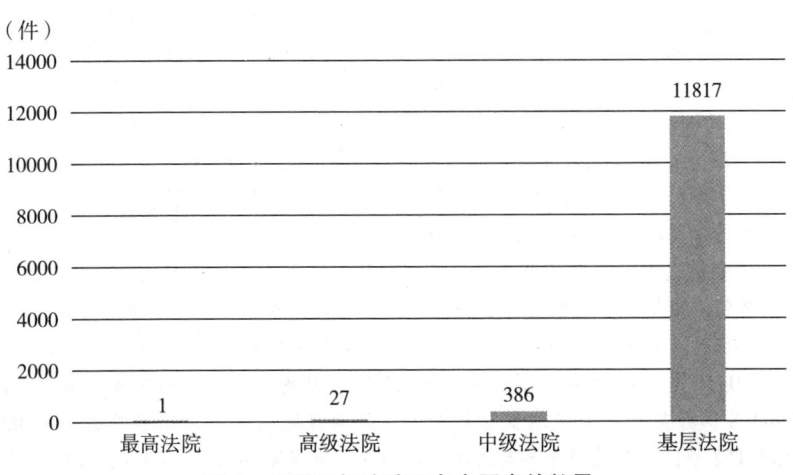

图2 不同层级法院无名合同案件数量

（四）无名合同适用方式考察

表1　法官对无名合同的适用逻辑说理情形

说理方式	案件数量
直接援引适用规则并指出援引的规则	88①
推理论证合同属于无名合同再直接援引相关有名合同规则	9②
援引有名合同时对适用的有名合同的类型的逻辑进行说理展示	7③

2021年的数据无疑具有代表性，通过2021年的104件无名合同案件裁

---

① 笔者通过中国裁判文书网以原《合同法》第124条为裁判依据，以2021年为检索条件对案件进行梳理，对直接援引相关有名合同规则的法官适用方式进行统计，共计88个文书满足条件，因篇幅限制仅对部分案件进行展示。中国农业银行股份有限公司保定清苑支行与张某某信用卡纠纷一审民事判决书（2021）冀0608民初305号；郑州和泰货运有限公司与中顺汽车服务有限公司合同纠纷一审民事判决书（2021）豫0185民初1079号；刘某某与张某某建设工程施工合同纠纷一审民事判决书（2021）豫0503民初424号；胡某、李某等与贵州七众置业有限公司商品房预约合同纠纷一审民事判决书（2020）黔0502民初18533号；陈某某与陈某劳务合同纠纷一审民事判决书（2021）豫0503民初118号；中国大地财产保险股份有限公司亳州中心支公司与丁某广、丁某民追偿权纠纷一审民事判决书（2021）鲁1724民初412号。

② 笔者通过中国裁判文书网以原《合同法》第124条为裁判依据，以2021年为检索条件对案件进行梳理，对推理论证合同属于无名合同再直接援引相关有名合同规则的法官适用方式进行统计，共计9个文书满足条件，因篇幅限制仅对部分案件进行展示。沂水县高庄镇人民政府与山东富尔德化工有限公司、山东奥戈瑞轮胎有限公司取回权纠纷一审民事判决书（2020）鲁05民初564号；崔某某与张某某劳务合同纠纷一审民事判决书（2021）苏0321民初280号；丁某某与张某某劳务合同纠纷一审民事判决书（2021）苏0321民初278号；武汉振宏集团控股有限公司与潘某挂靠经营合同纠纷一审民事判决书（2021）鄂0105民初469号；唐某与刘某、武汉风韵出行信息科技有限公司监利分公司合同纠纷一审民事判决书（2020）鄂1023民初2540号。

③ 笔者通过中国裁判文书网以原《合同法》第124条为裁判依据，以2021年为检索条件对案件进行梳理，对援引有名合同时对适用的有名合同的类型的逻辑进行说理展示的案件进行统计，满足条件的为7个判决。周某某与张某某合伙协议纠纷一审民事判决书（2020）浙0411民初4881号；王某某与宋某某合同纠纷一审民事判决书（2020）苏0324民初5984号；韩某与抚顺绿地置业有限公司买卖合同纠纷一审民事判决书（2021）辽0404民初152号；卢某某与李某某借用合同纠纷一审民事判决书（2021）辽0292民初16号；夏某与抚顺绿地置业有限公司合同纠纷一审民事判决书（2021）辽0404民初180号。

判文书的归纳可以发现，84%的无名合同案件法官在处理时选择直接援引相关法条，对为何适用该规则以及如何适用该规则并未进行说理论证。仅有不到7%的案件在适用无名合同规则时不仅详细论证了当事人之间的合同属于无名合同，对部分合同的内容可以参照其他合同类型的规定，还对适用的有名合同的合同类似性进行了证明，达到了清晰说理的程度。

通过分析以上数据，可以看出无名合同在我国适用范围广阔，适用程度较高，具有较高的研究价值，且大部分案件涌向的是基层法院，对法官自身素质的考验严峻，这也涌现出了无名合同适用中的问题。从适用方式来看，大部分法官在裁判文书中仅直接适用该法律，并没有对为何适用、如何适用进行充分解释，存在参照适用过程不足、裁判说理部分不足等问题，为我国无名合同实际运用带来阻碍。为了实现无名合同的法律价值，使无名合同在具体实践中更具操作性，有必要对参照适用的范围、参照适用的顺序、对无名合同类型化的确定以及参照适用的边界等方面进行明确界定。

三、民法典关于无名合同法律适用的规定

无名合同适用规则在原合同法中已有确立，但由于对该条文的研究较少，条文性质、条文含义不明，法官裁判时往往基于自己的理解对其进行解释，在赋予法官较大裁量权的同时容易出现不同解释，以致相似案件裁判结果往往出现较大差异，这并不利于无名合同在社会生活中的适用。

（一）《民法典》第467条第1款属于授权式类推适用

在民法典中，包含"比照""参照"的条文比比皆是，虽用词不同，但性质同一；在方法论上均为准用。① 民法典中"准用"出现的情形有二：一是避免重复立法而规定"准用"其他法律；二是概括授权"准用"，为"准用"提供法律参考，而非具体指引某一条文。② 《民法典》第467条第1款中

---

① 于飞：《"民法典时间效力规定"第三条评析》，载《人民法院报》2021年1月3日，第2版。
② 张弓长：《中国法官运用类推适用方法的现状剖析与完善建议——以三项重要的合同法制度为例》，载《中国政法大学学报》2018年第6期。

的"准用"是法律授权参照"本编"或"其他法律"的概括指引,对于涉及无名合同的纠纷,通过该条文的授权,法官可以参照有名合同的规定进行裁判,至于具体参照适用哪一法律规定并不能从该条文中直接得出,因此该条文属于第二种情形下的"准用"。有学者称之为授权式类推适用,[①] 其适用需要在先行对其他有名合同不断对比和分析的基础上进行类型化判断,后才能类推适用。因此本款规定属于不完全法条、引用性法条,[②] 其本质是授权式类推解释,[③] 核心在对"参照适用"的理解上。[④]

(二)民法典关于无名合同法律适用的规定

《民法典》第 467 条第 1 款源于《合同法》第 124 条,与之相比,民法典从法典体系的需要仅对部分文字及表达作了修改,但没有根本改变其内在逻辑,也未涉及规范意旨的变动。在合同编中,合同"无法律明文规定"是无名合同参照适用其他最相类似合同的前提,一方面,遇到此类合同无法直接通过无名合同条文的指引寻找到合同应当适用的法律规定;另一方面,"无法律明文规定"的字词也说明在无名合同适用问题上法律存有漏洞。法律存在漏洞有其现实必然性,一是法律不可能将所有的问题全部纳入法律调整的范围;二是法律具有滞后性,即"法律自制定公布之时起,即逐渐与时代脱节"。[⑤] 这一漏洞就需要法院基于对该合同和其他有名合同的类似性进行判断。根据德国学者卡尔·拉伦茨的观点,法律漏洞可以分为公开的漏洞和隐藏的漏洞,依据法学方法论,对公开的漏洞应当采取类推的方式进行填补,对隐藏的漏洞的填补则主要借助目的性限缩解释去完成。[⑥] 本条规定属于法律应当规定但没有规定的情形,因此属于公开的漏洞,当采类推适用的

[①] 参见黄茂忠:《法学方法与现代民法》,中国政法大学出版社 2001 年版,第 306 页。
[②] 参见王雷:《论身份关系协议对民法典合同编的参照适用》,载《法学家》2020 年第 1 期。
[③] 参见朱广新等:《民法典评注(合同编通则)》,中国法制出版社 2020 年版,第 37 页。
[④] 参见刘风景:《准用性法条设置的理据与方法》,载《法商研究》2015 年第 5 期。
[⑤] 徐国栋:《民法基本原则解释》,中国政法大学出版社 1992 年版,第 150 页。
[⑥] 参见[德]卡尔·拉伦茨:《法学方法论》,陈爱娥译,商务印书馆 2003 年版,第 268 页。

方式填补无名合同的该漏洞。

由于无名合同需参照其他法律条文，因此对该条文的适用有赖于法官的自身素质，首先法官必须在法律明示下进行类推的法律活动，其次法官的类推活动必须在法律规定的范围，即在合同为无名合同的情境下，在合同通则部分和其他相关合同间进行选择。对"参照适用"和"最相类似"的认定就成为无名合同适用的关键。但现行的法律条文仅给出了模糊指引：

首先，在参照适用顺序上现有规定没有明确指出。在无名合同适用的规则上，依据民法典的规定，无名合同适用合同编通则的规定、参照适用法律中最相类似的合同的规定。应先适用合同编总则的规定还是参照最相类似合同的规定法律并没有明确指出，有学者认为应坚持"从特别到一般"的适用规则，[1]也有学者对该条文进行文义解释得出应当遵循"从一般到特殊"的适用顺序。参照适用的顺序不统一会导致无名合同同案不同判情形出现。

其次，确定最相类似的合同标准不明。在具体个案中的合同定性上，并无具体的标准确定如何寻找到"最相类似"的合同。《民法典》第467条规定无名合同可以参照适用最相类似的合同的规定，若要想充分发挥该规定法律价值，就必须对其合同类型加以判断。对类型的判断应参照何种标准，是基于合同的内容抑或合同设想实现的结果来进行判断？还是立足于常识来进行辨认，抑或是立足于法律的价值？该款规定并未作出说明，综观民法典也无条文对其进行规定。

正如上文所述，无名合同的适用规则本质为授权式类推适用，类推解释作为一种灵活性、多变性的法律方法，可以协调无名合同法律规范缺失与法官造法之间的矛盾。但类推解释作为一项被刑法学限制使用的解释方法，在民商法领域也鲜少被研究，这极大阻碍了我国无名合同的法律价值。对无名合同的适用现状进行分析、对适用规则进行研究、对类推适用的规则进行阐释，将极大便利无名合同的司法适用。

四、无名合同法律适用规则之思考

针对实践中存在的无名合同适用的问题，笔者在广泛分析无名合同案件

---

[1] 参见朱广新：《合同法总则》（第二版），中国人民大学出版社2012年版，第20—21页。

过程中，对司法实务中的无名合同适用规则的顺序和边界进行概括，在充分理解无名合同相关条文内涵的基础上，对我国无名合同中的参照适用程度和参照适用边界提出了自己的建议。

（一）无名合同法律适用顺序

对无名合同的适用规则的顺序，目前学界存在"从特殊到一般"和"从一般到特殊"两种观点。前者认为，立法法明确"特别法优于一般法"，就无名合同法律适用问题而言，民法典合同编通则属于一般法，合同编分则和其他法律属于特别法，因此为坚持立法法的原则，在无名合同适用规则上应当是优先适用其他法律中最具体、特殊的规定。[①]后者则认为，合同编通则作为合同编的灵魂和主干，集中体现着合同编的立法思想与精神。在无名合同适用规则中应当优先对无名合同适用合同编通则的规定，对合同编分则部分仅为可以参照适用。[②]

笔者认为，在无名合同适用规则顺序问题上，不宜一刀切式地坚持"一般到特殊"或"特殊到一般"，应当依据具体的无名合同的内容，在判断其类型后参照适用。首先，民法典合同编通则的规定对所有条文均有适用意义，无论是有名合同还是无名合同，在合同的成立、生效等事由方面均应遵循通则的规定；其次，在判断无名合同有效的基础上，对无名合同适用还应充分尊重当事人的意思自治，坚持约定优先。无名合同与有名合同一样，均需先行适用总则的规定，无名合同仅在分则部分无相对应的规则可以直接适用。在无名合同适用过程中，法官应当坚持合同自由原则，优先考虑当事人的约定，尊重当事人的意愿，只要该约定不涉及禁止性规定，一般不应认定该合同无效。最后对不同类型的无名合同，具体的适用规则也存在不同。绝大部分的纯粹无名合同可以通过上述两个步骤解决产生的纠纷，但混合合同还需要对其类型进行判定。《民法典》第467条指出，无名合同可以参照适用最相类似的合同的规定，对其与哪一有名合同最相类似的判断将影响该无名合同的具体适用规范。

[①] 参见易军：《买卖合同之规定准用于其他有偿合同》，载《法学研究》2016年第1期。

[②] 参见杨立新：《物业服务合同：从无名合同到典型合同的蜕变》，载《现代法学》2020年第4期。

（二）无名合同中混合合同的法律适用原则

无名合同中混合合同的法律适用应坚持何种原则，目前学界存有吸收说、结合说、类推说与综合说四种较有影响力的观点。

以吸收原则作为处理该类合同纠纷的学者认为，在处理无名合同案件中应当将混合合同分为主次两部分，坚持以合同的主要内容为主，吸收合同的次要内容。以合同主要内容符合的合同关系为无名合同的基本特征，以此确定无名合同的类型。[①] 罗马法时期较多采用该原则对无名合同纠纷进行处理。但该种观点忽视了实践中混合合同的混合程度是难以确定的，对部分合同来说，界定合同内容的主次存在一定难度。

结合原则是指对于两个以上独立存在的合同相结合成立的合同，可以通过将合同结合并列的方式来处理纠纷。采用结合原则的优势在于可以较好地保有各个合同的独立性，最大程度地尊重当事人的意思自治。但结合原则对混合合同所涉及的有名合同规则机械性地适用，忽视了各部分有名合同有其自身的目的与作用，而这些目的和作用预想实现的法律效果是不相同的，采取结合方式进行适用将忽视混合合同的整体价值。[②]

坚持适用类推原则的学者认为，无名合同的内容混合有名合同的内容，在对无名合同纠纷的处理上因其与有名合同具有相似的基本特征，因此可以比照相似的有名合同来确定。[③] 类推适用原则也是当前无名合同所坚持的通说，为大多数学者所接受。学者普遍认为类推原则将有利于预防法官任意裁判，但适用类推原则也会一定程度损害当事人的意思自治，减损当事人在订立合同时所希望达成的经济结果。

综合说认为，在混合合同适用问题上应当综合考量当事人之间的约定和有名合同的规定。笔者也赞同该种观点，对无名合同中混合合同的法律适用采综合说较合宜。在对混合合同的适用中可以综合采取吸收原则、结合原则与类推原则：对于混合合同中有较为明显主次之分的合同，可以采取吸收原

[①] 参见林少莹：《无名合同的法律适用——兼论电信合同的性质》，载《太原师范学院学报（社会科学版）》2008年第4期。

[②] 参见严励：《论无名合同及其法律适用》，载《云南大学学报（法学版）》2006年第1期。

[③] 参见窦安旎：《浅析无名合同的法律适用——以租友合同为视角》，载《当代经济》2015年第18期。

则进行适用；对由两个具有相对独立性的合同相结合的混合合同适用时，可以在结合原则的指导下分别适用有名合同；对无明显主次之分，采结合原则又会违背当事人意愿的混合合同，应当适用类推原则，综合裁定案件。

（三）正确划定无名合同参照适用的边界

因有名合同的法律规范被法官参照适用于超出其本应调整的范围，因此在对有名合同参照适用时应遵循一定的界限，确保无名合同适用规则既保有其灵活性，又使法官在类推使用过程中遵循意定的边界，避免肆意造法破坏法治正义。

1. 严格遵循"法无明文规定"的适用条件

依据《民法典》第467条的规定，无名合同参照适用其他有名合同时应当满足参照适用的前提条件——属于本法或其他法律没有明文规定的合同。该适用条件意在明确法官可参照适用其他有名合同的事项，对法官可以参照适用的事项进行进一步的限制，避免法官随意参照适用，破坏司法公正。

"没有明文规定的合同"即为学界所说的无名合同，合同"有名""无名"的分类依据在于是否在法律上有专门的名称和规则。民法典合同编分则中，对买卖合同、赠与合同、借款合同等19种典型合同作出规定，因其在民商事活动中适用程度较高，相关交易具有重要性，因此法律总结相关合同的特征并对其进行专门规范，以减轻法官在处理相关合同纠纷时处理庞杂信息的负担。不仅民法典合同编分则规定了19种典型合同，在其他法律规范中还存在诸多有名合同的类型，因此无名合同的认定不应仅仅以民法典合同编为参照标准，也应在其他法律、法规间进行检索。对民法典合同编与其他法律、法规均没有规定的合同，可以归于无名合同范畴。

2. 对类推适用的合同类型进行综合判断

法官在对无名合同类推适用中面临的重要问题就是如何认定类似性？达到何种程度方能承认两个合同之间的类似？由于缺乏具体的条文解释，法官大多只能依据个人办案经验对其进行类推归类，这也导致了无名合同在适用过程中的类推混乱。在类推中，应当对无名合同的类型进行判定，学者对判定方法也有不同的建议：有学者认为应当以构成要件作为判断合同是否类似的标准；有的学者认为是否类似应当对两个合同的实质进行审查，若实质一致即为类似合同；还有的学者认为应当探讨合同的规范意志。① 笔者认为，上述观点都具有一定的合理性，均试图从合同的某一方面寻找不同合同之间的联系，一定程度上揭示了类似性的判断标准，但这些判断标准还存在一定的局限性。

对合同类型的判断是对不同因素综合考量的结果。不仅需要对合同的外观进行事实判断，还应当对合同的实质等进行价值判断，并通过一个有层次的顺序进行认定。首先应当比较两个合同拟调整的法律关系，挖掘有名合同的规范旨意。类推适用的前提则是法无明文，明显属于造法范畴②，因此法的规范意旨就成为类推适用的实质判断标准，在无名合同适用规则中，判断无名合同与有名合同是否类似就要对有名合同的立法意旨进行探析，透过表层的法律规范探究深层次的立法原意。对原意的判断不应因时代的变化而将其固化，应当探求该法律在当今社会所发挥的法律价值。其次应当对合同的"外观"进行审查。类推适用的原则就是"类似案件相同处理"，这也是正义观念的核心要素。③ 对合同外观进行审查最有效的方式是比较两个合同间的构成要素是否一致，若构成要素基本相同，则两个合同在法律外观上就具有显著的相似性。需注意的是，部分学者认为应当先进行形式判断，后进行实质判断，因仅依靠常识即可得出相似性的结论。④ 笔者认为，具有相似构成要素的合同并不一定具有类似性，无名合同与有名合同之间、有名合同与有名合同间区别的关键点在于其差异性。立法意旨相较于法律外观更具有关注价值，在判断两个合同的相似性方面具有更加重要的意义，因此在判断相似性的过程中，应当区分合同意旨与合同构成要件的判断先后，将意旨的相似作为判断类似性的最高标准，辅之构成要件的判断。

3. 充分进行裁判说理，避免适用方式模糊化和直接化

司法技术的效用发挥离不开逻辑缜密的裁判说理。无名合同在成功进行类推适用后，为保障司法公信力，法官还应详尽地向案件当事人充分说理

---

① 参见王泽鉴：《民法实例研习》，中国政法大学出版社2002年版，第168页。
② 参见谢鸿飞：《民法典规范的类推适用》，载《检察日报》2020年11月30日，第3版。
③ 参见石一峰：《再论冒名处分不动产的私法适用——类推适用的视角》，载《现代法学》2017年第3期。
④ 参见钱炜江：《论民事司法中的类推适用》，载《法制与社会发展》2016年第5期。

和论证类推过程。裁判说理的过程是法官展现其逻辑推理的过程，有效的裁判说理不仅可以增强判决的可接受度，还能为相关研究提供实证依据。实践中，法官对无名合同的适用采纳的论证方式较为简单，所采用的词汇大多使用"参照""依据"等说明词汇直接对该法条进行引用，对类推适用的解释说理模糊。这不仅使部分案件当事人对裁判结果不服，还会给无名合同类推规则的适用带来阻碍。法官在处理类似案件时无相似案件可供参考借鉴，这不利于民商事生活自由发展和平等原则的体现。

参照适用作为一种授权式类推方式，较大程度依赖于法官的解释。为降低随意说理的可能性、坚持最高人民法院强化说理的原则，首先，法官在依法对法条进行适用时，应当将适用该条款的依据详尽说明，避免"直接化"地引用条文。其次，在对最相类似合同的规则进行适用时，应当对无名合同与该有名合同的类似性进行分析，以增强判决的说服力。对无名合同类推适用过程释明其法理，详尽说明无名合同适用的原因、参照适用相关有名合同的原因。

无名合同的广泛产生和使用是对契约自由原则的尊重。随着科学技术的进步、社会观念的更新，社会关系呈现多样化与复杂化的趋势，相当数量的无名合同出现冲击着法律的现有规定。法律不可能也没有必要对社会中可能发生的情况穷尽列举，体现在合同编中即分则部分仅对适用程度较高的19种合同进行专门规范，大量的无名合同靠《民法典》第467条加以调整。通过对我国无名合同司法现状的分析，可以发现对无名合同进行研究具有重大的实践价值，对无名合同适用规则和适用边界的正确解读将有利于法官更加准确地适用有关条文，以补充立法之缺陷、司法之不足，为解决无名合同纠纷提供更具操作性的出路。

民法典中不当得利的立法解读和司法适用

王　栋[*]

摘　要：民法典将不当得利作为准合同是体系化考量后的现实选择。不当得利制度看似体量不大，却联结着诸多民事法律制度，虽然民法典已经对不当得利条款进行扩充，但实践仍存在争议点。对于检察监督中争议较大的问题，检察人员既要把握赋予不当得利"准合同"这一传统法律术语的现代化内涵，也应遵循民法典树立的体系化方法，正确理解和适用民法典中的相关规定，找到正确的法律适用依据。

关键词：不当得利　准合同　善意得利人　财产返还请求权

为弥补现行不当得利立法的不足，民法典在合同编中另辟蹊径，设第三分编"准合同"同时规定了无因管理和不当得利制度，这是对我国民事立法传统和法教义学的突破。

一、立法评价：关于不当得利的处理方式是体系化考量后的现实选择

民法典是体系化方法运用的产物，也是民法体系化发展的最高表现。体

---

[*] 王栋，广东省人民检察院三级高级检察官。

系化的基本要求是"体例科学、结构严谨、内部协调、规范全面"。[1]但民法典内容涉猎广泛，内部存在多个体系层级，而立法最终只能以一种形式展现，需要确立一个中心轴，必须对立法素材进行裁剪取舍，具体法律制度的位置安排也必须服从整体逻辑结构，才能保持民事法律规范体系的整体协调。但是，在维护民事法律规范体系完整性的同时，不可避免会对个别体系有冲击，债法体系就是其中之一。

不当得利制度隶属于债法，关于债法在民法典中的体例安排，在历次民法典编纂过程中都是争议焦点。从立法体例来看，民法典没有单设债法总则一编，而是采取总则编第五章民事权利第118条至第122条、第八章民事责任、合同编第一分编的债法总则模式，将合同之债和侵权之债作为民法典的两大分编，将无因管理和不当得利作为准合同在合同编中设单章予以规定。这样的立法体例具有科学性，体现在：首先，总则编是统领整个民法典的基本规则，对民法典的框架结构具有基础性意义，影响乃至塑造整个民法典的风貌。从立法技术的角度讲，"民法总则编作为民法典的统率，是对民法体系的高度凝练，自然不适宜写入具体的规则"，而且"各种民事法律关系要素中具有共性的内容应当在总则中规定，而非共性的内容应当在分则中规定"。[2]因此，总则编在第五章第118条规定债权的一般规定后，在第119条、第120条、第121条、第122条又分别规定了合同、侵权、无因管理、不当得利等最典型的债权类型，债权请求权的实现方式亦即民事责任的承担方式规定在第八章"民事责任"中。总则编的特点决定了其不可能在不当得利制度上另着笔墨。其次，合同是债发生最常见的情形，现行合同法中合同总则的法律规则实际上是债法总则内容在合同法中的具体体现。在尽可能利用现有立法资源、保持民事立法稳定性的指导思想下，对合同编作为单独的一个分编是没有产生过任何争议的，因此，通过立法技术使合同法分编中的一般规定实际发挥债法总则的功能，在立法过程中达成了高度共识。最终，在合同编第464条第2款规定"婚姻、收养、监护等有关身份关系的协议，适用有关该身份的规定；没有规定的，可以根据其性质参照适用本编规定"。

---

[1] 许中缘、熊丙万：《民法典体系化的哲学——评王利明教授的"民法体系化"思想》，载《法制与社会发展》2009年第3期。

[2] 王利明：《民法典体系研究》，中国人民大学出版社2008年版，第200页。

第468条规定"非因合同产生的债权债务关系，适用有关该债权债务关系的法律规定；没有规定的，适用本编第四章至第七章的有关规定，但是根据其性质不能适用的除外"。立法机关通过以上条款，实质上赋予合同编通则以债法总则的地位。最后，不当得利制度作为债法的重要组成部分，在民法典颁布之前，我国关于不当得利的立法仅有《民法通则》第92条、最高人民法院《关于贯彻执行〈中华人民共和国民法通则〉若干问题的意见（试行）》第131条的两个条文规定，对此，民法典应对这个问题予以回应，增加有关不当得利的法律条款，但关键是如何妥适地将其安排在民法典整个体系中的位置，总则编因特殊地位已然不可能，不当得利和无因管理的条款数量又远不足以支撑其独立成编，要在分编中对不当得利相关规定予以完善，可选择的空间也只有合同编，而不当得利制度进入合同编的唯一途径只能是把它作为一种准合同。

民法典把不当得利作为一种准合同进行处理，不仅是体系化考量后的现实选择，带来的最大好处是体系化优势。主要体现在：一是最低程度的重复。将合同编的一般通则作为债法总则的部分内容，明确合同编的相关规定可以适用于有关身份关系的协议和非因合同产生的债权债务关系，有利于进一步在民法中贯彻落实意思自治原则，凸显意思表示在民事法律行为中的核心地位，也充分利用现有法律资源，避免法律重复。二是最低程度的潜在交叉。引致（管道）条款被认为是民法典体系化的重要技术载体，民法典中关于不当得利规定的4个条款中有2个条款都是引致条款，如《民法典》第987条规定恶意得利人不仅应当返还取得的利益，还应当依法赔偿损失，将援引的法律条文指引至合同编、侵权编等相关条文。第988条规定无偿受让利益的第三人在相应范围内承担返还义务，该条文将援引法律条文指引至物权编中关于善意取得的相关条文。三是有效的研究和教学。虽然把不当得利之债作为准合同安排在合同编中，对大多数案件的处理结果并没有太大的影响，但是从法教义学的角度，体系化的安排有助于民法研究者和学习者更加集中地关注不当得利之债的性质、功能、范围、救济措施以及与其他法律规则之间的关系。

二、立法解读：不当得利作为"准合同"的三重含义

客观上看，将不当得利作为准合同予以规定，一定程度上与世界民事立法的发展潮流是相背而行的。准合同是发源于罗马法上的概念，但无论是与罗马法具有直接继受关系的大陆法系，还是与罗马法传承关系相对松散的英美法系，都在逐渐淡化准合同这一法律术语的使用。"准合同"作为一个具有悠久历史的法律术语在现代民事立法中受到冷落，侧面说明我们不能用传统民法理论去解读中国民法典中的准合同，而应当根据中国民法典的实际立法情况赋予其现代化的内涵。

（一）不当得利之债是法定之债，而非意定之债

不当得利作为准合同，表明它不是合同，并非以合意为基础的意定之债，而与无因管理之债、侵权损害赔偿之债一样，是一种法定之债。所谓法定之债，指债的发生及其内容均由法律予以规定的债。民法典合同编第二十九章分4个条款对不当得利之债的发生情形及返还责任的范围进行了规定。其中，第985条规定了不当得利之债的发生情形和三种除外情形。第986条、第987条区分得利人为善意和恶意两种情形，对不当得利返还责任的范围进行了规定。第988条规定了无偿受让利益的第三人应当承担的返还责任范围。但法定之债并不意味着完全排斥当事人意定的空间，如果受损失的人和得利人之间就不当得利之债的返还范围达成协议，且该约定没有违反效力性强制规定，应当依照该约定确定。且从法律条文规定来看，第988条规定"第三人在相应范围内承担返还义务"，所谓"相应范围"也给当事人最后协议确定返还范围预留了一定的制度空间。

（二）合同编通则的规定适用于不当得利之债

"准"还有"准用"的意思。根据《民法典》第468条"非因合同产生的债权债务关系，适用有关该债权债务关系的法律规定；没有规定的，适用本编通则的有关规定，但是根据其性质不能适用的除外"的规定，合同编通则的相关规定原则上可以适用于不当得利之债，如《民法典》第517条规定了按份债权债务，第518条至第521条规定了连带债权债务，在不当得利之债属于按份债权债务或者连带债权债务的情形时，关于债权的实现方式、债务的履行方式

应当适用上述法律规定。但不当得利之债等法定之债毕竟不同于合同之债，关于债的一般规则的适用上受到两方面限制。一方面，关于债务不履行规则和债的保全规则适用的限制。不当得利之债履行的前提是确定返还的范围，如果要确定返还的范围，得利人和受损失的人要么通过协议将其转化为合同之债，要么通过诉讼程序请求获得生效法律文书确认。如果债务人不依法履行债务或者具有影响债权人的债权实现的行为，如果已转化为合同之债，债权人可以主张债务人的违约责任，或依具体情形提起代位权之诉、撤销权之诉进行债的保全。对于后者，本质上是不履行生效判决的问题，现行法律已经对生效法律文书确认债权的实现提供了相应的执行程序救济途径，不当得利债权人应通过执行程序实现其债权。另一方面，关于债的转让的限制。《民法典》第545条对债权转让规定了三种限制情形，即根据债权性质不得转让、根据当事人约定不得转让、根据法律规定不得转让。债权作为一种交易的对象进行流通是市场经济发展的结果，只有债权本身具有人身专属性的时候才有进行限制的必要。不当得利通常涉及的是财产性利益，因此从理论上来讲不当得利之债是可以转让的。有一种例外，即不当得利之债与侵犯人格权的侵权损害赔偿之债发生竞合，应当根据民法典人格权编第993条、第994条的规定，"人格权不得放弃、转让或者继承""民事主体可以将自己的姓名、名称、肖像等许可他人使用，但是依照法律规定或者根据其性质不得许可的除外"。

（三）违约责任在与不当得利返还责任发生竞合时具有优先适用性

"准"还意味着法律适用上的次位性。不当得利返还责任不仅在当事人自愿的范围内没有必要介入，而且在违约责任能够提供救济的范围内也没有必要介入，合同违约后提供的返还性救济方式应当认定为违约责任，而非不当得利返还责任。这是因为，合同是解决在合同框架内发生的纠纷最为有效的方式。按照法经济学的观点，合同的权利和机会应当分配给进行最大效率地利用的一方当事人，合同的义务和责任应当分配给以最小成本承担的一方当事人。按照合同约定来解决违约纠纷，这是一种最有效率的方式，对于违约方来说，如果超出合同约定的范围承担违约责任，会增加交易成本，妨碍双方当事人的合作。对于守约方来说，因为对违约的低效率制裁因此而承担的费用反而可能超出最后所获得的救济范围。即使当事人之间的合同关系已经终止，其中的风险分配规则和纠纷解决条款对于双方当事人仍然具有约束力。

三、司法适用：具体争议问题的解决

民法典虽然已经对不当得利的条款进行了相应的扩充，但对于司法实践中存在广泛争议的几个重点问题，仍未予以细化规定。对于这些问题，有的可以依据体系化方法从民法典的其他条文中找到答案。有的则确因争议过大，有待法解释予以明确。

（一）关于善意得利人的返还范围

《民法典》第 986 条规定，"得利人不知道且不应当知道取得的利益没有法律依据，取得利益已经不存在的，不承担返还该利益的义务"。但当取得利益存在时，善意得利人除返还原物外，是否应当同时返还原物的自然孳息和法定孳息，司法实践中存在争议。例如，在崔某与袁某某股权转让纠纷案中，股权受让方袁某某故意隐瞒自己的香港居民身份，出示非法取得的内地身份证并以内地常住居民身份与崔某签订股权转让协议，致使该股权转让协议未能按照双方约定签订为中外合资经营企业协议，也未经过主管部门审批，股权转让协议的效力已经另案判决依法撤销，后袁某某要求崔某返还其已经支付的股权转让款 90 万元及被占用期间的利息，深圳市中级人民法院二审支持了袁某某的诉讼请求。后崔某不服，向检察机关申请监督，认为其至多只应当返还收到的 90 万元，不应当支付相应利息。对于崔某是否应当返还 90 万元被占有期间的利息，形成两种不同的意见：一种观点认为，根据公平原则，不当得利的返还范围应根据受益人是否善意而不同，即善意受益人和恶意受益人的返还范围不同，善意受益人的返还范围以原物为限，而恶意受益人承担加重的返还义务，应返还全部利益包括原物及孳息。本案中，崔某是 90 万元股权转让款的善意受益人，其返还的范围应局限于原物。另一种观点认为，即使作为善意受益人，但其仍然应当支付占用股权转让款期间的法定利息。关于这一问题的解决，不应当只局限在不当得利的相关法律条文上，崔某取得股权转让款实际上是基于合同关系产生的占有，关于占有人承担的返还范围，民法典物权编第 458 条、第 460 条分别规定"基于合同关系等产生的占有，有关不动产或者动产的使用、收益、违约责任等，按照合同约定；合同没有约定或者约定不明确的，依照有关法律规定"，"不动产或者动产被占有人占有的，权利人可以请求返还原物及其孳息。但是，应当支付善意占有人因维护该不动产或者动产支出的必要费用"。因此,崔某既是善意得利人,也是善意占有人,应当返还90万元股权转让款及占有期间的利息。

(二)关于合同无效或被撤销后的财产返还请求权

原《合同法》第58条规定,"合同无效或者被撤销后,因该合同取得的财产,应当予以返还;不能返还或者没有必要返还的,应当折价补偿……"民法典规定在总则编第157条"民事法律行为无效、被撤销或者确定不发生效力后,行为人因该行为取得的财产,应当予以返还……"尽管法条的位置发生了变化,但实质内容保持了连续性。该财产返还请求权是一种物权请求权,还是不当得利请求权,对此民法典中并未明确。

在民法典颁布之前,通行观点认为,无论界定为物权请求权还是不当得利请求权,都存在不足。认定属于物权请求权,自然效力会强于债权性质的不当得利请求权,但请求返还的范围仅限于原物,不能对原物产生的孳息和受领人使用产生的其他利益请求返还。认定属于不当得利请求权,弱化了所有权的效力,特别是不能突破受领人直接对第三人主张权利。[1]民法典颁布后,前述观点在一定程度上应予以修正,原因是:首先,《民法典》第321条规定,"天然孳息,由所有权人取得;既有所有权人又有用益物权人的,由用益物权人取得。当事人另有约定的,按照其约定。法定孳息,当事人有约定的,按照约定取得;没有约定或者约定不明确的,按照交易习惯取得"。可见,物权请求权的范围并不仅及于原物,亦可在特定的情形下依据法律规定或约定对孳息主张权利。其次,《民法典》第988条规定不当得利受损人可以请求无偿受让第三人在相应范围内承担返还义务,不当得利返还请求权人也可以直接向第三人主张权利。可见,两者之间最根本的区别在于,物权请求权具有对抗其他债权请求权的效力,而不当得利请求权并不具有对抗其他债权请求权的效力,在个案当中,这种区别产生的法律效果具有天壤之别。从这个角度讲,把合同无效或被撤销后的返还请求权界定为物权请求权,更有利于保护财产返还请求权人的利益。

---

[1] 参见王凤:《合同无效或被撤销后返还财产请求权探析》,载《江西社会科学》2014年第11期。

浅析混合共同担保人间的法定追偿权

王文娟　王新玥*

摘　要： 混合共同担保人相互间应否享有追偿权素有争议，有肯定说和否定说，而两者的争议之一就是围绕规定追偿权的"道德风险"展开的。《民法典》第392条规定的"提供担保的第三人承担担保责任后，有权向债务人追偿"，未直接肯定或否定混合共同担保人享有法定追偿权，而最高人民法院《关于适用〈中华人民共和国民法典〉有关担保制度的解释》（以下简称《担保制度解释》）第13条规定的"除前两款规定的情形外，承担了担保责任的担保人请求其他担保人分担向债务人不能追偿部分的，人民法院不予支持"，承认了混合共同担保人享有法定追偿权的两种情形，除此外认为无法定追偿权，并且司法解释在第14条中对肯定说一直强调的"道德风险"作出了回应。本文试分析肯定说与否定说关于追偿权道德风险的争议焦点，从而解析民法典及司法解释的规定及理由，同时对该命题的道德风险论进行剖析总结。

关键词： 混合共同担保人　追偿权　道德风险

一、混合共同担保法定追偿权之道德风险论

试探究民法典及司法解释对混合共同担保法定追偿权道德风险论的回应，首先应当明晰何为混合共同担保与追偿权，何又为混合共同担保人之间

---

* 王文娟，江苏省盐城市人民检察院第五检察部主任；王新玥，江苏省盐城市人民检察院检察官助理。

的法定追偿权,以及其道德风险论的含义。

(一)混合共同担保法定追偿权

混合共同担保是指数人为同一债权提供担保,其中既有人的担保也有物的担保。追偿权[①]是请求权,指基于正当理由请求义务人承担责任,法律对其的规定始于民事责任,即《民法典》第178条规定的"实际承担责任超过自己责任份额的连带责任人,有权向其他连带责任人追偿",说明追偿权是当几个当事人之间存在内部联系时,即某种共同关系时存在。

综合上述概念可知,混合共同担保人之间的追偿权是指,当某一债权上几个担保人之间存在某种共同关系,产生了权利义务关系,导致担保人之间享有相互追偿的权利。关于混合共同担保人间是否享有该追偿权,立法上经历了从立到空的过程,从最高人民法院《关于适用〈中华人民共和国担保法〉若干问题的解释》第38条规定的"承担了担保责任的担保人,可以向债务人追偿,也可以要求其他担保人清偿其应当分担的份额",到原《物权法》第178条规定的"提供担保的第三人承担担保责任后,有权向债务人追偿",与《全国法院民商事审判工作会议纪要》(以下简称《九民纪要》),第56条对原物权法规定的认可,《民法典》第392条对此也没有做变更,即仅规定担保人对债务人有追偿权,而对其他担保人是否有追偿权未明确规定。学术界对于是否规定上述演变恰好反映了肯定说与否定说之间针锋相对的过程。

(二)道德风险论

道德风险是最早由西方经济学家提出的概念,指从事经济活动的人在最大限度地增进自身效益的同时作出不利于他人的行动。[②]混合共同担保法定追偿权中的道德风险论是由肯定说一方先提出,其认为如果没有追偿权的存在将导致"恶意串通""压榨""贿赂"等道德风险的泛滥,后否定说针对这个观点进行说理评析,由此形成混合共同担保法定追偿权下的道德风险论。

---

① 参见谢鸿飞:《连带债务人追偿权与法定代位权的适用关系——以民法典第519条为分析对象》,载《东方法学》2020年第4期。

② [英]亚当·斯密:《国富论》,商务印书馆1776年版,第174—177页。

二、道德风险论之于肯定说与否定说

肯定说所指出的道德风险大致为担保人利用威胁、压榨、贿赂等手段作出损人利己之事,尤其指出实务中已出现"担保人受让债权"以避免承担担保责任的情形,而否定说则针对肯定说提出的"道德风险"做出反驳。

(一) 道德风险肯定说

1. 债权人不诚信所导致的道德风险

支持担保人间享有追偿权者认为,在没有追偿权的情况下,由于债权人可以要求担保人中的任意一人承担全部责任,此时,若债权人为一个不诚信之人,即可威胁任一担保人,如说"你给我2万元,我就不请求你承担担保责任",以受"贿赂"之利。待债权人拿到"贿赂"款后,再要求另一担保人承担全部担保责任。这样一来,债权人本来只有10万元债权,却可以收获12万元。

2. 担保人不诚信所导致的道德风险

此外,还包括担保人受让债权的道德风险。若混合共同担保人之间不享有追偿权,则会出现某担保人受让债权人的债权,并基于债权人的身份请求其他混合共同担保人实际承担担保责任的情况,这既可使其不实际承担担保责任,又可避免其实际承担担保责任后难以有效追偿的风险。如果规定混合共同担保人相互享有追偿权,就会使某混合共同担保人觉得无必要借助于受让债权并基于债权人的身份请求混合共同担保人实际承担担保责任,实际承担了担保责任者径直向债务人或其他混合共同担保人追偿即可。

(二) 道德风险否定说

1. 不诚信行为的无益性与"无效处理"

针对肯定说提出的债权人与担保人不诚信所导致的道德风险,否定说认为此行为后的交易款项仅在债权人、担保人之间流动,社会财富毫无增加,交易成本却升高了,并不符合效率原则。同时,如果依法处理,则债权人的目的会落空,因其欠缺保有所获利益的法律根据。如债权人的"索贿"行为,可能构成恶意串通损害其他共同担保人的利益,依据《民法典》第153

条①和第154条②的规定,该"贿赂"行为或归于无效,按照《民法典》第157条③的规定,该债权人没有根据保有"索贿"所得。同时,从"行贿"的担保人一侧看,为了依《民法典》第157条规定取回利益,其应有积极性主张该"贿赂"行为无效,再者也阻挡不住其他混合共同担保人"揭发"。

2. 担保人受让债权是"高智慧的经营"

否定说认为,担保人受让债权人债权是担保人在现行法框架下极富智慧的法律运用。因为混合共同担保人借助于受让债权人的债权,进而据此请求其他担保人实际承担担保责任,而自己则不予承担,以补现行法未设混合共同担保人相互间享有追偿权制度于己不利之"拙",使其利益最大化,并未直接害及他人。这在道德方面本无可指责之处。

这样的行为与近年来一些法律制度的市场衍生品如出一辙,如"名为买卖,实为借款""名为合作建房,实为借款""对赌协议""合理避税"④等行为,起初司法界把不少合同作无效处理,如今则大多不再认定此类合同无效,《九民纪要》也予以了肯定⑤,理由是应当肯定市场主体利用现行法的设计追求最佳效益,除非其规避法律在实质上违背了公序良俗。混合共同担保人受让债权,一方面不涉及规避现行法的禁止性规定,另一方面也是市场主体利用现行法的设计追求最佳效益的手段,理应同样受到宽容对待。

三、民法典与司法解释之态度与回应

《民法典》第392条延续了《九民纪要》的态度,同时,最高人民法院

---

① 《民法典》第153条规定,"违反法律、行政法规的强制性规定的民事法律行为无效。但是,该强制性规定不导致该民事法律行为无效的除外。违背公序良俗的民事法律行为无效"。

② 《民法典》第154条规定,"行为人与相对人恶意串通,损害他人合法权益的民事法律行为无效"。

③ 《民法典》第157条规定,"民事法律行为无效、被撤销或者确定不发生效力后,行为人因该行为取得的财产,应当予以返还;不能返还或者没有必要返还的,应当折价补偿。有过错的一方应当赔偿对方由此所受到的损失;各方都有过错的,应当各自承担相应的责任。法律另有规定的,依照其规定"。

④ 指在法律允许的情况下,以合法的手段和方式来达到纳税人减少缴纳税款的经济行为,关键是纳税人在税法许可的范围内。

⑤ 参见《九民纪要》关于"对赌协议"的效力及履行。

《关于适用〈中华人民共和国民法典〉有关担保制度的解释》第 13 条与第 14 条也对混合共同担保人之间的法定追偿权作出了回应，其中独条回应了否定说与肯定说争论的担保人受让债权的道德风险问题。

（一）民法典看似中立但倾斜否定说之态度

《民法典》第 392 条"被担保的债权既有物的担保又有人的担保的，债务人不履行到期债务或者发生当事人约定的实现担保物权的情形，债权人应当按照约定实现债权；没有约定或者约定不明确，债务人自己提供物的担保的，债权人应当先就该物的担保实现债权；第三人提供物的担保的，债权人可以就物的担保实现债权，也可以请求保证人承担保证责任。提供担保的第三人承担担保责任后，有权向债务人追偿"的规定，一方面否定了《担保法解释》规定的混合共同担保人间的法定追偿权；另一方面，仅规定了担保人对债务人的追偿权，而未直接规定担保人之间是否存在法定追偿权。综合来看，民法典在混合担保人间的法定追偿权问题上，采中立态度。但实质上，由于民法典的规定与《九民纪要》一脉相承，根据《九民纪要》第 56 条"根据《物权法》第 178 条关于'担保法与本法的规定不一致的，适用本法'的规定，承担了担保责任的担保人向其他担保人追偿的，人民法院不予支持，但担保人在担保合同中约定可以相互追偿的除外"的表述，可以发现，立法者更加倾向于否定说。①

（二）司法解释看似开放但实质否定之回应

《担保制度解释》第 13 条"同一债务有两个以上第三人提供担保，担保人之间约定相互追偿及分担份额，承担了担保责任的担保人请求其他担保人按照约定分担份额的，人民法院应予支持；担保人之间约定承担连带共同担保，或者约定相互追偿但是未约定分担份额的，各担保人按照比例分担向债务人不能追偿的部分。同一债务有两个以上第三人提供担保，担保人之间未对相互追偿作出约定且未约定承担连带共同担保，但是各担保人在同一份合同书上签字、盖章或者按指印，承担了担保责任的担保人请求其他担保人按照比例分担向债务人不能追偿部分的，人民法院应予支持。除前两款规定的

---

① 参见王利明：《民法典物权编应规定混合共同担保追偿权》，载《东方法学》2019 年第 5 期。

情形外,承担了担保责任的担保人请求其他担保人分担向债务人不能追偿部分的,人民法院不予支持"的规定,表明民法典没有单独站在肯定说或者否定说一边,而是以列举的方式,规定了担保人间享有追偿权的两种情形,也是目前仅认可的两种情形,除此之外混合担保人之间不可相互追偿。

这两种情形简单来说就是担保人之间有"明示"约定以及"默示"约定的情形,前者即明确约定承担连带共同担保互相可追偿,后者即以"各担保人在同一份合同书上签字、盖章或者按指印"间接表明各担保人已接受与此合同书上的其他担保人形成一种内在共同关系,相当于共同签署了一份无名的连带责任协议。从本质上来看,两种情形其实皆属于"当事人已有约定"的范畴,所以这一解释表明《担保制度解释》在对这个问题的回应上并没有作出新的指导规定,而主要是针对"当事人约定"作拓展性解释。

《担保制度解释》第14条"同一债务有两个以上第三人提供担保,担保人受让债权的,人民法院应当认定该行为系承担担保责任。受让债权的担保人作为债权人请求其他担保人承担担保责任的,人民法院不予支持;该担保人请求其他担保人分担相应份额的,依照本解释第十三条的规定处理"的规定,直接正面回应了肯定说与否定说争议的担保人受让债权之道德风险问题,认定道德风险肯定说,即认为担保人之间不可相互追偿之时,担保人通过受让债权人债权的方式避免承担担保责任的行为是属于需要被杜绝防范的道德风险的。但需要明确的是,此处认定道德风险肯定说,仍然是建立在否定追偿权的基础之上的,因为基于第13条的规定,上述所讨论的道德风险出现于两种法定的"当事人约定"之外情形,即第14条只是囿于第13条基础之上对道德风险的回应而已,并不改变立法者倾向于否定说的立场。

民法典及其司法解释为何要在形式上采中立而实际内容偏向于否定说?笔者认为,这和两者自身理论的合理正当性、社会发展的历史性以及法律与司法解释的特点相关。首先,毋庸置疑,不管是肯定说还是否定说,法学学者在对混合担保法定追偿权制度设计的理论研究上都各有千秋,正如古人言道"取其精华,去其糟粕"一般,不能因为总体偏向否定说而全盘摒弃肯定说,法律规范的制定本就不是必须非此即彼的安排。其次,马克思历史唯物主义[1]认为社会发展具有历史性,一切社会制度,社会形态都是人类社会从低级到高级的无穷的发展过程中的一些暂时阶段,我们所处的市场环境在不

---

[1] 即指没有永恒的社会制度和形态,社会制度的发迹是社会基本矛盾发展的结果。

断变化，当下的某一无法被接受的事物或理念在某一天可能成为社会普遍现象，所以立法者当然不能将这些无法一言定义的市场衍生物直接明确规定，针对它们的争议性与不确定性，采取留下立法空白的方式反倒是明智之举。再者，修改司法解释相较于修订法律更加灵活便捷，能够较为速度地适应新变化和回应社会呼声。综上所述，笔者认为，民法典及其司法解释在形式上采取中立，而实际内容偏向否定说的态度与回应可以理解。

四、关于道德风险论回应之剖析

关于肯定说与否定说道德风险论之争，主要在两个层面进行：第一个层面是假若不规定追偿权，是否一定存在道德风险；第二个层面是假定不规定追偿权的情形下道德风险确实存在，争论该风险存在的概率以及其利弊。

（一）道德风险的存在与否

这一层面的争论可谓是肯定说与否定说关于道德风险论争议的开端，肯定说支持规定担保人间的追偿权，认为不规定追偿权的后果必然导致道德风险，而规定追偿权后就不会产生此风险；但否定说不这样认为，其提出担保人之间没有追偿权，不仅不会导致道德风险，即使出现了规避责任的情形也不能称之为道德风险。

民法典及其司法解释已经对这一层面的争论给出了回应。首先民法典没有规定担保人的追偿权，然后在《担保制度解释》第14条表明了认可道德风险确实存在的态度，并且给出解决办法。

（二）道德风险存在的概率以及其价值分析

在民法典与司法解释生效实施之后，一方面倾斜支持否定说，未规定担保人之间的追偿权；另一方面站在了道德风险论肯定说一边，明确了道德风险确实存在，并且应当杜绝防范。因此，道德风险论关于道德风险论的争论则只能聚焦在第二层面进行，即没有追偿权之下，道德风险存在的概率大小以及其利弊分析。

否定说从解释论出发，认为道德风险成立的场合极为有限，结合《担保制度解释》第14条的规定，主要明确了"担保人受让债权"一种情形的道德风险，实际上与否定说的立场一致，认为道德风险确实小概率存在，同时，《担保制度解释》第 14 条也规定担保人成为新债权人实际上是在承担担保责任，所以关于该风险的价值分析并不能一言以蔽之，理由分析如下：

1. 担保人受让债权需要符合前提要求

根据《民法典》第 546 条的规定①，双务之债的场合，债权债务一并转让须得债务人同意，而债务人不同意时共同担保人丙受让不了甲的债权。

2. 行为可能被作无效处理而避免风险

当担保人受让债权人的债权目的不法、采取恶意串通行为或者违反效力性强制性规定时，依现行法的规定债权让与合同将无效。

3. 担保人受让债权实质也是承担担保责任的一种方式

受让债权后，担保人作为新的债权人实现其债权，此时其他担保人之间仍无追偿权。实际承担了担保责任的担保人取代了债权人的地位，享有代位权，对债务人可以行使债权人的有关权利。在其他担保人对债务人负有债务的情况下，他可以基于《民法典》第 386 条的规定②，请求其他担保人承担原本对债务人所负债务，于此场合，混合共同担保人相互之间不享有追偿权。

4. 符合当事人预期，与意思自治原则与自己责任原则相一致，因为此风险的分配是当事人可知或可预料的

同时，在市场经济体制下，该风险的存在一定程度上也是商人思维的一种表现。国家尊重效率与收益的追求，鼓励在不违法前提下市场资源的自发配置，倡导积极改善营商环境。

笔者认为，道德风险论本质上是源于人性与规范两者的，规范也明确了"约定优先"，表明了对当事人意思自治的态度，同时，该命题中更重要的是当事人的道德内心问题，实际上在关于混合担保法定追偿权的道德风险之肯定说与否定说的讨论背后，是债权人与担保人之间，担保人与担保人之间，即当事人双方自己的事。

---

① 《民法典》第 546 条规定，"债权人转让债权，未通知债务人的，该转让对债务人不发生效力。债权转让的通知不得撤销，但是经受让人同意的除外"。

② 《民法典》第 386 条规定，"担保物权人在债务人不履行到期债务或者发生当事人约定的实现担保物权的情形，依法享有就担保财产优先受偿的权利，但是法律另有规定的除外"。

民法典"隐藏"的担保制度体系

王晓东 *

摘 要： 民法典结构上最大的特点就是通过人格权和侵权责任独立成编开创了七编制民法典体例，民法典实施后，原合同法、物权法等九部法律同时废止。通过对比民法典 7 编体例结构，我们不难发现，被废止的九部法律几乎都能在民法典中找到对应的编章，唯独担保法没有体现。这是因为民法典把担保制度规定在了不同的编章当中，形成了一个"隐藏"的担保制度体系。本文通过对民法典担保制度的特点和主要内容进行梳理，一方面便于读者系统把握民法典担保制度体系，另一方面也便于读者更好理解民法典担保制度在防范化解金融风险、服务优化营商环境方面的重要作用，以便在司法实践中更好地进行法律适用。

关键词： 担保制度 营商环境 担保从属性 非典型担保

2021 年 1 月 1 日起，《中华人民共和国民法典》正式实施，民法典结构上最大的特点就是通过人格权和侵权责任独立成编开创了七编制民法典体例，即总则、物权、合同、人格权、婚姻家庭、继承、侵权责任。民法典实施的同时，原婚姻法、继承法、民法通则、收养法、担保法、合同法、物权法、侵权责任法、民法总则九部法律同时废止。

通过对比民法典七编体例结构，我们不难发现，被废止的九部法律几乎都能在民法典中找到对应的编章，唯独担保法没有。这并不是说民法典没有规定担保制度，而是民法典将担保制度隐藏在了不同的编章中，形成了隐藏

---

* 王晓东，辽宁省人民检察院检察官助理。

的担保制度体系。

一、民法典担保制度呈现的总体特点

（一）总结改革开放 40 多年来的立法司法实践经验

我国最早规定担保制度的法律是 1986 年的《民法通则》，《民法通则》第 89 条就保证、抵押、质押、定金等担保方式作出了较为原则的规定；第一部系统规定担保制度的法律是 1995 年的担保法，担保法的出台对于解决当时的"三角债"问题，保护债权人，主要是国有商业银行的利益，都起到了积极作用，但该部法律由于当时的历史局限，也存在一些问题；2000 年最高人民法院通过制定担保法司法解释，对担保法适用过程中存在的一些问题进行了调整；2007 年，全国人大通过的物权法对物权担保制度进行了系统的梳理和规定。这次民法典关于担保制度充分吸收了以往立法司法的实践经验，并对它们之间的矛盾和不足之处进行了调整、完善和补充。

（二）为优化营商环境提供法治保障

在民法典之前，民法通则、担保法、物权法等都对担保制度有所规定，但这次民法典对担保制度进行了许多重大调整，一个重要原因就是主动应对世界银行对我国营商环境建设的评估，提升我国营商环境水平。

世界银行自 2002 年起每年对全球 190 个经济体和地区的营商法规及其执行情况进行评估，并出具《全球营商环境报告》，旨在提供可衡量的基准指标，激励各国竞相提高监管效率，提升全球营商环境水平。世界银行对营商环境共有十项评估指标，分别是开办企业、办理施工许可、获得电力、登记财产、获得信贷、保护少数投资者、纳税、跨国贸易、执行合同、办理破产，这十项指标涵盖了一个企业从开办到经营再到退出市场的全过程，其中第五项获得信贷指标主要就是评价一个国家的担保制度中是否具有某些特征使企业贷款更加便利。

世行集团《全球营商环境报告》显示，近年来我国营商环境全球排名持续提升，2017 年排名全球 78 位，2018 年列全球第 46 位，2019 年上升到第 31 位，其中执行合同等指标更是居于全球前列。但获得信贷指标却连续 4 年下跌到全球第 80 位。其中的二级指标"合法权利力度指数"的 12 分中，我国连续多年只得 4 分，整个亚太地区的平均分也有 7 分。所以这次民法典按照世行集团营商环境评估标准对担保制度进行了调整，特别是就动产担保制度进行了补充和完善，为企业贷款融资提供便利，为优化营商环境提供法治保障，这也再一次印证了"法治就是最好的营商环境"。

（三）进一步明确担保的从属性

担保制度的目的是确保主债权实现，担保权利也就成为依附于主债权的从权利，具有从属性。担保的从属性表现为担保权利以主债权成立为前提、以主债权范围为界限、随主债权转移而转移、因主债权消灭而消灭，可以说，从属性是担保制度的最主要特征。

1995 年的担保法对担保的从属性进行了规定，但是允许当事人通过约定进行排除，即"担保合同另有约定的，按照约定"。在商业银行作为主要债权人的情况下，银行都会通过事先制定好的格式合同来排除担保的从属性，从而加重担保人的负担，也动摇了担保制度的基础。这次民法典进一步突出担保的从属性特征，明确规定担保的从属性不能由当事人约定排除，只有在法律有明确规定的情况下才能排除其从属性。目前，我国法律不具有从属性的担保方式只有"独立保函"，而且只有银行或非银行金融机构才有资格作为保证人从事独立保函业务，其他的担保方式均具有从属性。

二、民法典担保制度体系的主要内容

民法典的担保制度体系主要由保证、担保物权和非典型担保构成。

（一）保证制度

民法典将保证制度规定在了合同编保证合同一章，保证合同也是民法典新增的 5 种有名合同之一。1995 年担保法曾对保证制度进行了较为系统的规定，但由于当时社会主义市场经济体制刚刚确立，再加上担保法的制定是由作为债权人的国有银行主导的，所以整个担保法的立法指导思想偏重保护债权人的利益。随着社会主义市场经济体制的逐步完善和民营经济的发展壮大，平等保护各类市场主体、优先保障民营经济发展已经成为当下坚持和完善社会主义市场经济、服务优化营商环境建设的迫切要求，因此这次民法典对保证制度进行了调整，从原来偏重保护债权人，开始向担保人方向倾斜。

这种倾斜主要体现在以下几方面：一是在保证方式推定方面，将"没有约定或约定不明时"的保证方式由原来的推定为"连带保证"调整为"一般保证"，减轻了担保人的责任；二是在保证期间推定方面，将"对保证期间约定不明"时由原来的推定为"两年"调整为"六个月"，缩短了保证人承担保证责任的期间；三是对一般保证的诉讼时效期间起算点进行调整。关于一般保证的诉讼时效计算，担保法没有规定，最高人民法院《关于适用〈中华人民共和国担保法〉若干问题的解释》第34条规定，"一般保证的债权人在保证期间届满前对债务人提起诉讼或仲裁的，从判决或者仲裁裁决生效之日起，开始计算保证合同的诉讼时效"。

我们都知道，一般保证和连带保证的主要区别就是一般保证人享有先诉抗辩权，即债权人原则上应当先起诉债务人，并就债务人责任财产进行执行仍不能清偿债务的情况下，债权人才能起诉一般保证人。因此，债权人对一般保证人的诉讼时效不应从判决生效之日起算，而应当从经强制执行仍不能清偿债务时起算。民法典对此进行了调整，第694条明确"一般保证的债权人在保证期间届满前对债务人提起诉讼或仲裁的，从保证人拒绝承担保证责任的权利消灭之日起，开始计算保证债务的诉讼时效"。可以说，民法典的这项调整切实保障了一般保证人的先诉抗辩利益。

（二）担保物权制度

如果说保证制度是保证人用其全部责任财产来担保主债权实现，本质上属于债权担保的话，那么物权担保则是通过对担保人特定财产的交换价值进行限制，来担保债权的实现。

民法典将担保物权制度规定在了物权编担保物权分编中，主要规定了抵押、质押和留置，并根据世行集团营商环境评价指标对动产抵押制度进行完善。在担保物权中，抵押权因为做到了抵押物的使用价值和交换价值分置，很好地实现了"物尽其用"，因此被称作"担保之王"。传统理论认为，抵押权更多地适用于不动产担保领域，但对于民营企业特别是中小企业来说，它们占有的不动产资源有限，为了提升中小企业的融资能力，允许企业用现有或将来拥有的动产,比如生产设备、原材料,以及成品、半成品等进行抵押就显得尤为重要。

为了进一步提升企业担保能力,民法典还专门设计了一个超级抵押权制度(价款优先权),《民法典》第416条规定:"动产抵押担保的主债权是抵押物的价款,标的物交付后十日内办理抵押登记的,该抵押权人优先于抵押物买受人的其他担保物权人受偿。"这个制度的设计主要是应对动产浮动抵押,《民法典》第396条规定,企业可以将现有或将有的,债务人不履行到期债务的,债权人有权就抵押财产有限受偿。也就是说,只要企业为债权人设定了动产浮动抵押,之后企业再买机器设备,这些新买的设备同样属于抵押财产。如果企业在已经为他人设定动产浮动抵押的情况下,还想再通过融资来购买机器设备,可能就没有其他财产可供抵押,而且新买来的机器设备也要被设置浮动抵押,这样一来,可能没有人愿意再借钱给企业来购买新设备,因为债权实现存在风险。为了解决这个问题,缓解企业融资难,支持企业再生产,民法典设计了一个价款优先权制度,即只要在新购买的机器设备交付后10日内办理抵押登记的,该抵押权人就优先于包括浮动抵押在内的其他担保物权人,有效提升了企业的信贷担保能力。

(三)非典型担保制度

民法典除了保证制度和担保物权外,还规定了非典型担保制度。之所以被称为非典型担保,是因为这些制度既不同于保证,也不同于担保物权,但它们却在经济生活中切实发挥着担保作用。民法典规定的非典型担保主要是所有权保留、融资租赁和保理。

所有权保留规定在买卖合同中,《民法典》第641条第1款规定:"当事人可以在买卖合同中约定买受人未履行支付价款或者其他义务的,标的物的所有权属于出卖人。"也就是说,虽然标的物已经交付给买受人,但根据双方合同约定,标的物所有权还可以保留在出卖人手里。出卖人保留所有权不是目的,是保证其自身债权得以实现的手段,因此所有权保留本质上是一种担保制度。

融资租赁也具有担保功能,《民法典》第735条规定:"融资租赁合同是出租人根据承租人对出卖人、租赁物的选择,向出卖人购买租赁物,提供给承租人使用,承租人支付租金的合同。"融资租赁过程中,出租人(购买人)

通过对租赁物拥有的所有权来确保自身债权的实现。现实经济生活中,融资租赁已经从传统的三方模式发展成双方模式,即售后回租。承租人将自己的动产出售给出租人,然后再租回来自己使用,目的就是通过售后回租模式进行融资。可见,如果说传统三方融资租赁模式的主要目的还是融物的话,售后回租模式就是单纯为了融资,担保作用也更加明显。

保理合同是民法典规定的一种新型合同,《民法典》第761条规定:"保理合同是应收账款债权人将现有的或者将有的应收账款转让给保理人,保理人提供资金融通、应收账款管理或者催收、应收账款债务人付款担保等服务的合同。"定义看起来很复杂,但本质上就是允许企业用应收账款进行融资担保,属于让与担保的一种。

通过以上分析我们可以看到,所有权保留、融资租赁、保理虽然分属于不同的合同范畴,但它们都具有担保功能,都是通过在特定动产或权利上设置所有权来担保债权的实现。但这些非典型担保有一个重要的缺陷,就是这种所有权缺乏公示性,无论是所有权保留、融资租赁还是保理,债权人拥有的所有权都是当事人之间通过合同约定的,缺乏公示性,无法对抗第三人。为了解决这个问题,民法典赋予了非典型担保如同动产抵押那样的登记对抗功能,即非典型担保未经登记不得对抗善意第三人,一经登记便可以取得如同担保物权般的对抗效力。

典型担保和非典型担保一起构成了民法典的担保制度体系,对于提升企业信贷能力、防范重大金融风险、服务优化营商环境都具有重大而积极的作用。

三、司法实践中的具体法律适用问题

(一)同一动产上不同担保权利的实现顺序

随着动产担保制度的不断完善,同一动产上存在多种不同的担保形式将会成为常态,可能有动产抵押、浮动抵押、动产质押、超级优先权,还可能有留置权,同一动产上存在这么多担保,实现顺序如何呢?总的原则就是"登记优先主义",也就是说,已登记的优于未登记的,先登记的优于后登记的。《民法典》第414条规定:"同一财产向两个以上债权人抵押的,拍卖、变卖抵押财产所得的价款依照下列规定清偿：（一）抵押权已经登记的，按照登记的时间先后确定清偿顺序；（二）抵押权已经登记的先于未登记的受偿；（三）抵押权未登记的，按照债权比例清偿。其他可以登记的担保物权，清偿顺序参照适用前款规定。"关键就是最后这句，类推适用所有可登记的担保方式，也包括上述提到的非典型担保，只要可以登记，就看登记顺序。

这里有个例外就是上述提到的超级优先权，超级优先权只要依法进行了登记，即使登记在后，也优先于登记在先的其他债权人受偿，但不能优先于留置权。因为留置权是法定担保物权，由法律直接规定产生，效力最强。

（二）同一债权的混合担保人之间的追偿问题

同一财产上可以设置多项担保权利，同一债权也可以设置多项担保确保其实现。当债权人实现其担保权利时，有没有顺序要求呢？《民法典》第392条规定："被担保的债权既有物的担保又有人的担保的，债务人不履行到期债务或者发生当事人约定的实现担保物权的情形，债权人应当按照约定实现债权；没有约定或者约定不明确，债务人自己提供物的担保的，债权人应当先就该物的担保实现债权；第三人提供物的担保的，债权人可以就物的担保实现债权，也可以请求保证人承担保证责任。提供担保的第三人承担担保责任后，有权向债务人追偿。"

关于该条中承担责任的担保人"有权向债务人追偿"，问题是担保人之间可以追偿吗？从该条规定来看应该是不可以，因为该条只规定向债务人追偿，未规定可以向其他担保人追偿，而且最高人民法院在这个问题上的态度也是不允许追偿。但究竟能不能追偿，理论界是有争议的，因为国际上的立法例几乎都允许担保人之间相互追偿，这个问题还有待进一步研究。但目前的结论是除非担保人之间约定可以追偿或构成连带保证关系，否则不可以相互追偿。

（三）动产担保未经登记不得对抗的善意第三人范围

动产抵押和非典型担保都规定未经登记不得对抗善意第三人，但第三人范围如何界定，换句话说，普通债权人是否属于第三人范畴，对此实践中认识不一。有观点认为，动产抵押权是物权，该物权自抵押合同生效时便已经设立，即使未经登记也不影响其物权属性，按照物权优先于债权的一般原则，动产抵押即使未登记也能够对抗普通债权人，也就是说，这里的第三人是物权第三人。笔者认为，物权是绝对权、是对世权，物权之所以具有如此强大的效力就是因为它践行了公示公信原则，要么通过登记进行公示，要么通过占有进行公示，而未经公示的物权是不应该具有物权对世效力的，只能在合同当事人之间产生效力。因此未经登记的动产抵押只能在抵达合同当事人间起作用，不能对抗第三人，也就不能对抗普通债权人，这应当也同样适用于非典型担保。

动产抵押中抵押财产转让的效力

马文君*

摘 要：《民法典》第 403 条、第 404 条、第 406 条都规定了动产抵押中抵押财产转让的效力，因而应深入探究相关法条所蕴含的法理并理顺三者的关系。第 403 条设立了"登记对抗主义"，是从抵押权人的角度对抗善意第三人，其背后的法理主要是物债区分原则和善意取得制度。第 404 条规定了"正常经营转让规则"，即不看动产登记与否，只要满足构成要件便可对抗抵押权人，是从受让人的角度对抗抵押权人。第 406 条允许抵押物转让，允许当事人约定，并赋予抵押权人追及效力，是从抵押权人的角度允许转让。三者关系复杂，抵押权人的追及效力因"登记对抗主义"和"正常经营转让规则"而阻断，"登记对抗主义"因"正常经营转让规则"以及"当事人另有约定"的约定登记而阻断，前者阻断效力的例外情况在于，在"正常经营转让规则"中若受让人"恶意"阻止约定则阻断失效，此时仍适用第 406 条。

关键词：动产抵押物转让　登记对抗　正常经营转让规则　追及效力

　　民法典的担保制度与之前相比作了较大修改。不动产抵押登记生效是毋庸置疑的，这一规定直接决定抵押财产转让效力。动产抵押中，抵押权奉行登记对抗原则，这种对抗效力强度如何？有何种例外规定？《民法典》第 403 条、第 404 条、第 406 条以及最高人民法院《关于适用〈中华人民共和国民法典〉有关担保制度的解释》第 43 条第 2 款作出了回应。复杂的是，《民法典》第 403 条、第 404 条是对动产抵押中特殊情况的转让限制，第 406

---

* 马文君，河北省张家口市人民检察院检察官助理。

条则放宽了这种限制。民法典担保制度的修改充分体现了中国特色社会主义市场经济环境下鼓励物尽其用、提升交易便捷度、降低交易成本的旨趣。①笔者认为，要想实现这一目标，就必须厘清相关法律规定自身的法理考量以及相互之间的关系，明确动产抵押的对抗事由以及转让限制，让动产抵押权的实现更加清晰顺畅。

一、民法典相关规定解析

（一）《民法典》第 403 条规定解析

《民法典》第 403 条规定了动产抵押权设立的登记对抗主义，即动产抵押中抵押权自抵押合同生效时设立，登记与否并不影响抵押权的成立。若该抵押权未登记，其后果仅在于无法对抗善意的第三人。换句话说，即使该抵押权未登记，该抵押行为仍在抵押人和抵押权人之间发生效力，当此效力遭遇善意第三人时抵押行为因遇到阻碍事由而失效，此时，维系抵押人与抵押权人的是抵押合同。

这一法条背后的法理主要有两个：一是物权与债权区分原则。抵押人与抵押权人签订抵押合同，这是债权行为。无论登记与否，抵押人都因抵押合同承担着相应的义务，后期发生相关纠纷时抵押权人可以此为依据行使债权请求权。若将抵押权进行登记，该抵押行为因登记公示而获得物权效力。②区分动产抵押过程中的"两步走"意义在于帮助理顺抵押人与抵押权人、出让人与受让人的关系，避免因未登记而导致抵押权人无法主张权利。二是善意取得制度。"未经登记，不得对抗善意第三人"，该规定是《民法典》第 311 条善意取得制度在抵押权领域的延伸，③只有符合"善意取得"的构成要件，受让人才能取得抵押物的所有权，伴随而来的是该抵押物之上原有的权利负担消灭。

---

① 参见王利明：《〈民法典〉抵押物转让规则新解——兼评〈民法典〉第 406 条》，载《法律科学》2021 年第 1 期。

② 参见程啸：《禁止或限制抵押财产转让的约定的效力》，载《人民法院报》2021 年 4 月 1 日，第 5 版。

③ 参见王琦：《论抵押财产转让对抵押权的影响——以〈民法典〉第 403、404、406 条的协调适用为视角》，载《北京航空航天大学学报（社会科学版）》2020 年第 5 期。

该条文背后也包含如下之意：一是未经登记可以对抗恶意第三人，即若受让人知晓出让财产之上附着抵押权（恶意）仍愿意取得抵押财产的所有权，意味着受让人同意负有抵押人所负担的义务，其受到抵押权的约束也是理所应当。即使该抵押权未登记，抵押权人仍可就抵押财产主张权利。二是已经登记的，可以对抗善意第三人。在担保关系中，所谓"对抗"应当是指抵押权实现的先后顺序，而非抵押权人或第三人取得物权。盖因登记是为了平衡"尊重意思自治"与"保护交易安全"的关系，避免因单纯约定导致第三人不了解情况而"误陷"进去。因此，通过登记对抗赋予第三人以否定他人物权变动的权利，为新物权的变动创造条件。①

（二）《民法典》第 404 条规定解析

《民法典》第 404 条是对原《物权法》动产浮动抵押转让规则的扩张。原《物权法》第 189 条规定："企业、个体工商户、农业生产经营者以本法第一百八十一条规定的动产抵押的，应当向抵押人住所地的工商行政管理部门办理登记。抵押权自抵押合同生效时设立；未经登记，不得对抗善意第三人。依照本法第一百八十一条规定抵押的，不得对抗正常经营活动中已支付合理价款并取得抵押财产的买受人。"也就是说，该条文仅针对动产浮动抵押的范围。第 404 条则将范围扩大至所有动产抵押，即"以动产抵押的，不得对抗正常经营活动中已经支付合理价款并取得抵押财产的买受人"。民法典扩大适用的价值考量在于，在动产浮动抵押中，基于抵押物的不特定性，抵押人对抵押财产保留在正常经营过程中的处分权，抵押权人不能预先向买受人主张抵押权利，原规定难以发挥作用。②将之扩大到整个动产抵押中，能够变"不特定"为"特定"，抵押人可继续交易抵押物，抵押权人也可视情况主张抵押权，让该规则发挥实质作用，促进交易流通。

直观来看，这一特殊的对抗效力是因为"正常经营转让规则"，深究其背后的法理在于，在正常经营活动中已经支付合理价款并取得抵押财产的买受人，其受让财产之上的权利负担已经消除，抵押权人的抵押权因此种情况

---

① 参见郭志京：《也论中国物权法上的登记对抗主义》，载《比较法研究》2014 年第 3 期。

② 参见谢鸿飞：《动产担保物权的规则变革与法律适用》，载《国家检察官学院学报》2020 年第 4 期。

无法被追及。①之所以有这样的规定，充分考虑了动产抵押的特性。不同于不动产固定化、程序化的特征，动产具有极强的流动性，可以随时随地"想转就转"而无须经过烦琐的程序，不能强求正常经营活动买受人在每一笔交易中都主动查询登记簿。而且有很大一部分动产抵押未做登记，买受人缺少途径了解交易物背后的权利负担。民法典不仅允许在动产上设定抵押，而且允许抵押财产转让，此外还兼顾交易安全性和可信赖度，因此，当动产抵押遇此规则，抵押财产之上的权利负担消除，此时，受让人的"对抗"应为取得物权而非抵押权实现的先后顺序，这是因为受让人已走完了取得物权的程序——支付合理价款并取得抵押财产。

在适用该条文过程中应注意，尽管其对动产抵押的转让给出了极大的宽容度：不论动产抵押是否登记，不论受让人是否知晓抵押权的存在，只要满足"正常经营转让规则"，就会导致抵押权消灭，但该规则被赋予严格的条件。一是须为"正常经营活动"，指市场主体在许可范围内开展经营活动或通常销售的产品。②如某服装公司将自己生产的一批服装出售给买受人，此为该公司的正常经营活动，若出售的是一批电脑，则超出经营范围，受让人以此抗辩抵押权不应获得支持。二是须为"已经支付合理价款"。"合理"要求受让人以市场价进行等价交换，若以明显低于市场价的金额交易，则存在抵押人与他人合谋欺诈抵押权人的嫌疑，③该行为将因法定无效事由而无效。"支付"要求行为已实际发生，如支付价款的，已现金支付或银行转账；买受人与抵押人互易财产的，互换已完成。④三是须为"取得抵押财产"。"取得"的法理考量在于，在动产抵押中，不论抵押权登记与否，交付公示的方法更能够直观证明抵押财产的归属状况，要保护受让人的交易安全。"取得"的方式应如何理解？取得动产所有权这是毋庸置疑的，有学者认为取得动产

---

① 参见王琦：《论抵押财产转让对抵押权的影响——以〈民法典〉第403、404、406条的协调适用为视角》，载《北京航空航天大学学报（社会科学版）》2020年第5期。
② 参见董学立：《论"正常经营活动中"的买受人规则》，载《法学论坛》2010年第4期。
③ 参见程啸：《担保物权研究》（第二版），中国人民大学出版社2017年版，第545页。
④ 参见高圣平、叶冬影：《民法典动产抵押物转让规则的解释论》，载《比较法研究》2020年第4期。

的占有也可纳入"取得"范畴，如所有权保留买卖中买受人取得的占有。①笔者对此有不同看法。假设甲公司是服装销售公司，将一批服装抵押给债权人乙公司，后甲公司又将该服装销售给丙公司，并约定只有丙公司建设完成特定的门店装潢方可取得服装的所有权，丙公司支付了合理价款。若丙公司未完成相关条件，则甲公司可主张取回标的物。此时，丙公司并未在实质上取得该抵押财产，也就不能适用"正常经营转让规则"。

（三）《民法典》第406条规定解析

《民法典》第406条规定了抵押期间抵押财产转让应当遵循的规则，既包括动产抵押也包括不动产抵押。第406条第1款第1分句"抵押期间，抵押人可以转让抵押财产"与原物权法的规定大相径庭。原《物权法》第191条采取了较为严格的规则，即"抵押期间，抵押人未经抵押权人同意，不得转让抵押财产，但受让人代为清偿债务消灭抵押权的除外"，也就是说，只要抵押权人不同意，抵押财产就不得流动。实践中，大部分抵押权人出于权利实现的考虑，不愿意抵押财产流动。然而，担保的目的是保护抵押权人的债权实现，允许抵押财产转让并不一定会影响其合法权益。此外，对于急需资金流动的抵押人来说，不能因为抵押财产之上设定了担保就使抵押物的价值被"禁锢"，成为"死物"。只要能够确保抵押权跟随抵押财产一并转移，抵押权人的利益就能够保证，抵押人也可将抵押财产的价值继续发挥。因此，民法典的从宽规则是值得肯定的，它为抵押财产流通转让提供了法律依据，使其具有法律效力。

《民法典》第406条第1款第2分句"当事人另有约定的，按照其约定"给抵押人和抵押权人留下了较大的互动空间，《解释》第43条对此作了详细规定。就约定内容来看，可以作禁止或者限制抵押财产转让的约定。该约定一旦做出，合同生效，则发生债权效力。也就是说，抵押权人与抵押人约定未经许可不得转让抵押财产，若抵押人违反约定则承担违约责任。除此之外，约定能否对受让人产生效力？该解释区分了约定登记与否的情形。若约定未登记，则无法对抗善意受让人；若约定已登记，则可对抗善意受让

---

① 参见谢鸿飞：《动产担保物权的规则变革与法律适用》，载《国家检察官学院学报》2020年第4期。

人，除非受让人代为清偿债务。那么，登记公示导致的物权效力范围能否包括抵押权人拒绝接受受让人的代为履行？笔者认为不包括。根据《民法典》第524条"第三人代为履行规则"规定，若第三人对履行该债务具有合法利益的，第三人有权代为履行。这也是原《物权法》第191条涤除权规则的体现。有学者认为，"合法利益"的来源在于"受让人急需标的物"或"抵押物价格波动"。① 除此之外，根据该司法解释，抵押财产已交付或登记，对受让人来说，就已经与抵押财产产生交集，自应当认定为有"合法利益"。

《民法典》第406条第1款第3分句"抵押财产转让的，抵押权不受影响"，赋予了抵押权人追及效力。就条文逻辑来看，笔者认为，该效力应前置于第403、404条理解，才会产生"对抗"的效果。至于追及方式，笔者认为，《解释》第43条提到的"抵押权人向法院主张转让不发生物权变动效力"是追及的一种，此外，抵押权人也可根据第406条第2款第2分句请求抵押人将转让所得的价款向抵押权人提前清偿债务或者提存。

《民法典》第406条第2款明确了抵押人的通知义务以及抵押权人的权利救济，本文不再赘述。

二、《民法典》第406条与第403条关系辨析

《民法典》第406条与第403条关系交错，同一性与矛盾性并存。同一性表现在，第406条第1款第1分句允许抵押财产转让，第403条"未经登记，不得对抗善意第三人"表明抵押财产在向第三人转让，因此前者是后者的权利来源，这也是上文提到的"前置理解"的体现。

矛盾性表现在，一是第406条第1款第2分句的"当事人另有约定"可能会使第403条"登记对抗主义"失效。根据《解释》第43条第1款，若该禁止或限制抵押财产转让的约定已经登记，而抵押权未登记，即使受让人为善意第三人且抵押物已交付，抵押权人仍可主张转让不发生物权变动效力，除非受让人代替债务人清偿债务导致抵押权消灭。② 二是第406条

---

① 参见王利明：《〈民法典〉抵押物转让规则新解——兼评〈民法典〉第406条》，载《法律科学》2021年第1期。

② 参见如前所述，抵押权人只获得对抗效力而非取得物权，故抵押权人只能主张转让不发生物权变动效力。

第1款第3分句赋予了抵押权人追及效力，第403条的"登记对抗主义"则阻断了该效力，若动产抵押权未登记，抵押人与抵押权人未约定或约定未登记，抵押权人无法对抗善意第三人。为了维护抵押权人的合法权益，第406条第2款提出救济措施，"抵押权人就转让所得价款可要求抵押人提前清偿债务或提存"。

三、《民法典》第403条与第404条关系辨析

《民法典》第404条"正常经营转让规则"是第403条动产抵押"登记对抗主义"的例外规定。在动产抵押中，正常情况下"未经登记，不得对抗善意第三人"，而第404条则规定只要符合"正常经营转让规则"，即使不登记，即使不善意，也能对抗第三人，即"登记动产抵押权的追及效力可因特定事由的发生而阻断"。① 因此，若抵押权未登记，受让人恶意，可优先考虑该转让是否符合第404条的构成要件，若符合，则受让人可以对抗抵押权人获得抵押财产，抵押权消灭；若不符合，则不发生物权变动效力。

两者在适用上比较容易混淆，需要法律实务者掌握各自的侧重点来帮助理解。第403条强调的是动产抵押的"登记对抗主义"，权利来源是登记公示导致物权效力。该原则在民法典中并不罕见，如特殊动产的登记对抗，所有权保留的登记对抗等。第404条强调的是担保物权之间的优先顺位问题，即"正常经营转让规则"的效力 > 已登记的动产抵押的效力。

四、《民法典》第404条与第406条关系辨析

《民法典》第406条从抵押人与抵押权人的角度出发规定了抵押财产转让规则，第404条则从抵押人和受让人的角度规定了动产抵押转让的特殊情况，两者在适用过程中会出现交叉。如前所述，第404条不考虑受让人是否恶意，此处的"恶意"应作何种理解？一种是受让人已知受让的财产之上负担着抵押权，此时，可适用第404条。因第404条作为动产抵押财产转让的特殊条款，目的是促进交易流通，提高交易效率，不能苛求抵押人因负担抵

---

① 高圣平、叶冬影：《民法典动产抵押物转让规则的解释论》，载《比较法研究》2020年第4期。

押权而停止正常交易活动。受让人明知有抵押权而选择承担风险，法律自应尊重其意愿。至于抵押权人的权利保护，抵押权人可依据第406条向抵押人主张价金物上代位。另一种是受让人已知"当事人另有约定"，即《解释》第43条的"就抵押财产的转让作出禁止或限制转让的约定"。有学者认为，"正常经营转让规则"是善意取得制度的某种延伸，受让人虽知晓出让财产之上负担着抵押权，但对于出让人没有否定约定、有权转让抵押财产存在信赖。[①] 笔者十分认同。若当事人已知该约定，仍执意介入并破坏约定，则不适用第404条，抵押权人有权依据第406条的追及效力向受让人主张抵押权。

在动产抵押中，《民法典》第406条与第403、404条可以理解为普通法与特殊法的关系。第406条规定了抵押财产可以转让，抵押权人对已转让的财产可以追及，这是动产抵押的普遍性规定。若当事人就转让与否另有约定，该约定除产生债权效力之外，还因登记产生物权效力。第403条规定了动产抵押中，若抵押权未登记，则抵押权人对已转让给善意第三人的抵押财产不能追及。若抵押权已登记，则仍可以追及，这是登记对抗效力，是动产抵押财产转让的特殊规定。第404条规定了"正常经营转让规则"，强调不论登记与否，抵押权人均不能追及。这是第403条"登记对抗效力"以及第406条"抵押财产转让规则"的例外情形。但是，若受让人具有"明知抵押权人与抵押人之间约定不得转让"仍然受让的"恶意"，则抵押权人可以追及，此时仍适用第406条。

---

① 参见纪海龙、张玉涛:《〈民法典物权编(草案)〉中的"正常经营买受人规则"》，载《云南社会科学》2019年第5期。

论民法典对抵押物交易规则的立法选择与完善

肖云燕　胡自莹*

摘　要：从担保法到物权法再到民法典，抵押物交易规则经历了从严格禁止转让模式到限制转让模式再到自由转让模式的立法变化。抵押物转让从客观意义上讲无非是抵押人、抵押权人和买受人之间的三方关系，如何平衡这三方之间的关系是相关立法修改完善的关键。之前的担保法、担保法解释及物权法过于关注抵押权人的利益，对于抵押人与买受人的利益保护相对有限，致使三方之间利益偏差过大。民法典针对这些问题进行了修改和完善，将"物尽其用"体现于社会生活的方方面面。尽管还存在一些不足，但也可通过明示当事人约定内容等途径加以完善。

关键词：抵押物交易规则　立法选择　立法完善

一、抵押物交易规则的立法变迁

抵押自古以来就存在于社会生活中，它影响着我们的社会生活，同时也随着我们的生活不断发展进步。最早的抵押是古时候的典当制度，起源于汉朝，其中的"活当"类似于我们今天的抵押交易，将物品放在当铺换取一定的银两，等到有钱时再将物品从当铺赎回，这种制度一直延续了整个古代社会。经过几千年的发展和壮大，抵押制度才渐渐有了法律规范。最高人民法

---

* 肖云燕，湖北省云梦县人民检察院第四检察部主任；胡自莹，湖北工程学院法学院。

院《关于贯彻执行〈民法通则〉若干问题的意见（试行）》（以下简称《民法通则意见》）第115条首次确立了抵押物交易规则，但规定抵押人未经抵押权人同意将抵押物转让或将抵押物重复抵押行为无效。这一规定使抵押人对抵押物的处分由完整处分到瑕疵处分，其内容忽视了民法自愿原则的存在。

（一）担保法及《担保法解释》的立法选择

随着改革开放的不断发展，人们对抵押制度的认识和挖掘不断地加深，1995年的担保法的实施弥补了《民法通则意见》的不足。《担保法》第49条[①]明确表明登记的抵押物转让且抵押权人明知转让情况的，转让行为有效。反之，则无效。同时，立法者为了重点突出抵押权的重要性，授予了抵押权人在转让时要求提供担保的权利，对于抵押价款，抵押人有义务进行提存，对于抵押价值少于债权的，抵押人有义务提前清偿。这一规定使我国的抵押转让从禁止开始向限制过渡。抵押人的处分权与过去相比更加宽松、开放，同时规定了抵押权人利益遭受侵害时的救济方式。

2000年12月28日，最高人民法院颁布了《关于适用〈中华人民共和国担保法〉若干问题的解释》（以下简称《担保法解释》），该解释完善了担保法中的不足。该解释第67条[②]更新了转让的规则，新规则认为抵押人转让已登记的抵押物，其行为有效，未进行登记的抵押转让，在面对第三人的利益诉求时，不具备法律上的抵抗权能。新规则的颁布使《担保法》第49条得以更新完善，抵押转让脱离了抵押权人的摆布，抵押人的处分权开始大放异彩。其次，在法律上提出了追及效力概念，这是抵押制度的一大进步。

[①]《担保法》第49条规定："抵押期间，抵押人转让已办理登记的抵押物的，应当通知抵押权人并告知受让人转让物已经抵押的情况；抵押人未通知抵押权人或者未告知受让人的，转让行为无效。转让抵押物的价款明显低于其价值的，抵押权人可以要求抵押人提供相应的担保；抵押人不提供的，不得转让抵押物。抵押人转让抵押物所得的价款，应当向抵押权人提前清偿所担保的债权或者向与抵押权人约定的第三人提存。超过债权数额的部分，归抵押人所有，不足部分由债务人清偿。"

[②]《担保法解释》第67条规定："抵押权存续期间，抵押人转让抵押物未通知抵押权人或者未告知受让人的，如果抵押物已经登记的，抵押权人仍可以行使抵押权；取得抵押物所有权的受让人，可以代替债务人清偿其全部债务，使抵押权消灭。受让人清偿债务后可以向抵押人追偿。如果抵押物未经登记的，抵押权不得对抗受让人，因此给抵押权人造成损失的，由抵押人承担赔偿责任。"

总的来说，担保法以及《担保法解释》完善了《民法通则意见》的不足，第一次认可了追及效力的存在，默许抵押物之间的流转不受他人的干预，符合当时社会经济情况。为之后抵押物交易规则的更新发展提供了借鉴和经验。

（二）物权法的立法选择

随着经济危机的爆发及社会矛盾的展开，担保法以及《担保法解释》已经无法解决一些现实问题。2007年物权法颁布。抵押物交易规则退回至最初的转让模式，开始由自由转让回归到严格限制转让模式。《物权法》第191条①规定，对于无法履行债务的抵押人，抵押权人有权对该抵押财产向法院提起诉讼，对所获得的利益享有比他人先受偿的权利，这一规则承袭了担保法，将担保法优先维护抵押权人的精神进一步发展。同时规定抵押权人拒绝流转的，抵押人的处置财产的权利接近丧失。这一规定引起了社会和学界的激烈讨论。

（三）民法典的立法选择

由于物权法严格禁止抵押人转让抵押物的规定争议较大，民法典经过充分研究，继承了担保法的物上追及效力、代位清偿制度和物权法的大部分法律精神，在尊重民意的基础上，通过第406条②第1款规定抵押人的处分不再受抵押权人的限制，抵押物交易规则彻底被放开。这一款的变化具体体现在：

1. 承认抵押权的追及效力

《民法典》第406条不仅明确表明抵押权人不再控制抵押的转让，抵押人对于自己的抵押物享有绝对的处置、转卖的权利，同时还将抵押权的追及

---

① 《物权法》第191条规定："抵押期间，抵押人经抵押权人同意转让抵押财产的，应当将转让所得的价款向抵押权人提前清偿债务或者提存。转让的价款超过债权数额的部分归抵押人所有，不足部分由债务人清偿。抵押期间，抵押人未经抵押权人同意，不得转让抵押财产，但受让人代为清偿债务消灭抵押权的除外。"

② 《民法典》第406条规定："抵押期间，抵押人可以转让抵押财产。当事人另有约定的，按照其约定。抵押财产转让的，抵押权不受影响。抵押人转让抵押财产的，应当及时通知抵押权人。抵押权人能够证明抵押财产转让可能损害抵押权的，可以请求抵押人将转让所得的价款向抵押权人提前清偿债务或者提存。转让的价款超过债权数额的部分归抵押人所有，不足部分由债务人清偿。"

效力用法律的形式承认下来。所谓追及效力，①即无论该抵押物转让多少次、有多少债权，其物上本身的抵押权不会随着物的转移而消失，抵押权人对该抵押权享有独一无二的、不受他人控制的权利。这就表明只要抵押物上有抵押权的存在，那么抵押权人在抵押事实成立后，有权对抵押物进行折价、拍卖来维护自己的利益，当然，抵押权虽然不会随着物品的转移而消失，但不代表抵押权人在其他同样享有权利的债权人面前有优先的权利。

2. 对抵押权人的保护增强

《民法典》第406条的规定虽然着重维护抵押人的利益，但同样没有忘记保护另一主体抵押权人的利益。其一，抵押权人可以在抵押时与抵押人签订契约，约定抵押物不得再次转让，这相当于是一份合同，通过契约的方式限制抵押人滥用抵押权。双方的约定体现了交易的自愿原则，合同成立即对双方产生约束力，同时合同又受到法律保护，一旦抵押权人违反即可按照合同违约对抵押人进行惩罚。其二，抵押人有法律规定的"通知义务"，如未尽该义务的，抵押权人有理由怀疑抵押物转让损害其利益的，要求抵押人对此做出合理解释。如抵押权人能证明该转让行为损害其合法利益的，可以行使保全请求权，要求停止其损害行为或提前清偿债务。民法典规定抵押物转让须进行公示，不动产进行登记，动产虽不以登记作为生效要件，但未经登记的无法与善意的第三人相抗衡。因此，无论抵押物转让多少次，抵押人依旧能通过抵押登记来了解抵押状态，一旦发现抵押异常即可行使保全请求权，要求抵押人停止其侵害行为并加速债务到期，阻止损害进一步扩大，最大程度保护抵押人的利益。

3. 第一次考虑了买受人的权益保护

民法典在保护买受人权益方面也做了努力，通过物权变动的公示制度给予买受人规避风险的途径。此外，买受人同样可以与抵押人订立契约，要求抵押人提供担保，最大程度保障自己的利益。不仅如此，《民法典》第404条规定了在正常经营活动中的动产抵押交易，买受人如果支付了合理的对价且取得对抵押物的所有权，抵押权人和抵押人无法再对抵押物行使任何权利，买受人作为法律承认的一方当事人，在其权益受到侵害时，同样享有作

---

① 参见程啸：《我国民法典中的抵押财产转让》，载《检察日报》2020年11月16日，第3版。

为交易主体的权利，依据《民法典》第 406 条第 2 款规定的权利要求抵押人对抵押债务提前清偿或提存。总之，民法典重视对买受人权益的保护，体现了明显的进步。

二、民法典中抵押物交易规则变化的原因

（一）符合民法自由交易的理念

自古以来交易讲究自愿诚信。双方意思自由并达成一致，签订合约，交易即可达成，不受任何外界因素的干扰。因此，民法典规定抵押人转让抵押物不受限制是符合交易自由和市场秩序的。抵押人对其所有物享有不被他人干扰的所有权，抵押人对自己所有物行使处分权本身符合民法原则。除此之外，民法的基本原则中规定了自愿原则和诚信原则，只要抵押人在交易时遵循市场规则，以合理价格抵押，买受人同样以合理的价格买入，那么抵押权人就没有权利阻止交易的达成。因这样的抵押物交易符合民法自愿、公平诚信的基本原则，是有效的转让行为。

（二）顺应时代发展潮流

最早的抵押权出现于罗马。罗马时代，抵押制度又叫信托制度，最初是为了弥补质权而存在的，对于当时的社会来说，抵押制度并不受重视，随着罗马帝国的扩展，抵押制度也逐渐开始被其他国家吸收发展。到了日耳曼时期，抵押权开始由一个整体慢慢变成动产抵押和不动产抵押两种，抵押通过公示后才能生效，登记公示制度成了抵押权的一项重要制度，这一制度后被我国吸收采纳。到了近代，法国将抵押制度发展完善，颁布了第一部关于抵押制度的法律——《抵押权法》，后又在《法国民法典》中提出优先权。德国的抵押制度沿袭了日耳曼时期的精神，将抵押制度运用到极致。德国并不禁止在动产上自由的交易，却不允许动产上存在抵押权，动产只能作为交易的主体。抵押能在不动产上行使，无任何的限制。不仅如此，德国的学者还提出了"所有人抵押"这一概念，丰富了抵押的含义，扩大了抵押的适用范围。美国的抵押制度同样遵循自由的理念，提倡抵押物交易不受他人的干扰，抵押自由。日本不仅承认抵押自由，还将其运用到社会生活，根据市场

交易规则来看，在汽车行业体现较为明显。抵押物交易规则从罗马时期发展至今，其重要性显而易见，重视抵押物的自由交易有利于融入国际交易市场，有利于构建和谐的国际社会，顺应时代的发展潮流。民法典规定的抵押物交易规则亦顺应了时代发展潮流。

三、民法典抵押物交易规则下的潜在风险

尽管《民法典》的规定有很多可取之处，但也存在一定的不足，需要在立法与司法实践中重视和完善。

（一）"当事人另有约定"增加了债务人的风险

《民法典》第406条为了避免抵押权的滥用特别规定了"如果当事人另有约定的，按照其约定"这一特殊规定。该规定表明立法者想通过禁止随意转让的特别约定来弥补自由转让的弊端。但立法者忽视了这一规定可能会使作为债务人的抵押人陷入一定的风险。抵押权人可以通过约定直接忽视现行法律的适用，使抵押转让从自由转让回到禁止转让状态。除此之外，抵押人多次转让抵押物的初衷可能是为了资金的流动，解决一时的困难状态，如果抵押权人禁止抵押人再次转让其抵押物可能造成作为抵押人的债务人资金冻结、破产的风险。再者，如若抵押权人约定抵押转让需经过抵押权人的同意，否则抵押权人享有撤销的权利。那么就意味着抵押权人在抵押转让同意与否方面享有绝对的权利，除了受让人替抵押人清除抵押债务外，即使抵押人与受让人的交易符合市场的正常价值，抵押权人也不会同意抵押转让，从而导致抵押人与买受人的利益受到损失。抵押人在正常处分本人的财物时，抵押权人会以其损害自己的利益为由要求抵押人提前清偿抵押债务。

因此，在"当事人另有约定"的情况下，需要用法律的方式规定抵押人不履行"通知义务"的后果，明确约定公示制度和约定内容的底线。法律应支持当事人双方的意思自由，但也不能成为抵押权人滥用特殊规定来损害他人合法利益的理由。

（二）抵押财产自由转让可能损害抵押权的实现

《民法典》第406条规定的抵押人自由处分抵押物，容易造成抵押人滥

用抵押权。具体体现在：

一是《民法典》第 404 条规定的动产抵押中，抵押人将抵押物以合理的价格卖给了第三人，第三人支付了金钱并且本身为善意时，抵押权人不能以抵押权未实现损害第三人受法律保护的合法利益，因而使抵押权人的抵押权失去意义并难以实现。

二是抵押人与买受人恶意串通隐瞒抵押权人。自从抵押转让不再需要经过抵押权人同意，在抵押交易当中，抵押人容易和受让人相互勾结损害抵押权人的利益。虽然《民法典》第 408 条赋予了抵押权人行使保全请求权的救济方式，但在实务中，抵押人与买受人进行交易时如果不通知抵押权人而交易，交易的内容也不进行公示，那么抵押权人很难获取抵押人与第三人相互串通的证据，从而使维权之路更加困难。

三是抵押权被损害的情形法律未详细规定。民法典规定了抵押人如果损害抵押权人的利益，抵押权人可以要求抵押人提前清偿债务。这本身是为了防止抵押人滥用处分权从而给抵押权人的利益造成损失，使抵押人与抵押权人的利益保护不至于差距过大。该规定主旨合理，但抵押人损害抵押权的具体情形并未详细列举，造成了抵押权人在举证抵押人损害权益时存在困难。

（三）抵押权的追及效力受到阻碍

抵押权自由转让不利于抵押权人行使追及效力。民法典承认抵押物的追及效力，但在具体实践中该效力不易实现。刘家安教授认为，抵押转让的追及效力应区分动产和不动产，从而区分规则予以对待。[①]

1. 对于动产来说，未登记的动产抵押权人难以追及

民法典规定抵押权人的权利不因抵押物的处分而转移消失，但同时又规定未经登记的动产抵押权，不能对抗善意的买受人。动产抵押不要求登记公示，买受人在抵押合同生效时就已经取得了抵押物的所有权，抵押权人的抵押权是基于担保物权而存在的权利，而买受人的权利是基于所有权存在的，本质上担保物权不能对抗所有权，除此之外，抵押权同样适用善意占有制度，买受人买卖交易动产符合善意占有，抵押权人无法谴责善意的买受人，

[①] 参见刘家安：《〈民法典〉抵押物转让规则的体系解读——以第 406 条为中心》，载《山东大学学报（哲学社会科学版）》2020 年第 6 期。

抵押权人的追及效力对抵押双方以外的第三人没有约束力,除以上情况外,抵押人破产、抵押物被保全、被执行抵押权人的优先受偿权丧失,抵押权同样难以追及。

2. 对于不动产来说,实施抵押权追及效力同样容易受到阻碍

抵押物自由转让,本意是为了在放开对抵押人的处分权的同时保护抵押权人的利益,但实务中两者却难以达到平衡。不动产的转让不似动产,它不存在不登记就抵押转让的情形。实务中,抵押权人的抵押权难以实现,其原因在于民法典允许抵押人自由转让的规则,抵押人与买受人直接进行买卖,抵押人的所有权经过登记公示程序直接由买受人取得。这就使得抵押权人的利益受到直观的侵害,抵押权人在准备行使抵押权时可能会遭到买受人的拒绝,再者,抵押物转让后,一旦居无定所,从而买受人拒不搬出不动产,抵押权人又无法要求抵押人偿还抵押物上存在的抵押债权,导致法院执行困难,执行受到妨碍,抵押目的难以实现。

3. 买受人在取得抵押物后再次转让

如果恶意串通的买受人将取得的动产以无权处分的方式转卖给善意的第三人,抵押权人如何救济也需要考虑。买受人为了帮助抵押人逃避抵押债务,以低价买入再以合理价转手卖给善意的第三人,第三人善意取得抵押物的所有权,这时抵押权人无法追究抵押人与买受人的责任,面对善意第三人,抵押权人又无法对抗,从而造成抵押权非正常原因灭失,无法实现。

四、完善民法典抵押物交易规则的建议

(一)将当事人约定的内容进行公示

对于抵押交易双方的特殊约定进行公示。立法者设立此条的目的在于防止抵押人滥用处分权,给予抵押权人对抗第三人的权利。将当事人约定内容进行公示,对于抵押权人来说有利于社会公开监督处分权的行使,有利于维护市场交易,建立信用社会。而且,由于该约定的效力不约束除双方当事人以外的第三人,因此抵押权人只能对抵押人以合同违约的理由追究责任,抵押人与买受人的抵押合同效力不受影响,抵押权人对于善意买受人取得的抵押物的抵押权不能得到完整的行使。如果将当事人约定进行

公示，即将抵押物上存在的抵押权进行公示，相当于告知买受人该物上存在争议。如果买受人一意孤行，后果将由自己承担。即使抵押人将抵押物转让的合同有效，也未必产生物权变动的法律效果，买受人不因此当然取得抵押物的权利。

将当事人约定进行公示有利于保护受让人的权利，虽然将约定进行公示不利于买受人买卖时取得交易物的所有权，但是对于买受人来说减少了交易之间的纠纷，不用接受来自抵押权人的权利压制和法院的强制执行，将约定进行公示有利于买受人了解该抵押物上的权利及其性质，当事人约定公示不影响抵押合同的成立和生效，在无法取得抵押财产的所有权时，买受人可以以合同违约追究抵押人责任，最大程度减少自身财产损失。

（二）明确可能损害抵押权的具体情形

《民法典》第406条第2款虽然规定了抵押权人在抵押物价值少于债权本身的价值时有权请求抵押人提前清偿抵押债务，但在实务中，抵押权人无法依据《民法典》第406条来维护自己的合法权利，因为《民法典》第406条规定过于宽泛。王利明教授认为，损害情形首先是指违反了禁止转让的特殊约定，构成对抵押权的损害；其次应当结合转让抵押物是否可能导致抵押物的交换价值有明显的减损，或抵押权实现是否具有明显的困难等情形予以判断，而不能仅仅认为转让即构成"造成损害"。① 笔者认为，认定抵押物价值减少的情形体现在以下三个方面：

1. 抵押人在清楚自己将要破产的情况下转让其抵押物

抵押人在资不抵债的情况下转移抵押财产意图在于转移风险，将本身属于抵押人的风险转移到第三人的身上，阻碍抵押权的实现。

2. 抵押人明显为了规避风险违背抵押权人意愿出售、买卖特殊抵押物

在抵押中，存在一些特殊的抵押物，如房屋、建设用地使用权等。抵押人瞒着抵押权人转让，抵押人有理由怀疑抵押人想要规避自己的义务，逃避行使，意图用所有权来对抗抵押权。使抵押财产难以执行。

---

① 参见王利明：《〈民法典〉抵押物转让规则新解——兼评〈民法典〉第406条》，载《法律科学》2021年第1期。

3. 多次转让动产抵押物

抵押人为了获得利益多次转让抵押动产，使抵押物上存在多种债权，造成抵押财产不足以清偿抵押权人的债权的应当认定损害抵押权的情形。

除此之外，规定抵押人转让抵押物不通知抵押人的法律后果。如果仅仅规定抵押人有通知的义务，却无任何不通知的后果，那么抵押人在转让抵押权时会因为嫌麻烦而拒绝通知抵押人，这时候法律规定的"通知"就失去了立法者想要产生的法律效果，也容易给恶意抵押人滥用处分的空间，抵押权人被蒙蔽，造成抵押权行使期间的经过，不利于交易的诚信。

（三）完善买受人权益保护的举措

民法典对于买受人是否享有涤除权未做详细的规定，所谓涤除权，即从法律上赋予买受人在主债务届满后直接消灭抵押权的一种手段。民法典只规定了代位清偿和优先受偿制度，代位清偿制度与涤除制度有相似之处，都是为了保护在抵押交易中处在不利地位的买受人。代位清偿制度针对的是第三人偿还债务人欠下的所有债权，但从实务中来看买受人通常不愿意清偿所有债务。抵押权作为一种附随义务，主债权不消灭它就一直存在，这就导致买受人无法消灭抵押物上的主债权，进而无法消灭抵押物上的从权利，买受人无法完整地取得抵押物的所有权，而涤除权是直接从法律上直接消灭抵押权，与主债务的存在与否没有关系。规定涤除制度有利于买受人在交易抵押物时可以选择其对自己最有利的方式来获得自己的利益。此外，建立买卖信用机制，提高抵押人的信用门槛，严格审查信用制度。对于恶意利用善意买受人来规避风险的抵押人，法律应规定较为严重的惩罚措施，严厉打击恶意抵押人，从根本上保证买受人的权益。

（四）简化司法程序，降低司法成本

自民法典放开抵押物交易以来，抵押权人维权的案件日益增多，司法负担日渐加重，在抵押财产评估问题上耗费了极大的人力、物力。不仅如此，由于自由买卖交易市场的复杂，抵押权保护更加困难，抵押权人无法通过自力救济来解决，只能通过公力救济来进行维权，导致法院的案件不断增多。抵押权维权程序繁杂，一个案件往往需要很多的步骤和时间来解决，导致法院案件积压，抵押权人的诉权实现的时间过于漫长。为此，建议精简维权程

序，在抵押权得不到有效的实现时，优先调解，确实无法调解的案件再进入司法程序。此外，对于抵押物的评估，减少材料的复杂性，精简程序，适当放弃一些证明程序，减少司法资源的浪费。再者，将案件进行分流，案件不再集中于一个法院，减轻法院的负担。

民间借贷中买卖型担保裁判问题探析

柳红翔　赵　凯[*]

摘　要：民间借贷中买卖型担保的问题极为常见，但对于其中合同的效力、法律适用等均存在争议。《民法典》第388条第1款明确约定了担保合同，这似乎为买卖型担保合同问题的解决敞开了一扇窗，但该条文并未对担保合同的内容加以描述。最高人民法院《关于审理民间借贷案件适用法律若干问题的解释》（法释〔2020〕17号）第23条亦没有对买卖型担保合同的效力等问题予以正面回应。本文认为，对于民间借贷中的买卖型担保，应首先根据当事人之间的担保目的对合同进行定性，在承认其合同效力的基础上，根据当事人双方的真实意思表示来保障其担保功能的实现，以最大限度尊重当事人的意思自治，在当事人与第三人之间则以维护交易安全为优先考量。

关键词：民法典　买卖型担保　担保合同　合同效力

在社会交易中，当事人为了交易的快捷、简便，除了运用法定的典型担保形式之外，又创设了一系列新的担保形式，这类担保形式通常被称为非典型担保。在民间借贷中有一类较为常见的非典型担保形式，即买卖型担保。借贷双方签订两份合同，一份为借款合同，另一份为买卖合同，当事人通常约定如果债务无法按期履行，则双方履行买卖合同，或先履行买卖合同；若借款合同中的债务按期清偿，则债权人将买卖合同中的标的物返还给债务人，以此来实现对债务的担保。此种担保形式所形成的担保合同效力如何、

---

[*] 柳红翔，江苏省徐州市人民检察院第六检察部主任、四级高级检察官；赵凯，江苏省徐州市人民检察院检察官助理。

如何裁判，学界及实务界均进行了大量探讨，先后形成了"抵押权说""附条件买卖合同说""后让与担保说"等观点。① 2015年最高人民法院《关于审理民间借贷案件适用法律若干问题的规定》（以下简称《民间借贷解释》）第24条对该问题进行了回应，但该条款也仅是明确了在买卖型担保的情况下，法院应依照民间借贷纠纷进行审理，不对买卖合同进行审理。虽然该条文确定了法院在面对买卖型担保时的基本裁判规则，但实际上却回避了买卖型担保合同的效力确认问题。2020年修订后的《民间借贷解释》第23条也没有进行实质性修改。

另外，《民法典》第388条第1款第2句规定了担保合同包括抵押合同、质押合同和其他具有担保功能的合同。虽然该条文并未明确其他具有担保功能合同的具体内容，仅仅属于原则性规定，但《民法典》将其他具有担保功能的合同纳入担保合同中，表明了立法在该类问题上预留了一个豁口，为买卖型担保探索适用担保规则提供了一种可能。本文从买卖型担保合同的定性、合同效力的认定、裁判路径几个角度尝试对该问题进行论证，以期对司法实践能够有所裨益。

一、买卖型担保合同的认定

买卖型担保中，担保合同通常披着一件买卖合同的外衣。但在具体实践中，当事人之间对于买卖型担保的约定形式多种多样，如何判断当事人之间约定的是担保合同还是买卖合同，进而适用相关法律规定，这是买卖型担保裁判之路的第一步，也是逻辑起点。

对于如何确认买卖型担保合同，已有学者对目前司法裁判中较为典型的判断因素进行了归纳总结②：一是时间因素，此为重要裁判依据，如果买卖合同与借款合同同时订立，那么该买卖合同有很大可能是为了担保借款合同；若买卖合同在借款人违约之后订立，则更有可能是真正的买卖合同。二是效力因素，若当事人明确约定买卖合同生效要件与借款合同的还款义务相关

---

① 参见冯洁语：《民法典视野下非典型担保合同的教义学构造——以买卖型担保为例》，载《法学家》2020年第6期。

② 参见冯洁语：《民法典视野下非典型担保合同的教义学构造——以买卖型担保为例》，载《法学家》2020年第6期。

联,则该买卖合同为买卖型担保。三是价值因素,买卖合同标的物价款与标的物本身的价值相比较,同时与借款合同标的额相比较,若买卖合同价款与标的物价值本身相去甚远,却与借款合同标的额相符,那也很明显属于买卖型担保。四是主体因素,买卖合同的当事人双方是否是借款合同的当事人双方,若主体一致,则极有可能是为了担保借款。五是履行因素,买卖合同已经履行,且履行的时间与借款合同履行时间相近,当事人支付款项的时间与借款合同履行出借义务的时间一致,则更有可能被认定为买卖型担保。当事人履行买卖合同的意愿是基于借款合同违约而非基于取得标的物的意思,在这种情况下也有很大可能被认定为买卖型担保。当然,以上各个因素均不是单独适用的,需要相互结合进行判断。

通过上述判定买卖型担保合同的各个因素,我们可以总结出,在判断买卖合同是否属于买卖型担保合同的时候,最根本的在于判断签订合同的目的是否为担保目的,此为合同定性的标准,所有的判断因素均是为了证成担保目的这一标准,否则就难以认定其为担保合同,也就不能适用担保的规则,那么法院在裁判时尊重和保障当事人意思自治也就无从谈起。因此,担保目的是买卖型担保合同定性标准所在。

二、买卖型担保合同效力的认定

(一)真实意思表示与通谋虚伪

意思表示是民事法律行为的重要构成要件,而真实意思表示是合同生效的重要构成要件,《民法典》第143条对此有明确规定。[①] 对于买卖型担保合同效力进行否定的一个重要原因在于该行为系通谋虚伪。原《民法总则》第146条第1款规定了"以虚假意思表示实施的民事法律行为无效",《民法典》第146条[②] 继承了这一条文。通谋虚伪具体解释而言,虚伪的合意为成立虚假行为的合意,表意人欠缺让虚伪行为发生法律效果的意思,不愿受虚

---

① 《民法典》第143条规定:"具备下列条件的民事法律行为有效:(一)行为人具有相应民事行为能力;(二)意思表示真实;(三)不违反法律、行政法规的强制性规定,不违背公序良俗。"

② 《民法典》第146条规定:"行为人与相对人以虚假的意思表示实施的民事法律行为无效。以虚假的意思表示隐藏的民事法律行为的效力,依照有关法律规定处理。"

伪行为的约束，法律若使其有效反而有悖于当事人的真意，通谋虚伪表示无效是因为违背当事人的真意而并非该行为违法。①签订买卖合同的双方当事人约定将标的物的所有权转移至担保权人，但该约定仅仅是形式上的，实质上并没有转移标的物所有权的意思表示，因此认定买卖型担保中买卖合同意思表示虚假。《民间借贷解释》第23条实际上也表明了最高人民法院亦认为买卖型担保合同的当事人并不存在买卖合意的态度。笔者认为，在买卖型担保中，双方当事人签订两份合同，一份为借款合同，另一份为买卖合同，其中，借款合同系双方当事人真实意思表示自不必言。买卖合同从表面上来看，双方确实并无买卖标的物的意思，但实际上我们不能被合同名称所困，依据合同名称来对当事人合同意思表示进行推断，而应当探究当事人形成合同之真意。因为在市场交易中，为满足各式各样的交易目的，当事人在现有法律框架下创造出名不副实合同的情况屡见不鲜，故应着重探寻当事人签订合同的真意，若一味依据合同名称来认定当事人并无该合同名称所表述的意思表示，据此否定合同效力，难免有机械适用法律之嫌。当事人签订买卖合同的真意在于为借款合同提供担保，虽然其名为买卖合同，但实为担保合同，结合《民法典》第388条的规定，其他具有担保功能的合同亦属于担保合同范畴，买卖型担保中的买卖合同便具有这样的一种功能。该买卖型担保合同作为实现借款合同债权的一种手段，当然属于当事人双方的真实意思表示，即双方当事人以买卖合同这种方式来实现担保目的的真实意思表示。因此，以通谋虚伪为由否定买卖型担保的合同效力欠妥。买卖型担保合同与借款合同同为当事人真实意思表示。

（二）买卖型担保合同违反物权法定原则的探讨

在买卖型担保中，有的当事人要求先履行买卖合同，即将标的物所有权先转移至债权人名下，当债务人归还款项后，再由债权人将标的物进行返还。以不动产作为买卖合同标的为例，债权人通过要求债务人履行买卖合同，在债务人还款前就已经取得不动产物权，即便债务人归还了欠款，也仅仅是取得了一个请求债权人履行过户手续的债权请求权。若债务人无法归还

---

① 参见胡晗敏：《不动产买卖型担保合同的法律分析》，载《江苏科技大学学报》2019年第1期。

欠款，债务人的其他债权人也无法就该不动产进行清算并受偿。因债权人已经取得该标的物所有权，则在法律效果上已经产生了对抗第三人的物权效力。在司法裁判中，法官对此深表担忧，因为当事人在买卖型担保中通过一系列的私法行为，产生了对抗第三人的物权效力，这是对物权法定原则的挑战。

物权法定原则是构筑我国民法物债二元体系的基础，是界分物权、债权的关键。《民法典》第116条①便是对该原则的确定。但随着社会经济发展，交易模式的多样化，成文法的滞后性使法定物权不能随时适应社会经济发展，出现与社会生活脱节的情形。对此有学者主张通过缓和物权法定原则来承认这种买卖型担保的合法性。一种方式是借鉴我国台湾地区做法，将习惯法作为物权法定的法源之一。我国台湾地区在2009年"民法"修订时，增列习惯法作为物权之法源。②但我国司法实践中缺乏对于习惯法的认定经验，法官在裁判时对习惯法采取保守和限制态度，且民众对于买卖型担保这一形式也没有形成一致的认同感，故对于该种路径，笔者不赞同采取。一种方式是法官不否认买卖型担保合同的债权效力，只是让其不产生物权效力。③笔者认为，物权法定原则的效力范围主要在于物权，违反物权法定原则的物权设定行为应属无效，除去该部分，其他部分有效的仍应维持其效力，不必因此而禁止当事人达成买卖型担保合同。

（三）买卖型担保与禁止流质

流质契约的禁止目的就在于保护债务人，避免债权人乘债务人的穷困状况而利用自己的优势地位逼迫债务人接受不合理的借款条件，以获取暴利。在买卖型担保中，当事人签订买卖合同，往往缺乏清算条款，这就极易触发禁止流质的规定，成为否定买卖型担保合同效力的一个重要因素。笔者认为，法院在审理时应当合理限制禁止流质条款的法律后果，即对于买卖型担保合同中的流质条款可确认其无效，但不必因此否定整个买卖型担保合同。否则既过分干预了当事人的意思自治，同时也完全禁止了买卖型担保作用的

---

① 《民法典》第116条规定："物权的种类和内容，由法律规定。"

② 参见张燕城：《让与担保合同效力探析——兼议借贷合同若干规定第24条》，载《厦门大学法律评论》2017年下半年卷（总第三十辑）。

③ 参见姚辉、李付雷：《非典型担保的裁判规则》，载《社会科学》2019年第8期。

发挥。再者，债务人引用流质条款无效的抗辩往往是为了逃避债务或减轻担保责任，但债权人是基于买卖型担保才愿意出借资金给债务人，若"一刀切"地将涉及流质条款的买卖型担保合同全部认定为无效，反而严重损害了债权人的合法权益，却"保护"了不诚信的债务人，也与民法诚实信用原则相违背。

解决流质问题的一个可行路径就是引入清算义务。买卖型担保说归根结底是一种担保行为，应当遵循担保的规则，在主债权的价值范围内对担保物主张权利，如前所述，《民法典》第388条为买卖型担保适用担保法律规则留下了可能性。在面对买卖型担保时，一方面法官可以否定流质条款的效力，另一方面法官应肯定债权人在买卖型担保中有主张清算的权利。《民间借贷解释》第23条第2款规定的清算义务，实际上表明了最高人民法院对买卖型担保中债权人享有清算权利的肯定。基于该规定，法官不必因为买卖型担保合同中某一条款涉及禁止流质而否认整个合同的效力，亦不必担心流质条款被否定后，即便承认合同效力，但合同也很难具备履行可能，担保合同不再具有担保价值。

三、裁判路径探析

在买卖型担保中，当事人签订买卖合同的目的是获得担保物权的法律后果，以保障债权到期时能够足额清偿。但买卖型担保既涉及物权，又涉及债权，法官需要根据实际情况调整债权人、债务人、担保人乃至第三人之间的利益，防止彼此之间利益失衡。法官应在承认买卖型担保合同效力的基础上，揭开纠纷的表象，探求纠纷的实质，从而维护好各方当事人的利益。

（一）充分肯定并保护当事人的担保目的

《民间借贷解释》第23条对买卖型担保中买卖合同这一交易外观的法律效力不做评价，担心承认其法律效力会导致弱势地位的债务人权利受到侵害，也容易违反禁止流质的规定。但同时又肯定债权人享有清算权，担心完全否定其法律效力会导致当事人的担保目的无法实现，从而过度干预了当事人之间的交易，也不利于保障债权人的合法权益。本文认为，法官依据当事人真实意思表示，肯定当事人之间的担保目的，更容易明确交易外观的法律效力，在承认合同效力的基础上，引入清算义务，更容易解决上述两难的境况。法官基于当事人真实意思表示，肯定买卖合同效力，如果债务人未能按期清偿债务，法官可依据《民间借贷解释》第23条规定由出借人申请对担保物进行清算，债务人有权要求债权人返还超出主债权部分的担保物的价值。如果债务人按期清偿了债务，则有权请求债权人返还担保物，从而平衡债权人与债务人之间的权利。

（二）维护交易安全

买卖型担保中，往往还存在一个问题就在于债务人或者债权人有可能将标的物转移给第三人，在这种情况下，债权人、债务人的利益都可能受到侵害。若标的物为动产，则债权人可以通过占有控制该动产以防止债务人随意转卖担保物，以实现对自身权益的保障。债务人亦享有债权请求权，权益亦可获相当程度的保障。因此，本文此处的探讨主要是针对买卖合同标的物为不动产的情形。本文认为，在标的物为不动产的买卖型担保交易中，若当事人未根据法定方式进行公示登记，其担保目的则无法获得公示效力，在此种情况下，善意第三人购买了该不动产，法官应优先保护交易安全。若第三人为恶意，明知该不动产上存在担保仍然购买，则债权人或债务人均有权主张转让合同无效，要求第三人返还不动产。

在审理民间借贷买卖型担保纠纷案件中，首先，法官应先根据当事人之间签订买卖合同的目的，通过双方当事人的举证、质证，结合前文所述的各个判断因素探究当事人是否具有担保目的，将该买卖合同定性为买卖型担保。其次，审查合同是否违反物权法定原则、是否存在流质条款，如若存在，对于该部分合同内容应认定为无效，其余部分应尽可能维持其效力，通过引入清算以实现其担保功能，这也是充分尊重当事人意思自治的要求。如果当事人擅自出售标的物，则应优先保护善意第三人，以维护交易安全。

房屋让与担保人提出执行异议的审查标准构建

柏 婷*

摘 要：让与担保从被司法认定的"脱法行为"到得到民法典及司法解释认可，可见让与担保行为屡见不鲜，亟须明晰争议产生的裁判规则。外观主义是民法诚实信用原则的逻辑延伸，应得到遵循。担保物被法院执行，让与担保人提出执行异议，应遵循外观主义原则，认定让与担保人仅享有债权请求权，而非物权。申请执行人作为债权人，其权利需同让与担保人权利平衡，仅有申请执行人系善意时，即其对让与担保事实不知情时，才能优先保障其权利。同时，需区分基于信赖权利外观的第三人与普通第三人，并对让与担保人的权利状态作出合理区分。

关键词：让与担保 执行异议 外观主义

《民法典》第388条的规定为让与担保提供了解释空间。让与担保从遮遮掩掩的"亚法律关系"到大大方方地进入民法典，对司法实践产生重大影响。但让与担保人提出执行异议，应当如何裁判，并非无争议，殊值探讨。以三则案例观之。

【案例1】甲向乙借款，将其房屋过户给乙做担保。后乙因为负债被执行，该房屋被查封。甲提出执行异议，主张其已还清借款，但是乙怠于将房屋回转登记给甲，甲的该异议，是否成立。

【案例2】甲与乙存在货物买卖合同关系，甲向乙采购货物，甲将其房屋过

---

* 柏婷，江苏省昆山市人民检察院员额检察官。

户给乙担保贷款支付。后乙因为负债被执行，该房屋被查封。甲提出执行异议，主张其系房屋所有权人，其与乙之间贷款尚未结算，甲的该异议，是否成立。

【案例3】甲向乙借款，将其房屋过户给乙并将房屋交付给乙担保借款的归还。后乙将该房屋售与丙并完成交付，丙亦支付了房款。甲因负债未还，其向法院陈述登记在乙名下的房屋实际上系其所有，法院遂执行乙名下该房屋。丙提出执行异议，认为房屋系由其所买，付清了房款并居住其中。丙的该异议是否成立。

前述问题的争议是让与担保情形下，实际权利人与名义权利人不一致，应当按什么标准来审查执行异议，让与担保人将其房屋转移登记到担保权利人名下的法律意义是什么。权利外观与权利实质在执行程序中发生冲突时，是应保护基于权利外观保护第三人，还是应保护实质权利人。该问题需从民法典物权法体系及立法逻辑予以厘清。

一、理论分野与裁判分歧：外观主义或实质主义

（一）裁判分歧

当外观权利人与实质权利人不一致时，在执行异议之诉程序中，究竟以外观还是实质来确定金钱给付执行权利人与名义和实质权利人之间的关系，在司法实践中，存在较大的裁判分歧。可以说，两种裁判逻辑都能自圆其说。如最高人民法院在（2015）民申字第2381号案中认为："外观主义的适用范围不包括非交易第三人，仅因债务纠纷而寻查被执行人的财产还债，此时并无信赖利益保护的需要。"最高人民法院在（2019）最高法民再45号案件中认为："股权代持关系虽真实有效，但其仅在双方之间存在内部效力，对于外部第三人而言，股权登记具有公信力，债权人依据工商登记中记载的股权归属有权向人民法院申请对该股权强制执行。"

（二）理论分野

1. 外观主义对应所有权构造说

根据该说，将所有权构造说分为相对所有权转移说与绝对所有权转移说。相对所有权转移说认为，在债务人与债权人的内部关系上，标的物的所

有权未发生转移；在债务人或债权人与第三人的外部关系上，标的物的所有权已发生转移。绝对所有权转移说则认为，无论是对内还是对外，标的物的所有权全部已发生转移。①

2. 实质主义对应担保权构造说

担保权构造说认为，债权人在债权额的限度内取得标的物的价值进行支配的担保权，但标的物所剩的价值的物权仍属于让与担保人。申言之，让与担保权人所取得的并非毫无拘束力的所有权，仅是一种担保权，设定人对标的物仍享有形式意义上的所有权。

（三）两种主义对第三人权利行使的影响

就对内关系而言，让与担保人与担保权利人均按真实的让与合同关系处理权利义务。上述两种观点主要体现在对外关系的影响，详见表1：

表 1　两种主义对第三人权利行使的影响比较

第三人权利类型	外观主义	实质主义
担保权利人对外转让标的物或设定抵押登记	属于有权处分	属于无权处分
让与担保人对外转让标的物	属于无权处分	属于有权处分
对担保权利人的导向	将转让或设置障碍令让与担保人难以恢复权利	能更大程度地发挥物的价值，一方面发挥物的融资功能，另外一方面实质权利人能够继续占有、收益
对交易安全和交易秩序的影响	保障外观信赖，维护物权的静态安全和交易秩序	保护实质权利人的权利，维护实质公平正义
能否排除第三人的执行	基于外观主义和所有权构造理论，不能排除执行	在欠款范围内不能排除执行

二、立场抉择：单一的外观主义或实质主义均难堪重任

（一）外观主义之坚守与谦抑

外观主义并非现行法律置以明文规定的原则，而是学者、司法实务界的学

---

① 参见余长智：《不动产让与担保法律制度的反思与重塑》，载《西南政法大学学报》2020年第6期。

理概括，通过若干法条规定了体现外观主义法理的某些具体制度，曾经如《民法总则》第172条、《合同法》第49条规定的表见代理，《物权法》第106条规定的善意取得，《合同法》第50条规定的越权代表行为等。目前民法典延续将民法总则、合同法等纳入其中，但亦未明确规定外观主义的适用规则。

从现行《民法典》第216条、第217条的规定来看，不动产物权的设立、变更、转让和消灭以登记为准，具体以不动产登记簿中的记载为准。对申请金钱执行的权利人来说，不管登记簿权利来源如何，外观权利人对登记房产所享有的物权及内容明确记载于不动产登记簿中，此即为权利外观之具体体现。申请执行人基于对此权利外观表征之公信力，有理由相信该权利外观所代表的权利本体的真实性，至于隐藏在权利外观之下的让与担保权利义务关系，申请执行权利人在所不问。民法典物权编立法的基本逻辑系要发挥物权的公示公信效力。因此，物权外观主义系应作为执行中应坚守的基本原则，具体主要包括如下理由：(1) 设定担保人将其物权设定于担保权利人名下，对可能发生的风险应有合理预期。比如，该房屋可能被担保权利人转让、抵押，或者因担保权利人债务而被法院执行拍卖。因此，就该层面来说设定担保人对相关的损失存在过错，具有可归责性。(2) 让与担保人与担保权利人之间的让与担保协议，本质上属于合同关系，合同具有相对性和私密性，并不为第三人所知晓。因此该让与担保协议只对协议双方产生约束力，而公示的权利形态与实质不一致，应赋予公示效力优先。(3) 鼓励交易主体遵循法律规定的公示原则，维护交易秩序。让与担保权利人因名下登记有房屋，与之交易的相对方可能信赖其拥有该房屋的所有权，而与之发生债权债务关系。此处类似公司注册资本的宣示价值，注册资本高，公众往往认为其具备强大的实力，愿意与之发生交易。如不坚持外观主义，将导致信任危机，亦增加交易成本。

诚然，民法典并非坚持绝对的外观主义立场，此前的立法和司法实践亦是如此。最高人民法院于2019年发布的《全国法院民商事审判工作会议纪要》(以下简称《九民纪要》)的引言部分就实际权利和形式权利的分离问题作出规定，即"从现行法律规则看，外观主义是为保护交易安全设置的例外规定，一般适用于因合理信赖权利外观或意思表示外观的交易行为。实际权利人与名义权利人的关系，应注重财产的实质归属，而不单纯地取决于公示外观。总之，审判实务中要准确把握外观主义的适用边界，避免泛化和滥用"。该规定意在强调对实际权利人的保护，避免因对外观主义的滥用而损害实际权利人合法权益。同时《九民纪要》第 119 条规定，案外人执行异议之诉以排除对特定标的物的执行为目的，从程序上而言，案外人依据现行《民事诉讼法》第 234 条提出执行异议被驳回的，即可向执行人民法院提起执行异议之诉。人民法院对执行异议之诉的审理，一般应当就案外人对执行标的物是否享有权利、享有什么样的权利、权利是否足以排除强制执行进行判断。从《九民纪要》来看，外观主义被谨慎对待。《民法典》第 311 条规定的善意取得制度，系指解决外观权利与实质权利不一致时，为保障第三人信赖外观权利而规定的保护规则，该规则规定了十分严格的构成要件，可见，民法典对外观主义亦持谨慎态度，存在相当的谦抑态度。

（二）实质主义之扩展

公平价值在执行异议之诉中有适用余地。外观主义在民法典中从物权的静态安全到动态安全，均着墨较多，并隐含了一贯的立场和逻辑。但是，执行异议之诉毕竟是对申请执行人与实质权利人的权利排序，并非当然地依据民法典实体规范，执行异议之诉中必须内涵价值取舍。公平是民法最基本的价值取向。虽然商法把效率奉为圭臬，市场经济亦具有追求效率的天性，但是在追求效率的同时，基本的公平底线始终不容突破。民法以意思真实为原则，法律并不限制所有权人对自己的财产进行处分的权利，即使这种处分没有公示并造成第三人对真实权利状态的识别障碍。当权利冲突实际发生时，权利外观的缘起可能成为隐名权利人承担责任的依据，但隐名权利人作为实际所有权人的身份一旦查实，其承担责任的方式亦不应该包括剥夺其所有权，否则便有违公平原则，亦与所有权绝对的要求背道而驰。

从民法典立法逻辑以及执行异议之诉的构造来看，外观主义应当是执行异议之诉对让与担保法律关系处理应坚守的原则。但绝对的外观主义不符合民法典的中庸的立法之道，应以外观主义为原则，以实质主义为补充，并需要探明其中的类型化标准。

三、路径探寻：让与担保人提出执行异议审查标准的具体展开

（一）让与担保人对房屋享有债权请求权而非物权

如前述案例所述，在让与担保权人对外负债，法院执行让与担保房屋

时，让与担保人主张其对该房屋享有所有权并要求排除执行。判断能否排除执行，首先需要解决让与担保人在面对执行时，其能否主张确认所有权。如果能够确认其享有所有权，则需要区分让与担保人是否偿还了出借人全部款项，若已经全部偿还借款，则让与担保人可以依据物权优先于债权的基本原理排除执行。若让与担保人未能还清借款，则因该物上存在非典型抵押权，其不能排除执行，但执行的范围应以未还清的借款为限，原理仍在于让与担保人的物权优先于申请执行人的普通债权。如将让与担保人的权利定位于债权请求权，则需要确定适用外观主义原则还是实质主义原则。

1. 让与担保人对房屋享有债权请求权而非物权

《九民纪要》第71条规定，债务人或者第三人与债权人订立合同，约定将财产形式上转让至债权人名下，债务人到期清偿债务，债权人将该财产返还给债务人或第三人。当事人根据上述合同约定，已经完成财产权利变动的公示方式转让至债权人名下，债务人到期没有清偿债务，债权人请求确认财产归其所有的，人民法院不予支持。有观点认为，据此可以认定让与担保人享有担保物的所有权。① 笔者不同意该观点。第一，《民法典》第216条规定登记簿是物权的根据和归属依据，登记并非证权性质，而是设权性质。让与担保人基于自愿将房屋转移登记至担保物权人名下，在不涉及第三人的情况下，可以依据双方的协议约定，让与担保人可以主张所有权，担保权人享有要求让与担保人还款后才恢复登记的权利。但涉及第三人的情况下，该登记属真实登记，应当维护登记的公示性。第二，让与担保人基于与担保权人之间的协议，将其房屋转移登记至担保权人名下。双方之间实际上包括让与协议和担保协议，两份协议均有效。在转让协议有效的情况下，否定转移登记的效力是缺乏依据的，既然如此，转移登记属于真实有效的登记，对外理当维护其公示效力。让与担保人在还清款项的情况下，有权请求担保权人按照协议约定协助将房屋过户登记至让与担保人名下。第三，让与担保人系基于自愿将房屋转移登记至担保权人名下，其应当预见到担保权人可能将其房屋出租、出售或设定抵押等处分，其行为属于自甘风险，其自然亦应预见担保权人可能因为涉案而导致房屋被法院查封处置。第四，物权名不副实的情况下，实际权利人请求法院确认其享有所有权的情形通常系指登记错误。让与

---

① 参见阚弘博：《让与担保在破产程序中的规制》，西南政法大学2019年硕士学位论文。

担保并非登记错误，实务中缺乏与之相应的公示手段。该物权转移之登记，事实上为所有权变更登记，并非担保权之登记。

2. 让与担保人应以适用外观主义为原则

其一，让与担保造成权利外观与实际权利不一致，该行为系因当事人意思自治作出的自愿权利安排。真实权利与外观权利不一致，对第三人的信赖造成影响，增加第三人的调查成本和信赖风险。从最高人民法院《关于适用〈中华人民共和国民法典〉有关担保制度的解释》关于所有权保留、融资租赁以及让与担保等规定来看，基本思路是消除隐性担保，尤其明确隐性权利不能优于显性权利。并据此规定了未经登记的所有权保留不能对抗第三人，该处第三人即包括享有金钱给付请求权的申请执行人。从减少脱法行为，鼓励遵循民法典外观公示制度角度来说，应当适用外观主义。其二，从维护交易安全和秩序的交付来说，应当适用外观主义。公示在我国民法典中具有相当重要的地位和价值。物权因为登记和公示而享有对世性，债权盖因其私密性，而具有相对性。其三，让与担保人享有债权请求权，在标的物即担保物被查封的情况下，让与担保人的请求权因法院的查封而难以实现。并基于申请执行人的执行申请，先行查封和处置享有先处置权。让与担保人对标的物的权利需向担保权人主张。当然，实践中，第三人与让与担保人的权利形态各异，需要厘清其类型和要素，方可适应复杂的司法实践。

（二）第三人善意是适用外观主义的前提

物权具有对世性系因其因登记拥有对外公示的外观，并据此推定其物权为外界所知晓。外观主义的逻辑是因权利人因登记而宣示权利，第三人因知晓宣示的权利而产生信赖。权利人应对其公示的权利外观负责。信赖该权利外观的第三人因信赖而享有信赖利益，由此并发展出商事领域的权利外观责任问题。[1] 通说认为，外观责任主要包括三个要件，即有权利外观（善意相对人信赖权利外观）；实际权利人有可归责性；第三人的信赖与权利外观之间存在因果关系。[2] 其中隐含的前提即为相对人善意。善意在民法上的含义

---

[1] 参见马思旭：《商事外观主义在股权执行异议之诉中的适用》，黑龙江大学2019年硕士学位论文。

[2] 参见郭富青：《外观主义思维模式与商事裁判方法》，载《西部法学评论》2015年第2期。

与日常生活中的含义有所区别,其意指知情或者应当知情,即主张金钱给付的申请执行人知晓让与担保事实的存在,则其权利不能优于让与担保人的债权请求权,其仅可以在担保权人的优先范围内主张权利,而不能及于让与担保房屋的剩余价值。例如,甲将房屋让与给乙做担保,当时丙在场。乙亦欠丙的款项,丙诉至法院进入执行并申请执行甲提供给乙做担保的房屋。丙因对甲乙之间的让与担保事实知情,其不属于善意第三人。其申请执行让与担保房屋,仅仅只能就甲尚结欠乙的款项行使权利予以执行。对于房屋拍卖变卖的剩余价值,丙无权要求受偿。

(三)区分基于信赖权利外观的第三人与普通第三人

外观主义饱受争议的缘由即是申请执行的债权人是否有信赖利益。有观点认为,即便是主张金钱给付的申请执行人,其为实现权利付出了相关的金钱和时间成本,其亦具有信赖利益。[①] 相反观点认为,只有与权利外观人发生相应的债权债务关系,且因为信赖该权利外观而作出相应的法律行为,其才具有信赖利益,才需要予以特别的保护。事实上,申请执行人也确需作出这样的分类即纯粹的金钱给付的申请执行人和具有信赖关系的申请执行人。就金钱给付的申请执行人而言,其与担保权人发生业务可能并非基于担保权人名下登记的担保房产,其可能在发生业务时,根本不知晓担保权人名下房产情况,甚至通过执行程序才了解到担保权人名下争议的房屋情况,此时难谓其有信赖利益需要特别保护。事实上,此种情况较为常见,享有金钱给付请求权的申请执行人,其往往是基于担保权人的概括履约能力而与之发生交易,并对担保权人名下财产不断变化有合理预期。因此,在缺乏针对性的信赖时,给予其特别保护缺乏法理依据。更为明显的是,金钱给付债务发生在让与担保之前,即申请执行人先与相对方发生了债权债务关系,而相对方此后才取得让与担保的房屋,此时,更难以解释申请执行人为何承受信赖保护。

与此相反,若相对方基于担保权人的权利外观而与之发生债权债务关系,则应当要保护其信赖利益。如担保权人为了融资,将其让与担保的房屋后让与担保给其他权利人,其他权利人基于对其享有所有权的权利外观信赖而放款,此时该相对人即具有信赖利益,应予以特殊保护。

[①] 参见肖建国:《中国民事强制执行法专题研究》,中国法制出版社2020年版,第190页。

(四)区分让与担保人的权利状态

让与担保基本形态为转移产权登记。但是否转移占有,各案形态不一。不动产占有在我国法律体系中虽不及登记的效力,但亦具有相当的法律意义。物权法虽然确定了登记生效主义,但无论是从社会生活现实还是从一系列法律规定来看,交付占有在不动产物权变动中具有重要的法律意义,且物权法本身也认可占有的法律意义。不动产所有权的转移需要一个过程,交付和登记并非总能同时进行,交付和登记往往存在一定的时间差。如不赋予交付占有一定的法律效力,则只要在买受人未办理登记之前,即便是长期合法占有的财产,仍可能被出卖人的债权人申请查封或另行登记,导致先行占有人无法取得物权,交易安全将不复存在。也正是基于此,最高人民法院《关于民事执行查封、扣押、冻结的解释》第17条、《关于人民法院办理执行异议和复议案件若干问题的规定》第28条对合法占有给予了保护。为保护已经实际入住占有房屋的买受人利益,最高人民法院《关于审理建筑物区分所有权纠纷案件具体应用法律若干问题的解释》第1条第2款规定,基于与建设单位之间的商品房买卖民事法律行为,已经合法占有建筑物专有部分,但尚未依法办理所有权登记的人,可以认定为物权法第六章所称的业主。《物权法》第70条规定,业主对建筑物内的住宅、经营性用房等专有部分享有所有权,对专有部分以外的共有部分享有共有和共同管理的权利。民法典延续了物权法的立法思路,《民法典》物权编第405条规定,抵押权设立前抵押财产已经出租并转移占有的,原租赁关系不受该抵押权的影响,突出了占有的法律意义。

因此,如让与担保人将其房屋交付给了担保权人,则让与担保人的权利公示更弱。当其与主张金钱给付的申请执行人的权利冲突时,应当优先保护申请执行人的权利。反之,如让与担保人并未将其房屋交付给担保权人,则因其占有具有一定的公示性,当其权利与主张金钱给付的普通第三人发生冲突时,可以优先保障担保占有人的权利。当设定担保人权利与信赖房屋登记的权利人发生冲突时,尚应保障信赖权利外观的第三人。

本文基于民法典的立法脉络和立法逻辑对让与担保中设定担保人提出执行异议做一些探讨。但因民法典对该问题立法亦未十分清晰,本文的讨论尚有可商榷之处,还有待于立法上通过价值判断进行取舍以维护秩序价值。

民法典视野下侵权补充责任的
体系冲突与完善

匡 俊[*]

摘 要： 我国法上关于侵权补充责任的规定具有鲜明的中国特色，但就侵权补充责任体系而言，存在与违约责任的外部体系冲突，以及由于适用条件不一致所引起的内部体系冲突。对于保护义务违反所导致的侵权补充责任与违约责任的外部体系冲突，应以合同是否以保护为给付目的来确定两种责任形态的适用顺序，违约责任优先适用于以保护为给付目的的合同中，侵权补充责任则在非以保护为给付目的的其他合同中优先适用。对于适用条件不一致所引起的侵权补充责任内部体系冲突，应基于补充责任中直接责任人和补充责任人不同层次责任的区分，将补充责任的适用限于"直接责任人故意作为侵权＋补充责任人过失不作为侵权"的情形。

关键词： 侵权补充责任　体系冲突　违约责任　适用条件

一、问题的提出

多数人侵权的责任分担问题一直是学界的热点难点问题，相较于传统的以连带责任为原则的归责模式，现在该领域已形成了包含连带责任、按份责任、不真正连带责任、补充责任和混合责任等责任形态在内的多元化责任分担模式。其中，补充责任作为多数人侵权中的新型责任形态，一直是比较法上的"特例"，在我国立法及司法实践中却得到了广泛的适用。我国2009年

---

[*] 匡俊，天津市人民检察院一级检察官。

颁布的侵权责任法正式在法律上确立了补充责任这一责任形态,民法典中则延续了侵权责任法中补充责任的规定。在此之前,最高人民法院已通过司法解释明确了补充责任在多数人侵权中的适用。

关于侵权补充责任,学界一直存在争论,肯定者将其视为中国法对世界的贡献,具有独特的价值,有效地解决了传统责任形态在某些情形下的困境;[①]否定者则认为,其违背了侵权法的基本原理,完全可以用其他传统责任形态予以替代。[②]与学界的争议形成鲜明对比的是,我国立法和司法实践中的补充责任形态越来越普遍。从现行有关侵权补充责任的规定来看,主要是民法典和最高人民法院的司法解释就一些个别的情形规定适用补充责任。[③]由于这些关于补充责任的规定存在诸多不一致之处,司法实践中的适用也存在矛盾,导致了侵权补充责任体系的外部和内部冲突。

第一,侵权补充责任与违约责任存在外部体系冲突。侵权补充责任的承担往往是由于责任人违反了对受害人的保护义务,当两者存在合同上的保护义务时,也会产生违约责任。侵权补充责任与违约责任在责任顺位、归责原则和赔偿范围上的区别,加剧了两者的体系冲突。对保护义务违反所导致的侵权补充责任和违约责任的冲突,司法实践中的做法并不一致。有判决适用侵权补充责任,如"吴成礼等诉中国建设银行云南省分行昆明市官渡支行、昆明市五华保安公司人身损害赔偿纠纷案"[④];也有判决适用违约责任,如"王永胜诉中国银行股份有限公司南京河西支行储蓄存款合同

[①] 参见张新宝:《我国侵权责任法中的补充责任》,载《法学杂志》2010年第6期;杨立新:《侵权法论》(第五版),人民法院出版社2013年版,第999—1000页;张平华、王圣礼:《侵权补充责任的独立地位及其体系化》,载《烟台大学学报(哲学社会科学版)》2015年第6期。

[②] 参见张民安:《人的安全保障义务理论研究——兼评〈关于审理人身损害赔偿案件适用法律若干问题的解释〉第6条》,载《中外法学》2006年第6期;李中原:《论违反安全保障义务的补充责任制度》,载《中外法学》2014年第3期。

[③] 主要有安全保障义务人的补充责任、教育机构的补充责任、劳务派遣单位的补充责任、会计师事务所的补充责任、公证机构的补充责任等类型。

[④] 参见"吴成礼等诉中国建设银行云南省分行昆明市官渡支行、昆明市五华保安公司人身损害赔偿纠纷案",载《最高人民法院公报》2004年第12期。

纠纷案"①。

　　第二，侵权补充责任体系内部存在冲突。关于补充责任的适用条件并不一致，即何时适用补充责任存在冲突。如《侵权责任法》第 37 条第 2 款和第 40 条第 2 款中规定的安全保障义务人和教育机构的补充责任，未区分行为人的故意和过失，统一规定为补充责任。根据最高人民法院《关于审理涉及会计师事务所在审计业务活动中民事侵权赔偿案件的若干规定》（以下简称《会计师事务所赔偿规定》）第 10 条和《关于审理涉及公证活动相关民事案件的若干规定》（以下简称《公证案件规定》）第 5 条规定，会计师事务所、公证机构的补充责任限于其为过失的情形。

　　在民法典编纂过程中，立法者对补充责任的必要性并无质疑。争议集中在是否规定劳务派遣单位的补充责任，以及补充责任人的追偿权，在侵权责任编草案起草过程中也是反复变化。在最终颁布的民法典中，在第 1198 条第 2 款和第 1201 条第 2 款承继了侵权责任法中关于安全保障义务人和教育机构补充责任的规定，在第 1191 条第 2 款中将劳务派遣单位的补充责任改为相应的责任；同时还恢复了最高人民法院《关于审理人身损害赔偿案件适用法律若干问题的解释》（以下简称《人民损害赔偿解释》）中有关追偿权的规定，规定安全保障义务人和教育机构承担补充责任后，可以向第三人追偿。

　　由于民法典中关于补充责任的规定过于简单，未能有效解决多数人侵权中补充责任的体系冲突问题。本文将聚焦于侵权补充责任的外部与内部体系冲突，对侵权补充责任作一系统梳理，从而有效地整合其责任体系，化解体系冲突。

二、中国特色侵权补充责任体系的形成

　　在多数人侵权的责任分担领域，相较于连带责任、按份责任、不真正

---

　　① 参见"王永胜诉中国银行股份有限公司南京河西支行储蓄存款合同纠纷案"，载《最高人民法院公报》2009 年第 2 期。

连带责任这些传统责任形态，补充责任表现为一种全新的责任形态。① 就补充责任而言，其最显著的特征在于责任顺位制度的运用，是数人责任中按顺序承担责任的一种方式。② 自从补充责任作为一种独立的责任形态被我国学界所认同后，其在我国法上多数人侵权领域的实践表现出鲜明的中国特色。1997 年，在官方的法律文件中正式采用补充责任这一表述，即最高人民法院《关于审理存单纠纷案件的若干规定》第 6 条和第 8 条的规定③。

2003 年，最高人民法院发布了《关于审理人身损害赔偿案件适用法律若干问题的解释》（以下简称《人身损害赔偿解释》），该解释第 6 条和第 7 条分别对安全保障义务人和教育机构的补充责任作了规定。其中安全保障义务人的补充责任，极大地拓展了补充责任的适用范围，也成了多数人侵权中补充责任最重要的一种形态。

关于安全保障义务人的补充责任，当代中国侵权法对其的探讨肇始于 20 世纪末 21 世纪初发生在"经营者的安全保障责任与第三人直接侵害责任

---

① 传统的民法理论学说中，补充责任并没有成为一种独立的责任形态。在苏联的民法理论学说中，补充责任作为与连带责任、按份责任并列的一种独立责任形态被描述。俄罗斯民法中则对补充责任作了一般性的规定，即《俄罗斯民法典》第 399 条规定："1. 对根据法律、其他法律文件或者合同条款对主债务人的责任承担补充责任的其他人提出请求前，债权人应当向主债务人提出请求。如果主债务人拒绝债权人的履行请求或者债权人未在合理的期限内得到债务人对请求的答复，则该请求可以向承担补充责任的人提出。2. 如果该请求可以通过与主债务人抵消的方式予以满足或者对主债务人的追索没有争议，则债权人无权要求承担补充责任者满足对主债务人的请求。3. 承担补充责任者在满足债权人向他提出的请求前，应当将此情况通知主债务人，如果已向承担补充责任的人提起诉讼，则应让主债务人参加诉讼。否则，主债务人有权提出他可以向债权人提出的异议，以对抗承担补充责任者的返还代偿请求。"参见［俄］E.A.苏哈诺夫主编：《俄罗斯民法》（第一册），黄道秀译，中国政法大学出版社 2011 年版，第 114 页、第 115 页。《俄罗斯联邦民法典》（全译本），黄道秀译，北京大学出版社 2007 年版，第 167 页。

② 魏振瀛先生的论述比较具有代表性，"补充责任是指数人承担同一责任，债权人应当首先请求其中某一个责任人清偿责任，只有在该责任人的财产不足以清偿时，债权人方可请求其他责任人对不足部分依法予以补充的责任形式"。参见魏振瀛：《民法》，北京大学出版社 2000 年版，第 48 页。

③ 该解释第 8 条所规定的虚假存单质押过程中，接受存单质押的人具有重大过失时，金融机构对其的补充责任，属于侵权责任的范畴。

竞合"领域的一系列案件。① 如"王利毅、张丽霞诉上海银河宾馆赔偿纠纷案""李萍、龚念诉五月花公司人身伤害赔偿纠纷案""吴成礼等诉建设银行云南分行昆明官渡支行人身损害赔偿纠纷案"等。在这些案例中,顾客在宾馆、酒店或银行等服务场所遭到了歹徒的侵害,经营者是否应当承担责任及如何承担责任成为争议的焦点问题。在讨论"王利毅、张丽霞诉上海银河宾馆赔偿纠纷案"等经营者的安全保障责任与第三人直接侵害责任竞合等案件过程中②,侵权补充责任逐渐成为主流观点,并为司法解释最终所采纳。

2009年通过的《侵权责任法》第37条第2款和第40条第2款沿用了《人身损害赔偿解释》关于安全保障义务人和教育机构补充责任的规定,还在第34条第2款中对劳务派遣单位的补充责任作了规定,这意味着补充责任作为一种独立的责任形态正式在立法上得到了确认。在侵权责任法颁布前后,最高人民法院通过一系列司法解释及规范性文件使补充责任在多数人侵权中得到了更加广泛的适用。最高人民法院于2002年发布的《关于金融机构为企业出具不实或者虚假验资报告资金证明如何承担民事责任问题的通知》,规定此种情形下金融机构应承担补充责任。最高人民法院2007年实施的《会计师事务所赔偿规定》第10条中规定了会计师事务所过失出具不实审计报告时的补充责任。2010年制定的最高人民法院《关于审理铁路运输人身损害赔偿纠纷案件适用法律若干问题的解释》第13条第1款、最高人民法院《关于审理旅游纠纷案件适用法律若干问题的规定》第7条第2款分别对安全保障义务中铁路运输企业和旅游经营者、旅游辅助服务者的补充责任作了规定。2013年通过的最高人民法院《关于适用〈中华人民共和国企业破产法〉若干问题的规定(二)》第33条第1款对破产管理人及相关人员的补

---

① 参见李中原:《论违反安全保障义务的补充责任制度》,载《中外法学》2014年第3期。

② 学界主要有两种观点:第一种观点主张适用连带责任,表现为王利明教授主持的《中国民法典学者建议稿》第1859条规定。第二种观点主张由直接侵权的第三人承担全部责任,安全保障义务人承担补充责任,表现为张新宝教授参与的《侵权行为法编草案建议稿》第13条规定。该规定的制度模式被2002年全国人大常委会讨论的《中华人民共和国民法(草案)》中"侵权责任法"第65条所采纳,梁慧星教授主持起草的《中国民法典草案建议稿》也作了同样的规定。参见王利明:《中国民法典学者建议稿及立法理由》,法律出版社2005年版,第625页。张新宝、唐清林:《经营者对服务场所的安全保障义务》,载《法学研究》2003年第3期。

充责任作了规定。2019年颁布的《全国法院民商事审判工作会议纪要》第116条进一步拓展了破产管理人补充责任的范围。2014年施行的《公证案件规定》第5条规定了公证机构的补充责任。《民法典》第1198条和第1201条对安全保障义务人和教育机构的补充责任作了规定。至此，补充责任在我国法上多数人侵权领域的广泛适用表现出了鲜明的中国特色，堪称侵权法的中国经验。

三、侵权补充责任与违约责任的体系冲突

侵权补充责任的承担往往是基于责任人对其保护义务的违反，当补充责任人对受害人存在合同上的保护义务，也会产生违约责任，从而引起侵权补充责任与违约责任的竞合与冲突。侵权补充责任与违约责任在责任顺位、归责原则和赔偿范围上的区别，又加剧了两者的体系冲突。就此，可以根据合同类型的不同，区分侵权补充责任和违约责任的适用，从而化解两者间的冲突。

（一）保护义务违反导致的责任竞合

从现有的多数人侵权中补充责任类型来看，补充责任人并不是直接实施加害行为的侵权人，其行为往往表现为未能预防和制止他人的侵权行为，即未尽到对他人的保护义务，为损害的发生提供了条件，从而构成了法律上的过失行为而承担责任。就补充责任人的保护义务而言，主要表现为基于信赖的保护义务和基于危险控制的保护义务两个方面。

基于信赖的保护义务，是指由于社会公众对专家执业活动的信赖，专家对利害关系人也负有保护义务。[①] 我国侵权法上会计师事务所的补充责任、公证机构的补充责任、金融机构的补充责任，实质上均是专家对因合理信赖其执业活动的第三人损害的赔偿责任。在风险社会中，为了给人们更多的安全保障，法律拓展了人们对他人的保护义务，要求人们对合同关系之外的第

---

① 对专家而言，"专业人士的基本特征，即对特定的业务领域拥有知识权威和一定程度的垄断"。参见刘燕：《会计师民事责任研究：公众利益与职业利益的平衡》，北京大学出版社2004年版，第24页。

三人也负有一定的保护义务,即基于危险控制而产生的保护义务。①我国侵权法上安全保障义务人的补充责任、教育机构的补充责任,都是违反危险控制领域保护义务而产生的补充责任。

在补充责任人与受害人存在合同关系的情形下,基于合同约定或者诚实信用原则,会产生合同保护义务。此时,往往会出现合同上的保护义务和法律规定的保护义务重合的情形,而责任人的不作为既违反了法律规定,又违反了合同约定,此种情形下便产生了侵权补充责任与违约责任的竞合。

在基于信赖的保护义务领域,专家是对与其不存在合同关系的第三人承担侵权责任,一般不会发生与违约责任的竞合问题。在基于危险控制产生的保护义务方面,宾馆、商场等经营性的安全保障义务人与其顾客,教育机构与其学生之间往往存在合同关系,而保护义务也会基于诚实信用原则在合同法中的应用而产生。若发生他人实施侵权行为,安全保障义务人(广义上包括教育机构)未尽到保护义务,造成受害人损害的情形,既符合侵权行为的构成要件,需承担侵权补充责任,又构成违约行为,需承担违约责任。根据《民法典》第186条的规定,我国法上采取了侵权补充责任与违约责任竞合的处理方式,由当事人择一行使。

(二)侵权补充责任与违约责任的适用顺序

在保护义务违反所导致的侵权补充责任与违约责任竞合的情形下,由于侵权补充责任和违约责任在责任顺位、归责原则和赔偿范围上的区别,导致了两者的冲突。首先,在责任顺位上,侵权补充责任是在直接责任人不能承担责任时的第二顺位的责任,而违约责任则是第一顺位的责任。其次,侵权补充责任是一种过错责任,补充责任人在有过错时才需承担责任,而违约责任是一种无过错责任。最后,在责任范围上,侵权补充责任是一种相应的责任,仅需承担过错或原因力范围内的赔偿责任,违约责任则需对全部损失承担赔偿责任。由于违约责任的上述优势,如果不对两者的适用顺序作出一定的限制,受害人必定会请求适用违约责任,从而使侵权补充责任被实际架

---

① 危险控制原则系"法秩序之根本性原则",是法律道德上的最高要求,其是指导致(或维持)危险状态之人,负有义务采取措施防止损害之发生,由此引申出来了危险开启者对他人的保护义务。参见〔瑞〕海因茨·雷伊:《瑞士侵权责任法》,贺栩栩译,中国政法大学出版社2015年版,第205—206页。

空，进一步加剧了两者的冲突。在此情形下，安全保障义务人无论有无过错都需承担违约责任，加之《民法典》第593条排除第三人行为作为免责事由的规定，势必导致安全保障义务的绝对化。① 这不仅与安全保障义务的立法宗旨相背离，而在第三人侵权，尤其是故意侵权的情形下，不考虑安全保障义务人的过错，让其一律承担全部赔偿责任显失公平。

根据民法典及原侵权责任法立法者的观点，在第三人侵害的情形下，未尽到安全保障义务的行为并不会必然导致损害的发生，只有此种行为与第三人的侵权行为相结合时，才会导致他人损害的发生，而第三人的侵权行为是导致损害发生的直接原因，故首先应由第三人承担侵权责任。② 就补充责任而言，能在安全保障义务人经济承受限度内给予受害人必要而充分的保护。③ 当然此情形下，完全排除违约责任的适用，对受害人也是不公平的。比较合理的是，根据合同类型的不同，区分侵权补充责任和违约责任的适用顺序。因为合同保护义务基于当事人之间的特别约束关系而产生，保护效果随当事人之间关系紧密度的增强而强化。合同保护义务中效果最强的是以此为结果的义务，在安保、保管、客运等以保护为给付目的的合同中保护义务便属于此种类型，保护义务之违反通常就得承担全部损害赔偿责任，在第三人侵权造成损害时也是如此。如果保护义务仅是合同中附随性的手段义务，则对控制第三人侵权的要求也低，合同保护义务与侵权法上安全保障义务就更接近，对合同保护义务违反的责任范围也应予以相应限制。④

基于上述分析，可以得出以下处理模式：第一，在安保、保管、客运、储蓄等以保护为给付目的的合同中，保护义务本身就是合同的主要义务，受害人签订合同时就有安全保护等方面的要求，相对方保护义务的违反必然导

---

① 即原《合同法》第121条，参见解亘：《论〈合同法〉第121条的存废》，载《清华法学》2012年第5期。

② 参见黄薇主编：《中华人民共和国民法典释义及适用指南》（下册），中国民主法制出版社2020年版，第1833页。全国人大常委会法制工作委员会民法室编著：《〈中华人民共和国侵权责任法〉条文说明、立法理由及相关规定》，北京大学出版社2010年版，第160页。

③ 参见最高人民法院民事审判第一庭编著：《最高人民法院人身损害赔偿司法解释的理解与运用》，人民法院出版社2004年版，第109页。

④ 参见张家勇：《合同法与侵权法中间领域调整模式研究——以制度互动的实证分析为中心》，北京大学出版社2016年版，第289页。

致违约责任的适用。此时，应当优先适用违约责任，违约方承担责任后可以向第三人追偿，两者构成不真正连带责任关系。安全保障义务被视为最低限度的法定义务不再适用，侵权补充责任也不再适用。如"王永胜诉中国银行股份有限公司南京河西支行储蓄存款合同纠纷案"①中，法院判决就认为银行在储蓄合同关系中，负有为储户保密，保障储户权益不受侵犯的义务，银行未能提供必要的安全、保密环境致使储户的存款被窃取，应承担赔偿储户全部损失的违约责任。在并非上述合同，但当事人就保护义务作了专门约定的合同中，也应适用上述处理模式。

第二，在其他并非以保护为给付目的的合同中，保护义务只是基于诚实信用原则产生的附随义务，不能对相对方要求过高，也不能要求其承担过高的赔偿责任。如在"王利毅、张丽霞诉上海银河宾馆赔偿纠纷案"中，法院只酌定宾馆承担8万元的赔偿责任。而且此时违反合同上保护义务所致的损害，面临着与第三人侵权行为相结合时因果关系不易确定的困境。侵权补充责任的适用一定意义上就是为了解决此种因果关系的困境②，故此情形下应当统一适用侵权补充责任，排斥违约责任的适用。因为可以将《民法典》第1198条第2款的规定视为关于这些类型合同的特殊规定，而合同上的保护义务是基于诚实信用原则的一般性规定。根据法律规定优先于法律原则，特别规定优先于一般规定的适用顺序，可以得出上述结论。在司法实践中已有上述处理模式的范例，如最高人民法院《关于审理旅游纠纷案件适用法律若干问题的规定》第7条第2款"因第三人的行为造成旅游者人身损害、财产损失，由第三人承担责任；旅游经营者、旅游辅助服务者未尽安全保障义务，旅游者请求其承担相应补充责任的，人民法院应予支持"规定，实际上针对旅游合同中保护义务的违反，采取了统一适用侵权补充责任的模式。③

---

① 参见"王永胜诉中国银行股份有限公司南京河西支行储蓄存款合同纠纷案"，载《最高人民法院公报》2009年第2期。

② 参见最高人民法院民事审判第一庭编：《最高人民法院人身损害赔偿司法解释的理解与运用》，人民法院出版社2004年版，第98页。

③ 参见杜万华、张进先、王毓莹：《最高人民法院〈关于审理旅游纠纷案件适用法律若干问题的规定〉的理解与适用》，载《法律适用》2010年第12期。

四、多数人侵权中补充责任的适用条件

就多数人侵权中补充责任而言,其适用条件的不一致,引起了补充责任体系内部的严重冲突。从责任人的过错性质和行为类型出发,通过故意侵权和过失侵权,作为侵权和不作为的区分,可以有效地与直接责任和补充责任的不同层次责任区分相对应。

(一)对侵权补充责任适用条件的反思——以责任人过错为核心

从理论价值和司法实践出发,比较具有典型性的补充责任形态是安全保障义务人、教育机构、会计师事务所和公证机构的补充责任。其中,教育机构的补充责任可视为一种特殊的安全保障义务人的补充责任。[1] 关于安全保障义务中补充责任的适用,学界多有质疑。有学者认为,直接侵权的第三人是就其作为的过错侵权行为承担责任,安全保障义务人是就其不作为的过错侵权行为承担责任,让安全保障义务人仅承担补充责任,将不作为的侵权行为和作为的侵权行为区别对待,违背了过错责任制度的基本原理。[2] 基于安全保障义务人的补充责任不考虑责任人的具体过错情形,统一规定为补充责任,引起了理论和实务上的重大分歧,有必要对其适用条件进行反思。就此可以根据责任人的具体过错,从而适用补充责任的情形进行分析。

基于故意侵权和过失侵权的不同,《会计师事务所赔偿规定》和《公证案件规定》中区分了会计师事务所和公证机构的故意和过失,分别规定了连带责任和补充责任。在会计师事务所和公证机构故意的情况下,与第三人构成共同侵权,对受害人需承担连带责任。[3] 在会计师事务所和公证机构过失

---

[1] 参见张新宝:《我国侵权责任法中的补充责任》,载《法学杂志》2010年第6期。杨立新:《论侵权责任的补充责任》,载《法律适用》2003年第6期。

[2] 参见张民安:《人的安全保障义务理论研究——兼评〈关于审理人身损害赔偿案件适用法律若干问题的解释〉第6条》,载《中外法学》2006年第6期。

[3] 参见《会计师事务所赔偿规定》第5条规定:"注册会计师在审计业务活动中存在下列情形之一,出具不实报告并给利害关系人造成损失的,应当认定会计师事务所与被审计单位承担连带赔偿责任:(一)与被审计单位恶意串通……"《公证案件规定》第5条规定:"当事人提供虚假证明材料申请公证致使公证书错误造成他人损失的,当事人应当承担赔偿责任……明知公证证明的材料虚假或者与当事人恶意串通的,承担连带赔偿责任。"

的情况下，则承担补充责任。①

关于会计师事务所和公证机构承担补充责任时，直接责任人主观上的过错状态，上述两个司法解释虽未明确规定。但从司法解释的起草说明和司法实践来看，暗含了直接责任人主观心理状态为故意的要求。关于《会计师事务所赔偿规定》的理解与适用，最高人民法院的法官认为，"在会计责任层面，被审计单位的财务欺诈均出于故意。会计师事务所出具不实审计报告的场合，包括会计师事务所与被审计单位共同故意的情形，也包括被审计单位故意而会计师事务为过失的情形。针对此种故意与过失相结合的多数人侵权责任形态，将会计师事务所的赔偿责任限为与其过失相适应的补充赔偿责任。"②

在《公证案件规定》中所规定的当事人提供虚假证明材料时，公证机构的补充责任，最高人民法院法官实际上也将当事人提供虚假证明材料时的主观状态归于故意。首先，该规定针对的是"实践中一些当事人基于谋取不法利益的目的，故意提供虚假证明材料，从而骗取公证书，最终严重损害他人合法权益的行为"。其次，"在起草过程中，曾规定：'当事人隐瞒真实情况、提供虚假或错误材料……'经研究认为，隐瞒真实情况就是为了提供虚假材料，提供虚假材料是隐瞒真实情况的客观表现，因此，没必要将两者并

---

① 《会计师事务所赔偿规定》第6条第1款规定："会计师事务所在审计业务活动中因过失出具不实报告，并给利害关系人造成损失的，人民法院应当根据其过失大小确定其赔偿责任。"第10条规定："人民法院根据本规定第六条确定会计师事务所承担与其过失程度相应的赔偿责任时，应按照下列情形处理：（一）应先由被审计单位赔偿利害关系人的损失。被审计单位的出资人虚假出资、不实出资或者抽逃出资，事后未补足，且依法强制执行被审计单位财产后仍不足以赔偿损失的，出资人应在虚假出资、不实出资或者抽逃出资数额范围内向利害关系人承担补充赔偿责任。（二）对被审计单位、出资人的财产依法强制执行后仍不足赔偿损失的，由会计师事务所在其不实审计金额范围内承担相应的赔偿责任……"《公证案件规定》第5条规定"当事人提供虚假证明材料申请公证致使公证书错误造成他人损失的，当事人应当承担赔偿责任。公证机构依法尽到审查、核实义务的，不承担赔偿责任；未依法尽到审查、核实义务的，应当承担与其过错相应的补充赔偿责任……"

② 王闯、周伦军：《〈关于审理涉及会计师事务所在审计业务活动中民事侵权赔偿案件的若干规定〉的理解与适用》，载《人民司法》2007年第17期。

列。"① 最高人民法院法官在起草该司法解释时还认为,"当事人提供错误材料的原因有很多,既可能是基于当事人自身原因故意提供错误材料,也可能是基于第三人的原因提供了错误的材料,如果一概要求当事人对受害人的损害承担全部赔偿责任,将对当事人不公平。基于此,我们删除了'当事人提供错误材料……'"② 从司法解释的起草过程来看,当事人提供虚假材料是为了隐瞒真实情况,说明直接责任人的主观心理状态是故意。同时删除了当事人提供错误材料的内容,说明起草者认为存在第三人原因时让有过失的当事人承担全部赔偿责任并不公平,实际在一定范围上排除了直接责任人为过失的情形。

就故意侵权与过失侵权而言,其具有本质的区别,"源自故意行为的责任和源自过失的责任部分遵循不同的规则"。③ "源自故意的赔偿责任是一种绝对责任,也就是说,在任何情况下都不能排除或降低故意责任的赔偿范围……相反,过失的本质是建立在其相对性、灵活性之上的,通过其灵活性,它才能适应千变万化的法律关系。"④ 美国法上的去连带运动对连带责任的适用限制严格,即使某个州采纳了按份责任作为一般规则,但大多数故意侵权的加害人仍然要对损害承担连带责任。⑤ 因为故意侵权与过失侵权相比,是侵权类型的不同,而不是程度的不同,故意侵权在道德上可责难性远甚于过失侵权。⑥

---

① 王闯、周伦军:《〈关于审理涉及会计师事务所在审计业务活动中民事侵权赔偿案件的若干规定〉的理解与适用》,载《人民司法》2007年第17期。

② 吴兆祥等:《〈关于审理涉及公证活动相关民事案件的若干规定〉的理解与适用》,载《人民司法》2014年第17期。

③ 欧洲民法典研究组、欧盟现行私法研究组编著:《欧洲私法的原则、定义和示范规则:欧洲示范民法典草案》(第五卷、第六卷、第七卷),王文胜等译,法律出版社2014年版,第747页。

④ [德]鲁道夫·冯·耶林:《罗马私法中的过错要素》,柯伟才译,中国法制出版社2009年版,第97页。

⑤ 《侵权法重述三》第12条就规定"任何实施以故意为要素的侵权行为的当事人均应对该侵权行为作为法律原因造成的任何不可分伤害承担连带与单独责任"。[美]爱伦·M.芭波里克选编:《侵权法重述纲要》,许传玺、石宏、董春华等译,法律出版社2016年版,第428页。

⑥ See Ellen M. Bublick, the End Gane of Tort Reform: Comparative Apportionment and Intentioanl Torts, 78 Notre Dame Law Review, 2003, p.372-376.

从故意侵权和过失侵权区分规制的补充责任模式出发,也可以有效回应学界对安全保障义务人补充责任的质疑。因为在第三人为故意侵权,安全保障义务人为过失的情形下,基于安全保障义务人的过错显著轻于第三人过错,让仅具有过失的安全保障义务人承担较轻的补充责任,并不违背过错责任的基本精神。司法实践中判决第三人和安全保障义务人各自承担相应的责任,基本是在两者都为过失的情形下,如前面提及的"张德军与李某某、梁梦违反安全保障义务责任纠纷案""董云华与心连心集团湖南岳阳超市有限公司、李秀珍公共场所管理人责任纠纷案"。

从《人身损害赔偿解释》的起草背景出发,当时公共场所的恶性犯罪频发。无论是"王利毅、张丽霞诉上海银河宾馆赔偿纠纷案",还是明确规定安全保障人相应的补充责任的"李永亮诉深圳市银港酒楼人身损害赔偿纠纷案",以及参考司法解释关于补充责任规定之精神的"吴成礼等诉建设银行云南分行昆明官渡支行人身损害赔偿纠纷案",这些具有重要影响的案例,直接侵权的第三人都是基于故意实施的侵权行为。民法典和原侵权责任法均采用了《人身损害赔偿解释》关于相应的补充责任的规定,但回归到司法解释出台时的社会背景及典型案例,将补充责任的适用范围予以限制,即在直接侵权人故意加害于他人的情形下,也是合适的。

(二)"故意作为侵权+过失不作为侵权"的补充责任适用条件

除了上述基于故意侵权和过失侵权区分的补充责任模式外,还有学者主张将补充责任适用于"具有全部原因力的直接作为侵权+过失不作为侵权"的情形。① 此种观点也具有一定的合理性,从现有的多数人侵权中补充责任类型来看,补充责任人承担责任的原因在于其未尽到对第三人的保护义务,其行为往往表现为未能预防和制止他人的侵权行为,即不作为。与补充责任

---

① 参见谢鸿飞:《违反安保义务侵权补充责任的理论冲突与立法选择》,载《法学》2019年第2期;孙维飞:《论安全保障义务人相应的补充责任——以〈侵权责任法〉第12条和第37条第2款的关系为中心》,载《东方法学》2014年第3期。张新宝教授在提出经营者补充责任的构想时,便是以"经营者消极不作为+第三人的积极加害行为"的情况为前提下,此种情况下,受害人的损害完全是由于第三人的积极加害行为造成的,经营者的不作为并不是损害后果发生的直接原因。为了既能保障受害人的损害得到填补,人身和财产权益得以保障,又不给经营者过重的负担,故让经营者承担相应的补充责任。张新宝、唐青林:《经营者对服务场所的安全保障义务》,载《法学研究》2003年第3期。

人不同,直接责任人往往是基于自己的意志主动实施加害行为,即其行为表现为作为。就责任的承担而言,原则上作为的责任要比不作为的责任更加严厉,因为不作为仅当存在作为义务时才会产生责任。当人们强调作为时,便会扩张责任;但人们在有疑义的情形认可存在不作为时,即会限缩责任。作为是一个危险的行动,增大了事实构成的现实危险,不作为则是不会带来危险的行为。[1]因此在积极加害的作为侵权与未履行保护义务的不作为并存的情形下,让积极实施加害行为的侵权人承担全部赔偿责任,让不作为者承担补充责任,在责任顺位和责任范围上区别对待,也体现了法律上对作为和不作为行为同时并存时的区分判断。

无论是直接责任人故意,补充责任人过失的主观过错状态;还是直接责任人作为,补充责任人不作为的客观行为状态,都体现了两者义务不在同一阶层,而产生的责任上的不同阶层。在多数人侵权中,传统的思维将多数侵权人都置于同一阶层,通过研判责任人之间的结构状态来确定责任的方式:"如果义务或责任处于同一阶层,可归责的强度不存在差别,结构的整体性强,承担连带责任。如果义务或者责任虽然处于同一阶层,但可归责的强度存在显著差别,结构的整体性不强,应当承担按份责任。"[2]"当义务或责任不在同一阶层的时候,则多数侵权人之间承担补充责任或不真正连带责任。"[3]同时不真正连带责任在实践中不宜被滥用,如果终局责任人无法确认或者缺乏赔偿能力,那么其他责任人需承担全部赔偿责任。"补充责任制度的设计则能兼顾受害人的权益保护与补充责任人的最终责任份额承担问题,既避免了受害人的赔偿请求得不到实现,又利用追偿权的设计避免减轻直接侵权第三人的赔偿责任。"[4]同时赔偿的顺位制度设计避免了因受害人先选择非最终责任人请求赔偿后带来的不必要的追偿问题,与适用不真正连带责任相比,可以提高赔偿效率,更合理地分配当事人之间的程序利益,从而节约了社会

---

[1] 参见[德]埃尔温·多伊奇、汉斯-于尔根·阿伦斯:《德国侵权法——侵权行为、损害赔偿及痛苦抚慰金》(第5版),叶名怡、温大军译,中国人民大学出版社2016年版,第21页。

[2] 张平华、王圣礼:《侵权补充责任的独立地位及其体系化》,载《烟台大学学报(哲学社会科学版)》2015年第6期。

[3] 李中原:《不真正连带债务理论的反思与更新》,载《法学研究》2011年第5期。

[4] 张新宝:《我国侵权责任法中的补充责任》,载《法学杂志》2010年第6期。

及诉讼成本。

基于以上分析,我们可以将多数人侵权中补充责任的适用限于"故意作为侵权＋过失不作为侵权"的情形。在此情形下,可以从因果关系的角度进一步解释补充责任的价值和合理性。"第三人实施的侵权行为是造成损害结果的直接的事实上的原因,其行为足以导致损害的发生,不论是否存在补充责任人的行为,该第三人的侵权行为都将导致损害的发生。"[1]就补充责任人而言,其不作为通常并不会直接导致损害结果的发生,只是为损害的发生提供了条件,即是其间接原因。以会计师事务所因其过失出具不实报告,导致报表使用人损害,承担补充责任的情形为例:被审计单位基于其故意的违约或欺诈是导致报表使用人损害结果发生的直接原因和主要原因,会计师事务所基于其过失出具的不实报告只是报表使用人损失发生的间接原因和次要原因。会计师事务所过失出具的不实报告只是因为与被审计单位的违约或欺诈等行为偶然结合,才共同导致了损害结果的发生。[2]由于直接责任人的故意侵权行为是造成受害人损害的真正原因,其侵权行为单独发生即足以造成全部损害,补充责任人即便尽到其保护义务,在大多数时候也不足以避免损害结果的发生。[3]因此,让直接责任人就受害人的全部损害承担责任系此种因果关系的当然结果,让只具有间接原因的补充责任人承担较轻的补充责任也是符合因果关系要求的。

表1 "故意作为侵权＋过失不作为侵权"的补充责任适用条件

	直接责任人	补充责任人
过错	故意	过失
侵权行为	作为	不作为
因果关系	直接因果关系	间接因果关系

五、结论

就补充责任而言,在大陆法系国家,其长期被视为连带责任的一种特殊

---

[1] 张新宝:《侵权责任法》(第四版),中国人民大学出版社2016年版,第179页。

[2] 王闯、周伦军:《〈关于审理涉及会计师事务所在审计业务活动中民事侵权赔偿案件的若干规定〉的理解与适用》,载《人民司法》2007年第17期。

[3] 程啸:《侵权责任法》(第二版),法律出版社2015年版,第467页。

类型，其作为一种独立的责任形态并未得到学理及司法实践的认同。我国在多数人侵权领域，确立了金融机构、会计师事务所、安全保障义务人、教育机构、劳务派遣单位、公证机构和破产管理人的补充责任等类型，从而表现出鲜明的中国特色。但就侵权补充责任体系而言，与违约责任存在外部体系冲突，相关规定的不一致也导致了其体系内部冲突。民法典中关于补充责任的规定不足以为补充责任在实践中的适用提供明确的指引。基于对典型补充责任类型的分析，有必要从以下两个方面进行完善：

一是当保护义务导致侵权补充责任与违约责任冲突时，若合同本身以保护为给付目的或对保护义务作了专门约定，应尊重当事人的意思，违约责任优先适用；在其他并非以保护为给付目的的合同中，则根据特别法优于一般法的原则，适用侵权补充责任。

二是将多数人侵权中补充责任的适用条件限于"故意作为侵权＋过失不作为侵权"的情形下，直接责任人与补充责任人的过错、侵权行为及与损害结果间的因果关系将处于不同的责任层次，从而与直接责任和补充责任的不同层次责任相契合。

民法典高空抛物致害责任规则适用研究

杨仓仓　钟　毅　李晓霞*

摘　要：高空抛物致人损害的赔偿责任自入法以来就一直备受争议，《民法典》第1254条对该责任的适用条件作了修正和完善，但是加害人不明规则的适用未进一步具化，仍需我们在司法实践中去认识和评估该规则的正当性和局限性。本文将加害人不明的状态置于空间理论框架内进行体系化解读，从"空间的物"转向空间自身的生产过程，通过对社会关系的构型，对加害人不明规则的适用过程进行阐释与再现。在"绝对空间"内确立责任承担的最低构成要件，在"相对空间"内对责任人范围、证明标准等作出限制。

关键词：民法典　高空抛物　加害人不明　空间社会学

随着我国民法典的出台，备受争议的高空抛物侵权责任再次引起了广泛关注。《民法典》第1254条的高空抛物致害责任在原《侵权责任法》第87条的基础上进行了修改，从不同角度完善了责任人和责任承担的规制，但是在法律适用上仍存在不少漏洞，仍需法官在具体个案中通过审判经验和法律解释进行进一步的细化和补充。高空抛物致害责任中加害人不明规则不仅规范加害人与受害人之间的关系，而且也规范受害人与其他主体之间的关系。基于此，从空间理论的角度考察，以"绝对空间"和"相对空间"进行类型划

---

* 杨仓仓，江西省赣州市人民检察院第五检察部副主任、四级高级检察官；钟毅，江西省赣州市人民检察院检察官助理；李晓霞，江西省会昌县人民法院法官助理。

分，能够避免利益衡量的错位，实现公平的决断。

一、民法典高空抛物致害责任规则的进步及适用漏洞

《民法典》第1254条是基于立法实践所形成的法教义条款，同时又具有明显的法政策倾向，较之《侵权责任法》第87条有明显的进步。但是在司法实践中，由于缺乏体系的适用指引，司法证明过程纳入实体法规范过程受到不同程度的影响。

（一）法教义内容上的突破

从《民法典》第1254条中的法教义内容来看，主要是对抛掷物品者行为和违反安全保障义务的物业服务企业不作为的归责。

在作为侵权方面，《民法典》第1254条明确了"实际侵权人"的赔偿责任，同时弥补了《侵权责任法》第87条"实际侵权人"责任划分的漏洞，在学理上纠正了原有立法的误导，明晰了加害人不明规则适用的前提，客观上避免了司法适用中被告责任承担的不确定性。同时，在责任分配后发现实际侵权人时，"可能的加害人"的责任仍可以基于追偿权进行救济，在法理上也更为妥当。

在不作为侵权方面，《民法典》第1254条增加了建筑物管理人的归责条款，扩大了风险分担的范围。由于加害人不明的动态局限性，让更多的主体共同承担责任，这有利于控制违法行为的泛化和适用。并且，"建筑物管理人"本身负有安全保障的法律责任，将其列为责任主体之一，有助于分散和降低不确定被告的责任风险，进一步消除"可能的加害人"客观承担责任的不公平。

（二）法政策内容上的突破

当侵权行为人不能确定时，立法者基于司法政策的考量主要是体现了民法对正义与秩序价值的追求，明确了公权力的介入，并将"事后调查"确定为不确定加害人责任的适用条件之一。《侵权责任法》第87条"自证无责"条款对"可能的加害人"而言承担了过重的举证责任。而且在没有专业意见的情况下，法院只能根据日常认知经验来确定"潜在的加害者"，

责任主体的范围容易被不当扩大。《民法典》第1254条规定，允许公共权力在全面调查的基础上干预和排除无辜的"潜在的加害者"，从而减轻被告的举证责任。这样，即使不能查明真正的侵权人，也能尽量减少可能造成的损害，避免在司法实践中由于侵权人难以查明而出现"一人投掷，连坐赔偿"的不当后果。

（三）司法实践中的适用漏洞

《民法典》第1254条延续了《侵权责任法》第87条加害人不明规则，即在"难以确定具体侵权人的，除能够证明自己不是侵权人的外，由可能加害的建筑物使用人给予补偿"。这一规则在我国司法实践中已经实施了多年，所积累的审判经验，不仅有助于规则适用的路径探索，更可以成为完善《民法典》第1254条的司法适用逻辑起点。故本文将对加害人不明规则的司法实践情况从不同的角度进行考察。①

1. 法条援引过度

加害人不明规则致力于救济受害人，维护社会公共安全，是民法中的一个特别条款。但目前在司法实践中却存在过宽理解该条款适用范围、将该规定向一般条款泛化的趋势。经统计，过度援引加害人不明规则的案件共有63件，其中用加害人不明规则来处理责任人明确规则的案件有3件，如案例1中侵权人已可确定，但是承办法官将加害人不明规则扩大适用②；因下水道堵塞，无法查明原因援引加害人不明规则的案件有42件，如案例2③中承办法官就将堵塞下水道的清洁球、抹布认为是抛掷物，再结合加害人不能查明的事实适用第87条的规定；因自然原因致损致援引加害人不明规则的案件有5件，如案例3④就是将表面看似属于不明抛坠物致害而实际应属其他规则调整的案件运用加害人不明规则来审判；因高空抛物导致财产损害的适用加害人

---

① 本文于2021年4月30日在中国裁判文书网，以"民事案由""高空抛物""判决书""基层法院"为关键词进行检索，总共获得1319份民事判决书，其中与加害人不明规则有关的案件有263件案件。
② 参见（2019）津0116民初33270号民事判决书。
③ 参见（2019）北民初字第3162号民事判决书。
④ 参见（2018）鲁0113民初5061号民事判决书。

不明规则案件有 13 件,如案例 4[①] 的财产纠纷中,受害人原本可以通过向保险公司索赔就可弥补损害,而无须向所谓的"可能的加害人"主张权利。法官这种不加区分地适用第 87 条的做法,容易造成受害人和可能加害人之间的利益失衡,使该条的实施效果大打折扣。

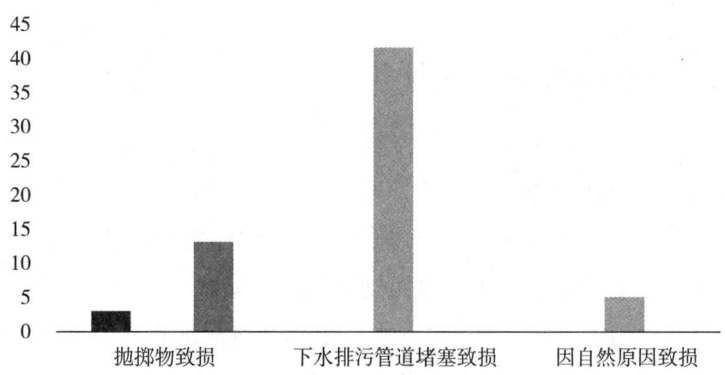

图 1　加害人不明规则援引不当情况

表 1　加害人不明规则援引不当情况典型案例

案例	案情	裁判要旨
案例 1	2017 年 7 月 31 日 9 时 30 分许,被告侯某某在天津市滨海新区塘沽津沽路和谐园 3 栋 14 层楼道内,通过楼道北侧的窗户向楼下抛掷装有玻璃瓶的生活垃圾,致使过路的原告王某某头部、右手、右前臂受伤。	根据《侵权责任法》第 87 条规定,本案中,因被告从建筑物高处抛掷物品砸中原告,致使原告受伤,故被告应对原告的损失承担赔偿责任。
案例 2	五被告均系同原告居住同一单元同一侧的楼上邻居,原、被告六户卫生间共同使用同一下水管道排放排便器污水。2014 年 5 月 10 日,因该下水道堵塞,污水由原告房屋卫生间排便器溢出,原告房屋及部分家具设施被污水侵泡并造成损失。	依据《侵权责任法》第 87 条规定,原告卫生间内的污水管道系原、被告六户共同使用的房内排污设施,原告因在原、被告共同居住楼房的底层居住,因污水管道堵塞导致污水由卫生间排便器中反溢而造成房屋装修及物品损害事实清楚,本案因无法查明造成污水设施堵塞的具体责任人,包括原告在内的全体使用人均存在将不当物品丢入污水管道并造成堵塞的可能,五被告事发时均在该楼内正常居住且均不能证明自己可以排除在使用人之外,因此,原告的经济损失应由被告给予经济补偿。

---

① 参见（2018）鄂 0115 民初 3578 号民事判决书。

续表

案例	案情	裁判要旨
案例 3	2015 年 11 月 27 日 6 时许,长清三中学生赵某某与其同学杨某、卢某某一起走出宿舍楼,沿楼体散水坡前行,杨某、卢某某在前,赵某某在后,行至楼体下水管下方时,下水管上的冰凌坠落,砸伤正抬头观望的赵学龙的右眼。	本案事故发生于冬季清晨,因自然原因在下水管口形成冰凌具有偶然性,并非学校所能控制,如就此认定学校存在管理过错未免过于严苛,原、被告对于损害的发生均没有过错,故赵某某的伤害过程原则上应属意外事故。根据《侵权责任法》第 87 条规定,综合考虑事故的突发性和赵某某的伤情,从衡平双方当事人的利益角度出发,认定应由赵某某和长清三中共同负担部分损失。
案例 4	原告李某某将自己的车停放在停车位。次日上午原告李某某发现其车的顶棚及天窗的玻璃均被砸,现场发现透明玻璃酒瓶碎片。后警方经过排查未能确定具体抛掷人。本院依据物业公司提交的证明及现场照片,确认系被高处坠落的酒瓶砸裂。	原告李某某所有的车被从十栋楼上高空坠落的酒瓶砸中致损,经公安机关调查和本院审理,均未能确定具体的侵权人。根据《侵权责任法》第 87 条规定,本案中涉诉楼栋 3 号楼 2 层以上的建筑物使用人均有可能是加害人,现本案被告中,除罗某、罗某某能够证明自己不是侵权人外,其他被告均未提交证据证明自己不是侵权人,均应对原告李某某的损失承担相应的补偿责任。

2. 补偿主体的认定标准混乱

加害人不明规则的补偿主体是"可能加害的建筑物使用人"。在本文分析的样本案例中,有 121 件案件涉及补偿标准的认定,其中采取"居住目的 + 实际使用"标准的案件有 37 件,认为被告为建筑物使用人需满足两个条件,即对房屋有居住目的,且实际使用房屋;① 采取"占有或实际控制"标准的案件共有 36 件,认为被告是否为建筑物使用人的关键,在于房屋是否为其所实际控制(占有);② 采取"实际使用"标准的案件共有 48 件,认为被告要实际使用了房屋才可认定为建筑物使用人。③ 由于判断标准的多元化,导致对建筑物使用人的范围模糊不清,进而影响对高空抛物致害责任的补偿主体的认定。

---

① 参见(2019)川 0192 民初 4533 号民事判决书。
② 参见(2020)湘 0703 民初 4165 号民事判决书。
③ 参见(2020)鄂 1223 民初 2154 号民事判决书。

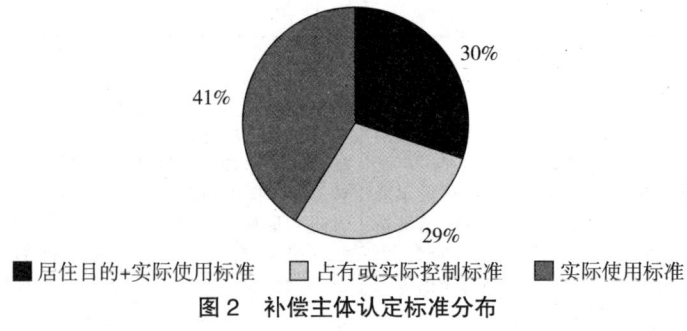

图 2　补偿主体认定标准分布

3. 证明标准"一刀切"

按照举证责任倒置的规制要求，在加害人不明规则的案件中，原告一般只需要证明自己存在损害事实，以及该损害事实与高空抛物有因果关系，可能的加害人需证明自己不是加害人。但是在司法实践中，受害人在没有证明基本事实的情况下（受害人仅证明受害本身是不能满足基本事实的要求的），举证责任发生倒置是否妥当？因为举证责任的对象常常是取决于那些掌握优势证据的人，或者说即使有一个人是符合条件的，我们把所有的人都认为是符合条件的人是否妥当？如案例5所示[①]，被告承担了过重的举证责任，处于相对不利的境地，其所提出的证据或抗辩经常不能获得法院的认可。

表 2　举证情况

案例5	原告举证情况	原告申请法院调取的证据	被告举证情况
原告谢吉发诉被告田燕春等人不明抛掷物、坠落物损害责任纠纷一案	住院病历	公安机关询问笔录	户口簿
	医疗费发票	监控视频光盘	身份证
	司法鉴定意见	照片	劳动合同
	户口簿	居民委员会证明	房产证
		不动产登记查询结果	气费发票
			电气费代扣存折
			证人证言
			照片
			证明材料
			家中监控视频光盘

---

① 参见（2018）渝0155民初6165号民事判决书。

4. 补偿范围认定分歧较大

由于加害人不明规则并未明确补偿范围，因此，在审理实践中法官在自由裁量时分歧较大。本文考察的样本案例中，法官在审理高空抛物案件时拥有较大的自由裁量权。通过考察本文的案例样本，有 101 件案件主张补偿范围以直接损失为限，包括医疗费、误工费、住院伙食补助费等，剩余 162 件案件主张为间接损失，包括精神损害赔偿金、伤残赔偿金、鉴定费等。在赔偿比例上，有 171 件案件赔偿比例在 50% 以下，以按份适用为主，且未体现补偿的顺序性。另外，大部分案件的裁判文书说理部分并未提及追偿权，仅有 22.08% 的案件明确提及了可向实际侵权人追偿。

二、加害人不明规则的比较

关于高空抛物致害责任的规定虽然已经明确，但是理论界对此问题的争议从未停止。所以有必要对这些不同的观点进行比较研究和分类，既为加害人不明规则的类型化研究奠定基础，也为后文探讨规则适用的条件提供思路。

（一）基本立场

归责原则是以主观过错为核心进行的追责，在高空抛物侵权案件中，由于加害人不明，行为人的过错该如何认定存在很大争议，理论界主要有以下几种不同观点：

第一种观点是过错责任说，即高空抛物是一种过错责任下导致的侵权，应适用过错责任归责原则。① 显然，在侵权人确定的情况下应适用过错责任，但如果是在加害人不明时仍适用过错责任原则，这就值得商榷了。

第二种观点是过错推定说，即因无法查明加害人，将可能的加害人（建筑物全体适用人）都推定认定为是侵权人承担责任，此种责任是连带责任，只有在自证其无责的情况下才能免责。② 对于此种观点，不少学者持反对意见，如杨立新教授就认为，"高空抛物致害责任有过错推定的成分，但是不

---

① 参见阳庚德：《高空抛物侵权连带责任制度否定论》，载《广东社会科学》2010 年第 1 期。

② 参见韩颖、崔彩贤：《高空抛物侵权案的民事法律思考》，载《法制与社会》2007 年第 4 期。

能不加区分地完全适用。它和共同危险行为是相似的，其抛掷物品的危险性的概率是一样的。应该基于同等概率，去确定可能的加害人承担责任。这样它的归责基础就不是推定过错，而是基于行为可能性"。①

第三种观点是严格责任说，即先推定所有的用户都要承担责任，除非他们能证明自己并未实施加害行为或者证明真正的侵权人才能免责。②与之相类似的还有结果责任说，即在高空抛物中，受害人对损害结果是无法预防的，其处于弱者地位，因此，只要发生了损害结果，就应当让所有潜在的加害者承担责任。③

第四种观点是公平责任说。王利明教授是此观点的代表者，他认为，"在加害人不明的情况下，如果让所有的建筑物的所有人或者使用人承担责任是不妥当的，这也有悖于侵权责任的自己责任理念。现代侵权法已逐渐注重填补损害功能的发挥。因此，基于公平原则，应按照损失分担理论，从保护受害人出发，在受害人和可能的加害人之间进行利益衡量去判断可归责性以及承担的责任份额"。④

（二）观点评说

侵权法的归责原则是建立在主观过错上的，虽然归责原则有不同的划分标准，但是就过错认定上而言，严格责任和公平责任都未将过错考虑进去。严格责任往往适用于高度危险行为责任，不考虑行为人过错的原因在于这种高度危险活动本身具有对社会有益的一面，因此，为了鼓励一些法律主体参与风险活动，法律允许从事某种危险活动，但也为了保护因危险活动可能受到损害的受害人利益，在特殊情况下，行为人不论有无过错均要承担责任。公平责任也是在均无过错的情况下进行的损失分担。并且，严格责任和公平责下，行为与损害结果是有因果关系的。由于抛物行为不是对社会有益的行为，所以不属于危险责任所适用的情形；而可能的加害人的行为与损害后果的因果关系不明，是一种推定的因果关系的，并且只有一方有过错（加害人

---

① 杨立新：《侵权行为法》，中国法制出版社2008年版，第396页。
② 参见高圣平、管洪彦编：《侵权责任法典型案例判例研究》，中国法制出版社2010年版，第556页。
③ 参见王成、鲁智勇：《高空抛物侵权行为探究》，载《法学评论》2007年第2期。
④ 王利明：《侵权行为法研究》，中国人民大学出版社2004年版，第308页。

有过错，这一方还不是可能加害的人），所以更不属于公平责任适用的情形。在高空抛物侵权行为中，抛物人显然具有法律上的过失，符合过错责任适用的情形，只是这个抛物人的确定性是存疑的。

综上所述，理论界对加害人不明的高空抛物侵权责任的争议焦点在于加害人不明时能否让可能加害的建筑物使用人承担责任，如果能够让他们承担责任，这一规则是什么性质？是一种新的侵权行为类型，还是一种特殊的规则？在行为人不明的高空抛物案件中，"可能的加害人"与受害人之间并不具有法律上的特定关系，而只是在人们头脑中存在的"嫌疑关系"，这种关系是虚拟的关系，并没有用法律所要求的要件来查明，所以，让"可能加害人"承担责任，实质上并不是通过适用归责原则的方式来确定责任，而是由法律作出的"可能加害的人"承担责任的强制性规则进行明确的。

三、空间理论下个体之间的协调共存

在现代社会的私法领域出现共同体的一般情况下是由于共同意愿组成或者基于共同的事实而组成的，如果把加害人不明规则中应对受害人承担责任的人群看作一个共同体，那么在高空抛物致害责任中，加害人与其他隐藏的人群是否属于一个共同体？或许可以查明行为人的过错，那么对行为人有监管职责的人的过错呢？在加害人不明的情况下，法律是否能够在侵权归责有的框架内采用"推定行为人＋推定过错＋推定因果"关系的方式呢？如果可以，那么推定适用的底线又在哪里呢？或许我们能够从空间理论的群体图像找到突破口。

（一）人之群体图像——以"内在善"为核心

社群主义认为，社会中的每个人并不是独立存在的个体，而是生活在各种各样的社会关系网络中。这些社会关系是互惠互利的，受到各种有形和无形的外部约束。个体不是为了分享利益而聚集在一起的，社区本身具有一种"内在善"，通过这个"善"，每个个体成了社群的一部分。这种"内在善"的理念来源于社群的文化传统，并衍生出共同价值观和共同目标从而吸引个体，在社会运行中发挥凝聚力作用。这种"内在善"目标只能通过社群来实现，这就要求社群具有共同的历史和文化，以及实行具有共善标准的生活方式。因此，"内在善"又是社群的"公共善"。它一般有两种基本形态：一种是物化利益,即公共利益;另一种是非物化行为,通常指各种美德。①

基于人之群体图像,我们在制定具体的民法规则时,需要充分审视和反思这种超个人法益和外部约束的影响。作为个体的人既然生活在相互依存的群体中,就不能漠然追求自己的利益,完全不顾他人的利益,并承担起适当照顾群体和他人利益的义务。这也是现代民法社会人图像的刻画,人类的形象将不再是"一个想做什么就做什么的人,而是一个生活在公共社会中,并为实现超个体法益承担着多种义务与责任的个体"。②这种图像具有了受社会公共性和维护超个体法益义务的底色。

(二)空间生产下个体之间的关系图景

社会秩序是通过社会结构呈现的一种相对平衡的空间状态。社会事实通过空间存在,同时人们根据空间来认识社会事实。在社会学上,呈现某种空间形式的社会现象不是静止状态,它一定要展开为事件的动态发展过程,因此,要在表现为各种空间规定性的事件过程中开展社会学的观察与思考。

首先,空间是"具有社会意义的关系空间"。我们的各种最普遍的、被认为是最理所当然的观念都具有社会相对性。"空间"是一种重要的行为塑造机制和变量。它通过面积、形状、设施等物理形态来引导和塑造政治、经济和社会各个层面的宏观和微观行为。空间不仅是社会关系生成的载体,也是社会关系生产设置边界。换言之,"空间"既不是一个"主体",也不是一个"客体",它是一个社会现实,是一组关系和形态。

其次,空间是"空间生产下的差异空间"。随着城市现代性的不断发展,空间的"结构与功能范式"也不断演变,尤其是现代性作为一种现代社会变迁结果的社会事实,必然会在现实中对城市的自然空间、社会空间、精神空间"结构—系统"等进行干预和改造。③空间囊括了产生之物,并在这些事物的共存性中包含了它们之间的相互关系与作用,涵盖了它们彼此之间的(相

---

① 参见贾健:《人类图像与刑法中的超个人法益——以自由主义和社群主义为视角》,载《法制与社会发展》2019年第6期。

② 姜战军:《历史视野中民法的"多彩人像"》,载《法律科学(西北政法大学学报)》2020年第1期。

③ 参见刘少杰:《以实践为基础的当代空间社会学》,载《社会科学辑刊》2019年第3期。

对）秩序和（相对）无序，并形成了差序格局中绝对空间和相对空间。我们必须系统地建构对象所处的空间，建构对象所持有的、差别性的、关系性的特性都受到影响的空间，只有这样，我们才能够真正掌握对象的特性。

最后，空间表征着"一种历史性发展的存在正义"。随着城市社会的到来，空间权利基于城市社会各种权利的空间生成，也不断影响着各种社会权利，二者深度融合、相互构建。同时，权利关系的结构体现在空间的结构与性质上，不同的空间结构代表着不同程度和范围的权利的创造、治理和使用。同时，亦表现为权利主体性的微观走向和权利主体生存方式逐步走向城市社会空间。[1]这种转化不是简单的个体直觉理性的转变，而是以权利主体间形成的以公平正义为核心的公共理性，也就是所谓的"空间正义"，本质上是空间利益的调和。因此，构建"空间正义"实则就是构建和谐的空间利益关系，即处理好公共利益、群体利益和个人利益之间的关系。正义的目标不是消除空间权利与其他权利之间的差别，而是将空间权利与其他权利之间的差别保持在一定范围内的灵活性和紧张性中。具体而言，就是各个权利主体在社会交往的过程中，以公共理性为价值指引，通过同情、谅解、妥协乃至移情等方式与其他权利主体形成交流，从而实现各个权利主体之间的利益均衡。[2]

四、高空抛物加害人不明责任认定的空间技艺

空间的层次性有助于对加害人不明程度进行区分，可以分析出加害人不明程度对私法适用的不同影响，从而明确不同空间之间法律适用的界限。我们在研究加害人不明的案件时，必须明确两个关键要点：一是加害人存在的空间是开放式的还是封闭式的；二是把握在封闭式的空间内，是否有人能为该空间内的每个人的行为负责，如果是封闭式的就是绝对空间，如果是开放式的就是相对空间。

（一）"绝对空间"的责任样态分析

绝对空间是由固定的自然的点构成，它象征着绝对秩序，在这一空间作

---

[1] 参见陈忠：《主体性的微观走向与空间权利的城市实现》，载《哲学动态》2019年第6期。

[2] 参见陈忠：《城市正义的差异性问题———自城市哲学与城市批评史的视角》，载《东岳论丛》2018年第3期。

用下，每一种关系都应得到确证。随着侵权法由惩罚功能向损害填补功能的转变，以往只能在查明被害人后令其承担责任的观念有所动摇，加害人的证明标准略有降低的趋势。这种降低主要体现在，虽然不能查明具体的加害行为人，但是如果其与损害后果有一定的联系，能够满足侵权责任的最低构成要件，那么在法律规定的特殊情况下，就可以责令这些人承担赔偿或者补偿责任以弥补受害人的损失。在加害人不明的情况下，如果行为人不能确定，但是行为人的行动空间处于"绝对状态"，也就是在特定的空间内，并且对该空间具有监管职责的人是可以确定的，那么由具有监管责任人对加害人的行为承担责任。具体而言，由于空间是"绝对"划定的，我们可以结合高空抛物侵权的特殊性来考虑责任样态。其特殊性在于：第一，行为人查明的情况不同，责任样态不同，如有查明行为人、查明管理者、未查明行为人和管理者等不同情况；第二，行为人查明时其身份不同承担责任样态也不同，如行为人为无民事行为能力人、有财产的限制行为能力人、雇工或者帮工人、职工时承担侵权责任的主体不同时，责任样态就不相同。同时基于责任样态的特殊性，有两种解决方式：一是按照承担责任的主体不同划分为自己责任或者替代责任；二是按照承担责任形式不同划分为单独责任、连带责任或者混合责任等。①

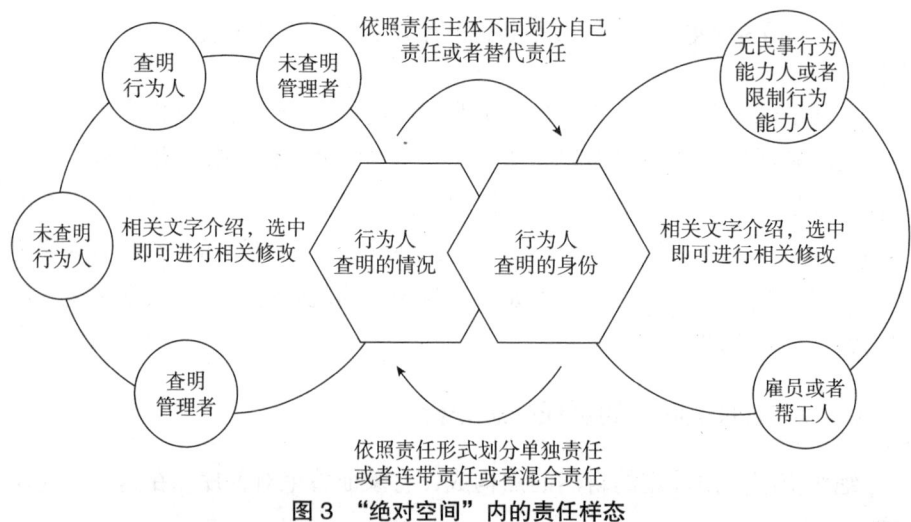

图3 "绝对空间"内的责任样态

---

① 参见冯恺：《民法典高空抛物致害责任规则的体系性解读：局限与克服》，载《比较法学》2021年第1期。

（二）"相对空间"不同，赔偿主体之间责任冲突的平衡

根据上述分析，结合现有法律和司法解释关于证明标准和举证责任的相关规定，我们可通过诠释循环思维对举证责任进行一个层阶化改造，再进行证明标准的相应调整。

在相对空间内，由于行为人不能确定，或者说对行为人的具有监管职责的人也不能确定，这就使可能加害的行为人与损害后果没有因果关系，那么原告与被告之间就会因为不存在加害行为而产生相应的法律关系。在这种情况下，我们要将"相对空间"限定为除非能够证明加害人所隐藏的人群共同与责任人具有从属关系，而且行为人的过失必须是导致受害人发生损害后果的一个法律原因。只有以加害人与受害人之间是否存在法律关系为标准，并且这种法律关系应当是有证据证明的，方能进入相对空间裁判规则的适用。

首先，考察"相对空间"内的行为自由。为了适应现代建筑物的特性以及危害"公共安全"的基本属性，高空抛物在法律上要求物体从一定高度坠落形成有害力量。据此，我们应进一步对建筑物的权属划分进行考量，尽量将"可能加害人"的空间相对化。"可能加害人"需在该建筑物中具备实施高空抛物行为的条件，即具有一定的支配力，"占有"或"实际控制"。这样，无论是建筑物的所有人、租赁人、借用人，还是其他占有建筑物的主体，由于在客观上实现了对建筑物的占有支配空间，故均可纳入建筑物使用人的范畴。同时，这种"实际控制"或"占有"应当是直接性的，比如在建筑物被出租的场合，承租人固然可认作建筑物使用人，但出租人因并未直接控制建筑物形成支配空间，那么就不可认定为建筑物使用人。①

其次，划定"相对空间"内的行为标准。在加害人不明规则中，"可能的加害人"绝大多数并没有参与实施加害行为，所以他们不可能是最接近证据的人，因此不能适用事实推定的方式推定他们的行为与损害具有因果关系。那么，要适用该规则，原告就必须要举证证明基础事实，不仅仅是有损害后果发生、致伤的物件、时间、地点这些事实，还必须能够指向原告所诉的加害人的事实。如果不能指向，法院不能强迫被告自证其责。只有案件事实中有涉及他人事实行为的证据指向时，他人才有义务提出反证，法官才有

---

① 参见曹险峰：《侵权法之法理与高空抛物规则》，载《法制与社会发展》2020年第1期。

义务查清该反证所证的事实。于被告而言，则需从以下几方面进行辩驳：一是证明自己在发生损害时并不在该建筑物中；二是证明自己所处的建筑物空间位置在客观上无可能造成抛掷物致人损害；三是证明自己根本没有占有造成损害发生的物品，即证明致害物品并不是来源于自己的房屋。

最后，厘清"相对空间"内责任承担的顺位关系。根据加害人不明规则，在无法查明实际侵权人时，"可能的加害人"需承担补偿责任，同时，建筑物管理人在未尽安全保障义务时亦要承担责任。那么，二者谁才能取代实际侵权人而成为第一顺位责任人？从《民法典》第1254条的基本立场来看，立法上更为倾向于将"可能的加害人"作为第一顺位的责任人。然而，较之"可能的加害人"而言，建筑物管理人因未尽安全保障义务而承担补偿责任显然就法律依据而言更为明显。① 因此，基于高空抛物加害人不明规则的内在局限性，为了减少其法律适用上的泛化风险，法院宜结合个案情形进行利益衡量，可对"可能加害人"责任分配上做一定利益倾斜或者相应扩大建筑物管理人的责任。具体而言，可从以下思路进行完善：一是多人同时或者先后从建筑物抛掷物品，造成他人损害，无法确定具体行为人的，除能够证明自己不是侵权人的外，由上述行为人共同承担赔偿责任；二是建筑物上坠落的物品造成他人损害，难以确定物件管理人的，由在物件下坠处摆放、悬挂、搁置同类物品的人共同承担赔偿责任；三是从封闭的建筑物中抛掷物品或者建筑物上坠落的物品造成他人损害的，难以确定具体侵权人的，由对该建筑物中所有人行使监管职责的人承担赔偿责任；四是原告虽然不能够证明具体的加害人，但是能证明物件是从某一住户家中抛掷出来的，则由该住户的家庭成员共同承担责任。②

（三）依据"关系空间"特点考虑赔偿数额

与其他法律规则相比，加害人不明规则中各个责任主体的关系协调是相对突出的，尤其是责任承担的"程度性问题"。它不仅仅是数字的自由裁量，更是"关系空间"内的一个利益平衡。首先，我们必须要在所有责任主体的关系空间内承认概率差异。因为高空抛物的偶然性实践，概率的差异并

---

① 参见王利明：《论高楼抛物致人损害责任的完善》，载《法学杂志》2020年第1期。
② 参见查碧然：《加害人不明规则研究——以高空抛物侵权责任为重心》，法律出版社2019年版，第189页。

不具有代表性,因此,个体差异导致损害结果的发生存在概率差异的问题。但是,我们并不是要用概率去计算哪个主体致损的概率高,而是要在承认概率差异的前提下,将他们划定为一个"关系空间",再根据案件实际情况作出合理安排。其次,在"关系空间"主体责任的适用基础上,将他们的赔付比例限定在特定范围内,比如受害人的全部损失的50%。最后,结合个案的情况,再对最终承担的赔偿数额进行适当的调整,此时需要考虑的相关因素为:(1)当地的消费水平;(2)可能加害者的数量,数量越多,因果的正相关性必然减弱,可调整的空间也越大;(3)可能加害人的实际经济状况,不能一棍子打死,采用"均摊"的方式予以判决。

还需一提的是,由于实际侵权人无法查明,所以必然存在"冤枉指数"的问题,此时责任的承担也是不得已而为之。但是冤枉是有限度的,因此,责任的承担应限于直接损失,对于精神损害赔偿等间接损失如果让所有可能的加害人承担,必然显得法院裁判过于武断。

在现今社会中发生行为人不明的高空抛物案件时,由于高层建筑物上各区分所有权人之间并没有相互的监管关系或者其他特殊身份关系,一般情况下,既不能推定行为人,更不能通过推定行为人找到责任人。加害人不明规则承载着分散社会风险、救济受害人、强化社会安全需求等多重法律价值。为了缓和该规则的内在局限,须就将不同情形的加害人不明程度进行比较,区分不同"空间"内关系构成,从明晰利益平衡机制的边界进行完善。

高空抛物民刑法律适用问题研究

李 越　张利祥　黄顺根　张小玉*

摘　要：本文从高空抛物造成的危害性出发，追溯高空抛物法治规范的立法进程，着眼于民法典视角下高空抛物案件刑民交叉法律适用的研究。在现有民事法律、刑事法律的框架内，梳理具体抛掷人的高空抛物案件，抛掷人应承担的刑事责任与民事责任及受害人维权途径的选择。重点分析无具体抛掷人的高空抛物案件，可能加害的建筑物使用人的补偿责任、物业管理者的侵权责任、公安机关的查明责任并阐述结案后查明侵权人应承担的侵权责任与刑事责任。最后，本文提出完善高空抛物治理的建议：完善相关法律的衔接、推动高空抛物社会救助（保险）机制的建立、检察机关对高空抛物治理的贡献。

关键词：高空抛物　法律适用　检察监督

一、高空抛物的危害性与立法现状

随着人们生活水平的提高、社会城市化进程的推进，城镇高层建筑拔地而起，摩天大厦屡见不鲜，人们生活、居住的空间发生了巨大的变化。自2001年重庆"烟灰缸案"始，高空抛物案件频繁见于报端。

---

* 李越，浙江省嘉兴人民检察院副检察长；张利祥，浙江省嘉兴市人民检察院第四检察部主任；黄顺根，浙江省嘉善县人民院副检察长；张小玉，浙江省嘉善县人民检察院检察官。

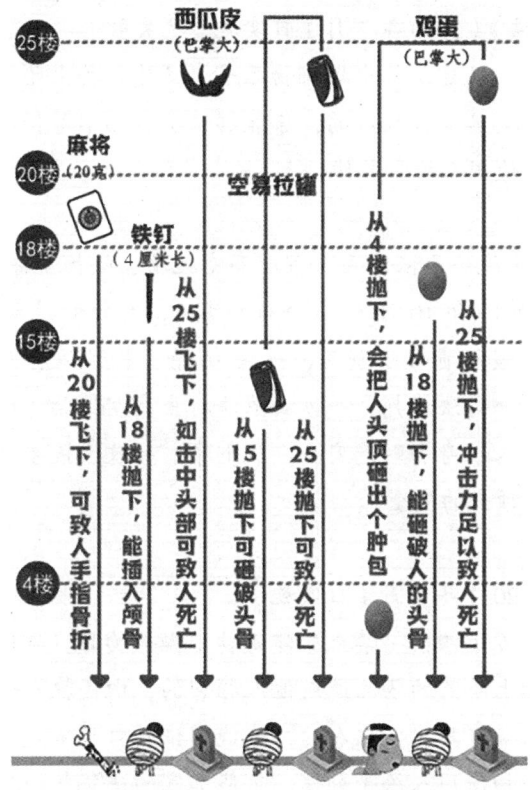

图 1 高空坠物杀伤力示意

诚如图 1 所示[①]，高空抛物造成的危害性极大，从 18 楼坠落的一颗鸡蛋足以砸破人的头骨，造成严重的人身与财产损害，高空抛物严重危害公共安全，侵害人民群众合法权益，利用法律手段切实维护"头顶上的安全"已成为全社会的共识。

从法律适用的盲区、司法实践的探索，到侵权责任法的制定——首次在立法上规定高空抛物的责任承担，再到最高人民法院《关于依法妥善审理高空抛物、坠物案件的意见》的颁布，再到民法典的专门性条款规定，新修订的《刑法修正案（十一）》更是首次规定了高空抛物罪，高空抛物的法治治理日臻成熟。

---

① 图片来自新华网湖南频道，载 2020 年 8 月 17 日版面。

> **《侵权责任法》（2010年7月1日实施，已失效）**
>
> 第八十七条　从建筑物中抛掷物品或者从建筑物上坠落的物品造成他人损害，难以确定具体侵权人的，除能够证明自己不是侵权人的外，由可能加害的建筑物使用人给予补偿。

> **《最高人民法院关于依法妥善审理高空抛物、坠物案件的意见》**（法发〔2019〕25号，2019年10月30日公布并实施，有效）
>
> 依据刑法、侵权责任法制定，一共16条，将预防和惩治相结合，注重源头治理，统一司法裁判，一方面依法打击高空抛物（坠物）犯罪，另一方面保障受害人人身和财产安全，从刑事、行政、民事方面，多角度维护人民群众"头顶上的安全"。

> **《民法典》（2021年1月1日实施）**
>
> 第一千二百五十四条　禁止从建筑物中抛掷物品。从建筑物中抛掷物品或者从建筑物上坠落的物品造成他人损害的，由侵权人依法承担侵权责任；经调查难以确定具体侵权人的，除能够证明自己不是侵权人的外，由可能加害的建筑物使用人给予补偿。可能加害的建筑物使用人补偿后，有权向侵权人追偿。
>
> 物业服务企业等建筑物管理人应当采取必要的安全保障措施防止前款规定情形的发生；未采取必要的安全保障措施的，应当依法承担未履行安全保障义务的侵权责任。
>
> 发生本条第一款规定的情形的，公安等机关应当依法及时调查，查清责任人。

> **《刑法修正案（十一）》（2021年3月1日实施）**
>
> 第二百九十一条之二　从建筑物或者其他高空抛掷物品，情节严重的，处一年以下有期徒刑、拘役或者管制，并处或者单处罚金。
>
> 有前款行为，同时构成其他犯罪的，依照处罚较重的规定定罪处罚。

高空抛物案件不仅涉及刑事责任，可能构成高空抛物罪、以危险方法危害公共安全罪、故意杀人罪、故意伤害罪、故意毁坏财物罪等，还涉及民事责任承担侵权赔偿责任、损害补偿责任等。如何从刑事、民事方面同步治理高空抛物的顽症，急需我们司法人员全面梳理高空抛物法律规定，准确理解与适用相关规定，做到既打击危险行为实施者，又警示预防危险行为的发生，并充分保护受害人，全面保护人民群众的人身和财产安全，保障人民群众安居乐业，促进社会和谐稳定。

二、有确定抛掷行为人的高空抛物案件的法律适用

高空抛物案件之所以引发关注，最为关键的原因在于抛掷行为人难以查找、难以确定、造成的危害性又极大，如果高空抛物案件通过某些途径能确定抛掷行为人，那么抛掷行为人可能既是犯罪嫌疑人，也是民事侵权人。

（一）刑事责任与各罪名的适用

《刑法修正案（十一）》首次在妨碍社会管理秩序罪章节的第291条增加高空抛物罪，而不是将高空抛物罪增加在危害公共安全罪的章节中，从法理上正本清源，高空抛物行为是一种妨碍社会管理秩序的行为，是对良好社会秩序、公序良俗的践踏。关于高空抛物所侵害的法益，应该具体问题具体分析，高空抛物可能侵害的是特定的生命权、健康权、财产所有权，也可能是不特定多数人的生命健康或重大公私财产安全，即公共安全问题。[①] 根据不同的情形，高空抛物的抛掷环境既可能发生在日常生活中，也可能发生在生产活动中；既可能发生在居民小区处，也可能发生在办公楼宇、商场处。抛掷的目标可能是针对特定的人或物，也可能是针对不特定的目标漫无目的地抛掷。抛掷物既可能是普通生活物品，也可能是尖锐利器，体积与重量可能较小，也可能巨大。抛掷行为人的心理动机既可能是一时泄愤偶然为之，也可能是蓄谋已久积极行动。抛掷造成的损害结果可能是致人死亡，可能是致人重伤，也可能造成财产损失。抛掷的高度与抛掷物的危险性都不足以而论。故，高空抛物行为人可能构成破坏财物罪、故意伤害罪、故意杀人罪、以危险方法危害公共安全罪、高空抛物罪等，司法办案人员应依据证据结合高空

---

① 参见华东政法大学教授何萍的观点，《〈刑法修正案（十一）〉的理解与适用》，载微信公众号75号咖啡，2021年4月10日。

抛物的环境、行为特征、行为动机、抛掷物状况，严格对照各罪名的构成要件，确定高空抛物行为人涉嫌的罪名。笔者认为，情节严重的高空抛物行为只有在不构成其他罪名时，才"兜底"适用高空抛物罪，对行为人施以刑罚，对未造成严重后果的高空抛物行为进行规制，起到法律的警示、预防作用。同时，在司法实践中，我们应防止高空抛物罪的扩大化，不能将所有的高空抛物行为都认定为高空抛物罪，应牢牢把握"情节严重"的必要条件。

（二）民事侵权责任的承担

高空抛物行为在未造成人身、财产损害的情况下，无须承担民事责任。大部分高空抛物行为，尤其是构成犯罪的高空抛物行为，会造成较大人身、财产损害。因为高空抛物行为本身就是一种积极的作为，行为人主观上不可能认识不到抛掷物可能对他人造成损害这一后果，因此侵权行为一旦发生，侵权人势必具有主观过错，恶性最小也是疏忽大意。此时，抛掷行为人既是犯罪嫌疑人也是侵权人。① 侵权人应按照过错责任原则承担责任，直接适用《民法典》第1254条"从建筑物中抛掷物品或者从建筑物上坠落的物品造成他人损害的，由侵权人依法承担侵权责任"的规定，承担物质损害赔偿、精神损害赔偿、排除危险等责任。条文中的"侵权人"包括：（1）实施抛物行为的人（或者其监护人、用人单位、个人雇主等）。（2）致害物品的所有人、管理人、使用人（或者其监护人、用人单位、个人雇主等）。②

（三）受害人维权路径的选择

在抛掷行为人被刑事立案后，案件在公安侦查阶段时，被害人可以向公安机关提交损害证据与赔付请求，请求公安机关督促犯罪嫌疑人赔付。在审查起诉阶段时，被害人可以向检察机关进一步增补损害证据或提高赔偿费用。检察机关在对犯罪嫌疑人（侵权人）认定犯罪情节或适用"认罪认罚从轻"程序时，犯罪嫌疑人对被害人的赔付与被害人的谅解情况都是认罪认罚的一个重要考量因素。在法院审判阶段时，在刑事宣判之前，被害人可以向

---

① 参见贾韶琦：《高空抛物致人损害侵权责任规则的设计》，载《法治社会》2019年第6期。

② 参见张新宝、张馨天：《从〈侵权责任法〉第87条到〈民法典〉第1254条："高空抛（坠）物"致人损害责任规则的进步》，载《比较法研究》2020年第6期。

法院提起民事诉讼赔偿，否则只能在刑事案件之外另行起诉。在刑事诉讼环节，被害人同时要求侵权人赔付，能省时省力，借助刑事的力量，能到达事半功倍的效果。值得注意的是，提起刑事附带民事诉讼，被害人不能要求精神损害赔偿。如果受害人需要提请精神损害赔偿，只能在独立的民事诉讼中主张。

如果高空抛物的行为未构成刑事犯罪，那么受害人的维权只能通过民事索赔的方式进行，请求公安机关调处、司法调解、协商赔付或提起民事诉讼等。

三、无明确抛掷行为人的高空抛物案件的法律适用

大部分高空抛物案之所以引发全社会关注，最根本原因在于，抛掷行为人难以查找、难以确定、难以打击，被害人的权益难以得到保障。

（一）可能加害的建筑物使用人的补偿责任

根据《民法典》第1254条的规定，经调查难以确定具体侵权人的，除能够证明自己不是侵权人的外，由可能加害的建筑物使用人给予补偿。相比于一般的侵权行为的规定，这一规定充分、集中体现了民法典的人文关怀，着眼于被害人的保护，重视各方利益的平衡与调整。高空抛物容易造成被害人重伤、残疾或瘫痪等，如果任由受害人独自承担，极有可能使其陷入生活的困境。不同于一般的侵权责任，侵权人对自己的行为负责承担的是赔偿责任，在高空抛物难以找到具体的侵权人时，承担补充责任的是所有可能的侵权人，而他们当中只有一个人才是真正的侵权人，大部分都是"无辜的"，未作出侵害的行为却要为损害结果负责。本规则侧重的是对被害人的损害救济，将损害后果从单独的被害人分摊至人数较多的"可能的侵权人"——可能加害的建筑物使用人。在找不到加害人的情况下，该规则采用举证责任倒置的分配方式，避免了被害人陷入诉累，有利于被害人快捷、高效地获得补偿。但该规定并不是僵化的、不辨是非曲直的"连坐"，而是为绝对无辜者提供了免责路径，有证据证明自己不是侵权人，如该时段建筑物使用人外出不在该建筑物内，如外出购物、旅行等，则可以免除补偿责任。该规则立足于现实具体问题，为特殊情况下的弱势群体提供了充分的救济途径，使全社

会成员能获得安全感与对法律的信任感,是时代法治进步的典范。

(二)物业管理者的侵权责任

在现代社会,物业在小区、楼宇的管理维护,公共区域安全保障,对建筑物使用人的引导等方面起到举足轻重的作用。《民法典》第1254条第2款首次规定了物业管理者在高空抛物案件中的责任,强调了物业管理者的安全保障义务,如此规定,有利于督促、引导物业管理者积极采取相关安全保障措施,如巡防、劝导、安装监控等,积极协助查找真正的抛掷行为人,预防高空抛物的发生。如果物业管理者安全保障措施未到位而造成损害的,应该承担侵权责任,而非违约责任。因为高空抛物的受害人可能并非建筑物使用人,与物业管理者不存在合同关系,此等侵权责任由法律直接规定,有效地防止物业管理者推诿扯皮,增加受害人的维权成本。物业管理者承担此侵权责任的构成要件如下:(1)受害者因高空抛物受到人身或财产的损害;(2)物业管理者未履行必要的安全保障措施;(3)物业管理者未履行必要的安全保障措施与损害结果之间存在因果联系。

(三)公安机关的查明义务

高空抛物造成重大人身伤亡或者重大财产损失,应是触犯刑法的行为,公安机关有义务予以侦查。鉴于公安机关具有强大的调查、侦查手段,具有较强的强制力,《民法典》第1254条第3款明确公安机关在高空抛物案件中的调查责任,有利于受害人维权。这实际上是将过去依靠个人力量的公民调查上升到了公安机关侦查层面,对侵权人的查明而言无疑是巨大的进步。[①]本规则体现了公权力对弱势的受害人的救助,不但有利于对侵权人的惩治,而且有利于预防高空抛物案件的发生,警示社会大众,高空抛物即便未触犯刑法,公安机关也会去查明行为人。而且,本规定的查清责任主要但不限于公安机关,笔者认为,在民事诉讼阶段,受害人或可能加害的建筑物使用人可以提供线索,申请审判机关予以调查,达到多方协同治理的目标。

[①] 参见贾韶琦:《高空抛物致人损害侵权责任规则的设计》,载《法治社会》2019年第6期。

四、结案后查明侵权人案件的法律适用

高空抛物案件同不少刑事案件类似，囿于当时的技术条件、管理水平等原因，案发后的很长一段时间内很难查清行为人，需日后技术成熟或其他条件的出现，才能告破。高空抛物案件也极有可能短时间内难以找到真正的侵权人，受害人的权益又需要保护，故《民法典》第1254条设置了特别条款，受害人获得补偿、赔偿后，通过其他途径查清了真正的侵权人，并不能就此免除侵权人的责任。受害人仍然可以向侵权人主张赔偿责任，可能加害的建筑物使用人也可以向侵权人提出追偿，强调了侵权人的责任不因他人的补偿而豁免。

（一）受害人的赔偿请求

笔者认为，虽然经过较长时间最终查明真正的侵权人，但受害人向侵权人的赔偿请求不应受诉讼时效的限制，侵权人依然需要承担侵权责任。因为受害人并不是怠于向侵权人主张赔偿，而是一直求偿而不得，所以这个赔偿请求可以不受诉讼时效的约束。

（二）建筑物使用人的追偿权利

笔者认为，建筑物使用人有权在补偿额范围内向真正的侵权人主张追偿并要求支付相应的利息赔偿。

（三）侵权人的刑事追诉责任

如果高空抛物侵权人同时触犯了刑法，也应该被立案侦查，且不受刑事追诉时效的限制。侵权人一直逃避责任，加大了调查难度，增加了被害人的求偿难度，在定罪量刑时，应从重处理，增加其刑罚责任，达到警示、教育作用。

五、完善高空抛物的治理的建议

（一）修订相关法律，使高空抛物案件的相关法律密切衔接

首先，应在治安管理处罚法等相关法律中进一步完善公安机关对高空抛

物案件的调查义务，特别是未构成刑事犯罪的高空抛物行为，如果未在其他法律中细化公安机关的调查责任，那么《民法典》第1254条第3款的规定，在现实中可能难以发挥预期作用，毕竟以公权力介入民事行为应谨慎对待。其次，应在治安管理处罚法规定对不构成刑事犯罪的高空抛物行为人承担治安责任，由公安机关予以治安处罚。最后，应在《物业管理条例》等相关法律中，进一步明确物业管理者在高空抛物案件中应承担安全保障措施，防止物业管理者推脱侵权责任，徒增受害人维权难度。

（二）推动高空抛物社会救助（保险）机制的建立

可能加害人的补偿责任，对高空抛物的受害者的保护只是目前阶段的一个权宜之计，"补偿"责任并没有消除可能加害人的抵触情形。司法实践表明，可能加害人的服判息诉情况并不理想，重庆市第三中级人民法院的调研结果显示，仅有2.8%的人愿意执行这类"补偿"责任。[①] 由此，我们应该认识到侵权责任法律不是万能的，最终该为受害人弥补、分摊损害结果的应该是社会保障系统与保险制度。笔者建议，在高层建筑物中，收取类似"维修基金"的"高空抛物危险基金"保障未来的受害人；或者将高空抛物受害人的救助纳入"维修基金"的支付范畴。高空抛物的社会救济是现代社会发展的趋势，就像昔日随着汽车因技术升级变得更快、因工业发展变得更加普及，交通事故也随之增多、后果也越发严重，于是法律设立了交通事故社会救济金，人们购车需要投保交强险。如今的高空抛物致人损害也是一种人为事故，同样随着楼房的增高和普遍，已经演变成对公共安全的危害，理应引入社会责任，设立高空抛物专项赔偿（救助）基金。[②]

（三）检察机关在高空抛物案件的探索与贡献

治理高空抛物，应秉持预防与惩治、救助并重的理念，强化综合治理、协同治理，多措并举，多方联系。第一，作为检察机关，我们应发挥自身优势，主导、推动相关司法机关出台统一的司法解释，对高空抛物罪"情节严

---

① 参见重庆市第三中级人民法院课题组：《权衡与博弈：高空抛物致害责任的路径抉择——兼评〈侵权责任法〉第87条》，载《法律适用》2012年第12期。

② 参见贾韶琦：《高空抛物致人损害侵权责任规则的设计》，载《法治社会》2019年第6期。

重"的情形予以细化规定，明确罪与非罪的界限和相对不起诉的条件，使高空抛物罪在司法实践中更加具有可操作性。第二，检察机关应灵活启动支持起诉制度。即便法律赋予高空抛物被害人有权向"可能加害的建筑物使用人"主张赔偿权利。被害人起诉主张权利难度也不小，可能的加害人人数众多，被告范围确定、被告身份确定、损害赔偿标的等难度都不小。检察机关应发挥主观能动性，为受害人提供法律支持，协助其调查取证，帮助质证、举证等。第三，检察机关探索高空抛物公益诉讼案件的办理。高空抛物发生在公共空间，侵犯的是不特定对象的公共利益，理应成为公益诉讼的一个领域。第四，主动开展司法救助。根据相关法律规定，检察机关在办案中，对遭受民事侵权损害、无法通过诉讼获得有效赔偿，生活面临急迫困难的当事人，可以帮助其申请司法救助，以解高空抛物受害人燃眉之急。在司法救助过程中，检察机关应严格把握高空抛物救助标准和条件，参考受害人损害情况、自救能力和同类案件救助数额及本地高空抛物案件诉讼情况，既做到公平、公正、合理救助，又不至于让司法救助成为高空抛物案件理赔的一个兜底保护。

堆放物损害责任的责任主体演变及认定建议

马宇飞[*]

摘 要：在立法尚未确立堆放物损害责任时，司法解释通过类推适用建筑物或者其他设施以及建筑物上的搁置物、悬挂物致害的规定来确定其适用归责，后侵权责任法将堆放物损害责任作为物件损害责任的一种特定类型予以规定，适用过错推定原则确定堆放人承担堆放物损害责任，民法典编撰中则沿用此规定并增加堆放物滚落、滑落两种形态。责任主体方面由所有人、管理人、使用人向堆放人的这一演进过程，固然代表立法制度的革新与时代特色，然该条规定存在现实矛盾与立法体系的冲突仍需加以研究。

关键词：堆放物侵权　归责原则　主体演进　责任认定

请求权系由德国法学家温德赛由罗马法上的 Actio 发展出来的概念，乃要求特定人为特定行为的权利。[①]就民法中侵权责任而言，基于侵权责任请求权，被侵权人有权请求侵权责任的义务人承担侵权责任，此时侵权责任的义务人应当承担作为或者不作为的特定义务。再细化至堆放物损害责任一类，他人人身权益因堆放物倒塌、滚落或者滑落受到侵害，《民法典》中规定堆放人不能举证证明其没有过错的，推定堆放人存在过错，由堆放人对受

---

[*] 马宇飞，江苏省徐州市鼓楼区人民检察院第五检察部副主任、一级检察官。

[①] 参见王泽鉴：《民法总则》，北京大学出版社2012年版，第74页。"请求权在权利体系中居于枢纽的地位，因为任何权利，无论是相对权或绝对权，为发挥其功能，或恢复不受侵害的圆满状态，均须借助于请求权的行使。"

害人承担侵权责任。该处责任主体的演变过程、如此确定是否得当及在构成要件、重合性、实践问题三者的拆解、研究、平衡维度中给出责任主体认定建议乃本文后续所述之重点。

一、侵权责任义务人与堆放物损害责任主体的朴素集合表征

侵权责任的义务人,是指因自己或他人的侵权行为依法应当承担赔偿责任的自然人、法人或其他组织,其与侵权行为人并不一定相同,如《民法典》第1188条第1款的规定,无民事行为能力人、限制民事行为能力人造成他人损害的,由监护人承担侵权责任,此时监护人为侵权责任义务人。堆放物损害责任的责任主体确定,按照类型、归责原则、特殊规定的不同划分亦有不同。

(一) 类型划分的集合

民法典中侵权责任依类型划分为:产品责任、机动车交通事故责任、医疗损害责任、环境污染和生态破坏责任、高度危险责任、饲养动物损害责任、建筑物和物件损害责任。

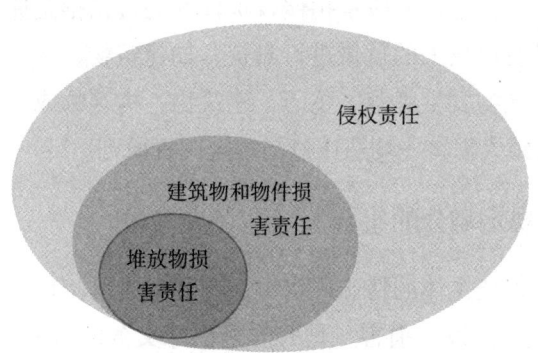

图1 侵权责任包含关系

如图1所示,堆放物损害责任属建筑物和物件损害责任一类。以产品责任为例,侵权责任主体为生产者、销售者,或是运输者、仓储者;而在建筑物和物件损害责任中,所有人、管理人、使用人或者第三人的原因致建筑物、构筑物或者其他设施倒塌、塌陷造成他人损害的,由上述人员承担侵权责任,其中的堆放物损害责任则由堆放人承担。

（二）归责原则划分的集合

侵权行为的性质是概括侵权责任归责原则的基础，其依据不同学说大致可分为：过错说、违反法定义务说、过错与责任结合说，[①] 与此基础上，侵权责任归责原则即是对于侵权行为的加害人一方让其承担民事责任所依据的准则或标准。

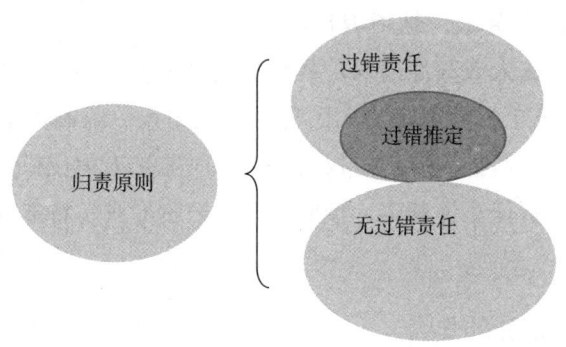

图2 归责原则包含关系

如图2所示，我国采取归责原则二元论，即过错责任原则和无过错责任原则两种归责原则，一般侵权行为均适用过错归责原则，基于法律的特别规定，推定加害人存在过错而应承担侵权责任的为过错推定原则，但过错推定原则本质上还是对侵权人的过错进行归责，如建筑物、构筑物或者其他设施及其搁置物、悬挂物发生脱落、坠落，建筑物、构筑物或者其他设施倒塌致人损害，堆放物致人损害，均适用过错推定归责原则。

（三）特殊规定划分的集合

民法典对于责任主体的特殊规定中，与侵权人承担侵权责任不相一致的情况有执行工作任务致人损害、具有安全保障义务的机构内发生致人损害、因劳务造成他人损害等情形，此时由法律规定的责任主体承担侵权责任。

[①] 笔者赞同过错与责任结合说，侵权行为本质上而言，就是一种行为人因本人的故意或过失而致受害人的合法权利受到损害因而承担相应责任以弥补受害人损失的行为。此种学说，为大陆法系国家所认可，如《法国民法典》第1328条规定，行为使他人受到损害时，因自己的过失而致行为发生的人对该他人负赔偿责任。

表1 特殊规定承担责任的主体

过错者＼行为	单独	共同	混合
第三人	堆放人免责	第三人连带	第三人共同侵权
受害人	堆放人免责	堆放人免责	过失相抵

如表1所示,因第三人过错(第三人单独侵权行为、第三人共同侵权行为、第三人与侵权人共同侵权行为)或受害人过错(受害人自身过错、受害人与侵权人均有过错)导致的致人损害情况发生,责任主体均有不同。如堆放物致人损害中,可分为如下几类:一是完全是由于第三人的过错造成的,则堆放人免责,损害赔偿责任应由第三人来承担,第三人为二人以上的承担连带责任;二是如果第三人的过错行为与堆放人的过错行为相结合而发生损害结果,则依共同侵权责任规则处理;三是若堆放物的损害完全是由受害人自身过错造成的,则堆放人免责;四是如果损害是由双方过错行为造成的,则依过失相抵规则处理。

二、堆放物损害责任的责任主体演变及意义

本文意在探讨排除不可抗力、第三人过错和受害人过错之外的责任主体承担问题,综观堆放物致人损害责任主体的规定,不难发现其演变过程伴随时代印记,相关法律规定的变更亦有其特别意义,当然予以排列对比也是为提出其责任主体应究竟为何的建议做铺垫。

(一)堆放物致人损害责任主体的法律演进

1986年4月12日,我国第一部调整公民间、法人间、公民与法人间的财产关系和人身关系的基本法律《民法通则》公布,其中第126条规定,"建筑物或者其他设施以及建筑物上的搁置物、悬挂物发生倒塌、脱落、坠落造成他人损害的,它的所有人或者管理人应当承担民事责任,但能够证明自己没有过错的除外"。[①]

[①] 《民法通则》并无直接规定堆放物损害责任,但实践中该类案件时有发生,通常类推适用第126条,后《人身损害司法解释》第16条直接规定。

1988年4月2日，最高人民法院《关于贯彻执行〈中华人民共和国民法通则〉若干问题的意见（试行）》发布，其中第155条规定，"因堆放物品倒塌造成他人损害的，如果当事人均无过错，应当根据公平原则酌情处理"。

2003年12月26日，最高人民法院发布《关于审理人身损害赔偿案件适用法律若干问题的解释》（以下简称《人身损害司法解释》），其中第16条规定，"下列情形，适用民法通则第一百二十六条的规定，由所有人或者管理人承担赔偿责任，但能够证明自己没有过错的除外：（一）道路、桥梁、隧道等人工建造的构筑物因维护、管理瑕疵致人损害的；（二）堆放物品滚落、滑落或者堆放物倒塌致人损害的；（三）树木倾倒、折断或者果实坠落致人损害的。前款第（一）项情形，因设计、施工缺陷造成损害的，由所有人、管理人与设计、施工者承担连带责任"。

2010年7月1日，《侵权责任法》施行，其中第88条规定，"堆放物倒塌造成他人损害，堆放人不能证明自己没有过错的，应当承担侵权责任"。2021年1月1日施行的《民法典》第1255条规定，"堆放物倒塌、滚落或者滑落造成他人损害，堆放人不能证明自己没有过错的，应当承担侵权责任"。

（二）演进的过程及背景

以时间轴为基准，将有关堆放物损害责任主体相关的规定列举如下：《民法通则》→《民通意见》→《人身损害司法解释》→《侵权责任法》→《民法典》，其中有学者认为，《民通意见》中的规定是对归责原则的变更，实践中堆放物发生倒塌、滑落、滚落，通常系由堆放或者管理瑕疵所致，一般情况下堆放人具有过错，只不过该过错受害人难以证明而已，如仅根据公平原则，无法使受害人得到完全赔偿。① 但实际上堆放人和受害人均无过错时按照公平原则处理，与过错推定原则并不矛盾，这符合责任承担的逻辑规则，更不能视为责任主体有所变更。在此基础上，堆放物损害责任主体其实仅经历一次变化，即所有人、管理人→堆放人。

---

① 参见王利明：《侵权责任法研究》（下卷），中国人民大学出版社2011年版，第733页。

（三）演进的意义

类推适用《民法通则》、依据《人身损害司法解释》规定，由所有人、管理人承担堆放物损害责任，而并非行为人（堆放人）。侵权责任法在吸收司法实践经验的基础上，将堆放物损害责任作为物件损害责任的一种特定类型予以规定，其将堆放人理解为对倒塌的堆放物享有实际支配和控制权的所有人或者管理人，前后逻辑也更为顺畅，[①]民法典编撰中沿用此规定由堆放人承担堆放物损害责任。

对于堆放物致人损害责任主体的确定，虽然《民通意见》《人身损害司法解释》对堆放物损害责任有过规定，但根据法律优先于司法解释适用的原则，上述司法解释与侵权责任法规定不一致，应以侵权责任法的规定为准。民法通则与侵权责任法中对堆放物致人损害不一致时，因特别法优先于普通法，故也应以侵权责任法的规定为准。因民法典施行，故堆放物之人损害侵权责任主体依该法规定为堆放人。

三、民法典对堆放物致人损害责任主体规定的现实问题

（一）实践矛盾

【案例】潘某参加街道社区群众文艺演出队伍，为提高节目质量，组织者孟某向段某借用其准备经营农贸市场的场所（并未对外开放），段某遂拿出钥匙将该市场交由孟某使用。2016年5月8日，潘某应孟某召集，为了不影响节目排练进度，又能兼顾照看孩子，遂将未满10岁的儿子带至排练场所。排练过程中，潘某之子自行在院内玩耍，玩耍中被段某堆放在院内的钢管倒塌、滑落砸压致死。因段某准备经营的农贸市场较大，市场内一侧建有简易大棚，棚内有段某存放的钢管、方管，方管在下、钢管在上，二者之间有长方形木条棍平放隔断。事发时，没有其他人员在场，也无现场监控。

案例中，若依据侵权责任法（当时适用侵权责任法，现适用民法典），因无证据证实存在不可抗力、第三人过错或者受害人过错，故潘某只得向段某主张侵权责任，适用过错推定归责原则，则段某在不能证明自己没有过错

---

① 参见杨彪：《〈侵权责任法〉中物件致害责任的体系解释与结构分析》，载《法学杂志》2010年第3期。

时应当承担侵权责任。一方面，段某将其堆放有钢管的院落借用他人作为排练场所使用，理应意识到该场所的安全隐患将对不特定的人群构成威胁，其没有采取妥当的排查、防范措施，负有一定责任。另一方面，反观孟某，其作为活动组织者和活动期间彩排场所（未开放经营的农贸市场）暂时的使用管理者，在安排他人来此彩排时亦应对场所的安全进行检查，在潘某带其子前来彩排，并且未成年人单独玩耍前告知相应风险，其疏于管护也应承担一定责任。因此法院判决由段某与潘某承担同等责任的情况下，扩大了段某应当承担责任的范围，而隐灭了当时对场所内堆放物有直接控制权的孟某的责任。

（二）体系矛盾

堆放物损害责任在《民法通则》中没有规定，其第126条为建筑物或建筑物上的搁置物、悬挂物致害责任，从比较法角度而言，鲜有国家仅针对堆放物致人损害的责任进行专门立法规定，但司法实务中，堆放物致人损害案件时有发生，故《人身损害司法解释》特别予以明确。堆放物损害责任与物件脱落、坠落损害责任均规定在民法典侵权责任编第十章"建筑物和物件损害责任"中，在立法尚未确立堆放物损害责任时，《人身损害司法解释》是通过类推适用《民法通则》中建筑物或者其他设施以及建筑物上的搁置物、悬挂物致害的规定来确定其适用规则的。综观侵权责任编中对于机动车、饲养动物、建筑物等这类"物"导致的侵权行为，均规定"物"的所有人、管理人等承担责任，而堆放物损害责任却规定为堆放人，有违上下体系连贯性。

四、承担堆放物损害责任主体的建议

笔者建议《民法典》第1255条沿用《人身损害司法解释》中对损害责任主体的规定，修改为"堆放物倒塌、滚落或者滑落造成他人损害，所有人、管理人不能证明自己没有过错的，应当承担侵权责任"，主要基于以下三点：

（一）以侵权责任的构成要件为拆解维度

侵权责任的成立必须具备一定的构成要件，以一般构成的四要件说为例，即须有致害行为、损害事实、因果关系、过错，则堆放物损害责任的成立应有：堆放物的致害行为、受害人的损害事实、致害行为与损害事实之间有因果关系、堆放物品的所有人或管理人有过错四个要件。主观过错，一般是指堆放或管理不当或欠缺，也可能是使用方法不当，均应以过失方式为之，这种过失的心理状态，可以理解为疏忽或者懈怠。① 这里规定的所有人为堆放物品的所有人，是堆放物品致人损害的最直接的赔偿义务主体。当堆放物品的所有人直接占有、管理该物时，该所有人应当承担致人损害赔偿责任；当堆放物品并非所有人管理、使用时，其赔偿义务主体不再是所有人，而是管理人。对此的理解，主要是考虑占有、管理该堆放物的因素，所有人或者管理人对该物件的支配关系，即当下由谁控制堆放物的状态，即由谁来承担责任。

（二）以责任主体的重合性为研究维度

民法典沿用了侵权责任法的规定，明确由堆放人作为堆放物损害责任的主体。堆放人，理解为将物品堆放在某处的人，通常情况下，堆放人与所有人、管理人是重合的，但在例外情形下可能发生分离。因违反管理义务是承担物件损害责任的最终依据，只有对物件有管理义务的人才是真正的责任主体，若将所有人、管理人作为指示堆放人或者其他对堆放物负有监督、管理责任的人纳入堆放人范畴，一是字意理解上容易产生歧义；二是非重合情形下堆放人与所有人、管理人不同时，因所有人、管理人未尽合理的告知、检查、监督责任等职责对损害的发生具有过错，如果只能依据《民法典》第1165条过错侵权责任一般条款的规定要求其承担侵权责任，则与物件损害责任追究管理义务人的宗旨相违背。

（三）以审判当中的实践问题为平衡维度

实践中争议点在于：实际堆放人通常为受所有人或管理人指示堆放物品，那么堆放物的所有人或者管理人是否应当承担责任，以及堆放物所在场

---

① 如果是故意以堆放物品致人损害的，应当是犯罪行为，不再适用该条规定。

所由不同的人员管理使用，在此过程中因管理不当造成他人损害，如果机械适用民法典由堆放人承担责任，而依据过错推定归责原则，由堆放人证明自己没有过错的，则往往加重堆放人的举证责任，若举证不能的情况下承担责任亦无形中增加其负担。另外需要注意的是，建筑物、构筑物或者其他设施上的搁置物通常为动产，如果系堆放形成的，也可认定为堆放物，此时存在请求堆放人承担责任和请求物的所有人、管理人、使用人承担责任这两种责任的竞合，如果堆放物损害责任规定由所有人、管理人承担，则不存在竞合情况，可以直接适用。确属堆放人造成的损害依据《民法典》第1165条关于过错侵权责任一般条款的规定，要求其承担侵权责任即可，如此更加直观，实践操作性也更强。

浅析《民法典》第 366 条的适用与完善
——关于居住权的问题研究

昌学文 李 军 邓 伟*

摘 要：民法典施有关居住权的案例还鲜有耳闻，笔者拟从《民法典》第 366 条关于居住权的定义的法律条文入手，逐步剖析该条文的理解与适用，并就应用该法律规则可能带来的严重国家治理风险问题为导向，提出相关合规设计补足现有立法不足短板。

关键词：居住权 用益物权 住宅 宅基地 农村村民住宅

《民法典》第 366 条定义的全新用益物权之居住权，贯彻落实了党的十九大住有所居的要求，回应了"中国之问"和"时代之问"。虽然《民法典》第 366 条至第 371 条，对于居住权专章规定共有 6 个条文，但对于居住权这一重大制度创新来讲，在我国司法实践并没有任何可以借鉴经验的情况下，仅有的这 6 个规范条文是远远不能满足于现实法治需求的。因此，有必要从立法、法律解释、司法实践、行政管理和民主管理等方面予以完善，构建规范体系，填补立法漏洞。

---

* 昌学文，北京市密云区人民检察院副检察长、二级高级检察官；李军，北京市密云区人民检察院检察委员会专职委员、三级高级检察官；邓伟，北京市密云区人民检察院检察官助理。

一、《民法典》第 366 条的理解与适用

（一）《民法典》第 366 条的条文主旨

《民法典》第 366 条规定，"居住权人有权按照合同约定，对他人的住宅享有占有、使用的用益物权，以满足生活居住的需要"。本条文主旨是居住权概念的规定，即居住权是当事人按照合同约定设立的居住权人为了满足生活居住的需要，对他人所有住宅的全部或者部分及其附属设施，享有占有、使用的一种用益物权。

（二）民法典居住权制度的立法背景及意义

居住权制度起源于罗马法，最早产生于古罗马的婚姻家庭关系中，作为人役权的一种形式，其产生与当时罗马社会家庭状况及概括继承制度有密切联系，是社会发展到一定阶段的产物。[①] 该制度的设立初衷是解决家庭成员的居住和供养。罗马法的居住权制度主要有伦理性、人身性、长期性、无偿性、排他性等特点。

目前，一些欧洲国家的民法典大多继受和发展了居住权制度，而一些东亚国家和地区虽然普遍继受了西方物权制度，却大多未规定居住权等人役权制度。日本最初未继受居住权制度，随着理论和实践的发展，根据实际需要也增加规定了居住权制度。

我国物权法未规定居住权制度，在编纂民法典时增加规定居住权制度，具有如下重要意义：一是满足住宅所有权人意思自由的需求；二是建立多主体供给、多渠道保障、租购并举住房制度的需要；三是客观反映住房商品化和市场化的需要；四是体现房屋在居民财产体系中地位提高的需要。

（三）民法典居住权的法律特征

1. 享有居住权的主体只能是自然人

居住权法律关系的主体是他人和居住权人，但居住权人只能是自然人。居住权是住宅所有人为特定自然人的利益在自己所有的住宅上设定的权利，

---

① 参见黄薇：《中华人民共和国民法典物权编解读》，中国法制出版社 2020 年版，第 536 页。

法人或其他组织不能享有居住权。值得注意的是,他人即住宅所有人既包括自然人,又包括法人、非法人组织;而享有居住权的主体范围具有有限性,居住权人以外的人一般不能享有居住权。

2. 居住权的客体只能是住宅

根据民法典的规定,居住权法律关系的客体是住宅。居住权是在他人所有的住宅上设立的物权,而办公性质及商业用的房屋不能成为居住权的客体,即其他类型的房屋上不能设立居住权。设立居住权是住宅所有权人处分自己财产的一种方式,住宅所有权人根据自己的意思自由在自己所有的住宅的全部或者部分为他人设立居住权。

3. 居住权是新规定的一种用益物权

虽然民法典关于居住权的规定只有6个条款,但却完整地规定了一套新的用益物权制度。居住权是一种用益物权,指居住权人对他人所有的住宅的全部或者部分及其附属设施享有占有、使用的权利,以满足生活居住的需要。当然,并非所有居住他人住宅的权利均是居住权。当事人之间如果存在抚养、扶养、赡养、租赁、借用等关系,也可享有居住他人住宅的权利,此权利不具有物权的排他效力,不是居住权。

与所有权相比,所有权人享有占有、使用、收益和处分四类权利,而居住权这种用益物权只有占有和使用两项权利,无收益和处分权利。因此,用益物权是以支配标的物的使用价值为内容的物权。我国的用益物权主要包括土地承包经营权、建设用地使用权、宅基地使用权、居住权和地役权等。

4. 居住权的设立范围

居住权是为特定自然人生活居住的需要而设定的权利,其只能是满足生活居住需要才可以设立,因办公、经营等非生活居住需要则无法设立居住权。而且,通常情况下,居住权人不能将其享有居住权的住宅出租,但是当事人另有约定的除外。根据《民法典》第369条的规定,居住权不得转让、继承。

5. 居住权的设立方式

居住权人按照合同约定对他人的住宅享有占有、使用的权利。因此,通常情况下,当事人通过订立居住权合同并对居住权进行登记后设立居住权。

居住权人具体的权利义务，根据所有权人和居住权人之间订立的居住权合同确定，而且居住权人为充分地使用其居住的住宅，对住宅的各种附属设施亦有使用权。除此之外，民法典还规定居住权可以通过遗嘱等方式设立。

二、《民法典》第366条适用时可能存在的问题及面对的挑战

（一）关于对居住权客体的理解

民法典中居住权法律关系的客体是住宅。关于住宅的含义：

首先，我们从生活层面去理解。查询现代汉语词典，"住宅"的意思是居住的房屋。再搜索百度百科，"住宅"是指专供居住的房屋，包括别墅、公寓、职工家属宿舍和集体宿舍、职工单身宿舍和学生宿舍等。但不包括住宅楼中作为人防用、不住人的地下室等，也不包括托儿所、病房、疗养院、旅馆等具有专门用途的房屋。

其次，从法律层面理解住宅的内涵。《宪法》第39条规定："中华人民共和国公民的住宅不受侵犯。禁止非法搜查或者非法侵入公民的住宅。"我国宪法中，"住宅"是非常重要的生活场所和私人财产。我国其他法律，如《土地管理法》（2019年修正）第4条中出现"城乡住宅"，第48条、第59条、第62条中多次出现"农村村民住宅"，第62条、第78条中也出现了"住宅"字样。《刑法》第245条规定了非法搜查罪和非法侵入住宅罪："非法搜查他人身体、住宅，或者非法侵入他人住宅的，处三年以下有期徒刑或者拘役。司法工作人员滥用职权，犯前款罪的，从重处罚。"其中，非法侵入住宅罪，是指违背住宅内成员的意愿或无法律依据进入公民住宅，或进入公民住宅后被要求退出而拒不退出的行为。不难看出，我国宪法和其他法律中，"住宅"是指公民居住、生活以及保存私人财产的场所。

最后，民法典关于住宅的表述。民法典中单独以"住宅"一词出现的共有10处，分别是第243条、第271条、第273条、第279条、第362条、第366条、第367条、第369条、第1033条，第243条还出现一处"农村村民住宅"，第347条出现一处"商品住宅"，第359条出现两处"住宅建设用地使用权"。不难看出，我国民法典同宪法和其他法律中对于住宅的表述基本

一致。

综上所述，我国宪法和法律中的"住宅"是指公民（自然人）居住、生活以及保存私人财产的场所，它是与外界相对隔离的房屋，是以居住为目的的封闭空间。住宅不强调所有权，自己建造居住的房屋、买来用于居住的房屋、租住的房屋等，都可以被称为"住宅"。本文重点论述的《民法典》第366条中"他人的住宅"是指他人对法律层面的住宅享有所有权的意思。

（二）居住权在适用时存在客体范围过大的问题

民法典立法时没有对住宅进行定语修饰，即表明立法者对居住权的客体范围没有限制。目前，我国正全面推进乡村振兴进程，破解城乡二元结构，让城乡融合发展已是大势所趋。但现有的法律法规和国家政策规定，农村宅基地房屋依附于农村宅基地使用权，地随房走、房随地走，农村宅基地房屋的流转仍受到严格的限制，且不能向本集体经济组织成员以外的人转让。因此，在农村宅基地房屋上为本集体经济组织成员设定居住权，类似于继承或者内部转让，应当允许。但是否可以为本集体经济组织成员以外的人设定居住权？从民法典现有条文的规定看，答案是肯定的，因为法无禁止即自由，但这又明显违背了有关现行法律及政策的立法初衷。

现有法律允许继承人依法或者依遗嘱继承农村宅基地上所建合法房屋的所有权。除此之外，其他自然人想要到农村居住去过田园生活，只能通过房屋租赁方式实现，但租赁有20年的期限限制，其本质是一种债权，房屋租赁合同履行过程中还存在解除等风险，不利于租赁权人长期稳定居住。民法典颁布实施之后，农村村民住宅的房屋所有权人和居住权人可以签订居住权合同，并进行居住权登记。当然，居住权可以有偿方式设立，农村村民住宅的房屋所有权人可以通过居住权的设立获得相应的经济报酬，而不受租赁20年的期限限制，同时居住权人又能获得登记的法定用益物权保护，似乎有点变相"流转"的意思，这与现有农村宅基地房屋的流转仍受到严格限制的规定精神相违背。

综上所述，民法典居住权适用在城镇房屋即商品房住宅上时不存在上述问题，但适用于农村村民住宅上时，则需要具体考虑适用的情形。农村村民住宅为本集体经济组织成员设定居住权无可厚非，也很有必要；农村村民住宅为本集体经济组织成员以外的自然人设定居住权，可能存在一些立法时疏于考虑的问题，这些问题会日益突出，严重时甚至会影响到国家治理的大局和社会综合管理的问题。

（三）对居住权适用客体不加以限制将面对的挑战

居住权制度的功能和意义在于充分发挥住宅的有效利益，实现物尽其用，但同时需要高度关注借居住权的外在形式为异常交易行为做庇护。

随着乡村振兴战略的逐步推进，乡村旅游等乡村建设中的消费性居住权和投资性居住权发展强劲，但存在"变异"的风险。根据现行法律规定，城镇居民不得购买农村宅基地，农村房屋交易也受诸多限制，需要注意的是形式上以设立居住权为表象，以借贷、合作、合资等方式作为购房交易的载体，其本质上形成农村房屋买卖。如以合作建房、合资建房等形式，一方出地，另一方出资，共同修建的房屋住宅，村民（集体经济组织成员）为房屋所有人，居民（非集体经济组织成员）为居住权人，双方设立投资性居住权，该类投资性居住权是否应当予以保护，将成为乡村振兴中的法治难题。

同时，居住权的设立对农村住房问题改革也提供了新的思考。比如，农村宅基地"三权分置"改革是否会具有更高的灵活性，农村宅基地中的使用权是否能够直接对应"居住权"；会不会引发新一轮的"小产权房"浪潮，从而诱发大量城市资本无序涌入农村，无形之中可能增加大量的阴阳合同，滋生更多的虚假诉讼；同时还可能引发耕地占用、农民失房等一系列风险和挑战。

三、《民法典》第 366 条适用的风险化解及立法建议

居住权的立法本意是为了增加房屋供给，建立多渠道保障的住房制度，但如何让这项新增加的用益物权法律制度充分发挥正面效果，避免产生额外的法律纠纷和法治问题，是我们亟待考虑的问题。对居住权可能产生的问题和冲突予以充分的考量和论证，并通过相关的合规设计予以明确，才是解决问题的根本。

首先，可以从立法层面明确界定农村村民住宅能否为本集体经济组织成员以外的自然人设定居住权的问题。民法典中关于居住权的规定并未明确禁止村民利用农村村民住宅为本集体经济组织成员以外的自然人设定居住权的

行为，可以考虑在未来的民法典修正案或者民法典的立法解释中予以明确，以解决现有立法所可能引发的问题。

其次，可以从法律解释的角度明确限制村民利用农村村民住宅为本集体经济组织成员以外的自然人设定居住权后不能再申请宅基地的问题。我国现有法律法规对于农村土地、房屋的流转具有较大限制，通常只能是村集体内部转让。《土地管理法》第62条规定，村民出卖、出租、赠与住宅后不得再申请宅基地。设立居住权弱于房屋转让，强于出租，为非本村村民设立居住权并不在禁止之列，但依据"举轻以明重"的原则，设立居住权后住宅所有权人不应享有再申请宅基地权利。当然，民法典立法时是以无偿设立居住权为原则，有偿设立为例外。针对农村宅基地房屋有偿设立居住权的行为，尤其是对集体经济组织以外人员设立居住权的行为，应该严格禁止其再申请宅基地。

再次，可以从司法实践领域加大对利用农村村民住宅为本集体经济组织成员以外的自然人设定居住权乱象问题的司法审查和法律监督力度。虽然民法典对于居住权的有偿设立是例外，并受到严格限制，但却可能会产生以无偿为外观，有偿为真实的阴阳合同，甚至有的当事人或者利害关系人为了利益不惜触犯法律，以虚假诉讼等司法审判的方式达到设立消费性居住权和投资性居住权的目的。如何加以甄别和防范，还需要对此类型的虚假诉讼特征加以研究和应对。

最后，可以从行政管理和民主管理的角度对利用农村村民住宅为本集体经济组织成员以外的自然人设定居住权的程序加以限制。住宅包括城镇商品房住宅、农村宅基地房屋、商住两用公寓、安置房等。尤其是对于农村宅基地房屋，按照目前民法典的规定是可以设定居住权的，但是否需要经过特定审批程序或者民主程序，法律并没有明确规定。因此，如果立法机关不对居住权适用客体加以限制，至少可以在行政审批管理程序或者民主管理程序方面作出一定的限制，避免出现耕地被占用、农民失房等负面问题出现。

大数据时代个人数据权属边界探析

曾　涌　刘剑桥*

摘　要： 个人数据作为自然人社会活动中的产物，是个人信息的表现形式，与个人信息一致，承载了多元的价值和利益主体，自然人和数据企业对个人数据有无权属，有何种内容的权属，涉及对个人数据保护与数据利用与发展的平衡。本文认为，自然人对个人数据的权属并非绝对的民事权利，而是一种对个人数据自主决定，抵御人格尊严、自由被侵害的民事权益。数据企业的权属基于其投入成本，履行义务的事实行为取得，实践中通过反不正当竞争法，在企业数据权利受到侵害时予以保护远远不够，还需要构建类似于知识产权的权属内容体系。

关键词： 个人信息　个人数据　权属主体　权属内容

随着信息技术的迅猛发展和深入应用，人类社会已经发生了巨大的变化，可以说"其影响力足以与工业革命相媲美"。[①] 大数据的时代背景下，人们对数据的价值有了前所未有的认识，数据从信息转化成为具有广大市场的一项生产要素。可以通过案例窥得个人数据权属边界对自然人、企业和社会经济发展的影响。

【案例1】朱某诉北百度网讯公司隐私权纠纷案。朱某上网利用"百度搜

---

* 曾涌，浙江省杭州市铁路运输检察院检察委员会专职委员、四级高级检察官；刘剑桥，浙江省杭州市铁路运输检察院第二检察部副主任、二级检察官。

① [美] 安德雷斯·韦斯岸：《大数据和我们——如何更好地从后隐私经济中获益？》，胡小锐、李凯平译，中信出版集团2016年版，第18页。

索引擎"搜索相关关键词后，部分特定网站上会出现与关键词有关的广告。朱某认为，百度网讯公司利用网络技术，未经其知情和选择，记录和跟踪了搜索的关键词，并将其兴趣爱好、生活学习等生活习性公开在相关网站上，有针对性地进行广告投放，侵害了朱某的隐私权，故诉至法院，请求判令百度网讯公司停止侵权并承担损害赔偿金。南京市鼓楼区人民法院一审支持了朱某的诉讼请求，南京市中级人民法院则认为，首先，网络活动轨迹和上网偏好与个人信息相分离，不属于个人信息，百度网讯公司精准推荐服务中没有将搜索关键词记录和朱某的个人身份信息对应起来。其次，精准推荐服务没有公开宣扬特定网络用户的网络活动轨迹及上网偏好，也没有强制性，且有退出机制，对网络用户的生活安宁不产生实质性损害，该行为不符合网络侵权责任的构成要件。最后，百度网讯公司收集、利用个人信息时采取明示告知和默示同意相结合的方式，不违反法律规定和政策导向，也未侵犯网络用户的选择权和知情权。驳回了朱某的诉讼请求。

【案例2】近期，国家互联网信息办公室依据《中华人民共和国网络安全法》《App非法违规收集使用个人行为认定方法》等法律规定，对一些使用量大、使用频率高的输入法、地图导航App中，个人信息收集使用情况进行检测。15款输入法App中，13款存在违反必要原则，收集与提供服务无关的个人信息；2款未经用户同意收集使用个人信息。17款导航App中，16款存在违反必要原则，收集与提供服务无关的个人信息；1款未经用户同意收集使用个人信息。1款即时通信类App诱导用户授权其读取通讯录，并向通讯录联系人发送营销短信。

【案例3】新浪微博诉脉脉不正当竞争案。新浪微博公司认为脉脉软件在合作终止后，非法抓取使用新浪微博用户信息，并不当使用微博用户信息，致使信息泄露，造成公司声誉毁损，影响公司利润，诉请脉脉公司赔偿1000万元。一审法院认定，脉脉公司非法抓取、使用新浪微博用户信息进行对应，其行为构成不正当竞争行为，应赔偿微梦公司损失200万元。二审法院维持了原判。

朱某对个人数据享有怎样的权利或权益？App收集个人数据的边界即法律对个人数据的权属保护边界如何？百度网讯公司、新浪微博对其依法收集的用户个人数据享有哪些权利？这三个案例反映出两个本质的问题，个人数据的权属主体范围有哪些？权属主体又拥有怎样的权属内容？这两个问题也是本文探讨个人数据权属边界的重点所在。

大数据，是指规模超出了普通数据库软件工具的捕获、存储、管理和分析能力的数据集。① 大数据之"大"在于所利用数据是海量的，追求的目标是"全本"而非"样本"数据。② 例如，美国零售业巨头沃尔玛公司每小时就从客户交易中收集 2.5PB 以上的数据，相当于 5000 万个文件柜的文件大小。③ 一方面，数据行业不断发展，数据能够"准确地对特定人过往活动轨迹加以捕捉并预测其未来行为的选择"。造成的直接后果就是信息鸿沟问题不断凸显；因个人数据收集不当，管理不善以及数据滥用而引发其他侵害。另一方面，数据对企业而言已经如石油一般，成为基础的战略资源。企业对其合法收集的个人数据是否拥有权属，拥有怎样的权属影响了数据的利用和产业的发展，可以说，廓清个人数据权属边界至关重要。

一、个人数据权属客体——个人数据的界定

明确个人数据权属，首先要明确的是个人数据的概念。根据数据是否可识别特定的自然人，可将数据分为个人数据和非个人数据两大类。《民法典》第 1034 条第 2 款将个人信息表述为"以电子或者其他方式记录的能够单独或者与其他信息结合识别特定自然人的各种信息，包括自然人的姓名、出生日期、身份证号码、生物识别信息、住址、电话号码、电子邮箱、健康信息、行踪信息等"。非个人数据就表现为法人数据，或物理数据，如网页的浏览量和 App 的下载使用数据等。

与个人数据相关的概念还有个人信息和隐私。隐私与个人信息存在一定程度的交叉与重叠，前文案例一，朱某就是在隐私的概念之下主张个人信息权利。个人信息包含了部分的隐私，如个人身份信息、就医信息、财务信息等，还有部分个人习惯的客观记录。但隐私又不完全等同于个人信息，隐私

---

① 参见麦肯锡全球研究院：《大数据：下一个创新、竞争和生产力前沿》，转引自詹姆斯·R. 卡利瓦斯、迈克尔·R. 奥弗利：《大数据商业应用：风险规避与法律指南》，陈婷译，人民邮电出版社 2016 年版，第 4 页。

② 参见维克托·迈尔－舍恩伯格、肯尼思·库克耶：《大数据时代：生活、工作与思维的大变革》，盛杨燕、周涛译，浙江人民出版社 2013 年版，第 29 页。

③ See Andrew MCAfee and Erik Brynjolfsson, "Big Data: The Management Revolution", Harvard Business Review, Vol.90, No.10, 2012, p.60-66, 68, 128.

还包括了空间上的私人生活安宁和不愿为他人知晓的私密空间、私密活动。民法典对于个人隐私权利和个人信息权利保护的侧重点也有所不同，前者侧重于对私人生活安宁及私密生活自由决定的权利，后者侧重于自然人对个人信息如何使用的自由意愿。

个人信息与个人数据是不同维度的概念，个人信息是数据提炼后所表达的核心内容，个人数据是个人信息的呈现方式。可以说，个人数据都包含了个人信息，不过有的个人信息可以直接识别，而有的个人信息需要结合其他信息进行识别，即"与个人相关的非个人数据"。虽然识别难度增加，但并没有脱离个人信息内容而存在的个人数据，个人信息也都是以个人数据的形式而存在，本文探讨的个人数据为电子形式记录的个人信息。

笔者认为，个人信息与个人数据之间的关系就类似于物体与组成元素之间的关系，两者具有一致性。

第一，个人数据与个人信息没有客观的区分标准。如李勇坚认为，根据数据识别特定人能力的强弱，将数据分为原始数据、信息和隐私。[①] 实践中，个人数据都是可以识别出个人信息的数据（否则不足以冠以个人数据），只是难易程度不同，数据识别个人能力的强弱也没有客观标准，对个人数据和个人信息进行区分缺乏可操作性。

第二，个人数据权利可以通过法律对个人信息和个人隐私的保护来覆盖，无须叠床架屋，再创设新的权利。另外，个人信息可以说是个人隐私、人格利益在网络空间的延伸，无法识别或难以识别的个人数据已经超过了个人的控制范围，在数据分享常态化的时代，无须作为个人数据权利另行予以特别保护。

第三，从保护隐私来看，扩大个人信息的范围纵然对保护自然人的隐私更为有利。但从数据经济长远发展来看，不当扩大会影响数据产业的发展。另，从现有的法律框架来看，民法典已经明确了个人信息的概念。为了便于探讨，本文行文采用"个人数据"的表述。

[①] 参见李勇坚：《个人数据权利体系的理论建构》，载《中国社会科学院研究生院学报》2019年第5期。

二、自然人对个人数据的权属内容

大数据的价值在于海量个人数据的汇集和利用，但一方面就个体而言，个人数据对自然人民事权益的影响仍不言而喻；另一方面，个人数据承载了自然人和数据企业多个数据主体的权属关系，权属内容此消彼长。因此对自然人的个人数据赋予绝对性的民事权利绝非上策，应基于人格尊严和人格自由赋予自然人对其个人数据法定的民事权益。

（一）个人数据权属内容发展演变

1994 年中国首次接入全功能互联网，1995 年就有学者关注到传媒领域中个人隐私的问题[1]，之后有更多的学者意识到互联网发展给隐私权造成的重大风险隐患，并从不同角度进行了论证。21 世纪初，个人信息权利的概念登上舞台，学者对个人信息权利内容界定主要是从隐私权的角度进行。曹玉平认为，互联网时代，个人隐私被侵害的风险增加，需要确立个人信息权作为互联网时代的"信息隐私权"。[2] 随着研究的逐步深入，越来越多的学者认为，单纯的个人信息不足以满足对个人隐私权的保护，研究的对象逐渐从个人信息扩展到更大范畴的个人数据权利，并对数据权利的内容进行了初步的研究讨论。这一阶段数据权属的内容主要体现为隐私安全。

发展是技术应用的必然趋势，人们意识到，网络环境下数据的分享成为一种必然，谁也无法拒绝。在此背景下，研究又从"数据权利"回归到"个人信息"，尽管英国首相卡梅伦已经提出"数据权利"，我国多数学者仍在研究中冠之以"个人信息权"。典型的观点是从《刑法修正案（七）》对公民个人信息的保护入手，认为个人信息权是对公民个人的情报、资料等信息自由支配并排除他人干涉的权利。[3] 这一阶段，个人数据权属内容又被定义为个人隐私权在互联网空间里的延伸。

数据的价值不断凸显，在数据主权的背景下，个人数据权利的概念再次

---

[1] 参见王磊：《美国的隐私法与大众传媒》，载《新闻大学》1995 年第 1 期。

[2] 参见曹玉平：《图书馆网络空间的个人数据与隐私权保护》，载《情报理论与实践》2006 年第 2 期。

[3] 参见魏远山：《我国数据权演进历程回顾与趋势展望》，载《数据科学》2021 年第 1 期。

呼之欲出。学者最终对个人数据权具体权能达成了基本一致，包含了人身权和财产权，权利的内容、对象还存在较大的争议。这一阶段，有的学者认为对个人数据和个人信息分开保护，个人信息权保护转化为个人信息的数据，数据权保护的个人数据范围则更广，前者属于财产权，后者属于人格权。民法典实施后，较多的观点倾向于认为自然人对个人数据享有的不是一种民事上的权利，而是一种有限的排他性民事权益。

（二）个人数据权属的法理基础

从比较法角度来看，一般通过私法赋权的方式对个人数据的权属进行明确，赋权的意义和法理基础有以欧洲保护隐私权和美国保护财产权两种理论代表。

欧洲一些国家认为数据权旨在保护个人隐私和人格自由发展，个人数据权属被视为基本人权而具有宪法意义，优先于经济利益予以保护。如德国个人的"信息自决权"被认为是依据《德国基本法（GG）》第1条第1款和第2条第1款有关人格尊严和人格自由而产生的"一般人格权"的具体化，属于宪法上的基本权利。①

美国理论界则普遍认为个人数据属于一种财产。即"个人对他们的个人信息拥有所有权，并且如同财产的所有人那样，有权控制对其个人信息的任何使用"。② 因为，一是大数据时代背景下，个人对独处的权利似乎已经不那么重视了，为了获得便捷的数字化服务，自然人往往自觉或不自觉地将个人数据交给他人使用。二是将个人数据视为隐私权，企业无法越过隐私权的壁垒更加便利地收集和利用个人数据，个人也无法积极地自我决定，不利于数据的流动。一些美国学者倾向于将个人数据作为"控制的隐私"进行保护，"个人必须具有针对隐私进行协商的能力，并享有默认的隐私权。这正是财产概念的意图，那些希望得到财产的人必须在协商成功后才能把它拿走"。③

---

① 参见谢远扬：《个人信息的司法保护》，中国法制出版社2016年版，第91—121页。Horst-Peter G ting et al.eds.HandbuchdesPers nlichkeitsrechts, München: C.H.Beck, §1Rn.1.

② Jery Kang, "Information Privacy in Cyberspace Transactions", Stanford Law Review, Vol. 50, 1998, p.1193, 1246—1294.

③ [美]劳伦斯·莱斯格：《代码：塑造网络空间的法律》，李旭等译，中信出版社2004年版，第197页。

也就是说，个人基于财产制度就个人数据获得与企业协商的权利，达成交易后，任何一方也不会更吃亏。

我国学界的主流观点认为，个人数据赋权的意义在于维护人格尊严和人格自由。王利明教授就认为，个人数据彰显数据主体的人格利益，成为自然人参与社会交往的载体及个人人格表现和人格发展的工具。民法典将个人信息保护的内容也放在人格权编进行立法。

（三）自然人个人数据权属的法律内容

《民法典》第 1034 条第 3 款规定，个人信息中的私密信息，适用有关隐私权的规定，没有规定的适用有关个人信息保护的规定。个人数据排除通过隐私权、肖像权等民事权利保护后，是否还存在法律未曾涵盖，需要独立进行保护的利益？学界普遍认为，为了防止因数据的违法活动而引发的侵害人格尊严，妨害公平原则，人格自由以及对个人人身财产权的威胁，个人数据上还附着了防御性和保护性的利益。即自然人针对个人数据还享有防止因个人数据被非法收集、泄露、买卖或利用而导致其既有人身、财产权益遭受侵害甚至人格尊严、个人自由受到损害的利益。①

1. 权利与权益之争

通说认为，权利就是法律规范授予人的，旨在满足其个人利益的意思力（Willensmacht），即享受特定利益的法律之力。② 根据权利的客体不同，分为人格权、身份权和财产权（包括债权、物权、知识产权）；根据权利效力所及范围分为绝对权及相对权。"对一个人的保护，往往是以牺牲另一个人的权利或利益为代价的"，③ 所以法律在设置权利时，根据价值评判、社会发展阶段、公众主观认识等，将符合条件的利益纳入法律保护的体系，并将部分利益类型化成为权利，而部分利益作为同样受法律保护的权益。

现阶段，学者对自然人的个人数据是民事权利还是民事利益产生了较大

---

① 参见程啸：《论大数据时代的个人数据权利》，载《中国社会科学》2018 年第 3 期。

② See Hans Brox and Wolf—Dietrich Walker, Allgemeiner Teil des BGB, 32Aulf., Koln: Carl Heymanns Verlag, 2008, Rn.617.

③ ［德］迪特尔·梅迪库斯：《德国民法总论》，邵建东译，法律出版社 2004 年版，第 807 页。

的分歧。持民事权利说的主要理由是《民法典》第1034条第1款①的规定，该条明确自然人对个人数据享有的是民事权利，与隐私权、名誉权等人格权相并列。如王利明教授认为，个人信息权是一种新型的人格权利，是自然人对其个人信息享有的支配和自主决定的权利，内容包括个人信息被收集、利用等的知情权，以及自己使用或授权他人使用等。②持民事利益说的理由是，民法典并没有使用"个人信息权"的表述，也"为未来个人信息如何在利益上兼顾财产化以及与数据经济的发展关系配合预留了一定的解释空间"。③

笔者倾向于认为个人数据为民事权益。第一，从立法体例来看。首先，个人信息保护虽然在民法典人格权编第六章"隐私权和个人信息保护"之下，但没有被冠以"个人信息权"，不属于人格权的一种。因为人格权法通说认为，人格权同物权法定一样，应为人格权法定。其次，民法典总则编第五章"民事权利"下，第110条规定了自然人的民事权利，第111条又单独明确自然人的个人信息受法律保护，可见立法者有意对个人信息保护进行单独的说明。

第二，从民事权利和权益的概念来看。民事权利包括绝对权和相对权。法律保护力度最强的就是绝对权，是一种请求不作为的权利，典型的绝对权有人格权、身份权、物权等。在绝对权中，权利人可以排除一般人的干涉，支配某种客体。保护力度其次的就是相对权，相对权是一种请求特定人为一定行为的权利，如债权。法律规定，个人信息只有在受到某些行为侵害时，自然人才有权获得救济，与民事权利的保护显然存在不同。

第三，个人数据不但是个人人格的延伸，具有个人属性，也具有一定的社会属性，将个人数据进行绝对化保护并不可取。因此，个人数据更多是一种防御性的民事权益，不应因过度保护而妨害他人的自由。

2. 法律规定的个人数据权属内容

卢梭曾说，人生而自由但又无所不在枷锁之中，特别是在数据流转已经是一种必然要求的大数据时代。"数据不应该以它的存储而定义，应该由

---

① 《民法典》第1034条第1款规定，自然人的个人信息受法律保护。
② 参见王利明：《论个人信息权的法律保护——以个人信息权与隐私权的界分为中心》，载《现代法学》2013年第4期。
③ 龙卫球、刘保玉：《中华人民共和国民法总则释义与适用指导》，中国法制出版社2017年版，第404页。

它的流转来定义。"① 我们所做的只能是为数据流转营造安全、开放的环境和平台。通过前文论述,可以得出个人数据权益并非人格权,也并非财产利益。根据民法典、征信业管理条例、网络安全法的规定可以得出,自然人对个人数据的权属内容主要是对个人数据在一定程度上可以自主决定的利益。第一,知情权。收集、存储、使用、加工、传输、提供、公开个人数据应该征得自然人或监护人同意;公开处理;并予明示处理信息的目的、方式和范围;不违反双方的约定。② 第二,异议权。自然人可以查询复制个人信息;个人信息有误的,可以要求更正等必要措施。③ 第三,拒绝转让权。未经自然人同意,不得向第三人非法提供个人信息,经过加工,不能识别特定个人且不能复原的除外。④

结合案例一,该案判决于 2015 年作出,仅对个人数据与个人隐私进行了区分,但可以看出,法院认为个人数据权属内容应该在"保护个人人格尊严与促进技术创新之间寻求最大公约数"。朱某对其个人数据虽然享有民事权益,但是该权益又非绝对性的权利,足以排除百度网讯公司的合法收集及使用,在不侵犯用户选择权与知情权的情况下,企业可以依法收集用户的个人数据。故二审法院判决驳回朱某的诉讼请求。

3. 现有规定之再思考

虽然法律对个人数据的权属内容进行了基本明确,但仍不够细致。首先,个人数据的边界不够清晰。个人数据边界界定是个人数据保护的基础,但数据无法像有形物一样边缘清晰,也无法通过登记的方式进行明示,所以界定难度较大。法律仅规定了能"单独或与其他信息结合识别"特定人的为个人信息,而"与其他信息结合识别"缺乏客观的标准,不利于下一步数据权属的保护。随着数据产业的发展,与其他信息结合识别特定人的难度越

---

① 参见《凯文·凯利斯坦福演讲:现在只是分享时代的早期》,载 http://news.cnfol.com/it/20160103/22046845.shtml,2017 年 9 月 17 日。

② 参见《民法典》第 1035 条;《网络安全法》第 22 条第 3 款、第 41 条;《征信业管理条例》第 17 条;《电信和互联网用户个人信息保护规定》第 8 条,第 9 条第 1 款、第 2 款、第 3 款。

③ 参见《民法典》第 1037 条;《网络安全法》第 43 条。

④ 参见《民法典》第 1038 条;《网络安全法》第 42 条第 1 款;《电信和互联网用户个人信息保护规定》第 10 条。

来越低，例如，美国早在 2006 年，公布了精心匿名的数据库供研究者分析，两名记者经过几天时间就识别了其中数据代号的具体身份和信息。因此，在没有客观标准的情况下，能不能够识别，可能就只是时间问题。

其次，知情同意机制的失灵。自然人对被收集的个人数据缺乏持续关注的能力。随着自然人对网络服务的依赖程度越来越高，知情越来越流于形式，很少有人在下载软件之前阅读枯燥冗长的用户许可协议。即使进行了阅读，数据处理技术性高，隐蔽性强，很难实现真正的知情，甚至有的软件通过许可协议条款为后续使用及潜在风险披上了合法的外衣。例如，有的软件在协议中规定，授权软件制造商使用用户的设备计算能力生成比特币这种数字化形式，无须给予用户任何补偿。法律规定个人数据处理的基本原则是合法、正当、必要，还是有很多 App 通过用户许可协议的方式，突破必要原则，制定免责条款。自然人无法实际控制个人数据，维权更是举步维艰。

笔者认为，可以对个人数据进行类型化分析，如将个人数据分为公共信息中收集筛选的个人数据，服务交易中个人提供的数据，服务交易中产生的个人数据等。通过设定不同的分类标准对个人数据的重要程度进行类型化分析，并结合《信息安全技术——个人信息安全规范》国家标准参数对个人数据进行客观界定，另外，采用个人维权、国家规制、公益诉讼支持的多维保护作为知情同意的替代性方案。

三、数据企业对个人数据的权属内容

个人数据是自然人个体在社会交往过程中产生的，数据企业仅对其进行收集，因此有人认为数据企业对个人数据没有权利。笔者认为，企业为收集个人数据投入了一定的成本，履行了个人数据安全保障义务，其对依法收集的个人数据有正当基础。但数据企业对收集的个人数据权属又不同于所有权，是一种新型的财产权。

（一）企业个人数据权属的正当性基础

企业数据权属的正当性基础解决的是企业为何对依法收集的个人数据享有权利这一问题。

首先，个人数据可以成为民事权利的客体。民法上的权利通说认为，法律规范授予人的，旨在满足其个人利益的意思力，即享受特定利益的法律之力。① 程啸教授认为，个人数据能否成为民事权利的客体取决于法律对各项权益的衡量和价值的取舍。② 现在关于数据的各项活动已经成为社会生活中不可或缺的一部分，价值与风险并存，各个主体之间的权利应该受到法律的规制与引导，所以，笔者同意程啸教授的观点，个人数据可以作为新型的民事权利客体。

其次，通说认为企业投入了成本，有权对收集的数据主张权利。一方面，无论是对数据的收集还是处理，企业均需投入大量的成本，如果对企业的使用、交易进行限制，不利于数据产业的发展，也不利于数据的流转。另一方面，自然人之所以同意企业收集使用其个人数据，因为企业向其提供了免费的软件使用和服务，可以视为向被收集者支付了合理的对价，允许企业合理使用个人数据符合公平原则。

再次，企业对个人数据有原始取得的权利。企业的权属客体为海量的个人数据汇集而成的数据全本，并非个人数据的样本或个体，也并非基于权利的转让、赠与或许可，而是根据法律的规定，经当事人同意，通过收集、处理数据等合法行为依法对新的权利客体取得权利，属于原始取得。需要明确的是，企业收集的个人数据虽然经过自然人的同意，但同意并不意味着自然人将数据权属转让给企业。因为如前文所述，自然人对个人数据享有的只是民事权益，无法派生出企业对数据的他物权，也无法从债权的角度进行论证。

最后，企业获得数据权属基于权利义务对等原则。《民法典》第1038条规定了数据处理者的安全保障义务。《民法典》第1035条第2款也规定了个人信息的处理包括个人信息的收集、存储、使用、加工、传输、提供、公开等。可以看出，企业的安全保障义务贯穿其数据处理的每个阶段，如果不赋予企业相应的权属，那么企业会失去对个人数据保护的热情。另外，对企业赋予数据权属，对数据产业发展和数据流通、利用产生的激励作用是不可忽视的。

---

① 参见《民法典》第1034条第3款。
② 程啸：《论大数据时代的个人数据权利》，载《中国社会科学》2018年第3期。

（二）数据企业个人数据权属的内容

《民法典》第127条规定，法律对数据、网络虚拟财产的保护是有规定的，依照其规定。除此之外，法律没有明确的规定，从案例三以及后续出现的大众点评诉爱帮网、淘宝诉美景、库米客诉车来了等企业就个人数据权属纠纷的案件可以看出，司法实践均是通过反不正当竞争法对数据企业依法收集的个人数据加以保护，即通过"法律限制+剩余自由"的形式明确数据企业的权属边界。中共中央、国务院《关于新时代加快完善社会主义市场经济体制的意见》明确，加快培育发展数据要素市场，建立数据资源清单管理机制，完善数据权属界定、开放共享、交易流通等标准和措施，发挥社会数据资源价值。对企业数据权属粗线条的勾勒显然不利于促进数据的流动。笔者认为，可以比照知识产权相关权属框架，对数据企业的权属内容进行构建。

在现有的法律框架下，应当赋予数据企业在合法、正当、必要的原则下，经过自然人同意，收集并占有个人数据；存储、使用、加工、传输、提供、公开等方式处理个人数据；合法处分收集的个人数据；在受到他人侵害时，要求侵权人承担侵权责任等权利内容。

具体来看，还有三个概念需要在司法实践中进一步得到明确。首先，知情同意制度。对于自然人而言，知情同意制度是实现个人数据自主决定权益的重要方式，但知情同意的性质应定义为概括性同意还是具体到每一步，这对企业而言却至关重要。例如，企业是否每处理一次数据都需要经过自然人的同意？数据转让给第三人后，第三人进行数据处理是否需经自然人同意？依法转让后的数据技术能否实现自然人知情同意制度？这些问题都需要进一步地明确。

其次，数据的使用也应明确界限。步入万物互联的时代，人与人的交往范围、密切度不断提升，几乎没有人愿意乃至能够生活在与世隔绝之中，个人数据的收集、存储等处理行为无法避免。收集、处理的目的是使用，而个人数据的使用却是一把"双刃剑"，在提高预判，支持决策，调节市场失灵，促进商业发展的同时，也极易形成新的歧视和垄断。例如，大到社会参与，美国在选举中，数据企业通过收集的个人数据可以知道选民关心什么，向选民推送什么，从而更加准确地影响选举结果。小到日常生活中的精准推送，经媒体曝光，不同手机打车价格不同，成为大数据杀熟的生动诠释。看似企业通过数据使用为我们筛选出有利的信息，但企业筛选出的实际只是其想让我们知道的信息，目的是为获得更多的利润。所以，需要法律对数据的使用方式进行明确，从而引导数据企业在法律框架内使用数据，营造健康有序的市场环境，这才是数据产业的良性发展路径。

最后，数据转让的条件也需要明确。一般情况下，没有自然人愿意其个人数据不断流转，也没有企业在利益面前拒绝数据流转，数据尽可能正当高效地流转才会产生更多的价值。所以有必要对转让的条件进行明确，以平衡个人、企业与社会经济发展的关系。

相较以上问题的提出，问题的解决需要不断地探索和累积，个人数据概念是数据时代爆炸式发展的产物，可以预见，相关的案例将会不断涌现。因此，如何作出合理的评价和裁判，需要裁判者在相关案件中有目的地提炼具体的裁判规则。尤其是对案件的审查不能拘泥于形式上是否满足了法律规定的收集、使用、处分条件，更需要结合具体案情和法律规定，去探索"正当""必要"原则的具体内容，通过司法裁判赋予数据权属以实质公平的意义。

笔者认为，个人信息等同于个人数据，在此客体之上大致勾勒出自然人抵御人格自由、人格尊严侵害的防御性民事权益范围，以及数据企业较为绝对性的民事权利内容，并有一些延伸的思考。在此框架下，篇幅所限，细节无法兼顾，例如，在个人数据界定中，可识别性的客观标准如何把握；在自然人的数据权属中，知情同意机制濒临失灵的替代性制度如何构建；在企业的数据权属内容中，数据必要收集的必要性、正当性如何理解，合理使用的范围在哪里。对于这些问题的解决路径思考较为粗浅，未尽事项希望引发大家的思考。

检察业务中个人信息保护风险的隐忧与思考

——如何借助诉讼可视化开拓民事检察新领域

龚 宇 游文惠[*]

摘 要：民法典人格权编加入了个人信息保护内容，既完善了个人信息的法律定义，也加大了对公民隐私权的保护力度。但是当庭审直播和公诉人的多媒体、PPT示证联动后，就会出现令人堪忧的意外事件——诉讼参与人甚至案外人的身份证号码、电话号码、住址等涉密个人信息在庭审公开网的庭审视频中一览无遗……如何把握个人信息保护与庭审公开之间的平衡，诉讼可视化给民事检察带来了一种新的解决思路，也带来了一种新的办案理念。若能将诉讼可视化进一步展示于法律文书和公开听证中，形成一系列可视化的精品案件，将一改民事检察在民众心中的弱势地位，开拓出民事检察品牌化新领域。

关键词：民事检察 诉讼可视化 个人信息保护 文书可视化 听证可视化

作为司法改革的重要组成部分，司法公开正在持续推进中，中国裁判文书网、"12309"中国检察网、中国庭审公开网、中国检察听证网已成为公众近距离接触司法实务的重要渠道。截至2021年4月20日，中国裁判文书网的文书总量已超过1.18亿篇，"12309"中国检察网的法律文书总量已超过125万件，中国庭审公开网的庭审直播已超过1250万件，中国检察听证网的听证直播已超过100件。随着民法典的施行，对个人信息保护部分作出了更加明确的规定，民事检察官可以依据民法典，协助公诉人在庭审公开的同时保护好个人信息，避免个人信息被泄露，防止出现"灯下黑"现象。但是在笔者观看22件已在庭审公开网公开的多媒体、PPT示证案件庭审视频后，发现司法公开尤其是庭审公开中，个人信息保护的现状不容乐观。

---

[*] 龚宇，四川省邻水县人民检察院检察官助理；游文惠，四川省邻水县人民法院未成年人案件审判庭副庭长。

一、现状堪忧：当司法公开遇上个人信息

民法典问世以来，第四编人格权编就引发了热议，其中第1034条明确定义了个人信息："个人信息是以电子或者其他方式记录的能够单独或者与其他信息结合识别特定自然人的各种信息，包括自然人的姓名、出生日期、身份证件号码、生物识别信息、住址、电话号码、电子邮箱、健康信息、行踪信息等。"为了避免泄露个人信息，司法机关在司法公开的过程中，对起诉书、判决书等法律文书的屏蔽、隐藏标准，都制定了严格规定。

（一）司法公开的现行规定细则

2014年1月1日，最高人民法院《关于人民法院在互联网公开裁判文书的规定》开始实施，对生效裁判文书公开的范围、屏蔽的内容、删除的信息制定了相关规定；最高人民法院《关于互联网法院审理案件若干问题的规定》第13条第1款规定，涉及开庭前已经在线完成当事人身份核实、权利义务告知、庭审纪律宣示的，公开开庭时可以不再重复进行；2014年10月1日，《人民检察院案件信息公开工作规定（试行）》开始试行，对重要案件信息发布、法律文书公开制定了对应的规定，也明确了法律文书中如何匿名处理和屏蔽内容范围；最高人民检察院《公开法律文书的版式标准和技术处理工作规则（试行）》对公开法律文书的版式标准和技术处理要求作出了明确的规定，进一步规范了公开法律文书有关内容技术处理操作细则。

（二）民法典的个人信息保护

民法典在明确了个人信息外，还对个人信息保护作出了相关规定，如第111条"自然人的个人信息受法律保护。任何组织或者个人需要获取他人个人信息的，应当依法取得并确保信息安全，不得非法收集、使用、加工、传输他人个人信息，不得非法买卖、提供或者公开他人个人信息"和第1039条"国家机关、承担行政职能的法定机构及其工作人员对于履行职责过程中知悉的自然人的隐私和个人信息，应当予以保密，不得泄露或者向他人非法提供"等法条都体现了对个人信息的严格保护，引发了法律界的各种探讨。

尤其是民法典人格权编第六章"隐私权和个人信息保护"，界定了隐私、个人信息以及个人信息的处理等基本概念，规定了处理个人信息的原则与个

人信息的合理使用范围，明确了隐私权和个人信息保护的关系，引起了众多法律学者的热议。但从庭审公开网来看，个人信息保护理论还未能融会贯通地应用于司法实务中。

（三）庭审公开的多媒体示证现状

为了深化司法改革，推进司法公开，各地司法机关都针对庭审公开制定了对应的考核政策，法院对"中国庭审直播网"直播庭审情况、庭审视频及时上传情况规范了考核要求，检察机关则制定了普通程序案件运用多媒体举证（PPT）所占比例的考核规定，从笔者在网络上检索到的22场共计15个法院审理的多媒体示证庭审公开视频来看，目前多媒体示证庭审公开中的个人信息问题令人堪忧。

在检索到的22场庭审中，有2场庭审仅播放了监控视频，有1场庭审仅有被告人影音画面，剩余19场的公诉人均采用了PPT示证的方式。PPT内的各种个人信息——尤其是诉讼参与人的笔录扫描图片均未进行屏蔽、隐藏等技术处理。其中，以被告人的个人信息为视角，就会发现令人堪忧的事实——在大部分庭审公开视频中，被告人的个人信息未进行屏蔽就出现在了屏幕上……图1为能看到的部分被告人个人信息的数据表，常见的姓名、出生日期、身份证号甚至住址、电话号码、职务等个人信息均未被屏蔽或者隐藏，如QJ市中级法院审理的张某等三人盗窃、运输毒品案，身为在校大学生的张某，其学生证（有学校、专业、班级）和在校表现情况竟然均出现在屏幕中。

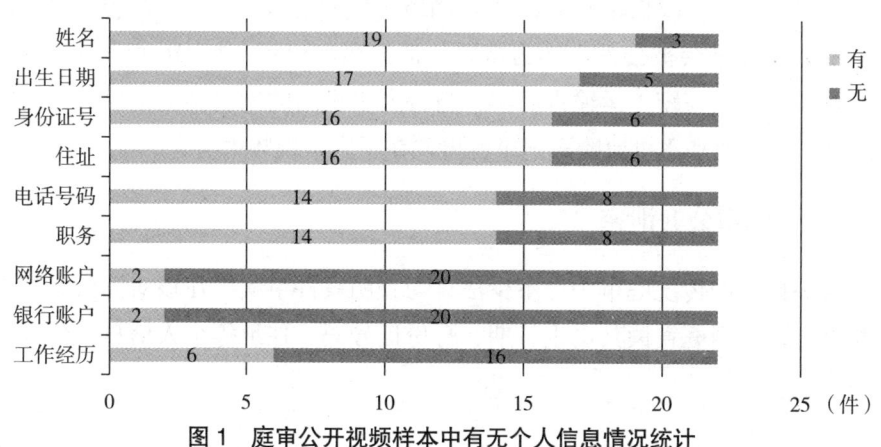

图1　庭审公开视频样本中有无个人信息情况统计

二、诉讼旅程：谁动了我的隐私

因为有着强化举证水平、避免证据异化、缩短庭审时间、提高司法公信等优点，司法机关鼓励公诉人采取制作 PPT、播放多媒体等方式举证，同时也将多媒体举证（PPT）、庭审公开都列为了基层法检的目标考核数据之一。虽然刑事案件能否网络公开有着对应的规定，但在上述 22 场庭审公开的视频中，只要屏幕中出现了 PPT 界面，都会或多或少地出现了个人信息泄露的情况。更令人担忧的是，绝大多数检察官、法官甚至司法机关和辩护人，目前都还未意识到这点。民事检察部门的干警由于未直接参与其他部门的庭审，也未观看庭审公开网的庭审视频，难以发现刑事案件庭审中存在的个人信息泄露问题。

（一）司法程序泄密

在网络时代，个人隐私甚至个人资产开始与网络绑定，之前网络热议的"爱奇艺庆余年超前点播案"，在北京互联网法院判决爱奇艺超前点播构成违约后，原告吴声威于 2020 年 6 月 5 日称爱奇艺在庭审中把近百页个人观影记录拿了出来，并在微博谴责："如果等不到爱奇艺的道歉，那我应该会递出我的传票。""庭审拿出用户观影记录，爱奇艺这么做合适吗？对此，多名律师公开表示，观影记录属于个人信息，未经授权和许可均不得非法使用。大数据时代，用户个人信息被大量收集、上传，但互联网平台提高网络信息安全保护意识，仍有一段长路要走。"[①] 在网络时代的刑事案件中，被告人手机内的电子数据经常会被公诉人作为重要的证据当庭出示，如 QJ 市中级法院审理的张某等三人盗窃、运输毒品案，被告人手机内的网页浏览记录、微信聊天记录、火车票和飞机票购买记录就出现在了庭审视频中。

（二）庭审公开泄密

口头控辩的传统庭审中，不少法官为查明案件事实，在核对诉讼参与人的身份时，会当庭宣读其出生日期、身份证号码、住址等个人信息；公诉人

[①] 袁璐:《大数据时代谁能动用个人隐私？》，载《北京日报》2020 年 6 月 6 日，第 8 版。

在举证时为了查明犯罪事实,也会核对当事人的银行账号、网络账号、车牌号以及其他隐私信息。司法机关已对这种庭审模式习以为常,但当此类庭审在网络上公开,却出现了微妙的变化——裁判文书、检察文书上网公开时需要辛辛苦苦屏蔽隐藏的各种个人信息,法官和公诉人却在庭审公开视频中无意识地说出或者展示……

(三) PPT 示证泄密

当 PPT 示证逐渐从观摩庭扩大至普通庭审,再加上庭审公开,被告人、被害人、证人甚至案外人的个人信息都有在庭审中被泄密的风险,如 MY 县法院审理的马某、王某玩忽职守案,不仅仅出现了未屏蔽的起诉书、二被告人的干部任免审批表和公务员登记表、某局内部会议记录、会议纪要及各种文件,还出现了满是个人信息的二被告人讯问笔录、20 余名证人询问笔录、接处警登记表和举报人笔录,更出现了 38 名公共租赁住房历年拖欠租金人员名单(其中有 30 人的身份证号码,29 人的手机号码)……相关被告人、证人和案外人的各种个人信息一目了然,一场庭审中居然有 50 余人的个人信息被泄露。

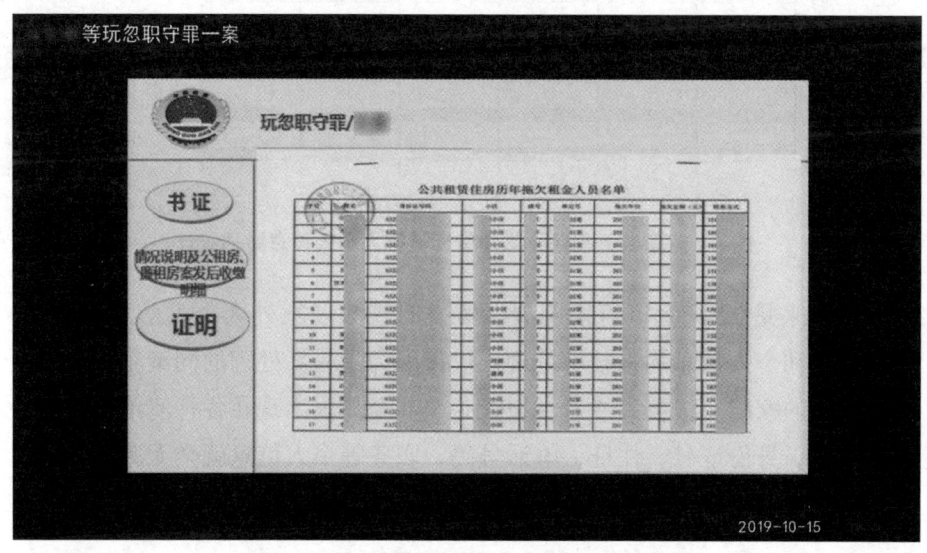

图 2 马某、王某玩忽职守案 PPT 示证情况

上述 22 场庭审中,不少庭审也出现了类似的问题,除了被告人相关个

人信息被展示的数据，证人相关个人信息被PPT展示的数据更令人担忧。

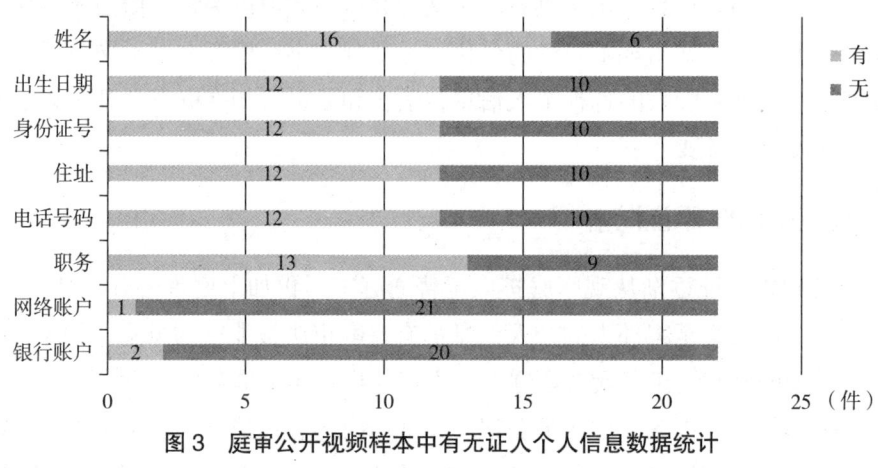

图3　庭审公开视频样本中有无证人个人信息数据统计

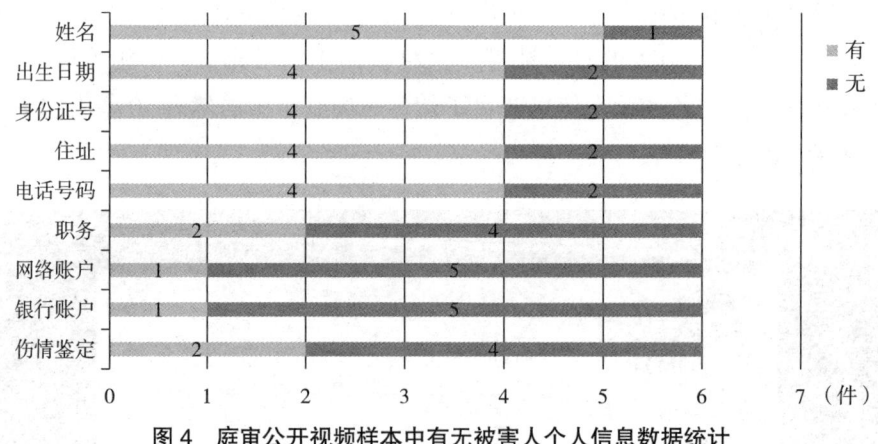

图4　庭审公开视频样本中有无被害人个人信息数据统计

接下来是22场庭审直播中展示案发时视频及案外人个人信息的数据，所有视频和个人信息均未技术处理，仅仅因为是另案处理的同案犯、被告人或者证人的家属、报警人或者举报人……甚至只因出现在各种清单中，案外人的姓名、身份证号、住址、电话号码、职务等个人信息就全无遮挡地出现在了视频中，所占比例亦较大。

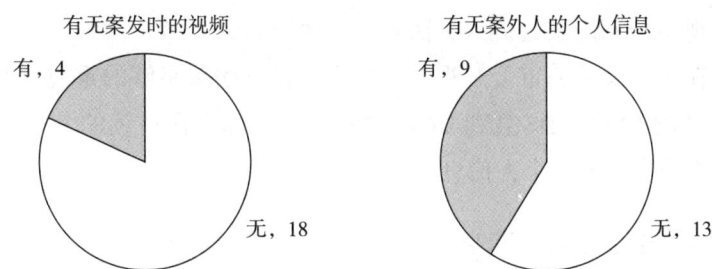

图 5　庭审公开视频样本中有无案发时视频和案外人个人信息数据统计

三、示证困境：PPT 是怎样炼成的

笔者也曾多次应用不同的软件制作过 PPT 和诉讼可视化示证，并在庭审中展示。但是之前笔者也未曾考虑过庭审中个人信息保护的重要性，仅注意到不应出示有证人、被害人和案外人个人信息的图文，因为法官和辩护人在庭审前已经查阅过证据材料，被告人和辩护人仅对证据的三性质证，旁听人员关注案件事实、控辩过程和判决结果，不会留意也难以记住 PPT 示证过程中转瞬出现的被告人个人信息。但庭审公开网的出现，让暂停庭审视频画面成为可能，也让个人信息泄露的风险大幅增加。

（一）庭审公开的制度空白

在裁判文书和法律文书的公开上，"两高"《关于人民法院在互联网公开裁判文书的规定》《人民检察院案件信息公开工作规定（试行）》《公开法律文书的版式标准和技术处理工作规则（试行）》等文件明确规定了文书的屏蔽和隐藏规则，但是并未对庭审制定相关的规定规则，《关于互联网法院审理案件若干问题的规定》也未对庭审中的个人信息保护予以足够的重视。目前仅规定了庭审是否在网上直播的标准，却没有如何应对庭审公开中个人信息保护的规定规则，庭审公开和如何示证就只能由当地法检自由发挥。

（二）保护隐私的意识空白

因为有"两高"的相关文件，所以司法人员能够意识到文书公开时应当保护个人信息，但与此同时却忽视了庭审环节个人信息保护的重要性，以传统的思维模式应对网络时代的庭审公开，再加上采用 PPT 示证的庭审在庭审公开网上也是屈指可数、初具雏形，目前绝大多数地区法院尚无 PPT 示证的庭审公开视频，无论是公诉人、法官，还是被告人、辩护律师，甚至包括旁听人员和在网上观看庭审公开视频的公众，都未引起足够的重视。如重复采用 PPT 示证的 LJ 区、DS 县和 LZ 市检察院，也都未在后续的 PPT 示证中屏蔽或隐藏诉讼参与人的个人信息。

（三）屏蔽信息的标准空白

由于"两高"都对文书公开出台了专门的规定，再加上多年的司法公开经验，已经形成了固定的屏蔽和隐藏规则。但是对于多媒体和 PPT 示证，目前没有统一的屏蔽和隐藏标准，如满是个人信息的笔录第一页，就不应出现在 PPT 示证中。但在有笔录扫描图片出现的 15 件 PPT 示证庭审中，仅有 YJ 县法院审理的江某受贿案和 LZ 市法院审理的何某等四人贩卖毒品案，公诉人注意到且未出示证人笔录的第一页，但在上述两件案件的庭审中，公诉人还是出示了被告人讯问笔录的第一页，并且在江某受贿案中，在证人笔录的第二页出现了未被屏蔽的证人妻子和子女的个人信息、电话号码及子女所在学校。另外，案发时的视频是否应该打码或者屏蔽，也亟待相关标准或规定的出台。如 LZ 市法院审理的田某交通肇事案中，就播放了因车祸去世的未成年被害人的车祸现场视频和照片，却未对血腥的车祸现场进行打码等技术处理。

四、诉讼可视：从庭审公开到信息保护

司法实务已经证明，PPT 示证的法庭效果远超传统的言语控辩模式，有提升检察官的举证能力、缩短复杂案件的庭审时间、避免当庭出示的证据异化等优点，但也存在诸多问题，尤其是在检察官、法官均缺乏个人信息保护思维的情况下，PPT 示证中潜藏着个人信息被泄露的巨大风险。随着多媒体举证（PPT）成为考核项目，在庭审公开网出现的 PPT 示证会越来越多，如果不引起重视，更多被告人、证人、被害人甚至案外人等人的个人信息将会陆续出现在庭审公开网中。在具体制度和对策层面，针对前述提到的庭审公开视频中 PPT 示证出现个人信息的突出困境，应当从以下几下方面予以完善：

（一）制定庭审公开的个人信息保护机制

由于"两高"还没有针对庭审公开制定类似法律文书公开时需遵守的规定规则，同时也未引起各级法检的足够重视，庭审公开中对个人信息保护的

规定几近空白。曾有庭审公开视频中因诉讼参与人的言行出现过舆论失控、媒体炒作等突发事件，也仅是将庭审公开网的庭审视频删除了事，但记录个人信息的庭审视频仅需要简单截屏，就可以被记录保存，所以从源头保护庭审中的个人信息至关重要。在司法实务中，应从以下三点入手解决：

1. 联合制定相关直播公开工作规定

民事检察部门可以联合法院民庭，针对庭审直播和听证直播中的个人信息保护制定相关工作规定。有了具体的规定条款，才能让检察官、法官和技术人员在庭审公开时有法可依，提高个人信息的保护意识，并按照规定明确多媒体、PPT和诉讼可视化示证中需要屏蔽、隐藏、打码等技术处理的范围，避免出现法律文书已按照相关规定屏蔽，但是在庭审视频中却全程公开在屏幕中的场面。

2. 在庭前审查个人信息及相关证据

民事检察部门可以建议法院做好庭前的核查准备工作。如诉讼参与人的出生日期、身份证号码、住址等个人信息，可以由法庭书记员在庭审前核查，核查无误后再开启庭审直播，法官不再口头核查诉讼参与人身份信息。另外，与个人信息相关的证据可以在庭前会议时进行质证，辩护人对三性无异议后只在庭审中以文字方式简略出示即可。

3. 示证案件按照是否公开分类制作

当决定在庭审中采用PPT示证时，民事检察部门可以与刑事检察部门、法院刑庭提前进行沟通，将案件分为四类：一是庭审不直播案件中，可以放宽屏蔽标准，在PPT中有限展示个人信息相关证据；二是在庭审直播案件中，用屏蔽、隐藏、打码等技术处理PPT示证中相关证据的个人信息，避免个人信息泄露；三是在庭审直播过程中，当个人信息相关证据必须原样出示时，由法庭书记员暂停庭审直播，不记录在庭审直播的视频中，等证据出示完毕后再恢复庭审直播；四是庭审虽然进行网上直播，但庭审直播和庭审公开画面不再展示PPT示证的内容，PPT界面仅对法庭的在场人员展示，避免其中的个人信息出现在庭审公开网中。

（二）多媒体示证转变为诉讼可视化示证

在PPT示证过程中，不少公诉人在PPT中将笔录、图片、视频等证据原样出示，而隐藏个人信息、将证据再加工的方式，也是诉讼可视化示证。法律界中普遍认为诉讼可视化就是诉讼图表化，但诉讼可视化示证，就突破了诉讼可视化等于诉讼图表化的思维盲区，除了证据可视化、图表化，还有证据不可视化、加工化。如果说多媒体、PPT示证是对证据的原貌展示，诉讼可视化示证就是对证据的再加工、再组合。在司法实务中，诉讼可视化示证有以下特色：

1. 直播前审核

民事检察部门可以主动参与并对刑事检察部门、公益诉讼检察部门制作的PPT、多媒体进行直播前审核，对PPT、多媒体中出现的个人信息进行标识，并协助或者要求刑事检察部门、公益诉讼检察部门干警将庭审直播、听证直播需要的PPT、多媒体的个人信息进行屏蔽，将民事检察与刑事检察、公益诉讼检察等与庭审、听证相关的工作相结合，及时消除庭审直播、听证直播中可能出现的因检察业务导致的个人信息泄露隐患。

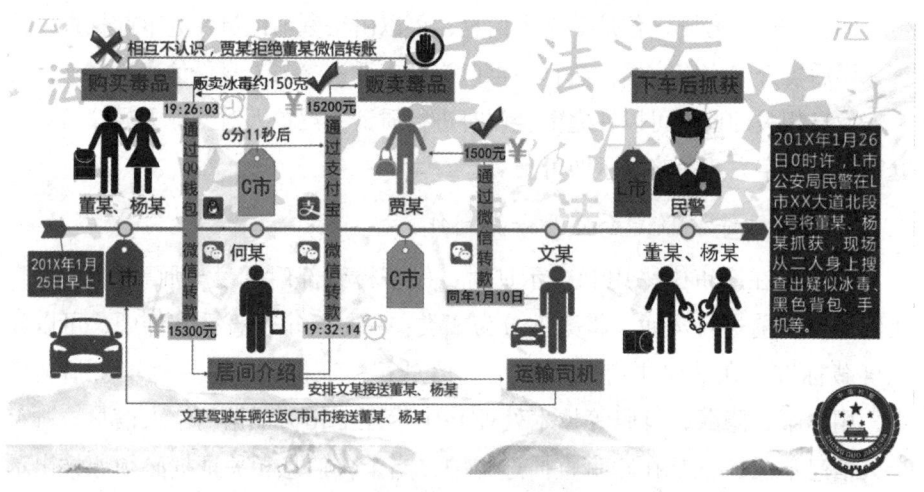

图6 何某、徐某等四人贩卖毒品案第三笔犯罪事实诉讼可视化思维导图

2. 图表可视化

笔者制作的首件诉讼可视化示证是何某、徐某等四人贩卖毒品案，起诉书认定的其中一笔犯罪事实如下：贾某通过何某的介绍向董某、杨某贩卖甲基苯丙胺（俗称冰毒）140余克。董某向何某分别通过QQ转款人民币13500元、微信转款人民币1800元，随后何某通过支付宝向贾某转款人民币13400

元、微信转款人民币 1800 元。之后，何某让文某开车将董某、杨某送至 LZ 市某公司附近。针对该笔犯罪事实，笔者并未像其他多媒体示证案件那样直接在屏幕上展示起诉书，而是专门制作了诉讼可视化思维导图，在隐匿了当事人微信、QQ、支付宝账号和车牌号的同时，协助合议庭在庭审中更快地梳理出本案中涉案人员之间的关联性，同时还让不理解法言法语的旁听群众和庭审公开网的在线观众，也能通过该思维导图对贾某如何在何某的介绍下向董某贩卖毒品的经过一目了然，免去了在庭上赘述毒品犯罪中居间介绍、倒卖和代购毒品的区别。最终，在这场播放量超 10 万次的全市首例诉讼可视化庭审中，诉讼可视化不仅让拒不认罪的何某、当庭翻供的徐某当庭认罪，还让法院判决认定了起诉书指控的全部犯罪事实，更给观看庭审的民众带来了一场生动有趣的法治视听盛宴。①

五、精益求精：品牌化的民事检察

诉讼可视化虽然被笔者用于刑事案件示证和个人信息保护，但目前的诉讼可视化概念则主要来源于《诉讼可视化》一书，笔者将其所在律师事务所推行的"两张图"（案件事实图、法律关系图）工作法归纳为"用图表说话"，其中图主要是指流程图，表主要是指数据表。由于该律师事务所主要代理民商事案件，故《诉讼可视化》一书中的案例均为民商事案例，另外，网络上的各种诉讼可视化相关讲座视频基本也是围绕民商事来展开，因此诉讼可视化与民事检察的契合度极高，从做强民事检察的角度来看，诉讼可视化既能用于民事诉讼监督案件的审查中，也能用于民事检察的公开听证会中。

（一）案件审查图表化

在民事案件中，建设工程合同纠纷有着发包人、承包人、分包人、施工人等各种各样的民事主体，各种民事主体之间还存在不同的民事法律关系，由于涉及的民事主体多、工程合同乱、法律关系杂，常常让进行民事检察监督的检察官头痛不已。如何完整地将案件事实和诉讼经过表达出来，并且重点突出建设工程合同纠纷案件中裁判结果、执行活动、审判程序中存在的问

---

① 该案庭审实务经验详见陈鉴、龚宇：《重大毒品犯罪诉讼可视化思维探索》，载《中国检察官》2020 年第 10 期。

题，对检察官提出了更高的要求。但通过诉讼可视化，不仅能清晰明了地梳理出不同民事主体之间的法律关系，还能一并展示出各级法院的判决结果，更能突出裁判结果中存在的问题，让民事检察监督生动形象、事半功倍。

以笔者审查的历经一审、二审和再审的某建设工程合同纠纷案为例，C公司向检察机关申请监督，提出了一审判决和二审判决将工程款12941234.58元（含税价）全部判归粟某某所有，未按合同约定扣除应当由粟某某承担的工程价款定额造价11%的税金1423535.80元，损害了C公司的合法权益。针对该点，一审、二审民事判决的确均未在工程结算价中扣除税金，而是认定鉴定工程造价已经扣除税金。但是在检察院对该案审查期间，鉴定机构D咨询公司向检察院出具了《关于粟某某与C公司、唐某建设工程分包合同纠纷〈工程造价鉴定意见书〉回复函》，称工程结算价为114224405.05元（税前造价下浮16%）+1256684.56元（按销项增值税率11%计取税金）=12681089.61元。故原工程造价鉴定意见书中的鉴定工程造价12681089.61元包含有税金。按照D咨询公司出具的《回复函》，笔者制作出了对应的C公司扣除税金后应支付工程款明细表，让各种费用明细一目了然，计算出民事判决书中未扣除的税金为120余万元。

表1 C公司扣除税金后应支付工程款明细

	二审判决认定	鉴定机构说明					扣除税金认定
		工程名称	税前工程造价	造价下浮16%	11%税金	鉴定意见认定	
X工程价款	2,933,575.01	配套管网工程	1,826,008.58	1,533,847.21	168,723.19	1,702,570.40	1,533,847.21
		污水处理站	1,289,863.83	1,083,485.62	119,183.42	1,202,669.04	1,083,485.62
		围堰拆除费（未计入鉴定意见）				28,335.58	28,335.58
		工程价款合计（增加X围堰拆除费28335.58元）				2,933,575.02	2,645,668.40
Y工程价款	10,007,659.18	Y及配套	10,484,609.80	8,807,072.23	968,777.95	9,775,850.18	8,807,072.23
		240米钢筋砼涵管材料（未计入鉴定意见）				231,809.00	231,809.00
		工程价款合计（未增加Y围堰拆除费580937.58元）				10,007,659.18	9,038,881.23
Y质保金5%	500,382.95	备注：Y工程价款的5%					451,944.06
Y实际款项	9,507,276.22	备注：扣除5%的质保金				9,507,276.22	8,586,937.17
认定总工程款	12,440,851.63	备注：总工程款=X工程价款+Y实际款项					11,232,605.57
已支付款项	8,700,000.00						8,700,000.00
代支付工资	145,010.00						145,010.00
二审判决支付	3,595,841.63	备注：应支付工程款=总工程款-已支付款项-代支付工资					2,387,595.57

虽然本案仅针对税金部分进行了民事监督，经审查认为二审判决认定C公司主张工程计价应从鉴定结论中扣除11%税金明显与合同约定计价不符错误，但为了更全面地梳理全案的案件事实和各方的法律关系，笔者再次制作出本案的诉讼可视化案件事实流程图，仅用一表一图就完整地还原了民事纠纷经过、裁判文书结果和民事监督重点，并作为审查终结报告的附件提交讨论，让初次见到诉讼可视化的检察官惊叹不已。

（二）公开听证可视化

由于民事诉讼涉及的法律关系复杂，再加上民法典已经开始施行，能否厘清不同民事主体之间的法律关系，将决定着民事检察的监督品质。随着《人民检察院审查案件听证工作规定》的出台，公开听证尤其是在中国检察听证网的听证直播，成为展示民事检察工作的重要窗口之一。但面对历时久远的诉讼流程、纠缠不清的法律关系、繁芜丛杂的案件事实……仅凭文字和语言难以全面概括和精准描述，但借助诉讼可视化，就可以让参与听证的人员、在线观看的民众尽快了解到案件经过。

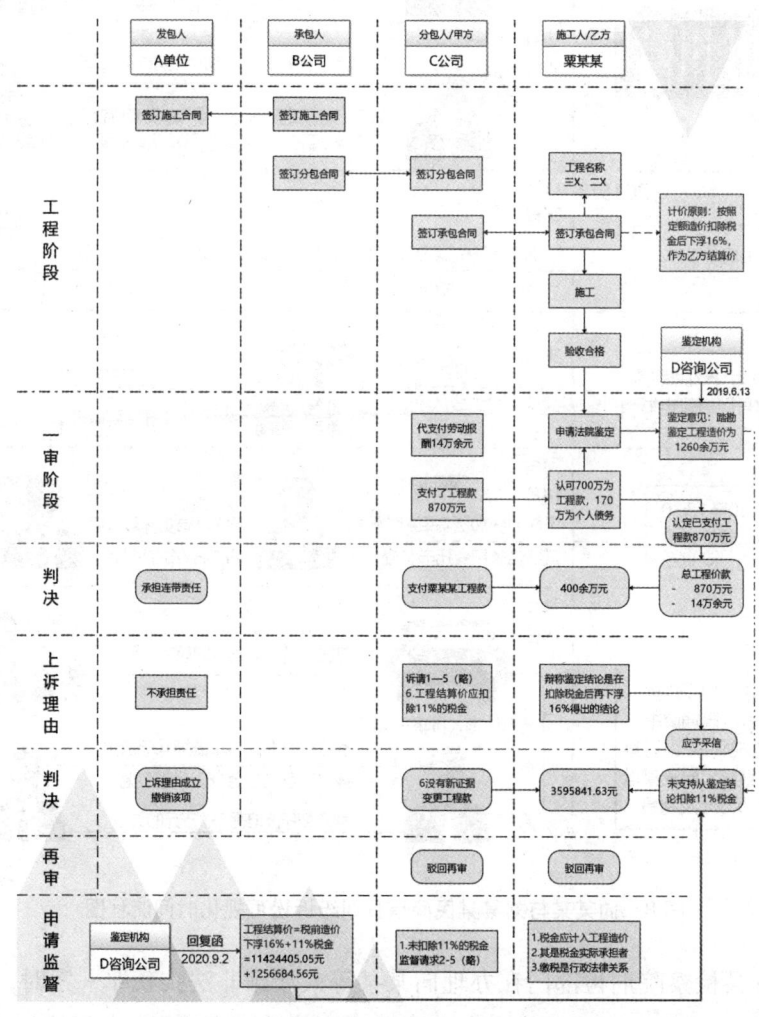

图7 C公司申请监督案案件事实流程图

《诉讼可视化》中的诉讼图表主要针对的是专业的法官,《人民检察院审查案件听证工作规定》第 7 条第 1 款并未要求听证员必须为法学专业,在线观看的民众更不知何为法言法语。故将诉讼可视化应用于民事检察听证会的同时,需要考虑面向的对象和屏幕的应用,将诉讼可视化图表进行再加工,可以添加各种图案,减少专业术语,设计成更能吸引民众眼球的模式。

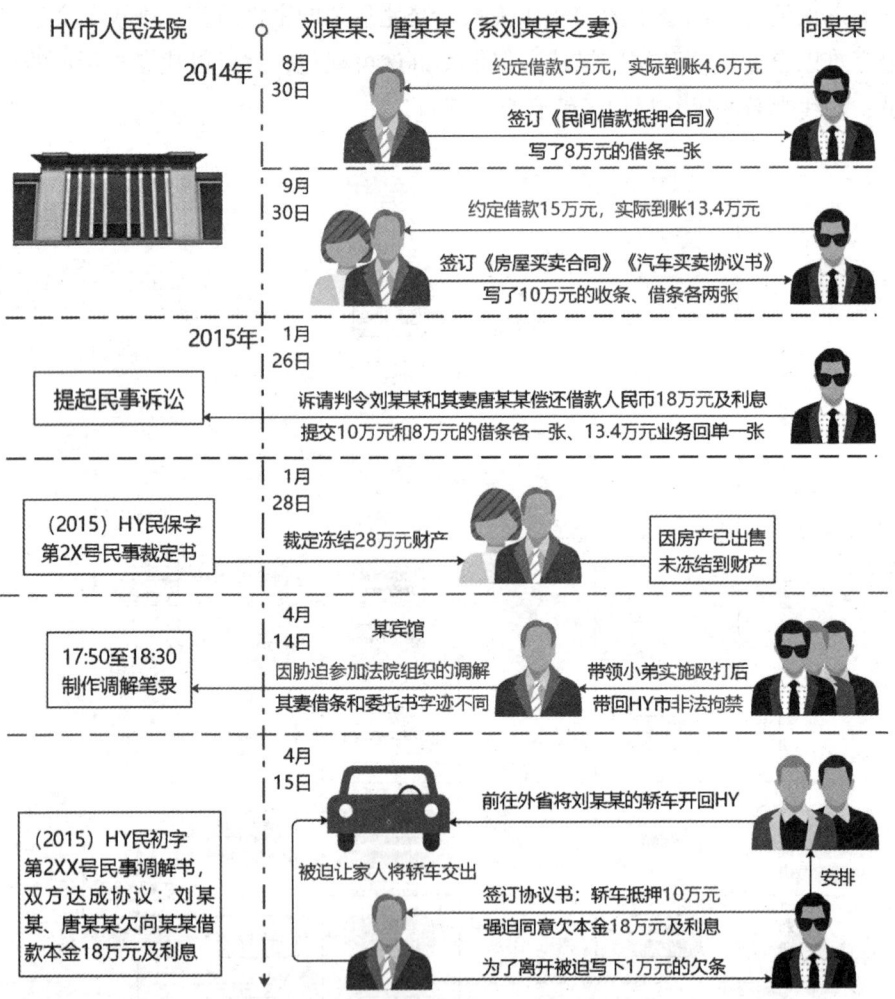

图 8 向某某与刘某某民间借贷纠纷诉讼可视化时间流程图

LS 县检察院刑检部门在办理向某某等人涉嫌非法拘禁罪一案时,向 LS 县检察院民行部门移交了向某某通过非法拘禁手段强迫刘某某同意民事调解的虚假诉讼线索。由于该案案情比较复杂，笔者按照时间顺序将本案的案件事实和法律关系制作成了诉讼可视化时间流程图，并提交讨论。虽然最后讨论结果是该案不属于虚假诉讼案，但是在增加了人物、汽车、法院等图案元素后，相比之前的枯燥的诉讼可视化图表，整个民事案件就变得生动有趣了不少。

个别复杂案件往往在司法机关或各个部门中流转了多个流程，会产生一系列不同的处理结果，如果将流程用文字逐行展示，或者用言语逐句陈述，平淡的词句只会让不懂诉讼流程的听证员和群众味同嚼蜡。但是只需转变一下思路，将单调的流程变成美观的可视化流程图，再配合适当的背景图片在屏幕中展示，就会给观众带来眼前一亮的感官体验。

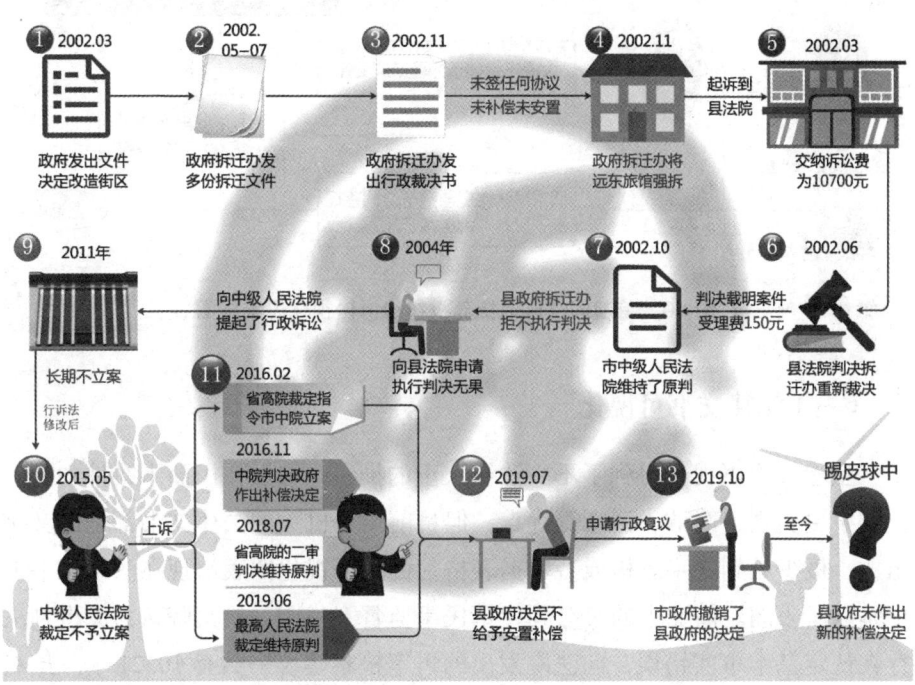

图9　程序空转20年来的南部县远东旅馆强制拆迁案

即使是令不少检察官和法官头大的婚姻家庭纠纷案件，也能通过诉讼可视化展现出不一样的魅力，如图10就是笔者根据国内首起同性伴侣抚养权纠纷案的新闻报道制作出的可视化图表。①

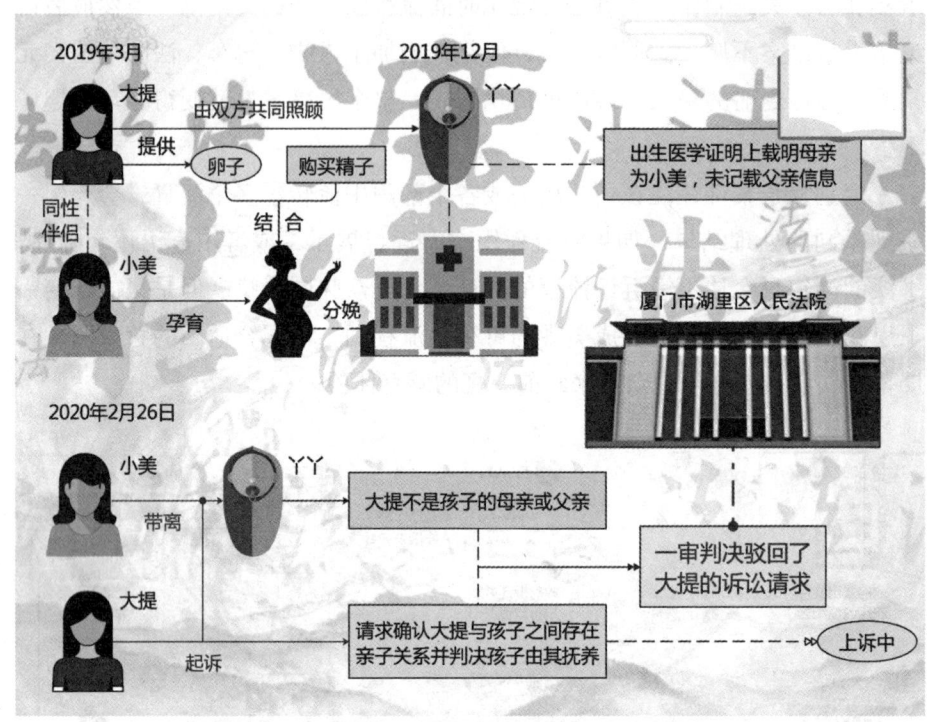

图 10　首起同性伴侣抚养权纠纷诉讼视化思维导图

（三）法律文书可视化

虽然诉讼可视化得到了不少法律人士的推崇，并且在民商事案件中有着比文字更美观、简洁、清晰等优点，但目前司法机关的法律文书都是由文字组成，极少见到文字表格或者数据表格，诉讼可视化图表出现在法律文书上更是闻所未闻。前文中的 C 公司申请民事监督案件中，检察院认为民事判决存在认定基本事实错误，向法院发出的再审检察建议书共有 10321 字。虽然只需用几张图表就能全面清晰地概括案件事实和指出争议焦点，但由于没有先例，诉讼可视化图表也只能在与法官进行案件沟通时展示。

在民商事案件诉讼可视化逐渐成熟的现在，如果在民事检察的再审检察

---

① 参见林姗：《她们都说自己是孩子的妈妈》，载微信公众号"湖里法院"，2020 年 9 月 9 日。

建议书、民事抗诉书、不支持监督申请决定书等法律文书中，将可视化图表制作为法律文书的附件甚至是正文，从而简化复杂的案件事实、法律关系、程序流程，并通过网络公开相关民事检察法律文书，既能让民事检察文书更加美观化、精品化，还会给法律人和民众带来视觉享受和心灵震撼，更将为做强民事检察开拓出新的发展格局。

　　司法公开不应成为个人信息保护的"灯下黑"，民事检察也不应忽视检察业务中的个人信息保护。在通过诉讼可视化、制定相关规定等方式参与个人信息保护的同时，可以试着将诉讼可视化应用于民事检察中，毕竟民商事案件中错综复杂的案件事实、法律关系，已经难以用静态的文字和语言完整描述，寻找变革方能与时俱进。在案件审查、检察听证和法律文书中灵活运用诉讼可视化，不仅会让民事检察生动清晰，还会让普通民众耳目一新，更会改变民事检察在民众心中的弱势地位，最终打造出民事检察的诉讼可视化品牌。

以"两权分离"为基础的农地"三权分置"的意蕴及实现

——民法典对土地承包经营制度的法律表达

杨育正　杨惠嘉*

摘　要：民法典建立了"两权分离"与"三权分置"并立、"三权分置"以"两权分离"为基础的新的土地承包经营权制度体系，通过"三权分置"的制度基础、"三权分置"形成的地权结构、土地经营权的用益物权属性、设定方式及其权能的表达，落实了土地的集体所有权，稳定了承包经营权，放活了土地经营权，对于稳定党在农村的基本政策，稳定土地承包经营权人对土地承包经营的预期，促使其积极参与土地流转，稳定市场主体对土地经营的预期，促使其加大对土地经营的投入，充分利用土地生产社会财富，都将起到积极的作用。

关键词：土地承包经营制度　两权分离　三权分置　土地经营权

农地"三权分置"是民法学界近年来围绕民法典编纂展开讨论的热点内容之一，讨论的目的是希望民法典编纂能够对"三权分置"作出完善的立法表达，核心争点主要体现为地权表达模式、"三权"的权利内涵和权能配置、"三权"之间的关系模式、承包权的权利边界及其立法表达，以及土地经营

---

*　杨育正，法学博士，全国检察业务专家，西南政法大学、西南科技大学兼职教授，硕士研究生导师，中国不动产法研究中心客座研究员，绵阳市人民检察院检委会专职委员、三级高级检察官；杨惠嘉，西南政法大学民商法学院博士研究生。

权的性质、变动模式、变动事实、权能设计等问题。[①] 民法典在物权编的用益物权分编中用一章14个条文规定了土地承包经营权，并在其他编和章节中规定了农地所有权的主体、实现形式等内容，既落实了宪法的基本经济制度，又巩固物权法的立法成果，坚持农地集体所有，实行承包经营制度，并坚持家庭承包经营为基础的有统有分、统分结合的双层经营机制，对农地所有权和家庭承包经营权两权分离的改革成果进一步巩固，但同时，将自主流转土地经营权作为承包经营权人作为其实现其承包经营的方式，肯定了政策层面和农村土地承包法中从土地承包经营权中析出并设立土地经营权的表达方式，规定土地经营权人对农地的占有、使用、收益的权利，从而建立起"两权分离"与"三权分置"并立、"三权分置"以"两权分离"为基础的新的土地承包经营权制度体系。这对稳定党在农村的基本政策，稳定土地承包经营权人对土地承包经营的预期，促使其积极参与土地流转，稳定市场主体对土地经营的预期，促使其加大对土地经营的投入，充分利用土地生产社会财富，都将起到积极的作用。

一、民法典对坚持农地"两权分离"为基础的法律表达

《民法典》第330条延续物权法对农村经营体制的表述，即农村集体经济组织是农村经营主体，农村集体经济组织的经营方式采用集体经营和家庭经营双层经营的体制，在双层经营体制中，家庭承包经营是最基础的经营方式。农村集体经营的重要客体是农民集体所有的用于农业的土地（以下简称农地，包括耕地、林地、草地以及其他用于农业的土地），对农地实行承包经营制度。即民法典仍然坚持长期以来农村改革的成果，坚持农地集体所有权＋土地承包经营权的"两权分离"的地权结构。

综观中国历史，在很大程度上就是一部土地变革史。从朝代初期农民获得土地，然后地主兼并土地，农民失去土地陷入贫困，之后揭竿而起，推翻旧王朝。新中国成立后，为了克服这种循环往复的"周期律"，实现耕者有

---

① 参见房绍坤主编：《承包地"三权分置"的法律表达与实效考察》，中国人民大学出版社2018年版，第19页。

其田的美好愿景,在新中国成立初期将土地分给农户,归农户私有①,但很快就通过互助组、合作化运动②,将土地无偿转化为农村集体所有,从根本上杜绝了土地兼并可能带来的社会不公,为农村、农业的发展奠定了较好的基础。但是,土地公有制是人类社会一个崭新的社会实践和社会变革,如何利用好土地,发挥土地的财产和保障功能,执政者并无相关的经验,在农村实行了统一经营、统一分配的高度集中经营的模式,但这种模式极大地挫伤了农民的积极性。发轫于安徽小岗村的土地承包,掀起了中国改革的浪潮。由农民自发的土地改革,得到了中央的承认,正式确立了"土地所有权+土地承包经营权"的"两权分离"的农村地权结构。③"两权分离"结构,没有改变农地所有权的性质,改革的核心是以农户承包的方式将土地的经营权从所有权中分离出来,由家庭取代大集体(生产队、生产大队、人民公社)的经营主体地位,调整农地利益的分配。

"两权分离"是我国经济体制改革的开端,是改革开放取得的重要成果。新中国成立以来,通过农业的社会主义改造,将农村的土地由家庭收归集体所有。农地的"两权分离",是农民的"自主创新",是在坚持农村土地集体所有不变的前提下,改变不符合农业生产规律的统一经营和分配的生产方式,使家庭再次成为独立的经营主体,打破了大集体生产的管理方式对个人、家庭的束缚,是符合当时农业生产力不发达的情况下的生产方式,农民从中获得了生产经营的自主权,充分调动了农民的生产积极性,解放了生产力,提高了农业的生产效率。同时,"两权分离"体现了多劳多得、奖勤罚懒、按劳分配的社会分配原则,充分发挥了农民的主观能动性;"两权分离"

---

① 1950年,中央人民政府颁布实施《中华人民共和国土地改革法》,从法律层面明确了农民的土地所有权。

② 中央提倡发展农民互助合作,1951年12月颁行了《关于农业生产互助的决议(草案)》对农民互助合作提出了具体要求,普遍发展互助组和办农业生产合作社;1953年颁布了《关于发展农业生产合作社的决议》,要求加快合作化速度向高级合作社迈进;1958年通过了《关于在农村建立人民公社的决议》,实行"政社合一"的管理体制,人民公社取代了农村土地家庭经营;1962年通过《农村人民公社工作条例》,正式形成"三级所有、队为基础"的集体土地所有权。

③ 1980年5月,邓小平对安徽省包产到户所引起的积极变化予以高度赞扬后,包产到户改革迅速遍及全国。随后,1982年《中华人民共和国宪法》中明确提出"实行家庭承包经营为基础、统分结合的双层经营体制"。

还使农民从集体统一经营的桎梏中解脱出来，农民在耕作之外，可以根据自己的实际情况从事耕作以外的产业或者扩大生产规模、改进农业经营方式对农业进行深度开发，或者开展劳务输出等，形成了农忙务农、农闲务工经商的局面，既增加了农民的就业和收入，又为城市改革提供了重要的生产、生活资料和劳动力支撑。所以可以这样说，"两权分离"的地权结构，通过确立农民的土地承包经营权赋予了了农民的生产经营自主权和收益权，成为我国经济改革的开端和基础，是农民自主创新的重要成果。这一成果在党的十五届三中全会通过的《关于农业和农村工作若干重大问题的决定》中进一步巩固，并通过宪法修改被固定下来。[①] 其核心要旨为坚持两个"长期不变"：要符合农业生产经营本身规律，以家庭经营为基础的农业经营方式长期不变；要坚持社会主义基本经济制度求，农地集体所有的性质要长期不变。[②]

"两权分离"较好地平衡了土地所有权与农户承包经营权。在我国，农地的功能有二：一是财产性功能，该功能通过农地的利用获得财产性收益，利用的方式主要是种植和养殖；二是社会保障功能，即保障集体成员基本的生存所需。土地承包经营制度在一方面重视土地的财产性功能，除耕地外，"四荒地"等可以向本集体成员外部、招标、拍卖，调动社会力量开发利用，同时重视农地对本集体成员的保障功能，农业用地由本集体成员承包。这样，"两权分离"通过农地所有权人集体和所有权人中的成员个人的结合，落实了集体所有权，同时也兼顾了土地承包经营权各项权能的发挥。

"两权分离"是实践中及政策层面推进"三权分置"的基础。由于中央的高度重视、宪法修正案和农村土地承包法以及物权法的颁行，农地"两权

[①] 党的十九届五中全会决议指出，以公有制为基础多种所有制经济共同发展的基本经济制度，以家庭承包为基础、统分结合的经营制度，以劳动所得为主和按生产要素分配相结合的分配制度，必须长期坚持，家庭承包经营不仅适应以手工劳动为主的传统农业，也能适应采用先进科学技术和生产手段的现代农业，具有广泛的适应性和旺盛的生命力。要坚定不移地贯彻土地承包期再延长30年的政策，同时抓紧制定确保农村土地承包关系长期稳定的法律法规，赋予农民长期而有保障的土地使用权。1999年宪法修正案将上述内容作为《宪法》第15条的内容。2003年3月，《农村土地承包法》正式施行，以法律形式赋予农民长期而又有保障的土地使用权。2007年，《物权法》颁布，土地承包经营权被确定为用益物权。

[②] 参见朱泽：《长期稳定以家庭联产承包责任制为基础的统分结合的双层承包经营机制》，载《人大工作通讯》1999年第11期。

分离"的地权结构得到高度认同。

随着城市化进程的加快和农业生产方式的改进，农业生产经营需要的劳动力进一步减少，农村人口大量向城市流动，分户经营带来的农地零碎化、农业集约化程度不高、农业产业结构性矛盾日益显现，在一些地区，农地的财产性功能受到限制。对土地承包经营制度中家庭联产承包的经营方式进行完善，成为现实需要。从政策层面看，2007年，党的十七届三中全会通过的《关于推进农村改革发展若干重大问题的决定》指出，土地承包关系要保持稳定并长久不变。完善土地承包经营权权能，允许农民以转包、出租、互换、转让、股份合作等形式流转土地承包经营权，发展多种形式的适度规模经营。2013年，中央全面深化改革的决定在重申稳定农地承包关系长期不变的基础上，要求赋予农民对承包地的流转及承包经营权抵押、担保权能。当年底的中央农村工作会议首次要求"探索农村土地集体所有权的有效实现形式，落实集体所有权、稳定农户承包权，放活土地经营权"，从这一过程我们可以清晰地看出，在政策层面，中央的农地改革政策始终是坚持以土地承包经营制度为基础，在法律层面上则是坚持以"两权分离"为基础，这一轮的农地改革，不是另起炉灶，而是在"两权分离"的基础上适应生产关系变化的新趋势的完善提升。

民法典对"两权分离"的法律表达，分为两个层面：

一是对落实集体所有权的法律表达。民法典坚持"农村土地集体所有"这个社会主义公有制的制度底线，延续了《物权法》第59条的规定，在第261条第1款明确："农民集体所有的不动产和动产，属于本集体成员集体所有。"这一表达明晰集体土地产权归属，明确界定农民的集体成员权，清晰了集体所有权的归属，"农民集体所有"本质上属于"本集体成员集体所有"，土地集体所有权就是本集体成员集体的所有权，因此，确保集体成员权的实现是落实集体所有权的必然路径选择，集体成员在成员集体中行使成员权实际上是行使集体所有权；民法典未对"成员集体"的内涵进行界定，但在第261条第2款明确了本集体成员对土地承包方案、调整方案、土地外包等重大事务的决定权，第264条规定了集体成员对集体财产的知情权，第265条第2款赋予了集体成员对农村经济组织、村民委员会及其负责人作出侵害集体成员合法权益决定的撤销请求权；对于农地所有权的行使主体，《民法典》第262条第1项、第2项规定，农村集体经济组织或者村民委员会、村民小组代表集体行使农地所有权，依据上述第261条的规定，农地的所有权人系本集体的成员集体。由集体成员以户为单位承包本集体所有的农地，不仅能够充分发挥农地的财产功能，还可以体现农村承包经营权不同于一般的用益物权的"准所有权"性质。和之前物权法规定不同的是，民法典强调了农村集体经济组织、村民委员会、村民小组代表行使所有权要"依法"，这里蕴含着依法成立、依法接受集体成员的委托、依法接受监督等含义；民法典没有在所有权的占有、使用、收益和处分四大基础权能之外单独规定具体的权能，但从第261条第2款和第336条可以看出，其对处分权进行了细化，包括对土地的发包权、个别承包人之间及自然灾害严重损毁承包地等特殊情形出现后承包地的调整权，第117条规定了集体土地被征收后的获得补偿权；关于农地所有权的保护，《民法典》第113条、第207条规定了集体财产与国家、私人和其他权利人的财产平等保护的原则。这些规定对于防止集体所有权"虚化"，落实集体所有权有着重要的现实意义。

二是对稳定土地承包经营权的表达。如前所述，土地承包经营制度是我国农地经营的基本制度，家庭承包经营是农地经营的基本经营方式，在当前的农村，既有推进农地适度规模经营的需求，也存有相当数量的农户有分户经营的需要，无论何种经营方式，其基础仍然是土地承包经营。因此，保持土地承包经营权的稳定是民法典表达的重点之一。民法典不仅坚持承包经营权制度，充分考虑农户承包权与现行法律概念规范体系的协调，遵循宪法和法理的原则，而且在物权法规定的基础上，引入农村土地承包法的最新立法成果，进一步"赋权强能"，未采纳一些政策文本中和部分学者将土地承包经营权区分为"土地承包权"和"土地经营权"的表达方式，仍然延续了宪法、物权法、农村土地承包法以及长期以来形成的"土地承包经营权"的表达方式。第333条第1款规定了"土地承包经营权"由合同设立，其他条款对土地承包经营的农户也称为"土地承包权人"，这既是土地承包经营制度基础地位的认可，也是对"两权分离"的地权结构的进一步肯定；稳定土地承包经营权首先是指要保持土地承包关系长久不变，《民法典》第332条明确了耕地、草地、林地的承包期分别为30年、30年至50年、30年至70年，承包期届满后，承包经营权人按照农村土地承包相关法律的规定继续承包；第333条规定了承包经营权的自合同生效时设立、权证发放、登记公示制度；第336条第1款、第337条关于承包期内发包人不得调整和收回土地的规定,明确了对承包经营权的特殊保护;坚持土地承包经营权的用益物权性质,将其规定在"用益物权"一章,在第 323 条规定用益物权的占有、使用、收益权能的基础上,第 335 条、第 339 条、第 399 条赋予了土地经营权的互换、转让、流转及抵押等权能。

二、民法典"三权分置"表达的基本意涵

以土地承包经营制度为核心的家庭联产承包责任制自诞生以来在很长时期内的确表现出了旺盛生命力,既推进了农业的发展,也给其他领域的经济改革注入了活力。但是,随着生产力的发展、农业新技术的发明和农业产业市场的变化,"家庭联产承包责任制的边际效用不断递减、效率降低,逐渐落后于农村生产力的发展水平,并给农村生产力的进一步发展带来了障碍"。[1]小规模家庭经营的弊端日渐突出,使中国农业在国内产业竞争和国际农业竞争中都面临严峻挑战。[2]实践中,各地针对这一情况开展了土地流转的探索。习近平总书记 2013 年 7 月在考察武汉市农村综合产权交易所时要求,"要好好研究农村土地所有权、承包权、经营权三者之间的关系",[3]第一次由党和国家领导人提出了农地改革的三权概念,其后的中央文件多次对"三权分置"的相关问题提出要求和进行安排。[4]2019 年 12 月 29 日,党的十三届全国人大常委会第七次会议修正了《农村土地承包法》,正式以法律的形式对农地"三权分置"作出了规定。《民法典》是民事活动的基本法,在编纂时对此问题也作出了积极的回应。

---

[1] 刘先江:《农村土地经营权流转的政治学分析》,载《政治学研究》2014 年第 4 期。

[2] 参见何秀荣:《公司农场:中国农业微观组织的未来选择?》,载《中国农村经济》2009 年第 11 期。

[3] 习近平:《坚定不移 全面深化改革开放 脚踏实地推动经济社会发展》,载 http://www.xinhuanet.com/politics/2013-07/23/c_116655893.htm,2020 年 12 月 5 日访问。

[4] 2014 年中央一号文件,中共中央办公厅、国务院办公厅《关于引导农村土地经营权有序流转发展农业适度规模经营的意见》又要求在落实农村土地集体所有权的基础上,抓紧研究稳定农户承包权、放活土地经营权及三种权利在土地流转中的相互关系和他们的具体实现形式。2016 年 10 月,中央两办再次印发《关于完善农村土地所有权承包权经营权分置办法的意见》对土地三权分置进行了安排。

从"两权分离"到"三权分置",法学界所争议的核心争点主要有:是创新性地进行农地改革(体系再造)还是在原土地承包经营制度上进行改革(制度嵌入)?分置后的法权结构如何安排?分置出的土地经营权的性质是什么?分置的方式如何确定?分置后的土地经营权的权能如何安排?

(一)对土地承包经营制度改革的表达

有观点认为,"三权分置"在本质上是农民集体所有权的法律再造,要对"两权分离"体制进行全面改造,重构农民集体所有权实现的新体制,即将土地所有权仍保留在农民集体手中,但将农户承包权改造为集体土地的份额(按份共有),由农民集体统一经营流转给土地经营者并收取使用费,扣除集体提留等再按照农民承包权(所有权份额)分配给农民。[①] 也有观点认为,应当采用"制度嵌入"的模式,即以原已形成的"两权分离"的制度体系为基础,将"三权分置"模式下的相关法律制度设计有机嫁接到现有制度体系之中。[②] 民法典采用了"制度嵌入"的表达模式,即在对"三权分置"作立法表达的过程中,尽可能做到将"三权分置"模式下的法律制度设计与原有"两权分离"模式下的制度体系稳妥对接。第333条第2款明确规定农村集体所有的农地依法实行土地承包经营制度,这一条款是土地承包经营权一章的核心条款,是定性条款,对于确定农地"两权分离"作为"三权分置"的基础地位至关重要。

(二)对"三权分置"后地权结构的表达

"三权分置"后的地权结构如何表达?学说上存在不同观点:一是"土地所有权+土地承包经营权+土地承包权+土地经营权";二是"土地所有权+土地承包权+土地承包经营权";三是"土地所有权+土地承包权+土

[①] 参见高富平:《"三权分置"改革的法律解析和制度意义》,载房绍坤主编:《承包地"三权分置"的法律表达与实效考察》,中国人民大学出版社2018年版,第2—3页。

[②] 参见管洪彦:《"三权分置"立法表达的核心争点与破解之道》,载房绍坤主编:《承包地"三权分置"的法律表达与实效考察》,中国人民大学出版社2018年版,第22页。

地经营权";四是"土地所有权+土地承包经营权+土地经营权"。①地权结构如何表达的问题,其立足点主要在于对土地承包经营权的地位的认识,如果把承包经营权视为一个独立的、完整的权利,并不必然分离出土地经营权,只有在土地承包经营权人流转土地时,才设定土地经营权,因此承包经营权作为"两权分离"的核心权利,不宜将其划分为土地承包权和土地经营权。如果把土地承包权视为成员权,承包土地是集体成员的当然资格权,经营仅是土地一种利用方式,则会把承包经营权分离为土地承包权和土地经营权。土地承包经营权这一概念,已经被广大民众广泛接受,在法规范层面,物权法、农村土地承包法等都采用了土地承包经营权概念来表达集体成员的土地承包权利,另外,基于家庭承包经营制度的基础地位,以及"三权分置"背景下"两权分离"结构下农户自身行使土地承包经营权的情况还普遍存在等情况,不宜将承包权和经营权分开表达。《民法典》第330条首先明确,土地承包经营权是巩固和完善农村基本经营制度的基础,物权编第十一章以"土地承包经营权"冠名,第333条明确了承包农户的权利为"土地承包经营权",第331条、第332条第2款、第333条第2款、第334条均对承包土地农户称之为"承包经营权人",而第339条则将经流转从土地经营权中分置出的权利称之为"土地经营权"。因此,民法典形成了"土地所有权+土地承包经营权+土地经营权"的承包地产权结构。需要注意的是,若土地承包经营权人未流转出土地经营权,则维系"土地所有权+土地承包经营权"的"两权分离"地权结构。

(三)对土地经营权权利属性的表达

土地经营权为"三权分置"改革之关键,确定其性质关系权能的配置。关于土地经营权法律性质在学界主要有四种观点:一是"物权说",这种观点主要从中央"三权分置"改革的目的角度出发考虑充分发挥农地的财产性权能,所以需要设定为物权才能满足"可转让""可抵押""可融资"的要

---

① 参见高圣平、范佳慧:《物权编之热点——在编纂中回应时代变化》,载 https://baijiahao.baidu.com/s?id=1669895885468288026&wfr=spider&for=pc,2020年12月5日访问。

求①，物权的绝对性能够提高土地使用权人的投资和生产热情，且将土地经营权设置为土地承包经营权之上的一种次级用益物权具有理论可能性②。二是"债权说"，这种观点主要认为土地经营权并不具备独立物权所要求的处分权③，土地承包经营权的流转采用出租或入股的方式进行，具备典型的债权特性④，且在用益物权上在设定用益物权也缺乏理论支撑，对土地经营权进行登记并赋予其对抗效力同样可以实现改革的目的⑤。三是"物权化债权说"。该种观点认为，民法意义上的"三权分置"实质是一种"物权—物权—债权"的土地权利构造，是对他人承包土地的债权型利用权，不具有物权属性。⑥四是"折中说"，主要观点是土地经营权既可以是债权（短期的具有债权性质的经营权未经登记的情况下），也可以是物权（长期稳定的具有物权性质的经营权经登记公示的情况下）。⑦笔者认为，承包经营权与传统民法上的用益物权是不一样的，其权利来源是所有权人中的成员权。承包人享有承包经营权，实际上是集体的成员在行使集体所有权，因此，承包经营权虽然在物权法和《民法典》中都被规定在用益物权部分，但其实其权利的内核具有类所有权的特征。从其中分离出用益物权并不存在理论上的障碍。民法典则将土地经营权置于"土地承包经营权"一章，肯定了土地经营权的用益物权属性。第341条认可了《农村土地承包法》第41条所设置的土地经营权登记规则，即流转期限5年以上的可以进行登记并赋予其登记对抗效力，明确规

---

① 参见孙宪忠：《推进农地三权分置经营模式的立法研究》，载《中国社会科学》2016年第7期。

② 参见宋志红：《三权分置下农地流转权利体系重构研究》，载《中国法学》2018年第4期。

③ 参见高海：《论农用地"三权分置"中经营权的法律性质》，载《法学家》2016年第4期。

④ 参见吴义龙：《"三权分置"论的法律逻辑、政策阐释及制度替代》，载《法学家》2016年第4期。

⑤ 参见高圣平：《土地承包经营权制度与民法典物权编编纂——评〈民法典物权编（草案二次审议稿）〉》，载《现代法学》2019年第5期。

⑥ 参见温世扬、吴昊：《集体土地"三权分置"的法律意蕴与制度供给》，载《华东政法大学学报》2017年第3期。

⑦ 参见王利明：《我国民法典物权编的修改与完善》，载《清华法学》2018年第2期；赖丽华：《基于"三权分置"的农村土地经营权二元法律制度构造》，载《西南民族大学学报（人文社会科学版）》2016年第11期。

定流转期限为5年以上的土地经营权未经登记，不得对抗善意第三人。该条还强调了土地经营权自流转合同生效时设立。这样的规定有利于维护交易安全，保障土地经营权人的经营预期，土地经营权人可以通过流转方式获得长期稳定的土地经营权（用益物权）并得到法律的保护。

（四）对土地经营权设定方式的表达

土地流转方式即从土地承包权中分置土地使用权的方式，也即土地经营权的设定方式。《民法典》第339条规定了流转土地经营权的方式包括出租、入股或者其他方式。在修订后的《农村土地承包法》第36条设定的出租（转包）、入股或者其他方式上删去"（转包）"的方式。土地出租，是指承包经营权人自愿将自己从本集体承包的部分或全部土地在一定期限内租赁给他人从事农业生产经营。出租后土地承包经营关系不变，承包经营权人继续履行土地承包合同规定的权利和义务，承租方依据出租合同的约定对承包方负责。由于转包与出租的含义基本相同，民法典没有再将转包作为流转方式。入股，是指承包经营权人自愿将土地承包经营权作为股权，联合组成股份公司或者合作社等从事农业合作生产经营。入股同样是承包经营权人在其承包经营权上设立土地经营权，并不改变承包经营承包关系，承包农户的土地承包经营权并不丧失。① 第339条将"其他方式"与出租、入股并列为流转土地经营权的方式，这是一个兜底性规定，是指与出租、入股等效果相同的流转方式。由于"转让""互换"局限在本集体经济组织内部，且互换、转让产生出让人的土地承包经营权消灭的物法效果，因此民法典未将其作为土地经营权的设定方式，而是在第335条中另行规定，"抵押"是创设他物权效果的流转方式，同样也不能纳入本条所列的"其他方式"。② 从目前"三权分置"的实践看，其他方式主要包括土地托管、代耕代种等。③

---

① 参见高圣平、王天雁、吴昭军：《〈中华人民共和国农村土地承包法〉条文理解与适用》，人民法院出版社2019年版，第212页。

② 第339条规定的土地使用权流转方式不同于第342条，该条的土地使用权的设定不是基于土地承包经营权，而是基于土地使用权，因此，抵押并不会改变承包经营关系，故在第342条规定的情况下，抵押是一种土地经营权流转方式。

③ 《三权分置意见》中明确："鼓励采用土地股份合作、多种经营方式，探索更多放活土地经营权的有效途径。"

另外，以招标、拍卖和公开协商等方式取得的农村土地上的权利，不同于物权法上将其定性为土地承包经营权，《民法典》第342条直接定性为土地经营权，这种情况下取得的土地经营权，也区别于从承包经营权人处流转的土地经营权，可以出租、入股、抵押或者其他方式流转。这样的区分实际上明确了土地承包经营权的享有具有身份属性，即仅本集体经济组织的成员才可享有土地承包经营权。①

（五）对土地经营权权能的表达

《民法典》第323条规定了用益物权的三项权能，即占有、使用和收益。第340条对土地使用权的权能配置符合用益物权的权能。一是占有农村土地权，即土地经营权人基于土地流转合同关系对土地的实际控制的权利，土地经营权人对土地享有独占性权利且为直接占有，这是土地经营权人进行农业生产经营的前提和基础。二是农村土地使用权，即可以自主利用土地上从事农业生产经营活动。当然，土地经营权人对农村土地是受到农地用途的限制的，不得从事非农生产经营。三是农地主要包括农业生产经营的直接收益，或者根据合同对其投资获得补偿费和相关农业政策补贴。四是有限的土地处分权，即以流转土地经营权或为其设定权利负担等方式处分土地经营权自身的权利。当然相较于土地所有权，土地经营权的处分权能是受到限制的，需要符合法律规定和合同的约定。

三、对实现"三权分置"中的土地经营权的考量

由于"三权分置"的基础仍然是土地承包经营制度，体现为"两权分离"的权利结构，因此需要在土地经营权实现的过程中，确保其基础的制度功能的实现，要注重将民法典的规范与农村土地承包法、土地管理法中的民事特别法规范相结合，落实集体所有权，稳定承包经营权，在土地流转中充分尊重承包经营权人的意愿，切实保障土地经营权人的利益，充分发挥土地经营权的用益物权功能，当然，土地经营权的行使也需要坚持土地的用途管制和遵守绿色原则。

---

① 参见刘灿：《民法典中土地承包经营权制度的变革、争议及解释》，载《农村工作通讯》2020年第16期。

（一）落实土地集体所有权

在理论界存在集体所有权被虚置的声音。民法典通过重申"农村土地集体所有"，并且明确了本集体成员对土地承包方案、调整方案、土地外包等重大事务的决定权，规定了集体成员对集体财产的知情权，赋予了集体成员对农村经济组织、村民委员会及其负责人作出侵害集体成员合法权益决定的撤销请求权，民法典规定了由农村集体经济组织或者村民委员会、村民小组代表集体行使农地所有权，还明确了土地集体所有权占有、使用、收益、处分权能之外的土地的发包权、土地调整权，获得补偿权等，这些规定在实施过程中，一是要求国家机关对农地集体所有权要与国家所有权实行平等保护，不能为了国家利益、私人利益侵害集体所有权。二是农村集体经济组织、村民委员会、村民小组行使所有权要依法成立、依法接受集体成员的委托、依法对集体所有权的行使形成决议、严格执行成员集体的决议并依法接受监督，还要按照有利于节约资源和保护环境原则对农地进行管理，发挥农地的产业价值，防止土地利用中的破坏耕地、污染环境、改变农地用途等情况发生；集体成员要主动行使权利，参与集体土地的管理；承包经营权人在土地流转中要按照土地承包经营合同的约定和农村土地承包法的规定及时向发包方备案。村集体经济组织在土地流转中也可以通过衍生土地流转收益[①]、服务性收入[②]等壮大农村集体经济，确保土地集体所有权落到实处。

（二）切实尊重土地承包经营权人的自主意愿

目前，农户在其承包地自耕自营仍为农业生产之主流[③]，土地承包经营制度仍然是党在农村的政策根基。实践中，以土地流转设定土地经营权的过程中，发包人、土地经营权人侵害承包经营权的情形还时有发生。按照《民法典》第339条的规定，土地流转应当出于承包经营权的自主决定，土地经营权设立的时间、对价及其给付方式、设立方式、期限长短等，都应当由承

[①] 衍生土地流转收益为土地平整规模化去除沟渠、田埂等多出的土地进行流转的收益。

[②] 服务性收入包括流转服务费、水电路渠等基础设施维护费，建设育秧中心、农机中心等配套服务收入。

[③] 参见杨一介：《论"三权分置"背景下的家庭承包经营制度》，载《中国农村观察》2018年第5期。

包方自主决定,与受让方协商一致后确定,集体经济组织、基层群众自治组织以及有关政府部门都不得干预。① 发包人不得剥夺承包经营权,不得借反租倒包违法收回承包地,也不得以国家的惠农政策为导向促使农民"被"流转,要切实保障征地后承包经营权人的利益。

(三)切实保障土地经营权的行使

土地经营权是一个"新生"的民事权利,《民法典》第339—342条以4个条文进行了规定,确定了其用益物权的属性,在确保土地经营权的行使中,一是坚持土地流转方式的多元化。在《民法典》第339条规定的出租、入股方式流转土地外,拓展其他方式的样态,确保土地流转更加顺畅多元,进一步激发土地经营权的活力,拓宽各类社会主体参与土地经营权的经营流转。二是发挥登记对抗规则的作用,积极引导符合条件的土地经营权人申请登记,稳定承包经营权人的经营预期。三是发挥好土地经营权的融资功能,《民法典》第399条对原物权法规定的耕地使用权不得抵押的规定作出了删除处理,土地经营权与耕地所有权成为可抵押的财产,具备了融资担保功能,应当给予充分的保障。

(四)切实保障流转土地的农业用途

在保障土地经营权行使的同时,我们也要注意到,土地经营权人使用土地的权利应当受到土地用途的限制,农地设定土地经营权的目的是充分发挥土地在农业生产经营中的作用,土地经营权人对承包地享有使用权是利用承包地开展农业生产经营的权利。《民法典》第334条规定了土地经营权的母权农村承包经营权未经依法批准不得用于非农建设,《农村土地承包法》第38条第2项规定,土地经营权的流转不得改变土地所有权的性质和土地的农业用途,不得破坏农业综合生产能力和农业生态环境。因此,土地经营权人必须严格按照农业用地种类性质使用承包地,不得将农地用于非粮化、非农化用途,耕地只能用于种植,不能把耕地变为建设用地,也不能将耕地变为林地、牧场,同样,也不能把流入的林地、草地开垦为耕地。土地经营权人

---

① 参见黄薇主编:《中华人民共和国民法典释义》(上),法律出版社2020年版,第669页。

还需要按照有利于节约资源和保护环境原则对农地进行利用，不能在土地利用中毁坏耕地、污染环境。

总之，民法典坚持以农地"两权分离"为基础对"三权分置"的确认，既是对长期以来农村集体土地所有权实现形式探索的回应，有利于进一步落实集体所有权，较好地解决农村集体所有权"虚置"的问题；又是对农村土地承包关系的进一步巩固，确保了农村土地承包关系的长期不变，还将农地承包权和经营权作出了区分，有利于土地保护和利用。这样的规定，形成了层次清晰、结构严谨、平等保护的局面，有利于"三权"各自功能的发挥，体现了三种权利的整体效用。

夫妻财产归属法律适用研究

刘丽娜*

摘 要：以民法典颁布实施为背景，以民事诉讼精准监督理念为指引，对婚姻家庭纠纷案件中有代表性的法律问题加以梳理，拓展民事类案监督的法律思维，既能合理规制民事检察自由裁量权的行使，也能充分发挥民事类案精准监督指引作用，以此提升民事诉讼监督的质效。

关键词：婚姻家庭法　伦理性　夫妻财产法律关系　法律适用标准

"民法的历史悠久、源远流长，其在漫长的历史发展演变中形成了博大精深的民法文化，并以私权神圣、人格平等和意思自治等作为民法基本理念。"[①] 婚姻家庭关系中包括人身关系和财产关系，就民法典婚姻家庭编的内在价值取向而言，应当根据平等、自由、公平等价值取向，针对不同的调整对象，设立与其相对应的民事法律规范，以对婚姻家庭成员的权利义务进行保障，并使婚姻家庭的基本职能得以实现。最高人民检察院张军检察长明确提出，民事检察要树立精准监督的理念，在精准监督上下功夫，通过优化监督实现强化监督。针对当前婚姻家庭法领域民事诉讼监督质效不高、权威不足的情况，如何以新理念引领民事检察工作创新发展，提升精准适用民法典婚姻家庭编的法律规定，切实提高民事检察监督精准性和权威性，成为摆在我们面前的一道重要课题。

---

* 刘丽娜，山西省人民检察院四级高级检察官。
① 刘凯湘：《论民法的性质与理念》，载《法学论坛》2000年第1期。

一、婚姻家庭编的伦理属性辨析

（一）婚姻家庭关系的伦理性

婚姻家庭编作为民法典的重要组成部分，是社会主义核心价值观的重要体现，婚姻家庭法律关系体现了一国婚姻立法的价值取向，有着深厚的伦理基础。婚姻家庭作为社会文明发展的特定产物，自其产生之日就具有其他社会关系无法替代的社会功用。婚姻是家庭的基础，家庭是灵魂的归宿，更是未成年人成长的摇篮。婚姻家庭不仅承载着夫妻个人的情感和关爱，更肩负着延续下一代的社会责任。随着婚姻家庭关系的法律化[①]，婚姻家庭法始终是价值主导。申言之，婚姻家庭法最初是由自然法所主导的，后来则是由"自然权利的现代性表达"[②]——人权法和基本法——所主导的。我国婚姻家庭法律关系立法应重塑伦理本位的价值理念，倡导婚姻共同体的伦理本质，加强对婚姻关系中弱势一方的保护，实现夫妻财产关系从形式平等向实质平等的重构。

（二）夫妻财产法律关系的价值定位

改革开放40余年的发展，我国经济社会发生了翻天覆地的变化。公民个人财产范围的急剧扩张，个人权利意识的逐渐觉醒，男女平等地位的深化，家庭伦理价值的多元化发展，离婚率的逐年增长，公众逐步意识到婚姻与财产之间应该存在一定的分离，婚姻和个人财产应彼此保持独立。

最高人民法院相关一系列司法解释的出台，日益体现了夫妻个人本位的立法精神，强化夫妻个人财产权益的保护，尊重个人价值，具有重要意义和价值。随着个人财产权利的不断扩张，婚姻家庭的伦理观念正逐步弱化，夫妻财产法律关系的伦理问题日益成为关注点。越来越多的年轻人不再将婚姻视为神圣的伦理共同体，离婚率的逐年攀升则更加剧了夫妻对于个人财产权利的重视。有观点认为，司法解释中的部分条款体现了婚姻家庭价值观的危

---

① 参见［德］迪特尔·施瓦布：《德国家庭法》，王葆莳译，法律出版社2010年版，第3—4页。

② ［美］约翰·菲尼斯：《自然法和自然权利》，董娇娇等译，中国政法大学出版社2005年版，第160页。

机，表明其正向功利性蜕变和异化——诸如不动产之类财产问题，逐渐成为维系和影响婚姻家庭关系的关键因素。

夫妻财产法律关系具有伦理性，其表现为法律规范同时也是道德规范，在法律适用中应尊重婚姻道德和家庭伦理。例如，关于夫妻一方婚前贷款所购不动产性质的认定，如果在立法技术上强化对个人财产的保护，忽视夫妻财产制的伦理特征，则会在立法价值取向上导致一定程度的伦理缺位。在司法适用中，片面适用物权法中财产归属的条款，没有将其置于夫妻财产法律关系的框架下进行考虑，则同样会导致裁判结果在一定程度上的不公。最高人民法院《关于适用〈中华人民共和国婚姻法〉若干问题的解释（二）》（以下简称《婚姻法解释（二）》）第24条认定"夫妻一方所负债务是否为夫妻共同债务"的理解争议，曾在理论界和实务界引起了极大关注。个别裁判案件中仅仅以借条等债权凭证就认定存在债务关系，类似这种简单机械处理夫妻共同债务的情形，进一步加剧了公众对第24条的质疑，由此导致一些有争议的案例频频见诸报端。产生上述情形的主要原因在于该条款过于强调保护债权人的利益，而忽视了婚姻法的精神和基本原则。

二、婚姻家庭法律关系的伦理属性对法律适用标准的影响

（一）婚姻家庭法律规范的特质解析

"家庭是由一定范围的亲属所构成的社会生活单位。它具有以下两个特征：一是家庭是一个生活单位，具有同财共居的特点。二是家庭由一定范围的亲属所构成，相互间具有权利义务关系。"[1] 首先，婚姻家庭是社会文明发展到一定阶段的特定产物，自其产生之日起，婚姻家庭就承载着其他社会关系无法替代的社会职能，婚姻家庭关系的社会属性深刻反映着婚姻家庭关系的本质特征。其次，婚姻家庭法律规范具有伦理性的特征，其以调整婚姻家庭的伦理秩序作为主要内容。婚姻家庭伦理上升至法律，形成婚姻家庭法律规范，可以说，婚姻家庭法律规范是婚姻家庭伦理的重要基础。事实上，人

---

[1] 巫昌祯、夏吟兰主编：《婚姻家庭法学》，中国政法大学出版社2007年版，第5页。

们在评价梅因爵士从"身份到契约"①的历史进步论断后,很容易产生这样的误解——整个法律都转向了个人主义。无论在逻辑体系层面还是历史体系层面,婚姻家庭都与道德、法律有着重要关联,并构成二者关系的价值资源。德国法学家拉德布鲁赫在《法律上的人》一文中对此种误解进行了警示。他指出,"法律在其一切部门中均将目标定向于个人主义的、理智主义的人之（形象）类型,只有在法律制度的冷僻一角,渗透着义务、承载着义务的权利这一古老的父权（家长）制思想作为一个有限的此存（Dasein）还在苟延残喘:例如在家庭法中"。②不仅是普通人,即使是法学家群体也很容易遗忘处于法律制度冷僻一角的家庭法。最后,从立法进程来看,婚姻家庭法律规范对婚姻家庭伦理道德的发展具有引领作用,体现全社会所推崇的伦理价值规范。基于此,民法典婚姻家庭编关于"家庭应当树立优良家风,弘扬家庭美德,重视家庭文明建设"③的规定,彰显了新时达的伦理道德观念。

（二）民法典婚姻家庭编与一般财产立法的差异性

婚姻家庭编作为民法典的第五编,其应符合民法体系的基本逻辑关系,在内容结构方面与民法典分则的其他各编保持一定的关联性。"亲属法是规定亲属关系的发生、变更和终止,以及基于亲属身份而发生的权利和义务的法律。其中调整人身关系的被称为纯粹亲属法,调整财产关系的被称为亲属财产法。"④但是,民法典婚姻家庭编的立法理念与一般财产立法有着明显的不同:财产法的立法理念体现为个人本位下的个人主义,以对个人利益的最大保护为基本目标,以个人价值的实现为根本目的;婚姻家庭法律规范的身份法属性决定了其与一般财产法的不同,体现了人格独立下的团体本位。在尊重意思自治和保护个人权利同时,婚姻家庭法的价值目标在于构建健康文明和谐有序的社会主义婚姻家庭关系,实现婚姻家庭社会功能。因此,办理

---

① 参见［英］梅因:《古代法》,沈景一译,商务印书馆1996年版,第96页。

② ［德］拉德布鲁赫:《法律上的人》,载古斯塔夫·拉德布鲁赫:《法律智慧警句集》,舒国滢译,中国法制出版社2009年版,第147页。

③ 《民法典》第1043条规定:"家庭应当树立优良家风,弘扬家庭美德,重视家庭文明建设。夫妻应当互相忠实,互相尊重,互相关爱;家庭成员应当敬老爱幼,互相帮助,维护平等、和睦、文明的婚姻家庭关系。"

④ 王利明主编:《中国民法典学者建议稿及立法理由·人格权编、婚姻家庭编、继承编》,法律出版社2005年版,第193页。

此类民事申请监督案件，监督标准的把握应立足于婚姻家庭纠纷案件与一般民事案件的特殊性，关注婚姻家庭法律规范的身份法属性，以区别一般财产法律关系的法律适用规则，切忌简单机械地适用物权法律规范解决婚姻家庭纠纷案件中的财产法律关系。对于此类案件，应结合民法典婚姻家庭编的精神内涵和逻辑体系适用具体民法典条文，实现政治效果、法律效果和社会效果的有机统一。

三、民法典婚姻家庭编法律适用标准之架构

（一）夫妻财产归属的法律适用标准

1. 我国法定夫妻财产制的立法沿革

夫妻财产制可以区分为：基于夫妻一体主义之财产吸收制、基于财产共有主义之财产共同制和基于夫妻别体主义之分别财产制三大类型。[①] 分别财产制与共同财产制是夫妻财产制度的两个极端的基本形态，前者以夫妻别体为原则，后者以夫妻一体为原则。[②] 我国法定夫妻财产制经历了从无到有，从家庭财产制到婚后共同财产制的历史沿革。从 1950 年的《婚姻法》到 1980 年的《婚姻法》再到 2001 年修订的《婚姻法》的立法演变可以看出，我国法定夫妻财产制经历了一般共同制（夫妻双方对其婚前和婚后所取得的财产均享有平等的所有权）到婚后共同财产制（夫妻对双方在婚姻关系存续期间取得的财产共同共有，并享有平等的管理与处分权限），再到更加完善的婚后共同财产制（明确列举夫妻共同财产的范围，对夫妻个人特有财产制度予以确立）。《民法典》第 1062 条沿用婚后共同财产制作为法定夫妻财产制，并且明确将劳务报酬、投资收益列入夫妻共同财产的范围。

共同财产制中，"配偶相互间，及与之为法律行为之第三人，在婚姻存续中，应不断地注视此多种财产之性质及了解各种财产所担保债务之范围，以保护自身之利益……由于多种不同性质的财产同时并立，使第三人穷于应付，此对交易安全，自有不利的影响"。[③] 从 2001 年修订的《婚姻法》以及最

[①] 参见史尚宽：《亲属法论》，中国政法大学出版社 2000 年版，第 326 页。
[②] 参见林秀雄：《夫妻财产制之研究》，中国政法大学出版社 2001 年版，第 102 页。
[③] 戴东雄：《亲属法论文集》，台湾东大图书公司 1988 年版，第 166 页。

高人民法院相关司法解释可以看出，夫妻共同财产的范围呈现缩小的趋势，意思自治原则在婚姻家庭法领域进一步凸显，夫妻双方可以自由约定婚前财产和婚后财产的所有权，夫妻在婚姻关系中的个人的财产权利得到彰显，体现了夫妻人格独立、人格平等的法律内涵。但是，在婚姻家庭领域凸显个人本位的同时，与弱者利益保护相关的法律规范却相对滞后，忽视了夫妻财产关系对于夫妻人身关系的依附性，没有体现出婚姻共同体的伦理属性，不符合婚后共同财产制的基本精神，其结果必然导致婚姻家庭职能的弱化。

2. 夫妻财产归属法律适用标准注意事项

司法实践中，夫妻财产归属的法律适用标准应注意以下几点：一是明确法律价值的倾向性。与《民法通则》第2条不同，《民法总则》第2条将"人身关系"置于"财产关系"之前[1]，民法典沿用了上述顺位的调整，这体现了民法典在调整对象方面的价值倾向性，更加关注人身关系的保护，这也是以人为本立法理念的重要体现。因此，不应孤立地援引婚姻家庭编的规定作为办案依据，要以体系化的思维去理解和适用民法典总则及各编法律规范，全面保障婚姻家庭当事人的合法权益。二是在案件审查中，对于夫妻财产归属的认定，应重点关注婚姻家庭法律规范的伦理属性，将夫妻财产的权属判断放在婚姻共同体的伦理框架下去考察，将夫妻财产法律关系的归属判断规则与一般的财产关系相区别。例如，以夫妻双方对财产增值的贡献、协力等因素作为划分共同财产的基础，不足以诠释非自然增值的本质。无论是自然增值抑或是非自然增值，夫妻另一方可以享有其增值财产，是基于婚姻共同体的伦理性。

（二）夫妻共同债务认定的法律适用标准

1. 夫妻共同债务和夫妻个人债务的界定

夫妻债务分为夫妻共同债务和夫妻个人债务，婚姻关系存续期间，夫妻一方以个人名义产生的债权债务关系，当债务履行期届满，应以夫妻一方还是夫妻双方共同清偿，应以夫妻的个人财产清偿还是以夫妻共同财产清偿，既与夫妻双方的财产权益密切相关，也对债权人的利益保护产生重要影响。

---

[1]《民法典》第2条规定："民法调整平等主体的自然人、法人和非法人组织之间的人身关系和财产关系。"

2001年修订的《婚姻法》第41条规定:"离婚时,原为夫妻共同生活所负的债务,应当共同偿还。共同财产不足清偿的,或财产归各自所有的,由双方协议清偿;协议不成时,由人民法院判决。"《婚姻法解释(二)》第24条对于夫妻共同债务加以规范。① 但是,由于法律对夫妻共同债务和个人债务的规定并不明确,没能形成统一的判断标准,导致在司法实践中关于夫妻共同债务的认定规则较为模糊,同案不同判的问题较为突出。

2. 民法典关于夫妻共同债务的界定

在吸收最高人民法院相关司法解释的基础上,《民法典》第1064条对夫妻共同债务作出了明确规定,即夫妻双方共同签名或者夫妻一方事后追认等共同意思表示所负的债务,以及夫妻一方在婚姻关系存续期间以个人名义为家庭日常生活需要所负的债务,属于夫妻共同债务。夫妻一方在婚姻关系存续期间以个人名义超出家庭日常生活需要所负的债务,不属于夫妻共同债务;但是,债权人能够证明该债务用于夫妻共同生活、共同生产经营或者基于夫妻双方共同意思表示的除外。根据该条规定,其一,将"以家庭日常生活需要为限"确立为认定夫妻一方以个人名义对外所负债务性质的标准;其二,基于夫妻共同意思表示所负债务为共同债务,具体形式可以是事前的夫妻双方的共同签字,也可以是夫妻一方的事后追认;其三,是否将夫妻一方以个人名义超出家庭日常生活需要所负债务认定为夫妻共同债务,应综合考虑上述债务的具体用途或者是否是夫妻双方共同作出的意思表示;其四,债权人如有证据证明夫妻一方对外负债用于夫妻共同生活或者共同生产经营,或者是基于夫妻双方共同合意,应认定为夫妻共同债务。

3. 办理此类民事诉讼监督案件注意事项

办理此类民事诉讼监督案件应注意以下几点:一是关于此类案件中债权人的举证责任,是民事诉讼程序中一般证明责任分配原则的体现,应符合民事诉讼"谁主张谁举证"的具体规定;二是《民法典》第1064条第1款规定要求债务人的配偶应签字同意,其目的是避免出现夫妻一方与债权人恶意串通损害配偶合法权益的情形。夫妻意思表示明确的共同签字以及事后追

---

① 该解释第24条第1款规定:"债权人就婚姻关系存续期间夫妻一方以个人名义所负债务主张权利的,应当按夫妻共同债务处理。但夫妻一方能够证明债权人与债务人明确约定为个人债务,或者能够证明属于婚姻法第十九条第三款规定情形的除外。"

认是"夫妻共债共签"的确定状态,但是当夫妻合意存在瑕疵时,对于夫妻合意的认定标准较不明确,办案中不可机械化操作,需要在综合考量夫妻的共同合意与夫妻一方的意思自治、保护交易安全与配偶一方表意真实的基础上加以认定。民法典对于夫妻共同债务范围的严格限制,既彰显了民法典维护婚姻家庭和谐稳定的立法原意,也是婚姻家庭法律规范伦理属性的重要体现。

夫妻共同债务规则研究

申维娜[*]

摘　要：随着我国经济的迅猛发展，居民生活水平的不断提升，夫妻财产关系在婚姻家庭关系中占据着越来越重要的地位，由夫妻之间作为消极财产的共同债务带来的家庭纠纷数不胜数。夫妻之间的共同债务该如何认定逐渐成为当前研究的热点。民法典关于夫妻共同债务的规则设计在原有相关规则整合的基础上进行了制度创新。基于如是背景，本文对民法典中夫妻共同债务认定规则的相关内容进行研究，具体包括四个部分：一是介绍我国夫妻共同债务认定规则的演变过程；二是对夫妻共同债务的认定规则进行比较法分析，分别以瑞士、法国、德国、日本的夫妻共同债务的认定规则为例；三是对我国民法典夫妻共同债务规则的评析，分别从共债共签制度、家庭日常生活需要、共同生产经营、举证责任等方面加以评析；四是在借鉴国外优秀经验的基础上，结合当前我国夫妻共同债务认定的发展现状，提出四项有针对性的发展建议。

关键词：民法典　夫妻共同债务　共债共签　举证责任

一、我国夫妻共同债务认定规则的演变

（一）2001年《婚姻法》关于夫妻共同债务的规定

关于夫妻共同债务的认定规则，2001年《婚姻法》集中体现在该法第

---

[*] 申维娜，辽宁省人民检察院辽河分院检察官助理。

41条和第19条第3款的规定。第41条规定,离婚时,原为夫妻共同生活所负的债务,应当共同偿还。共同财产不足清偿的,或财产归各自所有的,由双方协议清偿;协议不成的,由人民法院判决。第19条第3款规定,夫妻对婚姻关系存续期间所得的财产约定归各自所有的,夫或妻一方对外所负的债务,第三人知道该约定的,以夫或妻一方所有的财产清偿。

婚姻法的规定不但可以充分贯彻落实夫妻共同债务的意思自治原则,而且充分体现民法的目的和精神,对于保护家庭和睦、社会安定具有重要的作用。但这一规定只能体现婚姻法关于夫妻共同债务认定的原则性规定。面对复杂的夫妻共同债务情形,从司法实践来看,相关规定过于简单,对于司法裁决来说显得力不从心。为此,唯有通过司法解释对相关规定不断加以充实和完善。

(二)2003年最高人民法院《关于适用〈中华人民共和国婚姻法〉若干问题的解释(二)》(以下简称《婚姻法解释(二)》)关于夫妻共同债务的规定

该解释第24条规定,债权人就婚姻关系存续期间夫妻一方以个人名义所负债务主张权利的,应当按照夫妻共同债务处理。但夫妻一方能够证明债权人与债务人明确约定为个人债务,或者能够证明属于婚姻法第19条第3款规定情形的除外。

该规定充分运用了时间推定规则,该法条的设立初衷就是为了快速高效解决债务纠纷、维护交易安全和降低交易成本。夫妻双方应相互承担一定的债务。由此看来,《婚姻法解释(二)》第24条规定,夫妻共同债务由夫妻关系存续期间的时间节点决定,并不违背立法精神。然而,由于缺乏辅助立法,在司法实践中造成了许多问题。其中之一是无辜配偶"负债累累"现象众多。该条文在解决实际问题中会出现了很多问题,因为其规定了有限的权利和无限的义务,因此这项规定所保障的权利和义务是不平等的。婚姻法在不断适应新时代发展要求以及新的社会夫妻关系,然而在不考虑债务目的只考虑婚姻状况的共有财产制中,这种以时间为节点的方法,完全破坏了身份认定规则。另外,债务人配偶举证责任的增加意味着立法者选择了有利于债权人的权益平衡,并强调了对交易安全的保护。这将为债权人和第三方之间恶意串通,虚构债务创造条件。为了应对上述问题,2017年2月最高人民法院出台了《关于适用〈中华人民共和国婚姻法〉若干问题的解释（二）的补充规定》，将一些实例，例如虚构债务、恶意举债和违法负债等行为排除在夫妻共同债务范围外，但是这种补充意见只是缓兵之计，没有从根本上出发解决上述存在的问题，对夫妻共同债务的认定和判定结果并没有产生实质上的影响。①

（三）2018年最高人民法院《关于审理涉及夫妻债务纠纷案件适用法律有关问题的解释》（以下简称《夫妻债务纠纷解释》）的规定

该解释规定，夫妻双方共同签字或者夫妻一方事后追认等共同意思表示所负的债务，应当认定为夫妻共同债务。夫妻一方在婚姻关系存续期间以个人名义为家庭日常生活需要所负的债务，债权人以属于夫妻共同债务为由主张权利的，人民法院应予支持。夫妻一方在婚姻关系存续期间以个人名义超出家庭日常生活需要所负的债务，债权人以属于夫妻共同债务为由主张权利的，人民法院不予支持，但债权人能够证明该债务用于夫妻共同生活、共同生产经营或者基于夫妻双方共同意思表示的除外。

《夫妻债务纠纷解释》关于夫妻债务的创新与之前的法律条例相比有两点：一是设立"共签共债"制度，用夫妻双方的合意代替原来的婚姻存续期间作为确定夫妻共同债务的依据。我国1993年出台的《离婚财产分割意见》其实已经对夫妻合意确定夫妻共同债务进行了确立，但这是从反面角度来进行的，而本次的《夫妻债务纠纷解释》则是从正面，首次对夫妻合意的"共签共债"作出了积极回应。这说明了最高法对夫妻合意确立共同债务充满信心。二是改变《婚姻法解释（二）》第24条关于共同债务的"一刀切"推定，建立基于是否符合"家庭日常生活需要"的举证责任双重分配模式。《夫妻债务纠纷解释》的出台其实是从源头对债务人进行约束，也就是说，提高债权人的审慎义务来提高债务的定性问题。如果债务交到债务人手上用作夫妻共同生活则根据"共债推定"原则，该笔债务属于夫妻共同债务，夫妻双方都有偿还义务。如果债务的产生不是"家庭日常生活所必需的"，同时也不是共同生产运营所必需的，并且债权人拿不出相应的证据来证明，就

---

① 参见缪宇：《走出夫妻共同债务的误区——以〈婚姻法司法解释（二）〉第24条为分析对象》，载《中外法学》2018年第1期。

只能由债务人独自偿还,该笔债务为个人债务。《夫妻债务纠纷解释》体现了最高法在夫妻债务纠纷中的立场。①

(四)民法典及婚姻家庭编解释关于夫妻共同债务的规定

总体上看,《民法典》第1064条、第1065条是对夫妻共同债务的规定,规则的设计吸收了《夫妻债务纠纷解释》的具体规定,摒弃了备受诟病的《婚姻法解释(二)》第24条规定,同时对《婚姻法》第41条规定进行"重塑"并作为该法典的第1089条。对夫妻共同债务的标准予以了进一步明确。首先,夫妻双方共同签字确认的债务应当属于夫妻共同债务。如果负债时由夫妻一方签字,但事后另一方以追认等共同意思表示认可该债务的,也应当属于夫妻共同债务。其次,如果夫妻一方在婚姻关系存续期间以个人名义为家庭日常生活需要所负的债务,则无论另一方是否签字或事后认可,都应当属于夫妻共同债务。最后,如果夫妻一方在婚姻关系存续期间以个人名义超出家庭日常生活需要所负的债务,将先推定为不属于夫妻共同债务。只有在债权人有证据证明该债务被用于共同生活、共同生产经营或夫妻双方同意的情况下,才能被认定为夫妻共同债务。

与《婚姻法》第41条、《婚姻法解释二》第24条比较,《民法典》中的夫妻共同债务规则呈现以下特点:淡化"夫妻共同生活"标准,突出"家庭日常生活需要"标准;完善了相关举证责任分配制度,"基于共债的区分而将超家事共债作为证明对象,相应地将举证责任分配给债权人"。② 最高人民法院《关于适用〈中华人民共和国民法典〉婚姻家庭编的解释(一)》就婚前个人债务、恶意串通、违法负债的情形也作了规定。

---

① "对于债权人一方而言,负有审慎注意义务。如果担心举债一方不能及时或者无力偿还所借债务,在债务形成时,就可以采取让举债一方的配偶共同签字的方式,来为债权的实现提供更好的保障。"参见程新文等:《〈关于审理涉及夫妻债务纠纷案件适用法律有关问题的解释〉的理解与适用》,载《人民司法》2018年第4期。

② 余文唐:《夫妻共债新规:重大贡献与理解适用》,载 http://www.legaldaily.com.cn/Lawyer/content/2018-02/24/content_7479677.htm。

二、夫妻共同债务规定的比较法分析

（一）瑞士

瑞士在夫妻债务制度的立法中将夫妻债务视为夫妻财产制度的组成部分，根据不同的财产制度来认定夫妻债务的性质等问题。同时，《瑞士民法典》通过列举的方式对夫妻双方对外所负债务进行了明确的规定，该法第233条规定："配偶间任何一方以其自有财产和共同财产对以下债务负责：（1）在其行使夫妻财产共同体的代理权或共同财产的管理权时发生的债务；（2）在其从事职业或经营事业中发生的债务；但仅以动用共同财产之资金或将收益归入了共同财产者为限；（3）配偶他方个人亦应负责的债务；（4）配偶双方与第三人约定除以自有财产外还以共同财产承担责任的债务。"[①]该列举的形式，使瑞士在夫妻共同债务问题的认定和清偿上更具有合理性与可行性。

（二）法国

《法国民法典》以"家事代理权"为推定夫妻共同债务的理论基础及依据，即只有当负债归属于夫妻日常家事代理权的范围时，才推定为夫妻共同债务并依照夫妻共同债务处理。同时，该法还以列举的方式对夫妻共同债务作了详细的规定。同时，《法国民法典》第1412条、第1413条还对夫妻共同财产偿付个人债务的补偿原则作了明确规定[②]。可以说，《法国民法典》无论是对夫妻共同债务的认定、清偿和补偿原则，还是对夫妻家事代理权范围及例外之规定；无论是在价值取向上，还是立法技术上，均对我国的相关立法有重要的借鉴意义。

（三）德国

根据《德国民法典》第1357条规定，德国对夫妻共同债务的认定采取推定制度，但其推定的范畴与法国相类似仅限于日常家事代理的范围。关于

---

① 《瑞士民法典》，殷生根、王燕译，中国政法大学出版社1999年版，第62页。
② 《法国民法典·民事诉讼法典》，罗结珍译，国际文化出版公司1997年版，第308—309页，第66页。

夫妻共同财产制所负的债务规定，夫妻双方应当优先偿还共有财产债务。[①] 同时，《德国民法典》还明确规定了家事代理权的范围，夫妻对因共同生活需要的负债负有连带清偿责任，而对夫妻内部来说依然承担按份责任，超出自己偿还义务的一方对配偶另一方有追偿权。如果离婚时已经分割了夫妻共有财产，但并未就共有财产的债务进行清偿，债权人主张权利时，不需要承担连带责任的一方仅仅以其分得的共同财产对债权人承担清偿责任。[②] 这样的规定，保护了市场交易的安全，也保护了与离婚夫妻有经济交往的债权人，使债权人债权的实现不受债务人夫妻的财产变动的影响。

（四）日本

《日本民法典》在夫妻财产制中规定了法定财产制度和特有财产制度。日本所称的特有财产实际就是夫妻的个人财产，包括两部分：一是一方在结婚前所有的财产；二是一方所取得财产虽然是在婚姻存续期间，但是以其自己的名义取得。夫妻对于财产所有权的归属有争议的部分，推定为共有财产。[③]《日本民法典》第761条规定："夫妻一方就日常家事同第三人实施了法律行为时，他方对由此而产生的责任负连带责任。但是，对第三人预告不负责任意旨者，不在此限。"[④] 日本对夫妻家事代理权之规定较为简单，但具有较强的操作性。

三、我国民法典夫妻共同债务规则的评析

（一）关于"共债共签"制度

综合《民法典》第1064条、第1065条和第1089条规定来看，可以将我国的夫妻共同债务概括为以下五种情形：（1）基于夫妻双方签名的共同意思表示所负的债务；（2）基于夫妻一方签名、另一方追认所负的债务；（3）夫妻一方以个人名义为家庭日常生活需要所负的债务；（4）夫妻一方以个人名义虽然

[①]《德国民法典》，陈卫佐译注，法律出版社2004年版，第69页。
[②]《德国民法典》，陈卫佐译，法律出版社2005年版，第72页。
[③]《日本民法典》，渠涛译，法律出版社2006年版，第160页。
[④]《日本民法典》，王书江译，中国法制出版社2000年版，第135页。

超出家庭日常生活需要但是实际用于夫妻共同生活、共同生产经营所负的债务;(5)夫妻一方以个人名义虽然超出家庭日常生活需要却是基于夫妻双方共同意思表示所负的债务。上述情形中,(1)(2)归属于"共签"债务情形,(3)(4)(5)则系夫妻一方举债被认定为夫妻共同债务情形。《民法典》第1064条所涉"夫妻双方共同签名"所负之债实为合同之债。对债权人来说,"夫妻双方共同签名"仅仅是将其关于所涉债务归属为夫妻共同债务这一内心效果意思表达于外部的明示的表示行为。但是,并非"夫妻双方共同签名"所涉债务都是夫妻共同债务,除非夫妻双方签名时对所负债务的情况已完全理解且意思表示真实。否则,即便夫妻双方共同签名,其对应的债务也不能被认定为夫妻共同债务。如夫妻签名一方若有证据证明夫妻另一方与债权人恶意串通,可以基于《民法典》第154条规定,否定对夫妻共同债务的认定。

(二)关于"家庭日常生活需要"的规定

民法典中没有对"家庭日常生活需要"的具体概念和范围进行明确的界定。在实务中很容易产生争议,争议的焦点便在于该行为是否基于日常家庭生活中的需要。法官对这一标准的判断结论难以统一,在行使自由裁量权时,就会导致在审理某些情节相似的案件时,最终的判决结果可能会存在一定的差异,甚至结果可能截然不同。这显然不利于我国司法的良性发展,也有悖于"司法公正"的理念与初衷。因此,建立一套完善的衡量日常家事类型、界定日常家事区间的法律条款,提升现有法条对日常家事范围的界定精度就显得尤为重要。在我国现有的法律规范中,当涉及夫妻日常家事代理权的使用时,同时需要考虑如何处理和交易夫妻双方的共有财产,以及如何正确保护第三方权益。但是因为没有对日常家事代理权的详细限制规则,导致很多案例中家事代理权的适用结果并不理想。在这一点上,我国可以参照德国立法处理的做法:在正常赋予夫妻其中一方日常家事代理权使用权利的同时,也限定该权利的相关内容,这样做的目的是尽可能保证夫妻双方能够得到最公平的权利分配。

(三)关于"共同生产经营"的规定

在实践中,"夫妻共同生产经营之债"可能成为举债方损害不知情、未受益配偶一方利益的借口与理由。如丈夫借用妻子的身份证设立公司或将妻子设立为名义股东或经营管理人员，但妻子对此全然不知，此时若丈夫以经营的名义对外举债用于"非夫妻共同生活、生产经营"，在离婚诉讼中，按照所谓的"夫妻共同生产经营之债"的理论，这些债务都将被认定为夫妻共同债务。因此，对所谓的"夫妻共同生产经营"范围做必要的探索和研究，有助于保护未实际参与共同生产经营却被迫承担共同债务的受害方配偶，同时也为司法实践中的审判人员提供参考价值，为尽快完善我国夫妻共同债务当中存在的问题，提供可借鉴的内容。①

（四）关于夫妻共同债务中的举证责任分配

众所周知，由于夫妻关系的私密性以及我国现行的夫妻财产制，夫妻债务问题在司法实践中的举证困难程度是异常艰难的。在司法审判中，在各方都举证困难的前提下，谁负有举证责任，谁就更有可能承担最终的不利后果。民法典中基于对共债的区分，将超家事共债作为证明责任相应地分配给债权人。民法典这种规则设计的确有利于解决过去由于夫妻一方举证难而导致客观存在的"被负债"现象。然而，诚如夫妻一方存在举证难一样，对债权人一方来说，证明夫妻一方将所举债务用于夫妻日常家庭生活同样存在举证难的问题。如此造成的结果是，在可能有效避免夫妻一方"被负债"的同时，可能会出现债权人一方"讨债难"现象。"的确，证明责任分配是一个难解的课题。"②但是，建立在利益权衡基础上的举证责任合理配置对于债权人和非举债方配偶来说都是公平的，尽管"通过单纯的举证责任配置很难解决夫妻债务的难题"。③

四、夫妻共同债务规则适用的完善建议

（一）夫妻合意推定规则的合理适用

"共债共签"制度对债权人有过高的期望，强调债务要共同签字，企图

---

① 参见孟艳艳：《我国夫妻共同债务问题研究》，郑州大学2012年硕士学位论文。
② ［日］高桥宏志：《民事诉讼法制度与理论的深层分析》，林剑锋译，法律出版社2003年版，第448页。
③ 参见李贝：《夫妻共同债务的立法困局与出路——以"新解释"为考察对象》，载《东方法学》2019年第1期。

在源头上解决夫妻债务纠纷，但除了金融借贷程序规范严格要求夫妻双方都签字之外，其他民间纠纷、买卖合同纠纷等中能做到夫妻共同签字的依旧是少数，并且债权人的证明事项非常难以举证。"共债共签"制度要想实现最初的"从源头上解决债务纠纷"的目的，就必须限制夫妻合意的推定，不能单凭一些简单的行为来推定夫妻存在举债的合意。在债权人能要求夫妻非举债方签字而不要求其签字的情况下，不能认定为存在夫妻合意，如夫妻双方都在场却不要求都签字，债权人和夫妻非举债方相熟等；当只有钱款转入夫妻非举债方账户、夫妻非举债方账户存在还款行为或者夫妻非举债方对债务知情等事实时，不能仅依据这些事实来认定存在夫妻合意，必须深入追究银行卡的实际掌握者、钱款的流向等。夫妻合意举债涉及的责任财产范围是夫妻双方个人财产和夫妻共同财产，因此必须谨慎认定，对债权人的举证要求必须严格。

（二）界定"家庭生活日常需要"的范围

夫妻一方为了家事活动的需要在代理权限的范围内进行家事代理活动，目的是家庭整体利益，由此产生的债务，由夫妻双方共同承担，这样的制度设计有利于促进日常交易效率的提升。可采用正向列举和反向列举的方法规定细化、明确日常家事代理权范围。例如，正向列举：为满足日常家庭生活资料、日常家庭发展资料、合理的日常享受资料所负债务，包括符合人均消费水平的食品及衣物消费、医疗保健、家庭旅游、用于个人学习深造及子女学习的教育支出等；反向列举：不属于家庭日常生活所需债务，如进行高额投资、对外担保、大额消费、对家庭重要资产比如不动产等财产的处置、转账给没有法定抚养赡养义务的亲友等。还需要考虑到，仅以"用途"标准来衡量判断可能不会适用于所有情形，即使是出于家庭整体利益，但如果涉及金额过高，也应当由夫妻双方协商，而不是仅由一方决定，因此，还要充分结合运用"数额"标准，进行日常家事范围界定。当然，数额大并不一定等同于超出日常家事代理的权限，考虑到各地的经济发展水平不同，各个家庭的收入支出水平不同，因此对于日常家庭生活范围不应当做过于细致化的规定，可以结合家庭年收入、家庭消费习惯、当地人均收入和消费水平等因素认定支出是否符合实际经济情况，从而判定是否超出日常家事代理权限。数额小也并不一定等同于符合家事代理权限，司法实践中，应当将"数额"和

"用途"标准充分结合运用。

(三)明确"夫妻共同生产经营"范围

因共同生产经营产生的债务为夫妻共同债务是多数国家所认可的观点,也为我国民法典所认可。在实践中,因夫妻共同生产经营范围不确定而使未举债配偶方无辜肩负巨额"夫妻共债"的案例层出不穷:(1)债权人与举债方在合同中约定举债用途用于举债方经营之用的,法院直接认定为夫妻共同生产经营之债;(2)举债方之前曾有将经营所得用于家庭生活,其后举债方再大量举债(不论是否实际用于经营),均直接认定为夫妻共同生产经营之债;(3)在举债方公司经营中,不论公司性质,只要公司股东或经营管理人员或普通员工出现配偶名字,公司经营之债均直接认定为夫妻共同生产经营之债等。① 实践中,"夫妻一方为生产经营所举债务是否属于为夫妻共同生产经营所负的夫妻共同债务,应当结合债务人的配偶在生产经营中的地位和作用、企业的性质、所举债务是否符合夫妻共同利益等因素综合认定",② 使夫妻共同债务范围认定问题上更具合理性与可行性。

(四)合理分配夫妻共同债务中的举证责任

从夫妻双方的举债认定来看,造成夫妻双方债务认定困难的就是举证责任不能具体明确以及举证责任分配不合理。对于举债方来讲,和不同的当事人进行比较,一般都处于关键地位,其与债权人的债权债务关系或者是对其配偶的影响都居于核心位置,而且举债方对于举债情况及欠款去向也尤其清楚。鉴于以上,需要举债方承担切实的举证职责,这样既可以充分维护市场交易的安全,也可以平衡保护未举债方的利益。

根据"谁主张谁举证"的民事证据规则及公平原则,债权人的举证责任是不能免除的,如债权人应对债务的存在,债务的用途、非举债方配偶对债务的认可等承担举证责任;同时,举债方也应承担一定的举证责任,因为从双方借款的情况来看,把举证责任分配给举债方是非常恰当的,只有举债方

---

① 参见游植龙:《民法典(草案)婚姻家庭编的修改建议》,转引自"南粤家事"网络平台,2020年6月8日访问。

② 缪宇:《美国夫妻共同债务制度研究——以美国采行夫妻共同财产州为中心》,载《法学家》2018年第2期。

才清楚是否与债权人之间达成了把债务约定为举债方的个人债务的约定，是否告知了债权人夫妻双方采用的是分别财产制等具体情况。以上的这些举证内容如果让不知情的配偶另一方来举证，在现实的操作中其实是相当困难的，如果借债超过了家庭日常生活的范围，而举债方和债权人都认为属于夫妻共同债务，那么他需要与债权人共同承担证明债务属于夫妻共同债务的举证责任；同样，当债权人主张债务为夫妻双方共同债务时，如果夫妻双方或一方认为是个人债务，举债人也有义务对欠款的去向等情况举证说明。此外，非举债方可以举证此借款并未用于家庭生活，未享受过借款带来的利益，同时自己无论事前还是事后均对该笔债务与举债方未达成合意。在合理分配责任的基础上，在借贷关系中的三方还应当履行各自注意谨慎的义务，最大限度地从根源上消解夫妻债务争议。分配举证责任的最高法律原则应该是公平正义原则，因此有必要重新分配举证责任，平衡各方的利益，以实现法律最大的公平正义。

夫妻共同债务纠纷"同案异判"问题检察监督探究

张 瑶[*]

摘 要： 在民间借贷纠纷司法实践中，不同裁判者对重要概念的理解偏差、法律规范的不当适用以及复杂的价值决断，导致夫妻共同债务"同案异判"乱象丛生。民法典科学整合了单行法律规范，确立了基于"双方合意""家庭日常生活需要"以及"共同生活、共同生产经营"的夫妻共同债务，并将"大额举债"的举证责任分配给债权人，不仅是社会生活的百科全书，更是检察监督的百科全书。本文在剖析夫妻财产制度伦理与法律的双重属性、日常家事代理制度的法律功能以及夫妻共同债务举证责任分配等理论基础上，探索体系化精准检察监督、规范化类案检察监督，以期助力完善夫妻共同债务制度，消除"同案异判"司法乱象。

关键词： 民法典 夫妻共同债务 日常家事代理 举证责任 检察监督

一、夫妻共同债务实证分析

（一）夫妻共同债务制度立法与司法现状

夫妻共同债务的认定问题是当前司法裁判与民意之间争议集中的领域之一，不同时期形成的法律规范存在明显的体系违反现象。2018年，最高人民法院《关于审理涉及夫妻债务纠纷案件适用法律有关问题的解释》（以下简

---

[*] 张瑶，浙江省象山县人民检察院检察官助理。

称《夫妻债务纠纷解释》）改变了最高人民法院《关于适用〈中华人民共和国婚姻法〉若干问题的解释（二）》（以下简称《婚姻法解释（二）》）第24条①的夫妻共同债务"时间推定"标准，规定了基于夫妻双方共同意思表示的夫妻共同债务；为家庭日常生活而产生的夫妻共同债务；以及超出家庭日常生活所需但债权人能证明用于夫妻共同生活、共同生产经营或基于夫妻双方合意的夫妻共同债务。尽管这一规定的价值判断取向被《民法典》婚姻家庭编第1064条②所延续，并作了体系化的整合，消除了我国相关民事立法和司法解释夫妻共同债务认定规则分散和体系违反的现象。随着市场经济发展的经营思维渗透到婚姻家庭生活领域，在司法实践中，不同法院的价值取向存在差异，对"共同意思表示""家庭日常生活需要""共同生活""共同生产经营"等认定标准不一致，对举债方、非举债方以及债务人的举证责任分配矛盾频现，法院裁判各行其是，存在同案异判的现象。

（二）案件样本检索与结果

1. 样本检索

本文以"民事"为案件类型，以"民间借贷纠纷"为案由，从中国裁判文书网和无讼案例网对"夫妻债务"进行全文搜索。③为了使案件样本结论更具参照价值，以经济较为发达、市场活跃且此类案件居多的浙江省为例，主要研究裁判者认定是否构成夫妻共同债务的观点与理由。筛选2018年

---

① 《婚姻法解释（二）》第24条规定："债权人就婚姻关系存续期间夫妻一方以个人名义所负债务主张权利的，应当按夫妻共同债务处理。但夫妻一方能够证明债权人与债务人明确约定为个人债务，或者能够证明属于婚姻法第十九条第三款规定情形的除外。夫妻一方与第三人串通，虚构债务，第三人主张权利的，人民法院不予支持。夫妻一方在从事赌博、吸毒等违法犯罪活动中所负债务，第三人主张权利的，人民法院不予支持。"

② 《民法典》第1064条规定："夫妻双方共同签名或者夫妻一方事后追认等共同意思表示所负的债务，以及夫妻一方在婚姻关系存续期间以个人名义为家庭日常生活需要所负的债务，属于夫妻共同债务。夫妻一方在婚姻关系存续期间以个人名义超出家庭日常生活需要所负的债务，不属于夫妻共同债务；但是，债权人能够证明该债务用于夫妻共同生活、共同生产经营或者基于夫妻双方共同意思表示的除外。"

③ 最后访问时间为2021年5月11日。

1月18日以后的判决案件，获得396件有效分析样本。①

2. 裁判结果

对检索到的396件有效分析样本归纳分析，具体可分为如下裁判结果：

审理程序	夫妻共同债务认定情况	数量（件）	占比（%）
一审	认定夫妻共同债务	92	33.58
	认定非夫妻共同债务	182	66.42
二审	认定夫妻共同债务	57	55.34
	认定非夫妻共同债务	46	44.66
	一审认定夫妻共同债务、二审改判非夫妻共同债务	25	24.27
	一审认定非夫妻共同债务、二审改判夫妻共同债务	4	3.88
再审	认定夫妻共同债务	7	36.84
	认定非夫妻共同债务	12	63.16
	再审改判非夫妻共同债务	11	57.89

3. 改判情况

二审改判的情况分为以下两种："一审认定夫妻共同债务、二审改判为非夫妻共同债务""一审认定非夫妻共同债务、二审改判为夫妻共同债务"，这两类案例共计29件，占二审总案例的28.15%，其中第一种改判类型占24.27%，第二种改判类型占比为3.88%。再审改判的情况仅一种：将夫妻共同债务改判为非夫妻共同债务，这类案例共计11件，占再审总案例的57.89%。从二审、再审的改判情况不难看出，不同法院裁判价值取向的改变及法律适用的更改，主要包括以下情形：法院对于基本事实的认定存在偏差，如"叶某萌与陈某华、王某义民间借贷纠纷案"②；新的法律规范颁布实施，法院遵循新颁布的规定予以改判，如"周某军与李某、杨某民间借贷纠纷案"③；当事人在二审变更诉讼请求，自愿放弃对其中一方当事人的诉讼请

---

① 之所以筛选2018年1月18日以后的案件，是出于《夫妻债务纠纷解释》（法释〔2018〕2号）施行的考虑，改变了此前夫妻共同债务的认定依据与举证责任分配标准，民法典基本沿用了该规定的认定规则，具有参考价值。
② 浙江省温州市中级人民法院（2019）浙03民终138号。
③ 浙江省台州市中级人民法院（2018）浙10民终127号。

求,如"沈某凤与陈某云民间借贷纠纷案"①。

(三)夫妻共同债务的裁判观点及理由

1. 构成夫妻共同债务的裁判观点及理由

第一,基于夫妻双方共同意思表示的债务。首先,根据"共债共签"制度②,基于夫妻双方共同签字作为明示的意思表示或是非举债方明确表示愿意共同承担债务的事后追认,认定该债务为夫妻共同债务在司法实践中并无太大争议。其次,根据《民法典》第140条③第1款的规定,默示亦是意思表示的方式,非举债方的事后追认不仅包括口头或书面形式对债务的明示追认,也包括作出特定行为的默示追认。例如,非举债方以个人银行账户向债权人还款的行为可以认定是事后对债务的追认。④最后,根据《民法典》第140条第2款的规定,在特定条件下的沉默亦可视为意思表示。浙江省高级人民法院《关于妥善审理涉夫妻债务纠纷案件的通知》(以下简称《浙江省夫妻债务纠纷通知》)中将"知晓且未提出异议",如"出具借条时在场""所借款项汇入配偶掌握的银行账户"这种单纯沉默的表现形式推定为"共同举债的合意"。⑤有法院认为,将所借款项汇入非举债方掌握的银行账户,且非举债方在收到起诉状副本与应诉材料后未对原告主张的夫妻债务性质作出不予认可的意思表示的,属于默认作出共同举债的意思表示。⑥亦有法院认为,非举债方虽未参与借条的落款署名,但出具借条时在场,知晓举债事实且未

---

① 浙江省杭州市中级人民法院(2018)浙01民终2684号。
② 《夫妻共同债务解释》第一次在条文中强调夫妻对外举债时应当共同签名,因此理论界也将该条文简称为"共债共签"制度,以此区别于之前的夫妻共同债务认定规则,《民法典》将该制度在法律中正式确认。
③ 《民法典》第140条规定:"行为人可以明示或者默示作出意思表示。沉默只有在有法律规定、当事人约定或者符合当事人之间的交易习惯时,才可以视为意思表示。"
④ 如温州市中级人民法院作出的"黄某美与兰某、潘某俐、陈某妹民间借贷纠纷案"(2021)浙03民终4号判决。
⑤ 《浙江省夫妻债务纠纷通知》指出,"共同做出口头承诺、共同做出某种行为等也是夫妻共同意思表示的表现形式。若有证据证明配偶一方对负债知晓且未提出异议的,如存在出具借条时在场、所借款项汇入配偶掌握的银行账户、归还借款本息等情形,可以推定夫妻有共同举债的合意"。
⑥ 如浙江省瑞安市人民法院作出的"吴某华与黄某好、章某妹民间借贷纠纷案"(2021)浙0381民初270号民事判决书。

反对，即可让债权人有理由相信该笔借款系夫妻双方合意或已经非举债方同意。① 当然，无论是明示、默示或单纯沉默的意思表示，裁判者不同的价值判断所作出的解释方案存在差异，对案件的裁判也有关键性的影响。

第二，基于"家庭日常生活需要"的夫妻共同债务。《民法典》第1064条第1款规定的"推定规则"，与普通的民事代理不同，其无须以被代理人名义作出法律行为，即推定对配偶双方均发生效力。在司法实践中，认定"为家庭日常生活需要所负债务"主要以"金额标准""用途标准"②来判断。在"郑某娟与雷某明、李某盛民间借贷案"③中，法院认为，举债人家庭富裕程度较高，其日常家庭生活经营开支远远超出案涉借款数额，夫妻之间的款项汇转频繁，夫妻财产存在高度混同，而且在借款期间，夫妻以女儿名义购置房屋并支付了相应首付款，故从借款的金额和用途综合认定案涉借款用于家庭日常生活。

第三，基于"共同生活""共同生产经营"的夫妻共同债务。不同法院对"共同生活""共同生产经营"呈现两种不同层次的理解方式。一种观点将"共同生活"或"共同生产经营"理解为"直接目的"，例如，夫妻双方共同投资、共同经营管理公司，丈夫或妻子均可出面联系业务、进行融资等行为，举债方以公司资金周转需要的名义向债权人借款，或举债方将借款明确、直接地用于"共同生产经营"。④ 另一种观点则通过考察负债期间的家庭收入和消费情况，间接证明非举债方共同分享了债务带来的经营收益。⑤

2. 不构成夫妻共同债务的裁判观点及理由

第一，非法债务。夫妻共同债务认定的一个必要前提是债务应受法律保护。若举债方有经常性赌博恶习，在短期内大额举款，债权人知道或应当知道

---

① 如浙江省苍南县人民法院作出的"许某菊与肖某柳、吴某秦民间借贷纠纷案"（2020）浙0327民初3899号民事判决书。

② 《浙江省夫妻债务纠纷通知》指出，认定"家庭日常生活需要"主要应考察"负债金额大小、家庭富裕程度、夫妻关系是否安宁、当地经济水平及交易习惯、借贷双方的熟识程度、借款名义、资金流向等因素"。

③ 参见浙江省杭州市中级人民法院（2019）浙01民终10779号。

④ 如浙江省绍兴市越城区人民法院作出的"赵某祥与樊某志、陶某民间借贷纠纷案"（2020）浙0602民初2837号民事判决书。

⑤ 如浙江省宁波市中级人民法院作出的"姚某芸与毛某珍、陈某杰民间借贷纠纷案"（2019）浙02民终234号民事判决书。

举债方将借款用于赌博，且对借款用途无法作出合理解释的，不应认定为夫妻共同债务。在"毛某娟与张某霞民间借贷纠纷再审案"[①]中，出借人与举债方曾一起赌博，并且出借人曾有为赌博提供条件和开设赌场被行政和刑事处罚的事实，出借人在应当知道举债方借款是用于赌博的情况下，仍然向其提供借款，法院认定双方的借款合同无效，而且由于属于非法债务，依法不予保护。

第二，非用于"共同生活""共同生产经营"而产生的债务。夫妻一方以个人的名义举债并没有用于共同日常生活、共同经营，而是用于个人事务，且非举债方未能分享到收益。在"黄某飞与吴某达、叶某定民间借贷纠纷案"[②]中，法院认为，涉案借款已超出家庭日常生活需要，系用作装修举债方单独经营的 KTV，且出借人熟悉该 KTV 一直处于亏损状态的经营状况，非举债方有稳定的工作，始终未参与该 KTV 的经营，亦无法从运营状况不佳的 KTV 中分享收益，故该笔债务不应认定为夫妻共同债务。

第三，债权人未尽到举证责任。根据《民法典》第 1064 条第 2 款将婚姻关系存续期间夫妻一方以个人名义超出家庭日常生活需要所负的"大额举债"属于夫妻共同债务的举证责任分配给债权人，此时债权人需要举证证明该"大额举债"用于夫妻共同生活、共同生产经营或者是夫妻双方的举债合意，否则债权人将承担不利的后果。在"王某艳与王某、高某光民间借贷纠纷案"[③]中，法院认为，对超出家庭日常生活范围的单方举债债务，不能仅凭夫妻之间存在财务往来就认定夫妻共同债务，债权人应举证证明该债务用于夫妻共同生活、共同生产经营或基于共同意思表示，而债权人无法提供相关证据证明应承担举证不能的不利后果。

二、夫妻共同债务"同案异判"之成因

（一）夫妻共同债务的认定规则不一致

夫妻共同债务认定的复杂性源于对"夫妻双方共同意思表示""家庭日

[①] 浙江省嘉兴市中级人民法院（2018）浙 04 民再 31 号。
[②] 浙江省宁波市鄞州区人民法院（2020）浙 0212 民初 10605 号。
[③] 浙江省乐清市人民法院（2019）浙 0382 民初 4833 号；浙江省温州市中级人民法院（2020）浙 03 民终 2284 号。

常生活需要"等问题的认定,但《民法典》第1064条仅概括性地规定了夫妻共同债务的界定标准。本着《民法典》体系化的要求,结合《民法典》第140条意思表示作出的方式规定,"共同意思表示"应作广义理解,包括了此前《夫妻债务纠纷解释》第1条①中的"共同签字或事后追认等明示的意思表示方式"以及第3条②所指的"默示意思表示方式",但司法实践中对"共同意思表示"仍存在同词异解的现象,这也源于此前缺乏体系化的立法规定,对相关概念的内涵解释存在混乱。此外,对"家庭日常生活需要"的范围缺乏明确的标准。在司法实践中,裁判者往往需要根据资金用途、夫妻日常消费习惯、家庭经济状况等综合判断。但不同裁判者可能对夫妻财产共有制度与夫妻债务制度存在不同的价值取向,加之民间借贷纠纷本身存在的借款事实存在与否难以判定、借款实际用途不明等裁判难点,不同的裁判者对同案或类案可能得出截然不同的裁判结果。

(二)夫妻共同债务的证明标准模糊

《民法典》第1064条对"夫妻一方在婚姻关系存续期间以个人名义为家庭日常生活需要所负的债务"采用推定论,推定为夫妻共同债务,这也符合《民法典》第1060条确立的夫妻日常家事代理权制度。③对"超出家庭日常生活所需的个人举债"属于夫妻共同债务的举证责任分配给债权人,这的确有利于解决备受诟病的《婚姻法解释(二)》第24条导致客观存在的非举债方"被负债"现象,但与此同时可能会出现债权人"讨债难"现象,因此在利益权衡基础上公平合理地配置债权人和非举债方的举证责任是重中之重。但上述规则设计对债权人的证明标准未作明确规定,导致不同的裁判者基于不同的价值决策对此存在判断差异:持金额标准的裁判者认为,债权人仅需

---

① 《夫妻债务纠纷解释》第1条规定:"夫妻双方共同签字或者夫妻一方事后追认等共同意思表示所负的债务,应当认定为夫妻共同债务。"

② 《夫妻债务纠纷解释》第3条规定:"夫妻一方在婚姻关系存续期间以个人名义超出家庭日常生活需要所负的债务,债权人以属于夫妻共同债务为由主张权利的,人民法院不予支持,但债权人能够证明该债务用于夫妻共同生活、共同生产经营或者基于夫妻双方共同意思表示的除外。"

③ 《民法典》第1060条规定:"夫妻一方因家庭日常生活需要而实施的民事法律行为,对夫妻双方发生效力,但是夫妻一方与相对人另有约定的除外。夫妻之间对一方可以实施的民事法律行为范围的限制,不得对抗善意相对人。"

举证证明债务存在并且债务金额符合当地一般认为的家庭日常生活范围即可，无须举证证明该债务是否实际用于家庭日常生活；持用途标准的裁判者则要求债权人应当证明债务确为家庭日常生活需要，由于夫妻家庭生活极具隐私性与封闭性，债权人要证明夫妻生活资金用途的难度显然高于金额标准下的证明责任，这可能导致同类案件的裁判大相径庭。

（三）法官的自由裁量权缺乏限制

与一般的民间借贷纠纷不同，夫妻共同债务涉及身份性和财产性，其法律规范与一定事实之间的对应关系往往需要依靠逻辑推理或间接证据综合判断。而且不同的家庭生活水平与消费情况各异，要认定"夫妻日常生活需要"的范围和标准十分复杂，从立法层面而言，将其进行列举式的细化规定不一定能客观反映个案的实际情况。我国民法典关于夫妻日常家事代理权也仅是概括性的规定，这导致案件事实真伪不明的状态大量存在。在这种情况下，裁判者不能机械僵化地基于举证责任分配进行裁判，往往需要结合生活实践在具体案件中视具体情况进行综合判断，这无疑对裁判者的业务水平、推理能力以及日常生活经验等方面提出了较高要求。但不同的裁判者能力素质与道德水平不可避免地会受当地经济发展以及自身工作经验与生活阅历的影响而存在差异，进而影响其确认"家庭日常生活需要"的标准、分配债权人的举证责任等，最终导致类案裁判结果存在较大差异。因此，相关立法虽未进行具体列举式的细化规定，但也需要对一定事实的自由裁量范围进行一定的限制。

三、民法典夫妻共同债务制度设计对民事检察监督之重要指引

（一）民法典夫妻共同债务制度为检察精准监督提供了体系化指引

《民法典》第1064条规定了"合意之债""为家庭日常生活需要所负之债"与"为夫妻共同生活、夫妻共同生产经营所负之债"三个类型的夫妻共同债务。随着经济与社会的发展变迁，市场经济的复杂与多元化早已渗透至家庭生活领域，夫妻共同债务制度天然存在伦理秩序与经济秩

序、夫妻共同体意志与个人意志之间的权衡与冲突问题。基于平等主体之间人身关系与财产关系决策自由的同质性，民法典将婚姻家庭法与财产法规范进行系统整合、编订纂修，形成婚姻家庭编、物权编、合同编等体例科学、结构完备的法典，使夫妻共同债务制度内部伦理价值秩序与外部财产法规则融贯对接形成了体系化效应，极大地消除了此前单行立法的体系隔阂。

民事检察监督的核心是对公权力的监督，是为保障国家法律统一正确实施而进行的监督。民法典体系化的立法思维和立法表达方式填补了许多制度空白，总则编与各分编、各分编之间结构严谨的编纂体例为民事检察监督提供了更加坚实的制度基础，增强了监督工作的精准化和体系化。[①]

（二）民法典夫妻共同债务制度对类案检察监督之重要意义

司法实践中"同案异判"或"异案同判"乱象丛生，这与法官不当行使自由裁量权有着密切关系。民法典建立健全了民事法律制度，消除了此前夫妻共同债务在法律适用上的矛盾，明确了"共同意思表示"等重要概念的基本内涵，这必然会在相当程度上限缩法官的自由裁量权，统一类案的裁判尺度，也有利于检察机关统一监督标准，提升监督质效，实现检法两家双赢多赢共赢。

在省级检察院提请抗诉案件中，以法官行使裁量权失当为由提请抗诉的案件并不罕见，但最高检鲜有以此为由提出抗诉，究其原因在于对此类案件进行个案监督的效果并不理想。[②]类案与个案属于个性与共性的关系，类案源于个案但高于个案。检察机关结合个案的具体案情，提炼分析出法官失当行使自由裁量权的共性特征，按照案件性质分类实施检察监督，能更全面地反映司法活动的规律和整体情况，有利于统一裁判标准和监督标准，规范法官行使裁量权。类案监督到位还有利于减轻当事人讼累，减少同类型申请再审、申请检察监督的案件数量，节约司法资源。

[①] 参见吕洪涛、肖正磊、兰楠：《借力体系化思维强化民事检察监督——以民事诉讼监督为视角解读民法典》，载《人民检察》2020年第13期。

[②] 参见冯小光：《民法典为加强类案监督提供重要指引》，载《检察日报》2020年8月31日，第3版。

四、民法典视域下夫妻共同债务制度的完善

(一) 完善夫妻日常家事代理权制度

夫妻是一个身份共同体,家庭是一个有福同享、有难同当的亲情和财产的共同体,家庭成员特别是夫妻间是休戚与共、志同道合、忠实互让、养老育幼的具有人身信赖关系的紧密结合型团体。① 日常家事代理权正是基于夫妻身份共同体的本质,夫妻一方在婚姻关系存续期间为家庭日常生活需要与第三人进行交易,其行为效果与责任自动归入夫妻另一方。《民法典》第1064条的家庭日常生活需要推定规则形成的基础就是夫妻之间的日常家事代理权,第1060条将夫妻日常家事代理权制度进行了立法确认,最低限度地维系了"夫妻共同体",将夫妻因日常家事所形成的法律行为视为夫妻共同的意思表示并由双方承担连带责任,不仅便利了夫妻生活,还减轻了债权人的举证责任,降低了社会的整体交易成本。由于现行民法典关于日常家事代理规则只有原则性的规定,在司法实践中各地法院的裁判标准并不统一。《德国民法典》规定的日常家事代理权旨在满足家庭生活所需,且符合家庭生活标准所需的适当原则性的规范标准来确定。② 结合本土国情,可借鉴德国规定来完善我国现有的日常家事代理制度,明确夫妻日常家事代理权的权限范围,采取"概括规定+例外列举"相结合的方式,设置"兜底条款"并对典型家庭事务类别进行列举,对典型非家庭事务类型进行补充列举,最后综合考虑目的的正当性和手段的适当性来判断是否属于家事代理范畴。

日常家事代理权制度推定夫妻一方民事法律行为效力及于另一方,该范围自然应受合理限制,只适宜限定在最基本的家庭日常生活消费,不宜过分向外扩展、肆意理解,其他高于基本家庭生活需求的大额消费不得采用推定规则。由于不同家庭的经济水平和生活水准相差甚大,相关债权人需要举证证明债务的真实性以及债务的金额、目的等符合家庭日常生活范围,此时裁判者在认定时需要根据举债人举债目的及举债手段是否符合举债人实际情况

---

① 参见王雷:《〈民法典(草案)〉婚姻家庭编夫妻共同债务制度的举证责任配置》,载《当代法学》2020年第3期。

② 参见王勇旗:《民法典编纂视域下夫妻共同债务的反思与重构——以实证研判为中心》,载《知与行》2020年第1期。

为判断基准,并综合考虑家庭实际经济状况、一贯的消费习惯和资金的实际流向来谨慎判断是否属于家事代理范畴产生的债务。

(二)运用要件事实论方法合理配置举证责任

要件事实论是在确定发生一定法律效果之法律要件的基础上,旨在阐明有关构成该事实之主张、举证责任的所在以及应当由当事人提出之攻击防御方法的配置(请求原因、抗辩、再抗辩等)的理论。[①]要件事实论能够有效沟通诉讼请求、举证责任以及抗辩等问题,其主要目的是研究由何方当事人对要件事实负主张、举证责任。[②]从当事人的角度而言,举证责任是当某个事实处于真伪不明时,一方当事人将承担以该事实为要件的、于己有利之法律效果不获认可的危险或不利益。[③]要件事实论与举证责任二者关系紧密,运用要件事实论方法梳理夫妻共同债务的举证责任配置,有助于消除民事权利义务规范的体系冲突,统一证明标准。

基于日常家事代理形成的夫妻共同债务,债权人主张债务为夫妻一方在婚姻关系存续期间为家庭日常生活需要所负担的夫妻共同债务,应当承担推定规则之基本事实的举证责任。由于夫妻家庭生活及财产关系具有一定私密性,作为外人的债权人不易窥知,此时对债权人的举证责任要求不宜过于严苛,根据"用途论"标准达到较高的盖然性即可。若夫妻中非举债方通过诉讼否认作出抗辩,即单纯否认举债方是为家庭日常生活所需举债,否认者对此消极事实不承担举证责任,此时债权人完成了用于家庭日常生活这一基本事实的举证,则相关债务就应被认定为夫妻共同债务;若非举债方直接提出积极的诉讼反驳,比如主张相关债务超出了夫妻双方对日常家事代理权的约定范围,且债权人知道或者应当知道该约定,非举债方须对此积极事实承担举证责任,举证成功则该债务不构成夫妻共同债务。

基于日常家事代理之外所形成的债务,债权人主张是夫妻共同债务的,须

[①] 参见[日]山本敬三:《民法讲义I总则》,解亘译,北京大学出版社2012年版,"第三版中文版序言"。

[②] 参见[日]小林正弘:《作为民法解释学的要件事实论——"裁判规范之民法"的构想》,载崔建远主编:《民法九人行》(第7卷),法律出版社2014年版,第286页。

[③] 参见[日]新堂幸司:《新民事诉讼法》,林剑锋译,法律出版社2008年版,第392页。

对"夫妻举债合意"或"债务用途"负举证责任，应以"意思论＋用途论＋利益论"为标准，即证明夫妻双方作出共同意思表示、用于夫妻共同生活或共同生产经营、非举债方从中受益。具体而言，债权人成功举证证明夫妻双方作出共同意思表示，则该债务为夫妻共同债务；若债权人无法成功举证"意思论"对应的要件事实，还可基于"用途论"进行举证；若债权人仍无法成功举证"用途论"所指向的用于夫妻共同生活或者共同生产经营情形，还可证明非举债方配偶从中受益，此时的共同债务也就仅限于受益范围内。

（三）加强民事类案检察监督规范法官自由裁量权

夫妻共同债务认定规则关乎夫妻内部债务关系以及债权人的利益保护。法律是平衡的艺术，只追求一方当事人利益保护的规则设计显然失之偏颇。从民法典以前的法律规定沿革来看，立法者从倾向于保护债权人利益到现行的偏向于对夫妻中非举债方"被负债"的防范，在超出家庭日常生活需要的债务给予债权人较重的举证负担，为夫妻双方"恶意串通"从而损害债权人利益提供了可能。基于我国地域广阔、人口众多、各地经济发展存在差异等客观情况，试图穷尽列举夫妻共同债务的所有情形，既无法律上的必要，更无制度上的可能，因而法律条文具有弹性化。裁判者在依据法律规定、遵循职业道德的基础上，可以运用价值取向、逻辑推理以及日常生活经验对证据的采信进行独立判断①，这对裁判者自由裁量权的发挥提出了更高的要求。

为公正认定夫妻共同债务，避免出现"司法从众"的尴尬现象，在遵循民法典关于夫妻共同意思表示的"合意之债"和日常家事代理权的"推定之债"规定的基础上，应注重完善裁判者自由裁量权，通过类案检察监督的方式加强对自由裁量权范围的规范和限制。检察机关可借助大数据对"夫妻债务纠纷"的类案数据进行分析研判，整理归纳异常现象，发挥典型案例对类案办理的引领作用，从中整理出开展此类案件监督的具体流程与方法，规范裁判者自由裁量的内容必须是基于其主观视为真与思想、自然和经验规则的统一，避免裁判者纯粹的主观意见或情感相信导致同案异判。

---

① 2019年新修订的最高人民法院《关于民事诉讼证据的若干规定》第85条规定："人民法院应当以证据能够证明的案件事实为根据依法作出裁判。审判人员应当依照法定程序，全面、客观地审核证据，依据法律规定，遵循法官职业道德，运用逻辑推理和日常生活经验，对证据有无证明力和证明力大小独立进行判断，并公开判断的理由和结果。"

农村妇女离婚案件中存在的难题及解决思路

——以民法典中的居住权制度为视角

张庆斌 李 魁[*]

摘 要：离婚案件的处理涉及妇女的多项权益，如婚姻家庭权利、财产权利、人身权利等，尤其是诉讼能力较差的农村妇女在此类案件中往往处于劣势地位。本文从民法典中的居住权制度视角出发，就我国农村妇女离婚后居住权制度的构建提出具体的设计与建议，以切实保障好离婚案件中农村妇女权益。

关键词：农村妇女 离婚案件 居住权

随着经济的发展和社会的进步，人们的婚姻观念不断变化，离婚率也不断上升。从1987年的58.1万对到2017年的437.4万对离婚数，近年来中国离婚走高已是不争的事实，偏高的离婚率也体现在数量众多的婚姻家庭纠纷案件上。在离婚的大潮中，广大农村地区也被席卷。由于历史和现实的影响，农村妇女在离婚时各方面的权利，尤其是涉及房屋的居住权，往往得不到有力的保障，加之房屋属于不动产，导致离婚房屋分割纠纷自身极具复杂性，如何在离婚案件中保护农村妇女的权益一直是实践中法院审判的焦点和难点问题。笔者从基层司法实践案例出发，结合民法典的相关规定，分析解

---

[*] 张庆斌，江苏省沛县人民检察院办公室主任；李魁，江苏省沛县人民法院大屯法庭庭长。

决此类案件的路径。

一、农村离婚妇女案件处理中"居住权"现状研究

（一）离婚案件中住房问题的处理现状

1. 本地案件①

原告高某与被告李某经人介绍认识，高某系医生，李某系农民，1992年5月双方办理结婚登记后，按照农村风俗举行了结婚仪式，婚后开始双方夫妻关系尚可。1993年生长女高某娜（已经成年），1997年生次女高某莉，1998年生长子高某利。1999年4月，原告离家外出，原告、被告双方便一直分居生活至今。原告以夫妻感情确已破裂为由诉至法院要求离婚，被告不同意离婚。经法院主持调解，被告同意离婚不离家，但就子女的抚养、财产分割达不成一致意见。

法院判决结果为：（1）准予原告高某与被告李某离婚。（2）婚生次女高某莉及长子高某利由被告李某直接抚养，原告高某每月负担抚养费用1000元，至两个孩子独立生活时止。（3）原告高某的婚前财产：沛县某镇某村某庄东屋四间归原告高某所有，该房屋暂由被告李某居住使用至李某再婚时止；双方共同财产依法分割。判决后双方均未上诉，判决已生效。

2. 外地案件②

杨某1与杨某2于某年某月办理结婚登记，于某年某月生育长子杨某材，某年某月生育次子杨某杰。杨某材表示如父母离婚，愿意与杨某1共同生活，杨某杰表示如父母离婚，愿意与杨某2共同生活。某县某镇某村50号房产的产权人是杨某标和杨某1。2017年5月，杨某1向法院提起离婚诉讼，法院经审理后，杨某1同意在离婚后，杨某2可在某镇某村50号原双方结婚用房居住一年。

法院判决结果为：（1）准予杨某1与杨某2离婚。（2）子女抚养及抚养费承担问题。（3）自本判决生效之日起，杨某2可在某县某镇某村50号

---

① 参见江苏省沛县人民法院（2011）沛大民初字第513号民事判决书。
② 参见（2018）闽0629民初259号民事判决书。

原双方结婚用房居住一年,期满后应自行搬离。(4)驳回杨某1其他诉讼请求。

3. 小结

在上述两个案件中,尽管案涉房屋的所有权均不属于女方所有,但本地法院和外地法院均同意女方离婚不离家,即虽然夫妻双方离婚且女方没有房屋所有权,但是女方仍然可以在离婚后在案涉房屋中居住。本地法院和外地法院尽管都确认了女方的居住权,但在具体的判决上仍然有所区别。关于居住的期限,本地法院判决案涉房屋暂由被告李某居住使用至李某再婚时止,而李某是否再婚、何时再婚,这是不确定的,也无法预测。而在外地案件中,法院则判决杨某2可在某县某镇某村50号原双方结婚用房居住一年,期满后应自行搬离,这不同于本地法院的判决,一年属于明确的居住期限。这也就导致了类似的案情出现了不同的裁判结果,造成实践中同案不同判的局面。两件案例中的居住权,其性质也并不明朗。这些问题究其根源,在于我国法律中并未明确规定居住权制度。

(二)居住权制度尚未入法前此类案件可用的依据

1. 离婚案件中公房居住纠纷的处理

公房是国家(中央或地方政府)以及国有企业、事业单位投资、兴建销售的住宅,是相对于所有权属于个人的私有住房而言的,一般个人只有承租权而没有所有权。

尽管公房和农村宅基地并不相同,但对个人而言一般个人都不具有两者的所有权,故而,在离婚纠纷中,围绕二者产生的纠纷也有一定的相似之处。由于公房承租人仅有房屋的使用权,不享有房屋的产权,因此在离婚时法院只会判决使用权之归属,而不涉及房屋的所有权问题。对于婚后夫妻一方所申领的公房,不论时间长短,另一方均有权要求分割公房的权益,但如果是一方婚前申领的公房,也即在夫妻结婚登记前,公房使用权就已经在其中一方名下,离婚时另一方可否要求分割该公房的使用权在实务中产生了较大的纠纷。为此,1996年最高人民法院《关于审理离婚案件中公房使用承租若干问题的解答》(以下简称离婚公房使用承租解释),针对离婚双方均可承租夫妻共同居住的公房的情况,作出了具体的规定。在此类情况下,尽管该公房是一方婚前承租的,但另一方仍能依据一定的条件对该房屋享有承租权。但是,如若另一方不满足这九种情况,则无法对该公房享有承租权。此时,如果该方在离婚后没有其他可以居住的房屋才会产生居无定所的问题,对此该司法解释也进行了考虑。依据该司法解释的规定,离婚时一方对另一方婚前承租的公房不享有承租权的,但确实又在解决住房问题上有困难的,人民法院可调解或判决其暂时居住。暂住期限一般不超过两年。同时,这里的暂时居住并不是无偿的,住房困难的一方在暂住公房期间应当缴纳与房屋租金、等额的使用费和其他必要的费用。尽管该司法解释并未明确采用"居住权"一词,所规定的暂住也是有偿的,但是在其中仍然能看见居住权制度的运用和其价值的发挥。因此,尽管在当时居住权制度并未入法,但有关离婚纠纷中公房使用的司法解释仍然印证了居住权制度对解决离婚妇女住房问题的帮助甚大。

2. 离婚经济帮助制度对居住权的运用

依据我国的法律规定,夫妻双方离婚时只对夫妻的共同财产进行分割,而在有的婚姻关系中可以进行分割的夫妻共同财产很少,然而不予分割的另一方的婚前财产很充足,这样可能会导致在离婚时另一方往往是处于弱势地位的农村妇女,有可能因此陷入生活困境。《婚姻法》第 42 条是离婚经济帮扶制度的法律依据,在审判实务中经常有双方当事人协商不成,要求法院依据该条款进行处理的情况产生。如何认定一方生活困难,以及经济帮扶的标准如何确定,是实践中遇到的难题。另一个棘手的问题是如何做到"适当帮助"。如若将帮扶径直解释成是对房屋所有权的处分甚至是给予,则有超过"适当"这一限度的嫌疑。但居住权的存在使上述难题得以很大程度地解决,在此类围绕房屋分割的离婚案件中,法官可以判决房屋所有权仍然不变,但是为离婚妇女设置居住权,使得对生活困难一方的帮助在合理的限度内实现。[①] 这一方法也确实被最高人民法院进行尝试。最高人民法院曾出台的《婚姻法解释(一)》第 27 条规定就反映了这一方法,该条规定,离婚时,一方以个人财产中的住房对生活困难者进行帮助的形式,可以是房屋的居住权或者是房屋的所有权。最高人民法院为了指导该类案件的审理,在 1993 年出

---

① 参见申卫星:《从"居住有其屋"到"住有所居"——我国民法典分则创设居住权制度的立法构想》,载《现代法学》2018 年第 2 期。

台了《关于人民法院审理离婚案件处理财产分割问题的若干具体意见》(以下简称《离婚财产分割解释》),其中第 14 条的规定也为这一做法提供了一定的参考。① 该司法解释的这一规定是对没有房屋居住的离婚一方进行生活帮助的具体规范,现该解释已废止。

尽管上述的离婚经济帮助制度并不成熟,但是其中也涉及对于居住权制度的运用。虽然这里的房屋居住权究竟是债权性质还是物权性质并不明朗,但是有关离婚经济帮助制度的条文体现了通过赋予离婚妇女房屋居住权,从而保障其基本的生活需求的价值。

二、居住权制度对解决农村离婚妇女住房问题的意义

(一)农村离婚妇女深受住房问题困扰

离婚是当今妇女所遇到的较多、较棘手的社会问题、法律问题之一,而其中关于房屋问题的处理则更为复杂。② 由于农村妇女经济收入来源单一,对于财产的掌控相对较弱,在现实生活中往往发生离婚时对于未来的预测不强,对夫妻财产的知悉较少。因此,在离婚时农村女性比男性更多地遇到了住房问题的困扰。

此外,宅基地制度在运行过程中出现的缺陷也进一步扩大了农村离婚妇女的住房问题。尽管根据我国法律的规定,宅基地属于集体所有,既不得买卖也不能继承,不属于真正意义上的财产。但是农村居民可以对于宅基地享有使用权。宅基地使用权是一项重要的土地权利,属于我国特有的一种用益物权形式,具体是指农村集体经济组织的成员,对国家或者集体经济组织划给其建造房屋的国有土地或集体所有的土地享有的占有、使用权。③ 这项权利与集体经济组织成员的资格联系在一起,故而宅基地也具有福利性质和社

---

① 1993 年最高人民法院《关于人民法院审理离婚案件处理财产分割问题的若干具体意见》第 14 条规定:"婚姻存续期间居住的房屋属于一方所有,另一方以离婚后无居住为由,要求暂住的,经查实可据情予以支持,但一般不超过两年。无房一方租住经济困难,享有房屋所有权的一方可给予一次性帮助。"

② 参见《北京大学法律系妇女法律研究与服务中心四年咨询工作报告》,据北京大学法学院妇女法律研究与服务中心的不完全统计,离婚时涉及住房分割问题的占 51.9%。

③ 参见张宗武:《浅谈农村离婚妇女的财产权保护》,载《时代金融》2007 年第 7 期。

会保障的功能。① 并且宅基地是房屋存在的基础和承载物，没有宅基地，房屋就无法存在。然而在实践中，农村妇女往往在农村宅基地使用和权益实现方面面临困境，尽管依据我国法律的规定，妇女在宅基地使用、农村土地承包经营等方面享受与男子同等的权利。并且农村妇女无论是否婚嫁，都应与相同条件的男性村民享有同等权利，参与集体经济组织或者政府不得以任何形式和任何借口剥夺或者限制妇女在申请宅基地方面的权利。② 但是这些法律对于农村妇女土地权益保护的规定大多是原则性的规定，过于宏观缺乏可操作性，难以真正解决实际中的难题，以致在实践中存在对妇女宅基地使用权的性别歧视。

（二）居住权制度解决农村离婚妇女住房问题的理论依据

居住权制度使居住权人可以对房屋享有使用、占有的权利，这不仅有利于解决特定人群的住房问题，还能充分发挥有限的房屋资源的效用。尽管当今居住权制度被赋予了投资等其他功能，但保障弱势群体的利益仍是其核心价值。居住权制度的理论根源在于家庭成员之间扶持照顾的伦理道德观和物权占有理论。③ 当男女双方结为夫妻之后，二人之间则具有了以共同生活为目的的法律上的婚姻关系。这一特殊的身份关系，进而产生了夫妻之间的相互扶助义务。故而在离婚时，如若夫妻一方具有生活方面的困难，另一方应当给予一定的帮助。如果离婚后农村妇女受制于教育、就业、性别等因素，经济收入水平较低，无法满足其基本生活需求，那么另一方在有能力的情况下应当对其进行帮助。

尽管1980年婚姻法实施后，最高人民法院于1993年在《离婚案件财产分割解释》中曾经规定，婚前财产可以随婚龄的变化而转化为夫妻共同财产。然而，现行婚姻法已经废除了这项财产转化制度，依据现行的婚姻法，只要是婚前的个人财产，该财产并不会随着婚后婚龄的变化而转化为共同财产，这也就导致女方不可能再通过夫妻长期的共同生活，由于婚龄的变长而

---

① 参见许建苏：《农村宅基地使用权制度探讨》，载《河北法学》2006年第11期。
② 参见张鑫编著：《三农与法：宅基地与房屋》，吉林出版集团有限责任公司2008年版，第5页。
③ 参见李云：《简论居住权制度在离婚妇女居住权保护中的运用》，载《中国房地产业》2011年第3期。

取得房屋的共有权，其无法对属于男方的婚前财产的宅基地享有权利。但在居住权制度下，农村离婚妇女尽管无法拥有房屋的所有权，但却可以依据所有权和占有相区别，通过居住权对房屋进行占有和使用，从而解决住房困难的问题。因此，居住权制度对于农村离婚妇女的住房问题保障的意义十分明显。

三、我国农村妇女离婚后居住权制度的构建

（一）居住权的制度设计应当区分对待

1. 居住权设定方式的多样化

当前我国民法典物权编中有关居住权的设立，仅规定了约定设立这一种方式。约定设立居住权，使当事人通过意思自治来设立居住权，采用书面形式订立居住权合同并以登记生效主义作为居住权的生效时间，这样的模式使居住权与租赁权相区别，其比租赁权拥有更强的独立性，书面设立的方式以及登记所带来的公示性，方便在发生居住权纠纷时能迅速地解决，在一定程度上保障居住权的对抗效力。① 同时，约定设立方式对于彰显居住权的物权价值，使居住权作为一种投资手段从而充分利用房屋资源进而达到物尽其用的目的，具有十分重要的意义。从这一角度来看，约定居住权能够体现居住权制度的价值。双方当事人，特别是房屋所有人，可以通过与对方当事人订立居住权合同，并在合同中约定各项权利义务，满足其多样的需求。

但仅以约定方式设立居住权，当房屋所有权人对于在其住所上设立居住权不表示同意时，居住权人就无法使用、占有该房屋进而获得居住保障，致使设立居住权制度的目的落空，显然与居住权保障弱势群体的基本生活需求的目的相悖。对于以家庭成员作为居住权人的主体范围的居住权来说，该类居住权的特点更多是保障性、救助性的，需要法律体现较多的强制性安排，因此本文认为应当增加居住权的设立方式，即除了约定的居住权，仍需要进一步增设法定居住权和裁判居住权。同时，这三类设立方式应具有不同的适用范围，即根据居住权设立目的以及居住权的权利主体范围进行划分。在涉

---

① 参见黄积虹：《构建民法典物权编居住权的思考》，载《上海政法学院学报》2019年第1期。

及保障家庭成员的基本生活需求这类目的时，采用法定居住权，只要达到法律规定的条件，符合条件的权利人例如（主要是）配偶、父母、子女，即享有单方设定居住权的权利，房屋所有权人的同意并不能成为该项权利设立的必要条件。同时，当上述这类居住权的设立发生争议时，应当赋予法院判决居住权的权力。例如，在父母或者是朋友无法解决自己的居住困难的情况下，房屋所有权人有能力提供他们居住的房屋却不配合时，法院可以判决这类弱势群体取得居住权。除上述两种情况外，对于配偶和父母、子女等房屋所有权人负有赡养、抚养义务的人以外的主体，居住权更多的是一种投资手段，该房屋是用于给他人居住或者是自己居住抑或是闲置，都是房屋所有人个人的自由，为不为他人设定居住权，属于其自主权利，均应采约定的设立方式。

2. 居住权的取得方式按目的区分

民法典规定居住权无偿设立。无偿设立体现了人文关怀，有利于彰显居住权的救助性和慈善性。对于居住权人为家庭成员的法定居住权来说，居住权是为了保障他们的基本生活需求而设立的，如若要求已经处于弱势地位无法满足住房需要的他们支付相应的对价，则与救助性的目的相悖。故而对于此类居住权，无偿设立并无问题。

但是对于非家庭成员为权利主体的居住权来说，此类居住权往往具有投资性的目的，其作为纯粹的用益物权具有财产权性质。与体现人文关怀的家庭成员居住权不同，应当体现等价有偿的交易原则，故权利人应当通过支付对价来设立居住权。只有在例外情形下，即当事人之间在合同中有特别约定，则依据意思自治得为无偿。[①]并且从交易动机的角度来看，在约定居住权的设立模式下，如果这类投资性居住权的取得一律采用无偿的方式，那么房屋所有人很大程度上不会愿意在自己的房屋上添加负担，为他人设立居住权。

3. 居住权的转让与否按类型区分

基于设立的目的不同，居住权可分为社会性居住权和投资性居住权，前者指向自罗马法以来的传统居住权，属于为构成弱势群体的家庭成员的居住权益而设定的人权范畴，此类居住权具有极强的身份属性和人性，后者则属

[①] 参见鲁晓明：《论我国居住权立法之必要性及以物权性为主的立法模式——兼及完善我国民法典物权编草案居住权制度规范的建议》，载《政治与法律》2019年第3期。

于以投资为目的的纯粹用益物权,具备极强的财产性质。① 从《民法典》第369条的"居住权不得转让、继承"的规定来看,将居住权的功能限制于社会性居住权。对于这类居住权而言,它属于为特定群体的居住需求而设立,允许转让此类居住权从而获得收益,就背离了这一制度的初衷。因此,对此类社会性居住权而言,规定其不得转让并无问题。

但是对于投资性居住权而言,这类居住权的目的在于满足人们利用财产形式多样化的要求,特别是共同出资建房或者买房者对居住权的需求,对于此类居住权则应当凸显其作为纯粹的用益物权的财产性属性,立法者不应当限制社会性居住权的行使,应允许这类居住权转让和收益。

(二)农村妇女离婚后居住权的具体制度设计

1. 以法定居住权为主,约定居住权为辅

目前,我国主要依据民法典及其司法解释、《妇女权益保障法》等法律规定来对离婚妇女的住宅权实施保障,但这些法律中大多都只是些原则性的规定,并没有明确有效的制度保障措施,故而不具备实际可操作性,导致具有住房困难问题的农村离婚妇女的居住权无法享有切实妥善的保障。② 此类居住权的设立目的在于保障特殊弱势群体的基本生活需求,设立方式应以法定居住权为主,同时不排除比法定居住权条件更为有利于居住权人的约定居住权的适用。具体而言,对于离婚后无法解决自身住房困难的农村妇女来说,在满足法律规定的条件后,就可以对在婚姻关系存续期间其所居住的房屋无偿享有居住权,无须房屋所有人的同意。同时,如果夫妻二人在婚前、婚姻存续期间或者离婚后经双方合意约定了有关该房屋的居住权合同,且合同内容相较法定居住权更加有利于离婚妇女,例如居住期限更久、住宅位置更便利,那么应当允许此类约定居住权的适用。

2. 明确农村妇女离婚后妇女居住权的适用条件

(1)离婚后法定取得居住权的条件。尽管对于离婚后的农村妇女而言,

---

① 参见单平基:《〈民法典〉草案之居住权规范的探讨和完善》,载《当代法学》2019年第1期。

② 参见陈琴、何谢颖、杨启冰:《我国离婚妇女"居住权"保护研究》,载《现代商贸工业》2011年第3期。

主要采法定居住权,但是满足何种法定条件可以取得居住权,仍需进行仔细的斟酌。因为当居住权的设立目的主要在于保障特定弱势群体的基本生活需求时,一方面这类群体,如本文的主体农村离婚妇女,她们受制于教育、经济水平、性别等因素,缔约协商能力较弱,需要明确的法律规定予以保障。但是从所有权人的角度来看,对该群体的照顾特别是无偿设立居住权,确实会造成帮扶一方,即房屋所有权人的负担。因此,如果法律对此类居住权的适用条件和范围不加限定,将陷帮扶人于不利的境地。

笔者认为,农村妇女在离婚后,可以依据如下条件享有居住权:第一,该农村离婚妇女依靠个人财产和离婚时分得的财产,仍然无法维持当地基本生活水平,生活困难且没有房屋居住;第二,原配偶另一方有能力提供房屋,设立居住权;第三,该农村离婚妇女生活困难是因婚姻存续期间将时间与精力用于对家庭的贡献上所致,例如女方婚后是全职主妇忙于维持家庭、照顾老人与孩子。[①] 在满足上述条件后,农村离婚妇女和房屋所有人应至相应的登记机构进行登记,从而正式设立居住权。如若房屋所有人不愿意为原配偶设立居住权或者不配合其进行登记,该农村离婚妇女可以向法院提出申请,符合上述条件的,由法院判决另一方向申请人提供房屋居住权。

(2)根据情况设置离婚后居住权的期限。民法典虽然对于居住权的期限并未进行规定,但结合条文中所规定的约定设立的方式,以及"居住权人死亡的,居住权消灭"的规定,可以推测民法典对于社会性居住权,在当事人之间没有约定或者约定不明的情况下,将居住权的期间限定为居住权人的终生。

这样的期限设置最为笼统和简单,也为居住权人设置了极大的保障。但如若将农村离婚妇女的居住权期限设为终身,则可能助长不劳而获的社会风气,使得享有法定居住权的农村离婚妇女产生即便自己不努力也可以一生不用担心住房问题的心理,从而不思上进,不努力对自己生活困难的现状进行改变。这对于房屋所有人的权益也会造成损害。同时,如果居住权的相对人仅具有这一套房屋,设立居住权后就可能导致已经离婚的夫妻双方仍将长期生活在一个屋檐下,这就难免会产生新的问题,也为当事人再婚造成一定的障碍。因此,对于居住权的期限是否为终身应当全面考虑,应根据居住权权

---

① 参见郎冰:《离婚后居住权问题分析》,黑龙江大学2015年硕士学位论文。

利人和义务人双方的情况,考量居住权的期限设置。如果被帮扶一方无业、生活特别困难、缺乏再就业的机会,谋生能力差,或者生活不能自理,或者抚养子女较多,身患严重疾病等,在这种情况下的帮扶就可以适当的多些,例如居住权的期限设置一个较长的时间。但是,如果根据社会群众一般社会经验和常识判断,受帮助方具备一定的劳动能力,根据受教育的程度和健康状况等具备独立自主生活的能力,帮扶则应考虑时间和数额适当少些。同时,还应当结合提供房屋的一方的情况,根据居住权义务人,即离婚中的帮扶方的经济状况和综合实力,对居住权的期限进行设置。在此类案件中,如果一方实力雄厚,家庭财产较多,此时可以酌情相对帮扶的时间和数额多一些。但是要避免让帮扶人员成为一种负担,过分加重了帮扶人员的责任而导致其陷入两难境地。如案例一中,高某作为医生,长期离家出走,三个孩子一直由被告李某抚养,法院综合考量双方的经济基础和高某不回去生活的事实,酌定被告李某在原告所有的房屋居住使用至李某再婚时止。这种判决结果在农村来说,就是广大妇女所述的"离婚不离家"。因为她们长期在婆家生活,子女有的已成年,如果此时让她们回到娘家也是不现实的。但是,如果帮扶一方也仅仅是稍微比被帮扶人好些,这种情况下在帮扶时间和帮扶数额上就应该适当少些,做到让双方均衡地发展,避免因为离婚引发更大的冲突。比如,上文外地案件中的离婚纠纷,双方中的一方自愿同意让另一方居住一年,在这种情况下,综合考虑离婚缘由、家庭子女现况、双方劳动能力作出符合当事人意志的判决,也是符合当前社会的主旋律和正能量的。

对于年老、疾病而无住房者,居住权的期限以终身为宜;对于年轻或中年离婚妇女,将期限设置为终身应当谨慎考虑,因为这类妇女有足够的精力和时间通过自己的努力奋斗改变当前的弱势地位,提高自己的经济水平。对于后者,居住权期限可以结合以下情况进行规定:第一,如果居住权人再婚,开始另一段新的婚姻关系,那么居住权的期限就至其再婚之时;第二,至居住权人另有房屋居住时。

(3)居住权人的权利与义务。居住权是以居住他人房屋为内容的权利,介于房屋所有权和租赁权之间,处于二者的中间地带。[①] 当农村离婚妇女依

---

① 参见申卫星:《从"居住有其屋"到"住有所居"——我国民法典分则创设居住权制度的立法构想》,载《现代法学》2018年第2期。

据法律规定或者法院判决取得居住权后,其便对原配偶一方的房屋及其附属设施享有占有、使用权利。居住权本质上属于用益物权,其物权属性决定了居住权人对房屋的使用可排除包括房屋所有权人在内的其他任何人的干涉。[①] 同时,依据"买卖不破租赁"的原理,居住权的设立虽然不能阻止房屋所有权人对房屋的出卖,但是房屋所有权的变动并不对已经设立的未到期的居住权产生影响,房屋买受方也即新的房屋所有权人仍然承受已设的居住权的负担。也即,即便该农村离婚妇女享有对房屋的居住权,房屋所有人仍可将房屋出卖给第三人,但由于居住权的对抗效力,第三人在取得房屋所有权后,并不能以此对抗该农村离婚妇女,不能要求居住权人搬离房屋。农村离婚妇女在对房屋及其附属设施进行占有和使用时,也应遵循一定的义务,尽到善良管理人的原则,农村离婚妇女对自己居住的房屋负有维修和保养的义务。

[①] 参见单平基:《〈民法典〉草案之居住权规范的检讨和完善》,载《当代法学》2019年第1期。

民法典视角下"代孕"的合理与合法性研究

王宏伟*

摘　要：《人类辅助生殖技术管理办法》不属于法律、行政法规的"效力性"强制性规范，由此认定所有代孕协议无效有失偏颇，理应立足于立法目的，进行法律漏洞填补。有偿代孕有违公序良俗，我国民法典对其加以禁止，但对无偿代孕持公共秩序保留的态度。同时，由于代孕涉及代孕协议效力认定、亲子关系认定和弃养等众多问题，更好的策略是允许代孕有限度地合法化并由国家加以监管。

关键词：法律漏洞填补　目的性限缩　意思自治受限　有条件合法化

"代孕"可能是医学发展至今带给人类社会的最大法律抉择难题。"代孕"虽然面临着道德、宗教、哲学、法律等方面的诸多阻力，但是其有着潜在的社会需求，且人工技术已发展至可实现代孕的程度。想要客观公正地探讨这一医疗科技为代孕带来的利弊，从伦理道德到社会现实，从法律规章到医疗发展，乃至于社会阶层、贫富问题等诸多矛盾都必须考虑在内。

一、代孕技术的科学内涵

代孕以男女不发生性交为前提，过程包括人工授精或体外授精、胚胎移植技术以及其他相关衍生技术。在人工生殖技术介入之前，子女的血缘来源与分娩主体保持高度一致，客观血缘的存在是传统亲子关系确认规则的首

---

* 王宏伟，甘肃省兰州市兰州新区人民检察院检察官助理。

要依据，然而生育行为本身具有社会性，代孕问题的出现，生育与性行为分离，分娩与血缘也一定程度分离，打破了集妊娠、分娩和血缘于一体的传统母亲形象，故而引发广泛争议。①我们一般按代孕者是否提供卵细胞来分为完全代孕与部分代孕两种，或是按照是否支付报酬来分为有偿和无偿代孕两种。

（一）按代孕是否有基因关联划分

1. 完全代孕

完全代孕又称宿主型代孕，即代孕子女与代孕母亲无基因关联。代孕母亲仅以自身子宫作为载体，植入胚胎进行妊娠和分娩。植入的胚胎可分为三类：委托方夫妻双方生殖细胞结合形成的胚胎、委托方夫妇中一方提供的生殖细胞与捐献的生殖细胞结合形成的胚胎、捐献的胚胎（与委托方夫妻无基因关联）。②

2. 部分代孕

部分代孕又称基因代孕，即代孕子女与代孕母亲有基因关联。代孕母亲提供卵细胞，精子可以来源于委托方丈夫或捐赠者。相对于完全代孕，部分代孕更容易引起伦理与法律争议。③

（二）按代孕是否支付报酬划分

1. 无偿代孕

代孕母亲不以获得报酬为目的而接受代孕委托，又称利他性代孕。有时委托方夫妻也会进行合理补偿，但仅包括必要的费用，如孕期必要生活费、营养费、误工费、医疗费等。④

---

① 参见刘长秋：《代孕规制的法律问题研究》，上海社会科学院出版社2016年版，第28页。

② 参见石文晔：《我国代孕有限合法化的可行性分析》，载《法制与社会》2020年第2期。

③ 参见沈东：《生育选择引论——辅助生殖技术的社会学视角》，辽宁人民出版社2011年版，第146页。

④ 参见石文晔：《我国代孕有限合法化的可行性分析》，载《法制与社会》2020年第2期。

2. 有偿代孕

代孕母亲为获得经济利益而接受代孕委托，称为有偿代孕，其收取的费用远超过合理补偿金额。其中不带任何帮助色彩、完全商业化的有偿代孕形式为商业代孕，常通过中介方进行。

二、代孕争议的国内现状

代孕争议的核心问题，即代孕所生子女与纠纷某一方的亲子关系到底存在或不存在的问题。反对者多数认为代孕实质上是"子宫出租"，违背了人性，构成对人格尊严的侵犯，并且会打乱社会伦理与法律关系，冲击人类社会现行的相对稳定的社会秩序，因此实践的令式如下：你需要这样行为，做到无论是你自己或别的什么人，你始终把人当目的，总不把他只当作工具。[①]反对者认为，商业性代孕从客观上又会带来对代孕母亲的剥削，从伦理上的正当性乃至法律上的合法性更有待商榷[②]，在法律上也牵扯出一系列问题。

（一）代孕协议违背遵守公序良俗原则，违反法律规定

反对者认为，根据《民法典》第 153 条第 1 款规定，代孕合同内容是违反法律、行政法规，因此合同是无效的。对求孕方、代孕方和代孕机构来说，代孕产生的代孕费用、医疗事故等都存在巨大的法律风险，若双方因代孕协议或者代孕行为发生纠纷，由于缺乏相关法律规则，很难得到法律的保护，更使女性子宫商品化，是对人格尊严的嘲讽。

（二）代孕行为违反人口与计划生育法，破坏我国的婚姻制度

我国目前的法律确认和保护的生育权主体应当只限于缔结了婚姻关系的夫妻，如果代孕者是未婚生育，这本身就违反政策，而如果是已婚未生育的代孕者，给别人代孕后就不能再为自己生育，还有生育过的已婚妇女代孕更是涉嫌违反计划生育法规，这都是我国法律所不允许的，因此从"夫妻"一词的表述中可得出生育是以婚姻为前提的，且必须按照国家的计划行使该

---

① 参见康德：《道德形而上学探本》，商务印书馆 1957 年版，第 40 页、第 43 页。
② 参见刘长秋：《代孕立法规制的基点与路径——兼论〈人口与计划生育法〉为何删除"禁止代孕条款"》，载《浙江学刊》2020 年第 3 期。

权利。

（三）代孕不同于人工授精，后者已经有统一裁量标准

行政规章禁止实行代孕技术，只允许采用人类辅助生殖技术通过妻子的子宫进行怀孕，只要夫妻双方协商一致就是双方的婚生子女。代孕不同，违背了传统法律与伦理观念——"分娩者为母"原则，对于孩子的母亲一直颇有争议，代孕问题引发的纠纷司法裁判不统一，各地法院对冷冻胚胎法律属性的界定，是否可以继承、由谁监管或处置，代孕协议的效力，代孕生育子女的亲子关系认定、监护权归属等问题的裁判理念和标准司法实践中很难达到统一，放开代孕极有可能造成商业代孕泛滥。

（四）法律与血亲伦理的冲撞，容易产生亲属关系混乱

我国《民法典》第1058条规定，夫妻双方平等享有对未成年子女抚养、教育和保护的权利，有共同承担对未成年子女抚养、教育和保护的义务。对生子女的母亲的认定很明确，即以自然出生为标准，代孕母亲没有生物学基因或法律明确规定等依据，只有情感道德上的诉求，甚至有些代孕母亲对代孕子女毫无感情，不可避免地引起社会伦理关系、继承关系、抚养关系的混乱。

三、代孕的民事法律问题探究

我国民法典的一大亮点就是将"人格权"单独成编，彰显了21世纪高科技时代背景下人格权保护的特殊价值。由此而言，这部权威、严谨的民法典具有中国特色、体现时代特点、反映人民意愿。虽然民法典并没有直接与代孕相关的条款，那么我国民法典对代孕的态度以及代孕引发的各种问题是如何规制的呢？

（一）我国对代孕立法取向的确定性

自由与平等价值衡量的不确定性，立法动机并非全无作用，在推理的过程中，它仍是法律适用者探究法律规则的桥梁。《人类辅助生殖技术管理办法》第3条虽规定，禁止以任何形式买卖配子、合子、胚胎。医疗机构和

医务人员不得实施任何形式的代孕技术，但该规定不是法律和行政法规，只是部门规章，即使可以作为判定我国作为一切禁止代孕的依据，仍应对规范文件的内容进行规范解释，该条文文义的范围超出立法的目的，目的性限缩依据的是法条目的，因此在目的性限缩的过程中，立法者与司法者之间的权限泾渭分明。目的性限缩的矫治对象是法条文义与法律规则的偏离，法条目的、法律效果本质上都属于法的内在价值判断问题，属于立法者的权限范畴，从二元效力结构的视角理解成文法，必须对法政策目的与法条目的进行区分，目的性限缩是一种法律续造方法，是对法律规则的阐明，仅具备削减文义的功能，而非一种法律废止方法。所以《人类辅助生殖技术管理办法》第3条的适用前提是，首先明确法条文义边界，以探明依文义适用法条的后果；其次探寻法条文义背后的抽象规则，以明确法条文义与法律规则之间的背离；最后为法条添加限制性的语句。[①] 该条规定具有隐蔽的法律漏洞，《民法典》第1007条仅禁止以任何形式买卖人体细胞、人体组织、人体器官、遗体，且违反前款规定的买卖行为无效，理应进行漏洞填补，填补方法就是目的性限缩，限缩到符合法律规范的目的范围内，对有偿代孕与无偿代孕进行合理区分，我国禁止有偿代孕，对无偿代孕作了公共秩序保留。

（二）代孕协议权利义务的不确定性

我国民法典对有偿代孕协议持无效的态度。《民法典》第153条第1款规定："违反法律、行政法规的强制性规定的民事法律行为无效。但是，该强制性规定不导致该民事法律行为无效的除外。"而《人类辅助生殖技术管理办法》属于部门规章，不属于法律、行政法规的"效力性"强制性规范，由此认定所有代孕协议无效有失偏颇；但《民法典》第153条第2款规定"违背公序良俗的民事法律行为无效"，此条可作为有偿代孕协议无效的请求权基础，因为有偿代孕践踏了代孕母人格尊严，有偿代孕行为本质上涉及自然人的人格尊严和生命尊严，以及生命权和身体权，民法典对此作出了明确规定。《民法典》第109条和第990条规定，自然人的人格尊严受到法律保护；《民法典》第1002条和第1003条规定，自然人的生命权和身体权受到法律保

[①] 参见于程远：《民法上目的性限缩的正当性基础与边界》，载《法学》2019年第8期。

护，任何组织或者个人不得侵害他人的生命权和身体权。因此，已经成立的有偿合同违反公序良俗应属无效。

（三）代孕亲子关系认定的不确定性

社会秩序的建立，人民权利的保障，都有赖于对基本民事法律关系的调整和规范。关于亲子关系的认定问题，父子关系通说采用基因说，即根据血缘关系作出确定，目前争论最大的问题是母子关系的认定问题，对此存在四种学说："契约说""基因说""子女利益最佳说""分娩说"。由于私权领域虽有"法无禁止即可为"原则，但有偿代孕行为涉及婚姻家庭关系、伦理道德等人类社会基本问题，不同于一般民事行为，在身份法中司法自治有严格的限制，有偿代孕合同违背公序良俗，故不适用契约自由原则；对于代孕过程中产生的提供卵子的基因母亲，最高人民法院1991年函中明确规定，经夫妻双方一致同意以合法的人工生殖技术所生育的子女，生母根据"分娩者为母"、生父婚生推定方式确定；而子女利益最佳说的最大化标准过于主观，生活环境的稳定性、与孩子的亲密程度以及孩子的情感需求的客观标准难以量化统一，产生"同案不同判"的现象；我国司法实践中，对于生母的认定，根据出生事实遵循"分娩者为母"的原则。对于亲子关系的确定，《民法典》主要是第1073条的规定。该条吸收了最高人民法院《关于适用〈中华人民共和国婚姻法〉若干问题的解释（三）》第2条的规定。对于婚姻家庭制度体系而言，第1073条是一项进步，但面对人工授精、代孕等新型、非传统型生育模式，规定仍显不足。准确而言，《民法典》第1073条只是对亲子关系异议情形的救济，但并没有明确，什么情形才算存在法律上的亲子关系。然而在代孕语境下，父或母的指向本身不确定。到底谁在怎样的情形下才算有"正当理由"，从而有权提起亲子关系确认或否认的诉讼，可能均能衍生相关的权利主张，产生各种诉讼。在我国，虽下一阶段对代孕的立法趋势看法不一，而《民法典》第1073条中，两处均使用了"可以"推定请求确认亲子关系存在或不存在一方的主张成立。"可以"而非"应当"，表明真实的血缘关系也并非亲子关系成立的唯一要素。

（四）代孕涉及的弃养问题的不确定性

法律是理性而坚硬的，但亲情却是温暖而柔软的。代孕所生子女当属无辜，其合法权益理应得到法律保护，虐待、遗弃代孕子女不仅构成违法，情节严重时甚至会触犯刑法构成犯罪，无论是婚生子女还是非婚生子女，是自然生育子女抑或是以人工生殖方式包括代孕方式所生子女，均应给予一体同等保护。尤其对于公众人物，有很大的社会影响力和示范作用，更应当自觉践行行业自律准则，严格律己修身，严私德、讲大德、守公德。但实际上寻找代孕的人有抢夺孩子的，也有抛弃孩子的。最高人民法院《关于适用〈中华人民共和国民法典〉婚姻家庭编的解释（一）》第40条规定，婚姻关系存续期间，夫妻双方一致同意进行人工授精，所生子女应视为婚生子女，父母子女间的权利义务关系适用民法典的有关规定。对于经人工授精所生育的子女的法律地位，过去的法律法规并未予以明确，该条明确了经人工授精所生子女的法律地位，进一步明确所生子女应视为婚生子女，因此，不管是婚生子女还是非婚生子女，是自然生育子女抑或是以人工生殖方式包括代孕方式所生子女，均应给予一体同等保护，代孕弃养者，德不优法不容。

法与时转则治，治与世宜则有功。很多人不知道的是，目前我们所谓"不允许代孕"仅仅是停留在原卫生部的部门规章层面上，违规者只要未构成犯罪，只会被处以警告及罚款，而且在2015年修正的《人口与计划生育法》中，更已将"禁止代孕"的条款删除。或许有人会觉得正是这些规定的暧昧态度导致了当前代孕黑色产业的猖獗，其实对于非法买卖卵子、组织诱导代孕等行为，我国都是坚决打击的，经济社会在不断发展，生活方式在不断变化，社会关系在不断调整，调节社会关系的民法也需要与时俱进。

四、"代孕"的合理和合法性思考

法律的生长、完善，离不开其所处历史和文化的滋养。代孕对于不幸的不育者来说，是一种充满人文关怀和道德的生育方式。法规缺失的时候，底层代孕者往往是最容易受到伤害的一方。事实上，代孕问题的复杂程度远远超乎常人的想象，它既符合了人类对于生育权利保障的美好愿望，又暗藏了一套剥削女性身体价值的行为逻辑，但民法典的制定为代孕在内的人工辅助生殖预留空间。

代孕的开放或者禁止充满争议，理论上和实践中暂时难以达成统一意见，但是代孕作为一种客观现象已然存在，《民法典》第1073条并没有明确一般规则，反而给实践留下了可发展的空间。民法典是建立在特定的社会基础之上的，需要结合当前的立法、司法、现状进行更为合理的判断，并且这些要素是变化的。[①] 从解决不孕不育、中年失独、人口老龄化等客观因素的角度来看，笔者认为，从以下几个方面探究代孕更具有现实性和前瞻性：

（一）抚养义务之承担

法律可以对违法行为本身进行制裁，但出生的孩子并不因制裁而消失。代孕面临的首要任务是如何保护未成年子女的合法权益，而非仅仅着眼于对代孕行为的合法与否争论不休。存在是有原因的，但存在是否合理，取决于国民的可接受度、社会主义法治理念以及与个人需求密不可分。代孕是新家庭结构下的夫妻或个人获得子女的方式之一，不管代孕受到多少谴责与非议，但是孩子毕竟无辜。因此，对代孕的讨论不可回避的是孩子的权利保护问题。根据《民法典》第26条、第1067条，父母应当承担子女的抚养义务，不得虐待、遗弃自己的子女。即应当精心关怀、照料子女、为子女营造安全、健康、幸福的生活条件和氛围，确保子女的生命权、健康权、生存权；提供子女所必需的一切生活费用，为子女健康成长和发展提供经济保障。如果委托父母作为代孕子女法律意义上的父母，就应该承担上述抚养义务，即使委托母亲与委托父亲离婚，也应当按照法律规定由不享有代孕子女抚养权的一方给予享有方相应抚养费。

（二）社会因素之考量

不孕家庭缺少了孩子，国家就缺少了维系家庭的重要纽带。科学技术的发展，特别是人类辅助生殖技术的产生，为代孕提供了技术支持，也为代孕需求者提供了选择的可能。社会政治文化的发展则为代孕提供了舆论可能，代孕逐渐被社会舆论理解和接受，也在客观上为代孕的存在提供了土壤。随着社会进步，女性就业和受教育的机会增加，地位也逐渐提高，更多的女性走向社会、更加独立，也能够更为自由地支配自己的身体。正是如此，女性才有了选择代人妊娠生育的机会，代孕母亲才得以出现。[②]

[①] 参见徐光华：《刑法文化解释研究》，中国政法大学出版社2012年版，第2页。

[②] 参见李娟：《中国城市代孕问题的社会学研究》，天津师范大学2010硕士学位论文。

（三）价值追求之倡导

代孕有利于家庭稳定，维护社会和谐。民法典根植于特定的社会文化基础之上，而社会本身是发展变化的，很难说哪一种观点绝对正确，哪一种观点绝对错误，只是在当下及以后有规制的代孕更合理、更有司法温情。传统规则是静态的，亲子身份的安定、家庭婚姻的和谐稳定同样是处理涉亲子关系案件时所应遵循的原则。只要能够限制意愿父母放弃责任，从诚实信用的普遍正义观来看，意愿父母一旦不可逆地主导、推动了子女出生，只要代孕的申请、审批和监管应由国家卫健委主管，由各省卫健委负责具体落实，对于意愿父母而言，限制不能基于自身意愿获得父母身份，达到政治效果、法律效果、社会效果的统一。综观世界上有些国家，如英国、加拿大、澳大利亚等，在禁止商业代孕的同时允许无偿代孕，甚至还有些国家和地区全面放开代孕，放开代孕并未造成人们所担忧的伦理困境，给我国代孕有条件地合法化提供了借鉴。

（四）规制条件之可行

我国台湾地区对代孕也经历了从全面禁止到逐步开放的过程。目前，我国关于代孕行为的规定仅停留在部门规章层面，立法效力层次偏低，规制力度和处罚手段较弱。但是代孕问题的发生关键是代孕技术的实施，抓住医疗机构和医务人员这个主要矛盾，切中代孕行为的关键主体，惩罚实施人工授精的医疗机构，明确法律后果和实施机构，建立联动监管，遵循法律基本原则，既保护人格尊严，又考虑特定需求，加强监管规范操作，确保代孕的合规化有序化运行，进行不符合限定条件的代孕，一经查证，应按照违法情形的严重程度科以罚款、吊销营业执照直至追究刑事责任，在遵循禁止商业代孕、代孕各方知情且自愿等原则的前提下，在明晰代孕在什么情况下合法、什么情况下违法、谁来监督、法律责任等规定的情况下，法与伦理的结合是规范代孕的必由之路。

只有代孕有限度地合法化，才可能进一步规范化。代孕技术为存在生育障碍的家庭带来了美好的希望，不应因为法律还不能妥善地解决某些问题，而全盘否定人们实现拥有下一代的美好愿望。从法理上的无伤害不禁止原则、正义原则和人的家庭权、追求幸福的权利等方面来阐述代孕合法化的理论依据,并建议我国有限性开放代孕。① 基于当前的国情,我国目前仍不具备完全开放代孕的条件,但代孕应在合理限度内合法化,有限开放代孕也具有现实必要性,其能够保护自然人的生育权和身体权,完全禁止代孕不但不能避免代孕的发生,反而可能造成更多的问题,如交易行为的地下化,法律关系的复杂、不安定。②

---

① 参见张燕玲:《论代孕母的合法化基础》,载《河北法学》2006年第4期。
② 参见余延满:《亲属法原论》,法律出版社2007年版,第440页。

疫情背景下民法典情势变更制度的司法适用与检察监督

刘合臻 戎益华 崔恒伟[*]

摘 要：民法典合同编对情势变更制度进行了修改，疫情背景下，依法运用情势变更制度妥善处理合同纠纷，需要厘清情势变更与不可抗力、商业风险的差异，全面准确把握其适用条件，通过强化检察监督，真正实现情势变更制度维护交易秩序、平衡利益关系、保障实质正义的价值功用。

关键词：疫情 民法典 情势变更 法律适用 检察监督

情势变更制度，是现代债法中关于合同之债效力的重要原则，是商事交易中解决因经济环境异常变动所造成的合同履行困难的一项重要法律制度。民法典对情势变更制度进行了修改，将会直接影响相关合同纠纷案件的处理。疫情背景下，运用情势变更制度妥善处理合同纠纷，维护经济生活法律秩序，不仅是社会非常情形下的必然要求，也是常态社会下市场经济高质量发展的必然要求。

一、民法典对情势变更制度所作的修改

我国司法层面首次较为完整地认可情势变更制度，是 2009 年最高人民法院发布的《关于适用〈中华人民共和国合同法〉若干问题的解释（二）》。

---

[*] 刘合臻，江苏省海安市人民检察院检察官助理；戎益华，江苏省海安市人民检察院第五检察部主任；崔恒伟，江苏省海安市人民检察院第五检察部副主任。

该解释第 26 条规定，"合同成立以后客观情况发生了当事人在订立合同时无法预见的、非不可抗力造成的不属于商业风险的重大变化，继续履行合同对于一方当事人明显不公平或者不能实现合同目的，当事人请求人民法院变更或者解除合同的，人民法院应当根据公平原则，并结合案件的实际情况确定是否变更或者解除"。

2020 年 5 月 28 日，我国首部民法典正式颁布，其中合同编对原先的合同法律规定进行了较大的修改，情势变更制度便是诸多亮点之一。《民法典》第 533 条规定："合同成立后，合同的基础条件发生了当事人在订立合同时无法预见的、不属于商业风险的重大变化，继续履行合同对于当事人一方明显不公平的，受不利影响的当事人可以与对方重新协商；在合理期限内协商不成的，当事人可以请求人民法院或者仲裁机构变更或者解除合同。人民法院或者仲裁机构应当结合案件的实际情况，根据公平原则变更或者解除合同。"该条文对原先情势变更制度修改的亮点在于，将当事人重新协商程序作为司法介入的前置条件，同时删除了"非不可抗力造成的"这一限定条件，意味着不可抗力与情势变更不再是互斥的关系，在发生不可抗力事项的情况下也可以适用情势变更制度。

二、情势变更与不可抗力、商业风险辨析

（一）情势变更与不可抗力

《民法典》第 180 条规定："因不可抗力不能履行民事义务的，不承担民事责任。法律另有规定的，依照其规定。不可抗力是不能预见、不能避免且不能克服的客观情况。"

不可抗力事件，一般表现为影响合同履行的灾难性事件，既包括自然力量，如地震、水灾、旱灾、暴风雪等；又包括社会异常行动，如战争、暴乱、军事封锁等。长期以来，在司法适用中，情势变更与不可抗力的界分不明，造成了体系上的混乱，有的案件明明是以情势变更为案由，最后却适用了不可抗力条款进行判决，无法凸显情势变更独特的制度价值。实际上，不可抗力规则与情势变更制度并不存在互斥关系，也不存在相互比较的问题，因为这二者并非一个维度上的概念。不可抗力仅仅是一个原因或条件，根据

具体情况的不同，其可能引发包括情势变更在内的不同法律后果。具体而言，不可抗力事项的发生，致使继续履行合同对于一方当事人明显不公平的，可适用情势变更制度；致使合同目的不能实现的，可适用法定解除制度；致使当事人一方违约的，可适用违约责任中的法定免责事由制度；致使当事人无法及时行使请求权的，可发生诉讼时效中止的效果。可见，不可抗力为因，情势变更、法定解除、违约责任、诉讼时效中止等皆可为果。① 不可抗力条款是作为免责事由被引入合同法的，而情势变更制度是作为对合同拘束力的例外情形被纳入合同法体系之中的。两者在制度层面的功能区别明晰，在适用层面上亦当泾渭分明。由此，并不需要额外在情势变更条款中加入"非不可抗力"之词句对"情势"进行限定。② 因此，民法典删除了"非不可抗力造成的"这一限定条件，是非常科学合理的，有利于提高司法实践中情势变更制度的适用率，防止其被不可抗力规则"越俎代庖"而沦为"僵尸条款"。

（二）情势变更与商业风险

根据《民法典》第533条的规定，情势变更的适用前提必须是"不属于商业风险"的情况。商业风险，是市场主体在经济活动中，因对市场的不确定因素分析把握不足，造成经营失利而应承担的正常风险。③ 情势变更与商业风险有诸多相似性，容易混淆。实践中，为了维护合同的严肃性，防止交易关系的扭曲，应当从以下方面严格把握二者的界限：

1. 风险可预见性不同

情势变更的发生并非取决于经济规律，而是取决于变幻莫测、纷繁复杂的社会环境，如国家相关政策的重大调整，对此当事人签约时无法预见，而且根据实际能力和当时的具体条件也根本不可能预见。就此意义而言，导致情势变更的风险是意外风险。商业风险是一种客观存在的正常风险，在当事人的预料范围之内，如物价的降浮、汇率的涨跌等。例如，当事人参与炒股

---

① 参见王轶：《新冠肺炎疫情、不可抗力与情势变更》，载《法学》2020年第3期。
② 参见万方：《我国情势变更制度要件及定位模式之反思》，载《法学评论》2018年第6期。
③ 参见张建军：《情势变更与商业风险的比较探讨》，载《甘肃政法学院学报》2004年第2期。

票或期货等投机交易，因为这些都被公认为是具有高度风险的交易，故对于价格剧烈波动造成损失的，不得主张适用情势变更制度。

2. 主观过错不同

情势变更是在合同双方均无过错的情况下，因不可归责于双方当事人的重大变故所引起的，即使当事人尽了最大注意义务仍不可避免。情势的变更如果系法律上可归责于一方当事人的原因时，则该当事人应当承担因此而发生的损失，不适用情势变更制度。例如，因延迟履行债务或迟延受领而发生的情势变更，致合同当事人利益显失公平的，由于该情势变更的发生因当事人的过错而引起，故不适用情势变更制度。当事人能够或者应当预见到将会发生商业风险，但甘愿冒此风险或者抱有侥幸心理，由于存有主观过失而导致遭受损失，故该损失由其自行承担。

3. 价值目标不同

情势变更制度是作为"契约严守"的例外发展起来的，是对"契约严守"的修正。在情势变更的情况下，合同双方的对价关系被破坏，遂采用国家干预手段去排除显失公平的结果，重新平衡合同当事人的利益关系，是一种损益平衡机制。一旦被认定为情势变更，则意味着遭受不利益的一方当事人可请求变更或解除合同，使风险由对方承担或者由双方分担。对于商业风险，则应当坚持"风险自负"原则，这是"契约严守"原则在社会经济生活中的体现，也是交易得以进行的重要前提，有利于倒逼市场主体增强决策科学性、减少风险损失、提高经济效益，对增强市场活力具有积极作用。

三、民法典中情势变更制度的适用条件

根据情势变更制度的内涵要求，其适用条件可以归结为：

（一）事实条件：须客观情势发生了异常变化

所谓情势，是指作为合同成立基础或环境的客观情况。例如，政治、经济和社会形势、行政管理措施等都属于情势的范围。所谓异常变化，是指订立合同依赖的客观基础和环境发生了根本性变化，致使合同订立和存在的基础丧失，例如由于战争引起严重的通货膨胀，就属于异常变化。

（二）时间条件：客观情势变化必须在合同订立之后，履行完毕之前

如果情势变更在合同订立时已经发生，则当事人就会认识或者应当认识到这种发生的事实，此时的合同是以已经变更的事实为基础的，故不应允许当事人事后调整；在合同履行完毕后，合同关系已经消灭，情势如何变化与合同无关。

（三）主观条件：客观情势的变化须当事人不可预见且不可归责于当事人

所谓当事人不可预见，是指当事人对客观情势是否发生变化不能确定地预知。如果在订约时能够预见，则应由其承担情势变更的风险。所谓不可归责于当事人，是指客观情势的变化与当事人无关。如果变化可归责于当事人，则应由当事人承担风险或违约责任。

（四）结果条件：客观情势的变化须导致履行合同将会显失公平

这是适用情势变更制度的实质性条件。对于何为"显失公平"，暂且不宜统一规定一个具体比例，而应赋予法官一定的自由裁量空间，根据具体案情进行判定。这是由于，一方面，对于基数的比例很难确定一个科学合理的数字；另一方面，基数数额不同则会导致实际亏损数额大小相差极大。①

四、疫情背景下情势变更制度之司法适用

（一）重大突发疫情属于不可抗力，可适用情势变更制度

2020年新冠肺炎疫情的暴发给合同履行带来了超常规的障碍，大批合同违约纠纷案件的出现，困扰着司法实务部门，亟待完善相关的法律应对机制。2020年2月10日，全国人大常委会法工委就疫情防控有关法律问题答记者问时指出，新冠肺炎疫情作为突发公共卫生事件，属于不能预见、不能避免并不能克服的不可抗力。这一观点表明，如果因疫情导致合同履行过

---

① 参见赵永巍、梁茜：《〈民法总则〉显失公平条款的类型化适用前瞻》，载《法律适用》2018年第1期。

程中发生重大情况变化，如因隔离、关停、人员流通限制而导致不能履行合同，则存在适用情势变更制度的空间。最高人民法院《关于依法妥善审理涉新冠肺炎疫情民事案件若干问题的指导意见（二）》（法发〔2020〕17号）规定，对于防疫物资买卖合同、商品房买卖合同、施工合同、线下培训合同等具体的合同类型，可以"根据公平原则进行变更"。这一司法态度与民法典规定的情势变更制度可谓异曲同工。

（二）对民法典之前的既往合同纠纷，可以适用新的情势变更制度

新冠肺炎疫情自2020年初暴发，到目前已经进入常态化防控阶段。虽然民法典自2021年1月1日起正式施行，原则上"法不溯及既往"，与2020年发生的民事案件无涉，但也并非绝对，而是存在例外情况。根据我国《立法法》第93条的规定，法律原则上没有溯及既往的效力，但"为了更好地保护公民、法人和其他组织的权利和利益而作的特别规定除外"。该规定在刑法适用上具体表现为"从旧兼从轻"原则，即对发生在新法实施之前的犯罪行为原则上按照旧法处理，但适用新法有利于被追诉人的，则适用新法；但在民法的适用上，却缺乏统一的规则，新法是否有溯及力需要根据案件具体情况进行分析。根据2021年1月1日起施行的最高人民法院《关于适用〈中华人民共和国民法典〉时间效力的若干规定》（法释〔2020〕15号）第2条规定，民法典施行前的法律事实引起的民事纠纷案件，当时的法律、司法解释有规定，适用当时的法律、司法解释的规定，但是适用民法典的规定更有利于保护民事主体合法权益，更有利于维护社会和经济秩序，更有利于弘扬社会主义核心价值观的除外。这种例外情形被称为"有利溯及"。就情势变更制度而言，由于在民法典颁布之前就已经有相关法律规定，但民法典的规定删除了"非不可抗力造成的"这一限定条件，显然更有利于促进交易公平，保护民事主体合法权益，因此属于可以"有利溯及"的情形。

五、强化检察监督确保涉情势变更案件依法公正审理

情势变更制度在立法过程中几经沉浮，其间始终伴随着大量争议，究其原因源于其易被滥用，可能造成巨大的权力寻租空间，存在破坏合同秩序的法律风险，导致违背该制度的善良本质。情势变更制度犹如一柄"双刃剑"，

在具备优势的同时也存在一些弊端,主要体现在:一是赋予了法官较大的自由裁量权,可能导致滥用裁判权力,或者在裁判尺度的把握上出现较大偏差;二是当此类案件涉及跨区域的双方当事人时,地方保护主义的存在可能影响该制度的正常适用。因此,对于涉及情势变更制度的法院判决,需要建立起配套的民事检察监督机制,防止情势变更制度沦为权力寻租的"暗箱"和逃避合同责任的工具。[1]

(一)依法监督民事审判程序

根据我国民事诉讼法的规定,基层人民法院和它的派出法庭审理事实清楚、权利义务关系明确、争议不大的简单民事案件,可以适用简易程序;此外,当事人双方也可以约定适用简易程序。受疫情影响,因情势变更导致的合同纠纷案件数量激增,此类案件大多是复杂案件而非简单案件,在事实认定和实体处理上都有较大难度。因此,除当事人双方约定适用简易程序外,一般不宜采用简易程序而应当采用普通程序,不宜采用独任制而应当采用合议制审判,而且尽可能由审判委员会研究把关。在案件审理过程中,对于是否适用情势变更制度,法官首先应当基于当事人的请求这一前提,根据公平原则并结合案件的实际情况进行确定,而不能依职权直接进行认定。

(二)严格把握"显失公平"的认定标准

如前所述,"显失公平"是适用情势变更制度的前提和基础,对于"显失公平"这一事实的认定,完全是交由法官自由裁量,因此极有可能成为情势变更制度滥用的重灾区,理应成为检察监督的重点。《民法典》第585条第2款规定,"约定的违约金低于造成的损失的,人民法院或者仲裁机构可以根据当事人的请求予以增加;约定的违约金过分高于造成的损失的,人民法院或者仲裁机构可以根据当事人的请求予以适当减少"。最高人民法院《关于适用〈中华人民共和国合同法〉若干问题的解释(二)》曾规定,当事人约定的违约金超过实际损失30%的,可以认定为过高。虽然该解释已废止,但其精神仍有参考意义。情势变更制度中的"显失公平"由于是对原有

---

[1] 参见李俊:《构建预防情事变更原则滥用的民行检察监督机制》,载《河北法学》2012年第9期。

合同秩序的重构，本身存在较大法律风险，因此其适应理应更加严格，即应当在 30% 之上设定更高的标准，而绝对不能低于这一标准。在 30% 标准的基础上，还应当综合考虑所在地区的经济发展水平、合同当事人的抗风险能力、社会公众的一般认知等因素，科学界定"显失公平"，以维护合同交易的基本秩序。

（三）严格审查判决结果是否适当

法官应当结合案件的实际情况，根据公平原则判决变更合同或者解除合同。是变更合同还是解除合同，基于合同法鼓励交易的精神，应当以变更合同以恢复双方当事人利益平衡促使双方继续履行合同为第一选择，只有在合同的继续履行已经变得没有意义或者双方当事人一致请求解除合同时，再考虑作出解除合同的判决。变更合同可以使合同双方的权利义务重新达致平衡，使合同的履行变得公正合理。变更可以对合同的主要条款进行变更，如合同标的物的变更、数额的增减、价格的调整、履行方式变换等。如果变更合同尚不能消除双方显失公平的结果，就可以解除合同。解除合同的情形通常包括：在合同目的因情势变更而不能实现的，合同履行因重大变更而不可期待的，合同履行因重大变更而丧失意义的。

（四）构建配套的检察监督工作机制

构建对适用情势变更制度判决的信息共享机制，如可以通过法检两家会签文件的形式，要求法院在适用情势变更制度判决案件时，抄送判决书给检察机关备案。定期发布相关典型案例，消除法检两家在情势变更制度适用方面的认识分歧，增强法律适用的精准度与合理性，避免"同案不同判"现象。对于涉及情势变更制度的民事申诉案件，邀请代表委员、人民监督员、律师，进行公开审查、公开听证，对于审判违法的案件，通过发送再审检察建议、提出抗诉等方式进行监督。在审查监督涉情势变更案件过程中，注重发现职务犯罪线索，对于法官涉嫌民事枉法裁判罪的依法进行立案侦查。

从公共利益视角看影视类短视频著作权权益的保护边界

刘沛豪*

摘　要：随着互联网技术的深入发展，文化产品的呈现形式不断更新升级，短视频在此背景下应运而生，但伴随短视频发展而产生的权益冲突也日益显现，尤以影视类短视频的著作权争议为甚。笔者认为，著作权权益保护冲突表面上呈现的是长短视频之争，其背后的实质是公私利益之争，即著作权这一私权利在权益保护下的不断扩张，已实质压缩了公共利益的空间。因此，解决版权权益保护冲突，关键在于寻求公私利益之间的平衡。本文正是在此背景下，试图通过从公共利益的角度分析著作权权益保护范围，以期为现有版权争议解决提供突破点。

关键词：公共利益　著作权　权益保护　边界

随着互联网技术的深入发展，文化产品的呈现形式不断更新升级，短视频在此背景下应运而生，但伴随短视频发展而产生的权益冲突也日益显现，尤以影视类短视频的著作权争议为甚。年内，前有70余家影视视频公司和行业协会发表联合声明，呼吁公众账号和短视频平台尊重原创、保护版权；后有爱奇艺、优酷、腾讯等国内几大长视频平台联合数百名艺人发布联署倡议书，呼吁公众账号和短视频平台对影视类短视频版权内容的合规管理。中国网络视听协会更是在不久前发布《网络短视频内容审核标准细则》，其中要求短视频内容未经授权不得自行剪切、改编电影、电视剧、网络影视剧等各类视听节目及片段。然而，短视频平台、各公众账号以及广大短视频用户

＊ 刘沛豪，北方工业大学文法学院硕士研究生。

对上述呼吁却呈反对态势，主张各影视公司及长视频平台过于强调著作权权益保护，双方就著作权权益保护的冲突不断升级。笔者认为，著作权权益保护冲突表面上呈现的是长短视频之争，其背后的实质却涵盖了公私利益之争，也即著作权权益保护之下，公共利益和著作权人的权益之间已不再处于平衡关系，著作权这一私权利的不断扩张已实质压缩了公共利益的空间。因此，解决版权权益保护冲突，关键在于寻求公私利益之间的平衡点。

一、影视类短视频著作权权益保护现状

影视类短视频，是指利用影视作品为基本素材，通过切条、搬运、速看、合辑或二次创作而产生的时长不超过 5—10 分钟的短视频。影视类短视频种类繁多，笔者认为，从其独创程度来看主要可以归纳为两类：一类是纯粹通过对影视作品的剪辑而产生的影视类短视频。该类短视频独创程度较低，大多通过简单的切条、搬运、速看或合辑而成。其内容创作的实质也没有脱离影视作品的内容，公众观看制作者的视频最终也都只是为了简短观看影视作品，而非为了欣赏此短视频制作者某些具有独创性的内容。[①] 另一类是通过二次创作而产生的影视类短视频。此类短视频是在利用影视作品的基础上，加上制作者本人的解读分析、审美布局，或介绍或讽刺等形成的短视频。二次创作产生的影视类短视频的独创性程度较高，公众观看制作者视频的主要目的并非欣赏影视作品的文学风格或内涵，而是希望观赏视频制作者对于影视作品的分析解读，此类型视频的核心内容集中在视频制作者原创的解说而非影视作品剧情本身。[②] 现阶段，上述两类影视短视频都需借助影视作品作为制作素材，且均未事先获得授权，也未向影视作品著作权人支付任何费用。根据现行著作权法，纯粹通过对影视作品的剪辑而产生的影视类短视频存在较高的侵权风险，可能涉及侵犯影视作品著作权人的复制权、信息网络传播权或改编权等；通过二次创作产生的影视类短视频是否涉及侵权还存在部分争议，有学者认为构成著作权侵权，也有学者认为二次创作符合著

[①] 参见孙文康、王讷敏：《对影视解说类视频的分类定性与侵权分析刍议——以转换性使用为视角》，载《上海法学研究》集刊 2021 年第 7 卷。

[②] 参见孙文康、王讷敏：《对影视解说类视频的分类定性与侵权分析刍议——以转换性使用为视角》，载《上海法学研究》集刊 2021 年第 7 卷。

作权法下的合理使用而不涉及侵权。

二、公共利益对著作权权益保护边界界定的影响

如上所述，影视类短视频的制作及传播存在著作权侵权风险，著作权这一私权作为著作权法保护的对象，其相关著作权权益受到著作权法的保护。现行著作权法下的著作权权益主要包括人身性权益和财产性权益。影视类短视频制作及传播主要涉及侵犯著作权人财产性权益中的复制权及信息网络传播权。从著作权人的角度，一方面，各影视类短视频制作者通过切条、搬运、速看、合辑或二次创作各影视作品进行传播，将会造成部分观众只观看短视频来替代观看原影视作品，或因一些影视类短视频对影视作品的评论、讽刺或剧透等影响对原影视作品的观看欲望，造成观众流失，进而影响影视作品的市场价值，产生经济损失；另一方面，各影视类短视频制作者通过短视频平台发布制作的短视频而为短视频平台引入流量，短视频平台未支付任何影视作品版权费用，却可以通过影视类短视频引流而产生收益，实际损害了影视作品著作权人的权益。然而，从公共利益角度出发，影视类短视频的制作及传播有其存在的必要性。我们知道，著作权法是一部保护私权利的法律，同时，它也是一部调整作品创作及传播的法律规范，其价值构造的另一面，是保障基于著作权权益保护而促进知识传播与文明进步价值。[①]本文所称的公共利益正是基于这一价值构造而进行的定义。即著作权法下的公共利益，是指著作权法需要实现的促进公共教育、增进知识和文化交流、激发作品再创作、鼓励文化表达自由等关系社会主义文化和科学事业的发展与繁荣的相关利益。影视作品作为我国文化传播的重要途径之一，结合其固有的公共文化属性理应兼顾公共利益的维护。各影视类短视频的制作无论是切条、搬运、速看、合辑还是二次创作大多都控制在5—10分钟的时长范围内，相对于影视作品占比很小，能传递影视作品的艺术美学十分有限，无法形成替代作用，且影视类短视频的制作与传播在很大程度上促进了文化事业的发展与繁荣，应认定为在合理使用范围之内。

确认影视类短视频的制作及传播为合理使用，是否会损害影视作品著作

[①] 参见杨利华：《公共领域视野下著作权法价值构造研究》，载《法学评论》2021年第4期。

权人的权益保护呢？例如影视作品的信息网络传播权权益。就个人拙见，影视作品作为文化产品，其最终消费者是广大观众用户。换言之，广大观众用户是影视作品版权费用的间接承担者。在此背景下，影视作品著作权人就广大观众用户而言，其享有的相关著作权权益边界应有所限制。影视类短视频制作者作为观众用户之一使用合理范围之内的影视素材无须再向影视作品著作权人获得授权，该相关授权权益应属于著作权权益保护边界之外。影视作品著作权人不能既通过公众资源获取收益，又不承担任何公共利益需求，这与著作权法的保护目的是相违背的。至于影视作品著作权人及相关权利人主张的流量价值损失，即因影视类短视频的制作及传播而导致影视作品观众流失，观看数据下降的损失，是否可以得到主张呢？笔者持否定观点。影视作品的流量价值可归属于影视作品著作权人的信息网络传播权权益，而该权益的受众为用户群体。因此，流量价值的归属还应平衡著作权人的私权益和用户群体的公共利益这一公权益，即需对所涉的信息网络传播权权益边界进行合理的界定。权益边界范围之外（如以影视作品播放完毕时或播放完毕后一定期限内为信息网络传播权权益边界）的信息网络传播权还应兼顾用户群体这一公共利益的需求，这也归因于影视作品的公共消费品属性以及为促进文化传播、发展与繁荣的必然要求。

三、从公共利益角度提出解决影视类短视频版权之争的建议

如前所述，从公共利益角度出发，影视作品著作权人的信息网络传播权应有所限制，即该权益边界应有界限。在界限范围内受著作权法保护，影视类短视频的制作及传播不适用合理使用，在界限范围之外则应兼顾公共利益需求，可将影视类短视频的制作及传播认定为合理使用。至于权益边界的界限在哪里，则应综合考虑公共利益需求以及著作权人的合法权益进行划分。需要指出的是，著作权权益边界与著作权权利的保护期之间的区别。前者为著作权权利保护期内的单个权益边界划分，考量因素为公共利益；后者为著作权权利的整体保护期限，保护期过后进入的是公共领域，供公众自由使用，为实现公共利益的一种方式，两者有本质区别。至于权益边界范围之外的合理使用认定，目前学术界讨论热烈，主要有"四要素""三要素"以及

"转换性使用"等观点。"四要素"说参考美国判例法,认为合理使用应主要从:(1)使用的目的与特性;(2)版权作品的性质;(3)使用部分占被使用作品质与量的实质性;(4)该使用对版权作品之潜在市场或者价值所产生的影响等方面进行综合判断。[①]"三要素"说参考我国著作权法对合理使用作出判断,具体为:(1)是否属于合理使用的适用范围;(2)是否影响被使用作品的正常使用;(3)是否不合理地损害著作权人的合法利益。"转换性使用",是指对原作品的使用并非为了单纯地再现原作品本身的文学艺术价值或实现其内在功能或目的,而是通过增加新的美学内容、新的视角、新的理念或通过其他方式,使原作品在被使用过程中具有了新的价值、功能或性质。[②]笔者认为,根据上述三种观点,都难以确认影视类短视频的制作及传播为合理使用,纯剪辑类的影视类短视频更是排除在合理使用范围之外。纯剪辑类的影视短视频其创作程度虽然很低,但其符合现下文化事业的发展需要,承担着文化传播与传承的使命。在此背景下,笔者认为,有必要从司法领域引入公共利益角度,认定影视类短视频的制作及传播的合理使用性。在明确著作权权益边界下的合理使用,有利于定分止争,促进社会主义文化事业的发展与繁荣。

[①] 参见刘晓春、李鸣宇:《短视频版权保护中的合理使用分析——美国判例的启发》,载《中国对外贸易》2021年第9期。

[②] 参见刘晓春、李鸣宇:《短视频版权保护中的合理使用分析——美国判例的启发》,载《中国对外贸易》2021年第9期。

民事检察精准监督

民事检察精准监督研究

周 庆[*]

摘 要：人民群众对于民事检察办案工作正当性、合法性及社会效果的认同是构建检察机关司法公信力的重要指标。民事检察办案工作缺乏精准度，办案质量、效果不好，都会引发公众对检察监督公平和合理的质疑。提升办案精准度是提升检察机关司法公信力的内在要求，以精准监督提升司法公信力，需要科学界定民事检察监督的价值导向，兼顾监督成本的考量和价值冲突的平衡；需要准确把握检察监督的认定标准，合理区分不同类型案件及违法情形的标准差异；需要精确选择检察监督的监督方式，掌握不同监督方式之间的适用差别；需要灵活运用检察监督的监督程序，探寻实现监督效果的最佳路径。

关键词：民事检察 司法公信力 精准监督 价值导向

民事检察监督是人民群众寻求司法救济的最后一道关口，具有"纠错"和"救济"双重职能，民事监督案件的办理最直观地向人民群众展示了司法理性和检察素养，也是提升检察机关司法公信力的重要因素。但当民事监督案件的办理质量、效果得不到社会公众认同时，不仅检察群体的职业素养、办案能力、执法理念会受到质疑，检察机关的司法公信力和权威也会大打折扣，还会增加公众诉讼负累，浪费诉讼资源。基于此，本文对民事检察办案监督工作面临的困境和原因进行分析，探讨如何科学界定民事检察办案监督的价值导向，提出优化民事检察办案监督的审查标准和路径，进一步提升民

---

[*] 周庆，河南省漯河市人民检察院第四检察部副主任、四级高级检察官。

事检察办案质量和效果，提升检察机关司法公信力。

一、民事检察办案监督工作面临的现实困境

民事检察办案监督工作的质量和效果往往与检察官的业务能力、职业素养、办案理念、司法体制等因素息息相关，从民事检察办案工作的过程和结果呈现来看，当前民事检察办案工作主要存在以下几个问题：

（一）粗放式办案理念引发公众对民事检察监督公正性的质疑

粗放式办案，是指民事检察办案监督工作中存在的形式化、简单化情形，具体表现在片面追求办案数量忽视办案质量、监督事项多集中在浅表性问题、对法条理解简单机械、对案件综合分析把握不到位等问题。民事检察的本质是对民事审判活动的合法性进行法律监督，只有充分把握民事审判活动的基本规律、裁判思维及诉讼规则，才能作出正确的判断。但实践中，有些办案人员往往忽略举证责任分配原则和证明标准，未秉持中立立场，超越裁判规则探寻客观事实真相，这就形成了法检两家裁判思维的差异，客观上造成监督意见不被采纳的结果。有些办案人员缺乏对民事审判活动运行方式、动态变化的深入思考和学习，不能够准确把握审判活动的监督要点，为监督而监督，不能以理服人，监督效果不佳。有些办案人员仅着眼于个案办理，缺乏对系列案件、同类案件、相似案件的分析研判及政策背景考量，使监督缺乏统一性和深度。随着司法责任制改革的不断推进，民事检察办案工作要想达到强化监督质效、提升司法公信力的新要求，就必须转变监督理念，对民事检察的价值定位及监督标准、方式、程序进行重塑。

（二）检察文书说理性不强引发公众对民事检察监督合法性的质疑

检察文书的内容直接涉及民事检察是否启动监督和当事人的主张是否得到支持，与案件当事人利益息息相关。逻辑清晰、严谨细致的说理分析是评价民事案件办理质量、促进检察公开以及提升司法公信力的重要方式。但在实践中，普遍存在对检察文书说理重视不够，有些办案人员认为检察文书就是结果告知书，采用固定格式照本宣科，缺少对案件的法律释义，缺少对证据的分析认定。有些办案人员缺少法律思维和对案件的整体把握能力，对检

察文书的论证缺乏逻辑性和严谨性，导致裁判文书缺乏说服力。如在对案件事实认定进行阐述时，未就案件中证据的相关性、合法性、真实性以及案件的证明事项进行说理分析，给当事人留下检察机关认定案件事实证据不充分的认识；如在对案件法律适用问题进行阐述时，仅是生硬地引用法律条款，未就法律条文所隐含的道理说明，容易使当事人对法律产生错误解读，不利于释法说理、息诉罢访；如对存在瑕疵但不具有监督必要案件作出不支持决定时，存在刻意回避争议焦点，照搬法院裁判文书内容的情形，使当事人对检察文书结论无法信服，影响检察监督的权威。

（三）办案效果社会认同度低引发公众对民事检察监督价值取向的质疑

民事检察办案监督工作的法律职责不仅包括处理当事人之间的民事纠纷，还包括维护司法权威和社会稳定大局，因此，检察机关作出的最终审查意见，不仅要考虑法律规范因素，还要考虑纠纷背后的社会因素、司法政策等深层次问题，在综合考虑各方面因素的基础上作出具有法律价值的处理意见。但司法实践中，有的办案人员对案件只机械审查法定事由，忽略社会因素，导致案件办理的法律效果与社会效果不一致，人民群众对于个案办理的整体法律价值认同度不高；有的办案人员对于审判程序中存在程序瑕疵但未影响实体裁判公正的案件启动抗诉程序，浪费司法资源，人民群众对民事检察办案效果的社会评价降低；有的办案人员未能平衡个案中的形式正义与实体正义的价值冲突，检察监督不能达到鼓励向善、正面引导的作用，人民群众对检察监督的正当性产生怀疑；有的办案人员随意启动对法官自由裁量的监督，监督依据不足，致使法院采纳率不高，人民群众对检察监督权威信任度降低。

（四）办案程序不规范引发社会公众对民事检察监督合理性的质疑

民事检察办案工作是对法院的生效裁判及审判活动进行监督，是一项非常严肃的司法活动，应当具有严谨的办案标准、规范的工作流程及监督制约机制。规范审慎的监督程序，是提升办案质效、维护公平正义的有力保障。但实践中，存在监督方式界限模糊、监督程序不规范等情形，如提出抗诉与提出再审检察建议适用混淆、依申请监督与依职权监督适用混淆、随意启动调查核实程序、听证、促和程序及跟进监督适用率低等问题，这些办案不规范的问题是检察监督刚性不足，检察司法公信力难以树立的一个重要因素。启动民事检察监督是对生效裁判既判力的质疑，是对法院公信力的挑战，检察机关承办人员应当秉持严谨、负责的态度，对于监督的每个环节都将审慎、规范落到实处。

二、民事检察办案监督工作的价值定位

（一）民事检察精准监督的界定

张军检察长在《2018—2022年检察改革工作规划》中提出"明确民事、行政诉讼监督标准，突出办理具有社会意义、有指导价值的典型案件，增强监督的精准性和监督效果"的工作思路，冯小光厅长在接受访谈时指出"精准监督不是选择性监督，强调办理在司法理念方面有纠偏、创新、进步、引领价值的典型案件，旨在扩大民事监督的影响力，有效树立监督权威"。通过以上表述可以看出，精准监督理念的提出是为了破解以往重数量轻质量、监督不准、效果不佳、流于形式的粗放式办案现状，将监督向纵深延伸，实现监督准、质量高、效果好的目标。

民事检察精准监督是通过对审判权的监督促使审判机关自我纠错，并间接实现对当事人权利的救济。其监督对象是审判机关公权力，依法、依据找准审判中的认定事实、适用法律、程序违法等错误，运用恰当的监督措施实现监督效果的最大化，使监督成本与监督效果相匹配，达到监督一个、影响一类、教育一片的效果。

（二）民事检察精准监督的价值需求

1. 构建法律职业共同体的需要

在新时代依法治国理念全面推进的进程中，法律职业共同体的构建已成为法治社会的重要标签。法律职业共同体是一个由法官、检察官、律师以及法学学者等组成的法律职业群体，这一群体由于具有一致的法律知识背景、职业训练方法、思维习惯以及职业利益，从而使群体成员在思想上结合起来，形成其特有的职业思维模式、推理方式以及辨析技术，通过共同的法

律语言使他们彼此得以沟通……的法律事业共同体。① 法官、检察官都是法律职业共同体中的重要成员，虽然在岗位职能分工上有所不同，但他们维护公平正义的价值目标是一致的，他们之间是相互配合与促进、相互制约与监督的关系。民事检察中检察机关作出的不支持监督决定和对当事人开展的释法说理是对法院审判工作的支持和配合，检察机关启动的督促纠错程序是对法院审判活动的监督；法院对检察监督启动重审及审查决定是否采纳监督意见，是对检察监督的再制约，这一良性互动推动了司法活动的公正有序进行。民事精准监督正契合法律职业共同体的价值追求，提升法官对检察监督的职业认同，促进良法善治体系的构建。

2. 维护司法公信力的需要

民事裁判是法院行使公权力履行审判职能的体现，裁判的稳定性和公信力代表了司法的权威，承载着人们对法律的信仰和司法的认同。但没有制约的公权力势必造成司法不公，司法不公不仅包括枉法裁判损害当事人实体利益，还包括对审判规则和审判程序的漠视和滥用。民事检察监督通过检察权介入为裁判公正提供了一种制衡机制，预防和纠正审判倾斜，保障审判权的正确运行。但是检察机关的监督权并不能代替法院的审判权，检察机关的介入也应当依法、适时、有度，尊重法院依法审判的独立性和公正性，才能共同促进司法权威的树立和公信力的提升，这就是检察机关的民事精准监督理念。民事精准监督强调在尊重法官裁量权、维护生效裁判既判力的前提下依法审慎的行使监督权，避免滥用监督，机械办案。

3. 节约诉讼资源的需要

一直以来，民事检察监督在纠正法院错误裁判，维护司法正义方面发挥着不可取代的重要作用，但传统的为了监督而监督、重监督轻效果的监督思想过于强调裁判的绝对正确性而忽略了裁判的相对公正性，过于强调个案的正义而忽略了法律秩序，因启动监督程序后法院采纳率低的现象既浪费了法检两家诉讼资源及当事人双方的人力和财力，又损害了生效裁判的既判力和稳定性，挑战了司法的权威。民事精准监督理念兼顾了公平与效率的价值追求，虽然检察监督是以纠正错误裁判为目标，但仍然要受裁判规则以及司法

---

① 参见张文显、卢学英:《法律职业共同体引论》，载《法制与社会发展》2002年第6期。

政策和社会背景的影响，检察监督的事实是法院审理时的法律事实而不是客观事实，检察机关不能突破诉讼规则为一方当事人的利益启动监督。精准监督理念符合节约诉讼资源的需要，有利于监督效果最大化目标的实现。

（三）民事检察精准监督的基本原则

1. 坚持合法原则

民事检察精准监督的合法原则要求监督本身要合法，它有两层含义：一是监督依据要合法，即监督的事由必须符合法律的明确规定。《民事诉讼法》第207条规定了检察机关对法院生效裁判启动检察监督的十三种法定情形，超越这十三种情形即使法院裁判存在错误或不当也不宜启动监督程序。二是监督的程序和方式要合法。《人民检察院民事诉讼监督规则》规定检察监督的启动程序有依当事人申请、依职权启动以及案外人控告、举报三种情形，生效裁判的监督一般依当事人的申请启动，涉及国家利益、社会公共利益以及跟进监督等情形才可以依职权启动。监督的方式包括抗诉、再审检察建议和检察建议，针对不同的方式又规定了不同的适用情形等，检察机关对审判活动进行监督要以自身监督的合法性和正当性为前提。

2. 坚持谦抑性原则

民事精准监督的谦抑性原则是检察权与审判权之间权力制衡的需要。法院、检察院都是司法机关，仅是职能分工不同，检察机关行使监督权也应当尊重法院的审判活动，适当的收敛和克制，尊重诉讼规则和法官的裁量权，不宜主动介入和干涉。人民检察院对民事审判活动的抗诉应当控制在必要和合理范围之内，确保合理行使权力，适当把握民事抗诉的范围和方式，维护民事诉讼结构中当事人之间的利益平衡，在必须行使权力的前提下保持应有的克制和审慎。① 谦抑性体现在检察介入不得改变民事诉讼中当事人平等对抗的格局。民事诉讼是平等主体之间的对抗，双方当事人分别举证、质证，法院居中裁判，主导诉讼。检察机关的纠错只是督促法院启动再审，再审中检察机关不参与当事人之间的举证、质证，不能与一方当事人直接对抗，不干涉当事人之间的诉讼活动。谦抑性还体现在检察监督的启动以当事人穷尽

---

① 参见彭幸：《论民事检察监督谦抑性机制的构建》，载《政法学刊》2017年第10期。

法院内部诉讼救济为前提。检察监督应当尊重审判机关对于诉权的优先救济,只有在当事人穷尽法院内部纠错程序仍无法得到救济时,才能寻求检察介入,这也是维护司法权威和审判独立的必然要求。如果当事人对于错误的裁判无正当理由未申请再审,视为认可生效裁判的既判力,检察机关不宜启动监督程序。

3. 坚持诉讼效率原则

诉讼效率,是指一定的司法资源投入获取尽可能多的诉讼收益,即以最少的诉讼成本的投入获得最多的诉讼收益,或者以同样的诉讼成本的消耗取得尽可能多的诉讼收益,实现司法资源的最优配置与使用。[①]诉讼效率是司法改革背景下评价法律价值的新标准。进入检察监督环节,案件一般经历过一审、二审、再审程序,有些案件甚至经过发回重审,如果检察机关无节制地启动监督程序,将会使案件继续拖延,造成双方当事人精力、人力、财力的大量浪费,造成民事法律关系长期处于不确定状态,不管是对于司法权威还是对双方当事人都不是最佳效果。检察机关在启动监督程序时,应当对监督的必要性进行综合考量,寻求个案正义与法律秩序的最佳平衡点,在追求诉讼效率的同时尽可能实现监督的法律价值。精准监督理念有助于减少诉累,提高诉讼效率,节约司法成本,优化司法资源的配置。

三、民事检察办案监督的路径研究

(一)树立精准监督的审查思路

1. 精准监督的价值导向

张军检察长指出:"不同执法司法机关应当树立、养成共同的执法司法理念,防止一个案件在不同的阶段或因不同的人去执行而导致各取所需、各有所重,影响执法司法效果。"检察机关作为法律监督机关,应当在执法办案中体现应有的检察担当,要立足于保证法律统一正确实施的高度办理民事监督案件,通过提醒、督促法院自我纠错发挥定分止争、规范司法和价值指引

---

① 参见孙建伟、张永权:《论程序公正与诉讼效率的关系》,载《淮北煤炭师范学院学报(哲学社会科学版)》2007年第3期。

的功能。精准监督不仅要纠正审判明显违背法律事实的认定、程序存在重大违法的情形以及适用法律存在严重偏差的案件,还要善于从个案中发现、分析、挖掘一个领域、一个地区裁判思维和理念存在的偏差,进而开展类案监督,实现检察监督的价值引领导向。

2. 监督成本的考量

监督成本的考量,是指检察机关启动监督程序的司法资源投入与监督效果的匹配程度。检察机关在作出监督决定时,除了要考虑法定性因素外,还要综合考量监督成本是否符合诉讼效率的要求,考量法院的裁判是否符合特定时期的司法政策和社会背景,考量启动监督能否达到社会效果与法律效果的统一,考量启动监督是否具有突破裁判既判力的法律价值等因素,对于生效裁判确实存在瑕疵但缺乏监督效果,或者诉讼成本与监督的法律价值不相匹配的情形下,不宜启动监督。但司法的最终目标是维护公平正义,即使强调诉讼效率,也不能凌驾于司法的法律价值之上。在生效裁判的监督中,如果生效裁判在认定事实和适用法律方面存在错误,但判决实体结果正确的,一般不宜启动再审程序。如果生效裁判存在一般的程序瑕疵,但不影响实体判决结果的,一般不宜启动再审程序。如果存在重大程序瑕疵可能影响实体判决结果的,应当启动再审程序。

3. 价值冲突的平衡

在检察监督中,常常面临着规则与伦理、法理与情理的矛盾与冲突,使监督决定处于难以取舍的境地。如何处理法律规则与伦理认知的冲突,促进法律效果与社会效果的融合是检察机关做好精准监督的重要内容。检察监督的法律效果,是指监督决定是否严格遵循法律规则,是否有明确的法律依据,这对于防止检察监督恣意专断、维护司法权威具有重要意义。检察监督的社会效果,是指人民群众对于检察监督的社会评价和认可程度以及对当事人间利益分配的影响,是衡量法律价值、促进良法善治的重要因素。司法的目的是通过统一正确实施法律定分止争、促进社会和谐稳定,其最终追求的是法律效果与社会效果的融合与统一。因此,精准监督既要遵循法律规定和程序,还要考虑司法背景和社会公众的价值需求,探寻法律条文背后的立法本意,促使法理、情理的有效融合,实现监督的法律价值。检察监督切忌片面、机械适用法律造成法律效果与社会效果的背离。对于一些法律适用解释偏离社会价值取向、当事人对立情绪激烈以及法律指引不明确的新类型案件，检察机关在监督中要尽量地还原裁判过程，尊重法官在法律规范解释弹性范围内为平衡双方当事人利益而作出的裁判。但是，在法律规则与社会认知难以融合的情况下，精准监督还是要坚持法律底线，不能为迎合社会认知而放弃严格司法，同时也应当加强释法说理，争取社会公众的理解与认可。

（二）统一精准监督的审查标准

1. 法定标准的认定

生效裁判监督违法事由的认定依据是《民事诉讼法》第207条关于再审事由的十三项规定，实践中涉及最多的事由集中在事实认定、法律适用及出现新证据三个方面。事实认定中的基本事实，是指对原裁判的结果有实质影响、用以确定当事人主体资格、案件性质、具体权利义务和民事责任等主要内容所依据的事实。① 认定的基本事实缺乏证据证明的根本原因是法官对证据的采信和运用不符合证据规则，包括认定事实的证据不充分、证据没有证明力、证据缺乏关联性、合法性等情形。对于证据间存在矛盾、法官按照经验法则作出的事实认定应当谨慎启动监督。法律适用是法官寻找所裁判案件适用法律规范的过程，也是法官在办理案件中对法律的解释和适用。法律适用违法情形包括案件性质认定错误、法律行为效力认定错误、权利义务主体认定错误、责任主体认定错误、民刑交叉处理规则适用错误等情形。对于举证责任分配错误导致裁判结果错误的情形属于适用法律问题，应当以适用法律错误为由启动监督。新证据事由中的"新证据"包括"新发现的老证据"和"新形成的新证据"。所谓"新发现的老证据"，是指在辩论终结前就已经客观存在的证据，只不过在辩论终结前当事人未发现或因客观原因未能提出的证据。② 对于在原审中已经存在、当事人未能举证的证据因具有归责因素而不能认定为新证据。"新形成的新证据"主要指有新证据与已生效判决认定的证据相矛盾，且一般会对原生效裁判予以否认，包括刑事判决书、起诉

---

① 参见滕艳军：《民事案件的抗诉标准研究——以最高检近年200余件民事案件为研究对象》，载《人民法治》2018年第15期。

② 参见张卫平、过程：《关于"路案"的分析与展开》，载《人民司法》2002年第12期。

书、起诉意见书、公安机关讯问笔录、行政机关的决定书和证明文件等。对于涉及刑民交叉的刑事证据，如果未经法院生效判决认定的新证据，不宜单独作为启动监督的事由。

2. 不同类型案件的标准差异

我国采取民商事合一的立法体系，但由于民事案件与商事案件在立法层面的法律价值上有所不同，也决定了二者的监督理念和监督标准有所差异。普通民事案件，是指因财产、人身关系发生的民事权利义务纠纷，涉及婚姻家庭、邻里纠纷、侵权赔偿、民间借贷等法律关系，普通民事法律的价值取向体现在鼓励诚实信用、定分止争、促进社会和谐发展，在对普通民事案件进行监督时要重视利益平衡和社会伦理的评价，避免片面解释法律造成裁判不公、矛盾加剧的情形。商事民事案件是以商品作为交易对象的权利义务纠纷，涉及公司经营、保险理赔、票据纠纷等法律关系，商事法律的价值取向体现在保护交易安全、提高交易效率、维护市场秩序。在对商事案件进行监督时要重视对企业经营者的保护，尊重商人之间的契约自由，对商事合同效力的否定判断要尤为慎重。在保护交易安全的同时，注重对善意无过失相对人的审查认定。如公司法定代表人未经公司股东会、董事会决议对外担保的情况下，要区分法定限制与约定限制的不同，相对人应当对股东会或董事会决议进行核实而未核实的，不能认定为善意无过失。

3. 一般程序瑕疵与重大程序违法的认定

对审判程序进行监督是维护程序正义、促进良法善治的重要手段。基于诉讼成本和监督效果的考量，对审判程序的监督要区分一般程序瑕疵和重大程序违法情形。一般程序瑕疵，是指程序中存在的没有影响实体判决结果的程序违法问题，涉及送达程序不规范、超期审理、审判组织组成不合法、审判人员应当回避未回避等不涉及裁判结果价值判断的轻微违法情形。重大程序违法，是指程序中存在的影响实体判决结果的程序违法问题，涉及未准予调查收集审理案件需要的主要证据、未传唤应当参加诉讼的当事人参与诉讼、原裁判遗漏或超出诉讼请求等涉及裁判结果价值判断的程序违法情形。是否影响实体判决结果是一种应然状态，而非实然状态，只要程序违法的行为影响当事人权利义务分配、影响主要证据的采信和认定，就应当认定为可能对实体判决产生影响。

（三）把握精准监督的不同方式

1. 区分抗诉与再审检察建议的适用

抗诉是上级检察院对下级法院的生效裁判或调解书通过向同级法院提出抗诉进行监督的方式，抗诉的特点是以上抗下，具有强制启动再审程序的功能，但是基层检察院没有适用权。再审检察建议是检察院对同级人民法院生效裁判或调解书通过提出建议进行监督的方式，再审检察建议的特点是同级监督，再审建议仅是建议法院自行启动再审，是否启动再审由法院审查后决定，不具有强制启动再审的功能。二者都是检察机关对法院生效裁判监督的不同方式，在适用条件、适用标准上存在差异。抗诉一般适用于法律适用错误，审判人员有贪污受贿、徇私舞弊、枉法裁判行为，以及已经过再审、经过审委会讨论等情形。抗诉是针对审判严重违法、裁判明显不公情形的监督方式。再审检察建议适用除《民事诉讼法》第207条规定的十三项事由中除抗诉事由以外的其他情形，涉及对认定的基本事实缺乏证据证明、程序违法等情形。再审检察建议是针对生效裁判错误不严重、不重大情形的监督方式。对二者区别适用有利于减少监督的对抗性、提高诉讼效率、缓解民事检察不均衡现状。

2. 区分生效裁判监督与审判程序违法监督的适用

生效裁判监督与审判程序违法监督中都涉及对程序违法的监督，程序违法监督的情形包括两类：一类是《民事诉讼法》第207条规定的与程序有关的事项，包括审判组织组成不合法、剥夺当事人辩论权利、未依法调查取证、应当参加诉讼的当事人不能归责于本人原因未能参加诉讼、法院缺席审判等情形。这类情形一般通过抗诉或再审检察建议的方式监督。另一类是《民事诉讼法》第215条第3款规定的审判程序违法行为，具体情形包括不适用再审程序纠正、调解违反自愿原则或调解内容违法、应当立案而不立案、违反法定审理期限、违法法定送达程序等情形。这类情形一般通过检察建议的方式监督。但该两类情形在适用中存在一定交叉，比如因违法送达造成剥夺当事人辩论权利或缺席判决等情形的混同，再如一般程序瑕疵与重大程序违法的适用区别问题，这些问题在监督中都应当区分适用。审判程序违法的检察建议是针对不适用再审程序纠正的或审判中存在的程序瑕疵等问题，通过向法院提出建议督促在以后的工作中为鉴或予以纠正的监督方式。

对于审判程序中不影响实体结果的一般程序瑕疵问题,启动再审对案件实体处理结果无实质意义的情形,一般通过检察建议的方式监督,不宜启动生效裁判监督。

3. 区分个案监督与类案监督的适用

民事检察的类案监督是检察机关针对一定数量个案所反映的普遍性问题,提出监督意见或采取其他监督措施,以解决普遍性问题,规范司法行为,改进司法工作的一种监督方式。①类案监督相对于个案监督而言,是对某类共性问题进行分析、梳理的基础上提出的改进建议,具有更强的预防和引导功能,有利于提高监督效率和效果,促进社会治理和矛盾化解。因此,检察机关应当重视类案监督的开展,合理区分个案监督与类案监督的适用。一是把握个案监督与类案监督并行适用情形。个案监督是纠正个案裁判错误,恢复个案正义。检察机关在对个案监督的基础上,可以针对同类案件或者不同类案件存在的共性或普遍性问题提出改进意见,如对某类案件普遍存在法律关系性质认定错误、合同效力认定错误的情形,在全面、整体分析、研判的基础上,就法院裁判理念方面存在的偏差提出类案监督的检察建议。二是把握个案监督与类案监督选择适用情形。对于一些违法程度轻微的情形单独提出个案检察建议难以引起重视,或基于诉讼成本或监督效果不宜单独提出个案检察建议的情形,可以就该类情形或系列案件进行归总、梳理,提出类案监督的检察建议。如对法院某一时期存在超期执行、违法送达等问题发出类案执行监督检察建议。

(四)规范精准监督的审查程序

1. 善用调查核实权

民事监督中的调查核实权,是指人民检察院在民事诉讼法律监督中,就人民法院生效的民事判决、裁定及调解书是否具备法定监督事由,人民法院及其工作人员在行使审判权、执行权时是否存在违法行为,采取复制、调取、查询相关证据材料,询问当事人或者案外人,勘验、鉴定等非强制性措

---

① 参见李敏:《民事检察类案监督的界定及其实施路径》,载《中州学刊》2017年第7期。

施进行事实调查和证据确认的权力。[①] 调查核实权是检察机关做好精准监督的重要手段,检察机关应当将调查核实作为执法办案的常规措施,尤其要听取双方当事人意见,提高司法的亲历性,全面了解掌握案件情况,准确作出监督决定。检察机关调查核实权的行使包含"可以"和"应当"两种情形,通过阅卷、审查材料难以认定或证据存在矛盾的,都可以行使调查核实。但对于审判程序或审判人员的违法问题,涉及损害国家利益、社会公共利益的问题,涉及虚假诉讼、串通调解、损害第三人利益的情形,检察机关应当主动调查核实。但是检察机关的调查核实权具有公权力属性,检察机关只能调查核实原审裁判合法与否的证据,不能违反法定的举证责任义务和当事人的平等对抗原则,为一方当事人利益调查取证,否则不能作为足以推翻原审判决的新证据。

2. 重视听证程序

民事监督中的听证,是指检察机关对在办的民事案件是否监督存在较大争议、服判息诉难度较高,认为有必要组织有关当事人公开听取意见,由双方当事人围绕事实认定或法律适用中的争议焦点出示证据、发表意见的程序。听证程序对于查清事实、以案释法、提升监督的精准性具有重要作用,检察机关应当重视听证程序并完善听证程序的适用标准。检察机关可以邀请人大代表、政协委员、法学专家、知名律师等社会人士参与听证,通过听取多方意见,有利于全面把握案件的法律认定和监督的社会效果。检察机关应当合理界定"确有必要"的适用标准,实现听证效果的最大化。一是对于案情疑难复杂、在事实认定和法律适用中存在较大争议的案件,检察机关通过听取多方意见作出精准判断。二是对于拟作出不支持监督决定,当事人存在闹翻缠访风险的案件,检察机关通过公开释法听取意见的方式化解矛盾。三是对于拟监督案件可能给相对人利益分配造成重大影响的案件,检察机关通过释明答疑、多方兼听的方式精准监督。四是对于检察机关依职权调取新证据后足以推翻原审判决的案件,检察机关通过示证说明、双方答辩的方式获得程序正义。

[①] 参见刘钟琴:《民事检察调查核实权的应用研究》,载《南方论刊》2016年第8期。

3. 促进检察和解

民事检察和解，是指双方当事人在民事检察监督中通过协商，就案件争议的问题达成协议，自愿处分其民事权利并放弃诉讼权利的程序。以和解的方式促成当事人达成合意，能够有效节约司法成本、促进矛盾化解、实现监督效率最大化。检察机关在办案中，对于下列情形的案件应当积极主动促和：一是原生效裁判的实体判决虽有错误，但启动再审预期效果不佳或属于法官自由裁量范围不宜启动再审的案件，涉及责任比例划分显失公平、支付款项计算错误、法律事实与客观事实不符、事实认定争议较大等情形。二是案件性质涉及婚姻家庭财产纠纷、邻里纠纷、侵权纠纷等，通过和解有利于化解矛盾、促进社会和谐的案件。三是生效裁判虽然正确但难以执行，通过检察和解可以引导执行的案件。民事检察的和解程序也应当在查明事实、分清是非的基础上进行，检察机关要认真审查原审卷宗、调查核实相关情况，判断和解是否违背当事人真实意思，是否有损害国家利益、社会利益或他人合法权益的情形，并记录在卷。由于检察和解并不具有强制执行的效力，对于因检察和解终结执行的案件，检察机关也正确引导当事人与执行程序对接，以检察和解促进执行和解，达到案结事了的效果。

4. 加强文书说理

检察文书说理是人民检察院在制作检察法律文书时，或者应有关人员请求，对文书所载的处理决定依据的事实、证据、法律、政策等进行分析阐述、解释说明的活动。[①] 民事检察文书的关键是解决案件事实的认定及法律适用正确与否的判断，对当事人争议焦点进行释明，进而作出是否启动监督的结论。检察机关在制作法律文书时，应当秉持合情、合法、合理的原则，不仅要阐明审查认定的事实，还要充分论证认定案件事实的依据。首先，检察机关应当在法律文书中阐明法律事实。进入检察监督环节的审查重点是双方当事人争议的案件事实，办案人员应当结合当事人在原审中举证质证的情况对证据是否采纳、举证责任分配以及证明对象进行分析说理，确保当事人对检察机关认定的法律事实有直观的了解。其次，检察机关应当在法律文书中释明情理。当事人通常会站在自身角度评价法院裁判的利益分配，检察机关秉持理性、中立立场客观评价双方纠纷，引导当事人换位思考，有利于

---

① 参见《最高人民检察院关于加强法律文书说理工作的意见》。

促进矛盾化解。尤其是涉及价值冲突、利益平衡的疑难复杂案件,在文书中释明正确的价值理念能够彰显人文关怀,消除当事人对检察结论的质疑。最后,检察机关应当在文书中讲明法理。检察文书中要运用法律解释的方法对适用的法律条文进行合理的释明,推进审查结论是社会正义相统一,提升人民群众对检察文书的可接受度。

5. 规范跟进监督

跟进监督是检察机关对人民法院未按照检察机关提出的抗诉、再审检察建议、检察建议内容进行纠错而采取的进一步监督措施。民事检察监督的职能是督促人民法院纠错,如果人民法院对于检察机关的监督意见不予采纳,说明检察监督纠错权并未履行到位,检察机关应当继续对人民法院的纠错行为进行监督,实现一纠到底、督促整改的目的。跟进监督对于树立检察权威、提升监督刚性、促进检法良性互动、双赢多赢共赢具有积极作用。跟进监督是检察机关依职权启动的监督程序,不以当事人申请为前提。对于符合跟进监督情形的案件,作出原监督决定的检察机关应当及时依职权启动。检察机关跟进监督的方式有三种:第一种跟进方式是提请上一级检察机关跟进监督。检察机关对人民法院不予采纳执行监督检察建议、审判程序违法检察建议的案件,可以请求上一级检察机关跟进监督。检察机关对人民法院不予采纳再审检察建议的案件,可以提请上一级检察机关提出抗诉。第二种跟进方式是向同级人民法院发出工作函。检察机关对于人民法院收到检察机关的抗诉书、再审检察建议或检察建议后未在法定期间内予以处理或回复的,检察机关可以通过工作函的方式督促同级人民法院对检察监督的案件予以处理和回复。第三种跟进方式是启动违法调查程序或移送职务犯罪线索。在跟进监督中发现审判程序违法或有职务犯罪线索的,及时启动相应的违法调查程序,并将涉嫌犯罪线索移送职务犯罪侦查部门。

精准监督理念承载了新时代人民群众对民事检察监督工作的新期待。民事检察要抓住机遇,牢固精准理念,找准监督定位,秉持工匠精神,做强民事检察,实现从简单粗放监督向复合多元监督格局的蜕变,以回应新时代人民群众对民事检察监督的新需求。

民事调解精准监督研究

王 虹 张江华 黄丽竹[*]

摘 要: 依法开展民事调解检察监督是检察机关的重要工作职能。在深入学习贯彻民法典的背景下,民事调解检察监督必须以精准监督为导向,考虑政治效果、社会效果、法律效果的有机统一,通过个案的公平正义来引领司法进步、促进社会公平正义。本文拟将昆明市检察机关近年来的民事调解监督实践情况作为切入点,在总结有效监督经验的基础上,对存在的诸多问题的成因进行深层次的剖析,积极探寻开展民事调解检察监督的优化路径,在办案中监督、在监督中办案,以精准监督理念引领民事检察工作创新发展是当前检察机关做强民事检察监督的重要课题。

关键词: 民事调解 精准监督 实践 路径

自1956年最高人民法院提出"调查研究,就地解决,调解为主"的民事审判工作方针伊始,人民法院处理民事案件先后历经了"调解为主""着重调解""根据自愿和合法原则进行调解"等阶段。[①] 诉讼调解在民事审判活动中因其有诸多优势被广泛应用,被国际司法界称为"东方经验"。然而,相较于严肃规范的审判程序,法院诉讼调解在程序和方法上都具有很

---

[*] 王虹,云南省昆明市人民检察院第六检察部副主任、一级检察官;张江华,云南省昆明市人民检察院三级检察官;黄丽竹,云南省昆明市人民检察院检察官助理。

[①] 参见刘晓明、陈兵:《民事调解检察监督的实践与完善》,载《新时代民事检察的理论与实践——第十五届国家高级检察官论坛论文集》,中国检察出版社2019年版,第13页。

大的灵活性和随意性，法官受诉讼程序规则的约束也相对较少，再加上现行民事诉讼法关于调解书生效后不能上诉，只能申请再审的规则设定仅是法院的内部监督机制，使裁判运行失范、违背当事人自愿原则等屡有发生，法官因趋利避害导致的"隐形违法"也不易被发现。囿于"裁判者"和"监督者"的自我取舍困境，必然导致法院对民事调解监督的力度不足。为弥补此种制度缺陷，检察机关的民事调解监督就显得十分必要，其作为一种有效的外部监督能够切实降低违法调解发生的可能性，并能充分保障调解协议的合法、有效。这也是权力制衡原则使然，正如法国思想家孟德斯鸠曾指出，"一切有权力的人都容易滥用权力，这是万古不变的一条经验。有权力的人们使用权力一直到遇到有界限的地方才停止"，"从事物的性质来说，要防止滥用权力，就必须以权力约束权力"。[①]虽然目前民事调解监督步入常态，但我国民事调解检察监督制度还面临着诸多限制和困难，导致解决民事调解案件的成效不甚理想。因此，我国的民事调解检察监督制度需要进一步发展与完善，切实维护人民群众的合法权益，彰显司法的公平正义。

一、民事调解检察监督概述

从《全国检察机关贯彻民事诉讼法座谈会纪要》（2009年），最高人民检察院《关于加强和改进民事行政检察工作的决定》（2010年），最高人民法院、最高人民检察院《关于对民事审判活动与行政诉讼实行法律监督的若干意见（试行）》（2011年）、全国人民代表大会常务委员会《关于修改〈中华人民共和国民事诉讼法〉的决定》（2012年8月31日）等规定的内容来看，检察机关开展民事调解监督经历了探索、凝聚共识直至得到法律正式确认的

---

① ［法］孟德斯鸠：《论法的精神》（上册），张雁深译，商务印书馆1982年版，第154页。

过程。① 民事调解成为 2012 年修法的内容，并不是偶然的，而是有着深刻的原因：一是遏制虚假诉讼的需要；二是法院力推调解的态势；三是混合式调解的弊端。通过检察机关有效的外部监督有利于避免调解中法官的强制超出必要限度，在法官诉讼指挥与当事人处分两种意志中间寻找一个平衡点。② 如此既能尽量保证当事人的合意真实，又能提高解决矛盾纠纷的效率和丰富解决矛盾纠纷的方式。

民事调解检察监督，是指人民检察院针对人民法院所进行的民事诉讼活动中的民事调解活动实施监督，发现民事调解违法予以纠正的行为。③ 对民事调解进行检察监督，既有法律、宪法与民事诉讼法上的依据，也是调解实践的要求，并且是植根于我国的司法实践，具有坚实的实践基础。④ 民事调解检察监督，是一项新设立的属于检察机关行使监督权力的制度，其具有职权行使依据的确定性、职权行使目的的特殊性以及职权行使方式的规范性等特征。⑤ 2012 年《民事诉讼法》修订以来，全国的民事调解监督呈现四个特征：⑥ 第一，调解监督从全国范围看，发展不平衡，一部分检察机关尚未开展调解监督工作，但也有一些地区调解监督的办案数量较多。第二，在同省范围内，各地市的办案数量不平衡。第三，部分地区在不同年份调解监督数

---

① 2009 年，《全国检察机关贯彻民事诉讼法座谈会纪要》要求，按照修改后的民事诉讼法总则的规定，开展对民事调解等活动的检察监督工作。2010 年，最高人民检察院在《关于加强和改进民事行政检察工作的决定》中明确提出，继续开展民事执行监督、调解监督、督促起诉、支持起诉等改革探索，总结经验，加强规范，确保取得良好效果。2011 年，最高人民法院、最高人民检察院《关于对民事审判活动与行政诉讼实行法律监督的若干意见（试行）》第 6 条规定："人民检察院发现人民法院已经发生法律效力的民事调解、行政赔偿调解损害国家利益、社会公共利益的，应当提出抗诉。"2012 年 8 月 31 日，《全国人民代表大会常务委员会关于修改〈中华人民共和国民事诉讼法〉的决定》表决通过，在第 208 条正式从法律上赋予检察机关对民事调解检察监督权力。

② 参见刘辉：《民事调解检察监督研究》，载《中国检察官》2010 年第 5 期。

③ 参见吴军、滕艳军：《民事调解检察监督的问题与优化路径》，载《中国检察官》2019 年第 23 期。

④ 参见王杏飞：《调解检察监督若干争议问题之再思考》，载《法律科学（西北政法大学学报）》2018 年第 1 期。

⑤ 参见周洁：《论我国民事诉讼调解检察监督制度的完善》，辽宁大学 2017 年硕士学位论文。

⑥ 参见刘辉：《民事调解监督问题调研》，载《国家检察官学院学报》2014 年第 5 期。

量的变化较为明显,有的年份办案数较高,有的年份则为零。第四,一些地方试点时期办案数量明显高于法律修订后。有实务研究者通过对数百件民事调解检察监督案件的总结分析发现,检察机关主要针对以下几种情形进行监督:一是在虚假诉讼案件中通过调解方式迅速结案的;二是调解协议内容违反相关法律法规的;三是调解协议损害"两益"或者第三人权益的;四是调解违反自愿原则的;五是调解程序违法的。除此之外,检察机关进行监督的理由还包括遗漏当事人、违反回避原则、送达程序违法等情形。①

二、当前昆明市民事调解检察监督基本情况

昆明市检察机关对民事调解检察监督开展了有益的实践和探索。笔者通过对昆明市检察机关 2016 年至 2020 年 10 月民事调解检察监督情况进行调研,发现当前民事调解检察监督存在以下特点:

(一)监督已步入常态,但未形成规模效应

近 5 年来,昆明市检察机关除 2 家基层院尚未办理民事调解监督案件外,市院和其余的 12 家基层院均开展了相关监督工作,除办理类案的基层院外,大部分基层院的办理数仅为个位数。全市共受理审查诉讼调解监督案件 96 件。向人民法院提出再审检察建议 41 件,占受理审查数的 42.71%,已采纳 18 件,未采纳 10 件,13 件尚未回复;提出审判程序违法情形检察建议 6 件,占受理审查数的 6.25%,均已采纳;发出执行监督检察建议 1 件,占受理审查数的 1.04%,移送公安机关违法犯罪线索 2 件,占受理审查数的 2.08%。

(二)监督的三种类型均有涉及,但未能实现均衡着力

从提出监督意见的情况来看,主要是针对调解结果监督和审判程序监督。其中对生效调解书监督 78 件,占受理审查数的 81.25%,对调解审判程序违法监督 6 件,对调解执行监督 1 件,执行监督最为薄弱。

---

① 参见李辰、齐红、王鹏、李莹:《民事调解检察监督制度研究——兼论〈民事诉讼法〉第 208 条》,载《新时代民事检察的理论与实践——第十五届国家高级检察官论坛论文集》,中国检察出版社 2019 年版,第 653 页。

（三）依职权与依申请兼具，以民间借贷纠纷为主

在受理审查的民事调解监督案件中，依当事人申请（含案外人控告）启动监督程序的有 61 件，依职权启动监督程序的有（含法院移送）35 件。其中涉及的案件纠纷以民间借贷为主，共有 63 件。其余的还有追索劳动报酬纠纷、生命权、健康权、身体权纠纷、合伙协议纠纷、财产损害赔偿纠纷、建设工程施工合同纠纷等。

（四）监督案件涉及调解的违法情形多样化

在所办理的民事调解监督案件中，具体的违法情形有涉及案件证据虚假、虚假调解损害第三人利益、调解内容违反法律规定、调解过程未严格执行自愿原则、调解笔录未签字、参与调解的代理人委托授权有瑕疵等。通过梳理监督意见情况来看，全市检察机关民事检察部门无论是依职权进行监督还是依申请进行监督，都基本一致认为前述违法情形损害了司法权威，破坏了司法秩序，因而属于损害国家利益和社会公共利益的范畴，但从严格意义上真正依据损害国家利益和社会公共利益的诉讼调解监督案件不多，且因法院有不同的认识，监督成效不甚理想。

三、当前民事调解检察监督存在的主要问题

（一）监督案源不足

根据《民事诉讼法》第 14 条"人民检察院有权对民事诉讼实行法律监督"之规定，检察机关应依职权主动发现损害国家利益、社会公共利益、当事人以及第三人合法权益的调解案件并进行监督。现实情况却是检察机关对调解案件的监督比例较小，这种监督比例不足以对现实生活中发生的调解案件形成规模化的有效监督。目前，大部分基层院将深挖案源的着力点放在申案上，同时寄希望于刑事案件办理过程中发现有效线索。如果未能摸排到类案线索，则会出现没有案源可以监督的困窘局面。此外，从司法实践来看，人民群众对检察监督的知晓度不高，了解不深，导致申请检察监督的主动性不强。

（二）监督范围狭窄且不明确

我国传统的立法思想是"宜粗不宜细"，新修改的民事诉讼法也贯彻了这样的立法思想，没有突破立法思想的局限。[①]《民事诉讼法》第215条规定检察机关对于损害国家利益和社会公共利益的案件可以提出再审检察建议或者抗诉。《人民检察院民事诉讼监督规则》在遵循民事诉讼法规定的基础上，明确"调解违反自愿原则或者调解协议的内容违反法律的"可以进行检察监督，但方式仅限于以发现民事审判程序中存在违法情形为由向同级人民法院提出检察建议。[②]实践中，在如何正确处理既要充分尊重当事人处分权又要充分行使民事裁判权的关系方面，确实缺乏有效的法律监督措施。通过仔细审视前述法律和司法解释对民事调解监督范围的规定，笔者发现：首先，相关规定赋予检察机关的监督权相较于当事人申请对调解书进行再审的范围进行了限缩，监督刚性受到弱化。同时，"国家利益、社会公共利益"实际上是比较抽象的概念，对于何为国家利益、社会公共利益，一直以来都没有明确的界定。因不能明确地界定"两益"的内涵和外延，检察机关在具体实务操作中就需要充分发挥主观能动性，由其进行判断是否损害"两益"，并决定是否行使检察监督权。法律规定监督范围的不确定性，导致司法实践中监督效率低下，直接影响着我国司法体制的完善。其次，对于"损害第三人合法利益"的调解案件能否进行检察监督尚未得到法律明确规定。在昆明地区的司法实践中，因虚假调解损害第三人合法利益的调解案件数量占有一定比例，此时该第三人应如何通过检察监督途径来获得救济值得探讨。此外，对于《民事诉讼法》第101条规定的四种不需要制定调解书的情形[③]，如果调解协议经过各方当事人签名后，就具备了法律效力，而这种类似于调解书性质的法律文书并未被明文规定在民事检察监督范围内，故当前的民事调解检察

[①] 参见赵泽君：《民事诉讼快速解决机制的立法研究》，中国检察出版社2011年版，第119页。

[②] 参见马婕妤：《民事诉讼调解监督机制亟待完善》，载《中国商报》2017年4月13日，第2版。

[③]《民事诉讼法》第101条规定："下列案件条件达成协议，人民法院可以不制作调解书：（一）调解和好的离婚案件；（二）调解维持收养关系的案件；（三）能够即时履行的案件；（四）其他不需要制作调解书的案件。对不需要制作调解书的协议，应当记入笔录，由双方当事人、审判人员、书记员签名或者盖章后，即具有法律效力。"

监督规范的对象并不全面。

（三）监督程序的具体可操作性不足

首先，调解书形成的前提是双方当事人就权利分配与义务承担达成了合意。但因检察机关并不直接参与调解过程，即使调解书存在损害国家利益或者社会公共利益的情形，通常情况下也不易被发现，只能依靠在办理其他案件中发现的线索，偶然性很大。其次，现行民事法律和司法解释并未明确检察机关介入民事调解的时间节点，检察机关进行民事调解监督往往是在调解书形成后，此时调解书有可能已经损害了国家利益或社会公共利益，并已经造成实质性损害。最后，从现行法律规定来看，抗诉和检察建议是检察机关对民事调解进行监督的主要方式。虽然检察建议因被正式纳入新民诉法后不再是一种非诉讼的监督方式，在程序上具有了强制力，但需要进一步明确其范围、效力和程序等，增强检察建议可操作性和权威性。由于检察建议并不必然引起再审程序，缺乏刚性，能否发挥作用无法确定。实践中，法院不采纳检察建议的现象时有发生，严重影响了检察监督效果。

（四）调查核实权效能不足

民事调解案件中，法官往往尊重当事人的意思自治，对双方认可的事实和达成的调解协议，很少深入进行实质性审查，相关证据往往缺乏法庭质证，事实缺乏必要的审查核实，调解笔录对调解过程的描述也常常不完整。[①] 因此，民事调解除了可能出现与生效判决、裁定同样的实体或程序问题外，还面临着许多新的问题。如调解结案案件本身卷宗材料较少，很难通过查阅卷宗材料发现虚假调解、违法调解，调解书缺乏认定事实部分，对法律适用的阐释要求不高、释法说理不足等问题等。[②] 这些因素无形中增加了检察机关进行民事调解监督的调查核实难度。尤其是在审查办理虚假民事调解时，基本上当事人不会主动向检察机关反映问题，如何找准切入点、寻求突破口，及时发现刑事犯罪线索并移送，都对检察机关用足用好调查核实权提出了更

[①] 参见吴军、滕艳军：《民事调解检察监督的问题与优化路径》，载《中国检察官》2019年第23期。

[②] 参见石宏、邢辉、由华翰：《民事调解监督应向多元化发展》，载《检察日报》2008年8月12日，第7版。

高的要求。虽然《人民检察院民事诉讼监督规则》赋予了检察机关民事检察部门有权行使调查核实权，但也明确了检察机关调查核实，不得采取限制人身自由、查封、扣押、冻结等强制性措施，检察监督通常仅能通过询问、听证、调取书证等方式进行调查核实。由于调查手段有限、措施刚性不足等原因，调查核实权未能充分发挥作用，直接影响了检察机关对法院调解进行监督的力度，导致一些很有价值的案件线索，因检察机关难以对有关证据和事实进行调查核实最终未能成案监督或监督后未能被法院采纳。此外，目前民事调解检察监督在证据方面的规则尚未健全，人民检察院针对调解书的相关调查取证的具体细则有待完善。① 检察机关对法院调解进行监督的证明标准及调查核实的范围不够明确，当事人为逃避法律制裁，不配合检察机关调查的现象时有发生。即便配合，检察机关制作的询问笔录、重新鉴定意见等证据，也因受"谁主张谁举证"的举证责任分配和检察机关的客观中立地位等问题的质疑，其证据效力一直存有争议。

（五）人员素能和对外机制建设均有待加强

部分民事检察干警的法律素能、责任意识还不够高，主要表现为对法院民事调解检察监督工作的实际状况掌握不够。对同级法院民事调解审判工作的情况、存在的问题及其特点和规律缺乏准确全面把握，不能精准定位诉讼监督的切入点和着力点。与人大、政协、党委政府、法院、公安机关、司法局的监督支持机制尚未建立健全，外部机制建设的监督合力释放不足；与律师、法律援助机构建立的联系机制未形成良性互动；与高校专家学者的合作不够，借力"外脑"工作不到位；对诉讼监督的基础理论和实际问题研究不深，缺乏高层次的研究成果；民事工作宣传力度不够，未将相关法律深入宣传到人民群众心中。

四、完善民事调解监督的优化路径

（一）增强线索挖掘能力，完善线索发现机制

一是针对民事调解案源匮乏的问题，检察机关要在开展民事检察工作中

---

① 参见姜晓妍、戎仕杰、刘新群：《民事调解中检察监督制度的问题与完善建议》，载《太原学院学报（社会科学版）》2017年第4期。

加强宣传,充分利用报纸、电视、两微一端等新闻舆论工具进行宣传,并积极送法进企业、进社区、进乡村,使人民群众广泛知晓民事检察监督职能,培养人民群众寻求检察监督的法律意识。

二是注重运用传统方法、"互联网+"现代科技手段、"两法衔接"平台、中国裁判文书网等多渠道收集民事调解监督的案件线索,补齐案源不足"短板"。

三是增强主动监督意识,以深入开展虚假诉讼深层次专项监督为抓手,高度关注婚姻家庭、民间借贷、劳务合同、房屋买卖等虚假调解易发的领域,认真借鉴参考最高人民法院《关于防范和制裁虚假诉讼的指导意见》、最高人民法院《关于审理民间借贷案件适用法律若干问题的规定》以及最高人民法院、最高人民检察院《关于办理虚假诉讼刑事案件适用法律若干问题的解释》等司法解释中关于虚假诉讼的判断标准,从中吸取经验智慧,挖掘虚假调解监督线索。

四是加强与纪委监察委、公安机关、法院、本院扫黑除恶办公室、刑事检察等部门的沟通联系,推动信息共享和线索移送机制建设,着重深挖隐藏在"套路贷"背后的虚假调解案件线索。

(二)厘清民事调解监督的范围

一是精准把握"两益"的界定。对"两益"的界定,尤其是对社会公共利益的理解,可以从以下几个方面进行把握:①

(1)受益公民范围广,只有在该区域广大公民都能享受到的利益才能成为社会公共利益;(2)经济效益高,社会公共利益最大的优势在于能够充分调动社会资源,从而产生极大的经济效益;(3)维护公民的合法权益,社会公共利益的出发点和落脚点都是实现好、维护好、发展好公民的合法权利。换言之,应当从整体性去解析民事调解书的内容是否有侵害国家利益、社会公共利益的某个方面,而且利益的内涵不仅仅是经济利益,还包括健康权、自由权等利益。

二是探索进一步拓宽民事调解监督的范围。目前,依据《人民检察院民

---

① 参见沈晋生:《民事调解检察监督存在的问题与完善》,载《法制博览》2016年第2期。

事诉讼监督规则》的规定，针对调解违反自愿原则和合法原则的情形，检察机关可以发出审判程序违法情形的一般性检察建议，但由于检察建议的效力缺乏刚性，其监督效果仍然不尽如人意。建议在后续的检察实践和完善民事诉讼监督规则过程中，尝试探索将违背当事人真实意思，强制调解或变相强制调解的案件；法律明确规定不能以调解方式结案的，人民法院以调解方式结案并制作民事调解书的案件；双方当事人为规避法律义务或为牟取非法利益，相互勾结串通，以损害国家利益、社会公共利益或他人合法权益为代价达成的虚假调解案件；调解程序严重违法，影响案件实质的民事调解案件；法官在调解中有徇私舞弊、贪赃枉法行为，有可能导致将不公正的民事调解案件等纳入民事调解监督范围，[1]根据《民事诉讼法》第215条的规定，并结合案情实际尽可能将其纳入检察抗诉或再审检察建议范畴考量。缘由在于前述案件类型与损害国家利益和社会公共利益的调解都是错误的调解，且实质上均有社会危害性，所以对其救济渠道就应趋于一致。并且从宽泛意义上来讲，调解是具有审判性质的行为，具有与判决书同样的强制力，并不仅仅是当事人对权利的自由处分，前述案件类型实质上侵犯了司法秩序，损害了司法权威，破坏了社会诚信体系，可以视为损害了国家利益和社会公共利益。博登海默曾强调，"相同的人和相同的情形必须得到相同的或者至少是相似的对待，只要这些人和这些情形按照普遍的正义标准在实质上是相同的或相似的"。[2]正义的核心是平等，如若违反了平等原则，作为社会首要价值的正义也就无从实现。[3]

三是对民事调解应进行全程监督。根据《民事诉讼法》第14条的规定，检察机关有权对民事诉讼进行监督。民事诉讼检察监督的目的是防止司法不公，维护司法公正，而司法不公可能产生于诉讼过程的任何阶段。[4]据此，民事调解作为法院的一项活动，检察机关有权对其进行法律监督，且监督范

---

[1] 参见石宏、邢辉、由华翰：《民事调解监督应向多元化发展》，载《检察日报》2008年8月12日，第7版。

[2] ［美］博登海默：《法理学：法律哲学与法律方法》，邓正来译，中国政法大学2004年版，第309页。

[3] 参见陈长均：《论调解检察监督的范围》，载《新时代民事检察的理论与实践——第十五届国家高级检察官论坛论文集》，中国检察出版社2019年版，第632页。

[4] 参见全国人大常委会法制工作委员会民法室编：《民事诉讼法立法背景与观点全集》，法律出版社2012年版，第534页。

围应当涵盖对生效调解的监督和对调解过程的监督。故检察机关对民事调解的监督应坚持以结果（事后）监督为主，过程（事中）监督为辅，形成全过程、全方位监督，以充分契合当前法院"调审合一"机制，兼顾调解与审判的主体、程序、空间以及时间均是一体的实际情况。值得注意的是，过程监督的启动应以当事人书面申请或人民法院主动邀请为条件，同时要避免影响法官的独立审判。此种限制条件的设置的一个重要考虑是在现实情况下，检察机关目前实施监督的力量和监督方式还存在薄弱环节，尚无法全面有效应对所有诉讼程序。当然，在"四大检察"建设尤其是做强民事检察目标的落实过程中，广大基层检察院已开始逐步配强配足民事检察办案力量，逐步引入具有专业化高学历以及具备侦查、公诉背景的干警加入民事检察队伍，并加大素能培养力度，这无疑极大有助于提高民事检察监督能力。

（三）积极构建多元化的监督机制

检察机关在开展民事调解的过程中，应根据发现问题的轻重程度采取相适宜的监督方式，建立健全多元化的监督方式。因提出抗诉是当前最具刚性的监督方式，检察机关在对民事调解进行监督时，对于达到抗诉条件的案件，通过启动再审程序，消除不利因素的影响，形成新的公平公正的法律文书。但值得注意的是，为了构建监督与支持并重的良性监督格局，兼顾尊重审判权独立与落实精准监督，检察机关在进行检察监督的过程中应当把握好因案施策。如对一些确有错误的民事调解书，检察机关审查后，若对当事人利益或者国家和社会公共利益影响不大，可通过检察建议的方式进行监督，同时可区分调解书发生问题的原因，找出违法行为的性质，所处的环节，根据违法情形的严重程度，对当事人利益的损害程度及对司法公信力的影响程度，向法院发出纠正违法性的检察建议和一般性检察建议。[1] 对于类案中反映的法院在审判过程中存在的普遍性问题，可以发出改进工作检察建议。此外，检察机关在办理民事调解监督案件的过程中，要认真做好对人和对事双重监督齐用力，若发现有涉嫌违法违纪犯罪线索的，应及时将线索移送本院职能部门或纪委监察委。

---

[1] 参见郝燕：《检察机关调解监督方式研究》，载《法制与社会》2016年第11期。

（四）用足用好调查核实权并加强协作配合

《民事诉讼法》第217条专门规定了检察机关的"调查核实权"，《人民检察院民事诉讼监督规则》则是更进一步进行了有限制性的细化，但调查核实权刚性仍不足。在现有调查核实权框架内，检察机关要强化调查核实意识，通过缜密的调查取证、固定证据、查明真相，为监督工作的进行奠定坚实的基础。①

一是要以求极致的工作态度对诉讼调解的程序和实体是否合法进行全面审查。程序方面重点审查当事人或其法定代理人是否亲自到庭参与调解、委托代理人的代理权限是否真实有效、调解笔录上的签字是否客观真实、调解书是否实际签收等。实体方面重点审查在案证据是否存在矛盾漏洞；当事人在庭审论辩中是否有实质性的对抗；权利义务是否显失公平；当事人参加调解是否受到欺诈、胁迫、恐吓；调解书的内容是否违反法律禁止性规定，是否侵害国家、集体或他人合法权益等。

二是充分运用好询问、听证以及其他补强证据手段。如全面细致询问当事人、利害关系人和案外人，遇到有社会意义、指导价值的案件，邀请法官、专家型律师、高校学者、有法律背景的人大代表、政协委员等对监督案件进行听证，增强监督的精准性和社会效果。通过从当事人、利害关系人和案外人的陈述中初步归纳争议焦点和判断权利是否受损，再通过诸如实地走访、查询、查账、鉴定等其他措施并举，厘清双方权利义务的真实状态，找准疑点缺口进一步开展递进式调查。

三是积极学习借鉴其他检察业务部门和先进检察机关成熟的调查核实手段和技巧，用足用好调查核实权，最大限度查清案件事实。

四是加强与公安机关、法院、司法局的沟通协作。检察机关在办理民事调解监督案件，尤其是在办理民事虚假调解案件中，检察机关可以探索依托公安机关刑事调查取证，完善民事证据锁链，或是通过调阅或复制有关机关相关案卷，实现在证据和信息上的共享，有效破解调查核实中面临的难题。同时，通过积极建立健全日常联络机制，定期召开多部门联席会议、不定期

---

① 参见朱燕华、戴璇：《论虚假调解检察监督的完善》，载《新时代民事检察的理论与实践——第十五届国家高级检察官论坛论文集》，中国检察出版社2019年版，第604页。

召开调解案件研讨会等方式，凝聚共识，形成对虚假调解的常态化、制度化监督。

（五）加强队伍建设，完善一体化办案机制

一是积极争取增加民事检察干警编制，采取充实、调整、引进等办法，将政治素质好、理论水平高、精通民事检察业务、办案经验丰富的人员选配到民事检察部门。在此基础上。加大民事检察干警轮训、培训、研讨力度，增强岗位练兵效果，全面提升干警能办精品案件、能写优秀文书、能出高质量论文、懂得沟通协调、会做群众工作的综合能力。积极用好检答网和借助专家学者"外脑"，切实解决监督实务中遇到的疑难、复杂问题。

二是完善一体化工作机制。省、市级检察机关在带头办案的同时，通过专业培训、业务考评、案件审批、备案审查和案件交办、提办、转办等方式，加强对基层民事检察工作的指导，对本辖区有重大影响、疑难、复杂的诉讼调解以及涉及审判人员违法违纪行为等情形的调解案件，可以适时统一抽调本辖区内的检察干警组建专业化办案团队，共同审查办理案件，确保监督质效，形成可借鉴可复制的办案经验和成果。

（六）借助现代科技手段提高监督效率并增强监督效能

加强检察技术和信息化工作，增强民事诉讼监督的深度和力度。积极请示汇报沟通，依托现代科技手段推动大数据、人工智能的研发应用，加快政法办案智能管理系统、智能辅助办案系统的建设步伐，以智慧检察促进民事检察与科技信息化深度融合，在初步实现法院电子卷宗线上调阅的基础上，进一步增进检法信息共通、共享，发挥信息自动抓取、类案比对等相关功能，对人民法院的调解活动流程和重要风险点进行研判分析，加大对民事调解的监督力度。

虽然当前民事调解检察监督工作在立法层面、具体制度构建及实践中尚未完全达到制度设立之初衷和所追求的运行效果，但笔者坚信通过检察机关对民事调解的精准、规范、有序监督，能够合理弥补法院民事调解的固有缺陷，有效规制虚假诉讼、恶意调解和违法调解，从而推动检察监督权与审判权同频共振，有助于监督与支持并重格局的稳步构建并得到深入。步入新时代，检察机关应坚持以人民为中心，在办案中监督、在监督中办案，以精准

监督理念引领民事检察工作创新发展，持续在精准监督上下功夫，通过优化监督实现强化监督，杜绝粗放办案，摒弃片面追求监督数量，努力实现政治效果、法律效果和社会效果的有机统一。在监督实务中，在积极扩大案源并保持适度的办案规模的同时，坚持办案数量与办案质量有机统一，精准监督与类案监督相结合，优先选择在司法理念方面有纠偏、创新、进步、引领价值的典型案件，不断深化对民事调解监督制度的理论调研和经验总结，在探索、创新、完善的过程中履行好法律监督职责，为彰显司法公平正义，促进社会和谐稳定积极贡献检察智慧和产品。

精准监督视野下民事检察的价值定位和路径探索

郭培英[*]

摘 要： 民事检察监督的质效影响民事检察的科学发展，针对民事检察工作中存在的理念偏差、质效不高、刚性权威不足等问题，从检察官主体责任和监管责任落实、检法分歧、检察一体化等方面探究原因，建议通过转变监督理念、改革办案模式、健全监督制约、修改考评制度等方式实现精准监督。

关键词： 民事检察 精准监督 监督理念 制度设计 机制保障

一、精准监督的必要性和现实价值

张军检察长指出，检察工作创新发展，理念转变至关重要。《2018—2022年检察改革工作规划》提出，健全以精准化为导向的民事行政诉讼监督机制，明确将精准化作为民事检察科学发展的新思路。"精"指提炼或挑选出优质东西，兼有细致、技术熟练；而"准"指方向确定，按既定法则行事之意。精准监督强调正确把握民事检察的职能、定位和发展方向，避免"粗放办案"、片面追求数量，严格区分各类监督方式的适用条件，选择恰当的监督方式，坚持"严格依法、准确及时、必要审慎、注重实效"的原则，努力做到"精准定位、精准发现、精准审查、精准处理"，通过优化监督实现强化监督，实现办案数量、质量、效率、效果的有机统一。

精准监督的要求不是空穴来风，而是针对一段时期以来检察工作存在的

---

[*] 郭培英，内蒙古自治区人民检察院民事检察部主任。

理念和操作中的偏差而提出的。回头审视民事检察突飞猛进的历史，1978年检察机关恢复重建，1979年《人民检察院组织法》重新确认检察机关的法律监督属性，1988年最高人民检察院设立民事行政检察厅。经过30多年的发展，民事检察监督方式不断丰富，监督领域不断扩展，监督程序不断规范。尽管民事检察监督取得了一定的成效，但仍存在以下问题：

（一）重数量规模，轻质量效果，监督层次、社会效果、影响力尚需提高

民事检察设立之初，一些学者认为民事检察违背审判独立、当事人处分、当事人平等原则。民事检察从无到有到强的发展过程也历经了从重数量、规模到重质量、效果的转变。一段时间以来，上级检察院评定下级检察院的工作，侧重于对数量方面的考察。出于考核的功利考量，检察人员有重数量轻质量的倾向，在审判活动违法监督、执行监督案件中表现尤为突出。上述两类案件很多是依职权启动，一些检察建议仅针对法院轻微程序性瑕疵，采纳率虽较高，但未能体现人民群众对检察监督的现实需求，对当事人权益保障和规范审判和执行行为实质价值有限。一些该发类案检察建议的案件，一案一建议，发送不规范。与此同时，人民群众普遍反映执行难、执行乱的线索和案件却没有进入民事检察的视野中，深层次的违法监督不够，对人监督和对事监督没有有效结合，有影响有震动的案件占比有待提高。在参与社会治理、防范化解重大风险方面，提出真问题、真解决问题的力度不够。

（二）再审检察建议同级监督作用发挥不显著，裁判结果监督采纳率，特别是再审检察建议采纳率需提升

再审检察建议的作用发挥不充分。除有新的证据足以推翻原判决裁定、原判决裁定认定的主要证据是伪造的、据以作出原判决裁定的法律文书被撤销或者变更等情形以外，再审检察建议不同程度存在检法协调困难、回复超期、采纳难的问题。虽然长期不回复可以提请上一级检察院抗诉，但操作中担心程序竞合、冲突后终结程序，一等再等。一些本该优先适用再审检察建议的案件实际操作中被提请上一级检察院抗诉，裁判结果监督案件三级检察院"倒三角"情况加剧。

监督标准把握不准，部分抗诉案件质量有待提高。抗诉前对监督的法定标准和必要标准考量不充分、案例和观点的搜索不全面，导致抗诉后法院未采纳抗诉意见。此类案件主要集中在涉及自由裁量、高度可能性认定分歧等案件中。有些检察官对申请人提供的"新证据"不经对方质证，即认为足以推翻原裁判，启动再审后经法院对新证据核实后维持原判，浪费司法资源，有损检察权威，造成程序延宕。

（三）基层民事检察监督薄弱的情况仍然存在

基层检察的监督重点是审判活动违法和执行监督以及虚假诉讼监督，但有些基层院的人员力量无法满足这一需求。基层民事检察分设的是例外，民事与行政或公益诉讼职能由一个部门行使是常态。基层民事检察人员将大量精力投入公益诉讼，甚至是涉及非法占有林地等刑事案件的刑事审查起诉，对虚假诉讼、深层次的违法行监督开展困难。

二、监督不精准主客观因素分析

无论学界对民事检察制度存在的价值是升温还是降温，民事检察在学界的讨论中摸着石头过河，不断完善监督。深入分析，监督不精准既有法律规定、制度设计上的原因，也有办案方式、机构设置、人员管理等多方面原因。

（一）未立足再审制度是有限纠错的不当履职及检法审查方式、办案理念的分歧

因检法职能、履职方式不同，审判思维和检察思维有诸多差异。检察监督更多是启动程序，坚持实事求是，强调有错必纠。而再审法官更多想的是定分止争，决定是否改变原生效裁判时，还要考量很多现实问题，如法律关系的稳定、再审的代价、是否会引起新的矛盾、改判后能否执行。对于一些虽有瑕疵，但是社会关系相对稳定的案件，再审改判很慎重。从审查方式看，检察官办理案件大多是书面审，有些案件庭审笔录记录不详细，甚至遗漏关键情节或语焉不详，案卷背后诸多影响案件走向的细节掌握不清。而法官通过庭审直观地面对当事人之间的对抗，经过举证、质证、庭后调查，形

成了内心确信。

此外，民商事案件本身具有一定复杂性，民商事审判理念又不断更新，检法分歧一定范围内存在是正常的。我国系成文法国家，成文法不可避免地存在稳定性与局限性的冲突。对涉及高度可能性、自由裁量尺度、违约金的调整、合同无效后责任的分担、股权代持纠纷等问题，不仅检法存在分歧，不同法官也会基于自身经历、价值取向不同，在运用证据规则、进行法律解释、利益衡量时作出不同的决定。

（二）繁简未区分办理，重大疑难复杂案件未有效监控

指定分案未依法充分运用，繁简未区分情况分配。案件分配是随机为原则、指定为例外。为了提升办案办事效率，确保随机性、公平性和严肃性，有些不适宜随机分案的案件，存在被随机分案的情况，可能导致一些重大疑难复杂案件由刚入额或刚入民事检察、业务还不太熟练的检察官办理。

重大疑难复杂案件界定标准操作性不强，界定的主体、监管制度规定缺失等原因造成监管不到位。虽然权力清单列举了重大疑难复杂案件的情形，但很多案件均在"其他认为重大疑难复杂案件"中。界定标准模糊，对此应增加其他一些可识别的通用标准。何为其他重大疑难复杂案件，由检察官自身掌握，伸缩性强。对重大疑难复杂案件没有在审查前做出标记或进行不同的程序规制，提前了解、事中监管的机制不健全，一定程度造成案件质量不高或同案不同处理等现象。现有流程监控没有实现精准定位，案件评查重点不突出，反映的多是程序性问题，反向审视检察官办案能力不强。

检察官联席会议非案件决定主体，在证据分析、法律适用分歧解决上存在不足。司法责任制的核心是"谁办案谁负责""谁决定谁负责"。根据履行职能需要、案件类型及复杂难易程度，实行独任检察官或检察官办案组的办案组织形式。

检察官联席会议对重大疑难复杂案件进行讨论，为承办案件的检察官或检察官办案组提供参考依据。根据最高人民检察院《关于完善人民检察院司法责任制若干问题的意见》的规定，司法责任制的主体是决定者即检察官、（副）检察长、检察委员会。联席会议虽然对纠偏起了一定的作用，但因其不是司法责任的承担主体，参与讨论的检察官很多未全面阅卷甚至未查阅关键证据，缺乏案件的亲历性，作用发挥有限。讨论案件后，案件抗诉到法

院，最后的结果没有向参加会议的检察官反馈，联席会议的实效没有最大化地发挥。

（三）三级院力量没有有效整合利用

因制度设立和再审检察建议实践运行中检法协调难度较大、回复周期长等原因，检察一体化运行不充分，裁判结果监督案件"倒三角"情况严重。如一些案件，下级院认为裁判错误，提请抗诉并通知申请人，经上级院审查后又作出不支持监督申请决定，此类案件息诉难，申请人有时不理解、不接受上级院的决定。

三、保障精准监督应秉持的立场和制度改革

（一）正确处理数量与质量、监督与救济、精准与容错三对关系

要求精准监督，并不能简单理解为只看质量指标即采纳率，完全不考虑数量。没有质量的数量毫无意义，建立在高质量基础上的数量才是真正意义上的数量，但是，没有数量的质量，单薄且缺乏说服力。要求精准实质在于强调检察监督权应该客观公正，敢用慎用民事检察权，而非限制监督数量和规模。

精准发力的前提必须准确定位民事检察的职能，厘清监督和救济的关系。有学者指出，民事检察的设立，"在于通过两次求证于不同的司法机关的机会，消解当事人对最终裁判的不理解不满意，检察权对审判权起着净化、分担、协助作用"。[①] 民事检察制度在具有监督职能的同时，也具有权利救济的功能。"对当事人私权利的救济是民事诉讼监督的副产品，一定程度上契合了当事人对私权利救济的需求，但不能据此将检察机关定位为当事人私权利的救济机关，这有违人民检察院是国家的法律监督监督机关的宪法定位。精准监督并未改变诉讼监督的本质，而是对监督标准、监督的质效提出

[①] 肖建国、宋世超：《新中国民事检察制度的演变》，载《人民检察》2019年第19—20期。

更高的要求"。①

监督的目的是维护法律统一实施,保护当事人权益,但像抗诉这种刚性监督手段,监督一旦启动意味着既定的法律关系又处于一个不确定的状态,裁定再审中止执行后,如经过较长时间的再审审理后维持原判,不仅社会效果不好,也有损检察机关权威。检察官抗诉前必须综合考虑既判力的稳定性、司法的权威、朴素价值观,结合当时的历史阶段、公共政策,准确预测改判的可能性。审查裁判结果监督案件中应尊重法官的自由裁量权,对于法官行使自由裁量权有一定的合理依据,但在比例分配方面稍有不当的案件,一般不宜进行监督。严把案件事实关、程序关和法律适用关,坚持"在司法权威与纠错的适当性之间达到平衡,最大限度地维护司法公正"。②

正视检法差异、民刑差异、民商审判差异,准确行使检察权。有分歧案件,提前与法院沟通。对民事审判中适用法律不统一、"同案不同判"等问题积极开展类案监督。积极探索关联案件和类案强制检索机制,充分了解审判和执行的规律,准确预测监督结果。

树立有限监督理念,拟提出监督意见的案件,要通过检察官联席会议、专家咨询等制度补强"短板"。对证据类、审判程序不当类的裁判结果监督案件,优先考虑发送再审检察建议进行同级监督,更好地实现设立再审检察建议监督方式的立法目的。准确把握审判活动违法、执行监督检察建议提出的条件,避免滥用,可视情况抄送上一级人民法院、法官惩戒委员会。检察建议未被采纳,符合监督条件的,依法提请上一级人民检察院抗诉或提出检察建议。上一级人民检察院认为应当跟进监督的,应当依法向同级人民法院提出抗诉或检察建议,必要时可以报告同级党委人大、通报同级纪检监察机关。

精准监督不是简单地要求抗诉、提出再审检察建议、检察建议采纳率百分之百,应建立容错机制。尊重司法规律,如果违背规律严苛要求,必然造成不敢监督,使该监督的案件未提出监督意见,最终有损司法公正。上级检察机关对下通报数据时,采纳率达到较高值后,可不通报具体数值,只通报

---

① 冯小光:《以精准监督为指引做强民事检察工作》,载《人民检察》2019年第15期。
② 张卫平:《再审价值:有限纠错》,载《法律适用》2006年第7期。

超过百分之多少即可,不把提高案件质量简单量化为数字。同一个案件,法院系统上下级间之间,同一个法院不同的法官都会有不同的认识。法律问题永远不是一个简单的法律问题,合理范围内出现价值判断和选择上的分歧很正常。加之民商事案件纷繁复杂,民商事审判理念也在不停地与时俱进,我们不能仅以采纳率来衡量办案质量,应该科学地应用这一指标,将对采纳率的分析与对个案的研判结合起来,判断案件质量的高低。严格界定办案质量瑕疵与违法,落实责任与强化保障相结合。

(二)落实办案组制度,规范对重大疑难复杂案件的界定、办理和监管

明确其他重大疑难复杂案件的具体情形,完善此类案件的识别机制。进一步细化重大疑难复杂案件的类型,如可以将曾经发回重审案件、曾经裁判结果有反复的案件确定为疑难复杂案件。分案前、审查中均可确定案件类型。在分案前由案件管理部门初步识别此类案件并标识,检察官在审查前中认为属于重大疑难复杂案,但案件管理部门未确定的,应报请案管部门决定。相反,应属于一般案件但被案件管理部门初步确定为疑难复杂案件的,检察官、(副)检察长均可提交申请报案件管理部门决定变更案件类型。确定为此类案件,应指定为资深检察官或部门负责人、(副)检察长直接办理。确定为案件类型的主体为案件管理部门,而非疑难案件的决定主体为(副)检察长,故应在统一业务办案系统中设置环节,一经确定为重大疑难复杂案件,不经过(副)检察长或检察委员会环节,检察官无法作出决定性文书。通过机制保障,切实做到事前发现、事中监督、全程留痕、依法行权,保证此类案件的精准办理。对于重大疑难复杂案件,部门负责人和副检察长均有监督管理的责任,检察官也有报告的义务。部门负责人、检察长发现检察官办理案件可能存在错误或不当的,在检察官作出决定前,可以要求其进行复核或补充材料,或召集检察官联席会议讨论。如果联席会议出现分歧意见,应明确联席会议虽是咨询意见,但对于检察官、部门负责人不同意联席会议多数意见的应当规定将案件报(副)检察长决定。

依托智慧检务,对流程进行智能监控,重点评查抗诉后维持、提抗后不支持案件。案件管理人员对民事业务不熟悉,应组成专家组评查,并将讨论发表意见情况纳入评查范围。健全案件质量评查与检察官惩戒的衔接机

制，将案件质量情况纳入启动惩戒程序的线索来源。完善惩戒程序与纪检监察、组织人事、员额管理等程序的衔接，推动惩戒制度依法、规范实施。业绩考核中，突出检察官的独立地位，侧重对检察官办案数量、质量、效率的考核。

（三）通过抗诉书署名公开、岗位双向选择、检察官画像等机制营造竞争环境，增强履职能力

探索建立抗诉书公开和抗诉书署名制度，将检察官的职业名誉与监督案件质量捆绑，倒逼检察官遵从法律和良知，不受信访、人情、权力等因素的影响，独立公正行使民事检察权。通过公开，将检察权置于公众的监督之下，也能便于公众发现同案不同判的情况，促使检察机关提高监督水平。倒逼检察官审慎行使检察权，审查中该听证的听证，新证据该质证的质证，该听取意见的听取意见，而不是不当抗诉或一抗了之。短期内可在先进地区先行试点，从有选择公开到按比例公开再到全部公开。对裁判结果监督的案件，实行抗诉书署名制度。

定期强制推行部门负责人选检察官、检察官选择检察官助理与书记员的双向选择制度，增加工作的新鲜度和挑战性，培育竞争意识，以更加饱满的状态投入到民事检察工作中。在保证部门人员的相对稳定和工作的连续性的前提下，充分考虑检察官、检察官助理、书记员的个人素质、工作能力、个人意愿，允许检察官、检察官助理、书记员进行自行选择，为民事检察队伍注入新鲜血液。

建立检察官质量画像。建立对检察官办理案件的质量评判体系，每个检察官的每个案件一定要形成全程的记录，包括其个人意见、集体讨论意见、检察长或检察委员会意见、监督意见、监督意见提出后采纳情况、未采纳原因分析、质量评判，每季度或半年对检察官办案案件质量进行综合统计，形成检察官办案质量图谱。注意办案实效的考核评价，考核结果记入司法业绩档案，作为等级升降、评优奖励、员额退出等的重要依据。建议对入额后没有办案的进行全面梳理，将空出的员额调整到需要的业务部门，让有能力的助理尽快入额。

发扬"工匠精神"，精准办理每一件民事检察案件的同时，绝不满足于"差不多"。多部门协作，做好息诉和维稳工作，解决检察官后顾之忧。控告

人、申诉人救济权利已经充分行使，仍反复控告申诉的，依法作出终结决定。有违法闹访、扰乱公共秩序等行为的，移送有关部门及时处理。严格落实《领导干部干预司法活动、插手具体案件处理的记录、通报和责任追究规定》《司法机关内部人员过问案件的记录和责任追究规定》《关于进一步规范司法人员与当事人、律师、特殊关系人、中介组织接触交往行为的若干规定》，坚决查处关系案、人情案、金钱案和其他违法违纪行为。向纪检部门介绍民事检察业务风险点，主动接受监督。

（四）将案件质量作为"一把手工程"抓好，通过增加再审建议刚性、加强人员交流等顶层设计破解"倒三角"

各级院党组、检察委员会应定期或设专题听取民事检察工作汇报、讨论民事检察案件。"一把手"应重视民事检察要落实在行动中，在人员配备、工作协调支持上充分发挥领导作用。当民事检察遇到调阅副卷、再审检察建议协调困难等突出困难时，要积极协调解决。

优化再审检察建议的制度设置。建立再审检察建议不采纳错误报告同级法院及上级法院制度和超期回复参照超期审理管理制度，解决再审检察建议回复期长和采纳率低的问题。再审检察建议提出后法院未采纳的，经下级检察院提请抗诉、上级检察院抗诉后，被上级法院改判的案件，应将相关材料抄送同级法院院长和上级法院院长，启动相关程序。再审检察建议长期不受理的，应当报告政法委和人大。改革再审检察建议备案制度，提高再审检察建议质量。各地再审检察建议的数量特别大，全部报备，审查流于形式，如针对证据存在问题提出再审检察建议的案件，仅看文书，不看关键证据或案卷，很难窥一斑见一豹。从理论意义上讲，再审检察建议经备案审查发现错误的，可以指令下级院撤回，但少之又少。备案要突出重点，将备案的范围修改为针对法院未采纳的案件，实行一案一报，并且上传电子案卷。

加强对下级院的定制化督导、建立质量不高案件通报到个人的制度。要为各地区量身定做专项提醒。季度和全年质量通报、专项通报寄送各地检察院同时，专门针对每一地区做单独内容提醒，包括所在地区低于全区平均值、全国平均值的情况。加强对未采纳监督案件的分析通报，进行专项评查。

基层民事检察原则上应分设，人员较少不能分设的，应当设立专门的民事检察官。改革现有的检察官遴选制度，建立上级院到下级院任职机制，充实基层。建立常态化上下互通的检察官任职下派机制。切实解决上级院级别不平衡的问题。推动"检法"两院良性互动，鼓励有条件地区与法院签订优秀年轻干部挂职或互派工作协议。

设置常态化办案团队、临时办案团队两种类型的办案组，通过上下联动的形式办理案件。尝试建立提请抗诉案件上下级同步审查办理机制。下级院办理的提请抗诉案件，应分类进行筛选，监督理由明显不成立的，由下级院自行决定。经初步审查认为可能符合监督条件，但案件疑难复杂、有重大影响的，可以报请上级检察院进行同步审查。探索建立上级检察院统一调用辖区内检察人员办案机制，某一时间段内集中力量办理某一地区的某类案件，总结工作方法，借鉴成功经验，锻炼基层队伍的同时，缓解上级院裁判结果监督案件的办案压力。建立重大、疑难、复杂案件会商机制，加强对重点办案薄弱地区的业务指导。通过一体化工作机制，做到"繁杂案合办""繁案精办"。

新形势下对民事检察精准监督的思考和建议

李朋举 *

摘　要：民事检察精准监督是检察机关贯彻习近平新时代中国特色社会主义思想的需要，是新形势下人民群众对检察机关开展民事诉讼监督的新期待。为改变民事诉讼监督粗放办案的做法，回应人民群众日益增长的法治需求，检察机关履行民事诉讼监督职能，需要切实做到转变办案理念、着力提升办案人员的精准监督意识，以严谨的态度对待每一个案件，突出监督重点，关注民间借贷、离婚财产纠纷等与群众切身利益相关的案件，强化对深层次违法行为的监督，确保监督质效，达到政治效果、社会效果与法律效果的统一。

关键词：精准监督　转变理念　监督方式　突出重点

在司法体制改革及民事检察制度不断完善的背景下，人民群众法治意识、法律素养不断提高，为满足人民群众日益增长的法治需求，张军检察长提出民事检察要"精准监督"。精准监督理念的提出顺应了时代发展潮流，不仅是检察机关民事监督理念的更新，还是检察机关适应新时代习近平法治思想的需要，更是建设法治国家、法治政府、法治社会的要求。本文通过民事检察精准监督的思考、分析，并为如何开展好民事检察工作提出自己的一点见解。

---

* 李朋举，江苏省灌云县人民检察院检察官助理。

一、民事检察精准监督的内涵及标准

民事检察精准监督的内涵，就是检察机关在办理民事诉讼监督案件中，尊重民事检察活动规律，针对法院审结的民事案件，按照法律关系类型，区分是否具有指导、引领意义基础上，根据具体的监督需求，选择最佳的监督进路，在方法与目的、投入与产出之间实现匹配和平衡，这实际上就是精准监督，其价值主要表现在监督资源的节约、监督程序的深入、监督效果的理想等方面。简言之，即监督准、质量高、效果好。[①] 精准监督是民事检察监督的价值追求，也是今后一段时期内民事检察的工作方向。

做到民事检察精准监督，检察机关必须要深刻把握法定性标准和必要性标准。如何把握法定性标准和必要性标准呢？针对法定性标准，笔者认为，检察机关办理民事诉讼监督案件，必须严格按照相关民事实体法及《民事诉讼法》《人民检察院民事诉讼监督规则》等程序法规定开展民事诉讼监督活动，在诉讼监督程序合法基础上审查民事裁判结果和民事审判、执行活动的合法性，并根据案件具体情况提出抗诉、再审检察建议、检察建议。必要性标准就是要求检察机关办理案件过程中考虑到裁判结果是否符合案件审理时的国家政策，比如陈年旧案，虽然多数情况下当事人处于弱势地位，但也不能盲目对其监督，办理此类案件，要对监督必要性进行审查，就是审查案件裁判结果是符合当时的法律规定，是否符合案件判决时国家的政策及大政方针？如果检察机关对其进行监督，是否会达到较好的监督效果？会不会造成同一问题的连锁反应，影响社会稳定大局？这些问题在办理民事诉讼监督案件中都要进行综合考量。因此，检察机关开展民事检察精准监督需要在合法性的基础上，准确把握必要性标准，对案件相关因素综合考量后才能作出是否予以监督的决定。

二、民事检察精准监督理念对办案的要求

民事检察精准监督是新时期检察机关做强民事检察的基本遵循，在开展民事检察监督工作中，如何把握"精准"二字，笔者认为，检察机关要切实

[①] 参见汤维建、王德良：《民事检察精准化发展路径探析》，载《人民检察》2019年第10期。

做到以下几个方面的要求:

(一)案件释法说理工作及文书制作体现精准

新形势下,人民日益增长的法治需要对检察机关的办案能力提出了更高的要求,民事检察人员要深刻理解精准监督理念内涵及要求,并能运用到实际办案中,不断提高办案能力,加强释法说理能力和文书制作能力的培养,办理更多的精品案件、典型案件,充分彰显法治的公平正义,才能满足人民群众日益增长的法治需求。一是要准确把握案件性质、双方当事人争议的焦点问题,充分听取当事人的诉求及其他当事人的意见。二是要不断提高办案水平及释法说理能力,出具的法律文书适用法律精准,向当事人释法说理解决问题精准。三是在文书制作上,严格按照最高人民检察院文书制作标准制作文书,以高质量的法律文书保证民事检察监督的权威。

(二)适用法律规定程序体现精准

开展民事检察监督工作,必须确保办理的案件严格按照民事诉讼法等程序性规定进行,遵循受理条件、办案期限、审查标准、文书送达等程序性规定,预防案件办理过程中出现的程序性瑕疵问题,比如《人民检察院民事诉讼监督规则》明确规定,依职权受理的民事诉讼监督案件,需要通知当事人的,民事检察部门应当制作《受理通知书》,并在3日内发送当事人。司法实践中,检察机关依职权监督案件,是否需要告知当事人由检察官自由裁量,这就不可避免地出现案件确实需要告知当事人而没有告知的情形。虽然检察机关最终已对案件作出监督决定,但当事人仍不知情,导致案件办理过程中存在程序性瑕疵,影响了案件办案质量。另外,办案期限也是贯彻精准监督理念下应当重视的问题,避免出现超期办理案件等严重程序性瑕疵问题。为保证案件质量,确保各项程序符合法律规定,目前案件管理部门已建立案件管理评价体系,构建科学合理的司法责任认定和追究制度,通过常态化开展案件抽查和评查工作,促进案件规范化管理,有效防范了案件出现程序性瑕疵。

(三)确保监督效果良好

检察机关办理民事监督案件,既要考虑到办理案件产生的法律效果,又要兼顾法理、人情，这也是贯彻民事检察精准监督理念，实现办案政治效果、社会效果、法律效果的有机统一的要求。司法实践中，因粗放式的民事诉讼监督理念盛行，导致检察官在办案中往往只考虑法律效果而不顾社会影响，如果申诉人不服检察机关作出的监督决定，认为检察机关办理案件有失公平、公正，极易造成涉检信访问题，不利于信访维稳的工作大局，更有甚者会造成舆论事件。因此，办理民事诉讼监督案件，检察机关必须充分听取各方当事人的意见，详细了解申诉人的诉求并围绕诉求开展调查取证工作，夯实证据基础，确保案件结果公平、公正，实现三个效果的统一。此外，还可以通过履行民事检察监督职能参与到社会治理活动中，回应群众对共建良好法治环境、法治社会的需求，比如青海省检察院办理的某置业公司与殷某超等人房屋买卖合同纠纷虚假诉讼系列案件，通过检察建议促使司法行政机关对有虚假诉讼行为的基层法律工作者作出处罚决定，极大地净化了当地法治环境，促进了司法行政机关加强对基层法律从业人员的管理，堵塞了社会治理漏洞。

三、精准监督理念下民事检察监督方式

民事检察监督方式是检察机关呈现给监督对象及社会公众的、承载着监督结论的外在表现形式，司法实践中检察机关如何选择监督方式？笔者认为，在精准采用传统监督方式的基础上，检察机关应当积极探索新型的民事检察监督方式，构建多元化民事检察监督新格局，以适应时代发展的需要。

（一）根据案件类型精准选择监督方式

《人民检察院民事诉讼监督规则》等法律法规规定了检察机关办理民事诉讼监督案件中可以采用的几种监督方式，具体来说，对民事生效判决、裁定的监督，检察机关通常提起抗诉、再审检察建议方式督促改正。如申请人对法院作出的判决结果不服，向检察机关申请监督，对确实存在错误的判决、裁定，通常采用抗诉、再审检察建议等方式来纠正错误的判决。对审判程序的监督要区分一般程序瑕疵和重大程序违法情形分别审查。一般程序瑕疵是指程序中存在的没有影响实体判决结果的程序违法问题。包括送达程序不规范、超期审理、审判组织组成不合法、审判人员应当回避未回避等不涉

及裁判结果价值判断的轻微违法情形，由于不涉及实体性问题，一般采用检察建议纠正已发生的诉讼程序。重大程序违法，是指程序中存在的影响实体判决结果的程序违法问题，包括未准予调查收集审理案件需要的主要证据、未传唤应当参加诉讼的当事人参与诉讼、原裁判遗漏或超出诉讼请求等涉及裁判结果价值判断的程序违法情形。① 当事人如果认为案件因程序性错误导致自己实体性权利受损，可以申请再审或者向检察机关申请监督，通过启动再审程序纠正错误判决。在对实体性事项和程序性事项的监督中，由于案件类型不同，检察机关监督的内容不同，造成对当事人的影响也不一致，精准监督的效果也存在差异。

（二）灵活运用提示函促使法院对审判活动中的不足进行整改

近年来，司法实践中，检察机关在办理轻微程序违法情形且并未影响案件实体结果公正的民事案件时，经常会出现不同案件，但存在的问题属于对同一类型，甚至是同一问题进行重复监督的情形，而检察机关作出的检察建议内容大相径庭。此种做法造成了司法资源的浪费，不利于检察人员办理能力、办案质量的提高。对此，上级检察机关也已发现这一问题，比如在2020年，部分地区检察机关为规范民事案件案件办理，进一步贯彻精准监督理念，禁止针对同一问题向法院发出多份检察建议，要求因办理案件发现的民事审判活动中存在的漏洞或普遍性程序性瑕疵，在已发出检察建议并被采纳的情况下，仍存在相同或相似问题的，检察机关应当向法院发出提示函，督促其进行整改。

（三）在民事检察监督中灵活运用和解制度

按照最高检领导"不能止于程序办案"的明确要求，民事检察办案应当坚持把矛盾化解理念贯穿始终，将更多的矛盾纠纷"定、止"在检察环节，将和解制度贯穿始终，精准化解当事人之间的矛盾，即在案件受理后、调查核实期间、提出监督意见前后等各环节开展和解。这要求检察机关把履行检察监督职能和当事人意思自治有机结合起来，在不影响审判违法监督的前提

---

① 参见周庆：《民事检察精准监督的价值导向及路径探析》，载《中国检察官》2020年第10期。

下,从维护社会和谐稳定大局和当事人之间的社会关系的角度出发,充分运用公开听证、检调对接机制等手段开展调解工作,化解当事人之间的矛盾,如我院办理的徐某桓与陈某民间借贷纠纷案件,在充分了解申请人诉求的基础上,精准提出调解意见,最终促使双方达成调解协议,真正实现了案结事了人和。还需要注意,检察机关运用和解制度,要切实做到居中调解,对此可以邀请律师、人大代表等对调解过程进行全程监督,以确保调解结果公平公正,最大限度减少社会对立化解矛盾,定分止争。

四、对民事检察精准监督的意见和建议

"精准监督"是今后很长一段时间内检察机关开展民事检察监督的重要指引,如何在今后的工作中贯彻精准监督理念,结合实践,笔者提出以下几点建议:

(一)切实转变司法办案理念

首先,变被动监督为主动监督。传统民事检察监督,以当事人向检察院申请监督为主要案件来源,其中不乏无理缠讼案件,检察人员将大量时间花在与当事人的沟通解释上,但往往收效甚微,监督质效不高。为适应实际办案需要,笔者认为,检察机关应当主动作为,变"案件找你"为"你找案件",既解决了案件数量不足的问题,也有助于检察人员将更多精力投入确有问题的案件中,保证办案质量,扩大民事检察监督的影响力,树立检察监督权威。其次,深入发掘关联案件,强化类案监督,用系统方法把相似案件进行对比、分析、判断,进而提出科学、可行的建议,以便解决带有共性、普遍性等机问题,追求实现普遍正义。[1]最后,把握个案监督,改变粗放型办案方法,优先选择办理在司法理念方面有纠偏、创新、引领价值的案件,通过精准监督达到办理一案教育一片的目的。

(二)突出民事案件监督重点

高检院明确指出,精准监督不是选择性监督,只要案件符合法律规定

---

[1] 参见滕艳军:《民事诉讼精准监督的实现与保障》,载《人民检察》2019年第13期。

的监督条件,均应予以监督。但笔者认为,在落实最高检符合监督条件"均应予以监督"的基础上,检察机关民事检察监督还要突出重点。如对生效裁判案件的办理,可以加强对虚假诉讼案件的监督,如原告起诉的事实和理由不符合常理或者提供的证据可能是伪造、被告对此不提出异议的,当事人无正当理由拒不到庭参加诉讼、委托代理人对案件事实陈述不清的,双方当事人配合默契、不存在实质性诉辩对抗、被告对原告提出的事实基本予以自认的,原被告之间存在亲属好友等特殊关系、轻易达成调解协议的,当事人自愿以不动产或以明显不合理价格的财产抵偿债务的等情形,审查当事人之间的关系,案件是否存在伪造证据的情形;对民事案件程序性监督,在发现轻微程序问题的基础上,要重点审查案件办理过程中是否存在深层次违法情形,找到新的监督点,通过对审判活动中深层次违法情形进行监督达到促进审判工作进步的目的。

(三)采用多种手段夯实案件证据基础

传统办案模式,检察机关主要采用调阅卷宗、听取当事人意见的方式开展调查取证工作,审查案件争议焦点,新形势下,笔者认为,检察机关应当根据实际办案需要,采用多种手段调查收集证据。具体来说,一是对办理案件过程中当事人不认可的痕迹证据(指印)、文字证据(签名)等,可以依职权或当事人申请委托有鉴定资质的机构进行鉴定,并根据鉴定意见及已调查的情况作出决定。二是通过部门检察官联席会议对案件进行充分论证,在尊重法官的自由裁量权基础上,提高案件审查结论的针对性、客观性、准确性、权威性。三是充分利用检察听证制度,针对办案过程中双方当事人争议焦点组织听证,听证会可以邀请律师、人大代表、政协委员参加,对案件中的争议焦点把脉问诊,最大限度地保证案件结果公平、公正。四是充分利用高检院智慧民事检察监督平台,针对办案过程中存在的疑难问题、困惑,向平台专家库专家咨询,解决专业性不强、理论功底不深的问题。

民法典时代互联网法院民事诉讼精准监督研究

王雪梅　王文惠[*]

摘　要： 2021年是民法典施行元年。民法典为民事检察监督办案提供了最为重要的实体法依据，其出台不仅完善了我国民事法律体系，也响应了互联网经济时代发展的需要，同时对民事检察部门提出高标准、新要求。精准监督，是新时代人民群众的司法需求，是做强民事检察的最佳进路。互联网法院的成立，是司法主动适应互联网的创新之举。互联网法院与精准监督的碰撞，基层检察院与精准监督的结合，是民事诉讼监督发展的新思路，也是民法典时代民事检察工作面临的新课题。本文通过研究当前互联网法院的民事诉讼精准监督的现状，分析内涵，探讨检察机关在民法典时代对互联网法院民事诉讼精准监督的实现路径。

关键词： 民法典　互联网法院　检察机关　精准监督

民法典作为"社会生活的百科全书"，对涉及互联网平台的数据、网络虚拟财产、电子合同、个人信息保护与网络侵权责任等方面问题进行了相应的规定，回应了互联网时代发展至今所产生的诸多问题。不仅加强了对公民民事权益的全面保护，也对检察机关的民事诉讼监督工作提出了新的要求。

2019年2月，最高人民检察院发布《2018—2022年检察改革工作规划》，提出健全以"精准化"为导向的民事、行政诉讼监督。明确民事、行政诉讼监督标准，突出办理具有社会意义、有指导价值的典型案件，增强监

---

[*] 王雪梅，北京铁路运输检察院检察官；王文惠，北京铁路运输检察院检察官助理。

督的精准性和监督效果。这一命题的提出，为民法典时代民事检察工作提供了基本遵循。基层检察院应当在充分学习民法典精神的基础上提升互联网民事诉讼监督的针对性和精准度。

2017年8月，全国首家互联网法院——杭州互联网法院正式成立；2018年9月，北京挂牌成立互联网法院；同年，广州互联网法院成立。互联网法院的成立，是贯彻落实习近平总书记网络强国战略思想，全面推进依法治国战略部署，推动网络空间治理法治化、提升互联网治理国际话语权的重要举措。互联网法院按照"网上案件网上审理"的基本思路，综合运用互联网新兴技术，探索建立与互联网时代相适应的审判模式和程序规则，推动审判流程再造和诉讼规则重塑。

那么，民法典施行后，为满足最高人民检察院提出的精准监督要求，检察机关尤其是互联网法院的同级监督检察机关，如何选择最佳的监督进路，在方法与目的、投入与产出之间实现匹配和平衡，实现监督准、质量高、效果好的目标，充分回应民法典时代人民群众对于法治的需求，是检察机关面临的新课题。

本文通过调查研究互联网法院民事诉讼精准监督现状，互联网法院精准监督的内涵，结合北京铁路运输检察院同级监督北京互联网法院的实践经验，探讨民法典时代互联网法院同级监督检察机关精准发现案件线索的方式，精准确立监督方向、监督对象、监督方式。

一、民法典时代互联网法院民事诉讼精准监督的含义

在检察机关内设机构改革前，民事检察是检察格局中的弱项、"短板"。2012年全面修改民事诉讼法，民事检察监督的范围得到极大拓展；2018年底，最高人民检察院重组十大业务机构，刑事、民事、行政、公益诉讼"四大检察"并行。2019年初，最高人民检察院将检察职能系统地划分为四大检察，即刑事检察、民事检察、行政检察、公益诉讼检察。经过一系列的改革，民事检察的地位逐渐由弱至强、规模由小至大。做强民事检察是"四大检察"全面协调充分发展的要求，精准监督是做强民事检察的基本遵循，对互联网法院的民事诉讼精准监督是其中重要一环。

(一) 精准监督互联网法院要抓重点

精准监督是对新时代民事检察提出的更高要求。精准监督，简言之，就是要求检察机关监督方向准、办案质量高、社会效果好。其中，最为重要的是监督要瞄准重点，无论是在单一案件中敏锐抓住关键点，还是甄别在司法理念方面有纠偏、创新、进步、引领价值的典型案件，都需要具备从复杂问题中提炼核心内容的能力。这样才能最终达到监督一件解决一个领域、一个时期司法理念、政策、导向问题的目标，发挥对类案的案例指导作用。

在精准监督过程中抓住互联网案件的重点，需要不断地探索与深入地学习民法典的具体内容以及当下互联网法院的民事诉讼案件实际情况。以北京互联网法院为例，其案件类型新颖，主要特点是：第一，主要涉及互联网知识产权类纠纷、网络购物合同纠纷等。有一些社会影响力大的新型案件，北京互联网法院的判决结果直接决定着整个行业的发展方向。第二，从分析其相关裁判文书发现，北京互联网法院案件量大，案件类型有同质化趋势。互联网法院的民事诉讼监督，即可从其特点入手，判断出重点所在，实现确定监督范围和选取监督对象的精准化。

(二) 精准监督互联网法院要有创新

随着互联网技术的不断更迭，北京互联网法院创新运用科技手段，建立由诉服大厅、"12368"热线、电子诉讼平台、移动微法院、微信公众号、AI虚拟法官智能问答、淘宝微淘账号组成立体化诉讼服务体系。尤其在新冠肺炎疫情期间，根据审判需要建立"虚拟法庭"等创新举措。同理，检察机关不能囿于传统的监督方式。第一，检察机关要转变"等靠"观念。做强民事检察是"四大检察"全面协调发展的要求，民事检察是"主角"之一，一定要转变等待当事人申请被动启动监督的局面，充分利用互联网技术，利用新媒体载体，一方面扩大民事检察宣传力度，另一方面寻找监督突破口，主动出击，变被动为主动。第二，实现监督服务科技化、监督方式多元化。利用好信息化、智能化手段，推动互联网、大数据、人工智能等现代化科技和民事检察工作深度融合。①

---

① 参见钱武生：《"五个突破"助力民事检察监督》，载《检察日报》2018年12月7日，第3版。

（三）精准监督互联网法院要有质效

精准监督理念的提出是民法典时代民事检察适应新时代人民群众需求的产物。精准监督要有质效，一方面是效果好，体现在个案的监督得到当事人的认可，实现个案的公平公正。另一方面是质量高，要考量社会效果，深挖具体案件违法的深层次原因。力争在实体纠错、程序保障之外，还能在政策表述、公益保护、化解矛盾、优化治理等方面给出"检察答案"，实现政治效果、社会效果和法律效果的统一。①

二、实现互联网法院民事诉讼精准监督的原则

（一）"在办案中监督，在监督中办案"原则

监督与办案之间密不可分，二者既相关联，又有区别。监督是检察机关贯穿工作始终的重要职能，办案是纠正在监督过程中发现的违法行为。办案是检察监督的重要线索来源，检察监督是行使检察职能、办案的基础。"在办案中监督，在监督中办案"体现了办案与监督的辩证关系，明确了检察机关的两大工作主线，对做好新时代民事诉讼监督工作和实现民事诉讼精准监督有重要意义。

（二）全面监督原则

全面监督与精准监督之间并不矛盾。民事诉讼法规定，人民检察院有权对民事诉讼实行法律监督，例如互联网法院，从诉前调解到执行的每一个诉讼环节，都可能存在违法行使权力的行为。因此，民事诉讼检察监督应该贯穿民事诉讼活动的各个方面，它是对民事诉讼活动全程的监督，也是对审判和执行各个方面的监督。精准监督是在检察机关全程监督民事诉讼活动的基础上，对发现的问题进行有重点、有目标、有质效的监督方式，从而实现民事检察全面而精准的监督。

---

① 参见汤维建、王德良：《民事检察精准化发展路径探析》，载《人民检察》2019年第10期。

(三)多元化监督原则

多元化监督,要求检察机关充分把握、遵循民事诉讼特征、规律,综合考量民事诉讼检察监督职能的社会影响力和司法引领力,防止机械化执法办案。

整合检察机关整体合力。检察机关上下联动、分工合作、相互配合,在此基础上充分履行职能。针对互联网法院的特色,上级检察院须与下级检察院加强配合,做好培训、工作指导、统筹安排等工作,形成纵向联动机制;检察机关内部民事诉讼监督部门与刑事诉讼监督部门、行政诉讼监督部门等形成横向联动机制,将网络犯罪、网络公益诉讼类案件线索移转形成常态机制,实现司法资源的利用最大化,降低司法成本。

(四)尊重法院审判规律的原则

民事诉讼监督的本质是检察机关对法院行使审判权的监督,是检察机关对公权力监督的重要内容之一。检察机关行使监督职能是为了纠正法院在审判权行使过程中的违法行为及由此带来的不法后果。[1] 精准监督理念的提出,虽对民事诉讼监督提出了更高的标准和要求,但并未改变这个本质。要把精准监督的各项要求落到实处,检察机关在行使民事诉讼监督职能时,应充分尊重法院的审判规律和模式,厘清职责范围。依当事人申请案件应认清检察机关是对法律的监督,而不是为申请人服务的部门;依职权监督案件要综合考虑行使职权与破坏诉讼结构之间的平衡问题。[2]

检察机关不应过度干涉法院审判权的行使,在认定行使权力有无违法、违规的过程中,对于那些超出必要限度、明显存在违法现象的案件,应进行监督。对在合理范围内进行的裁判应当给予尊重,以维护法院审判工作的稳定性。

互联网法院审判活动中面对新技术和新商业模式带来的新问题,准确适用证据规则,秉承利益平衡原则,"以裁判树规则、以规则促治理"。鼓励新

---

[1] 参见滕艳军:《民事诉讼精准监督的实现与保障》,载《人民检察》2019年第13期。

[2] 应敏骏:《新民诉法背景下基层检察院民事诉讼监督理念的嬗变》,载《法治思维与检察工作——第九届国家高级检察官论坛》2013年8月。

技术运用，创造新的裁判规则，为网络空间治理树立规则和边界。在探索中行使的审判权，就会有对现有规则的突破，检察机关在互联网法院民事诉讼监督中，要对互联网法院旨在创造规则的审判目标给予尊重，依据互联网法院的审判规律有针对性地进行精准监督。

三、实现互联网法院民事诉讼监督精准化目标的发展路径

（一）利用互联网技术，创新监督方式方法

1. 充分运用技术手段

针对互联网法院全程在线审理、电子化卷宗的特点，同级监督检察机关需要顺应时代的变化，改变监督方式方法，推动民事诉讼监督与互联网科技的深度融合，充分利用网络平台、技术手段与之匹配，例如搭建监督平台，全程在线监督；改变纸质检察建议、线下出庭抗诉的传统模式，转为全程网络化的方式，缩短检察监督在途时间，提高监督质效。

2. 精准识别案件难易程度，繁简分流保证监督资源最优分配

精准监督不是选择性监督，符合法定监督条件的案件都应该启动监督程序；坚持全面监督原则，也并非等同于每个所有案件均要分配同等资源。最高人民检察院先后出台了《关于实行案件繁简分流暂行工作办法》《关于民事诉讼监督案件简化办理程序的若干规定（试行）》，明确规定了案件繁简分流的工作机制。互联网法院审理的涉互联网案件均为新类型、新模式、新业态案件，北京互联网法院采取"以裁判树规则、以规则促治理"的方式，明确网络空间交易规则、行为规范和权利边界。在精准监督互联网法院过程中，第一，重点关注案件占比较大的几种类型，注重总结相同类型案件。第二，重点关注互联网法院审理的"典型案件""热点案件"。在监督范围精准的基础上，按照案件的疑难复杂程度、社会影响力大小进行分类，在保证每个案件都严格按照程序公正办理的前提下，根据案件的不同情况，进行检察人员的分配，确保资源优化配置，实现简案快办、繁案精办。既保证监督的公正性，也能够实现民事部门的高效运转，兼顾个案正义和实质正义。

3. 精准运用每一种检察监督方式

（1）明确精准监督的监督标准。对民法典时代互联网法院民事诉讼精

准监督的实现，首先，要明确依据民法典、民事诉讼法的相关规定，对民事生效判决、审判程序中审判人员违法行为、执行活动进行监督。其次，检察机关要注重民事诉讼监督的效果。除为实现精准监督理念要求，达到监督一件解决一个领域、一个时期司法理念、政策、导向问题的目标，互联网法院涉及新业态、新模式的案件审理，监督过程中结合社会效果、裁判作出时的司法政策等相关因素进行监督必要性的审查。最后，将法律性与必要性相结合，综合判断作出是否予以监督的决定。

（2）确保监督方式精准。《人民检察院民事诉讼监督规则》第50条规定，人民检察院对审查终结的案件，应当区分情况作出提出再审检察建议、提请抗诉、提出抗诉、提出检察建议、终结审查、不支持监督申请的决定。案件办理中确保这几种监督方式的合理适用，是直接呈现给当事人及公众的、最能体现案件办理水平和精准监督理念的最直观的方式。不断完善抗诉、再审检察建议、检察建议等多元化监督格局，优化民事检察监督方式，确保监督方式精准。

在监督方式的选择上，笔者认为，民事诉讼检察监督工作的开展必须根据不同对象采取不同的监督方式；不同的违法程度需要不同的监督手段；不同时期划分不同监督重点。综合运用民事诉讼检察监督的方式，最大限度地强化监督的效果。[①] 根据互联网案件的难易程度、典型程度、违法程度进行综合判断。对于在司法理念方面有纠偏、创新、进步、引领价值的典型案件，或者典型性程度不高但是疑难复杂案件，存在重大违法情形的，可选择提请抗诉的监督方式；对典型性程度不高、不复杂但有监督必要的，或者轻微违法的，可选择再审检察建议的方式；对不影响实体判决结果，存在程序瑕疵的案件，可选择检察建议的方式进行监督。[②]

4. 搭建专业化监督队伍，利用好智库外脑

民事案件种类多、案情复杂、层次高，检察官需要既是"专家"又是"通才"，法理、人情精通的检察人员才能较好地解决社会矛盾，但是当前基层民事检察监督部门案件量少，人员配备少，知识储备薄弱。

[①] 参见靳远:《民事诉讼检察监督制度研究》，广西师范大学2018年硕士学位论文。
[②] 参见王婧、郑雅静:《民事检察精准监督的思路与标准》，载《中国检察官》2020年第5期。

要把民事检察监督做好做优，高水平、专业化的民事检察队伍必不可少。在尽可能的情况下，配备具有专业背景的检察人员加入民事检察队伍，或者加强培训，组建一支"专"又"博"的民事检察队伍，对精准监督的实现搭建坚实基础。

对于监督互联网法院而言，不仅需要具备上述能力，还需要具备两种能力：

第一，与互联网法院发展理念、技术同进步的能力。互联网法院应用许多新兴技术，如有成本低、效率高、防篡改的优势的区块链技术，它是如何运行的，互联网法院是如何具体操作的，有哪些规则，以及电子卷宗是如何保存和调取的，AI人工智能等技术问题，也是需要检察人员掌握的。随着互联网技术的更新换代，检察人员的相关互联网技术能力需要随之不断升级。

第二，有更高法律思维能力、办案能力。民法典时代，民事诉讼监督要树立精准监督的理念，要能够优先选择在司法理念方面有纠偏、创新、进步、引领价值的典型案件。那么，办案过程中如何区分有进步、引领价值的典型案件，这既为民事精准监督提供方向，也对检察人员的法律思维、法律意识提出了要求。同时，遇到典型案件能否将其办理好，成为有足够影响力的案件，是对检察人员对民法典的运用能力、办案能力、写作能力、说理能力等的更高要求。

同时，不仅要"自己会"，还要利用好"外脑"。互联网法院的民事检察监督，更应以问题为导向，就民法典中的法律前沿问题与专家成员研讨，实现监督能力的提高。但是，并非任何问题都要询问专家意见，民事检察监督应更加注重自身专业能力的提高，真正发挥专家咨询论证在解决疑难复杂案件上的指导作用，防止过分依赖"外脑"而使检察人员怠于履职尽责。

（二）推动立法工作，保障和规范对调查核实权的运用

调查核实权是民事诉讼法赋予检察机关的一项权力，《民事诉讼法》第217条规定，人民检察院因履行法律监督职责提出检察建议或者抗诉的需要，可以向当事人或者案外人调查核实有关情况。《人民检察院民事诉讼监督规则》也在第四章第三节规定了检察机关可以行使调查核实权的范围、调查核实措施等内容。但在监督实践中，基层检察院行使调查核实权没有制度保障，主要表现在相关立法对于无正当理由拒绝配合甚至阻碍调查的情形并没

有规定处罚措施。①《人民检察院民事诉讼监督规则》规定，人民检察院调查核实，不得采取限制人身自由和查封、扣押、冻结财产等强制性措施。拒绝或者妨碍人民检察院调查核实的，人民检察院可以向有关单位或者其上级主管部门提出检察建议，责令纠正；涉嫌犯罪的，依照规定移送有关机关处理。

民法典的施行在实体法角度弥补了民事法律体系，但是程序法的缺失导致互联网民事诉讼监督工作没有制度保障，削弱了检察机关行使权力的权威性，法律监督权无法得到落实。加之检察人员对调查核实模式不甚了解，阻碍精准监督的实现。

对于民法典时代检察机关调查核实权的立法规定，笔者认为，（1）立法机关应从程序法角度明确规定，在相关单位或个人不配合检察机关调查核实的情况下，可以对其采取强制性措施，对检察机关的调查核实权予以保障。（2）建议拓宽依职权监督案件范围，检察机关依职权启动监督程序不应限制"因履行法律监督职责提出检察建议或者抗诉的需要"等情形范围内。

另外，调查核实权的精准运用，是检察人员对案件真实情况的内心确信，由于互联网法院的科技属性，民事诉讼监督调查核实权的实现，还需要充分利用技术部门的检验与鉴定。

（三）转变监督理念，监督重心从申诉案件转向深层次违法行为的监督

1. 检察权的性质和职能决定检察监督的主动性

长期以来，民事诉讼监督大多依靠当事人的申请，检察机关习惯性地"等靠"当事人上门。对于当事人未申请监督而又存在问题的案件，并不愿也不敢主动监督，缺乏监督的积极性和刚性，最终形成检察机关对申诉人的救济功能大于对司法行为的纠错功能，导致"被动启动监督"。然而，民法典时代对公民民事权利的保障更加完善，这对检察机关的工作提出了更高标准的要求。目前，互联网法院在我国处于兴起阶段，对于互联网法院的监督工作没有可借鉴经验，因此，检察机关应当找准自身监督者和服务者的定位，从零开始，不断学习、积极探索，找准互联网法院民事诉讼监督的关键，加强对公权力运行的监督和对当事人诉讼权利的保护，充分发挥监督职责。

---

① 参见滕艳军：《民事诉讼精准监督的实现与保障》，载《人民检察》2019年第13期。

民法典时代互联网民事案件趋于同质化的现象日趋严重，检察机关可充分运用类案分析方法，将同类型案件进行集中归纳整理，发现同类案件中存在的同类问题和不同类案件中存在的同类问题。实践中，应建立个案监督和类案监督相结合的综合监督机制。在办理民事诉讼监督个案的过程中，深入调查案件中反映的问题，注重个案信息收集与总结，培养类案监督的意识。通过个案监督，发现同案不同判、不同执的案件，进行梳理，提出更高层次的监督意见。通过大量个案的积累，逐步对法院常见错误、违法行为具备敏感性，发现类案监督线索，推动民法典时代司法裁判的统一。

2. 监督时点前移，重视对程序违法的监督

将监督时点前移，强化对诉前和诉中的监督，不仅可以解决基层检察院案件量少的问题，体现检察机关民事诉讼监督主动性与积极性，也是落实全面监督、精准监督的题中之义。（1）诉前纠纷化解是互联网法院多元化解矛盾纠纷解决机制的重要举措，可以将纠纷解决在诉讼前端，实现案件繁简分流。北京互联网法院的多元化解机制，与多家调解机构合作，并有法官、法官助理等诉调对接团队参与，对诉前多元纠纷化解程序的监督必不可少。同时关注诉讼程序的启动，必要时采取支持起诉、督促起诉等监督方式。（2）根据互联网法院的"网上案件网上审理"的工作模式，诉中监督应对网络庭审全过程实施监督，着重检索审判过程中是否存在程序性瑕疵，必要时制发检察建议、纠正违法通知等。

3. 以最高检民事监督专项活动为切入点，实现民事检察监督的多元化

注意发挥检察一体化优势。基层检察院应以最高检民事监督专项活动为切入点，确定阶段性工作重点，划定精准监督范围和对象，加强民事检察工作与公益诉讼、控告申诉、刑事检察等协作配合，形成监督合力，推进民事诉讼监督职能的全面履行。

民事诉讼监督的三种情形中，一直以来，对生效裁判的监督都是居于核心地位的。目前，互联网法院的民事诉讼监督案件类型主要为审判人员违法活动监督和执行活动监督，对生效裁判的监督多集中于分院。作为基层检察机关，可以转换监督思路，做好审判程序中审判人员违法活动的监督和执行活动的监督两项内容，发挥检察一体化优势，与上级院分工合作、各有侧重。同时，重点加强自身对生效裁判的监督。

完善和构建民事再审检察建议机制研究

尹 月 严冰心[*]

摘 要：一直以来，各级人民检察院高度重视并持续改进检察建议工作，取得了一定的成效，但是在实践中仍存在采纳率不高、适用条件不够明确等问题。对此，应从着力提升再审检察建议质量、优化再审检察建议与抗诉程序的衔接机制、增强再审检察建议的监督效果等几个方面来进行完善。

关键词：民事再审检察建议 民事抗诉 民事再审 同级监督

一、民事再审检察建议制度的历史沿革

再审检察建议，是指人民检察院对同级人民法院已经发生法律效力的判决、裁定具有法律规定的应当再审情形的，或者发现调解书损害国家利益、社会公共利益的，而且人民法院已经驳回当事人再审申请的，以检察建议的方式督促法院自行启动再审予以纠正的一种监督方式。检察建议是人民检察院依法履行法律监督职责，参与社会综合治理，保障法律正确实施的重要途径。

1996年，最高人民法院、最高人民检察院制定的《关于办理民事、行政抗诉案件的若干规定》第一次明确了检察机关有提出建议的权力。2001年，最高人民检察院颁布的《人民检察院民事行政抗诉案件办案规则》首

---

[*] 尹月，河南省人民检察院四级高级检察官；严冰心，河南省人民检察院检察官助理。

次规定了检察建议,其中第47条规定了检察建议的适用条件:"(一)原判决、裁定符合抗诉条件,人民检察院与人民法院协商一致,人民法院同意再审的;(二)原裁定确有错误,但依法不能启动再审程序予以救济的;(三)人民法院对抗诉案件再审的庭审活动违反法律规定的;(四)应当向人民法院提出检察建议的其他情形。"2009年,最高人民检察院颁布《人民检察院检察建议工作规定》,对适用检察建议监督民事诉讼活动的适用条件及处理流程作了相应规定,这也是最高人民检察院首次就检察建议作专门性规定。2011年,最高人民法院和最高人民检察院出台《关于对民事审判活动与行政诉讼实行法律监督的若干意见(试行)》,对再审检察建议这一监督方式进一步进行明确认可。

2012年修改后的《民事诉讼法》将民事再审检察建议确定为法定监督方式,《民事诉讼法》第208条第2款规定:"地方各级人民检察院对同级人民法院已经发生法律效力的判决、裁定,发现有本法第二百条规定情形之一的,或者发现调解书损害国家利益、社会公共利益的,可以向同级人民法院提出检察建议,并报上级人民检察院备案;也可以提请上级人民检察院向同级人民法院提出抗诉。"第209条明确了民事再审检察建议的适用范围:"(一)人民法院驳回再审申请的;(二)人民法院逾期未对再审申请作出裁定的;(三)再审判决、裁定有明显错误的。"2013年11月18日最高检颁布《人民检察院民事诉讼监督规则(试行)》,第83条对于适用再审检察建议的情形进行了细化。2019年出台的《人民检察院检察建议工作规定》则进一步对民事再审检察建议细化了检察机关可以向同级人民法院发出再审检察建议的十一种情形。由此,确立了再审检察建议与抗诉并行的监督方式,健全和完善了我国检察监督制度。

随着配套性法律法规日臻完善,司法实践中民事再审检察建议的适用越来越普遍,在加强检察监督方面发挥了重要作用。最高人民检察院《2018—2022年检察改革工作规划》提出完善抗诉、再审检察建议、纠正意见、检察建议等多元的监督格局。《民事诉讼法》对检察机关提出抗诉与再审检察建议的适用条件基本相同,在实践中,检察机关对于运用民事再审检察建议或抗诉有一定选择权。在司法实践中如何选择合适的监督方式,实现同级监督与提请上级监督的动态平衡,如何有效发挥再审检察建议制度的功能和作用,是检察机关需要持续关注和解决的问题。

二、民事再审检察建议的司法实践现状

（一）当前再审检察建议总体情况

本文以 2018 年至 2020 年全国检察机关再审检察建议案件数据[①]为基础，分析并总结当前再审检察建议存在的问题，以期提出完善和构建民事再审检察建议机制的意见建议。2018 年至 2020 年全国检察机关提出民事再审检察建议数分别为 4087 件、7972 件、9990 件，总体呈上涨趋势，其中 2019 年涨幅最为明显，同比增加 95.2%。2018 年至 2020 年全国检察机关提出抗诉数分别为 3933 件、5103 件、4994 件，整体呈上涨趋势，涨幅不大。

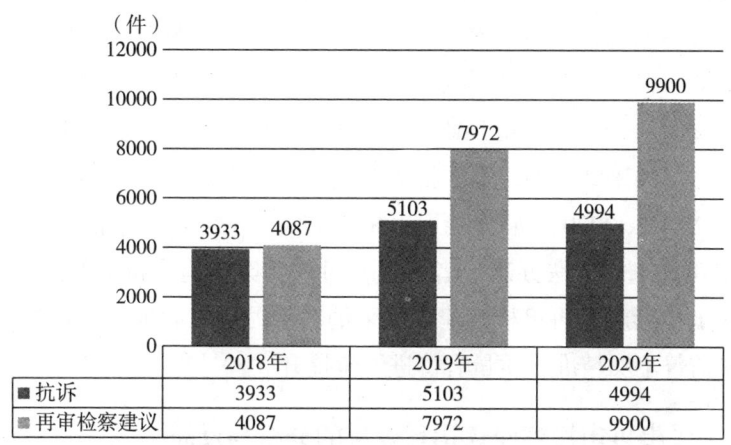

图 1　2018 年至 2020 年全国检察机关提出再审检察建议与抗诉数对比

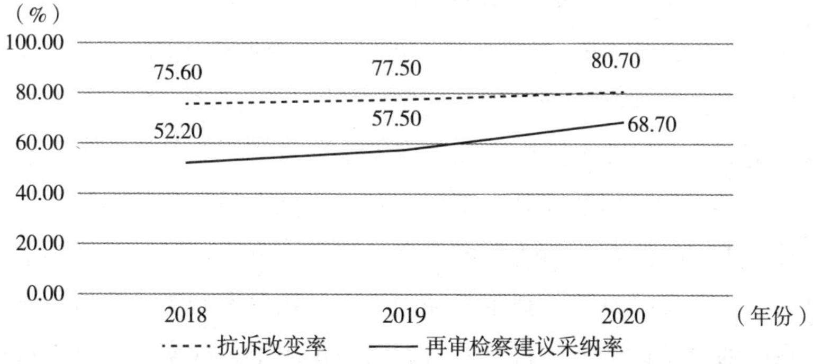

图 2　2018 年至 2020 年再审检察建议采纳率与抗诉案件再审改变率对比

---

① 所有数据来自最高人民检察院 2019 年、2020 年、2021 年工作报告。

从近三年提出再审检察建议与抗诉在司法实践中的对比来看，主要有以下特点：

一是办案结构进一步优化。对比自 2018 年至 2020 年全国提出民事再审检察建议数与提出抗诉数均呈上升趋势，且提出再审检察建议数始终高于提出抗诉数，特别是到 2020 年，上涨幅度最大。这说明检察机关特别是基层检察院能够积极使用民事再审检察建议这一方式开展监督，不断努力实现同级监督与提请上级监督的动态平衡。一方面提高了办案效率，体现了再审检察建议的便捷和灵活；另一方面消化了大量案件，缓解了上级检察院的办案压力，改善了民事检察"倒三角"的办案格局。

二是民事再审检察建议采纳率持续提升。就抗诉与再审检察建议两种监督方式的关系而言，民事检察监督逐年从原来的"抗诉为主、再审检察建议为辅"的监督模式，向"抗诉与再审检察建议并重"的监督模式转变，再审检察建议逐渐演变为民事检察监督的基本监督形式之一。从数据来看，民事再审检察建议的采纳率始终低于抗诉改变率。其中，2018 年两类案件相差最大，高达 23.4%；2020 年最为接近，相差 12%。一方面在于部分地方法院对再审检察建议未能依法办理或者答复，对这类案件检察机关跟进监督不够，一定程度上也影响了再审检察建议的采纳率；另一方面也说明有些民事再审检察建议监督不够精准，质量有待进一步提升。

（二）民事再审检察建议运行效果的分析与反思

1. 民事再审检察建议与抗诉适用条件区分不够明确

从法律规定方面来看，《人民检察院民事诉讼监督规则》第 81 条至第 86 条对于再审检察建议和提请抗诉的适用情形作出了适当区分，但两者之间仍存在重合部分。[①] 从《人民检察院民事诉讼监督规则》第 81 条至第 86 条的规定来看，对于"适用法律确有错误"和"审判人员审理该案件时有贪污受贿，徇私舞弊，枉法裁判行为"的案件，以及"判决、裁定是经同级人民法院再审后作出"和"判决、裁定是经同级人民法院审判委员会讨论作出"的案件，只能通过抗诉的方式进行监督，其他情况下，检察机关可以选择适用

---

① 参见冯小光、滕艳军：《民法典实施背景下民事检察实现高质量发展的路径》，载《中国检察官》2021 年第 1 期。

再审检察建议或者抗诉的方式进行监督。因而在实践中有必要对其作出适当区分。

2. 有些再审检察建议制发不规范、监督不够精准

一是文书格式不规范。有些再审检察建议书与最高检规范文书格式不一致，例如，将文书名称"再审检察建议书"写成"检察建议书（建议再审用）"；又如，未根据最高检文书范本要求的 3 个月内回复期限，实践中要求时限不一，有的要求两个月，有的要求 1 个月，随机性较大；再如，有些文书仅简单写明了检察机关查明的事实与监督理由，没有写明诉讼过程和法院历次审理情况。二是有些再审检察建议的说理性不强、缺乏精准性。主要体现在对案件争议焦点的归纳、对证据的审核采信和基本事实的认定、对法律的理解适用不准确，说理不充分、逻辑不清晰，监督的针对性、客观性和适当性不强。如有些案件在事实认定部分与原审一致，但在监督理由部分又认为原审认定的基本事实缺乏证据证明，前后矛盾；有些案件以新证据足以推翻原审裁判作为监督事由，但对新证据标准和是否足以推翻原审裁判把握不准确；有些案件没有用足用好检察机关必要的调查核实权，导致关键的案件事实认定不清；有些案件没有吃透法律和司法解释规定的原则和精神，缺乏对原审判决适用法律错误充分论证；有些案件没有针对法院裁判理由，监督理由在反驳法院裁判理由论证说理方面缺乏因果关系和逻辑上的自洽性。

3. 偏重个案监督，类案监督工作开展不力

由于检察机关目前缺少对类案监督体系化的规则指引和配套制度，对类案问题把握研判能力总体不强，对下缺乏有效指导，对同案不同判等法律适用问题和案件反映的社会治理等共性问题的类案监督开展较少，也缺乏相关典型案事例。民事再审检察建议工作基本停留在纠正个案错误，而没有上升到纠正某一类案件中反映的普遍性、规律性问题，也没有通过某一类案件的产生溯源发现本地社会治理制度方面的疏漏，并对此提出有质量的检察建议，参与社会治理程度明显不够，没有充分发挥出民事检察监督的优势。

4. 基层民事再审检察建议运用仍显不足

再审检察建议旨在加强同级监督，合理配置司法资源，解决民事检察业

务"倒三角"问题。① 鉴于民事诉讼法中关于再审检察建议和抗诉的适用条件基本相同,实践中,检察机关可以自行决定适用再审检察建议或抗诉的方式进行监督。民事诉讼监督规则规定,再审检察建议必须经过检察委员会研究通过,而提请抗诉案件则没有该程序限制,且抗诉必然会引起法院再审,而检察建议只是可能引起再审。实践中,因存在一些法院对正确的再审检察建议拒不采纳的情形,一些基层检察院在向同级法院发出再审检察建议与提请上级院抗诉之间,更愿意选择后者,没有充分发挥民事再审检察建议高效和灵活的作用,某种程度也加重了上级院的办案负担和压力。

5.民事再审检察建议在法检两院运行中的困境

民事再审检察建议的效力表现为建议法院运行内部纠错程序,建议最终是否被采纳取决于人民法院的态度。司法实践中,部分法院对再审检察建议不能依法办理或回复。主要表现在:一是以生效裁判已被上级法院裁定驳回为由,直接对于同级检察院发出再审检察建议不予回复或者不予采纳。二是回复意见未针对监督事由进行论理阐释。在对再审检察建议回复中只是表示"不予采纳",或者仅以"实体判决并无不当"等笼统理由否定再审检察建议的监督意见。三是以间接方式处理再审检察建议。对符合再审条件的再审检察建议案件,通过执行和解等方式解决民事生效裁判中存在的错误或瑕疵,而不直接启动再审程序,回避对再审检察建议的采纳。四是不予采纳再审检察建议程序比较随意。采纳再审检察建议启动再审,必须提交审委会讨论决定,程序严格,不予采纳则仅由合议庭审查决定。

三、民事再审检察建议制度的完善路径

(一)民事再审检察建议适用条件的立法完善

1.正确处理民事再审检察建议与抗诉的区分与衔接

从法律规定方面来看,《人民检察院民事诉讼监督规则》对《民事诉讼法》对提出再审检察建议或抗诉的十三种情形进行了区分,但两者之间仍存

---

① 参见冯小光、滕艳军:《民法典实施背景下民事检察实现高质量发展的路径》,载《中国检察官》2021年第1期。

在重合部分。要实现监督方式的合理化，需要明确界定民事再审检察建议与抗诉在适用范围上的区别与联系，进而划定民事再审检察建议的适用范围。对在司法理念方面有纠偏、创新、进步、引领价值的典型案件或适用法律确有错误的案件可以选择提请抗诉的监督方式；对不具有典型性但依法应予监督或认定事实方面存在错误的案件，一般选择再审检察建议的监督方式，进一步加大同级监督力度。对"事实认定错误"案件其实可以先行适用民事再审检察建议监督，如法院不采纳，检察机关可以跟进提请上级院抗诉。对于法律适用错误类、程序违法类和审判人员违法类等监督案件，则赋予办案单位监督方式的选择权，可以制发再审检察建议监督或者提请上一级检察机关向同级法院提出抗诉。对调解书的监督，特别是调解违反法律规定或自愿原则的情形，目前检察机关将其归类为审判程序中审判人员违法行为监督范围，实践中对于确有错误调解书监督效果不佳。对于存在"两违"情形的调解书：一方面，可以赋予当事人向检察机关申请再审检察建议的权利予以纠正；另一方面，检察机关也可以依职权发现径行监督，实践中这对于防范和打击虚假诉讼效果明显。

2. 从立法上明确民事再审检察建议的反馈机制

最高人民法院《关于适用〈中华人民共和国民事诉讼法〉的解释》第417条规定，"人民法院收到再审检察建议后，应当组成合议庭，在三个月内进行审查，发现原判决、裁定、调解书确有错误，需要再审的，依照民事诉讼法第二百零五条规定裁定再审，并通知当事人；经审查，决定不予再审的，应当书面回复人民检察院"。从这一规定可以看出，再审检察建议是否被采纳，需要经过人民法院的合议庭决议，实践中，司法实践中人民法院审查程序并不统一，各法院有不同的审查程序，常见由立案庭受理并由立案庭法官进行审查，也有直接由审判监督庭受理并审查。① 且部分法院对不予采纳的再审检察建议的回复比较简单，对不采纳的说理部分也较为简略。因此，需要对再审检察建议的接收部门、实体审查部门、审查方式、决定机构和回复方式等进行详细规定，建议由法院立案部门负责接收，由审监庭组成合议庭对案件进行充分审查，并在3个月内作出是否再审的裁定，并将审查

---

① 参见夏黎阳：《民事再审检察建议的运行机制》，载《国家检察官学院学报》2015年第3期。

结果及时告知提出再审检察建议的检察机关。

（二）完善民事再审检察建议的司法路径

1. 提升民事再审检察建议质量

民事再审检察建议效力和作用的发挥，关键在于再审检察建议质量。一是在认真细致阅卷的基础上，充分运用调查核实权，把问题找准，确保案件事实认定清楚、证据采信合理。二是在准确理解法律的基础上，提高再审检察建议文书的说理性，说透问题，说清法理，指明建议，才会更有说服力，才更能被接受，法律监督才能事半功倍。三是对拟提出再审检察建议的案件，充分听取原承办法官意见，沟通到位，在与法院沟通中换位思考，加强建议的针对性。四是"重视智慧"借助，提升再审检察建议质效。切实发挥检察官联席会议、检察委员会对案件的把关作用，借力集体智慧。善于运用公开听证、专家咨询论证、互联网咨询平台等方式，全面审视案件，吸收专业意见，提升建议精准性。

2. 规范制发再审检察建议

一是严格按照最高检制发的法律文书范本和格式，规范再审检察建议文书的制作，包括案件来源、诉讼和法院历次庭审过程、审查认定的事实、建议再审的理由和法律依据等内容。二是强化期限意识，严格执行有关办案时限的规定，依法适用中止审查程序，确保案件按期办结，杜绝超期办案。未能在期限内及时办结的案件，及时向当事人告知案件进展情况，保障当事人的知情权。三是规范再审检察建议的审批、送达、备案等程序。再审检察建议应经受理、阅卷、必要的调查、集体讨论、主管检察长审批、检委会决定等一整套严密的程序形成，以严格的程序保障案件办理的公正。在再审检察建议作出后，要将建议连同有关证据按期依法送达被建议的同级法院，认真履行送达回执手续，并及时向上级检察机关备案。

3. 注重持续跟进监督

充分发挥上下一体化办案机制，完善对民事再审检察建议的跟踪监督制度，逐案建立反馈落实台账，及时形成阶段性分析报告，并向院党组或上级院汇报，确保再审检察建议落地见效。对法院在收到再审检察建议后3个月内未予回复的，及时做好与法院的沟通和督促工作；对再审检察建议未被法院采纳的，及时分析评估，确有跟进监督必要的，向上级院请示汇报后，依法提请上级院跟进监督；上级院要对下级院请示汇报的跟进监督案件认真审核，对下级院正确的再审检察建议，法院未在规定期限内作出处理并书面回复，或者对再审检察建议处理结果错误的，对确有监督必要的，依法提出抗诉，同时加强与同级法院沟通，督促整改落实。

4. 深入开展类案监督

最高人民法院《关于统一法律适用加强类案检索的指导意见（试行）》中，将类案界定为"与待决案件在基本事实、争议焦点、法律适用问题等方面具有相似性，且已经人民法院裁判生效的案件"。对检察机关而言，开展民事裁判结果类案监督有利于统一监督标准，提升监督质效。一是梳理发现基本事实、法律适用问题等方面相似性的某一类民事案件，分析总结本地法院在裁判尺度、裁判规则不一致方面的问题，积极进行类案监督，推动法院裁判标准的统一、规范法官自由裁量权的行使。二是就本地一定时期多发易发的某一类案件定期与法院互动交流，形成基本统一的类案审判与监督标准，推进审判质量、监督质量不断共同提升。

（三）破解基层民事再审检察建议难题

1. 完善基层基础工作机制

积极引导基层检察院采用提请抗诉、再审检察建议、检察建议等多元监督方式，构建各级检察院各有侧重、密切配合、全面履职的民事检察监督格局。基层检察院要积极使用再审检察建议这一方式开展监督，实现同级监督与提请上级监督的动态平衡，破解民事检察监督的"倒三角"难题。

2. 加强对下指导

一是严格遵守民事再审检察建议的备案程序。备案程序的重要意义不仅在于上级检察机关对于下级检察机关发出的不当的民事再审检察建议的审查和指令撤回权力，更有利于上级检察院对于下级检察院再审检察建议的制发、运行情况进行定期的统计、分析，以便更有效地指导实践工作。二是通过重大疑难复杂案件请示汇报与研究答复，编发民事再审检察建议典型案例，以点带面形成辐射、带动效应，加强具体办案指导。三是通过开展民事再审检察建议精品案件和优秀法律文书评比活动，发挥精品案件和优秀文书典型示范引领作用，通过精准监督实现强化监督。

3. 以贯彻实施民法典为目标，强化基层队伍建设

2021年民法典正式实施，如何准确适用民法典，对民事检察干警提出了新的挑战。以学习贯彻民法典为契机，通过业务培训、岗位练兵、实践锻炼等方式内部挖潜以及充分借用"外脑"，不断提升民事检察干警的监督能力，为基层民事检察工作创新发展积蓄力量。

（四）建立检察机关与内外部力量沟通协调的工作机制

1. 加强内部监督资源整合，着力推进深层次监督

在办理民事监督案件中要坚持一案多查，实现由事及人和由人及事两方面的监督，抓准违法履职和失职失责的靶心问题，强化对审判人员深层次违法违纪行为的监督，通过办理一案，警示教育一片，督促法院规范审判程序，修复司法公信力。通过发挥检察机关的整体监督职能保障民事再审检察建议的顺利运行。

2. 加强与法院的沟通交流

目前，全国多地检法两院在司法实践中初步形成了个案沟通、联席会议、会签文件等各项沟通机制，确保民事再审检察建议的监督效能得到最大程度的发挥。民事诉讼法对再审检察建议的实施程序未加规定，具体操作中必须与同级法院加强沟通联系，促进相互理解。发出再审检察建议前，可就案件中的事实与法律适用问题进行探讨，听取其关于事实认定和法律适用方面的意见，以便从整体上对案件进行把握，争取取得法院的一致意见。发出再审检察建议后，主动沟通，促成再审检察建议被采纳，确保再审检察建议的效力得到最大发挥。

3. 借力提升民事再审检察建议监督质效

近年来，全国各省级人大常委会均出台了加强对诉讼活动法律监督的决定或决议，为检察机关借力强化法律监督工作奠定了坚实的基础。各级检察机关对民事再审检察建议工作开展情况，可以定期向同级人大或政法委汇报，借力提升监督实效，解决在开展民事再审检察建议工作中遇到的问题或困难。

基层检察院民事再审检察建议适用效果研究

梁志顺 盛玉竹[*]

摘 要：自2012年民事诉讼法修改后，再审检察建议监督方式从法律上登上历史舞台，我国的民事检察工作进入了新的发展阶段。在近十年的司法实践中，再审检察建议作为同级监督方式，发挥了促进良性沟通、提高效率、节约资源、化解矛盾的良好作用，但是在适用效果上与抗诉监督相比还存在明显差距，主要存在审级制度矛盾、适用范围模糊、效力弱化等方面的问题。究其原因在于，再审检察建议质量不高，人民法院存在排斥心理、法检两家存在认识分歧等。为了进一步提高再审检察建议适用效果，本文通过分析湖北省检察机关近十年的相关数据建议，检察机关要准确定位再审检察建议法律效力，明确界定其适用范围，更加规范再审检察建议的运行机制。

关键词：再审检察建议 抗诉 跟进监督

一、民事再审检察建议的内涵与特征

民事再审检察建议作为启动法院再审的三大方式之一，是指人民检察院对于同级人民法院确有错误的生效裁判、调解书，以书面检察建议的形式要求法院启动案件的复查程序，并根据审查情况决定是否启动再审程序的监督形式。民事再审检察建议在履行和发挥检察机关法律监督职能方面具有重要的作用，是通过检察机关的外部监督促进法院实现内部监督的有效方式。与

---

[*] 梁志顺，湖北省武汉市汉阳区人民检察院副检察长；盛玉竹，湖北省武汉市汉阳区人民检察院检察官助理。

抗诉监督方式不同，民事再审检察建议是一种柔和的具有协商性质的监督方式，其确立的初衷是为了弥补单一抗诉过于刚性和效力低下，也是在检察机关履行监督职能中通过实践发展出来的一种监督方式。

（一）民事再审检察建议的特征

1. 民事再审检察建议是检察机关履行法律监督职能的法定方式

在 2012 年《民事诉讼法》修改之前，抗诉作为权威刚性的检察监督方式，对保障民事检察监督职能运行起到了重要作用。随着司法实践的发展，单一的抗诉方式已无法满足检察机关全面高效实现履职尽责，丰富检察机关法律监督方式，强化多元化监督，提升检察监督质效，"是对检察监督权实现方式的有效探索"。[①]

2. 民事再审检察建议的监督对象和监督范围具有特定性

首先，相对抗诉而言，民事再审检察建议适用同级监督原则，检察机关只能对同级人民法院生效的裁判结果、调解书提出再审检察建议。其次，相对审判程序中审判人员违法行为监督和执行活动监督而言，民事再审检察建议的适用范围具有特定性，只能针对符合《人民检察院民事诉讼监督规则》第 81 条规定的情形，以及民事调解损害国家利益、社会公共利益情形的情形。对于审判程序中审判人员违法行为，以及执行活动监督，而是通过提出检察建议以纠正人民法院的违法行为。最后，相对改进工作的检察建议而言，民事再审检察建议仅针对个案进行监督，不适用于类案监督。对于人民法院在诉讼中普遍性、多发性错误，或者工作制度、管理规范问题，则通过提出改进工作的检察建议进行监督。

3. 民事再审检察建议不必然促使人民法院启动再审程序

抗诉作为刚性的监督方式，具有强制人民法院启动再审程序的法律效力。民事再审检察建议启动再审的效力相对较低，即使人民法院收到了再审检察建议，离真正的启动再审程序还有较长的一段距离，人民法院并不必然启动再审程序。最高人民法院《关于适用〈中华人民共和国民事诉讼法〉的解释》第 417 条规定，人民法院对检察机关适用再审检察建议启动再审程序

[①] 汤维建主编：《新民事诉讼法适用疑难问题新释新解》，中国检察出版社 2013 年版，第 204 页。

具有一定的自由裁量权,是否采纳检察机关的建议依赖于人民法院的审查决定。

(二)民事再审检察建议的运用分析

民事再审检察建议在我国具有深厚的实践基础,"是实践优于法律的产物"。① 本文以湖北省检察机关近十年的民事再审检察建议的实践数据为例,分析民事再审检察建议在司法实践中的运行特征及运行困境,试图为提升民事再审检察建议监督质效寻找一定的出路。

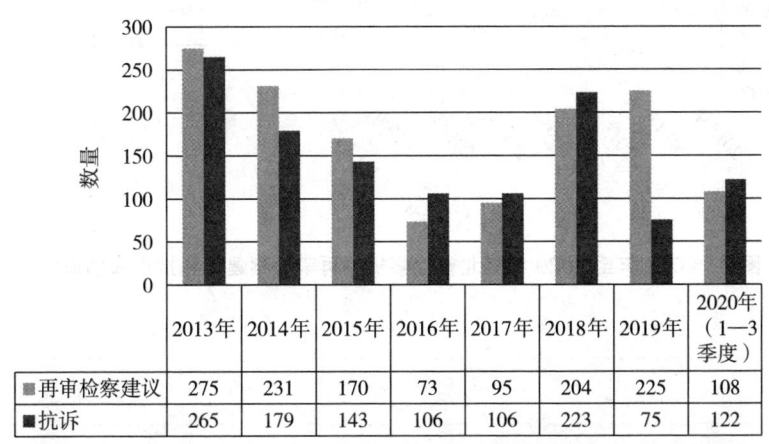

图1 2013年至2020年湖北省检察机关再审检察建议和抗诉数量对比

1. 再审检察建议与抗诉两种监督方式并驾齐驱

2012年修订的民事诉讼法明确了检察建议的法定地位,民事检察监督也逐渐成为"双轨制"的监督方式。② 根据统计数据(如图1所示),2013年至2020年间,以抗诉和再审检察建议方式开展的民事检察监督案件数在总量上相差并不明显。就抗诉与再审检察建议两种监督方式而言,民事检察监督逐渐从原来的"抗诉为主、再审检察建议为辅"的模式,向"抗诉与再审检察建议并重"的模式转变,甚至在2013年、2014年、2015年、2019年再审检察建议的数量超过抗诉数量,再审检察建议逐渐演变成为民事检察监督

---

① 吕涛:《检察建议的法理分析》,载《法学论坛》2010年第2期。
② 参见汤维建主编:《新民事诉讼法理解与适用》,中国检察出版社2013年版,第108页。

的基本监督方式之一,甚至在近年来成为主要监督方式。例如,在2019年,民事再审检察建议制发的数量为225件,是抗诉案件的3倍;而在2017年、2018年和2020年再审检察建议的适用数量与抗诉数量基本持平。

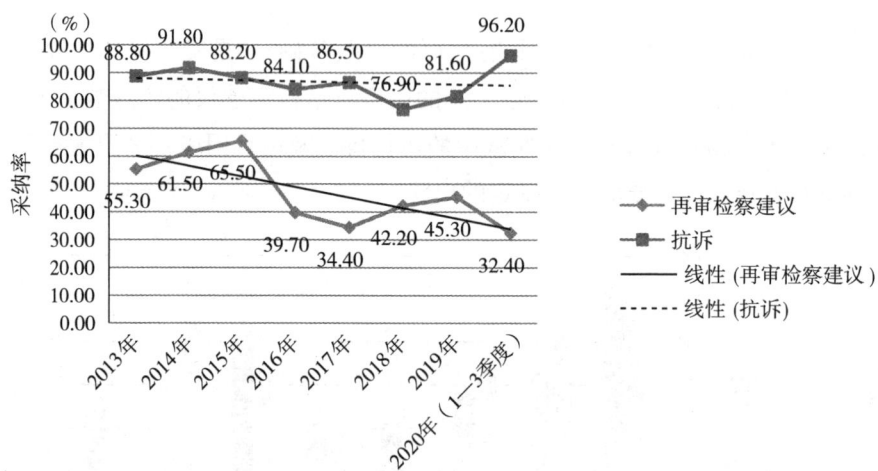

图2 2013年至2020年湖北省检察机关再审检察建议和抗诉采纳率对比

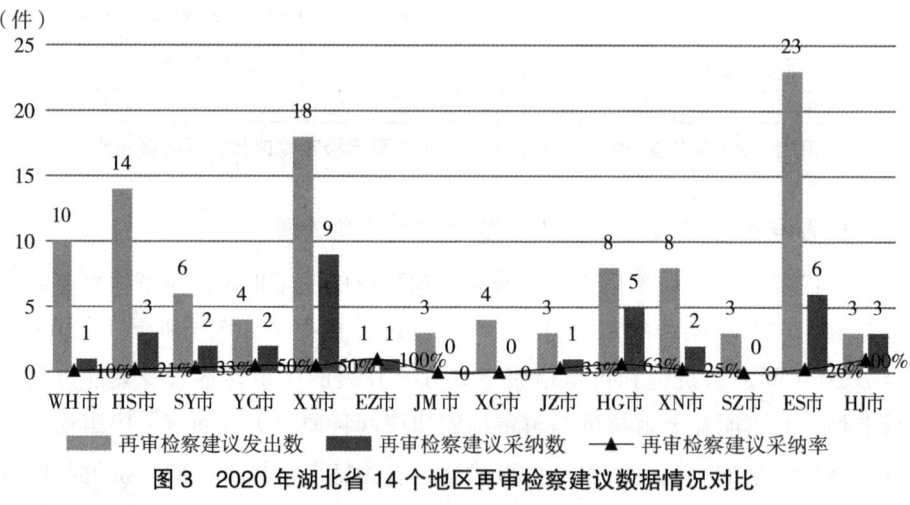

图3 2020年湖北省14个地区再审检察建议数据情况对比

2.民事再审检察建议的适用效果相对较低

以下就湖北省2013年至2020年再审检察建议采纳率和抗诉采纳率的情况看(如图2所示),主要呈现以下特征:一是再审检察建议的采纳率还有待提升。通过线性分析,2013年至2020年的采纳率呈明显下降趋势。例如,

2015年采纳率最高达到65.5%，而在2020年（第一至第三季度）再审检察建议的采纳率低至32.4%；而抗诉案件的采纳率8年间的平均水平维持在86.8%。通过线性分析得到了较为平稳的适用效果，我们可以看出抗诉监督方式在民事检察监督案件中运行的适应性。二是同期相比再审检察建议采纳率与抗诉采纳率差距明显。例如，在2015年两种监督方式的采纳率相差最小，再审检察建议采纳率为65.5%，抗诉采纳率为88.2%，再审检察建议的采纳率比抗诉采纳率低22.7%。在2020年第一至第三季度，再审检察建议的采纳率与抗诉采纳率相差最大至63.8%。从客观上反映，再审检察建议作为柔性的监督方式，虽然在整体数量上达到了与抗诉相当的水平，但是在适用效果上，再审检察建议的采纳率还相对较低，有待着力提升。三是地区间再审检察建议适用情况有差异。在对湖北省全省检察机关再审检察建议整体数量和适用效果分析的基础上，本文对湖北省2020年14个地区第一至第三季度的再审检察建议情况进行了分析，发现各地区间在再审检察建议制发数量上差异明显，适用效果普遍不佳，这也是导致湖北省在2020年再审检察建议整体适用效果偏低的原因。例如，WH市的再审检察建议采纳率只有10%，多数地区的再审检察建议发出数均在个位数，甚至有的地区都未制发再审检察建议。

（三）再审检察建议的实践价值

1. 民事再审检察建议有助于检法两家的良性沟通

相对于抗诉监督而言，民事再审检察建议的强制性明显较弱。对人民法院一些标的额较小、实体争议不大但确有错误的生效裁判，检察机关采取制发再审检察建议的方式，更容易获得良好的实效。民事再审检察建议带有明显的协商型性质，是人民法院实现自我纠错的良好方式。从检察机关发现问题，到人民法院审查后内部决定，为法检两家实现双赢多赢共赢搭建了良好的平台和桥梁。

2. 再审检察建议有助于缓解抗诉带来的"倒三角"矛盾

抗诉遵循的是"下提上抗"原则，检察机关对同级法院确有错误的生效裁判只能提请上级检察院抗诉的权利。对于基层检察院来说只能向市级检察院提请抗诉，导致大量的裁判结果监督案件涌入上级检察院，抗诉案件数量分配呈现"倒三角"矛盾。①与抗诉不同,再审检察建议监督遵循同级监督原则,检察机关对同级人民法院作出的确有错误的生效裁判结果可以直接提出再审检察建议。根据《人民检察院民事诉讼监督规则》关于再审检察建议的适用规定,大多数符合抗诉条件的生效裁判结果,也可以适用再审检察建议方式进行监督。因此,检察机关通过再审检察建议这种同级监督方式,一定程度上缓解了因抗诉权向上集中导致的案多人少的矛盾。

3. 再审检察建议有助于节约司法资源

抗诉案件通常要经过"下级检察机关提请抗诉—上级检察机关提出抗诉—同级人民法院裁定再审(提审、指令再审或发回重审)—下级人民法院再审或重审(上级法院提审除外)"这四个环节,部分案件当事人对再审或重审一审判决不服,还可以向上级人民法院提出上诉。根据民事诉讼法对办案期限的规定,检察机关对民事监督案件的办案期限是 3 个月(上下级检察机关的办案期限分别计算,均为 3 个月);上级人民法院裁定再审的期限是自收到抗诉书之日起 30 日;如果案件是由上级人民法院提审,则上级人民法院的审理期限是 3 个月(按二审案件审理期限计算,有特殊情况还可经院长批准延期),如果是指令下级人民法院再审或发回重审,则下级人民法院再审或重审的期限是 6 个月(按一审案件审理期限计算,还可经院长批准延期 6 个月);如果当事人继续上诉,则上级人民法院审理上诉案件的期限是 3 个月。从以上民事抗诉案件办案流程及周期看,一个民事抗诉案件走完所有流程,需要经过漫长的诉讼周期,耗费大量的司法资源。根据最高人民法院、最高人民检察院《关于对民事审判活动与行政诉讼实行法律监督的若干意见(试行)》第 7 条第 2 款规定:"人民法院收到再审检察建议后,应当在三个月内进行审查并将审查结果书面回复人民检察院。"检察机关对部分符合抗诉条件的生效裁判结果监督案件通过再审检察建议的方式进行监督,则可省却民事抗诉案件上级检察机关提出抗诉与其同级人民法院裁定再审两个环节,由"两级四院"的模式变为"一级两院"②,大大缩短了诉讼周期,有

---

① 参见秦勤:《论民事再审检察建议的价值、困境与制度完善》,载《河南社会科学》2013 年第 21 期。

② 参见邹进康、刘显鹏:《民事再审检察建议制度研究》,载《人民检察》2012 年第 16 期。

助于节约司法资源，减少当事人诉累，及时化解社会矛盾。

4. 再审检察建议有助于提升化解社会矛盾的效率

抗诉监督漫长的办案周期在一定程度上容易滋生更多的社会矛盾，当事人在其预期的心理周期内未能得到相应的结果，为寻求多方权利救济可能还会选择多处投诉上访。一方面加重了工作的负累，另一方面也激化了社会矛盾。再审检察建议则远远缩短了抗诉所需的环节和时间，即使有一部分再审检察建议案件未能得到人民法院的支持，当事人所预期的权利未能实现，但是检察机关通过再审检察建议支持了当事人的权利诉求，当事人在一定程度上对检察机关的工作还是予以认可和理解的。在多元化化解矛盾的时代，检察机关也可以通过积极引导当事人和解、公开听证等方式，努力为当事人实现权利救济搭建平台。

二、再审检察建议适用效果存在的问题及原因分析

与抗诉相比，再审检察建议的采纳率都相对较低，尤其是在基层检察院，再审检察建议的采纳率低更加明显。有的检察院为了完上级院对于再审检察建议的考核要求，一味地追求发出再审检察建议的数量，对回复采纳率不予重视，甚至存在"一发了之"心理。再审检察建议面临的现实考验和挑战，一定程度上制约了该制度的实效性和优越性。

（一）再审检察建议适用效果存在的问题

1. 法检的矛盾：再审检察建议制度与法院审级制度之间的矛盾

民事诉讼法对当事人向检察机关审查再审作了前置限制，只有先自行向法院申请再审后才可以向检察机关寻求救济，对当事人未向法院申请再审或再审尚未审结等情形，检察机关不予受理当事人的申请。但是就存在这样的问题，当事人在自行向法院申请再审，法院作出驳回申请后，检察机关以同样的情形作出再审检察建议，人民法院在审查时容易产生固定思维而不予采纳。尤其是当事人在已经向上级人民法院申请再审被否定性评价后，检察机关建议一审人民法院再审，导致一审人民法院的工作也较难启动，下级人民法院很难再进行实质性审查，启动再审程序。如果下级法院作出与上级法

院相悖的裁定，对案件裁定再审，则会与人民法院的审级制度存在矛盾。如果为了避免上述情形的发生，对上级人民法院作出否定性评价的再审申请案件，将再审检察建议的审查决定权给予上级人民法院，这与再审检察建议同级监督的制度也相违背。

2. 界限的模糊：再审检察建议与抗诉的适用条件未能明确区分

《民事诉讼法》第 207 条列举了人民法院应当再审的 13 种情形，第 215 条对检察机关提出抗诉或者检察建议并未作出实质性的区分。《人民检察院民事诉讼监督规则》第 81 条对提出再审检察建议的情形进行了重新列举，在沿用民事诉讼法第 207 条的基础上，排除了第 6 项适用法律和第 13 项审判人员违法两种情形。《诉讼监督规则》将"适用法律"和"审判人员违法"两种情形规定为应当抗诉。我们可以看出，一方面，《民事诉讼法》第 207 条第 1 项至第 5 项主要涉及的是对案件事实认定、证据审查方面的问题，将此作为再审检察建议的情形便于基层法院更加直接清楚地审查证据、认定事实；另一方面，《民事诉讼法》第 207 条第 6 项至第 11 项主要涉及法院的审判程序问题，以上问题更便宜基层法院自行审查，以再审检察建议的形式进行监督能够提升监督效率和效果。但是我们也不难发现，《人民检察院民事诉讼监督规则》第 81 条以"可以"提出再审检察建议作表述，与第 82 条"应当"提抗诉相比，区分再审检察建议和抗诉的适用标准还存在一定的差距。虽然《人民检察院民事诉讼监督规则》列举的再审检察建议情形更多，为提升再审检察建议数量创造了条件，但在实际运用中出现监督效果"疲软"的问题，与立法对再审检察建议适用范围的模糊定位密切相关。

3. 效力的弱化：再审检察建议走向抗诉的无奈抉择

检察机关通过向法院提出再审检察建议，给了法院自行纠错的渠道，法院对是否启动再审具有相当大的自由裁量权。主要表现在两个方面：一是人民法院对再审检察建议监督方式是否接受并认可；二是人民法院对提出的再审检察建议内容是否接受认可，并因同样的内容以启动再审的方式自行纠错。因此，检察机关通过再审检察建议启动再审程序的决定权还是在人民法院，检察机关只有通过事前的沟通协商，甚至是当地检察院与法院的关系来促成再审检察建议的监督效果。在司法实践中，很多地方的检察院与人民法院也会签了相关文件来促进法检两家的工作关系，但是效果甚微。再审检察建议的效果无法得到保障，当事人的权利得不到及时救济，检察机关无奈只能选择走上向上级院提请抗诉的道路。如在一起产品责任纠纷案件中，法院对再审检察建议不予采纳，后检察院通过跟进监督提请上级检察院抗诉，最后得到法院改判。再如，有2起民间借贷纠纷涉嫌虚假诉讼，人民法院对再审检察建议不予采纳，检察院也只能通过跟进监督提请抗诉，导致案件长时间被搁置。再审检察建议的监督效果得不到保障，检察机关的工作量也因此增加不少，最终必将导致再审检察建议制度的继续弱化和虚设。

（二）再审检察建议适用效果存在问题的原因分析

1.再审检察建议质量不高

以某省为例，在绩效考核中将再审检察建议和抗诉列为同等重要的考核指标，但是在案件办理中却未能坚持以同等严苛的监督标准与办案质量。尤其是在涉嫌虚假诉讼的案件办理中，检察机关受侦查权的限制，很难将涉案当事人及财产状况全面清楚地查实，导致在事实认定和新证据采信上难以让人民法院信服。另外，个别检察院对再审检察建议"一发了之"，或者对不予采纳的检察建议也没有进行后续的跟进，导致再审检察建议未能实现预期的实效。

2.法检两院存在认识分歧

法检两院基于多种因素考虑，往往在对案件的评判标准上很难达到一致意见。例如，在H区办理的一起民间借贷涉嫌虚假诉讼案件中，法检两院对该案就存在对启动再审程序的认识分歧。H区检察院认为检察机关调取的证据足以证明涉案款项来源及流向形成闭合式运转，借贷关系并未实际发生，本案有新的证据足以推翻原判决且已构成虚假诉讼，符合民事诉讼法规定的人民法院应当再审的情形。H区法院认为，对于检察机关提出的再审检察建议案件，应当认为确有错误才能启动再审程序。再审检察建议认为本案涉嫌虚假诉讼，但对虚假诉讼罪有管辖权的公安机关作出侦查结论之前，不能认定本案构成虚假诉讼，也就不能认定本案确有错误。人民法院启动再审程序是否应该以侦查机关的立案侦查结论为前提，法检两院存在认识分歧，导致再审检察建议监督效果失衡，H区检察院只能将案件提请上级检察院抗诉处理。

三、提升再审检察建议适用效果的对策

（一）明确不适宜由同级人民法院再审纠正的案件

《人民检察院民事诉讼监督规则》第 82 条对不适宜用再审检察建议监督的案件列举了两种情形，但是司法实践中，对于经同级人民法院或上级人民法院驳回再审申请的案件，在一定程度上由同级人民法院再审纠正也难以保证监督效果。由于同级法院或上级法院已经对当事人的再审申请作了一次审查，再通过再审检察建议由同级人民法院依职权启动再审程序加以纠正的可能性较小，监督效果不佳。人民法院为了保证本院裁判结果的稳定性，在以"本院发现"启动再审程序上保持着相当审慎的态度。因此，对同级人民法院或上级人民法院驳回当事人再审申请裁定的案件也可以借鉴《人民检察院民事诉讼监督规则》第 82 条的规定，提请上一级人民检察院抗诉。

（二）合理界定再审检察建议的适用范围

根据《民事诉讼法》和《人民检察院民事诉讼监督规则》可将提请抗诉情形归纳为：法律适用错误类、法官违法类、调解书违反"两益"类、跟进监督类。对提出再审检察建议的情形归纳为：事实认定错误类、程序违法类、调解书违反"两益"。《民事诉讼法》对符合第 207 条规定情形的之一的既可以提请上级院抗诉也可以提出再审检察建议，而《人民检察院民事诉讼监督规则》第 81 条将"法律适用错误"和"法官违法"这两种情形单独列出作为抗诉情形，剩下的"事实认定错误类"和"程序违法类"等 11 项作为再审检察建议的适用情形。关于"事实认定错误类"案件主要因为当事人在原审中未及时、全面提交相关证据，或者法院为追求效率以调解结案，轻信双方当事人口供或虚假、伪造的证据，此类案件主要针对的是对单独个案的影响，将此类案件集中在原审法院更适合其查实证据认定事实；对于"程序违法类"案件，常见的主要是因为公告送达不能而导致缺席判决，或者审判组织组成不合法等，此种情形的案件虽然出现的频率较高，但是较容易在工作中发现，将此类案件作为再审检察建议的适用情形，更方便法院进行自行纠错；《人民检察院民事诉讼监督规则》将"法律适用错误类"和"法官违法类"案件归纳为抗诉情形，更加具有严肃性。此类案件主要存在法院法官对

现行法律理解适用上的错误，以及法官缺乏法律底线和政治纪律性等问题，此类错误造成的影响不再是对个案的波及，如果不及时加以纠错将严重影响司法的公信力和廉洁性，因此将此类案件作为抗诉案件更能体现司法机关对案件的严肃性和强制约束力。

（三）准确理解再审检察建议的法律效力

虽然再审检察建议被定位为法定的监督方式，但是相较于抗诉还是具有本质性的区别，检察机关自身在适用再审检察建议时应该理解、明确其立法本意和目的。再审检察建议不具有强制法院启动再审查程序的效力，主要适用的情形是"事实认定错误类"案件和"程序违法类"案件，因此在办案中要严格审查案件事实和证据，以及法院的办案程序，在文书制作说理上更加强调逻辑严密性和严肃性。再审检察建议作为提升效率的监督方式，检察机关在适用过程中也要主动加强与法院的沟通，在事实认定分歧上先行协商讨论，进一步提升对案件事实的全面认识，促进个案纠错。准确把握再审检察建议的法律效力，在司法实践中不断运用完善，不过分强调与抗诉案件的强制约束力，这也是再审检察建议监督方式确立的初衷。

（四）规范再审检察建议的运行机制

民事再审检察建议在运行中出现的法院采纳率低、改判率低的问题，与再审检察建议运行不规范存在密切关系。提升民事再审检察建议法院采纳率和改判率，从根本上还是要规范再审检察建议的运行机制，不断提升案件质量。

第一，在受理案件上，严把案件"入口关"。严格遵守《民事诉讼法》和《人民检察院民事监督规则》中关于当事人依申请监督和检察院依职权监督案件的受理条件。对当事人申请监督案件，需经过人民法院的再审前置程序才能受理。对依职权监督案件，严格遵守《人民检察院民事诉讼监督规则》第37条的规定，不得为了提升案件数量擅自扩大依职权监督案件的受案范围。

第二，在案件审查环节，提高法律文书质量。严把案件审查标准，对基本事实、主要证据、法律关系、法律适用、审判程序等进行全面审查，以决定是否向法院提出再审检察建议。在制作再审检察建议文书时，要增强文书的说理性，清晰地提出再审检察建议的符合情形（本案的违法点是什么），逻辑严密地释法说理，对提出的每一条监督意见都要有相应的事实依据和法律依据作支撑。对符合再审检察建议条件的案件，必要时可以召开检察官联席会议讨论，但必须提交本院检察委员会讨论决定，并做好再审检察建议案件的备案审查工作。

第三，在监督反馈工作上，强化跟踪监督机制。再审检察建议发出后，检察机关应当对法院的办案进展进行跟踪，及时了解掌握再审检察建议的采纳、落实情况以及未被采纳的原因等。对法院逾期未对案件作出处理或未及时回复的，检察机关可要求法院说明原因，必要时可通过当面交流沟通和座谈会等形式交换法检两院的意见和分歧。对法院无故未作处理或书面回复的案件，检察机关应当及时提请上级检察机关抗诉，强化对案件的跟进监督效果。

民法典实施背景下民事检察类案监督研究

赵煜亮　刘雅倩　董明玉[*]

摘　要：民事检察类案监督作为检察机关充分履行法律监督职能的一种有效方式，近年来各级机关积极探索并取得了一定成效，但存在一些突出问题需要破解。本文在厘清民事检察类案监督概念和价值功能的基础上，从强化顶层设计、形成基本路径和健全配套性机制等方面为完善民事检察类案监督提出意见建议。

关键词：民事检察类案监督　价值功能　路径选择

2021年1月1日，作为新中国第一部法典化的法律——《民法典》正式实施，建立了民商事具体类型案件的体系化框架，为检察机关开展类案监督提供了实体法依据。2021年2月8日，最高人民检察院印发《"十四五"时期检察工作发展规划》，提出探索建立类案监督机制，完善类案不同判发现、纠正和处理机制。民事检察类案监督的发展完善，面临着前所未有的历史性机遇，对此检察机关应当作为一项重要的理论和实践课题进行探索研究。

一、民事检察类案监督的现实考察

近年来，检察机关在民事检察领域探索开展类案监督并取得了一定成

---

[*] 赵煜亮，山东省青岛市人民检察院第六检察部副主任、四级高级检察官，第一批全国检察机关民事检察理论研究人才；刘雅倩，山东省青岛市人民检察院检察官助理；董明玉，山东省青岛市人民检察院检察官助理。

效。在此，结合司法实践，对民事检察类案监督的概念做一界定，对存在的突出问题进行分析。

（一）民事检察类案监督的概念界定

对民事检察类案监督的概念作出界定，有必要对涉及的检察文件和法律规定等进行梳理。从检察文件层面看，类案监督的概念最早见于 2010 年 8 月最高人民检察院《关于加强和改进民事行政检察工作的决定》，其中提出"积极开展类案监督研究，使民事行政检察监督由个案监督向类案监督拓展，促进公正司法"。此后历年的最高人民检察院民事行政检察工作要点中均提及要做好类案监督工作。2018 年 12 月，最高人民检察院印发《2018—2022 年检察改革工作规划》，明确提出要探索民事、行政诉讼类案监督工作机制。从司法解释层面看，一般认为 2013 年 11 月施行的《人民检察院民事诉讼监督规则（试行）》第 112 条规定是民事检察类案监督的法律渊源，其中规定："有下列情形之一的，人民检察院可以提出改进工作的检察建议：（一）人民法院对民事诉讼中同类问题适用法律不一致的；（二）人民法院在多起案件中适用法律存在同类错误的；（三）人民法院在多起案件中有相同违法行为的；（四）有关单位的工作制度、管理方法、工作程序违法或者不当，需要改正、改进的。"但是，无论检察文件还是司法解释均未对民事检察类案监督的概念作出界定。关于类案，审判机关主要研究解决民事实体裁判类案问题即"类案不同判"的问题，中国应用法学研究所专门提出以案件焦点事实的相同或相似、法律问题的相同为标准确定类案。2020 年 7 月，最高人民法院印发《关于统一法律适用加强类案检索的指导意见（试行）》，明确提出类案是指与待决案件在基本事实、争议焦点、法律适用等方面具有相似性、且已经人民法院裁判生效的案件。

对于民事检察监督而言，不仅包括民事实体裁判类监督，还包括民事审判活动和执行活动的监督。因此，结合司法解释、检察文件及对民事类案的司法认知，可以对民事检察类案监督的概念做如下界定：检察机关对进入民事诉讼监督程序的多起或同类民事实体裁判、程序及执行案件反映的带有普遍性、倾向性法律适用等问题，按照整体性、系统性的原则进行研判，从宏观角度提出深层次监督意见的一种法律监督模式。

民事检察类案监督具有以下特点：一是监督范围相对宽泛。不限于民事实体类"类案不同判"监督，还包括审判程序和执行程序"类案违法行为"的监督，与审判机关的类案有所不同。二是监督视角较为宏观。相比个案监督，类案监督主要针对同类案件或同类问题，监督内容更具有深层次。三是监督导向更为突出。类案监督不仅有利于促进法律统一适用和司法的公平公正，还针对案件背后的深层次社会问题提出意见建议，彰显检察机关推进国家治理体系和治理能力现代化的决心和能力。

（二）民事检察类案监督的发展及存在的问题

2018年10月，最高人民检察院张军检察长向全国人大常委会作《关于人民检察院加强对民事诉讼和执行活动法律监督工作情况的报告》时提出"多数案件限于个案监督办理、就事说事，跟进监督、类案监督不够"，这反映了民事检察类案监督的现状。据笔者搜索，在顶层探索方面，最高人民检察院于2018年12月就民事公告送达程序存在的不规范问题向最高人民法院提出了首份民事检察监督类案检察建议，于2020年7月就虚假诉讼认定标准、程序处理、协调配合等问题向最高人民法院提出了惩治虚假诉讼的类案检察建议。在基层探索方面，关于制度指引，如广东省人民检察院2021年2月专门制定《关于开展民事检察类案监督的办案指引（试行）》。在办案方面，如山东省青岛市检察院自2017年来对"胜诉不退费"等问题集中调研，提出类案检察建议，推动辖区法院落实诉讼费退费问题；并建立检察建议与代表委员建议相衔接机制，推动最高人民法院专题答复全国人大代表关于诉讼费退费的议案，推动全国各级法院对诉讼费退费问题进行整改。关于办案实践，2011年黑龙江省七台河市检察院对114件房屋买卖合同纠纷案件审查中发现确认合同效力标准不一致的问题，提出检察建议法院予以采纳；2019年甘肃省白银市检察院发现法院在审理12起抵（押）权不成立的典当合同纠纷案件中存在认定不一致等问题，提出统一典当合同纠纷裁判尺度的检察建议；2020年湖北省检察院汉江分院针对当地法院办理的8起交通事故责任纠纷案发出检察建议，建议对相关案件的法律适用予以统一。

同时，民事检察类案监督也存在一些问题，表现如下：一是宏观层面缺少体系化的顶层设计。《民事诉讼法》《人民检察院组织法》《人民检察院民事诉讼监督规则》没有明确民事检察类案监督的概念，对类案监督的范围、对象、方式、结果运用以及如何与个案监督衔接等缺乏系统科学的规定。二是中观层面存在零散化探索、结构性矛盾倾向。与审判机关相比,检察机关无论在机制建设还是类案监督工作开展方面都有一定的差距。当前最高人民检察院对于民事检察类案监督缺乏专门的制度规范指引,地方各级检察机关也没有形成常态化、系统化的民事检察类案监督模式,明显存在零散化、随机化倾向。同时,类案监督应当首要聚焦于对民事实体裁判的监督,但实践中集中在民事审判程序和执行程序方面。如有学者对民事检察类案监督组织实证研究,得出了对民事诉讼程序及执行类案的监督数量远远大于对民事诉讼实体裁判结果类案监督数量的结论。① 三是微观层面检察官能力素质难以适应工作需求。部分检察官缺少主动监督意识,未对与案件相关的指导性案例、同类案例及立法原意深入研究,对类案检索平台缺乏了解,欠缺类案检索和筛选等方面技能,不能及时有效提出类案监督意见,司法实践中也难以见到因检察机关类案监督而改变法律适用标准的典型案件;同时,民事检察业务考评体系主要围绕个案考核构建,类案监督考评标准不明确。

二、民事检察类案监督的价值功能

任何一项法律制度或机制都有其自身价值定位,这直接决定了该项制度或机制的发展前景。民事检察类案监督的价值功能主要体现在保证法律统一实施、保障社会公平正义和推进检察机关充分履职三个方面。

(一)在保证法律统一正确实施层面,有利于维护国家法治统一、尊严、权威

维护国家法治统一、尊严和权威,首先要求对法律的理解、适用标准总体统一。我国属于成文法国家,法律适用不一致的问题普遍存在,已经成为法治中国建设的主要矛盾之一。为推进法律统一正确实施,不仅要建立规范科学完备统一的成文法律体系,更需要建设高效规范的法律实施体系。最高人民法院通过司法解释、指导性案例、裁判指引、类案强制检索、优化审级职能等措施力求维护法律的统一实施,但法律认识分歧、标准不一等问题仍存在。对此,作为国家法律监督机关的检察机关,肩负着维护法律统一正

---

① 参见邵世星:《民事诉讼类案监督的实务考察和完善建议》,载《人民检察》2015年第3期。

确实施的神圣使命。在民事检察领域，当前检察机关一般通过监督民事诉讼个案来推进法律统一实施，但这远远满足不了新时代人民群众的新需求、新期待。民事检察类案监督的引入，突破了民事诉讼个案监督的局限性，通过对民事诉讼个案研判提出类案监督意见，努力推进法律认识、理解和适用标准走向一致，最大限度地体现法治平等。同时融合人大常委会备案审查等规则机制，也可以纠正司法解释带来的普遍性偏差等问题，对法律滞后性、漏洞等问题向立法机关反馈，真正发挥检察机关维护法治统一、尊严和权威的作用。

（二）在保障社会公平正义层面，有利于实现个案公正与类案公正相统一

党的十九届四中全会决定明确提出，要健全社会公平正义法治保障制度。司法公正是维护社会公平正义的最后一道防线，司法公正不仅要通过个案公正来实现，更重要的是通过类案公正来实现，即同类案件得到同等处理从而达到类案同判的目的，这也是现代社会应当遵循的一项基本法治原则，能够真正使人民群众在每一个司法案件中都感受到公平正义。在民事检察监督领域，检察机关坚持权力监督与权利救济相结合的法治思维，通过办理具体案件来维护个案公正，实质上局限于个案公正，对引领司法办案、创新司法理念、推动社会进步等典型性案件毕竟是少数。司法实践中存在大量的民事裁判案件适用法律不一致、民事诉讼及执行程序存在相同或类似违法行为的问题，从某种程度上讲个案公正的实现难以保障整体司法公正，这实质出现了维护个案公正与实现整体公正相脱节的问题。因此，检察机关统筹实现整体公平正义的目标要求，明确监督方向，改进监督方式，通过完善民事检察类案监督机制来推动实现个案公正和类案公正相统一，真正发挥检察监督作为法定防错纠错机制的作用，切实保障社会公平正义。

（三）在推进检察机关充分履职层面，有利于实现检察履职能力现代化

随着我国法治进程的加快，解决法律适用分歧已经成为实现国家治理体系和治理能力现代化的重要内容。① 对检察机关而言,民事检察类案监督的引入,改进和优化了传统的民事检察监督方式方法,能够较为全面、准确地反映审判机关"类案不同判""类案违法行为"的整体性问题,提出更深层次、更有说服力的检察监督意见,凸显检察机关对统一适用法律等问题的宏观把握思考,有利于推进审判机关自觉接受监督意见,促进民事裁判标准统一,通过优化监督实现强化监督,最大限度地提升检察监督权威。在贯彻实施民法典过程中,通过类案监督统一民事检察监督的标准,要求检察官形成共同的监督理念、监督技巧和监督体系,有助于推进检察官的职业化水平。同时,检察机关通过类案监督深挖民事检察监督案件背后的深层次社会问题,推动审判机关统一正确实施法律,发挥司法裁判的规则引领和价值导向作用,引导全社会形成尊法学法守法用法的正确导向,这也有助于推进检察机关参与社会治理的深度和广度,体现检察机关公正高效权威的整体形象,从而有效推进和实现检察履职能力的现代化。

三、完善民事检察类案监督的路径选择

完善民事检察类案监督,需要强化顶层设计,对类案监督的概念、范围、方式等作出具体规定,从发现、审查、决策、纠正和处理等各个环节建立民事检察类案监督的具体程序。

(一)强化顶层设计

1. 建议在法律、司法解释层面引入民事检察类案监督的概念

建议将来修改《民事诉讼法》《人民检察院组织法》《检察官法》等法律时,明确引入民事检察类案监督的概念。笔者建议在《人民检察院民事诉讼监督规则》第117条规定的基础上,明确引入民事检察类案监督的概念。

2. 建议适度扩大民事检察类案监督的范围

根据《人民检察院民事诉讼监督规则》的规定,民事检察类案监督可分为两类:一是对民事实体裁判类案的监督,主要体现在同类问题适用法律

---

① 参见贺小荣:《法律适用分歧的解决方式与制度安排》,载《人民司法》2019年第31期。

不一致、适用法律存在同类错误等情形;二是对民事审判程序和执行程序类案的监督,主要体现在其他同类违法行为、人民法院发现有关单位的工作制度、管理方法工作程序违法或不当情形等。同时,司法实践中,各级法院普遍为规范本辖区民事案件审理标准而制定不同层级的审判指导性文件,导致同类民事法律行为在各地产生不同的裁判结果,《人民检察院民事诉讼监督规则》规定的两种类案监督情形难以涵盖,有必要拓展类案监督的范围。参照《行政诉讼法》中法院一并审查行政规范性文件的做法,设立一种新的类案监督类型,即因审判指导性文件引发的类案监督,主要针对审判指导性文件与法定的法律适用原则或标准不一致导致的普遍性、倾向性问题予以监督。

3. 建议细化民事检察类案监督的方式

结合司法实践需求,建立分类型监督方式。第一种类型,对于民事实体裁判类案的监督,可采用选取典型民事诉讼个案抗诉和纠正违法类案监督检察建议相结合的方式。这基于类案监督依托于个案办理,通过典型个案精准监督推进法院依法纠正,通过类案监督引起法院更高程度重视并推动自我纠错,充分体现检察机关履职智慧,实现检察机关主动用好监督机制和审判机关自觉接受法律监督的双赢多赢共赢。第二种类型,对民事审判程序和执行程序类案的监督,可采取纠正违法类案监督检察建议的方式。这基于严肃、规范和优化检察法律文书的要求,单独提出类案检察建议更为理性规范。若由上级检察院提出类案检察建议更为适宜、效果更好,则建议由上级检察院提出,并要求同级法院督促辖区法院整改落实。第三种类型,对民事审判指导性文件引发的类案监督,主要采取提出改进工作即社会治理检察建议方式。这基于民事审判指导性文件带来的普遍性、倾向性问题难以通过个案监督解决,通过类案监督,建议对民事审判指导性文件予以纠正或撤销,充分体现检察建议的话语权、权威性。

(二)规范基本路径

1. 建立民事检察类案监督的发现机制

首先,明确类案监督的情形。结合司法实践,在办案中发现法院重点对同一性质事实认定适用不同证明标准、基于类似事实作出相反裁判结果、对相同要件事实的证明责任分配不一致、适用同一法条时的理解与适用不一致、审判执行程序存在共性违法行为问题等六类情形时，应当予以类案监督。其次，明确类案监督的平台。根据目前法律检索平台应用情况，可以采用官方平台如中国裁判文书网、法信等，也可以运用非官方平台如 Alpha 案例库、北大法宝等。最后，明确类案监督检索参照的对象。充分结合民法典体系化特点进行民事案件类型化研究，重点把最高人民法院发布的指导性案例、公报案例及生效裁判案件或最高人民检察院编发的指导性案例、典型案例作为参照对象，也可以参照近三年来省高级法院发布的典型案例及生效裁判文书。

2. 建立民事检察类案监督的审查机制

首先，制作类案监督检索报告。将核心事实、法律关系及争议法律问题作为基本识别要素，通过法律检索平台进行检索，检索结果在案件审查终结报告中"需要说明的其他情况"部分予以列明，或制作单独的类案检索报告。类案检索报告应当客观、全面、准确，包括检索主体、时间、平台、方法、结果等。其次，做好类案监督适用的判断。将检索到的类案与进入监督程序的民事案件，从案件基本事实、争议焦点、法律适用等多个维度进行相似性识别和比对，并对裁判观点进行分析，对是否参照或参考类案检索结果作出分析说明，一并提请部门检察官联席会议或本院检察委员会讨论研究。最后，可通过检察机关民事行政案件专家咨询平台，邀请专家咨询就相关案件进行论证，提出类案监督的参考性意见。

3. 建立民事检察类案监督的决策机制

首先，明确类案监督的决策主体。根据具体案件类型，细化不同类型的类案监督决策主体。对于涉及审判、执行程序的"类案违法行为"，可由基层检察院检察官联席会议讨论或检察委员会决定具体类案监督意见。对于实体裁判的"类案不同判"，主要涉及法律适用问题，建议由地市级以上检察院的检察官联席会议讨论。对于涉及法律适用不一致等问题的案件，根据《人民检察院组织法》第 31 条规定，检察委员会负有讨论决定重大、疑难、复杂案件的职能，建议由地市级以上检察院的检察委员会讨论决定，确保类案监督的权威性。其次，建议地市级以上检察院检察委员会定期讨论，研究形成民事检察类案监督指引规范，通过一定形式在辖区检察院公开，供检察官办案参考。同时，通过类案监督，研究制定办理同类案件或处理同类问题的审查要点、注意事项并辅以相关的规范指引，逐步统一民事检察监督标准，发挥类案监督对同类案件办理的示范引领作用。

4. 建立民事检察类案监督的纠正机制

回归民事检察类案监督的本来属性，将其归入抗诉监督或纠正违法监督的范畴。首先，对于民事实体类"类案不同判"问题，依托个案提出抗诉或再审检察建议，同时从整体层面上提出纠正违法的类案监督检察建议，产生以点带面的检察监督效应。其次，对于审判程序和执行程序"类案违法行为"，如上诉人缴纳上诉费后一审法院不及时向二审法院移送卷宗等普遍存在的问题，可采取纠正违法类案监督检察建议的方式，建议法院依法纠正。各级检察机关要发挥工作主动性，发现本地区人民法院同一时期办理的案件具有类案监督情形的，应当开展同级类案监督。最后，对于司法实践中民事审判指导性文件带来的问题，其不属于民事检察监督个案的范畴，但其具有类案适用的效果，因此可采取提出改进工作检察建议，推进法院依法对审判指导性文件进行修改完善。

5. 建立民事检察类案监督的落实机制

首先，明确审判机关对类案监督意见的回应方式。建议参照最高人民法院《关于统一法律适用加强类案检索的指导意见（试行）》第10条的规定，审判机关在抗诉案件再审中应予以回应，在裁判文书说理中释明是否采纳民事检察类案监督意见，尤其是对指导性案例是否参照作出回应并说明理由，对其他参照案例在裁判文书说理中也应当予以回应。其次，完善检察机关对类案监督落实情况的跟踪监督。如果审判机关没有采纳检察机关提出的类案监督意见，检察机关认为仍符合监督条件的应跟进监督。同时，可通过检法联席会议进行类案磋商、类案专题研讨等方式，形成类案办案会签文件或裁判规则指引，达到共同推进法律统一适用的目的。

（三）健全配套性机制

1. 建立民事检察类案监督上下一体化机制

以贯彻实施民法典为契机，省级以下检察院要充分利用"检答网"，及时反馈法律适用方面存在的问题。对经过类案监督发现的具有普遍指导意义的法律适用问题，各级检察院要及时总结提炼，整理形成案例报送，最终形成省级层面的典型案例乃至全国层面的指导性案例，最高人民检察院可以此为基础建立全国统一、规范、权威的抗诉案例数据库。建议最高人民检察院建立类案监督大数据研究机制，对年度发现的法律适用不一致等问题，向最高人民法院提出民事检察类案监督检察建议。

2. 完善民事检察类案监督的考核引导机制

2020年4月，最高人民检察院印发《关于开展检察官业绩考评的若干规定》，提出"所办案件产生较大社会影响，对同类案件办理产生良好示范效果，或有利于解决本部门、本院、本条线弱项、疑难问题的，按影响度加分"。因此，应完善对类案监督的评判标准，鼓励检察官根据办案需要积极开展类案监督。建议优化民事检察业务考评体系标准，强化正向激励，在发现类案监督线索、提出类案监督意见、法院采纳整改等方面，类案监督应当比个案监督多倍计分，作为检察官业绩考评的重要依据。

3. 创建民事检察类案监督的外部支持机制

建议推进"法检律"同堂培训，共享类案检索平台，对法官、检察官、律师进行类案检索方法、系统比对等方面的培训，确保能够熟练利用大数据平台进行检索。鼓励律师代理民事申诉案件时，对于法律适用不一致等问题，可以提供类案检索报告供检察官办案参考。同时，在贯彻实施民法典中，最高人民检察院发现法律适用分歧等问题，可向全国人大常委会提出立法建议。若认为所涉司法解释同宪法法律相抵触的，向全国人大常委会提出审查要求或审查建议。

民事诉讼类案监督的实务困境和破局

侯巍冰*

摘　要：开展民事诉讼类案监督是检察机关做强民事检察工作的必然要求和重要举措，但民事诉讼类案监督在实务中却面临着缺乏监督的直接法律依据、缺乏权威的案例数据检索平台、缺乏体系化的具体办案指引、缺乏评价、激励和监督机制以及缺乏具有刚性的监督手段的现实难题。为了更好地发挥类案监督的制度价值，首先应拔高类案监督的法律地位，进而从类案的检索、识别、研判和监督四方面构建体系化的类案监督模式。

关键词：类案监督　类案检索　检察建议

最高人民检察院在《2018—2022年检察改革工作规划》中明确提出："要探索民事类案监督工作机制。"理论界和实务界通常认为，民事诉讼类案监督具有三个层面的功能作用，一是有利于检察机关统一监督标准，提升监督质效；二是有利于人民法院统一裁判标准，实现同案同判；三是有利于推动社会治理，防范化解风险。因此，在学习贯彻民法典的背景下，检察机关应将开展民事诉讼类案监督作为做强民事检察的重要抓手，着力推进民事诉讼类案监督走深、走实，进而实现民事检察的精准监督。

一、民事诉讼类案监督的内涵和延伸

最高人民法院在《关于统一法律适用加强类案检索的指导意见（试行）》

---

* 侯巍冰，广东省清远市人民检察院检察官助理。

中将"类案"定义为"与待决案件在基本事实、争议焦点、法律适用问题等方面具有相似性,且已经人民法院裁判生效的案件"。民事诉讼类案监督则,是指检察机关对进入民事诉讼监督程序的同类案件中存在的同类问题和不同类案件中存在的同类问题进行分析研究并提出监督意见的监督模式。① 从语义上分析,类案监督既对同类案件中的同类问题进行监督,也对不同类案件中的同类问题进行监督,着重点在"问题同类"而非"案件同类",范围看似比法院的"类案"要宽泛。细言之,法院在"类案"的基础上推行的案例指导制度旨在促进实体层面的法律适用和裁判尺度的统一,而类案监督除此之外还包括对送达等程序层面的监督,且目前实务中大部分的类案监督也停留在这一层面上。邵世星教授将类案监督划分为案件类的类案监督和事件类的类案监督,前者着重观察案件裁判的适用法律问题,后者着重观察程序环节的违法问题和执法中的违法问题。② 这种划分法还将类案监督拓宽到了执行乃至非诉执行的领域,虽超脱了"诉讼"的阶段,但监督的目的是一致的,因此本文也将(非诉)执行领域的类案监督纳入观察视野。同时,将类案监督划分为案件类的类案监督和事件类的类案监督能够涵盖并区分类案监督的监督对象,有利于更好地开展说理,因此在本文中亦将予以借用。

为了更好地理解类案监督制度的功能价值,笔者意图释明以下几个问题。

(一)类案监督并非个案监督的简单集合

个案监督针对的是人民法院就个案诉讼中的事实认定部分、法律适用部分和诉讼程序是否正确或正当,维护的是当事人在个案诉讼中的实体权利和程序权利,追求的是"个案正义";类案监督则是对在事实认定和法律适用上具有相似性的民事案件在裁判尺度、裁判规则上的一致性进行检察监督,以规模效应促进法律的统一适用,追求的是"普遍正义"。因此,类案监督应当被认为是个案监督的高级形态,个案监督发展到一定阶段,便自然产生

---

① 参见滕艳军:《民事诉讼类案监督的价值与路径》,载《检察日报》2019年10月15日,第3版。

② 参见邵世星:《民事诉讼类案监督的实务考察和完善建议》,载《人民检察》2015年第3期。

类案监督的需求。①

（二）类案监督所要实现的"同案同判"并非"依葫芦画瓢"

对于何为"同案同判"，理论界存在不同的阵营，有的主张同案同判指的是相同案件相同处理，有的主张同案同判指的是类似案件类似处理。后者拥趸更多。民事诉讼类案监督所要实现的同案同判应为类似案件类似处理。在主张的层面上，同案同判并非结果导向，而是施加理由的原则。它的主张是，如果两个案件在法律上相同或相似，那么就有理由处以相同的法律后果。作为形式原则，同案同判虽然具有推定优先性，但并不是终局性的，始终存在被个案正义所凌驾的可能。因此，它与差异化判决完全可以相容。②

（三）类案监督并非要消弭法官的自由裁量权

"法律的生命不在于逻辑，而在于判断。"自由裁量权作为缓和与消弭法律规范的僵硬与现实生活的灵活性之间的矛盾的有效手段，是实现裁判工作的重要途径。因此，法官行使自由裁量权自有其正当性和必要性。类案监督并非和法官的自由裁量权背向而行，相反，二者的终极目标都是追求正义。类案监督更多的价值在于规范法官的自由裁量权，防止自由裁量权的滥用损害司法权威。

二、民事诉讼类案监督的现实困境

在前期资料准备阶段，笔者试图检索全国或任何省份的民事诉讼类案监督的办案数据，但并无收获。各地办理的类案监督典型案例大多集中在诉讼代理人资格认定、文书送达程序等较为浅表的问题，鲜少有促进法院统一裁判标准、实现同案同判等深层次监督案件。笔者并非否认各地所作的有益探索，而是认为类案监督在强化民事诉讼监督的目标之下应有更为广阔的拓展

---

① 参见赵刚、卢斌：《民事诉讼监督范围拓展的原则及拓展空间——以类案监督的理论与实践为研究视角》，载《深化检察改革的基础理论问题研究——第二届中国检察基础理论论坛文集》2012年。

② 参见雷磊：《如何理解"同案同判"？——误解及其澄清》，载《政法论丛》2020年第5期。

空间。类案监督面临的现实困境，笔者粗浅分析主要有以下几个方面：

（一）缺乏权威的案例数据检索平台，难以高效进行类案检索

类案监督的前提是对类案进行检索，在对多个案件进行分析的基础上才能发现共性问题，进而开展监督。目前，法院的类案检索平台主要有中国裁判文书网、法信、中国司法案例网等，以及各地自行研发的仅供法院内部使用的一些平台，如北京高院研发的睿法官系统、贵州高院研发的类案裁判标准数据库。检察机关目前暂未实现对地方法院的内网的检录，实践中主要依托中国裁判文书网、北大法宝等公开的数据库进行类案检索。但这些检索平台存在一系列的"硬伤"，如基数过于庞大，未能有效整合司法资源，有问题的案例可能未上传公开以逃避监管，检索的精准度不够等，办案人员只能对搜索出来的文书进行一一比对和识别，需要花费高昂的时间成本和人力成本，且检索效果可能不佳。"12309"中国检察网亦未设置对民事诉讼类案进行搜索的功能。

（二）缺乏体系化的具体办案指引，难以规范开展监督

类案监督尚处于探索阶段，尚未出台全国统一适用的办案指引。广东、浙江宁波市等少数省份或地区已率先出台了关于民事诉讼类案监督的办案指引，凝练了一些地方经验。但这些指引主要集中在类案的界定、检索条件、监督方式等原则性的规范，对于具体如何开展办案的规定则较为笼统，囿于地域的效力各地也只能予以参考。实务中类案监督的检索主体、检索时间、检索平台、检索方法、检索结果的运用等检索的要求，均处于无序的状态，各地对于类案监督的审查终结报告的撰写、系统文书文号的设置，甚至是类案检察建议的送达等问题存在不同的做法，在开展工作过程中陷入了"摸着石头过河"的迷惘境地。

（三）缺乏评价、激励和监督机制，难以调动办案积极性

类案监督相比个案监督，工作量更为繁重，但现有的统一业务应用系统却没有针对类案监督的版块，系统也无法抓取和识别类案监督的数据，各地的办案通报中也无关于类案监督的统计数据，在一定程度上打消了各地开展类案监督的积极性。同时，由于系统无法识别类案和部门沟通不畅，导致

实务中甚至发生了基层检察机关以类案监督形式发出的检察建议被错误通报"滥发检察建议"的情况，引发了认知恐慌。另外，根据《人民检察院检察建议工作规定》的相关规定，检察建议实行备份制，但备份制度属于检察机关内部的事后监督，如果基层检察院拖延或忘记向备案部门备案，备案部门根本不能及时掌握办案情况，即使按照规定及时备份了，备案部门也可能未能及时发现已制发的检察建议存在监督不准确的情形。虽然上级检察机关对认为确有错误的检察建议享有变更权或撤回权，但对不符合规定的检察建议予以变更或撤销，既有损害检察机关监督权威之虞，实务中亦鲜见对已制发的检察建议进行变更或者撤销的案例。

（四）缺乏具有刚性的监督手段，难以实现精准监督

实践中，类案监督的手段主要有三种：一是针对类案反映的问题发出检察建议，如最高人民检察院就防范和制裁虚假诉讼工作向最高人民法院发出的第5号检察建议；二是在类案分析的基础上，以与法院开展座谈、联合调研的方式互相交换意见，达成统一认识；三是检察机关对一定时间内的总体监督情况进行总结、分析后向法院进行通报。笔者认为，后两种方式更像是与法院建立的一种联席沟通方式，在类案监督的探索阶段通过这两种较为缓和的形式寻求解决问题的方式有一定的必要性和正当性，但这两种方式不应作为法定的监督方式。

三、民事诉讼类案监督的破局

相比于办理个案监督，开展类案监督需要针对一类案件开展办案工作，要精准研判类案监督线索的价值，高效检索汇集同类案件材料，运用正确的法律分析方法对共性问题进行比较归纳，形成更为精准的法律适用标准，提出有效解决问题的措施建议，还需要考虑采取适当方式确保类案检察建议得到切实采纳。这些工作相互关联，缺一不可，形成了系统性的类案监督工作范式。① 因此，在构建民事诉讼类案监督机制的工程中，应着重做好以下几个方面的工作，实现类案监督的强势破局：

---

① 参见杨建锋：《民事检察类案监督实践问题与建议》，载《检察日报》2020年7月27日，第3版。

(一)类案的检索

巧妇难为无米之炊,类案监督的前提是类案检索,而类案检索的前提则是有足够多的案件作为检索对象。一是建立专门的案例数据检索库,加大类案的供给。目前,宁波地区率先自主研发了"N+1"检察监督系统,通过收录法院生效判决,以类案识别的实质要素或者组合为关键词,即可进行相应的检索;广东省在推进虚假诉讼工作过程中亦研发了智慧民事检察监督平台提供大量的案件支撑,这些都是很好的示范。二是实现类案的智能检索和推送,提升检索的效率和精准度。当前检答网对于办案人员提问的问题能够实现自动推送类似问题的功能,并且以百分比的形式显示问题的相似程度,但事实上问题的相似程度并不高。案例数据检索库也可参考设置通过关键词搜索或输入案件信息搜索的方式,自动识别并推送相似度较高的案例。三是建立类案监督的数据库,类案监督的数据库区别于案例数据检索库,收录的是各地检察机关办理的典型的类案监督检察建议,不仅可以实现检察机关的"同案同监督",也可为在后的监督提供成功的范本,节省办案资源,保持检察监督的统一性和严肃性。类案监督的数据库可作为与案例数据检索库相互独立且平行的版块共存于同一个平台当中。此处应重视类案监督指导性案例的撰写,凝练监督的要素,让其在某些不重要的因素上可以随意增减,但核心内容应具有较强的参考性。

(二)类案的识别

两个事物相同与否,取决于认识它们的标准;相同与否的判断,是认识论判断。[①]因此,对于类案的识别是一种认识论的判断,要求检察人员具有娴熟的法律知识。首先是以诉的要素对类案进行初步的判断。诉的要素包含了诉的主体、诉的客体和诉讼理由,即诉的当事人、诉讼标的和事实理由,这是区别此诉与彼诉的根本依据。在类案的识别中,检察人员应牢牢抓住这三个识别要素对类案进行判断。其次是要进一步排查筛除影响类案成立的要素。如建设工程合同禁止承包人将工程分包给不具备相应资质条件的单位,因此即使诉的当事人都是公司,也有可能因为甲诉中的当事人具有相应的资质,乙诉中的当事人不具备相应的资质而不能认定为类案。同理,即使诉的

[①] 转引自雷磊:《如何理解"同案同判"?——误解及其澄清》,载《政法论丛》2020年第5期。

要素相同，还会因为是否存在自认的事实、是否抗辩诉讼时效和除斥期间的经过而产生不同的法律后果，均需要检察人员进一步进行甄别。

（三）类案的研判

经过了类案的识别，"素材"即已准备后，接下来便进入"备菜"的阶段了。一是厘清类案的分歧点，此处依旧可以援引诉的三要素找出类案之间在哪一环节存在分歧，如对诉讼代理人资格的认定属于诉的主体范畴，对案件事实的认定则属于事实理由的范畴，此外还应关注类案在审判程序、执行程序等方面是否存在分歧。简言之，这里要解决的问题是要找出矛盾点。二是厘清类案的分歧点进行，通过与指导性案例进行比对或查找相关的法律法规，研判得出支持性观点，这里要解决的问题是要"找出正确答案"。三是选择拟开展监督的方式，当前类案监督主要有三种监督方式，检察人员可根据类案的具体情况选择适用。但笔者认为，检察机关开展民事检察监督的法定形式是提出检察建议或抗诉，民事检察欲做到"以法服人"，应以发出检察建议作为主要的监督方式，更能彰显检察监督的权威性和严肃性。

（四）类案的监督

对类案进行研判后开展监督是最后也是最为重要的"烹饪"工序。一是应当尽早出台全国适用的类案监督办案指引，从线索的发现、立案受理、调查核实、结案、送达等各个环节制定体系化的具有可操作性的办案指引。如暂时未能出台完善的监督指引，也可参考行政争议实质性化解工作，通过问题解答的形式对可固定下来的办案模式进行指引。二是应及时升级统一应用系统的配套机制。最迫切且简单的方法是在案卡上增设"是否属于类案监督"的选项，增加统计数据项，以实现系统自动抓取和统计类案监督的功能，提升各地办案的积极性。在此基础上，应考虑在系统中设置类案监督的独立入口和相关板块，设置流程节点和相应的文书模板，增强办案的可重复性和稳定性。鉴于当前类案监督的不成熟，各地在拟发出检察建议前应先与上级对口业务部门就监督的情形和检察建议的内容进行充分沟通，发出检察建议后及时层报省级院对口部门进行备份。省级院应及时对备案的检察建议进行审查，以保证监督的准确性。此外，检察官业绩考评细则中应增加并细化对类案监督的考核，尤其是以数据通报和座谈会等形式开展的类案监督。

论基层检察的民事类案监督

洪 菊*

摘 要：类案监督作为民事检察监督的一种高级形态，具有个案监督所不具备的监督优势。廓清民事检察监督语境中类案监督的概念，并结合基层检察类案监督的实务现状，对基层检察类案监督实践的问题进行分析，就基层检察类案监督工作的提升提出选择的路径。

关键词：个案监督 类案监督 基层检察

近年来，检察机关以内设机构改革为突破口，形成并确立了"四大检察""十大业务"的法律监督新格局。全国民事检察部门亦在"做强民事检察"新理念指引下，积极拓宽民事检察的广度和深度。民事检察类案监督，相较于传统的个案监督，在统一法律适用上具有明显的优势，并作为民事检察监督的一种高级形态进入民事检察监督视野。但在基层民事检察机关具体实践中，类案监督面临一些困境亟待解决。

一、民事检察类案监督概述

（一）民事检察语境中对类案及类案监督的界定

学理解释层面上，对民事类案的界定主要从裁判的视角指向事实认定和法律适用，如有学者认为民事类案是指进入民事诉讼程序并在事实认定和法

---

* 洪菊，浙江省余姚市人民检察院检察官助理。

律适用上具有高度相似性或者高度相关性的案件的集合体。①司法实务层面上，检察机关虽然正在大力推进民事检察类案监督工作，但并没有对何为类案作出概念解释，这就需要从相关规范性文件的表述中进行分析。最高人民检察院《关于案例指导工作的规定》中提出了"类似案件"的概念，②最高人民法院在《关于案例指导工作的规定》第7条亦有"类似案例"③的表述，并在《关于统一法律适用加强类案检索的指导意见（试行）》第1条对"类案"进行了正面定义，是指与待决案件在基本事实、争议焦点、法律适用等方面具有相似性，且已经人民法院裁判生效的案件。

在"两高"规范性文件对民事类案进行廓清的基础上，并根据《人民检察院民事诉讼监督规则》第117条的规定，④笔者认为，所谓民事检察类案监督，指一定地域内的检察机关针对一定时期、一定数量的民事案件中反映同类问题适用法律不一致、多起案件中适用法律存在同类错误、多起案件中有相同违法行为等普遍性问题，依法向法院或有关单位提出检察建议或采取其他监督措施，同时预防将来可能再次发生类似问题。

（二）民事检察类案监督的目的性质及功能价值

类案监督作为民事检察监督的一种新型形态，但仍需在民事诉讼法规定的民事检察监督框架内运行，本质是诉讼监督性质，其根本目的依旧是依法对民事诉讼活动中实体裁判结果、审判程序、执行活动等方面进行法律监督。基层民事检察工作实践中，针对具体的案件和具体的审判人员实施法律监督的个案监督业已固化为常态表现，这种通过个案切入来履行法律监督职

---

① 参见许志鹏：《民事类案监督研究》，载《江西理工大学学报》2012年第6期。
② 最高人民检察院《关于案例指导工作的规定》（高检发办字〔2019〕42号）第2条第1款第3项规定中有如下表述，"在事实认定、证据运用、法律适用、政策把握、办案方法等方面对办理类似案件具有指导意义"。
③ 最高人民法院《关于案例指导工作的规定》（法发〔2010〕51号）第7条规定，最高人民法院发布的指导性案例，各级人民法院审判类似案例时应当参照。
④ 《人民检察院民事诉讼监督规则》第117条规定，"人民检察院发现人民法院在多起同一类型民事案件中有下列情形之一的，可以提出检察建议：（一）同类问题适用法律不一致的；（二）适用法律存在同类错误的；（三）其他同类违法行为。人民检察院发现有关单位的工作制度、管理方法、工作程序违法或者不当，需要改正、改进，可以提出检察建议"。

能,更具有针对性而易于被法院接受,监督效果也更能直接而快速地体现。但同时也应当看到个案监督过程中存在的、局部性、滞后性以及低效性等不足,如局限于就案办案,缺乏系统性、整体性,监督规模及质效有限。类案监督补短扬长,能够弥补个案监督内在缺陷与不足,同时又具有能动性、对事性、普遍性、建设性[①]等内在优势,充分彰显了检察机关对民事诉讼法律监督的功能价值。

1. 拓展民事检察监督的职能范围

一方面,个案监督由于对具体当事人的权利义务产生影响,一般比较审慎,对比较严重的违法问题方才施以监督,类案监督的方式和内容则能够将那些不符合个案监督条件或者个案监督效果不好的违法情形纳入监督范围。另一方面,以类案监督为依托,跳出就案办案的狭小天地,找到服务大局、融入大局的切入点,针对类案监督审查过程中发现的普遍性社会管理问题,向有关单位发出改进工作的检察建议,参与到社会治理的服务大局工作中。[②]

2. 提升民事检察监督的规模效益

首先,类案监督的基础案件源于同种类的多数案件,使类案监督天然具有一定的规模性。其次,通过类案监督能够在更高的层面上对法院的司法工作提出监督意见,而不仅仅是就案论案。最后,类案监督能充分反映相关问题的严重性且有比较充分的监督事实和理由,更能推动法院规范其审判行为,监督质效较高。

3. 实现民事检察监督的事前监督

类案监督是一种批量性监督,利用相同种类的监督资源和监督知识体系,在对多数案件行使了法律监督权的同时,试图去解决制度性的问题,预防类似问题发生,以实现普遍正义。换句话说,类案监督形式上是一种事后

[①] 参见李敏:《民事检察类案监督的界定及其实施路径》,载《中州学刊》2017年第7期。

[②] 如全国多地检察机关发现人民法院在民间借贷纠纷案件的判决中,对借款利息未征税,遂向人民法院发出检察建议,促使人民法院和地方税务机关建立了民间借贷案件利息个人所得税联合管控机制,堵住了国家税款流失漏洞。参见《民间借贷利息收入也要纳税——湖南资兴:检察建议让个税征收管理更规范》,载《检察日报》2020年6月7日,第2版;《类案监督是提高民事检察监督质效的有效方式》,载《检察日报》2020年10月14日,第5版。

监督，实质上兼具事前监督的功能，有效缓解同样问题的案件被检察机关反复监督的检察监督困境。同时，这种节省监督资源的监督方式更符合保障国家法律统一、正确实施的法律监督本意。

二、基层民事检察类案监督的实务考察

最高人民检察院高度重视民事诉讼类案监督工作，并将"探索民事诉讼类案监督工作机制"写入《2018—2022年检察改革工作规划》。近年来，全国各级检察机关高度重视并积极探索开展民事检察类案监督工作，其中，基层检察院作为整个检察机关的基础，其在民事检察类案监督方面的工作开展情况可以客观反映类案监督机制的运行状态。

（一）基层民事检察类案监督的实践现状

自2018年以来，笔者所在的基层检察院民事检察部门提出各类检察监督数共307件，其中关涉类案监督的监督数共277件，本文将通过民事检察三大监督领域的类案监督办理情况对该基层检察院类案监督的现状进行样本考察。

第一，民事生效裁判结果监督领域，办理类案监督违法类型为"套路贷"型民事虚假诉讼，监督方式为提请抗诉和发再审检察建议。民事检察部门对刑检部门办理的"套路贷"犯罪案件进行分析梳理，查实实施"套路贷"犯罪的行为人采用虚假陈述、伪造证据等手段，以捏造的事实向人民法院提起虚假诉讼后，向同级人民法院发出再审检察建议102件，提请上级检察机关抗诉17件。

第二，民事审判活动监督领域，办理类案监督违法类型集中在合议庭组成人员变更未及时告知、公民代理资格审查不严这两类，监督方式为发检察建议。针对开庭临时更换合议庭组成人员，未向当事人及时告知的情形，向同级人民法院发出检察建议6件；针对法院对公民代理资格审查不严，导致相关人员在缺乏证明材料的情况下以单位工作人员作为诉讼代理人参与诉讼的情形，向同级人民法院发出检察建议20件。

第三，民事执行活动监督领域，办理类案监督的两类违法类型分别为限制消费令措施作出不当、采取信用惩戒措施不当，监督方式为发检察建议。

针对执行通知书与限制消费令同时作出并送达被执行人的情形，向同级人民法院发出检察建议 28 件；针对财产申报期未届满，径行以违反财产申报制度将被执行人纳入失信名单的情形，向同级人民法院发出检察建议 104 件。

（二）基层民事检察类案监督实践的问题分析

可以看出，该基层院类案监督工作格局有待进一步打开，存在类案问题研判能力不强、类案监督理念与价值体现不充分等问题，主要表现在以下几个方面：一是问题相对浅表，如民事审判、执行活动检察监督中，发现的主要问题为公民代理人证明资料欠缺、提前作出信用惩戒措施等违法程度有限的问题，而无对同案异判、异案同判等法律适用问题开展的类案监督。二是多立案件，对存在相同问题的民事审判或执行案件，全部以一个法院案号对应一个检察监督案件进行依职权受理，套用审查报告、讨论笔录等文书模板，增加工作量。三是多发检察建议，向法院同时发送多份近乎相同的检察建议，指出的违法行为、引用的法律规定、提出的建议对策基本一致，与类案监督的资源节约性、监督高效性的理念相悖。

该基层检察院在类案监督工作上所遭遇的尴尬困境并非个例，其尚未建立有效的类案监督机制的原因，对其他基层检察院来说，亦具有普适性、共通性。

1. 类案监督的案源短板效应明显

案源短缺一直是基层民事检察工作中的"短板"，反映到类案监督中，"短板效应"仍旧明显。类案监督虽然不是个案监督的简单集合，但个案监督的办案规模是类案监督的基础，没有一定的个案支撑，类案监督将是无本之木。从该基层检察院的业务数据来看，2018 年以来的个案监督数量仅为 30 件，年均个案监督数不足 10 件，监督体量不大。另外，类案监督数量为 277 件，数据较大，但针对的主要问题类型仅有 6 种，监督体量亦不大。

2. 缺乏成熟的类案监督范式指引

类案监督是个案监督的范式升级，但是检察机关目前还缺少体系化的规则指引和配套制度，缺乏有效监督指导。民事检察类案监督现在主要是在基层检察机关开展，缺乏相关指引规则与上级院有效指导，只是基层民事检察部门边探索边开展，难以有机整合相关工作力量，取得类案监督最佳质效。[①]

3. 未科学设置类案监督的考核指标

该基层检察院的民事检察业务绩效考评规则中，对类案监督治理价值未科学设置正向的评价标准，仍以检察监督案件的数量指标为主要考核项目，因此，民事检察类案监督工作在绩效考核的"指导"下极易异化成"注水数据"式的个案监督。

4. 基层检察的类案监督人才储备不足

开展类案监督需要精准研判线索价值、高效检索类案材料、比较归纳共性问题、提出有效解决措施，这些对办案人员的专业素能要求极高。虽然经过自上而下的内设机构改革后，民事检察监督职能的地位有所提高，基层民事检察部门人员配备数量也有所增加，但民商事检察监督人才储备不足，现阶段无法达到类案监督所要求的专业化程度问题仍存在。

三、提升基层检察类案监督工作的路径选择

（一）回归类案监督应有的监督理念与价值

类案监督的本意是对司法活动中一类问题进行高效监督，确保法律统一正确适用，同时起到预防同类问题再次发生。基层检察的类案监督应当坚守这一初心，深刻认识到类案监督不是个案监督的简单集合，坚决摒弃类案监督工作个案化的做法。如应当明确针对反映同类问题的个案或者串案中的个案采取监督措施，无论监督的个案数量多与寡，监督对象仍是个案存在的具体问题，并非真正意义上的类案监督，且严重浪费检察监督资源。再如，基层检察类案监督实践中，积极践行"枫桥经验"、发挥同级就近监督优势，充分彰显类案监督的高效性。

（二）探索建立类案监督线索发现的有效机制

一方面，借助现代信息技术进行类案的识别与检索，积极主动获取监督

[①] 参见杨建锋:《民事检察类案监督实践问题与建议》，载《检察日报》2020年7月27日，第3版。

线索。如宁波市人民检察院自主研发的"N+1民事检察筛查系统",通过案例数据库检索平台,以类案识别的实质要素或其组合为关键词进行检索,并将获取的类案监督线索移交各基层院。另一方面,发挥指导性案例的引领示范作用,被动启示获得监督线索。如最高检于2019年发布涉及骗取支付令执行、骗取调解书、公证执行、劳动仲裁执行、交通事故保险理赔等5件民事虚假诉讼监督典型案例,于2020年发布4件服务保障民营经济指导性案例,包括民营企业及企业家被明显超标额查封、误列失信被执行人名单执行监督案、恶意诉讼侵害民营企业家财产权、检察机关多元化解矛盾促成企业和解,基层检察机关可以比照指导性案例中的违法监督点,视本地检察监督情况适时启动类案监督。

(三)推进形成类案监督范式的机制化与体系化

类案监督范式内容上包括:构建上下级院一体化类案监督办案机制,实现案件线索跨院汇集与移送;开发建立电子案例资源库,实现智能检索与推送;组建类案监督研究核心团队,针对司法热点难点问题集中研究,提升法律适用标准研判能力;完善类案监督案件管理机制,从立案分案环节就对案件分类移送对应办案人员等。① 这一范式的形成,需要各级院民事检察职业共同体的工作合力,基层检察机关应当从检察类案监督的全局工作出发,同时立足基层检察角色的定位,厚植民事检察类案监督专业人才培养土壤,提高自身类案监督的问题研判能力,协同上级院推进规范化指引等类案监督机制的搭建工作。

(四)完善类案监督的业务绩效评价标准

对于已系统摸排、调卷审查、调查核实的个案,基于案件化办理的要求和办案绩效考量,基层院更愿意通过个案监督以体现工作业绩,类案监督动力不足。应当改变现行民事检察工作"唯数量论"的考核评价体系,坚持监督效果导向,科学化设置绩效考评项目。如可以从案件数量、员额数、监督意见采纳率、整改措施是否到位、是否属于往年监督的违法行为、监督方式

---

① 参见杨建锋:《完善民事检察类案监督范式》,载《检察日报》2020年8月31日,第3版。

的典型性和创新性、不当监督方式的负面影响等进行综合评价,并着重突出监督效果分值比重,①借此鼓励基层检察院挖掘类案监督新的违法点,特别是在案源有限的条件下,探索如何实现类案监督的效益最大化。

(五)增强穿透式类案监督的溯源治理能力

根据《人民检察院民事诉讼监督规则》第117条第2款、《人民检察院检察建议工作规定》第11条第1款第3②项、第4项②的相关规定,检察机关可以直接向本院所办理案件的涉案单位、本级有关主管机关以及其他有关单位提出改进工作、完善治理的检察建议。故基层检察的类案监督工作可参与到社会治理的服务大局工作中,善于通过一类监督案件溯源发现深层次的社会治理问题,以促进法院或相关行政机关各方从源头到终端实现共治,形成社会治理闭环,赋予检察类案监督的现代化社会法治治理能力。如实践中法院民事执行过程中作出限制消费令、纳入失信名单等信用惩戒措施后,出现"老赖"仍可乘坐飞机、高铁的"纸面监督"现象,检察机关可启动穿透式类案监督,向法院及民航、铁路管理部门提出改进措施,维护司法公信力。

---

① 参见杨沧海:《关于规范开展行政检察类案监督的几点思考》,载《检察日报》2021年4月7日,第7版。

② 《人民检察院检察建议工作规定》第11条第1款第3项、第4项规定,"人民检察院在办理案件中发现社会治理工作存在下列情形之一的,可以向有关单位和部门提出改进工作、完善治理的检察建议……(三)涉及一定群体的民间纠纷问题突出,可能导致发生群体性事件或者恶性案件,需要督促相关部门完善风险预警防范措施,加强调解疏导工作的;(四)相关单位或者部门不依法及时履行职责,致使个人或者组织合法权益受到损害或者存在损害危险,需要及时整改消除的……"

民法典实施与民事检察监督创新发展

——以民间借贷类虚假诉讼监督为切入点

朱子聪 冼春宇 刘元见*

摘 要：利息规制历来是我国规范民间借贷融资领域的重要司法政策，民法典将"禁止高利放贷"上升为法律，显示国家重拳打击民间高利放贷的决心。高利放贷不仅影响民间资本正常运行秩序，同时让民间借贷成为虚假诉讼的高发领域。民法典将其法律化、典范化，为检察机关开展虚假诉讼监督提供了法律依据和良好契机。

关键词：民法典 高利放贷 虚假诉讼 民事检察监督

民法典是新中国成立以来第一部直接以"民"命名的法典，也是第一部以"法典"命名的法律。以"民"命名，充分体现将人民愿望和利益诉求置于首位；以"法典"命名，充分表明凡是纳入民法典的规则都将具有基础性、典范性的特点。检察机关作为国家法律监督机关，历经自上而下的职能转隶和内设机构改革后，以"四大检察"和"十大业务"重新定义新时代检察工作。民事检察作为"四大检察"之一，在化解矛盾纠纷、维护社会稳定、促进经济发展等方面发挥着不可替代的作用，民法典的实施必将深刻影响新时代民事检察工作的创新发展。

---

* 朱子聪，广西壮族自治区人民检察院检察官；冼春宇，广西壮族自治区人民检察院检察官助理；刘元见，广西壮族自治区人民检察院检察官助理。

一、新时代民事检察工作的着力点——虚假诉讼监督

近年来,随着社会经济不断发展、社会急剧转型,利益分配不均、制度供给不足等原因导致社会诚信缺失,同时随着监管合力缺位、资本逐利最大化、涉黑涉恶团体操纵等原因,虚假诉讼案件日益剧增,且呈现涉及领域广、涉案主体多、社会影响恶劣等特征,严重侵害公民合法权益,扰乱正常司法秩序,影响诚信社会体系构建,人民群众对此反映强烈。基于对虚假诉讼监督的法定职责,最高人民检察院部署各级检察机关积极开展虚假诉讼监督专项活动,全面推动虚假诉讼监督工作向纵深发展。2016—2020年连续五年的最高人民检察院工作报告中,均将虚假诉讼监督作为民事检察工作重要内容进行总结报告。[①]

广西检察机关以虚假诉讼监督为突破点,将虚假诉讼监督作为基层民事检察业务新的增长点,不断延伸监督深度和广度,通过积极协调建立外部配合内部协作相衔接的工作长效机制,集中破解虚假诉讼发现难、查证难、监督难等痛点,将防范和打击虚假诉讼作为当前工作的重要一环,融入"四大检察"全面协调充分发展的检察大局中,推动实现检察机关内外部双赢多赢共赢的法律效果和社会效果。

二、虚假诉讼监督的重点领域——民间借贷纠纷

(一)虚假诉讼的主要案件类型

虚假诉讼在民间借贷、离婚、房地产权属、道路交通事故损害赔偿、企业破产、国有企业改制、驰名商标认证、保险理赔、征地拆迁补偿安置、申请支付令、担保物权等民商事审判多领域频发。[②] 其中,由于民间借贷纠纷案件中事实较为清晰简单,双方当事人合同履行的路线短促,对证据要求相对较低,且该类纠纷中常见的证据如借条、银行汇款凭证的获取都相对轻松和简单,在一些熟悉诉讼流程和深谙证据策划的"有心人"的包装下,该类

---

① 参见易志斌:《检察机关虚假诉讼监督工作实务思考》,载《新时代民事检察的理论与实践——第十五届国家高级检察官论坛论文集》,中国检察出版社2019年版,第426~435页。

② 参见赵晓红、苏彦来:《民事虚假诉讼法律规制——兼论虚假诉讼之检察监督》,载《黑龙江省政法管理干部学院学报》2018年第3期。

虚假诉讼在证据形式和外观表态上呈现真实、规范、合法等特点，因其自身的迷惑性和隐蔽性，导致民间借贷纠纷成为虚假诉讼的"重灾区"。① 以广西检察机关查办民事虚假诉讼案件为例，自虚假诉讼专项监督活动开展以来，全区检察机关在立案审查的涉嫌虚假诉讼案件中，占前三位的是民间借贷纠纷、劳务合同纠纷和买卖合同纠纷，而其中民间借贷纠纷案件占到了48.6%。

（二）民间借贷类虚假诉讼的突出特点

民间借贷类虚假诉讼，通常是指当事人为了获取非法利益，通过采取恶意串通、捏造事实、伪造变造证据、虚构法律关系等方式提起民间借贷民事诉讼，意图使人民法院作出错误裁判和执行，侵害第三人、集体或者国家利益的行为。当前，民间借贷领域虚假诉讼频发，该类案件普遍具有以下三个较为突出的特点：一是借贷关系中原告多为同一人，且双方形成的借贷关系多与常理不符，存在借款本金内包含利息、保证金、担保费用、手续费等或双倍/多倍金额借条等现象；二是多为单方欺诈型虚假诉讼，出借人以部分虚假、捏造的事实提起虚假诉讼或用已经履行、清偿完毕的协议、合同、借据再次提起诉讼；三是缺席判决居多，原告通过提供虚假被告、虚假地址、虚假联系方式，导致法院无法直接送达而采取公告送达方式送达法律文书，或者采取暴力、威胁手段等方式使对方不能、不敢出庭应诉，或与审判人员相互串通勾结，从而导致缺席判决。②

（三）高利贷成为民间借贷恶化为虚假诉讼的阶梯

利息规制是民间借贷的核心问题，也是人民法院审理民间借贷案件适用法律问题的重要内容之一。民间借贷类虚假诉讼案件中，以各种非合理、不合法的利息约定为代表的欺诈型高利放贷案件较为常见，以高利放贷为源头从而衍化为"套路贷"、涉黑涉恶案件的情形也较为普遍，一些违法犯罪分子为达到以合法手段实现不法的目的，各种"套路"花样翻新，制造各种"证据链条"，甚至不惜代价腐蚀、拉拢、围猎司法审判人员。如梧州市

---

① 参见徐日丹、贾阳：《民间借贷纠纷成虚假诉讼的"重灾区"》，载《检察日报》2016年2月3日，第1版。
② 参见苏文玉、金庆微：《民间借贷虚假诉讼检察监督的现实问题与完善举措》，载《中国检察官》2020年第5期。

张某某黑社会犯罪团伙民间借贷虚假诉讼监督系列案,该涉黑团伙假借民间放贷之名,通过高利放贷、隐瞒清偿本息事实、暴力胁迫催债和借助虚假诉讼等方式获取非法利益。梧州市检察机关及时发现张某某黑社会犯罪团体刑事案件中犯罪嫌疑人进行虚假诉讼的线索,充分利用侦查机关依法取得的案件证据材料,并依法发出检察建议指出黎某某、罗某某、徐某某对本案借款40万元本息债务已经清偿完毕,不存在违约情形,本案属于虚假诉讼,建议梧州市中级人民法院对本案进行再审。梧州市中级人民法院经审理查明案件事实后,全部采纳检察机关的检察建议,撤销原审判决,驳回黄某的诉讼请求。该案是一起典型以追求高额利息为利益起点,从而演变成具有涉黑涉恶性质的"套路贷"案件,造成极为恶劣的社会影响和司法后果。

三、民间借贷类虚假诉讼初始形态——高利放贷行为

(一)高利放贷的概念及危害

高利放贷,是指利息设定超过国家法律法规对民间借贷利率司法上限的民间借贷形式。高利贷在民间资本运行中呈现日益多样化态势,势必会导致非正常、非合理、非公平的民间借贷纠纷激增,甚至滋生各类衍生违法犯罪行为。高利贷的频繁出现容易引发民间资本运行诸多乱象,破坏正常金融秩序,对借贷者而言,其将面临高额利息、暴力催收、人身精神损害等巨大风险;对放贷者而言,其将面临被列入职业放贷人名录、构成刑事犯罪、血本无归以及牢狱之灾等风险;对国家而言,将面临案件量爆炸式增长、严重扰乱金融市场秩序和司法秩序、社会信用危机等不良局面。高利贷本是民间借贷的一种特殊形式,因其约定的高额利息而不受法律保护。

(二)高利放贷的衍化路径

高利放贷本是追求高额利息的一种民间借贷形式,原属民事法律调整范畴。随着社会经济的不断更新发展,高利贷的衍化路径亦呈现各种新形态和新趋势,其与"套路贷"、涉黑涉恶势力存在极为密切的联系,三者在社会经济活动中的界限日益模糊,三者相互转化交织的情形逐渐成为常态和主流,因而使高利贷从民事法律调整范畴逐渐向刑事法律调整范畴衍化,随之导致一系列违法犯罪案件激增,其中最常见的违法犯罪形态即与虚假诉讼关

系密切。出借人一般会要求借款人签订阴阳合同或虚构双倍/多倍本金、收取砍头息等形式将高额利息"合法化",如借款人按时偿还本息,该情形仅为一般高利放贷行为,在民法典实施后,属法律禁止行为。值得注意的是,该种情况并非常态,亦多数不符合高利放贷和高利借贷的初衷意愿和行为模式,属于较为理想状态下的高利贷行为,并未进行次生衍化。但在审查虚假诉讼案件过程中,由高利放贷为源头而成案的往往会呈现各类衍化路径,如当借款人已按时偿还本息,但出借人仍以之前签订的协议、合同、借据等证据,捏造事实再次虚构债务而提起虚假诉讼以获取非法利益。或在借款人无力偿还或出借人故意导致借款人无力偿还的情况下,通过各种暴力催收、强迫提供担保、高额复利等手段衍化成"套路贷"的违法犯罪行为,此时单纯的高利放贷已发生了质的变化,极易演变成诈骗罪、合同诈骗罪、虚假诉讼罪等刑事犯罪,而在构成刑事犯罪的同时往往也成立民事虚假诉讼。

四、"禁止高利放贷"载入民法典的重要意义

(一)有力凸显民事基本法的法律指引和评价作用

在民法典出台之前,民事法律规范中对于高利放贷行为的规制主要散见于各类司法解释、指导意见、会议纪要等规范性文件中,但始终缺少法律层面上的直接规范和禁止性规定。在司法实践中,法律指引力度和法律震慑力均较弱。最高人民法院于2015年8月6日出台的《关于审理民间借贷案件适用法律若干问题的规定》第26条规定:"借贷双方约定的利率未超过年利率24%,出借人请求借款人按照约定的利率支付利息的,人民法院应予支持。借贷双方约定的利率超过年利率36%,超过部分的利息约定无效。借款人请求出借人返还已支付的超过年利率36%部分的利息的,人民法院应予支持。"[1]该规定虽然对民间借贷的利率作出了"两线三高"的具体规定,但仅强调了对于超出国家规定的利率部分不受保护应认定无效,不受保护并不等于天然违法,认定无效也并非绝对禁止。若当事人自愿履行或未以民事纠纷

---

[1] 2020年《民法典》出台后,对该规定进行了修正,明确当事人约定的借贷利率以借贷合同成立时一年期贷款市场报价利率4倍为限,如果超出该利率范围,则超过部分属于高利贷,法律不予保护。

形式进入诉讼程序，该类高利放贷情形并不会直接受到公权力的干预。随着建设法治国家进度不断推进，民法典将高利放贷行为予以明文禁止，直接彰显了法律的宣示和指引作用，对高利贷行为进行了否定性评价，弥补了长期以来民事基本法层面存在的法律位阶和法律指引和评价上的"缺位"问题。

（二）强力释放国家层面守护公序良俗的法治态度

近年来，各类经过包装和粉饰的高利放贷行为花样层出，不仅通过畸高的利率打破了民间借贷原有公平合理的借贷秩序，更是成为诸多非理性、非诚信、不公平、不合法的畸形借贷的"温床"，甚至引发各类恶性违法犯罪事件。民法典明确规定，民事主体从事民事活动，不得违反法律，不得违背公序良俗；处理民事纠纷，应当依照法律，法律没有规定的，可以适用习惯，但是不得违背公序良俗；违背公序良俗的民事法律行为无效。这表明恪守公序良俗是民事主体从事民事活动的原则和底线，也是民法立法和司法的重要原则。[①] 将"禁止高利放贷"写入民法典，用公序良俗原则对意思自治加以适当约束，用法律规范倡导最朴素的公平正义观，引导理性借贷、诚信借贷的消费观。既是从国家层面对高利放贷等畸形借贷行为亮出底牌明确底线，也是从法律层面率先切断高利放贷等畸形借贷行为的合法可能性，有力回应彻底规范民间资本运行的社会需求，真正保障人民群众的合法权益、维护正常的社会秩序。

（三）为充分发挥民事检察职能提供强有力的司法保障

近年来，检察机关高度重视民间借贷领域虚假诉讼监督工作，采取了一系列的有效措施，严厉打击民间借贷领域高利贷、"套路贷"、涉黑涉恶等违法犯罪行为，充分发挥了民事检察监督职能。由于民法典未出台前，对于高利放贷缺少明文禁止性、否定性的宣示和评价，民事检察部门对于已涉嫌"套路贷"或因虚假诉讼罪被依法追究刑事责任的情形，尚可对该类案件涉及的民事生效裁判通过抗诉、再审检察建议、检察建议等方式履行民事检察监督职能，纠正错误生效裁判，维护当事人合法权益。但如尚未构成刑事犯

---

① 参见《加快构建我国民法理论体系和话语体系——"加强我国民事法律制度理论研究专家研讨会"发言稿》，载《人民日报》2020年7月8日，第14版。

罪的,高利放贷行为仍缺少法律负面评价和监督刚性。民法典对高利放贷行为在整体上进行了否定性评价和明文禁止,既是一个条文规范,更是一个导向作用,为检察机关从源头上解决民间借贷领域存在的源头性、突出性、典型性问题提供了有力的立法保障,为检察机关今后更好地发挥民事检察监督职能提供了有力的司法保障,将能更好地从源头上治理打击违法借贷行为,助推民间资本运行持续健康发展。

五、以民法典实施为契机创新民事检察监督工作的思路

(一)努力学习贯彻民法典促进民事检察监督创新发展

习近平总书记指出,"民法典在中国特色社会主义法律体系中具有重要地位,是一部固根本、稳预期、利长远的基础性法律"。民法典将散见于各个部门的民事法律法规按照其内在关联性和一致性编纂成典,解决了司法实践中"找法"的困难。民法典明文禁止高利放贷,旨在维护正常金融秩序、解决民间资本运行突出问题,与检察机关开展的严厉打击"套路贷"、高利转贷、虚假诉讼等一系列关于规范民间借贷的专项监督行动高度契合,为检察机关充分发挥民事检察职能提供了立法和司法层面的保障。民事检察部门应当以贯彻实施民法典为契机,努力实现民法典学习贯彻与民事检察创新发展"同频共振",提高"找法""用法"的效率和准确性,提升民事检察监督的精准度和刚性,不断拓展民事检察的广度和深度,促进民事检察工作创新发展,让虚假诉讼监督成为新时代民事检察工作的新的增长点和闪光点。[①]

(二)建立健全内外协作机制合力打击虚假诉讼"毒瘤"

一是进一步加强与人民法院、公安机关、司法行政管理机关等部门的沟通,通过联合调研、会签文件、信息共享、联席会议等方式,努力在线索移送、案件协查、监督惩戒等方面取得新进展。二是努力打破检察业务部门、业务条线之间的信息壁垒和协作障碍,建立健全民事、刑事检察部门定期会商研判、案件线索双向移送机制,并注重从扫黑除恶专项斗争中"套路贷"等刑事

---

① 参见冯小光:《努力实现民法典学习贯彻与民事检察创新发展"同频共振"》,载《检察日报》2020年8月5日,第7版。

案件中发现案件线索。通过内外协作，加大对虚假诉讼的惩治力度，维护司法权威和司法公信力，共同营造诚实守信的诉讼环境，实现双赢多赢共赢。

（三）准确灵活把握虚假诉讼监督工作方法

一是注重深入摸排挖掘案件线索，逐步由依申请监督向依职权监督过渡，提高及时锁定和转化有监督价值案件线索的能力，利用虚假诉讼监督数据库开展智慧数据分析研究，从大数据中积极拓宽案源渠道。二是进一步提升虚假诉讼鉴别力，通过对案件当事人身份关系排查、证据链条合理性、双方有无实质性对抗或争议、当事人自身经济状况等内容进行重点审查，依职权认定是否涉嫌虚假诉讼。三是充分运用民事调查核实权，提高对案件结案方式与案由类型的关注程度，重视对诉讼卷宗、庭审笔录的审查，发现案件存在异常情形或司法人员违纪违法线索的，及时核实有关信息并进行分析讨论研判。针对司法人员违法具有隐蔽性的特点，制定详尽可行的调查方案，并可尝试以司法人员与当事人、涉案标的的关联性为中心开展外围调查。

（四）加强虚假诉讼专业化办案队伍建设与发展

一是民事检察队伍要有鲜明的政治立场，高度的政治素养，充分认识发挥民事检察职能开展虚假诉讼监督工作的重要性，进一步提高做好民事检察工作特别是虚假诉讼监督工作的信心和决心。二是加强系统内部培训，积极推进民事虚假诉讼监督队伍专业化、正规化、职业化建设与发展，积极组建各级民事虚假诉讼监督人才库，加强专业化高层次人才队伍培养。三是成立专门虚假诉讼办案组，构建省级统一指挥办案平台，实现虚假诉讼监督办案一体化建设，强化检察监督上下联动，及时共享案件信息，逐步形成省、市、基层三级院分工负责、各有侧重、联动配合的工作格局。[1]四是树立开放共享的理念，用好"外脑"，加强检校合作力度，利用与高校设立民事检察研究基地的契机，借助高校学术力量，建设专门的民事虚假诉讼监督高端智库，强化虚假诉讼监督理论研究层次和实战能力。[2]

---

[1] 参见徐日丹：《最高检解密：虚假诉讼那些"隐秘的角落"》，载检察日报客户端，2020年8月4日。

[2] 参见季庆、王烨：《检察机关民事虚假诉讼监督路径之多维度探析》，载《法制与社会》2020年第8期。

依法行使民事检察权与尊重民事审判规律关系研究

李 勇 冯文娟[*]

摘 要：民事审判规律与法律监督规律既有区别又有联系，两者法律基础一致、价值目标一致，呈现限制与共生的关系。民事检察权的本质是法律监督权，民事检察权的运行既要遵循法律监督规律，亦要遵循民事审判规律。司法实践中，准确把握依职权监督与依申请监督的关系、抗诉标准与再审标准的关系、抗诉范围与再审审理范围的关系问题，是实现依法行使民事检察权与尊重民事审判规律良性互动的关键。

关键词：民事检察权 审判规律 抗诉标准 抗诉范围

作为中国特色社会主义司法机关，检察机关一直致力于检察权与司法规律关系的研究，然而就理论成果而言，系统而深入的研究付诸阙如。主要原因在于，规律之研究作为一切研究的"元问题"，其本身的基础性、根本性、原理性决定了研究之艰难，加之研究角度的多维，导致未能形成统一的研究范式和丰硕研究成果。一切理论研究的目的均在于解决实践问题，从问题导向出发去探寻司法规律不失为一条途径。本文试图从如何依法、规范、全面发挥民事检察职能作用的命题出发，探索依法行使民事检察权必须遵循的司法规律。

---

[*] 李勇，吉林省人民检察院第六检察部主任、二级高级检察官，国家检察官学院吉林分院高级检察教官；冯文娟，吉林省人民检察院检察官助理，国家检察官学院吉林分院检察教官。

一、民事审判规律与法律监督规律关系之再厘清

(一) 民事审判规律的内涵

规律一词属于哲学范畴,是指事物之间内在的必然联系,是事物发展的必然趋势,具有普遍性和客观性。司法规律,是指司法主体在司法过程中行使司法权所体现的客观性法则,是"审判权和检察权以及其他相关权力有机结合的共同法则,是司法权本质特征和价值目标的高度概括"。①广义上的司法规律探究的是司法活动作为一种社会现象所呈现的内在的、必然的联系和趋势,包含"诉讼程序中的司法规律(审判规律)、审判管理中的司法规律,司法管理中的司法规律等"②内容,因此,广义的司法规律是审判规律的上位概念,包含审判规律。本文主要围绕审判规律进行研究,采用狭义的司法规律概念,即重点研究审判权在诉讼活动中的运行规律。

关于审判规律的内涵以及基本内容,学界观点不一。多数学者都把独立性、中立性、公正性、亲历性、被动性、终局性纳入基本的司法规律。民事诉讼作为三大诉讼活动数量之最,民事审判除了体现一般性的司法规律,还有其自身的特有规律。比如,民事诉讼强调意思自治,尊重当事人处分权;又如将"诚实信用原则"作为帝王条款,亦遵循"不告不理""谁主张谁举证"等具体的法律规则。总之,民事审判规律内涵丰富,其表现形式既有宏观层面的司法精神、司法理念,亦有微观层面的裁判逻辑、法律规则。鉴于篇幅所限,本文重点研究宏观层面上审判规律的基本内容。

1. 民事审判具有独立性

审判独立的第一层含义是指审判权独立,相对于行政权、立法权而言,源于孟德斯鸠的三权分立原则。第二层含义就机构设置而言,审判独立是法院独立,人民法院依法行使审判权是制度体现。上、下级法院之间是指导关系,体现了不同法院层级间的独立性。第三层含义就权力运行而言,审判独立是法官独立,是审判独立的最高形态。从司法改革的路径设计来看,我们

---

① 陈国芳:《中国特色社会主义司法规律本质探究》,载《湖南社会科学》2013年第2期。

② 罗梅、寻锴:《司法规律的理论和现实问题——十八大以来的司法规律研究文献综述》,载《法制与社会发展》2015年第3期。

正从人民法院独立行使审判权向员额法官独立行使审判权迈进。

2. 民事审判具有中立性

民事诉讼的基本结构是双方当事人分居两造，法官居中裁判，整个民事诉讼活动在法官行使审判权与当事人行使诉权间交互进行，其目标在于解决私权争议。因此，民事审判的中立性体现了民事诉讼的基本规律。可以说，审判机关具有判断和居中裁判的功能，决定了司法是最后一道权利救济途径。

3. 民事审判具有程序正当性

现代民事诉讼法遵循程序正义与实体正义并重的价值取向，将程序正义作为实体正义的重要保证，而实体正义是正义在裁判结果中的体现，审判活动的程序正当性是赢得裁判的权威性的前提，因此，即使裁判结果是符合实践理性的，但如果司法过程是违法的，裁判结果也是非正义的。

4. 民事审判具有亲历性

审判的主要任务是正确认定案件事实，准确适用法律。法官裁判依据的事实指的是法律事实。"法律事实是法官根据庭审和听证情况所查明的事实，是被采信的证据所证明的事实。"① 因此法律事实不等同于客观事实，是无限接近于客观事实的事实。法官如何形成法律事实，如何形成内心确信，又不可避免掺杂主观性。正是基于准确认定事实的复杂性及司法活动的主观性决定了民事审判具有亲历性，即审判人员应当亲身经历案件审理的全过程，直接接触和审查各种证据，"特别是直接听取诉讼双方的主张、理由、依据和质辩，直接听取其他诉讼参与人的言词陈述"，② 基于此对案件形成内心确信并作出公正裁判。

5. 民事审判具有被动性

被动性是司法权的基本性质。民事审判的被动性是相较诉权的主动性而言。民事审判的被动性充分体现在"不告不理原则"，即法院不主动受理任何一起民事案件，非经申请法院不主动对任何纠纷进行裁判。当事人行使诉权是启动民事诉讼、法官行使审判权的前提。只有被动地运用审判权，司法

---

① 江必新：《审判管理与审判规律抉微》，载《法学杂志》2011年第5期。
② 朱孝清：《司法的亲历性》，载《中外法学》2015年第4期。

才能保持中立性、独立性，进而确保裁判过程和结论获得争议各方的普遍认同，树立司法权威。

6. 民事审判强调意思自治、注重诚实信用

民法强调民事主体意思自治。在民事诉讼领域，尊重意思自治体现在民事诉讼主体享有广泛的处分权，而依据司法的被动性规律，民事审判权必然受到当事人处分权的制约，因此，民事审判规律体现为尊重当事人意思自治。民事审判大多处理的是熟人之间的法律关系，如家事纠纷或邻里纠纷等，在处理时特别注重诚实信用、实质公平。诚实信用原则作为民法的"帝王条款"，要求一切行为主体在不损害他人利益和社会公益的前提下，追求自己的利益。民事审判对损害他人利益及公益的行为认定无效，严厉打击诉讼活动中的虚假诉讼行为等均是诚实信用原则的体现。

（二）法律监督规律与民事审判规律的关系

中国特色的检察权具有法律监督权、司法权、行政权等多元化属性，其中，法律监督权是检察权的本质属性，司法权、行政权是兼有属性。因此，检察权的运行除符合一般司法规律外，还呈现法律监督规律的特殊性。比如，从民事法律监督活动来看，监督主体是检察机关民事检察部门，被监督主体是审判机关，监督客体是被监督主体的诉讼违法行为。有学者认为，从监督主体与监督客体的互动来看，诉讼监督体现五个方面的规律：依法、全面、及时、有效、适度。[1] 从法律监督的职能和作用出发，诉讼监督亦体现法定性、程序性、事后性和有限性等特点。因此，民事检察体现的法律监督规律表现为全面依法监督与监督有限性的辩证统一、及时有效监督与事后监督救济的辩证统一、程序性监督与监督效果有效性的辩证统一。

广义的司法规律是法律监督规律与审判规律的上位概念，在司法规律项下法律监督规律与审判规律均有其特殊性。那么法律监督规律与审判规律两者是什么关系？厘清法律监督权与审判权之间的关系是回答上述问题的前提。笔者认为，两者之间的关系可做如下解读：

---

[1] 参见郑青：《诉讼监督规律初探》，载《人民检察》2011年第11期。

1. 法律基础一致

从权力来源来看,法律监督权和审判权均是宪法直接赋予的权力,两者均是中国特色社会主义法治的重要制度安排。从权力运行的内容来看,审判权围绕实体法以及三大诉讼法展开,检察权的法律监督权能亦是围绕实体法以及三大诉讼法展开。比如,民事检察基于民事法律相关规定行使抗诉权、检察建议权,审判权的违法不当行使使检察权的法律监督权获得正当性、合法性。因此,法律监督权与审判权的法律基础是一致的。

2. 价值目标一致

审判机关与检察机关均是司法机关,虽然分工不同,但最终目标和追求的法律效果是一致的,司法的终极目标是树立法治权威、维护社会公平正义。从目标取向来看,审判权与检察权呈现高度一致。然检察机关作为一支外部监督力量,监督者与被监督者间存在天然的对立,价值目标的一致性是实现双赢多赢共赢的重要基础。①

3. 两者呈现限制与共生关系

监督的基本含义是监督者督促被监督者履行职责和义务。检察权的法律监督权能就是为了限制审判权的不当扩张而存在,审判权的规范行使传递新的法治理念,促使法律监督权不断趋于精准监督,某种程度上遏制了法律监督权的不当扩张,从而使两者实现良性互动,达至和谐共生的状态。

基于法律基础和价值目标的一致性,审判权和检察权呈现限制和共生的关系。检察机关法律监督的事后性、程序性、中立性体现与审判规律的共性因素,是检察权司法属性的必然体现,然而,法律监督权的监督对象及程序启动效力与审判权的审判对象与实体决定权的效力截然不同,因此,法律监督规律除体现司法规律的一般特点外,还有其特有的内容。法律监督规律与民事审判规律既相互统一,也存在一定的对立性。基于此,依法规范行使民事检察权既要遵循法律监督规律,又要尊重民事审判规律,实现两者之间的良性互动是重中之重。

---

① 参见张雪樵:《对标平衡充分全面发展开启新时代民事行政检察工作新局面》,载《人民检察》2018年第18期。

二、依法行使民事检察权必须尊重民事审判规律

（一）民事诉讼的处分原则决定必须尊重民事审判规律

民事诉讼是保护私法利益的司法救济程序，其讼争纠纷属于私权性质，私法利益大多具有可自由处分的性质，因此，民事诉讼遵循处分原则。处分原则，是指民事诉讼当事人在法律规定的范围内，有权按照自己的意愿处分民事权利和诉讼权利。在民事诉讼领域，一方面，审判权监督当事人行使处分权是否具有合法性、是否侵害他人合法权益；另一方面，审判权的行使范围受处分原则限制。

2012年修订的《民事诉讼法》从立法层面扩大了检察机关的监督范围，但需要注意的是，当事人诉讼活动的合法性不属于检察机关的监督范围。民事检察的公权监督属性和民事诉讼的处分原则决定，除涉及国家及社会公共利益，检察监督一般不应当介入私权处分领域。检察机关介入民事诉讼应当尊重当事人的处分权，体现在检察机关一般应依申请启动监督程序，公益保护、打击虚假诉讼等特殊情形除外。综上所述，民事诉讼的特殊性决定了私权处分原则，处分原则体现了最鲜明的民事审判规律，民事检察权是监督民事诉讼的法律监督权，必然应尊重民事审判规律。

（二）民事检察权的基本性质决定必须尊重民事审判规律

我国检察机关的法律监督权能主要体现为诉讼监督。民事检察权的监督对象是民事审判活动，包括生效裁判违法、审判程序违法、审判人员违法三大类。审判权运行是否失范、生效裁判认定事实适用法律是否有误均需以相关民事实体法和诉讼法作为判定标准。法律监督的核心要素是法律性，就监督性质和内容看，合法性监督是其根本特征。这就决定了检察机关行使法律监督权必须遵循诉讼规律、审判规律，对审判活动的违法性审慎作出认定，违背审判规律的法律监督是非理性的。因此，民事检察权的诉讼监督属性决定了依法行使民事检察权必须尊重民事审判规律。

民事检察权兼具法律监督和权利救济的双重权能。一方面，检察机关通过对生效裁判的合法性评判，实现监督审判权、维护司法公正的价值目标；另一方面，民事检察监督通过启动再审程序为民事诉讼当事人提供权利救济

渠道。正是民事检察的双重权能，易使检察权的行使走进误区，两种典型的错误倾向是"为了监督而监督""为了救济而监督"。上述两种错误倾向均是不尊重审判规律的体现。抗诉本身是一种基于监督的救济。因为抗诉与审判的意义均不在于无休止地探寻客观事实，而是通过维护统一的司法规则、司法逻辑，产生同案同判的法律效果，以此实现法的秩序价值。

（三）检察权运行的谦抑性原则决定必须尊重民事审判规律

民事诉讼的基本结构是双方当事人分居两造，法官居中裁判，其本质是解决私权争议。民事诉讼强调尊重当事人处分原则，一般不得对当事人依法处分权利的行为进行不当干预；遵循当事人诉讼权利平等原则，法官保持中立性。上述民事诉讼的基本特点，决定了检察监督的有限性，即检察监督原则上不能打破诉讼平衡、不能违背民事诉讼基本规律。如检察监督原则上以当事人申请监督为前提，检察机关恪守中立性对案件作出审查意见，检察机关原则上不得破坏举证责任分配规则，为一方当事人调取证据等。检察监督的有限性决定了检察权运行必须遵循谦抑性原则。民事检察权的行使秉承谦抑性原则是双赢多赢共赢理念的应有之义，充分体现了对诉讼规律的尊重及检察权理性行使的思维。民事诉讼的重要目标是解决矛盾纠纷，这就要求检察机关在行使监督权的过程中协调好监督权、审判权、当事人处分权这三者之间的关系，合理界定检察监督的权力边界。

（四）检察改革的目标决定必须遵循民事审判规律

"公正、高效、权威"是司法追求的三重价值，司法体制改革只有遵循司法规律，才能实现价值目标。正如习近平总书记所强调的，司法改革必须坚持符合国情和遵循司法规律相结合。检察改革是司法改革的重要一环，可以说，检察改革的过程就是对司法规律的回归。检察机关是法律监督机关，深入研究司法规律、尊重司法规律，是检察机关性质、职责的内在要求，同时应注意的是，司法规律也可能成为检察规律的内在要求，是对检察监督权扩张的限制。因此，站在检察改革的全局谋划，以检察改革的目标导向，遵循司法规律是必然要求，遵循民事审判规律亦是题中应有之义。

三、尊重民事审判规律必须解决的若干检察实务问题

（一）依职权监督与依申请监督的关系问题

现行《人民检察院民事诉讼监督规则》第37条规定了依职权监督的范围，检察机关以司法解释的形式明确了依职权监督的范围。依职权监督与依申请监督的监督依据是相同的，均是基于民事检察权的法律监督权能；监督的目标是一致的，均是为了维护司法公正、体现司法权威。依职权监督和依申请监督仅是启动检察监督程序的不同方式。两种监督方式在民事检察案件类型上各有侧重。现行《民事诉讼法》设计了法院纠错在先、检察监督断后的有限再审路径，并赋予当事人向检察机关申请监督的程序救济权。对于生效裁判结果监督类案件，依申请监督方式占主导，依职权监督占比很小。从民事审判规律来看，检察机关在程序的启动和终结上，必然受当事人处分原则的限制。有观点认为，依职权监督应符合《民事诉讼法》第216条的限制。笔者认为，从第216条的立法目的来看，是对当事人再审救济的赋权和限制，并非对检察监督的限制。就审判程序监督和执行监督案件来看，依职权监督案件占很大比例，依申请监督案件占比较小。上述两类案件主要集中在基层检察院，因为基层院较容易发现依职权监督线索。

实践难点是，国家利益与社会公共利益难以清晰地区分和界定，导致法、检两院对"两益"的内涵存在不同理解，主要分歧点在于"违反法律"或者"适用法律错误"情形应否归属于"两益"范畴。法院强调"违反法律"或者"适用法律错误"情形不应理解为损害国家利益、社会公共利益。检察机关主流观点则认为，法律本身就是"两益"以及其他一切合法权权益的具体体现，违反法律的行为通常破坏了国家的经济社会管理秩序，应属于检察机关依职权监督的范畴。由于"两益"内涵的理解问题，导致依职权监督案件被法院函退的占比逐年增加。检察机关不仅是法律监督机关，更是"公益诉讼代表人"。因此，亟须进一步就"两益"内涵与审判机关达成共识。

民事诉讼的私权处分原则决定了依申请监督是检察监督的主要启动方式，基于对公益保护的特殊需要以及对公权力监督的法定职责，依职权启动检察监督程序亦是必要的。如果说，依申请监督体现民事检察的救济权能和

民事审判规律，那依职权监督更多体现民事检察的公权监督权能和法律监督规律。

（二）抗诉标准与再审标准的关系问题

抗诉标准，是指检察机关依法就是否行使抗诉权以及以何种事由行使抗诉权的裁量依据和尺度。深入探讨抗诉标准与再审标准的关系问题，直接关涉抗诉制度的功能发挥。当事人申请再审启动的审判监督程序由再审审查和再审审理两个阶段组成。"再审审查标准是依法裁定原则，即只要当事人申请再审事由成立，就应当裁定再审。"[①] 再审审理的改判标准是原审认定事实或适用法律确有重大错误，遵循适度从严原则和属于自由裁量权范围不予改判原则。综上所述，再审审查标准围绕再审事由是否成立，再审审理标准围绕原审裁判是否确有错误，再审事由只是再审裁判的必要条件而不是充分条件，再审事由成立并不必然导致再审改判，因此，再审审理标准严于再审审查标准。

民事抗诉是再审程序的启动途径之一。检察机关抗诉只要符合法定的形式要件，人民法院应当裁定再审。在程序效力上，民事抗诉的法律效果等同于法院裁定再审。那么，民事抗诉标准应等同于再审审查标准吗？在现行民事诉讼法的框架内，民事抗诉与再审审查均需围绕再审事由是否成立作出判断，但民事抗诉与再审审查在监督对象、制度定位、价值取向等方面均存在差异性，所以民事抗诉标准不等同于再审审查标准。具体理由在于：（1）《民事诉讼法》确立了"法院纠错先行、检察抗诉断后"的有限再审制度，检察监督作为司法公正的最后一道防线，监督对象既包括原生效裁判，也包括明显有错误的再审裁判，而再审审查对象主要围绕原生效裁判。（2）再审审查阶段承担多重功能，包括"诉权保障、再审过滤、监督纠错、矛盾化解等"。[②] 民事抗诉作为民事检察权的一项权能，主要职责定位是监督审判权依法行使、矫正扭曲的权利义务关系，兼具监督与救济的双重职能。（3）检察监督作为监督审判权的一种外部监督方式，既要依法监督，又要秉持谦抑

[①] 林文学、刘小飞、谢勇、张小洁：《民事再审审查工作中的若干问题》，载《法律适用》2011年第6期。

[②] 林文学、刘小飞、谢勇、张小洁：《民事再审审查工作中的若干问题》，载《法律适用》2011年第6期。

性，树立"慎抗""精准监督"理念，维护司法权威。因此，检察机关启动抗诉程序，既要遵循法定的抗诉条件，也要遵循检察监督的基本理念，对抗诉必要性作出判断。总之，现行的民事诉讼结构使民事抗诉程序与再审审查程序存在一定的原理相似性，但两种制度的差异性亦客观存在，确立区别于再审审查标准的民事抗诉标准，更有利于发挥抗诉制度的制度价值。

民事抗诉标准亦不同于再审审理标准。《民事诉讼法》赋予民事抗诉启动再审程序的效力，旨在以一种外部监督方式促进司法公正、维护司法权威。但检察机关不是第三审法院，监督权与审判权界限清晰，司法者的亲历性不可取代，多种因素促成法官内心确信，而检察官审查案件主要以书面审查为主，基于此，要求检察机关以再审审理标准把握抗诉尺度，缺乏现实基础，也不符合民事审判规律。因此，抗诉标准必须以再审审查标准为基础，以再审审理标准为结果导向，以精准监督理念为指引。

（三）抗诉范围与再审审理范围的关系问题

再审审理范围是人民法院将哪些争议事项纳入审理的制度，《民事诉讼法》没有对再审审理范围作专门规定。最高人民法院《关于适用〈中华人民共和国民事诉讼法〉的解释》第403条统一了再审审理范围，明确规定再审审理范围不因启动再审主体而有差异，均围绕当事人再审请求进行审理，同时要求再审请求受原审诉讼请求的限制。综上所述，再审审理范围从"抗什么审什么"转变为"申什么审什么"。

再审事由（抗诉事由）是启动再审的条件，具有法定性和明确性。再审请求是当事人向再审法院提出的诉讼请求，体现对原审裁判哪些判项有异议。再审理由是当事人提出据以支持其再审请求的主观陈述意见。因此，再审事由、再审理由与再审请求三者既有区别亦有联系。检察机关的抗诉书往往只写明具体的抗诉理由，并不直接体现支持当事人的哪些诉讼请求，尤其是抗诉理由与当事人的请求和理由不一致时，再审法院仅围绕当事人再审请求进行审理，导致实践中法院改判理由与抗诉理由脱节。检察抗诉仅具有程序启动的意义，没有充分发挥依法纠错的职能定位。检察监督作为司法公正的最后一道"阀门"，其职能作用不仅限于启动再审程序，更重要的是通过纠正确有错误的裁判，维护司法秩序、树立法治权威。实践中，检察机关往往停留在"一抗了之"，没有充分发挥抗诉制度应用的价值。在精准监督理念指引下，检察机关提出抗诉的案件会集中于具有典型示范效应、司法引领意义的案件，而再审改判率又是衡量检察监督有效性的一个重要指标，因此，抗诉案件必须尊重司法规律，以再审审理范围为基础，以再审改判标准为目标，提高抗诉质量。

对依申请监督案件，应充分尊重民事审判规律。一是明确当事人的申请监督理由与再审请求的对应关系，重点审查当事人有无超出原审诉讼请求的理由，抗诉范围原则上以尊重当事人处分原则为主，一般不得超出再审请求抗诉。二是抗诉理由应与当事人再审请求建立联接，充分阐述支持当事人再审请求、理由的部分，对于不支持当事人再审请求的部分也应予以明确，使抗诉更精准更符合司法规律。三是当抗诉书主张的案由及合同效力与当事人主张不一致的，或是生效裁判损害国家利益、社会公共利益、他人合法权益的，抗诉理由不应限于当事人的再审请求，此时尊重当事人处分原则应让位于维护司法秩序。依职权监督案件应遵循全面监督原则，可依职权监督的案件本身就具有严重违法情形，即便没有当事人申请，也具有可监督性。因此，依职权监督案件的抗诉事由不受当事人再审请求的限制。

（四）民事检察调查核实权与民事证据规则的衔接问题

2018 年修订的《人民检察院组织法》对调查核实权作了更为详尽的规定，不仅扩大了调查核实权的适用范围，由审判程序扩展到执行程序，亦明确规定了有关单位和个人的配合义务，并取消了受调查人的范围限制。可以说，民事检察调查核实权不仅有法律依据，而且呈现逐步强化的立法趋势。然而，民事检察行使调查核实权所取得的证据效力如何认定？与整个民事诉讼结构衔接的问题，立法上尚没有明确答案。

根据现行法律规定，检察机关调取的证据并不当然进入再审裁判的视野，须经过庭审出示、质证环节来确认其证据效力。实践中需要注意的是，第一，最高人民法院于 2020 年 5 月 1 日施行了新修订的《关于民事诉讼证据的若干规定》（以下简称《证据规则》），检察机关调取的证据应符合证据的形式要件、实质要件，契合《证据规则》的要求，方能取得再审法院的采纳。第二，检察机关调取证据应遵循必要性原则，必须"限于查明诉讼违法事实，而非查明民事争议事实"，[①]非经必要不应为一方当事人调查取证，避免打破诉讼平衡。尤其当事人申请调取新的证据时，要准确把握当事人提出的证据是否符合"再审新证据"的构成要件，如果确实属于足以推翻原裁判的新证据，而当事人因客观原因无法收集，或属原审中法院应调查未调查的主要证据，检察机关应予调查取证。第三，检察机关调取证据不能违反举证责任分配原则。对于诉讼当事人因原审怠于举证或怠于申请法院调查举证而承担举证责任的，应由其自行承担法律上的不利益。检察机关不宜代为调取证据。第四，对于可能损害"两益"或涉嫌虚假诉讼的案件，检察机关可依职权启动评估、鉴定、审计等调查核实措施，形成的结论性意见应作为检察机关调查核实取得的证据。需要注意的是，如果是当事人申请监督的生效裁判结果监督类案件，原审法院已就相关专业问题组织过评估、鉴定的，检察机关不宜再次启动评估、鉴定、审计等调查核实措施，否则有违中立性原则。第五，检察机关调取的证据归属问题。证据系当事人证明主张、法官认定案件事实的载体。"证据的证明属性及证明力不因使用主体不同而有区别。"[②]检察机关调取证据意在佐证检察监督的正当性，且亦需经庭审质证、认证，因此，执着于检察机关调取的证据究属检察机关的证据还是当事人的证据意义不大，更应关注的是所调取证据对原审裁判认定事实、适用法律是否有影响。综上所述，检察机关行使调查核实权既要敢用，又要善用，尤其应注意与民事诉讼证据规则的衔接问题，使调查核实权真正成为法律监督"利器"，真正为精准监督提供助力。

[①] 参见肖建国、元明、余敏：《民事检察调查核实权运行机制探索》，载《人民检察》2019年第5期。

[②] 肖建国、元明、余敏：《民事检察调查核实权运行机制探索》，载《人民检察》2019年第5期。

对民事违法审判行为实施检察监督的范围和方式

——以 S 省检察系统的相关办案数据为分析入口

胡思博 王昱 李晓杨[*]

摘 要：对违法审判行为的监督作为民事检察监督制度的新举措，以诉中监督、过程监督、行为监督的全新形式实行了对法院审判行为的规制，乃《民事诉讼法》修改中的一大亮点，但目前法检两家的司法解释均未对相关纠错措施进行明确规定。鉴于审判行为本身的多样性与复杂性，检察监督措施在不同诉讼形态下应表现为不同的纠错方式。对动态违法审判行为的直接纠错要求该行为本身具有可纠错性，并且纠错措施与纠错时间相匹配，可视情况分别要求撤销后重新实施、补正和补充实施等；在直接纠错不能的情况下，可转化为对静态诉讼结果的间接纠错，或对违法审判行为实施者进行警示与训诫。本文旨在通过设计实务操作中的具体思路，为违法审判行为检察监督的切实落实与实现提供可行方案。

关键词：民事违法审判行为 直接纠错性 直接纠错型检察监督 间接纠错型检察监督

《民事诉讼法》纠正违法检察建议这一新型检察监督方式，实现了对违

---

[*] 胡思博，中国政法大学诉讼法学研究院副教授，最高人民检察院与中国政法大学共建检察基础理论研究基地执行副主任，最高人民检察院博士后；王昱，四川省人民检察院第六检察部主任、二级高级检察官；李晓杨，四川省人民检察院三级高级检察官。

法审判行为的检察监督。《民事诉讼法》第 215 条第 3 款规定，各级人民检察院对审判监督程序以外的其他审判程序中审判人员的违法行为，有权向同级人民法院提出检察建议。《人民检察院民事诉讼监督规则》（以下简称《监督规则》）中将纠正违法检察建议的内容和操作方式进一步细化。此举一改检察机关仅对审判结果进行监督的单一局面，将审判结果的形成过程一并纳入监督的范畴，极大地丰富了监督对象，拓展了监督阶段，实现了对实体性问题和程序性问题的共同监督、对静态审判结果和动态审判行为的共同监督，达到了对诉讼活动进行全方位检察监督的全面状态。

一、检察机关对民事程序性争议解决实施监督时应把握的原则

（一）把握我国民事诉讼主体的程序价值意识

整体而言，目前司法实践中，无论是民事诉讼的当事人还是审判者，普遍都程序意识较为淡薄，这种心态有其产生的社会基础、历史传统和文化环境。就当事人而言，当事人追求实体权益的价值观使得其对程序性争议是否主张、何时主张、以何种理由和方式主张均成为服务其实体请求最大化的诉讼策略。在无助于诉讼请求实现的情况下，程序正义沦为可有可无的"鸡肋"。就法院而言，作为诉讼程序的指挥者、程序性纠纷的一方主体、程序性纠纷的解决者和具体程序性规则的制定者，多重身份的混合使其在程序性纠纷的解决体系中处于强势地位。

表1 S省检察机关受理民事监督申请的类型与数量

监督类型	2017年	2018年	2019年	2020年
当事人申请对违法审判行为进行监督的案件	162件	126件	182件	178件
当事人申请对判决、裁定进行监督的案件	1519件	2080件	2499件	2392件
当事人申请对违法执行行为进行监督的案件	402件	348件	411件	453件

表 2　S 省检察机关就违法审判行为实施监督的案件线索来源数量统计

线索来源	2017 年	2018 年	2019 年	2020 年
当事人申请	162 件	126 件	182 件	178 件
案外人举报控告	7 件	7 件	5 件	13 件
检察机关依职权	233 件	196 件	305 件	943 件

（二）平衡程序性争议中所蕴含的价值违反程度与纠正成本

程序性争议的焦点在于审判行为的合法与否。违法审判行为对程序价值的损害毋庸置疑，并且可能直接影响实体价值的实现，加之程序价值内部也存在轻重之别，为此，对程序性争议的处理应秉持对公正、效率、成本、梯度等价值的综合考量。"程序事项在重要性上并非等值的，而有程度差异。"① 鉴于程序违法存在轻重程度区分，笔者认为，根据情节、程度的差别和对程序价值影响的大小，可将程序性争议可分为重大型程序性争议和瑕疵型程序性争议，并分别设置阶梯式的责任后果和裁判方式，以防止虚置与滥用，但对上述两类程序性争议的"中国化"界定不能机械化，为此应首先将审判程序划分为基本程序（如一审程序、二审程序等）和基本程序的辅助程序（如保全程序等）。

表 3　S 省检察机关就违法审判行为实施监督的诉讼程序类型案件数量

诉讼程序	2017 年	2018 年	2019 年	2020 年
一审普通程序	188 件	172 件	269 件	742 件
一审简易程序	132 件	128 件	126 件	329 件
二审程序	8 件	7 件	1 件	2 件
再审程序	6 件	7 件	9 件	10 件
特别程序	3 件	1 件	2 件	3 件
督促程序	1 件	0	0	0
公示催告程序	0	0	0	0
海事诉讼特别程序	0	0	0	0
破产程序	1 件	0	1 件	1 件

---

① 汤维建：《民事诉讼法的全面修改与检察监督》，载《中国法学》2011 年第 3 期。

重大型程序性争议,是指当事人认为某具体审判行为违反的是基本程序、辅助程序的基本结构或缺乏该程序的组成要素,该争议的焦点在于法院的审判行为是否违反程序法的基本规定,进而对当事人的诉讼权利产生实际的或必然的消极影响。有观点认为,"各种程序法律制度说到底是实体法律制度运行的保障,不与任何实体问题相关的纯粹程序毫无意义,程序法律规范只有在与实体法律规范的水乳交融中才能够彰显其价值"。[1]笔者认为,对实体权利义务的分配产生直接重大影响是重大型程序性争议的表现形式之一,但不应该成为唯一的界定标准。对损害实体权益固然严重,但与实体无关的诉讼权利行使受阻也应纳入重视的范畴,程序价值的独立性应该得到承认和保障,为此,"程度"成为认定重大性程序性争议的关键。例如,关键性程序法事实存在认定错误;对诉讼程序的启动与终结是否合法;法院裁定不予立案是否正确;法院裁定不予撤诉的理由是否正当;等等。

瑕疵型程序性争议,是指当事人认为某具体审判行为使基本程序或辅助程序的运行不够规范和完整,该争议的焦点在于诉讼程序在基本正常运行之下是否存在某些影响准确性的情况,其已成为程序性争议的最主要类型。"程序瑕疵本质上是一种程序上的'不规范行为',属于程序合法行为与程序违法行为之间的'灰色行为'。"[2]瑕疵型程序性争议作为对程序非关键要素的冲突,对诉讼权利的行使不产生实质性影响,但影响审判行为的完备性,为此必须在性质上进行宣告、否定与指正。需要注意的是,对该纠纷的处理力度和处理成本必须与该纠纷所蕴含的相对性程序价值大小相对应,不可陷入对程序正义的极端追求,防止过于强调程序的绝对价值。

二、违法审判行为的纠错可行性

"法院必须遵从民事诉讼法规定的程序和要件或者必须依据其所享有的诉讼权利和所承担的诉讼义务而执行相应的诉讼行为。"[3]审判活动的多样性

---

[1] 王麟:《对一种行政判决的思考和分析——关于"违反法定程序"的判决》,载《行政法学研究》2005年第4期。

[2] 赵永红:《论程序瑕疵的认定及对死刑适用的影响》,载《中国检察官》2011年第11期。

[3] 邵明:《民事诉讼行为要论》,载《中国人民大学学报》2002年第2期。

和审判行为的庞杂性决定了违法审判行为的复杂性。根据《监督规则》第100条规定，检察机关制发纠正违法检察建议的对象包括判决、裁定确有错误，但不适用再审程序纠正；调解违反自愿原则或者调解协议的内容违反法律；符合法律规定的起诉和受理条件，应当立案而不立案；审理案件适用审判程序错误；违法保全和先予执行；违法制发支付令；违法中止诉讼或终结诉讼；违反超越审理期限；违法采取妨害民事诉讼的强制措施违；违法送达等。当然，《监督规则》对违法审判行为的界定属于有限列举，除此之外，还存在大量的违法审判行为，并且每项违法审判行为均可拆分为若干不同的违法情节。以保全为例，违法的管辖、担保、解除、紧急情况的特殊处理等均逐一构成违法保全。正如不是所有的违法裁判都具有再审可行性，并非所有的违法审判行为都具有直接纠错可行性，违法审判行为的效力状态将决定纠正违法检察建议对纠错措施的选择与运用。

表4　S省各级检察机关就违法审判行为实施监督的案件数量

单位	2017年	2018年	2019年	2020年
区县级检察机关	325件	305件	402件	1072件
市级检察机关	14件	10件	6件	15件
S省人民检察院	0	0	0	0

（一）不具有直接纠错性的违法审判行为

基于诉讼活动的先后性、秩序性、不可逆性和回转不能性，某些程序性争议一旦发生，其所造成的不良影响无论采取何种救济措施都将难以消除或根本无法消除，进而对该纠纷的解决只能是宣告程序违法行为的存在、防止违法效果的再扩大，而无法恢复正常的诉讼状态。如果强行要求重新以规范的形式再次行使某些诉讼行为和审判行为，只会造成程序的简单空转，有损诉讼效率。例如，对于逾越法定审理期限、超期裁判的行为，鉴于实现时间逆流的客观不能，因而对该行为无法予以直接纠正。当然，对程序性争议的引发者实施训诫、罚款、行政处分（针对法官）、降低考核评分等可作为对该类程序性争议的替代性解决措施。此外，所有能够被查明的程序性错误都具有被宣告的可行性，但目前现行法所规定的宣告瑕疵性错误、维持原判的法律制度[①]中,并未将程序类瑕疵纳入其中。笔者认为,对部分程序性错误,特别是呈现为不可消除性的程序性瑕疵的确认和性质判定应纳入宣告瑕疵性错误、维持原判制度之中,并且必将成为对程序性争议最主要的纠纷解决方式和宣告瑕疵性错误、维持原判制度的最主要适用对象。

(二)具有直接纠错性的违法审判行为

但凡具有直接纠错性的违法审判行为,势必具有程序回转性,其效力状态通常表现为程序的启动与终结、金钱标的的给付等形式。此时,时间又成为直接纠错性状态能否持续的制约因素,为此其分为自始具有直接纠错性和适时具有直接纠错性两类。

1. 自始具有直接纠错性的违法审判行为

此类审判行为的效力具有绵延性,其一经作出,效力就持续存在直至诉讼结束,乃至在诉讼结束后依旧存在。"法院诉讼之行为,倘违反诉讼程序之规定者,均不生该行为应有之效力。此因诉讼程序之规定,除训示规定外,均为维持诉讼秩序而设,且为强行法之性质,如违反规定,仍赋予完全效力,则规定即无意义。"[②]自始具有可纠错性的违法审判行为通常效力状态单一,不存在各种效力状态的转换。例如,先予执行直到在本案的最终判决生效并得到执行后才自动失效。又如,补正判决书笔误这一审判行为本身不具有严格意义的独立性,其效力将随判决书的效力而存在,不受时间的限制。再如,终结诉讼针对的是身份关系事项,其就本诉而言都将自始具有法律效力。"因一方当事人的人格已归于消灭,则另一方当事人所受羁束已然消失,其在民法上的行为基础已不存在,当然不许其再行起诉。"[③]再如,正

---

① 最高人民检察院《关于适用〈中华人民共和国民事诉讼法〉的解释》第332条规定,"原判决、裁定认定事实或者适用法律虽有瑕疵,但裁判结果正确的,第二审人民法院可以在判决、裁定中纠正瑕疵后,依照民事诉讼法第一百七十七条第一款第一项规定予以维持"。第405条第1款规定,"人民法院经再审审理认为,原判决、裁定认定事实清楚、适用法律正确的,应予维持;原判决、裁定认定事实、适用法律虽有瑕疵,但裁判结果正确的,应当在再审判决、裁定中纠正瑕疵后予以维持"。

② 王甲乙、杨建华、郑健才:《民事诉讼法新论》,三民书局1998年版,第111页。

③ 夏永全:《民事裁定概念解析》,载《西华大学学报(哲学社会科学版)》2004年第4期。

在适用简易程序审理的案件,如果存在程序选用上的错误,可在案件审理完毕前转为适用普通程序。

2. 适时具有直接纠错性的违法审判行为

"诉讼程序系由多阶段有连续的诉讼行为所构成。"① 某一审判行为所拥有的初次效力状态可能持续永恒,也可能随着诉讼的进展出现某些效力状态之间的相互转换。为此,此类审判行为的初次效力如若包含错误,其错误必然仅在一定期限内持续,对其必须及时予以纠正,一旦错过时机则不再具有补救的意义。因此,在效力存续期限内,可对该违法审判行为直接予以纠错,逾期将造成直接纠错不能。例如,对于违法中止诉讼的行为,只能在中止期限内予以直接纠错,但凡诉讼恢复后,就难以在对之前的错误中止诉讼行为进行直接纠错。又如,对违法支付令的纠错必须在债务人提出异议之前,异议一旦提出,支付令便宣告失效、督促程序终结并自动转入诉讼程序。再如,根据一事不再理原则,若当事人的起诉只是因形式要件的不完备而被裁定不予受理或驳回起诉后,其在补正形式要件的情况下可再次起诉,法院受理该案后,原不予受理或驳回起诉自行失效。还如,当事人依法撤诉后,法院应作出撤诉裁定。此后,当事人再次起诉且法院第二次受理后,原撤诉裁定自行失效。此外,当事人在诉前保全完成后若不及时提起诉讼或申请仲裁(人民法院采取保全措施后30日内),法院将解除保全措施。综上所述,对该类审判行为纠错时机的把握较为关键,影响纠错时机的因素应着重把握。

三、对违法审判行为的直接纠错性型检察监督措施

审判行为是诉讼活动的指向和工具,纠正违法检察建议对程序性错误的纠正最终是以对法院审判人员的行为控制为基本方法。"行为本身是可以执行的,因为作为人的主观意识的外在表现的行为,必然要受到外界因素的制约,这就决定了它可以成为强制执行的客体。"② 对于当下具有直接纠错性的违法审判行为,通过纠正违法检察建议的作用发挥,应使诉讼恢复到受其作

---

① 陈计男:《民事诉讼法论》(上册),三民书局2006年版,第292页。
② 常怡:《强制执行的理论与实务》,重庆出版社1992年版,第85页。

用之前的状态。对违法审判行为的直接纠正有赖于审判主体的切实履行，鉴于人的行为无法彻底控制及监控，且禁止直接对其人身进行强制、不能达到限制其人身自由的程度，因此对审判行为的直接纠正在实践中存在较大的难度，难以形成明确、直接的纠错措施，纠错活动呈现抽象性，纠错效果也难以用具体的标准加以衡量，仅以效力的实现为目标。

表5　S省检察机关就违法审判行为实施监督的案件类型与数量

案件类型		2017年	2018年	2019年	2020年
判决、裁定确有错误，但不适用再审程序纠正	不支持监督申请	1件	0	0	0
	提出检察建议	6件	5件	7件	34件
	检察建议采纳率	100%	100%	100%	94%
调解违反自愿原则或者调解协议的内容违反法律	不支持监督申请	1件	1件	1件	4件
	提出检察建议	4件	5件	10件	10件
	检察建议采纳率	100%	100%	90%	90%
符合法律规定的起诉和受理条件，应当立案而不立案	不支持监督申请	3件	4件	1件	2件
	提出检察建议	10件	6件	21件	43件
	检察建议采纳率	80%	100%	100%	98%
审理案件适用审判程序错误	不支持监督申请	0	3件	0	4件
	提出检察建议	9件	11件	14件	33件
	检察建议采纳率	67%	82%	100%	97%
保全和先予执行违反法律规定	不支持监督申请	1件	0	1件	9件
	提出检察建议	12件	9件	14件	18件
	检察建议采纳率	92%	100%	100%	100%
支付令违反法律规定	不支持监督申请	0	0	0	0
	提出检察建议	1件	0	1件	1件
	检察建议采纳率	100%	0	0	100%
诉讼中止或者诉讼终结违反法律规定	不支持监督申请	1件	0	0	0
	提出检察建议	10件	5件	2件	2件
	检察建议采纳率	100%	80%	100%	100%
违反法定审理期限	不支持监督申请	0	2件	11件	4件
	提出检察建议	48件	43件	36件	65件
	检察建议采纳率	96%	93%	100%	98%

续表

案件类型		2017年	2018年	2019年	2020年
对当事人采取罚款、拘留等妨害民事诉讼的强制措施违反法律规定	不支持监督申请	0	0	0	0
	提出检察建议	0	0	0	1件
	检察建议采纳率	0	0	0	100%
违反法律规定送达	不支持监督申请	1件	5件	15件	8件
	提出检察建议	87件	88件	134件	439件
	检察建议采纳率	94%	95%	96%	99%
审判人员接受当事人及其委托代理人请客送礼或者违反规定会见当事人及其委托代理人	不支持监督申请	0	0	0	0
	提出检察建议	0	0	0	0
	检察建议采纳率	0	0	0	0
其他事由	不支持监督申请	23件	13件	26件	40件
	提出检察建议	118件	128件	161件	443件
	检察建议采纳率	81%	77%	96%	99%

（一）对非法作为的撤销与补正

1. 撤销非法作为并视条件决定是否重新实施

对于在后诉讼阶段中发现的前诉讼阶段所存在的违法作为，检察机关在给予消极评价并进行否定的同时，应责令法院予以撤销，否定前一程序的诉讼效力，并将案件倒流至前诉讼阶段，实现诉讼程序的反向运行，达到纠正错误型程序回转的效果，形成"前进（错误）—回转—诉讼原点"模式，以此弥补程序性错误。撤销标志着业已进行的审判行为的失效，将自动消除该审判行为的存在和影响。对某些实施完毕的违法审判行为的撤销并不能完全消除其业已产生的违法效果，仅能在有限范围内防止违法效果的再扩大。审判主体在法定期间内撤销有瑕疵的审判行为后，如若该审判行为具有再次实施的条件，则应在有效期间内重新实施新的同种类的无瑕疵审判行为，进而获得原本期待的法律效果，形成"前进（错误）—回转—再前进（正确）"模式。重新实施的纠正效果虽然明显，但在一定程度上将造成诉讼拖延、加大诉讼成本。当然，回转后的恢复条件具有不可预测性，不是在每起案件中都存在。例如，法院滥用公告送达导致缺席判决的，在判决书送达当事人之前,检察机关可责令撤销已进行的公告送达及缺席判决活动,并要求该法院重新启动合法送达,之后再对案件进行对席审理。

2. 补正非法作为

补正针对运用于存在先后关系的两个以上的审判行为,与重新实施相比,其较为便捷,但适用范围较为偏窄。首先,业已存在的先审判行为若在构成要件上存在瑕疵,后审判行为可在原有程序效力的基础上,通过弥补先审判行为的瑕疵使其取得预期的完整法律效力,进而继续存在和适用。例如,一审法院不当选择简易程序对案件进行审理时,检察机关可要求其在诉讼中及时转化为普通程序,但已经进行的诉讼活动继续有效。其次,若后审判行为以先审判行为为条件,当因先审判行为的瑕疵导致后审判行为无效时,通过弥补先审判行为的效力继而使后审判行为获得法律效力。例如,根据《民事诉讼法》第126条规定,对不予受理要求强制制发书面裁定。一审法院裁定不予受理但并未出具裁定书,进而影响当事人行使上诉权的,检察机关可要求其补充制作裁定书并重新起算上诉期限。又如,法院在未收到当事人担保的情况下就裁定诉前财产保全的,检察机关应责令法院要求当事人补充担保。

(二)对非法不作为的补充实施

"各国诉讼立法所规制和救济的对象大多限于法院作为形态的违法行为,即滥用职权、超越职权的显性违法行为,对诉讼中不作为形态的违法行为,即失职行为或隐性违法行为规制较少,且往往缺少相应的救济机制。"[1] 对审判作为与不作为的区分关键在于是否与负有特定法律义务相联系,而不能绝对以积极与消极、动与静来区分,积极的身体动作不一定是作为,消极的身体动作不一定是不作为。"行为请求权是指请求义务人为积极的行为;不作为请求权是指请求义务人不进行特定的行为,包括不作为及容忍。"[2] 对于审判人员的违法不作为,检察机关应责令其立即实施本应作为的法定义务。如果审判人员违反的是命令性规范,尽管其有积极的身体动作,但仍属于不作为;如果法院虽然实施了相关的法定审判行为,但该审判行为存在不当,若

---

[1] 廖永安:《法院诉讼行为要论》,载《法学家》2003年第2期。
[2] 杨与龄:《强制执行法论》,三民书局1998年版,第735页。

此后未及时进行纠正,进而该审判行为所设定的效果仍未得到实现的,该审判行为仍处于效力未予施展的状态,进而仍应被认定为隐蔽的不作为。

四、对违法审判行为的间接纠错型检察监督措施

不能直接纠错并非不可纠错或无法纠错,只是在纠错条件受限的情况下难以纠错,退而求其次,采取和借助替代性、间接性的强制措施和制裁方法来完成纠错。间接纠错就性质而言,一为弥补性纠错,旨在直接纠错效果不佳情况下的补充纠错。"尤其对于再审检察建议之外的其他检察建议,缺乏抗诉方式作为有力后盾,如果再不赋予其本身一定的强制性效力的话,很有可能成为一纸空文,更遑论被采纳和执行了。"[①] 二为替代性纠错,适用于自始不具有或当下不具有直接纠错性的违法审判行为。对于自始不具有直接纠错性的违法审判行为而言,实施替代性纠错属于无奈之举,其为实现纠错的唯一途径;对于具有适时直接纠错性的违法审判行为而言,替代性纠错不应成为首选,而是在错失直接纠错时机下的挽救。

程序法事实,是指能够反映、协助并满足民事诉讼活动程序要求的相关案件情况,进而引发诉讼法律关系产生、变更和消灭的事实。民事诉讼主体的多元化决定了民事诉讼法律关系的多元化,进而使程序法事实十分丰富。程序法事实的表现载体通常为一个或一套证据材料。当证据材料经质证、认证、被采信进而转化为定案证据时,程序法事实的本质属性得以升华并发挥相应功能。就程序法事实与实体法事实的关系而言,"诉讼和法二者之间的联系如此密切,就像植物外形和植物本身的联系,动物外形和动物血肉的联系一样。使诉讼和法律获得生命的应该是同一种精神,因为诉讼只不过是法律的生命形式,因而也是法律的内部生命的表现"。[②] 程序法事实作为法官作出合法裁判所必不可少的要件事实,从表面上看,并不与有待裁判的实体争议直接关联,但其关系到诉讼程序的发生、发展、中止和终结,直接影响当事人的诉讼权利,而程序活动的开展必定会对实体审理结果产生侧面影响,

---

① 李瑞兴、孙玉琼:《民事检察建议适用基本问题探讨》,载《中国法学会民事诉讼法学研究会2012年年会论文集》。

② 马克思:《关于林木盗窃法的辩论》,载《马克思恩格斯全集》(第一卷),中共中央马克思恩格斯列宁斯大林著作编译局编译,人民出版社1995年版,第287页。

因此，程序法事实对民事权利义务的最终分配也有着重大意义。通常程序法事实是独立存在的，集中体现程序意义上的价值，但有时也会出现程序法事实与实体法事实相互竞合、形成混同的情形，即某一法律事实在诉讼的某些阶段重在支持程序性问题，而在其他诉讼阶段又重在支持实体性问题。"一方面，有关实体法事实的证明活动是基础，是主干，正是该证明活动的存在和展开才可能引发有关程序法事实、证据事实的证明活动；另一方面，关于实体法事实的证明活动总是在一定程序下借助一个个证据来完成的，因此，有关程序法事实、证据事实的证明活动又是为实体法事实的证明活动服务的，其目的在于保障后者的正当性与真理性。"①

（一）向裁判结果监督的转换

1. 由审判行为监督向程序性审判结果监督的转换

程序性审判结果的表现方式通常为程序指挥裁定②、实体性裁定、决定、通知、命令和处分。程序性审判通常以行为为执行对象和标的，在效力上会对受约束主体的某种行为进行限制，其效力实现措施以受约束主体的身体举动为基本特征，其所拥有的强制性、及时性、无选择性、无替代性要求受约束主体对其的服从和履行。因此，对程序性审判的自觉性执行要求受约束主体积极主动履行审判所赋予的诉讼义务。某些诉讼活动同时表现出审判行为和审判结果两种形式，仅在《监督规则》第100条规定所有限列举的审判行为中，可出现审判行为和程序性审判结果竞合的情形就包括应当立案而不立案的行为与不予受理和驳回起诉裁定、保全的行为与裁定、先予执行的行为与裁定、中止诉讼的行为与裁定、终结诉讼的行为与裁定、妨害民事诉讼的强制措施违中罚款的行为与决定及拘留的行为与决定等。违法审判行为的实施与程序性审判结果的产生通常是同一时间。"就检察权的行使起点而言，所有的检察监督都是从'事后'开始的。'事后'是指事件已经发生，包括

---

① 吴宏耀、魏晓娜：《诉讼证明原理》，法律出版社2002年版，第81页。
② 程序指挥裁定，是指诉讼程序运行中作出的裁定，主要包括诉讼中法院对一些细节性程序问题进行处理时所运用的裁定，其在数量上占据了民事裁定中的绝大多数，在功能上与案件实体问题的处理并不直接挂钩，往往体现临时性和中间性。这类裁定在同一案件所先后历经的各大诉讼程序中时常、多次、累积、重复出现，彼此在生成条件上并不存在因果关系而较为独立，其针对的是纯粹的诉讼法上的事项。

尚在持续中，不是指事件已经完结。"①鉴于程序性审判结果是审判行为的实质内容和表达形式，审判行为是程序性审判结果的实施过程，因此，可通过对裁定的抗诉或再审检察建议以实现对程序性审判结果所蕴含和体现的"违法审判行为"予以间接监督。

2. 由审判行为监督向实体性审判结果监督的转换

实体性审判结果的表现方式通常为判决。"诉讼中实体结果的产生都离不开程序，正是在程序的逐步展开中，生成着实体结果；任何实体结果都可以还原为程序过程。同样，对实体结果的监督，也可以还原为对程序过程的监督。立法授权对实体结果可以实施法律监督，便蕴含了对程序过程可以实施法律监督之义，民行检察监督由实体向程序扩张是司法逻辑的自然回溯。"②为此，某一违法审判行为在未得到及时纠正的情况下，可能自身滋生繁衍出或与其他审判行为或诉讼情形结合出符合对全案判决进行抗诉或再审检察建议的法定事由，即实现《监督规则》第100条所规定的违法审判行为向《民事诉讼法》第207条所规定的再审事由进行转换，此时监督对象由单一的审判行为转化为存在瑕疵的整个复合性判决，监督力度由柔性转化为刚性，监督广度由局部性转换为全局性，实现由点到面的监督转换。具体而言，审判人员违反纪律规定的违法审判行为可向"应当回避的审判人员没有回避"的违法实体性审判结果转换；法院无不正当理由拒绝当事人取证申请的违法审判行为可向"对审理案件需要的主要证据，当事人因客观原因不能自行收集，书面申请人民法院调查收集，人民法院未调查收集"的违法实体性审判结果转换；法院怠于依职权主动取证或取证不当的违法审判行为可向"原判决、裁定认定的基本事实缺乏证据证明"的违法实体性审判结果转换；法院禁止当事人就对方提出的证据或鉴定意见发问、不组织对依当事人申请所收集的证据进行出示和辨认、禁止当事人申请专家辅助人出庭等违法审判行为可向"原判决、裁定认定事实的主要证据未经质证"的违法实体性审判结果转换；法院无故驳回追加必要共同诉讼中当事人的申请、驳回有独立请求权第三人的起诉、未通知与案件结果存在利害关系的无独立请求权第三人

---

① 汤维建：《新民事诉讼法适用疑难问题新译新解》，中国检察出版社2013年版，第199页。

② 汤维建：《民行检察监督制度发展的新动向》，载《河南社会科学》2011年第1期。

参加诉讼等违法审判行为可向"应当参加诉讼的当事人,因不能归责于本人或者其诉讼代理人的事由,未参加诉讼"的违法实体性审判结果转换;法院无故缩短答辩期限、禁止被告进行答辩、对新增诉讼请求不予安排答辩、法庭辩论阶段禁止当事人发言等违法审判行为可向"剥夺当事人辩论权利"的违法实体性审判结果转换;法院的违法送达特别是滥用公告送达的审判行为可向"未经传票传唤,缺席判决"的违法实体性审判结果转换。"若检察建议的内容具有极大的重要性,且这种重要性直通将来的再审事由,则其实质乃是告诉法院:倘若不接受此种检察建议,那么,等待法院生效裁判的恐怕就是抗诉一途。因此,诉中监督在不被法院接受的情形下,还有可能转化为诉后的抗诉监督。"①

表6 S省检察机关就程序性再审事由提起抗诉或再审检察建议的案件类型和数量

案件类型		2017年	2018年	2019年	2020年
原判决、裁定认定事实的主要证据未经质证	抗诉	1件	2件	0	1件
	再审检察建议	9件	1件	1件	4件
对审理案件需要的主要证据,当事人因客观原因不能自行收集,书面申请人民法院调查收集,人民法院未调查收集	抗诉	0	0	0	0
	再审检察建议	2件	3件	4件	3件
审判组织的组成不合法	抗诉	1件	0	1件	1件
	再审检察建议	5件	5件	1件	5件
依法应当回避的审判人员没有回避	抗诉	0	0	1件	1件
	再审检察建议	3件	6件	2件	5件
无诉讼行为能力人未经法定代理人代为诉讼或者应当参加诉讼的当事人,因不能归责于本人或者其诉讼代理人的事由,未参加诉讼	抗诉	3件	3件	1件	0
	再审检察建议	4件	6件	4件	4件
剥夺当事人辩论权利	抗诉	2件	6件	12件	4件
	再审检察建议	25件	26件	31件	32件
未经传票传唤,缺席判决	抗诉	2件	2件	0	1件
	再审检察建议	13件	12件	8件	9件

---

① 汤维建:《检察机关对民事诉讼中的诉中监督研究》,载《民事行政检察监督指导与研究》(第8集),中国检察出版社2009年版。

续表

案件类型		2017 年	2018 年	2019 年	2020 年
原判决、裁定遗漏或者超出诉讼请求	抗诉	4 件	5 件	2 件	2 件
	再审检察建议	4 件	4 件	7 件	4 件
据以作出原判决、裁定的法律文书被撤销或者变更	抗诉	0	0	0	3 件
	再审检察建议	1 件	1 件	1 件	3 件

（二）向调解结果监督的转换

对于违反自愿原则或合法原则的调解，根据《监督规则》第 100 条的规定，人民检察院只能对其提出纠正违法检察建议，不能提起抗诉或再审检察建议，再审型检察监督的适用对象仅为损害国家利益或社会公共利益的调解书。笔者认为，违反"两原则"的调解书本身具有再审可行性，现行法的规定失之偏颇。"没有把违反自愿性和合法性作为检察建议或者抗诉的原因，可能考虑的是检察院作为国家机关，以'公权力'过多地介入平等主体之间的私权诉讼会使主体之间的对抗关系失衡。但问题是，'自愿性'是诉讼调解的应然性，而并非必然性。"① 综上所述，比照再审检察建议通过法院依职权提起再审的效力实现方式，对于违反自愿原则或合法原则的调解书，检察机关可在纠正违法检察建议书中明确要求法院对其依职权自行提起再审。指令再审成为纠正违法检察建议的效力表现形式之一，充分发挥法院依职权再审的灵活性和事由广泛性，将纠正违法检察建议和再审检察建议的效力方式实现一定范围的统一，进而增强对调解书的纠错力度、扩大对调解书的纠错方式。

表 7　S 省检察机关对调解书提起抗诉或再审检察建议的案件类型和数量

案件类型		2017 年	2018 年	2019 年	2020 年
调解书损害国家利益	抗诉	0	0	0	3 件
	再审检察建议	38 件	28 件	90 件	73 件
调解书损害社会公共利益	抗诉	0	0	0	0
	再审检察建议	3 件	2 件	4 件	3 件

---

① 赵泽君、陈涛:《完善民事调解检察监督制度的再思考》，载《公民与法（法学版）》2013 年第 2 期。

审判人员违法行为监督与破产程序的断裂与弥合

朱祖洋 吴红梅 孔令泉 *

摘 要：2012年《民事诉讼法》修改增加的审判人员违法行为监督条款，为检察机关对破产程序实施监督打开了原则的绿灯，《人民检察院民事检察监督规则》明确将破产程序纳入审判人员违法行为监督的范围。但是，审判人员违法行为监督仍欠缺具体化，当前主流观点认为其监督对象包括审判人员违反相关办案纪律和程序违法行为，并且具有事后性。照此观点，破产程序中包含的大量与生效判决具有同等效力的实体性裁定和不可逆转性裁定，都将被排除在检察监督范围之外，集中暴露了现有审判人员违法行为监督制度学说的缺陷。为使审判人员违法行为监督与破产程序咬合，有必要对现有审判人员违法行为监督理论进行修正，并构建嵌入式检察监督模式，形成破产程序检察监督的完整格局。

关键词：破产程序 审判人员违法行为监督 嵌入式监督

随着改革开放的深入，我国的市场条件、经济环境、法治理念等方面发生了相当大的变化，传统的破产制度已然不能适应社会发展需要，民事检察制度的司法优势却日益被实践所证成。从《企业破产法（试行）》到《企业破产法》，检察监督条款一直付之阙如，如今破产法改革已势在必行，如何结合破产程序的特点，反思和重构我国的破产程序检察监督制度，成为需要

---

* 朱祖洋，浙江省嵊州市人民检察院检察长；吴红梅，国家检察官学院五级职员；孔令泉，浙江省嵊州市人民检察院第四检察部副主任。

尽快商讨的问题。

一、问题的引出

2020年5月28日，十三届全国人大三次会议高票表决通过《民法典》，标志着我国正式进入"民法典时代"。债权是以民法为规范基础而形成的权利，民法是确立保护债权的根本性法律规范，破产法在保护债权方面的功能实际上是民法保护债权这一任务的派生和延续。[①]破产的主要任务是确认破产财产的范围和实现债权，这两项工作的完成难以脱离民法的基本框架，处理破产法与民法关系的基本规则应当是：除非有特别理由，程序法应贯彻实体法的规定。[②]《民法典》虽然没有吸纳破产法等商事特别法，但对整个私法体系具有统领作用，是解决破产实体问题最主要的法律来源，破产程序中遇到的物权、合同、侵权责任等纠纷中的实体权利义务问题都需要到《民法典》中寻找处理依据。换言之，破产法的实施必须以《民法典》为基础和支柱。《民法典》对《民法通则》《合同法》《担保法》等法律内容的调整，也直接影响破产案件的处理。

由于破产工作的高度复杂性，错案风险相比普通民事诉讼更高，实务中甚至不乏观点认为，办理破产案件应当考虑实际效果，不能仅依据法律就规定谈规定、就程序论程序，如果严格遵守法律规定会妨碍整体目标的实现，对规则的偏离应当获得允许。这种观念充分意识到破产工作的现实复杂性，但极有可能会违反《民法典》所确立的权利规则和交易制度，破坏正常的市场预期，最终背离法治化的破产目标。2020年5月29日，习近平总书记在主持中央政治局就"切实实施民法典"集体学习时专门强调，要加强民事检察工作，加强对司法活动的监督，畅通司法救济渠道，保护公民、法人和其他组织合法权益。鉴于破产审判中既要广泛遵循《民法典》的一般规定，又要严格执行破产法的特殊规则，法律适用更为复杂也更容易被异化，强化破产程序检察监督成为检察机关保障民法典统一正确实施的题中之义。

然而，从1986年的《企业破产法（试行）》到2006年的《企业破产

[①] 参见张卫平：《破产程序导论》，中国政法大学出版社1993年版，第52页。

[②] 参见许德风：《破产法论》，北京大学出版社2015年版，第14页。

法》,均采用援引民事诉讼法有关规定的立法模式,检察监督条款一直付之阙如。由于旧《民事诉讼法》没有明确检察机关可以针对哪些种类的判决、裁定提出抗诉,最高人民法院又先后作出多个司法解释反对检察机关对破产程序提出抗诉,破产程序检察监督长期窒碍难行,造成检察机关缺乏相关经验积累。直至2012年《民事诉讼法》的修改将检察监督范围由"民事审判活动"拓展为"民事诉讼活动",并增加了第208条第3款"各级人民检察院对审判监督程序以外的其他审判程序中审判人员的违法行为,有权向同级人民法院提出检察建议"的规定,弥补了抗诉监督对象的有限性,为检察机关实施破产程序法律监督打开了原则的绿灯。

《人民检察院民事检察监督规则》(以下简称《监督规则》)专章对"审判程序中审判人员违法行为的监督"进行解释,其中第98条对破产程序属于审判监督程序以外的其他审判程序予以明确,第100条中规定对确有错误但不适用再审程序纠正的判决、裁定,应当提出检察建议。最高人民法院《关于适用〈中华人民共和国民事诉讼法〉若干问题的解释》也未对审判监督程序以外的程序监督作出回应,同时又一次明确将破产程序阻挡在抗诉和再审检察建议范围之外。同时需要注意的是,《监督规则》在结构体例上未将破产程序视为一个独立的监督环节,条文篇幅更不能与审判监督、执行监督相提并论,而人民法院目前对破产程序地位的认识开始发生重大的转变,提出要将破产审判作为与立案、审判、执行既相互衔接、又相对独立的一个重要环节。

尽管《民事诉讼法》为检察机关实施破产程序监督提供了基本依据,部分地区也进行了机制或实践上的探索,但相比检察监督在民间借贷等其他领域的广泛开展,破产程序检察监督案件数量极少。从全国范围看,2017年、2018年检察机关办理的涉破产程序民事审判违法行为监督案件分别仅为30件和23件。[①]因此,亟须结合破产程序的具体特点对当前的审判人员违法行为监督制度进行剖析。

---

① 参见滕艳军:《民事行政审判违法行为监督实证研究》,载《中国检察官》2019年第4期。

二、审判人员违法行为监督与破产程序的断裂

（一）审判人员违法行为监督的现有定位

检察实践中多将《民事诉讼法》第215条第3款的内容概括为审判人员违法行为监督，该条款定语复杂、内涵外延模糊，《监督规则》第100条虽列举了若干监督情形，但仍欠缺具体化，并且在实务中引发争议。

有法官提出，审判人员违法行为监督中应当排除对实体行为提起检察建议，理由是检察机关对审判机关具体运用法律、认定事实的裁量行为或者尺度的把握不应当做过多干预，法院内部的管理监督机制也能够有效查处审判人员不当行为并实现责任追究。[①] 检察机关内部主流观点也认为，审判人员违法行为中的违法行为指的是程序违法的行为和违反相关办案纪律的行为，如果违反的是实体法的规定，如适用法律错误等，则不属于此处的违法行为；审判人员违法行为监督具有程序监督的意义，目的是实现程序的合法与公正；与结果监督关系当事人实体权利不同，审判人员违法行为监督与当事人实体权利无关；审判人员违法行为的监督是单纯对审判行为的监督，与当事人的私益无关，无须考虑当事人的态度，均可依职权进行监督。[②] 根据目前的主流观点，审判人员违法行为监督不包括实体监督，实体监督应属于抗诉和再审检察监督的范围。

此外，按照民事检察监督的一般原则，审判人员违法行为监督属于事后监督，检察机关不应干预法官如何处理正在审理的案件，监督时点虽不需要等待诉讼程序完全终结，但应在诉讼活动中的违法情形发生之后。

（二）监督对象不能涵盖全部的破产审判行为

破产法集实体法与程序法功能于一身，不仅是民商法的特别法——尤其

[①] 参见彭松林：《不是分胜负：权利本位下民事检察建议的展开》，载《山东法官培训学院学报（山东审判）》2014年第3期。

[②] 参见雷丰超：《强化对民事审判违法行为的监督》，载《检察日报》2013年2月27日；最高人民检察院法律政策研究室：《我国民事检察的功能定位和权力边界》，载《中国法学》2013年第4期；曹桂芬、陈建强、肖晓峰：《民事行政检察监督实践与制度完善》，载《人民检察》2015年第9期；杨会新：《对民事审判程序中审判人员违法行为的监督》，载《中国检察官》2016年第9期。

是民法中债法的特别法——也是民事诉讼法的特别法。破产程序呈现诉讼性与非讼性交替出现的特征,相比普通民商事案件,破产程序属于广义的非讼程序,没有对立的原被告关系,贯彻职权主义等非讼法理,追求案件的简易和效益,使用裁定而非判决的形式推进破产进程,不适用再审程序。相比特别程序、督促程序、公示催告等其他典型的非讼程序,破产程序融入对实体权利义务争议的裁决,大量重要的实体问题被镶嵌于程序性活动之中。虽然债权确认、破产抵销权、取回权等典型的实体权利义务争议被纳入破产衍生诉讼,并适用通常的民事诉讼程序解决,适用审判监督程序,检察机关可以抗诉或提出再审检察建议。但是,仍有部分直接关系当事人实体权利的事项被纳入法院裁定的范围,排除在审判监督程序之外。

可以说,破产程序是一个由破产裁定组成的程序。[1]最高人民法院印发的《人民法院破产程序法律文书样式(试行)》中,裁定文书样式多达40余种,既有程序性裁定又有实体性裁定,其内容之庞杂决定了审判人员违法行为监督的复杂性。程序性裁定与实体权利义务的判断没有直接关系,将其纳入程序违法监督的范围并无疑问。而人民法院针对破产方案和根本性程序问题的裁定,表面上是程序性活动,实质上包含实体权利义务的判断,与当事人的实体利益紧密相关,实际上承担了判决的功能,但不适用审判监督程序。如关联企业是否存在法人人格高度混同的判断,能否适用实质合并破产,涉及当事人的实体权利义务。[2]破产重整、破产财产的管理、变价、分配方案,决定着破产案件的基本结局;破产和解、重整程序的启动涉及债务人能否获取"再生"机会,是否裁定认可和解协议、批准重整计划,进而决定是否中止或终止和解、重整程序,涉及较为复杂的法律事实认定及相关利害关系人的权利处分;破产程序的终结裁定涉及认定破产责任、确定剩余债务免除的程度、范围等重大问题。[3]在比较法上,美国、德国等国家对破产程序中类似的重要事项都赋予了当事人上诉权或抗告权。[4]

《监督规则》第100条将不适用再审程序纠正的判决、裁定纳入审判人

---

[1] 参见李曙光:《破产裁定》,载《法制日报》2007年6月8日。
[2] 参见王欣新:《关联企业的实质合并破产程序》,载《人民司法》2016年第28期。
[3] 参见韩长印、郑金玉:《民事诉讼程序之于破产案件适用》,载《法学研究》2007年第2期。
[4] 参见许德风:《破产法论》,北京大学出版社2015年版,第72页。

员违法行为的监督范围,其中是否指向审判监督程序以外的全部裁定,能否涵盖破产程序中涉及实体争议的裁定?《监督规则》没有作进一步的明确规定。与抗诉、再审检察建议不同,《民事诉讼法》规定检察机关有权对审判人员违法行为提出检察建议,《监督规则》只对破产程序审判人员违法行为监督作出笼统性规定,法院司法解释既未正面肯定,也没有从反面否定检察机关不能对哪些破产裁定提出检察建议。这是否意味着人民法院只是反对检察机关提出抗诉和再审检察建议,并不排斥检察机关以检察建议的方式全面介入破产程序?目前,法律上尚没有明确规定。按照现有的理论安排,审判人员违法行为监督是对审判人员问题的监督和对程序问题的监督,如果把破产程序中的实体性裁定强行纳入审判人员违法行为监督的范围,将造成制度功能定位的混乱,冲击民事检察监督理论体系的协调性。

(三)事后监督与破产程序不可逆转性相互抵触

破产程序中宣告破产、终止重整计划或和解协议的执行并宣告破产、破产财产实际分配、破产程序终结等一些关键环节具有不可逆转的特征,即使发生错误也难以补救或补救成本极高。例如,诸多待履行合同被解除后将难以恢复原状;法院在作出宣告破产裁定后,破产财产的变价、分配等程序会紧随其后,不能再转入重整程序或和解程序,否则善后问题会十分复杂;破产清算程序终结以后,管理人、债权人会议已经解散,债务人企业的法律人格归于消灭,不可能因新情况的出现而重新启动破产程序。如果允许破产程序的完全逆转将会使破产程序处理债权债务关系、促进资源迅速重新分配和债务人复兴的目的荡然无存,无异于取消破产程序。①这也是最高人民法院制定司法解释反对检察机关对破产程序行使抗诉权的重要原因。

如果审判人员违法行为监督完全固守事后监督原则,将造成与破产程序的脱节和"两张皮"现象,主要表现在两方面:一是由于破产程序的某些环节不可逆转,事后监督不具有实际的纠错和救济功能;二是检察机关启动监督程序并不能中断破产程序的照常进行,检察机关事先不了解案情,还要经过调阅卷宗、调查核实、案情研判、制发文书甚至组织听证等一系列环节,耗费大量时间,等到形成监督意见时可能为时已晚。此外,破产程序本质上

---

① 参见贺丹:《有争议破产债权的确认》,载《甘肃政法学院学报》2008年第5期。

属于概括的债权债务清理程序,重在"一揽子"解决企业债务问题,具有时间上的紧迫性要求,很多环节即使能够回转也是对破产成本的极大浪费。

三、破产程序检察监督制度重构

(一)审判人员违法行为监督主流观点检讨

笔者认为,目前审判人员违法行为监督对象的主流观点颇值得商榷,主要理由有三点:

第一,对于审判监督程序,检察机关有权对审判人员、诉讼程序和实体裁判结果实施多重监督,如果审判监督程序之外其他审判程序的检察监督范围被限缩在审判人员和程序违法事项,那么检察机关面对诸如破产程序中的实体性违法问题将会无所作为,既无权提出抗诉,也无法提出检察建议,如此显然有悖对民事诉讼实施全面检察监督的立法意图。鉴于人民法院在破产程序中作出的实体性裁定直接影响当事人或利害关系人的实体权利,产生的影响一般不会低于程序性裁定,举轻以明重,实体性裁定也应当纳入检察监督的范围。

第二,民事诉讼中裁定适用范围广、类型复杂,程序性裁定和实体性裁定仅仅是学理上的分类,很多裁定性质往往难以明确界分。以破产程序中法院确认债权表的裁定性质为例,有观点认为属于程序性裁定,不具有确认其中每项债权真实、合法的实体性法律效力。① 相反观点则认为,其具有与生效判决同等的法律效力,对破产管理人和债权人均有效,当事人已不能寻求常规的司法救济。② 如果将实体性裁定从审判人员违法行为监督范围中分割出去,法检之间在办理非讼案件时将陷入对裁定性质这一复杂问题争论的泥潭。

第三,《监督规则》在审判人员违法行为监督章节下的第 100 条已经作出明确规定,检察机关对确有错误但不适用再审程序纠正的裁定有权提出检察建议。进一步而言,破产程序内无论是程序性裁定还是实体性裁定均应当属于审判人员违法行为监督的对象。《监督规则》作为检察司法解释,对各

---

① 参见王欣新:《论破产债权的确认程序》,载《人民司法》2018 年第 1 期。
② 参见尹正友、张兴祥:《中美破产法律制度比较研究》,法律出版社 2009 年版,第 151 页;许德风:《破产法论》,北京大学出版社 2015 年版,第 72 页。

级法院同样具有规范作用，不以具备相对应的法院司法解释为前提。

为节省立法成本和便于实务操作，与其针对审判监督程序之外其他审判程序中的实体性违法行为再创设新的监督方式，不如转变认识，对现有审判人员违法行为监督主流理论进行改造，将审判监督程序之外其他审判程序中的实体性违法行为与程序性违法行为一并置于审判人员违法行为监督范围之内。应当注意，实体性违法行为产生的影响毕竟不同于一般的程序性违法行为，虽然同样使用检察建议的方式进行监督，但应当在未来的制度设计中赋予前者与抗诉效力相当的刚性保障。

（二）审判人员违法行为监督配套制度构建

1.嵌入式检察监督模式的再提倡

2020年11月，习近平总书记在全面依法治国工作会议上提出，要完善预防性法律制度，坚持和发展新时代"枫桥经验"。2021年3月，习近平总书记再次强调，法治建设既要抓末端、治已病，更要抓前端、治未病。如前所述，审判人员违法行为监督事后性所产生的缺陷在破产程序中表现得最为突出，不妨引入预防性监督机制以弥合漏洞。其中，嵌入式检察监督模式即是可以援引的理论资源。

有学者提出对民事检察权进行司法化改造，将其有效嵌入民事程序构造中，内化为民事程序的有机部分。即确立检察机关的民事诉讼主体地位，检察机关作为的一分子参与民事诉讼程序，应当遵守诉讼法规，依循程序流程，并可借鉴《俄罗斯联邦民事诉讼法典》第41条第3款的规定，赋予检察机关查阅案件材料，请求回避，提出证据，参加对证据的审查，提出申请，就审理案件时发生的问题或就整个案件的实体提出意见等相关职权。[1]

考察域外破产及相关立法也能发现，将检察权嵌入破产程序绝非孤例，法国、日本、德国、加拿大、荷兰、美国以及我国的香港、澳门地区都不同程度地赋予检察机关参与破产程序的权力。其中，法国作为大陆法系国家检察制度的发端地，检察机关对破产程序具有广泛的参与权，可资借鉴。《法国新民事诉讼法典》规定涉及个人破产程序、法人裁判清理或财产清算程

---

[1] 参见肖建国：《民事程序构造中的检察监督论纲》，载《国家检察官学院学报》2020年第1期。

序、裁判清算与裁判重整程序，法院必须向检察机关发出通知，检察机关应当得到通知作为案件的从当事人参加诉讼。① 检察机关在对向其通报的案件中的法律适用问题提出意见，参加诉讼时，即为从当事人。② 检察机关作为从当事人的权力还包括为查明案件事实而调查证据，提出法院无管辖权，在法庭上最后发言等。③ 近年来，由于公益损害案件增多等现实国情的需要，《民事诉讼法》赋予检察机关提起和支持民事公益诉讼的权力，民事检察监督就此实现从事后向事前、事中延伸，打破了传统事后监督理论的窠臼，为赋予检察机关对破产程序实施嵌入式监督提供了范式。

嵌入式检察监督能够弥补既有审判人员违法行为监督手段的不足，防止审判权在不可逆转的关键环节"一权独大"，为债权人及利害关系人保护提供创新性的制度保障。同时，嵌入式检察监督模式的构想契合习近平法治思想，将破产程序检察监督置于完善预防性法律制度的国家目标内进行考虑，或对破产制度和检察制度的完善互有裨益。

2. 嵌入式检察监督的具体构建

嵌入式检察监督模式的构建应当保持最大限度的谦抑性，如同警惕行政权不当干预破产审判权一样，应当在制度设计上对嵌入式检察监督的范围、参与方式、程序启动方式等方面加以限制。

第一，限定嵌入式检察监督的范围。应当从以下两个维度进行限制：一是看裁定性质是否具有可逆性。除前文所述的不可逆环节之外，其余环节均应当遵循民事诉讼监督的一般规律，以事后监督为基本原则。例如，债权人会议决议存在最高人民法院《关于适用〈中华人民共和国企业破产法〉若干问题的规定（三）》第12条列举的违法情形，应当先由人民法院审查判断，只有在人民法院违法作出不予撤销债权人会议相关决议事项的裁定之后，检察机关才能提出纠正违法的检察建议。二是看裁定性质是否为影响国家利益和社会公共利益的实体性裁定。前文所述的确认破产财产管理、变价方案、合并破产等重要的实体性裁定，虽然可以通过申请复议或申诉方式进行事后

---

① 参见汤维建：《论检察机关提起民事公益诉讼》，载《中国司法》2010年第1期。
② 王德新：《检察机关介入民事诉讼的方式和程序》，载《海峡法学》2011年第2期。
③ 参见［法］让·文森、塞尔日·金沙尔：《法国民事诉讼法要义》，罗结珍译，中国法制出版社2005年版，第442页。

救济，但是如果直接影响国家利益和社会公共利益，应当允许检察机关采取预防性监督，既能防止国家利益和社会公共利益被侵害，又能满足破产程序的迅捷性要求。

第二，限定嵌入式检察监督的参与方式。首先，应当明确检察机关的定位问题。法律监督机关的宪法定位和公益诉讼代表的身份定位，决定了检察机关加入破产程序以后既不是当事人，也有别于事后监督中的监督者，其定位应当与大陆法系检察机关参与民事诉讼程序的地位一致，称为"从当事人"或"辅助当事人"。其次，应当明确检察机关的职权问题。《俄罗斯联邦民事诉讼法典》和《法国新民事诉讼法典》为我国检察机关参与破产程序提供了旁鉴，阅卷、调查和提出意见是其中三项最为基础的权力。最后，应当明确嵌入式检察监督的效力问题。检察机关提出的意见只具有参考、协商性质，其对抗性要明显小于事后监督，主要目的是维护国家和社会公共利益，并且不以检察方案取代审判方案为必然追求，最终仍由人民法院依法裁决，不会产生蚕食审判权的风险。同时，为确保法院能够慎重对待检察机关提出的处理意见，应当建立配套的制约机制。或是借鉴域外检察机关提起即时抗告制度，与上级法院的审级监督相衔接；或是采取折中处理的方式，如果承办破产案件的法官拟不采纳检察机关提出的处理意见，应当提交本院审判委员会决定，与此相对应，检察机关提出的处理意见应当是经过本院检察委员会讨论决定。

第三，限定嵌入式检察监督的程序启动方式。一是人民法院作出影响国家利益和社会公共利益的实体性裁定前，检察机关可以依职权提出处理意见。二是对虽具有不可逆性但不影响国家利益和社会公共利益的，如果没有相关当事人向检察机关提出介入申请，检察机关应当尊重其民事处分权，不再主动向人民法院提出处理意见，否则会进一步激化债权人在复杂利益争夺中的矛盾，民事检察资源的有限性也决定着检察机关不可能事无巨细地参与到每一个破产案件中。

（三）厘清嵌入式检察监督与审判人员违法行为监督的界限

破产程序检察监督的对象及情形复杂，实体性裁定、程序性裁定、不可逆性裁定、是否影响国家利益和社会公益利益、相关当事人是否申请监督等要素相互交织。嵌入式检察监督与审判人员违法行为监督共同构成破产程序检察监督的完整格局，为避免混乱，有必要对二者的权力界限作进一步明晰，具体分为以下四个维度展开：

第一个维度，关于影响国家、社会公共利益的实体性裁定、不可逆性裁定。前文已作阐述，由检察机关实施嵌入式检察监督。为维护审判权的终局性，如果检察机关提出的预防性监督意见经过即时抗告或审判委员会决定仍不被采纳的，检察机关不得再次以审判人员违法行为监督提出纠正违法类的检察建议。如果检察机关因各种原因没有介入破产程序实施嵌入式监督的，该裁定同时又具有可逆转性，检察机关可提出纠正违法类的检察建议。

第二个维度，关于不影响国家、社会公共利益的实体性裁定、不可逆性裁定。针对其中的实体性裁定，检察机关应当依据利害关系人的监督申请，以审判人员违法行为监督进行受理，同时根据《监督规则》第28条的规定，以向人民法院提出异议或申请复议为前置条件。针对其中的不可逆性裁定，利害关系人应当在人民法院作出该裁定前的一定期限内向检察机关提出监督申请，由检察机关裁量有无必要实施嵌入式监督。

第三个维度，关于程序性违法事项的监督。破产程序中存在的大量通知、公告行为以及审判人员应当回避而不回避、受理破产申请后不依法解除保全措施和中止执行等程序性行为，属于传统审判人员违法行为监督的范围。检察机关在实施嵌入式检察监督过程中，如果发现存在上述程序性违法行为也应当即时启动审判人员违法行为监督，提出纠正违法类检察建议。

第四个维度，关于审判人员违法的监督。检察机关的"对人监督"贯穿破产程序始终，无论是嵌入式监督还是事后监督，都应当将审判人员是否存在贪污受贿、徇私舞弊、枉法裁判等深层次违法问题作为监督重点。

近年来，得益于供给侧结构性改革、营商环境建设的需要，破产法得以勃兴，我国《企业破产法》的修订已被纳入全国人大重点立法规划，2021年3月1日起实施的《深圳经济特区个人破产条例》实现了个人破产立法的突破，浙江、江苏等地正广泛开展个人债务集中清理工作。随着民事检察实践的不断积累、立法者致力于强化民事检察监督的努力、"做强民事检察"工作目标的提出和司法关系的日渐和谐化等方方面面的有利因素，民事检察工作呈现创新发展趋势，未来在破产及相关立法中添加专门的检察元素并非不能实现。同时，通过追寻民事检察制度的发展轨迹，我们应当深刻意识到想要推动建立一套完善的破产程序检察监督体系，其复杂性、精密性及艰辛程度绝不亚于破产法及其他配套法律制度的修订和完善，检察机关可谓任重而道远。

法官违法行为检察监督的路径重构

——以民事调查核实权的构建为视角

于丽红*

摘　要： 在检察机关职务犯罪查办力量转隶的背景下，如何提升民事检察监督工作力度成为检察机关的一大考验。当前对法官违法行为有效监督已成为检察机关民事检察监督的发力点，但是，审判信息严重不对称和审判场景的难以还原性却限制了检察机关的监督空间和监督能力。构建民事检察全面调查核实权行使的体系化规范，赋权检察机关破解执法信息共享的瓶颈，才能真正通过民事检察调查核实权有效地监督法官违法行为。

关键词： 民事审判违法行为　信息不对称　调查核实权

一、检察监督视野下民事审判违法行为调查核实的应有之义

（一）"民事审判违法行为"之定义

2012年修订的《民事诉讼法》第208条第3款规定，人民检察院有权对"审判监督程序以外的其他审判程序中审判人员的违法行为"以检察建议的方式进行监督。[1]自此，民事检察监督范围首次由裁判结果扩展到审判活动全过程，这是第一次在立法上明确检察机关对审判程序中法官违法行为的监督权。

---

* 于丽红，北京市西城区人民检察院检察官助理。

[1] 2012年《民事诉讼法》第208条第3款规定，各级人民检察院对审判监督程序以外的其他审判程序中审判人员的违法行为，有权向同级人民法院提出检察建议。

2021年修订的《人民检察院民事诉讼监督规则》(以下简称《民事诉讼监督规则》)在 2013 年《人民检察院民事诉讼监督规则(试行)》的基础上略有改动,其中第六章"对审判程序中审判人员违法行为的监督"对法官违法行为监督对象、监督情形等进行了详细规定,可以看出审判程序违法和审判人员违法均被纳入到了"对审判人员违法行为的监督"范围。其中,就审判人员违法而言,现行《民事诉讼法》第 207 条第 13 项明确了再审理由包含审判人员审判案件时有贪污受贿、徇私舞弊、枉法裁判行为的情形;2021 年《民事诉讼监督规则》第 101 条①亦明确规定了检察机关发现同级法院民事审判程序中审判人员有《法官法》第 46 条②等规定的违法行为且可能影响案件公正审判、执行的,应当予以监督。《法官法》第 46 条包括九种典型法官违法行为情形和一项概括性兜底条款,监督范围包括但不限于明确列举的九种违法情形,其中第一种情形与《民事诉讼法》207 条规定的再审事由存在一定交叉。就审判程序违法情形而言,2021 年《民事诉讼监督规则》第 100 条③进行了详细列举,包括十种典型审判程序违法情形和一项概括性兜底

---

① 2021 年修订的《人民检察院民事诉讼监督规则》第 101 条规定,"人民检察院发现同级人民法院民事审判程序中审判人员有《中华人民共和国法官法》第四十六条等规定的违法行为且可能影响案件公正审判、执行的,应当向同级人民法院提出检察建议"。

② 2019 年修订的《中华人民共和国法官法》第 46 条规定,"法官有下列行为之一的,应当给予处分;构成犯罪的,依法追究刑事责任:(一)贪污受贿、徇私舞弊、枉法裁判的;(二)隐瞒、伪造、变造、故意损毁证据、案件材料的;(三)泄露国家秘密、审判工作秘密、商业秘密或者个人隐私的;(四)故意违反法律法规办理案件的;(五)因重大过失导致裁判结果错误并造成严重后果的;(六)拖延办案,贻误工作的;(七)利用职权为自己或者他人谋取私利的;(八)接受当事人及其代理人利益输送,或者违反有关规定会见当事人及其代理人的;(九)违反有关规定从事或者参与营利性活动,在企业或者其他营利性组织中兼任职务的;(十)有其他违纪违法行为的。法官的处分按照有关规定办理"。

③ 2021 年修订的《人民检察院民事诉讼监督规则》第 100 条规定,"人民检察院发现同级人民法院民事审判程序中有下列情形之一的,应当向同级人民法院提出检察建议:(一)判决、裁定确有错误,但不适用再审程序纠正的;(二)调解违反自愿原则或者调解协议的内容违反法律的;(三)符合法律规定的起诉和受理条件,应当立案而不立案的;(四)审理案件适用审判程序错误的;(五)保全和先予执行违反法律规定的;(六)支付令违反法律规定的;(七)诉讼中止或者诉讼终结违反法律规定的;(八)违反法定审理期限的;(九)对当事人采取罚款、拘留等妨害民事诉讼的强制措施违反法律规定的;(十)违反法律规定送达的;(十一)其他违反法律规定的情形"。

条款。审判程序违法针对的是"事",但"事"由"人"为,二者逻辑上密切相连。

(二)违法行为要素之区分

1. 区分审判程序违法与审判人员本身违法

审判程序违法强调对"事",审判人员违法强调对"人",二者相互区别,实践中"贪赃而不枉法""枉法而未贪赃"的情况屡见不鲜,但两者又往往互为表里,在一起案件中审判人员违法与审判程序违法相伴发生。两者构成了本文讨论的民事审判违法行为监督的主要内容,在民事审判违法行为监督中,不能机械地将审判程序监督与对审判人员违法行为监督相割裂,要更多地注重二者的伴生性。[①] 两者区分的意义在于,在监督方式上,调查核实权行使方式的设计应有所不同,审判人员的违法行为通常存在较强隐蔽性,因此需要更为灵活、更具强制性的调查手段;而根据诉讼客观程序主义的特点,通过审阅法院卷宗即可发现审判程序违法之处。

2. 区分严重审判程序违法与事实证据认定错误

根据导致裁判结果错误的原因不同,可以区分为因严重审判程序违法导致的裁判结果错误与因实体裁判错误导致的裁判结果错误,严重程序违法包括如审判组织组成不合法或应当回避的审判人员没有回避,根据《民事诉讼法》第 207 条规定,二者均为引起法院再审或检察院抗诉的事由。二者区分的意义在于,此种严重审判程序违法虽不属于《民事诉讼监督规则》第六章"对审判程序中审判人员违法行为的监督"第 100 条和第 101 条规定的情形之一,而是体现在《民事诉讼监督规则》第五章"对生效判决、裁定、调解书的监督"中,但笔者认为其是广义上的审判程序违法,属于本文中审判程序违法相关调查核实权的适用范围。

3. 区分法官主观违法与法官客观认识偏差

按照审判违法行为的发生原因是否在于审判人员存在主观过错,可将其分为法官主观违法所致的审判违法行为与法官客观认识偏差所致的审判违法

---

① 周清华:《正确理解修改后民诉法第二百零八条第三款》,载《人民检察》2013 年第 8 期。

行为。主观过错是指故意或重大过失,最高人民法院《关于完善人民法院司法责任制的若干意见》(以下简称《意见》)规定,法官在审判工作中,故意违反法律法规的或者因重大过失导致裁判错误并造成严重后果的,依法应当承担违法审判责任,如法官违反法律规定,严重不履职或履职不当,违法立案受理、违法中止或终结诉讼、强制执行、实际审判人员和判决文书署名不一致等;或者法官滥用职权但未达到犯罪程度,如滥用公告、留置送达,违反法定审限等。法官客观认识偏差是审判人员主观上不存在违法动机,真诚地适用了某种程序制度和规则,但出于对法律认识和理解的偏差,这种程序的运用构成了错误,也有可能通过了正当审批手续,但仍然出现审判程序性错误。区分的意义同样在于二者适用的调查核实权的手段和方式上应予区分。

4. 正视法官误用内部规定与违反司法责任制办案规范问题

根据审判人员违法行为发生时是否受外部原因的干预或制约,可将审判违法行为分为法官错误适用内部规定所致与违反司法责任制办案规范所致的审判违法行为。在司法审判实践中,审判行为是一个持续进行且复杂的过程,法官往往受到自身以外因素的制约或影响而发生审判违法行为,如法官错误遵从内部规定、审判委员会决议外的意见或非有权法院出台的意见、纪要、办法等;此外,法官自身违反司法责任制办案规范是审判违法行为发生的重要因素,如法官违反人民法院司法责任制的办案规范,让审判辅助人员独立完成调解、决定程序性事项等。正视二者的意义在于审判违法监督范围是否要延伸到法院内部机构人员、领导甚至审判委员会,例如,根据《意见》规定,法官受领导干部干预导致裁判错误的,并不必然承担违法审判责任。[①]

(三)法官违法行为调查核实权的权力来源

1. 法律监督权的具体化体现

《民事诉讼法》第 217 条规定,检察机关"因履行法律监督职责提出检察建议或者抗诉的需要"可以调查核实。《人民检察院组织法》第 21 条规

---

① 最高人民法院《关于完善人民法院司法责任制的若干意见》第 33 条规定,法官受领导干部干预导致裁判错误的,且法官不记录或者不如实记录,应当排除干预而没有排除的,承担违法审判责任。

定,"人民检察院行使本法第二十条规定的法律监督职权,可以进行调查核实"。民事检察调查核实权具有派生性,是民事检察权的一种派生性权力,是为履行法律监督职责收集证据,提供证据支持所行使的一种手段性权力。

2. 检察司法权的延伸性功能

法官违法调查核实权具有派生性特点,其权力性质从属于民事检察权,因而是检察司法权的延伸性功能,按照调查手段是否具有强制性,调查权可以分为强制性调查权和非强制性调查权。强制性调查权是采取法律规定的强制性手段进行专门性调查的权力;非强制性调查权是采取一般性的调查手段来查证违法事实是否存在的权力[1],不以法律强制性保障为前提,法官违法行为的司法调查核实权相较侦查权而言不具备完全的强制性,属于非强制性调查权。

二、检察职能调整背景下调查核实权面临的困境

(一) 诉讼信息不对称的屏障难以突破

法官违法行为检察监督难的重要原因是诉讼信息严重不对称造成的。检察机关作为外部的公权力监督主体,并不参与民事诉讼程序,民事审判程序的相对封闭性,导致检察机关在信息来源、效率等方面处于劣势。[2]当事人作为诉讼参与者,对审判信息的了解虽有一定及时性,但相较于审判权的绝对优势以及当事人举证能力的局限,当事人申请检察监督时往往无法提供确凿有力的证据和信息。

审判信息整体检视难导致违法行为检察监督难,尽管诉讼程序法律规定审判过程和结果公开是诉讼的基本原则,也有与之配套的机制,比如庭审直播、扩大公民参与、案件旁听等便于法庭之外人员能基本了解裁判的概貌,但合议制、审判委员会制度、内部指导制度和报上级批准等的规定,使外界包括检察机关难以窥探案件的"庐山真面目",而隐藏在这些机制后的法官违法行为也就极难被发现和监督。诉讼信息"瓶颈"问题加深了检察机关对

---

[1] 参见陈冰如:《论民事行政诉讼违法行为调查权的构建》,载《甘肃联合大学学报(社会科学版)》2013年第6期。

[2] 参见韩静茹:《民事检察权研究》,北京大学出版社2018年版,第222页。

深层次违法行为线索发现难，导致法官违法监督多局限于浅层次监督，主要集中在法院超审限、违法送达、法律文书文字性错误等一般程序性瑕疵或工作漏洞等事项，对"法官个体"的深层次监督质效不高。

因此，如何促进监督事项从审判程序错误等轻微违法情形向审判人员违纪违法等更深层次的违法行为拓展，如何破解诉讼信息屏障是法官违法行为监督需要解决的首要问题。

（二）检察职能转变后检察机关仅对有关渎职犯罪的14个罪名有调查权

在监察体制改革与刑事诉讼法修改之前，检察机关对法官既可以通过调查职务犯罪线索以点带面的全面调查，也可以单独调查法官的违法行为，而违法行为的线索发现虽可以通过民事监督发现，但更多则是通过对法官违法犯罪的举报线索调查后，发现其他违法线索，虽然线索有重叠和相加，但建立在强大侦查权基础上，检察机关能够通过涵养线索、深挖细查，从蛛丝马迹中发现法官违法行为，监察体制改革与刑事诉讼法修改后，检察机关仅依据刑法有关渎职犯罪的14个罪名对法官违法、犯罪有调查权。

此外，目前民事审判违法行为监督缺乏威慑力，其调查核实权亦缺乏刚性，检察官即使对案件问题的质疑内心确信，欲依法履行监督职责，但碍于自身能力和授权不足，仍缺乏强有力、灵活的调查手段来破除各种信息屏障。

三、民事检察调查核实权在困境中徘徊的原因

司法实践证明，有效的监督必须贯穿于发现线索、获取证据、形成链条以洞穿案件的真实原貌。就民事检察监督而言，《民事诉讼法》及《民事诉讼监督规则》虽赋予了检察机关民事检察监督调查核实权，但未赋予强制力。民事诉讼举证规则及当事人举证能力的局限和检察监督滞后性的特点，往往很难再现审判程序性违法情形或法官违法行为的场景。因此，虽有民事检察调查核实权的赋权，但司法实践运行效果并不理想，调查核实权的司法实践尚在困境中徘徊。

（一）当事人诉权受限导致举证能力不足

当事人申诉是检察机关审判监督的主要信息来源之一，由于当事人及其代理人的诉权在与审判权的博弈中存在失衡状态，导致民事案件当事人及其代理人一般情形下的合法取证与申请取证，何况对法官审判违法行为的调查取证，检察机关仅凭当事人提供的材料和证据，甚至是单方的片面信息，很难勾勒出完整的案件监督线索。

（二）检察监督权的滞后性影响了调查权的行使

根据民事诉讼制度安排，检察监督权作为民事诉讼外部监督力量，更多的是一种事后监督，体现检察权对审判权的尊重。一般在当事人穷尽审判程序中一切诉讼手段而权利仍得不到救济时才可申请检察监督。虽然检察机关依职权可以发现而启动民事案件的事中监督，但监督行为往往滞后于审判过程。检察监督的事后性特征导致了检察机关发现线索、调查启动的滞后性，而审判场景的封闭性和法官违法行为的隐蔽性，在检察监督阶段已经时过境迁，客观上造成了调查核实的屏障和困难。

（三）调查核实权法律保障体系不完善

调查核实权来自以下授权：一是《民事诉讼法》第217条，该条适用范围的普遍理解是包含民事诉讼活动全过程，因此检察机关对于审判违法行为有调查核实权；二是《人民检察院组织法》第21条，该条规定"人民检察院行使本法第二十条规定的法律监督职权，可以进行调查核实"，而该法第20条第5项涵盖了民事审判违法行为监督范畴内的调查核实，较《民事诉讼法》的调查核实权范围更广泛，不再有"因履行法律监督职责提出检察建议或者抗诉的需要"条件限定，也不再有受调查人范围的限制；此外，《人民检察院组织法》新增了保障条款，要求有关单位对检察机关的调查核实予以配合等。

《人民检察院组织法》对法官违法行为调查核实虽有一定积极影响，但不可否认的是相关规定较为笼统、概括和原则，实务运用中，既缺乏操作细则，也缺乏制度保障，缺乏强制性，检察机关内部对调查核实权究竟应为积极、扩张，主动介入、事中介入，还是应消极、被动，无申请不启动等，也存在很多的争议，审判违法行为调查核实作为监督手段，在运用上存在模糊空间，效果必将大打折扣。《民事诉讼监督规则》第四章第三节虽较为完整地规定了民事检察调查核实权的适用规则，但审判违法行为调查核实权却难以适用，审判违法行为调查核实权在行使对象、违法行为监督范围、启动程序、强制性保障机制等方面均缺乏规定，远未形成可操作性的规范，直接影响了调查核实权的行使效果。

四、法官违法行为调查核实权的路径重构

（一）厘清违法行为调查核实权的逻辑前提

民事检察调查核实权作为手段性权力，应受制于民事检察权的权能定位，民事检察权的权能定位是调查权的逻辑前提。[1]关于民事检察监督权的权能定位，长期存在"救济私权"和"监督审判权"之争，以往主流观点认为检察权作为公权力，如果以救济私权为权能定位，势必破坏民事诉讼平等两造对抗结构。[2]民事诉讼活动以诉讼主体平等原则和辩论原则为基础，调查核实权有可能使一方当事人的举证能力大大提升，导致双方的诉讼权利出现实质不平等，民事检察调查核实权备受质疑，部分检察官因此不愿不敢主动行使调查核实权。

随着检察权司法改革的不断深入，最高人民检察院已明确民事检察具有公权力监督和私权利救济的双重权能。对此，笔者深以为然，当前民事检察监督已形成多元化监督格局，民事检察监督权在针对不同监督对象时，对应的手段性权力即调查核实权应找到分别正当的法律基础和逻辑前提，"救济权能"与"监督审判权"两种功能不能简单地选择或舍弃，比如在结果类监督案件中，某些证据既可用于证明当事人诉讼主张的成立，也可用于证明存在审判行为违法，那么对该项事由调查权的逻辑前提，则兼具救济功能与监督功能；而在法官违法行为监督案件中，对违法行为的调查属于监督审判权，能够遏制法官权力滥用，其调查权行使与检察官的客观立场并行不悖，因此检察官应防止办案思维固化，充分厘清违法行为调查核实权的逻辑前

---

[1] 参见杨会新：《民事检察监督中调查权的范围》，载《人民检察》2013年第15期。
[2] 参见杨会新：《民事检察监督中调查权的范围》，载《人民检察》2013年第15期。

提，应主动、积极、充分行使违法行为调查核实权。

（二）调查核实权是新形势下实现法官违法行为监督质效的有效手段

长期的民事检察司法实践表明，对法官违法监督基本上局限于浅层次监督，难以实现对"法官个体"的深层次监督。主动积极的调查核实权可以查明审判权是否有被滥用、错用与否，可以真正解决当事人权利救济的困境，也能进一步发现司法人员的深层次违法行为线索，以遏制司法腐败现象。对审判违法行为的检察监督是为了实现权力之间的平衡与制约，正如"民权意义上的审判权制约只能借助于其他公权力来获得实现"[①]，调查核实的主要功能重点在防止法官权力滥用，是真正再现审判场景，发现案件真实的有力武器，赋予检察机关调查核实权是公权力之间制衡的内在要求，是提升审判人员违法行为监督质效的有效手段。

（三）重构调查核实权的运行路径原则

不受监督的权力必然导致滥用，当前须重构调查核实权的运行路径原则，即调查核实权必须确立科学分类行使原则，《人民检察院组织法》赋予检察机关行使法律监督职权，可以进行调查核实。该法为各项检察监督工作依法行使调查核实权提供了法律授权，这种合目的性的规定也为调查核实权的分类行使提供了依据。民事检察调查核实权在其外延上已突破了平面、单一的局限，其内涵也极大丰富，具有立体性、复合性、扩展性。根据民事检察权监督对象不同，可以将民事检察调查核实权分为审判结果监督调查核实权、审判行为违法监督调查核实权。

在审判结果监督中，根据原因不同，可以分为实体裁判错误导致的审判结果错误和严重程序违法导致的审判结果错误，严重程序违法导致的审判结果错误案件应当归入审判程序违法监督。不同类型的调查核实权的行使机制包括适用范围、行使方式、启动程序、行使程序，应根据不同类型的民事诉讼监督案件予以不同安排。具体来说，审判结果监督的案件中，调查核实权的行使应秉持谦抑性、中立性、内敛性，效力强度上较为宽和。在审判行

[①] 傅郁林：《论最高法院的权能》，载《中外法学》2003年第5期。

为违法监督等案件类型中，调查核实权运用则应更为积极、扩张，效力强度上更具刚性。针对审判程序违法和审判人员违法，在行使手段方式上，调查核实权的行使手段应有所不同，如审判人员的违法行为通常存在较强的隐蔽性，因此需要更为灵活、更具强制性的调查手段。对于审判程序违法，由于违反的是法定程序性规范，基于民事诉讼行为客观主义的特征，诉讼卷宗如实记录了审判过程，检察机关通过调取诉讼卷宗，即可发现或查明客观存在的程序违法行为。综上所述，确立民事检察调查核实权的分类行使原则十分必要，在民事检察监督调查核实权的制度构建上应更加注重刚柔并济，组建调查核实权的配置与运用格局应形成体系化。

司法实践证明，法官违法犯罪一般都会留下审判程序和证据采信的瑕疵，因此，如要检视审判行为的合法性，凡是跟审判权不当行使有关的诉讼程序和违法行为，无论其是严重审判程序违法、一般审判程序违法还是审判人员违法，都应纳入调查核实权的范围。根据《民事诉讼监督规则》的规定，严重程序违法包括审判组织组成不合法、应当回避的审判人员没有回避、违反法律规定剥夺当事人辩论权利、未经传票传唤缺席判决等，以上程序违法影响到实体正义，虽然引发的是检察机关对审判结果的监督，但如前所述，应属于广义上的审判程序违法监督，属于法官违法行为调查核实权的涵盖范围。

（四）完善调查核实权运行的法律保障

1. 明确调查核实权行使对象包含全部审判工作人员

调查核实如果仅仅停留在对事实的查验，检察机关对法官违法行为的监督不能进行当面对质式的接触，就不能核实清楚案情，笔者建议，落实调查核实权，首先在立法上应明确合议庭成员为受调查对象，尽管这种调查性质不属于监察法的调查，但法官在法定时间内接受检察官问询和谈话是应有之义务；其次，对案件涉及的当事人以及鉴定人、证人、翻译人等其他诉讼参与主体也必须纳入违法行为调查权的调查对象范围。检察机关调查核实的过程实际上是再次检视诉讼参与人在证据及其运用上是否存在错误或恶意的可能。在法律授权的框架下，调查核实在保障个人权利的前提下，必须全面核查诉讼参与人诉讼行为的真实合法性，以此作为违法行为调查的重要切入点。

2. 明确妨碍调查核实权行使的法律责任

强制性是确保权力得以贯彻落实的保障，因此应当明确被调查核实对象不配合时应承担的法律责任。笔者认为，对于当事人、案外人及证人、鉴定人等，可参照《民事诉讼法》中人民法院有权采取罚款、拘留等司法强制措施，赋予检察机关相应的强制性。对于审判工作人员采取故意隐瞒、妨碍调查核实行为的，应分类处理：第一，发现触犯刑事法律应追究刑事责任的，立即将线索移送监察委；第二，审判违法行为较重但尚不构成刑事犯罪的，应通过纠正违法通知书、建议更换案件承办人等方式进行监督，同时将线索移送监察委；第三，审判人员违法行为较为轻微的，应及时通过发送纠正违法通知书或者检察建议的方式监督，并根据对案件实体正义的影响程度决定是否上升到对裁判结果的监督，即决定是否进行抗诉或提出再审检察建议。

3. 切实落实检察机关全面调卷权

诉讼文书卷宗如实记录了审判过程，一般都能记载全部审判场景，检察机关通过调取诉讼卷宗既可发现或查明案件真实，也可通过蛛丝马迹获取法官违法行为的线索。法院诉讼案卷存在正副之分，正卷对当事人、律师和检察机关公开，副卷一般属于保密范围，从司法实践来看，法院副卷一般详细记录了判决结果的产生过程，审判及执行的一些关键信息均留存在副卷中，检察机关对法官违法行为的调查核实有必要同时查阅副卷，方能真正审视裁判的真实场景。

2020年8月26日，中央政法委政法领域全面深化改革推进视频会要求加快落实正卷、副卷一并调阅制度，提升民事监督精准性。新修订的《民事诉讼监督规则》亦在第47条增加调阅副卷的规定，对此应逐级加强与法院协调，落实检察机关全面调卷权，加强对违法行为的深层次监督。

4. 构建执法司法信息共享平台，借助大数据共享机制打破信息壁垒

如前所述，信息不对称是制约审判违法监督的最大障碍，如果检察机关不掌握审判信息的可靠的原发性数据，深层次违法行为监督必然落入"无米之炊"的窘境。因此，检察监督要充分运用"互联网+"提升"智慧检务"水平，建立并优化"检法衔接"平台，让检察机关实时获得审判机关系统内的数据信息，全面及时地了解民事诉讼审判的全面详细信息，通过"检法衔接"平台，还能实现"网上调阅"，而不是人力调阅，及时便捷，大大提升

办案效能。

审判违法行为监督往往涉及廉洁司法问题，在行使调查核实权时往往需要查询相关当事人或审判人员等的银行交易信息、互联网信息、交通、产权、婚姻信息以及执法信息，如果相关单位或人员不配合，将大大增加调查难度，因此实现检察机关与其他社会公共信息部门的司法大数据平台建设亦十分有必要。各级检察机关在办案过程中都面临着调取证据效力低下的问题，亟待利用大数据技术，建立有效的司法大数据查询信息平台，司法大数据信息平台的建立，将能够有效节约司法成本，提升检察机关监督的办案效率和精确性。

5. 落实调查核实权的其他路径

监察体制改革实现了对法官违法与犯罪案件的分流办理，人民检察院保留的职务犯罪侦查权只有司法工作人员利用职权实施的损害司法公正的渎职犯罪案件。在此背景下，如何有效行使调查核实权以实现检察机关对诉讼活动的监督，首先，要实现民事检察权与刑事检察权的有效衔接，主要体现在检察机关内部应通过内部情况通报、信息共享、线索移送、相互协作等方式予以衔接，实现两者在法官违法与犯罪的监督效能最大化。其次，民事检察调查核实权与监察调查权应相互协调配合，建立线索"双向移送机制"，监察机关调查后认为审判人员不够追究刑事责任，但发现审判程序中存在违反法定程序情节或涉及民事裁判有错误可能的，应移送民事检察部门，从而有效增加审判人员深层次监督案件来源。同时，民事检察部门具有业务优势，通过案件审查易发现审判人员是否在案件事实认定或法律适用方面有失公正，从而发现违法违纪问题，审判人员违法检察调查可以作为监委会职务犯罪立案侦查的前期隐蔽侦查活动，做到两者优势互补，形成监督合力。

构建新时代检察机关发挥检察监督职能助推解决执行难机制研究

方 强*

摘 要：人民法院的执行工作是维护人民群众合法权益，实现社会公平正义的关键环节。做好执行工作、切实解决执行难问题，事关全面依法治国基本方略实施，事关社会公平正义的实现。检察机关作为国家法律监督机关，在支持和监督人民法院解决执行难问题上责无旁贷。但当前检察机关在开展民事执行检察监督工作上仍存在诸多问题，案源"瓶颈"、监督深度不够、监督刚性不强、自身业务素能存在"短板"、检法两家认识上存在分歧。本文以检察机关的民事执行检察监督工作为视角，通过阐述民事执行检察监督现实意义、工作现状、问题分析以及解决路径来构建民事执行检察监督的长效机制。

关键词：民事执行 检察监督 检察建议

2012年《民事诉讼法》将原来的第14条修改为："人民检察院有权对民事诉讼活动实行法律监督。"并增加一条，作为第235条："人民检察院有权对民事执行活动实行法律监督。"由此，我国以基本法的形式正式确立并赋予检察机关对人民法院的民事执行活动进行检察监督的权力。近年来，民事执行检察监督工作取得了长足的进展和一系列成效。但司法实践表明，这项工作既需要进一步加强和规范，提高监督实效，也有必要在法律层面予以完善和细化，增强可操作性。因此，正确认识民事检察监督制度的现实意义，

---

* 方强，安徽省人民检察院检察官助理。

全面客观厘清检察机关民事执行检察监督的实践情况，以及在新形势下检察机关如何充分发挥检察监督职能来推动人民法院切实解决执行难，是目前亟须解决的现实问题。

一、民事执行检察监督的现实意义

如果说权力监督是将权力关进制度的笼子里，那么执行检察监督就是将人民法院的执行权关进执行救济制度的笼子。作为强制实现债权人权利的国家权力，必然需要强大而有效的监督，否则，就难以确保依法行使，执行乱、执行难等问题就不可能得到根本解决。民事执行检察监督是我国现有民事执行监督体系的重要组成部分，一方面可以及时纠正法院执行人员存在的消极执行、怠于履职、乱执行等违法、错误、不当的执行行为，保障当事人的合法权益；另一方面也可以在一定程度上防止当事人或案外人妨碍人民法院执行工作的进行，使人民法院的民事执行活动得以顺利实施，从而实现强制执行中的执行效率价值和权利保护的公正价值。

（一）民事执行检察监督是落实民事执行程序中以权力制约权力的必要手段

1. 法院执行内部监督机制不健全

关于法院内部执行监督的法律依据主要为《民事诉讼法》第233条、最高人民法院《关于人民法院执行工作若干问题的规定（试行）》（以下简称《执行规定》）第十三章、最高人民法院《关于高级人民法院统一管理执行工作若干问题的规定》。上述法律、司法解释规定上级法院有权纠正下级法院"消极执行和违法、错误的执行裁定、执行行为"，但对"违法、错误的执行裁定、执行行为"缺乏明确、具体、可操作性的规范。比如，上级法院和高级法院采取何种程序来纠正下级法院的违法、错误执行，哪些情形适用指令、决定或裁定方式，以及哪些情形属于高级人民法院直接裁定、决定纠正，哪些应采取函告下级法院自行纠正均未明确规定。

《执行规定》中虽规定了执行监督，但其监督完全是法院系统内部的，这些监督规定能否有效实施，完全取决于各级法院。①而且法院内部监督程序的决定权掌握在法院手中，当事人很难参与其中，这种内部监督还有可能给当事人的权利救济造成阻碍。因此，法院内部的监督体制暴露出来的弊端不言而喻。

2. 外部监督作用有限

人大、媒体等对民事执行工作的监督，主要源于宪法上的授权。虽然宪法规定，人大享有监督法院的职权，法院必须向人大负责，但人大也主要通过审议法院的工作报告来监督。同时，根据《宪法》第134条"人民法院依照法律规定独立行使审判权，不受行政机关、社会团体和个人的干涉"的规定，司法独立是司法公正的前提和保障，人大监督必须以尊重司法独立为前提，限制在一定的范围内，必须采取恰当和合适的方式进行，避免以监督权来代替审判执行权，损害司法公正和效率。可见，人大的监督主要是对法院工作整体上的监督，不宜对个案进行监督，其缺陷显而易见。依据宪法关于新闻自由的表述可以推出，媒体对审判机关的司法活动具有监督的权力。特别是在网络信息化时代，媒体通过报道能够引起社会的广泛关注，在一定程度上有利于当事人更好地表达自身意愿，维护自身权利。但在实践中，部分媒体为了提高关注度，不客观如实报道案件实情，断章取义，容易引起社会偏见和误解，给法院办案人员造成干扰。所以说，人大、媒体的监督权不具有特定的针对性，无法有效地实现对个案或个别执行行为进行监督。另外，民事诉讼法和相关司法解释中也没有设置人大、媒体对民事执行工作监督的相关规定，难以程序化和常态化。

因此，为了规范民事执行权的运行，引入来自民事执行机关外部的权力对民事执行行为进行过滤与矫治，是完全必要的。②人民检察院作为专门的法律监督机关，其享有的检察监督权和监督优势，能够有效地监督和制约民事执行权。在执行监督机制不断健全的情况下有必要加入执行检察监督，来补足民事执行监督制约机制的作用效果。

---

① 参见董少谋：《民事强制执行法学》，法律出版社2016年版，第53—54页。
② 参见董少谋：《民事强制执行法学》，法律出版社2016年版，第54页。

（二）民事执行检察监督有助于解决执行难、执行乱等突出问题

1. 检察机关促进法院规范行使民事执行权

自 2016 年 4 月最高人民法院出台《关于落实"用两到三年时间基本解决执行难问题"的工作纲要》以来，人民法院在以习近平同志为核心的党中央坚强领导下，通过全面推进执行信息化、规范化建设，不断深化执行体制机制和管理模式改革等一系列举措，执行质效有了较大提升，执行外部环境也有了明显改善。但是消极执行、选择性执行及乱执行等问题在一些地方仍然存在。少数执行人员吃拿卡要、作风不正、违法乱纪甚至贪腐渎职问题仍时有发生。[①] 根据现有法律规定，检察机关可以通过民事执行检察监督，对人民法院在执行活动中存在的消极执行、选择性执行、乱执行等违法错误裁定、行为进行监督，督促其及时纠正和规范执行活动。特别是对存在损害"两益"，造成社会重大影响，执行人员在执行中有贪污受贿、徇私舞弊、枉法执行等违法行为的民事执行案件，检察机关可依职权进行监督，促使其及时纠正其违法情形，消除影响，弥补损失。

2. 检察机关支持法院依法行使民事执行权

通过对各地检察机关办理的民事执行检察监督案件来看，被执行人及其他相关人员逃避、妨碍执行等情形仍然存在，即"基本解决执行难"中"被执行人规避执行、抗拒执行和外界干扰执行现象基本得到遏制"这一目标还未得到彻底实现。检察机关在履职中，发现规避执行、抗拒执行等涉嫌犯罪的，可以及时启动刑事追究监督程序，保障人民法院执行程序的顺利进行。根据最高人民法院、最高人民检察院《关于民事执行活动法律监督若干问题的规定》第 18 条的规定，对国家机关不依法履行人民法院的执行义务或协助执行义务的，可以向国家机关提出检察建议，要求其及时履行相应义务，减轻法院执行压力。对被执行人确无财产可供执行的，可以配合法院做好息诉信访工作，化解矛盾，支持法院依法执行。

总之，民事执行检察监督不仅不会给法院的执行工作造成障碍，影响效率，反而能够保障法院民事执行权的正常运行，促使当事人的合法权益尽

[①] 参见 2018 年 10 月 24 日第十三届全国人民代表大会常务委员会第六次会议《最高人民法院关于人民法院解决"执行难"工作情况的报告》。

早实现，提升执行工作的权威性和公信力。法院的执行人员不应对民事执行检察监督持怀疑甚至排斥的态度，应自觉接受检察监督。对具有重大影响以及群体性、敏感性执行案件、被执行人为特殊主体或因外界干预难以执行的案件、被执行人以暴力或其他方式抗拒执行的案件，要主动邀请检察机关监督，推动改善执行环境。①另外，检察机关在开展民事执行检察监督工作要奉行谦抑原则，落实民事执行检察监督的前置程序制度，建立集支持和纠错功能于一体的监督体系，规范人民法院执行权行使和推动解决执行难问题。

二、民事执行检察监督工作现状

近年来，全国各级检察机关积极履职，加强对法院民事执行活动的监督，在民事执行检察监督方面做了大量工作，办理的监督案件也逐年增加，及时纠正人民法院在民事执行活动中存在的违法执行问题，在一定程度上缓解执行难、执行乱等突出问题。但仍然发现其所显现出的一些弊端和面临的困境：

（一）案件受理数较少

以安徽为例，安徽省检察机关自 2019 年 5 月至 2020 年 12 月在全省开展民事执行监督推进年专项活动。活动期间，全省各级检察机关共受理民事执行监督案件 3643 件，而全省三级法院同期受理执行案件为 30 余万件，两者数据悬殊巨大。尽管各级检察机关办理的监督数量逐年提升，但与法院的民事执行案件数量相比，仍明显不成比例，案源不足问题仍然比较突出，以致法院在执行活动中存在的问题未能进入检察机关的监督视野，以致检察机关无法及时对法院存在的违法执行进行监督。

（二）监督深度不够

上述提到的检法两家的案件数量的差距会直接导致检察机关监督的涵盖面较小，监督力度不足，监督经验积累欠缺，监督人员的业务素能跟不上新形势要求。实践中，检察机关在办理民事执行检察监督案件中不能很好地发现法院在执行活动中存在的所有问题，更不能深入挖掘消极执行、选择性

---

① 参见《最高人民法院关于深化执行改革健全解决执行难长效机制的意见——人民法院执行工作纲要（2019—2023）》。

执行、乱执行背后存在的深层次违法问题。大部分民事执行检察监督案件的检察建议仍停留在怠于履职、超期执行、违法送达等程序性瑕疵，对违法拍卖、超标的执行、错误分配财产、变相变更执行内容、执行依据虚假等实体性违法情形涉及较少。对执行异议复议、变更追加当事人、执行担保、执行和解等严重影响当事人实体权利的监督案件也不多。

（三）社会知晓度不高

一方面，民事执行检察监督工作起步较晚，社会公众对检察机关的民事执行检察监督了解不多，认知度较低。另一方面，客观上法院执行人员的案件数量本身较多，精力有限；主观上执行人员办理的执行案件或多或少存在不规范问题，对检察监督存在抵触情绪，甚至排斥检察监督。以上现象的存在也会导致当事人质疑民事执行检察监督的作用，对申请执行检察监督存在畏难情绪。这就使检察机关获取案件线索的渠道变得更为狭窄。

（四）法检对检察监督工作认识存在差距

随着法治建设进程的加快和执行监督工作的开展，人们对检察机关的监督工作认可度正逐步提高。但客观来说，检察机关与接受检察监督单位之间的认识还存在差距。实践中，有些法院对民事执行检察监督案件从受理、办理再到答复，做法不一。有些地方法院由立案庭受理立民监案号，再转执行部门另行指定人员办理；有些地方直接转由该案件的执行人员办理，没有实行回避。通过对人民法院的回函审查来看，有的法院对检察建议的回函较为笼统，以"将依法加大执行力度""将采取有效的执行措施"之类的意见予以空泛回复，未就检察建议中指出的违法之处进行有针对性的整改和回应；有的法院对多份检察建议进行内容简单的统一回复，没有说明人民法院的执行情况和查明的事实以及下一步具体的整改措施和执行工作；有些法院的回函虽然在内容上较为全面，回复意见采纳了检察建议，采取相关执行措施，但没有按规定报送采取执行措施所对应的相关法律文书，以致检察机关不能知晓实际执行情况。同时，有些检察机关对人民法院收到检察建议后逾期未回复或者处理不当的，未能及时跟进监督，即使对有些案件跟进监督，跟进监督的效果也不尽如人意。

三、民事执行检察监督难以有效开展的原因分析

(一) 立法上的不足

1. 法律规定不完善

从法律层面来说,民事执行检察监督主要依据是《民事诉讼法》第242条、《人民检察院民事诉讼监督规则》(以下简称《监督规则》)中第104条至第109条,以及2016年最高人民法院、最高人民检察院《关于民事执行活动法律监督若干问题的规定》。大体上来看,民事执行检察监督从案件的受理到办理,再到结案均有法可依。

但是,《民事诉讼法》采取单条规定模式,只规定执行监督的原则,对执行监督范围、方式、对象以及程序等方面未作规定。《监督规则》内容也是较为简单,仅有三个法律条文。"两高"的司法解释也只是对民事执行检察监督的范围、方式和办案程序作了原则性规定,可操作性不强。比如检察机关依职权监督案件中对损害"两益"和造成社会重大影响如何认定,实践中掌握尺度不一,很难准确把握;哪些情形可视为"不经过异议、复议或诉讼等前置程序的正当理由"等问题容易在司法实践中存在争议。对执行人员"司法机关已经立案"的理解,在检察机关反贪职能转隶后,是否主要指纪检监察机关的立案,是否包括法院内部监察部门的立案?[1] 上述存在的一系列问题需要在法律层面以上予以明确。否则,容易导致实践中检法两家在民事执行检察监督上存在分歧,影响监督效率和监督权威。

2. 现有规定位阶较低

上已述及,除了《民事诉讼法》第242条外,其他关于民事执行检察监督的规定均体现在司法解释中,与基本法相比,法律位阶较低,而且缺乏强制性。因此,对于民事执行检察监督对象、范围、方式、监督后果等内容需要在基本法上进一步细化。可以借鉴检察机关对生效裁判文书的监督,对上述内容予以明确规定。

---

[1] 参见肖正磊、刘小艳:《民事执行检察监督实证调查——以2017年、2018年全国民事执行检察监督案件数据为分析基础》,载《人民检察》2019年第22期。

(二)民事执行检察监督调查手段有限

1. 范围和界限不明

2018年修订的《人民检察院组织法》第21条规定:"人民检察院行使本法第二十条规定法律监督职权,可以进行调查核实,并依法提出抗诉、纠正意见、检察建议。有关单位应当予以配合,并及时将采纳纠正意见、检察建议的情况书面回复人民检察院。"《民事诉讼法》第217条规定:"人民检察院因履行法律监督职责提出检察建议或抗诉的需要,可以向当事人或案外人调查核实有关情况。"结合《人民检察院组织法》第20条第6项"对判决、裁定等生效法律文书的执行工作实行法律监督"的规定,可以得出在立法上已明确赋予检察机关开展执行监督工作可以行使调查核实权。

上述两部基本法虽然为检察机关在民事执行检察监督工作中行使调查核实权提供法律依据,《监督规则》第63条[①]也规定检察机关可以采取调查核实的具体措施,但未划定检察机关民事检察调查核实权与当事人举证责任的界限,哪些违法情形由当事人自己举证证明,哪些情况应由检察机关依职权来调查核实,哪些情形需要依当事人申请才能启动检察机关的调查核实等方面未作出规定,由此导致司法实践中尺度把握不一。当务之急是要建立财产性争讼程序与民事执行程序的调查核实行使规则,毕竟这两类程序的监督,是法律监督的重中之重,也是调查核实的主战场。[②]

2. 缺乏刚性保障

检察机关对法院的民事执行案件监督,前提是需要把法院及有关单位存在的违法事实调查清楚,特别是对法院可能存在消极执行、怠于履职的案件,需要先核实清楚被执行人的财产状况,是否有财产可供执行,才能有针对性地向法院提出监督意见。财产情况的调查核实涉及银行业金融机构、不

[①] 《监督规则》第63条规定:"人民检察院可以采取以下调查核实措施:(一)查询、调取、复制相关证据材料;(二)询问当事人或者案外人;(三)咨询专业人员、相关部门或者行业协会等对专门问题的意见;(四)委托鉴定、评估、审计;(五)勘验物证、现场;(六)查明案件事实所需要采取的其他措施。人民检察院调查核实,不得采取限制人身自由和查封、扣押、冻结财产等强制性措施。"

[②] 参见肖建国:《民事检察调查核实权运行机制探索》,载《人民检察》2019年第5期。

动产登记机构、市场监督管理部门等单位或者个人的协助配合，对被调查人不协助配合的，法律上并未授权检察机关可以采取训诫、罚款、拘留等强制措施，也没有规定被调查单位或人员拒不配合检察机关调查核实所应承担的法律后果，导致检察机关在实践中遭遇诸多障碍。虽然《监督规则》第71条①规定了检察机关对拒绝或者妨碍人民检察院调查核实解决方法。但该规定的具体落实也是需要其他单位的协助配合，且规定于司法解释中，效力层级较低，缺乏强制性。实践中，被调查对象拒不配合、妨碍调查取证现象时有发生，对此缺乏有效的惩戒措施，应在基本法上予以完善。

（三）检察建议刚性不足

检察机关对法院的违法执行监督主要采取检察建议方式。《民事诉讼法》对执行检察建议的效力未明确规定，现行法律也没有明确规定被监督者对检察建议处理不当的法律后果。被建议单位如不采纳检察建议的，检察机关也无权强制执行，这就决定检察建议所具有的法律效力有限，约束力不强，从而也会使法院对民事执行检察监督工作的重视程度不高。

（四）监督能力存在短板

1. 机构设置存在短板

现阶段除最高人民检察院和省级检察院单设民事检察部门外，市县检察院大多都没有单设民事检察部门，部分地方仍然存在一人科室或是身兼数职。而且民事检察部门所担负的职能除了民事执行检察监督，还包括裁判文书监督、虚假诉讼监督、支持起诉、审判程序违法等职责。

2. 队伍素能存在短板

民事执行检察监督工作对检察机关来说是一项新业务，民事执行工作规定主要散见于各种司法解释、指导文件等规定中，对检察机关开展民事执行检察监督工作也是一项挑战。民事执行监督人才缺乏、专业化程度不高，实践经验缺少，对法院民事执行中存在的问题难发现、难调查，提出的检察建

---

① 《监督规则》第71条规定："人民检察院调查核实，有关单位和个人应当配合。拒绝或者妨碍人民检察院调查核实的，人民检察院可以向有关单位或者其上级主管部门提出检察建议，责令纠正；涉嫌违纪违法犯罪的，依照规定移送有关机关处理。"

议精准度也不高、实效性不强。

四、构建民事执行检察监督机制路径

人民法院作为民事执行检察监督的对象，应充分认识检察监督的重要意义，依法接受检察机关的监督。检察院作为国家法律监督机关，应积极履行检察监督职能，推动人民法院切实解决执行难问题，从而实现检、法和当事人三方共赢局面。鉴于民事执行检察监督工作面临的困境，笔者主要从以下几个方面建议来进一步建立健全民事执行检察监督体系，完善执行工作监督机制。

（一）提高思想认识，形成监督合力

1. 正确认识民事执行检察监督的价值

对人民法院执行活动开展法律监督是检察机关的法定职责和重要工作内容之一，各地检察人员要更新观念，提高认识，在执行监督工作上多花时间和精力，着力开展执行检察监督工作。人民法院也应当以更加开放的姿态来对待检察机关的民事执行检察监督工作，深化合作，接受检察机关的监督。

2. 强化协作，建立常态化沟通联系机制

各地检法两家要加强对接，消除分歧、相互支持，召开各种形式的沟通协调会，就开展民事执行检察监督工作涉及的相关事宜进行深入探讨、交换意见、达成共识。如在主动要求检察机关提前介入监督的案件范围及监督形式、执行卷宗调阅程序、案件信息通报方式、息诉息访协作配合、检察建议采纳跟进、执行监督前置程序认定等方面形成统一规定，建立常态化的工作机制。推动人民法院将检察监督意见的办理情况纳入绩效考核，将其作为加强执行工作日常管理的重要抓手，将检察监督意见作为发现干警违法违纪线索的重要来源，及时整治问题，净化执行队伍。

（二）优化队伍建设，提升监督专业化水平

1. 建立人才选拔和培养制度

有效解决当前民事执行检察监督专业化程度不高，队伍业务能力不强，是摆在我们面前亟待解决的重大难题。各地检察机关应通过引进、招录、交

流、锻炼等各种途径，引进、挖掘、培养一批民事执行监督优秀人才，夯实监督基础。

2. 借助"外脑"，充分发挥检察业务专家的重要作用

最高人民检察院已开设民事行政专家咨询网平台，大多省、市级院已成立专家咨询委员会。各级检察机关对疑难复杂案件应主动提交专家咨询研究，听取意见，提升办案质量。上级检察机关也应强化对下指导，强化类案分析，开展调查研究，编辑典型案例，通过强化对下"精准"指导，加大"对口"帮扶力度，进一步提升执行监督检察队伍履职素能。

3. 主动加强自身学习

党的十八以来，最高人民法院狠抓执行规范体系建设，出台多项重要司法解释和规范性文件，特别是2016年以来，密集出台涉及财产保全、财产调查、执行和解、执行担保等37个重要司法解释和规范性文件。[①] 内外兼修，方能事半功倍。法院的执行工作涉及法律规定较为庞杂，执行检察监督人员要积极主动及时学习相关规定，充分了解和把握法院的办案流程以及其中应注意的环节，尤其要重点学习最高人民法院关于执行方面发布的司法解释和规范性文件，如失信被执行人名单、民事执行中变更、追加当事人、网络司法拍卖、终结本次执行程序、"执转破"等。同时，执行检察监督人员要学会在监督中不断提升自身的监督能力，既要勇于监督，又要善于监督，积累经验做法，真正解决监督能力不足问题。

（三）突出监督重点，切实提高监督质效

1. 用好调查核实权

检察机关要善于运用法律赋予的调查核实权，全面调查法院执行案件的执行过程和相关情况，重点调查执行案件中可能存在的违法犯罪等深层次问题。对民事执行检察监督过程中发现审执人员涉嫌犯罪的，及时启动刑事侦查程序，弥补民事检察部门调查核实措施的不足、强制性不够等问题。

---

① 参见2018年10月24日第十三届全国人民代表大会常务委员会第六次会议《最高人民法院关于人民法院解决"执行难"工作情况的报告》。

2. 把握监督重点

检察机关实施法律监督，要把握监督的重点领域，着重对损害国家利益或社会公共利益、严重损害当事人合法权益、造成重大社会影响、执行人员在办理案件过程中有贪污受贿或徇私舞弊等枉法执行行为案件进行重点监督。在监督案件的审查环节上，要深入研判法院执行违法的易发环节和重点节点，突出监督重点，如变更、追加执行主体错误、纳入失信被执行人名单错误、执行错误、确定执行财产参考价违法、违法拍卖、违规采取制裁措施、执行款物的分配与发放违法、终结本次执行程序不符合实质标准，力争办理一批能够彰显监督实效的精品案、典型案，树立监督权威。

（四）找准破题路径，强化检察建议刚性

1. 加强立法研究，合理提出立法建议

针对检察建议逾期不回复或处理不当的法律后果未作明确规定、调查核实权法律规定效力层级较低等问题，开展调查研究，提出具体可行的立法建议，争取人大支持，从立法上解决检察建议刚性"天然不足"的实践难题，提升案件采纳率。比如建议规定人民法院对检察建议不采纳的，其内部应经本院审判委员会决定，并报上一级法院备案。

2. 强化建议质量，增强可操作性

通过主动走访案件当事人，与法院执行部门沟通，全面了解案件情况，用好调查核实权，把问题找准，把情况摸清，根据案情翔实释法说理，保证检察建议的精准合理，有的放矢，全面提升检察建议的可操作性和建议质量。

3. 完善送达方式，争取多方支持

完善公开宣告检察建议制度，积极邀请政协委员、人大代表参与公开宣告、公开听证并座谈评议。必要时将检察建议抄送同级党委、人大以及上级主管部门，借力各方重视支持，增强建议刚性。

4. 加强跟踪监督，强化实效性

一方面，对接受检察建议的，跟进整改措施，了解落实进度。另一方面，对迟迟不落实建议的，追踪分析原因，及时掌握落实中的困难，提供落

实整改的建议和帮助，避免监督流于形式。

（五）加强职能宣传，扩大监督影响力

当事人申请监督案件数量不足仍成为开展民事执行检察监督工作面临的普遍问题，案件当事人、社会各界以及政府部门对检察机关的民事检察监督职能定位还比较陌生，特别是民事执行检察监督职能。

1. 创新宣传方式

为了解决案源"瓶颈"问题，检察机关要积极探索创新民事检察宣传方式，充分利用报纸、广播、电视、网络新媒体、户外广场等平台和渠道对民事执行检察监督职能进行宣传，及时展示检察机关在民事执行检察监督工作上取得的成效。要深化检务公开，编发宣传手册和典型指导案例，通过各种途径使党政机关、社会团体、企业及广大群众了解检察机关所承担的民事执行检察监督职能。结合工作实际，实现宣传经常性、常态化，有效提升社会认知度。

2. 主动走访拓展案源

各地检察机关要进一步增强发现案源的意识，跳出"就案办案"的传统思维模式，主动挖掘案源，发现线索。要深入社区、单位以案释法，接受群众咨询和申请。要与司法行政部门（法律援助中心）、律师事务所、法律服务所、社居委（村委会）以及工商联等社会组织建立信息沟通机制和检察工作联络员制度。要充分利用裁判文书网、执行信息公开网、失信被执行人名单网、网络司法拍卖网等平台，摸排发现有价值的案件线索，以大数据助力拓宽案源渠道。

在法院的民事执行工作中加入检察机关的监督更能充分地保护当事人的合法权益和实现社会公平正义。民事执行检察监督作为检察机关的一项重要职能，应积极探索完善民事执行检察监督机制，践行民事执行检察监督职责，助推人民法院实现党中央提出的"切实解决执行难"和"依法保障胜诉当事人及时实现权益"目标。

以善意文明执行理念检视民事执行检察监督之进路

何安林[*]

摘　要：民事诉讼法赋予了检察机关民事执行检察监督职能，且日益成为主要的民事检察监督案件类型。[①]但不容忽视的是，一方面，民事执行检察本身的监督品质还有待提升；另一方面，与法院以及案件当事人之间的博弈关系[②]也对监督效果产生重要影响。"善意文明执行"理念的提出，引发了民事执行领域的一场大反思，这一理念受到理论界和实务界的认可和重视，其对于解决当前一系列民事执行问题具有重大意义。民事执行检察作为民事执行的伴生物，可从中不断启发破解民事执行检察发展难题，进而实现双赢多赢共赢的新思路。

关键词：善意文明执行　民事执行检察　双赢多赢共赢

---

[*] 何安林，江苏省金湖县人民检察院第三检察部主任。

[①] 据统计，各级检察机关正式开展民事执行监督以来，民事执行检察监督案件在民事检察监督案件中所占比例逐年提升，而从各地检察机关向法院提出民事诉讼检察建议的数量来看，对民事执行活动提出检察建议的数量基本高于再审检察建议和对审判活动违法检察建议的数量。由此可知，民事执行检察监督已经成为全国检察机关民事诉讼检察监督工作最主要的增长点。

[②] 从法院的角度来说，一方面会想要尽可能避免因为自身错误而被检察机关采取监督措施，另一方面也谋求避免当事人在执行过程中的冲突和矛盾；从检察机关的角度来说，一方面需要用针对民事执行的监督措施来履行职责，另一方面也需要接受法院和当事人对于监督质量、监督效果的评价反馈；从当事人的角度来说，一边希望通过检察监督的途径督促法院依法、高效地采取执行措施，同时又会担心法院因为检察监督的介入而在民事执行过程中产生不利于自己的主观倾向。

一、问题的提出

2018年10月24日,最高人民检察院检察长张军在向十三届全国人大常委会第六次会议专题报告民事诉讼和执行活动法律监督工作情况时指出,近年来民事执行活动监督对人民群众反映的热点、难点问题监督不够,总体上比较薄弱,不善监督;多数案件限于个案办理、就事说事,跟进监督、类案监督不够,监督刚性和质效未得到充分体现,提出要"坚持问题导向,以理念变革引领民事检察工作创新发展"。

长期以来,关于检察机关民事执行检察监督制度的目的争论较多,其中十分典型的是针对"执行乱""执行难"是否均应涵盖,在两者中是否应当有所侧重分歧较大。特别是随着"执行难"[①]含义的不断扩充,其裹挟着民事执行环节各个方面可能或者已经显现的困难,作为一个概括、模糊的概念出现,导致民事执行检察监督不得不正视"执行难"这一命题。它的含义被不断追加、负载,已经构成一个庞大而繁复的宏大命题,而不再是简单清晰的具体问题。[②] 笔者认为,如果局限在民事执行检察监督工作本身探究其制度目标往往会自我设限,必须以更多元宽宏、更高层次的司法理念引领才能获得新的启发,特别是在检察机关完成"四大检察、十大业务"重塑性变革背景下,善意文明执行理念为做好民事执行检察工作提供了全新的观察视角。

二、善意文明执行理念的内涵

党的十八届三中全会提出,全面深化改革的总目标是完善和发展中国特色社会主义制度,推进国家治理体系和治理能力现代化。由"管理"到"治理"实现了治国理政质的飞跃,治理的更高要求是"善治",是国家治理现代化的一种理想状态,是实现公共利益和个人利益双赢、秩序价值和个人自由价值高度融合的治理活动和治理过程。善意文明执行是执行工作现代化的一种理想状态,是善治理念在执行工作中的具体体现。理念是行动的先导,作为法律监督机关,检察机关有必要搞清楚善意文明执行理念的发展沿革和

[①] 社会语境和司法机关语境下"执行难"问题又有不同,参见景汉朝、卢子娟:《"执行难"及其对策》,载《法学研究》2000年第5期。

[②] 参见栗峥:《中国民事执行的当下境遇》,载《政法论坛》2012年第2期。

具体内涵,并力求从中获得一定启发。

(一)善意文明执行理念的发展沿革

孟建柱同志在2016年全国法院执行工作会议上提出了善意执行的概念,指出:"要树立善意执行理念,在不损害债权人利益前提下,尽量优先采取方便执行且对当事人生产经营影响较小的执行措施,尽可能保全资产的市场价值,努力实现多方共赢。"①从理念、方法、结果三个层次对执行工作提出了新的要求。为深入贯彻落实党的十八届四中全会提出的"切实解决执行难""依法保障胜诉当事人及时实现权益"重大决策部署,确保切实解决执行难目标实现,中央全面依法治国委员会于2019年7月14日出台《关于加强综合治理从源头切实解决执行难问题的意见》,其中明确要求人民法院树立依法执行、规范执行、公正执行、善意执行、文明执行理念,依法保护产权。2020年1月2日,最高人民法院发布《关于在执行工作中进一步强化善意文明执行理念的意见》,从严禁超标的查封和乱查封、依法适当采取财产变价措施等22个方面对落实善意文明执行理念作出具体规定和指引,明确要求各级人民法院在执行工作中要强化善意文明执行理念,严格规范公正保障各方当事人合法权益,坚持比例原则,找准双方利益平衡点,避免过度执行。善意文明执行是在当前依法执行体制之下对民事执行所作出的新的要求和规范,为当前以及未来人民法院执行法治化和执行工作的创新发展提供了更多有意义的思路。比如,在新冠肺炎疫情期间,"善意文明执行"理念在服务保障"六稳""六保"②方面体现出超强的优越性。

(二)善意文明执行理念的价值取向及科学内涵

对善意文明执行的价值取向及科学内涵的准确把握需要从以下几个方面理解:一是善意文明执行是主客观相统一的概念,要求在主观上秉持"善意""好意",坚持平等、公正、文明、法治的社会主义核心价值观,在客观

---

① 李阳:《孟建柱在全国法院执行工作会议上强调主动作为综合治理全力解决执行难切实维护人民群众合法权益维护法制尊严》,载《人民法院报》2016年9月30日。

② "六稳"指稳就业、稳金融、稳外贸、稳外资、稳投资、稳预期,"六保"指保居民就业、保基本民生、保市场主体、保粮食能源安全、保产业链供应链稳定、保基层运转。

上也要践行上述理念要求，公正司法、严格依法、善于执法，实现社会利益的最大化；二是善意文明执行是实体公正、程序公正、感知公正"三位一体"的概念，既要求执行实体结果上公平公正，也要求执行程序中讲究方式方法，实现程序公正，还要求执行结果和执行程序中的公平公正能为人民群众感知，获得人民群众的广泛认同；三是善意文明执行是法律效果与社会效果有效融合的概念，不仅要求严格执行法律的有关规定，执行过程和结果符合法律规定，还要求实现申请执行人和被执行人、第三人等主体利益的协调，实现案结事了、多方共赢的社会效果。[1]

三、善意文明执行理念视角考察民事执行检察监督的目标维度

（一）民事执行检察监督存在的目标争议

长期以来，围绕民事执行检察的目标争论颇多，基于"执行难""执行乱"两个关键因素，形成了一元说、二元说等多种观点。

1. 一元说

主要是认为民事执行检察主要目的就是解决"执行乱"问题，而与"执行乱"不同的是，"执行难"问题主要由于履职尽责不彻底、执行效果不理想、执法环境不合适等。检察机关作为法律监督机关应该被动谦抑，将监督视角限制在违法执行、不规范执行即"执行乱"问题，守好法律监督职能底线，不得随意扩大边界，否则会造成检察权的张扬，打破民事诉讼两造平衡。

2. 二元说

主要认为民事执行检察要兼顾"执行难"和"执行乱"两个现实问题，尤其是当下"执行难"是一个更突出、更敏感的问题，不可忽略这一更加严重的问题而把视角只限制在"执行乱"问题上。抑或说，解决"执行乱"要根本上有利于"执行难"，最终目的是通过民事执行检察监督的全面跟进，

---

[1] 参见江必新：《国家治理现代化背景下的善意执行》，载《中国应用法学》2017年第1期。

推动两个问题协同解决,在客观上实现与审判机关的共同进步。

民事执行检察关于一元论和二元论的目标争议虽然各有其合理之处,但是遗憾在于没有把"执行难"和"执行乱"的关系问题论证清楚。一元论认为应当解决"执行乱"问题,那么就要论证为什么不能把"执行难"考虑进去,二者互相冲突,还是违背职权要求?二元论认为应当兼顾"执行难"和"执行乱"两个问题,那么就要进一步论证,两者能否协调共生。事实上,近年来在最高人民检察院党组提出的双赢多赢共赢检察监督理念的感召和指引下,检察权运行在新时代已发生微妙变化,在公权互动中新的角色定位也在不断显现。这就需要我们审时度势,重新审视民事执行检察监督的目标争议,厘清认知混乱,力求做到求同存异、聚同化异,方能有兼顾存在的空间。

(二)善意文明执行理念从目标维度为民事执行检察监督提供开放共融的视角

1. 善意文明执行理念与双赢多赢共赢检察监督理念存在内在协调共生的联系

双赢多赢共赢监督理念的提出,要求检察机关不能再拘泥于传统检察职权思维定势,必须超越单纯的检察职权行使的"自赢"视角,在与其他公权互动、维护当事人及案外人、公共利益等更大的视野下审视检察机关职能定位,最终达成多方"共赢"的良好局面。[①]正可谓,理念一新天地宽。以检察机关监督虚假诉讼为例,往往以对生效裁判的传统事后监督为主,但如果检察机关转换视角,不拘泥于事后监督,摒弃"自赢"的业绩观,在发现虚假诉讼的事前或者事中,及时通过检察建议、函告等方式向法院反馈,紧急叫停审理、执行,则既阻止了虚假诉讼,又节省了司法资源,也体现了检察机关的监督格局。[②]虽然从监督范围上,善意文明执行理念限缩在执行领域,但与双赢多赢共赢监督理念存在的共同之处在于,把握司法机关职能定位的

[①] 参见胡卫列:《做强民行检察,从树立科学理念做起》,载《检察日报》2018年5月30日,第3版。

[②] 参见《扬州检察"踩刹"14件虚假诉讼》,载《江苏法制报》2018年5月31日,该案获评2018年江苏省检察机关法律监督十大典型案例。

基础上，充分考虑其职能影响、各方效应等，将司法机关的职能、工作、标准放在监督与被监督、权力相互制约相互配合、司法诉讼各个环节流程中考虑。既依法履行自身职责，也充分考虑监督对象以及第三者影响，辩证地处理司法办案中"刚和柔""点和面""内和外""做和说"等关系，酌情酌理，传递法的温情，实现共存共赢、共同进步。① 如此看来，强化善意文明执行理念与双赢多赢共赢检察监督理念高度契合，存在内在的协调共生关系。

2.善意文明执行理念视角下，可同时兼顾"执行乱"与"执行难"两个问题，有助于化解民事执行检察目标争议

首先，在最高人民法院出台的《关于在执行工作中进一步强化善意文明执行理念的意见》语境下，善意文明执行首先是依法执行、规范执行，不能打着善意文明执行的幌子不遵守执行规范。据此，破解"执行乱"是民事执行检察监督的应有之义，其最直接的实践样本就是最高人民法院、最高人民检察院于2016年11月2日会签的《关于民事执行活动法律监督若干问题的规定》，其出台的目的是"为促进人民法院依法执行"，所彰显的依法执行的价值取向非常明确，重申了民事执行检察监督中破解"执行乱"问题的必要性。因此，在检察职权讨论的话语体系内，无论是一元论还是二元论，直面并解决"执行乱"问题的立场是不变的，不可能存在只聚焦"执行难"而忽视"执行乱"的民事执行检察监督。

其次，民事执行与民事执行检察存在伴生关系，将"执行难"纳入监督范围才是完整、准确的检察监督。笔者认为，完整的监督应包括三个方面的内容，即支持、纠错和共进。具体到民事执行检察监督中，主要是指支持解决"执行难"问题、监督解决"执行乱"问题，进而实现"共进"。虽然"执行乱"的情况需要高度重视，但"执行难"这个词语长期出现在大众话语体系和官方表述中，是民事执行乃至民事司法领域最为敏感、最为难解的现实问题，而因其直接影响民事判决既判力，关涉司法权威、司法公信甚至法治信仰，成为绕不过去的话题。② 对此，最高人民法院出台的《关于在执

---

① 参见肖天奉：《践行双赢多赢共赢理念 深化法律监督》，载《江苏法制报》2018年6月28日，第2版。

② 参见汤维建：《执行体制的统一化构建——以解决"执行难"为出发点》，载《现代法学》2004年第5期。

行工作中进一步强化善意文明执行理念的意见》在强调善意文明执行同时，明确指出，突出执行工作的强制性，持续加大执行力度，及时保障胜诉当事人实现合法权益，依然是执行工作的重心和主线，要坚决防止执行人员以"善意文明执行"为借口消极执行、拖延执行。同时，以最高人民法院、最高人民检察院《关于民事执行活动法律监督若干问题的规定》第19条、第20条规定①为例，其中明确表达了检察机关通过协调配合、刑民衔接等支持人民法院解决"执行难"的意图。又如，近年来，各地检察机关围绕滥用终结本次执行程序、消极执行、选择性执行开展监督，实质上都是在助力解决"执行难"，配合人民法院达成执行目的。因此，在当前司法政策、司法理念感召下，在双赢多赢共赢理念引导下，民事执行检察以单纯聚焦解决"执行乱"的价值意义已经大幅限缩，民事执行检察与民事执行协助推进规范执行，共同解决"执行难"的意味越来越明显。

3. 民事执行检察秉持适度的司法职权主义，有利于缓和我国民事执行工作长期存在的矛盾

一方面，站在法院自身角度，要推进民事执行工作，无论是进行机构改革还是理念更新，其最首要、最迫切的问题是仍然是"执行难"问题，这就必然伴生出现可能的不规范现象，难免在破解"执行难"和"执行乱"方面顾此失彼，这是权力运行过程中必须直面的风险。以执行网络查控为例，在提高财产查询效率同时，极有可能因难以对账户性质作出精准区分，加之基层法院"案多人少"②矛盾加剧，执行人员迫于结案压力，几乎无暇依职权调查取证确保善意文明执行的事实，反而有可能因"流水作业"无意中侵害人民群众的合法权益。

另一方面，民事诉讼（包含民事执行）奉行的"当事人主义"、处分原

---

① 最高人民法院、最高人民检察院《关于民事执行活动法律监督若干问题的规定》第19条规定，人民检察院民事检察部门在办案中发现被执行人涉嫌构成拒不执行判决、裁定罪且公安机关不予立案侦查的，应当移送侦查监督部门处理。第20条规定，人民法院、人民检察院应当建立完善沟通联系机制，密切配合，互相支持，促进民事执行法律监督工作依法有序稳妥开展。

② 近年来，全国法院民事执行案件的收案量均是以百万量级增长，执行干警的年均办案量在150件左右，在这样的增长之下却维持了执行结案率的不断提升，可知是承担了巨大的办案压力。

则，对于特殊群体而言，虽然法律赋予其执行异议等救济渠道，但可能因其举证能力和维权意识不足，无法有效行使救济权利，客观上导致其合法权益受到侵害。检察机关作为司法救济的最后一道防线，针对事关公共利益、弱势群体合法权益等执行案件，通过适度的职权主义，以更为充裕的时间精力主动调查核实保证善意文明执行的事实，以便更为审慎作出审查决定，兼顾执行行为的合法性、合理性，能够在平衡好"执行难"和"执行乱"关系方面起到润滑剂作用，有利于钝化社会矛盾。

四、以善意文明执行理念引领民事执行检察监督的实践论证——以H市J县检察院办理的典型案例为例

近年来，J县检察院以善意文明执行理念为引领，办理了一批取得较好法律和社会效果的民事执行检察监督案件。具体如下：

【案例1】 检察建议破解唯一住房以物抵债情形下保障被执行人居住权难题

2020年5月，沈某（女，民事案件被执行人）向J县检察院申请监督，反映人民法院强制执行其唯一住房以物抵债给申请执行人韩某，并冻结扣划其工资账户全部余额，致其陷入困境。J县检察院受案后第一时间调阅执行案卷，及时派员赴不动产登记、人社、公安、村居等部门，全面核实沈某的居住、生活和收入状况。在查明沈某反映的情况属实后，及时向执行法官反馈调查核实情况并口头建议暂缓执行。同时，以在唯一住房以物抵债，欠缺从价款中提扣租金①前提的情形下如何保障被执行人居住权为牵引，在汇聚"生道执行"②共识的基础上，向同级法院提出检察建议，建议该院制定相应的安置方案，依法保障被执行人沈某基本居住权，被同级法院采纳。经法、

---

① 根据最高人民法院《关于人民法院办理执行异议和复议案件若干问题的规定》第20条第3项规定，申请执行人按照当地廉租住房保障面积标准为被执行人及所扶养家属提供居住房屋，或者同意参照当地房屋租赁市场平均租金标准从该房屋的变价款中扣除五至八年租金的，被执行人以执行标的系本人及所扶养家属维持生活必需的居住房屋为由提出异议的，人民法院不予支持。

② 生道执行原则是人民法院执行工作的底线，居住权在权利位阶上高于债权。

检两院共同协作，促使申请执行人韩某让步，双方自愿达成暂停四年执行沈某工资账户，用于冲抵保障其居住权及维护其基本生活所需费用的执行和解协议，为困难妇女争取了基本的生存权益。

【案例2】 检察建议监督养老金账户解冻维护老年人合法权益

2020年12月，王某（男，72岁，民事案件被执行人）向J县检察院反映其养老金账户内余额全部被法院冻结，未保留必需的生活费用和扶养老伴所需医药费用，导致其难以维持家庭基本生活。J县检察院启动涉老年人办案绿色通道，及时调阅法院执行案卷，结合申诉人反映的情况对民事执行活动进行书面审查，同时访不动产登记、社保、村居、银行、医院等部门调查取证，全面核实王某及其配偶的居住、生活、收入和患病支出状况。针对调查发现王某及其身患多病的配偶均欠缺通过再就业取得其他劳动收入的能力，养老金是其本人和所扶养配偶的主要生活来源的情况，J县检察院以民法典中老年人权益保护相关立法精神为引领，书面建议同级法院贯彻善意文明执行理念，为被执行人王某保留必要的生活费用，并附注相关证据材料，确保监督有理有据。同级法院采纳检察建议，将王某银行账户9800元退休金交由其作为生活费，有效保障了老年人的生存权益。

【案例3】 检察建议既遏制规避执行又避免过度执行保护善意当事人

2020年12月，J县检察院在履职过程中发现，2020年10月，被执行人袁某经J县法院财产查询名下无银行存款、不动产登记、车辆登记等财产信息。执行过程中，袁某提交了《居民最低生活保障证》《居民社会养老保险领取证》，其中核定低保金和养老金累计为519.4元/月，J县法院将前述财产报告证明材料复印件附卷留存，并在执行谈话笔录向申请执行人反馈"被执行人袁某孤身一人、年老病残，没有工作，享受低保待遇，无力缴纳等"。2020年10月，J县法院以被执行人袁某有履行能力而拒不履行生效法律文书确定义务为由，将袁某纳入失信被执行人名单，发出限制高消费令，并裁定对本案终结本次执行程序。J县检察院审查认为，通过限制高消费足以遏制规避执行，在本案执行过程中泛化适用"被执行人有履行能力而拒不履行"

条款①，进而采取纳入失信被执行人名单惩戒措施的执行行为失当，有过度执行之嫌，不符合比例原则。据此，向 J 县法院提出检察建议。J 县法院予以采纳，随即屏蔽袁某失信被执行人信息。

【案例 4】 检察建议规制申请执行环节当事人虚假陈述

2020 年 5 月，J 县检察院在履职中发现，仇某向顾某借款 40 万元，由王某、张某提供担保。后顾某将仇某、王某、张某诉至 J 县法院，请求偿还 40 万元及利息，诉讼请求被支持。判决生效后至申请执行前，顾某从担保人王某处受偿 10 万元。在申请执行时，顾某隐瞒这一事实，仍以 40 万元借款全部未履行申请执行，导致 J 县法院对张某名下两套中小户型房屋采取查封措施。J 县检察院认为，虽然民事诉讼法及其司法解释未对执行环节虚假陈述的后果作出明确规定，但申请执行人顾某隐匿还款证据，违反了诚实信用原则，客观上造成了本案立案执行的标的额超出被执行人应当履行的数额，侵害了被执行人的合法权益，扰乱人民法院执行秩序，存在申请执行人重复受偿和对被执行人超标的执行的风险。据此建议 J 县法院对顾某的行为依法处理，被采纳。J 县法院对申请执行人顾某处以罚款，并对被执行人张某名下一套房屋予以解封。

【案例 5】 检察建议监督落实未成年人合法权益优先保护制度

2020 年 5 月，J 县检察院在审查同级法院一起未成年人抚养费执行案件中（终结本次执行程序）发现，被执行人曹某无其他可供执行财产，是因在另一执行案件中，其作为被执行人每月工资被冻结 1000 元，用于偿还其与他人民间借贷担保款，致其工资余额扣除生活费后不足以执行抚养费。J 县检察院以同级法院在该案执行中未依照《未成年人保护法》相关规定，给予未成年人特殊、优先保护为由提出检察建议，同级法院对执行不当问题立即进行了整改，保护了未成年人的合法权益。

【案例 6】 检察机关从保护公共利益入手化解"执行难"实现三方共赢

J 县检察院在履职中发现：A 公司将部分钢结构工程分包给个体包工头朱

---

① 根据最高人民法院《关于公布失信被执行人名单信息的若干规定》第 3 条第 4 项规定，不属于有履行能力而拒不履行生效法律文书确定义务的，人民法院不得依据本规定第 1 条第 1 项"被执行人未履行生效法律文书确定的义务，并且属于有履行能力而拒不履行生效法律文书确定义务的，人民法院应当将其纳入失信被执行人名单，依法对其进行信用惩戒"的规定将被执行人纳入失信被执行人名单。

某承建。因对开具税票主体存在争议，A公司未将剩余17万元工程尾款支付给朱某。朱某遂诉请J县法院判令A公司支付尾款及利息，A公司抗辩朱某在领取工程款时应履行开具税票义务。J县法院以A公司的主张未在合同中予以约定，未予采信其抗辩并判决朱某胜诉。2018年4月18日，J县法院以A公司拒不履行生效法律文书确定义务将其纳入失信被执行人名单。J县检察院审查认为，A公司提出朱某提供工程款发票的诉求虽未在合同中约定，但符合相关行政法规规定。[①]为避免国家财税遭受损失，同时充分维护企业声誉和个人权益，实现三方共赢，该院决定联合J县法院力促双方执行和解，最终促成朱某与A公司签订《执行和解协议》，朱某领取A公司支付的10万元工程尾款，同意自行开票入账，并向J县法院出具了执行结案证明，A公司的失信被执行人信息同时被屏蔽。

以上案例仅仅是基层检察机关以善意文明执行理念引领指导监督，协同破解"执行难""执行乱"问题的缩影。又如，江苏检察机关于2021年初在农民工讨薪领域部署开展执行监督专项行动，旨在通过检察监督，推动解决农民工讨薪执行难的问题，保障农民工权益，维护社会稳定。这既体现了对特殊群体的保护，又彰显了司法善意文明。

五、民事执行检察落实善意文明执行理念的进路

根据当前民事诉讼程序要求，地市级以上检察机关以裁判结果监督为重点，占全国检察院总数80%的基层检察院以审判人员违法行为和民事执行活动监督为重点。因此，只有做好民事执行检察监督，才能夯实做强基层民事检察之基。只有精准施策，才能实现监督理念与监督品质的互提互促。

（一）强化执行监督业务素能建设，不断提升监督水平

一方面，准确认定事实是检察监督的基础，否则落实善意文明执行理念开展高质量监督便成了无本之木。因此，检察机关办理民事执行监督案件，

---

① 《中华人民共和国发票管理办法》第19条规定："销售商品、提供服务以及从事其他经营活动的单位和个人对外发生经营业务收取款项，收款方应当向付款方开具发票。《中华人民共和国税收征收管理法实施细则》第四十九条的规定，承包人应当就其生产、经营收入和所得纳税，并接受税务管理。"

应坚持以事实为根据,通过充分行使调查核实权准确认定事实、精准提出问题,进而准确适用法律,避免模糊式监督①影响执行监督的质量和效率。必须同时在检察建议的制发方面强化"内功",让检察建议本身具有足够的可接受性。②笔者认为,从长远角度来看,民事执行检察建议类文书在质量上,应当向起诉书等文书看齐,在内容上,应当准确指出问题、阐明解释法律、提出解决路径;在形式上,应当格式规范、条块清晰、说理性强,以此不断提升民事执行检察建议的权威性。

另一方面,准确适用法律,需要检察干警学懂弄通善意文明执行理念对执行工作的具体要求,提升监督的科学性。张军检察长曾多次提出,监督不是高人一等,而是技高一筹。当前,民事检察部门除应加强民法典相关立法精神、涉及特殊群体单行法以及最高人民法院善意文明执行意见的学习外,需持续加强对法院执行法律、司法解释、指导案例、典型案例的学习,增加知识储备,削减知识盲区,做到娴熟运用、融会贯通,及时应对监督工作中的新情况、新问题。有针对性地梳理与善意文明执行相关的监督点,加强典型案例的发现培育、总结提炼和推荐上报工作,充分发挥典型案例的类案指导和创优示范作用。同时,可采取借助"外脑"、与法院执行部门互派互挂等举措快速提升民事检察干警执行监督业务能力,克服本领恐慌。

(二)加强案源机制建设,不断扩大监督规模③

一是积极借势借力。找准民事执行检察监督与人大监督、政法委执法监督的融合点,建议检察机关借势借力人大、政法委加大举办专项评查的力度和频次,并动态调整评查范围,创造机会增强检察机关发现挖掘和培育监督线索的能力。二是建立长效宣传机制。多元化、多途径深入宣传民事执行检察监督工作,将传统宣传方式与新媒体宣传方式相结合,通过融入网格化、

---

① 如检察机关在一些案件中,制发的民事执行检察建议指出了问题,但没有细化问题,更缺乏对问题的阐释,甚至以"建议法院对某执行案件依法履行职责"这一模糊的方式进行监督。

② 参见周长军、杨丹:《检察建议的刚性提升与范围控制》,载《人民检察》2018年第16期。

③ 2019年7月19日,政法领域全面深化改革推进会要求,着力破解监督制约难题,全面增强执法司法公信。其中明确,加快推进跨部门大数据办案平台建设,有效解决检察机关获取监督信息渠道不畅的问题。

精准普法月月行等途径宣传民事执行检察监督职能，注重宣传典型案例，提升执行监督的社会知晓度和影响力，畅通申请监督与群众举报渠道。三是贯彻智慧借助理念。善于从中国裁判文书网、执行信息公开网等渠道发现执行案件监督线索，同时建议"两高"在推进全国执行与法律监督平台建设过程中，争取对接法院的执行信息化平台，充实信息共享"数据池"，以便从海量数据中随时发现有价值的案件线索。

（三）坚持从高处全局着眼，不断提升监督智慧

善意文明执行涉及强制性手段的使用与克制、多方当事人权益与社会公共利益的协调与统合、严格执法与理性执法的调适等多方面矛盾的统一。笔者认为，以善意文明执行理念指引民事执行检察监督，需用辩证的思维方法看待和处理问题，应当正确处理好以下几个方面的关系：

1. 处理好反消极执行与治理乱执行的关系

坚持以善意文明执行理念指引监督，首先要善于对民事执行工作所面临的主要矛盾有准确地把握。当前，检察机关要将反消极执行放到更加突出的位置，旗帜鲜明地向社会表明态度，赢得人民群众的信任和支持。其次，对于明显侵害人民群众合法权益的执行行为要敢于监督。因此，通过民事执行检察治理消极执行和治理乱执行，必须坚持两手抓、两手都要硬。此外，亦可结合案件具体情况适度探索扩大司法救助范围，均衡维护双方当事人合法权益。

2. 处理好执行监督与执行救济的关系

需要注意的是，执行监督不等同执行救济，执行检察监督不应与"当事人申请监督"同质化，更不应受限于"当事人申请监督"为前提。从这个意义上讲，"当事人申请监督"只是执行检察监督权采取何种方式行使的一种线索来源，监督权的行使一定要在依法、规范、理性的前提下运行，不可无限扩张，更不能任性地、无目的、无条件地"乱监督"，甚至激化矛盾引发缠访缠诉现象。如对于仅存在执行瑕疵，不影响当事人合法权益正当实现的，应保持检察监督的谦抑性，不应随意干涉司法权的行使，也不应主动介入破坏当事人权利间的平衡，以尽可能地维护司法权威，避免民事执行检察监督之路越走越窄，越走越崎岖。

3. 处理好全面监督与重点监督的关系

民事执行检察监督是对民事执行活动整个过程的全面监督，本不应存在监督的盲区和禁区。但全面监督并不意味着"眉毛胡子一把抓"没有重点，尤其是在当前民事执行检察监督专业能力还尚有较大提升空间的情况下，更应该使有限的监督资源发挥最大的监督效果。因此，民事执行检察监督应当紧紧围绕社会发展实际和当前司法实践需求有选择性地开展重点监督工作。① 比如，针对新冠肺炎疫情带来的影响，开展涉非公企业民事执行检察监督专项活动等，能够直接有效地彰显检察机关以善意文明执行理念引领监督的成效，有利于实现办案政治、法律、社会效果的统一。

4. 处理好刚性监督与柔性息诉的关系

民事执行检察监督应秉持"支持中监督，监督中支持"的理念，注意不同监督方式的有效衔接和综合运用，以不断提升检察机关落实善意文明执行理念的监督质效。笔者认为，一方面，检察机关需驰而不息地提升监督的精准化程度和含金量，努力将民事执行检察建议做到刚性，做成精品。另一方面，在民事执行检察环节如果能把息诉化解工作做好，顺利化解执行中的矛盾和痛点，充分展示民事执行检察监督所起到的减压阀作用以及在促进"案结事了人和"方面的成效，必然有利于改善法院对民事执行检察监督的内心认同，也必然会提升当事人对民事执行检察监督的认可度，更好地实现检、法、当事人之间双赢多赢共赢的效果。

笔者认为，民事执行检察监督自身价值的真正实现，既需要我们不断转变监督理念，保持与时俱进，顺势而为，以更开放的姿态投身其中，又需要不断做强自己，破除障碍梗阻，追求双赢共赢多赢。如此一来，民事执行检察监督方能不断向上、向善、向好，行稳致远。

---

① 参见肖正磊、刘小艳：《民事执行检察监督实证调查》，载《人民检察》2019年第22期。

民事非诉执行监督疑难问题研究

程建玲 *

摘　要： 民事执行监督是民事检察监督的重要组成部分。司法实践中，民事非诉执行案件虽然占比不高，但涉及数额较大，存在执行到位率低、群体性信访风险大、虚假诉讼现象突出、救济渠道不畅等问题。民事执行检察监督案源不足、监督手段有限、监督制度机制不健全。检察机关应当加强与法院的沟通，完善相关监督机制，并结合虚假诉讼专项监督活动，与充分保护农民工等弱势群体的利益结合起来，不断提高民事执行精准监督的能力和水平。

关键词： 民事执行　非诉执行　虚假诉讼　检察监督

与诉讼解决纠纷相比，调解、仲裁、公证、支付令等非诉解纷方式有着简便快捷、成本低、效果好等优势，人民群众对非诉纠纷解决方式的需求愈显迫切。近年来，法院不断加强对民事非诉法律文书的执行力度。但基于我国执行难、执行乱问题尚未得到根本解决，虚假仲裁、违法公证、恶意利用支付令等程序实现非法目的的案件频发。为了适应新形势的需求，自2018年3月以来，全国检察机关集中开展了民事非诉执行监督专项活动，取得了明显成效。但由于相关法律规定尚不完善、实践经验不足，司法实践中还存在诸多疑难问题亟待解决。

---

* 程建玲，北京市人民检察院第三分院三级高级检察官。

一、法院民事非诉执行情况分析

（一）民事非诉执行案件在民事执行案件中的占比不高，但涉及的标的额较大

据最高人民法院统计，近年来，仲裁、公证债权文书等非诉执行案件占法院执行案件总量的5%左右。如2014年全国法院共执结各类执行案件2906861件，其中，共执结民商事执行案件2427210件，占比83.50%；仲裁执行案件142464件，占比4.90%；公证债权文书执行案件22206件，占比0.76%。根据人民法院大数据平台的统计，2017年，全国各级人民法院办结仲裁执行案件267066件。①

北京市第三中级人民法院2015年以公证债权文书为执行依据的执行案件数量占全部执行案件数量的比例为3.4%，呈逐年上升趋势。2013年至2015年受理的以公证债权文书为执行依据执行案件的执行标的总额为51.24亿元，其中，5000万元至1亿元的占比43%；1亿元以上的占比57%。②北京市海淀区人民法院2014年至2017年上半年，共受理公证债权文书执行案件1824件，涉案标的53.8亿元。③

北京市某区法院2015年至2017年共受理执行案件34493件，民事非诉执行案件3137件，占全部执行案件的11.1%，其中仲裁类（全部为劳动争议仲裁案件）2170件，占比6.3%；公证债权文书类967件，占比2.8%。

民事非诉执行案件占比不高的原因在于以下几个方面：一是非诉案件多以当事人协商、合意为基础，自动履行率较高，到法院申请强制执行的比例较小。二是公证强制执行的案件，通过办理公证、公证催收、核实程序，事实上对债务人形成了履约压力，有效地保障了绝大多数债权的顺利实现，实践中只有少部分公证强制执行案件进入法院执行流程。三是由于案件管辖上

---

① 《严格贯彻落实仲裁法　促进经济社会健康发展——最高人民法院执行局负责人就"先予仲裁"立案、执行等法律适用问题的批复答记者问》，载《人民法院报》2018年6月11日。

② 北京市第三中级人民法院行局调研课题组《关于公证债权文书执行问题的调研报告》，载微信号公证圈，2017年5月10日。

③ 《海淀法院不予执行公证债权文书案件审查情况》，载北京海淀法院微信公众号，2017年8月24日。

的规定，导致案件受理不均衡。如基层法院商事仲裁案件受案率较低，而公证债权案件和劳动争议仲裁案件多集中在基层。四是立法滞后、制度认知度低等因素亦制约了这一制度的有效落实，导致此类案件较少。

（二）经当事人申请和法院审查不予执行仲裁裁决及不予执行公证债权文书的案件逐年攀升

据相关统计，2019年审结并在中国裁判文书网公开的申请不予执行仲裁裁决的有效样本案件共1544件，其中裁定不予执行案件共873件，占比56.54%。2017年的有效样本案件642件（不予执行比例为27.1%）、2018年的有效样本案件1085件（不予执行比例为37.88%）。总体来看，仲裁程序违法、违背社会公共利益、没有仲裁协议和虚假仲裁损害案外人利益是2019年法院裁定不予执行最主要的四项事由。其中，虚假仲裁损害案外人利益的案件23件，占裁定不予执行仲裁裁决案件的2.63%。①

北京市海淀区人民法院分析认为，不予执行公证债权文书案件主要存在以下问题：一是公证程序违法（公证机关对公证申请人的主体资格审查不严、公证员不亲自办理公证）；二是公证内容与事实不符（虚构债权债务关系办理公证、实际借贷人与名义借贷人不一致、当事人就同一笔借款在公证债权文书之外另行签订合同、公证文书载明的债务履行情况与事实不符、将抵押人直接列为被执行人）；三是公证债权文书背后存在违法（当事人约定高额违约金收取高额利息、职业放贷人贷款中介机构利用公证债权文书从事融资放贷业务）等。②

（三）民事非诉案件执行难问题突出，执行到位率较低

主要表现在查人找物难、当事人恶意逃债突出、评估拍卖程序繁复执行周期过长，以及执行法院与仲裁、公证等非诉机构沟通衔接不畅等。

---

① 参见朱华芳等：《2019年度仲裁司法审查实践观察报告：大数据分析（更新版）》，载天同诉讼圈，2020年3月15日。

② 参见《海淀法院不予执行公证债权文书案件审查情况》，载北京海淀法院微信公众号，2017年8月24日。

（四）执行标的涉及群体纠纷，情况复杂

特别是劳动仲裁类的执行案件中大多因企业经营不善不能正常发放工资，申请人多为农民工或者劳动者，直接关系到其生活问题，且人数众多，处理不善，容易激化矛盾，发生群体性信访事件。

（五）部分法院、法官对民事非诉执行依据的重要性认识不足，执行力度不够

在执行立案、执行管辖、执行和解、执行担保、终结本次执行程序、终结执行、迟延履行利息、参与分配、财产查封、扣押、冻结、评估、拍卖、第三人到期债权、执行异议、执行复议、追加变更当事人、执行转破产等程序和环节，存在采取执行措施不及时、执行不规范甚至违法等情形。

（六）被执行人救济渠道缺失

现行法律对公证债权文书没有赋予当事人申请法院予以撤销的权利。对于劳动争议仲裁裁决确有事实错误，当事人该如何救济的问题，法律规定尚不明确。另外，我国现行的劳动人事争议仲裁长期缺乏外部监督，部分发生法律效力的错误仲裁得不到及时纠正，影响了劳动争议仲裁的权威性和严肃性。虚假商事仲裁，更是成为被忽视的"法外之地"。法院对虚假仲裁的审查，有的仍停留在形式审查阶段，有的片面强调异议人举证，导致当事人由于举证能力不足，其合法权益难以得到充分保障等现实问题。

二、民事非诉执行检察监督存在的问题与解决路径

（一）存在的问题

1. 案源严重不足

一方面，民事非诉执行案件在民事执行案件中的占比较小，因此申请执行监督案件数量相对较少。另一方面，执行人员违规办案发现难、查处难，缺乏依职权发现途径。发现方法、调查机制的不成熟，也给检察监督工作带来更多困难。

2. 虽有宪法、法律授权及"两高"的规定，但缺乏有效的监督制度机制和具体程序规定

我国《宪法》规定，检察机关是国家法律监督机关。我国《民事诉讼法》也规定，检察机关有权对民事执行活动进行监督。但我国《民事诉讼法》《人民检察院民事诉讼监督规则》以及最高人民法院、最高人民检察院《关于民事执行活动法律监督若干问题的规定》（以下简称《规定》）都比较笼统，主要是原则性的规定，对具体监督工作的开展缺乏程序性设计，民事非诉执行监督尚未形成长效机制。

3. 监督能力有待提高

（1）对民事非诉执行的相关法律规定、案件执行规律掌握不够。（2）对民事非诉执行监督工作思考不深、办法不多，不敢监督、不善监督、监督不到位的问题较为突出。（3）对非诉执行的监督缺乏实践经验。相较于其他民事检察业务，执行检察监督工作开展时间较短、业务相对较新。

4. 监督手段有限、刚性不足、效果不明显

检察建议作为执行监督最主要的方式，在充分发挥其优势的同时，也显现诸多弊端。如果法院不予配合，我们往往束手无策，缺乏强有力的手段或补救措施持续跟进，监督效果不理想等。

5. 对于虚假仲裁、违法公证行为的监督缺乏依据和具体程式规范

检察机关作为法律监督机关，根据民事诉讼法的规定对民事非诉执行活动进行监督。对履行职责中发现的虚假仲裁、违法公证行为应当予以监督，但具体监督程序、监督范围、监督措施和手段尚待进一步明确。

6. 对于民事非诉执行本身存在的立法和实践方面的相关问题调研不够

比如，在公证债权文书审查方面，对于形成公证债权文书所依据的基础法律关系或者执行证书确有错误时，人民法院是否需要审查，可否因其实体错误或违法而裁定不予执行，现行法律未作出规定。在执行转破产程序中，对于公证债权文书的审查内容及优先受偿权的认定缺乏规范和标准，以及第三人执行异议申请被驳回后的救济途径缺失等问题，都需要进一步调研，并通过立法或司法解释予以规范。

(二)解决路径

1. 深入了解管辖法院民事非诉执行情况,与法院执行部门建立沟通协调工作机制

张军检察长提到,"以双赢多赢共赢的监督理念去工作,就是努力把矛盾的对立面化作统一面,就是努力让被监督者感受到,我们是在以职业共同体身份在支持、帮助被监督者,把案件办理得更好"。检察机关应当坚持监督与支持并重原则,在依法加强监督的同时,支持人民法院的正当执行工作。通过双向培训、座谈等方式,深入了解法院民事非诉执行情况,依法协调解决民事非诉执行过程中存在的执行难等问题。通过建立大数据平台,实现执行案件信息共享和实时监督;对民事非诉执行的突出问题或同类非诉法律文书开展"专项监督"。

2. 依法办理当事人、案外人、利害关系人申请民事非诉执行监督案件,切实保障当事人依法申请检察监督等权利

通过检察职能宣传、以案释法等方式,提升执行监督的社会认知度及社会影响力,扩大案源,并通过办理民事非诉执行监督案件,切实保障当事人依法维权。

3. 把开展民事非诉执行监督工作与依法帮助劳动者讨薪工作结合起来

"学习贯彻民法典,关键在于以习近平法治思想为指导,领悟法条背后的'法理',要深化、落实以人民为中心的司法理念和价值追求。"[①]劳动争议仲裁执行案件,往往涉及追索劳动者劳动报酬、经济补偿金和经济赔偿金等内容,与农民工讨薪工作有密切联系。检察机关应当充分发挥监督与追诉职能,对于恶意逃薪逃债,规避案件执行的违法犯罪行为,依法追究,切实维护劳动者的合法权益。

4. 把开展民事非诉执行监督工作与虚假仲裁、违法公证行为监督结合起来,维护正常的经济秩序和司法秩序

在办理民事非诉执行监督案件中,对发现的虚假仲裁、违法公证行为依

[①] 《把握民法典精神 创新发展"四大检察"》,载最高人民检察院微信公众号,2020年12月7日。

法进行监督,一直是检察机关高度关注并加强监督的重点。具体可采取以下几个方面的措施:一是依法建议法院及时作出不予执行的裁定,并建议法院根据情况对恶意妨碍执行活动的行为采取罚款、拘留等强制措施。二是对构成犯罪的当事人、仲裁员、公证员及其他涉案人员,应当移送相关部门依法追究其刑事责任。三是向仲裁、公证机构发出纠正违法或改进工作的检察建议,依法维护权益人的合法权益。

5. 加强民事检察队伍建设和业务培训,增强检察监督能力

民事非诉执行案件有别于诉讼结果执行案件的自身特点和规律。只有熟练掌握相关业务知识、把握案件规律,才能做到有的放矢和有效监督。因此,加强民事检察业务培训和队伍建设,是提高民事非诉执行案件监督能力的关键。

6. 制定具体办案规范,提高监督规范化水平

民事非诉执行检察监督属于检察工作的新领域,为了依法、及时、规范监督,应当制定相应的办案制度和办案流程,做到有章可循。在民事非诉执行监督工作中,要做到到位而不越位,用权而不越权。

7. 充分发挥指导性案例的指引作用

2019年5月21日,最高人民检察院发布了第十四批检察指导性案例。其中检例第52号广州乙置业公司等骗取支付令执行虚假诉讼监督案、检例第54号陕西甲公司等公证执行虚假诉讼监督案、检例第55号福建王某兴等人劳动仲裁执行虚假诉讼监督案,对检察机关加强民事非诉执行监督起到了非常重要的指引作用,应当进一步发挥典型性案例的指导作用。

8. 加大教育宣传力度,积极参与社会综合治理和社会诚信体系建设

张军检察长指出,检察履职要引领、促进把社会主义核心价值观作为司法办案的灵魂,使司法活动不仅符合法律规范,更要建设培育社会主义道德水准。诚信是社会主义市场经济的基本原则之一。检察机关应当积极参与社会诚信体系建设,通过立法、执法、司法和检察监督从源头上遏制违法行为的发生,督促仲裁员、公证员和当事人以诚信为根本,公平、公正、合法、有效地进行仲裁和公证。

9. 加强理论调研

对民事非诉执行案件执行过程中的立法依据不足及执行实践中存在的理论问题进行调研，为专门执行立法和仲裁法的相关修改工作，提供理论和实践参考及立法建议，使民事非诉执行制度不断得到完善。

三、民事非诉执行监督中的具体问题

（一）案件管辖与受理

1. 民事非诉执行监督案件的管辖以同级监督为原则

根据最高人民法院《关于人民法院执行工作若干问题的规定（试行）》的相关规定，民事非诉执行案件由被执行人住所地或被执行财产所在地人民法院管辖。

上级人民检察院认为确有必要的，可以办理下级人民检察院管辖的民事诉讼监督案件。下级人民检察院对有管辖权的民事诉讼监督案件，认为需要由上级人民检察院办理的，可以报请上级人民检察院办理。

2. 当事人、利害关系人、案外人认为人民法院的民事非诉执行活动存在违法情形可以向人民检察院申请监督

有以下情形之一的，人民检察院不予受理：一是法律规定可以提出异议、申请复议或者提起诉讼，当事人没有提出异议、申请复议或者提起诉讼的，但有正当理由的除外；二是当事人提出异议或者申请复议后，人民法院已经受理并正在审查处理的，但超过法定期间未作出处理的除外。

3. 依职权监督

最高人民法院、最高人民检察院《关于民事执行活动监督若干问题的规定》第7条严格限定了四种情形下检察院可以依职权监督：（1）损害国家利益或者社会公共利益的；（2）执行人员在执行该案时有贪污受贿、徇私舞弊、枉法执行等违法行为、司法机关已经立案的；（3）造成重大社会影响的；（4）需要跟进监督的。

（二）监督范围

1. 执行依据错误

执行依据错误既包括法院据以执行的生效仲裁裁决和公证债权文书程序违法，认定事实不清，适用法律错误，侵害国家、集体或他人合法权益，也包括法院在执行中作出的裁定书、决定书、通知书等存在错误。

2. 执行主体以及执行措施违法

执行主体以及执行措施违法包括对非诉执行申请及非诉执行依据审查不当，应当立案而不予立案；应当予以执行而不予执行；不应当执行而予以执行的情形；以及执行人员应采取执行措施却不作为；徇私舞弊、贪污受贿；违法采取查封、扣押、冻结、拍卖等措施，执行范围超出法律文书所确定的范围；违法执行第三人或者案外人财产，或对案外人就执行标的提出的异议未依法审查和处理；擅自变更或追加执行对象，变更执行范围、数额；放任、帮助被执行人隐匿、转移财产；违法办理执行款物交付，违法办理有关财产权证照转移手续；违法限制当事人出境等。

3. 被执行人或案外人严重对抗执行的行为

对于法院依法执行而被执行人或案外人严重对抗执行的行为，检察机关应当给予法院支持，保障执行工作的顺利进行。有关国家机关不依法履行生效法律文书确定的执行义务或者协助执行义务的，人民检察院可以向相关国家机关提出检察建议。人民检察院民事检察部门在办案中发现被执行人涉嫌构成拒不执行判决、裁定罪且公安机关不予立案侦查的，应当移送侦查监督部门处理。

4. 虚假仲裁、违法公证的行为

检察机关在民事非诉执行案件监督过程中，发现的虚假仲裁、违法公证行为，应当依法予以监督。

（三）案件审查中的调查核实权

检察机关依法行使调查核实权是检察机关行使监督权的有力保证。根据《人民检察院民事诉讼监督规则》的规定，在办理民事非诉执行监督案件过程中，人民检察院享有调卷权和调查取证权，即有权调阅或复制人民法院的卷宗、审查案卷材料、调查核实有关情况。检察机关因履行法律监督职责的需要，可以采取询问、查询、录音录像、拍照、复印等必要的措施，向有关单位和个人调查核实有关情况。有关单位和个人应当积极予以配合。拒绝或者妨碍人民检察院调查核实的，人民检察院可以向有关单位或者其上级主管部门提出检察建议，责令纠正；涉嫌犯罪的，依照规定移送有关机关处理。

但上述调查手段总体来说缺乏刚性，在某些虚假仲裁、违法公证执行监督案件中，由于民事检察调查核实手段的限制，成为案件难以实现突破的重要原因之一。因此，检察机关要积极征得当地党委、人大和政府的支持，不断加强与法院、公安、监察等机关和部门之间的外部沟通，以及检察机关内部各部门之间的协调配合。

（四）检察监督方式

1. 检察建议

《民事诉讼法》《人民检察院民事诉讼监督规则》以及"两高"《关于民事执行活动监督若干问题的规定》都明确了民事执行检察监督的方式为检察建议。有关司法改革文件还规定了纠正违法通知书和建议更换办案人的方式。由于民事执行监督的根本目的是保障民事执行活动的依法顺利实施，民事检察执行监督应当保持谦抑性，因此，在执行监督工作中应当慎用停止执行程序的检察建议。

（1）向仲裁机关提出重新仲裁或撤销仲裁裁决的检察建议。根据我国《仲裁法》第9条的规定，仲裁实行一裁终局的制度。目前，仲裁机构对虚假仲裁和恶意仲裁缺乏自行纠错程序，对于没有进入执行程序或执行异议被驳回后，案外人缺乏进一步的救济渠道。司法实践中，无论是基于案外人的反映，还是仲裁机构自行发现，仲裁机构在已经明知仲裁裁决发生错误的情况下，苦于法律没有明确规定的纠错程序和救济途径而无法作为。如果仲裁机构根据检察机关的检察建议，启动纠错程序，将会有力地保护因虚假仲裁和恶意仲裁受到侵害的国家利益和社会公共利益，以及第三人的合法权益，同时更能保证仲裁本身权威性的实现。

（2）建议法院中止或终结虚假仲裁、违法公证案件的执行或裁定不予执行。司法实践中，检察机关可以视虚假仲裁、违法公证案件的查明和处理情况,向法院提出中止执行或终结执行的检察建议。由于仲裁法没有赋予仲裁机构撤销仲裁裁决的权力和程序,虽然法院已经裁定中止仲裁裁决的执行,但仲裁裁决没被撤销,其效力处于待定或仍处于有效状态。司法实践中,法院中止执行后,案件长期处于停滞状态,严重损害了权利人、其他债权人或轮候查封债权人的利益,建议进一步完善相关立法。在目前情况下,法院应当研究解决此类现象和问题,在查明案件确属虚假仲裁的情况下,直接作出不予执行仲裁裁决的规定,终结执行程序。

(3)法院在裁定书中对虚假仲裁、违法公证案件予以认定,但未对虚假仲裁参与人或违法公证参与人作出惩戒的,检察机关可以依据《民事诉讼法》第116条的规定,向法院提出对其采取罚款、拘留等强制措施的检察建议。

(4)对法院怠于执行、超期执行、不及时采取执行措施的问题,提出检察建议,督促法院依法及时执行。对于执行中的错误行为,建议其依法纠正。

2.移送违法犯罪线索

对于在民事非诉执行检察监督过程中发现的违法执行、虚假仲裁、违法公证、拒不执行生效法律文书等涉嫌违法犯罪线索,移送相关部门和机关依法处理。移送违法犯罪线索主要包括三类:一是对仲裁、公证人员涉嫌枉法仲裁、违法公证、贪污、贿赂等违法犯罪线索的移送;二是对涉案审判、执行人员涉嫌违法犯罪线索的移送;三是对涉案当事人及其他人员涉嫌虚假诉讼罪等违法犯罪线索的移送。

3.一般检察建议

积极参与社会综合治理,对执行监督中发现的其他违法行为和管理漏洞,依法向相关部门或组织提出改进工作的一般检察建议。

如向法院可以提出如下改进工作的检察建议:一是法院执行机构应当加强对涉嫌虚假仲裁、违法公证案件的实质审查力度,在当事人无法调查取证的情况下,应当依职权调查取证,以查明事实,避免或防止执行错误和执行回转。二是加大对虚假仲裁、违法公证、虚假诉讼等妨害诉讼秩序行为的处罚力度,净化执行环境。三是涉嫌犯罪的,应当向相关部门移送犯罪线索,而不是简单地驳回案外人异议或中止案件的执行了之。四是建议法院改进其他执行程序不规范问题。如重要工作记录不入卷、不送达或超期送达执行法律文书、执行法律文书未载明执行依据等。

向仲裁机构提出改进工作的检察建议主要有以下几个方面：一是建议仲裁机构完善自我监督机制，规范仲裁程序，修改完善仲裁规则，比如增加主动调查取证的规定，增加案外人参与仲裁的规定，在保障仲裁庭独立办案的前提下强化对裁决书的核阅。二是建议仲裁员对于"手拉手"仲裁、缺席仲裁、仲裁涉及案外人等情形，要提高警惕，积极行使释明权，强化当事人的举证义务。三是建立自我纠错机制，加强对利用仲裁妨害司法的行为的防范和打击力度等。

向公证机构或司法行政管理部门提出改进工作的检察建议，如建议规范公证程序、加大对债权债务相关事项的实质审查力度、加大对违法公证行为的处罚力度等。

针对民间借贷领域虚假仲裁、违法公证高发多发，金融管理秩序治理问题，向相关金融管理部门以及相关行政管理部门提出加强行业管理的检察建议等。

4. 对不符合监督条件的案件，依法作出不支持监督申请的决定，并积极做好执行和解与息诉工作

对于依法查明不存在虚假仲裁、违法公证情形的案件，以及其他不符合监督情形的案件，依法驳回申请人的监督申请，支持法院和仲裁、公证机构依法履职，并对申请人做好释法说理工作。有和解可能的，积极做当事人工作促成和解，并及时与法院沟通，将检察和解转化为法院的执行和解，做到案结事了。

此外，通过行使调查核实权、向协助执行单位发送检察建议等形式，助力法院解决执行难问题。

（五）虚假仲裁、违法公证执行监督中的刑民交叉问题

1. 检察机关内部的沟通配合与线索双向移送机制

虚假仲裁、违法公证执行监督案件往往涉及刑民交叉案件的处理，根据最高人民检察院《关于完善抗诉工作与职务犯罪侦查工作内部监督制约机制的规定》，民事检察部门在办好申请监督案件的同时，要注意发现隐藏在司

法不公背后的司法人员职务犯罪线索、可能涉嫌普通刑事犯罪的线索，并及时将犯罪线索向有关部门进行移送。同时，民事检察部门也应建立与公诉、侦监、职务犯罪侦查部门、公安机关的协作机制，对刑事案件中涉及的妨害司法罪，审判、执行人员职务犯罪，仲裁员、公证员违法犯罪案件线索进行筛查，依法对相关民事诉讼或民事执行案件线索进行审查监督。

2. 犯罪线索发现、移送与民事执行监督案件的处理

检察机关在民事非诉执行案件监督过程中发现职务犯罪或其他犯罪线索的，应当依法移送相关侦办机关和部门办理。对于民事非诉执行案件，应当向法院提出监督的检察建议，由执行法院对执行案件依法审查并作出处理。

此处需要强调的是，执行依据虚假是法院裁定不予执行的主要理由和依据之一。司法实践中，对于检察机关应当在什么时候向法院提出监督意见，是否要等虚假仲裁、虚假公证、职务犯罪等犯罪案件的生效判决作出以后再提出等程序性问题，存在较大争议。笔者认为，从依法保护权益人的合法权益出发，为了避免法院因错误执行给当事人或利害关系人造成不必要的损失，检察机关在移送虚假诉讼罪等犯罪线索的同时，应当及时向法院提出执行监督的检察建议，由法院依法审查处理。如果法院认为应当等待刑事判决的，可以由法院作出相关中止执行的裁定。当然，在某些案件中，为了配合刑事案件的侦查办理而不宜及时作出监督意见的除外。

民事检察监督视角下民事缺席审判证据制度的完善

董倚铭　刘文刚　张瑜桐*

摘　要： 近年来，随着我国经济社会的发展，诉讼发生数量持续增加，人民法院在民事诉讼裁判中的缺席审判使用率不断增加。民事缺席审判对保证诉讼效率，维护积极诉讼参与方的合法权益有重要意义，但其证据制度在司法实践中存在一些问题，影响了案件质量，难以全面回应人民群众对司法公正的要求。因此当事人向检察机关申请监督的情况时有发生。在此背景下，基于维护执法司法公信力和履行民事检察监督的职能，对缺席审判证据制度进行研究、反思确有必要。本文立足于民事检察监督中发现的案件质量问题现状，针对目前缺席审判程序不规范、证据规则不明确等现象，从民事检察监督的视角出发，分析原因，探究对策，提出建议。

关键词： 民事检察监督　缺席审判　证据制度

一、民事缺席审判证据制度现状及问题

（一）我国有关民事缺席审判证据制度的法律规定

1.缺席审判制度法律规定

讨论民事缺席审判证据制度，首先要从民事缺席审判谈起。

＊ 董倚铭，北京市朝阳区人民检察院第五检察部副主任、四级高级检察官；刘文刚，北京市朝阳区人民检察院检察官助理；张瑜桐，北京市朝阳区人民检察院检察官助理。

我国《民事诉讼法》对该项制度进行了原则性规定。《民事诉讼法》第146条和第148条规定了原告缺席的情形；第146条规定了被告缺席的情形；第177条规定了对违法缺席审判的救济措施，即当事人提起上诉。最高人民法院《关于〈中华人民共和国民事诉讼法〉的解释》（以下简称《民事诉讼法解释》），以及最高人民法院《关于适用简易程序审理民事案件的若干规定》等司法解释文件对该项制度的具体适用情形进行了细化规定。《民事诉讼法解释》第234条规定了缺席审判可适用于离婚诉讼情形；第235条规定了无民事行为能力人的代理人不出席庭审的后果；第236条和第240条规定了有独立请求权的第三人和无独立请求权的第三人缺席庭审的处理方法；第174条和第175条规定了必须到庭，不可缺席的情形，以及对不到庭的当事人可以采取的强制措施。最高人民法院《关于适用简易程序审理民事案件的若干规定》第30条明确了可以在简易程序中适用缺席审判制度。

2. 证据制度法律规定

缺席审判是与对席审判相对应的一种特殊的审判形式，缺席审判的证据提出、证据审核等环节依然适用普通的证据制度规定。

《民事诉讼法》第67条、第68条、第70条规定了证据提出、收集的主体及证明责任，当事人对自己主张的事实，有提出证据进行证明的责任，即通常意义上的"谁主张谁举证"；人民法院有依申请或者依职权调查搜集证据以查明案件事实的责任。《民事诉讼法》第93条和第94条进一步细化了证明责任，主张法律关系存在、变更、灭失或受到妨害的当事人对自己的主张有提出证据进行证明的责任，人民法院也可依此分配证明责任。

人民法院进行证据审查的基本依据和原则规定在《民事诉讼法》第67条和最高人民法院《关于民事诉讼证据的若干规定》（以下简称《民事诉讼证据规定》）第85条，人民法院必须依照法定的程序，全面地、客观地审查核实证据。《民事诉讼法解释》第241条规定，被告缺席，人民法院应在对双方的诉辩理由、已提交证据及其他诉讼材料进行审理后，可依法作出缺席判决。在缺席审判中人民法院应当全面客观地审查证据材料，是证据审查的原则，给了法官较大的自由裁量权，但也正是因为这一规定过于原则，使审查标准不统一，给实践操作带来了一些难题。

（二）民事检察监督视角下存在的司法实践问题

2017—2020 年，北京市朝阳区人民检察院共受理民事生效裁判监督案件 260 件，其中，缺席判决案件 126 件，占比为 48.5%；当事人就缺席审理提出异议的案件共 76 件，占全部缺席审判案件的 60.3%。人民法院缺席审理案件已经成为当事人对裁判结果不服的一个重要原因。尽管大多数都是合法的缺席审判案件，但仍有一些受多重原因影响，出现案件质量问题。经分析研究，缺席审判案件存在的司法实践问题，有以下几点：

1. 送达程序不规范

送达程序不规范是民事缺席审判案件的突出问题，当事人向检察机关申请监督的主要原因。其具体表现：一是未按法律规定进行公告送达，程序违法，包括未进行公告送达和违法进行公告送达等情形。例如，蔡某某供用热力合同纠纷再审检察建议案，原审法院向蔡某某户籍登记地址和经常居住地址邮寄起诉书副本等相关法律手续，无法送达后未进行公告送达而直接进行缺席审理并作出裁判；又如，上海某房屋装饰工程有限公司北京分公司民间借贷纠纷再审检察建议案，法院向原告起诉书中提供的被告公司地址邮寄文书，在文书被退回后未核实被告公司工商登记注册地址直接进行了公告送达，违反了法律规定。二是送达手续粗糙，包括送达文书错误和送达前未核实当事人准确地址等情形。例如，宋某金融借款合同纠纷再审检察建议案，法院向宋某送达的是其他案件的法律文书，使宋某认为与己无关未参加诉讼；又如，王某、罗某借款合同纠纷提请抗诉案，法院将罗某户籍地址门牌号书写错误，客观上增加了当事人无法收到文书的可能性。

2. 证据审查不规范

证据审核不规范会给案件事实的查明带来不利影响，进而影响案件的公正裁判，损害当事人的合法利益。在缺席审判案件中，有些当事人或因法院多次投递无法妥投后进行公告送达等原因未收到法律文书不知道诉讼的发生，或因自身主观原因不愿意参加诉讼或中途退庭，这些情形确实给证据审查工作带来了极大困难，但也正是因为这种困难，导致了证据审查工作的不规范。一是审查证据片面。有些法官因当事人未到庭而直接采纳出庭一方当事人的意见，根据出席一方当事人的证据认定案件事实，而未依职权核实证据、调取证据，导致事实认定出现错误。二是错误理解证明责任，将"谁主张谁举证"推向极致:"有些法院认为,主张有利于自己事实的一方负担证明责任,同时负有提出证据的义务,提出的义务主体专属于原告,法院只能要求原告提出证据,不能要求被告提出证据,按照当事人主义模式,也不能主动调查证据。"① 如程某某赠与合同纠纷抗诉案,该案原告故意向法院提供虚假地址,误导法院向错误地址送达法律文书导致被告程某某不能参加诉讼,原告向法院提供的"赠与协议"也存在诸多疑点,原审法院未进一步核实程某某的地址,未充分调查"赠与协议"的真实性,径行依照"赠与协议"判决被告名下房屋为原告所有,对被告的权利造成重大影响。

二、缺席审判证据制度困境的原因分析

(一)缺席审判证据制度困境的原因分析

1. 法律构造缺陷

缺席审判,是指在民事诉讼过程中,纠纷当事人有一方无故缺席时,法官为了保障积极参与一方的合法权益,为了避免诉讼无限制地拖延,依法进行的一种特殊的审理程序。世界范围内占据主流地位的立法模式是缺席判决主义和一方辩论主义。缺席判决主义的理念是在民事诉讼中原告缺席时,法官将原告缺席视作放弃诉讼请求进行缺席判决;被告缺席时,法官根据原告的申请进行缺席判决。② 一方辩论主义,是指在一方当事人不到场的情况下,由出席的一方正常辩论,法官对双方已进行的辩论和已提交的证据材料进行审查并以此作出判决。③ 根据我国的法律规定,我国民事缺席判决制度的立法模式是对缺席判决主义和一方辩论主义的综合,吸收了双方的优点,但也存在一些缺陷。

体现在证据制度中的缺陷就是法律规定过于原则,对缺席审判的证据审

---

① 肖建华:《民事诉讼案件事实发现的路径——评〈关于民事诉讼证据的若干规定〉》,载《证据科学》2020年第3期。
② 参见刘秀明:《对两大法系"缺席判决主义"本质之思考》,载《现代法学》2010年第5期。
③ 参见刘秀明:《对两大法系"缺席判决主义"本质之思考》,载《现代法学》2010年第5期。

查标准没有明确规定。作为一种特殊的审判形式，缺席审判套用普通对席审判的规则没有问题，但在其特殊之处还是应该有特别规定。在对席审判中，法官可以通过原被告双方的质证过程、辩论过程对证据进行审查并形成对案件事实的认识。缺席审判和对席审判不同，只有一方参与了全部的庭审，缺席方可能自始未参与诉讼，也可能从诉讼的某一阶段开始消极应诉。因此，缺席审判的证据审查认定过程只有出席一方参与，未出席方不能对这些证据进行质证，也不能提出相反的证据对对方的主张进行辩驳，法官只能依据单一的证据来源对事实进行认定。《民事诉讼法解释》第103条规定，未经当事人质证的证据，不得作为认定案件事实的根据。在被告完全缺席的情况下，诉讼过程中没有一般意义上的质证程序。

这就带来了两个问题，第一个问题是相关法律及司法解释规定了法官要对已提交的证据进行全面审查，但是如何进行全面审查是非常模糊的，在只有一方出席的情况下，人民法院进行形式审查比较容易，进行实质审查会有难度。如果不需要进行其他的调查取证，仅凭出席一方提交的证据就能使法官达到内心的确信，是否还要对这些证据进行其他的审查？第二个问题是法官对证据进行全面审查以及依据职权调查证据的过程能否被认定为是一种"质证"，被告不出庭是否可以视作对原告主张事实的拟制自认，从而不需要进行质证。这种立法上的模糊性给裁判过程和裁判结果带来了不确定性，一旦承担不利裁判后果的缺席方在上诉的过程中拿出新证据或反向证据，就可能使裁判结果发生逆反，这对司法裁判的稳定性以及公信力是极大的损害。因此，笔者认为，在民事诉讼法律中，对缺席审判证据审查的规定还应进一步细化。

2. 裁判观念影响

我国的诉讼模式由职权主义向当事人主义转变，在这一转变过程中，很多法官对自身职权责任产生认知偏差，认为法官在法庭上是居中裁判的位置，提出证据证明法律关系的存在、消灭是当事人的责任，法官应当依据现有证据判断案件事实，法官主动调查证据是职权主义的倒退。2020年修改的《民事诉讼证据规定》删去了原第7条法院有权根据公平原则和诚实信用原则分配案件证明责任的规定，更加深了这一种观念。确实，从法律上讲，法官不能在诉讼当中依职权随意分配证明责任;①从法理上讲,法官也不应有随意分配证明责任的权力。②但是,不能分配客观证明责任并不意味着法官也不承担主动查明案件事实的义务,法官应当依申请或依职权调查取证加强自己的内心确信。这是法律的规定,也是查明事实作出公正裁判的前提。而且,我国法律没有赋予当事人特别的证据调查手段,没有强制措施保证当事人能收集到国家机关或他人持有保存的证据,这就要求法院行使调查取证权去收集证据。以当事人主义或是司法谦抑主义为由不行使调查取证权既不符合程序正义,也不符合实体正义。

还有一些法官认为,出席庭审是当事人的义务而不是权利,当事人缺席审理是对自身诉讼权利的一种放弃,是对对方主张的默认,因此法院只需要对出席方单方提出的证据进行审查即可,败诉的不利后果由缺席方承担。但我国法律中并没有规定缺席审判拟制自认,根据《民事诉讼证据规定》第4条规定,拟制自认有前提条件,即必须经审判人员说明并询问后不表示肯定或者否定。③在缺席审判中,法官根本无法向缺席方说明后果询问意见,不符合拟制自认的前提条件。权威部门的解释也持类似观点,被告经传票传唤无正当理由不到庭,可以视为其放弃举证、质证、当庭陈述的权利,但不能视为其认可对方的诉讼请求和主张事实,法院应当尽量避免在判决书中出现类似表述。因此,笔者认为,缺席是当事人对另一方当事人主张的自认这种观点是不合理的。

---

① 《民事诉讼法解释》第91条规定,"人民法院应当依照下列原则确定举证证明责任的承担,但法律另有规定的除外:(一)主张民事法律关系存在的当事人,应当对产生该法律关系的基本事实承担举证证明责任;(二)主张法律关系变更、消灭或者权利受到妨害的当事人,应当对该法律关系变更、消灭或者权利受到妨害的基本事实承担举证责任"。由此可见,民事案件中证明责任的分配以民事实体法律规范为基准,法官不能依职权分配举证证明责任。

② 参见肖建华:《民事诉讼案件事实发现的路径——评〈关于民事诉讼证据的若干规定〉》,载《证据科学》2020年第3期。

③ 《民事诉讼证据规定》第4条规定,"一方当事人对于另一方当事人主张的于己不利的事实既不承认也不否认,经审判人员说明并询问后,其仍然不明确表示肯定或者否定的,视为对该事实的承认"。

（二）民事检察监督对缺席审判证据制度的意义

1. 维护缺席审判制度价值

（1）公平正义。公平正义是所有法律制度、诉讼程序追求的共同目标，民事缺席审判制度也不例外。公正正义包括程序正义和实体正义。在缺席审判中，法官严格依照法律规定履行送达通知程序，全面审查双方已提交的诉讼文书、证据，根据已查明案件事实作出裁判，体现了程序正义。在民事检察监督中，人民检察院对审理程序进行审查，发现程序瑕疵及时纠正，体现了对程序正义的维护。我国民事诉讼法律要求法官在审理案件的过程中充分全面审查证据，并可依申请或者依职权调查证据，查明事实真相，使法官在缺席审判中，尽管缺少一方出席会使事实的认定不能达到比较完美的客观真实，但只要掌握好已获得的证据和案件情况就可以尽量趋近客观真实，体现实体正义。人民检察院对缺席审判的事实认定和法律适用进行审查，发现事实认定错误的，向人民法院提出抗诉或者再审检察建议，使公民权利得到及时维护，法律得到正确实施，这是对实体正义的维护。人民检察院会支持正确的裁判，并会积极进行释法说理，增强当事人对法院裁判的信服力，维护裁判的稳定性和司法公信力，对公平正义进行整体维护。

（2）诉讼效率。人民法院所维护的公平正义应当是及时的公平正义，在维护公平正义的前提下，也要追求诉讼效率，在公平正义和诉讼效率之间寻求平衡。在司法实践中，我们可以看到，有些当事人为故意拖延诉讼辩称自己未收到传票而故意缺席，有些当事人不尊重、不信任诉讼而不参与庭审，这都会导致诉讼的延迟，对另一方当事人的诉讼权利造成损害。因此，人民法院要在维护当事人诉讼参与权的同时推动诉讼进程，避免诉讼程序过于迟延。

追求诉讼效率，人民法院进行合理的迅速化审判也可以降低司法成本和诉讼成本，提高诉讼收益。设置缺席审判制度，可以使法院在只有一方参与诉讼的情况下，能够尽快依据法律规定和当事人提供的证据作出裁判，而不必无休止地寻找缺席方要求缺席一方必须参与庭审，提升工作效率；可以尽快解决纠纷，使当事人的合法权益得到维护，降低当事人为参与诉讼而付出的时间成本和金钱代价，回应当事人对尽早摆脱诉累的期待。人民检察院对存在问题的生效裁判提出监督意见，是为了维护效率之上的公平；对正确的生效裁判进行支持，是为了防止司法资源被浪费在重复的案件之中，帮助当事人的合法权益尽快实现。民事检察监督是从正反两个方面维护效率价值的真正实现。

（3）处分原则。处分原则，是指当事人有权在法律规定的范围内，自由支配自己所享有的实体权利和程序权利。当事人既可以行使自己在诉讼中的权利，也可以放弃自己在诉讼中的权利。一些当事人会因为没有胜诉预期或者不愿意为诉讼付出时间金钱代价而选择不出席庭审，这种缺席行为就是放弃诉讼权利的表现，民事缺席审判制度的确立是对当事人处分权的充分尊重。民事检察监督，是对生效判决的监督和支持，也是对当事人合法权利的维护和救济。一些当事人可能因为非自愿的原因未能出席庭审行使自己的诉讼权利，导致其合法权益受损，民事检察监督可以起到帮助这些缺席当事人正确行使诉讼权利，救济其合法权益的功能。

2. 民事检察监督职能的要求

对包括缺席审判在内的民事诉讼活动进行法律监督，对公民受损权益进行救济，是民事检察监督的重要职能之一。习近平总书记在中央政治局第二十次集体学习讲话中对民事检察工作作出了重要指示，要加强民事检察工作，加强对司法活动的监督，畅通司法救济渠道，保护公民、法人和其他组织的合法权益。[①]民事检察监督立足于监督和救济的双重职能，维护案件质量和司法公信力，维护社会公平正义。

在民事缺席审判过程中，人民检察院有权对生效缺席判决、裁定和对缺席审判程序中审判人员的违法行为进行监督。对生效判决的监督是监督其法律适用和事实认定是否存在错误，是实体性的监督；对审判程序进行监督主要是看其送达、审查等方面是否存在瑕疵，是程序性的监督。

民事检察监督是一种事后的救济。在民事缺席审判中，法官可能会因为只能根据一方提交的证据对案件事实进行判定，导致事实错误，对缺席一方的合法权益造成损害。当事人作为利害关系人，对于自身权利，是否受到侵害，何时受到侵害最为清楚，可以第一时间通过提出异议或者提起上诉进行救济。但有时当事人仅依靠自己可能无法补救权利，需要借助其他公权力机

---

① 参见习近平：《充分认识颁布实施民法典重大意义 依法更好保障人民合法权益》，载《求是》2020年第12期。

关的监督保障其权利的救济和实现。① 民事检察监督的救济性，就是为了弥补私权力量的不足，从而保证裁判的公正性。②

3. 贯彻落实《民法典》的需要

《民法典》是新时代人民权利的宣言书，落实好《民法典》是对人民群众公平正义法治需求的有力回应。

《民法典》的颁布实施为做强民事检察工作带来了契机。《民法典》将民事法律法规系统整合成一部内在统一、规划明确的法典，为检察机关履行法律监督职能提供了一个体系更加完备，尺度更加统一的法律武器。③

检察机关同负有保证《民法典》贯彻实施的重要职责。检察机关要在办案过程中严格践行《民法典》，要通过法律监督保证《民法典》统一正确实施，也要聚焦缺席审判中的突出问题，精准履行监督职责，及时纠正与《民法典》规范相违背的司法裁判，有力支持与民法典精神相符合的司法判决，维护人民群众的合法权益，维护司法公正和权威。

三、从民事检察监督出发完善缺席审判证据制度的思考

（一）客观、全面审查证据

客观、全面地审查证据本身就是民事诉讼法律法规规定的人民法院审查证据的基本原则。缺席审判同样遵守这一基本原则。

1. 客观性审查

在缺席审判中，只有一方当事人出席，人民法院应当以更加严格更加审慎的态度审查证据，加强对证据真实性、合法性、关联性的审查，即加强对证据是否能反映案件事实、其来源和形式是否合法、是否与待证事实相关联的审查。即使是在对席审判中，也很难保证当事人提交的证据都是真实、合

---

① 参见杨会新:《论我国民事检察权的运行方式与功能承担》，载《法学家》2016年第6期。

② 参见最高人民检察院法律政策研究室:《我国民事检察的功能定位和权力边界》，载《中国法学》2013年第4期。

③ 张军:《把握民法典精神 创新发展"四大检察"》，载最高人民检察院网，https://www.spp.gov.cn/dj/xwjj/202012/t20201207_488437，2020年12月7日/2021年5月17日。

法、有关联性的,遑论缺席审判,如果承办法官未尽到证据审查的责任,没有发现证据客观上存在的问题,那么证据上的瑕疵很可能带来案件的错判,对未出席方当事人的合法权益造成侵害。缺席判决案件集中在民间借贷案件领域,2017年以来,北京市朝阳区人民检察院共受理合同纠纷类型的缺席审判案件107件,其中民间借贷案件占比超过一半。以民间借贷案件为例,人民法院应当在案件审理过程中注意审查借据、收据、欠条等凭证的真实性,是否属于该借贷关系能够证明该借贷关系存在;审查借款合同的内容及形式是否符合法律规定,是否存在违背公序良俗的内容,约定利率是否在法定范围之内。

2. 全面性审查

一是全面审查双方提交的证据。我国对"缺席"的时间节点没有明确的规定,不参与诉讼的所有阶段是缺席,只参加了诉讼的其中一个阶段也是缺席。有些当事人可能在提交证据之后未参与法庭调查等后续的诉讼进程,对此,人民法院应当对原被告双方提交的证据都进行仔细审查。二是对证据是否能全面证明案件事实进行审查。人民法院应当根据相关法律的规定对证据进行审查,看这些证据能否较为全面地证明当事人的主张。再次以民间借贷案件为例,如果现有证据不能充分支持当事人的诉求,法院可以要求当事人提供更多的证据加强证据链,也可以主动行使职权调查取证以提升对案件事实认识的全面性、准确性。仍以民间借贷案件为例,法官应当对双方提交的借据、收据、借款合同、银行转账记录等都进行调查,如果被告提交的答辩状或者证据与原告主张的事实不一致,抗辩其已经偿还了借款,在被告缺席后续诉讼过程的情况下,人民法院应要求原告一方对双方不一致的部分进行说明,提供更多的证据证明其主张,最后综合双方主张并参考当地的交易方式、交易途径、交易习惯,对借贷关系是否成立、借贷数额进行判断,依据能够查明的事实作出裁判。

(二)灵活掌握证明标准

根据民事诉讼法的相关规定,一般认为"高度可能性"是一般民事诉讼证明标准[1],"排除合理怀疑"是特殊证明标准[2]。缺席审判只有一方参加,确实会给审查证据,认定事实带来难度,不能机械套用对席审判的标准,不能仅从正面审视既有证据对待证事实的证明效果要求其达到较高的证明效果即可[3],而是应当根据案件实际情况灵活掌握甚至适当提高证明标准。

1. 对查明案件事实难度较小的适用"高度可能性"证明标准

如果被告在诉讼过程中没有完全缺席,曾提交过证据或作出过陈述,那人民法院就可以根据双方的证据和陈述,全面审核法律关系和证据效力。人民法院查明案件事实的难度相对较小,可以适当降低证明标准,该事实有高度存在的可能性即可。

对于案件事实较为简单,标的数额较小,举证难度较低的案件,可以适用普通的证明标准,以普通债务纠纷为例,当事人提出的借条、收据、银行流水、转账记录等证据基本可以说明借款数额、还款情况等案件事实,实现高度可能性的证明标准,法官只要对这些证据进行审查,实现内心的确信即可作出裁判。

2. 对查明案件事实难度较大的适当提高证明标准

对于被告完全缺席,尤其是公告送达的案件,被告很有可能不知道已参与到诉讼中,完全不能提供证据,法院查明案件事实难度相对较大,原告也可能会利用这一点虚假陈述,伪造变造证据,因此法院应当注重保护这类当事人的合法权益,适当提高证明标准。在民间借贷、离婚析产、以物抵债、劳动争议、公司分立(合并)、企业破产等虚假诉讼高发领域,尤其是存在原被告双方存在共同利益关系,双方诉争会影响案外第三人的利益的情形时,人民法院在审理案件过程中,要加大审查证据和依职权调取证据的力度,提高证明标准,如果认为双方可能存在恶意串通、虚假诉讼的嫌疑的,

---

[1] 《民事诉讼法解释》第108条第1款规定,"对负有举证证明责任的当事人提供的证据,人民法院经审查并结合相关事实,确信待证事实的存在具有高度可能性的,应当认定该事实存在"。

[2] 《民事诉讼法解释》第109条规定,"当事人对于欺诈、胁迫、恶意串通事实的证明,以及对口头遗嘱或者赠与事实的证明,人民法院确信该待证事实存在的可能性能够排除合理怀疑的,应当认定该事实存在"。

[3] 参见霍海红:《提高民事诉讼证明标准的理论反思》,载《中国法学》2016年第2期。

进一步提高证明标准，防止原被告双方利用缺席审判人民法院查明案件事实难度大这一缺点损害他人或者公共利益。

诉讼结果越重要，承担证明责任一方的败诉风险越大，追求真实性的程度越高，证明的难度越大，所采用的证明标准就应当越高。[①]诉讼结果的重要性可以从诉讼所涉及的权利进行判断。一般来说，人身权的价值高于财产权，人身权一旦受到损害就会造成无可挽回的后果，且要通过包括民事在内的救济手段进行救济。因此，人民法院在审理涉及人身权的诉讼案件时，应当采用较高的诉讼标准。诉讼结果的重要性也可以从诉讼标的的数额及性质进行判断。以房屋买卖合同纠纷为例，房屋的价值属性较高，裁判结果直接影响到房屋归属以及后续的房屋登记等活动，诉讼结果重要性程度高，应采用更高的证明标准。在缺席审理过程中，人民法院应对房屋购买合同、定金交付情况、权属登记情况、实际使用情况进行充分审查，采用比高度可能性更高的证明认定案件事实。

（三）完善证明责任

证明责任，一般理解为是客观证明责任和主观证明责任的结合。客观证明责任，是指当事人必须完成证明其主张并说服法官相信的责任，否则会承担不利的诉讼后果；主观证明责任，是指当事人为了避免因无法使法官达到内心确信而承担不利后果，积极收集证据并举证的责任。

1. 谁主张谁举证

"谁主张谁举证"是我国民事诉讼法律法规确定的证明责任分配规则，应当让其在民事缺席审判制度中充分发挥其本来作用，使当事人承担证明事实要件成立或者不成立的责任，并承受要件事实真伪不明时的不利风险或者败诉后果。根据这一规则，缺席审判中，出席方当事人根据民事实体法中对权利成立、消灭、变更的规定提交证据证明自己的主张。缺席方只要进行了最基本的陈述，提交了最基本的证据，即使未参加后续的诉讼，也可以认为其完成了自己的举证责任。以继承权纠纷案件为例，原告方主张自己享有继

[①] 参见李益松：《论民事诉讼"排除合理怀疑"证明标准——以〈民事诉讼法〉第109条为分析基础》，载《深化司法改革与行政审判实践研究》，人民法院出版社2017年版，第637页。

承权,主张自己的继承权份额多少,应当提供遗嘱或其他能够证明自己主张的证据材料,人民法院可以根据这些证据和陈述进行判断。

2. 强化法院证据收集的义务

法官依申请或者依职权调取证据也可以被理解为一种证明责任,是法官加深自己内心对案件事实确信的一种责任,是"谁主张谁举证"的补充。在缺席审判中可能只有原告方的证据,没有被告方的证据,如果人民法院不调查证据,仅因为被告方未举证或举证不充分就认定法律关系的存在与否,那么不仅对被告不利,而且使原告方的证明责任极重,法院对于案件事实判断能依据的证据也极为有限。以涉及遗嘱的继承权纠纷案件为例,人民法院必须对遗嘱的真实性、合法性进行审查,以确定遗嘱真实有效,如果对遗嘱人的效力疑问,人民法院应当依据法律的规定,强化证据收集的义务,通过主动作为增强法官对案件事实的内心确信,可以寻求司法鉴定的帮助,对遗嘱人签名字迹鉴定,对录音录像是否经过剪辑进行鉴定;可以要求原告方继续提供其他证据与现有证据相互佐证完善证据链;也可以传唤见证人到庭作证。

(四)规范使用公告送达

缺席审判的案件所使用的送达方式大多数是公告送达。但简单的公告送达可能会使当事人处于"未被通知"的状态,使其丧失程序参与权①,不能及时提交证据等诉讼文书、材料。笔者认为,应当依照相关法律的规定,严格、规范地使用公告送达。

1. 穷尽其他送达方式

人民法院应当按照最高人民法院《关于进一步加强民事送达工作的若干意见》的要求②,在第一次诉讼材料送达被退回之后,首先要核实材料被退回

---

① 参见许根华、徐俊等:《规范制度适用,保护合法权益——上海市浦东新区法院关于民事缺席审判情况的调研报告》,载《人民法院报》2017年8月24日,第8版。

② 最高人民法院《关于进一步加强民事送达工作的若干意见》第8条第2款规定,人民法院无法按照上述地址进行送达的,可以同时以电话、微信等方式通知受送达人。第9条规定,依第8条规定仍不能确认送达地址的,自然人以其户籍登记的住所或者在经常居住地登记的住址为送达地址,法人或者其他组织以其工商登记或其他依法登记、备案的住所地为送达地址。

的原因,是因为当事人拒收还是因为送达地址错误,如果当事人拒收,人民法院可以主动与当事人联系,通过电话或传真的方式进行送达;如果送达地址错误,人民法院应当再次根据诉讼材料核实当事自然人的地址,法人或其他组织的登记、备案地址,必要时可以向户籍地或居住地的村委会、社区居委会甚至公安机关了解相关情况,看是不是空挂户,当事人是否有亲友居住在此地,并要求原告一方再次提交其所知道的其他联系方式和地址,告知其提供虚假地址或者提供地址不准确的法律后果。只有在穷尽所有其他送达方式都不能送达之后,才可以启动公告送达程序。人民法院亦应当通过工作记录或者其他方式在案件卷宗中详细写明调查审核当事人地址的过程,送达的原因以及经过,确保公告送达起诉状或者上诉状副本、传票以及判决书、裁定书、执行程序相关文书的主要内容完整规范。

2. 拓宽公告送达途径

公告送达的传统方式包括在法院的公告栏公告、在送达人的户籍地或者经常居住地公告、在网站报纸刊登公告三类,但这三种传统方式的效率不高,尤其是异地送达的情况。笔者认为,可以依据最高人民法院《关于进一步加强民事送达工作的若干意见》的规定,在有条件的地方建立电子送达平台①,政府机关、法检两院采取和通信运营商、网络服务机构合作的方式进行信息共享,运用大数据等现代科技手段调查审核当事人地址和联系方式,通过专门的邮箱、通信号码、微信平台等进行电子送达,提升人民法院送达的能力和效率;也可以加强与异地人民法院的合作,请送达地人民法院采取较为便利且有效的方式在当地查找地址送达或者进行公告。

(五)加强释法说理

就民事缺席审判证据制度而言,应该在多个环节进行释法说理。

首先,在送达环节加强释法说理。有些当事人出于消极避诉的心理拒收诉讼文书导致人民法院送达的文书被退回,后期又因承担了不利诉讼后果而

---

① 最高人民法院《关于进一步加强民事送达工作的若干意见》第10条规定,在严格遵守民事诉讼法和民事诉讼法司法解释关于电子送达适用的前提下,积极主动探索电子送达及送达凭证保全的有效方式、方法。有条件的法院可以建立专门的电子送达平台,或以诉讼服务平台为依托进行电子送达,或者采取与大型门户网站、通信运营商合作的方式,通过专门的电子邮箱、特定的通信号码、信息公众号等方式进行送达。

提起上诉或者请求检察机关监督。对此，笔者认为，能够联系到当事人的时候应向当事人说明不参加庭审，不提交证据可能会影响人民法院对案件事实的认定，导致个人承担败诉后果的不利影响；无法联系到当事人的请原告方再次提供被告的地址，并告知其提供虚假地址和联系方式可能会妨害诉讼的法律后果，且在公告送达的文书中再次注明不出席庭审的不利影响。

其次，在裁判文书中加强释法说理。缺席审判虽然只有一方当事人的参与，但其庭审的过程与普通庭审没有本质上的差异，法官对证据的证明力、案件事实的心证过程和认知程度从一方当事人提交诉状就开始了，并随着庭审的推进不断深化。但缺席审判毕竟仅有一方进行举证和证明活动，没有形式上的质证辩论，法官对事实的认定还是容易片面。因此笔者认为，在缺席审判的裁判文书中法官可以将当事人提交的证据情况、对证据的采纳情况、事实的认定情况、法律法规的适用情况等内容尽可能详尽地写进判决书中，使缺席一方心服口服。

最后，在民事检察监督中加强释法说理。如上文所述，民事检察监督并不会动摇裁判稳定性，而是维护司法裁判的权威性。对于违法违规缺席审判造成事实认识错误的，可以通过提起抗诉进行纠正；对于事实认定没有错误的，但诉讼程序存在瑕疵的案件，可以通过发出检察建议的方式进行纠正；对诉讼程序和案件事实均没有错误的案件，作出不支持监督申请的决定。无论是何种情形，都应当向监督申请人详细说明作出此种决定的原因和理由和所依据的法律法规，做好息诉服判工作。

民法典与民事检察监督研究（下册）

主　编　张雪樵　宫　鸣　贾　宇
副主编　冯小光　王　莉　肖正磊　刘　霞

中国检察出版社

目 录

民法典理解与适用

未成年人民事行为能力法律制度研究	张　文　林丽铃	/003
论我国民法典上缔约过失责任之性质定位	谢科可　朱严秀	/013
利他合同第三人权利的司法认定	纪　闻	/026
无名合同法律适用研究：困境与反思	黄俊杰　杨浩宇	/042
民法典中不当得利的立法解读和司法适用	王　栋	/057
浅析混合共同担保人间的法定追偿权	王文娟　王新玥	/064
民法典"隐藏"的担保制度体系	王晓东	/072
动产抵押中抵押财产转让的效力	马文君	/080
论民法典对抵押物交易规则的立法选择与完善	肖云燕　胡自莹	/088
民间借贷中买卖型担保裁判问题探析	柳红翔　赵　凯	/099
房屋让与担保人提出执行异议的审查标准构建	柏　婷	/106
民法典视野下侵权补充责任的体系冲突与完善	匡　俊	/115
民法典高空抛物致害责任规则适用研究	杨仓仓　钟　毅　李晓霞	/131
高空抛物民刑法律适用问题研究	李越　张利祥　黄顺根　张小玉	/146

堆放物损害责任的责任主体演变及认定建议　　　　　　　　　　马宇飞 /156

浅析《民法典》第 366 条的适用与完善
　　——关于居住权的问题研究　　　　　　昌学文　李 军　邓 伟 /165

大数据时代个人数据权属边界探析　　　　　　　　　曾 涌　刘剑桥 /172

检察业务中个人信息保护风险的隐忧与思考
　　——如何借助诉讼可视化开拓民事检察新领域　　龚 宇　游文惠 /185

以"两权分离"为基础的农地"三权分置"的意蕴及实现
　　——民法典对土地承包经营制度的法律表达　　　杨育正　杨惠嘉 /202

夫妻财产归属法律适用研究　　　　　　　　　　　　　　　　刘丽娜 /217

夫妻共同债务规则研究　　　　　　　　　　　　　　　　　　申维娜 /225

夫妻共同债务纠纷"同案异判"问题检察监督探究　　　　　　张 瑶 /236

农村妇女离婚案件中存在的难题及解决思路
　　——以民法典中的居住权制度为视角　　　　　　张庆斌　李 魁 /248

民法典视角下"代孕"的合理与合法性研究　　　　　　　　　王宏伟 /260

疫情背景下民法典情势变更制度的司法适用与检察监督
　　　　　　　　　　　　　　　　　　　刘合臻　戎益华　崔恒伟 /270

从公共利益视角看影视类短视频著作权权益的保护边界　　　刘沛豪 /278

民事检察精准监督

民事检察精准监督研究　　　　　　　　　　　　　　　　　　周 庆 /285

民事调解精准监督研究　　　　　　　　王 虹　张江华　黄丽竹 /300

精准监督视野下民事检察的价值定位和路径探索　　　　　　郭培英 /314

新形势下对民事检察精准监督的思考和建议　　　　　　　　李朋举 /324

目 录

民法典时代互联网法院民事诉讼精准监督研究　　王雪梅　王文惠 /331

完善和构建民事再审检察建议机制研究　　尹 月　严冰心 /341

基层检察院民事再审检察建议适用效果研究　　梁志顺　盛玉竹 /351

民法典实施背景下民事检察类案监督研究
　　　　　　　　　　　　　　　赵煜亮　刘雅倩　董明玉 /363

民事诉讼类案监督的实务困境和破局　　　　　　侯巍冰 /373

论基层检察的民事类案监督　　　　　　　　　　洪 菊 /380

民法典实施与民事检察监督创新发展
　　——以民间借贷类虚假诉讼监督为切入点　朱子聪　冼春宇　刘元见 /388

依法行使民事检察权与尊重民事审判规律关系研究
　　　　　　　　　　　　　　　　　　　　　李 勇　冯文娟 /396

对民事违法审判行为实施检察监督的范围和方式
　　——以 S 省检察系统的相关办案数据为分析入口
　　　　　　　　　　　　　　　胡思博　王 昱　李晓杨 /408

审判人员违法行为监督与破产程序的断裂与弥合
　　　　　　　　　　　　　　　朱祖洋　吴红梅　孔令泉 /423

法官违法行为检察监督的路径重构
　　——以民事调查核实权的构建为视角　　　　于丽红 /434

构建新时代检察机关发挥检察监督职能　助推解决执行难
　机制研究　　　　　　　　　　　　　　　　　方 强 /446

以善意文明执行理念检视民事执行检察监督之进路　何安林 /459

民事非诉执行监督疑难问题研究　　　　　　　　程建玲 /473

民事检察监督视角下民事缺席审判证据制度的完善
　　　　　　　　　　　　　　　董倚铭　刘文刚　张瑜桐 /486

论民事诉讼中法院依职权收集证据的检察监督
　　　　　　　　　　　　　　　马连龙　元旦尖措　陈存金 /501

检察监督视域下小额诉讼程序探析
江苏省南通市通州区人民检察院课题组 /510

破产程序中检察监督的定位与职权构建　　　　　　胡守鑫　李欣宇 /520

民间借贷案件刑民协同监督研究　　　　　　　　　　　　　王玄玮 /535

刑民交叉案件民事裁判监督研究　　　　　　　　　　　　　李　珂 /547

涉众型经济犯罪民刑交叉案件一体化处理与检察监督路径
　构建探析　　　　　　　　　　　　　　　　　　　　　王　玮 /556

刑（行）民交叉案件疑难点司法实务探析　　　　　　　　　张宝全 /568

诈骗犯罪被害人民事权利救济路径探析　　　　　　　　　　张杨馨 /581

民事虚假诉讼监督

民法典背景下虚假公证民事检察监督探索　　　　　　马红梅　贺冬蒙 /591

民事检察数字化改革赋能虚假诉讼监督场景化应用的
　进路分析　　　　　　　　　　　　　　　　　　　叶伟忠　郑　明 /598

检察机关发现虚假诉讼机制新探索
　——以绍兴地区应用智慧监督系统发现虚假诉讼为例
　　　　　　　　　　　　　　　　　　　　　　　　曾于生　章芳芳 /607

防范和打击虚假诉讼工作机制研究　　　　　　　　　　　　王广军 /618

试论民事虚假诉讼检察监督环节的完善　　　马琳娜　潘永芳　马佳伟 /627

虚假诉讼民事检察监督的现实困境与应对
　　　　　　　　　　　陈惠明　胡　薇　陈　艳　杨明霞　杨　斌 /644

冒名诉讼类型、效力及其规制研究
　——以江西熊某等道路交通事故理赔虚假诉讼案为例　罗　军　陈明湖 /657

民事虚假诉讼程序范围研究　　　　　　　　　　　胡晓煜　刘　洋 /667
单方虚假诉讼与民事检察监督依职权启动探索　　　彭　曦　沙孝能 /680
刑民一体协同打击虚假诉讼问题探究　　　　　　　汪培伟　刘海璇 /693
浅析"稀释债权型"虚假诉讼的检察监督路径　　　吕益军　陈梓宁 /705
逃避履行债务型虚假诉讼案外人权益救济途径研究　王志彬　刘　倩 /713
民事虚假诉讼检察监督视域下刑事讯问、询问笔录的证据效力探究
　　　　　　　　　　　　　　　　　　　　　　　陈　乐　季发明 /723
论调查核实权在虚假诉讼检察监督中的"合力式"保障路径
　　　　　　　　　　　　　　　　　　　　　　　　　　　吴明轩 /731
虚假调解的审查判断与检察监督　　　　　　　　　　　　　高嘉澍 /751
虚假仲裁检察监督实务研究　　　　　　　曾传红　陈惠滨　施玉玲 /761
案外人执行异议虚假诉讼的监督路径　　　王　炜　张　源　王连民 /775

民事检察制度建设

浅析民事检察案例指导制度理论与实践　　　　　　沙莉萍　黄维娜 /787
检察机关民事支持起诉的问题与完善
　　——以维护弱势群体利益为视角　　　　　　　　　　　许光勇 /799
民事检察支持起诉的适用与完善　　　　　　　　　　　　　贾妙景 /811
论检察机关民事支持起诉制度　　　　　　　　　　　　　　孟祥国 /819
检察机关民事支持起诉的实践与思考　　　　　　　　　　　陆瑞芳 /827
民事检察和解制度研究　　　　　　　　　邬　兰　李雁若　耿姗姗 /842
民事检察和解制度的实践与探索　　　　　　　　　　王　婧　张　敏 /850

夫妻共债纠纷检察和解制度探析 　　　　　　　　　　　　　　　潘　霞 /858

论监督型调解 　　　　　　　　　　　杨劲松　唐永刚　吴强林 /866

社会治理视野下的民事检察和解问题研究 　　　　　　　　李江峰 /877

民事检察听证制度研究 　　　　　　　　　　　　　　　　马　坦 /888

浅谈民事检察公开听证制度的研究与完善 　　　　吴申申　杨泽臣 /898

论民事检察听证的功能定位与完善路径 　　严　城　毛建中　蔡晨星 /908

试论检察听证中专家辅助人的角色与定位 　　费会平　孙　远　刘　巍 /919

论民事智慧检务及其发展方向 　　　　　　　　　　　　　张　驰 /930

大数据与民事检察工作融合模式研究 　　　　　　　　　　徐　赟 /938

民事检察"倒三角"现象的存在原因、危害及化解建议 　　　徐　涛 /945

论民事诉讼中法院依职权收集证据的检察监督

马连龙　元旦尖措　陈存金*

摘　要：《民事诉讼法》第67条规定司法审判人员在特定情形下收集证据的权力，对查明案件真实情况，定分止争实现社会公平正义具有促进作用。辩论主义原则要求法官在庭审过程中扮演消极中立的角色，并强调裁判作出所依据的事实依据是基于当事人提出。权力的良好运行需要配套制度的监督，尤其应加强权力运行体系外的监督。法院的内部自我监督具有不可克服的天然弊端，制约着监督实效与民事审判职能的实现。检察机关作为国家法律监督机关，必须确保法律的正确适用，保障社会公益及公民合法权益，确保公平正义价值的实现。调查核实措施的单一性与检察建议的弱效力化等因素制约着检察监督职能的发挥，因此应优化民事检察监督途径，增设保障性条款，确保民事检察监督发挥实效。

关键词：民事检察监督　依职权收集证据　检察建议　公平正义

民事诉讼作为解决民事纠纷的途径之一，其本身所具有的权威性更能确保公平正义价值的实现。"公平"贯穿民事诉讼的全过程，是其生命与灵魂，同时也是民事诉讼活动的出发点与归宿，公平正义价值在民事诉讼中的彰显度不仅关系着诉讼的社会实效，而且还与人民法院的权威性息息相关。然而在当今我国司法实践中，当事人取证难的问题一直制约着上述价值目标的实

---

* 马连龙，青海省泽库县人民检察院副检察长，青海师范大学兼职教授；元旦尖措，黄南州人民检察院第四检察部副主任；陈存金，青海省泽库县人民检察院书记员。

现。基于此，我国《民事诉讼法》为确保查明案件真实情况，实现公平正义价值，赋予了人民法院在特定条件下的依职权收集证据的权力，以确保探究案件的真实情况，居中裁判确保公平正义价值的实现。尽管我国相关法律规范对于人民法院依职权收集证据的范围作了细致规定，但法律本身所具有的局限性仍为审判人员肆意行使自由裁量权从而侵犯诉讼当事人的合法权益留下了空间。针对这一司法僵局，我国《民事诉讼法》一方面赋予争议案件的双方当事人提起异议、上诉等权利，另一方面又着力强调要加强法院内部间的审级监督。上述措施在司法实践中虽具有一定成效，但依然存有制约效果差、惩治力度弱等弊端。《宪法》赋予人民检察院法律监督职能，其目的是确保法律正确实施，维护国家与社会公共利益，实现社会公平正义。尤其是加强对民事诉讼中司法审判人员违法行为的监督不仅可以确保个案正义的实现，而且可以最大程度地消除导致审判人员实施违法行为的内在诱因，从而对民事司法的运行产生更为深远有益的影响。为使法律确定的民事检察监督制度发挥其应有的价值功能，促使其由纸面上的法转向服务于司法审判活动顺利进行的制度需要，必须回应法院依职权收集证据案件中检察监督的实际需要，探究民事审判中法官依职权收集证据的正当性及检察监督对于规制依职权收集证据行为的价值意义和短板分析，并在此基础上着力优化检察监督的路径。

一、法院依职权收集证据的概念与异化

概念作为人类通过抽象或虚构创造出的思维映像，对于认识与发现事物的本质具有重要作用。对于法院依职权收集证据的含义，我国民事诉讼法律规范并未明确指出。尽管我国《民事诉讼法》第 67 条第 2 款规定了法院依职权行使收集证据的适用条件，但并未阐明其实质含义。理论界对其含义也尚未形成统一权威的定论，在学者的相关著述中分别使用"法院依职权调查取证""法院查证""法院收集证据"等不同字样进行阐释说明。[①] 我国台湾著名学者陈朴生曾根据证据调查作用不同，将其划分为形式调查和实质调查，并强调形式调查重在证据资料的收集，而实质调查则侧重于证据态度之

---

① 参见罗飞云：《论法院依职权调查取证》，载《扬州大学学报（人文社会科学版）》2008 年第 3 期。

发现。① 同时我国理论界认为，对于我国民事法律规范所赋予法院的调查收集证据权力的理解也含有广义和狭义之分。具体而言，狭义上的调查收集证据的权力侧重形式上的证据调取行为本身，强调其本质是法院按照法律规定的范围和程序，为查明争议案件的真实情况而进行的收集证据的法律行为；广义上的理解除却形式上的收集证据外，还含有对证据实质意义上的审查和适用。我国学者普遍赞同对我国法院所享有的依职权调查取证中的"调查"一词应取其狭义上的含义，即仅指对于证据形式上的收集和调查，不包括价值上的判断与审查。综上所述，可将法院依职权调查收集证据的概念界定为法院为了查明争议纠纷所涉案件的真实情况，按照民事诉讼法规定的程序和范围，收集相应证据材料的法律行为。

（一）法院依职权收集证据影响法官的中立性，损害司法权威

我国《宪法》规定人民法院是国家的审判机关，同时《人民法院组织法》第2条明确指出人民法院的任务之一是维护社会公平正义，而审判人员在庭审活动中保有绝对的中立立场是实现法院审判职能的关键因素。然而在有关涉及法官依职权收集证据的案件中，如土地疆界纠纷、建筑质量纠纷、相邻关系纠纷等案件，法官的中立角色受到了质疑。其主要原因在于，在我国司法实践中，法官自身一般是作为现场收集勘验的主体，这种从审判席上走向案件争议现场并进行取证的行为，使法官的角色定位逐渐偏向当事人一方或双方的律师身份，身份上的错乱配置影响了行为本身所应具有的中立性，从而损害司法权威。② 正如李浩教授所总结的，就传统的法院调查取证权而言，其最大的弊端在于混淆了法官在证据问题上的主要职能，使法官在审查认定证据时丧失其本身所应有的客观中立立场，易形成先入为主的主观印象，虚化庭审作用，损害当事人合法权益，最终制约司法公正价值的实现。③

（二）法院依职权收集证据违反辩论主义原则

在历史的长河中，经历无数人的历史活动才得以使某项制度发生、形成

---

① 参见程春华：《民事证据专论》，厦门大学出版社2002年版，第109页。
② 参见袁中华：《论民事诉讼中的法官调查取证权》，载《中国法学》2020年第5期。
③ 参见李浩：《民事诉讼法学》（第三版），法律出版社2016年版，第189页。

和确立。作为产生在特定历史时期的马锡五审判方式基于当时社会背景条件下的需要,强调对于纠纷的解决应实事求是,要求一切从实际出发。基于这一理念,在当时的司法实践中司法审判人员深入基层进行案件调查是司法运作的基本方式,同时这一做法也是我国特有的法官调查取证制度的雏形。需要承认的是,这种职权探知主义在当时陕甘宁抗日根据地时期为解决当事人之间的民事纠纷,化解邻里矛盾,彰显司法权威与公平正义起到了极大的促进作用。然而自20世纪80年代末期,在深刻认识到职权探知主义在司法审判中所带来的种种弊端后,我国法院系统开始进行审判方式改革,着力削弱职权探知主义在民事审判中的地位,强调民事诉讼中适用当事人主义,以彰显当事人的权利和责任。然而类案中某些法院滥用法律所赋予的证据收集权力,显然与我国《民事诉讼法》所确立的"辩论原则"相矛盾,使辩论主义的事实探知原则发生了位移,致使裁决的作出并非基于经双方当事人庭审质证的证据材料,而是基于法官自行收集的证据,加剧了庭审虚化,使庭审过程沦为形式,侵犯了当事人的辩论权利。①

(三)法院依职权收集证据存有质证瑕疵

民事庭审中的举证、质证、认证活动对于准确认定案件事实,居中裁判以及定分止争具有重要意义,同时对于加强庭审实质化,确保当事人充分行使处分、辩论等权利也极具价值。尤其是质证过程,我国《民事诉讼法》第71条明确规定了证据的庭审质证要求。尽管我国法律赋予司法审判人员享有一定范围内的收集证据的权力,但这并不意味着将其所收集的所有证据排除在质证范围外,应在此基础上给予司法公正和诉讼效率设立一个相应的衡量标准,使其尽可能地兼顾司法公正的实现和诉讼效率的提升。简言之,对于在庭审中受到质疑的证据理应进入质证程序。②尽管司法审判人员依职权收集证据的权力初衷是为了保证庭审过程的流畅以及庭审结果的公平正义、合理合法。但鉴于实践中司法审判人员依职权收集证据时,会受到诸多主客观因素的影响,从而影响证据的完整性和真实性,因此庭审质证过程的客体理应囊括受质疑的司法审判人员依职权收集的证据。

---

① 参见杨严炎:《论民事诉讼中的协同主义》,载《中国法学》2020年第5期。
② 参见刘晓兵:《民事庭审质证的基本要素研究》,载《证据科学》2015年第3期。

二、检察监督对规制法官依职权收集证据的价值及分析

从权威性角度分析,民事审判对于当事人之间矛盾纠纷的化解具有天然的正当性和可接受性。然而因特定类型案件中司法审判人员对于证据的收集、认定具有较大的自由裁量权,同时民事诉讼的审判环境具有相对封闭的特征,使司法审判人员的违法行为得不到及时有效的监督。[①]尽管司法审判人员的相关违法行为可借助于法院内部的监督、管理机制得到一定程度上的纠正,但是从以往实践经验来看,任何国家机关内部的纠错机制,都有"既充当运动员又充当裁判员"之嫌疑,在影响自我监督效果的同时还损害了监督自身所具有的公信力。尤其是法院内部监督往往侧重于对行为的监督,而无法达到对主体的深层次监督也在一定程度上制约着内部监督功效。我国《民事诉讼法》中确立的检察监督原则,规定检察机关有权对民事审判和民事执行活动进行法律监督。[②]尤其是对司法审判人员依职权收集证据的法律行为进行检察监督,有利于从根本上消除司法审判人员处于隐性层面的违法意识和违法习惯等因素,从而间接削弱司法审判人员在裁判过程中的地方保护主义思想和重实体轻程序等观念。

我国《民事诉讼法》为切实加强对民事审判过程的监督,不仅从宏观层面架构起对民事诉讼各审判程序中的检察监督的制度框架,同时还着重细化了事后检察监督的适用程序。在实践层面,各级检察机关也依照法定职权和程序积极探索创新民事检察监督机制,并在共享检察数据、优化监督资源等层面取得良好实效。但同样需要引起注意的是,一味强调工作机制层面的创新,并不能填补民事检察监督理论制度层面的不足,并且制约着实践中检察监督的精确度和对司法审判人员越职权收集证据进行枉法裁判等违法行为的打击力度。

(一)对司法审判人员违法审判行为的发现渠道单一

相较于法院获取司法审判人员在诉讼中的违法行为的途径而言,检察机关发现类似违法行为的渠道较为单一,仅有当事人举报或者检察机关依职权

---

① 参见赵信会:《论民事诉讼中的检察监督》,载《江西社会科学》2020年第7期。
② 肖建国:《民事程序构造中的检察监督论纲——民事检察监理论基础的反思与重构》,载《国家检察官学院学报》2020年第1期。

主动发现两种。据学者统计研究发现,在检察机关办理的民事检察监督案件中,有超 70% 的案件是源于检察机关依职权发现相关线索,从而启动相应的检察监督程序。① 从司法实践调研结果分析,造成案源单一的原因可归因于多方面因素,但其中最主要的一点在于当前我国采用的仍是民事检察游离于民事审判程序构造外的监督模式,再加之民事审判活动天然所具有的封闭性,从而更加严重制约着检察机关发挥其监督职能。反观从争议案件双方当事人的视角出发,虽易于发现司法审判人员在庭审过程中的某些违法行为,但倘若在案件仍由被监督法院的司法审判人员继续审理的条件下,要求合法权益受侵害的当时就违法审判行为申请民事检察监督,此种情形下作为案件尚未审理完结的一方当事人必定担心受到不公正对待,从而选择以消极态度对待审判过程中出现的违法行为。

(二)民事检察建议的弱效力化问题突出

在实践中,针对司法审判人员在庭审过程中规定违法审判行为,检察机关依照法定职权和程序提出检察建议后,一部分法院并未在规定期限内作出处理决定并书面回复,间接助长了部分司法审判人员滥用自由裁量权进行证据收集枉法裁判等行为。② 探其原因,既有检察机关监督不规范和能力欠缺等内部原因,也有法院消极抵触和法律规范不健全等外部阻力。③ 具体而言,司法实践中对于检察建议监督的理念仍然存在错误理解,认为其本身是一种柔性监督抑或是提示性监督,并不具有强制力与相应的法律后果。理念上的错位与立法原意的理解偏差导致民事检察建议的效力一度处于弱化状态,同时立法规范上的缺失从内外两个层面加剧着这种弱化进度。尽管《民事诉讼法》以及《人民检察院民事诉讼监督规则》对检察建议的具体适用情形、程序等内容作出了详细规定,但面对司法实践中复杂多变的具体情形仍欠缺相

---

① 参见李哲:《对民事审判程序性违法行为的检察监督》,载《中国检察官》2020 年第 5 期。

② 参见金石:《新修改民事检察监督制度实施现状、问题及完善》,载《甘肃社会科学》2018 年第 3 期。

③ 参见郑新俭:《破解民事诉讼监督四大难题》,载《人民检察》2016 年第 12 期。

对灵活的可操作性,致使民事检察建议缺乏规范化、制度化。①

(三)对违规收集证据行为的调查核实措施不足

相配套的调查核实措施是检察机关发挥其监督职能的前提条件。司法审判人员作为依职权收集证据的权力享有者,同时对整个调查收集过程承担着指挥义务。在检察机关尚不能作为诉讼参与人参与到案件审理过程中,并且其调查核实措施被严格限定为书面审查、调取案件材料和询问当事人和案外人范围内的情形下,检察机关对于司法审判人员滥用自由裁量权进行违规证据收集和认证的事实证据收集力度明显不足,很难掌握案件真实情况。该检察监督困境不仅会阻碍案件当事人胜诉权益的及时兑现,甚至会损害社会公平正义价值的实现、损害司法权威和司法公信力。

三、优化依职权收集证据检察监督的完善建议

(一)深化对依职权收集证据违法行为的专项监督

检察机关应着力探索将庭审中司法审判人员依职权收集证据过程中的违法行为监督常态化,努力将其打造成各级民事检察监督工作转型的突破口。应建立健全对越权收集证据行为类型和手段的提前预警机制,划定工作指标,将类案的办理情况纳入民事检察监督数据中心进行专项统计,并根据具体实践情况,对数据库内的类案数据进行补充和更新。同时还应加大宣传通报力度,建立起一套内外顺畅协同的监督控告机制,为检察机关依职权开展民事监督和当事人申请监督提供确定性指引。从司法实践反馈数据分析,目前民事检察监督机关对于依职权收集证据的监督仅停留在程序性瑕疵等低层次水平,对于违法行为背后审判人员违纪违法问题缺乏深层次监督。因此需加强对司法审判人员自身违法行为的监督,将监督重点从行为扩宽到行为与主体双层面,追究落实相关司法审判人员的法律责任,建立完善与司法审判人员相关联的违法监督机制,加强各机关之间相互沟通协调能力,遏止司法审判中的违法行为,根本上消除滋生民事审判违法行为的土壤。

---

① 参见王晓、任文松:《民事检察建议的问题分析与完善路径——以民事检察建议制度的完善与规范为视角》,载《河南社会科学》2015年第1期。

（二）强化民事检察建议的效力

民事检察建议作为检察机关行使监督职能的法定监督方式，对于检察机关充分发挥监督职能具有重要意义。然而在司法实践中民事检察建议的作用却呈现一种被抑制的态势，为解决这一难题，发挥民事检察建议应有功效，强化其自身效力，应从以下几个方面进行完善：首先，检察机关应严控检查建议的质量。根据我国相关法律规定，检察建议的提出应基于检察职能，坚持依法依规、准确、及时。但在实践中，检察建议滥发的情形时有发生，极大损害了司法权威与公信力，就此应加强对检察建议的备案审查和质量评查，杜绝检察建议的自身效力瑕疵弊端。其次将检察建议所发挥的实效与后续监督手段相衔接，以强化检察建议效力。如前文所述，部分法院对于检察建议的处理、回复持消极态度，对此检察机关应坚决提请上一级检察院抗诉，对于法院拒绝追究相关责任人员的行为，检察机关可将情况向有关部门反映，并建议采取相应措施督促落实[①]，后果严重涉嫌渎职犯罪的，应将其移送有关部门依法追究其刑事责任。

（三）完善案件证据收集调查核实机制

强化检察机关的调查核实权并非检察职能的扩张，而是发挥民事检察监督的应有之义。为确保民事检察监督职能之发挥，应构建检察机关调查核实机制。首先，针对民事检察监督对象范围这一问题，采纳"扩张论"的学说主张，明确检察机关调查核实的对象除当事人和案外人外，还应包括法院和审判人员，规定检察机关在开展民事审判违法监督时，有权针对特定的审判人员进行调查核实；反之则不利于证据收集，案件真实情况的查实。其次，明确检察机关调查核实措施的启动不应限于对案件当事人一方或双方的诉讼权益造成实质损害的违法行为。换言之，要放宽调查核实权的启动条件，只要是违法行为影响司法公正价值的实现，行为具有滥用司法审判权之嫌需要监督的，均可启动调查核实程序。最后，完善相关立法以确保调查核实措施有效实施。因为如若欠缺保障性条款，那么检察机关行使调查职权便成为空谈、沦为形式，达不到预期效果，因此，为更好地发挥检察机关的检察监督

---

① 参见王旭：《对民事审判程序中审判人员违法行为检察监督的完善路径》，载《中国检察官》2021 年第 7 期。

职能应在现有的法律体制框架下增设相应的保障性条款，用以规定相应的法律责任来约束被调查人。

加强对诉讼中的违法行为的监督是做好民事检察监督工作的基础，同时也是确保公平正义价值在司法裁判中得到彰显的保障。规范司法审判人员调查收集证据的行为对于推进我国司法体制改革，发挥民事审判职能具有重要意义。同时，对于司法审判程序如何与民事检察监督在结构及程序上相协同，发挥民事监督职能也具有重要意义。然而，由于司法审判人员依职权收集证据具有天然的制度弊端，极大地损害了法官的中立地位和民事审判辩论原则，制约公平正义价值实现。因此作为一项系统理论工作，不仅要在实践中发现司法审判人员依职权收集证据的弊端所在，还要在此基础上强调外部监督之重要性，强化民事检察监督调查核实措施以及检察建议效力，将民事检察监督作用落在实处。

检察监督视域下小额诉讼程序探析

江苏省南通市通州区人民检察院课题组*

摘　要： 现行《民事诉讼法》及相关司法解释确立了小额诉讼程序，小额诉讼程序的确立和运行给检察监督工作带来新的挑战，检察监督的缺位也妨碍了小额诉讼程序科学发展。因而，在检察监督视域下，应当考察小额诉讼程序之基本特征以及检察监督之存在必要，剖析小额诉讼程序之立法不足以及检察监督之面临挑战，指出小额诉讼程序之完善进路。

关键词： 检察监督　小额诉讼程序　困境　进路

《民事诉讼法》第 165 条初步构建了小额诉讼程序，最高人民法院《关于适用〈中华人民共和国民事诉讼法〉的解释》（以下简称《解释》）第 271 条至第 281 条就"简易程序中的小额诉讼"的适用加以明确规定。当前，我国诸多法院"案多人少"的矛盾始终未得到有效解决，难以满足人民群众不断增长的司法需求，设立小额诉讼程序，既能满足当事人快速解决简单、小额民事纠纷的诉讼需求，又能降低诉讼成本，提高诉讼效率，完善司法制度。

需要注意的是，现行《民事诉讼法》扩大和充实了民事检察监督的范围和手段。然而，由于简易程序诉讼方式简便、实行独任审判、审结期限较

---

* 课题组成员：黄凯东，江苏省南通市通州区人民检察院检察长；王栋，江苏省南通市通州区人民检察院副检察长；邱楠，江苏省南通市通州区人民检察院第六检察部主任；刘志峰，江苏省南通市通州区人民检察院第五检察部主任；张涛，江苏省南通市通州区人民第六检察部副主任；王筱铮，江苏省南通市通州区人民检察院第五检察部副主任；曹芳，江苏省南通市通州区人民检察院员额检察官。

短,给检察监督工作带来较大困难;作为简易程序的再简化程序,小额诉讼程序的确立和运行也给检察监督工作带来了新的挑战。同时,检察监督的弱化与缺位,也给小额诉讼程序自身的完善与发展带来较大障碍。

鉴于此,本文在检察监督研究视域下,从小额诉讼程序之基本特征以及检察监督之存在必要出发,剖析小额诉讼程序之立法不足以及检察监督之面临挑战,指出小额诉讼程序之完善建议,具有一定的理论价值和实践意义。

一、研究基础:小额诉讼程序基本特征以及检察监督存在必要

(一)小额诉讼程序基本特征

1. 程序简便快捷

程序上的简便、快捷是小额诉讼程序的基本特征。小额诉讼程序可以采取多种便利措施,方便当事人参与诉讼:典型如允许当事人口头起诉,允许当事人填写法院事先准备好的表格式诉状,开庭时间和庭审方式灵活,简化判决书的制作内容,案件的审理期限较短等。

2. 诉讼费用较低

小额诉讼程序一般收取很少的诉讼费用乃至免收费用,同时实行平民化的审理方式,降低了诉讼难度,使当事人本人诉讼成为可能,减少了律师代理费用的开支,控制了当事人的诉讼成本,减轻了当事人的经济负担。

3. 审理方式灵活

"小额诉讼请求程序所追寻的理想是不需要法律技巧的简易和效率。"[①] 小额诉讼程序在审理方式与审理形式上灵活多变,不严格区分法庭调查与法庭辩论阶段,不适用严格的证据规则,降低诉讼的专业化难度,便于普通民众的有效参与,属于一种非专业化的灵活性的诉讼程序。

4. 法官职权较大

为提高诉讼效率,小额诉讼程序强化了法官的诉讼指挥权,扩大了释明

---

① [美]杰弗里·C.哈泽德、米歇尔·塔鲁伊:《美国民事诉讼法导论》,张茂译,中国政法大学出版社1998年版,第173页。

权的适用范围，通过引导当事人正确行使诉讼权利，推进诉讼程序的有效进行。同时，小额诉讼程序扩大了法官的调查证据权，为查明案件事实，法官可依职权询问当事人，显示了法官较大的职权。

5. 限制上诉权利

小额诉讼程序区别于普通程序、简易程序的关键特征在于突破了民事诉讼两审终审制，限制上诉，一审终审。限制上诉的立法理论源于实体公正相对性理论，认为当事人放弃一些实体利益，是为了获得某些程序利益，是平衡实体利益与程序利益之后作出的理性选择。① 根据一些国家司法实践，小额诉讼案件经过一审审判，当事人基本上都能接受最后处理结果，提出上诉的比例较小。②

（二）小额诉讼程序检察监督的存在必要

1. 防止滥用诉权与打击恶意诉讼

不容否认，小额诉讼程序在设计上的简便以及在救济成本上的低廉，导致当事人在不良心理作用下，实施滥用诉权和恶意诉讼行为，极大浪费了有限的社会资源和司法资源。

通过对小额诉讼实行检察监督，检察机关通过及时发现、有效规制和有力打击滥用诉权与恶意诉讼的行为，一方面能够节约有限的司法资源，另一方面能够推进民事诉讼诚实信用原则的贯彻，具有较强的价值和意义。

2. 限制法官滥用自由裁量权与保障实体正义

小额诉讼程序强化了法官的诉讼指挥权，扩大了释明权与调查取证权，但也容易导致法官滥用自由裁量权。此外，由于小额诉讼程序中法官掌握较大自由裁量权，法官一旦滥用职权，则难以实现案件处理上的实体公正，影响公平正义。

通过对小额诉讼程序实行检察监督，对法官在程序中行使自由裁量权

---

① 参见邱联恭：《程序选择权之法理——重于阐述其理论基础并准以展望新世纪之民事诉讼法学》，转引自高爽：《论我国小额诉讼程序的构建》，中国政法大学2008年硕士学位论文。

② 参见欧阳建国：《论我国小额诉讼程序的构建》，中央民族大学2013年硕士学位论文。

的合法性与合理性进行监督，能够有效规制法官滥用自由裁量权的现象。同时，通过检察监督限制法官滥用自由裁量权，也能保证案件的处理结果尊重事实、符合法律，从而有效保障实体正义。

3. 保障当事人诉权与实现程序正义

我国现行小额诉讼程序实行一审终审，彰显了方便快捷的特征，却贬损了当事人的诉权。诉权是宪法赋予国民所享有的请求司法救济的基本权利，两审终审制有效保障国民在基本权利受到侵害或发生争议时寻求诉讼救济的权利。① 在一审终审的前提下，尽管可以通过再审实行权利救济，但是当事人的诉权受到侵蚀却是不争的事实。

通过小额诉讼程序的检察监督，检察机关针对明显错误的裁判履行监督职能，以监督者的身份纠正生效裁判的错误，给当事人又一额外救济机会。检察监督与当事人诉权保障相契合，也比较容易与当事人程序选择权行使相融合。② 此外，程序正义通过诉权的实现而得到体现，诉讼只有在程序正义的指导下才能真正地实现诉权。小额诉讼程序的检察监督在保障诉权的同时，也有效实现了程序正义。

二、困境剖析：小额诉讼程序之立法不足以及检察监督面临的挑战

小额诉讼程序顺应了社会发展与法治发展的要求，体现了法治的进步。然而，小额诉讼程序作为新生事物，仍然存在一些缺陷不足，应当引起充分重视。此外，对小额诉讼程序实行检察监督，尽管有利于实现实体正义与程序正义，但是小额诉讼程序一审终审等鲜明特征，也给检察监督工作带来较大的困难和挑战。

---

① 参见邵明：《民事诉讼法理研究》，中国人民大学出版社2004年版，第119—120页。

② 参见杜睿哲：《目的论视域中民事检察监督权与诉权的关系》，载《西北师大学报（社会科学版）》2014年第3期。

（一）小额诉讼程序立法不足

1. 小额诉讼程序在设计上不够明确具体

现行《民事诉讼法》只是将小额诉讼程序简单规定在"简易程序"一章中，导致小额诉讼程序无法形成独立体系。尽管《解释》对于小额诉讼程序进行了解释，但是在当事人参与诉讼的方式、法院的审理期限等具体的程序问题上还是稍显不足。这就使司法实践中法官在适用小额诉讼程序审理案件时，往往是照搬简易程序来进行审理，从而导致小额诉讼程序无法实现提高诉讼效率的目的，难免导致小额诉讼程序沦为法官追求案件审结率的工具。

2. 小额诉讼程序在救济上缺乏当事人程序救济途径

小额诉讼程序实行一审终审，这就导致审判完结之后，即使当事人对裁判结果不服，也很难得到救济。尽管《解释》第 424 条规定当事人可以向原审人民法院申请再审，但现行《民事诉讼法》规定启动再审要以"定罪量刑的证据不确实或证明案件事实的主要证据间存在矛盾"或者"原判决、裁定适用法律确有错误"为条件，这对小额诉讼程序当事人的诉讼程序救济带来更大困难。小额诉讼程序迅速解决纠纷的目标追求不能成为限制当事人权利的借口，而且正是由于小额诉讼程序缺乏有效的救济途径，使得当事人对于小额诉讼程序的适用存在较大的抵触心理。①

（二）小额诉讼程序检察监督之面临挑战

1. 检察机关进行小额诉讼程序法律监督的要求相对更高

一审终审制度引入小标的额诉讼案件，需处理好公权力在民事审判程序中的定位问题。同时，小额诉讼改变了原有的二审终审制度，不仅意味着当事人失去了一次上诉的机会，也对检察机关的法律监督提出了更高的要求，要求检察机关更加负责地行使监督权力，保障当事人的合法权益得到公正保护。

一方面，小额诉讼程序案件标的额较小，一般适用于金钱给付的案件，这意味着程序的方便快捷，但同时带来检察监督线索的模糊性，也对检察人员梳理案件证据、提炼监督线索、合法有效监督提出了更高的能力素质

---

① 参见张继豪：《论我国小额诉讼程序》，载《财经政法资讯》2015 年第 5 期。

要求。

另一方面,小额诉讼程序案件一审终审,固然提高了办案效率,但是在导致当事人失去上诉权的同时,也必然要求检察机关在更短时限内发现监督线索,完成监督任务。显而易见,这从另一个侧面对检察人员的监督能力与监督水平提出了更高要求。

2. 检察机关进行小额诉讼程序法律监督的案源数量萎缩

根据《人民检察院民事诉讼监督规则》(以下简称《监督规则》)的相关规定,检察机关民事诉讼监督案件的来源包括当事人申请监督,当事人以外的公民、法人和其他组织控告举报,人民检察院依职权发现这三种。然而,小额诉讼程序中检察机关进行法律监督时在这三个方面均面临案源数量萎缩的困境。

一是就当事人申请监督而言,根据《民事诉讼法》第216条第1款规定,向人民法院申诉成为申诉人向检察院申诉的前置程序,①这在很大程度上分流了检察院的案源。实践中小额诉讼程序案件中由于向法院申诉这一关键性过滤程序的存在,加之当事人维权意识有限,时间精力受限,导致监督案源更是大大减少。

二是就当事人以外的公民、法人和其他组织控告举报和人民检察院依职权发现而言,一方面,小额诉讼案件由于标的不大、案情简单,牵涉案外第三人的情况并不多见,与此相关的控告举报数量极为有限。另一方面,小额诉讼由于自身存在的鲜明特质,对检察监督提出了更高要求,导致检察人员依职权主动发现的难度大增,也在很大程度上影响了监督实效。

3. 检察机关进行小额诉讼程序法律监督的依据相对欠缺

立法上,检察机关进行小额诉讼程序法律监督的法定依据相对欠缺,容易造成法律监督无法可依、无章可循的困境。

一方面,关于小额诉讼程序的相关司法解释,即《解释》第271条至第281条总体上仍不够明确,在适用中容易出现偏差,给检法两家适用法律造成了较大不便。典型的如适用小额诉讼程序后在诉讼进程中原告提出新的

---

① 《民事诉讼法》第216条第1款规定:"有下列情形之一的,当事人可以向人民检察院申请检察建议或者抗诉:(一)人民法院驳回再审申请的;(二)人民法院逾期未对再审申请作出裁定的;(三)再审判决、裁定有明显错误的。"

诉讼请求增加了标的额,此时是否应继续适用该程序,缺乏法律规定;又如《解释》尽管明确了小额诉讼程序适用于金钱给付之诉,但是否排除了其他给付之诉,尚不明确。

另一方面,当前检察机关对小额诉讼程序实行检察监督的主要依据是《监督规则》。但显然《监督规则》是检察机关针对民事诉讼普通程序、简易程序、特别程序、执行程序所普遍适用的监督规则,现行立法尚未单独就小额诉讼的检察监督进行特别规定,法定依据相对欠缺。

4. 检察机关进行小额诉讼程序法律监督的实际效果不佳

如上所述,当前小额诉讼程序的检察监督主要适用《监督规则》的相关规定。由此,对小额诉讼程序检察监督在适用范围上包括对生效裁判的监督、对审判人员违法行为的监督、对执行活动的监督,在方式手段上包括抗诉和检察建议。然而,实践中小额诉讼程序的检察监督实际效果不佳。

就检察监督范围而言,其一,鉴于小额诉讼程序在司法实践运行中涉案数量少,而且以调解、撤诉作为结案方式的占绝大多数,导致生效裁判数量偏少,[①]因而检察机关往往无法充分监督。其二,当前法官较为缺乏小额诉讼程序的审判经验,导致不愿适用或仅对极少数案件适用小额诉讼程序,因而审判人员发生违法行为的概率很低;即使发生违法行为,检察机关也只能进行庭后监督,监督效果不佳。其三,小额诉讼程序鼓励当庭执行,允许缓和执行措施,鼓励执行和解,[②]这也在很大程度上降低了执行程序中违法行为的发生可能性,执行监督同样面临案源难题。

就检察监督手段而言,关于检察建议,针对小额诉讼程序的再审检察建议、执行监督检察建议、纠正违法检察建议由于上文所述的案源较为稀少、执行违法罕见、审判违法不多因素而备受掣肘。且鉴于该程序中检察建议的制发时机较晚和自身"软法"效力,一旦法院拒不理睬、回复、改正,检察机关往往也是无计可施。

关于抗诉,其一,小额诉讼程序的抗诉线索相对模糊与隐蔽,对检察人

---

① 参见董鹏、赵红杰:《小额诉讼程序司法运行实证分析——以N省H市6个基层法院为例》,载《鄂州大学学报》2015年第11期。

② 参见徐宾、张亚琴:《浅议小额诉讼程序的执行问题》,载《企业导报》2013年第6期。

员的素质能力要求很高，导致检察人员的抗诉积极性普遍不高。其二，正是由于小额诉讼程序涉案标的不大、程序较为便捷、争议普遍不大，往往导致其抗诉成功率相对较低，因而检察人员往往怠于提出抗诉。

三、发展进路：检察监督视域下小额诉讼程序之完善建议

针对小额诉讼程序在立法上的不足以及检察监督面临的困难，有必要采取有效举措，在检察监督视域下对小额诉讼程序加以发展与完善。

（一）完善小额诉讼程序的相关立法

1. 明确完善小额诉讼程序的具体设计

如果将小额诉讼程序作为一个独立适用程序来看待的话，现行《民事诉讼法》及《解释》对于小额诉讼程序的规定仍稍显不足。由于立法与司法解释没有明确规定，导致实践小额诉讼在运行中多采取简易程序的有关规定。

为进一步完善小额诉讼程序，建议在立法和司法解释中进行如下明确规定：当事人起诉方面，法院可以提供格式化的文本起诉书，以便于当事人进行起诉；审判组织上，实行法官独任制；法庭审判过程中，双方当事人可以只围绕争议的焦点进行辩论，法官享有证据调查权和释明权；诉讼费用的标准上，按简易程序的一半收取等。

2. 赋予当事人程序性救济权利

小额诉讼程序的设立目的是维护当事人的合法利益，小额诉讼案件诉讼标的不大，但是从诉讼当事人的角度来看，如果错误裁判没有救济途径，必然会影响法院的公众形象。因此，在小额诉讼程序中赋予当事人程序性的救济途径是十分必要的。

具体而言，建议参考日本关于小额诉讼的"裁判异议"这一救济方式，在立法中明确规定在小额诉讼程序一审终审之后，当事人对裁判结果不满的，当事人可以申请向人民法院提出异议，然后由人民法院重新对案件进行复核。[1] 通过"裁判异议"的案件，法院继续沿用原审法院的审级重新审理，在审判组织上采用合议制度，在证据审查上采取严苛标准，充分体现了对当

---

[1] 参见程美霞：《试论我国小额诉讼程序的完善》，载《江南论坛》2015年第10期。

事人权利救济的高度重视。

（二）强化小额诉讼程序的检察监督

1. 提升人员素质，提高监督能力

小额诉讼改变了原有的二审终审制度，也对检察人员的法律监督能力素质提出了更高要求。对此，检察机关要采取有效举措，提升检察人员素质，提高检察监督能力。

具体而言，建议根据小额诉讼程序的特点，加大相关的针对性教育培训力度，邀请专家学者授课，组织内部研讨活动，加大实战演练力度，注重监督能力培训，以此提升检察人员梳理案件证据的水平、发现提炼监督线索的素质、合法有效监督的能力。

此外，为调动小额诉讼程序中检察人员的监督积极性，建议针对小额诉讼的检察监督确立有别于普通程序、简易程序的考核标准，在绩效考核、评先评优、表彰典型等方面向小额诉讼检察监督倾斜，提升其在民事监督考核评比中的权重，以此助推监督能力之提升。

2. 采取有效举措，大力拓展案源

当前小额诉讼程序检察监督的案源数量出现萎缩态势，没有案源保障，检察监督难免会成为无源之水、无本之木，对此要采取有效举措，大力拓展案源。

对此，一方面，要充分向当事人释明小额诉讼程序。小额诉讼程序作为《民事诉讼法》的新增程序，许多当事人可能对此并不了解。因而，针对符合小额诉讼程序审理条件的民事案件，检察人员应当督促办案法官及时向当事人释明该案适用小额诉讼程序，并明确告知其适用该程序的法律后果。同时，为了充分保障当事人诉权，可以在条件成熟时取消小额诉讼程序中向人民法院申诉作为申诉人向检察院申诉前置程序的立法规定。

另一方面，要高度重视关于小额诉讼等新型诉讼的宣传。检察机关要将其列入五年普法规划中的法治宣传重点，运用检察长宣讲、送法下乡、普法咨询等各种方式，广开传播渠道，加大宣传力度，向人民群众广泛宣传小额诉讼这一新型诉讼程序，打消普通公民、法人和其他组织的疑问与顾虑，扩大监督案源。

3. 明确监督规范，制定监督细则

当前《解释》中关于小额诉讼的条款不够系统完整，且小额诉讼检察监督的依据缺失，只能参照《监督规则》的相关规定实施监督，很大程度上影响了监督效力。对此，应当明确监督规范，制定监督细则。

建议在完善《解释》的同时，针对小额诉讼案件的监督细则进行明确规定，增加检察监督的可行性、科学性，使检察机关在对小额诉讼案件进行检察监督时做到有法可依，有据可循。建议制定专门的小额诉讼程序监督规则，主要规定在小额诉讼程序中由检察员、人民陪审员到案实施监督，并在审理前的准备、开庭审理、判决和裁定等环节对法官的审判行为和当事人的诉讼行为进行监督。

4. 完善监督方式，加大监督力度

针对实践中小额诉讼程序的检察监督效果不佳的现状，检察机关应当充分运用检察建议与抗诉手段，完善监督方式，加大监督力度。

一方面，关于检察建议，鉴于小额诉讼处于初始实施阶段且实践中案件数量普遍不多，检察机关应当主动加强监督力度。建议建立基层人民检察院与人民法院的协调机制，在人民法院采用小额诉讼审理案件时，由人民检察院派员会同人民监督员对该诉讼程序予以监督。对监督过程中发现的一般性不当审判行为或者裁判结果中的细小瑕疵，及时向法院发主检察建议书，并及时督促其整改落实，推动法院合理行使审判权，保障当事人实体权利。同时，在提升监督能力的前提下，及时发现小额诉讼程序执行中的违法行为，及时制发检察建议。

另一方面，关于抗诉，基层人民检察院发现同级人民法院已经发生法律效力的小额诉讼判决结果有重大瑕疵的，应当提请上级人民检察院向同级人民法院提出抗诉。小额诉讼虽然程序设置简单便捷，但不能想当然认为该类案件的处理过程和处理结果都是正确的，尤其是在一审终审的限制条件下，不能忽视通过抗诉途径纠正重大的裁判瑕疵，这也是人民检察院行使民事审判监督权的题中之义。[1]

---

[1] 参见焦晶：《小额诉讼的检察监督及正确适用》，载《中国—东盟博览》2013年第7期。

破产程序中检察监督的定位与职权构建

胡守鑫　李欣宇*

摘　要：当前有关破产检察监督的理论研究未将检察机关合理地镶嵌于破产程序中，以致在实践探索中出现了检察监督在破产程序中的定位与职权不尽清晰等问题。检察机关应当一改在传统民事诉讼检察监督中"守夜人"的角色定位，而是以程序内在参与者的身份参与到破产程序之中。检察机关可依职权或依申请参加破产案件，并在案件中通过行使案件知情权、破产申请权、程序异议权、违法行为追诉权等程序权力，实现对破产程序的检察监督。

关键词：民事检察监督　破产程序　程序内在参与者　程序权力

一、问题的提出

2021年，我国《民法典》的正式施行，标志着我国法治建设取得了十足进展。《民法典》的有效施行在很大程度上得依赖于民事程序的良好运转。在破产程序中，各方主体对权利的争夺异常激烈，因此，如何完善作为民事程序之一的破产程序的规定，在一定程度上关乎了《民法典》能否得到有效施行。与此同时，习近平总书记明确指出，要加强民事检察监督工作。在此背景下，检察机关应当将民事检察监督的工作重点拓宽至破产程序，以贯彻落实总书记的重要指示并保障《民法典》得以有效施行。

近年来，随着产业结构的调整升级以及诸多客观因素的影响，我国司法

---

* 胡守鑫，中国人民大学法学院博士研究生；李欣宇，北京市人民检察院第六检察部主任。

实践中出现了破产案件的数量持续增长的情况。从历史数据上来看，全国法院在 2016 年共审结了破产案件的数量为 3373 件。① 到 2017 年，全国法院审结破产案件的数量猛增至 1.2 万件。②2018 年，该数量又上升至 1.6 万件。③ 尽管与法院受理的民商事案件总量相比，破产案件的数量显得比较少，但由于破产案件具有所涉法律关系复杂、当事人之间债权债务矛盾突出、法律主体庞杂多样等特质，所以破产案件处置的重要性是毋庸置疑的。

受制于过去破产案件数量较少、破产程序专业性较强以及传统民事检察监督方式等因素，检察机关在破产程序中的曝光度并不多。然而，包括法院在内的管理人、债权人以及债务人等程序主体，在破产程序中出现违法犯罪的案件却频繁发生。例如，在吴某受贿一案中，吴某利用其在担任某一破产案件主审法官的便利条件，非法收取他人贿赂，并违法作出延缓破产公告、指定管理人等行为。④ 又如高某受贿罪一案中，高某作为主审法官在审理一起破产案件时，以该院的名义非法向破产企业索要贿赂 10 万余元，并与时任该院民二庭庭长曹某瓜分索贿款项。⑤ 另在张某贪污罪一案中，张某利用其担任某破产案件清算组负责人的角色，非法向法院隐瞒了破产企业尚有大量结余财产而未被分配的情况，并在破产程序终结后，违法侵吞了案涉财产。⑥ 上述事实暴露了在破产程序中，法院权力集中、权力辐射面广以及缺乏有效的监督机制等问题。

毫无疑问，检察机关作为《宪法》以及《民事诉讼法》中规定的法律监督机关，对破产程序中各方主体所实施的行为进行法律监督是应有之义。不过，在检察机关参与破产程序之前，势必要追问一个问题：检察监督在破产程序中应扮演何种角色，并享有什么样的职权才可充分发挥检察机关的法律监督职责，从而保障破产程序的有效运行。笔者将以此为问题导向，展开论述。

---

① 《最高人民法院工作报告》，载最高人民法院网，http://gongbao.court.gov.cn/Details/9ec8c0cddd12d82ecc7cb653441b36.html，2021 年 4 月 15 日访问。
② 《最高人民法院工作报告》，载最高人民法院网，http://gongbao.court.gov.cn/Details/69d3772d9e94aae3ea2af3165322a1.html，2021 年 4 月 15 日访问。
③ 《最高人民法院工作报告》，载最高人民法院网，http://gongbao.court.gov.cn/Details/a5a0efa5a6041f6dfec0863c84d538.html，2021 年 4 月 15 日访问。
④ 参见嵊州市人民法院（2012）绍嵊刑初字第 700 号刑事判决书。
⑤ 参见兖州市人民法院（2017）鲁 0812 刑初 59 号刑事判决书。
⑥ 参见重庆市长寿区人民法院（2016）渝 0115 刑初 322 号刑事判决书。

二、检察监督在破产程序中的定位与职权现状与反思

当前,理论界已经逐渐重视检察机关对破产程序进行监督的研究,同时部分地区已经出台了有关检察机关在破产程序中进行检察监督相应文件。然而,综合相关理论研究成果以及地方政策文件的内容却可发现,我国当前关于破产程序的检察监督呈现明显的现实主义色彩,即破产程序中哪块违法犯罪问题多发,哪块就利用检察监督进行弥补。然而,现行理论研究以及实践探索却并未明确检察监督在破产程序中应有的定位,以及具体的检察职权的实现方式。

(一)理论研究未触及破产程序检察监督的本质

早在1999年,就有关于检察机关对破产程序法律监督的论述,指出检察机关需要对法院的破产立案行为、破产企业是否存在欺诈行为与偏颇行为、清算组在破产程序中的行为、政府机关在破产程序中的行为以及破产企业的相关责任人员进行检察监督。[①]

在之后的理论研究中,针对破产程序的检察监督的内容,基本亦是在现有民事检察监督的框架内,过多地关注现实问题而展开论述的,并未形成体系化的反思。例如,有的观点提出:"对清算过程中出现的诸如蓄意隐瞒破产财产、出示虚假验资报告、对未到期的债务提前清偿等徇私枉法、损害债权人与国家利益的犯罪行为予以追究。在立法上,还应增加对破产过程中的破产欺诈、破产受贿和渎职破产等犯罪行为进行检察监督。"[②] 有学者提出,当管理人没有合法履职,且未依法被追究责任的情况下,检察机关应对管理人进行追责,同时应对法院的审判程序以及是否存在职务违法犯罪问题进行监督。[③] 有学者认为,在召开第一次债权人会议时,法院应当邀请检察机关,针对虚假诉讼、虚假申报债权等法律问题进行宣讲,同时应当介入管理人对债

---

① 参见李东明:《检察机关如何对破产案件实施监督》,载《检察实践》1999年第6期。
② 黄良军:《论企业破产程序的完善》,载《南京经济学院学报》2001年第4期。
③ 参见郑志锋:《检察监督在企业破产程序中的作用》,载《南都学坛(人文社会科学版)》2010年第3期。

权审查的过程，并在必要时协助管理人对申报债权的真实性进行调查。①有学者强调了检察机关在破产程序中针对受理程序、管理人制度、清算程序、重整程序监督的核心要义，以及检察权介入破产程序中的相应原则。②

（二）实践中检察监督定位不统一

当前，已经有部分地区的检察机关开始探索破产检察监督的工作。但是，由于理论界没有给破产检察监督指出一条切实可行的道路，以致在实践探索中，检察监督在破产程序中存在角色定位不精准、职权不明晰的问题。具体如下：

有的检察机关在参与破产程序时，扮演着类似于公证员的角色，即对破产程序中的某一环节进行现场监督。2017年，安徽省某地法院在受理一起破产案件时，邀请了同级检察院对管理人选任程序进行监督。③从报道内容来看，检察机关仅是对该案件的现场选任程序进行了现场见证，却并未有涉及前期的管理人候选人申报资料等环节进行监督。2020年，在广西某市法院受理的一起破产案件中，该市检察院派员出席了该案的第一次债权人会议，并对此进行检察监督。④笔者认为，从上述两例公开报道可以发现，检察机关更像是公证机关的公证员，而这种检察监督的形式更类似于现场见证。所以，这两例实践探索是停留在形式上检察监督，却未在实质上发挥检察机关的监督职权。

此外，有的检察机关在参照民事诉讼的检察监督理论与规则之后，将检察监督的重点置于打击虚假诉讼的问题上。例如，宁波市奉化区检察院与法院联合出台了《关于防范和打击破产程序相关虚假诉讼行为的协作意见》，在该意见中明确了检察机关应对债权人申报债权、管理人审查债权以及破产衍生诉讼等虚假诉讼高发地实施检察监督。

---

① 参见李军、王双凤：《小议破产程序中的检察监督》，载《江苏法制报》2018年8月9日，第C版。
② 参见梁伟：《破产案件检察监督新构造》，载《西南政法大学学报》2017年第3期。
③ 参见《我院检察官全程监督法院确认企业破产资产管理人工作》，载"广德检察"微信公众号，2017年5月9日。
④ 参见《检察官列席债权人会议 检察监督助力法院办理破产案公开公正》，载"荔浦检察院"微信公众号，2020年11月24日。

也有的检察机关通过发出检察建议或提起公益诉讼等方式,协助法院办理破产程序中的"老大难"问题。破产程序启动后,相关单位对债务人财产保全措施的解除、税收债权与社保债权的申报以及工商注销登记、信用修复等问题均困扰着管理人工作的实质进展,是破产实践中的难点。为了解决上述问题,江苏省吴江区法院、检察院、公安局与司法局联合出台了《关于建立司法联动保障破产工作规范运行机制的意见》。①

还有的检察机关与法院联合出台了相关文件,规定了检察机关应对法院审理破产案件的全过程进行监督。例如长春市检察院与市法院联合出台的《关于破产程序法律监督的若干意见(试行)》中明确了检察院应对当事人的虚假破产、虚假诉讼以及法院的程序违法行为、职务违法犯罪行为进行监督。另外,在杭州市富阳区检察院与区法院联合出台的《关于对破产程序实施监督的若干意见》中更是明确了检察机关可以对法院作出的当事人虚假申报债权、管理人的职务行为,以及法院对受理裁定、债权人会议通过的裁定、法院行使重整强裁权、宣告破产裁定、终止程序裁定进行检察监督。

(三)问题总结与反思

总结上述理论证成的思路以及实践中检察机关的探索可以发现,理论与

---

① 《关于破产程序法律监督的若干意见(试行)》第4条规定:"区检察院通过检察建议等方式对区法院破产审理活动行使法律监督职权,可以依照有关规定调阅区法院的破产案件卷宗,区法院应予以配合。履行前款法律监督职责中,发现相关单位或部门违法行使职权、不依法及时履行职责、影响破产案件公正高效审理的,区检察院可以依照相关规定向有关单位和部门提出检察建议、发出纠正违法通知书或提起公益诉讼等。"第11条规定:"区检察院在下列事项中协同推进区法院办理破产案件:(一)区检察院协同区法院推进相关单位依法保障管理人依法履职,便利管理人接管、调查包括银行账户、机动车、不动产、对外投资、知识产权等在内的债务人财产,提高破产事务处理效率;(二)区检察院协同区法院推进相关单位在区法院受理破产申请后解除对破产企业财产的查封、扣押、冻结等保全措施;(三)区检察院协同区法院进一步完善债权审查机制,打击虚假诉讼和逃废债行为;(四)区检察院协同区法院推进税务部门落实税收优惠政策、办理纳税信用修复和税务注销等破产企业涉税事宜,依法保障破产企业在重整和资产变现中依照相关政策享受税费优惠、解除失信措施,在程序终结后核销"死欠";(五)区检察院协同区法院审查破产程序中通过审计、评估、拍卖等方式进行资产处置的行为,加强对审计、税务、律师等行业主管部门的法律监督;(六)区检察院协同区法院推进行政审批部门办理破产企业简易注销及其他登记事项;(七)区法院、区检察院认为需要协同推进的其他事项。"

实践均指出了破产程序中需要明确检察监督的程序范围，但对于检察机关应当如何参与破产案件、参与什么样的破产案件，以及通过什么方式进行法律监督等问题均未达成一致。

笔者认为，上述问题的出现主要与《民事诉讼法》以及《人民检察院民事诉讼监督规则》中涉及检察监督的角色定位以及监督方式有关。具体论述如下：

1. 破产程序检察监督角色定位反思

在不同领域，检察监督所扮演的角色是不同的。例如在公益诉讼的领域中，检察监督扮演的是程序内在参与者的角色，即检察机关所行使的法律监督权已经完全司法化，通过行使程序权力、履行程序义务进而实现法律监督权。① 在其他的民事诉讼领域中，检察监督多数扮演的是游离在民事诉讼程序之外的"守夜人"的角色，即在通常情况下，检察机关并不主动介入当事人之间的民事诉讼活动中，唯有当事人在诉讼程序中败诉且申请法院再审被驳回的情况下，方可向检察机关递交申请，请求检察机关通过再审检察建议或抗诉等方式介入民事诉讼活动中。② 此时，检察机关成为当事人实现正义的最后守护者。不过，在发现虚假诉讼、违反国家利益与社会公共利益以及审判人员存在违法行为等情况下，检察机关又可以主动介入诉讼活动之中。

由于破产程序属于民事程序中的一种，且在民事程序检察监督中又以民事诉讼检察监督的规定与理论研究最为完善，故而针对破产程序检察监督的理论研究与实践探索显然会受到民事诉讼检察监督的影响，即以破产程序中的违法犯罪行为的高发地带为导向，以现有民事诉讼检察监督的模式与具体方式来进行破产程序检察监督的工作。然而，在这样的背景下，检察监督当然摆脱不了民事诉讼检察监督中"守夜人"的角色，即检察机关仍游离于破产程序之外，很难对破产程序实现有效的检察监督。

---

① 参见肖建国：《民事程序构造中的检察监督论纲——民事检察监督理论基础的反思与重构》，载《国家检察官学院学报》2020年第1期。

② 《民事诉讼法》第216条规定："有下列情形之一的，当事人可以向人民检察院申请检察建议或者抗诉：（一）人民法院驳回再审申请的；（二）人民法院逾期未对再审申请作出裁定的；（三）再审判决、裁定有明显错误的。人民检察院对当事人的申请应当在三个月内进行审查，作出提出或者不予提出检察建议或者抗诉的决定。当事人不得再次向人民检察院申请检察建议或者抗诉。"

2. 破产程序检察监督方式之反思

"守夜人"的角色定位必然影响检察监督具体的实现方式。按照《民事诉讼法》第216条的规定，检察机关可对法院作出的发生法律效力的判决书、裁定书通过提出抗诉或发出再审检察建议等方式启动再审程序，实现检察监督。但有些法律文书本身具有不可再审性，例如，最高人民法院《关于适用〈中华人民共和国民事诉讼法〉的解释》（以下简称《解释》）第380条规定："适用特别程序、督促程序、公示催告程序、破产程序等非讼程序审理的案件，当事人不得申请再审。"因此，在当事人申请前置的情况下，由于当事人不得对破产程序中相关法律文书申请再审，故而检察机关也无法在现行法的框架内，对之进行检察监督。

因此，现行法所赋予检察机关在民事程序中的抗诉权以及再审检察建议权于破产程序中全部失灵。在剩余的监督方式中，仅可能通过检察建议的方式实现对破产程序的检察监督。然而，检察建议这种监督方式也与破产程序不完全契合。详言之，由于当前法律法规未将检察机关合理镶嵌于破产程序中，以致检察机关发出检察建议的方式，仍属于事后监督，在时间上往往具有一定的滞后性。然而，从当前破产程序中的违法犯罪案例的实践中可看出，破产程序各方主体发生的违法行为应于程序中即时纠正，否则后患无穷。因破产程序本身具有不可逆性质，故而检察机关以"守夜人"的身份行使事后监督手段，对破产程序中的违法行为的事后纠正是无济于事的，也无益于弥补权利人受损的权益。

所以，重新定位检察监督于破产程序中的角色，并构建检察监督在破产程序中应有的职权，方是破题之道。

三、破产程序中检察监督的定位重塑

（一）民事诉讼程序中检察监督理论定位转型

当前，关于检察监督在民事诉讼监督中角色定位的理论逐渐发生改变。传统观点认为，检察机关对于民事程序应采用事后监督原则，即在程序结束后检察机关发现违法问题的可以依职权提出抗诉。[①] 因此，《民事诉讼法》以

---

① 参见马登科：《拓展和完善民事检察制度的法理基础——以新修订的〈民事诉讼法〉为背景》，载《前沿》2009年第9期。

及《人民检察院民事诉讼监督规则》均以事后监督为主,并以依申请为主、依职权为辅的检察监督原则。但是,这种拼盘式的监督方式却将民诉理论与检察监督理论相割裂,背离了民事程序的构造。① 这种检察监督容易产生将检察机关的想法强加于法院之上,却并未以程序参与者的身份参与到民事诉讼程序之中等问题。②

不过,为了克服上述问题,新的理论研究成果已表明,检察机关应当以程序内在参与者的身份参与到民事程序中,与法院的审判权以及当事人的诉权相协调一致。③

可见,检察机关改变现有的"守夜人"角色,而是以程序内在参与者的角色参与到民事诉讼程序之中,是未来民事检察监督的革新目标。

(二)破产程序中检察监督应有的角色定位

笔者认为,结合民事检察监督理论的新发展,在破产程序中,检察机关不能按照传统的"守夜人"身份进行检察监督,反而应当作为程序内在参与者的身份,参与到破产程序中,以便充分发挥检察监督职能。

检察机关以程序内在参与者的身份参加破产程序有如下意义:

1. 以程序内在参与者的身份参与破产程序之中避免了理论上的现实主义的色彩

程序内在参与者意味着检察机关如同在公益诉讼当中一样,按照《民事诉讼法》的规定,从起诉、举证质证、法庭辩论、参与调解、提出上诉等案件的全部流程均要参与,并行使诉讼权利、承担诉讼义务。故而在破产程序中,检察机关也应当按照破产法规定,对破产案件的受理、管理人选任、债权人申报债权、债权人会议作出的相关决议、债务人财产的变价分配、重整协议与和解协议的执行等阶段全程参与,并行使程序权利。如此做法可以纠正当前理论与实践探索中检察机关定位混乱不清的问题。

---

① 参见肖建国:《民事程序构造中的检察监督论纲——民事检察监督理论基础的反思与重构》,载《国家检察官学院学报》2020年第1期。
② 参见汤维建:《我国民事检察监督模式的定位及完善》,载《国家检察官学院学报》2007年第1期。
③ 参见汤维建:《我国民事检察监督模式的定位及完善》,载《国家检察官学院学报》2007年第1期。

2. 顺利地回答了检察机关如何参与破产程序实施检察监督的问题

程序内在参与者意味着检察机关不再游离于破产程序之外，而是要在破产程序中通过具体行使程序性权力等方式，实现检察监督。事实上，检察机关以程序内在参与者的身份参加破产程序的做法在比较法上并不鲜见。例如，在我国澳门特别行政区，检察机关就是以程序内在参与者的身份参与破产程序，并享有十分丰富的程序性权力。在澳门破产制度中，法院严格保持着中立裁判者的角色，在具体职权行使上仅行使裁判权，而并不过多地享有程序控制权与行政管理权，反而检察机关掌握着破产程序中的诸多程序控制权，尤其是对破产管理人的监督权。详言之，破产管理人在行使诸多职权时，需要先征得检察机关的同意，例如《澳门民事诉讼法典》第1108条第1款规定："解除法律行为之诉讼或行使债权人撤销权之诉讼，须附属于破产程序进行；经检察院许可之破产管理人，或任何债权人，均得提起该等诉讼。"第1109条第3款规定："在买卖合同中破产人为出卖人之情况下，如宣告破产当日已移转对物之所有权，则合同不终止；如直至当日仍未移转对物之所有权，则破产管理人经检察院许可，得选择要求合同之履行或解除，但买受人有权就其所受之损害要求以破产财产作赔偿。"除了程序控制权之外，澳门特区检察院还享有广泛的程序异议权，例如检察院可以对法院作出的破产宣告提出异议[1]，对债务人与债权人达成的和解协议提出异议[2]等。同时，澳门特区检察院还可以申请债务人破产、监督破产程序中的违法行为等。由此

---

[1] 《澳门民事诉讼法典》第1091条第1款规定："一、下列者得透过异议反对宣告破产之判决，为此须指出其认为拥有之权利：a）未明确承认破产之破产人，或未以破产人身份前往法院之破产人；b）自称为债权人之任何人；c）检察院，但限於为保障依法由其维护之利益而有必要者；d）被宣告破产之人之配偶、直系血亲尊亲属、直系血亲卑亲属或一亲等之直系姻亲，但限於以第一千零八十二条b项及c项所指情况为依据宣告破产者；e）死後被宣告破产之人或在可透过异议对判决提出反对之期间届满前死亡之破产人之配偶、继承人、受遗赠人或代理人……"

[2] 《澳门民事诉讼法典》第1077条规定："一、在将来作成之公司设立文件中所包含之条款之提交期间届满後十日内，下列者得透过异议对协议表示反对：a）未以公文书或经认证文书表示同意之债务人；b）未表示同意之债权人，包括有优先权之债权人；c）检察院；d）负无限责任之股东之债权人，但限於债务人为公司之情况。二、异议得以第一千零六十四条所指之任一情况为依据提出，特别得以协议将为未加入协议之债权人带来之利益少於透过破产程序中之清算而获得之利益为依据提出……"

可见，澳门特区的检察机关完全是以程序内在参与者的身份参与到破产程序之中的，对破产程序的运作通过行使程序性权力的形式进行事中监督。

3. 程序参与者的身份可让检察机关更加有效地发挥检察职能，实现对法院司法权的有力监督

程序角色定位决定着主体在程序中享有什么样的职权。所以，将检察机关定位于游离于破产程序之外的"守夜人"身份只能决定检察机关按照《民事诉讼法》中的规定对破产衍生诉讼进行监督以及功利式的参与。

故而，以程序参与者的角色进行破产程序，将事后监督改变为事中监督，将传统监督方式改变为在程序中行使程序职权的方式，合理地将检察机关镶嵌于破产程序中，并将各类程序主体的行为，尤其是法院的司法审判权作为重点监督对象，拓宽监督范围，有利于检察职能与破产程序功能的双重实现。

四、检察机关在破产程序中的参加案件方式与职权构建

当前的法律规定已经不能满足或解决检察机关如何对破产程序进行检察监督。因此，唯有构建新的参加方式以及检察机关在破产程序中所应享有的职权，方可解决相关问题。

（一）检察机关参加破产程序的案件类型与方式

如果法院每受理一起破产案件，就通知检察机关参与案件，是一个不太现实的情况。尤其是在未来个人破产程序开放后，检察机关现有的办案人员数量可能与破产案件的数量并不匹配。因此，笔者认为，检察机关参加破产案件应当坚持下列原则：

1. 应当参加国有企业破产案件

国有企业破产案件具有受众面较广、民事权利义务较为复杂以及职工安置矛盾突出等特点，同时这类破产案件中存在权力寻租以及权利被滥用的空间较大。故而，检察机关作为维护国家利益、社会公共利益的代表，有必要参与国有企业破产案件。在国有企业破产案件中，要结合国有企业破产案件的特点，打击国有财产被低价处置的违法行为，防范国有财产流失，同时需

要关注职工安置等可能引发社会风险的问题。

2. 应当参加清退"僵尸企业"类型的破产案件

"僵尸企业"是一种经济现象,指本应通过破产程序或其他清算程序退出市场,却因各种原因没有退出市场的企业主体。应当意识到,"僵尸企业"对整个市场经济的良好运行是存在巨大损害的,例如不明真相的债权人可能会继续向这类债务人提供贷款,但显然这笔贷款自成立时起就注定无法获得清偿。

法院在办理依法清退"僵尸企业"的案件上改进了诸多措施,例如在《解释》中规定了"执转破"机制。但当前"执转破"的启动方式并未采完全的职权主义模式,仍需要当事人的同意方可启动。①

在此类案件中,检察机关可弥补破产程序中职权主义缺位的现状,即在依职权发现线索或由法院将相关线索移交至检察机关后,应向法院申请此类债务人破产。

3. 应当参加具有较大社会影响的破产案件

对于涉及上市公司破产案件、金融机构破产案件以及关乎民生行业的企业破产案件(如房地产企业破产案件)等,应当被认为是具有较大社会影响的案件。这类案件往往牵扯面较多、债权人人数较多、利益交错十分复杂以及债权人与债务人之间存在尖锐矛盾,甚至可能会发生暴力事件。故而对于具有较大社会影响的破产案件,检察机关应当依法参与其中,及时进行检察监督,以打击各类违法犯罪行为,维护社会秩序的稳定与良好运行。

在具体的参加方式上,笔者认为,对于以上几类案件,检察机关应当依职权参加。除此之外,在其他破产案件中,检察机关可以根据法院、管理人或者当事人的邀请或申请,参加破产案件。同时,在其他破产案件中,如果检察机关认为有参加必要的,也可以参加其中。

(二)检察机关在破产程序中应有的职权

笔者认为,我国检察机关在破产程序中应当被赋予如下职权,以具体发

---

① 《解释》第513条规定:"在执行中,作为被执行人的企业法人符合企业破产法第二条第一款规定情形的,执行法院经申请执行人之一或者被执行人同意,应当裁定中止对该被执行人的执行,将执行案件相关材料移送被执行人住所地人民法院。"

挥检察监督职能。

1. 案件知情权

案件知情权是检察机关参与破程序的基础性权力。检察机关只有对案件各个流程与进展是熟知的，方可有效地进行监督。检察机关在破产程序中的案件知情权可分为两方面：

一是审查受理时的案件知情权。属于检察机关依法参加案件的当事人，在向法院提交破产申请时，同时需向法院提交应转送至检察机关的文件副本。当法院在审查受理阶段接收了此类案件的，应当及时将案卷副本抄送至检察机关，并通知检察机关及时参加案件。

二是审理过程中的案件知情权。在破产案件的审理过程中，检察机关同样享有案件知情权。该权力应当涵盖破产程序的所有流程以及破产程序中的所有程序主体所作出的程序行为。例如当法院作出的受理裁定、指定管理人①、确认管理人报酬以及同意聘请其他工作人员、宣告破产裁定、行使重整强制批准权等行为时，法院应当或应检察机关要求，将相应资料抄送至检察机关。另外，管理人实施的行为，如审查债权、盘点、审计、评估与处置债务人财产、编制财产分配方案、决定解除待履行合同、决定行使撤销权、取回权而提起相应诉讼、决定借款以及提供担保等以及起草重整方案时，也应当同时向检察机关抄送相应资料。此外，检察机关还应当列席债权人会议，对债权人会议中表决规则、分组方案、通过决议等方面进行监督。

2. 破产申请权

检察机关的破产申请权亦可分为两方面：

一方面，检察机关应当对那些具有破产原因却不申请启动破产程序的债务人，向法院行使破产申请权，启动对这类债务人破产程序。在比较法上，债务人只要具备破产原因，就应当及时地申请破产，否则将会面临一系列的破产惩戒处罚措施。②同时，债务人不及时行使破产申请权的法律后果之一就是作为国家与社会公共利益代表的检察机关可以向法院行使破产申请权，申请这类债务人破产。

---

① 此处应当包括法院在编制管理人名册过程中，检察机关也应当对此享有知情权。
② 参见胡守鑫：《如何识别个人破产程序中"诚实而不幸"的债务人》，载《检察日报》2021年1月27日，第7版。

应当注意,检察机关主动或经他人提供的线索发现那些具备破产原因却未及时向法院申请破产的债务人,无论他们是否处于诉讼程序、执行程序、公司解散清算程序之中,均可通过行使破产申请权,向法院申请其破产。

另一方面,检察机关也可以对那些"立而不审"、拖而不决甚至以各种理由不予受理的破产案件,依法行使破产申请权,强制启动破产程序。在这类案件中,当事人的破产请求权没有及时得到法院的合法保障,况且迟迟不对案件开展实质性审理会造成债务人财产的贬值与流失,不利于各方当事人权利的保障。所以,此时检察机关行使的破产申请权是对法院怠行使司法审判权的监督,也是对各方当事人权益的保障。

在程序启动后,检察机关不退出破产程序,而是继续履行相应的监督职责。

3. 程序异议权

从我国澳门特区的法律规定可以看出,程序异议权既是检察监督最主要的方式,也是与破产程序最为贴切的方式。所谓程序异议权,是指在破产程序的各个阶段,法律赋予检察机关可以针对程序主体在程序中的违法行为向法院提出异议的权力,而法院就检察机关提出的异议事项作出相应的裁判。例如,在管理人指定阶段,检察机关发现法院程序违法的,应当向法院提出异议;在破产财产处置环节,检察机关如果发现管理人或法院存在违法评估、低价处置的问题,应当向法院提出异议。又如,在申报债权环节,管理人可向检察机关提供经审查后的债权表,检察机关对于重点可疑的债权进行核实调查,若发现有虚假申报问题的,可在债权人会议核查债权阶段向法院提出异议。法院在收到检察院提出的异议后,应当依法审查并作出相应裁定。

笔者认为,检察机关在行使程序异议权的应当注意如下要点:

一是坚持全程监督与重点监督相结合。检察机关对破产案件全程监督是检察机关为程序参与者的定位所决定的,意味着检察机关在所参与的破产案件应当全过程参与并进行监督。重点监督,是指检察机关应当针对实践中所暴露的违法犯罪案件较多的重点领域进行监督,例如审查受理阶段债务人是否存在虚假破产、考评以及指定管理人的过程是否有利益输送、债权人申报债权阶段是否存在虚假申报、破产财产处置变价阶段是否存在非法行为以及破产衍生诉讼是否有虚假诉讼等。

二是检察机关行使程序异议权不等于替代管理人或法院的工作。检察机关行使程序异议权的本质是为了确保破产法得以有效实施，遏制破产程序中的违法行为。但是，赋予检察机关程序异议权并不代表着检察机关可以替代管理人或法院的实质性工作，也不意味着检察机关可以代替管理人或者法院做决定，而是需要检察机关作为内在的参与者，在破产程序中发现破产法院或管理人或其他程序参与主体存在违法问题时，及时提出并请求法院予以纠正。

三是程序异议权是现有检察监督方式的补充与丰富。以程序异议权代替传统民事检察监督中的抗诉以及再审检察建议等监督方式并不意味着否认掉其他检察监督方式，而是将之作为一种补充丰富的监督手段。由于破产程序中涉及主体十分广泛，所以可能出现的问题较多，故而当检察机关参与破产程序之后，需要将现有的检察监督方式加程序异议权等监督方式，以充分发挥效用。例如，在破产程序启动后，其他对债务人财产作出保全的机关，应当依法解除相应保全措施。但是，实践中频繁出现这些机关主体并不依法及时解除相应的保全措施。此时，当有检察机关参与破产案件时，检察机关可以依法向这类机关主体发出检察建议以纠正违法行为。若检察机关没有具体参与案件，但却经其他法院通报或者接到管理人、债务人、债权人等主体举报的，检察机关也可以向这类主体发出检察建议，要求他们纠正违法行为。

总之，程序异议权是检察机关作为破产程序参与者所享有的当然权力，也是实现破产程序检察监督的重要手段。检察机关通过行使程序异议权的方式对破产案件实施监督，是改变与丰富传统民事程序监督模式的一种创新形式。

4.违法行为追诉权

违法行为追诉权，是指当检察机关在破产程序中发现其他程序参与主体在破产程序中有违法行为的，可以通过诉讼的手段追究他人责任的程序权力。

检察机关在破产程序中所享有的违法行为追诉权具有后置性特点。详言之，若破产法对某一问题已经赋予了其他程序主体起诉的权利，应当优先由这类主体行使相应诉权。只有当这类主体怠于行使或不便于行使权利时，检察机关方可通过起诉的方式予以追究。例如，管理人在程序中出现履职不当并给债权人造成了损失的行为，此时首先应当由债权人起诉管理人，追究其责任。只有在债权人怠于行使或不便行使权利的情况下，检察机关才可以起诉管理人追究其责任。当然，检察机关在破产程序中发现存在虚假诉讼的，不受后置性的限制，应当直接行使追诉权。

除此之外，检察机关在破产程序中监督各方主体是否具有涉嫌犯罪行为，也是违法行为追诉权的重点内容之一。即检察机关若在破产程序中发现程序主体涉嫌刑事犯罪的，应当依法将犯罪线索移送至公安机关进行立法侦查。此外，破产程序的法院、管理人、债务人以及债权人若发现其他主体存在犯罪行为的，也应当向检察机关提供案件线索，检察机关在收到线索举报核查后，依法移送至公安机关。

近年来，破产案件的数量逐渐增多，且在未来开放个人破产程序后，破产案件的总体数量应会成倍增长。应当注意到，当前在破产程序中，法院、管理人、债务人以及债权人均存在违法行为的现实案例。检察机关参与破产程序有利于修正法院在破产程序中存在相应问题。同时，检察机关在破产程序应当改变在传统民事诉讼监督中的"守夜人"角色，而要以程序内在参与者的身份，通过行使案件知情权、破产申请权、程序异议权、违法行为追诉权等程序性权利发挥检察监督职能。在参与案件类型以及方式上，检察机关应依职权参加国有企业破产案件、清退"僵尸企业"破产案件以及具有较大社会影响力的破产案件，同时，检察机关还可以自愿参加以及受邀请参加其他破产案件。

民间借贷案件刑民协同监督研究

王玄玮*

摘　要：民间借贷案件中容易出现刑民交织情形，有可能涉及"套路贷""职业放贷人""非吸"和集资诈骗、虚假诉讼、高利转贷、以犯罪手段非法索债等刑事犯罪。李卫俊等"套路贷"虚假诉讼案（最高人民检察院检例第87号指导性案例）明确了对于此类案件应当采取刑民检察协同的办案原则，但尚无如何实现协同的细化阐述。为了履行好对民间借贷案件的监督职责，建议从性质的界分、实体的判定、程序的选择等方面加强研究，对此类案件进行立体式审查，以检察机关各部门之间的联动协作开展协同监督。

关键词：民间借贷　刑民交叉　"套路贷"　虚假诉讼　指导性案例

近年来，民间借贷案件数量飙升，相应地，进入检察机关申请监督的民间借贷案件也越来越多。在检察实务中，对民间借贷案件的监督并不容易。这不仅是因为民间借贷活动本身的复杂性和事实认定的争议性，更是因为此类案件出现"刑民交织"的概率很高，对刑事与民事两条线的准确定性以及对法律关系分门别类作出正确处理难度很大，而刑事与民事的各自推进又会对案件的最终处理结果产生不同影响。可以说，民间借贷案件的法律监督较为疑难复杂，是检察人员必须攻克的一座"业务高峰"，必须予以认真研究和总结。

---

* 王玄玮，云南省人民检察院第六检察部副主任、三级高级检察官，全国检察业务专家。

一、问题的提出：指导性案例引发的思考

2020年12月14日，最高人民检察院以"检察机关依法履职促进社会治理"为主题发布了第二十三批指导性案例。其中，李卫俊等"套路贷"虚假诉讼案（检例第87号）就是一起民间借贷领域刑民交织的典型案例。简要案情是：2015年10月以来，李卫俊以其开设的江苏省常州市金坛区汇丰金融小额贷款公司为载体，纠集多名社会闲散人员，实施高利放贷活动，逐步形成一个恶势力犯罪集团。该集团长期以欺骗、利诱等手段，让借款人虚写远高于本金的借条、签订虚假房屋租赁合同等，并要求借款人提供抵押物、担保人，制造虚假给付事实。随后，采用电话骚扰、言语恐吓、堵锁换锁等"软暴力"手段，向借款人、担保人及其家人索要高额利息，或者以收取利息为名让其虚写借条。在借款人无法给付时，又以虚假的借条、租赁合同等向法院提起民事诉讼，欺骗法院作出民事判决或者主持签订调解协议，还通过申请法院强制执行，逼迫借款人、担保人及其家人偿还债务，造成严重后果。案发后，检察机关对李卫俊等人提起公诉追究刑事责任，人民法院对该团伙成员的诈骗罪、敲诈勒索罪、虚假诉讼罪、寻衅滋事罪作出刑事判决。同时，检察机关对李卫俊等人套路贷中可能存在虚假诉讼问题进行审查，对其中50件民事案件提出监督意见，经人民法院再审后全部予以改判。另外，检察机关还结合办案参与社会治理，检察履职取得了很好的法律效果和社会效果。①

这个指导性案例的首要指导意义，就是在办理"套路贷"案件时加强刑民检察协同（参见"检例第87号"指导意义第一项）。总的要求是，检察机关在办理"套路贷"案件时，应当做到刑事检察和民事检察联动，形成监督合力，加大打击黑恶犯罪力度，提升法律监督质效。具体讲，既要充分发挥刑事检察职能，严格审查追诉犯罪，又要发挥民事检察职能，以发现的异常案件线索为基础，开展关联案件的研判分析，并予以精准监督。

明确了刑民检察协同的基本要求，只是办理民间借贷案件检察监督工作迈出的第一步。对于如何实现刑民检察协同，基本要求的后续还有不少复杂

---

① 参见最高人民检察院指导性案例：李卫俊等"套路贷"虚假诉讼案（检例第87号）。

的内容。例如，对于民间借贷行为的效力如何认定？民间借贷行为是否涉及刑事犯罪？构成哪些犯罪？刑民交织时法律程序应当如何展开？对于民间借贷案件应当如何进行审查？等等。"检例第87号"指导性案例限于篇幅，没有具体阐述这些问题的处理规则。本文对这些问题进行梳理和分析，以期深化对指导性案例确立的"刑民检察协同"工作规则的认识。

二、性质的界分：民间借贷行为的刑民区分

从法律关系的性质界分，民间借贷案件分为两大类，一类涉及刑事犯罪，存在刑民交叉问题；另一类不涉及刑事犯罪，属于单纯的民事法律关系。本文主要探讨前一类案件。

梳理法律和相关司法解释的规定，民间借贷行为可能涉及刑事犯罪的情形主要包括以下几种：

第一类是涉及"套路贷"（诈骗罪）的民间借贷。"套路贷"是对以非法占有为目的，假借民间借贷之名，诱使或迫使被害人签订"借贷"或变相"借贷""抵押""担保"等相关协议，通过虚增借贷金额、恶意制造违约、肆意认定违约、毁匿还款证据等方式形成虚假债权债务，并借助诉讼、仲裁、公证或者采用暴力、威胁以及其他手段非法占有被害人财物的相关违法犯罪活动的概括性称谓。[①]

"套路贷"与平等主体之间基于意思自治而形成的民事借贷关系存在本质区别，民间借贷的出借人是为了到期按照协议约定的内容收回本金并获取利息，不具有非法占有他人财物的目的，也不会在签订、履行借贷协议过程中实施虚增借贷金额、制造虚假给付痕迹、恶意制造违约、肆意认定违约、毁匿还款证据等行为。"套路贷"从形式上看是民间借贷，实质上是以虚伪的民事法律关系掩盖犯罪。"套路贷"犯罪中虚增数额与民间高利贷的高息有着本质区别，民间高利贷的出借人，目的是依据协议获取高额利息，不具有非法占有目的，同时借款人对高息的存在具有认知。"套路贷"行为人目的则是指向被害人财产。"套路贷"行为人通过处心积虑设计各种套路，制造债权债务假象，并制造违约情形，以达到其非法强占他人财物的目的。

[①] 参见最高人民法院、最高人民检察院、公安部、司法部《关于办理"套路贷"刑事案件若干问题的意见》第1条。

根据司法解释的规定，实施"套路贷"过程中，未采用明显的暴力或者威胁手段，其行为特征从整体上表现为以非法占有为目的，通过虚构事实、隐瞒真相骗取被害人财物的，一般以诈骗罪定罪处罚；对于在实施"套路贷"过程中多种手段并用，构成诈骗、敲诈勒索、非法拘禁、虚假诉讼、寻衅滋事、强迫交易、抢劫、绑架等多种犯罪的，应当根据具体案件事实，区分不同情况，依照刑法及有关司法解释的规定数罪并罚或者择一重处。

第二类是涉及"职业放贷人"（非法经营罪）的民间借贷。"职业放贷人"是最高人民法院司法指导文件中出现的概念。最高人民法院指出，同一出借人在一定期间内多次反复从事有偿民间借贷行为的，一般可以认定为是职业放贷人。民间借贷比较活跃的地方的高级人民法院或者经其授权的中级人民法院，可以根据本地区的实际情况制定具体的认定标准。①

对于涉及"职业放贷人"的案件，"两高两部"在《关于办理非法放贷刑事案件若干问题的意见》中有明确规定："违反国家规定，未经监管部门批准，或者超越经营范围，以营利为目的，经常性地向社会不特定对象发放贷款，扰乱金融市场秩序，情节严重的，依照刑法第二百二十五条第（四）项的规定，以非法经营罪定罪处罚。前款规定中的'经常性地向社会不特定对象发放贷款'，是指 2 年内向不特定多人（包括单位和个人）以借款或其他名义出借资金 10 次以上。"②

第三类是涉及非法吸收公众存款罪和集资诈骗罪的民间借贷。非法吸收公众存款，是指违反国家金融管理法规非法吸收公众存款或者变相吸收公众存款，扰乱金融秩序的行为。集资诈骗罪是指以非法占有为目的，使用诈骗方法非法集资，数额较大，违反法律、法规，通过不正当的渠道，向社会公众或者集体募集资金的行为。这两个罪名有一定的相似性，主要区别在于主观方面不同。非法吸收公众存款罪的行为人只是临时占用投资人的资金，行为承诺而且也意图还本付息。集资诈骗罪是行为人采用虚构事实、隐瞒真相的方法意图永久非法占有社会不特定公众的资金，具有非法占有的主观故意。在这两类犯罪中，都很有可能签订民间借贷合同。

---

① 参见《全国法院民商事审判工作会议纪要》第 53 条。
② 参见最高人民法院、最高人民检察院、公安部、司法部《关于办理非法放贷刑事案件若干问题的意见》第 1 条。

第四类是涉及高利转贷罪的民间借贷。高利转贷，是指以转贷牟利为目的，套取金融机构信贷资金高利转贷他人的行为。根据我国《刑法》第175条规定，高利转贷违法所得数额较大的，可构成高利转贷罪。因此，民间借贷中资金来源为套取金融机构信贷资金而又高利转贷他人的，也存在刑民交叉问题。"两高两部"在《关于办理非法放贷刑事案件若干问题的意见》中还明确，为从事非法放贷活动，实施擅自设立金融机构、套取金融机构资金高利转贷、骗取贷款、非法吸收公众存款等行为，构成犯罪的，应当择一重罪处罚。

第五类是涉及虚假诉讼罪的民间借贷。虚假诉讼罪是自2015年11月1日起施行的《刑法修正案（九）》增设的罪名。所谓虚假诉讼罪，是指以捏造的事实提起民事诉讼，妨害司法秩序或者严重侵害他人合法权益的犯罪。至于哪些行为属于"以捏造的事实提起民事诉讼"，哪些情形属于"妨害司法秩序或者严重侵害他人合法权益"，2018年最高人民法院、最高人民检察院联合公布的《关于办理虚假诉讼刑事案件适用法律若干问题的解释》中作了细化规定。民间借贷案件是虚假诉讼的高发领域，常见的情形是双方当事人恶意串通虚构债务，损害第三人合法权益。同时，也存在一方当事人捏造事实、伪造证据提起虚假诉讼，坑害另一方当事人。根据"两高"司法解释的要求，构成虚假诉讼犯罪的情形只限于"无中生有"型行为。①

第六类是涉及非法讨债犯罪行为的民间借贷。在民间借贷案件中，有一种情况是民间借贷行为本身并不违法的，但讨债行为涉及违法犯罪。这种情况下，双方之间的债务属于合法债务，但债权人为了催收债务使用了非法手段。司法实践中，应当注意非法讨债引发的案件与"套路贷"案件的区别。犯罪嫌疑人、被告人不具有非法占有目的，也未使用"套路"与借款人形成虚假债权债务，不应视为"套路贷"。如果因使用暴力、威胁以及其他手段强行索债构成犯罪的，应当根据具体案件事实定罪处罚。在司法实践中，非法讨债可能构成的常见罪名包括寻衅滋事罪、非法拘禁罪、非法侵入住宅罪等几种。

办理刑民交叉的民间借贷案件，首先要正确判断法律关系的性质，看是

---

① 参见周斌、张晨：《虚假诉讼犯罪仅限无中生有型行为：最高法刑四庭负责人详析虚假诉讼刑案司法解释》，载《法制日报》2018年9月28日，第3版。

否涉及刑事犯罪，涉嫌哪一种或哪几种犯罪。对法律关系的准确识别，是开展刑民检察协同、实现精准监督的第一步。

三、实体的判定：民间借贷行为的效力判定

民间借贷涉及刑事犯罪的，借贷行为的效力如何认定，在最高人民法院较早涉足刑民交叉领域的司法解释里，没有对此作出规定。1998年最高人民法院《关于在审理经济纠纷案件中涉及经济犯罪嫌疑若干问题的规定》中，主要解决的是单位员工以单位名义或利用单位公章、介绍信、合同等凭证进行犯罪，单位应当如何承担责任的问题，没有对涉案的民事行为效力进行界定。过去司法实践中，对这一问题的处理存在分歧。曾经有一些案件中，人民法院认为既然刑事裁判已经确认行为人构成犯罪，那么行为人与他人之间的合同就属于一方以欺诈、胁迫手段订立的损害国家利益的合同，或属于以合法形式掩盖非法目的，应当认定为无效。[1]但在更多的案件中，人民法院倾向结合案件具体事实区分情况认定效力。

（一）主流判定规则：并非当然无效

2015年最高人民法院发布的《关于审理民间借贷案件适用法律若干问题的规定》（以下简称《民间借贷规定》）第12条第1款规定："借款人或者出借人的借贷行为涉嫌犯罪，或者已经生效的判决认定构成犯罪，当事人提起民事诉讼的，民间借贷合同并不当然无效。人民法院应当根据民法典第一百四十四条、第一百四十六条、第一百五十三条、第一百五十四条以及本规定第十三条之规定，认定民间借贷合同的效力。"[2]《民间借贷规定》第13条规定了民间借贷合同无效的五种情形，其中涉及犯罪行为的情形是"套取金融机构贷款转贷的""出借人事先知道或者应当知道借款人借款用于违法犯罪活动仍然提供借款的"等两种。根据该司法解释，民间借贷行为涉及刑事犯罪的，民间借贷合同本身并非当然无效，而是要依照合同法以及司法解释的规定、符合特定情形的才无效，这是过去司法实践中的主流规则。

---

[1] 参见最高人民法院（2008）民二终字第124号民事判决书。
[2] 最高人民法院《关于审理民间借贷案件适用法律若干问题的规定》第12条第1款。

在《民间借贷规定》第 12 条第 2 款，最高人民法院进一步明确了按照同样的规则来认定民间借贷合同中担保人的民事责任："担保人以借款人或者出借人的借贷行为涉嫌犯罪或者已经生效的判决认定构成犯罪为由，主张不承担民事责任的，人民法院应当依据民间借贷合同与担保合同的效力、当事人的过错程度，依法确定担保人的民事责任。"

（二）扫黑除恶斗争以来的新变化

2018 年 1 月，中共中央、国务院下发了《关于开展扫黑除恶专项斗争的通知》。随着扫黑除恶专项斗争的开展，涉黑涉恶犯罪的"套路贷"行为日益暴露，民间借贷领域成为整治重点。2018 年 8 月 1 日，最高人民法院下发《关于依法妥善审理民间借贷案件的通知》，明确提出，民间借贷行为本身涉及违法犯罪的，应当裁定驳回起诉，并将涉嫌犯罪的线索、材料移送公安机关或检察机关，切实防范犯罪分子将非法行为合法化，利用民事判决堂而皇之侵占被害人财产。刑事判决认定出借人构成"套路贷"诈骗等犯罪的，人民法院对已按普通民间借贷纠纷作出的生效判决，应当及时通过审判监督程序予以纠正。2019 年 2 月，"两高两部"在《关于办理"套路贷"刑事案件若干问题的意见》中规定："犯罪嫌疑人、被告人实施'套路贷'违法所得的一切财物，应当予以追缴或者责令退赔；对被害人的合法财产，应当及时返还。有证据证明是犯罪嫌疑人、被告人为实施'套路贷'而交付给被害人的本金，赔偿被害人损失后如有剩余，应依法予以没收。"[①]根据上述规定，"套路贷"犯罪行为中的民间借贷合同当然无效，无须再依据合同法进行甄别。

2020 年，最高人民法院对《民间借贷规定》进行了修订。修订后的司法解释未对第 12 条"并非当然无效"的规则作出根本性改动，但对第 13 条规定的无效情形增加了一种："未依法取得放贷资格的出借人，以营利为目的向社会不特定对象提供借款的"，同时将原规定中无效情形"套取金融机构信贷资金又高利转贷给借款人，且借款人事先知道或者应当知道的"修改扩

---

① 参见最高人民法院、最高人民检察院、公安部、司法部《关于办理"套路贷"刑事案件若干问题的意见》第 7 条。

大适用为"套取金融机构贷款转贷的"。① 依据上述修改,"职业放贷人"非法经营犯罪中的民间借贷合同以及高利转贷犯罪(包括一般高利转贷违法行为)中的民间借贷合同,均应认定为无效。

(三)其他情形中民间借贷合同的效力

在涉及非法吸收公众存款和非法集资的民间借贷案件中,行为人通过与被害人签订民间借贷合同而吸取资金,这种情况下的民间借贷合同虽然有着一定的欺诈因素,但此类合同并不损害国家利益,并不必然无效。在这种法律关系中,双方之间的民间借贷是真实发生的,非法吸收公众存款一方违法犯罪并不影响民间借贷合同的效力。由于被害人一方并不知悉行为人的非法目的,因此也不符合"以合法形式掩盖非法目的"的适用条件。通常情况下,此类案件中的民间借贷合同是有效的。但由于此类案件多为涉众型案件,现行司法政策原则上不允许受害人以民事途径救济自身权利。

在涉及虚假诉讼罪的民间借贷案件中,民间借贷合同均为虚构事实、捏造证据而来,由于不具真实性而无效。注意笔者在此所说的是涉及"虚假诉讼罪"的情形,由于"两高"虚假诉讼刑事司法解释中已明确虚假诉讼罪限于"无中生有型",亦即涉案的民间借贷关系为凭空捏造、无中生有,因而必定因虚假而无效。但在不构成虚假诉讼罪的民事虚假诉讼案件中,双方之间存在真实的民间借贷关系,只是一方当事人虚增金额、部分篡改,虽然可以构成民事虚假诉讼,但其基础法律关系是成立的,民间借贷合同应属有效,检察机关只监督其虚增、篡改的部分。

四、程序的选择:先刑后民抑或刑民并进

涉及刑民交织的民间借贷案件,其程序进行根据不同情况存在较大区别,这对检察机关的法律监督工作也有一定影响。

(一)法律事实竞合:先刑后民

法律事实竞合,是指引发刑事法律关系的法律事实与引发民事法律关系

---

① 参见最高人民法院《关于审理民间借贷案件适用法律若干问题的规定》第13条第1项、第3项。

的法律事实完全重合。同一法律事实，要么属于刑事犯罪，要么属于民事行为，非此即彼。如一笔民间借贷，如果构成"套路贷"犯罪，那么就不属于普通的民事行为。双方之间的关系就不再是债权人和债务人，而是犯罪分子与被害人。1998年最高人民法院《关于在审理经济纠纷案件中涉及经济犯罪嫌疑若干问题的规定》第11条规定："人民法院作为经济纠纷受理的案件，经审理认为不属经济纠纷案件而有经济犯罪嫌疑的，应当裁定驳回起诉，将有关材料移送公安机关或检察机关。"《民间借贷规定》中也规定："人民法院立案后，发现民间借贷行为本身涉嫌非法集资犯罪的，应当裁定驳回起诉，并将涉嫌非法集资犯罪的线索、材料移送公安或者检察机关。"[1]很显然，法律事实竞合时刑事程序优先运行。这一方面体现了法律对公共秩序和公共利益的重视，另一方面也有利于对事实的认定和对纠纷的准确处理。毕竟民事诉讼是私人之间的诉讼，而刑事诉讼是国家主导进行的诉讼，公安机关、检察机关强大的诉讼能力是纠纷得到准确处理的保障。在这里，人民法院移送犯罪线索之前，已经先裁定驳回起诉。那么，如果线索移送后被证否该怎么办？《民间借贷规定》也作了规定："公安或者检察机关不予立案，或者立案侦查后撤销案件，或者检察机关作出不起诉决定，或者经人民法院生效判决认定不构成非法集资犯罪，当事人又以同一事实向人民法院提起诉讼的，人民法院应予受理。"[2]这样的处理方式，就是先刑后民的生动说明。

（二）法律事实牵连：刑民并进

法律事实牵连，是指引发刑事法律关系的法律事实与引发民事法律关系的法律事实之间具有一定联系但并不完全重合，只是在构成要素的某些方面存在部分交叉、重合。在这种情况下，可以认为二者不属于同一法律事实。1998年最高人民法院《关于在审理经济纠纷案件中涉及经济犯罪嫌疑若干问题的规定》第10条规定："人民法院在审理经济纠纷案件中，发现与本案有牵连，但与本案不是同一法律关系的经济犯罪线索、材料，应将犯罪嫌疑线索、材料移送公安机关或检察机关查处，经济纠纷案件继续审理。"同样地，

---

[1] 参见最高人民法院《关于审理民间借贷案件适用法律若干问题的规定》第5条第1款。

[2] 参见最高人民法院《关于审理民间借贷案件适用法律若干问题的规定》第5条第2款。

《民间借贷规定》中也规定："人民法院立案后，发现与民间借贷纠纷案件虽有关联但不是同一事实的涉嫌非法集资等犯罪的线索、材料的，人民法院应当继续审理民间借贷纠纷案件，并将涉嫌非法集资等犯罪的线索、材料移送公安机关或者检察机关。"① 此时的程序处理方式就是刑民并进，刑事案件与民事案件的程序共同进行。如果民间借贷的基本案件事实必须以刑事案件审理结果为依据，而该刑事案件尚未审结的，人民法院应当裁定中止诉讼，而不是裁定驳回起诉，依然保持刑事与民事共同运行。

（三）涉众型案件的特别规定

在涉及刑事犯罪的民间借贷案件中，涉及非法吸收公众存款和非法集资的案件比较特殊，因为这两类犯罪属于涉众型犯罪。《全国法院民商事审判工作会议纪要》中指出："涉嫌集资诈骗、非法吸收公众存款等涉众型经济犯罪，所涉人数众多、当事人分布地域广、标的额特别巨大、影响范围广，严重影响社会稳定，对于受害人就同一事实提起的以犯罪嫌疑人或者刑事被告人为被告的民事诉讼，人民法院应当裁定不予受理，并将有关材料移送侦查机关、检察机关或者正在审理该刑事案件的人民法院。受害人的民事权利保护应当通过刑事追赃、退赔的方式解决。正在审理民商事案件的人民法院发现有上述涉众型经济犯罪线索的，应当及时将犯罪线索和有关材料移送侦查机关。侦查机关作出立案决定前，人民法院应当中止审理；作出立案决定后，应当裁定驳回起诉；侦查机关未及时立案的，人民法院必要时可以将案件报请党委政法委协调处理。"②《全国法院民商事审判工作会议纪要》中的提示很清楚，对于涉嫌涉众型犯罪的民间借贷案件，只作刑事处理，受害人的民事权利保护通过刑事追赃、退赔的方式解决。除非不构成犯罪，否则人民法院对相关民事诉讼将不予受理。

五、立体式监督：民间借贷案件的审查要点

根据上述分析，我们可以总结出检察机关对民间借贷案件在刑民交织关系中的审查要点：

---

① 参见最高人民法院《关于审理民间借贷案件适用法律若干问题的规定》第6条。
② 参见《全国法院民商事审判工作会议纪要》第129条。

一是审查是否为"套路贷"案件。"套路贷"是以非法占有为目的,假借民间借贷之名,诱使或迫使被害人签订"借贷"或变相"借贷""抵押""担保"等协议,通过虚增借贷金额、恶意制造违约、肆意认定违约、毁匿还款证据等方式形成虚假债权债务,并借助各种手段非法占有被害人财物的违法犯罪活动。实践中,"套路贷"案件常见手段包括:(1)制造民间借贷假象、签订金额虚高的借贷协议或相关协议;(2)制造资金走账流水等虚假给付事实;(3)故意制造违约或肆意认定违约;(4)恶意垒高借款金额;(5)软硬兼施索债。

二是审查是否为"职业放贷人"案件。对于民间借贷纠纷中疑似的"职业放贷人",要进行关联案件检索,通过网络数据平台及其他方式查询调取出借人一段时期内提起的其他所有类似诉讼、执行案件及关联案件。"职业放贷人"往往会在法院有多起民间借贷诉讼案件,或通过关联关系人提起诉讼,并通过债权转让、买卖合同、租赁合同等虚假民事行为掩盖"套路贷"犯罪。通过对所有案件调集并综合审查,比对分析,甄别是否属于违法犯罪行为。

三是审查是否为虚假诉讼案件。在办理民间借贷案件中,对下列情形应当重点审查:(1)出借人明显不具备出借能力的;(2)出借人起诉依据的事实和理由明显不符合常理的;(3)出借人不能提交债权凭证或者提交的债权凭证存在伪造可能的;(4)当事人双方在一定期间内多次参加民间借贷诉讼的;(5)当事人一方或双方无正当理由不到庭参加诉讼,委托代理人对借贷事实陈述不清或者陈述前后矛盾的;(6)当事人双方配合默契,主动迅速达成调解协议,并请求人民法院出具调解书的;(7)当事人双方为夫妻、朋友等亲近关系或者关联企业等共同利益关系的;(8)案外人提出异议的;(9)一方当事人负有多个债务,被人民法院强制执行或列为失信被执行人。

四是审查是否存在其他刑事犯罪情形。即要审查民间借贷关系中是否涉及非法吸收公众存款犯罪和集资诈骗犯罪,是否存在高利转贷犯罪,是否存在以寻衅滋事、非法拘禁、非法侵入住宅等违法犯罪手段强索债务的行为。

当然,除了这些与刑民交织相关的内容,检察机关对民间借贷案件还有其他审查要点。如不涉及刑事犯罪的民间借贷案件,检察机关要审查民间借贷事实发生、款项交付、合同履行、证据采信、利息计算等内容,限于本文主题此处不赘述。

六、协同式监督：部门联动协作实现司法公正

从"检例第87号"指导性案例的指导意义中，我们可以看到对此类案件开展刑民协同监督的必要性。在监督此类案件过程中，必须加强检察机关内部各部门联动，按照"优势互补"原则，建立民事检察部门与其他部门分工协作配合机制，健全信息共享、案情通报、案件移送制度。负责民事检察的部门与负责刑事检察、司法人员相关职务犯罪侦查、控告申诉等部门密切协作，建立双向线索移送、双向效果反馈机制。民事检察部门在监督过程中发现的涉嫌违法犯罪线索及时移送刑检部门处理，其他部门在办案中发现涉嫌虚假诉讼线索及时移送民事部门审查，发挥各自优势。民事检察部门主动参与"扫黑除恶"专项斗争，积极关注"套路贷""暴力催收"等可能涉及虚假诉讼的涉黑涉恶违法犯罪线索，从中挖掘监督线索。在民事案件监督办理过程中发现涉嫌虚假诉讼刑事犯罪的，移送公安机关前可以先商请刑事检察部门把关，看是否达到刑事追究证据标准。如果公安机关推诿拖延，合理期间内未侦查终结甚至不启动侦查的，刑事检察部门可以及时开展立案监督。如果发现审判人员、执行人员参与虚假诉讼活动的，及时将案件线索移送相关部门处理。监督工作中需要识别证据真伪的，委托技术部门审查鉴定。通过检察业务部门之间的配合协作，形成监督打击虚假诉讼的工作合力。

刑民交叉案件民事裁判监督研究

李 珂*

摘 要： 刑民交叉案件既涉及民事法律关系又牵涉刑事法律关系，两者关系交织，准确界定和识别民刑法律关系是正确处理此类案件的前提。对于刑民交叉案件的识别，可采用以是否"同一事实"为正向识别标准，以是否具有民事或行政违法性为反向排除标准相结合的方式，确定案件应适用的民事诉讼程序。对民刑交叉案件的民事裁判监督，应灵活运用抗诉和检察建议相结合的监督方式，支持和促进人民法院强化审判监督和自我纠错功能，维护适法统一，实现司法公正。

关键词： 刑民交叉 同一事实 抗诉 检察建议

刑民交叉案件的审查涉及程序和实体两个方面的问题。程序问题的处理又直接影响当事人实体权利能否得到应有的保障。在司法实践中，刑民交叉案件纷繁复杂，表现形式各式各样。为了保证及时、合法、准确地打击犯罪活动与充分维护当事人合法民事权利，对于民事纠纷涉嫌刑事犯罪的案件，是否需要分案处理以及分案后如何处理等问题均是司法实务亟须回答的。目前，对于刑民交叉案件的审理，不同法院之间对"同一事实"的认识和把握仍存在一定的差异，例如在民间借贷纠纷涉嫌非法集资类犯罪时，牵涉的出借人众多，有的出借人通过民事诉讼，顺利获得了胜诉判决；有些则被人民法院驳回起诉，将案件线索移送公安机关作刑事案件立案处理。同案不同判的情况时有发生，这显然有悖人民法院审理民事案件，对当事人在适用法律

---

* 李珂，上海市人民检察院第一分院检察官助理。

上一律平等的原则。检察机关在办理刑民交叉民事裁判监督案件过程中，对人民法院裁定驳回起诉进行分案处理的或径直作出判决未分案处理的，应当注重审查对"同一事实"的认定是否准确；对已有刑事判决，人民法院仅就民事法律关系作出判决的，应注重审查合同效力认定、责任确定是否恰当。

一、民事裁判监督视野下的刑民交叉案件范围

"刑民交叉"本身并非法律概念，而是我国司法实践中对刑事案件涉及民事经济纠纷，或者审理民事经济纠纷案件发现涉及刑事犯罪现象的概括表述。[①] 刑民交叉案件的范围与刑民交叉的概念界定密切相关。目前理论界和实务界对刑民交叉案件概念的认识仍有分歧，法律上亦缺乏明确的定义。既有民事法律关系又可能涉嫌刑事犯罪的笼统界定主要表达的是刑民关系，并未能揭露刑民交叉案件的本质特征。对于刑民交叉案件类型，学界存在不同的认识，目前理论界主要有牵连关系、竞合关系的二分说，牵连关系、竞合关系、疑难关系三分说以及牵连关系、竞合关系、部分牵连或部分竞合以及疑难关系四分说等，并且不同学说之下又有不同的观点。可见，对于刑民交叉案件的类型范围，尚缺乏统一认识。刑民交叉的概念及案件类型范围的不确定性，会影响统一适法标准的确立，影响司法公信力。因此，有必要先明确刑民交叉的概念及案件类型范围，以避免单纯将刑民交叉案件泛化为刑民关系案件，导致包含的案件类型范围过广而让人无所适从。

民事裁判监督视野下的刑民交叉案件范围，可从正反两个方面进行限缩。从正向确定的角度，应聚焦于刑事法律关系影响民事诉讼程序进程或民事实体权利保护的案件。从反向排除来看，应先排除不同性质的案件由同一个审判机构合并主管的情形，如刑事附带民事诉讼案件，此类案件项下的刑事法律关系与民事法律关系并非交叉而是附带的关系。对于刑事法律关系与民事法律关系明显关联不大的案件，亦应排除在外。

---

① 参见张永泉：《法秩序统一视野下的诉讼程序与法律效果的多元性——以竞合型刑民交叉案件为视角》，载《法学杂志》2017年第3期。

二、刑民交叉案件的识别

刑民交叉案件的识别与刑法原理、刑民法秩序的统一性及现有法律规范的规定密切相关。根据刑法属于第二次违法行为规范形式的原理，只有在行为突破民事或行政合法性范畴，并上升至需要运用刑法的二次性评价原理和二次性评价的技术操作手段，才能引发刑事法律关系。① 同时，刑民交叉案件的识别，还要遵循法秩序的统一性，刑法与民法等部门法所规范的秩序不能相互矛盾。最高人民法院于1998年颁布实施的《关于在审理经济纠纷案件中涉及经济犯罪嫌疑若干问题的规定》（以下简称《经济纠纷涉及经济犯罪若干规定》）第1条规定："同一公民、法人或其他经济组织因不同的法律事实，分别涉及经济纠纷和经济犯罪嫌疑的，经济纠纷案件和经济犯罪嫌疑案件应当分开审理。"第11条规定："人民法院作为经济纠纷受理的案件，经审理认为不属经济纠纷案件而有经济犯罪嫌疑的，应当裁定驳回起诉，将有关材料移送公安机关或检察机关。"依据该规范规定，结合刑法原理及法秩序统一的价值追求，刑民交叉案件的识别只有存在民事违法性的前提下，才有必要考虑涉嫌刑事犯罪的问题。因此，如不存在民事违法性，则无须考虑刑民交叉的问题；如存在民事违法性，则需进一步考虑民事法律关系是否有独立存续的空间。如有，则应采用刑民并行的审理路径；如没有，则采用刑事合并民事的审理路径。就民事法律关系是否有独立存续的空间，应当依照现有规范进行甄别。较为典型的规范有：2014年3月25日"两高一部"印发的《关于办理非法集资刑事案件适用法律若干问题的意见》及2019年1月30日"两高一部"印发的《关于办理非法集资刑事案件若干问题的意见》均明确，非法集资刑事案件中，有关单位或者个人就同一事实向人民法院提起民事诉讼、附带民事诉讼或者申请执行涉案财物的，人民法院不予受理。可见在非法集资案件中，"同一事实"项下的民事法律关系并无独立存续的空间。最高人民法院《关于审理民间借贷案件适用法律若干问题的规定》（以下简称《民间借贷规定》）第5条又再次重申了上述规定。但《民间借贷规定》第6条规定，人民法院立案后，发现与民间借贷纠纷案件虽有关联但不

---

① 参见杨兴培：《刑民交叉案件中"先刑观念"的反思与批评》，载《法治研究》2014年第9期。

是同一事实的涉嫌非法集资等犯罪的线索、材料的，人民法院应当继续审理民间借贷纠纷案件，并将涉嫌非法集资等犯罪的线索、材料移送公安或者检察机关。该规定与《经济纠纷涉及经济犯罪若干规定》第1条的规范目的相同，刑事法律关系与民事法律关系的评价对象存在一定的差异性，民事法律关系具有独立存在的空间。由此可见，刑事法律关系与民事法律关系所评价的是不是"同一事实"，成为刑民交叉案件是否需要分案处理的认定标准。

三、"同一事实"的认定

（一）"同一事实"的内涵

依据《关于办理非法集资刑事案件若干问题的意见》以及《民间借贷规定》等法律规范，民行交叉案件的裁判路径是以"同一事实"的认定为基础确定的。对于"同一事实"的概念，在《经济纠纷涉及经济犯罪若干规定》以及最高人民检察院、公安部《关于公安机关办理经济犯罪案件的若干规定》中，均使用的是"同一法律事实"的概念。从法律规范应科学统一适用的角度，"同一事实"与"同一法律事实"指向应一致。本文统一使用"同一事实"。同时，从规范的目的来看，无论是"同一事实"还是"同一法律事实"，指向的均是：民事法律事实所涵摄的行为与刑事法律事实所涵摄的行为是同一的，这样才可能会导致民事裁判既判力与刑事法律既判力产生冲突。又因行为主体是人，故"同一事实"包括行为及主体的同一。在民事诉讼程序中，对"同一事实"的判断，应综合考虑当事人的诉讼请求、实体权利义务关系以及原因事实，因为无论是法律关系还是实体权利义务关系，刑民之间均不能简单地比较。对"同一事实"的判断，可从当事人的诉讼请求入手，确定其主张权利的对象及内容，同时结合事实原因确定实体权利义务关系，再提取其中的主体、产生实体权利义务的行为方式与刑事犯罪中的主体与行为方式进行比较，确定是否属于"同一事实"。例如，在民间借贷纠纷中，贷款人诉请借款人还款，依据的是双方之间的民间借贷关系及贷款事实。如民事法律事实中的"借贷合意＋交付行为"，同时也是非法吸收公众存款犯罪中向非法集资活动投入资金的行为或是犯罪嫌疑人利用借贷合同骗取借款人钱款的行为，那么应认定为"同一事实"；在买卖合同纠纷中，付款人诉请交付货物,依据的是双方之间的买卖合同关系及付款事实。如买卖合同及付款事实同时也是合同诈骗犯罪中的虚构事实等手段骗取对方财产的行为,那么应认定为"同一事实"。总之,一行为如果构成犯罪,应当依照刑事诉讼程序追究其刑事责任,基于该行为法律事实所产生的民事法律关系之独立民事诉讼程序即告消灭,基于同一事实不能够并存刑事犯罪和独立民事责任两重性质,也不能同时适用两种诉讼程序。① 此外,"同一事实"的认定一般在给付之诉中出现,在形成之诉和确认之诉中,一般很少会涉及对"同一事实"的判断。

(二)"同一事实"认定困境

在司法实践中,有一个实际问题无法绕开,即在审理刑民交叉案件时,人民法院的民商事审判庭是否有能力对行为是否涉嫌刑事犯罪作出准确的识别? 在多大程度上可以认为是涉嫌刑事犯罪?

刑法与民法对公民权利保护的侧重点不同,刑事救济手段并不当然排斥民事救济,如何把握尺度能够尽可能减少对民法发挥作用的限制也是一个难题。② 刑民交叉案件中有很大一部分案件是涉嫌非法集资犯罪的,而时下,集资类刑民案件本身在司法实践中存在诸如"社会公众"含义界定模糊、不重视直接与间接融资行为的区分等值得反思和探讨的问题。③ 在此情况下,人民法院对此类案件在尚无刑事立案的情况下,应谨慎适用裁驳程序。否则,原告一方面可能面临如刑事案件未侦破,赔偿将无限期拖延,权利无法得到保护的风险;另一方面可能会助长被告选择性履行债务的道德风险。从我国刑事诉讼制度来看,公安机关是刑事犯罪的立案和侦查机关。且不说罪犯只有经过人民法院的审判才能定罪。即便是刑事犯罪嫌疑,也必须由公安机关立案进行侦查后才能确定。由人民法院的民商事审判庭在公安机关未立案的情况下,直接来确定民事诉讼当事人是否存在犯罪嫌疑,一定是有不少困难

---

① 参见张永泉:《法秩序统一视野下的诉讼程序与法律效果的多元性——以竞合型刑民交叉案件为视角》,载《法学杂志》2017年第3期。

② 参见江伟、范跃如:《刑民交叉案件处理机制研究》,载《法商研究》2005年第4期。

③ 参见刘宪权、李振林:《集资类案件中的刑民交错现象及其归宿》,法律出版社2017年版,第61页。

的，而且各个法院认识不同，把握的尺度也很难一致。"同案不同判"的现象自然会时常发生。由民商事审判庭对民事案件中是否存在刑事犯罪问题进行评价，本身不得不说存在很大的操作难度。

四、刑民交叉案件民事裁判监督路径

根据《民事诉讼法》第216条之规定，当事人仍不服法院裁判的，可以向检察机关申请法律监督。检察机关的民事裁判监督程序处于司法审判的后置位，从时间跨度上来看，有些与一审、二审裁判可能相距几年之久，因此，检察机关在法律监督程序中所面临的情形，很有可能是法院裁判过程中未遇见的新情况。在某种程度上，比人民法院在刑民交叉案件中所面临的困境要小。例如，公安机关对刑事犯罪事实进行了立案侦查、公安机关或检察机关补充了新的犯罪事实、人民法院在审判过程中确认了新的犯罪事实等。因此，尽管呈现在检察机关面前的案件情况可能更为复杂，要兼顾和平衡的利益可能更多，但是相关的证据材料也会更加丰富，这对于刑民交叉案件的正确处置是有利的。目前，司法文件或司法解释虽对涉刑民事案件的司法处理有明确的规定，但尚不足以为司法实践提供有力的指导。① 如何正确应对刑民交叉案件中出现的此类问题，是检察机关在民事裁判监督程序中需要探究的。具体分析如下：

（一）民事裁判生效后刑事案件立案

引发此类情形的原因有二：一是民事案件的原告，选择向人民法院提起民事诉讼，而非向公安机关报案。例如，借款人到期未清偿借款且下落不明的，出借人认为借款人的借款行为涉嫌诈骗犯罪的，既可以选择向公安机关报案，也可以选择直接向人民法院提起民事诉讼，维护自己的合法权益。因此，就会产生一部分民事案件的被告在人民法院已就民事纠纷作出生效判决后被刑事立案。二是原告利用民事诉讼程序，凭借伪造的证据或虚假的事实等，获得了有利判决。在判决生效后，被告向公安机关报案，原告被刑事立案的。对于上述两类案件，检察机关在审查过程中，首先应对刑事立案的犯

---

① 参见莫红：《破解刑民交叉司法困境的现实路径——以非法集资类案件为视角》，载《西南民族大学学报（人文社会科学版）》2017年第12期。

罪行为与民事法律关系所指向的行为是否属于"同一事实"作出判断，即在法律规范上，民事法律关系是否有独立存在的空间。如有民事法律关系独立存在的空间，那么刑事犯罪行为与民事法律行为所指向的事实并非"同一事实"，仅具有牵连关系或完全无关，此时即便刑事立案也不影响民事案件独立审理。对此，检察机关无须就刑民交叉问题进行法律监督。如果犯罪行为与民事法律关系所指向的事实属"同一事实"或一时难以判断的，为谨慎起见，检察机关应当中止案件的审查，等待刑事审查的结果。检察机关中止审查，不仅是考虑到民事裁判监督案件的审查要以刑事案件的审查结果为依据，而且要顾及此时的民事裁判是生效裁判，具有既判力和执行力，不能轻易被否定。刑事案件尚处于立案侦查或审查起诉阶段，民事案件的当事人是否构成犯罪，尚需等待人民法院的裁判结果。在此情况下，检察机关要避免机械理解和适用有关司法解释，应注重维护生效裁判的司法权威。如在"同一事实"的情况下，刑事判决最终认定民事案件相关当事人构成刑事犯罪的，应作区分处理：原告构成刑事犯罪的，检察机关应当进行提出抗诉或再审检察建议，纠正错误判决；如被告构成刑事犯罪的，生效判决尚未执行完毕，又存在其他被害人且被告无力全额退赔的，检察机关可视情形制发执行检察建议，督促法院对执行款作合理分配。

（二）民事诉讼程序进程中刑事案件已立案但尚未作出判决

检察裁判监督对此类情形需要进行干预往往多发于涉及多位受害人或投资人的涉众型经济犯罪中。例如在集资诈骗或非法吸收公众存款犯罪中，犯罪嫌疑人对每一位受害人或投资人使用的手段基本相同。有些受害人选择向公安机关报案，希望通过刑事诉讼程序维权，而有些受害人则选择通过提起民事诉讼的方式维护自己的合法权益，两种程序有时是同时进行或接连进行的。因涉及面较广，此类案件时常会出现多地人民法院均有相应管辖权的情况，因此，也就容易出现在某一地区此类案件不再适用民事诉讼程序，而统一将线索移送公安机关，而在另一地区，人民法院照常适用民事诉讼程序审理。对于此类案件的审查，一方面要考虑到某些人民法院尤其是异地人民法院难以知晓刑事犯罪的立案和侦查起诉情况，或者即便知晓，但原告尚未被列为刑事受害人，人民法院只能依法推进民事诉讼程序。因此，此时所涉及的刑事法律关系与民事法律关系显然是能够共存的。只是对于民事法官来讲，对于同一被告的同类行为已经被刑事立案的情况下，应当谨慎且高度关注。《民事诉讼法》第153条第1款第5项规定，如案件必须以另一案的处理结果为依据而另一案尚未审结的，应中止诉讼。因此，在此类刑民交叉案件中，在很难作进一步判断的情况下，不妨中止民事案件的审理，待刑事诉讼程序作进一步明确。此种处理方式，同样是符合刑民并行审理要求的，只不过不必然在诉讼程序的具体推进上是"同时"的。当然，这里还涉及对诉讼中止必要性的判断，但遗憾的是，在刑事案件或民事案件优先审理的"必要性"的界定上，法律或司法解释尚未形成实质性的突破。① 同时，要防止刑事诉讼程序对民事诉讼程序过度的拖延。例如，在非法吸收公众存款犯罪的情况下，目前存在"民间借贷"被混同于"非法集资"的情况，② 对于民间融资行为，往往一出现问题，就很容易被划入非法集资的范围，以刑事处罚的方式进行处理，体现了较为浓厚的国家本位主义。因此，某些刑事犯罪的判断本身存在一定的不确定性，如在民事诉讼过程中一味追求刑事案件的审理结果，可能会造成权利人因等待漫长的刑事诉讼程序，其权利无法得到及时保护。综合上述分析，对于此类案件的民事裁判监督，应考虑到即便最终原告在刑事判决中被列为受害人或被列为投资人参与刑事追赃分配，但实质上对民事判决并无否定性评价，更多的是人民法院在推进民事诉讼程序存在一定瑕疵，如人民法院对于同类型的案件存在选择"先刑后民"或"民刑并行"审理程序随意等不规范的情况，可通过制发类案检察建议的方式进行法律监督。

（三）民事裁判生效前刑事案件已作出判决

人民法院对民事纠纷在经审理作出裁判之前，如相关刑事案件已有裁判的，该刑事裁判对民事诉讼将主要产生两个方面的影响：第一，诉讼程序。如刑事判决所确认的犯罪行为与民事法律行为系同一事实，那么就符合司法解释所规定的全案移送条件。第二，实体权利。如民事案件中认定的事实在刑事判决中亦有认定，因刑事犯罪的证明标准一般要高于民事诉讼程序，因此，刑事案件中认定的事实将会对民事诉讼中认定的事实产生影响，进而影

---

① 参见纪格非：《论刑民交叉案件的审理顺序》，载《法学家》2018年第6期。
② 参见江琳清：《非法集资类刑民交叉案件审理规则探究》，载《司法改革论评》2015年第1期。

响当事人实体权利的保护。

对本应由刑事法律规范的行为通过民事诉讼程序以民事法律关系作出裁判，应当予以纠正的情形，应作适当区分。重点应关注原告所诉请的民事法律关系所指向的行为构成犯罪的情形。理由是：第一，前文已述，刑法属于第二次违法的规范形式，本质上属于后置法，用于规制那些超出前置法律规范范围的行为。犯罪行为已然超出民法能够调整的范围而进入刑法评价领域，社会危害性已进入刑法规制的范畴，进而触犯了刑法的规定，[①]应由刑事法律规范进行规制。以民事法律关系对双方的实体权利义务作出裁判，就会造成刑事犯罪行为"降格"为民事法律行为，其违法程度被弱化，其社会危害性未得到应有的法律评价。第二，生效民事判决所具有的既判力和执行力与惩治犯罪行为在理论上存在一定的违和性，不利于彰显司法权威和法律文书的严肃性。生效民事判决在被依法撤销之前，具有既判力和执行力，即胜诉方有权依据生效判决申请人民法院强制实现判决所确定的权利义务关系。尤其是胜诉方构成犯罪的，如仍然维持民事判决的既判力和执行力，将产生犯罪人仍有权依据民事生效判决获取相关违法利益的荒谬结果。对于被告涉嫌犯罪的，尤其是涉众型经济犯罪的，受害人的民事权利保护根据规定确实应当通过刑事追赃、退赔的方式解决。这主要是考虑到涉众型经济犯罪往往所涉人数众多、当事人分布地域广、标的额特别巨大、影响范围广，严重影响社会稳定，如这些案件仍通过多个独立的民事诉讼来处理，不利于案件的一体解决和被害人公平受偿，维护社会稳定。但对于检察机关民事裁判监督来讲，我们也应考虑到刑事判决影响民事判决既判力主要在于刑事判决所认定的事实是否足以推翻民事裁判。不能因为被告构成犯罪，反而削弱已有生效民事判决所确认的对原告的权利保护。如民事案件的胜诉方系刑事案件的受害人一方，在事实认定无误的情况下，应谨慎启动监督程序，尽可能通过执行程序处理公平受偿的问题。

---

① 参见杨兴培：《刑民交叉案件法理分析的逻辑进路》，载《中国刑事法杂志》2012年第9期。

涉众型经济犯罪民刑交叉案件一体化处理与检察监督路径构建探析

王 玮*

摘 要： 非法吸收公众存款、集资诈骗等涉众型经济犯罪民刑交叉案件检察监督涉及生效民事裁判撤销、涉罪合同效力认定、涉案财物处置、执行竞合等问题，实务中因合同效力认定标准不一，涉案财物处置民刑执行程序冲突等，影响检察机关的监督把握。为完善类案监督，通过对此类案件生效民事裁判应予撤销的论证来解构检察监督之基础，继而提出构建涉众型经济犯罪民刑交叉案件一体化处理模式，将检察监督嵌入一体化模式程序中，使民事检察监督工作得以更深入地切入类型化案件的监督中，为民事检察工作的精准、深入提供新契机。

关键词： 涉众型经济犯罪 民刑交叉 检察监督 一体化处理 涉罪合同效力

涉众型经济犯罪案件所涉人数多、分布地域广、标的额巨大，严重影响社会稳定。特别是近年来，非法吸收公众存款罪、集资诈骗罪等案件多发，导致部分民间借贷纠纷判决生效进入执行后，发现民事案件当事人一方又涉嫌刑事犯罪，且在先民事裁判事实是犯罪事实的一部分，刑事判决生效后，要求对在先民事裁判启动监督撤销的情形广泛存在，其中就涉及涉罪合同的效力认定、民事裁判执行与刑事执行程序竞合冲突、刑事执行分配及民事执行回转等问题，由于缺乏统一标准与具体规定，导致检察机关与法院就是否

---

* 王玮，浙江省温州市人民检察院四级高级检察官。

提出检察监督、是否启动再审审查把握不定、做法不一，影响司法公信。尤其在涉及民刑交叉财物处置等关乎当事人切身利益时，矛盾尤为突出。

随着民法典的出台，其体系化、现代化、协调化将使民事检察工作得以更深入地切入类型化监督和研究。为此，本文以类案监督完善为指导，从涉众型经济犯罪民刑交叉案件类案特征角度出发，分析现实困境、解构检察监督基础，探索构建在刑事诉讼程序启动时，同时启动对民事裁判监督、涉案财产处置等的一体化监督处理模式，并阐明一体化监督处理程序的正当性基础、指导原则及具体路径设置。以期更为便捷有效地化解涉众型案件的涉法信访风险，实现民事生效裁判与执行程序的精准监督，维护司法公信、推动社会治理，促进社会和谐。

一、问题起源：检察监督视角下的涉众型经济犯罪民刑交叉处理困境

（一）执行冲突问题

在涉众型经济犯罪民刑交叉案件中，普遍存在债权人原已通过民事诉讼取得生效民事法律文书并进入执行程序，刑事案件又将同一事实认定为犯罪事实并判令涉罪债务人退赔损失，民事债权人的权利保护被纳入了刑事追赃、退赔范畴，从而造成此类民刑交叉案件民事执行程序与刑事执行程序竞合冲突的问题。

目前，我国立法和司法解释对上述情况下如何执行分配没有明确的程序规定。司法实践中，法院大多直接终结民事执行程序，将未执结部分纳入刑事追赃退赔分配中。但对于财产不足以支付又同时承担刑事责任、民事责任的被执行人，司法解释规定的执行顺序为先退赔被害人的损失再执行其他民事债务。因此，在被执行人财产不足以全额支付的情况下，可能导致依据民事裁判执行的当事人由于执行顺位在后而利益受损；即使被执行人财产足以支付，也将导致因未能在刑事处理前取得民事执行依据，而被排除民事诉权的当事人只能通过刑事追赃退赔方式得到补偿，且债权利息等期待利益无法在刑事执行中得到支持从而使其在刑事执行中分配到的利益远低于取得民事执行依据的当事人，造成受偿结果不公。

针对上述执行竞合困境，理论界存在不同的意见主张：（1）民事执行作为执行兜底：同一事实的生效民事判决可作为财产处置依据，通过刑事程序不足以补偿被害人损失的，可以申请恢复民事判决的执行，将其作为执行兜底。①（2）赋予当事人执行程序的自主选择权：认为直接终结民事执行程序的做法缺乏法律依据，剥夺了当事人的程序选择权，在民事判决没有被撤销的情况下，申请执行人应当具有程序选择权。②（3）适用商法清算程序解决执行分配：将民事诉讼从刑事诉讼中分离出去，使涉案财产的清算适用商法清算程序，建立自然人的破产制度以便于依法进行涉案财产的清算。③（4）建立涉案财物先期处置程序：对确有先期处置必要，权属关系明确，不影响诉讼活动的涉案财物启动先期处置程序，由法院采用不同程序进行审查并作出是否同意先期处置的裁定。④

笔者认为，上述观点皆存在一定缺陷：将民事执行作为执行兜底，不能解决实务中存在两个执行依据的矛盾，且由于实际分配不足使得执行兜底毫无意义；赋予当事人执行程序的自主选择权无法解决民刑执行标准不一的问题，难以实现执行分配的公平统一；适用商法清算程序目前尚缺乏法治基础；建立涉案财物先期处置程序无法有效化解矛盾更无利于程序的公平与效率要求。

（二）涉罪合同效力认定争议

实务中，检察机关对涉刑的在先民事裁判进行监督要求法院撤销的前提是对民事合同有效性的否认。因此，对涉罪合同效力认定的把握将影响检察监督的启动。司法实践中，上述因刑事执行而直接终结民事执行的做法也将引发对涉罪合同效力的认定争议。

关于涉罪民事合同效力问题，早期观点多基于刑法规范的强制性认为

---

① 参见谢勇、陈小杉：《非法集资案件财物处置刑民交叉的规范路径》，载《湘潭大学学报》2009年第2期。

② 参见邢会丽：《论刑民交叉案件中刑事退赔程序与民事执行程序的竞合》，载《法律适用》2019年第21期。

③ 参见陈醇：《非法集资刑事案件涉案财产处置程序的商法之维》，载《法学研究》2015年第5期。

④ 参见李玉华：《从涉众型经济犯罪案件看涉案财物的先期处置》，载《当代法学》2019年第2期。

"当然无效",但 2011 年浙江省德清县法院在《最高人民法院公报》2011 年第 11 期公布的案例中,法院认定借贷合同效力时并没有受刑事程序的影响,而是独立依据民商事规范有关合同效力的规定来判决。嗣后,学界亦基本倾向于认为非法吸收公众存款罪情形下单个借贷合同有效,集资诈骗情形下则为可撤销。① 对此,最高人民法院《关于审理民间借贷案件适用法律若干问题的规定》第 12 条更是明确规定涉罪合同为"不当然无效"并在第 13 条罗列无效情形。至《民法典》第 153 条对违反强制性规范的法律行为效力作出新的判断准则却是"原则无效,例外有效",又迥异于民间借贷司法解释的规定。2019 年"两高一部"《关于办理非法集资刑事案件若干问题的意见》第 1 条将"非法性"认定的规范依据从"国家金融管理法律规定"放宽到"可以根据法律规定的精神并参考金融管理部门规章或规范性文件予以认定",这意味着法律、行政法规以外的监管性规范也参与到影响私法行为效力的序列中来,显现出司法监管化的趋势。然至《民法典》出台,其第 153 条第 1 款有关"违反法律、行政法规的强制性规定的民事法律行为无效"的规定,又将导致合同无效的法律形式的范围限定在法律和行政法规,法律法规的强制性规定中哪些部分可能导致合同无效,仍无明确标准。

涉罪合同效力的盖无定论导致各地检察机关在审查此类案件时是启动再审监督还是作不支持监督处理做法不一,影响司法公信。

(三)民刑裁判既判力的冲突

民刑裁判既判力的冲突是民刑执行冲突的前提,同时又受涉罪合同效力认定的影响。实务中申请人将刑事判决作为"新的证据"要求检察机关对在先民事裁判进行监督的情形普遍存在。无论是法律事实竞合型刑民交叉案件,还是法律事实牵连型刑民交叉案件,法院对同一法律事实已作出裁判,裁判中的事实认定和法律定性是否会阻碍或制约另一个异质的诉讼程序,这是刑民交叉案件中最为激烈的一种冲突。这里既涉及刑事裁判对民事裁判的效力问题,反之也涉及民事裁判对刑事裁判的效力问题。② 经济纠纷与经济

---

① 参见刘宪权、翟寅生:《刑民交叉案件中刑事案件对民事合同效力的影响研究——以非法集资案件中的合同效力为视角》,载《政治与法律》2013 年第 10 期。

② 参见宋英辉、曹文智:《论刑民交叉案件程序冲突的协调》,载《河南社会科学》2015 年第 5 期。

犯罪有时界限模糊，对同一事实的定性会出现截然相反的结论，产生裁判冲突，有损法律权威。如果不对这些同一事实下的不同定性、不同法律评价作出统一，经济市场的稳定性和裁判的权威性都会受到冲击。

最高人民法院《关于适用〈中华人民共和国民事诉讼法〉若干问题的意见》规定，已被人民法院发生法律效力的裁判所确定的事实属于免证事实。因此，刑事裁判对民事诉讼具有预决效力。在经济犯罪与经济纠纷的刑民交叉案件中，对于法律事实竞合型刑民交叉案件，已经定性为经济犯罪的刑事判决应当对民事诉讼产生预决效力，犯罪事实不能作为经济纠纷进行审理；刑事裁判对经济犯罪作否定性评价的，不影响经济纠纷的审理。对于法律事实牵连型刑民交叉案件，刑事裁判中的事实认定可以作为直接民事审理依据，无须举证。①但对于民事裁判在先，刑事裁判在后而产出的既判力冲突并无明确规定，特别是涉众型经济犯罪民刑交叉项下的裁判冲突更是极易引发司法混乱。

二、分歧回应：解构涉众型经济犯罪民刑交叉案件检察监督之基础

法治应以社会保护与社会关系的修复为逻辑展开，在处理涉众型经济犯罪民刑交叉案件时，不应当让刑事控诉权与当事人的民事救济权各行其道，而应当注重权利维护的平等、统一，树立法律权威，有效地协调民刑交叉冲突困境，维护利益平衡与社会稳定。

笔者认为，无论是从法律规定精神还是实务操作效果方面，在处理涉众型经济犯罪民刑交叉案件这一类案冲突时应当对生效民事裁判予以强制力监督撤销。理由有：

（一）类案特征决定应对涉众型经济犯罪民刑交叉问题介入强制力规范

如上所述，非法吸收公众存款、集资诈骗等涉众型经济犯罪涉案财物处置环节利益冲突尤其显著，民刑交叉导致的执行困境又是雪上加霜，导致实

---

① 参见宋英辉、曹文智：《论刑民交叉案件程序冲突的协调》，载《河南社会科学》2015年第5期。

务中涉法信访要求检察监督的情形比比皆是，而各地检察机关的处理又各不相同，有将刑事判决作为"新证据"提请抗诉的，也有认为不影响合同效力而作不支持的，也有一些检察机关基于考核考虑而事先与法院沟通好发送再审检察建议的。检察机关的监督态度不一，更加加剧了当事人对法律权威的怀疑及法治信任感的动摇，致使矛盾从私权冲突范围扩张到了私权与公权的冲突中，增加了不稳定因素，影响了社会和谐。

2018年浙江省高级人民法院《关于依法严厉打击与民间借贷相关的刑事犯罪　强化民间借贷协同治理的会议纪要》第4点规定："人民法院在审理民事案件过程中发现存在'虚增债务''伪造证据''恶意制造违约''非法吸收公众存款'及'集资诈骗'等犯罪嫌疑的，应当裁定驳回起诉，并将涉嫌犯罪的线索、材料移送公安机关或检察机关。人民法院对已按普通民间借贷纠纷作出的生效裁判，应当依法及时通过审判监督程序予以纠正。"据此，浙江省部分检察机关在债务人涉嫌犯集资诈骗罪、非法吸收公众存款罪后就在先民事判决部分向法院提出抗诉或发送再审检察建议要求撤销民事判决并最终获法院支持予以改判撤销。如瑞安市人民检察院依职权监督的蔡某某案，蔡某某向多人借款，各债权人分别对蔡某某提起民事诉讼要求还款，民事判决生效进入执行阶段。数年后，蔡某某因涉嫌集资诈骗罪被判刑，民事判决认定的民间借贷事实被刑事判决认定为犯罪事实，民事原告被确定为刑事案件被害人并被纳入刑事执行程序。为使执行标准统一，瑞安市院以上述会议纪要精神，对在先的6份民事判决向法院发送再审检察建议，最终6份民事判决均被法院再审撤销。

笔者认为，上述会议纪要之所以着意将非法吸收公众存款、集资诈骗等涉罪案件的相关民事裁判与虚假诉讼情形共同列为需要监督撤销的情形，即考虑到涉众型经济犯罪案件民刑交叉问题处置的特殊性与复杂性。基于对涉众型经济犯罪刑民交叉这一类型案件特征的考量，从严肃法律、化解矛盾、树立法治权威，消除私权与公权冲突角度考虑，不应再仅着眼于保护合同效力、维护意思自治等私权保护范畴，而应从维护公共利益、社会稳定角度出发，有效发挥公权力的强制规范作用，对涉众型经济犯罪民刑交叉问题介入检察监督，撤销在先民事裁判。

（二）执行标准的统一规范使撤销生效民事裁判成为必须

如上所述，涉众型经济犯罪民刑交叉案件的执行冲突主要产生如下两方面问题：一是原民事判决确定的债权人利益包含利息损失等期待利益，而刑事执行中只限于本金保护，在刑事执行分配时同一被害人存在两份内容不同的生效执行依据，若依据刑事判决确定被害人分配份额则与生效民事判决执行内容产生矛盾，并损害了被害人的债权利益，而若依据民事判决确定分配份额则有损刑事其他被害人的应得份额，且与刑事判决内容产生矛盾。二是若原民事判决已经全部或部分执行，刑事判决生效后被告人的财产不足分配的，而被害人通过在先民事执行获得的数额已经超过刑事判决所确定的其受损数额，为使刑事执行分配能够公平，将涉及是否应当对在先民事执行多得部分执行回转。因此，放任两份执行依据的存在将导致执行标准的不统一，不利于解决现实中的执行混乱问题。

2014 年最高人民法院《关于办理非法集资刑事案件适用法律若干问题的意见》第 7 条有关刑民交叉问题的规定有如下内容：一是对于同一法律事实的非法集资案件的审理、执行及涉案财物处置，均明确了"先刑后民"的原则。二是明确了对涉案财物的处置依照统一制定的方案，避免因财物处置不均而产生的社会问题。因此，非法集资涉嫌刑事犯罪不存在民事案件的可能，也就不存在中止民事诉讼的问题，而只能驳回和中止执行。严格而言，上述意见否定了此种案件类型中刑事诉讼与民事诉讼竞合的可能。①

此后，2019 年《全国法院民商事审判工作会议纪要》第 129 条有关涉众型经济犯罪与民商事案件的程序处理中规定："涉嫌集资诈骗、非法吸收公众存款等涉众型经济犯罪……对于受害人就同一事实提起的以犯罪嫌疑人或者刑事被告人为被告的民事诉讼，人民法院应当裁定不予受理，并将有关材料移送侦查机关、检察机关或者正在审理该刑事案件的人民法院。受害人的民事权利保护应当通过刑事追赃、退赔的方式解决。"

从上述规定内容反映，在涉案财物处置、被害人或债权人利益保护方面，最高人民检察院、最高人民法院的精神都是以刑事途径解决为本。因此，为明确执行依据、统一规范执行标准，撤销生效民事裁判成为必须。

---

① 参见张卫平：《民刑交叉诉讼关系处理的规则与法理》，载《法学研究》2018 年第 3 期。

（三）否定涉罪合同效力为判决权威维护的应有之义

一般而言，法院作出的判决一经生效，便具有相应的法律效力，即尊重生效裁判的既判力，不能任意撤销或改变，其起源于罗马法的"一案不二诉"。但需要注意的是，该论断是基于同一诉讼程序的前提，若在相异的程序中坚持上述论断，就缺少实质上的合理性。① 由于刑事诉讼和民事诉讼在设置目的、保护利益以及证明标准等方面的巨大差异，导致刑民交叉案件中刑事判决和民事判决间的效力差异，对于民刑裁判的既判力认定应同时考虑刑事程序与民事程序诉讼功能、证明标准、效力位阶等因素。

从诉讼功能和证明标准方面反映，刑事诉讼确立了"案件事实清楚，证据确实、充分"的刑事诉讼证明，且因为借助于公权力的侦查方法与技术手段，刑事判决认定的事实的客观真实性明显高于以"高度盖然性"、法官的自由心证为标准的民事诉讼。因此，在事实认定上刑事判决具有推翻民事裁判的权威性，即便是刑事诉讼的法律事实形成在后。

在裁判效力上，就同一事实而言，公法范畴的刑事判决的效力在位阶上应高于私法领域的民事判决，民事判决应服从于刑事判决内容。如果刑事判决在先，则判决认定的事实对嗣后的民事判决产生预决力；如果民事判决在先，即使其已经生效，嗣后的刑事判决的内容仍对其产生拘束力，刑事判决可以推翻民事判决的结果。②

因此，在涉众型经济犯罪民刑交叉问题下，为维护公共利益、社会稳定及裁判权威性，应支持就同一事实作出的民事裁判的效力被刑事判决的强既判力所消灭。且在先民事裁判的效力因受在后生效刑事判决的影响而被撤销并未违反法律规定，依据民事诉讼法中有关审判监督程序的规定，即便民事判决生效在先，倘若生效在后的刑事判决撤销或者变更了"据以作出原判决、裁定的法律文书"，或者刑事判决认定了"新的证据，足以推翻原判决、裁定的"等符合提起审判监督程序的情形时，当事人当然可以申请再审，也

---

① 参见施鹏鹏：《刑事既判力理论及其中国化》，载《法学研究》2014年第1期。
② 参见邵世星：《刑民交叉案件的民事检察监督——以后认定的刑事犯罪和前生效的民事裁判事实相关情形为对象》，载《中国检察官》2017年第4期。

可以由法院决定再审，或者由检察机关根据相应的事由启动监督。[①] 该通过审判监督程序对在先民事裁判的撤销纠正亦是对涉罪合同有效性否定的应有之义。

三、路径重构：涉众型经济犯罪民刑交叉案件检察监督一体化处理模式构建

（一）正当性论述

民刑交叉问题在大规制视角下表现为私法行为与刑事公法规制的紧张关系。人们的私法动机通常呈现为法律行为，但其无法抵御来自公法领域的社会规制与权利入侵，从而生成一种交叉张力。公民法律行为嵌入依附于国家社会的整体规制体系内，民刑交叉可以从博弈论视角理解为一个嵌入博弈，私法行为与公法规制之间存在矛盾张力也伴随依附与协同，对应的博弈均衡决定了法律结构和程序的优化选择。鉴于此，民刑交叉问题并无一劳永逸的普适性解决方案，因为规制语境的不确定性，只能在类型化的基础上，通过机制设计寻求现实条件下最适合的结构和程序安排。比如，2016年之前民间借贷规制的宽松语境与2016年之后的强监管语境的明显差异抑或为涉罪合同效力判断规则变化的原因之一。

因此，在此博弈嵌入视角下，以涉众型经济犯罪这一实务中较常见的类型化案件为基础，制定民刑交叉情境下的最优实体和程序安排成为可行。

（二）指导原则

1. 确立一体化的解决思路

所谓一体化思路，是指以类案解决思维，以涉众型经济犯罪民刑交叉案件的典型特征与背后冲突实质为考虑，确定民刑一体、依托刑事的程序方式，同时注重从个案中总结共性问题和合理解决方式，并延伸到类案冲突的解决，一体化解决此类案件的程序冲突问题。

[①] 参见贺辉、张鹏：《既判力视角下刑民交叉案件中的事实认定》，载《法律适用》2020年第14期。

2. 坚持从程序出发解决程序问题

民刑交叉案件的核心在于诉讼行为的冲突，试图通过实体法来解决程序法的方式只能是在个案中得以运用，并不具有普遍性，应向程序法回归，采取一些程序法的立法技术去解决此类问题。①

3. 兼顾效率与公平

现有涉案财物处置程序缺乏给予当事人发表主张与诉求的机会，故应在生效民事裁判撤销、涉案财物执行处置程序设置方面给予利害关系人行使异议权的机会，并依据异议情况选择适用相应的诉讼模式以兼顾效率要求。

（三）具体路径设置

1. 监督线索发现

建立民事检察部门与公诉部门间的协作机制，依托大数据平台，刑事检察部门在接收到涉众型经济犯罪案件时以及民事检察部门在收到当事人申请或依职权发现的民刑交叉案件监督线索时，应及时通过平台或协作机制规定的方式做好部门间的信息互通。

2. 监督启动

经民事检察部门审查，民事裁判认定事实与侦查机关移送审查起诉事实或公诉审查认定犯罪事实为同一事实的，在检察机关对刑事被告人提起公诉的同时，由民事检察部门制作发送有关撤销原民事裁判、统一处置涉案财物的检察建议书，与起诉书一并移送法院。

3. 对人诉讼与对物诉讼分离

法院采取对人诉讼与对物诉讼分离程序。对人诉讼是对定罪量刑问题所举行的法庭审理程序；对物诉讼是对生效民事裁判撤销、涉案财物处置问题所组织的法庭审理程序。前者由检察机关通过提交起诉书和量刑建议书加以启动，法院对于定罪问题和量刑问题分别组织法庭调查和法庭辩论，即现行的公诉庭审模式。后者是由检察机关通过提交检察建议书来启动，该程序融民事再审程序与涉案财物追缴、退赔等执行程序于一体。

---

① 参见宋英辉、曹文智：《论刑民交叉案件程序冲突的协调》，载《河南社会科学》2015年第5期。

4. 对物诉讼的模式

（1）公告、异议程序。法院在送达起诉书和量刑建议时，应当一并将检察建议书送达给被告人、被害人以及遗漏于被害人以外的生效民事裁判当事人，并参照违法所得没收特别程序的经验，发布公告，设置异议期。在公告期结束之前，被告人、被害人及民事裁判当事人可以就生效民事裁判与起诉书指控犯罪事实是否系同一事实、涉案财物处置问题等提出异议和申请。

（2）独立对物诉讼与附带对物诉讼。依据异议情况分独立对物诉讼模式与附带对物诉讼模式。在上述任何一方提出异议和申请的情况下，法院都要在对人诉讼之外组织独立的法庭审理程序，即独立对物诉讼模式。假如各方对是否同一事实或执行处置不提出异议，这就意味着被告人、被害人及民事裁判当事人放弃了诉权。在此情况下，为诉讼效率考虑，法院就没有必要对检察机关的检察建议进行实质性的审查，也无须举行专门的开庭审理程序，而是可以在对人诉讼法庭审理过程中，附带性地将同一事实认定及涉案财物处置问题纳入法庭调查和法庭辩论程序之中，或者在对人诉讼之外以书面审理的方式对上述问题进行审查，即附带对物诉讼模式。①

（3）对物诉讼模式构造。在有异议人并决定开庭审理的情况下，可由民事检察部门与刑事检察部门检察官共同出席法庭，没有异议人不独立举行对物诉讼庭审程序的，由于不涉及对检察建议的实质性审查，可由公诉人在对人诉讼环节一并宣读检察建议书。

对物诉讼的开庭审理应安排在对人诉讼之后，对物诉讼在融合民事再审程序及借鉴违法所得没收特别程序的基础上，由检察机关以程序启动人的身份参与诉讼程序并履行法律监督职能，由被告人、被害人及其他利害关系人共同参加诉讼。各方异议人众多的，可以推选1至2人作为代表参加。其中被执行人与被害人作为诉讼双方，原民事诉讼案件当事人方列入被害人方，构成与对人诉讼相似的三角式诉讼结构。一般情形下，法院需要在庭审活动中就生效民事裁判认定事实与涉案财物处置的相关事实展开法庭调查，先由检察机关宣读检察建议书，再由诉讼双方陈述观点意见，并出示相关证据，在诉讼双方有相互对立的观点时法庭可以组织双方进行质证、辩论。最后由异议人陈述最后意见。

---

① 参见陈瑞华：《刑事对物之诉的初步研究》，载《中国法学》2019年第1期。

（4）审理标准。对物诉讼在证明标准上适用民事诉讼的证明机制。对物诉讼的诉讼标的包括异议人对生效民事裁判认定事实与刑事指控事实是否同一及刑事执行分配的问题，故在对物诉讼中仅就事实是否同一性进行审理判断，不对具体事实认定进行详细审查，若足以证实民事裁判事实与刑事指控事实为同一事实的，即可裁定撤销生效民事裁判。

在对执行分配异议进行审理时，则要注重分配标准的统一性，特别是对于已经依据民事裁判申请执行并得到部分执行的被害人，在对其依据刑事执行标准核算后发现其已执行到位的财产多于依照刑事执行标准核算所应得的财产时，在民事裁判被撤销后是否要予以执行回转的问题。最高人民法院《关于刑事裁判涉财产部分执行的若干规定》第 11 条规定，如果民事债权人是善意的，不发生执行回转问题，否则将予以执行回转。故在此情况下应判断民事债权人获得执行财产时主观上是否明知被执行财产系刑事涉案财物，若明知则应认定为非善意，对多获得部分予以执行回转。

（5）裁判作出。对物诉讼可形成独立的裁定文书，法院在对定罪量刑问题作出判决的同时，以另行出具裁定的方式就民事裁判撤销、涉案财物处置一并作出裁定。检察机关认为裁定错误的，出于与对人诉讼判决的同步考虑，并非如民事监督程序中那样由检察机关跟进监督，而是赋予检察机关以相同于对人诉讼的抗诉权，并赋予被执行人与被害人等相关异议人以上诉救济权。

刑（行）民交叉案件疑难点司法实务探析

张宝全*

摘　要：刑事、民事、行政交叉案件问题是司法实践中经常遇到的问题，且越来越普遍，该问题已成为当下难点问题，故此类法律交叉问题值得研究。本文从实体处理、程序处理和责任分担处理三个方面展开探讨，并给出解决刑（行）民交叉案件的逻辑顺序：首先，根据实体规范解决实体问题；其次，根据程序规范解决程序问题；最后，根据责任原理解决责任分担问题，如此完成一个总的刑（行）民交叉案件的解决。注意在各个环节不要考虑另外两个环节的问题。

关键词：刑民交叉　行民交叉　事实认定　逻辑

一、问题的提出

司法实务中，经常在处理刑事案件的过程中发现此案涉及民事纠纷，那么，实体上民事纠纷是否影响刑事定罪量刑？两种类型的诉在程序上该如何处理？

进一步讲，即便不构成刑事犯罪，是否可以直接退到承担民事责任的地步？问题是又置行政处罚于何地？比如，甲因合同纠纷故意伤害乙，经鉴定造成乙轻伤二级，立为刑事案件，后因重新鉴定只构成轻微伤作出绝对不起诉或因认定情节轻微作出相对不起诉，不需要承担刑事责任，当然该案一定构成民事侵权，乙可以追究甲的民事侵权责任，但需要注意的是该案同时违

---

* 张宝全，黑龙江省人民检察院哈尔滨铁路运输分院检察官助理。

反治安管理处罚法,难道不需要承担行政责任吗?如果需要承担,该如何处理民事责任和行政责任二者之间的实体、程序及责任分担问题?

或者倒过来说,在处理民事案件的过程中发现涉及刑事纠纷,实体上刑事纠纷是否影响民事纠纷的处理?程序上民事诉讼是否应当中止抑或与刑事诉讼并行不悖?而且不能忽略的问题是,即无论是否构成刑事犯罪都可能构成行政违法,该如何处理三法的责任认定和责任分担?对此类法律交叉问题,本文从实体处理、程序处理和责任分担处理三个方面展开探讨,以期总结和给出一些解决思路。

二、刑(行)民交叉案件的内涵外延

刑(行)民交叉案件,指刑法与行政法、行政法与民法、刑法与民法、或三法交叉案件,至于何为交叉,并没有统一标准,关于刑民交叉案件的论述多一些,刑行和行民交叉则鲜有论述。在法律及司法解释规则层面,最高人民法院《关于在审理经济纠纷案件中涉及经济犯罪嫌疑若干问题的规定》是以"同一法律事实""同一法律关系"作为区分标准;而最高人民法院《关于办理非法集资刑事案件适用法律若干问题的意见》《关于审理民间借贷案件适用法律若干问题的规定》(以下简称《民间借贷规定》)采取的是"同一事实"的判断标准。在理论界,有人认为,"刑民交叉案件,既然已经形成案件,从实体法的角度观察,刑事法律关系是指刑事犯罪,而民事法律关系是指民事不法,应当以此为内容对刑民交叉案件进行界定。因此,刑民交叉案件是指刑事犯罪与民事不法存在竞合的案件。在刑民交叉案件中,既存在刑事犯罪,又存在民事不法,并且两者之间具有某种重合性。对于刑民交叉案件,既不能仅仅从实体法进行考察,也不能仅仅从程序法进行考察,而是应当坚持实体法和程序法的双重视角"。[①] 也有人认为,刑民交叉含义不太清晰,所谓的"刑民交叉"案件,特指某种行为究竟应当被作为犯罪处理,还是认定为民事违法性质不明、实务中存在的疑难点"难办"的情形。因此,所谓的刑民交叉案件,也就是实践中的"难办案件"。[②] 亦有人认为,刑

---

① 陈兴良:《刑民交叉案件的刑法适用》,载《法律科学》2019年第2期。
② 参见周光权:《"刑民交叉"案件的判断逻辑》,载《中国刑事法杂志》2020年第3期。

民交叉是指因刑事案件与民事案件在法律事实、主体等方面存在竞合或牵连，从而导致刑事、民事部分之间在法律规范的适用、法律责任的承担、诉讼程序的选择等方面产生交叉和渗透。①

鉴于此，单单刑民交叉都尚未统一标准，那么刑（行）民交叉就更难形成共识了，但其实不重要，刑（行）民交叉案件的研究核心不在于概念定义，在于司法实践中关心的当刑事、行政、民事关系在实体、程序、责任分担上发生交织或竞合时如何解决的问题，因此，凡是三法交叉产生的疑难案件都可认定为刑（行）民交叉案件，都属本文探讨的范围。

三、实体处理

（一）原则上"各论各的"，按照各自规范进行行为认定

我们先考虑一个基本的逻辑问题，认定刑事犯罪以什么为标准？认定民事违法以什么为标准？认定行政不法又以什么为标准？其实很简单，犯罪问题根据刑法，民法问题根据民法，行政问题根据行政法。换言之，原则上认定犯罪的标尺只能是犯罪构成理论，只能是刑法规范，是否构成犯罪不可能根据别的、其他的法律或标准，这既是罪刑法定原则的法理要求，也是朴素的逻辑遵循。同理，民事违法原则上不可能根据刑法作出判断，行政不法原则上也不可能根据民法作出判断，各有各的规范体系，不需要以别的规范作为自己的衡量标尺。但似乎出现了一个矛盾，就像本文开头提出的案例疑问，即甲因合同纠纷故意伤害乙致轻伤，如果各论各的，甲根据刑法构成故意伤害罪、根据行政法违反治安管理处罚法、根据民法构成侵权，这对乙很不公平。实际上大家认为的矛盾无非是三法竞合程序如何进行，以及责任如何分担的问题，在后文中将给出相应解决思路，这并不是实体上应该考虑的问题，实体上如何认定与程序和责任如何认定不存在必然的联系。本文给出解决刑（行）民交叉案件的一个逻辑顺序：首先，根据实体规范解决实体问题；其次，根据程序规范解决程序问题；最后，根据责任原理解决责任分担问题，如此完成一个总的刑（行）民交叉案件的解决，在各个环节时不要考

---

① 参见杨兴培：《刑民交叉案件的类型分析和破解方法》，载《东方法学》2014年第5期。

虑另外两个环节的问题。就如同判断是否犯罪构成，要先考虑判断客观违法问题，再考虑判断主观责任问题，二者不可混淆。

"各论各的"在法律层面也有规范，如《民间借贷规定》第12条规定，"借款人或者出借人的借贷行为涉嫌犯罪，或者已经生效的裁判认定构成犯罪，当事人提起民事诉讼的，民间借贷合同并不当然无效。人民法院应当依据民法典第一百四十四条、第一百四十六条、第一百五十三条、第一百五十四条以及本规定第十三条之规定，认定民间借贷合同的效力"。在司法实务中，虽然存在分歧，但是确有大量判例也体现了"各论各的"原则，如四川省宜宾市中级人民法院（2019）川15民终1648号"某商业银行与某融资担保公司合同纠纷案"裁判要点[1]、最高人民法院（2015）民申字第956号"某钢贸公司与某贸易公司买卖合同纠纷案"裁判要点[2]、最高人民法院（2005）民二终字第57号"某银行与某通信公司等借款担保合同纠纷案"裁判要点[3]、最高人民法院（2012）民提字第64号"某实业公司与某贸易公司等进出口代理合同纠纷案"裁判要点[4]、陕西高院（2004）陕民再字第2号"某信用社与某银行同业拆借合同纠纷案"裁判要点[5]。

（二）例外情形

通过以上，由朴素的逻辑可以得出一个结论：各法律体系之间在实体法

---

[1] 借款人的借贷行为涉嫌犯罪或者已经被法院判定有罪，当事人提起民事诉讼的，借款合同并不当然无效，法院应当根据《合同法》第52条之规定，判定借款合同的效力。担保人以借款人的借贷行为涉嫌犯罪或者已经被法院判定有罪为由，主张不承担民事责任的，法院应当依据借款合同与担保合同的效力、当事人的过错程度，依法确定担保人的民事责任。

[2] 在合同约定内容本身不属于无效事由的情况下，合同中一方当事人实施犯罪或涉嫌犯罪的行为不影响合同有效性。最高人民法院（2005）民二终字第242号"某银行与某医疗公司等存单纠纷案"裁判要点：单位直接负责的主管人员以单位名义对外质押贷款，将贷款占为己有构成犯罪的，不免除单位应当承担的民事责任。

[3] 借款人在取得担保时是否存在诈骗行为，不影响贷款合同的效力，亦不影响贷款人与担保人之间担保合同的效力。

[4] 公司法定代表人因涉嫌合同诈骗犯罪被立案侦查，不影响该公司因签订并履行的合同民事责任承担。

[5] 金融机构名为资金拆借实为挪用公款，金融机构负责人及实际用资人涉嫌刑事犯罪的，不影响金融机构责任承担。

认定环节没有必然联系，这是基础和原则。但也需要注意，凡是原则都有例外，比如空白罪状情况，如非法经营罪的认定，《刑法》第 225 条规定，"违反国家规定，有下列非法经营行为之一，扰乱市场秩序，情节严重的，处五年以下有期徒刑或者拘役，并处或者单处违法所得一倍以上五倍以下罚金……"何为违反国家规定？根据《刑法》第 96 条规定，"本法所称违反国家规定，是指违反全国人民代表大会及其常务委员会制定的法律和决定，国务院制定的行政法规、规定的行政措施、发布的决定和命令"，其中提到了行政法规等，故是否构成非法经营罪就要根据行政规范作出一定判断了。再如，合法物权需要有效债权加上物权变动方可成立，而登记就是不动产物权变动的方式，登记颁证又往往是一个行政行为，例如，甲乙为了掩盖非法目的签订房屋买卖合同，并且向不动产产权中心申请获得了不动产产权证，当本案发生争议时，该不动产产权中心颁证这一行政行为是否应当撤销就应当首先根据民事规范来判断甲乙的房屋买卖合同效力问题，然后才能判断行政合法性问题，从而解决物权争议。其实深思一下，此类案件看似属于"各论各的"的例外，实质上还是追根溯源找到该纠纷的性质，再根据该纠纷性质所属的同一法律规范作出认定，只不过兜了个圈子而已，本质上仍是"各论各的"。例如，福建省龙岩市中级人民法院（2018）闽 08 闽终 477 号"某有限公司诉漳平市国土资源局行政纠纷案"裁判要点：从合同目的上看，建设用地"毛地"出让合同并非为实现行政管理目的而订立，尽管其中穿插了行政事务委托，仍然属于民事合同范畴。其中穿插的行政事务委托，并没有违反法律、行政法规的强制性规定，因此合同依法成立。当纠纷发生时，应当依照民事法律规范，并参照行政经验或一般流程来厘清合同双方的权利义务、履行顺序，从而划分各自责任。

（三）民事纠纷阻却犯罪成立

只要存在民事纠纷，就可以阻却财产犯罪，包括某些经济犯罪的成立，这已经成为我国刑法学界的共识。① 这一论断其实是有道理的，根据在于，此类犯罪大多要求具有"非法占有目的"要件，如果存在民事纠纷，很难认定行为人具有"非法占有目的"，因此也就难以认定犯罪。需要说明的是，故

---

① 参见陈兴良：《刑民交叉案件的刑法适用》，载《法律科学》2019 年第 2 期。

意毁坏财物罪虽然不要求具有非法占有目的，但是如果存在债权债务之类的民事纠纷，就存在一定的对价性，在对价性范围内毁坏他人财物认定为故意毁坏财物罪也值得商榷。非法占有目的和毁坏目的就差在一点上，即拿了别人东西"用不用"，因为"用"就阻却违法，而"不用"就构成犯罪，也确实不具备足够的信服力。

（四）揭开现象定本质

有些案件表面上看似民事法律关系，实则刑事犯罪。例如，"套路贷"案件和虚假诉讼案件，行为人一开始就是奔着犯罪目的去的，只不过经过精心策划，披上合法外衣以求规避刑事法律风险，甚至利用民事诉讼等合法方式作为犯罪手段，此类犯罪有组织、有计划、有团队，坑害他人，社会危害性极大。此类案件，不能再以民事思维或民事规范来评判，而是直接揭开现象，即直接以刑事法律规范认定犯罪。

同理，有些案件表面上看似行政案件，实则刑事犯罪。比如有些行为人为实现犯罪目的，巧妙设套辗转获得行政许可或权力凭证，通过国家行政行为掩盖或实现犯罪行为，实际上行政行为已成为其犯罪的手段和幌子，对此不能再以民事和行政法律规范来评判，也要直接揭开现象，直接以刑事法律规范认定犯罪。

（五）法秩序相统一原理

在非法转让、倒卖土地使用权案件中，公司股东采取转让股权的方式转让土地使用权的，是否构成本罪，在司法实践中长期存在争议。从形式上来看，由于股权的转让，公司股东发生变更，土地权益随之发生变化。因此，土地使用权似乎发生了转移。对于此类案件，过去相当长的时间中，往往作出有罪判决。这种转让公司股权的行为，在公司法上是完全合法的，而在刑法上却被认定为犯罪，由此导致刑民之间的对立。①

对此，周光权教授认为，民事审判上的通行观念是公司股权转让与作为公司资产的土地使用权转让系两个独立的法律关系，现行法律并无强制性规定禁止房地产项目公司以股权转让形式实现土地使用权或房地产项目转让

---

① 参见陈兴良：《刑民交叉案件的刑法适用》，载《法律科学》2019年第2期。

的目的。基于法秩序统一性原理，在刑事司法上就不能无视民法立场和公司法律制度，对于以股权转让方式转让土地使用权的行为，不能认定为非法转让、倒卖土地使用权罪。本罪的适用范围必须严格限定为股权转让之外的、行政法规上严格禁止的非法转让、倒卖土地使用权的行为，从而对本罪的客观构成要件要素进行限制解释。①

陈兴良教授认为，公司股东转让股权的行为，在公司法上是完全合法的。如果把这种在民事上是合法的行为认定为刑事犯罪，必然造成各个部门法之间的矛盾和冲突。这里涉及刑法教义学中的法秩序统一原理。所谓法秩序统一原理，是指各个部门法在合法化事由上具有统一的根据。在一个部门法中合法的行为，不得在另一个部门法中认定为违法。否则，就会造成法秩序内部的逻辑混乱。我们必须认识到，入罪须有法律规定，出罪无须法律规定，这是完全符合罪刑法定原则的。因为罪刑法定原则是限制入罪，但并不限制出罪。在法秩序统一原理的指引下，处理刑民关系的时候，要看某一行为在民事上是否合法。如果民事上是合法的，则可以排除犯罪的存在。②

本文完全赞同法秩序相统一原理，理由是：（1）法律并不是一开始就有三大实体法、三大程序法的，是随着社会生产力的发展，分工越来越细，才逐渐分成各个门类法的，所以最初的法律也不存在法律交叉的问题，出现纠纷直接统一认定处理即可，现在社会因为法律门类多了才出现了刑（行）民交叉法律问题，从这个角度思考，我们处理这些纠纷的时候得出各法互相矛盾不统一的结论，当然不可取，是违反根本逻辑的。（2）从犯罪构成理论也解释得通，犯罪是客观违法与主观有责的统一，如果民法明确了某一行为不构成民事违法，那么人们在主观上如何能认识到该行为构成犯罪？法律不强人所难。既然行为人主观上认识不到行为的违法性，就构不成主客观相统一，不能认定为刑事犯罪。

四、程序处理

刑民交叉案件在程序上的疑难点在于：一是预决力和既判力的问题；二

---

① 参见周光权：《非法倒卖转让土地使用权罪研究》，载《法学论坛》2014年第5期。
② 参见陈兴良：《刑民交叉案件的刑法适用》，载《法律科学》2019年第2期。

是审理顺序的问题。

（一）预决力和既判力

理论上有"预决效力"这一说法，一些学者认为是生效裁判的预决效力，即生效裁判已判定的内容在后续诉讼中未审先定的法律效力。此种预决效力也被称为"生效裁判的拘束力"，简称"既判力"。[①] 概言之，"预决效力"就是"既判力"的另一说法。笔者认为，此定义或命名含混不清，也不具有表意性。命名或定义的目的是便于理解、说清道理，进而解决实际难题。"既判力"的说法很具表意性，是指生效裁判中，以确定当事人实体权利义务为主要内容的裁判主文，对后续诉讼的约束力，普通公众听后也大体能够理解，不存在理解困难和含混问题。需要注意的是，既判力的对象是生效裁判，是已经发生了的事情，但是在刑（行）民交叉司法实务中除了另一类法律关系已经裁判完了（发生了）外，有时涉及的另一类法律关系尚未裁判，但是本法律关系裁判的进行需要以该另一法律关系的裁判（或处理）为前提，即本法律关系裁判的进行需要等另一类法律关系作出裁判后方能再继续进行本法律关系的裁判。这就需要另一个概念给这种情况予以定义，本文认为用"预决力"定义具有表意性，恰好与"既判力"相对应，所以本文所说的"预决力"并不是部分学者所提的"预决效力"。

之所以要提预决力和既判力，是因为在刑（行）民交叉案件中大量存在本法律关系裁判进行时，已经存在涉案另一类法律关系的裁判，或者需要涉案另一类法律关系作出裁判的情况，问题出现了，该另一类法律关系的裁判到底对本诉讼法律关系裁判有什么作用？该不该遵循？

要知道，民事诉讼法、行政诉讼法、刑事诉讼法三法的证据裁判标准是不一样的，刑法具有谦抑性，所以刑事诉讼法要求认定事实要证据确实、充分，排除一切合理怀疑，证明标准最高，而民事诉讼法和行政诉讼法证明标准略低（排除部分民事行为证明标准与刑法一样的特例），各法是根据各自法律性质实事求是作出的评判标准，不存在高就对、低就错的问题。如果证明标准统一，自然完全接受预决力和既判力约束即可，没有探讨价值了，问

[①] 参见龙宗智：《刑民交叉案件中的事实认定与证据适用》，载《法学研究》2018年第6期。

题就在于证明标准不统一,又是客观存在的,一个证明标准高的刑法认定事实时没有道理接受证明标准低的民法和行政法的预决力和既判力,可是不接受甚至作出相反的结论又有损司法权威,这似乎也与法秩序相统一原理相悖。例如,2009 年 12 月,内蒙古鄂尔多斯市鄂托克旗法院一审以职务侵占罪判处被告郝某某有期徒刑 7 年。判决认定,郝某某侵害了王某某等人出资 928 万元对价收购的股权。而在此前,郝某某已就涉案的公司股权问题与王某某等人进行了 3 年多的民事诉讼。2007 年 6 月、2009 年 6 月,鄂尔多斯市中级人民法院和内蒙古高级人民法院均判决确认此股权归郝某某所有。该案的民事、刑事判决显然是矛盾的。[①]

笔者认为,一是预决力和既判力只涉及裁判文书的证据采信和事实认定部分。二是同一性质的法律间,具有完全的预决力和既判力,完全符合逻辑,这也有部分司法解释作为依据,根据最高人民法院《关于适用〈中华人民共和国民事诉讼法〉的解释》第 93 条的规定,已为法院发生法律效力的裁判所确认的事实,当事人无须举证证明,但是当事人有相反证据足以推翻的除外。三是不同性质的法律间,刑事裁判对民事诉讼和行政诉讼具有完全的预决力和既判力;反之则不然。例如上述案例,刑事裁判否定民事裁判认定的事实,即使是基层法院否定其上级法院的裁判,既符合逻辑,也没有违反法律及司法解释的规定。但是产生的矛盾如何处理确实是个值得探讨的问题,目前来看只能启动审判监督程序协调处理,做到法秩序相统一。预决力和既判力的范围并不一定是接受全部证据和事实认定,可以批判地接受。刑事对民事、行政裁判认定的事实,要细分性质,比如知识产权、证券类问题,理论上一定是实体上根据民商法认定,而程序上根据刑事诉讼法认定,实际上这种高度专业化的案件民事裁判很难受到刑事诉讼的质疑,甚至刑事诉讼要以其为依托。换言之,该部分具有预决力和既判力。

(二)审理顺序

刑(行)民交叉案件在诉讼顺序上无非存在刑事(行政)优先、民事优先、刑(行)民并进三种,在处理该问题时,第一步,考虑是否有法律规

---

① 参见龙宗智:《刑民交叉案件中的事实认定与证据适用》,载《法学研究》2018 年第 6 期。

定，有规定按规定；第二步，在无法律规定的情况下，考虑案件事实上的需要，主要根据预决力和既判力，对诉讼顺序作出调整。

1. 法律要求前置

例如，甲乙两村因林地权属发生纠纷，乙村认为该片林地属于自己，以甲村为被告提起民事诉讼，要求确认林地归属。此时法院能否立案，要以政府是否先行处理过为前提，即民事案件以行政行为为前提。这是因为《森林法》第22条前三款有明确规定："单位之间发生的林木、林地所有权和使用权争议，由县级以上人民政府依法处理。个人之间、个人与单位之间发生的林木所有权和林地使用权争议，由乡镇人民政府或者县级以上人民政府依法处理。当事人对有关人民政府的处理决定不服的，可以自接到处理决定通知之日起三十日内，向人民法院起诉。"

2. 事实上需要前置

例如，甲获得环保局颁发的排污许可证后，严格按照要求向河道内排污，导致乙在该河道内承包的鱼塘受损，于是乙民事起诉甲要求赔偿，甲以获得环保局排污许可属于合法行为抗辩，此时若要获得赔偿就要证明排污违法，若要证明排污违法就要证明环保局颁发排污许可证违法，故，乙若要获得民事赔偿，首先要进行行政诉讼认定排污许可的违法，即行政行为的合法性对民事争议具有预决力。① 又如，甲乙共有房屋，甲擅自与丙签订了房屋买卖合同，将房屋出售给了丙，丙通过伪造签名的方式将房屋所有权人变更为丙。乙知道后，以房产局未尽审查义务为由要求撤销登记行为，对甲、丙二人提起民事诉讼，要求确认买卖合同无效。该案事实需要民事诉讼前置。同时，考虑到高效便民原则以及节约司法成本，《行政诉讼法》第61条规定，"在涉及行政许可、登记、征收、征用和行政机关对民事争议所作的裁决的行政诉讼中，当事人申请一并解决相关民事争议的，人民法院可以一并审理。在行政诉讼中，人民法院认为行政案件的审理需以民事诉讼的裁判为依据的，可以裁定中止行政诉讼"。最高人民法院《关于适用〈中华人民共和国行政诉讼法〉的解释》第138条第3款规定，"人民法院在审理行政案件中发现民事争议为解决行政争议的基础，当事人没有请求人民法院一并审

---

① 参见李佳：《行政法专题讲座（精讲卷）》，中国石化出版社2021年版，第286—292页。

理相关民事争议的,人民法院应当告知当事人依法申请一并解决民事争议。当事人就民事争议另行提起民事诉讼并已立案的,人民法院应当中止行政诉讼的审理。民事争议处理期间不计算在行政诉讼审理期限内"。再如,在涉及侵权行为的犯罪案件认定中,关于知识产权的权力归属并非不证自明,如果权利人究竟是谁在民事上存在较大争议,就不宜通过刑事案件予以处理。①这间接说明了事实上需要民事确权前置的问题。

3. 事实上互不影响,可刑(行)民并进

例如,最高人民法院(2007)民二终字第68号"某银行与某投资公司票据纠纷案"裁判要点。②

五、责任分担处理

其实,无论实体上、程序上如何处理,对于当事人而言,都不是最重要的问题,当事人最关心、也是对其实质性影响最大的,就是如何承担责任的问题。因为各法交叉所以产生了大量的责任竞合、责任多重的问题,所以能否解决好刑(行)民交叉案件落脚点在于责任认定和分担上。

(一)填平原则

划分责任、落实责任,既是对违法者的惩罚,更是对守法者的救济。"有损害必有救济",救济要充分合理,达到能恰好弥补当事人伤害或高一点的程度,即所谓遵循填平原则,如此一来,既让守法者尽量恢复到原来不曾被侵犯伤害的状态,又给违法者一定幅度的可预期惩处,留出"改过自新"的空间余地,同时符合"任何人不能因违法行为而获利"的法律原则。这些是在处理刑民交叉案件责任分担时应秉持的原则,无论法律制定还是司法实践都应恪守。由此推出,第一,在出现刑事、行政、民事责任竞合的时候,责任处罚性质相同的部分从一重认定,例如故意伤害同时违反刑法和治安管理处罚法,如果判处有期徒刑,自然不再承担治安拘留的行政责任,因为同

---

① 参见周光权:《非法倒卖转让土地使用权罪研究》,载《法学论坛》2014年第5期。
② 银行内部工作人员的刑事犯罪行为并不能免除单位的民事责任。银行无证据证明存款人参与银行内部工作人员犯罪行为,本案审理无须等待刑事案件审理结果,无须中止审理。

属于剥夺人身自由的处分，从一重即可。第二，责任处罚性质不相同的部分，原则上需要并处，比如公司生产销售伪劣产品，除了责任人承担拘役或徒刑的刑事责任外，还要公司承担吊销营业执照的行政责任和对被害人的赔偿的民事责任。

司法实践中，精神损害抚慰金、死亡赔偿金、伤残赔偿金在民事侵权案件当中都能主张赔偿，但是在构成犯罪的情况下，却不能主张赔偿，即出现了严重违法（违法刑法）可以获赔的数额少于轻微违法（民事违法）的"怪现象"。而且这也是有明确法律依据的，根据最高人民法院《关于适用〈中华人民共和国刑事诉讼法〉的解释》第175条第2款"因受到犯罪侵犯，提起附带民事诉讼或者单独提起民事诉讼要求赔偿精神损失的，人民法院一般不予受理"规定，对此有人给出的理由不外乎是"不排除犯罪中也有利可图"、拖累刑事诉讼、刑事被告人已经为了减轻刑罚在经济上作出了最大程度付出，一般已无能力再去支付高昂的精神损失费用等。[①] 在笔者看来，这些问题都是容易解决的，一是赔偿精神损失并不是额外可图利益；二是民事侵权尚且可以赔偿精神类损失，更存在"不排除侵权中也有利可图"的风险，却能照常存在；三是刑事附带民事诉讼不是必然一起的，可以分开另行提起，且在众多赔偿请求中仅增加精神损害请求（主张），不足以实质性拖累刑事诉讼；四是刑事被告人已经最大程度在经济上付出，但是可以不要求其当即支付，可以作为一项义务令其日后赔付。所以，最关键的还是考量大的原则，比如填平原则和法秩序相统一原理，精神损害赔偿无疑属于弥补被害人损害的一部分，少了这一部分就谈不上对被害人的"填平"，民法可以主张的权利，在因牵涉刑事犯罪而不可主张，人为地造成了法秩序不统一，损害极大。故笔者认为，无论在立法中还是司法实践中，都应该本着责任分担的基本原则为出发点，作出合理调整。

（二）高效经济便民原则

在解决刑（行）民交叉案件时，能在一个诉里解决所有的问题，是最理想的状态，也不会再产生各法之间的冲突，完全符合法秩序相统一原理，还

---

① 参见黄祥青：《刑民交叉案件的范围、类型及处理原则》，载《法律适用》2020年第1期。

节省司法资源和当事人的诉讼成本，所以尽可能在比较少的诉里定分止争是刑（行）民交叉案件追求的方向，这也是高效经济便民原则的体现。法律也有这方面的探索，比如刑事附带民事诉讼程序的设定，行政附带民事诉讼程序的设定，刑事案件追缴、退赔制度的设定。

需要提及的是，根据最高人民法院《关于适用〈中华人民共和国刑事诉讼法〉的解释》第176条"被告人非法占有、处置被害人财产的，应当依法予以追缴或者责令退赔。被害人提起附带民事诉讼的，人民法院不予受理。追缴、退赔的情况，可以作为量刑情节考虑"，第177条"国家机关工作人员在行使职权时，侵犯他人人身、财产权利构成犯罪，被害人或者其法定代理人、近亲属提起附带民事诉讼的，人民法院不予受理，但应当告知其可以依法申请国家赔偿"的规定，符合追缴、退赔的案件，不可以提出附带民事诉讼，当然也不能单独提起民事诉讼，法律之所以这么规制就是为了实现高效经济便民原则，再额外提出实属无益。另外，国家机关工作人员在行使职权时侵犯他人人身、财产权利构成犯罪，只能提起申请国家赔偿程序。

诈骗犯罪被害人民事权利救济路径探析

张杨馨*

摘 要： 当诈骗犯罪被害人需要寻求民事救济时，就会涉及刑民交叉问题。在法院作出刑事追缴或责令退赔的刑事判决后，被害人的民事权益仍然受损时，应赋予被害人民事救济渠道。现行制度框架下，诈骗犯罪被害人获得权利救济面临一定的现实困境，其寻求民事救济途径具有正当性和可能性。为此，应当允许诈骗犯罪被害人向除被告人以外的其他应负责任的民事主体提起民事诉讼，或者在刑事执行程序中向被告人以外的其他责任主体进行协商追偿。

关键词： 诈骗犯罪 刑民交叉 被害人 民事权利救济

一、现行制度框架下诈骗犯罪被害人权利救济方式概述

（一）司法机关将被害人的合法财产返还给被害人

根据《公安机关办理刑事案件程序规定》第234条，中共中央办公厅、国务院办公厅《关于进一步规范刑事诉讼涉案财物处置工作的意见》（中办发〔2015〕7号）第5条规定，在刑事诉讼程序中，对查封、扣押、冻结的涉案财物，在"犯罪事实查证属实""有证据证明权属明确且无争议"的前提下，相关机关应当及时返还被害人，这种处理方式对被害人的权益保护是比较有效的。然而，诈骗罪是"以非法占有为目的"的犯罪，犯罪嫌疑人或被告人往往在案发之前已将被害人的财物肆意挥霍或作其他处理，现实中能

---

* 张杨馨，福建省南安市人民检察院检察官助理。

够实际查扣并及时返还给被害人的财物并不多,甚至无查控财产可返还的情形也较为普遍。

(二)司法机关将被害人的财产予以追缴或责令退赔

根据《刑法》第 36 条第 1 款、第 64 条,最高人民法院《关于适用〈中华人民共和国刑事诉讼法〉的解释》第 176 条(以下简称《刑诉法解释》第 176 条)等的规定,司法机关应当将被害人的财产予以追缴或责令退赔。[①] 这里,"追缴"指的是追回赃款赃物,而退赔是当犯罪分子因挥霍或者其他原因导致原物无法追回违法所得财物的情形下,要求其按照相应的折算价格进行退赔。但是,实践中鲜有能够通过刑事追缴和责令退赔全面补偿被害人损失的案例,绝大多数是无财产可供查封和执行,刑事被告人在实施犯罪后多半难以退赃退赔,法院的刑事判决很可能落空。

(三)向善意获得赃款赃物的第三人追偿

根据最高人民法院《关于刑事裁判涉财产部分执行的若干规定》(法释〔2014〕13 号)第 11 条第 2 款规定:"第三人善意取得涉案财物的,执行程序中不予追缴。作为原所有人的被害人对该涉案财物主张权利的,人民法院应当告知其通过诉讼程序处理。"因此,针对善意取得赃款赃物的第三人,被害人可以通过诉讼程序进行追偿。但司法实践中,通过诉讼程序向善意第三人追偿成功的案例实属罕见。

值得注意的是,《刑诉法解释》第 176 条规定:"被害人提起附带民事诉讼的,人民法院不予受理。"最高人民法院《关于适用刑法第六十四条有关问题的批复》(法〔2013〕229 号)(以下简称《刑法第六十四条的批复》)规定:"被害人提起附带民事诉讼,或者另行提起民事诉讼请求返还被非法占有、处置的财产的,人民法院不予受理。追缴、退赔的情况,可以作为量刑情节考虑。"《刑诉法解释》第 176 条和《刑法第六十四条的批复》分别禁止

[①] 《刑法》第 36 条第 1 款规定:"由于犯罪行为而使被害人遭受经济损失的,对犯罪分子除依法给予刑事处罚外,并应根据情况判处赔偿经济损失。"第 64 条规定:"犯罪分子违法所得的一切财物,应当予以追缴或者责令退赔。"最高人民法院《关于适用〈中华人民共和国刑事诉讼法〉的解释》第 176 条规定:"被告人非法占有、处置被害人财产的,应当依法予以追缴或者责令退赔。"

被害人被告人提起附带民事诉讼和另行提起民事诉讼,主要有三个方面原因:其一,允许被害人在刑事判决后就"同一事实"提起民事诉讼,会"造成刑事判决和民事判决的重复、冲突"。①在实践中可能导致同类案件不同判决的问题。②其二,就该损失主张,人民法院已经作出了司法确认,此时受害人应依据刑事判决直接向法院申请强制执行,再行起诉只会浪费司法资源和当事人成本。其三,责令退赔制度已确立了被告人应退赔财物的全程执行,即司法机关有义务对未执行到位的退赔财产继续执行,如随时发现被执行人有可供执行财产可随时执行,直到执行到位。③

在司法实践中,刑民交叉案件的一个基本规则是,刑事案件与民事案件涉及"同一事实"的,原则上应通过刑事诉讼方式解决。最高人民法院刘贵祥专委在全国法院民商事审判工作会议上的讲话认为:"人民法院在审理民商事案件过程中,发现民商事案件涉及的事实同时涉及刑事犯罪的,应当及时将犯罪线索和有关材料移送侦查机关,侦查机关作出立案决定的,应当裁定驳回起诉;侦查机关不及时立案的,应当及时报请当地党委政法委协调处理。"从实际情况看,"先刑后民"的司法程序因其在刑事优先的情况下可以借助国家公权力机关强大的事实调查能力,更好地查清案件事实,推动案件客观公正地处理。但"先刑后民"的司法程序,在被害人权利救济上,反映立法机关倾向于公权力机关的诉讼行为,弱化了当事人救济的民事途径,很可能造成私权利被公权力阻断的情况出现。④

---

① 参见黄应生:《〈关于适用刑法第六十四条有关问题的批复〉的解读》,载《人民司法》2014年第5期。

② 福建省N市人民法院在2015年曾就李某诉刘某强民间借贷一案,判决刘某强需偿还李某借款。2016年,刘某强因集资诈骗罪被刑事判决。2017年,福建省N市人民法院受理了曾某琳诉刘某强民间借贷一案,后作出裁定,因该案借贷发生的时间、款项与刘某强犯集资诈骗罪的时间、款项相一致,裁定驳回曾某琳的起诉。

③ 参见最高人民法院《关于进一步规范刑事诉讼涉案财物处置工作的意见》第9条规定:"对审判时尚未追缴到案尚未足额退赔的违法所得,人民法院应当判决继续追缴或者责令退赔,并由人民法院负责执行,人民检察院、公安机关、国家安全机关、司法行政机关等应当予以配合。"

④ 参见王爽:《刑事退赔中所涉刑民交叉问题探讨》,华东政法大学2016年硕士学位论文。

二、诈骗犯罪被害人获得民事权利救济的可能性分析

在讨论诈骗犯罪被害人民事权利救济途径这一问题之前，应当先明确，不允许刑事被害人提起民事诉讼，须同时具备以下三个条件：第一，同一法律事实同时侵犯了刑事法律关系和民事法律关系；第二，生效刑事判决认定被告人构成诈骗犯罪；第三，刑事判决的主文中已经注明刑事追缴或者责令退赔的内容。若个案情况不符合这三个前提，则不应当限制被害人通过民事诉讼程序获得救济的权利。

在这个前提之下，反观我国法律规定，《刑诉法解释》第176条和《刑法第六十四条的批复》仅从司法机关应如何处理涉案财物的角度对其在办案过程中控制的财物进行规定，并未疏通一条被害人自行救济的途径或者通道。刑事被害人的民事赔偿或者补救措施在刑事实体与程序法中均未能找到适用依据。

从域外经验看，在法国，"被害人因犯罪行为而遭受物质、身体、精神损害的人都可以在刑事诉讼中提起附带民事诉讼"，且"被害人既可以选择通过附民诉讼解决，又可以选择单独提起民事诉讼解决，而且正在进行的刑事诉讼程序不会成为阻却民事救济的障碍"。在德国，"如果被害人的刑事附带民事请求没有获得法院支持，受害人亦可以在民事诉讼中继续进行权利的主张"。日本"废除了刑事附带民事诉讼制度，对于被害人财物的返还由刑事审判的法官予以处理。如果犯罪人的行为致使被害人的财产遭受损失，被害人只能在刑事审判终结后向法院提起民事诉讼赔偿"。①可见，域外一些国家对刑事被害人民事权利的保障较为重视，在立法上确立了刑事被害人民事救济渠道。《刑诉法解释》第176条和《刑法第六十四条的批复》对被害人民事权利救济的限制性规定，很可能使被害人陷入困境，甚至导致二次损害的发生。刑事诉讼的制度功能在于追究犯罪行为人的刑事责任，其法律效果的本质是惩罚犯罪，刑事诉讼的追缴和退赔属于公权力范围，侧重的是公权力保护；民法作为私法，侧重的是私权利保护。刑事诉讼的追缴和退赔终究不能代替当事人行使私利救济，被害人的民事赔偿请求亦不应当依附于刑事公诉程序。《刑法第六十四条的批复》不允许被害人提起附带民事诉讼或另

---

① 参见付钰莹：《刑民交叉案件法律问题研究——以B公司合同诈骗案为例》，西北大学2018年硕士学位论文。

行提起民事诉讼，然其并非司法解释；而《刑诉法解释》第176条并未明确禁止被害人另行提起民事诉讼。况且，我国刑法规定，诈骗公私财物数额较大才构成诈骗罪；司法实践中，相较于其他侵财类犯罪，诈骗犯罪侵犯财产权的标的额往往较大，一些诈骗犯罪的个案引发的负面社会舆情影响亦较深较广，阻断诈骗犯罪被害人寻求民事权利救济渠道，不仅伤害个体权利，也不利于消除社会负面影响。因此，赋予诈骗犯罪被害人民事权利救济的可能，具有法理上和制度上的正当性。

三、诈骗犯罪被害人民事权利救济路径选择

（一）诈骗罪被害人另行提起民事诉讼的对象范围

关于对于刑事被害人的民事救济问题，上述国家均作出了概括性规定，即允许提起刑事附带民事诉讼或者另行提起民事诉讼，然而对于起诉的对象，并未有明确限制。笔者认为，退赔、退赃行为已对被告人的量刑产生影响，被告人如果没有退赔、退赃，很可能在刑罚上较之于已退赔、退赃的被告人量刑更重。换言之，法院已将刑事被害人民事权利是否得到一定程度救济纳入量刑考虑因素。因此，被害人不宜在刑事判决后另行对被告人提起民事诉讼。

由于《刑诉法解释》第176条并未禁止刑事诉讼程序结束后被害人可以另行向除被告人以外的其他人提起民事诉讼，为此，司法实践不应当排除、限制刑事被害人向被告人以外的人其他应负责任的民事主体提起民事诉讼的权利。向刑事案件的被告人之外的责任主体提起民事诉讼主张权利，符合《民事诉讼法》第122条规定的受理条件，并不违反一事不再理的原则。

（二）诈骗犯罪被害人寻求民事权利救济的诉求范围

根据法律规定，我国刑事追赃的范围具体包括以下几个方面：一是犯罪分子采用非法手段直接获得的现金及物资；二是由赃款赃物转换成的其他财产；三是第三人非善意取得的赃款赃物；四是犯罪分子利用赃款赃物或其他转移刑事的财产作为资本，通过合法经营途径获得的收益。同时，最高人民法院《关于刑事裁判涉财产部分执行的若干规定》（法释〔2014〕13号）中明确责令退赔制度的退赔范围仅指本金。司法实践中，有观点认为，刑事追

缴或责令退赔金额一般与犯罪数额一致,并不包括利息、折旧等损失,若犯罪人按照刑事判决退赔完毕,被害人可以另行提起民事诉讼要求其赔偿利息等损失。① 笔者认为,赃款赃物作为一种物权意义上的财产,其价值存在上下浮动的可能性。从法学和经济学的角度,利息属于法定孳息,法定孳息是来自生产者使用本金发挥营运职能而形成的利润的一部分,折旧是对固定资产在使用过程中的损耗进行的价值补偿,它们都受社会经济环境和个人微观行为左右,同样具有不确定性。如果允许寻求诈骗犯罪刑事被害人对利息和折旧提起民事诉讼,在审判活动中很难进行实际操作。因此,诈骗犯罪被害人寻求民事权利救济的诉求范围应当包括利息和折旧。

(三)诈骗犯罪被害人实现民事权利救济的途径

一是可以对被告人所在的单位提起民事诉讼。最高人民法院《关于在审理经济纠纷案件中涉及经济犯罪嫌疑若干问题的规定》(法释〔1998〕7号)第3条、第4条、第6条、第8条分别规定,单位的法定代表人或者代理人以单位名义对外签订合同,骗取财物占为己有构成犯罪的,该单位对行为人因签订、履行该经济合同造成的后果,依法应当承担民事责任。② 实践中,

---

① 参见成越、成延洲:《责令退赔制度中刑民交叉争议的解决》,载《人民司法》2017年第19期。

② 最高人民法院《关于在审理经济纠纷案件中涉及经济犯罪嫌疑若干问题的规定》(法释〔1998〕7号)第3条规定:"单位直接负责的主管人员和其他直接责任人员,以该单位的名义对外签订经济合同,将取得的财物部分或全部占为己有构成犯罪的,除依法追究行为人的刑事责任外,该单位对行为人因签订、履行该经济合同造成的后果,依法应当承担民事责任。"第4条规定:"个人借用单位的业务介绍信、合同专用章或者盖有公章的空白合同书,以出借单位名义签订经济合同,骗取财物归个人占有、使用、处分或者进行其他犯罪活动,给对方造成经济损失构成犯罪的,除依法追究借用人的刑事责任外,出借业务介绍信、合同专用章或者盖有公章的空白合同书的单位,依法应当承担赔偿责任。"第6条规定:"企业承包、租赁经营合同期满后,企业按规定办理了企业法定代表人的变更登记,而企业法人未采取有效措施收回其公章、业务介绍信、盖有公章的空白合同书,或者没有及时采取措施通知相对人,致原企业承包人、租赁人得以用原承包、租赁企业的名义签订经济合同,骗取财产占为己有构成犯罪的,该企业对被害人的经济损失,依法应当承担赔偿责任。第8条规定:"被害人对本《规定》第二条因单位犯罪行为造成经济损失的,对第四条、第五条第一款、第六条应当承担刑事责任的被告人未能返还财物而遭受经济损失提起附带民事诉讼的,受理刑事案件的法院应当依法一并审理。被害人因遭受经济损失也有权对单位另行提起民事诉讼。"

有些地方法院的判例确认了被害人的民事诉权。①笔者认为,诈骗犯罪被害人有权对被告人所在单位提起民事诉讼,首先,应确定单位和被告人之间有明确的隶属关系。只要隶属关系明确,双方之间不一定局限于法定代表或者代理的关系。其次,被告人确实利用了作为该单位工作人员的优势地位或工作身份进行诈骗。最后,在诈骗犯罪过程中,单位存在管理上的疏漏,即主观上的过错。满足这三个条件的情况下,对于被告人所进行的诈骗行为,犯罪分子所在的单位应当承担民事责任。

二是可以请求担保人承担侵权责任。对于被告人以非法占有为目的,采用欺骗手段让他人为其提供担保,进而诈骗银行等金融机构的贷款的情况,此时,尽管担保人对诈骗行为不知情,但担保人在提供担保时,其应已充分预知到债务人不能偿付被担保的债权的可能性,同时,其担保行为客观上推动了诈骗行为的实施和完成,驱使诈骗罪被害人作出了错误的意思表示并遭受损失。因此,被害人可以对诈骗犯罪的担保人提起民事诉讼,请求其承担侵权责任。

三是在刑事执行程序中与被告人以外的责任主体进行协商追偿。诈骗犯罪的被告人往往没有能力偿还诈骗款项,而对于诈骗行为有推动作用的被告人所在的单位、担保人或者其他主体往往具有偿付能力。尽管刑事执行程序属于公法领域,具有强制执行效力,但被害人与被告人以外的责任主体进行协商追偿属于当事人意思自治范畴,若双方达成合意,被告人以外的责任主体愿意为被告人偿付,该偿付款项应当从刑事追缴数额中相应减去。

---

① 如江苏省高级人民法院审理的(2014)苏民诉终字第××号案中,生效刑事判决认定被告人李某甲犯诈骗罪,判处其有期徒刑15年,并处没收个人全部财产,对被告人李某甲犯罪所得予以没收。对已查封、扣押、冻结的涉案财物依法予以追缴和处理,发还被害人;其余涉案赃款继续予以追缴。被害人"恒达经营部"以对李某甲犯罪行为提供帮助的范某某(不构成诈骗共犯)所在的大吴支行提起诉讼要求连带承担支付承兑汇票贴现款,江苏省高级人民法院审理认为,"恒达经营部以大吴支行、贾汪支行为被告,要求连带承担支付承兑汇票贴现款的诉讼请求属于人民法院民事诉讼的受案范围"。

民事虚假诉讼监督

民法典背景下虚假公证民事检察监督探索

马红梅 贺冬蒙[*]

摘　要：《民法典》于2021年1月1日正式施行，最高人民法院《关于人民法院执行工作若干问题的规定（试行）》也于同日实施，该规定第2条第4项将原来的"公证机关依法赋予的强制执行效力的追偿债款、物品的债权文书"修改为"公证机关依法赋予的强制执行效力的债权文书"，取消了债权文书的范围限制，公证的债权文书扩大。司法实践中，一些当事人与他人恶意串通，对虚假的赠与合同、买卖合同，或抵偿债务协议进行公证并申请法院强制执行，以达到转移财产、逃避债务的目的。面对虚假公证，作为检察机关如何在《民法典》背景下更好履行监督职责，正是本文所讨论的问题。

关键词：公证债权文书　虚假公证　检察监督

一、公证债权文书的范围扩大与最高人民检察院指导性案例引发的思考

2019年5月21日，最高人民检察院发布了第十四批指导性案例，其中某甲实业公司与郗某等七人恶意串通、捏造事实，骗取公证文书并申请法院强制执行，该案件利用虚假公证申请强制执行是民事虚假诉讼的一种表现

---

[*] 马红梅，辽宁省朝阳市双塔区人民检察院员额检察官；贺冬蒙，辽宁省朝阳市双塔区人民检察院检察官助理。

形式，不仅损害了利益关系人的合法债权，同时也损害了诉讼秩序和司法公正，影响社会诚信。该案件涉及虚假的公证债权文书，最高人民法院《关于人民法院执行工作若干问题的规定（试行）》第2条第4项将原来的"公证机关依法赋予的强制执行效力的追偿债款、物品的债权文书"修改为"公证机关依法赋予的强制执行效力的债权文书"，取消了债权文书的范围限制，公证债权文书的范围扩大。可见，利用虚假公证债权文书的虚假诉讼案件日后会有增多趋势。虽然《民法典》及相应最高人民法院《关于审理民间借贷适用法律若干问题的规定》等司法解释的颁布，强化了民间借贷活动的规范性，将民间借贷活动引向合法化发展路径，但民间借贷其本质是一种民间融资方式，得益于当前经济的快速发展，中小企业对资金需求量大，因民间借贷相对于正规金融机构的融资活动门槛低、放贷快，已经成为一种重要的融资手段。民间借贷的飞速发展，也因此引发了大量纠纷，再加之公证债权文书的范围扩大，在司法实践中关于类似问题虚假公证，虚假诉讼问题也必然呈现多发态势，检察机关作为监督机关应如何面对挑战是我们亟待思考的问题。

二、关于虚假公证问题

（一）虚假公证的概念及表现形式

1. 虚假公证的概念

近年来，公证作为一种重要的信用制度在我国发展迅猛，证明领域涉及社会生产生活的方方面面，然而，虚假公证不时出现，影响公证的公信力。虚假公证从"虚假诉讼"引申借鉴而来，是指各方当事人出于非法的动机恶意串通，采取虚构法律关系、捏造案件事实等方式，欺骗公证机构出具错误的公证文书等妨害司法秩序、侵害国家利益、社会公共利益、集体利益或他人合法权益以获取非法利益的行为；或者滥用公证程序，恶意申请，将被申请人置于不利境地。

2. 虚假公证的表现形式

虚假公证背后的原因多是因为利益驱使，以公证的"合法"形式的公证文书载明其"不法"利益，其往往发生在家人、亲戚及朋友之间。在公证办理过程中，主要手段为利用提供虚假材料、作出虚假陈述用于达到转移财产、逃避债务等非法目的，实践中大量存在于虚假的债权债务关系。如假冒他人办理委托书、赠与合同将他人的房产进行处分；为避免人民法院强制执行财产，通过虚假的赠与、买卖合同关系等将自己名下的财产转移。本文主要讨论行为人利用公证对"无争议的"债权债务关系通过公证赋予强制执行的效力，申请人民法院强制执行达到使真实债权人的债权落空的目的。

（二）虚假公证多发原因分析

1. 公证人员素质有待提高，立法有待进一步明确

公证是一种准司法程序，通过赋予公证债权文书强制执行效力，可以让当事人免受讼累、节约司法资源并能规范民商事交易活动，可以说，公证是实务操作非常强的工作，需要公证人员具有较高的法律水平、敏锐的判断力和责任心。然而，我国目前部分公证员法律素质和业务能力有待提高。同时，《公证法》虽然规定了提供虚假证明材料等方式骗取公证文书违反治安管理或构成犯罪的都要追究责任，但实践中因虚假公证受到行政处罚或刑事处罚的人不多。目前国家已然重拳打击虚假诉讼和执行难问题，特别是最高人民法院《关于公证债权文书执行若干问题的规定》，针对公证债权文书执行相关问题进行了规定，最高人民法院、最高人民检察院《关于办理虚假诉讼刑事案件适用法律若干问题的解释》第1条第3款规定："向人民法院申请执行基于捏造的事实作出的仲裁裁决、公证债权文书，或者在民事执行过程中以捏造的事实对执行标的提出异议、申请参与执行财产分配的，属于刑法第三百零七条之一第一款规定的'以捏造的事实提起民事诉讼'。"该解释虽将"虚假公证债权文书"纳入虚假诉讼罪处罚范围，加大打击力度，但对于未申请执行的虚假的公证债权文书如何处理未作处置，存在法律漏洞。

2. 公证债权文书的"强制力"与"便捷性"容易被当事人利用

强制执行公证因无须经审判即可申请法院强制执行，公证债权文书的"强制性"能最大限度避免法院审判程序的冗长和不确定性。公证债权文书的"便捷性"是建立在一方当事人放弃程序性权利的基础上，相对于生效裁判，赋强公证债权文书载明的债权人不通过诉讼可直接申请执行，因其简易性和容易申请性而广泛运用。行为人正是利用了这两点，出现这种"借助准

司法程序规避司法实质性审查的现象"。当然笔者也注意到，为了规范公证机关的行为，法律要求公证机关严格审查出具的公证文书。最高人民法院和司法部于2000年联合发出通知，明确申请强制执行必须向公证机构申请执行证书，要求公证机关先对自己出具的公证债权文书的履行情况进行核实，其实质是对已出具的公证债权文书审查上的补充和细化，甚至是修正，以执行证书与公证债权文书共同作为申请执行依据。但在实践中，公证机构往往在行为人申请执行证书时进行形式审查，实质审查多流于形式。如笔者在办案过程中，就遇到双方签订一份虚假的民间借贷抵押协议，然后申请公证机关公证并赋予强制执行效力，通过执行抵押财产致使其他真实债权受偿落空的案件，而公证机构在发出执行证书时根本未就履行情况进行审查。

3. 虚假公证事项下的利益关系人处于天然不利地位

实务中，当事人恶意串通，捏造事实，骗取公证债权文书并向法院申请强制执行，侵害他人合法权益，而作为"他人"的利害关系人天然处于较为不利的地位。《公证法》第39条规定，"当事人、公证事项的利益关系人认为公证书有错误的，可以向出具该公证或向公证机构提出复查"，对于这一规定，首先利害关系人属于"后知后觉"，不能第一时间知悉公证的内容，待知道内容时往往事过境迁，很多对自己有利的证据无法及时固定，举证难度大；另外，虽然法律规定利害关系人可以向公证处申请复查及时纠正错误，公证处针对利益关系人申请可以作出更正或撤销的决定，但法律也规定了公证机构及其公证员因过错造成损失的，由公证机构承担相应的赔偿责任，基于此，利益关系人的复查是否成功，概率多少会受到影响。同时，利害关系人在认为具有强制执行效力的公证文书存在错误进而侵犯其合法权益的情况下，要求对自身应享有的合法权益进行确认，只能在人民法院对具有强制执行效力的公证文书依法裁定不予执行的情况下，方可直接向人民法院提起诉讼。最高人民法院《关于公证债权文书执行若干问题的规定》第24条规定，"有下列情形之一的……（一）公证债权文书载明的民事权利义务与事实不符；（二）经公证的债权文书具有法律规定的无效、可撤销等情形的；利害关系人提起诉讼，不影响人民法院对公证债权文书的执行。利害关系人提供充分、有效的担保，请求停止相应处分措施的，人民法院可以准许；债权人提供充分、有效的担保，请求继续执行，应当继续执行"。从以上规定可见，法律赋予利害关系人关于公证债权文书异议的诉讼权，但是要法院裁定不予执行前提下，本身要举证当事人之间的债权债务关系不存在难度较大，还要提供充分、有效的担保来维护自己的合法权益，可见其承担的司法成本较之于当事人违法成本而言，确实较高。

三、检察机关面对虚假公证监督面临的问题

（一）虚假公证案件线索发现难

目前实务工作中，检察机关关于虚假诉讼监督的线索来源主要有两种途径：一是利益受损的当事人或第三人举报；二是公安部门或相关部门办理相关案件中的线索移送。对于虚假公证，公证债权文书等的监督，在司法实践中，存在很多尚未达到刑事犯罪标准的案件，这些案件如何发现监督也值得深思。同时，这些案件当中，数量比较多的是当事人双方串通的虚假诉讼，其具有隐蔽性强、监督难度大等特点，案件线索不易被发现。因此，检察机关急需寻求一种长效的、体系化的线索来源。

（二）虚假公证民事监督取证较难

随着《民法典》的施行，民事检察调查核实权能否有效行使很大程度上成为检察调查核实权是否正确科学行使的"试金石"，检察调查核实权在民事检察工作中运用的比重也必将越来越大。现行法律规定下，检察机关行使调查核实权限于相对人配合情况下，被调查核实对象不予配合甚至妨碍检察机关调查核实的行为，不仅不利于案件的审查办理，也不利于检察监督职能的顺利实现。在司法实践中，不少单位和个人对检察机关的调查核实权缺乏认识和理解，故意推诿拖延，怠于履行甚至不履行配合义务，有些违法行为人在受到检察机关调查后采取转移设施、经营场所等手段逃避处罚。

（三）虚假公证的刑事民事交叉问题的观点不统一

由于民事案件的复杂性，民事虚假公证办理过程中的"民转刑"在具体操作中也存在一定障碍。如笔者在办理利用公证债权文书逃避转移房产一案中，苦于无法找到当事人，将案件移送公安机关侦查，多次沟通后，侦查机

关立案后虽找到当事人作了笔录，侦查机关与检察机关对于案件看法并不一致，民事虚假诉讼行为的认定和法律规范仍有欠缺，尤其是在刑事虚假诉讼罪案件办理过程中检法两家办案分歧较大。

四、检察机关虚假公证检察监督的完善与发展

（一）检察机关应与公安、法院、司法局等部门加强协调合作，构建民事虚假诉讼案件查处的合作机制

一是检察机关可就民事虚假诉讼问题进一步加强与公安机关的互动和交流，搭建协作平台，监督公安机关凡是涉及疑似民事虚假诉讼线索的，积极移送至检察机关审查，这样有利于第一时间掌握虚假诉讼案件线索；二是在外部环境上，检察机关与公安、法院、司法行政机关通过个案协商、研讨交流、移送线索、联合办案等方式进行外部协作，形成"司法合力"；三是在与法院沟通方面除了要靠事实说话，还要更好地与审判机构和审判人员做好沟通，建立与原审法官沟通机制，全面、真实了解案情，同时可以采取典型案例分析、业务交流、庭审观摩、类案检索等多种形式，提高甄别虚假诉讼的司法能力。在监督方式上灵活多样，如可协调法院、公安定期召开联席会议，就虚假诉讼案件的特点、成因、查处等情况及时沟通、交流，建立起日常工作联系机制，在线索移送、案件协查、认定标准、惩戒治理等协作配合上建立相关机制，使监督变为一种常态，形成防范和查处虚假诉讼的合力，有效打击、遏制虚假诉讼蔓延之势，共同维护诉讼秩序和司法权威，促进诚信社会体系建设。

（二）建立探索调查核实权由专门部门集中行使

民事检察监督是检察机关的重要职能之一，而虚假诉讼案件当前呈上升趋势，加强虚假诉讼监督是提高检察监督工作的重要手段和重要内容，鉴于调查核实要积极查证线索、主动收集证据，其运作更适合一体化模式，因此，可以考虑将调查核实权由专门部门集中行使，从而推动调查核实工作的专业化建设，提高调查核实水平，培养和储备调查核实人才，为调查核实权的有效行使提供队伍保障。如有的人民检察院探索设立诉讼监督调查办案组

织，专门对诉讼监督中的违法行为进行调查核实，从而打破了科室壁垒，整合了人力资源，强化了监督质量，提升了监督质效。

（三）利用检察建议对行政机关及行业协会进行"穿透式"监督

最高人民法院、最高人民检察院、公安部、司法部《关于进一步加强虚假诉讼犯罪惩治工作的意见》（法发〔2021〕10号）第25条规定："律师、基层法律服务工作者、司法鉴定人、公证员、仲裁员利用职务之便参与虚假诉讼的，依照有关规定从严追究法律责任。人民法院、人民检察院、公安机关在办理案件过程中，发现律师、基层法律服务工作者、司法鉴定人、公证员、仲裁员利用职务之便参与虚假诉讼，尚未构成犯罪的，可以向司法行政机关、相关行业协会或者上述人员所在单位发出书面建议。"以上规定包括检察机关等司法机关对于公证人员利用职务便利参与虚假诉讼行为发出检察建议，对于检察机关虚假公证的民事监督进了一大步，笔者注意到，近年来因公证错误导致当事人遭受重大损失的案例大多数公证员存在工作履职过失，检察机关是否能向其发出检察建议，笔者认为是可以的。因为最高人民检察院指导性案例体现了加强执行公证债权文书等非诉执行行为的监督力度，如发现公证机关未依照法律规定程序和要求进行公证时，检察机关应当建议公证机关予以纠正。这既是职权也是检察机关所特有的，检察机关应充分利用好这个"穿透式"监督，坚持诉源监督与个案监督相结合，积极参与社会治理，在新时代下提供更好的检察产品和服务。

民事检察数字化改革赋能虚假诉讼监督场景化应用的进路分析

叶伟忠 郑 明*

摘 要: 民事检察数字化改革对持续优化检察机关法律监督格局、全力推进检察工作高质量发展具有重大意义。在民事虚假诉讼监督工作中,案件线索及查证方面的困境较为突出,虚假诉讼线索筛查系统等数字化改革的场景化应用项目为困境的解决提供了切实可行的新思路。为了进一步推进数字化改革赋能虚假诉讼监督场景化应用,应坚持强化类案式监督、共治型监督的发展进路。

关键词: 民事检察 数字化改革 虚假诉讼 场景化应用

随着信息技术的飞速发展,数字化转型日益成为创新驱动的先导力量。其中,司法场景一直是大数据最为重要的应用领域之一[①],"数字化司法在世界范围内已成潮流"[②]。2017年12月,习近平总书记在主持中共中央政治局第二次集体学习时强调,要运用大数据提升国家治理现代化水平。建立健全大数据辅助科学决策和社会治理的机制,推进社会治理模式创新,实现司法决策科学化、社会治理精准化、公共服务高效化是司法数字化改革的应有之义。

---

* 叶伟忠,浙江省杭州市人民检察院检察长;郑明,浙江省宁波市人民检察院检察官助理。

① 参见王禄生:《论法律大数据"领域理论"的构建》,载《中国法学》2020年第2期。

② 施鹏鹏:《法国的司法数字化改革》,载《检察日报》2019年5月29日,第3版。

一、民事检察数字化改革与虚假诉讼监督工作

在司法数字化改革的进程中，检察机关一直走在前列。2021年2月18日，浙江省召开全省数字化改革大会，要求认真落实习近平总书记关于全面深化改革和数字中国建设的重大部署。2月28日，全省数字检察专题会议召开，对加快数字检察工作作出部署，强调应明确攻坚方向，坚定检察数字化改革的信心和决心。检察机关作为我国的法律监督机关，其各项权能均统摄于法律监督之下。① 因此，新时期数字检察重中之重的攻坚任务，就是要以数字化改革撬动法律监督，积极发挥大数据对法律监督工作的放大、叠加、倍增作用。作为检察机关"四大检察"监督职能的有机组成部分，② 民事检察领域的数字化改革正迎来机遇与挑战。

自上而下的顶层制度设计与自下而上的应用场景创新是司法数字化改革布局中相互交织的两大命题。场景化应用项目的创新与推广，既得益于顶层制度设计的指导，又能够为顶层制度设计的改良提供有益的反馈。在民事检察领域，数字化改革的场景化应用项目以虚假诉讼监督工作的场景化应用最为瞩目，这与虚假诉讼监督工作本身的特质有关。所谓虚假诉讼，主要是指当事人或者其他诉讼参与人出于非法目的利用法律赋予的诉讼权利，通过伪造案件证据、虚构案件事实等方法骗取人民法院作出对自己有利的错误裁判文书，以图占有他人财物或获得财产上不法利益的行为。③ 虚假诉讼侵害他人合法权益、破坏正常诉讼秩序、损害司法权威公信，却因其手段之隐蔽、方法之多样、监督之复杂，造成了虚假诉讼发现难、查证难的现实。④ 针对虚假诉讼监督工作中的重难点，数字化改革的场景化应用前景尤为广阔。

---

① 参见周新：《论我国检察权的新发展》，载《中国社会科学》2020年第8期。
② 参见詹文渝：《民事检察监督体系化工作机制的提出与运行方式》，载《中国检察官》2020年第11期。
③ 参见李军灵、侯俊霞：《浅议虚假诉讼的检察监督》，载《中国检察官》2018年第6期。
④ 参见何秉群：《论虚假诉讼检察监督的现状、难点与对策——以河北省检察机关虚假诉讼监督开展情况为例》，载《河北法学》2017年第4期；李征：《虚假诉讼检察监督的困境破解》，载《中国检察官》2021年第2期。

二、民事检察虚假诉讼监督工作的困境分析

（一）关于案件线索方面的困境

1. 案件线索来源渠道偏狭窄

虚假诉讼案件具有高度隐蔽性，涉案双方当事人大多系恶意串通，案件往往在表面上具备合法性，这对检察机关主动发现虚假诉讼案件线索提出了极大的挑战。因此，目前检察机关查实民事虚假诉讼案件的线索来源主要渠道仍是利益受侵害方的控告、举报，如果受侵害方消极处理，检察机关不容易发现该类案件，尤其是受侵害方是国家、社会公共利益的情况下，由于受侵害主体的不特定性，检察机关更加难以获取案件线索。① 同时，虚假诉讼案件多发于简易程序或调解方式结案的案件中，虚假手段隐蔽、多样，权利被侵犯的第三人往往不知道自己的权利已被侵害，不能及时申请监督，这使得虚假诉讼案件线索的发现越发困难。②

2. 案件线索共享机制不健全

其一，公检法之间以及检察院内部刑民部门之间的线索共享机制不健全。例如，在涉及刑民交叉问题的虚假诉讼案件中，存在炮制虚假诉讼案件的犯罪嫌疑人已对相应犯罪事实供认不讳，而所涉相关民事虚假诉讼线索却未能及时移送的情形。与上述情况类似的大量事实表明，"审判机关的审判、执行数据，检察机关的监督数据，侦查机关的侦查数据未实现信息共享，大量能够通过大数据和人工智能技术发现的案件线索无法被及时有效发现，影响和制约了惩治虚假诉讼的智能化"。③ 即便近年来各地公检法等多单位、多部门也会签了相关文件，建立了一些虚假诉讼线索移送机制，但目前这些平台机制尚未系统成形，对于移送案件线索的帮助仍十分有限④。其二，跨区域之间的线索共享机制不健全。不同地区检察机关民事检察部门之间存在数

---

① 参见何秉群：《论虚假诉讼检察监督的现状、难点与对策——以河北省检察机关虚假诉讼监督开展情况为例》，载《河北法学》2017年第4期。
② 参见李军灵、侯俊霞：《浅议虚假诉讼的检察监督》，载《中国检察官》2018年第6期。
③ 钱云灿：《民事虚假诉讼检察监督困境破解》，载《中国检察官》2019年第5期。
④ 参见史成建：《虚假诉讼检察监督对策》，载《中国检察官》2019年第6期。

据交换机制欠缺的情况。例如，当某检察机关辖区内大量查实虚假诉讼案件时，当事人所涉在其他辖区内的高度可疑的案件线索未能及时移送，同样会影响检察机关主动发现案件线索的效率。

（二）关于案件查证方面的困境

1. 案件查证难度较高

其一，证据核查难度大。"虚假诉讼案件往往牵涉到当事人的经济利益，是当事人费尽心力制造出来的，故就证据上而言，通常存在虚假证人证言、伪造的书证，审查难度很大"。① 其二，当事人对抗性强。虚假诉讼的当事人之间往往存在串通或合谋，虚假诉讼的目的是谋取非法利益，面对检察机关的调查核实，当事人倾向于采取消极对抗的态度。其三，证明标准要求高。在司法实践中，民事虚假诉讼的证明标准为"排除合理怀疑"，这一标准要高于一般民事诉讼证明标准——"高度盖然性"标准，② 这对虚假诉讼案件的查证提出了更高的要求，客观上也为认定虚假诉讼行为制造了一定的障碍。③

2. 调查核实手段受限

面对高难度的虚假诉讼案件查证工作，检察机关能够运用的调查核实手段却很有限，《人民检察院民事诉讼监督规则》在民事诉讼法相关规定的基础上设置限制，规定检察机关不得采取限制人身自由和查封、扣押、冻结财产等强制措施。④ 上述规定未明确有关单位、个人不予配合的法律后果，导致检察机关调查核实工作得不到应有的支持和配合，在实务中经常会出现被调查对象拒不配合或者假意配合但不作如实陈述的尴尬局面。调查核实权的刚性缺失导致民事检察部门往往只能依赖于公安机关侦查力量采取刑事强制

---

① 李军灵、侯俊霞：《浅议虚假诉讼的检察监督》，载《中国检察官》2018年第6期。

② 参见熊跃敏、梁喆旎：《虚假诉讼的识别与规制——以裁判文书为中心的考察》，载《国家检察官学院学报》2018年第3期。

③ 参见纪格非：《民事诉讼虚假诉讼治理思路的再思考——基于实证视角的分析与研究》，载《交大法学》2017年第2期。

④ 参见苏文玉、金庆微：《民间借贷虚假诉讼检察监督的现实问题与完善举措》，载《中国检察官》2020年第3期。

措施所收集的相关证据和认定的案件事实，或者寄希望于被调查人的主动配合，有限的自主调查核实手段难以应对复杂多变的虚假诉讼案件查证工作。

三、民事检察数字化改革在虚假诉讼监督工作中的场景化应用

对于前述民事检察虚假诉讼监督工作所面临的诸多困境，传统的解决方案往往拘泥于加大宣传力度提高受侵害人主动向检察机关寻求救济的意识[①]、增强办案人员发现和识别虚假诉讼案件线索的能力[②]、开展办案人员调查核实业务培训[③]等，这些建议囿于种种现实条件和司法成本所限难以取得突破性的实效，未能对问题的解决提供较为理想的帮助。

民事检察虚假诉讼监督工作中关于案件线索和案件查证方面的困境，本质上是一种基于信息不对称而形成的难题，在海量的案件信息中检察机关的传统业务模式难以甄别有效的案件线索并进行高效查证。这些海量的案件信息正构成一个标准的大数据概念，即无法在可容忍的时间内用传统技术等对其进行感知、获取、管理、处理和服务的数据集合。[④] 如何精确筛选、捕捉有效信息正是数字化司法所专攻的领域，而民事检察虚假诉讼工作的症结所在正是数字化改革场景化应用的最佳舞台之一，民事检察数字化改革已为长期困扰办案人员的痼疾指明了对症的道路。

（一）虚假诉讼线索筛查系统

虚假诉讼线索筛查系统，即运用大数据分析技术自动筛查海量案件信息并进行潜在虚假诉讼线索研判的数字检察工具，是能够有效破解案件线索、查证困境的场景化应用项目之一。虚假诉讼线索筛查系统的工作模式大体可以分为以下两种：

[①] 参见郭联伟：《论虚假诉讼检察监督的必要性、存在困难及解决对策》，载《中国检察官》2014年第10期。

[②] 参见郑新俭等：《民事虚假诉讼检察监督问题研究》，载《人民检察》2016年第6期。

[③] 参见史成建：《虚假诉讼检察监督对策》，载《中国检察官》2019年第6期。

[④] 参见李国杰、程学旗：《大数据研究：未来科技及经济社会发展的重大战略领域——大数据的研究现状与科学思考》，载《中国科学院院刊》2012年第6期。

1.刑民案件信息自动碰撞采集潜在虚假诉讼线索模式，即"虚假诉讼线索筛查平台立足本地刑事案件资源，智能排查刑事案件中的有效民事监督线索"。①智慧系统在建立本地区刑事、民事案件判决书数据库的基础上，通过办案人员对既往虚假诉讼案件筛查的经验总结分析检索规则，自动筛选出涉嫌虚假诉讼的刑事案件判决当事人，再通过碰撞对比的方式获取可能涉嫌虚假诉讼的民事案件。智慧系统在此模式下的优点是大幅提高了虚假诉讼案件线索主动筛查的效率，同时因为在刑事判决中许多当事人已经承认自己炮制民事虚假诉讼的事实，所获取的该类案件线索成案率极高，有刑事裁判文书与侦查机关查实的相关证据为依托，案件调查核实的难度有所下降，相关案件的虚假诉讼查实工作所需人力、时间等司法成本的节约较为可观。以慈溪市人民检察院第六检察部开发的虚假诉讼线索筛查平台为例，仅在2020年4月至6月的研发试运行阶段，智慧系统就排查出有效线索77件，其中提请抗诉15件、发出再审检察建议58件，成案率高达94.8%。②

2.民事案件信息自动研判潜在虚假诉讼风险模式，即通过智慧系统对海量民事裁判数据进行智能分析筛查，在将裁判文书信息要素化的基础上锁定系列案存在同一原告密集起诉、证据单一、公告送达、缺席判决多、大幅度调解等涉嫌虚假诉讼的异常现象，并在智能排查的基础上对相关信息进行人工筛查从而获取虚假诉讼线索。③智慧系统在此模式下同样具有拓宽主动筛查虚假诉讼线索来源的优点，相比起办案人员就海量判决文书进行逐一筛查，系统过滤了巨量的无效信息，并且能够将系列案件整合观察，案件线索获取的效率极大提升。不过相比于第一种模式而言，未能明显降低虚假诉讼案件调查取证的难度，同时异常判决不代表一定是错误判决，仍需要专人对初步筛查结果进行深入审查和研判。④

---

① 施丹莹:《虚假诉讼线索筛查平台：实现民事检察智能监督、综合监督》，载《检察日报》2020年10月31日，第3版。

② 参见施丹莹:《虚假诉讼线索筛查平台：实现民事检察智能监督、综合监督》，载《检察日报》2020年10月31日，第3版。

③ 参见曾于生、章芳芳:《民事裁判智慧监督系统让虚假诉讼无处遁形》，载《检察日报》2020年4月3日，第3版；曾于生、黄昶盛:《以信息化为引领合力打造虚假诉讼监督新模式》，载《人民检察》2019年第14期。

④ 参见曾于生、章芳芳:《民事裁判智慧监督系统让虚假诉讼无处遁形》，载《检察日报》2020年4月3日，第3版。

（二）虚假诉讼大数据共享与协作机制

建设政法一体化办案系统是政法系统数字化改革的"一号工程"，对于加快实现"执法司法制约监督一体化"意义重大。依托政法一体化办案系统建立的虚假诉讼大数据共享与协作机制，是解决民事检察虚假诉讼监督工作困境的又一场景化应用项目。

1. 虚假诉讼大数据共享机制

依照政法一体化办案系统建设的预期目标，其应用原则上覆盖全部案件、全部诉讼流程、全部办案单位，政法干警以应用该系统办案为常态。基于此架构，公检法之间可建立完善的虚假诉讼信息共享系统，从而实现相关案件线索的高效移送。在刑事案件中发现有涉嫌民事虚假诉讼情形的，可以将相关案件的关键信息快速共享给相应的检察机关，民事检察部门即可在运用虚假诉讼线索筛查系统的基础上更为全面深入地分析研判案件具体信息。不同区域之间的虚假诉讼案件线索也同样可以通过智慧系统便捷传送。目前，上述共享机制的软硬件基础正在不断夯实，例如由宁波市人民检察院建设完成的"政法一体化办案大容量文件共享平台"就为虚假诉讼案件中不同单位共享音视频等大容量资料提供了有力保障，截至2020年10月底，宁波市政法部门借助该平台已上传大容量文件3.9万余个，有望助力政法各单位破除信息壁垒、打通数据通道。

2. 虚假诉讼大数据协作机制

依托政法一体化办案系统，涉及刑民交叉的虚假诉讼案件可以在智慧系统中实时协作办案，形成虚假诉讼监督合力。民事检察部门在办案中发现可能涉嫌虚假诉讼的人员信息，可以移送公安机关侦查信息库进行人员身份信息、主要联系人、犯罪前科等项目的核查，获取当事人是否有涉刑事案件记录以及所涉刑事案件的基本事实等情况。[①] 侦查机关或刑事检察部门在办理案件中发现涉嫌民事虚假诉讼的，相关刑事案件的当事人信息、证据等也可以同步共享给民事检察部门，以大幅减轻虚假诉讼调查核实的难度，借助侦查机关的强制力提升虚假诉讼证据的获取效率。上述大数据协作系统亦可以

---

① 参见曾于生、黄昶盛：《以信息化为引领合力打造虚假诉讼监督新模式》，载《人民检察》2019年第14期。

与行政基础信息库等实现信息对接,从而进一步降低虚假诉讼调查核实的司法成本,纾解办案人员配置不足的压力。

四、民事检察数字化改革赋能虚假诉讼监督场景化应用的发展进路

综上所述,民事检察数字化改革在虚假诉讼监督工作中的场景化应用已初具规模,对于解决相关工作所面临的困境大有裨益。为了充分发挥数字化改革的作用,应当在总结完善原有智慧检察项目的基础上,围绕虚假诉讼监督重点领域加快打造检察数字化创新成果,以期实现相关检察业务的质量变革、效率变革、动力变革。笔者认为,在民事检察数字化改革赋能虚假诉讼监督场景化应用的推进工作中,应当坚持强化类案式监督与共治型监督的发展进路。

(一)坚持强化类案式监督的发展进路

围绕民事虚假诉讼展开的检察监督工作中往往存在当事人大量炮制虚假诉讼案件的情形,这就需要办案人员在创新和运用数字化改革场景化应用成果时坚持类案式监督的发展进路,强化从"数量驱动、个案为主、案卷审查"的个案式监督到"质效导向、类案为主、数据赋能"的类案式监督的转变,以数字化改革为总抓手,利用大数据的类案监督优势,更加注重监督纠正系统性、倾向性、普遍性的问题,更加体现"办一案、牵一串、治一片"的监督规模效应。

一是加强虚假诉讼监督场景化应用项目的案件线索大数据深挖能力。通过对个案的信息分析向各个维度纵深、全面嗅探潜在的虚假诉讼案件线索,争取类案监督零遗漏、零死角,同时在实践中由个案抽象出案件规律,据此不断调适优化智慧系统以期实现类案突破。二是通过场景化应用项目获取数据的规模效应引起法院对类案的高度重视。在虚假诉讼监督工作中发现同一法院在多起案件中存在相同的疏忽或违法问题时,可以发送相应的检察建议予以监督,力争完善相关制度、改进相关工作、堵住相关漏洞,从而达到节约司法资源、减轻当事人诉累、提升监督效能的多赢局面。

(二)坚持强化共治型监督的发展进路

面对虚假诉讼监督工作跨部门、跨单位、跨区域的特征,虚假诉讼监督场景化应用项目还应当贯彻"整体智治、高效协同"的改革理念,进一步整合虚假诉讼监督力量。因此,要充分实现民事检察数字化改革赋能虚假诉讼监督场景化应用,还必须坚持强化共治型监督的发展进路,主要包括以下三个方面:

一是内部共计。强化共治型监督的发展进路,首先要促进检察机关内部各业务条线之间的跨界融通。一方面,要进一步增强各条线业务人员的跨界能力,打好数字检察组合拳;另一方面,抽调全市业务、技术骨干,组建虚假诉讼监督场景化应用项目攻坚团队,有效发挥全员参与积极性,促进项目创意需求落地、成果转化、迭代深化。二是外部共融。公检法等相关单位应当围绕虚假诉讼监督的数字化改革场景化应用形成虚假诉讼行为查处的最大合力,以共同促进社会治理的大格局展现数字治理实效。三是市域共治。坚持省院统筹与基层创新相结合,持续优化跨市域信息共享平台,着力探索建立市域治理数字检察平台,不断推广虚假诉讼监督场景化应用项目的市域合作,推进虚假诉讼治理数据的市域融合。

民事检察数字化改革以数字化理念、数字化思维、数字化方法创造性地开展民事检察条线的业务工作,推动着民事检察体制机制、组织架构、流程方式、手段工具等的全方位、系统性重塑。对于这一关键性工程,创新、发展虚假诉讼监督场景化应用不是选择题,而是必答题,坚持强化类案式监督与共治型监督的发展进路则是题中之义。在这一推动民事检察数字化改革赋能虚假诉讼监督场景化应用的必由之路上,检察机关必须在借助信息技术力量的同时尊重和发挥"人"的作用,避免"唯数据论",使大数据的研判与办案人员的分析充分结合、优势互补,以办案人员的智慧与经验助力构建更为"实用、管用、好用"的场景化应用项目,促进法律监督模式系统性变革,推进检察工作高质量发展。

检察机关发现虚假诉讼机制新探索

——以绍兴地区应用智慧监督系统发现虚假诉讼为例

曾于生 章芳芳[*]

摘 要: 如何既保障当事人的诉讼权利,又防止虚假诉讼等滥用诉权现象是实践难题,近年来虚假诉讼高发频发,但被发现的只是少数。检察机关应树立主动监督理念,明确检察监督受理渠道,强化依职权监督,利用智能化工具发现线索,同时运用民事、行政、刑事"三位一体"合力监督模式强化线索收集、查处等机制。

关键词: 虚假诉讼 线索发现 人工智能 "三位一体"

民事诉讼解决私权纠纷,采用处分主义和辩论主义,对当事人充分行使诉权应当给予程序保障,经过当事人充分攻击防御的事实证据,才能作为法院判决的基础和根据。但是,如何既保障当事人的诉讼权利,又防止虚假诉讼等滥用诉权现象是长久以来困扰司法实践的难题。近年来,虚假诉讼案件频发,并呈现蔓延之势,但受虚假诉讼侵害人数虽然众多,被发现的虚假诉讼案件却较少。如何建立虚假诉讼发现机制,实现对虚假诉讼的有效查处成为亟待解决的问题。

一、绍兴地区虚假诉讼监督案件情况

信息化给社会带来巨大影响,这种影响更多依赖认知范式的转变。数字

---

[*] 曾于生,浙江省绍兴市人民检察院检委会专职委员、第四检察部主任,四级高级检察官;章芳芳:浙江省绍兴市人民检察院第四检察部副主任、员额检察官。

时代的新范式是数据挖掘（data exploration）范式。①数据挖掘范式最典型的特征是，其转变了传统的围绕特定认知对象或假设而进行的数据搜集模式，取而代之以基于广泛、全面、深度的数据搜集而形成认知对象或假设的过程。通过此种范式转变，权力行使伊始所针对的领域及对象变得模糊，跨界的数据搜集和共享成为常态，权力运行可能辐射的事项范围也因难以事前预测而呈现泛化的趋向。②

以绍兴地区为例，绍兴两级法院在2017年审结7.6万余件民商事案件，执行近4.9万件执行案件，而检察机关只对其中202件民商事裁判结果案件、26件执行案件进行了监督，其中涉及虚假诉讼监督，除去初步线索排查案件，真正采取抗诉、检察建议进行监督的只有9件。2019年7月31日，绍兴市中级人民法院对外发布通报：3年来，绍兴两级法院共排查疑似虚假诉讼线索220余条，向公安机关移送线索或案件68起，受理涉及虚假诉讼的犯罪案件33件81人。

绍兴市检察院自2018年初自主研发"民事裁判文书智慧监督系统"后，利用智能化工具收集虚假诉讼线索，实现虚假诉讼监督案件数量大幅上升。如表1所示：

表1 绍兴市检察机关虚假诉讼监督案件数量表（2016年至2020年）

年份	监督虚假诉讼案件数	法院再审改判案件数	涉案金额（元）	移送线索件数
2016	4	4	49万	1
2017	9	9	300余万	0
2018	105	46	1.7亿	8
2019	221	170	7600余万	24
2020	396	320	9000余万	80

从表中可以看出，绍兴地区检察机关从2018年开始三年间共办理虚假诉讼案件722件，办理数量逐年上升。其中，2018年办理105件，是2017

---

① See Randal E.Bryant, Randy H.Katz&Edward D.Lazowska, Big-data Computing: Creating Revolutionary Break-throughs in Commerce, Science, and Society, issued December 22, 2008, available at http://cra.org/ccc/wp-content/uploads/sites/2/2015/05/Big_Data.pdf, visited on December 20, 2016.

② 参见裴炜：《个人信息大数据与刑事正当程序的冲突及其调和》，载《法学研究》2018年第2期。

年办理数的 10 倍；2019 年办理 221 件，同比增长 111%；2020 年办理 396 件，同比增长 79.18%。除虚假诉讼监督数外，法院再审改判数也不断上升，其中 2019 年改判数近乎前三年改判总数的 3 倍，2020 年改判数比 2019 年增长 88.24%，法院在案件改判速度上也相应加快。可见，虚假诉讼案件并非"无迹可寻"，检察机关在这类案件中"大有可为"。

本文结合绍兴地区智慧监督系统运用情况，对传统的虚假诉讼发现难的原因展开分析，提出以信息化为依托，利用人工智能发现虚假诉讼线索，建立民事、行政、刑事"三位一体"合力监督模式，强化线索收集、查处等机制，解决虚假诉讼发现难问题。

二、虚假诉讼发现难原因分析

虚假诉讼发现难，并非偶然现象，有其特定的制度性因素，具体可以从当事人、法院、律师、检察机关四个主体层面进行分析：

（一）当事人层面

1. 当事人之间的特殊关系增添虚假诉讼隐蔽性

参与虚假诉讼的当事人之间多数具有特殊关系，如近亲属、关系较好的朋友或者其他具有利害关系的人。如果是企业，母子企业、关联公司也是常见的特殊关系。因为存在特殊关系，行为人利益一致，加之谋划过程私密，使之很难为外界发觉。①

2. 社会诚信缺失削弱当事人道德约束

庞德认为，对人类内在本性的控制就是社会控制，而社会控制的主要手段依靠道德、宗教、法律，道德是第一位的。② 在市场经济条件下，利益驱动机制导致了人们唯利是图的错误价值观，传统道德观已不能发社会控制作用，而法律作为最基本的道德在创设、维护诚实守信的社会秩序这一功能上，又存在明显的缺位，导致整个社会的信用基础比较薄弱。虚假诉讼中比

---

① 参见王振友：《虚假诉讼的识别与查证》，载《中国检察官》2017 年第 7 期。
② 参见孙亦份：《论民事诉讼中诉讼风险因素的规制与防范》，载张海棠主编：《程序与公正》，上海社会科学院出版社 2007 年版，第 1 页。

较常见的转移财产以逃避债务、虚构诉讼获取对方利益、通过诉讼固定谈判筹码、规避国家政策及税费管理等类型的案件,① 背后都是经济利益驱使、道德约束薄弱的体现。

(二)法院层面

1. 意思自治原则和民事诉讼证据规则弱化法院发现虚假诉讼的能力

民法属于私法,法律对待民事关系遵循当事人意思自治的原则,这使得在民事诉讼过程中,当事人可以自由处分其诉讼权利和诉讼标的,法官处于中立和消极地位,为虚假诉讼提供可乘之机。如最高人民法院《关于民事诉讼证据的若干规定》第 8 条规定自认规则,在一定程度上限制法官依职权调查收集证据的权力。最高人民法院《关于民事诉讼证据的若干规定》第 73 条规定优势证据采信规则,也为虚假事实的认定提供了程序性条件。

2. 法院绩效考核机制导致法院缺乏识别虚假诉讼的内在动力

根据现行的绩效考核机制,结案数、结案率、调解率是评价法官工作业绩的主要指标,② 在审判任务和考核指标的双重压力下,容易造成法官在审理案件中,对于一方当事人虚假诉讼的情形,法官缺少足够的时间和动力进行调查核实;对于双方恶意串通的虚假诉讼的情形,只要一方形成自认或双方达成调解协议,也会"放松"对案件真实性的审查,使虚假诉讼当事人有机可乘。

3. 法院第三人救济制度程序烦琐且存在缺陷

现行的第三人之诉程序烦琐,很难发现诉讼中的虚假诉讼行为,第三人往往要在执行阶段因财产被执行才能发现。基于此,立法又设置了执行异议之诉。但如果案件诉讼结果是损害第三人利益的确认判决或者形成判决而非给付判决,或者虽然是给付判决,但基于当事人自愿履行而未进行执行程序,第三人的利益也得不到保护。③ 据此情形,《民事诉讼法》第 59 条第 3 款

---

① 参见陈蓓:《虚假诉讼案件现状分析及识别应对机制构建》,上海交通大学 2014 年硕士学位论文。

② 参见李浩:《虚假诉讼中恶意调解问题研究》,载《江海学刊》2012 年第 1 期。

③ 参见张卫平:《第三人撤销判决制度的分析与评估》,载《比较法研究》2012 年第 5 期。

又规定了第三人撤销之诉。但第三人进行撤销的前提是"有证据证明发生法律效力的判决、裁定、调解书的部分或者全部内容错误,损害其民事权益"。由第三人来举证证明生效裁判存在虚假诉讼情形实为艰难,这就又陷入权益无法得到救济、监督无法实现的困境。

(三)律师层面

律师对经济利益最大化的追逐和自身角色位置决定了对部分虚假诉讼"视而不见"。对于律师而言,其代理案件本身是为了获取经济报酬,其角色定位决定了为委托人服务,为委托人争取最大利益。因此,从"代理者"角度,其帮助甚至主导虚假诉讼行为,对外界秘而不宣。而从"旁观者"角度,虽然凭借专业经验,能够发现案件存在虚假情况,但只要这个案件对自己委托方利益没有影响,就不愿主动"揭发"这种行为。这种现象在一定程度上是当前律师职业道德建设薄弱引起的。一方面,民事诉讼中律师真实义务规制的缺失。[1]另一方面,也是律师职业道德和行为规范尚不健全引起。

(四)检察机关层面

1. 检察机关受理渠道不明确

按照《人民检察院民事诉讼监督规则》(以下简称《监督规则》)第118条规定,检察机关受理民事诉讼监督案件的来源包括当事人申请监督、当事人以外的公民、法人和其他组织控告、举报以及检察机关依职权发现。故对于单方型虚假诉讼的当事人而言,其可以向检察机关申请监督,寻求救济。但在单方蓄意的"部分篡改型"行为,如常见的"套路贷"案件中大幅虚增借款金额起诉行为是否被认定为虚假诉讼存在争议。按照《监督规则》第37条规定,检察机关应当依职权进行监督的情形只限于以下三种:"(一)损害国家利益或社会公共利益的;(二)审判、执行人员有贪污受贿、徇私舞弊、枉法裁判等行为的;(三)依照有关规定需要人民检察院跟进监督的。"司法实践中往往把虚假诉讼纳入依职权监督范围,但如果"套路贷"案件中的"部分篡改型"不属于虚假诉讼范围,检察机关如何受理?这类案件一般不

---

[1] 参见索站超:《论律师真实义务与虚假诉讼的规制》,载《民事程序法研究》2014年第2期。

属于跟进监督情形，在案件初查阶段也无证据证明存在审判、执行人员违法行为，是否损害国家利益、社会公共利益（尤其是实践中大量存在的以调解结案的"套路贷"案件），故检察机关无法主动监督，而受侵害人一方又缺乏证据或不敢申请监督，导致大量案件无法进入审查视野。

2.检察机关民事调查核实权受限

除《民事诉讼法》第217条外，《监督规则》第62条至第71条对调查核实权作出了一些具体的规定。但上述规定条文少、原则性强、缺乏可操作性，导致了民事检察调查核实权在具体运用中存在明显与其法律属性不相匹配的问题，妨害了虚假诉讼案件的深入查办。

三、构建虚假诉讼发现新机制

对于虚假诉讼行为，囿于上述四类主体存在各自的原因，导致案件较难发现。检察机关作为法律监督机关，应当树立主动监督理念，明确案件受理渠道，强化依职权启动，构建主动发现虚假诉讼线索机制。在大数据时代，可以探索依托和借力信息化手段，从个别、碎片、偶发、被动的监督，转变为全面、整体、系统、主动的监督。

（一）明确虚假诉讼案件受理渠道

对于在真实债务基础上虚增的"部分篡改型"行为能否被认定为虚假诉讼，目前主要形成两种观点：一是这类行为因部分债务真实，不能以虚假诉讼论。二是这类行为虽部分债务真实，但如存在放贷目的非法性、债务虚增幅度大等特点，可以虚假诉讼论。

对此，笔者认为可以从理论与实践两个角度考虑将"套路贷"案件中虚增借款金额起诉行为纳入虚假诉讼范围。

1.理论层面

"审判程序核心的部分是依据证据准确无误地认定事实的过程。"[①]《民事诉讼法》第63条第2款规定："证据必须查证属实，才能作为认定事实的根

[①] ［日］松尾浩也：《日本刑事诉讼法》（下卷），张凌译，中国人民大学出版社2005年版，第1页。

据。"因此，实现司法审判公正、客观的前提是所依据的证据（事实）的真实性。如果依据虚假事实作出的裁判结论，既不会公正，也不会客观。① 以民间借贷为例，当前多发的以大幅虚增借款数额提起诉讼的"套路贷"行为，就是在虚假诉讼罪和合法民间借贷之间的违法行为。该类行为在社会危害性和侵害法益上与捏造全部事实起诉相差无几，囿于刑法谦抑性，并不能入罪，但应当看到，即便存在诉争事实，只要其伪造的事实引起法官作出错误裁判，就是实施了虚假诉讼行为。

2. 实践层面

笔者认为，司法实践中"虚假诉讼"的认定可以分为两个层面：一层是"虚假诉讼罪"的认定，另一层是"虚假诉讼行为"的认定，前者的规范依据是刑法，后者的规范依据是民事诉讼法。虚假诉讼行为不一定构成虚假诉讼罪，但虚假诉讼罪必然是虚假诉讼行为。虚假诉讼行为比虚假诉讼犯罪行为范围更广。依据最高人民法院、最高人民检察院《关于办理虚假诉讼刑事案件适用法律若干问题的解释》规定，虚假诉讼罪限于"无中生有型"起诉行为，"部分篡改型"起诉行为不属于刑法规定的虚假诉讼罪范畴。但最高人民法院《关于防范和制裁虚假诉讼的指导意见》规定的"虚假诉讼"概念应当是指"虚假诉讼行为"，其要素包括以规避法律、法规或国家政策谋取法利益为目的；恶意串通；虚构事实；借用合法的民事程序；侵害国家利益、社会公共利益或者案外人合法权益等。故借贷纠纷虚假诉讼的认定中，应当注意区分"虚增金额"和"高额利息"。在"套路贷"案件中，原告持大幅虚增借款金额借条向法院起诉，骗取生效裁判的行为，符合谋取非法利益，借用合法民事程序，妨碍司法秩序这些要素特征。对于"虚构事实"的认定，应当区分虚构程度以及结合案件其他因素综合考量。如真实债务与虚构部分债务的比例已经发生实质性变化，行为人的目的是通过外观合法的债务获取非法利益，这是该案"虚构事实"与一般起诉中"虚构部分事实"的重要区别。对于此类"部分篡改型"起诉行为尽管不构成虚假诉讼罪，仍然应认定为"虚假诉讼行为"，以体现法律对这类行为的否定性评价。

基于上述考虑，应当把"套路贷"案件中虚增借款金额起诉的行为也认定为虚假诉讼行为，检察机关可以依职权主动进行受理、审查。

---

① 参见张明楷：《虚假诉讼罪的基本问题》，载《法学》2017 年第 1 期。

（二）利用智能化工具发现线索

1. 收集文书及对文书信息要素化

通过数据采集，优化数据导入系统方案，把中国裁判文书网、浙江法院裁判平台等系统中的数据，对接到"民事裁判文书智慧监督系统"软件，搭建线索收集的基础平台，为虚假诉讼案件线索来源提供充分的审查基础。同时，对文书中的信息要素化。要素化信息主要有裁判文书类型、诉讼主体、审判程序、时间节点四类，比如当事人（代理人）姓名、性别、出生年月、住址、身份证号码等均属于诉讼主体要素。通过要素化，使文书既可以被数据分析处理，也可以按要素对文书进行分类展示，便于自由检索。

2. 提炼监督点及智能分析

"民事裁判文书智慧监督系统"以某类型案件数量在所有案件中所占比例较高和某类型案件在审理过程中出错频率较高作为依据，设置了民间借贷、劳资纠纷、婚姻析产和交通事故损害赔偿四类重点审查案件，并归纳出监督点 80 多个。由系统根据监督点对某类型案件进行自动分析，并将结果按照风险等级排序予以推送，以此实现从海量文书到人力可审查文书的筛选。比如，检察人员要查找民间借贷案件中是否存在虚假诉讼案件线索：可在软件中输入检索词（监督点），如"同一原告（排除银行、保险公司等单位）在同时期密集起诉""结案时间短""起诉证据相同"等，根据案件在数量和时间上紧密关系，查找出一大批可疑案件线索，再根据案件情况，输入其他检索词，进行下一步检索，直至排查出需要案件。

3. 人工审查及研判

利用不同渠道收集的数据集产生了海量数据，当这些数据聚合到一起，可以对其进行挖掘，并开展更深层次的分析，该深度分析能揭示出各种模式、相关关系，并进行有统计意义的各种预测。[①]当前"人脑"和"机脑"结合，对数据进行深度挖掘、分析的方法主要归结为三种：第一，汇总分析，汇总"民事裁判文书智慧监督系统"中同一原告、同一被告所有相关民事案件，分析有无规律性异常。第二，关联查询，关联刑事、行政信息，查

---

① See Timothy J. Kraft, Big Data Analytics, Rising Crime, and Forth Amendment Protections, 2017 University of Illinois Journal of Law, Technology & Policy 259（2017）.

询被软件发现异常的当事人有无报案记录，刑事前科，并获取他的职业、家庭、关联人物信息，实现案件外围排查。第三，延伸调查，采取调阅卷宗、查询银行交易流水、询问相关人员等方式进行。

通过上述智能排查和分析研判，检察机关可以发现一大批有价值线索。据不完全统计，绍兴检察机关已经通过智慧监督系统收集64万余份法律文书，发现涉嫌虚假诉讼线索万余条。

（三）建立民事、行政、刑事"三位一体"合力监督模式

当前，权力机关之间以提升社会管理职能为目的的信息收集与共享平台，正在逐步建立，[①]并为此形成数据仓库建设、联机分析以及数据挖掘的一整套治理模型，并且，随着大数据的进一步推广，其很可能在未来成为犯罪防控与侦查的核心手段。[②]对于虚假诉讼监督，也要以信息共享为依托，跳出部门限制，赋予一个员额检察官或检察官办案组办理虚假诉讼全案的职权，构建民事、行政、刑事"三位一体"监督模式。

1. 强化线索收集机制

建立公检法三家虚假诉讼信息综合查询平台。检察机关对从"民事裁判文书智慧监督系统"中发现的虚假诉讼信息，对接到公安机关的侦查信息库、行政管理信息库，快速实现外围调查。公安机关对办理刑事案件中自行发现的虚假诉讼案件信息，对接"民事裁判文书智慧监督系统"，进行相关民事案件查询，深挖刑事案件背后的民事案件线索。人民法院设立虚假诉讼案件查询"绿色通道"，对接平台信息库，使公安、检察机关及时了解涉虚假诉讼案件审理情况。

畅通检察机关内部刑民交叉案件办理的信息渠道，强化从民事、行政案件中发现刑事案件线索和从刑事案件中发现民事、行政案件的线索发现机制。建立虚假诉讼办案组，对办案过程中发现的事实理由明显不合常理、证据存在伪造变造等情形进行重点审查，经审查认为存在虚假诉讼嫌疑的，应

[①] 参见裴炜：《个人信息大数据与刑事正当程序的冲突及其调和》，载《法学研究》2018年第2期。

[②] 参见张兆端：《关于公安大数据建设的战略思考》，载《中国人民公安大学学报》2014年第4期。

进行立案调查。对经调查涉嫌犯罪的，应当及时将案件线索及相关证据材料移送同级公安机关依法查办。公安机关在收到移送案件后及时作出立案或不立案决定，由同一个办案组对立案情况进行跟进、开展立案监督，对公安机关不立案情况要求作出书面说明。双方还应就线索审查情况进行及时反馈、沟通、协商。

2. 强化线索查办机制

建立引导侦查机制。在国外，有些国家的检察官具有指挥侦查权，如法国、德国的检察官实际控制并指挥警方的侦查活动。[①]在我国，"引导侦查"的提出起源于20世纪80年代检察机关的"提前介入"工作机制，适用于在打击刑事犯罪活动中，检察机关适时介入公安机关调查，以达到更好的侦查效果。[②]为此，可以充分借鉴刑事检察的经验，在民行检察监督中引入"引导侦查"理念，补强调查核实权缺乏强制力的"短板"，就涉嫌虚假诉讼犯罪案件和公安机关建立"适时介入侦查、引导侦查取证、强化侦查监督"的协作机制。在制度设计上，双方就虚假诉讼案件查办建立信息共享机制，由虚假诉讼办案组成员中指定专人进行案件移送、受理、协查、反馈、归档。对于检察机关移送的涉嫌虚假诉讼案件，公安机关应定期向虚假诉讼办案组反馈，虚假诉讼办案组可以根据反馈需要或应公安机关要求派员协助调查，双方可采取同步谈话取证、同步书面审查、同步审结会诊等方式共同查处案件，固定刑事、民事检察监督所需证据。

深入运用调查核实权。对有虚假诉讼嫌疑的案件，可采取查询、调取、复制相关证据材料，询问当事人或者案外人，咨询专业人员、相关部门或行业协会等对专门问题的意见，委托鉴定评估审计、勘验物证、现场勘查等调查核实措施。同时讲究调查技巧，在证据收集的方法上，把握客观证据优先于主观证据原则，充分注重查证顺序，实现由外围到核心的渐进式突破。同时，还要善于倾听、观察，找出言词证据之间的矛盾点，学会利用矛盾去戳穿当事人的虚假陈述，达到去伪存真，查清案件目的。

---

① 参见周理松：《法国、德国检察制度的主要特点及其借鉴》，载《人民检察》2003年第4期。

② 参见史硕洪、周子简：《新型引导侦查工作机制的建立》，载《上海政法学院学报（法治论丛）》2016年第5期。

3. 强化案件处理机制

加快虚假诉讼办案进程。检察机关设立虚假诉讼办案组后,公安机关系从一个办案组手中接收案件,并在侦查终结之后移送至同办案组,双方对案件信息的掌握均较为全面,更能抓住案件焦点,明确侦查预期,集中精力查明主要事实,为后续批捕、起诉提供充分依据。检察机关根据前期审查情况,更快决定案件走向:对涉嫌虚假诉讼犯罪的,提起公诉;对不涉及犯罪但涉嫌违法的,提出抗诉、再审检察建议,或提出改进工作检察建议,从而保证监督成效。

建立联合惩治制度。对检察机关提出监督的虚假诉讼案件,人民法院在审理时应充分考虑虚假诉讼在广义之法上的违法性,[1]体现对虚假诉讼在实体和程序上双重违法的处罚。除纠正错误裁判外,还应当让虚假诉讼行为人承担当庭训诫、责令具结悔过、罚款、拘留等诉讼法上的责任,并根据情况采取支付权益受侵害人应受的应诉支出等经济措施,同时也可以向社会公布虚假诉讼行为人名单等,加大对虚假诉讼的惩戒力度。针对虚假诉讼中存在部分律师、仲裁员、公证员参与虚假诉讼、虚假公证的情况,建立相应制裁机制,明确对参与虚假诉讼活动的律师、法律服务工作者、鉴定人员、公证员等,应当向司法行政机关等发出书面通报或者处理建议,由司法行政机关按照法律、法规和管理办法规定,及时作出处理。

(四)完善线索管理制度

建立地区线索管理信息库,实现对全地区线索的科学管理与培育。一是实现线索统筹分配。对"民事裁判文书智慧监督系统"检索出的批量案件进行分析研判,按照风险等级和成案情况予以分类,将有价值线索交由案件所在辖区办理。各辖区检察机关做好线索落地工作,并将审查情况及时反馈。二是注重线索积累。对经初查不存在虚假诉讼行为或暂时无法查实虚假诉讼行为的线索,进行登记备查;对经审查涉及审判、执行人员违法行为案件的,予以重点标注;对发现容易产生类案的领域,做好该领域的线索储备工作。三是协调线索审查。随着大数据的排查,批量案件线索不断涌现,对此需合理分配人员,成立线索初查小组或选择性审查方式进行审查。

---

[1] 参见张新宝:《侵权责任的构成要件》,法律出版社2007年版,第57页。

防范和打击虚假诉讼工作机制研究

王广军[*]

摘　要：当前，虚假诉讼的认定标准尚未完全达成有效共识，司法机关在实践中仍然存在虚假诉讼甄别发现不及时、虚假诉讼案件办理沟通机制不健全、相关民事诉讼与刑事诉讼程序衔接不畅等问题，影响对虚假诉讼行为的防范和惩治。本文从河南省检察机关办理虚假诉讼监督案件取得的成效和存在的问题出发，着眼于解决实践中存在的虚假诉讼查办过程中的协作配合机制问题，为司法实践提供指导。

关键词：虚假诉讼　检察机关　防范和打击

一、问题的提出——如何从"单打"走向"合力"

近年来民事虚假诉讼、恶意诉讼频发，引发高度关注。最高人民检察院明确要求全国各级检察机关加大对虚假诉讼的监督力度，逐步构建虚假诉讼发现和查处的长效机制。从河南省检察机关的司法实践看，虚假诉讼监督日益成为检察机关民事检察部门强化同级监督、做强民事检察的有效突破口。此外，办案中发现，虚假诉讼监督工作仅凭检察机关的诉讼监督无法从根本上有效杜绝和打击虚假诉讼，且实践中还存在虚假诉讼发现渠道不畅、查办虚假诉讼案件沟通协作机制不健全、相关民事诉讼与刑事诉讼程序衔接不顺等问题，法院、检察机关、公安机关、司法行政机关之间对虚假诉讼的防范和打击如何形成合力的问题已经摆在我们面前。

---

[*] 王广军，河南省人民检察院副检察长。

二、对于现有规定的探究——虚假诉讼和虚假诉讼监督的相关基础问题研究

（一）虚假诉讼的内涵与外延

虚假诉讼这一概念自提出以来，随着社会经济的发展和司法实践的变化，其内涵和外延也在不断发生变化。民事诉讼法从法律层面上将虚假诉讼界定为当事人之间恶意串通，企图通过诉讼、调解等方式侵害他人合法权益的行为。① 为加大对虚假诉讼犯罪的惩治力度，《刑法修正案（九）》增设虚假诉讼罪，其中规定："以捏造的事实提起民事诉讼，妨害司法秩序或者严重侵害他人合法权益的，处三年以下有期徒刑、拘役或管制，并处或单处罚金。"② 为贯彻落实党中央关于依法打击虚假诉讼、维护司法公正和司法权威的决策部署，最高人民法院、最高人民检察院于2018年联合出台《关于办理虚假诉讼刑事案件适用法律若干问题的解释》，其中规定："采取伪造证据、虚假陈述等手段，实施下列行为之一，捏造民事法律关系，虚构民事纠纷，向人民法院提起民事诉讼的，应当认定为刑法第三百零七条之一第一款规定的'以捏造的事实提起民事诉讼'。"为进一步加大对虚假诉讼、恶意诉讼、无理缠诉行为的惩治力度，2021年3月，最高人民法院、最高人民检察院、公安部、司法部联合印发《关于进一步加强虚假诉讼犯罪惩治工作的意见》，其中第2条规定，"本意见所称虚假诉讼犯罪，是指行为人单独或者与他人恶意串通，采取伪造证据、虚假陈述等手段，捏造民事案件基本事实，虚构民事纠纷，向人民法院提起民事诉讼，妨害司法秩序或者严重侵害他人合法权益，依照法律应当受刑罚处罚的行为"。

如前所述，不同的法律规定、司法解释及司法文件对虚假诉讼的界定不尽相同，民事法律规范和刑事法律规范不同体系下对虚假诉讼的认定也不完全一致。总的来说，虚假诉讼包含或兼具恶意串通和虚构事实两种外在表现形式，系以"骗取、利用司法审判、执行的强制力"为核心要件，通过虚构事实、纠纷或法律关系的方式提起民事诉讼，进而利用法院裁判或执行的强

---

① 参见赵颖：《虚假诉讼罪的司法认定》，苏州大学2018年硕士学位论文。
② 纪长胜：《虚假诉讼罪的认定与适用》，载《人民司法》2017年第7期。

制力，获取不当利益的行为。①

（二）民事虚假诉讼和虚假诉讼罪的异同比较

从司法实务看，虚假诉讼行为与虚假诉讼罪在行为方式上相似，但因不同体系对行为的评价模式不同，相比较而言，民事法律规范体系下的虚假诉讼的范围更广，而刑事法律规范体系下的虚假诉讼罪的认定则有着相对更为严格的认定原则和标准。部分在民事上可认定为虚假诉讼的行为，难以以虚假诉讼罪追究当事人的刑事责任。例如，对于虚构事实类的虚假诉讼，最高人民法院相关庭室认为虚假诉讼罪中的虚构事实，是指"无中生有"的虚构事实，如果有基本的法律关系，但对部分事实进行虚构或伪造，不认为是虚构事实。关于"套路贷"问题认定，民事诉讼案件中将"套路贷"伪造资金流水，虚增垒高债务的部分认为是虚假诉讼并进行民事检察监督并无争议②，但因"套路贷"提起民事诉讼，是否构成虚假诉讼罪仍有争议。又如，为规避限购政策而提起房屋买卖合同纠纷诉讼、为亲属间房产过户而提起的物权确认之诉，虽然从民事裁判的角度可认定为虚假诉讼，但是否达到妨害司法秩序或者严重侵害他人合法权益的损害后果，进而能否以虚假诉讼罪追究刑事责任尚有争议。

（三）检察机关虚假诉讼监督与法院虚假诉讼的防范和制裁的属性比对

从工作目标上看，检察机关开展虚假诉讼监督和法院对于虚假诉讼的防范与惩治具有一致性，都是为了维护司法公正和司法权威，保障国家法律的统一正确实施。从工作属性上看，检察机关开展虚假诉讼监督，是检察机关民事检察监督职能的作用发挥，在性质上是对公权力的监督，监督对象是民事审判、行政诉讼活动。法院对于虚假诉讼防范和制裁工作，通过依法认定事实，准确适用法律，保障民事诉讼和执行活动，营造诚实守信的诉讼环境，维护司法权威和司法公信，保护公民、法人和其他组织的合法权益。从司法实践情况看，社会公众对检察机关监督虚假诉讼的职能和手段了解不

---

① 参见邢赫：《关于虚假诉讼罪若干问题研究》，载《法制与社会》2018年第11期。
② 最高人民法院多次在向全国人大的报告中将民事检察纠正"套路贷"案件列入民事虚假诉讼监督范围内。

多。最高人民法院近年来出台了多项虚假诉讼相关司法解释或工作规定，法院的事前甄别、事中制止模式也有一定效果，但法院在纠正虚假诉讼生效错案方面作用不明显，公证债权文书、仲裁文书执行涉及虚假诉讼的，在民事非诉执行环节法院纠错难度增加。

三、对于实践的考察——河南省检察机关虚假诉讼检察监督实证分析

近年来，河南省检察机关民事检察部门立足民事诉讼监督职能，一直将打击虚假诉讼作为重点工作，以最高人民检察院部署的虚假诉讼领域深层次违法监督专项活动为契机，指导全省办理了一批有影响的典型案件，取得不错成效。主要做法有：

一是扎实推进虚假诉讼领域深层次违法专项监督活动，严查虚假诉讼。各地以专项活动为依托，在大力开展虚假诉讼监督，注重深挖虚假诉讼背后的审判人员违法犯罪线索。专项活动开展以来，共查办虚假诉讼案件218件，提出抗诉26件，提出再审检察建议165件，移送虚假诉讼犯罪线索13件、20人，移送司法人员职务犯罪线索3件、5人，6人已被追究刑事责任。[1]

二是深入落实最高人民检察院"五号检察建议"。2020年7月9日，就防治虚假诉讼、维护司法权威，最高人民检察院向最高人民法院发出"五号检察建议"。按照最高人民检察院工作部署，结合河南省虚假诉讼监督工作实际，河南省检察院研究制定了《关于贯彻落实高检院五号检察建议的八条措施》并印发全省，从理念更新、案件办理、与公安机关、法院、司法行政机关形成防范和打击合力以及用好智慧民事监督系统等方面提出具体落实要求；发布了第一批6起虚假诉讼典型案例，对首批5起重点案件挂牌督办、重点推进。

三是注重智慧借助，破解监督瓶颈。依托绍兴市院"民事裁判智慧监督系统"发现的50批、1101件涉"套路贷"案件线索，加强与法院、公安机关协作配合，扎实做好分析研判、调查核实工作，及时开展分类处置、精准监督，共指导各地发现涉职业放贷和"套路贷"案件1117件，涉虚假诉

---

[1] 数据摘自河南省检察机关2020年度工作报告。

讼案件 38 件，移送公安机关 367 件，提出再审检察建议 71 件，法院已采纳 46 件。

四是运用一体化办案机制，发挥整体监督优势。为有效应对虚假诉讼同级监督干扰多、阻力大，民事监督力量不足等问题，河南省院指导各地积极探索建立一体化办案机制，以线索集中管理、区域民事力量统一调配为基础，通过指定管辖、上下协同办案、集中优势力量办案、异地交办等多种形式，有效整合人员力量，同时横向加强同司法人员职务犯罪侦查、公诉等部门的配合协作，实现重点快速突破案件。安阳、新乡、商丘等地发挥一体化机制作用，办理的多起虚假诉讼监督案件取得良好成效。

看到成绩的同时，也应注意到虚假诉讼监督案件办理中存在的司法机关之间关于防范和打击虚假诉讼的合力尚未完全形成，共同防范和惩处虚假诉讼的体系亟待构建，究其原因为：

一方面，虚假诉讼案件认定标准尚不统一。对虚假诉讼案件开展有效监督，界定虚假诉讼的概念和范围是基础和前提。现有法律规定多是对虚假诉讼罪范围的界定。但是对不构成犯罪的虚假诉讼行为的界定，尚缺乏相关依据。司法实践中，虚假诉讼的认定标准尚不统一，影响了防范制裁虚假诉讼工作效果。如最高人民法院、最高人民检察院《关于办理虚假诉讼刑事案件适用法律若干问题的解释》明确了单方捏造事实也可构成虚假诉讼，但最高人民法院《关于防范和制裁虚假诉讼的指导意见》规定虚假诉讼一般包含当事人恶意串通要素，两个规定的冲突加剧了司法实务中对于虚假诉讼的认识分歧。实际上，一方当事人虚构事实和法律关系，以捏造的事实提起的民事诉讼，也应认定为虚假诉讼。如果不及时修改完善相关规定，将难以规制单方捏造事实型虚假诉讼。① 办案实践中，部分案件当事人是否构成虚假诉讼，法检两家存在一定分歧，法院对检察机关以再审建议方式进行监督的案件裁定不予采纳。

另一方面，司法机关之间的沟通机制有待进一步加强。其一，在法检沟通层面，检察监督中发现，有的审判人员对检察机关的监督意见处理不当，不利于共同维护司法公信力和司法权威。有的法院以相关刑事案件尚未审结为由，对检察机关就已经查明的虚假诉讼提出的再审检察建议不予采纳。有

---

① 摘自最高人民检察院检察建议书（高检建〔2020〕2 号）。

的对检察机关就已经查明的虚假诉讼提出的再审检察建议先不予受理,再依职权启动再审程序。有的认为,虚假诉讼形成的调解书虽侵害他人合法权益,但不构成对国家利益或社会公共利益的损害,检察机关对此类调解书抗诉缺乏依据。但实质上,虚假诉讼无论是否损害他人合法权益,都必然妨害国家司法秩序,司法机关应主动从维护国家、社会公共利益的角度依法予以制裁。其二,检察机关和与公安机关合作方面,司法实践中,虚假诉讼往往发生在亲戚、朋友等关系密切的人之间,其利益具有一致性,更易抱团串通,形成攻守同盟。但是,目前法律法规未对民事调查核实权赋予保障措施和强制手段,导致检察机关行使调查核实权时经常受阻。民事检察干警的调查意识、调查手段等方面经验不足、力度较弱,往往需要借助公安部门力量来突破案件,但相关民事诉讼监督与刑事诉讼程序衔接仍存在问题。[1]

为解决司法实践中存在的司法机关之间的衔接配合问题,河南省检察机关坚持问题导向,在构建共同防范和打击虚假诉讼体系方面积极实践。2020年6月4日,河南省检察院与省高级法院、省公安厅、司法厅共同开展调研,广泛征求各方面意见,形成了《关于防范和打击虚假诉讼的若干意见》(以下简称《意见》)。《意见》主要内容及特点:

一是厘定了虚假诉讼的概念。《意见》第1条规定,虚假诉讼是指民事诉讼当事人或者其他诉讼参与人,虚构事实或者伪造证据,捏造民事法律关系,恶意提起民事诉讼,或者基于捏造的事实作出的仲裁裁决、公证债权文书等申请执行,或者在民事执行过程中以捏造的事实对执行标的提出异议、申请参与执行财产分配,意图使人民法院作出错误裁判、调解或者执行法律文书,妨害司法秩序,侵害国家利益、公共利益或者他人合法权益的行为。

二是明确了须重点审查的多发案由以及民间借贷纠纷的审查方向。《意见》第4条、第5条规定,法院、检察机关应当对虚假诉讼多发的民间借贷案件、涉及认定、处理夫妻共同债务的离婚、财产纠纷案件、追索劳动报酬案件等十七种案件类型加大审查力度,还规定对民间借贷纠纷案件应重点审查的借贷发生的原因、款项来源等九个方面内容。

三是强调了公检法司之间的协作配合。《意见》从虚假诉讼的甄别和发

---

[1] 参见熊跃敏:《虚假诉讼的识别与规制》,载《国家检察官学院学报》2018年第3期。

现、线索移送和案件查处、程序衔接等方面，强调法院、检察机关、公安机关、司法行政机关建立联合防范和打击虚假诉讼案件的工作机制，在法定职责权限范围内分工负责、密切配合，依法合理防范和惩处虚假诉讼，共同维护司法权威和司法公正，促进社会诚信体系建设。

四、对于未来的展望——构建联合防范和打击虚假诉讼体系的建议

防范和治理虚假诉讼是一个系统工程，需要各政法机关发挥各自职能作用，构建虚假诉讼防范和综合治理体系，才能真正杜绝"假官司"发生。

（一）审判机关：注重关口前移，加大多发案由案件审查力度

案件立案、审理环节是法院防范和治理虚假诉讼的前沿阵地。法院应着重从以下三个方面开展虚假诉讼防范工作：一是做好立案和庭前筛查。人民法院在立案登记时，应当对虚假诉讼多发案由的案件进行关联案件检索，查询原、被告其他涉诉、涉执行情况，并随案移送业务庭。承办法官经审查发现有虚假诉讼嫌疑的案件，应当主动进行关联案件检索。二是强化常发案由、异常情形的重点审查。法院在履行职责中应特别关注民间借贷案件，涉及认定、处理夫妻共同债务的离婚、财产纠纷案件，追索劳动报酬案件，涉及公司分立、合并或者破产企业纠纷的案件等，在审理民间借贷纠纷案件时应当严格审查借贷发生的原因、时间、地点、款项来源、交付方式以及借贷双方的关系、经济状况等事实。[①] 三是加大对相关人员的惩治力度。对故意制造、参与虚假诉讼的当事人及其他诉讼参与人，法院应加大罚款、拘留等妨碍民事诉讼强制措施的适用力度，对虚假诉讼侵害他人合法权益，被侵权人提起侵权之诉的，法院应当按照《民法典》中有关侵权责任的规定判决侵权人承担侵权责任。[②]

[①] 参见最高人民法院、最高人民检察院、公安部、司法部《关于进一步加强虚假诉讼犯罪惩治工作的意见》。

[②] 参见杨婷婷：《民事虚假诉讼及其治理研究》，载《法制博览》2019年第5期。

（二）检察机关：整合检察职能，监督、纠正虚假诉讼

检察机关应立足诉讼监督的主责主业，做好事中和事后监督，综合采取裁判结果监督、审判人员程序违法监督、执行监督等方式监督和纠正虚假诉讼。一是充分行使调查核实权，通过对虚假诉讼可能性大的案件主动调查核实，防止当事人利用司法审判的被动性实施虚假诉讼；二是切实加强内部协作和外部协调，在检察机关内部，民事检察部门主动加强与刑事检察部门的协调，对虚假诉讼是否构成犯罪、如何移送加强协作，还应当就如何发挥询问技巧共同突破虚假诉讼当事人加强沟通；三是突出对事监督与对人监督并重，通过抗诉、检察建议方式监督民事虚假诉讼案件的同时，针对审判人员程序违法行为，提出检察建议督促整改纠正，涉及违纪违法的及时移送有关单位和有关部门处理；四是监督与支持并重，在办理监督案件的同时主动与法官面对面沟通，共同分析查找容易出现虚假诉讼的具体节点，通过类案监督方式提出改进工作的合理化建议，协助法院提升审判质量；五是发挥刑事侦查监督的作用，对于虚假诉讼涉嫌刑事犯罪，当事人报案或法院审查后移送线索，但公安机关未依法立案的，及时监督立案，以刑事手段提升民事监督力度。

（三）公安机关：做好民事诉讼和刑事诉讼程序衔接，严厉打击虚假诉讼

公安机关作为打击虚假诉讼的侦查机关，在惩治虚假诉讼犯罪方面扮演着重要角色。为确保虚假诉讼案件办理效果，公安机关对检察机关、法院移送的虚假诉讼犯罪线索应及时进行立案审查。在收到法院、检察机关移送的涉嫌虚假诉讼犯罪案件有关材料后，应及时分类、精准处理。如认为移送的案件材料不全的尽快通知补正；认为有犯罪事实，需要追究刑事责任的，及时作出立案决定并通知移送的法院或检察机关。同时，公安机关对虚假诉讼行为的侦查、突破具有一定的调查手段上的优势，要注重与法院、检察机关在确定侦查方向方面的协作配合。对于公安机关依法自行立案侦办的虚假诉讼刑事案件，应在立案后及时将立案决定书抄送相关民事案件正在审理、执行或者作出生效裁判的法院并说明立案理由。

（四）司法行政机关：强化教育管理和法治宣传

司法行政机关应当与其他机关加强沟通协作，发挥行业管理的优势，对诉讼代理人的执业诚信全程跟踪，加强对律师事务所、基层法律服务所、法律援助中心、鉴定机构、公证机构及律师、法律工作者、鉴定人、公证人员等执业活动的教育和管理。[①] 发现上述单位或者人员有参与虚假诉讼行为的，依照有关规定追究相应的法律责任。司法行政机关还承担社会普法的重要职能，全面依法治国背景下，应加强诚信法治宣传，注重典型案例宣传，引导和教育群众不打"假官司"，不做"失信人"。

党的十八届四中全会通过的《中共中央关于全面推进依法治国若干重大问题的决定》提出对虚假诉讼、恶意诉讼、无理缠诉行为的惩治力度。党的十九届四中全会提出完善诚信建设长效机制的要求。司法机关构建联合防范和打击虚假诉讼工作机制是落实党中央决策部署的政治要求，也是维护司法权威和司法公正的现实需要。法院、检察机关、公安机关、司法行政机关应在法定职责权限内分工负责、密切配合，依法合理防范和惩处虚假诉讼，共同维护司法权威和司法公正，促进社会诚信体系建设。鉴于目前现有的虚假诉讼工作性文件多集中于虚假诉讼犯罪的惩治，建议在顶层设计层面，由最高人民法院、最高人民检察院、公安部、司法部出台民事虚假诉讼监督和虚假诉讼犯罪惩治衔接的相关指导性意见，进一步明确区分虚假诉讼行为和虚假诉讼犯罪的行为，进一步健全虚假诉讼民事案监督案件与刑事案件沟通协调机制，从而形成防范和打击虚假诉讼的司法合力，营造诚实守信的诉讼环境，维护司法权威和司法公信。

---

① 参见河南省高级人民法院、河南省人民检察院、河南省公安厅、河南省司法厅《关于防范和打击虚假诉讼的若干意见》。

试论民事虚假诉讼检察监督环节的完善

马琳娜　潘永芳　马佳伟[*]

摘　要：现阶段民事虚假诉讼检察监督已成为"四大检察"——民事检察的核心业务，然法律规定的原则性、刑民司法解释的不同及各地差异化的规范文件，致使司法实践中的虚假诉讼检察监督呈现不同类型。在以N省数据，L区基层人民检察院办理案件为分析样本基础上，归纳分析监督过程中存在的现实问题，优化监督路径，以期待民事虚假诉讼检察监督更好运行。

关键词：虚假诉讼　检察监督　精准监督

一、N省虚假诉讼检察监督运行现状

对民事虚假诉讼（本文仅研究民事诉虚假诉讼，以下简称虚假诉讼）检察监督制度的研究离不开司法实践的支撑。虚假诉讼检察监督案件的数量在某种程度上能够反映该项制度运行的实际情况。基于虚假诉讼专项监督活动的开展，目前N省虚假诉讼检察监督案件数量总体上呈现连年增加的趋势。

---

[*] 马琳娜，宁夏回族自治区吴忠市利通区人民检察院检察官助理；潘永芳，宁夏回族自治区吴忠市利通区人民检察院检委会专职委员；马佳伟，宁夏回族自治区灵武市人民检察院检察官助理。

（一）N 省 2018 年至 2019 年办理虚假诉讼监督案件数据分析

2018 年至 2019 年 N 省三级检察机关虚假诉讼检察监督案件数量：[①]

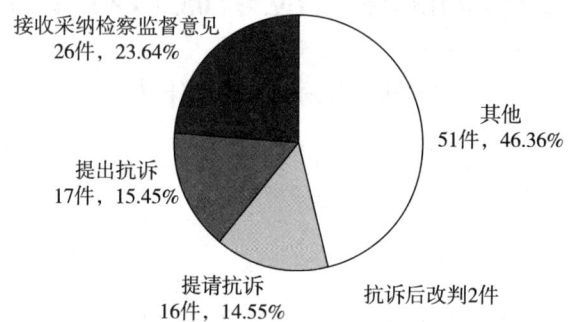

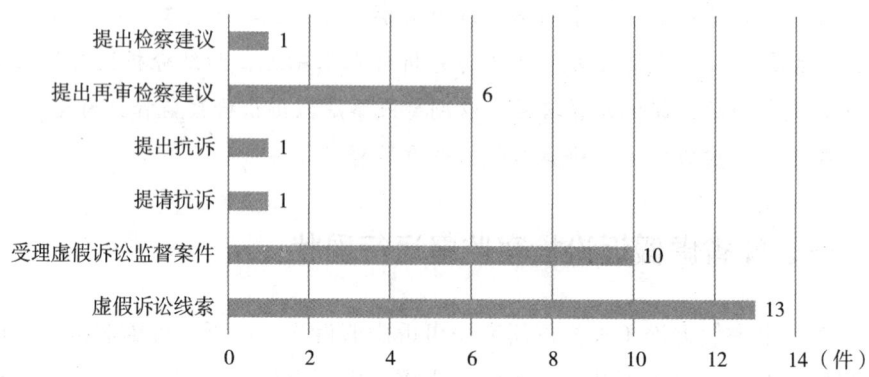

[①] 2018 年全区共发现虚假诉讼线索 13 件，受理虚假诉讼监督案件 10 件，办结后提请抗诉 1 件，提出抗诉 1 件；提出再审检察建议 6 件，法院已采纳 1 件；提出检察建议 1 件被采纳。2019 年，全区检察机关共受理虚假诉讼监督案件 109 件，虚假仲裁案件 9 件，提出监督意见 110 件，一些司法人员违法违纪线索已移送纪委监委监督。其中，提请抗诉 16 件，提出抗诉 17 件，占提出监督意见的 15.5%，提出再审检察建议 57 件，提出检察建议 21 件。法院接受并采纳检察机关监督意见 26 件，占 23.6%。其中，抗诉后改判 2 件，采纳再审检察建议并裁定再审 18 件，回复并采纳检察建议 6 件。

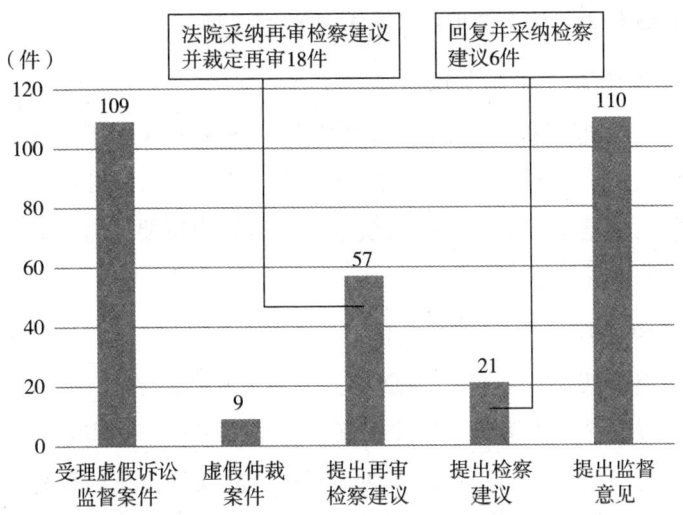

图 1　N 省三级检察机关虚假诉讼检察监督案件办理情况

从上述数据来看，N 省三级检察机关办理虚假诉讼案件呈现以下特点：

1. 案件线索来源渠道单一，系列案多

相较于其他省份案外人控告、当事人申请虚假诉讼监督，N 省虚假诉讼线索来源渠道"进场较难"。多数案件是通过审查涉黑涉恶案件中"套路贷"、民间借贷、高利放贷、虚假诉讼罪等案件，依职权调阅并审查民事诉讼案卷，开展监督。如 W 市、L 区、Q 市检察院分别从杨某案、李某涉黑涉恶案中获取系列虚假诉讼线索多起，共提出监督意见 16 件。部分案件是通过民事审判和执行活动专项检查活动，随机调取法院卷宗，发现窝案、串案线索。如固原市检察院对全市法院民事审判和执行活动开展专项检查，查阅案件 3500 多件，从中发现郭某虚假诉讼窝案串案线索。

2. 线索多、成案少，地区办案不均衡

借助扫黑除恶专项活动以及民事检察各类专项活动，收集的虚假诉讼线索多，但因各地区涉黑涉恶案件数量不一，刑事案件侦查的保密性以及涉案人员众多、刑事、民事案情复杂交融，各地区受案较少且不均衡。

3. 以民间借贷为主要监督案由

就虚假诉讼监督类型来看，以当事人恶意串通占绝对比例，单方虚假行为少数为特例。民间借贷纠纷因所涉的法律关系较为简单，事实、证据也并不复杂，虚构事实、伪造证据较为容易成监督主要案由。

4. 案件办理集中于基层院

由于法官审理案件时倾向于调解结案，调解的不公开、尊重当事人意愿，为当事人留有"操作"案件的空间，故虚假诉讼时常以一审调解结案。虚假诉讼多发于基层院，在以同级检察建议监督为主要监督模式下，基层院成为虚假诉讼监督的主力军。

5. 法院回复期限长，改判率低

一方面因虚假诉讼案件多为窝案、串案，案情疑难复杂、当事人众多；另一方面虚假诉讼案件多为刑民交叉案件，刑事案件正在审查或刑事裁判暂未生效，法院出于对系列案的再审纠正考量，故收到再审检察建议后未能在三个月内回复。如W区人民检察院于2019年、2020年向法院提出再审检察建议16件，直至2021年3月法院才予以裁定再审。

（二）虚假诉讼检察监督案件类型化研究

笔者对2019年以来最高人民检察院发布的虚假诉讼指导性案例①以及N省虚假诉讼典型案例进行研读整理，从中发现一些特点和规律。从案件线索来源看，虚假诉讼源于刑检部门办理刑事案件移送、案外人举报、当事人申请、民事审判专项检查活动中，案件多为人数众多的系列案。如检例第52号案件线索来源于刑事检察部门办理的贪污犯罪案件；检例第53号虚假调解书案件来源于案外人的举报；检例第55号则由检察机关开展执行监督专项活动中发现。从检察监督范围来看，监督覆盖简易程序、普通程序，另还涵盖特别程序②、执行程序、仲裁③。从虚假诉讼类型来看，从案例的角度肯定了单方实施型虚假诉讼。④以裁判、调解为主要监督文书，另包含支付令、公证文书、仲裁裁决。就监督方式而言，同级监督多采用再审检察建议、抗

---

① 最高人民检察院将广州乙置业公司等骗取支付令执行虚假诉讼监督案等五件指导性案例（检例第52—56号）作为第十四批指导性案例发布。

② 参见检例第54号陕西甲实业公司等公证执行虚假诉讼监督案。

③ 参见检例第55号福建王某兴等人劳动仲裁执行虚假诉讼监督案；辽宁省张某等61人与某有限公司、刘某追索劳动报酬纠纷虚假诉讼监督系列案。

④ 参见检例第56号 江西周某伪造证据、虚假陈述提起虚假诉讼，意图非法获取保险理赔款；宁夏吴忠市利通区杨某伪造证据虚假诉讼跟进监督案。

诉方式，基层院以提请上级院抗诉为跟进监督方式[①]，对于特殊程序、执行程序（非诉程序）则以检察建议方式监督。对于相关人员涉嫌犯罪的，移交公安、纪委监委线索。监督过程中，通过调阅法院卷宗了解案件事实，对于同一当事人、同一法院涉诉案件具体情况进行梳理。依法讯问相关涉案人员、证人证言，保存相关证据。同时与市场监督局、税务局、公安、银行多部门协作配合，反向审查当事人证据。从虚假诉讼监督结果来看，未审结的案件，终结审理；已生效案件，再审改判；正在执行案件，不予执行；已执行案件，执行回转。[②]

二、N省L区人民检察院虚假诉讼检察监督的主要做法

2018年以来，L区人民检察院共计办理涉及虚假诉讼案件26件，其中，提请市检察院抗诉12件，向L区人民法院发出再审检察建议8件，移送上级检察院2件，正在办理4件，涉案金额3000余万元，向监察委移送法院干警违法违纪线索38条，虚假诉讼监督取得了显著实效。整体来看，L区人民检察院虚假诉讼检察监督案件呈现案件线索来源渠道单一，系列案多，民间借贷为主要监督案由，再审检察建议是主要监督方式。就法院回复来看，回复期较长，改判率低。L区人民检察院在办案过程中广泛参考和吸收外地检察机关的经验，主要做法有：

（一）主动作为，积极拓宽虚假诉讼线索发现渠道

一是建立检察机关内部案源信息互享、案件线索移交机制。L区人民检察院第三检察部与第一检察部、第五检察部等本单位内设机构建立了案件线索移交机制，定期交流信息，筛选线索，挖掘案源，并不定期对接沟通，及时发现虚假诉讼线索，建立了良好的互动机制。

[①] 参见安徽郑某等9人虚假诉讼跟进监督系列案。该案检察机关提出再审检察建议，原审法院予以再审，但因郑某等9人撤回起诉，法院因认为单方捏造事实提起诉讼不属于虚假诉讼，故裁定郑某等人撤回起诉。省级院跟进监督提出抗诉，高级人民法院采纳抗诉，撤销原判决，驳回郑某等诉讼请求。

[②] 参见华锰、颜良伟：《虚假诉讼检察监督问题分析——以最高检第14批指导性案例为样本》，载《中国检察官》2019年第10期。

二是建立与公安机关、纪检监察部门线索移送机制。与公安机关、纪检监察部门沟通、协调达成共识，公安机关发现"套路贷"等案件线索时及时移送检察院民事检察部门，民事检察部门及时审查后向公安机关指明调查取证方向，引导公安机关及时准确调取、固定犯罪嫌疑人"套路贷"证据。同时L区人民检察院在审查案件中发现审判人员、执行人员违法违纪行为，由刑事部门与民行部门共同研判达成共识后移送监察部门。

三是跨区域移送线索。建立检察机关内外部案源信息互享、案件线索移交机制，打破地域限制。比如，Q市人民检察院在办理杨某等伪造印章罪一案中，发现虚假诉讼线索，及时将案件线索移送L区人民检察院。L区人民检察院审查后向L区法院发出再审检察建议。

（二）精准监督，提高虚假诉讼监督效力

一是强化与法院沟通配合。调阅涉案卷宗，并针对具体类型案件，L区人民检察院及时与法院进行沟通，并提供扎实的证据，获得法院的支持采纳。

二是强化案件调查核实力度。准确查明案件事实和适用法律，确保监督实效。在办理系列案件中，不仅调阅刑事卷宗，收集与虚假诉讼有关的证据材料，而且接触虚假诉讼的被害人，再次向其核实是否存在被虚假诉讼情形，要求其提供相关证据材料。同时，对案外人进行调查取证，从多个角度进行调查核实，加强与公安机关工作衔接配合，发挥民事检察部门在审查案件方面的优势，借助公安机关在取证调查方面的优势，加强沟通，优势互补，提升调查核实工作的总体效果。

三是强化宣传力度。L区人民检察院通过"两微一端"等新媒体平台，以及开展"检察开放日"等方式，不断加大对虚假诉讼检察监督工作的宣传力度，同时利用"12309"检察服务热线、向社会公布虚假诉讼举报电话，鼓励群众积极举报虚假诉讼案件线索，切实提高虚假诉讼案件特征的社会知晓率。

（三）多措并举，突出办案综合效应

1. 提升监督质效

对涉及虚假诉讼的生效裁判文书及时向人民法院提出再审检察建议或向上级院提请抗诉；对涉及的审判程序和执行程序中的问题向法院提出检察建议；对虚假诉讼当事人建议法院对其进行司法处罚；对相关人员涉嫌犯罪的线索，依据有关规定及时将犯罪线索移送有关部门并加强跟踪监督，以刑事打击提升监督质效。

2. 推进综合治理

秉承"办理一案，警示一片"理念，对虚假民事诉讼部分存在的司法审判人员枉法裁判、渎职犯罪等职务犯罪以及该案背后国家公职人员存在的违法违纪线索，依法依规移送纪委监委和检察机关刑事执行部门。另通过向银保监分局、中国人民银行等发出社会治理类检察建议，督促上述部门加强对银行、小额贷款公司、担保公司等的监管、防范金融风险，维护金融稳定。

3. 确保虚假诉讼专项监督质效

发出检察建议后，及时与法院进行沟通，法院不依法回复、不采纳监督意见的，及时跟进监督，依法向上级检察院提抗。对涉嫌构成犯罪移送公安机关的线索，公安机关未立案的及时跟进监督，并要求公安机关说明不立案的理由。

三、虚假诉讼检察监督运行过程中存在问题

经过上述数据和指导性案例、典型案例分析，可以发现虚假诉讼检察监督运行过程中存在如下问题：

（一）规范制定层面问题

1. 虚假诉讼界定不明

司法实务中，各地司法机关在法律规定的基础上，拓展延伸虚假诉讼含

义，以广义的虚假诉讼①为适用标准。然学界明确界定虚假诉讼内涵外延，将与其相似概念如恶意诉讼等作明确区分后，以狭义虚假诉讼为通说，排除虚假诉讼仲裁与虚假公证。②笔者认为，对于虚假诉讼的定义，不作概念性区分。虽然刑、民对虚假诉讼的规制重点不同，出于维护案外人的合法权益设立民事诉讼虚假诉讼，而刑事虚假诉讼罪则用以惩罚当事人滥用诉讼权利，维护司法秩序为重心。③但基于法律内涵的协调同一，虚假诉讼的本质在于虚假的诉，至于是单方故意抑或是双方故意在所不问。基于此，以现有法律条文为依据，结合司法实践，笔者赞同广义的虚假诉讼含义，应将民事虚假诉讼定义为在民事诉讼或民事执行过程中，单方当事人恶意或多方当事人恶意串通，实施与真实情况不符的虚假行为（包含但不限于伪造证据、虚假程序），虚构纠纷，提起民事诉讼，利用司法权力获取非法利益。

2. 虚假调解检察监督的具体对象有待明晰

司法实践中，因调解本身具有隐蔽性、程序快捷、可控性特点，促使虚假诉讼当事人多利用法院的调解制度来获取具有执行力的文书，调解书成为虚假诉讼重点监督对象。但《民事诉讼法》以及《人民检察院民事诉讼监督规则》（以下简称《监督规则》）只规定了对损害"两益"调解书的检察监督，对于未损害"两益"的调解书，则由法院自身或当事人申请再审或行使第三人撤销之诉来予以纠正。④多数情况下，当事人之间的恶意调解仅损害

---

① 广义的虚假诉讼，系指当事人之间恶意串通或者当事人单方采取虚构法律关系、捏造事实、伪造证据、唆使他人帮助伪造、毁灭证据、提供虚假证明文件、鉴定意见等手段，通过诉讼、调解、仲裁等能够获取生效法律文书的方式，或者利用虚假仲裁裁决、公证文书申请执行的方式，妨害司法秩序，损害国家、集体、他人合法权益或者逃避履行法律文书确定的义务的行为。参见江苏省高院、检察院、公安厅、司法厅于2013年10月29日联合发布的《关于防范和查处虚假诉讼的规定》第2条。

② 参见李浩：《虚假诉讼与对调解书的检察监督》，载《法学家》2014年第6期；王雄飞：《论强化对虚假诉讼的检察监督》，载《暨南学报（哲学社会科学版）》2015年第10期。

③ 参见纪格非：《民事诉讼虚假诉讼治理思路的再思考——基于实证视角的分析与研究》，载《交大法学》2017年第2期。

④ 参见张剑文、李清伟：《对调解书的检察监督：角色、范围及实现》，载《时代法学》2013年第2期。

案外第三人的私益，没有达到损害"两益"的程度。① 虚假调解已成为虚假诉讼主要实施形式的当下，若仅依赖法院依职权裁定再审或者通过第三人撤销之诉来进行纠正，限制甚至排除检察监督，不利于保护虚假调解案件中的利益受损第三人。

3. 虚假仲裁检察监督缺乏直接规定

由于仲裁程序具有高度自治性及封闭性，且秉承不公开原则，部分当事人便利用此特性以虚假仲裁的方式侵害第三人权益、损害国家与公共利益，② 当事人的不主动、案外人、法院因法律规定的限制，从仲裁本身去规制虚假仲裁难以发挥作用。从最高人民检察院发布的指导性案例、各地发布的典型案例来看，对检察机关虚假仲裁的制度持肯定态度。司法实践中，部分检察机关与仲裁委员就监督工作事宜签署相关文件，明确将虚假仲裁作为检察监督的重点。③

4. 民事检察调查核实制度有待细化

《监督规则》第66条规定了检察机关可以采取查询、调取、复制相关证据材料等六类调查核实措施，以确保调查核实权在实践中的有效运行。同时明确检察机关在调查核实时，不得对人身、财产实施强制性措施。但在双方恶意虚假诉讼的情形下，当事人会天然联合对抗检察机关的审查。当事人的意志影响调查核实权的行使。实践中，不少单位和个人借故推诿拖延，甚至不履行配合义务，可以说，调查核实能否顺利进行基本取决于相关人员的配合程度。而且，"即便是当事人未对检察调查核实权的行使尽到配合义务，只要其行为不涉及刑事犯罪，检察机关通常难以对相关责任主体进行有效的规制"。④

---

① 参见李浩：《虚假诉讼中恶意调解问题研究》，载《江海学刊》2012年第1期。
② 参见邱祥美、兰希：《检察机关监督虚假仲裁的理论证成于制度构想》，载《新时代民事检察的理论与实践——第十五届国家高级检察官论坛论文集》，中国检察出版社2019年版，第515页。
③ 2020年4月，广州市人民检察院与中国广州仲裁委员会共同签署出台了《关于加强仲裁与检察监督工作衔接的实施意见》。
④ 参见范卫国：《虚假诉讼检察监督实践问题研究》，厦门大学出版社2020年版，第123页。

5. 虚假诉讼监督民刑程序衔接缺位[①]

《刑法修正案（九）》从法典层面正式确立虚假诉讼罪。然司法实践中，虚假诉讼构罪率并不高，主要原因在于民刑衔接程序缺位，尤其民事虚假诉讼案件涉嫌虚假诉讼罪的查处尤为困难。根据《刑法》《民事诉讼法》，以及最高人民法院、最高人民检察院《关于办理虚假诉讼刑事案件适用法律若干问题的解释》的规定可以看出，民事范畴中强调对相关主体合法权益以及国家利益、社会公共利益的保护，尤其是对侵犯"两益"的虚假诉讼案件检察机关应当积极介入；而刑事范畴中，虚假诉讼罪更加强调对司法秩序的保护。二者的差别使得在本体上，检察机关虚假诉讼的民事监督与刑事制裁有所脱节。此外，实践中，检察机关向公安机关移交虚假诉讼线索，公安机关虽接收案件，但在实际侦查过程中，查证方向不明，调查存在明显畏难情绪。[②]这导致检察机关的监督活动在实际运行中难以利用公安的刑事手段进行配合，影响了虚假诉讼的监督与入罪比例。

（二）运行中面临的困境

1. 虚假诉讼案件线索获取受限

从现阶段虚假诉讼办案数据来看，虚假诉讼案件线索多来源于检察机关依职权对扫黑除恶中犯罪嫌疑人的系列案监督，由刑事检察部门将案件线索移送民事检察部门查处。一方面，当事人、案外人申请监督受《监督规则》第27条、第28条相关规定的限制。另一方面，当事人对检察机关的了解仅限于刑事检察，民事检察知之甚少。除此之外，当事人在法院的诉讼是较为完整的"封闭环"，检察监督属于外部监督，难以有效获得案件线索。

2. 虚假诉讼检察监督介入环节有待考量

从《监督规则》第27条、第28条规定来看，检察机关对民事诉讼采取事后监督模式。即当事人需优先使用法院救济渠道，在法院救济无效时，方可向检察机关申请监督，如再审驳回是当事人生效裁判申请检察监督的前置条件。但裁判、调解书生效后才予以监督，在一定程度上可能会浪费司法资

[①] 参见黄焕举、徐化成：《提升对虚假诉讼的监督合力》，载《人民检察》2017年第9期。

[②] 参见周深若：《虚假诉讼的检察监督机制研究》，湘潭大学2019年硕士学位论文。

源、降低效率。在转变监督理念的基础上，出于诉讼"共赢"理念，重新定义虚假诉讼检察监督介入机制，构建全方位监督机制。

3. 虚假诉讼检察监督工作开展尚需保障

（1）检察监督方式缺乏刚性。多数情况下，检察机关最为常用的监督手段是（再审）检察建议，但检察建议天然的柔和性致使其难以发挥较大作用。检察机关制发的检察建议能否得到法院的采纳与回复，更多取决于法检两家的关系，而非其本身的效力。

（2）虚假诉讼检察监督外部配合有待优化。规制虚假诉讼需多方联动，公检法在防范虚假诉讼中发挥不同的职能。侦查虚假诉讼，公安机关发挥首要作用；法院的重点在于虚假诉讼的认定。但实践中，三家配合与协调度不高。

四、虚假诉讼检察监督的完善

如何在现有的制度下完善虚假诉讼监督机制，是现阶段民事执行检察核心问题。在确定检察监督在虚假诉讼治理体系中定位的基础上，明确虚假诉讼检察监督必要性，加强内外监督协调机制，优化民事虚假诉讼检察监督路径。

（一）检察监督在虚假诉讼治理体系中的定位

不同法系下的国家对虚假诉讼采取不同的规制制度。英美法系国家，美国是在基本司法制度上，对重点领域的虚假诉讼案件适用单独立法予以防范。英国采取驳回当事人起诉，对于构成侵权要件的，承受损害结果人可以向法院提起损害赔偿之诉。大陆法系国家，诚实信用原则是德国规制虚假诉讼的重要理念，当事人在诉讼中负有诉讼真实义务，禁止滥用诉讼权利，法院对当事人的恶意诉讼行为、证明妨碍行为可以采取处罚措施。日本采用由虚假诉讼行为人承担诉讼费以及诉讼权利时效，特定情形下并处罚金来规制虚假诉讼。

在我国，虽然法院可"自身纠错"来规制虚假诉讼。但虚假诉讼的检察监督作为外部监督的一种方式，一方面，我国《宪法》第134条明确规定检察机关是法律监督机关，《人民检察院组织法》第2条再次强调人民检察院是以履行法律监督职责的司法机关。另一方面，检察机关相对法院而言有收集证据能力更强、获取线索渠道多样、法律监督专业化的优势。

（二）完善事后监督机制，延伸监督时点

检察机关目前以事后监督为主，介入阶段滞后可能导致查清事实困难、纠正错误判决浪费大量诉讼资源等问题。因为介入滞后会滋生种种问题，有学者主张逐步建立诉前预警通报、诉中"主动介入民事诉讼"、诉后全程监督机制。[1]但目前检察机关介入诉讼系属中的虚假诉讼在手段上存在一定的限制。即对于诉讼系属的虚假诉讼，抗诉、再审检察建议难以发挥作用。有学者认为可以通过移送虚假诉讼线索、"承办民事业务检察官出席法庭审理"[2]，或者由法院通知检察机关参与诉讼"引入民事检察权，重建新的诉讼结构"[3]来治理虚假诉讼。

笔者认为，应以事后监督为主，逐步延伸监督阶段，构建多方监督机制。主要有以下几点原因：

一是检察权的谦抑性使检察机关在尊重法院审判、执行权，克制私权的前提下行使监督权，进而促使事后监督成为检察机关固有的特点。[4]如果在诉讼过程中检察权过于积极，不仅容易导致检察工作"顾此失彼"，也可能影响。阻碍法院审判权、当事人诉权正当行使。

二是事后监督虚假诉讼具有一定优势。检察机关事后监督虚假诉讼，其案源渠道更为丰富。其不仅可以通过当事人或案外人的举报、控告发现案件线索，也可以通过积极走访调查收集案件线索、及时向民众了解和收集虚假诉讼线索，还可通过与公安机关、法院的互动打破"信息孤岛"，"建立案件

---

[1] 参见胡立柱:《民事虚假诉讼检察监督》，载《新时代民事检察的理论与实践——第十五届国家高级检察官论坛论文集》，中国检察出版社2019年版，第388页。

[2] 参见邢和平:《浅议虚假诉讼中检察监督的完善》，载《中国检察官》2014年第17期。

[3] 参见肖建国:《民事程序构造中的检察监督论纲——民事检察监督理论基础的反思与重构》，载《国家检察官学院学报》2020年第1期。

[4] 参见最高人民检察院法律政策研究室:《我国民事检察的功能定位和权力边界》，载《中国法学》2013年第4期。

信息通报、线索移送和联动协查工作机制"。①并且可以通过调取法院卷宗，根据检察监督的实践经验，按虚假诉讼典型特征对案件进行筛查或者通过大数据分析获取线索。

三是针对已经形成的"错案"，检察机关可以通过抗诉、检察建议等方式对案件本身进行监督。即使虚假诉讼行为被定罪，若生效法律文书未被撤销或纠正，司法的公信力仍处于受损的状态，即没有在民事案件层面消除虚假诉讼的恶劣影响。检察机关在对虚假诉讼进行监督筛查时，还可能发现法院在审判程序、执行程序中的不规范之处，此时检察机关还可以发出改进工作的检察建议、纠正违法的检察建议。由于虚假诉讼可能同时涉及行政违法违纪、刑事犯罪，检察机关发现虚假诉讼行为人涉及虚假诉讼罪等犯罪情形或公职人员存在司法腐败的，依法将线索移送至公安机关或监察机关。检察机关通过与其他机关的合作不仅可以全方位打击虚假诉讼，还可通过公安机关侦查取证手段查实虚假诉讼事实，提高虚假诉讼检察监督的效率。

综上所述，检察机关监督虚假诉讼的优势中，事后监督的优势颇为明显，诉讼系属中很多可供检察机关查清事实的材料尚未形成，应当以巩固和做强事后监督为基础。对诉讼系属中的虚假诉讼，为防止检察机关过度监督虚假诉讼导致干扰审判程序的正常运作，检察机关应保持适度的谦抑性。除此以外，检察机关还可积极归纳案件性质，通过各种渠道面向社会开展法治宣传，让社会大众了解虚假诉讼的特点、危害及如何识别、防范虚假诉讼。

（三）确立全方位虚假诉讼检察监督体系

1. 虚假调解的检察监督

如果从广义的层面来理解"两益"，当事人利用司法程序下的调解书侵害第三方利益，本身也是对法律资源的损耗，在一定程度上是对司法秩序的损害，可视为是对国家利益和公共利益的损害。

但从基于文义解释、体系解释来看，《民事诉讼法》第215条以文字的形式明确规定了"两益"用以区分"侵害第三方利益"，如果扰乱司法秩序是此处所指的损害国家利益或社会公共利益，那么法条下的区分没有任何意

---

① 参见李立峰、赵衡、凌高锦：《监督一案挽损200万》，载《检察日报》2016年9月7日，第2版。

义。但当前的监督又不可能完全绕开对侵害第三人利益的调解的监督,最终的解决还需要修改《民事诉讼法》第215条,增加"侵害当事人或案外人"合法权益的情形,使其与《民事诉讼法》第14条保持一致,将检察监督的范围确定在整个民事诉讼过程中方能构建完整的虚假诉讼检察监督体系。

2. 虚假仲裁的检察监督

在对某煤矿公司伪造证据虚假仲裁监督案中,检察机关向仲裁委员会发出检察建议,仲裁委员会收到检察建议后以《仲裁法》未赋予仲裁委员会依职权撤销仲裁裁决的权利为由,且仲裁机关不属于行政机关,检察机关无权对仲裁行为进行监督,拒绝撤销错误的仲裁裁决。检察机关对于该情况积极与仲裁委沟通,向其释法说理,仲裁是一种准司法行为,仲裁委作出的裁决具有强制执行力,错误的仲裁裁决损害当事人合法权益,损害司法公信力,法律并不禁止仲裁机关依职权自行纠错。最终,仲裁委采纳检察建议,撤销了仲裁裁决、调解书。

上述案例中,检察机关能否监督虚假仲裁?监督是否具有正当性?持否定说的学者认为,检察机关应在法律规定范围内进行监督,但现行法律下未授权检察机关监督仲裁裁决。持肯定说学者则认为,"诉讼"从广义层面来理解,包含了仲裁程序,虽无法律明文规定检察机关监督虚假仲裁,但监督虚假仲裁符合检察机关作为法律机关的宪法定位。

笔者认为,虽然我国《人民检察院组织法》与《民事诉讼法》未明文规定检察院有权力直接监督仲裁,但广义的法律监督对象包括所有适用、运用、执行法律的过程,所以仲裁活动与未执行的仲裁裁决都应属于检察机关的监督范畴。[①]检察院对仲裁的介入,可以有效应对虚构事实的情况,对虚假仲裁能够起到有效的监督。

(四)优化虚假诉讼检察监督的内部运行机制

1. 拓宽检察机关案源获取渠道

目前,虚假诉讼案件线索"发现难"已经成为检察机关顺利开展监督工

[①] 参见邱祥美:《检察机关监督虚假仲裁的理论证成与制度构想》,载《新时代民事检察的理论与实践——第十五届国家高级检察官论坛论文集》,中国检察出版社2019年版,第517页。

作的主要阻碍。检察机关在案源获取渠道上可以进行以下几个方面的调整：

第一，检察机关在进行检察监督时应提升监督意识，全方位核查以发现"案中案"。虚假诉讼往往具有很强的窝案、串案特点，因此检察机关在进行虚假诉讼检察监督时，应将个案监督和类案监督相结合，对案件进行全面的审视和审查。第二，检察机关可以通过新技术筛查案件线索。检察机关可以根据办案自主研发"智慧检务"系统，运用好"大数据""外脑"等高科技手段，提升办案质效。① 第三，检察机关还可以通过对虚假诉讼的检察监督进行广泛宣传，获取"举报案"。②

2. 明确检察机关介入案件情形，强化事中监督实效

引入多元化的检察机关介入方式，强化事中监督实效。通过"法检联合"共同发现与共享虚假诉讼案件线索的工作机制，使检察机关可以在诉讼中合理介入案件，及时发现虚假诉讼的线索，形成有效规制。

3. 提升检察机关调查核实实效

在司法实践中，检察机关应当根据案件和线索更加积极准确行使调查核实权。首先，检察机关在办理虚假诉讼案件时应增强调查核实权的运用意识。其次，应对检察院行使调查核实权给予足够的制度保障。一方面，要明确调查核实权的强制性保障，赋予检察机关一些实质性权力，如询问当事人，查阅复制案件，查封、扣押、冻结关键性证据等；另一方面，要明确不予配合调查核实的惩戒措施，如对于不予配合调查的当事人予以训诫、罚款等。最后，应明确调查核实的重点对象。明确重点调查核实对象有利于帮助检察机关有效查明案件事实，如原、被告诉讼对抗性较弱的、金额较大但同一天立案、受理、调解结案的或者当事人主动提出调解结案的、原被告之间存在特殊关系的等。③ 如果案件涉及以上情形，检察机关应当重点审查，并适时启动调查程序。

---

① 如2018年5月，绍兴市检察院自主研发了"民事裁判智慧监督系统"。至2021年3月，绍兴市检察机关依托该系统，对580万份民事裁判文书进行大数据分析，向公安机关移送涉嫌犯罪线索300余条。

② 参见陈士莉、刘亮：《虚假诉讼检察监督之路径优化》，载《人民检察》2019年第17期。

③ 参见刘少伯、姜婷：《民事虚假诉讼的防范和查处机制》，载《山西省政法管理干部学院学报》2014年第1期。

(五)形成虚假诉讼检察监督的协同联动

1. 形成民事检察部门主导的一体化办案合力

首先,推进虚假诉讼检察监督案件办理的专业化。在民事检察监督领域,全国各地已有不少实践在积极探索民事检察监督工作的专业化办理,如2019年,江苏省南通市出台了有关检察队伍专业化的实施意见,其中包括组建虚假诉讼监督办案组。① 随着检察机关内设机构的改革,应结合本地虚假诉讼检察监督的实际情况,探索专业化的办案团队建设。

其次,在虚假诉讼检察监督中要坚持"检察一体原则"。所谓"检察一体原则",是指"检察院的各部门在行使各自职能的过程中,均应作为一个有机整体展开监督"。② 在民事检察部门对虚假诉讼案件进行检察监督时,应充分发挥检察院对于刑事案件的侦查监督、公诉等权力,与刑事检察部门协调配合,统一调配整合内部办案资源,既能提高办案效率,又能优势互补发挥监督效能。"双管齐下"不仅从民事层面纠正虚假行为,还要从刑事层面追究相关人员责任,双措并举合力打击民事虚假诉讼。如宁夏回族自治区检察院就专门制定了检察机关内部虚假诉讼线索移送机制③,规定虚假民事诉讼检察监督工作实行检察一体化工作机制,整合各部门力量,充分发挥各部门的职能优势,依法协作开展监督工作。

最后,上级检察院强化对下级检察院的指导,参与虚假诉讼监督的指导。由于窝案、串案是虚假诉讼案件的显著特点之一,这类案件多呈现参与人数多、涉及范围广、社会影响大等特点,上级检察院可以通过指导、实务研讨、组织培训等方式指导下级检察院,并及时将虚假诉讼检察监督的典型案例、有益经验整理编辑,进行推广。

2. 加强检察院与其他机关的联动

第一,检察机关在办理虚假诉讼案件时,应与法院积极沟通协调联动。

---

① 参见陆晓妹、陆非凡、孙晓:《聚力监督质效 贡献检察力量》,载《南通日报》2019年1月8日,第8版。

② 史希宏、李华:《民事检察20年实践回顾与立法完善构想——以北京市海淀区人民检察院为例的实证研究》,载陈桂明、田平安主编:《中国民事诉讼法学六十年专论》,厦门大学出版社2009年版,第180页。

③ 参见《宁夏检察机关虚假民事诉讼案件线索内部协作移送办法(试行)》。

检察院应协助法院强化对于审判过程中出现虚假诉讼情况的防范，如对诉讼参与人进行风险示警教育、协助法院核实虚假案件线索、对于非讼程序或者执行程序中出现的虚假诉讼依法行使监督权利。法院应及时处理检察机关移送的虚假诉讼案件，将开庭信息通知检察院便于检察院监督，处理结果及时反馈给检察机关。

　　第二，在虚假诉讼的民刑衔接方面，检察机关与公安机关应加强协调配合。根据我国刑事诉讼法，检察机关对虚假诉讼罪没有侦查权，而检察机关调查核实权目前缺少刚性。因此需要与公安机关建立联动机制，利用公安机关的刑事侦查权协助对民事虚假诉讼案件的纠正。

　　第三，检察机关应加强与司法行政部门的沟通协调。检察机关在监督虚假诉讼过程需要与司法行政部门协调合作，以此应对法律职业者参与的虚假诉讼。检察机关发现律师等法律从业人员参与虚假诉讼行为时，应通知司法行政部门，在职权范围内相互配合。司法行政机关查证属实的，应当及时予以处罚，相关人员涉嫌犯罪的，司法行政机关应当将线索移送公安机关。此外，司法行政部门应当加强对法律服务机构以及法律职业者的教育管理。

虚假诉讼民事检察监督的现实困境与应对

陈惠明　胡　薇　陈　艳　杨明霞　杨　斌*

摘　要：虚假诉讼的民事检察监督面临着法律规范、监督权能、刑民交叉等多重现实问题。为有效应对，需要正确把握虚假诉讼虚构事实，侵害国家、社会公共利益，应设定为独立纠错事由的内涵，准确界定不以恶意串通为必要要件、可包含"部分篡改型"的外延。虚假诉讼民事检察监督要确立"以审判权为监督对象，以事实查证为工作核心，以民事、刑事责任双重追究为目标"的定位，构建刑民法律规范协同、科技智慧监督、内外协同配合、打击预防并重的全方位防范机制。

关键词：虚假诉讼　民事检察监督　现实困境　监督体系构建

虚假诉讼扰乱司法秩序，损害司法权威，侵害国家、社会公共利益和他人合法权益，应予严厉惩治。然而受制于审判权被动性、法官责任心和工作经验以及权利受损害人的举证能力，仅依靠法官和权利受损害人二元制防治模式，存在诸多不足。受害人、公、检、法四位一体的多元制虚假民事诉讼防治系统的构建是正确路径。① 检察权具有主动性、职权主义的特点，检察机关具备运用刑事、民事双重手段防范、打击虚假诉讼的能力，检察监督以

---

* 陈惠明，浙江省人民检察院副检察长、一级高级检察官；胡薇，浙江省人民检察院第六检察部副主任、三级高级检察官；陈艳，浙江省台州市椒江区人民法院院长、三级高级法官；杨明霞，浙江省人民检察院四级高级检察官；杨斌，浙江省人民检察院检察官助理。

① 参见周虹：《检察监督民事虚假诉讼正当性研究——以构建虚假诉讼的多元防治系统为视角》，载《河南社会科学》2012年第12期。

其外部性、公信力、实效性等因素，成为虚假诉讼监督的主要途径。①然而，虚假诉讼监督作为做强民事检察的重要着力点的同时，虚假诉讼民事检察监督面临的困难日益凸显，难以满足惩治虚假诉讼的现实需要。本文将通过梳理法律规范和司法实践中的问题，提出准确界定虚假诉讼、找准检察监督定位的建议，并结合浙江实践经验，探索构建高效的民事检察监督机制。

一、虚假诉讼民事检察监督的现实困境

（一）法律规范缺陷影响监督效果

1. 刑事民事领域法律不协调

最高人民法院《关于防范和制裁虚假诉讼的指导意见》将虚假诉讼定义为双方当事人恶意串通、通过诉讼程序侵害案外人合法权益的诉讼行为，而《刑法》规定的虚假诉讼罪并不以双方的恶意串通为必要构成要件，规范的重点置于"捏造事实"这一行为之上。

2. 不同司法层级规范有脱节

地方司法规范性文件如2019年12月16日浙江省高级人民法院《关于进一步防范和打击虚假诉讼有关问题的解答》②，突破《关于防范和制裁虚假诉讼的指导意见》关于虚假诉讼"当事人之间恶意串通"的规定。最高人民检察院第十四批指导性案例中的江西熊某等交通事故保险理赔虚假诉讼监督案，认定假冒原告名义提起诉讼，采取伪造证据、虚假陈述等手段，构成虚假诉讼，表明检察机关亦持不同观点。

3. 监督再审法条依据不清晰

虚假诉讼监督、再审事由是《民事诉讼法》第207条规定的"原审认定基本事实缺乏证据证明"，还是"认定事实的主要证据是伪造"，抑或是"出

---

① 参见谭秋桂：《虚假诉讼检察监督制度的完善》，载《人民检察》2019年第16期。
② 该文件认为，假借民间借贷之名，诱使或迫使他人签订"借贷"或变相"借贷""抵押""担保"等相关协议，通过虚增借贷金额、恶意制造违约、肆意认定违约、毁匿还款证据等方式形成虚假债权债务即"套路贷"行为以及单方虚假陈述、伪造、变造、隐匿、毁灭证据或指使、贿买、胁迫他人作伪证等行为，捏造身份、合同、侵权、继承等民事法律关系的其他行为，皆构成虚假诉讼。

现了新的证据足以推翻原判决、裁定",实践中做法多种多样。2017年至2019年3月,全国检察机关办理的虚假诉讼监督案件的监督理由,《民事诉讼法》第207条第(一)至第(三)项分别占比为30.9%、14%、28.8%。①有观点就认为,监督虚假诉讼提交原审没有的证据不同于民事诉讼法上避免证据失权意义的"新的证据"的范畴,无法等同于出现"新的证据"。②

(二)民事检察监督权能受限

1. 监督案源渠道待拓展

虚假诉讼多是当事人双方串通合谋,或者一方当事人缺席庭审、放弃抗辩。相当多案件是在进入执行时,触及案外第三人利益时或者虚假诉讼当事人分赃不均才暴露。虚假诉讼监督案源的传统渠道是控告、举报,少数系在办理其他案件中偶然发现。一直以来,检察机关通过走访座谈、宣传普法等形式发掘线索,但由于宣传力度不够、办案流程烦琐、监督刚性不足等原因,效果并不理想。

2. 调查核实权行使不充分

调查核实权是虚假诉讼检察监督的基础。调查核实权行使不充分主要表现为两点:一是缺乏刚性。当事人对于检察机关的调查、询问推诿拒绝。检察机关常用调查措施是查询调取、询问、鉴定三种,缺乏强制性措施手段,无法应对当事人积极对抗或消极应对。二是配合不足。由于调查经验不丰富,协作机制未建立,民事检察部门与职务犯罪侦查、刑事检察部门缺乏沟通协作,没有实现调查工作中证据、信息的有效共享。

3. 依职权监督条件待规范

虚假诉讼监督一般以损害"国家利益或者社会公共利益"(以下简称"两益")为由依职权受理。何为损害"两益",有观点认为,只有社会上大

---

① 数据来源于最高人民检察院第六检察厅办案一组:《2017年以来全国检察机关虚假诉讼监督工作情况分析》,载《最高人民检察院第十四批指导性案例适用指引》,中国检察出版社2019年版,第55—70页。

② 参见郑辉、潘松:《诉讼监督视角下民事虚假诉讼案件办理机制的建构》,载《人民检察》2019年第8期。

多数成员的利益才足以形成公共利益①,即必须是不确定多数人的利益。民事案件发生在确定的当事人之间,即使损害案外人利益,也是确定的对象;在调解案件中,认定的事实可能与客观真实不符,但属于当事人对于自己权益的让渡和放弃,不应认定为损害"两益"。该观点一定程度上制约了虚假诉讼民事监督的工作规模和力度。

4. 监督外部环境尚待改善

实践中,双赢多赢共赢理念共识有待进一步形成。有的法院对于大规模的监督延迟审理、回复甚至不予受理。个别法院以不属于损害"两益"为由裁定不受理检察监督,或者通过自行启动再审、执行和解等方式规避监督。部分法院对调卷设置障碍,司法信息共享平台建设滞后。

(三)刑民交叉问题存在分歧

1. 民刑监督顺序有争议

虚假诉讼监督涉及刑事犯罪追诉和民事裁判结果纠正,两者在时间上并不可能同步。"先刑后民"几乎是刑民交叉案件审理中约定俗成的惯例②,此种模式有利于查明案件事实真相,避免刑民裁判冲突,但也存在诉讼效率低下、民事权利得不到实质保障的局限性。部分法院在犯罪事实尚未判决确认的情况下,坚持"先刑后民"的审理顺序,一方面架空了民事法律认定虚假诉讼的规定,另一方面对权利受侵害人要求再审改判的民事请求拒绝审判,对检察机关的监督意见不予回应,致使民事责任问题便被长期搁置。

2. 证明标准认识不统一

检察机关常认为,收集、运用证据证明虚假诉讼事实,采用高度盖然性标准即可,但为保证监督的审慎,在特殊情况下可以适用排除合理怀疑标准。③而法院根据最高人民法院《关于适用〈中华人民共和国民事诉讼法〉

---

① 参见邵建东:《从三方面加强对民事调解的法律监督》,载《检察日报》2012年10月9日,第3版。

② 参见刘森、张松:《试论刑民交叉案件的"先刑后民"审理模式》,载《人民司法》2012年第5期。

③ 参见郑辉、潘松:《诉讼监督视角下民事虚假诉讼案件办理机制的建构》,载《人民检察》2019年第8期。

的解释》第 109 条规定，坚持认为应当达到能够排除合理怀疑的程度。还有些法院认为，刑事判决尚未生效时，检察机关不适宜依据犯罪嫌疑人侦查阶段讯问笔录提出再审检察建议，因为法院难以通过开庭向犯罪嫌疑人核实情况，又不能单纯以讯问笔录作为证明原判确有错误的证据材料。

3. 刑民责任衔接不通畅

虚假诉讼线索本应在办案机关之间进行刑、民双向移送，然而现状是普遍存在刑民责任追究程序衔接不通畅的现象。法官在民事案件办理过程中发现疑似虚假诉讼时是否将线索移送公安机关有较大裁量空间，对已进入刑事追诉程序的虚假诉讼相关民事裁判、调解书是否纠正、何时纠正、如何纠正又有一定随意性。有些地方甚至出现同一法院就虚假诉讼事实作出刑事判决后相关民事判决仍未启动再审程序予以纠正的情形。

二、虚假诉讼的法律界限

虚假诉讼概念尚无权威定义，实践中检察、法院理解不同、把握不一，检察监督面临的诸多困难均源于此。关于虚假诉讼，主要存在两种观点：一是将虚假诉讼等同于诉讼欺诈；二是将虚假诉讼与单方诉讼诈骗一起作为诉讼欺诈的形式。[1] 争议点在于双方当事人是否必须存在恶意串通以及虚构事实要达到何种程度。为明确虚假诉讼民事检察监督的边界，首先要厘清虚假诉讼的内涵和外延。

（一）虚假诉讼内涵的逻辑辨析

虚假诉讼概念的内涵直接影响司法机关对虚假诉讼的打击力度。笔者认为，所谓虚假诉讼，是指当事人或者案外人借助民事诉讼程序，虚构民事纠纷、制造假证，以获取不应当享有的利益的行为。虚假诉讼本质在于虚构事实，损害被告或者第三人权益、国家和社会公共利益，侵害司法秩序和司法权威。

---

[1] 参见黄曙、陈艳：《虚假诉讼问题的调查与思考——以浙江的司法实践为视角》，载《人民检察》2011 年第 14 期。

1. "诉"本身的虚假性是虚假诉讼的实体内容要素和客观特征[①]

一般而言,在司法实践中厘定和识别虚假诉讼,核心在于对虚假诉权的辨别——对双方争议事实在诉讼中的证明和认定。[②]是否构成虚假诉讼,应当从三个方面来认定:一是从法律关系来看,当事人是否存在真实的纠纷;二是从手段来看,证据是否真实合法;三是从目的来看,是否为了获取不当利益。如果当事人不存在真实的民事纠纷,以伪造的证据起诉,并以获得不当利益为目的,则该行为应当认定为构成虚假诉讼。

2. 虚假诉讼利用了法院审判或者执行程序

虚假诉讼行为人借用民事诉讼程序,欺骗法院,以达到自己的不法目的。对于通过法院诉讼确认权利、利用法院执行程序获取利益,只要当事人基于不真实的诉,则应当认定构成虚假诉讼。仲裁文书、公证债权文书等均可以通过法院执行程序获取利益,因此,虚假诉讼应当扩展至仲裁、公证等准司法程序中。

3. 虚假诉讼损害"两益"

"两益"不能仅从字面理解为具体的物质利益,而应当从案件损害的本质去把握。虚假诉讼行为人恶意利用国家的司法制度,对司法公平、公正造成颠覆性的破坏,严重损害司法公信力,侵害司法秩序和司法权威,违反国家法律、有损公序良俗,破坏社会诚信体系,属于损害"两益",应当依职权监督。

4. 虚假诉讼应设定为独立纠错事由

虚假诉讼内核是提起诉讼的实体法律关系是不真实的,隐瞒事实、伪造证据是主要手段,同时虚假事实常常会导致法律适用错误,若有审执人员违法履职甚至积极参与,审判程序违法在所难免。虚假诉讼是事实认定错误、法律适用不准确、审判程序违法的集合体,与《民事诉讼法》第207条规定的十三项再审事由并不是同一个逻辑层次的概念,难以用传统再审事由归类。再审依据现有的分类不利于有效识别和制裁虚假诉讼,虚假诉讼应当作

[①] 参见黄曙、陈艳:《虚假诉讼问题的调查与思考——以浙江的司法实践为视角》,载《人民检察》2011年第14期。

[②] 参见洪冬英:《论虚假诉讼的厘定与规制——兼谈规制虚假诉讼的刑民事程序协调》,载《法学》2016年第11期。

为足以引起监督再审的独立法定事由。

（二）虚假诉讼外延的准确界定

1. 不应当将单方恶意诉讼排除在虚假诉讼之外

事实上，民事诉讼存在缺席审判、诉讼代理人不了解案件实情等情况，单方捏造事实、恶意提起虚假诉讼时，侵害他人合法权益的目的常常会得逞，当事人或者案外人实体权利仍然得不到保障。且单方恶意诉讼的案外人实体权利是在民事裁判生效之后就开始受到侵害，在此之前民事诉讼秩序已然遭到破坏，民事司法权威和尊严已被藐视侵犯，对民事诉讼秩序的维护不应寄托于诉讼当事人双方的诉讼攻防对质上，也不应以民事审判中立、被动地位为由忽视司法机关治理虚假诉讼的能动性。

2. 从法律解释角度来看，虚假诉讼不应仅限于"恶意串通型"

一方面，《民事诉讼法》第 115 条规定的情形只是一种最常见、典型的虚假诉讼，但并非虚假诉讼的概念。① 最高人民法院《关于防范和制裁虚假诉讼的指导意见》是将双方恶意串通作为虚假诉讼基本要素，有下位法不当限缩上位法的嫌疑。另一方面，"举重以明轻"是基本的法律解释方法。刑法是社会最后一道防线，其惩治对象应当是最为严重的虚假诉讼行为。单方以捏造的事实提起民事诉讼既然能够构成刑法规定的虚假诉讼罪，那么当然足以构成民事制裁意义上的虚假诉讼行为。②

3. 虚假诉讼多样化形态决定着其不限于"恶意串通"

传统虚假诉讼常存在于某种亲近关系或共同利益的民事主体之间，识别方法技巧如主体关系的特殊性、庭审过程的非对抗性、适用程序的便捷性均是针对当事人之间的关联关系，此时以恶意串通作为虚假诉讼标志性要素并无不妥。但随着社会经济交往、金融交易的复杂化，虚假诉讼逐步走上当事人职业化、手段专业化、对象大众化的道路，最为典型的就是"套路贷"。"套路贷"从形式上看似乎存在民事法律关系，但实质上是以虚假民事法律

---

① 参见周清华：《民事检察与虚假诉讼监督的几个基本问题》，载《人民检察》2019 年第 16 期。

② 参见王玄玮：《民事虚假诉讼的概念内涵亟待厘清——以最高人民检察院第十四批指导性案例为指引》，载《人民检察》2019 年第 23 期。

关系掩盖犯罪。"套路贷"的借款人是否串通、是否知情并不影响虚假诉讼对司法秩序和权威的侵害。

（三）民事、刑事虚假诉讼行为区分

事实的虚构程度是区分虚假诉讼罪与非罪、虚假诉讼与诉讼欺诈的重要标准。虚假诉讼罪中"捏造的事实"是指凭空编造的不存在的事实，即限于"无中生有"，意图在于明确规制对象，防止刑事打击面过宽，符合刑法的谦抑性。笔者认为，虚假诉讼中的虚构事实不应限于"无中生有"，也可以包括"部分篡改型"。

1. 民事诉讼立法和司法规范并未否定"部分篡改型"虚假诉讼的存在空间

《民事诉讼法》第114条规定，伪造、毁灭重要证据，妨碍人民法院审理案件的，属于妨害司法行为，可以根据情节轻重予以罚款、拘留，即对通过伪造、毁灭证据"部分篡改"事实的行为予以否定性评价。浙江省高级人民法院《关于进一步防范和打击虚假诉讼有关问题的解答》明确认为，"部分篡改型"行为构成虚假诉讼。①

2. 民事虚构事实不应扩大至消极的隐瞒事实行为，否则无法区分虚假诉讼与诉讼欺诈

民事诉讼活动中，处分权为当事人平等享有，当事人既可以处分实体权利，也可以处分诉讼权利。隐瞒事实是当事人为了实现胜诉目的，根据利弊衡量，对自己实体权利或者诉讼权利的一种处分。法院应当尊重和保障当事人的处分权，一般不强行干涉，因此在诉讼活动中应当容忍当事人有一定程度隐瞒事实的行为，而且这种隐瞒事实能够激发对方当事人的积极抗辩，从而查明事实真相。如果当事人面对对方隐瞒事实的行为不抗辩甚至默认，则视为其对自身权利的处分，不宜认定为虚假诉讼。

---

① 该文件认为，司法实践中，下列行为也应认定为虚假诉讼行为：……3. 隐瞒债务已经全部或部分清偿的事实，仍向人民法院提起民事诉讼，要求他人履行债务；……6. 单方或者与他人恶意串通，进行虚假陈述，伪造、变造、隐匿、毁灭证据或指使、贿买、胁迫他人作伪证等行为……

三、虚假诉讼的民事检察监督定位

检察机关在虚假诉讼防治中承担着刑事打击和民事监督的双重职责,前者是追诉权,后者是诉讼监督权,两者存在权力属性、目的、运行模式、手段方式、对象等区别,同时又统一于法律监督职能。检察机关在行使两项不同性质的权力时,既不能僭越,也不能混淆,应当立足于法律监督的定位,严守检察监督合理界限,避免检察权与审判权、当事人处分权产生冲突。虚假诉讼刑事追诉要以打击刑事犯罪、维护司法秩序为目的。与之相比,虚假诉讼民事监督要立足于诉讼监督的基本职能,坚持"监督为主、救济为辅",抓好主责主业,以审判权①为主要监督对象,以事实查证为工作核心,适当兼顾当事人实体利益和处分权利的保障。

(一)以审判权为主要监督对象

虚假诉讼民事检察监督主要是对审判权的监督,其应定位于监督而非救济,目标在于法院而非当事人;应定位于公权监督,着眼于公共秩序和公共利益的维护;应坚持诉讼监督的基本规律,体现检察监督的谦抑性。②法院作为虚假诉讼的直接面对者,防止和惩治虚假诉讼是其行使审判权时首当其冲的责任,如果法院未能提起再审或者第三人撤销之诉未改变原审结果,或者未通过执行异议、执行异议之诉改变涉嫌虚假诉讼案件的执行结果,即自行防止虚假诉讼失败或者未予主动纠正,审判权面对虚假诉讼的侵害无法完成自我防御、修缮,不能提供符合正义和法律的"产品"时,检察机关应当及时介入。当前实践中主要是以虚假诉讼损害"两益"为由依职权监督。有人批评称,扩大依职权受理案件范围的内驱力主要来自考评所带来的案源压力以及对民事检察监督定位把握不当。③笔者认为,基于现实打击虚假诉讼的需要,对"两益"做实质性理解而不拘泥于字面意思是必需的,但监督的着眼点仍应是审判权,即当事人虚假诉讼行为是否侵犯了司法权威,是否蒙

---

① 本节中作为监督对象的审判权应作广义理解,包含执行权。
② 参见郑辉、潘松:《诉讼监督视角下民事虚假诉讼案件办理机制的建构》,载《人民检察》2019年第8期。
③ 参见刘辉、唐丽英:《〈人民检察院民事诉讼监督规则(试行)〉实施中的问题与对策》,载《人民检察》2019年第23期。

蔽审判人员致使错误运用审判权作出错误决定，是否有审判违法行为等。因此，虚假诉讼检察监督的目的在于促进审判权在法治轨道上顺畅运行，监督方式的选择在虚假诉讼类案串案的监督上，要坚持以再审检察建议或检察建议为主，抗诉、跟进监督为辅的原则。

（二）以事实查证为工作核心

当事人在证明欺诈、恶意串通等虚假事实存在时需要达到排除合理怀疑的证明标准，负担更重的证明责任。按照最高人民法院《关于适用〈中华人民共和国民事诉讼法〉的解释》第96条"当事人有恶意串通损害他人合法权益可能的"的规定，法院应当依职权调查收集相关事实证据，但在案多人少、考核压力大、没有激励机制的背景下，法官缺乏积极作为的主观能动性。在识别和规制虚假诉讼中，应当强调中国传统诉讼文化的"求真"。[①] 理论界和实务界均认可虚假诉讼案件应当加强职权主义色彩，围绕事实查证这一核心，赋予司法机关调查核实权、强制措施权，增强司法机关行使权力的主动性，以便发现案件真相。尤其是检察机关介入的案件，普遍存在时间久远、证据灭失、当事人不配合等情况，如果继续坚持虚假诉讼"排除合理怀疑"的证明标准，检察机关就必须拥有较为刚性的传唤、询问、查询、鉴定、勘查等调查核实权，才能查明事实真相。在现行法律规定之下，检察机关应当充分行使调查核实权，注重发现疑点、收集证据、构建证据链还原事实的调查能力、思维的培养，加大和公安、金融、电信等其他部门的协作，借助互联网、大数据等科技力量，尽最大可能查明案件事实真相。只有可靠的事实，才是虚假诉讼检察监督的立足点、出发点。

（三）以民事、刑事责任双重追究为目标

开展民事案件监督纠错，既包括对民事生效裁判结果的监督，也包括对审判程序、执行行为、审判人员、仲裁公证等行为的监督，应当构建对虚假诉讼的双重监督。检察机关具备民事、刑事监督双重职能，虚假诉讼检察监督应当一案多查、民刑并行，不可偏废。在民刑分工配合上，健全"线索移

---

① 参见洪冬英：《论虚假诉讼的厘定与规制——兼谈规制虚假诉讼的刑民事程序协调》，载《法学》2016年第11期。

送、督促立案、调查协作"等机制,加强检察机关与公安法院内外联动,强化检察机关内部横向纵向一体监督。有些法院认为,案件虽然存在虚假诉讼,但是当事人已经和解或者不要求纠正,则检察机关就无监督必要。对于虚假诉讼行为来讲,其侵害的是司法秩序和司法权威,损害"两益",并不以当事人的主观意愿和意思表示来判断是否应当监督纠错。法院检察院要统一认识,即使是当事人无异议的虚假诉讼案件,也应当予以纠正,不需要在依法纠错和维持法院裁判(调解)既判力之间把握平衡,以维护司法公信力和司法尊严,传递虚假诉讼不可为的信号。

四、虚假诉讼的民事检察监督体系构建

防范和惩治虚假诉讼,必须协同刑民法律规范、改革检察监督理念、夯实发挥检察职能的基础、加强社会综合治理。近年来,浙江检察机关为维护当事人合法权益和司法公信力,对虚假诉讼监督作出有益探索,积累丰富实践经验。2018年至2020年12月,全省检察机关办理虚假诉讼案件6603件,向法院提出抗诉或者再审检察建议4249件,已获改判2240件。[①] 只有变被动受理为主动监督,变人工甄别为智能搜索,变单打独斗为多家协作,变事后打击为打防并举,才能有效遏制虚假诉讼。

(一)逐步完善法律规范,促进刑民融合

虚假诉讼刑民交织特征明显。民刑立法价值取向不同,是虚假诉讼法律界定模糊的最重要原因。在法律层面,《民事诉讼法》与《刑法》要对虚假诉讼的内涵作出协调统一的规定,同时要逐步完善法律、司法解释及地方规范性文件,促进不同层级的规范协同。在实践层面,要建立虚假诉讼民事刑事衔接程序,保持民事相对于刑事具有一定的独立性和优先性,在事实清楚、证据确实、充分的情况下,可以先民后刑,或者民刑同步进行。浙江检察机关积极探索"先民后刑、刑民分开;以刑促民、严查刑责"的监督思路,及时提出监督意见并督促法院避免片面强调先刑后民,不因刑事诉讼程序过长而导致民事案件过分延迟、长期搁置,尽早再审和作出裁判,充分保

---

① 参见范跃红:《监督神器撕开虚假诉讼面具——浙江:民事裁判智慧监督系统为民事检察赋能》,载《检察日报》2021年2月23日,第2版。

护当事人合法权益，加大打击力度，提升法律监督质效。

（二）善于运用科技数据，实现智慧监督

虚假诉讼案件隐蔽性强，具有"发现难""查证难""监督难"的特点。传统的民事检察监督，囿于被动受案、碎片化监督的格局，依申请受理案件占比较低，主动收集线索、依职权发掘案源可持续性不强。破解案源上的困难和隐忧，检察机关应当充分运用互联网大数据的整合能力，极大拓展案件线索来源，借力金融、公安等掌控丰富信息资源部门的大力支持，有效夯实证据基础。要提升虚假诉讼监督规模、增强调查核实权刚性，既需要立法上的顶层设计，更需要向科技借力，变被动受案为主动发现，变阅卷、问话为科技取证，变观点争辩为用证据说话。要以现代科技、大数据等为依托，运用智慧检察，以机器换人力，以智能增效能，拓宽案件线索来源，提升调查核实能力。浙江省绍兴市人民检察院自主研发"民事裁判文书智慧监督系统"[①]，发现大量"套路贷"虚假诉讼案件线索，现已由最高人民检察院在全国检察系统推广使用。

（三）加强监督协同配合，落实双赢多赢共赢

开展虚假诉讼惩治工作，要加强与法院、公安机关的沟通联系，就信息共享、联网查询、线索移送、案件协查、监督立案、审理规则等方面形成协作配合机制，明确公检法各家在查处虚假诉讼犯罪案件中的职责分工与办案规程，建立合力查处虚假诉讼案件工作机制，形成有机协同的制裁体系与监督合力，加大对虚假诉讼的刑事、民事惩处力度，有效减少诉讼增量。检察机关应当充分利用检察一体化办案机制，加强上下级、各部门之间联动，形成检察机关内部案件线索移送、办案配合机制。浙江检察机关按照"优势互补、信息共享"的原则，与法院公安出台多份文件、搭建协作平台，充分发挥上级院指挥和领导作用，强化民事检察与刑事检察的互助配合，健全信息

---

① 该系统的运作原理：首先由检察官归纳裁判文书的结构要素，再由系统按照模板对海量民事裁判文书进行要素化处理，使之可以检索并进行大数据分析，而后又由检察官分类提炼检察监督点，再由系统根据监督点对裁判文书进行电脑筛选，将文书数量降到人工可以处理的量级，最后由检察官进行人工审查研判。参见曾于生、黄昶盛：《以信息化为引领合力打造虚假诉讼监督新模式》，载《人民检察》2019年第14期。

共享、案情通报、案件移送等机制，发挥民事检察在线索初查中积极、主导作用，对拟移送侦查的案件由民事检察和刑事检察部门进行会商，确保案件质量，有效形成监督合力。

（四）强化打击预防并重，加强综合治理

虚假诉讼经查实，符合民事诉讼监督条件的，通过提出抗诉、再审检察建议等方式，依法督促法院纠正错误裁判，还可以建议法院依法对虚假诉讼行为人采取罚款、拘留等强制措施，以充分实现民事诉讼强制措施维护诉讼秩序、制裁违法行为的目的；对于构成刑事犯罪的，应当协同法院依法及时移送犯罪线索。虚假诉讼的泛滥，除了当事人的原因外，还存在公证、仲裁、金融、市场监管等行政和行业监管缺失，甚至有司法人员主动参与虚假诉讼。浙江省检察机关已与浙江省破产协会等行业协会签订会议纪要，加强行业打击虚假诉讼的自觉性。虚假诉讼检察监督要做到"一案多查、全面监督"，深挖背后的违法犯罪特别是司法公职人员的违法违纪，更要注重提出预防性治理的类案检察建议，强化行政和行业监管力度，加强专业人士的执业管理，建议相关部门建立诉讼失信人行业通报、从业禁止等信用惩戒制度，引导当事人诚信诉讼，加快推进社会诚信体系建设，发挥深层次"全链条"的检察监督作用。

冒名诉讼类型、效力及其规制研究

——以江西熊某等道路交通事故理赔虚假诉讼案为例

罗 军 陈明湖[*]

摘 要：冒名诉讼是诉讼行为主体冒用他人的姓名或者名称参与诉讼活动，实际上获得诉讼当事人的地位和权利，导致形式上当事人与实际当事人相分离。冒名诉讼一般分为合谋型冒名诉讼和非合谋型冒名诉讼、冒用原告诉讼和冒用被告诉讼，冒名诉讼和不真正冒名诉讼。其中，冒名的虚假诉讼是虚假诉讼新的变异形式。冒名诉讼行为存在效力瑕疵，认定冒名诉讼效力要综合考量冒名诉讼类型和诉讼系属阶段。冒名诉讼破坏了司法秩序，损害了司法权威，要规制和防范冒名诉讼。

关键词：冒名诉讼 虚假诉讼 诉讼系属 防范与规制

近年来，冒名诉讼案件频发、多发，各地法院官方网站和《人民法院报》相继刊登了冒名诉讼案例[①]，最高人民检察院第十四批指导性案例——江西熊某等道路交通事故理赔虚假诉讼案[②]就是一起典型的冒名诉讼案件，该案要旨部分载明"假冒原告名义提起诉讼，采取伪造证据、虚假陈述等手段，取得法院生效裁判文书，非法获取保险理赔款，构成虚假诉讼"。冒名诉讼如何界定，冒名诉讼与虚假诉讼关系，冒名诉讼效力，冒名诉讼如何规

---

[*] 罗军，江西省人民检察院第六检察部主任、二级高级检察官；陈明湖，江西省人民检察院四级调研员。

[①] 参见《人民法院报》2013 年 8 月 24 日，第 3 版。

[②] 参见最高人民检察院第十四批指导性案例，检例第 56 号。

制都是当下理论界和实务界亟须回应的问题。本文以冒名诉讼整体为研究对象，从最高人民法院发布的虚假诉讼指导性案例入手，探讨冒名诉讼类型、冒名诉讼与虚假诉讼关系、冒名诉讼效力以及对冒名诉讼的防范规制，以期对冒名诉讼的理论研究和司法实务有所裨益。

一、冒名诉讼特征：名义主体与行为主体相分离

冒名诉讼，是指参与诉讼的行为主体冒用他人之名起诉或应诉，借助法院的审判权和强制执行权实现其特定目的，实质上损害姓名代指主体的程序权利或实体权利的诉讼行为。[1] 具体来说，诉讼实施主体以他人的姓名作为自己的识别符号进行诉讼，法官错误地将诉讼行为主体认定为利害关系人，真实的利害关系人却成为形式上的当事人，诉讼程序以姓名主体的名义开展，裁判文书也以其名义作出。姓名主体虽然完全没有获得参与诉讼程序的机会，但面临被裁判效力拘束和强制执行的危险。姓名主体作为适格当事人与行为主体作为不适格当事人在诉讼中发生分离。江西熊某等道路交通事故保险理赔虚假诉讼案中的熊某某是被冒名的诉讼中的名义主体，周某某是诉讼行为实施主体，通过伪造熊某某的起诉状、授权委托书、庭审签名参与诉讼，但熊某某却对诉讼事宜毫不知情，诉讼程序和裁判结果也均是以熊某某名义作出，导致熊某某没有参与诉讼却要受裁判结果约束，可见冒名诉讼本质就是诉讼名义主体与诉讼行为主体相分离。

（一）合谋型冒名诉讼与非合谋型冒名诉讼

根据冒名者与被冒名者之间是否有合意的意思表示，可以将冒名诉讼分为合谋型冒名诉讼和非合谋型冒名诉讼。合谋型冒名诉讼又称"借名诉讼"，是姓名主体与冒名者相互串通，允许实体纠纷之外的第三人冒充其本人起诉或者应诉。原姓名主体与冒名者就冒名诉讼相互串通的过程，实质上就是授权的过程，即冒名诉讼行为获得原姓名主体的认同和支持，符合原姓名主体的意思表示。非合谋型冒名诉讼又称"假冒他人诉讼"，是冒名者与被冒名者之间无合意，冒名者擅自冒用姓名主体的名义起诉或者应诉。此时，诉讼名义主体与诉讼行为主体处于完全分离状态，姓名主体被动地离散在诉讼程

---

[1] 参见许尚豪：《冒名诉讼问题研究》，载《兰州学刊》2016年第1期。

序之外；冒名者与实体纠纷没有直接利害关系，却被赋予了当事人的权利和地位。熊某道路交通事故理赔虚假诉讼案中冒名者周某某与姓名主体熊某某没有合意，周某某擅自冒用熊某某名义起诉，而且周某某与案件不存在任何利害关系，熊某道路交通事故理赔虚假诉讼案属于非合谋型冒名诉讼。

（二）真正冒名诉讼和不真正冒名诉讼

根据冒名者和姓名主体与诉争案件的利害关系，冒名诉讼分为真正冒名诉讼和不真正冒名诉讼。冒名者与诉争案件不存在利害关系，被冒用姓名主体与诉争案件存在利害关系的属于真正冒名诉讼，江西熊某等道路交通事故理赔虚假诉讼案就属真正冒名诉讼；冒名者与诉争案件存在利害关系而被冒名姓名主体与诉争案件没有利害关系的属于不真正冒名诉讼。比如，甲以乙的名义参与甲与丙的诉讼，从民事主体资格上甲为适格的民事主体，甲冒用的仅是乙的姓名而已。

（三）冒用原告型诉讼和冒用被告型诉讼

以被冒用人是原告还是被告，可以将冒名诉讼区分为冒用原告姓名和冒用被告姓名的冒名诉讼。至于冒用第三人姓名的情形，如果被冒用的是有独立请求权的第三人，则可以归类为冒用原告姓名的冒名诉讼；如果被冒用的是无独立请求权的第三人，根据我国民事诉讼法规定，无独立请求权第三人只有在被判决承担责任后才能成为当事人，可以将此类归为冒用被告姓名的冒名诉讼。江西熊某等道路交通事故理赔虚假诉讼案中周某某假冒熊某某和熊某某代理人名义提起诉讼，诉讼地位列明的是原告，属于冒用原告型诉讼。

二、冒名诉讼与虚假诉讼关系辨析

冒名诉讼与虚假诉讼关系在学界和实务界说法不一。中国政法大学纪格非教授认为："冒名诉讼因符合实施虚假诉的诉讼行为的主观故意以及破坏民事诉讼程序的客观特征，冒名诉讼应当列为虚假诉讼客观规制的范围。"[①] 清华大学张卫平教授将虚假诉讼限定在双方当事人、法院以及案外人的四方关

---

① 参见《提升虚假诉讼识别能力，彰显民事检察监督职责效果》，载《检察日报》2019年4月1日。

系中，将恶意诉讼、冒名诉讼和诉讼欺诈排除出虚假诉讼外延。①关于冒名诉讼与虚假诉讼关系，笔者认为要紧紧围绕虚假诉讼的构成要素，结合冒名诉讼具体类型判断是否构成虚假诉讼。

构成虚假诉讼一般必须具备以下要素：（1）主观上行为人明知自己的行为会发生侵犯他人合法权益、妨害诉讼秩序、破坏司法公信力的后果，为获取非法利益仍然实施虚假诉讼行为；（2）客观上以伪造证据、虚构案件事实或者隐瞒真相向人民法院提起民事诉讼为手段，获取法院的裁判文书，即具备伪造证据—提起诉讼—获得裁判文书的客观要件；（3）侵犯的直接客体是他人的合法权益，同时，把司法权作为谋取非法利益的工具，异化了民事诉讼的制度功能，对司法秩序及司法公信力造成损害。②

从上述虚假诉讼构成要素看，合谋型冒名诉讼由于冒名诉讼行为获得原姓名主体的认同和支持，符合原姓名主体的真实意思表示，实质属于借名诉讼，明显不符合虚假诉讼构成要素。不真正冒名诉讼由于冒名人就是诉争案件的直接利害关系人，实质上是适格当事人，也不完全符合虚假诉讼构成要素。至于非合谋型冒名诉讼，主观上冒名者明知冒用原姓名主体损害了司法秩序和原姓名主体利益，为了获取非法利益仍然实施冒名行为具有虚假诉讼的主观恶意，客观上冒名者冒用原姓名主体提起诉讼必然会伪造起诉状、授权委托书、身份证明等材料，冒名者为了获取非法利益和参与诉讼便利甚至还会伪造证据并作出虚假陈述，以骗取人民法院裁判文书，其侵犯的客体既包括被冒用的姓名主体的利益，也包括司法秩序、司法权威。因此，非合谋型冒名诉讼或者假冒他人提起诉讼属于新型的民事虚假诉讼。具体到指导性案例江西熊某等道路交通事故理赔虚假诉讼案，周某某假冒熊某某名义提起诉讼，伪造了熊某某的起诉状、授权委托书，为了获取非法利益和参与诉讼便利还伪造了熊某某经常居住地的证明材料和庭审签名，最终骗取了人民法院裁判文书，损害了熊某某合法权益以及司法权威，人民法院和检察机关均认定该案为虚假诉讼案，这也恰恰说明非合谋型冒名诉讼构成虚假诉讼在司法实务中已是共识。

---

① 参见张卫平：《中国第三人撤销之诉制度的构成与适用》，载《中外法学》2013年第1期。

② 参见周清华：《虚假诉讼的构成要素》，载《中国检察官》2017年第14期。

综上所述，非合谋型冒名诉讼属于虚假诉讼；其他类型的冒名诉讼并不必然是虚假诉讼，需要结合当事人实施的其他诉讼行为进行综合判断。

三、冒名诉讼的效力

冒名诉讼由于诉讼名义主体与诉讼行为主体的分离导致诉讼过程存在瑕疵，诉讼程序不具有完整的正当性和合法性，必然会影响诉讼过程以及相应生效裁判的法律效力。分析冒名诉讼效力要区分诉讼系属中和诉讼系属后，不同阶段效力各有不同。同时判断诉讼系属中、诉讼系属后的冒名诉讼效力还要进一步结合冒名诉讼类型，不同类型效力也各不相同。

（一）诉讼系属中冒名诉讼效力

针对诉讼系属中冒名诉讼效力，实务界也颇具争议，主要有三种不同意见："第一种意见认为，应该通知真正的原告加入诉讼，继续审理。若其愿意参加诉讼，则可视为对此前诉讼行为的追认，法院应继续审理；若其不愿意加入该诉讼，则按撤诉处理。第二种意见认为，应该终结诉讼。理由是在诉讼过程中，法院查明是恶意的虚假诉讼后，案件的诉讼程序没有再进行下去的必要，符合终结诉讼的法律精神，应该由法院直接强行裁定终结审理。第三种意见认为，应裁定驳回起诉。因为原告是他人冒名的，真正的原告并没有提起诉讼。冒名的人并不享有诉权，因此，不符合民诉法第一百零八条的起诉条件。"[①] 笔者认为，判断诉讼系属中冒名诉讼效力要结合冒名诉讼类型进行分析，不同类型冒名诉讼效力各异。合谋型冒名诉讼由于冒名者可以视为被冒名人诉讼代理人，人民法院可以要求补充诉讼授权委托手续弥补瑕疵，当事人不同意弥补的依法驳回起诉。非合谋型冒名诉讼，由于被冒名者无意参与诉讼，客观上也没有参与诉讼，并且冒名诉讼直接目的是损害其合法权益，诉讼系属中非合谋型冒名诉讼依法应当无效，并裁定驳回起诉。不真正冒名诉讼，由于冒名者与诉争案件存在直接利害关系，是适格当事人，人民法院依职权修正冒用者身份即可。同理，诉讼系属中的冒用原告型诉讼、真正冒名诉讼、冒用被告型诉讼属于合谋型冒名诉讼的，当事人同意补

---

① 崔永峰：《冒名虚假诉讼的案件如何处理》，载《中国审判》2009年第7期。

充授权委托手续的可以补正诉讼瑕疵,不同意的人民法院应当裁定驳回起诉;冒用原告型诉讼、真正冒名诉讼、冒用被告型诉讼属于非合谋型冒名诉讼的人民法院依法径直裁定驳回起诉。

(二)诉讼系属后冒名诉讼效力

1. 诉讼系属后合谋型冒名诉讼的效力

从合谋型冒名诉讼特征看,合谋型冒名诉讼的被冒名者实际上间接地参与了诉讼程序。其与冒名者之间的合意和串通行为已经表明"授权"冒名者"代表"自己参与诉讼活动。冒名者获得诉讼当事人的权能,并就诉讼标的权利关系存在与否展开有效的辩论和防御,冒名者获得的程序利益也意味着被冒名者获得了程序保障。所以,从"程序保障说"的角度[①],合谋型冒名诉讼的被冒名者应该承受对冒名者实施诉讼行为。由此可知,合谋型冒名诉讼过程及最终形成的生效裁判均可将冒名者视为被冒用者诉讼代理人,使诉讼过程和裁判效力得以修补。

2. 诉讼系属后非合谋型冒名诉讼的效力

非合谋型冒名诉讼的效力学界和实务界存在一定分歧。支持"制度效力说"[②]的学者认为,判决确定后,实现国家一次性地彻底解决纠纷和保持法律状态稳定性的利益要求更具有紧迫性,所以,虽然非合谋型冒名诉讼行为存在严重缺陷,但判决确定后既往诉讼行为的缺陷已被遮蔽,冒名诉讼当事人要尊重作为纠纷解决结果的确定裁判。而"程序保障说"学者则认为,判决效力的正当化基础是当事人在诉讼中获得程序保障以及作为其逻辑归结的自我责任,被冒名者未在以攻击防御方法的提出为中心的程序利益中获得充分保障,由被冒名者承担裁判就欠缺正当性基础。日本学者认为,"即使冒名诉讼已经产生确定判决,由于被冒名人完全没有获得程序保障,将其作为当事人就欠缺受判决效力拘束的根据,被冒名人可以直接主张判决的效力不及

[①] 参见王亚新:《对抗与判定——日本民事诉讼的基本结构》,清华大学出版社2002年版,第353页。

[②] 参见[日]新堂幸司:《新民事诉讼法》,林剑锋译,法律出版社2008年版,第474页。

于己身或者通过上诉、再审的方式撤销判决利益"。①德国学者认为,"如果对当事人以真实当事人的名义作出了判决,则该判决对真实当事人有效。因此真实当事人或者其对方当事人可以并且必须通过上诉手段对该判决表示不服,如果判决已经发生既判力,可以通过无效之诉消除"。②笔者认为,非合谋型冒名诉讼被冒名人完全没有参与诉讼,既未经过庭审两造审理也未通过庭审程序行使程序处分权和实体处分权,冒名参与诉讼的人既未获得被冒名人授权同时还损害被冒名人权益,认为非合谋型冒名诉讼有效的主张既无事实根据也无法理依据,根据我国民事诉讼法理论,非合谋型冒名诉讼的诉讼过程和裁判均应为无效。真实当事人可以通过审判监督程序、第三人撤销程序等救济途径撤销原判决。江西熊某等道路交通事故保险理赔虚假诉讼案属于诉讼系属后的非合谋型冒名诉讼,由上述分析可知,原审诉讼过程和裁判文书效力均应属于无效的,熊某某作为被冒名的受害人可以通过审判监督程序或者第三人撤销程序请求人民法院依法撤销原审裁判,终止原审诉讼程序。

3. 诉讼系属后不真正冒名诉讼的效力

不真正冒名诉讼由于冒名者是诉争案件利害关系人属于适格当事人,而被冒名人与案件并无利害关系,诉讼过程中参与诉讼,诉讼中作出处分行为是适格当事人,只是诉讼过程和裁判文书记载主体不符合实际情况。可见,不真正冒名诉讼并不存在足以推翻程序效力和裁判效力的因素,而且诉讼中留痕以及裁判文书中瑕疵均可事后补正。

四、冒名诉讼的规制

冒名者利用人民法院诉讼身份识别的漏洞,虚构案件事实或者证据,或与第三人串通,骗取司法判决,为被冒名者设定义务,司法判决成为冒名者谋取不正当利益的工具。由于我国当前预防和惩治冒名诉讼机制还不够完善,以致对冒名诉讼行为缺乏强有力的制裁,社会个体冒用他人姓名诉讼获

---

① [日]新堂幸司:《新民事诉讼法》,林剑锋译,法律出版社2008年版,第91—94页。

② [德]罗森贝克等:《德国民事诉讼法》,李大雪译,中国法制出版社2007年版,第257页。

得的利益与遭受的惩罚之间严重失衡，在一定程度上纵容了当事人冒名诉讼获取不正当利益。① 笔者认为，规制冒名诉讼要区分冒名虚假诉讼和其他冒名诉讼，冒名虚假诉讼冒名人为获取非法利益的主观恶性强，违法手段也多，具有隐蔽性、欺骗性，社会危害大，规制冒名虚假诉讼要按照打击虚假诉讼标准执行。

（一）冒名虚假诉讼的规制

根据冒名虚假诉讼行为是否已经完成，可以将法院对冒名虚假诉讼的规制方式分为事前规制、事中规制与事后规制。

1. 事前规制重识别

为了在事前能够做到规制冒名虚假诉讼，人民法院应当加大人财物投入，进行信息化建设，通过司法信息共享平台对冒名诉讼、虚假诉讼进行甄别、筛查，实现在立案环节对冒名虚假诉讼行为进行识别。同时，在登记立案时，应该严格审查当事人提交的身份证件的真实性，仔细核对提交诉讼的当事人的外貌特征与身份证件上的图像是否一致，如果存在较大差异，可以将案件列为嫌疑案件。

2. 事中规制重惩罚

根据《民事诉讼法》第 115 条、第 116 条的规定，如果法院在审判过程中发现冒名虚假诉讼，应当在驳回诉讼请求的同时，根据情节轻重予以罚款、拘留，如果是在执行程序中发现被执行人与案外人进行冒名虚假诉讼，法院也应当施加罚款或拘留等强制措施，涉嫌构成虚假诉讼罪的，依法移送相关线索。同时还要建立冒名诉讼、虚假诉讼失信人名单，使其与社会信用体系紧密关联，通过信用惩戒实现对冒名诉讼、虚假诉讼的威慑。

3. 事后规制重救济

根据《民事诉讼法》的规定，事后对虚假诉讼的规制主要有以下几种方式：一是再审，包括基于检察机关的检察监督和法院决定再审，这是目前虚假诉讼救济的最主要方式；二是执行异议及执行异议之诉，冒名虚假诉讼进入执行阶段，在执行程序中受害人可以主张执行异议和执行异议之诉；三

---

① 参见许尚豪：《冒名诉讼问题研究》，载《兰州学刊》2016 年第 1 期。

是第三人撤销之诉，被冒名虚假诉讼侵害的第三人可以向人民法院提起撤销之诉，主张撤销虚假的裁判；四是允许受害人对虚假诉讼的行为人提起侵权之诉，在现行法没有对虚假诉讼行为人应当承担的民事责任作出规定的情况下，受害人可以基于我国《民法典》的规定，请求人民法院判令侵权人承担相应民事责任。①

（二）其他冒名诉讼的规制

1. 加强司法审查和依职权调查

一是立案阶段，应该严格审查当事人提交的身份证件的真实性，仔细核对提交诉讼的当事人的外貌特征与身份证件上的图像是否一致，如果存在较大差异，可以将案件列为嫌疑案件，法院应要求该当事人作出解释，在必要的情况下可以召集与纠纷相关的其他个体对该当事人进行辨认。二是审理阶段，庭前准备时书记员需要先核实当事人身份，核对当事人提交的身份证明（当事人身份证明复印件、营业执照、法定代表人身份证明和授权委托书等），庭审开始时法官要再次询问并核实当事人基本信息及到庭情况并记录在案，当事人庭后阅看完庭审笔录需签名确认。履职中人民法院对当事人身份存有疑问时，要按照最高人民法院《关于民事诉讼证据若干规定》第15条第2项规定依职权调查核实，到当事人户籍所在地、经常居住地基层组织以及公安机关等部门调查取证。三是审理结束后，承办法官应该回溯既往的诉讼程序，综合整体的案件事实，审查判断当事人的正当性和真实性。必要时，法官还可以走访的形式了解当事人的现实状态，以查证参与诉讼的特定当事人是否真实。同时，将法院对该案件的判决书及时在裁判文书网公开，接受社会公众的监督。

2. 完善诉讼个体身份识别机制，注重根源上规制冒名诉讼

社会个体的识别信息可以分为本源信息和外源信息，本源信息具有直观性和唯一性，外源信息是外在附加的信息，需要依托本源信息才能发挥识别功能。在民事诉讼程序中，诉讼个体的识别和确定主要以居民身份证为标

---

① 参见熊跃敏：《虚假诉讼：识别、查证与规制》，载《京师法律评论》2018年第2期。

准。①居民身份证是将个体的本源信息与外源信息相结合建立的国民身份识别系统，但其中的本源信息存在重大缺陷，所以就无法杜绝冒用特定主体的身份证从事社会活动的现象。完善诉讼个体的身份识别应当将诉讼参与人的本源信息与外源信息紧密结合，增强诉讼参与人识别的准确性，是根治冒名诉讼的治本之策。当前，我国不断对居民身份证制度进行探索和改革，新修订的《居民身份证法》明确规定居民身份证的登记内容包括个体的指纹信息，而且公安部也正在加快推进身份证登记指纹信息。人民法院应当充分利用现有成熟身份识别技术核实诉讼参与人身份信息，从源头上遏制冒名诉讼行为。

---

① 参见许尚豪:《冒名诉讼问题研究》，载《兰州学刊》2016年第1期。

民事虚假诉讼程序范围研究

胡晓煜　刘　洋[*]

摘　要：虚假诉讼之"乱"既在于实践中行为异化的复杂性，随着经济交往方式的多元化催生出各种难以识别的样态，也在于现有的学理认识已经跟不上行为呈现的不断变化，仅从概念学上理解虚假诉讼的发生领域显然达不到防范与惩治的司法目的。因此，在目前的民事诉讼法与刑法衔接的法律体系内，以分级惩戒的方式进行虚假诉讼程序范围的划分，扩充民事制裁范围，限缩刑事认定范围，适当放宽其他程序中民事虚假诉讼的认定标准，以求形成综合制裁的合力。

关键词：虚假诉讼　刑民辨析　民事程序

虚假诉讼首先源于司法实践中的一种现象，即先有扰乱司法秩序或损害他人权益的不法诉讼行为出现，对正常的诉讼活动危害日盛，才有了规范法学上的界定，从立法层面予以规制。虽然法律规范与司法实务层面已对现有的虚假诉讼行为作出大量认定，但由于刑事与民事法律制度在立法理念、法益保护、规制方式等方面的差异，也造成了虚假诉讼行为在不同法律领域的认定差异，其中对于如何理解该行为中的诉讼程序要件就存在争论。民事法律以"借用合法的民事程序"[①]来进行概括，刑事法律以"提起民事诉讼"[②]来

---

[*] 胡晓煜，北京市丰台区人民检察院一级检察官；刘洋，北京市丰台区人民检察院检察官助理。

① 参见最高人民法院《关于防范和制裁虚假诉讼的指导意见》第1条。

② 参见最高人民法院、最高人民检察院《关于办理虚假诉讼刑事案件适用法律若干问题的解释》第1条。

予以表述，可见要件定义的差异绝不仅是文字表达的不同，而是在诉讼程序的范围、诉讼行为的内容及行为效果的认定等方面都有不同的价值判断，这就需要放诸于不同的部门法背景下加以探讨，不能一概而论。民法典的出台促进了各项检察职能更好融合发展，而在民法典的新视角下，各项检察职能更好融合发展也为检察机关更准确高效识别虚假诉讼提供了前所未有的新契机。因此，本文从刑民的差异分析来对虚假诉讼行为进行论证，以期总结出最符合民事检察监督需要的要件特征。

一、虚假诉讼的法源考证

（一）诚实信用原则下的失范行为

在近现代，人们所主张的民事诉讼诚实信用原则，直接源于民法中诚实信用原则的确立和适用。1804 年《法国民法典》、1900 年《德国民法典》、1912 年《瑞士民法典》、1947 年《日本民法典》都相继规定了诚实信用原则。尤其是《瑞士民法典》①将诚实信用从法国、德国债法中的权利义务领域推广适用于一般权利义务领域，这就很自然地影响了民事诉讼法领域对这一原则的适用，既不仅包含一般实体权利义务，也应包含诉讼权利义务。随着诚实信用原则从私法领域逐渐扩展至公法领域，人们慢慢认识到不仅民事诉讼中的当事人之间，在法院与当事人之间也应该适用诚实信用原则。②基于以上认识，许多国家相继在民事诉讼法中规定了最能体现诚实信用原则的真实陈述义务，其中尤以《德国民事诉讼法》《日本民事诉讼法》作为大陆法系的代表影响最大。具体而言可归类为以下几种情形：当事人真实陈述的义务；促进诉讼的义务；禁止以欺骗方法形成不正当诉讼状态；禁反言（日本将其扩充为禁止矛盾行为）；诉讼上权能的滥用；诉讼上权能的丧失。③在英美法系，真正能与诚实信用原则相匹配的是《美国联邦民事诉讼规则》第 11 条 "诉讼文书签名条款"，以律师签署的诉答状和动议为载体，专门针对律师在

---

① 《瑞士民法典》第 2 条（1）规定，任何人都必须诚实信用地行使权利并履行义务。
② 参见张卫平：《民事诉讼中的诚实信用原则》，载《法律科学》2012 年第 6 期。
③ 参见张卫平、李浩：《新民事诉讼法原理与适用》，人民法院出版社 2012 年版，第 33—36 页。

诉讼中违反诚信的行为进行规制。在英国法中，1998年民事诉讼法以促进诉讼和降低成本为目标，在诉前和解（议定书）、文书诉答、证据开示等多个程序环节中对当事人行为进行了强力规制，并在诉讼推进和制裁拖延方面不惜颠覆当事人主义传统而赋予法官巨大的程序控制权和裁量权，[①] 这些都是通过具体的程序规则来保障当事人正当权利的行使，并不能概括为具有统率性的法律原则。

我国诚实信用原则的确立是伴随着20世纪90年代当事人主义的逐步强化而出现的。一方面，经济体制的快速转型与社会利益格局的变化使得大量的民间纠纷进入司法领域，利益趋向性助推当事人为谋求裁判利益而极尽各种手段，法院案多人少的审判压力又为其提供了滋生空间，司法程序成为被欺骗的工具。另一方面，司法改革加剧了"谁主张谁举证"的举证责任，当事人积极滥用诉讼权利与法官发现真实的消极退让，也使得审判沦为诉讼的"竞技场"，出现了大量诉讼"技巧"的角力，妨碍了实质公正的实现。随着这种现象日益严重，2001年最高人民法院在《关于民事诉讼证据的若干规定》中最先明确了诚实信用原则，以规制司法实践中的诉讼欺诈、恶意诉讼等行为。2012年《民事诉讼法》在第13条增加了第1款"民事诉讼应当遵循诚实信用原则"，正式确立了诚实信用在我国民事诉讼法中的基本原则地位。

（二）恶意诉讼中的重点制裁对象

在民事诉讼领域，利用合法的诉讼程序以不正当的诉讼手段获得不正当的诉讼利益历来视作对司法程序的极大破坏，这种现象在学界被概括为不同定义，如"恶意诉讼""诉讼欺诈""诉讼诈骗""虚假诉讼"等。虽不同定义各有侧重，但基本都集中体现了当事人主观的故意性、行为的违法性与后果的损益性这三个要素。其中，笔者认为，以"恶意诉讼"进行上位概括最为适宜，一是在主体数量方面恶意诉讼不限于当事人双方，既能涵盖诉讼当事人也能包容诉讼参与人，适用对象更加全面；二是在主观恶性方面最能直接体现该类行为的非法目的，不以侵害的具体对象而限定适用范围；三是

---

① 参见傅郁林：《论民事诉讼当事人的诚信义务》，载《法治现代化研究》2017年第6期。

鲜明地体现了利用诉讼程序与不法诉讼行为之间直接的因果联系，对于何为"诉讼"能够予以最大化的解释。既可发生于诉讼程序的启动之时也可发生于诉讼程序的进行之中，既能代表诉权的虚构也能代表诉讼行为的不法行使，具有最丰富的程序内容，因此在民事诉讼中应当属于最广泛的存在。

在此项下，虚假诉讼就应被理解为恶意诉讼的下位概念，是恶意诉讼中一种程度更深、危害更甚的行为，二者属于包容关系。虚假诉讼的手段更具隐蔽性和欺骗性，更多地表现为双方以虚假的对抗将法官沦为诉讼工具，在损益的同时更加追求自身非法利益的实现，因而法律对其制裁力度更大，直至上升到刑事层面。由此可见，虚假诉讼作为一种特殊的恶意诉讼现象，是在符合恶意诉讼一般要素的基础上又具备了一些特征要素而被认定。这些要素并非一成不变，随着法治观念、立法技术、司法实践等条件的变化，虚假诉讼的特征要素也会在恶意诉讼的一般要素中发生改变，如传统的民事虚假诉讼以双方恶意串通为要件，而刑事虚假诉讼罪也纳入了单方行为等，均出于对虚假诉讼行为的社会法学解释。

（三）我国立法沿革

针对实践中的虚假诉讼现象，2002年10月24日最高人民检察院法律政策研究室向山东省人民检察院发出《关于通过伪造证据骗取法院民事裁判占有他人财物的行为如何适用法律问题的答复》，专门指出虚假诉讼所侵害的主要是人民法院的审判活动，可以由人民法院依照民事诉讼法的有关规定作出处理，不宜以诈骗罪追究行为人的刑事责任。最高人民法院研究室在对黑龙江省高级人民法院《关于伪造证据通过诉讼获取他人财物的行为如何适用法律问题的批复》（法研〔2006〕73号）中也明确了此条答复意见对法院此后发生的有关案件时可参酌适用。① 上述意见被认为是我国最早对虚假诉讼进行规制的法律解释，虽然明确了对该种行为应当依照民事诉讼规定而不宜作犯罪论处，但实践中地方法院一般仍倾向以诈骗罪认定，缺乏对虚假诉讼的统一规范，导致司法裁判的不统一。

随着诚实信用原则正式被写入民事诉讼法，2012年修订的《民事诉讼法》在"妨害民事诉讼的强制措施"一章中首先增设两条，明确对于双方当事人

---

① 参见王志亮：《虚假诉讼行为入罪初探》，载《东方法学》2016年第4期。

恶意串通，通过诉讼、调解等方式侵害他人合法权益的诉讼行为进行民事处罚。第 112 条、第 113 条的规定基本构建了民事虚假诉讼的大致轮廓，同时将民事处罚与刑事追究相衔接，为刑法规制虚假诉讼行为奠定了基础。随后，最高人民法院于 2013 年 6 月发布的《关于房地产调控政策下人民法院严格审查各类虚假诉讼的紧急通知》、2015 年 8 月发布的《关于审理民间借贷案件适用法律若干问题的规定》在审判实践的积累上以概括加列举的形式规定了虚假诉讼在具体领域的表现形式，强化了虚假诉讼打击的针对性，进一步总结了行为的典型特征。① 2016 年 6 月 20 日，最高人民法院发布了具有审判指引作用的《关于防范和制裁虚假诉讼的指导意见》(以下简称《意见》)，明确列举了虚假诉讼的构成要素、审查重点、处理方式等，完善了民事虚假诉讼的认定标准，提出从非法目的、恶意串通、虚构事实、借用程序、损害法益五个方面综合判断。其中又明确将审判、调解、执行程序中的虚假诉讼纳入规制范围，扩大了以往对于该行为发生程序的认识，体现了制裁的全面性与彻底性。

在刑事法律领域，2015 年 11 月 1 日起施行的《刑法修正案（九）》正式增设了"虚假诉讼罪"，从刑法意义上对虚假诉讼进行了定义，即"以捏造的事实提起民事诉讼，妨害司法秩序或者严重侵害他人合法权益的行为"。由于实践中越来越多的虚假诉讼进入司法视野，形式更为多样、手段更加丰富，单纯的文义解释已经无法满足司法审判的需要，加之检法两家就某些问题又争议不断，裁判尺度难以统一。因此，2018 年 10 月最高人民法院、最高人民检察院联合发布了《关于办理虚假诉讼刑事案件适用法律若干问题的解释》(以下简称《解释》)，详细规定了虚假诉讼的定罪要件、表现形式、处罚方式等内容，确立了我国刑事打击虚假诉讼的完整规范体系。该罪以侵害双重法益为结果，以主观故意为目的，通过捏造事实和提起诉讼来谋取非法利益，应当接受相应的刑事制裁。较之民事虚假诉讼的规定，虚假诉讼罪未限定必须双方恶意串通，同时更加侧重于司法秩序的维护，扩大了打击的主体范围，将一些诉讼参与人也包括进去，此外划分了不同手段行为的刑罚罪名体系而不是简单地做整体评价，充分贯彻罪责刑相一致的刑法理念。虚假诉讼的入罪有效地解决了民事惩戒力度不够的问题，也消除了实务中检法

---

① 参见王志亮：《虚假诉讼行为入罪初探》，载《东方法学》2016 年第 4 期。

定性认识的分歧,有利于司法公信力的整体提升。

二、虚假诉讼范围界定的差异分析

对比两大部门法规定,民事诉讼中以双方"借用合法的民事程序"为限定,刑法罪名中以"提起民事诉讼"为定义,不同的表述存在各自的内涵解释,同时在各自领域中又存在不同的争议重点,这种认定上的差异也就造成了刑民各自层面上对虚假诉讼范围的不同理解。

(一)民事虚假诉讼的发生领域

按照民事诉讼法和司法解释确立的规范体系,民事虚假诉讼的构成需同时满足"当事人双方恶意串通""侵害他人合法权益""利用民事程序"等要件。其中,对于"民事程序"应当作广义理解,不仅包含诉讼程序、还包括非诉程序及执行程序,诉讼程序包括一审程序、二审程序、审判监督程序,非诉程序包括宣告失踪、死亡、认定公民无民事行为能力、限制民事行为能力、认定财产无主、确认调解协议、实现担保物权、督促程序、公示催告程序。[①]从目前实务中虚假诉讼多发的领域来看,除常见的审判程序外,调解、执行以及非诉程序都有虚假诉讼案件涌现,其中主要集中在涉财产权利的民商事诉讼中。有实务工作者在对此类案件调研后,总结出虚假诉讼的分布程序以起诉阶段、调解及庭内和解程序、司法确认程序、公告送达及缺席审判程序、督促程序、执行程序最为突出。[②]既包括当事人在程序启动时实施虚构诉讼主体、冒名顶替、伪造授权等行为,也包括在程序进行中捏造案件事实、隐瞒事实真相、虚构法律关系等行为,甚至常常以在不同程序中同时实施各种行为来增加司法识别难度,达到干扰司法作出裁判的目的。可见民事虚假诉讼已经渗透到诉讼案件办理的各个环节,这与我国立案登记制改革法院降低立案门槛,以及当事人借助各种手段虚构诉讼要件的能力增强等都有密切关系。

---

① 参见靳建丽:《虚假诉讼范围之界定——从立法与现实、民事与刑事的冲突谈起》,载《法律适用》2020年第8期。

② 参见鲁为、张钢成等:《促进诚信诉讼,维护司法权威——北京市海淀区法院关于防范与规制虚假诉讼的调研报告》,载《人民法院报》2012年12月27日,第8版。

目前，对于民事程序的以上理解已基本达成共识，但是尚有一些程序或阶段中的行为可否被认定为虚假诉讼存在争议。比如，单方恶意提起诉讼或者应诉，由于不符合一般认识中的双方恶意串通要件，故在此基础上提起或参与诉讼是否属于虚假诉讼；又如，冒名诉讼包括冒名起诉或者应诉，原被告并不具有诉讼主体身份而启动或者参与了诉讼程序，是否可被认定为虚假诉讼。再如，发生在民商事仲裁、劳动仲裁、公证程序中的行为能否被认定为虚假诉讼，涉及对于仲裁、公证程序性质的不同理解，能否将民事程序做扩大化解释到以上程序或者说将当事人的处分权做扩大化限制，都值得进一步探究。

（二）刑事虚假诉讼罪的定罪要件

刑法视野下的虚假诉讼罪，需要行为人符合"以捏造的事实提起民事诉讼"这一客观要件，其中对于何为"提起民事诉讼"。深言之，既可以是请求法院确认某种法律关系或者法律事实，也可以是请求对方当事人履行给付义务，还可以是请求变更或者消灭一定的民事法律关系，因此民事诉讼活动由行为人引起是这一要件的主要特征。[①] 在此，刑法中的虚假诉讼罪也认同民事诉讼法中关于诉讼程序的范围，还进一步解释了如果行为人利用虚假的事实提起仲裁、公证，导致仲裁、公证机构作出了错误的仲裁裁决书、公证文书后，凭此错误的仲裁裁决书、公证文书向法院申请强制执行的，仍属于"以捏造的事实提起民事诉讼的"。所以，《刑法》第307条所惩罚的正是不应当提起诉讼而提起的行为，由此引发了法院受理、审前准备、审理、执行等一系列程序的开展，首先干扰了正常的司法活动，浪费了大量的司法资源。区别于民事诉讼法的规定，刑法也同时规定了虚假诉讼罪的单方恶意行为，明确了单方采取伪造证据、虚假陈述等手段，捏造法律关系提起诉讼的可以此罪论处，通过将规制重点放在"捏造事实"这一行为，更加突出了虚假诉讼的打击目标，主要是为了保护正常的司法秩序。

显然，刑法关于虚假诉讼的认识更进一步，出于刑事惩罚的严厉性对行为人的权益影响最为巨大，因此在对"提起诉讼"的要件元素上研究更加精细，如在审判程序中是否包括反诉、上诉、第三人参加之诉、刑事附带民事

---

① 参见张明楷：《虚假诉讼罪的基本问题》，载《法学》2017年第1期。

诉讼等,在诉权行使上当事人变更或者追加诉讼请求、起诉后又主动撤诉等是否可被认定为"提起诉讼",在诉讼手段的运用上以实际争议起诉后又提供虚假的证据或部分篡改、隐瞒证据,立案后又被法官识破将材料退回或不予立案甚至驳回诉讼请求等,能否认定构成虚假诉讼罪,都是刑法学界颇为关注的问题。

(三)民刑规范中的关系辨析

由上可见,基于不同的部门法规范要义,如何科学理解虚假诉讼中的程序性要素需要结合理论与实践的发展,通过建立不同等级的法律惩戒体系来实现最佳的治理效果。虚假诉讼的根源是在没有民事争议的情况下,双方串通编造民事争议事实,虚拟诉权,双方行使并不存在的诉权,致使法院行使审判权。因此,在当事人基于不法目的以各种手段行使诉权进而影响法院审判权的过程中,都会出现虚假诉讼行为,这种范围上的认定应当是主要围绕虚假诉讼对于司法秩序与裁判权威显著的影响而作出的。如果双方进入诉讼后一方当事人伪造了影响案件事实认定的主要证据,或者对此作出虚假陈述足以影响法官心证时,哪怕双方的法律关系真实或者存在真正的争议,但是完全左右了裁判结果,也应当作为虚假诉讼予以处理。由此可见,对于在何阶段发生的行为能够认定为虚假诉讼应当立足于对民事诉讼目的的衡量,其中的首要目的应是维护法律秩序,其次是权利保护和纠纷解决。[①]虚假诉讼入刑,则是对其的最高惩治措施。

基于以上考量,民事诉讼上对虚假诉讼的规制,应当尽量扩大范围,即在能够影响司法审判的所有环节都应进行防范和制裁。在防范层面上,应当加大识别界域,如之前所述的民事程序,还应当包括仲裁、公证等具有一定司法权能的其他程序。事实上,目前理论上已有部分学者认可的同时,实践中也有一些尝试,可以先行先试在实践中进一步检验。在制裁层面,法院可以采取妨碍民事诉讼的强制措施,可以依审判监督权再审后撤销、改判等,当事人可以提起第三人撤销之诉、执行异议之诉等,还可以向检察机关申请监督或由检察机关主动监督提出再审检察建议、抗诉或者发出检察建议等。

[①] 参见洪冬英:《论虚假诉讼的厘定与规制——兼谈规制虚假诉讼的刑民事程序协调》,载《法学》2016年第11期。

现有法律规范已经建立比较完备的制裁体系，也为适度扩大虚假诉讼发生的程序范围提供了条件，能够根据不同的程序属性采取多元手段进行制裁。在刑法制裁领域，应当严格遵照罪刑法定原则评价构成虚假诉讼罪的行为要件——何为"提起民事诉讼"，采限制性解释以便体现刑法最终救济的功能。对于有争议的一些程序或行为不宜作为定罪标准，而留待民事制裁手段予以规制，以避免过度扩大刑事打击面积。当然，这不是说对于案件的处理要实行先民后刑，而是从虚假诉讼可以发生的领域或阶段来看，有必要对虚假诉讼罪的实行行为进行严格解释。

三、特殊程序中的民事虚假诉讼认定

笔者认为，厘清虚假诉讼可发生的领域是为了更好地实现防范与制裁的法治效果，正如霍姆斯的一句名言"法律的生命不在于逻辑而在于经验"，而经验则源于实践，是随着实践的不断发展需要而形成的。在当前我国虚假诉讼频发、防治难度加大的情形下，有必要适当扩展对民事虚假诉讼的程序解读，以解决实践中出现的一些问题。

（一）当事人应诉

民事诉讼以辩论原则和处分权原则为基本，形成了两造对立、法院居中裁判的"对抗—判定"模式，"诉"的成立需要有双方当事人的存在。虚假诉讼以双方串通提起诉讼为常态，虚假诉讼罪也肯定了单方恶意提起诉讼的行为，但是对于被动应诉方是否也存在虚假诉讼行为，应当视不同情况分别讨论。

1. 反诉

在诉讼程序中，如果本诉的原告起诉后，被告又以本诉的原告作为被告提起相关诉讼，在此期间以捏造的事实或证据进行主张，笔者认为也可构成虚假诉讼。虽然反诉与本诉在诉讼标的、诉讼请求或者案件事实上存在牵连关系，但因其具备诉的构成，具有独立性，本诉的程序变化并不会影响反诉的进行，所以相当于一个新的诉讼，一旦反诉的原告进行虚假诉讼，当然可对其进行规制。

2. 冒名应诉

此情况下被冒名的被告和原告之间不存在真实的民事纠纷，而冒名应诉的行为人与原告之间存在真实的民事纠纷，冒名应诉的行为人出于非法目的，隐瞒真实情况，阻碍被告行使辩论权，该案的裁判结果对被告不应具有约束力，所作出的生效法律文书应当撤销，而由原告起诉冒名应诉的行为人予以解决。① 如某水泥厂与甲公司买卖合同纠纷案中，王某伪造公司印章、法定代表人印章，于2010年3月成立甲公司北京分公司，承揽工程项目，因拖欠水泥厂货款80万元发生诉讼。水泥厂只起诉了甲公司，提供王某的联系方式作为甲公司的送达地址，王某签收起诉状、传票等法律文书，并使用伪造的甲公司印章、法定代表人印章委托律师参加诉讼，双方达成调解协议，后某水泥厂申请强制执行，获得案款100余万元。②

3. 追加当事人

在共同诉讼中，由于普通共同诉讼之间属于独立的诉讼，各共同诉讼人不受其他共同诉讼人的影响，所以按照处理一般的虚假诉讼案件对待即可。在必要共同诉讼中，因为诉讼标的是共同的，如果原告方起诉数人，则法院必须采取共同诉讼的形态追加当事人参加诉讼。此时，被追加的一方如果伪造证据损害其他诉讼人的利益，就可构成虚假诉讼。如甲公司起诉乙公司、丙公司、丁公司买卖合同纠纷，乙公司与丙公司签订了买卖协议，由甲公司、丁公司承担连带保证责任。乙公司提供货物后，丙公司逾期未付货款，甲公司、丁公司亦未履行保证责任，起诉后追加甲公司、丁公司作为当事人，后达成调解由丙公司履行还款义务，同时甲公司与丁公司承担连带清偿责任。后经法院调查，乙公司并未与甲公司签订过连带责任保证书，而是由甲公司的代理人私自伪造《授权委托书》《连带责任保证书》完成了调解，因此乙公司与甲公司之间并不存在真实的连带保证关系，该调解书通过再审予以撤销。③

---

① 参见王志彬、赵全芬：《单方恶意型民事虚假诉讼的认定和审查重点》，载《新时代民事检察的理论与实践——第十五届国家高级检察官论坛论文集》，中国检察出版社2019年版，第440页。

② 参见（2012）平民初字第3068号民事调解书。

③ 参见（2014）海民（商）初字第18904号民事调解书。

（二）第三人参加之诉

除了原审的原告方和被告方，第三人也可以参与到民事诉讼中来，我国民事诉讼法依据第三人对争议的诉讼标的是否具有独立请求权，将第三人分为有独立请求权的第三人和无独立请求权的第三人。实践中，有独立请求权的第三人常常会成为虚假诉讼的受害人，在原被告互相串通进行诉讼的时候，由于并不知情而使自己的财产权益遭受损失，故而我国设立了第三人撤销之诉，允许第三人对损害其合法权益的裁判提起撤销之诉，赋予了其权利救济的机会。同时，在有独立请求权的第三人参加之诉中，本诉原告、被告与有独立请求权的第三人会形成"三足鼎立"之势，其中任何两方当事人均有可能结成同盟，也会出现侵害第三方利益的情况。同理，如果是无独立请求权的第三人参加诉讼，此时本诉的原告和被告会通过串通，"陷害"无独立请求权的第三人，使法院判决其承担法律责任。① 可见，在这种三方构造中，由于彼此之间都不具有共同的诉的利益，因此任意两方的通谋都有可能产生损害第三方利益的后果，只是第三人的身份会在施害方和受害方之间来回切换而已。

（三）仲裁与公证

1. 仲裁

对于虚假诉讼能否存在于仲裁程序中，我国刑法学界大多数观点认为此罪不应包含仲裁程序，主要原因：一是民事诉讼法与仲裁法分别规定了两种处理经济纠纷的方式，仲裁本身并不能等同于民事诉讼；二是刑法在徇私枉法罪和民事、行政枉法裁判罪之后，增设了枉法仲裁罪，正好说明仲裁不属于司法活动；三是依据罪刑法定原则刑法规定的"提起民事诉讼"并不能涵盖"申请仲裁"。②

笔者认为，这种观点对于认定虚假诉讼罪而言并无不妥，但对于在民事制裁层面考虑仲裁程序中是否存在虚假诉讼行为，还有待商榷。首先，仲裁程序一裁终局的制度，确实赋予了仲裁机构事实上的司法权。其次，仲裁裁

---

① 参见田海鑫:《论民事虚假诉讼的类型化体现及规制——基于北京市司法实践的考察》，载《法律适用》2018年第23期。

② 参见张明楷:《虚假诉讼罪的基本问题》，载《法学》2017年第1期。

决的履行以国家强制力作为保障，如果一方不履行对方可据此向法院申请执行。最后，根据民事诉讼法解释和证据规定，生效仲裁裁决所确认的事实推定具有免证效力，除非有相反的证据足以反驳。①可见，仲裁程序无论是从审判程序上、事实认定上还是从执行依据上对于法院都具有强约束力，一旦发生仲裁双方恶意串通以捏造的事实或证据误导裁决从而影响审判事实认定的情况，都会造成实质上的权益损害。何况现实中，确实会出现当事人合谋利用虚假仲裁侵犯他人合法权益，取得仲裁裁决后，自动履行仲裁裁决，无须进入执行程序，或者利用虚假仲裁裁决的既判力直接影响后诉法院的判决，而案外人又无法通过向仲裁机构或法院申请撤销仲裁裁决等救济手段来保护自己的合法权益。因此，民事虚假诉讼同样会发生在仲裁程序中，需要通过设计合理的手段予以规制。如最高人民检察院第十四批指导性案例"福建王某兴等人劳动仲裁执行虚假诉讼监督案"中，检察机关发现虚假仲裁后向劳动争议仲裁委员会发出检察建议书，建议撤销该案仲裁调解书的这种做法不失为一种良好的借鉴。

2. 公证

公证是公证机构根据自然人、法人或者其他组织的申请，依照法定程序对民事法律行为、有法律意义的事实和文书的真实性、合法性予以证明的活动。②民事诉讼法和公证法都明确了在民事诉讼中，人民法院应当将经公证的法律行为、法律事实和文书作为认定事实的依据。公证证明的效力同仲裁裁决的事实效力一样，都为我国民事诉讼证据中免证的事实，甚至已为有效公证文书所证明的事实效力更高，因为对于公证证明需要有相反证据足以推翻方可免责，而仲裁裁决事实仅需相反证据足以反驳即可。这种高度的证明力正是基于公证证明过程的正当性，包括在法定的证明机构中——公证机构，职业的公证员严格遵守公证程序，对公证事项的真实性和合法性进行证明，并受相应的法律责任制约。③法律甚至赋予了公证程序可对债权文书赋予强制执行效力，从而免除司法审查而直接启动法院执行，这种绝对信任的

---

① 参见马贤兴：《虚假诉讼与虚假仲裁的治理路径》，载《人民检察》2018年第3期。

② 参见《中华人民共和国公证法》第2条。

③ 参见张卫平：《公证证明效力研究》，载《法学研究》2011年第1期。

证明力既能够实现快速解决纠纷、便捷经济交往的程序目的，但同时也易为不法双方创造褫夺权益的"法外空间"，利用公证程序调查权能有限、实质化审查乏力、机构衔接不畅等自身弱点，获取虚假的公证文书或进行虚假的公证证明。

近年来，大量出现的利用公证债权文书制造房贷、车贷、P2P网贷骗局甚至"套路贷"案件，就是典型的以双方虚构证明材料、身份关系、借贷事实等公证事项来骗取公证文书，从而影响法院司法审判结果或者直接启动强制执行，严重损害了其他主体的合法权益以及法院司法活动的公正性。这种行为的危害性绝不亚于在一般民事诉讼程序中实施虚假诉讼的情况，同时还损害了公证程序的公信力，更应予以严厉打击。如王某为借高利贷，与他人通谋伪造房产证将其父房屋过户，从而以此作为抵押担保签订借款抵押合同。在对该合同进行赋予强制执行效力的公证时，向公证员隐瞒了房屋的真实产权情况和实际借贷资金数额，从而骗取了公证债权文书，进而启动了法院执行并查封了房屋，造成了实际权利人的房产损失。经查，王某正是落入了"套路贷"的圈套，为了牟取私利反而成为不法分子的"帮凶"，与其一同实施了虚假公证行为。针对此种行为，检察机关以虚假公证入手监督其撤销了公证债权文书，又以执行依据已撤销为由监督法院终结了执行程序，实现了虚假公证与虚假执行的彻底性制裁，可以作为今后惩治虚假公证的一种有益探索。

单方虚假诉讼与民事检察监督依职权启动探索

彭 曦 沙孝能*

摘 要：检察语境中的虚假诉讼可分为双方虚假诉讼和单方虚假诉讼。民事检察权介入后者要充分尊重当事人的救济意愿，有限度地追求实体公正。依申请是启动检察监督主要但非唯一途径。对于未用尽程序者，其申请虽不被受理却仍可作为案件线索，在一定程度上实现向检察机关依职权发现的转化。检察机关依职权履行民事检察职能必须符合严格的适用条件并且进行必要的综合评判。

关键词：虚假诉讼 民事检察 意思自治 依职权发现

民事诉讼旨在保障私权利，维护法秩序，从而定分止争，维持社会稳定。然而，虚假诉讼则与之背道而驰——行为人通过捏造事实，虚构诉权，利用司法机关民事审判权侵害他人合法权益，无事生讼，败法乱序，滋扰原本平和的社会关系。为此，法律赋予权益受损者寻求司法救济和申请检察监督的权利。

从民事检察权的运行来看，原则上以当事人穷尽法院内部救济程序为前提，按照"申请、受理、审查、决定"之顺序开展监督，体现了权力行使的"被动性"或称"受动性"。本文主要通过观察单方虚假诉讼的常见形态及权利救济模式，重点研究民事检察监督的依职权启动。

---

* 彭曦，同济大学法学院硕士研究生；沙孝能，上海市嘉定区人民检察院检察官。

一、概念使用：检察监督中的虚假诉讼

虚假诉讼，这一来源于司法实务的现象总结性概念，经过理论探索和立法实践，其内涵和外延渐次明晰和确定。

虚假诉讼的定义要素常与"恶意串通"难分纠葛。《民事诉讼法》第115条和第116条①以及最高人民法院《关于防范和制裁虚假诉讼的指导意见》（以下简称《指导意见》）②均将其作为虚假诉讼的构成要件。但是，《刑法》第307条之一③规定的虚假诉讼罪并未在罪状中叙明"恶意串通"之要件。其后公布的最高人民法院、最高人民检察院《关于办理虚假诉讼刑事案件适用法律若干问题的解释》（以下简称《虚假诉讼刑事案件解释》）第1条④亦仅将"恶意串通"作为行为方式之一，而非必备要素。

学界以当事人是否串通为主要区别，将虚假诉讼与恶意诉讼作为并列概念加以使用。⑤也有学者将恶意诉讼作为一般概念使用，认为"恶意串通"

---

① 《民事诉讼法》第112条规定，"当事人之间恶意串通，企图通过诉讼、调解等方式侵害他人合法权益的，人民法院应当驳回其请求，并根据情节轻重予以罚款、拘留；构成犯罪的，依法追究刑事责任"。《民事诉讼法》第113条规定，"被执行人与他人恶意串通，通过诉讼、仲裁、调解等方式逃避履行法律文书确定的义务的，人民法院应当根据情节轻重予以罚款、拘留；构成犯罪的，依法追究刑事责任"。

② 《指导意见》指出，"虚假诉讼一般包含以下要素：（1）以规避法律、法规或国家政策谋取非法利益为目的；（2）双方当事人存在恶意串通；（3）虚构事实；（4）借用合法的民事程序；（5）侵害国家利益、社会公共利益或者案外人的合法权益"。

③ 《刑法》第307条之一规定，"以捏造的事实提起民事诉讼，妨害司法秩序或者严重侵害他人合法权益的，处三年以下有期徒刑、拘役或者管制，并处或者单处罚金；情节严重的，处三年以上七年以下有期徒刑，并处罚金……"

④ 《虚假诉讼刑事案件解释》第1条规定，"采取伪造证据、虚假陈述等手段，实施下列行为之一，捏造民事法律关系，虚构民事纠纷，向人民法院提起民事诉讼的，应当认定为刑法第三百零七条之一第一款规定的'以捏造的事实提起民事诉讼'：（一）与夫妻一方恶意串通，捏造夫妻共同债务的；（二）与他人恶意串通，捏造债权债务关系和以物抵债协议的；（三）与公司、企业的法定代表人、董事、监事、经理或者其他管理人员恶意串通，捏造公司、企业债务或者担保义务的；（四）捏造知识产权侵权关系或者不正当竞争关系的；（五）在破产案件审理过程中申报捏造的债权的；（六）与被执行人恶意串通，捏造债权或者对查封、扣押、冻结财产的优先权、担保物权的；（七）单方或者与他人恶意串通，捏造身份、合同、侵权、继承等民事法律关系的其他行为……"

⑤ 参见张卫平：《中国第三人撤销之诉的制度构成与适用》，载《中外法学》2013年第1期。

的作用是区别虚假诉讼和诉讼诈骗。① 还有学者将虚假诉讼作狭义和广义之分,即"狭义的虚假诉讼是指当事人之间恶意串通,企图通过诉讼、调解等方式侵害他人合法权益的行为。广义上的虚假诉讼还包括单方伪造证据,故意将被告拖入诉讼等情形"。② 该观点同刑法学者关于虚假诉讼罪的构成要件分析不谋而合——"行为人在提起民事诉讼时,是否与审理案件的法官共谋,是否与对方当事人恶意串通,则不影响本罪的成立。这是因为,不管行为人是否与法官通谋,是否与对方当事人串通,以捏造的事实提起民事诉讼的行为,都必然妨害司法秩序"。③

就检察机关办案实践而言,前后统一地融贯于民事检察部门和刑事检察部门间的虚假诉讼概念更有助于案件查办和问题探讨。事实上,在民事检察系统内已经基本形成了将虚假诉讼作为数类诉讼行为统称的共识,④ 而刑事检察部门在办理具体案件时亦持类似观点。⑤ 故而将虚假诉讼作为上位概念,既符合当前立法实际,也能在办案主体间或者至少在检察机关内部构筑共通的话语体系。质言之,对虚假诉讼的检察监督,无论从民事检察的角度,还是以刑事检察为视角,双方串通型与单方捏造型都属于虚假诉讼的子概念。二者均以虚构诉权提起诉讼为核心要素。双方虚假诉讼强调两方当事人恶意通谋进而侵害他人合法权益,与之不同的是,单方虚假诉讼则表现为一方捏造事实继而侵害对方当事人合法权益。

双方虚假诉讼从其行为特点而言,当事人间的对抗存在虚伪性且攻守同

---

① 参见卢建平、任江海:《虚假诉讼的定罪问题探究——以 2012 年〈民事诉讼法〉修正案为视角》,载《政治与法律》2012 年第 11 期。

② 张艳:《虚假诉讼类型化研究与现行法规定之检讨——以法院裁判的案件为中心》,载《政治与法律》2016 年第 7 期。

③ 张明楷:《虚假诉讼罪的基本问题》,载《法学》2017 年第 1 期。

④ 参见肖晓峰:《坚持问题导向 推动民行检察理论研究——中国检察学研究会民事行政检察专业委员会第五届年会观点综述》,载《人民检察》2016 年第 14 期;曹桂芬、陈建强、杨宽:《坚持改革引领深化民行检察理论研究——中国检察学研究会民事行政检察专业委员会第六届年会观点综述》,载《人民检察》2017 年第 12 期;曹桂芬、陈建强、肖晓峰:《以理念变更引领民事行政检察工作创新发展——中国法学会检察学研究会民事行政检察专业委员会第七届年会观点综述》,载《人民检察》2018 年第 18 期。

⑤ 参见林胜超、张章、叶晓莲:《单方侵害型虚假诉讼案的司法认定》,载《中国检察官》2017 年第 6 期;韩学强:《交通事故保险理赔领域虚假诉讼案件的查办》,载《中国检察官》2018 年第 8 期。

盟的订立使得不法行为具有隐蔽性。这便导致了检察办案中普遍存在的"三难"问题，即"发现难""查证难""追责难"。①但至少包括"发现难"在内的上述难题，或多或少是在检察机关尝试主动出击时显现的，其症结实则是检察机关欲突破传统民事检察权的运转机理，意图付诸调整千变万化的社会生活实践。若暂悬民事检察主动打击双方虚假诉讼这一命题，从检察权的谦抑性出发，权益受损者的救济途径在法律上并无障碍。从制度设计上看，案外人申请再审、执行异议之诉与第三人撤销之诉可在不同阶段起到并存互补和协调衔接的作用。②权益受损者可根据实际情况，选择援引相应的程序规范，引发已架构得相对完整的法院自我纠错机制，待"程序用尽"之后仍可依法申请检察监督，以求达到维护合法权益之目的。

单方虚假诉讼若纯粹从理论上推演，其庭审对抗应当格外激烈且因卷入虚构纠纷的另一方为案件当事人，故诉讼的虚假性应是昭然若揭的。如此，单方虚假诉讼的制裁风险将远大于预期收益，行为人选择实施该行为在大概率上将会徒劳无功且易于得不偿失。可是，精于此道者在起诉时，常常还利用了民事诉讼中的公告送达与缺席审判制度，借此消解对抗性和增强隐蔽性，随后在法庭之上抛出伪造的证据，"公然"自导自演虚假诉讼——这也是司法实践中较为多见的单方虚假诉讼形态。职是之故，另一方当事人极有可能对权益受损之情况是"后知后觉"乃至是"不知不觉"的，其向法院申请再审也很可能因期间经过或举证困难等状况而变得阻碍重重。对此，检察机关应否启动以及如何启动监督程序，是民事检察在规制单方虚假诉讼时不得不直面的疑问。

二、法理探析：私权自治内的有限干预

单方虚假诉讼中的权益受损者具有当事人诉讼地位，这与双方虚假诉讼中的权益受损者有着显著差别，其在诉讼中的主体作用决定了权利救济模式

---

① 参见郑新俭、吕洪涛、肖正磊、颜良伟：《民事虚假诉讼检察监督问题研究》，载《人民检察》2016年第6期。

② 参见胡军辉：《论第三人撤销之诉与周边程序的协调》，载《政治与法律》2015年第8期；罗恬漩：《论虚假诉讼受害人的救济：兼探讨第三人撤销之诉适用》，载《交大法学》2017年第2期。

的差异。在寻求司法救济不存在客观障碍的场合下，单方虚假诉讼中的权益受损者完全可依法依次通过质证抗辩、提出上诉、申请法院再审、申请检察监督的方式主张权利。这种救济路径是法律业已明确的当事人维权方法，无须作过多讨论。然而，当事人未提出相应救济请求或者无法将请求顺利归于申请再审制度之下时，其权益保障问题却是值得探讨的。

（一）意思自治与公权谦抑

民事活动将意思自治奉为圭臬，而民事纠纷生于民事活动又多以双方合意了局，故可视作是民事活动的延长步骤——民事纠纷经由何种形式解决以及具体如何解决也是在自由意志治下的当事人对程序权利和实体权利的自主行使。《民事诉讼法》将其以"处分原则"①示人，旨在彰显对当事人意思自治的充分肯定，其中自然包括其对作为诉讼权利的答辩权、上诉权、申请再审权及申请检察监督权的自行处分。与此同时，民事检察制度以监督民事诉讼为初衷和根本而设计，故而《民事诉讼法》将"检察监督"以法律原则的形式予以确立。②但是，检察监督权毕竟是公权力，其制衡的看似是审判权，实则不可避免地会对私权主体的权益产生干预作用。

对于当事人在权益受到侵害后基于某种原因不愿意维权而放弃诉讼权利的，检察机关应当秉持检察权的谦抑性，尽量避免公权力对公民私权利的过度干涉。因为每个人都是也应是自我权利最佳的判断者和维护者，所以，绝大多数"弃权者"自有他自己的利弊权衡，所作的妥协与退让具有权利处分上的正当性。剩下的极小一部分"无所谓者"似乎也不值得公权力为其劳心费力，毕竟漠视权利本身也是一种处分方式。

在整个单方虚假诉讼过程中，权益受损者要么作为诉讼的亲历者参与其中，要么在事后因司法强制力导致权利变动而得知诉讼，浑然不知者实属罕见。他们不单最清楚权益受损的情况，还是最有动力去捍卫权利的人。正是由于此类当事人未采取任何主张权益受损的行动，使检察机关几无发现虚假诉讼的可能，即便有所怀疑，也往往会因为缺少当事者提供关键性的线索而无从切入。故此，民事检察权的启动应当是在尽量尊重当事人意愿之前提

---

① 《民事诉讼法》第 13 条第 2 款规定，"当事人有权在法律规定的范围内处分自己的民事权利和诉讼权利"。

② 《民事诉讼法》第 14 条规定，"人民检察院有权对民事诉讼实行法律监督"。

下,"保持必要的克制和适度的收敛,力求以最小的权力行使成本来实现最大的社会产出效益"。① 这既由外在的民事诉讼性质所决定,亦是内在的公权力运行逻辑使然。

(二) 有错必纠与有限纠错

"实事求是,有错必纠"作为宏观路线和宣传表述无疑是正确的。然将其直接应用于民事诉讼领域,并统摄民事检察监督则不尽贴切。

从民事纠纷解决的时效性和民事法律关系追求稳定性的特质来看,针对当事人从未表达过权益受损主张的案件,检察机关原则上不应启动监督程序进行审查。否则,会使检察监督异化为"例行检查"。这无疑会耗费大量的司法资源,所取得的收效却可能是微乎其微,甚至是适得其反的。

"民事抗诉是一种非常态的纠错机制,是纠正生效的错误裁判的一种补救措施,它既要保障司法公正又要维护司法权威还要兼顾司法效益,因此,应对'有错必纠'原则进行理性的调适与衡平,树立'依法纠错'及'慎抗'理念。"② 由此,《民事诉讼法》在2012年修订时对检察监督制度进行了改造和完善,使"现代意义的民事检察监督逐渐淡化了'有错必纠'的实体干预观念,而将重心回归到检察监督维护司法公正、维护法制统一的程序制约和督促意义上来"。③ 民事检察的观念转变是符合自身发展需要和民事诉讼规律的,但是,这种转变不应走向矫枉过正而成为"有错不纠"。④ 申言之,当事人提出诉求而该诉求可能因为各种原因无法进入现行申请监督程序时,检察机关不能充耳不闻、视而不见。所以,民事检察监督立足国情,顺应民意,回应诉求要遵循"有限纠错"的理念。在司法为民的时代背景之下,此处之"限"应当是以当事人的申诉意愿为主,对错判"产生"和"维持"的过错程度以及错误本身的确定性和严重性为辅的综合考量体系。

以单方虚假诉讼为例,有寻求救济意图的当事人受限于再审时效或举证

---

① 张兴中:《民事抗诉谦抑性原则》,载《国家检察官学院学报》2010年第6期。
② 王德玲:《民事抗诉中的法理冲突与协调》,载《法学论坛》2012年第5期。
③ 路志强、高继明:《中国民事检察监督的法理思考——以评析理念变迁为基点》,载《西南政法大学学报》2013年第5期。
④ 参见邵世星:《民事诉讼检察监督的法理基础再论》,载《国家检察官学院学报》2001年第2期。

能力等缘故而不符合法律规定申请条件的，若行使权利不能的主要原因非源于本人，如对方有意隐瞒通信地址利用公告送达和缺席审判等制度致其不能实际知悉诉讼，那么，检察机关应当启动监督程序。对于当事人缺乏申诉意愿的情形，检察机关一般没有必要充当"家长"代其行使权利，但若裁判错误已明晰可见并后果严重，且还损害社会公共利益或国家利益时，检察机关才可启动监督程序。

（三）结果安定与实体公正

民事诉讼的安定性通常包括三方面含义，即程序安定、运行安定和结果安定。结果安定要求民事诉讼行为和民事诉讼程序不能无休无止地实施和进行，且要求民事纠纷经过法院作出的裁断具有终局性和确定性。应该说，结果安定是社会安定要求和法律安定价值在民事诉讼中的具体体现。① 司法裁判倘若随时可被推翻则意味着国家公权力不能消除人们请求其解决纠纷时所担忧的不确定性。如此，法律权威和司法公信便难以根植于人们心中，尤其当不确定性是源自司法机关而非当事人自己时。不过，结果安定不代表结果一成不变，而是一种非经严格法定程序不得撤销或变更的稳定性。再审的"诉权化"改造意在将申请再审权置于起诉权、异议权、上诉权等诉讼权利的延长线上，继而将民事裁判结果安定性之维持或打破的选择权基本交由当事人。② 基于此，审判机关有理由相信当事人在合理期间内未行使再审申请权，不是服判息诉就是自行放弃，因而不得出尔反尔。虽然这种相信只能说是大致的推定，却能在一定意义上反映作为司法正义的程序公正的价值，以此尽可能消解"结果不安"，树立并维护司法威信。

"司法公正是有限的正义，而不是完美的正义。之所以不能完美地满足正义的要求，有时是由于我们受到自身能力的限制，更多的是，在制度性安排下的司法公正，要求我们随时为了较大的正义而牺牲较小的正义，或基于对功利成本和其他伦理价值的考虑而主动限制对正义最大化的追求。"③ 诚如

---

① 参见邵明：《论民事诉讼安定性原理》，载《中国人民大学学报》2011年第3期。

② 参见李浩：《论民事再审程序启动的诉权化改造——兼析〈关于修改《民事诉讼法》的决定〉第49条》，载《法律科学》2012年第6期。

③ 郑成良、杨力：《以人为本与法治发展——兼论程序公正的权利表达》，载《学习与探索》2007年第4期。

此言，出于保障大多数当事人对裁判结果信任以及防止败诉方动辄以虚假诉讼为由挑战司法权威之考虑，法院依法限制和有条件地剥夺当事人的申请再审权是无可厚非的。但是，我们在一定范围内有限度地追求个案正义和实体公正，仍是可为且应为的。

单方虚假诉讼中权益受损者的诉求并非想要司法机关"把人们重新拖入业已结束的过去的纠纷，无情地摧毁他们以终局性裁判为基础所营造的生活大厦"。[1]因为对他们来说，纠纷本是虚构，司法却将其坐实；申请司法救济仅仅是为了解决"虚假纠纷"，法院却拒之门外。如此，本应由虚假诉讼行为人所担之责难不免会迁延至司法机关，使人们对司法产生"机械""专横"的疑惑。"司法的权威并不能因其终局性而自然产生，必须建立在裁判公正的基础上。没有公正就谈不上权威，脱离公正的权威是没有生命力的。"[2]安定与公正不是片面孤立、此消彼长的，而是互为表里、适度协调的。倡导绝对安定很可能会滋长不安，而谋求完满公正很可能会导致不公。

概言之，检察机关作为"虚假纠纷"之外的观察者，对评判案件性质和规制不法行为具有天然的优势，能更好地调适结果安定与实体公正间的关系。具体来说，民事检察权的启动要充分尊重私权自治，切实避免单纯探求案件外的客观真实而忽视当事人的救济意愿。在当事人难以通过诉权化的再审途径申请司法救济时，检察机关应强化程序启动前对于当事人过错程度的受理审查，有限度和有节制地进行干预。

三、法条分析：依职权模式下的检察权启动

单方虚假诉讼中的权益受损者是民事案件的一方当事人，故应依照现行再审申请制度寻求司法救济。为了构建内部纠错优先，外部监督断后的民事裁判结果监督体系，《民事诉讼法》第216条[3]确立了法院再审前置的"程序

---

[1] 郑成良、张英霞：《论司法公信力》，载《上海交通大学学报（哲学社会科学版）》2005年第5期。

[2] 穆红玉、王莉、李昊昕：《民事检察制度若干问题法理分析》，载《人民检察》2004年第11期。

[3] 《民事诉讼法》第216条规定，"有下列情形之一的，当事人可以向人民检察院申请检察建议或者抗诉：（一）人民法院驳回再审申请的；（二）人民法院逾期未对再审申请作出裁定的；（三）再审判决、裁定有明显错误的……"

用尽"模式。对符合法定申请条件的当事人,法院与检察机关按序启动相应审查程序自不待言。然则当事人逾期未向法院申请再审[①]而向检察机关申请监督,是否可以受理呢?根据立法精神[②]和法律规定[③],检察机关不予受理。但这并不代表当事人维护权益的愿望就此完全落空。

难以否认的是,长期以来及至可预见的将来,当事人申请是民事检察监督案件的主要来源。不过,民事检察监督程序的发动并非只能依当事人之申请。《民事诉讼法》第215条[④]强调了检察机关的"发现"职能。"它表明,抗诉的信息来源应不仅指当事人申请抗诉,还应包括其他渠道。"[⑤]对此,《人民检察院民事诉讼监督规则》第28条[⑥]另外列明了案外人控告、举报以及检察机关依职权发现的两种启动监督程序的途径。当事人与案外人的申诉、控告、举报大体上未超出民事主体自主行使权利的范畴,因而基本不存争议。

[①] 《民事诉讼法》第215条规定,"当事人申请再审,应当在判决、裁定发生法律效力后六个月内提出……"同时,最高人民法院《关于适用〈中华人民共和国民事诉讼法〉的解释》(以下简称《解释》)第127条规定,"民事诉讼法第五十六条第三款、第二百零五条以及本解释第三百七十四条、第三百八十四条、第四百零一条、第四百二十二条、第四百二十三条规定的六个月,民事诉讼法第二百二十三条规定的一年,为不变期间,不适用诉讼时效中止、中断、延长的规定"。

[②] 全国人大常委会法制工作委员会民法室编著:《中华人民共和国民事诉讼法解读》,中国法制出版社2012年版,第571—572页。

[③] 《人民检察院民事诉讼监督规则》(以下简称《监督规则》)第27条规定,"当事人根据《中华人民共和国民事诉讼法》第二百零九条第一款的规定向人民检察院申请监督,有下列情形之一的,人民检察院不予受理:(一)当事人未向人民法院申请再审或者申请再审超过法律规定的期限的……"

[④] 《民事诉讼法》第215条规定,"最高人民检察院对各级人民法院已经发生法律效力的判决、裁定,上级人民检察院对下级人民法院已经发生法律效力的判决、裁定,发现有本法第二百条规定情形之一的,或者发现调解书损害国家利益、社会公共利益的,应当提出抗诉。地方各级人民检察院对同级人民法院已经发生法律效力的判决、裁定,发现有本法第二百条规定情形之一的,或者发现调解书损害国家利益、社会公共利益的,可以向同级人民法院提出检察建议,并报上级人民检察院备案;也可以提请上级人民检察院向同级人民法院提出抗诉……"

[⑤] 熊跃敏:《承继与超越:新民事诉讼法检察监督制度解读》,载《国家检察官学院学报》2013年第2期。

[⑥] 《监督规则》第18条规定,"民事诉讼监督案件的来源包括:(一)当事人向人民检察院申请监督;(二)当事人以外的自然人、法人和非法人组织向人民检察院控告;(三)人民检察院在履行职责中发现"。

唯"依职权发现"案件似乎与私权领域的意思自治有所冲突。如前论及，即使认为私权已经由审判权的裁断而被赋予公权之保障，检察机关对于审判权的主动过问也有背离民事诉讼规律之虞。更何况当事人对于生效法律文书既判力的信赖，不单涉及私权主体的切身利益，还关乎审判权威和司法公信力。

检察机关依职权发现案件仍应以权益受损者的救济意愿为先导。私权利主体申请监督看似与公权力主体依职权发现存在矛盾，实则是并存不悖的。因为，当申请检察监督不符合法定条件时，申请人丧失的只是诉权意义上的申请权，而非实体意义上的救济权。换言之，申请检察监督的请求不会被受理，然检察机关却会因此获知案件信息而有权决定是否依职权启动程序。"申请检察监督和提供案件线索材料引发检察监督虽是各自独立的案件线索来源，但二者之间的形式界限却并非绝对明显，可实现在一定程度上的转换。"① 这种将私权申请救济纳入公权发现视野的转换并非穿凿附会，而是在现行制度安排下阐释法条的实践性操作。以下三问将试图进一步厘清权力运行的脉络。

（一）职权的由来

首先需要解决的问题就是检察机关依何职权发现。检察监督经常与"法律监督"如影随形，② 民事检察之职权从属于法律监督权自无可厚非。如果将法律监督作为法律实施的一部分，那么合法性必然是先决条件。"'法律监督'并不完全等同于'对法律实施的监督'。法律监督本身是一种法律行为、一项法律活动。"③ 是故，民事检察监督所依职权取决于法律的赋权，并且是赋予检察机关整体的而非检察工作人员个人的。因此，应当排除那些检察工作人员在日常社会交往中道听途说或者耳闻目睹的所谓"线索"，而应在法

---

① 胡思博：《再审型民事检察监督的法律规制评析》，载《国家检察官学院学报》2014年第4期。

② 《宪法》第134条规定，"中华人民共和国人民检察院是国家的法律监督机关"。《人民检察院组织法》第2条规定，"人民检察院是国家的法律监督机关。人民检察院通过行使检察权，追诉犯罪，维护国家安全和社会秩序，维护个人和组织的合法权益，维护国家利益和社会公共利益，保障法律正确实施，维护社会公平正义，维护国家法制统一、尊严和权威，保障中国特色社会主义建设的顺利进行"。

③ 朱孝清、张智辉主编：《检察学》，中国检察出版社2010年版，第187页。

律授权范围内，遵从权力运行的基本逻辑和应然延伸，进行"依职权发现"。

（二）职权的行使

其次需要解决的问题便是检察机关如何依职权发现。这一问题其实顺承于前一问题的思路，从不同的角度去看待检察机关如何行使职权。"实践中，除申请监督、控告、举报以外，人民检察院还可能通过办理其他案件、新闻报道、网络媒介等途径发现需要监督的案件线索。"[1]在宪法和法律的赋权范围内[2]，"办理其他案件"既包括了案件线索本身所涉具体民事检察监督案件类型以外的如执行监督、审判人员违法监督等其他民事检察案件，还包含了民事检察监督案件以外的诸如刑事检察、公益诉讼检察、监所执法检察等其他类型检察案件。

至于"新闻报道和网络媒介"的发现方式，如在上一问题中所阐明的那样，并非由检察工作人员漫无目的、随心所欲地发掘案件素材，而应特指检察机关在职权范围内回应舆论监督或者处理由上级机关、权力机关批转的舆情时知悉和掌握案件信息。此时，案件线索的源头实质上也是当事人，即当事人自身意愿主导了案件信息的传播，且在方式上符合社会主流认知。这与以救济意愿为先决的依职权发现方式在逻辑上自洽的。否则，职权的行使将带有无法消除的偶然性和不可避免的随意性，甚至成为他人规避法定救济程序，借检察机关职权之名，行伤害法律实施之实的便道。

（三）职权的限制

最后需要解决的问题则是检察机关依职权发现受何限制。即便在回应前两个问题时，思维的头绪已逐步清晰，但不容忽视的隐忧仍存于民事检察权

---

[1] 郑新俭主编：《〈人民检察院民事诉讼监督规则（试行）〉条文释义及民事诉讼监督法律文书制作》，中国检察出版社2014年版，第30页。

[2] 既包括宪法和人民检察院组织法抽象的"法律监督"赋权，亦包含相对具体的检察权赋予，如《人民检察院组织法》第20条规定，"人民检察院行使下列职权：（一）依照法律规定对有关刑事案件行使侦查权；（二）对刑事案件进行审查，批准或者决定是否逮捕犯罪嫌疑人；（三）对刑事案件进行审查，决定是否提起公诉，对决定提起公诉的案件支持公诉；（四）依照法律规定提起公益诉讼；（五）对诉讼活动实行法律监督；（六）对判决、裁定等生效法律文书的执行工作实行法律监督；（七）对监狱、看守所的执法活动实行法律监督；（八）法律规定的其他职权"。当然，还包括更为细化的具体职能授予。

的谦抑和膨胀之间的调适。根据《监督规则》第37条规定,"依职权发现"的案件包括损害国家利益或者社会公共利益、司法腐败以及需要跟进监督等情形。然而,何为"国家利益和社会公共利益",在不同的法律文本中,这两个概念所指称的对象可能不尽相同,所起到的作用亦可能有所差别。与此同时,"国家利益"和"社会公共利益"并用乃至混用的现象使得要区分二者已非易事,更遑论对其作出准确无误的解释。鉴于此,比较可行的方案为,若非有实足把握,检察机关在进行监督时能概括说明损害"两益"即可,而无须探究具体受损的利益。①

就虚假诉讼而言,无论是双方串通还是单方实施,其行为模式都是捏造事实,编造纠纷,虚构诉权。在民事诉讼领域,按照通常理解,无诉权则无诉讼。"诉权对于民事诉讼程序来讲,诉讼是民事诉讼启动、发展和终结的重要动力;诉权对于审判权来讲是审判权行使的条件,审判权是诉权行使的结果。"②基于此,虚构诉权的行为实质上是在骗取审判权的发动,因而一旦虚构的纠纷被审判机关受理为"案件",即代表审判权已经启动。虚假诉讼对于审判权的侵害自此便已开始,而随着诉讼进程的发展,这种侵蚀逐渐加剧,直至损害特定民事主体的合法权益。当然,不排除在极端情况下,这种损害会与起诉相伴相生。因此,虚假诉讼的结果并不是判断其行为性质的关键,然其行为本身值得法律对其规制。一方面,司法是国家公权力行使的重要体现,而虚假诉讼扰乱司法秩序,藐视司法权威,动摇司法公信,故足可评价为损害国家利益。另一方面,司法资源在民事诉讼中的公共属性决定了其与社会不特定公众之间无法割裂的关系,而"虚假诉讼案件挤占、浪费了宝贵的司法资源,使那些真正存在纠纷的人,为获得司法救济不得不等待更长的时间"③,故亦损害了社会公共利益。另外,正如上文所提及的那样,区别虚假诉讼是损害"两益"中的何者或者探析虚假诉讼是如何具体侵害"两益",实则是"过分"精细的作业。从不同角度观察,完全可能得出不同的结论——择一侵害或者"两益"皆损——但这并不妨碍对虚假诉讼的检察监督。

---

① 参见李浩:《民事调解书的检察监督》,载《法学研究》2014年第3期。
② 李龙:《民事诉权论纲》,载《现代法学》2003年第2期。
③ 李浩:《虚假诉讼与对调解书的检察监督》,载《法学家》2014年第6期。

综上所述，申请对民事裁判的再审仅是申请检察监督的前置程序，而检察机关依职权发现案件材料来源则不在此限。所以，两种基于不同立法意旨而在运作方式上有所重合的监督程序是并行不悖的。

（四）职权的运用

回到实践中典型的单方虚假诉讼案件中，原告基于虚构的纠纷，向法院隐瞒了被告的实际通讯地址，待法院公告送达法律文书后，利用伪造的证据和缺席审判制度，欺骗法院作出错误裁判；被告直至申请再审期间经过后方得知该诉讼，致其再审申请未被法院受理，遂转而希望检察机关提出抗诉。

依前述及，检察机关对此亦不予受理，同时，可对获悉的情况依职权进行必要的评估。需要注意的是，这时所依据的职权与通常意义上"办理其他案件"似有不符之处，但可认为，不予受理的决定是基于控告检察职能案件化办理的结果，[①]而当事人的申请已通过"决定不予受理"这一办案程序，以"案中发现"方式转化为虚假诉讼的线索材料。由此，还需要评判的是，线索材料反映的情况是否损害国家利益或者社会公共利益。尽管从理论上不能否认虚假诉讼行为的"两益"侵害性，但同样也不能否认立场角度、价值判断、功利主义等对论证结果的影响。

总而言之，检察机关试图依职权介入民事纠纷时，当事人救济意愿仍是首要考虑因素，特别是可能涉及单方虚假诉讼的案件，不能一概而论地认为损害"两益"，而应当强化诸如"两益"受损严重性、当事人过错程度等综合评价。依职权监督既要在严格的制度框架内进行线索发现，又要在多元的制度实践下衡量程序启动的必要性。

[①] 根据《监督规则》第29条至第34条之规定，控告申诉检察部门负责归口受理不服民事裁判、调解书的监督申请，如决定受理则将案件材料移送民事检察部门并通知申请人；如决定不受理，则自行答复申请人。这类似于法院立案庭的立案和不予受理职能。另《监督规则》第38条第2款规定，"依职权启动监督程序的民事诉讼监督案件，负责民事检察的部门应当由负责案件管理的部门登记受理"。可见，区别于依申请的监督案件，依职权启动监督程序案件的决定受理主体系民事检察部门。

刑民一体协同打击虚假诉讼问题探究

汪培伟　刘海璇*

摘　要： 虚假诉讼扰乱社会秩序，侵犯他人合法权益，损害司法权威，需要从民事及刑事上进行全面规范治理。目前，在虚假诉讼相关法律法规逐渐完善的基础上，公安、检察、法院均加大了对虚假诉讼的司法打击力度，也办理了一批涉虚假诉讼民事、刑事案件。下一步如能继续整合公安、检察、法院的力量，充分发挥各自的职能优势，加大协同办理民事、刑事虚假诉讼的力度，将会对虚假诉讼治理产生积极的实效性作用。本文通过对宁波地区虚假诉讼案件办理情况进行分析，寻找协同办案中尚存在的问题和障碍，以期对今后如何更好配合衔接提出一些微观实操建议。

关键词： 虚假诉讼　刑民一体　协同打击

随着经济的多样化发展和解决争议的诉讼化方式集聚，受经济人趋利性特性影响，虚假诉讼呈愈演愈烈之势。目前，虚假诉讼已从民事上到刑事上完成了法律对接，但在实际运用过程中，由于各职能部门认识差异及配合不足等因素，打击和规制虚假诉讼行为的效果尚需进一步加强。如何高度整合公安、检察、法院的力量，对虚假诉讼进行民事上、刑事上的全方位衔接和规制，是当前值得探索和思考的问题。

---

*　汪培伟，浙江省宁波市人民检察院第五检察部副主任、员额检察官；刘海璇，浙江省宁波市人民检察院员额检察官。

一、协同打击虚假诉讼的必要性

(一) 虚假诉讼的概念界定

开展虚假诉讼的联合打击,首先需要厘清民事法律和刑事法律上对虚假诉讼的内涵界定。刑事上的虚假诉讼概念比较清晰,即规定在2015年《刑法修正案(九)》中新增的虚假诉讼罪,《刑法》第307条后增加一条作为第307条之一[①],从该条内容上来看,单方提供虚假证据、作虚假陈述的单方欺诈行为,以及双方串通进行虚假诉讼的行为,都被纳入了虚假诉讼罪的范畴,未作罪名上的进一步区分。

对于民事意义上的虚假诉讼,不同于刑事法律上有明确的"虚假诉讼罪",民事上的虚假诉讼更多的是一种概念称谓,有广义和狭义之分。广义说认为,民事虚假诉讼的概念范畴包括双方串通的虚假诉讼和单方提供虚假证据、作虚假陈述这些情形,等同于刑事上的虚假诉讼罪范围。狭义说认为,民事上的虚假诉讼限于《民事诉讼法》第115条和第116条[②],即将民事虚假诉讼的概念限定在了"双方串通"范围之内,要求参与诉讼的双方当事人虚构法律关系和法律事实进行诉讼,串通起来利用民事诉讼取得具有强制效力的法律文书(或取得其他可执行文书),目的是损害案外第三人的利益。这从最高人民法院《关于防范和制裁虚假诉讼的指导意见》中也可见一

[①] 《民事诉讼法》第115条规定:"当事人之间恶意串通,企图通过诉讼、调解等方式侵害他人合法权益的,人民法院应当驳回其请求,并根据情节轻重予以罚款、拘留;构成犯罪的,依法追究刑事责任。"第116条规定:"被执行人与他人恶意串通,通过诉讼、仲裁、调解等方式逃避履行法律文书确定的义务的,人民法院应当根据情节轻重予以罚款、拘留;构成犯罪的,依法追究刑事责任。"

[②] 《刑法》第307条之一:"以捏造的实施提起民事诉讼,妨害司法秩序或者严重侵害他人合法权益的,处三年以下有期徒刑、拘役或者管制,并处或者单处罚金;情节严重的,处三年以上七年以下有期徒刑,并处罚金。单位犯前款罪的,对单位判处罚金,并对其直接负责的主管人员和其他直接责任人员,依照前款的规定处罚。有第一款行为,非法占有他人财产或者逃避合法债务,又构成其他犯罪的,依照处罚较重的规定定罪从重处罚。司法工作人员利用职权,与他人共同实施前三款行为的,从重处罚;同时构成其他犯罪的,依照处罚较重的规定定罪从重处罚。"

斑①，将双方当事人串通这一要素纳入其中。因此，在一段时期内，法院一部分法官将"虚假诉讼"的概念限定在狭义说，认为不包括单方诉讼欺诈这一情形。"虚假诉讼"狭义说有其合理性，因为单方提供虚假证据、作虚假陈述这种情况，并非随着2012年民诉法修改提出虚假诉讼概念时产生，法官在审判过程中，可以根据证据规则及对方的抗辩来进行是否作证据采信的判断。双方串通型，一方面，2012年民诉法修改时才根据学界虚假诉讼的提法而写入民事法律的；另一方面，串通情况下当事人的主观恶性和对社会的侵害程度也是较单方欺诈而言是不同的。串通情形下，基于民事诉讼中当事人主义诉讼模式的影响，法官很难发现虚假内容并作出合理裁决，这对司法权威是一种极大的藐视和损害，社会危害性更大。基于此，将民事上虚假诉讼概念作狭义理解也不无道理，甚至从学理上来说，笔者更倾向于这种细分的观点。但就与刑事上虚假诉讼罪概念一致角度而言，广义的民事虚假诉讼概念更符合现实司法工作中的统一需求，逐渐被目前司法机关所接受和使用。故可以将民事虚假诉讼称谓作广义理解，更有利于司法实践中各司法机关工作具体衔接操作。本文以下中所称的"虚假诉讼"，也即采用广义的民事虚假诉讼概念和刑事虚假诉讼罪之范围来进行分析论述。

（二）协同办案的必要性

如前所述，虚假诉讼跨越民事、刑事两大法律，要想最大限度遏制虚假诉讼，必须充分运用民事、刑事法律手段，进行有效衔接，不留司法空白。目前在各职能法律部门中，公安机关所涉职能是刑事虚假诉讼罪的立案及侦查；检察机关所涉职能包括刑事上对虚假诉讼罪进行审查起诉，追究行为人的刑事责任，还有民事上对法院所作的生效裁判文书，认为存在虚假诉讼情形，导致判决有错误的，运用民事抗诉或再审检察建议进行法律监督，以及对法院执行阶段发现存在错误执行涉虚假诉讼文书的情形，进行执行检察建议监督；法院所涉职能是审判民事案件时，发现有当事人存在虚假诉讼行为的，对其民事诉讼请求予以驳回，并视行为严重程度给予罚款、拘留等司法

---

① 最高人民法院《关于防范和制裁虚假诉讼的指导意见》第1条规定，"虚假诉讼一般包含以下要素：（1）以规避法律、法规或国家政策谋取非法利益为目的；（2）双方当事人存在恶意串通；（3）虚构事实；（4）借用合法的民事程序；（5）侵害国家利益、社会公共利益或者案外人的合法权益"。

惩戒措施，考虑是否追究行为人刑事责任，还有对检察机关审查起诉的刑事虚假诉讼案件及民事监督案件进行审理判决等。可见，各机关都有其对应的程序职能，但也有各自的优势与缺陷，如公安机关具有其中最强的侦查手段，但如果当事人不报案（如串通型），则很难发现刑事案件线索。法院在案件线索上是最容易发现线索的机关，无论法官在审判阶段还是执行阶段，都在线索发现上占有绝对的优势，但法院由于案多人少，在调查的手段和精力上都有所欠缺。检察机关虽然在审判监督阶段有接受举报和控告的渠道，也有一定的调查核实权，但由于调查手段缺乏刚性，在单兵作战中也存在很大困难和障碍。因此，需要根据公安、检察、法院各自的特点，探索工作机制进行优势互补，整合力量，协同办案，才能在打击虚假诉讼方面取得更加显著的效果。以下以宁波地区近五年来的虚假诉讼办案情况为分析样本，对虚假诉讼协同办案进行一些细化的工作模式探索。

二、宁波地区虚假诉讼办案情况分析[①]

（一）2016年以来公安机关、检察、法院各自办理虚假诉讼案件基本情况

2012年修改民事诉讼法，2015年《刑法修正案（九）》颁布，至此，虚假诉讼完成了刑事与民事的法律对接，故时间上分析2016年以来的数据，较有参考性。

1. 公安机关[②]

表1　各年公安机关办案基本情况

年份	立案数（件/人）	其中移送起诉数（件/人）	移送起诉率（%）
2016年	4/10	1/4	25/40
2017年	7/16	6/15	85.71/93.75
2018年	18/21	11/12	61.11/57.14
2019年	52/77	34/49	65.38/63.64
2020年1—8月	19/32	2/2	10.53/6.25

---

① 本文数据仅为调研使用，可能存在细微偏差。
② 因2020年只有1月至8月数据，缺乏年度数据可对比性，故仅在表格中列明，图形中不予对比体现。

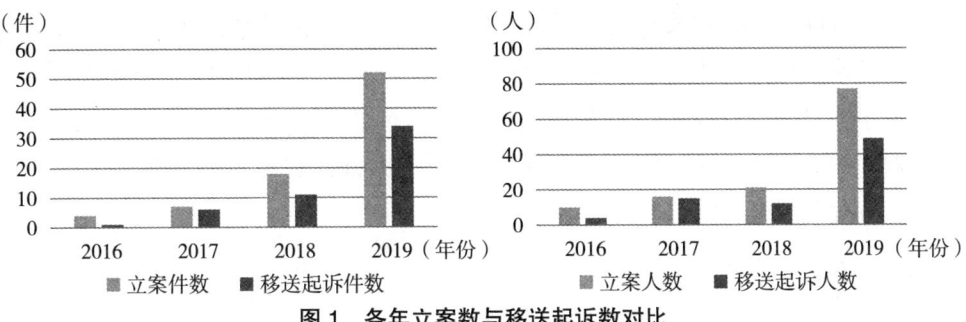

图 1 各年立案数与移送起诉数对比

以图 1、表 1 显示，公安机关 2016 年以来办理涉虚假诉讼刑事案件，呈现以下特点：(1) 办案数量逐年递增。如图 1 所示，虚假诉讼刑事案件立案数及侦查后移送起诉数，均呈逐年递增趋势，尤其是到 2019 年，增幅明显。(2) 移送起诉率稳步提升。公安机关对于涉虚假诉讼案件件数和人数的移送起诉率除 2016 年之外，均在 50% 以上。由此可见，公安机关对于虚假诉讼刑事案件的立案和侦办力度不断加强。虽然在 2017 年移送起诉率激增之后，又有一定程度的回落，但总体还是维持在一个相对较高的水平。

2. 检察机关

表 2 各年检察机关办理虚假诉讼案件情况

年份	刑事审查起诉数（件/人）（以虚假诉讼罪起诉）	民事监督数（件）（抗诉/再审检察建议）	民事启动再审后改判数
2016 年	0	12（11/4）	6
2017 年	2/9	5（4/1）	5
2018 年	4/7	30（13/17）	6
2019 年	5/17	295（21/274）	24
2020 年 1—8 月	4/9	109（35/74）	32

表 2 反映：(1) 检察机关审查后以虚假诉讼罪名提起公诉的案件数量不高。因为对于公安机关移送起诉的包括虚假诉讼及伪造证据等各类行为相关联的犯罪，检察机关审查后可能以不同于移诉的罪名起诉。(2) 虚假诉讼民事检察监督办案周期长。一般案件从检察监督到法院启动再审，再到有审判结果，时间较长，还会出现跨年度的情况。(3) 部分民事检察建议启动有争议。从数据来看，2019 年以来虽显示监督数居多，再审改判数不多。根据检

察机关反映，对于检察机关抗诉的案件，法院再审后结果均为改判，而改判数的差距空白一般都存在于再审检察建议中。刑民交叉的案件，法院认为需以刑事案件审结为前提，即使民事证据证明标准已达到，也暂时不作处理，故对于再审检察建议都进行了搁置，目前一大批此类再审检察建议尚未处理，故改判数据有差距。

3. 人民法院

表3　各年法院办理虚假诉讼案件情况

年份	民事审理中及时发现并驳回数	判决生效后发现并启动再审数	司法措施处罚数（件/人）	刑事判决数（件/人）
2016年	0	1	0	1/2
2017年	55	0	5/5	2/9
2018年	7	7	14/14	3/5
2019年	53	36	91/104/1法人	12/37
2020年1—8月	76	36	62/64/1法人	6/12
总数	191	80	172/187/2法人	24/65

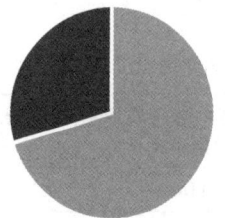

■ 民事审理中及时发现并驳回数
■ 判决生效后发现并启动再审数

图2　法院发现虚假诉讼的阶段

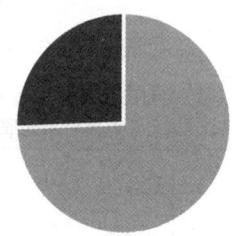

■ 法院司法处罚人数　■ 刑事判决人数

图3　对虚假诉讼行为人的处罚方式

从图2、表3可以看出：(1)法院发现虚假诉讼的数量处于总体上升趋势。如表3所示，从2016年几乎为零，到近两年维持在一定的水平。(2)法院审理阶段发现的比例占多数。图2显示，法院在审判阶段及时发现虚假诉讼的比率为70%，判决生效后发现纠正的占30%。单方提供虚假证据、作虚假陈述的情形，较容易在审判阶段被发现，而双方串通型虚假诉讼，因诉讼过程没有对抗，故审判阶段较难发现，一般在执行环节较容易败露。(3)惩戒以法院司法处罚方式为主。图3显示，对于虚假诉讼行为人的惩处，以法院训诫，以及罚款、拘留等司法处罚措施为主，而追究虚假诉讼刑事责任的比例较低。

（二）公安、检察、法院办案的协同情况

1. 线索移送情况

表4　虚假诉讼线索移送协同情况

年份	公安机关				检察机关（民事监督部门）		
	接受法院移送线索数	接受检察移送线索数	其中立案数	立案率（%）	接受公安移送线索数	接受法院移送线索数	其中提出民事监督数
2016年	2	3	3	60	0	0	0
2017年	5	2	6	85.71	0	0	0
2018年	8	4	9	75	0	0	0
2019年	64	2	26	39.4	0	0	0
2020年1—8月	19	6	16	64	1	0	1
总数	98	17	60	52.2（平均）	1	0	1

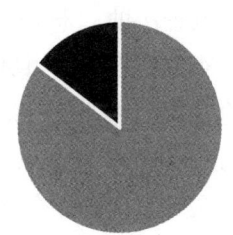

图4　公安接受法院、检察院线索移送对比

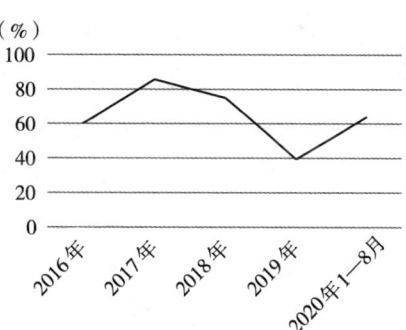

图5　公安对移送线索的立案率

表4、图4和图5显示：（1）公安机关接受移送线索数逐年增加。2019年，如表4所示，法院移送公安线索数有较大幅度增长，这与宁波地区法院2019年虚假诉讼治理专项活动有关系。（2）公安机关接受法院线索移送数明显多于检察机关。如图4所示，法院移送占比65%，检察仅35%。这与两家单位职能性质有关。法院在大量民事案件审判及执行过程中，是最容易发现虚假诉讼的机关，而检察机关民事检察部门受理的民事申诉案件数量远少于

法院，故发现虚假并移送公安的数量也不及法院。(3) 公安对移送线索的立案率尚可。从表4及图5公安机关对法院、检察院移送的线索的立案率及趋势可以看出，基本上每年都维持在50%以上。(4) 检察机关民事监督接受公安机关、法院移送数量较少。从表4可以看出，只有2020年公安机关向检察机关民事监督部门移送一件线索，其他均为零，法院没有向检察机关民事监督移送线索。对于法院来说，法院发现存疑案件，如证据不足，则移送公安机关借助公安侦查力量；如有确凿证据，则可以自行启动再审，总之无须移送检察机关进行民事监督。对于公安机关来说，侦查中发现有虚假诉讼迹象的，可以移送检察机关，由检察机关运用调查核实权进行进一步查明并进行民事监督，这反映了公安机关与民事检察部门线索共享程度不高。

2. 配合办案情况

对于虚假诉讼的办理，公安、检察、法院在从省级到区县级各个层面都有一些协同打击的会签文件，解决了一部分协同问题。公检法三家在具体办案中也据此增强了联系，如调查过程中如果需寻求其他机关的配合，则可以会签的文件作为协商依据。法院一般在民事案件发现怀疑虚假诉讼情形的，移送公安进行侦查，据公安侦查结果来处理民事案件，在公安侦查过程中，承办法官一般不再继续调查。检察机关民事检察部门主要一般是自己作为调查主体，需要公安协助时，联系派出所民警进行调查协助，来增强自身调查核实权的力度。如借助公安的场所以及人员信息查询，来寻找当事人或突破口供。但检察机关更多的是内部配合，即民事检察部门和刑事检察部门的配合，内部出台了《关于加强虚假诉讼协同治理工作的若干意见》，加强刑事检察部门和民事检察部门之间线索移送、借阅卷宗等事项的配合，刑事检察部门在刑事案件中发现虚假诉讼涉及民事案件的，移送民事检察部门进行依职权受理监督。一般这类案件因为有刑事案件中的证据作为基础，民事案件监督的准确度就比较高。法院从内部刑事审判部门发现虚假诉讼行为，也会主动启动民事纠错程序。可见，法检主要是内部刑民部门间的配合，但公检法单位之间的共享及配合度，还存在一定的提升空间。

三、协同办案中存在的问题及障碍

虚假诉讼案件协同办理虽然已有一部分基础，但从以上分析来看，达到高效协同还存在一定的问题和障碍：

（一）成案数量总体不高

虚假诉讼不论刑事案件还是民事案件，成案数量相较发案数量都还是总体偏低。很多虚假诉讼行为因为没有线索而未进入司法视野，或者有举报情形，但因没有调查到一定证据而无法认定。对于刑事案件来说，由于刑法的谦抑性，虚假诉讼行为如果没有达到一定程度，便不会进入刑事案件环节，2018年最高人民法院、最高人民检察院《关于办理虚假诉讼刑事案件适用法律若干问题的解释》也是将"部分虚假"这种行为排除在了追究虚假诉讼刑事责任的范围之外，使刑事虚假诉讼案件办理数量不会很高。对于民事虚假诉讼案件，识别以及查实证据困难是定案的主要障碍，办理民事虚假诉讼案件的机关是法院和检察机关民事业务部门，这两个部门只有调查权，没有侦查权，作为主体进行办案而最终成案的力度有限。

（二）线索移送配合有欠缺

首先，法院移送公安机关的虚假诉讼线索质量不均衡。部分地区法院存在没有经过证据程度的细化区分而笼统移送的情况，故公安机关对于其中一部分没有进行立案。司法改革后，法官在审理民事案件中会有风险规避意识，对于怀疑有虚假诉讼可能的案件，有时会存在直接对民事案件作中止处理，并一移了之的现象。其次，民事检察部门与其他两家线索共享程度不高。民事检察监督就线索方面与公安、法院的协同不够，难以高度参与其中，接收到公安机关、法院移送的线索甚是匮乏。相对而言，公安机关和法院在民事虚假诉讼信息上的联系比较密切和直接，两家一般不会通过检察监督这个中间环节，借助民事检察监督力量的意识不强。

（三）反馈机制衔接不到位

一方面，在线索处理的反馈上，公安机关对于法院移送线索的接收还存在不畅，本次调研中，对于法院认为已经移送的线索，公安机关反映没有收到的情况也时有存在，本次依托政法委征集调研数据时，分别向公安机关征集了被法院移送线索数，和向法院征集了主动移送给公安机关的线索数，两个数据不对应，法院报送的移送数明显多于公安机关报送的被移送数，一些法院移送的线索，公安机关并没有查询到。法院和公安机关对于移送线索的接收部门没有协调一致，有的是移送给派出所接收，有的是移送给公安机关法制部门接收，归口不统一。另一方面，在案件办理结果的反馈上，对于同一事实的虚假诉讼，法院及民事检察对于民事案件的办理程度和公安机关刑事案件办理程度信息反馈不及时，没有形成常态化反馈模式，案件进度动态信息交流存在壁垒，不利于当事人各项权利及时救济。

（四）调查手段配合程度不够高

首先，法院与公安机关的调查配合上。法院希望能借助公安机关的力量对案件进行初步调查，移送公安机关之后一般民事案件作中止处理，法院自身则不会再继续对案件审理并作调查，主要依赖公安机关力量，这样公安机关单独调查的积极性不高。且公安机关如果尚未立案，那么派专人和法院对接的程度则难以实现，法院线索移送之后法官不知道下一步具体对接的人员对象，影响办案效率。其次，民事检察部门与公安机关的调查配合上。检察机关在办理虚假诉讼民事监督案件时，一般主要使用自身调查核实权，适当借助公安机关的资源，虽已有成案案例，但集中在少部分地区，大部分地区与公安机关联合调查的程度不高，没有形成常态化工作机制，联合办案的意识也普遍存在不足。

（五）案件的定性需进一步统一

对于刑事虚假诉讼，公安机关、检察、法院对该罪的认知还存在一定差别，因虚假诉讼与其他伪造证据、妨害作证、诈骗的犯罪行为有交叉，故检察机关对于公安机关以虚假诉讼罪移送的案件，不一定以虚假诉讼罪起诉，而对于公安机关没有以虚假诉讼罪移送起诉的案件，可能审查后会以虚假诉讼罪起诉，法院审判环节也存在同样问题。2018年最高人民法院、最高人民检察院出台《关于办理虚假诉讼刑事案件适用法律若干问题的解释》，对办理虚假诉讼刑事案件适用法律作出详细解释，故司法实践中需要各司法环节进一步统一认识，提高定罪准确率。对于民事虚假诉讼，检察机关民事检察部门也需要进一步提高监督的证据标准，提高再审检察建议的准确度，为法院依法民事改判作实证据基础。

四、协同打击虚假诉讼的微观实施建议

关于协同公安机关、检察、法院联合打击虚假诉讼,虽然有会签一系列文件,但大多是原则性的规定,真正落实到实践,办案中还需要一些具体的可操作性配合。在此,针对协同的具体工作,以充分发挥各单位优势为目的,从微观上提出一些配合建议,以供实践探索。

(一)线索进入途径方面的配合

一是各单位进一步规范线索登记。建议线索登记方面,对于当事人举报的线索,无论是否可进入立案程序,都要予以详细登记,并对公安机关、检察都收到过的重合的举报线索,作出统计并予以重点关注。对于法院移送公安机关的线索,公安机关要进一步统一对接部门,避免法院部分移送线索查询不到的情况出现。二是分阶段进行不同性质立案。对于尚不符合公安机关刑事立案标准的案件,可以先探索进行民事检察监督,检察机关在民事监督职能方面,按照民事诉讼法规定,有调查权,虽然不如公安机关侦查权有力,但也可以在一定程度上弥补法院案多人少,调查力量不足的缺口。如调查出一定的初步证据,达到符合刑事立案标准,再移送公安机关进行刑事立案。三是适度提高法院线索移送标准。法院对于审判中疑似虚假诉讼的案件,要尽可能用足法院调查职能,对可以调查的内容进行充分调查,法院内部可以组建甄别小组的形式先进行筛选,将成案可能性较大的线索移送公安机关,防止有依赖思想,随意移送导致民事案件久拖不结。

(二)办案中调查取证方面的配合

一是公安机关立案前可作适度初查。对于办理虚假诉讼案件,最强有力的手段即是公安机关的侦查权,法院、检察机关民事监督部门都想借助公安机关的侦查权对虚假诉讼事实进行查明。但虚假诉讼一般比较隐蔽,还存在双方串通的情况,一开始就符合刑事立案标准的情形并不多,无法刑事立案进行侦查。即便如此,公安机关可以充分运用初查手段,配合法院或民事检察部门进行调查。二是刑事立案侦查与配合。如符合刑事立案条件,公安机关则可以采取强制措施对案件进行侦查。此阶段刑事检察部门也可以参与,对于应立不立的案件,符合条件的进行立案监督。在公安机关已立案侦查的

基础上，因虚假诉讼基础源于"民事诉讼"，对于民事诉讼的异常和实施手段，法院和民事检察部门相对较为了解，也可以为公安机关的侦查活动提供方向。在办理具体案件时，明确法院、检察与公安机关对该案的具体责任人，以解决办案过程中即时对接问题。三是加强技术手段相互支持。检察机关在自侦部门转以前，测谎和笔迹鉴定方面已有相对成熟的技术和人员，可以进一步扩大与法院的共享程度，并为法院内部自己建立相关技术平台提供交流支持，以助力民事审判中识别虚假诉讼。

（三）反馈讨论机制方面的配合

虚假诉讼涉及民事和刑事领域，办案过程中也有交叉，故需要加强三家的阶段性反馈和对案件处理方面的交流讨论。如刑事方面，2018年之前在虚假诉讼刑事犯罪特征上，部分虚假与完全虚假的入罪问题有过争议，但2018年"两高"的司法解释出台后，各家应做好进一步的意见统一，提高虚假诉讼罪适用的准确度。对于民事方面，一是前面论述的线索移送方面的衔接，被移送单位要向移送单位尽快反馈移送线索处理情况。二是对于刑民交叉的案件，民事检察部门在办理监督案件时，要及时关注所涉刑事案件的进展情况，作为民事监督的参考。

（四）充分借助政法委的协调作用

公检法意见不统一时，可以充分借助政法委的统筹协调功能。一是在制度建立上，可以适时就某些配合问题协调制定细化的操作方案，将具体办案机制固定下来，在此一定要注意细化流程，避免过于原则性、形式化。二是在个案对接上。对于疑难复杂的虚假诉讼案件，可以公检法三家进行联合督办，如当法院与公安机关在是否应予刑事立案侦查问题上有争议的，可以让检察机关进行参与甄别，并实时跟踪办理动态，实现案件刑事上、民事上的全面对接处理，办理出典型案件，以作类案指导。

浅析"稀释债权型"虚假诉讼的检察监督路径

吕益军　陈梓宁[*]

摘　要： 近年来，虚假诉讼也出现了新的形式，"稀释债权型"虚假诉讼就是其中之一。债务人虚构债务、担保义务等法律关系，通过执行程序转移财产、稀释债权，损害债权人的预期利益和国家司法公信力。由于被稀释债权人不是"第三人""案外第三人"，而是"另案当事人"，故其在虚假诉讼程序中没有诉讼权利，也鲜有救济途径，从侧面凸显民事检察监督的重要性。该类型案件的检察监督以证据调查核实为重点难点，需要根据具体案件情况灵活运用不同的监督方式，从审判程序到执行程序逐个环节跟进检察监督，通过检察监督在纠正错误裁判的基础上，消除执行的影响，并兼顾虚假诉讼当事人的惩戒。

关键词： 虚假诉讼　检察监督　债权　预期利益

一、"稀释债权型"虚假诉讼的内涵

（一）债权稀释与"稀释债权型"虚假诉讼

债权稀释是金融领域的专有名词，指公司在原有的债务基础上又举借新债，原来风险较低的公司债务就会变成风险较高的债务，债权人原有债权价

---

[*] 吕益军，浙江省宁波市鄞州区人民检察院检察长；陈梓宁，浙江省宁波市鄞州区人民检察院检察官助理。

值将会减少,债权收益被新借入的债务所稀释。债权稀释是"稀释债权型"虚假诉讼中恶意当事人的行为总称。"稀释债权型"虚假诉讼是债务人为了躲避债务,串通他人恶意捏造债权债务关系,经普通诉讼程序、仲裁程序、非诉程序等法律途径后,通过申请执行、参与债权分配、提出执行异议等方式转移财产或提高债权实现的风险。

在宁波市鄞州区人民检察院 2019 年办理的徐某某与辽宁某医用高分子有限公司民间借贷纠纷虚假诉讼监督案中,案外人罗某某对该公司的债权被徐某某的债权所稀释,徐某某率先起诉该公司并在申请执行后实现债权,导致后起诉的罗某某发现该公司无财产可供执行。经鄞州区院调查核实,查明徐某某系该辽宁某医用高分子有限公司法定代表人的亲属,二人合谋捏造了债权债务关系,以达到转移财产、逃避债务的非法目的,故称为"稀释债权型"虚假诉讼。根据传统的含义解释,"稀释债权型"虚假诉讼的当事人至少有一方为资产固定的法人,但因自然人财产在短时间内相对稳定,故双方当事人为自然人的民间借贷虚假诉讼案件也可以被囊括在该名称内。

(二)类型划分

虚假诉讼有广义和狭义之分,狭义的虚假诉讼,根据《民事诉讼法》第 115 条和 2016 年最高人民法院《关于防范和制裁虚假诉讼的指导意见》的规定,以"双方当事人存在恶意串通"为构成要件;广义的虚假诉讼还包括单方伪造证据、故意将被告拖入诉讼等情形。① "稀释债权型"虚假诉讼由双方当事人恶意串通、伪造证据所提起,属于典型的狭义虚假诉讼,并且发生在审判程序和执行程序的始终。

还有学者根据侵害的客体对象及利益的不同,将虚假诉讼划分为侵害案外人型、侵害公益型、侵害其他当事人型,② 这里的"案外人"仅被定义为共同诉讼人和第三人,而债权被稀释的罗某某与虚假的民事法律关系没有任何关联,他既不是共同诉讼人,也不是无独立请求权第三人,更不是有独立请求权第三人。同样地,张卫平教授考察归纳了民事诉讼法及其司法解释的

---

① 参见王明胜主编:《中华人民共和国民事诉讼法释义》,法律出版社 2012 年版,第 269 页。

② 参见田海鑫:《论民事虚假诉讼的类型化体现及规制——基于北京市司法实践的考察》,载《法律适用》2018 年第 23 期。

不同表述，将未参加前诉，却对前诉当事人之间的诉讼标的或执行标的有独立请求权或利害关系的主体概括为"案外第三人"，①即未参加诉讼的共同诉讼人和第三人；并在论文中限定虚假诉讼为双方当事人、法院以及案外第三人的四方关系。②但被稀释债权者的角色不符合"案外第三人"的特征，也并不存在于现有法律法规的规定之中，充其量只是"另案当事人"。可见，如今虚假诉讼的理论探讨还未细分到"稀释债权型"虚假诉讼，被稀释债权者的权益保护问题也鲜有人提及。

二、"稀释债权型"虚假诉讼检察监督的重要性

（一）严厉打击虚假诉讼的应有之义

虚假诉讼不仅侵犯他人的合法权益，而且动摇司法权威，损害司法公信力，造成司法资源的浪费，扰乱社会秩序，打击虚假诉讼的重要性不言而喻。我国立法、司法界越来越重视打击虚假诉讼，对虚假诉讼的打击力度也明显加大。2012年修订的《民事诉讼法》补充了诚实信用原则；新增第112条明确了对虚假诉讼采取强制措施的条件与方式；将调解书新纳入检察监督的范围。2015年《刑法修正案（九）》新增"虚假诉讼罪"；2016年最高人民法院颁行《关于防范和制裁虚假诉讼的指导意见》，进一步具体规定了虚假诉讼的相关问题。2018年最高人民法院、最高人民检察院联合公布的《关于办理虚假诉讼刑事案件适用法律若干问题的解释》，明确了虚假诉讼罪的行为方式及其定罪量刑标准，也正是因为该解释对"捏造事实，提起民事诉讼"的扩大解释，才使通过伪造债权债务关系、捏造担保义务等手段稀释债权的行为被认定为虚假诉讼。

"稀释债权型"虚假诉讼是时代发展的产物，不法分子瞄准法律漏洞，逐渐学会"借用"生效裁判文书的司法权威为虚构事实"保驾护航"，加深了虚假诉讼的危害程度。检察机关肩负对民事审判活动和执行活动的监督职

---

① 参见张卫平、任重：《案外第三人权益程序保障体系研究》，载《法律科学》2014年第6期。

② 参见张卫平：《第三人撤销诉讼程序》，载《人民法院报》2011年8月31日，第7版。

责，能综合运用抗诉、检察建议等检察监督方法，从纠正错误裁判到修正执行活动，尽可能消除虚假诉讼实际产生的不良影响。尤其对于涉及审判、执行程序始终的"稀释债权型"虚假诉讼来说，检察监督是制裁虚假诉讼行为重要的司法路径。如徐某某与辽宁某医用高分子有限公司民间借贷纠纷虚假诉讼监督案，已经在抗诉后获得了再审改判的公正结果，本院建议法院执行回转的检察建议也得到了采纳，检察机关能在每一个诉讼阶段及时跟进监督。

（二）民事诉讼救济程序漏洞的有效弥补

上文对"稀释债权型"虚假诉讼划归类别时提及，被稀释债权人的角色定位是"另案当事人"，其与虚假诉讼的客体——捏造的债权债务关系没有任何法律上的利害关系，很难在审判或执行程序中利用现有民事诉讼程序规定的救济途径保护自身权益。在审判程序中，被稀释债权人不能提起第三人撤销之诉，根据民事诉讼法规定，① 第三人撤销之诉的原告是"案外第三人"，即未参加诉讼的"第三人"②。"第三人"之所以可以参加诉讼，是因为其已经存在的"既得权益"可能受到诉讼侵害，而被稀释债权人可能受到"侵害"的权益还未实际得到，是一种预期利益。准确地说，虚假诉讼没有实际上直接侵害这种预期利益，而是大幅提高了该预期利益无法实现的风险，属于隐性的间接侵害，所以被稀释债权人不是"第三人"，不能提起第三人撤销之诉。

在当前民事诉讼中，唯一有可能为被稀释债权人提供救济的路径是在执行程序中提出关于分配方案的执行异议，以及异议被驳回后，提起分配方案执行异议之诉，但该种救济途径在实施中却困难重重。首先，民事诉讼法及相关司法解释对分配方案执行异议的提出主体有一定要求。被稀释债权者参与分配要先取得该债权的执行依据，③ 如生效判决书、支付令等，普通债权人申请参与分配要提交申请书，写明参与分配和被执行人不能清偿所有债权的

---

① 参见《民事诉讼法》第 59 条。
② "第三人"包括有独立请求权第三人和无独立请求权第三人。
③ 参见最高人民法院《关于适用〈中华人民共和国民事诉讼法〉的解释》第 508 条。

事实、理由，并附有执行依据。① 也就是说，被稀释债权者不仅要在审判程序结束后申请执行，还要在摸清债务人的财务状况后，预估债务人能否清偿所有债权。这对债权人的诉讼能力是个不小的考验，同时还把债权未到期就被债务人稀释的情况排除在救济范围之外。其次，执行法院对分配方案异议的审查只会局限于分配方案本身，其结果只是修正分配方案，并不会审查分配依据的实体权利，所以该救济途径不能发现虚假诉讼的客体，即捏造的债务关系或保证关系等。最后，能审理实体权利的执行异议之诉以执行异议被驳回为前提条件，其前置程序繁复冗杂，如果审理中请求停止执行，还要提供担保，这都不符合被稀释债权者对救济的迫切需求。

对"稀释债权型"虚假诉讼的检察监督可以弥补民事诉讼救济程序的上述漏洞。被稀释债权者只要发现债务人虚构债权债务关系的蛛丝马迹就可以向检察机关提供线索，检察机关既能依职权对债务人的财务状况和涉诉状况进行更全面的调查核实，还能直接针对错误的生效裁判提出抗诉、建议再审，及时制止债务人恶意稀释债权，为真实债权人的诉讼过程争取时间。

（三）提高社会主义法治水平的生动表现

在民法债权的理论上，债权有一种具体作用，能让债权人采取一定措施，以维持债务人一般责任财产的稳定，增加债权最终实现或获得救济的可能性，债权人撤销权和代为求偿权的规定就是因此而产生的。笔者认为，债权被稀释的情形也符合该种债权权能的适用条件，只是现有法律体系还没有为其制定实体权利。在债权权能类型的研究中，有学者称这种权能为债权保全权能②，也有学者将其划入债权保护请求权能③，虽然众说纷纭，但学者公认，该权能由债权的基础性权能衍生而来，属于深层次的债权权能。现有法律制度已经为基础性权能规定了相对完善的实体权利和救济权利，开始逐步探索对深层次债权权能的保护。通过检察监督制裁"稀释债权型"虚假诉讼，为债权人预期利益的实现提供保障，增强债权保全的深层次权能，与我国法治发展的步伐一致，是社会主义法治水平提高的生动表现。

---

① 参见最高人民法院《关于适用〈中华人民共和国民事诉讼法〉的解释》第509条。
② 参见覃远春：《债权基本权能略论》，载《河北法学》2006年第5期。
③ 参见王家福：《中国民法学·民法债权》，法律出版社1991年版，第131页。

三、"稀释债权型"虚假诉讼检察监督的难点

（一）发现难

"稀释债权型"虚假诉讼检察监督，虽然名义上是依职权启动，但社会生活中的债权债务关系浩如烟海，检察机关难以主动发现该类虚假诉讼的线索，司法实践中都是被稀释债权人向检察机关提供线索后，检察机关以其动摇司法公信力、损害国家社会利益为由依职权调查核实。债权人一般又难以弄清债务人的诉讼情况和财产债务状况，往往只能默然接受"因被执行人无财产可供执行而终结本次执行"的结果。如徐某某与辽宁某医用高分子有限公司虚假的民间借贷诉讼发生在宁波市鄞州区，而被稀释债权人罗某某却远在上海市提起诉讼、申请执行后，得知被执行人无财产可供执行，如果不是罗某某有心查询了被执行人的参与诉讼信息，并敏锐发现同一时间段内该笔大额民间借贷的可疑之处，可能这段虚假诉讼将被永久隐藏。

如果虚假的债权债务关系不经过普通民事诉讼程序，将更难被受害债权人发现。实践中，债务人为了让虚假债权债务关系能受到更少的审查，降低被识破的风险，也为了更快速便捷地得到执行依据，他们更倾向于仲裁解决虚假纠纷，或者选择确认调解协议、实现担保物权、申请支付令等非诉程序，或者在普通诉讼程序中以调解结案，前述执行依据缺乏公开和查询途径，所以也难被受害债权人发现。此外，债务人策划虚假诉讼通常会选择亲属、朋友等与其有特殊关系的主体，这也使得虚假诉讼的对抗性减弱、封闭性加强，难以被外人所知悉或破解。

（二）调查取证难

"稀释债权型"虚假诉讼是双方恶意串通的，经过债务人的"精心谋划"，虚假诉讼中的客观证据普遍较少，且双方当事人之间没有实质对抗，导致虚假诉讼中的细节、疑点在案卷和庭审录像中都难以显露。如案例中，债务人辽宁某医用高分子有限公司的资产管理混乱、债权债务关系繁杂，虚假债权人徐某某除自己的债权外，又有《债权转让协议》证明接受了其他6人的债权转让，且借款人均陈述借款是现金交付，没有银行流水作为客观证据。同时，6个借款人又分散在全国各地，为调查取证工作增加了难度。

(三) 认定难

关于"稀释债权型"虚假诉讼的讨论较少,理论上对该情形还缺乏统一的认识。在办理上述案例时,鄞州区院曾借助"12309"网站的互联网咨询平台,听取民事案件咨询专家意见,有个别专家就认为本案当事人虚假诉讼损害的是他人债权,没有直接损害国家或社会利益,达不到提请抗诉的条件。在司法实践中,虚假诉讼是民刑交叉领域,其证据证明标准、受理标准等在公检法三机关之间存有诸多分歧,如有的案例中法院谨慎,以刑事标准来衡量是否裁定再审,把公安机关以虚假诉讼罪立案看作启动再审的前提。

四、"稀释债权型"虚假诉讼检察监督的路径

本着惩治和防范相结合的治理理念,虚假诉讼的检察监督目的以着眼于纠正错误生效裁判为基础,进一步消除后续执行程序带来的消极影响,并同步启动对参与虚假诉讼参与者的惩戒。笔者认为,"稀释债权型"虚假诉讼检察监督的路径可以根据案件具体的虚假诉讼行为作出不同选择。

(一) 生效裁判监督检察监督

"稀释债权型"虚假诉讼的生效裁判有多个种类。生效判决书是虚假诉讼经过普通审判程序获得,对其最有效、最直接的检察监督路径就是向上级院提请抗诉,或向法院提出再审检察建议,以启动再审程序。支付令、确认调解协议裁定、实现担保裁定等生效裁判由非诉程序产生,根据民事诉讼法规定,非诉程序的当事人或案外人不能提出上诉或再审,只能提出异议。所以笔者认为,该程序产生的生效裁判虽然在检察监督的范围内,但检察机关却不能对其提请抗诉或提出再审检察建议,只能在后续的执行阶段,针对执行依据提出执行活动违法检察建议。生效裁判还可能是仲裁调解书或者仲裁裁决,可以探索对仲裁机构发出纠正违法检察建议。

(二) 审判活动违法检察监督

如若虚假诉讼还未结束,尚在裁判过程中就及时被债权人发现,便不能针对生效裁判开展检察监督,但可以向法院提出对虚假诉讼行为人给予相应

民事制裁的检察建议。① 虚假诉讼情节严重的，检察机关还可以将涉及虚假诉讼罪、职务犯罪的线索移送公安机关立案侦查。

在"稀释债权型"虚假诉讼中可能出现审判人员违法的现象，如果发现过程中有审判人员的参与，则需要灵活运用监督手段，一方面发出纠正审判活动违法的检察建议，另一方面针对审判人员违法建议更换承办人。

（三）执行活动违法检察监督

在虚假诉讼执行阶段，无论当事人是自己申请执行，还是在受害债权人的诉讼中提出执行异议，或申请参与执行财产分配，检察机关都能对执行法院提出纠正违法检察建议。

（四）路径实施的难点解决

在虚假诉讼检察监督中，证据调查核实是重点。在原案客观证据不足的情况下先落实主观证据，从尽可能多的细节上询问当事人，从蛛丝马迹中发现新的客观证据。如上述案例中，承办人曾向6名借款人询问过是否与徐某某相识、是否在债权转让协议上签名捺印、是否取得转让债权的对价等关键问题，使当事人不敢也不能再作出虚假陈述，同时顺利发现债权转让协议系伪造，新增笔迹鉴定作为新客观证据。此外，充分运用科技设备也能为证据调查核实解决难题。案例中当事人分散全国，又正值新冠肺炎疫情期间，承办人便灵活利用执法记录仪等技术设备，以录音录像固定证言，形成合法有效的电子证据，同时还能对被询问人形成心理威慑，防止其虚假陈述。证据调查核实工作还是"稀释债权型"虚假诉讼检察监督的案件来源之一，实践中，通过全面核查虚假诉讼逃避债务的当事人的债权债务关系有助于理顺案件事实，增加获得其他案件线索的概率。

总之，"稀释债权型"虚假诉讼检察监督需要进一步加强，注重在已办案件、公开优秀案例中总结"稀释债权"的主要行为模式，综合运用大数据检索平台，以类案监督模式为关键，加强公检法机关之间的相互配合，开展"稀释债权型"虚假诉讼的专项整治，维护债权人的利益，捍卫国家司法公信力。

---

① 参见王振友：《民事虚假诉讼检察监督》，载《中国检察官》2017年第17期。

逃避履行债务型虚假诉讼案外人权益救济途径研究

王志彬　刘　倩*

摘　要：逃避履行债务型虚假诉讼不但损害案外人合法权益，也妨害了司法秩序。对于此类虚假诉讼，审判监督程序和刑事审判程序不能直接解决案外人利益保护的问题，可能救济途径有执行回转、刑事退赃退赔、侵权责任之诉等，但是由于恶意串通型虚假诉讼执行后发生的利益回流，以及案外人遭受的是可得利益损失，执行回转、刑事退赃退赔、侵权责任之诉在程序启动等方面存在障碍，都不能完全保护案外人利益。加强案外人利益保护，提高其举报虚假诉讼的积极性对于打击恶意串通逃避履行债务型虚假诉讼非常必要，且案外人可得利益损失具有可确定性，应当赋予案外人选择执行回转、刑事退赃退赔，或者提起不当得利之诉的选择权。

关键词：执行回转　虚假诉讼　退赃退赔　连带责任　不当得利

为了逃避履行合法债务，债务人与他人恶意串通虚构债务，通过虚假诉讼取得执行依据进入执行程序后，参与分配债务人的财产，使原本能够清偿给合法债权人的财产，通过虚假诉讼原告之手回流到债务人控制下，客观上损害了作为虚假诉讼案外人的合法债权人的正当权益。该案外人举报虚假诉讼后，通过民事审判监督程序和刑事诉讼程序，能够撤销虚假诉讼判决，追究虚假诉讼犯罪人的刑事责任，起到了震慑虚假诉讼的作用，但是案外人关

---

* 王志彬，北京市平谷区人民检察院第四检察部主任；刘倩，北京市平谷区人民检察院检察官助理。

心的是能否追回如不存在虚假诉讼其应得的执行案款,这个问题不能得到妥善解决,将会影响案外人举报虚假诉讼的积极性,也不利于保护善意案外人的合法权益,有违司法公正。本文以李某城民间借贷纠纷虚假诉讼为例,对此案外人救济问题的途径进行探讨,以求得最佳途径。

一、案情简介与分歧意见

(一)案情简介 [①]

2005 年,平谷区北张岱村委会与李某签订土地承包合同,将该村 54 亩土地发包给李某。合同签订后,李某、郭某荣(现为李某前妻)与刘某付夫妇共同承包经营该地块。后因河道治理等原因,李某夫妇陆续收到该地块补偿款共 141 万余元。李某夫妇仅支付给刘某付夫妇 9 万元。

2015 年 11 月,刘某付夫妇为索要剩余补偿款,以合伙协议纠纷起诉李某夫妇。2016 年 4 月,北京市平谷区人民法院对合伙协议纠纷案作出一审民事判决书:(1)郭某荣于判决生效后 7 日内给付刘某付夫妇粮食直补款 2209.5 元,李某负连带责任;(2)李某于判决生效后 7 日内给付刘某付夫妇补偿款 479071 元,郭某荣在 130552 元的范围内承担连带责任。李某夫妇不服一审判决,提出上诉。北京市第三中级人民法院于 2016 年 10 月作出民事终审判决,驳回上诉,维持原判。2016 年 11 月,刘某付夫妇向平谷区人民法院申请执行。

在合伙协议纠纷诉讼期间,李某为逃避履行支付该笔补偿款的义务,与李某城恶意串通,伪造欠条,由李某城于 2016 年 3 月 15 日向平谷区人民法院提起民间借贷虚假诉讼。2016 年 3 月 24 日,平谷区人民法院对该民间借贷纠纷案作出一审民事判决书:李某于判决生效后 7 日内返还李某城借款本金 39 万元。一审判决生效后,李某城向北京市平谷区人民法院申请强制执行。执行法院于 2016 年 8 月扣留了李某在北京市平谷区东高村镇北张岱村民委员会应领取的土地流转费。2017 年 1 月至 2019 年 12 月,李某城分四次从法院领取执行案款,共计 45887.27 元。

[①] 参见李某城与李某民间借贷纠纷(2016)京 0117 民初 2805 号民事判决,刘某付、李某红和李某、郭某荣合伙协议纠纷(2015)平民初字第 08403 号民事判决。

2020年4月22日，平谷区人民法院经再审后，判决撤销民间借贷虚假诉讼一审判决，驳回李某城的诉讼请求。2020年4月15日，平谷区人民法院作出刑事判决书，认定：李某城持伪造的欠条以借款人的名义向平谷区人民法院提起民事诉讼，民间借贷纠纷胜诉后，李某城申请法院执行该民事判决，后平谷区人民法院先后四次执行案款共计人民币45887.27元到李某城的账户，李某城将执行案款交给李某及李某的前妻郭某荣。判决李某城、李某犯虚假诉讼罪，分别判处有期徒刑1年，并处罚金人民币1万元。

检察机关经调查核实发现，李某城、李某在公安机关均供述称李某城在领取案款后已将绝大部分案款交还李某，但仍有数百元钱未交还。针对未交还的具体数额，李某城、李某则分别主张548元以及六七百元。

（二）分歧意见

本案属于典型的虚假诉讼，即双方恶意串通进行虚假诉讼，逃避履行债务，侵害案外人合法权益。针对李某城从法院领取的45887.27元案款，案外人刘某付夫妇应该如何维护权益？

第一种意见认为，虚假诉讼的执行依据因启动审判监督程序被撤销，法院应依职权执行回转。依据《民事诉讼法》第240条①、最高人民法院《关于人民法院执行工作若干问题的规定（试行）》②（以下简称《执行工作若干问题的规定（试行）》）第65条规定，执行回转程序的启动方式有两种：一是依当事人申请；二是法院依职权。鉴于该民间借贷纠纷案件系当事人恶意串通提起的虚假诉讼，当事人李某城、李某不可能申请执行回转，而刘某付夫妇作为案外人无权申请执行回转，因虚假诉讼侵害的法益涉及国家利益与社会公共利益，故法院应当依职权作出执行回转裁定，追回李某城领取的案款，发放给刘某付夫妇。

---

① 《民事诉讼法》第240条规定，"执行完毕后，据以执行的判决、裁定和其他法律文书确有错误，被人民法院撤销的，对已被执行的财产，人民法院应当作出裁定，责令取得财产的人返还；拒不返还的，强制执行"。

② 最高人民法院《关于人民法院执行工作若干问题的规定（试行）》第65条规定，"在执行中或执行完毕后，据以执行的法律文书被人民法院或其他有关机关撤销或变更的，原执行机构应当按照民事诉讼法第二百三十三条的规定，依当事人申请或依职权，按照新的生效法律文书，作出执行回转的裁定，责令原申请执行人返还已取得的财产及其孳息。拒不返还的，强制执行。执行回转应重新立案，适用执行程序的有关规定"。

第二种意见认为，刘某付夫妇可以依据刑事生效判决，向法院主张责令李某城、李某向其退还犯罪所得。李某城、李某因实施虚假诉讼犯罪行为分别获取案款数百元、45000余元不等，该案款为李某城、李某违法所得。刘某付夫妇的财产利益因二人的犯罪行为遭受损失，刘某付夫妇为虚假诉讼罪的被害人。根据《刑法》第64条规定[①]，对于犯罪违法所得的一切财物，应当予以追缴或者责令退赔；对于被害人的合法财产，应当及时返还。本案中，通过虚假诉讼，李某城与李某从执行中获取的案款属于违法所得。法院应当对李某城、李某的违法所得予以追缴或责令退赔，因法院未进行相应处理，作为被害人的刘某付夫妇可以向法院主张责令李某城、李某退赔，并将违法所得返还给刘某付夫妇。

第三种意见认为，刘某付夫妇应以侵权责任纠纷起诉李某城、李某，主张侵权损害赔偿。李某作为被执行人的案件除了其与李某城的民间借贷纠纷外，还有其与刘某付夫妇的合伙协议纠纷。在合伙协议纠纷案件中，法院判决李某夫妇向刘某付夫妇支付相应补偿款。如不存在该民间借贷纠纷虚假诉讼，李某城领取的案款应全部发放给刘某付夫妇。李某为逃避履行该义务，与李某城恶意串通进行虚假诉讼，该行为致使刘某付夫妇的利益遭受损失，李某城与李某应当承担侵权损害赔偿责任。

二、救济途径分析

（一）执行回转的优与劣

执行回转，又称给付之返还与赔偿，是指在执行中或执行完毕后，因据以执行的法律文书被撤销，将债权人基于强制执行所得之利益，返还给债务人或案外人，将执行标的物恢复到执行行为实施前的原始状态。[②]法律之所以设立执行回转制度，就是因为据以执行的法律文书被撤销后，原申请执行人据此取得的财产因失去合法依据而构成不当得利，因不当得利获得的财产

[①] 《刑法》第64条规定，"犯罪分子违法所得的一切财物，应当予以追缴或者责令退赔；对被害人的合法财产，应当及时返还；违禁品和供犯罪所用的本人财物，应当予以没收。没收的财物和罚金，一律上缴国库，不得挪用和自行处理"。

[②] 参见童兆洪、林翔荣：《民事执行救济制度刍论》，载《比较法研究》2002年第3期。

应当予以返还给原权利人。

执行回转程序启动后,首先,由李某城将领取的全部案款退还给执行法院,其次,由执行法院将该笔案款退还给李某。最后,由刘某付夫妇依据生效的合伙协议纠纷民事判决书申请法院强制执行李某从李某城处退还的案款,以实现对李某的部分债权。

启动执行回转的优势有二:一是在合伙协议纠纷执行案件中,刘某付夫妇向法院申请强制执行,因李某无可供执行的财产而终结本次执行程序,通过执行回转李某城领取的案款,有利于实现刘某付夫妇的债权;二是执行回转除要求原申请执行人返还已取得的财产外,还要求返还相应的孳息,对刘某付夫妇利益的保护更加充分。

然而,本案能否启动执行回转程序存在一定争议。依据《民事诉讼法》第240条、《执行工作若干问题的规定(试行)》第65条的规定,执行回转需同时满足以下四个条件:一是原执行程序全部或部分执行结束;二是据以执行的法律文书被撤销或变更;三是取得新的生效法律文书;四是原执行依据的申请执行人已取得被执行人的财产,并拒不返还财产。本案中,李某城于虚假诉讼胜诉后领取案款45887.27元并拒不返还,且虚假诉讼民事判决已被撤销,本案能否启动执行回转程序取决于是否存在新的生效法律文书。新的生效法律文书作为进入执行回转领域的入场券,应当是终局性的法律文书,并且具备实体内容,也即新的生效法律文书能够使取得财产者丧失合法依据,从合法取得变成不当得利。本案中,刑事判决书作为新的生效法律文书,对李某城交还李某及郭某荣案款数额的模糊化表述,使本案执行法官认为李某城已经将全部案款交还李某及其前妻郭某荣。执行法官认为,执行回转程序的启动旨在通过公权力将原本属于李某的财产执行回流至李某,本案双方当事人已私下返还案款,执行回转效果已经实现,本案已不存在执行回转的必要。刑事判决书作出后,平谷区人民法院作出民事再审判决书,然而,该民事再审判决书并未对李某城交还李某及其前妻案款以及李某给李某城几百元作为好处费的事实加以认定,该案启动执行回转的依据不足,启动执行回转程序存在一定困难。

(二)退赃退赔的优与劣

退赃,是指犯罪嫌疑人或被告人、罪犯及其委托人依据法律法规主动或被动性地将非法获得的财物直接退还给被害人或上缴司法机关的行为。退赔，是指在所得的赃物已被其非法处置或者毁损而无法退还被害人原物时，采取折价方式直接赔偿被害人或者上缴司法机关的行为。退赃退赔不仅是量刑从宽处理的重要考量因素，还是被害人权利保护的有效途径，尤其是财产型犯罪。退赃的核心是有赃存在且可以退，退赔的核心是赃已经不存在或者客观上不能退。还应当注意，违法所得的范围要比赃更广，除了刑事案件的赃之外，还包括使用赃款、赃物取得的利益，以及民事、行政违法行为的获益等。

分析《刑法》第64条的规定，违法所得没有说明来源，而应当返还的财产则需为被害人的合法财产。侵害被害人的合法财产，能返还的退赃，不能返还的退赔。这里所称的被害人的合法财产，应当理解为被害人的实有财产，能否包括期待利益，如合法债权，尚不明确。退赃退赔的对象是被害人，而追缴应当经司法机关上缴国库。

根据最高人民法院、最高人民检察院《关于办理虚假诉讼刑事案件适用法律若干问题的解释》第9条第1款规定[①]，在虚假诉讼案件中，是存在犯罪行为人退赃、退赔的。如犯罪行为人单方恶意提起虚假诉讼意图侵占被告的财产，获得胜诉生效判决后经强制执行现实取得了被告财产，那么就应当退赃、退赔。但是在案例检索中，尚未发现虚假诉讼判决中有关于退赃、退赔的表述。其原因可能是，虚假诉讼尚未进入执行阶段即被发现，没有造成实质性财产损失。

退赃退赔的优势在于主体明确、总数确定。如退赔，刑事司法实务中，以犯罪行为人实际取得的财产数额作为退赔范围，犯罪行为人之间不承担连带责任。李某城、李某因为犯罪行为所获案款属于违法所得，依法应当予以追缴或者退赔。本案中，李某城、李某因虚假诉讼强制执行获得的总数确定，如果能够依法退赔，那么退赔总数为45887.27元。尽管二人关于李某城实际未交还数额的说法不一致，但该问题可由举证责任的分配予以解决，即由李某举证证明李某城有六七百元未交还的证据，若举证不能，则认定有利于李某城的证据，即李某城退赔548元，李某退赔45339.27元。

---

① 实施《刑法》第307条之一第1款行为，未达到情节严重的标准，行为人系初犯，在民事诉讼过程中自愿具结悔过，接受人民法院处理决定，积极退赃、退赔的，可以认定为犯罪情节轻微，不起诉或者免予刑事处罚；确有必要判处刑罚的，可以从宽处罚。

退赃退赔的劣势在于，仅针对被害人的合法财产，且退赔人之间不存在连带责任。本案中，刘某付夫妇能否向法院主张退赃退赔，取决于刘某付夫妇是不是刑事被害人。刑事被害人，是指自身正当权益受到犯罪行为直接侵害的自然人、法人或者其他组织等。侵害行为应属于犯罪行为，在不属于犯罪行为的情况下，不应将其视为刑事被害人，其可能属于行政被害人，也可能属于民事被害人。另外，刑事被害人需受到犯罪行为直接侵害，若把受到间接侵害视为刑事侵害的情况下，被害人在范围上将无边扩大，难以对其进行有效界定，在此情况下，司法实践以及立法层面都会面临较大困难。① 本案中，刘某付夫妇权益虽遭受犯罪行为侵害，但并未遭受直接侵害，其损失的利益是预期利益，而非现实利益，因此不能成为刑事被害人。在此意义上，李某城、李某的违法所得只能上缴司法机关，并不能直接退赃退赔给刘某付夫妇，这样就不利于案外人权益的救济。

（三）侵权损害赔偿诉讼的优与劣

利益损失分为既得利益损失和预期利益损失，二者是相对的概念。既得利益损失是指现有利益遭受损失，预期利益损失即可得利益损失，是指违约行为的发生导致受害人原本可以得到的利益因此丧失。我国民法典中存在诸多预期利益损失赔偿的法律依据，但该依据对预期利益损失赔偿在何种情形下获得支持以及赔偿数额认定并未直接进行规定。最高人民法院《关于当前形势下审理民商事合同纠纷案件若干问题的指导意见》第9条②、第10条③分别确立了预期利益损失的范围以及预期利益损失的认定标准。综合来看，因合同违约导致预期利益受损，守约方可向违约方主张预期利益损失。

---

① 参见张晓莉：《试论刑事诉讼法中刑事被害人的权利保护》，载《法制与社会》2020年第34期。

② 最高人民法院《关于当前形势下审理民商事合同纠纷案件若干问题的指导意见》第9条规定，根据交易的性质、合同的目的等因素，可得利益损失主要分为生产利润损失、经营利润损失和转售利润损失等类型。

③ 最高人民法院《关于当前形势下审理民商事合同纠纷案件若干问题的指导意见》第10条规定，人民法院在计算和认定可得利益损失时，应当综合运用可预见规则、减损规则、损益相抵规则以及过失相抵规则等，从非违约方主张的可得利益赔偿总额中扣除违约方不可预见的损失、非违约方不当扩大的损失、非违约方因违约获得的利益、非违约方亦有过失所造成的损失以及必要的交易成本。

本案中，若无民间借贷虚假诉讼，李某城领取的案款应属于刘某付夫妇合伙协议纠纷民事判决的执行案款。李某城、李某恶意串通提起虚假诉讼侵害刘某付夫妇权益，刘某付夫妇的预期利益受损是因虚假诉讼侵权行为所致。如果能够提起侵权损害赔偿诉讼，那么李某城、李某恶意串通提起虚假诉讼属于有意思联络的共同侵权，对刘某付夫妇的损失应当承担连带赔偿责任。对善意案外人而言，李某城与李某承担连带侵权责任比刑事退赃、退赔的确定数额的单独责任更有利于救济权利，即在李某的基础上，增加李某城对其损失的预期利益共同承担责任，能最大限度追回损失。

然而，提起新的诉讼具有明显的劣势：一是会增加刘某付夫妇的诉累；二是因为现有法律对因侵权导致预期利益受损进行救济的缺失，使法院即便以侵权纠纷为由立案，刘某付夫妇也极有可能面临败诉的风险；三是李某城若因此承担连带赔偿责任，对李某城而言责任过重。李某城因实施虚假诉讼行为，仅获取几百元好处费，然而其已经因此承担刑事责任，被判处有期徒刑1年，并处罚金1万元，因李某目前已无可供执行的财产，若李某城为领取的45887.27元对外承担全部责任，对于李某城而言，受到的惩罚过重，而李某可能因为实施虚假诉讼行为未承担本应承担的责任，不符合公平原则。

在假设均可行的情况下，综合分析上述三种途径，执行回转的履行义务主体仅有李某城一人，以其实际取得的案款数额为限，包括孳息；退赃退赔的履行义务主体有李某城、李某二人，以其各自实际取得的案款数额为限，不承担连带责任，包括孳息，如退赔仍不能弥补损失，可另行提起民事诉讼；[①] 民事侵权责任的履行义务主体有李某城、李某二人，因存在共同侵权故对损失数额承担连带责任。考虑责任主体、责任方式、赔偿范围等因素，三者相比较而言，承担民事侵权责任对案外人最为有利，退赃退赔其次，执行回转最次。然而，就启动程序的现实可行性而言，仅执行回转没有障碍，退赃退赔、承担民事侵权责任均有风险。

---

① 参见北京市高级人民法院（2009）高民终字第1145号。

三、救济途径的抉择

（一）救济必要性——保护案外人利益

在现行法律框架下，针对可得利益损失提起侵权诉讼具有不确定性，侵权损害赔偿这一路径难以走通。而且刘某付夫妇不是现有利益的损失，而是可得利益的损失，认定其为刑事案件被害人具有法律障碍，退赃、退赔的途径似乎也难以走通。从执行回转的操作当时来看，李某城领取案款后已经将绝大部分案款交由李某控制，私自实现了"执行回转"，而李某以现金方式取得相应案款后难以查明去向，能够执行回转的仅有李某城认可其获取的几百元"好处费"，这样案外人举报虚假诉讼，除了追究虚假诉讼犯罪行为人的刑事责任外，其财产权益并没有因为查办虚假诉讼而得到有效的救济。因此，从结果看案外人举报虚假诉讼，除了获得精神上的胜利外，似乎没有得到经济利益，这种结果不利于打击虚假诉讼，也不利于鼓励案外人举报虚假诉讼。因虚假诉讼具有很强的隐蔽性，案外人举报是有效的发现虚假诉讼的途径。如果案外人丧失举报虚假诉讼的动力，那么将不利于查办虚假诉讼行为，进而不利于保护司法秩序和公平正义。所以，应当从实现经济利益的角度给予案外人以公平合理的救济。

（二）救济的基础——案外人利益的可确定性

可得利益损失不能退赃、退赔，不便于提起侵权责任诉讼的原因也在于可得利益的不确定性。逃避履行债务型虚假诉讼所侵害的案外人权益却是能够准确计算，从而是能够确定的。就本案而言，李某作为被执行人的执行案件仅有2件，一件是刘某付夫妇申请执行的合伙协议纠纷案，另一件是李某城申请执行的民间借贷纠纷虚假诉讼案。案款只在该两案间分配，李某城因虚假诉讼领取的案款均应发放给刘某付夫妇，刘某付夫妇可得利益损失即是李某城与李某实施虚假诉讼犯罪行为通过执行程序所得的案款数额。这与李某城与李某对刘某付夫妇实施相同数额的诈骗犯罪，对刘某付夫妇造成的损失，从结果上并无二致。在数额具体确定的情况下，赋予刘某付夫妇刑事案件被害人的身份，进而允许其享有要求退赃、退赔的权利，并无不合理之处。考虑最高人民法院、最高人民检察院《关于办理虚假诉讼刑事案件适用法律若干问题的解释》第 9 条第 1 款规定认可虚假诉讼存在退赃、退赔，该认定也不违反法律规定。因此，应当赋予逃避履行债务型虚假诉讼中，存在可得利益损失的案外人作为刑事被害人的相应权利。

（三）替代路径——不当得利之诉

不当得利，是指没有法律依据，取得不当利益，造成他人损失的情形。因他人没有法律根据，取得不当利益，受损失的人有权请求其返还不当利益。构成不当得利，有四个构成要件：一是一方取得利益。取得利益，是指财产利益的增加。既包括积极的增加，即财产总额的增加；也包括消极的增加，即财产总额应减少而未减少。二是他方受到损失。受到损失，是指财产利益的减少，既包括积极损失，即财产总额的减少；也包括消极损失，即应当增加的利益没有增加。三是一方取得利益与他方受到损失之间有因果关系。四是没有法律依据。本案中，李某城与李某构成一方，取得了利益，李某城表现为积极的增加，李某表现为消极的增加；刘某付夫妇作为利益受损的他方，表现为消极的损失。刘某付夫妇的利益损失与李某城、李某取得利益具有因果关系，因虚假诉讼民事判决被撤销，故李某城、李某取得利益没有法律依据。所以，刘某付夫妇可以李某城、李某为被告提起不当得利之诉。从结果看，李某城与李某各自以取得的不当得利及孳息为限返还财产，与二人承担侵权连带赔偿责任相比更为妥当。

总之，对于逃避履行债务型虚假诉讼所侵害的案外人，现行法律框架下最可行的是请求法院依职权执行回转，或者提起不当得利之诉。从完善救济途径看，应当赋予案外人申请法院执行回转的权利，并赋予其刑事诉讼程序中被害人的地位，进而有权取得退赃、退赔。这样案外人可以根据责任主体、赔偿范围、程序效率等因素，选择适当的维护权利途径，以保证其合法权益，从而维护案外人举报虚假诉讼的积极性，实现人民群众司法公平正义的获得感与维护司法秩序之间的共赢。

民事虚假诉讼检察监督视域下刑事讯问、询问笔录的证据效力探究

陈 乐 季发明*

摘 要： 在民刑交叉虚假诉讼案件的民事生效裁判检察监督和刑事追诉同步开展的情况下，刑事追诉过程中产生的讯问、询问笔录在民事生效裁判检察监督中当然具有证据能力，且应属于言词证据。其中，当事人的"自认"在民事虚假诉讼检察监督中具有较高的证据效力，但其不能单独作为证据使用。作为证人证言，刑事讯问、询问笔录可成为检察机关向法院提出抗诉或再审检察建议的证据材料用以启动再审程序，在此过程中并不需要证人到场接受法官的调查询问。除此之外，对刑事讯问、询问笔录仍须按照民事诉讼证据规则进行审查，并与其他证据形成完整的证据链，才可作为民事虚假诉讼生效裁判检察监督的证据使用。

关键词： 虚假诉讼 检察监督 刑事讯问、询问笔录 证据效力

近年来，随着扫黑除恶专项斗争的深入开展，许多以"套路贷"为主要形式的民间借贷诈骗案件不断浮出水面，此类案件通常会存在刑事案件和民事案件交叉的情形，如在"套路贷"案件中普遍存在违法犯罪当事人通过虚构民间借贷关系并以诉讼的形式骗取法院作出错误裁判和执行的方式以获取自身非法利益的情形。针对此类民事虚假诉讼行为，检察机关积极履职，及时审查公安机关移送的证据材料，并依法向法院提出民事生效裁判监督。但

---

* 陈乐，浙江省丽水市人民检察院第四检察部主任；季发明，浙江省丽水市人民检察院检察官助理。

在司法实践中，一些法院存在笼统地以所谓的"先刑后民"程序适用规则拒收或延迟受理检察机关的抗诉或再审检察建议的情形，此种情形不仅会损害检察机关的司法权威，也会导致错误的判决得不到及时改判，相关利益受害人的合法权益得不到及时补救，使"迟来的正义来得更迟"。出现上述问题，究其原因是法院审判人员因对前述民事虚假诉讼客观事实的内心不确信，便含糊地将"先刑后民"这个个案规则用作司法审判的普遍原则，以规避民事裁判被刑事裁判推翻的小概率风险。针对前述问题，不仅要做理论上的辩驳还要进一步完善立法，并切实强化检察机关所掌握证据对民事虚假诉讼客观事实的证明力，以增强审判人员在再审程序启动过程中的内心确信。在公安机关向检察机关移送的证据材料中，刑事讯问、询问笔录由于承载着当事人对民事虚假诉讼客观事实的重要陈述，其在证据链中往往发挥着一锤定音的关键作用。然而，由于刑事证据和民事证据之间的差异，刑事讯问、询问笔录在民事诉讼中的证据效力问题受到了理论界和实务界的广泛关注和争论。由此延伸出来的刑事讯问、询问笔录在民事虚假诉讼生效裁判检察监督（以下简称民事虚假诉讼监督）中的证据效力问题同样值得研究。

一、先刑后民：刑事讯问、询问笔录证据效力问题的争议缘起

针对前述民刑交叉的虚假诉讼案件，该如何处理刑事案件和民事案件的审理顺序，理论界进行了许多探讨。在司法实践中，法院的前述做法显然是不合理的，也是不符合法律规定的，在很多情况下，刑事案件和民事案件的客观事实并非完全重叠，很多时候，民事虚假诉讼只是刑事违法犯罪活动的一部分或是其衍生行为，因此，刑事案件认定的事实和裁判结果并不必然影响民事案件事实的认定。再者，"先刑后民"既不是我国民事诉讼的法定原则，也不是我国刑事诉讼的法定原则，其并不具有普遍适用性。为回应理论呼声和实践需要，最高人民法院、最高人民检察院、公安部、司法部于2021年3月4日联合制发的《关于进一步加强虚假诉讼犯罪惩治工作的意见》第14条规定："人民法院向公安机关移送涉嫌虚假诉讼犯罪案件，民事案件必须以相关刑事案件的审理结果为依据的，应当依照民事诉讼法第一百五十条第一款第五项的规定裁定中止诉讼。刑事案件的审理结果不影响民事诉讼程

序正常进行的,民事案件应当继续审理。"该《意见》明确规定了民刑交叉虚假诉讼案件中民事案件和刑事案件审理先后顺序的问题。实践中,只有当民事虚假诉讼活动和刑事犯罪属于同一主体所为的同一事实或行为,且民事案件的审理必须以刑事案件的审理结果作为依据的情形下,民事案件才需要中止诉讼,即所谓的"先刑后民"。除此之外,大部分的民刑交叉虚假诉讼案件的民事审理及监督应与刑事追诉同步进行,即"民刑同步"。

在前述基础上,产生了本文的主题,即在民刑交叉虚假诉讼案件的民事虚假诉讼监督和刑事追诉同步开展的情况下,刑事讯问、询问笔录在民事虚假诉讼监督中的证据效力如何。要讨论"证据效力"问题,需要讲清楚三个层面的内容:一是证据能力问题,即刑事讯问、询问笔录在民事诉讼中是否具有证据资格,对此,理论界和实务界均持肯定态度,本文不再讨论;二是证据的法律属性问题,即刑事讯问、询问笔录作为民事诉讼中的证据,其应属于哪一证据种类;三是在解决前述问题基础上,结合民事虚假诉讼检察监督实践,对刑事讯问、询问笔录作为不同民事诉讼证据种类所具有的证据效力及效力实现问题进行具体分析。

二、证据转换:刑事讯问、询问笔录在民事诉讼中的法律属性

我国法律对诉讼案件中的证据进行了归类,在刑事诉讼中,刑事讯问、询问笔录即公安机关在侦查中形成的讯问、询问笔录并不属于法定的笔录类证据,其主要是作为犯罪嫌疑人的供述和辩解、被害人陈述等的载体。当刑事讯问、询问笔录来到民事诉讼活动中后,其在民事诉讼中的证据属性受到了实务界和学界的广泛讨论和争议,主要有"书证论"[1]和"言词证据论"[2]两种观点。

(一) 书证论的反驳

"书证论"认为,笔录是将当事人的陈述作为其客观表述而记载于书面

---

[1] 参见贾启珍、郭广录:《试论询问笔录、调查笔录的法律性质》,载《河北法学》1996年第3期。

[2] 参见马明亮:《诉讼对抗与笔录类证据的运用》,载《证据科学》2013年第1期。

的结果呈现,其符合书证的一般定义,即指能够根据其表达的思想和记载的内容查明案件真实情况的一切物品。①加之刑事讯问、询问笔录是在刑事诉讼的法定程序中形成的,其在获取渠道方面具有当然的合法性。因此,该观点认为,只要刑事讯问、询问笔录本身是客观真实的,其记载的内容亦为真实,进而推导出民事法官只需对刑事讯问、询问笔录进行形式审查,最多是对其真实性进行审查,便可直接依据该笔录认定民事案件事实的真伪。

但从时间维度上看,书证通常形成于案件发生的过程中,而刑事讯问、询问笔录的形成则是在案件发生后侦查人员对案件当事人及相关人员的调查过程,因此,刑事讯问、询问笔录在形成时间上不符合书证的要求。②从我国刑事诉讼证据种类划分的角度看,证据种类并列包含着书证、犯罪嫌疑人、被告人供述和辩解等。在刑事讯问等过程中,犯罪嫌疑人、被告人对案件事实的陈述也会包含其本人的供述和辩解,若将据此形成的刑事讯问、询问笔录归入书证的范畴,则相应的当事人的供述和辩解也会被归入书证的范畴,即出现了重复归类,这显然不符合前述刑事诉讼法对证据种类的划分。从我国法律体系的系统性考虑,在民事诉讼中同样不能出现上述证据分类冲突。另外,从功能上看,刑事讯问、询问笔录不仅能证明案件的相关事实,也能证明刑事讯问、询问活动是否合法,而书证的功能主要体现在证明案件事实上,若将其归为书证将不利于审判人员和检察人员对刑事讯问、询问笔录来源的合法性审查。综上,刑事讯问、询问笔录在民事诉讼中不应归属于书证。

(二)言词证据论的证成

在我国民事诉讼法中,言词证据主要包括证人证言和当事人的陈述。有反对观点认为,根据直接言词原则,无论是证人证言还是当事人的陈述,均要求该言词在法庭审理中对法官进行陈述,如此才能为言词证据的质证和法官对证据的判断提供基本的条件,而刑事讯问、询问笔录从一开始就是对过去事实的表述,且在法庭审理之时已经形成书面材料,因此,刑事讯问、询问笔录作为言词证据不符合时间和空间的要求。

但可以明确的是,刑事讯问、询问笔录无论以怎样的形式呈现,本质上

---

① 参见樊崇义主编:《证据法学》(第六版),法律出版社2017年版,第139页。
② 参见包冰锋:《公安讯问笔录于民事诉讼中的证据能力及证明力探究》,载《证据科学》2019年第5期。

还是证人或当事人对相关事实的陈述,是证人或当事人对某些案件事实的口语表达。从理论上看,虽然笔录文书材料本身不能作为民事诉讼中的言词证据,但笔录文书材料上记载的被讯问、询问人的陈述却可以作为对案件事实的描述并接受法庭调查,进而成为民事诉讼中的言词证据。从操作层面来看也具有可行性,可以先将刑事讯问、询问笔录文书材料作为言词证据提交,其后根据法庭安排,证人或当事人对其陈述的事实出庭或通过远程视频等形式接受质询,以确保证据质证的依法进行。此外,在司法实践中,如最高人民法院和四川省高院对"英华铝业公司与颖博投资公司担保追偿权纠纷"①一案的处理也体现了将刑事讯问、询问笔录作为民事诉讼中言词证据的观点。该案的关键问题是案涉刑事询问笔录记录的丘某所作的"同意变卖……资产,予以偿还给颖博投资公司……"的承诺是否真实存在。案件双方围绕该刑事询问笔录的证据能力和证明力问题不断提出上诉和申请再审。最高人民法院经审理认为,该刑事询问笔录是公安机关在侦办另一起刑事案件过程中,依法对丘某询问形成的笔录,询问时未采取任何强制措施……且四川省高院已经调取了该刑事询问笔录原件,并交由双方当事人质证。因此,最高人民法院认为,四川省高院对该刑事询问笔录的合法性和真实性认定无错误……作为证据使用并无不当。本案中,最高人民法院对案涉刑事询问笔录的审查采取了谨慎的态度,除了确认刑事询问活动完全合法规范之外,还由四川省高院调取了笔录原件交由双方当事人质证,实则是将该刑事询问笔录当作了民事诉讼中的言词证据,若是将其作为书证则不必再由四川省高院于庭外交双方质证了。综上所述,在民事诉讼中将刑事讯问、询问笔录归为言词证据不仅是探寻证据本质,也是面向实践需要。

三、检察实践:刑事讯问、询问笔录在民事虚假诉讼监督中的证据适用

在明确了刑事讯问、询问笔录在民事诉讼中的证据属性后,则需要对其作为民事虚假诉讼监督中的当事人的陈述和证人证言的具体适用方式及证据审查作进一步分析。

---

① 参见杜万华主编:《最高人民法院民商事案件审判指导》(第2卷),人民法院出版社2015年版,第660—670页。

(一) 作为"当事人的陈述"的适用方式

当民刑交叉案件的民事虚假诉讼当事人和刑事案件犯罪嫌疑人为同一主体时,则刑事讯问、询问笔录可成为言词证据中的当事人的陈述。实践中,刑事讯问、询问笔录作为检察机关对民事虚假诉讼提出抗诉或再审检察建议的证据,以当事人"自认"较为普遍,也最为有效。因为"自认"是一方当事人对不利于己的案件事实的承认,且"自认"通常表现为对主要事实的直接承认,即"自认"主要为直接证据,因此法官在面对"自认"时,其内心通常更能接受自认事实的存在。如公安机关查办"套路贷"等刑事案件的过程中,犯罪嫌疑人可能会在公安机关讯问、询问的时候承认自己虚构法律事实骗取法官的民事判决以达到非法目的的事实。且在侦查中,公安机关会对"套路贷"的虚假民事诉讼活动参与人员进行交叉讯问或询问,通过不同虚假诉讼活动参与人的供述,并结合各相关证据,以达到刑事定案的证据标准。因此,在"民刑同步"的情况下,检察机关可以充分运用刑事讯问、询问笔录中有关当事人对捏造虚假事实的"自认"作为证据之一,就民事虚假诉讼积极向法院提出抗诉或再审检察建议。值得注意的是,实践中,由于当事人的陈述具有很强的主观性,最高人民法院《关于民事诉讼证据的若干规定》第90条明确规定当事人的陈述不能单独作为认定案件事实的根据。

(二) 作为"证人证言"的适用方式

当民刑交叉案件的民事虚假诉讼当事人和刑事案件犯罪嫌疑人并非同一主体时,刑事讯问、询问笔录则可成为言词证据中的证人证言。根据最高人民法院《关于民事诉讼证据的若干规定》第68条"人民法院应当要求证人出庭作证,接受审判人员和当事人的询问"的规定,若证人证言未经法庭质询的相关法律程序则不得作为定案证据。对于前述证据规则,笔者认为需要做一个厘清,即前述关于证人出庭接受质询的相关证据规则应当为法庭审理案件过程所遵守,而并非为检察机关在生效裁判检察监督过程中所必须遵守。具体而言,在检察机关向法院提出抗诉或再审检察建议并提交刑事讯问、询问笔录等证据材料的过程中,刑事讯问、询问笔录作为证人证言并非必须要求证人到场接受法官调查询问才能作为法院启动再审程序的证据材料,也即检察机关可以将刑事讯问、询问笔录以证人证言的名义作为提出抗诉或再审检察建议的证据材料以启动再审程序，而无须要求证人到场接受法官的调查询问。此外，需要注意的是，证人证言在实践中多为间接证据，由于不能独立地直接证明案件的主要事实，证人证言必须与案内的其他证据结合起来，构成一个证据体系，才能共同证明案件的主要事实。

（三）民事诉讼证据规则下的证据三性审查

需要强调的是，刑事讯问、询问笔录作为民事虚假诉讼监督中的当事人的陈述和证人证言，仍需按民事诉讼证据规则进行审查和运用。刑事讯问、询问笔录作为检察机关提出抗诉和再审检察建议的证据，其证据效力的关键是具备证据的"三性要求"，即合法性、形式关联性和形式客观性[①]，其核心是证据合法性，因为合法性是证据真实性和关联性的法律保障，只有公安机关的讯问、询问方式方法合法，才能认为被讯问、询问人的陈述是客观真实且与待证事实存在关联。因此，对刑事讯问、询问笔录的合法性审查尤为关键，而刑事讯问、询问笔录形成于刑事诉讼活动中，其合法性自然仍应按照刑事诉讼法的相关规定进行审查：一要审查取证主体是否合法，其中讯问、询问人员须为对相应刑事案件具有侦查职权的公安干警，且必须满足法定的人数要求等；二要审查证据表现形式是否合法，其中，笔录要依规载明收集的时间、地点及相关人员的签名等事项；三要审查取证手段是否合法，讯问、询问必须严格按照法定程序进行，尤其不允许刑讯逼供、威胁等非法取证手段的存在。[②] 对于证据的形式关联性审查，需要明确的是，关联性审查是证据审查的必经环节，没有关联性就没有了举证的意义，至于其关联的程度，在提出抗诉和再审检察建议阶段则不需要很高的要求，具体可以检察

[①] 有学者将证据的关联性区分为形式关联性与实质关联性，两者分别指的是证据能力的关联性和证明力的关联性，前者更多是在启动程序的过程中发挥作用，后者主要是在实质审理中发挥作用；也有学者将证据的客观性分为形式上的客观性与实质上的客观性，前者是指证据的载体或者证据本身必须是客观存在而非臆想的，后者是指证据的内容是对客观事实的真实反映。本文讨论的是检察机关就民事虚假诉讼提出抗诉或再审检察建议以启动法院再审程序的过程中刑事讯问、询问笔录的证据效力问题，其主要是在程序启动过程中发挥作用，因此在此诉讼阶段，除了合法性，对刑事讯问、询问笔录的证据关联性和客观性只需进行形式上的审查即可。

[②] 参见王春艳：《论刑事讯问、询问笔录在民事诉讼中的证据效力——以英华铝业与颖博投资担保追偿权纠纷案为例》，西南政法大学 2018 年硕士学位论文。

人员的经验和逻辑进行判断。对于证据的形式客观性审查，可重点考察刑事讯问、询问笔录是否存在伪造、变造情形，是否为公安机关依法制作，有无加盖公章等。实践中，若当事人对其不表示异议，则可认定相应刑事讯问、询问笔录为客观真实。

论调查核实权在虚假诉讼检察监督中的"合力式"保障路径

吴明轩[*]

摘　要：虚假诉讼作为潜藏于司法领域的"毒瘤"，其公害性在于损害当事人的合法权益，破坏诉讼秩序，蚕食社会诚信。检察机关手执法律监督利器，应实现对虚假诉讼的有力打击。但是，以《民事诉讼法》第217条为授权基础，以《人民检察院民事诉讼监督规则》为具体指引依据的民事检察调查核实权，未能充分满足甄别和查证虚假诉讼的现实需求。鉴于此，有必要在检察机关实现内部优化的基础上，进一步强化以人民法院、公安机关等为主体的外部协同保障，以在确保权力有效运行方面激发"内优外保"的合力效能。具体而言，首先，除法律和内部规则外，以国家和各省级司法机关专门就惩处虚假诉讼联合印发的规范性文件为宏观视角，辅之以民事检察人员调查核实虚假诉讼案件的微观实证调研，全面洞悉虚假诉讼调查核实权的实践运行情况。其次，以民间借贷为具体剖析例证，从现行措施的实践"短板"、权限设置的平衡性、外部协同保障对于权力格局完善的价值等方面综合解析内外合力保障调查核实权运行的必要性。最后，以民间借贷为对策尝试类型，一方面，通过适度拓展核查权限、整合优势办案资源、发挥案例的实践指导作用等方式实现内部优化；另一方面，以进一步完善协同保障的现实举措、统筹构建联合工作平台等为具体思路，探寻外部保障的强化方向，最终论证关于虚假诉讼调查核实权"内优为主、外保为辅"的"合力式"保障路径。

关键词：民事检察　虚假诉讼监督　调查核实权　合力保障　民间借贷

---

[*] 吴明轩，海南省海口市秀英区人民检察院检察官助理。

一、实践检视：虚假诉讼监督中调查核实权的现实运行样态分析

（一）宏观视角：虚假诉讼调查核实权的行使依据

1. 统一适用的法律、内部规则和其他依据

通观检察机关在民事检察监督程序中行使调查核实权所适用的法律依据，《民事诉讼法》第217条作为授权基础，规定人民检察院因履行法律监督职责提出检察建议或者抗诉的需要，可以向当事人或者案外人调查核实有关情况。《人民检察院组织法》第21条原则性规定了检察机关可以进行调查核实及有关单位的配合义务。同时，《人民检察院民事诉讼监督规则》（以下简称《监督规则》）对调查核实权的运行程序及具体措施进行了细化规定。

在其他通行依据方面，2021年3月，最高人民法院、最高人民检察院、公安部、司法部联合印发了《关于进一步加强虚假诉讼犯罪惩治工作的意见》（以下简称《意见》），《意见》第20条对人民检察院办理涉嫌犯罪的虚假诉讼监督案件相关调查核实权限予以进一步补充式强化，即：（1）有关单位和个人无正当理由拒不配合调查核实、妨害民事诉讼的，可以建议有关人民法院依照《民事诉讼法》第111条第1款第5项①等规定处理；（2）依照有关规定调阅民事诉讼卷宗的，人民法院应予配合（通过其他方式能满足办案需要的可不调阅卷宗）；（3）可以听取人民法院原承办人的意见。

2. 各地专门就虚假诉讼印发施行的规范性文件

为全面深入了解全国各地检察机关在调查核实虚假诉讼监督案件过程中的具体措施权限，笔者以各省级司法机关结合地方防范和惩处虚假诉讼工作的实际情况，联合印发施行的"规定"或"若干（指导）意见"（以下简称"省级意见"）为切入点，进行数据收集和类比分析，全面了解和比对各地对虚假诉讼监督中检察机关调查核实权运行的实际规范和现实保障情况。通过网络检索方式，笔者发现，2013—2021年，江西、江苏、浙江、重庆、福建、黑龙江、河南、辽宁、陕西、贵州、山西、广西、山东13个省（自治区、直辖市）已先后印发施行此类意见。因无法查询江西、山西、广西、山东4

---

① 现行《民事诉讼法》第114条第1款第5项。——编者注

省（自治区）的意见原文，故仅对9省（直辖市）10份意见的数据予以统计（见表1）。

表1　全国9省（直辖市）10份文件中关于检察机关调查核实权的规定情况统计

序号	省份	施行时间	会签机关	文件名称	关于检察机关调查核实权的具体规定
1	江苏	2013年	省高级法院 省检察院 省公安厅 省司法厅	《关于防范和查处虚假诉讼的规定》	1.查办虚假诉讼涉嫌违法犯罪案件，不受民事行政案件当事人是否申请再审和申请检察监督的限制；2.人民法院、人民检察院、公安机关在查办虚假诉讼案件过程中可相互借调或者复制侦查、起诉、审判、执行案件卷宗，并予以积极配合。
2	浙江	2017年	省高级法院 省检察院 省公安厅 省司法厅	《关于防范和打击虚假诉讼的若干意见》	人民检察院对有虚假诉讼嫌疑的案件，可以采取下列措施开展调查：（1）就案件事实向当事人及其他相关人员进行询问；（2）要求案件当事人提供原始证据或者其他证据；（3）向有关部门和单位及证人调查取证；（4）依法可以采取的其他措施。
3	重庆	2017年	市高级法院 市检察院 市公安局	《关于在查处虚假诉讼中加强配合与协作的指导意见》	人民法院、人民检察院、公安机关在查办虚假诉讼案件过程中，可以相互借调或者复制侦查、起诉、审判、执行等案件卷宗，确需相互配合协助的，应予以积极配合协助。
4	福建	2018年	省高级法院 省检察院 省公安厅	《关于防范和查办虚假诉讼的若干意见》	1.可能存在虚假诉讼的案件，人民检察院应当加大依职权调查取证力度，并通知当事人到场接受询问。2.因办理虚假诉讼监督案件需要，人民检察院可以向当事人或者案外人调查核实有关情况。人民法院、公安机关对人民检察院针对虚假诉讼案件的调阅卷宗、调查取证等工作应当予以支持配合。3.人民检察院发现民事审查监督案件涉嫌虚假诉讼的，可以听取人民法院原承办人的意见。
5	黑龙江	2019年	省高级法院 省检察院 省公安厅	《关于防范和制裁虚假诉讼的若干意见》	1.人民法院、人民检察院、公安机关应当相互支持和配合因查办虚假诉讼案件开展的调阅卷宗等调查取证工作；2.人民检察院查办虚假诉讼案件，可以依法听取人民法院原承办人的意见。
6	河南	2020年	省高级法院 省检察院 省公安厅 省司法厅	《关于防范和打击虚假诉讼的若干意见》	人民检察院对有虚假诉讼新嫌疑的案件，可以根据《人民检察院民事诉讼监督规则（试行）》的规定，采取相应措施开展调查。

续表

序号	省份	施行时间	会签机关	文件名称	关于检察机关调查核实权的具体规定
7	辽宁	2020年	省高级法院 省检察院 省公安厅 省司法厅	《关于防范和查处虚假诉讼的若干意见》	人民法院、公安机关对人民检察院调阅卷宗、调查取证等工作应当予以支持和配合。
8	陕西	2020年	省高级法院 省检察院	《关于加强防范和惩治虚假诉讼的若干意见》	1. 人民检察院对涉嫌虚假诉讼的案件，可以依职权采取下列措施进行调查核实：（1）向当事人及其他相关人员询问案件事实；（2）要求案件当事人提供原始证据或者其他证据；（3）向有关部门、单位及证人调查取证；（4）依法可以采取的其他措施。2. 发现涉嫌虚假诉讼线索的，可以依法听取人民法院原案件承办人的意见。
9	陕西	2020年	省检察院 省公安厅	《关于防范和打击虚假诉讼的若干意见》	人民检察院在调查核实过程中，可以向公安机关查阅、复制与被调查案件相关的刑事案件卷宗材料。
10	贵州	2021年	省高级法院 省检察院 省公安厅 省司法厅	《关于防范和惩处虚假诉讼的若干意见》	无具体规定。

通过整合10份省级意见的相关内容数据，并对关于检察机关调查核实权的具体规定进行类比分析，则可发现，各地检察机关在调查核实虚假诉讼方面的措施权限不尽相同。具体而言，可作出以下3类共9种划分：

第一类：以《监督规则》为基础的补充式强化措施：

（1）查办案件不受当事人申请检察监督的限制；

（2）要求当事人提供原始证据或其他证据；

（3）通知当事人到场接受询问；

（4）可以听取人民法院原案件承办人的意见。

第二类：保障调查核实工作有效开展的协同措施：

（1）人民法院、公安机关应予配合调阅复制卷宗；

（2）人民法院、公安机关应支持、配合或协助调查取证等工作。

第三类：适用《监督规则》有关规定的措施：

（1）向当事人或者案外人询问核实案件情况；

（2）向有关部门和单位及证人调查取证；

（3）非具体权限：如采取相应措施开展调查、依法可以采取的其他措施等（见图1）。

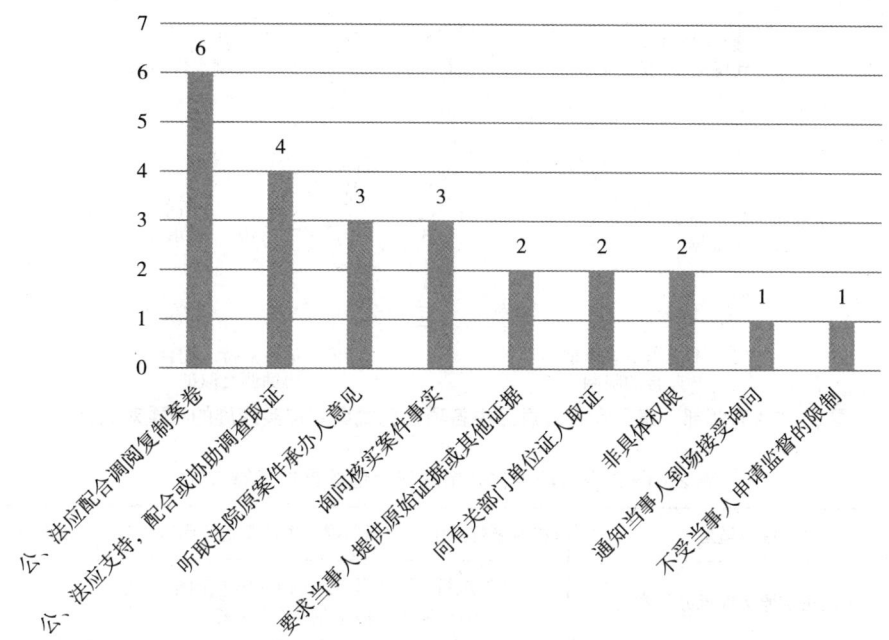

图1　省级意见中关于调查核实措施的规定及各项措施的分布情况

3. 强化式调查核实措施的权重分析

在上述数据分析结果的基础上，笔者将省级意见与"两高两部"意见中关于检察机关调查核实权的规定进行比照，以调查核实措施作为权重评估对象，设各省级意见规定的措施权重为1，综合施行范围、适用前提、主体限定等因素进行考量，并将"两高两部"意见与省级意见中关于强化调查核实措施的规定进行整合，则可得出以下权重分析结论：

（1）可听取法院原案件承办人的意见、对拒不配合调查核实主体可视情节建议法院依照民事诉讼法相关规定予以罚款或拘留（或追究刑事责任）、人民法院、公安机关应予配合调阅复制卷宗等为权重最高的3项强化式措施。

（2）人民法院、公安机关应支持、配合或协助调查取证等工作、要求相关主体提供原始或其他证据、通知当事人到场接受询问、查办案件不受当事人申请检察监督的限制等4项强化式措施权重较低，仅在个别省（直辖市）范围内适用（见图2、表2）。

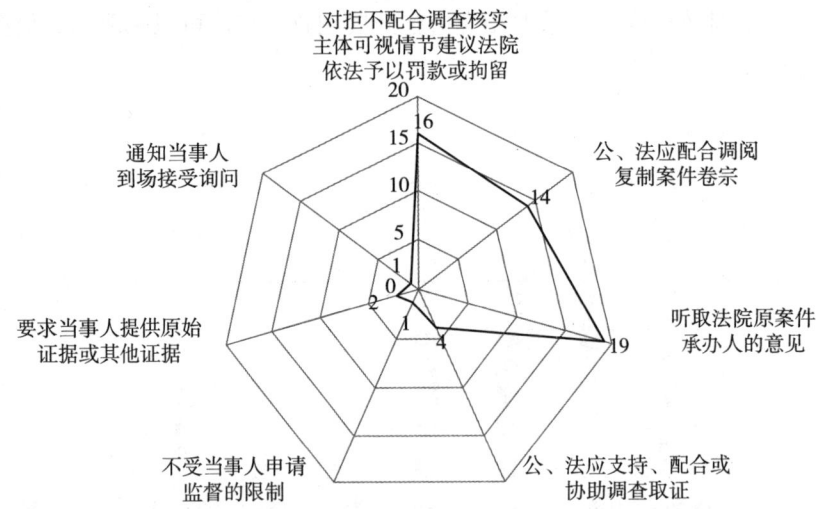

图 2 "两高两部"意见和省级意见中各项强化式调查核实措施的权重对比情况

表 2 图 2 中各项强化式措施权重值的具体计算方式

措施类型	综合施行范围、适用前提、主体限定等因素计算	权重值
听取法院原案件承办人意见	3（3省施行，且无其他限制）+16（全国施行，但仅适用于涉嫌犯罪案件：32/2）	19
对拒不配合调查核实主体可视情节建议法院依法予以罚款或者拘留	16（全国施行，但仅适用于涉嫌犯罪案件）	16
公、法应配合调阅复制案件卷宗	6（6省施行，且无其他限制）+8（全国施行，但仅适用于涉嫌犯罪案件，且限定主体为人民法院）	14
公、法应支持、配合或协助调查取证	4（4省施行，且无其他限制）	4
要求当事人提供原始证据或其他证据	2（2省施行，且无其他限制）	2
通知当事人到场接受询问	1（1省施行，且无其他限制）	1
不受当事人申请监督的限制	1（1省施行，且无其他限制）	1

（二）微观视角：关于民事检察人员行使调查核实权的实证调研

为进一步了解司法实践中虚假诉讼调查核实权的运行情况，2021年4月15日，笔者向海南、吉林、广东、浙江、重庆5个省（直辖市）共50名民事检察人员（以基层人民检察院为主）发出调研问卷，问卷共分为调查核实权在虚假诉讼监督实践中的"运行现状"和明确、规范或强化相关调查核实权限的"完善建议"两个部分（见图3）。

关于民事检察人员调查核实虚假诉讼监督案件的调研问卷
（本次调研主要针对办理民间借贷虚假诉讼监督案件情形）

运行现状部分	完善建议部分
1.您的职务是？ A.检察官　B.检察官助理 C.书记员　D.其他 2.您所在民行部门的员额检察官人数？ A.2人及以下　B.3-5人　C.5人以上 3.在您办理过的虚假诉讼监督案件中，以下哪项为主要案件类型？ A.民间借贷纠纷 B.劳动合同纠纷 C.房屋买卖合同纠纷 D.离婚纠纷 4.您在办案过程中，向法院调阅复制卷宗或向银行等有关单位取证是否存在困难？ A.一般可以 B.有时遇阻力，比较困难 C.很困难 5.您在调查核实过程中，是否运用过勘验、鉴定、评估、审计、专业咨询等措施？ A.较多 B.较少 C.几乎没有 6.您在调查核实过程中，遇到过对方不配合的情况吗？ A.比较常见 B.次数较少 C.几乎没有 7.您在调查核实过程中，遇到的不配合主体有哪些？（可多选） A.申请人 B.被申请人 C.案外人（含证人） D.审判人员和执行人员 8.您在调查核实过程中，是否听取过法院原案件承办人的意见？ A.常用操作 B.次数较少 C.几乎没有	9.您认为是否有必要通知案件当事人到场接受询问？ A.有必要 B.视情况而定，一般情况下均有必要 C.无必要 10.为全面查清案件事实，您认为是否需要根据具体案情制定《调查核实方案》，并在必要时商请公安机关协助调查取证？ A.有必要　B.无必要 11.您认为在非涉嫌犯罪的案件中，若相关主体拒不配合检察机关调查核实且妨害民事诉讼的，是否有必要视情节建议人民法院依据民诉法相关规定对其进行罚款或拘留？ A.有必要　B.无必要 12.您认为在调查核实过程中，是否应主动要求当事人提供原始证据或其他证据？ A.有必要 B.视情况而定，一般情况下均有必要 C.无必要 13.您认为是否有必要建立人民法院、公安机关支持、配合或协助检察机关进行调查取证的工作机制？ A.有必要　B.无必要 14.以民间借贷为例，就虚假诉讼调查核实工作而言，您认为是否有必要实现与银行等金融机构的深度合作？ A.有必要 B.视情况而定，一般情况下均有必要 C.无必要 15.您认为以下哪些应为民间借贷虚假诉讼监督案件的核查重点？（可多选） A.借贷金额 B.涉案款项交付过程 C.当事人举债的必要性和用途 D.交易习惯 E.财产变动情况 F.当事人是否涉及其他诉讼

本次问卷调研起止期间：2021年4月15日 20:00 起——2021年5月1日 00:00 止

图3　关于民事检察人员调查核实虚假诉讼监督案件的调研问卷

截至2021年4月30日，共收回问卷48份。在调研对象中，员额检察官占比为52.08%，检察官助理占比为37.5%，其他人员占比为10.41%。

问卷调研结果分述如下：

1."运行现状"部分

(1)民间借贷纠纷为主要监督案件类型。问卷结果显示,在目前四种主要虚假诉讼监督案件类型中,民间借贷纠纷所占比例高达95.83%(见图4)。

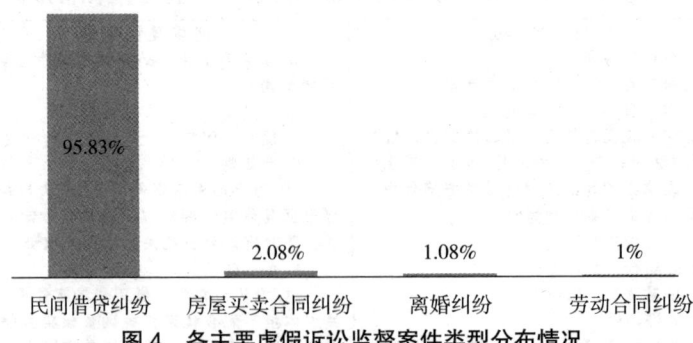

图4　各主要虚假诉讼监督案件类型分布情况

(2)向法院调阅复制案件卷宗或向银行等有关单位调取证据存在受阻或困难情形。问卷结果显示,在调阅复制法院案件卷宗及调查取证过程中,"有时遇阻力,比较困难"的比例为31.25%;"很困难"的比例为2.08%(见图5)。

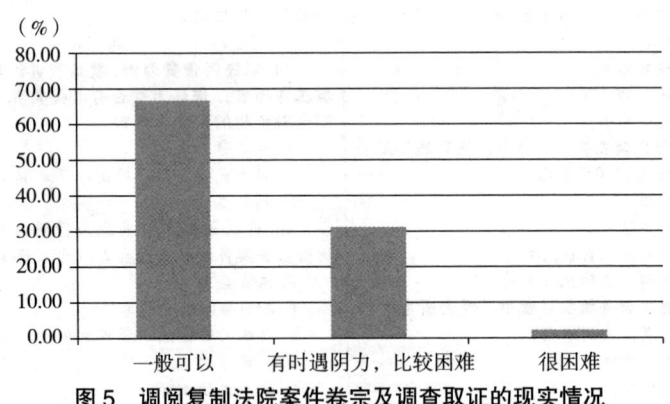

图5　调阅复制法院案件卷宗及调查取证的现实情况

(3)勘验、鉴定、评估、审计、专业咨询等调查核实措施运用较少。问卷结果显示,上述措施运用"较多"的比例仅为6.25%;"较少"的比例为58.33%;"几乎没有"的比例为35.42%(见图6)。

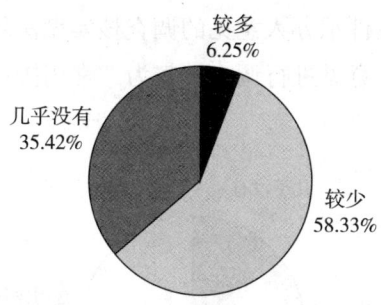

图 6 勘验、鉴定、评估、审计、专业咨询等措施运用情况

（4）在调查核实过程中较多存在对方不配合的情况。问卷结果显示，相关主体不配合调查核实的情况"比较常见"的比例为44%（见图7）。

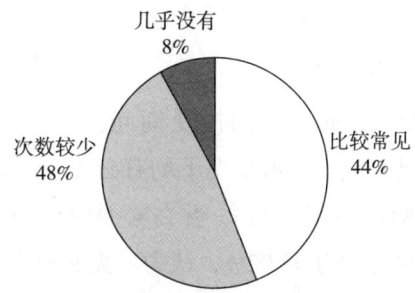

图 7 相关主体不配合调查核实情形的出现频次情况

（5）不配合调查核实的主体主要为被申请人和案外人（含证人）。问卷结果显示，不配合主体为被申请人的占比75%；为案外人（含证人）的占比77.08%；为审判人员和执行人员的占比31.25%（见图8）。

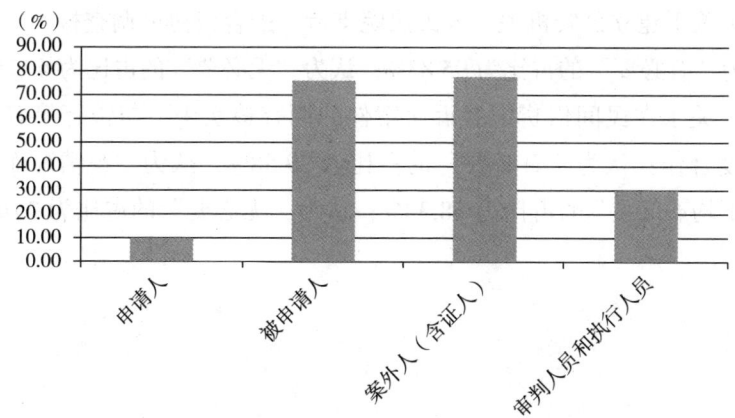

图 8 不配合调查核实主体的类型分布情况

（6）听取法院原案件承办人意见的调查核实做法较为常见。问卷结果显示，通过听取原案法官意见进行调查核实为"常用操作"的比例为52%（见图9）。

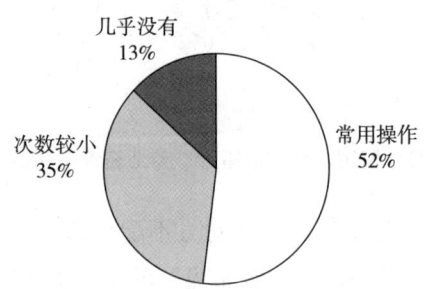

图9 "听取原案承办法官意见"措施运用频次情况

2."完善建议"部分

（1）关于通知案件当事人到场接受询问：认为"有必要"的占比为47.92%；认为"视情况而定，一般情况下均有必要"的占比为52.08%。

（2）关于制定《调查核实方案》，并在必要时商请公安机关协助调查取证：认为"有必要"的占比为97.92%，认为"无必要"的占比为2.08%。

（3）关于在非涉罪案件中，建议人民法院对拒不配合调查核实的相关主体依据民事诉讼法相关规定进行罚款或者拘留：认为"有必要"的占比为87.5%，认为"无必要"的占比为12.5%。

（4）关于要求当事人提供原始证据或其他证据：认为"有必要"的占比。66.67%；认为"无必要"的占比为33.33%。

（5）关于建立公安机关、人民法院支持、配合或协助调查核实的工作机制：认为"有必要"的占比为95.83%；认为"无必要"的占比为4.17%。

（6）关于在民间借贷虚假诉讼案件的调查核实中，与银行等有关单位实现深度合作：认为"有必要"的占比为39.58%；认为"视情况而定，一般情况下均有必要"的占比为58.33%；认为"无必要"的占比为2.08%（见图10）。

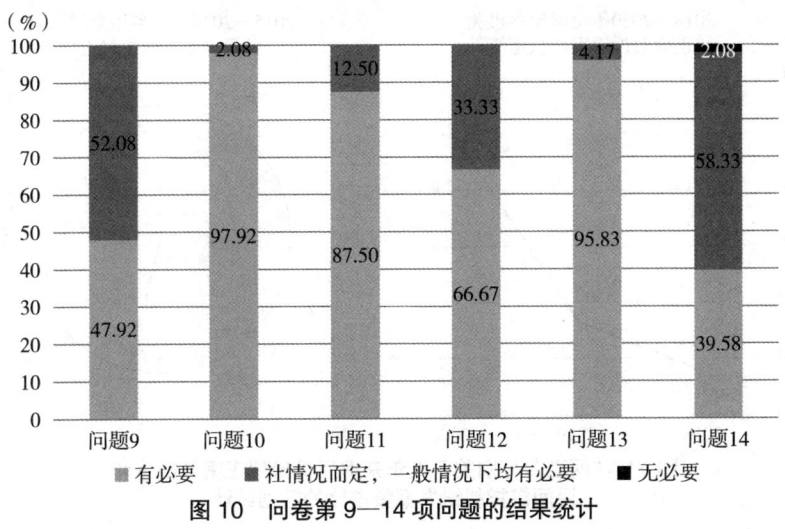

图 10 问卷第 9—14 项问题的结果统计

二、症结研判：为虚假诉讼调查核实权提供内外双重保障之必要性解析

近年来，虚假诉讼案件始终呈多发高发态势，2018—2020 年，全国检察机关共纠正虚假诉讼案件 14874 件，其中 2018 年为 1484 件，2019 年为 3300 件，2020 年为 10090 件，案件数量逐年增长率分别为 55% 和 67%，呈陡然上升趋势。[①] 同时，最高人民法院的统计数据显示，在 2015—2020 年上半年发现的虚假诉讼中，发案量最高的是民间借贷纠纷案件，占比达 46%。据此，综合考量前述相关数据所呈现的检察机关调查核实虚假诉讼监督案件的实践情况，以民间借贷为例，展开探讨如何以"内外合力"为基点，对检察机关有效运用调查核实权全面查清案件事实予以综合、全面保障，则颇具现实价值和重要意义（见图 11）。

---

① 数据来自 2018—2020 年最高人民检察院工作报告。

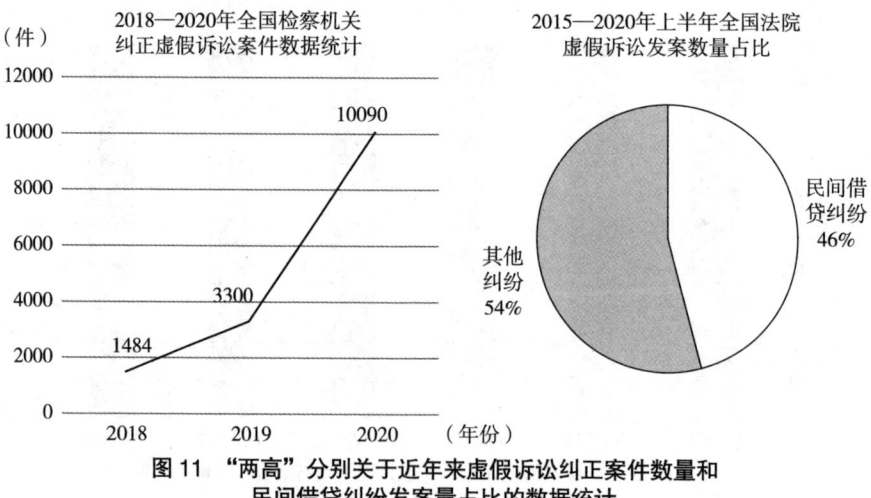

图 11 "两高"分别关于近年来虚假诉讼纠正案件数量和民间借贷纠纷发案量占比的数据统计

(一)调查核实权的现行措施未充分满足甄别虚假诉讼的现实需求

以民间借贷为例,民间借贷纠纷之所以会成为虚假诉讼的"重灾区",究其根源,一方面,较之其他纠纷相比,其案件事实相对简单,合同履行的路线短促,成诉证据要求较低;另一方面,近年来受资金融通市场不断活跃带来的负面影响,在民间借贷领域利用审判执行活动逃避债务、转移资产,甚至实施"套路贷"相关违法犯罪行为等非法利益需求日益增加,而民间借贷案件的"低造假成本"正为当事人以单方欺诈或恶意串通的形式进行虚假诉讼在一定程度上创造了反向便利条件。检察机关作为法律监督机关,在民事检察监督中,由检察人员通过行使调查核实权对虚假诉讼事实进行查明,但在以《民事诉讼法》第217条为授权基础,以《监督规则》为细化依据的规则框架内,对于民间借贷虚假诉讼事实的调查核实,亦与其他监督案件无明显差异,即主要通过调阅复制法院诉讼卷宗、询问当事人或案外人(含证人),查询转账明细资料等方式进行具体核查。但在民间借贷虚假诉讼中,非法当事人之间达成合谋共识后,虚假证据的制作过程通常比较隐蔽,且双方已然具有一定默契,这些特征在恶意串通型案件中体现得尤为明显。并且,在部分案件中,律师、法官等法律职业主体也是虚假诉讼的参与者之一,并通过伪造证据链条等形式对虚假诉讼的"外衣"进行精心包装,加之现阶段各地检察机关对于民事检察部门的办案力量配置相对薄弱,且办案人员的查办能力亟须提高，故希望通过采取以上措施，在相关主体给予配合的情况下对案件实现有效突破，存在一定难度。同时，目前公安机关、人民法院、行政机关、金融机构等对检察机关调查核实案件提供支持、配合或协助的外部协同保障机制尚不够健全和完善，这也为全面查清民间借贷虚假诉讼案件事实设置了诸多障碍。

鉴于此，以司法实践为作用基点，通过内外并举整合优化相关司法、社会资源，继而对虚假诉讼调查核实权的有效运行形成保障合力，就显得十分必要。

（二）调查核实权的权限设置应在权能属性与查清事实间实现平衡

《民事诉讼法》第 217 条作为民事检察调查核实权的基础依据，其内涵实质更侧重于保障检察人员对案件事实的知情权。从宏观上来剖析，法律设置的调查核实权来源于、派生于宪法赋予检察机关的法律监督权。[①] 故民事检察中的调查核实权应属民事诉讼监督权的下位权力，这也决定了其应具有一定的调查权限。具体而言，调查核实权权能运行的主要方向在于通过相应取证手段实现对案件客观事实真相的探知，以为民事抗诉、提出检察建议等提供基础证据，这也是调查核实权的基本功能。在虚假诉讼中，因当事人预期的非法利益与代价风险严重失衡，故以民间借贷纠纷为主的虚假诉讼案件易发频发，检察机关作为法律监督主体，通过查办具体案件，充分发挥调查核实权在打击诉讼欺诈、维护诉讼诚信方面的现实作用，体现其在惩处虚假诉讼中的实践价值，则更具重要意义。

然而，虽然《监督规则》对调查核实权的运行程序以及具体措施进行了较为具体的规定，但对妨碍调查核实所采取的制约手段，仅为通过提出检察建议责令纠正或移送相关犯罪线索，而对其他强制措施则未予规定或明确禁止。并且，由调研数据观之，目前关于虚假诉讼的调查核实与其他监督案件并无差异，实务工作中受阻情形亦屡见不鲜。结合前述以民间借贷为例对虚假诉讼特征所进行的剖析，这无疑是虚假诉讼监督中阻碍案件事实查清的现实桎梏。同时，"两高两部"意见和部分省级意见中，虽通过取消"事后监

[①] 参见李强：《民事诉讼中检察机关调查核实权研究》，南京师范大学 2016 年博士学位论文。

督"限制、补强询问措施、实施间接强制保障等方式对调查核实权进行了一定强化,但综合考量适用情形、施行范围、强制程度等因素,上述强化式措施对调查核实权的普遍运行仅具有部分指引或示范参考作用,尚无法产生全局性的实质影响。

诚然,现行规范缺乏对民事检察调查核实权予以强制保障的具体措施,但如上所述,基于对权力属性和权力位阶所进行的理性考量,其应恪守谦抑性原则当无可厚非。然而,在虚假诉讼监督中,调查核实权的功能价值又要求检察机关查清事实真相,以为惩处虚假诉讼筑牢证据基础。理论界早已存在为民事检察监督增加刚性调查核实措施的呼声。① 检察机关内部除此同种观点外,还存在主张慎用强制措施之"消极说"② 和强调权力规范运用之"限定说"。③ 相比之下,笔者更同意"限定说"的观点,并认为,虽然调查核实权的既有运行手段相对弱化,但《监督规则》仍为调查核实权的完善预留了相对充足的空间,如第65条、第66条规定的兜底条款,已为通过进一步补强相关措施、发布案例、通过检察建议实施间接强制保障等方式,进行权力的适度明确或强化奠定了规范性基础。较之修改立法或出台司法解释等方式相比,整合并优化检察机关内部司法资源,补齐现行规范"短板"的做法更加符合实际且行之有效,同时也为调查核实权在权能属性和查清事实之间保持有效平衡提供了现实可能性。

(三)调查核实权的格局完善需要外部协同保障机制提供足量支撑

虚假诉讼损害了国家司法审判活动的权威性和公正性,侵害了国家、社会公共利益。尤其在民间借贷领域,近年来发案数量呈愈演愈烈趋势,社会反响强烈。据此,对于以民间借贷为主要类型的虚假诉讼的惩治,需要公、检、法等公权力机关及银行等其他社会机构各司其职、共聚合力。在当前民事检察监督的调查核实权限尚无法充分满足查清案件事实需求的现实情况下,外部协同保障是对检察机关调查核实权进行强化的最佳路径之一,亦是各公权力机关和其他社会主体不可推卸的义务和责任。具体而言,首先,人

---

① 参见邹建章:《论民事检察监督法律关系》,载《中国法学》1997年第6期。
② 参见宋剑锋:《民事诉讼监督调查核实权的适用应予规范》,载《人民检察》2014年第12期。
③ 参见孙谦:《检察理论研究综述》,中国检察出版社2004年版,第461页。

民法院作为虚假诉讼的"案发地"和再审职权主体,对诉讼证据的掌握最为全面,对诉讼事实的了解最为具体。同时,虚假诉讼本身就是一种通过伪造证据等方式严重妨害民事诉讼的违法行为,人民法院有权对虚假诉讼的事实进行调查,并可依法采取罚款、拘留等强制措施。因此,有必要在检察机关进行调查核实的过程中,畅通调阅复制案件卷宗、听取原案承办人意见等工作渠道,并以检察建议为中枢,配合实现对调查核实权的间接强制保障。其次,公安机关作为虚假诉讼相关犯罪的刑事侦查主体,拥有专业的侦查人员和侦查技术。在虚假诉讼监督案件办理过程中,除需移交犯罪线索之外,通过构建联合工作机制等方式,适度拓宽公安机关协助检察机关进行调查取证的工作领域,深化二者在惩治虚假诉讼方面的配合协作,对于检察机关全面查清案件事实,以及对在"罪"与"非罪"之间的案件进行妥善处理,均具有重要意义。最后,以民间借贷为例,对相关案件证据的及时、有效获取,亦需要检察机关与银行等金融机构实现深度合作,从而保障调查核实工作得以有力开展。

调查核实权的格局完善,既需要通过明确或拓展权限等形式实现自身内部优化,更需要在此基础上,充分整合人民法院、公安机关、其他公权力机关和社会单位的相关优势资源,实现强化式综合保障,从而全面形成确保调查核实权有效运行的内外合力。

三、对策探析:虚假诉讼监督中对调查核实权进行"合力式"保障的实现路径

(一)检察机关加强内部优化的具体形式

1. 适度拓展虚假诉讼监督中的调查核实权限

从理论上讲,程序条件不充分的决定,即使目的是正当的,也容易引起争论。① 据此,笔者认为,结合虚假诉讼所具有的危害性,相关调查核实权限的设置应适当体现与其他民事监督案件的区别。因此,将以前述数据调研结果为论证依据,在统一适用的探讨基础上,兼用民间借贷虚假诉讼监督案件作例,探究对应调查核实权限的具体完善形式,亦可为其他类型案件提供

---

① 参见季卫东:《程序比较论》,载《比较法研究》1993年第1期。

借鉴参考。

（1）调查核实的启动条件。检察监督的性质是监督权力而非救济权力，是法律监督而非诉讼监督或审判监督。① 那么，如何在调查核实方面体现权力的监督性？通过对省级意见进行调研，笔者认为，江苏省的做法值得借鉴，即充分发挥司法能动性，不为"事后监督"所限，明确调查核实的依职权启动条件。具体而言，对于检察机关通过工作巡查等方式主动发现的虚假诉讼案件线索，符合立案条件的，即可径直进行调查核实。

（2）询问措施的扩充完善。首先，在无相关强制措施予以保障的情况下，询问措施的有效运用将更倚重于被询问主体的实际配合程度。从心理学的角度进行考量，询问技巧的运用、询问地点的选择将直接影响对被询问对象进行心理干预和作用的现实效果。因此，笔者认为，出于查办虚假诉讼案件的现实需要，一方面，应提高民事检察人员（以检察官为主）的询问技能；另一方面，有必要对询问地点进行一定限制，鉴于此，省级意见中福建省的做法值得借鉴，即通知相关人员到检察机关现场接受询问，以强化对询问对象的心理牵制和威慑，同时，这亦与问卷结果中办案人员关于此项措施的高支持率相符合。

其次，《监督规则》关于对原案承办法官进行询问并无明确规定。但笔者在数据调研中发现，目前已有3份省级意见规定了"听取原案承办法官意见"的措施，且在"两高两部"意见中亦有此规定。同时，问卷结果显示，此做法在实践中已成为惯常操作。因此，笔者认为，法官作为诉讼的主持者和亲历者，可以通过向其询问全面了解诉讼程序和事实证据等情况，故应将法官确定为主要询问对象之一，并适当明确询问范围，规范询问方式，着重体现询问措施的实效性。

（3）取证措施的有效运用。虚假诉讼事实的证明核心在于对当事人伪造证据行为的证成。以民间借贷为例，当事人一般通过伪造借据或交易凭证等方式虚构借贷事实，故调取证据原件并为进一步调查核实奠定基础，就显得十分重要。结合省级意见的相关调研数据，笔者认为，如果"借据""交易凭证"等关键证据的原件未能通过申请人提交、复制案件卷宗等方式进行获取，则可借鉴浙江、陕西等省的做法，即明确"要求当事人提供原始证据或

---

① 参见李翔：《虚假诉讼罪的法教义学分析》，载《法学》2016年第6期。

其他证据"的调查核实权限。另据问卷调研结果，此项补强措施亦与多数办案人员的建议相契合。

同时，在取得原始或其他证据后，对其进行真伪辨别的关键途径在于鉴定等第三方介入措施的功效发挥。但问卷结果显示，目前此类措施的常用率仅有6%左右。理论上，使程序不致流于形式而能行之有效的关键在于调动程序利用者的积极性。[①] 那么，具体应如何提高此类措施的实践适用率？笔者认为，一方面，在程序启动环节需强化检察机关的主导地位。另一方面，应简化措施运用流程，以灵活操作为重心，从形成时间、内容真伪、间接佐证等方面加强对"借据""交易凭证"等关键证据的真实性审查。

（4）强制措施的间接保障。目前，对于拒不配合调查核实的相关主体，检察机关无法通过适用现行依据对其直接采取强制措施。但是，人民法院可以视情节依法对虚假诉讼当事人进行罚款、拘留甚至追究刑事责任。那么，对此又如何通过有效结合实现"借力破题"？目前，"两高两部"意见中已经规定了在虚假诉讼涉罪案件中，检察机关可以建议人民法院适用《民事诉讼法》第114条第1款第5项等规定，对拒不配合的主体采取强制措施。同时，问卷结果显示，办案人员关于此项间接强制保障措施的建议支持率高达87.5%。据此，笔者认为，从司法实践出发，通过检察建议间接施以强制措施保障的做法，是检察机关调查核实权和人民法院妨害诉讼处罚权的最佳结合方式，且能够对被核查主体形成一定震慑和约束。但是，这同样应适用于非罪的虚假诉讼监督案件，以此全面形成对调查核实权的强制措施保障。

2. 重点挖掘整合优势办案资源的内在潜动能

实证调研结果显示，45.83%的民事检察人员（以基层检察院为主）所在部门的员额检察人数低于两人，且据笔者深入了解，多数民事检察官还需同时办理行政、公益诉讼监督案件，办案人员配置不足实为妨碍调查核实工作有力开展的现实"瓶颈"之一。因此，笔者认为，有必要根据办理虚假诉讼监督案件的现实需要，在市（州）级检察机关或有条件的区（县）级检察机关成立统一调度中心，由院领导亲自担任负责人，以便于对办案力量进行合理调配，指挥开展具体调查取证工作，并对重大、疑难、复杂案件进行集中研判。同时，根据案件的实际情况，区分设置检察官和检察官办案组两种办

---

① 参见季卫东：《程序比较论》，载《比较法研究》1993年第1期。

案主体模式,由调度中心先行对线索进行分析研讨,认为应当进行调查核实的,制定《调查核实方案》后分流至检察官个人或组建检察官办案组具体办理,进而通过整合检察机关内部办案资源,强化办案力量配置,有效提高调查核实工作的质量和效率。

3. 充分发挥案例对调查核实实践的指导作用

鉴于当前虚假诉讼调查核实实务中,各地关于措施权限的释明或补充程度,以及同类案件的实际查办方式不尽相同,所以有必要就如何有效行使调查核实权查办虚假诉讼监督案件,发布专门的指导性案例及其他典型案例,并进一步提高各类案例对于司法实践的特殊指导地位。以民间借贷为例,在案例中,一方面,应体现检察机关如何根据具体案情围绕借贷金额、涉案款项交付过程、当事人举债的必要性和用途、交易习惯、财产变动情况、当事人是否涉及其他诉讼等重点事项(以问卷第15项问题的统计结果为依据),形成有利于证明虚假诉讼事实成立的调查核实工作思路,以及介绍如何灵活、有效运用阅卷、询问、取证、鉴定等调查核实措施突破虚假诉讼当事人的经验做法。另一方面,还应将检察机关在调查核实工作中协调或争取人民法院、公安机关等有关单位支持、配合或协助的成功例证进行列举和分析,从而有效利用案例在调查核实实践中的示范指引价值。

(二)强化外部协同保障供给的实现方式

1. 进一步完善保障调查核实权运行的现实举措

(1)适当明确协同保障机制的具体落实方式。从笔者调研的"两高两部"意见和省级意见来看,目前关于调查核实工作的保障措施,以人民法院、公安机关"应配合检察机关调阅复制案件卷宗"和"支持、配合或协助检察机关调查取证"等规定为主,但未明确规定相关具体落实措施。同时,问卷结果显示,办案人员对"建立公安机关、人民法院支持、配合或协助调查核实的工作机制"的建议认同率高达95.83%;对"在制定《调查核实方案》的基础上,商请公安机关协助调查取证"的建议支持率更是高达97.92%。同时,调阅案件卷宗受阻、审判(执行)人员不配合调查核实的情况仍然现实存在。据此,笔者认为,应就如何具体落实协同保障举措进行适当明确或完善。尤其在协助检察机关调查取证方面,应结合询问相关主体、查询涉案资料、鉴定等实务操作中遇到的现实普遍问题，总结分析利用人民法院、公安机关等相关优势司法资源进行破解的实践做法，细化协查工作的具体开展方式。如对于询问法官、间接强制保障等具体措施的落实，需要进一步在协同工作机制中明确原案承办人或人民法院的配合义务。

（2）有力发挥联合发布案例制度的实践功效。从笔者调研的省级意见来看，在公、检、法、司防范和惩处虚假诉讼的联合工作机制中，为加大各机关之间的协作配合力度，已有部分省级文件中提出了联合发布案例的做法，其实旨为对有权机关在联合打击虚假诉讼工作中的相关成功例证进行集中整合，以对协同工作机制的具体落实进行实践规范。那么对于调查核实工作而言，此种案例应如何发挥最大利用价值？笔者认为，在进一步突出联合案例现实适用性的基础上，有必要将人民法院、公安机关、司法行政机关支持、配合或协助检察机关开展虚假诉讼调查核实工作的典型实例在案例中予以具体展现，并强调相关举措、经验、做法对各司法机关的共同指导性，从而为检察机关调查核实虚假诉讼监督案件提供灵活外部保障。

2. 统筹构建集中打击虚假诉讼的联合工作平台

虚假诉讼作为司法领域的"毒瘤"和"公害"，对其进行有力遏制甚至彻底铲除，需要公、检、法等公权力机关和其他社会主体实现通力合作。因此，笔者认为，基于加大虚假诉讼惩处力度、提高案件办理质效的整体考量，应通过统筹构建打击虚假诉讼的联合工作平台，将相关司法资源和社会资源进行优势整合，以实现对虚假诉讼违法犯罪行为的集中有效打击。以民间借贷为例，可以定期或常态化协调公安机关、检察机关、人民法院、司法行政机关、工商机关、税务机关、金融机构等相关职权主体共同组建"专项（专案）工作组"，实现线索集中受理、案件联合查办、资源信息共享。这对于检察机关强化法律监督职能，充分运用调查核实权全面查清案件事实，实为一种直接有效的现实保障方式（见图12）。

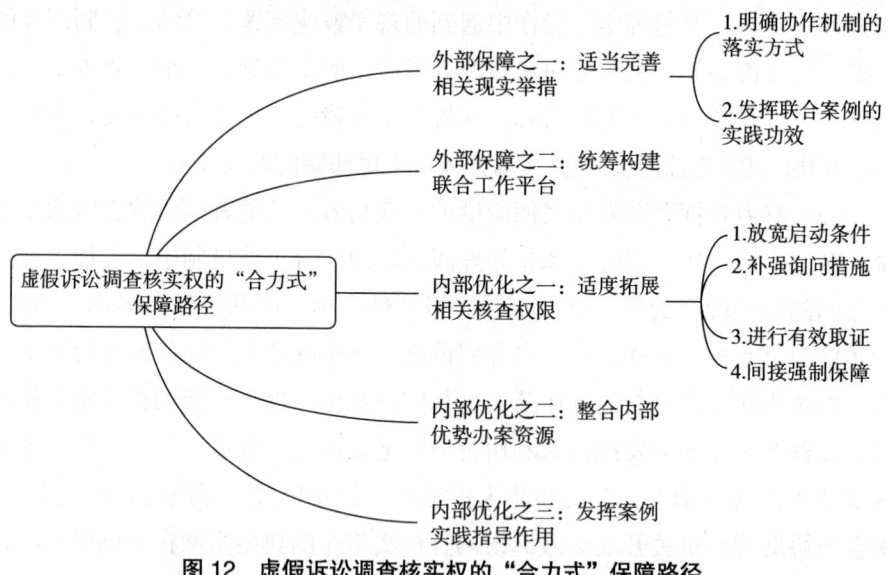

图 12 虚假诉讼调查核实权的"合力式"保障路径

虚假调解的审查判断与检察监督

高嘉澍*

摘　要：虚假调解歪曲人民法院调解制度的价值取向，使民事调解制度成为当事人逃避法律责任、谋取不正当利益的"工具"，严重损害司法权威和司法公信力，已成为当前困扰民事审判的突出问题。2020年7月，最高人民检察院向最高人民法院发出"第五号检察建议"，建议加大对虚假诉讼的打击，把虚假调解案件作为检察监督的重点内容提出，并成为做强民事检察工作的重要着力点。

关键词：虚假调解　审查判断　检察监督

一、民事虚假调解的概念及特征

（一）虚假调解的概念

当前无论是学界还是在司法实践中，因刑事制裁和民事审判对打击虚假诉讼司法理念以及立场的不同，对虚假诉讼的概念尚未达成共识，加之虚假诉讼隐蔽性较强，多依据2016年最高人民法院《关于防范和制裁虚假诉讼的指导意见》中采取的"要素说"体例对何为诉讼虚假进行界定，多采用"认定标准""要素""特征表现""常见情形"等表述予以甄别。2021年11月，最高人民法院发布的《关于深入开展虚假诉讼整治工作的意见》再次

---

* 高嘉澍，甘肃省人民检察院一级检察官。

延续了此类甄别方法,该《意见》在构建虚假诉讼识别方法和整治机制的同时,也折射出打击虚假诉讼司法实践中刑事重在制裁、民事重在防范的价值取向和理念差异。当事人利用调解自愿原则达成虚假合意并获取审判权"背书"是虚假调解的本质,在此基础上厘清其特征有利于检察机关围绕"是否"问题准确识别案件,有利于围绕"核心"问题进行调查核实,有利于聚焦"靶心"问题提出纠正意见。

(二)虚假调解的特征

利用调解自愿原则虚假达成合意获取裁判权"背书"是虚假调解的本质特征,在此基础上进一步厘清虚假调解的表象特征可以识别和确认案件是否属于虚假调解,有利于司法机关围绕核心问题进行调查核实,当前比较一致的观点是,虚假调解的表象特征包含以下几个方面:

1. 诉讼行为上的通谋性和非对抗性

双方通谋性的虚假调解是最为常见的一种虚假诉讼类型。[①] 案件当事人通常是发生在亲属、朋友或者利益共同体的特殊关系人之间,并且这种特殊关系为双方恶意串通、伪造证据、虚构事实提供了便利条件;在具体诉讼过程中,双方一般不具有诉讼中的对抗性,特别是针对原告方的诉讼请求,较之一般民事纠纷,没有明显的对抗特征,对一方当事人的主张,较易出现当事人自认的情形;最后,该类案件往往能够在较短时间内双方达成和解,且在双方达成调解后在短时间内能够履行完毕。

2. 目的上的非法谋利性

虚假调解的目的主要是利用司法谋取不正当利益。谋取不正当利益的情形可以区分为积极的纯获益行为和消极的逃避行为。常见的情形有:一是虚构法律事实,谋取非法利益,如常见的夫妻一方与他人虚构债务,损害夫妻另一方合法情形的案件;二是签订虚假调解协议转移财产,逃避债务,如债务履行期限届满后双方签订的虚假的以物抵债协议;三是虚构法律事实,逃避法律规定,如虚构交通事故骗取保险理赔的案件。根据2020年11月最高人民法院召开的防范和惩治虚假诉讼工作推进会上的介绍,当前虚假调解案

---

① 参见杜万华主编:《最高人民法院民间借贷司法解释理解与适用》,人民法院出版社2015年版,第328页。

件主要为财产纠纷类案件，主要集中在民间借贷、以房抵债、夫妻共同财产分割等纠纷中，虚假调解案件的类型集中化倾向较为明显。

3. 危害后果的涉他性

虚假调解虽然在表面上是为一方或者双方当事人设定义务，但获取的法院生效调解书的法律效力却影响第三人的合法权益或者为自己谋取不正当利益，同时也存在损害国家利益、社会公共利益的情形。因此，判断和识别案件是否系虚假调解，要将案件处分的权利义务是否影响第三方合法权益作为重要的判断标准，如当事人双方通过签订虚假调解协议过户房屋逃避相关税费的案件，虽没有实质影响第三人的合法权益，但使国家利益受到切实的损害，此类案件应当予以纠正。特别值得说明的是，这里的"损害第三人合法权益"是指除国家利益、社会公共利益之外的案外人利益，除案外人（个人）利益之外，也应当包括集体利益，以农村集体经济组织为例，如村民委员会未经全体村民同意私自签订有关村集体土地承包合同损害村民集体利益的调解协议，为保护集体合法权益，即使村民不以村民委员会名义维护权益，此类案件也应当予以纠正。

二、虚假调解检察监督的现状与困境

（一）民事调解检察监督的制度沿革

根据1991年颁布的《民事诉讼法》第185条的规定，人民检察院对已经发生效力的判决、裁定可以提出抗诉，但对调解书是否可以提出抗诉未作出具体的规定。1999年，最高人民法院发布《关于人民检察院对民事调解书提出抗诉人民法院应否受理问题的批复》（法释〔1999〕4号），其中答复："《中华人民共和国民事诉讼法》第185条只规定人民检察院可以对人民法院已经发生法律效力的判决、裁定提出抗诉，没有规定人民检察院可以对调解书提出抗诉，人民检察院对调解书提出抗诉的，人民法院不予受理。"2010年，最高人民检察院《关于加强和改进民事行政检察工作的决定》中明确提出，"继续开展民事执行监督、调解监督、督促起诉、支持起诉等改革探索，总结经验，加强规范，确保取得良好效果"。至此，检察机关开始自行开展对调解书的监督。随着2010年后，人民法院"调审结合"模式的推广，人民法院调解结案率开始逐年提升，在法官主持下当事人之间达成的调解协议，其中渗透着国家审判权，司法实践中，滥用调解、强制调解、久调不决、虚假调解现象开始出现，这些问题的出现直接影响调解制度应有功能的有效发挥，要求加强对法院调解工作监督的呼声开始出现，将法院调解制度纳入检察监督范围是权力接受监督制约的必然要求，2012年《民事诉讼法》第208条①正式将损害国家利益、社会公共利益的调解书纳入检察机关监督的范围，同时《人民检察院民事诉讼监督规则（试行）》第77条②也明确背书对调解书的监督，《监督规则》第99条③还突破《民事诉讼法》第208条的规定，对"调解违反自愿原则或者调解协议的内容违反法律的"开展监督。至此，在法律层面上将调解书的监督纳入了检察机关监督范围。

（二）《民事诉讼法》第215条的立法局限

《民事诉讼法》第14条确立了检察监督原则，明确了人民检察院有权对民事诉讼实行法律监督，明确了民事检察监督贯穿于整个民事诉讼活动之中。民事调解程序上由法官启动，调解过程由法官主持，法院对当事人达成的调解协议负有审查义务，民事调解制度在遵循当事人意思自治的背后，渗透着国家的审判权，因此，民事调解接受民事检察监督也是应有之义。《民事诉讼法》第215条的规定虽然改变了过去只能对法院生效判决、裁定开展监督的限制，但列举式的立法表述和"两益"内涵不清晰客观上造成了对检察机关能否对不直接损害"两益"的虚假调解开展监督语焉不详，也与近年来滥用调解、强制调解、久调不决、虚假调解现象层出不穷的调解制度现状不相适应，法检两院由此带来的认识分歧也直接影响办理虚假诉讼案件的效果。一些虚假调解因其不能直接认定损害国家利益、社会公共利益而较难启动监督程序；一些案件则认为需当事人构成虚假诉讼罪才能认定损害国家利益，方能启动再审纠正；案外第三人则因较难举证调解虚假和损害"两益"，难以申请检察监督，只能通过第三人撤销之诉进行救济，实质上排除了第三人在原诉中更有利于维护自身权益的救济渠道。

---

① 现行《民事诉讼法》第215条。——编者注
② 现行《人民检察院民事诉讼监督规则》第75条。——编者注
③ 现行《人民检察院民事诉讼监督规则》第100条。——编者注

（三）虚假调解检察监督的实务困境

1. 意思自治和检察监督的边界

长期以来，对民事调解检察监督持否定态度的学者认为，调解书虽然经法院确认生效，但是调解书基于双方当事人合意产生而非法官的审判权，这种纠纷的解决基于诉讼参与人在平等地位下达成的意思自治，即使损害第三人利益和"两益"，也应当由该利益的代表以民事诉讼进行主张，检察机关监督的对象是审判权，故不应过多介入。[①] 这种看法实质上表达了检察机关对人民法院调解活动进行监督时，应当平衡当事人意思自治和公权力监督之间的界限问题。笔者认为，检察机关作为我国宪法规定的国家法律监督机关，保障民事诉讼活动正常进行同样是法律监督的目的之一，具体来讲，保障民事诉讼中的调解制度切实反映当事人真实意思表示，不违反国家强制性法律规定，防止调解活动违反自愿、合法原则，保障国家利益、社会公共利益以及其他当事人合法权益不因为虚假调解行为受到侵害，同样是检察机关作为法律监督机关的职责所在。另外，从监督效果来看，通过检察监督，保证人民法院调解活动的合法性和有效性也是充分保障当事人的意思自治，尊重当事人对自我权利的处分权，二者在权力行使的目的上没有什么本质的不同。

2. 监督缺位的现象比较普遍

以甘肃为例，2013—2017年全省各级法院以调解撤诉方式结案的数量占五年间全省审结民商事案件总数的比例接近70%[②]，2018年该项比例下降至56.2%，但也超过审结民商事案件总数的一半。[③] 与此形成鲜明对比的是，2018年以后，甘肃省检察机关才正式开始介入对全省法院民事调解案件的监督，2018—2020年，共受理虚假调解案件线索211件，只占三年间受理民事监督案件总数的4.4%，与法院以调解方式结案方式占民商事案件总数的比例存在不小差距，反映检察监督的规模与法院调解结案的规模不成比例。造成检察监督规模较小的主要原因是检察机关介入和发现虚假调解的能力不足，

[①] 参见廖中洪：《也论调解书检察监督的范围与内容》，载《西南政法大学学报》2015年第6期。

[②] 指以调解结案方式占审结民商事案件的比例，包括一审、二审、再审审结的民商事案件总数。

[③] 参见2013—2018年《甘肃省高级人民法院工作报告》。

手段单一,仍然依靠"传统等案上门",缺乏利用大数据信息化手段发现虚假调解案件线索的能力。

3. 调查取证困难

调解案件遵循当事人自愿,程序较为简便,法官虽然对事实和证据有审查义务,但鉴于虚假调解的诉讼表象和诉讼特点,使法官对案件真实性的审查判断与民事诉讼"不告不理""权利自决"等原则在具体个案中较难契合,法官对诉讼真实性启动调查的积极性不强,加之实践中受"调审结合,调解优先"等因素影响,使法官很难守住发现虚假调解的"第一道防线"。检察机关没有"审判亲历性"的先天优势,对虚假调解进行监督时,只能依赖对相关证据和诉讼事实的调查核实和审查判断,虽然《人民检察院民事诉讼监督规则》第63条、第71条分别规定了检察机关行使民事调查核实权的六项具体内容和被调查对象不予配合的惩戒措施,但因调查手段刚性不足、惩戒措施缺乏刚性,民事调查核实权很难保障和满足检察机关对虚假调解"相关证据和诉讼事实的"审查核实的需要。相反,囿于惩戒措施有限,当事人不愿配合检察机关询问的现象较为普遍,检察机关启动调查权效果不佳。同时,与此形成鲜明对比的是,在兰州市院成功查办的16起虚假调解系列案件中,民事检察部门都采用了公安机关在刑事侦查过程中对相关人员所作的讯问笔录和相关侦查证据,这些证据无一例外都被再审法院采信,这里固然有刑事诉讼中刑事证据证明标准高于民事诉讼证据的客观原因,但民事检察部门取证权力有限造成的取证能力不强、取证困难也是重要原因。

三、虚假调解检察监督的构建与完善

民事调解检察监督的实务困境凸显了当前民事检察制度与人民群众日益增长的对司法公平正义的需要之间的矛盾,突出表现为民事检察职能不能全面、精准监督人民法院的调解活动。

(一)进一步完善相关立法

1. 进一步完善民事调解检察监督的范围

2021年7月,新修订的《人民检察院民事诉讼监督规则》第75条第2

款明确规定,"人民检察院对当事人通过虚假诉讼获得的民事调解书应当依照前款规定监督",即该条规定明确了针对虚假调解,可以参照《民事诉讼法》第215条的规定,通过抗诉或再审检察建议进行监督。显然,《人民检察院民事诉讼监督规则》作为司法解释,通过目的解释的方法将虚假调解纳入生效裁判结果监督的范畴,保证了法律适用与司法实务相适应。

值得说明的是,除将虚假调解纳入监督范围之外,检察机关内部对调解检察监督的范围,还存在诸多争论,具体表现在:一是建议将违反自愿原则的调解协议也纳入检察机关生效裁判监督范围,笔者认为,现行最高人民法院《关于适用〈中华人民共和国民事诉讼法〉若干问题的解释》第407条已经赋予当事人对于违反自愿原则达成的调解书申请再审的权利,且实践中违反自愿原则签订的调解书多系一方胁迫、重大误解、代理人无代理权等情形,基于民事活动意思自治原则,对该类违反自愿原则的主张应当由当事人证明、自己主张,同时为保障民事活动和商事交往的稳定性,在当事人未对生效调解书申请再审的情况下,作为公权力的检察机关也不宜在第一顺位主动依职权开展监督。如果人民法院在促成调解的过程中存在类似强制调解、以裁判结果威胁、启动程序不当等违反自愿原则的审判程序违法行为时,当事人亦可依据《人民检察院民事诉讼监督规则》第100条的规定依照审判人员审判程序违法监督程序向检察机关申请监督,检察机关并未排除对违反自愿原则调解书的救济途径;二是建议将调解协议内容违反法律强制性规定的调解书单独作为检察机关应当监督的情形在立法中予以明确,与"恶意串通达成虚假调解"的情形予以区别。如调解协议违反法律强制性规定,且不存在损害第三人合法权益情形但存在类似转移财产、规避国家税费等情形,该类案件双方当事人诉讼对抗性较弱,达成的调解书一般不会给第三人合法权益带来现实的损害,属一般交易异常和诉讼异常行为,因检察机关对生效调解书的事后监督模式,在对此类调解书没有现实监督紧迫性的情形下,将来一旦发现该类调解书存在损害国家利益、社会公共的情形,完全可以以损害"两益"的调解书纳入监督范围,故忽视危害后果而单纯以违法形式作为监督要件,既不尊重当事人意思自治和权利自决原则,也不具有可操作性。

2. 进一步增强监督方式的刚性

检察机关对人民法院调解活动的监督属"一体两翼"模式,不但包含对生效调解书的监督，也包含对调解活动中审判人员诉讼活动违法行为的监督。检察机关不但对生效调解书可以采取抗诉等相对刚性的方式进行监督，也可以依据《人民检察院组织法》第21条的规定对审判人员诉讼活动违法行为采用检察建议的方式进行监督，即对事监督与对人监督相结合。实践中，检察机关对人监督主要集中于法官未尽到应尽的审查义务、疏于审查、明知案件事实存疑不依法履行调查核实、明知当事人恶意串通仍放任等情形，检察机关针对上述违法情形发出检察建议后，人民法院如何回复和采纳缺少程序性规定，特别是对于审判人员在调解过程中存在的与当事人恶意串通、徇私舞弊等法深层次违法行为，检察建议的效力与检察监督的目的明显不相匹配，使"一体两翼"模式下对事监督与对人监督不能够有效结合，一旦人民法院对检察建议存在消极对待现象，对人监督的效果不能够有效凸显，而只有把对虚假调解的监督效果最终落实到对参与责任人的追究上，才能增强威慑力，提升监督质效。针对上述问题，笔者建议今后在民事诉讼法修订中应当明确检察建议的效力、回复程序等问题，建议参照"人民法院应当在收到抗诉书之日起30日内作出再审的裁定"的规定，增加"人民法院应当在收到检察建议之日起30日内作出回复，不予采纳检察建议的，应当说明理由并作出合理说明。如无正当理由且无法作出合理说明，应当采纳检察建议，纠正相关违法行为"的规定。

（二）进一步完善和加强案件线索发现机制

1. 广泛推广"互联网 + 检察"，加强线索挖掘能力

虚假调解隐匿性较强，案外人发现较难，申诉积极性不强导致检察机关虚假诉讼监督案源来源单一、数量不足。截至2020年底，中国裁判文书网公开文书总量已经突破1亿篇，且以日均8万篇的幅度增长[①]，这是检察机关可以深度挖掘监督案源的基础数据平台。近年来，全国一些地方检察机关广泛创建办案智能检务辅助系统、智能办案辅助系统搭建专业接口对接基础数据平台，在系统帮助下抽取整合法院办案数据，对数据进行智能分析，对人民调解活动流程和风险节点进行重点研判分析，特别是针对虚假调解易发生案件类型、重点当事人、程序异常等风险节点进行数据抓取和分析，积极助

---

① 援引微博"山东高法"2021年3月1日消息。

力虚假诉讼案件线索挖掘工作。目前，国内浙江省绍兴市人民检察院创建的"民事裁判文书智慧监督系统"，以及该院推行的"智慧监督+人工审查"虚假诉讼案件发现机制在查办虚假诉讼案件中取得了良好的办案效果，形成了发现和查办民事虚假诉讼的所谓"绍兴经验"。

2. 建立线索发现内外协作机制

外部协作层面，"两高"《关于办理虚假诉讼刑事案件适用法律若干问题的解释》出台后，法院在对虚假诉讼当事人采取司法惩治措施的同时，构成犯罪的，还应当依法移送公安机关立案侦查。此后，全国各地以检察机关为主导，公检法三家联合出台防范和惩治虚假诉讼的规范性文件①，内容涵盖建立虚假诉讼案件线索的移送机制、防范和惩治虚假诉讼刑事犯罪和民事虚假诉讼行为的一体化办案机制，以及积极营造社会诚信体系建设的司法环境等内容。

内部整合层面，一是建立一体化办案模式，打破办案部门壁垒，整合线索资源。市级院充分发挥枢纽作用，对重大疑难复杂案件线索，必要时采取交办、转办、督办、请示方式逐案跟进。二是建立内部案件线索移送机制。刑事部门发现的相关虚假诉讼案件线索应及时移送民事部门进行审查，涉及跨区域、涉案人数众多的案件线索，也可以移送上级院，由直接办理或指定异地办理，有效降低办案压力和干扰。三是建立刑民一体化查办案件机制，针对可能涉嫌虚假诉讼的重大疑难复杂案件，可以成立既有刑事检察官又有民事检察官组成的办案团队，形成虚假诉讼监督与刑事违法追究的无缝对接，有效破解虚假诉讼线索发现和案件突破难题。

（三）进一步强化调查核实权

虚假调解产生的一个重要原因在于人民法院调查权的缺位与虚化，检察机关因存在缺乏审判亲历性的"天然劣势"，对其行使调查核实权的保障手段上要强于人民法院，这种强化应当突出表现在围绕虚假诉讼的证明标准，丰富调查核实权内容和保障手段上。最高人民法院《关于适用〈中华人民共和国民事诉讼法〉若干问题的解释》第109条明确规定了对当事人之间恶意

---

① 截至2020年底，全国已陆续有山东、河南、江苏、广西等12个省区市公检法机关联合出台相关规范性文件。

串通事实的证明,即要在坚持证明标准高度盖然性规则的基础上,排除合理怀疑。检察机关在查办虚假调解案件中,特别是在"恶意串通"的证明标准上,应当坚持上述第109条的规定,采排除合理怀疑的证明标准。

实践中,要从以下三个方面破解检察机关虚假调解取证难问题:一是推行民事案件卷宗正副卷一并调阅制度,过去检察机关办理监督案件,只能调阅法院审判正卷,对副卷(内卷)人民法院一般不予调取,调阅法院副卷,审查原审调解案件过程和法官参与调解活动全过程,法官行使释明权等情况,有助于审查原审诉讼是否具有实质对抗等问题;二是综合运用多种调查手段,通过查询、查账、鉴定、询问当事人和案外人等措施,审查双方是否存在真实交易,诉讼证据、代理签名是否伪造,特别是应当明确检察机关可以询问主持调解法官,重点审查法官在调解中是否违反自愿、合法原则,是否存在与当事人恶意串通、居中造假等深层次违法行为;三是明确对公安机关涉嫌虚假诉讼犯罪在侦查阶段取得证据的效力问题,依托公安机关的刑事调查取证巩固和完善民事证据链条,采取"以刑助民、以民促刑"的策略帮助民事检察部门取证。

检察机关作为国家法律监督机关,开展虚假诉讼监督工作是检察机关的法定职责,也是国家社会治理能力和治理体系现代化的重要内容,是司法机关积极促进社会诚信体系建设的重要手段,我们相信,随着立法修改、司法适用、制度构建等方面的持续完善,检察机关防范和打击虚假诉讼的工作机制将会进一步发挥积极作用,虚假诉讼的空间将会越来越小,"虚假诉讼"现象必将得到有效遏制。

虚假仲裁检察监督实务研究

曾传红　陈惠滨　施玉玲*

摘　要：现行法律对规制虚假仲裁还存在不完善之处，如何更好地打击和防范虚假仲裁成为值得探讨的问题。检察机关在查办虚假仲裁方面具有其独特优势，通过探索也取得了一定的成效。但还存在监督来源不宽、范围不广、手段不强、合力不够等问题，建议从加强线索来源机制建设、延伸监督范围、善用调查核实权、建立多部门协作配合机制、总结提升完善立法等方面构建一套完整的虚假仲裁检察监督制度体系，从而在打击和防范虚假仲裁过程中发挥更大的作用，为诚信社会建设贡献更多的检察力量。

关键词：虚假仲裁　检察机关　检察监督

仲裁是劳动争议或者经济纠纷的一种重要解决机制，也在我国被越来越多的市场主体所认可。中国国际经济贸易仲裁委员会发布的《中国国际商事仲裁年度报告（2019—2020）》显示：2019年全国253家仲裁委员会共受理案件486955件，全国仲裁案件标的总额为7598亿元。[①] 然而，仲裁这一快速便捷的纠纷解决方式，却成为部分当事人进行虚假仲裁的工具。当事人以规避法律、法规、国家政策谋取非法利益为目的，捏造事实，伪造证据，采取欺诈或是恶意串通的方式，借用合法的仲裁程序，骗取仲裁机构作出仲裁裁决或调解书，向法院申请强制执行，不仅侵害利害关系人的合法权益，而且

---

* 曾传红，福建省人民检察院第六检察部主任；陈惠滨，福建省人民检察院检察官助理；施玉玲，福建省漳州市人民检察院检察官助理。

① 资料来源：《〈中国国际商事仲裁年度报告（2019—2020）〉》。

严重干扰了正常的仲裁秩序和司法秩序，损害了仲裁和司法的公正权威，破坏了社会诚信体系建设，具有极大的社会危害性，需要进行严厉的打击。

一、虚假仲裁概述

（一）虚假仲裁的概念

虚假仲裁是司法实践中的通说，从狭义上来说一般只指双方恶意串通的情形，广义上来说则包括单方欺诈和双方恶意串通。仲裁法、劳动争议调解仲裁法规定当事人、用人单位就证据伪造情形可以申请撤销裁决，该种情形从逻辑上来说一般是发生在当事人一方伪造证据的情况下。可见，虚假仲裁并不局限于双方恶意串通，当事人一方伪造证据进行仲裁欺诈也是题中之义。因此，可以将虚假仲裁定义为：当事人一方欺诈或双方恶意串通，利用捏造的事实、证据、法律关系等，向仲裁委员会或劳动仲裁委员会提起仲裁，损害国家、集体和他人合法权益的行为。

（二）虚假仲裁的法律规制

1. 仲裁法关于虚假仲裁的规制

仲裁法对仲裁的关注点是当事人之间的高度自治性，体现的是私密性和高效性，仲裁员由当事人通过自行选定和共同选定产生，以不公开进行为原则，公开为例外，当事人可以自行和解或自愿调解，并请求仲裁庭制作调解书或作出裁决。仲裁的规则为当事人之间恶意串通进行虚假仲裁创造了条件，然而，仲裁法并未对案外人参与仲裁、提出异议、申请撤销仲裁、申请不予执行裁决以及仲裁庭的自我纠错机制等作出规定，撤销裁决的申请主体只局限于当事人，在当事人提出证据证明裁决所根据的证据是伪造，对方当事人隐瞒了足以影响公正裁决的证据，仲裁员在仲裁该案时有索贿受贿、徇私舞弊、枉法裁决行为等情形时，向仲裁委员会所在地的中级法院申请撤销裁决，法院经组成合议庭审查核实裁决存在以上情形或认定裁决违背社会公共利益的,应当裁定撤销。①

2. 劳动争议调解仲裁法关于虚假仲裁的规制

劳动争议调解仲裁法针对的是涉及劳动关系成立和解除、劳动保护、劳动报酬、工伤医疗费、经济补偿和赔偿等劳动争议,以公开进行为原则,不公开为例外。与商事仲裁不同的是,劳动仲裁中,与劳动争议处理结果有利害关系的第三人可以申请参加仲裁或由劳动争议仲裁委员会通知其参加。因劳动保护和追索不超过一定金额的劳动报酬、工伤医疗费、经济补偿或赔偿金的劳动争议仲裁裁决为终局裁决,劳动者不服可向法院提起诉讼,用人单位在有证据证明裁决所根据的证据是伪造,对方当事人隐瞒了足以影响公正裁决的证据,仲裁员在仲裁该案时有索贿受贿、徇私舞弊、枉法裁决行为等情形时,可以向仲裁委员会所在地的中级法院申请撤销裁决,法院经组成合议庭审查认为存在以上情形的应当裁定撤销,之后当事人可以提起诉讼。②

3. 民事诉讼法关于虚假仲裁的规制

民事诉讼法对虚假仲裁的规制主要集中在执行阶段,被执行人与他人恶意串通,通过仲裁逃避执行,法院可予以罚款、拘留。被申请人提出证据证明仲裁裁决存在所根据的证据是伪造,对方当事人向仲裁机构隐瞒了足以影响公正裁决的证据,仲裁员在仲裁该案时有贪污受贿、徇私舞弊、枉法裁决

---

① 《仲裁法》第58条规定:"当事人提出证据证明裁决有下列情形之一的,可以向仲裁委员会所在地的中级人民法院申请撤销裁决:(一)没有仲裁协议的;(二)裁决的事项不属于仲裁协议的范围或者仲裁委员会无权仲裁的;(三)仲裁庭的组成或者仲裁的程序违反法定程序的;(四)裁决所根据的证据是伪造的;(五)对方当事人隐瞒了足以影响公正裁决的证据的;(六)仲裁员在仲裁该案时有索贿受贿,徇私舞弊,枉法裁决行为的。人民法院经组成合议庭审查核实裁决有前款规定情形之一的,应当裁定撤销。人民法院认定该裁决违背社会公共利益的,应当裁定撤销。"

② 《劳动争议调解仲裁法》第49条规定:"用人单位有证据证明本法第四十七条规定的仲裁裁决有下列情形之一,可以自收到仲裁裁决书之日起三十日内向劳动争议仲裁委员会所在地的中级人民法院申请撤销裁决:(一)适用法律、法规确有错误的;(二)劳动争议仲裁委员会无管辖权的;(三)违反法定程序的;(四)裁决所根据的证据是伪造的;(五)对方当事人隐瞒了足以影响公正裁决的证据的;(六)仲裁员在仲裁该案时有索贿受贿、徇私舞弊、枉法裁决行为的。人民法院经组成合议庭审查核实裁决有前款规定情形之一的,应当裁定撤销。仲裁裁决被人民法院裁定撤销的,当事人可以自收到裁定书之日起十五日内就该劳动争议事项向人民法院提起诉讼。"

行为等情形的,法院经组成合议庭审查核实裁决存在以上情形或认定裁决违背社会公共利益的,应当不予执行。①

4. 最高人民法院《关于人民法院办理仲裁裁决执行案件若干问题的规定》关于虚假仲裁的规制

最高人民法院《关于人民法院办理仲裁裁决执行案件若干问题的规定》除了规定被执行人申请不予执行仲裁裁决或调解书的权利,也赋予了案外人申请不予执行的权利,但需有证据证明当事人恶意或虚假仲裁损害其合法权益,如果法院裁定驳回或不予受理案外人提出的不予执行仲裁裁决、调解书申请,案外人不服可以向上一级法院申请复议。

5. 刑法关于虚假仲裁的规制

《刑法》第399条之一规定了枉法仲裁罪,对仲裁人员故意违背事实和法律作枉法裁决的行为明确了刑事责任。然而,刑法并未规定虚假仲裁罪,虚假仲裁损害案外人的合法权益,破坏仲裁、司法的公共秩序,以个人私利损害社会公共利益。"犯罪对公共利益的危害越大,促使人们犯罪的力量越强,制止人们犯罪的手段就应该越强越有力。这就需要刑罚与犯罪相对称。"② 在刑法已将虚假诉讼入罪的情况下,虚假仲裁却逃脱于刑法的规制之外,将造成同类型犯罪刑事责任承担不同,犯罪与刑罚不相匹配的问题。

值得探讨的是,虚假仲裁是否可以纳入虚假诉讼罪的范畴?《刑法》第

---

① 《民事诉讼法》第116条规定:"被执行人与他人恶意串通,通过诉讼、仲裁、调解等方式逃避履行法律文书确定的义务的,人民法院应当根据情节轻重予以罚款、拘留;构成犯罪的,依法追究刑事责任。"第244条规定:"对依法设立的仲裁机构的裁决,一方当事人不履行的,对方当事人可以向有管辖权的人民法院申请执行。受申请的人民法院应当执行。被申请人提出证据证明仲裁裁决有下列情形之一的,经人民法院组成合议庭审查核实,裁定不予执行:(一)当事人在合同中没有订有仲裁条款或者事后没有达成书面仲裁协议的;(二)裁决的事项不属于仲裁协议的范围或者仲裁机构无权仲裁的;(三)仲裁庭的组成或者仲裁的程序违反法定程序的;(四)裁决所根据的证据是伪造的;(五)对方当事人向仲裁机构隐瞒了足以影响公正裁决的证据的;(六)仲裁员在仲裁该案时有贪污受贿,徇私舞弊,枉法裁决行为的。人民法院认定执行该裁决违背社会公共利益的,裁定不予执行。裁定书应当送达双方当事人和仲裁机构。仲裁裁决被人民法院裁定不予执行的,当事人可以根据双方达成的书面仲裁协议重新申请仲裁,也可以向人民法院起诉。"

② [意]切萨雷·贝卡里亚:《论犯罪与刑罚》,黄风译,中国方正出版社2004年版,第17页。

307条之一规定虚假诉讼罪，表现形式是以捏造的事实提起民事诉讼，侵害的客体是司法秩序或他人合法权益。虚假诉讼罪局限于"提起民事诉讼"，仲裁虽然具有准司法的属性，但毕竟与民事诉讼是并列相行的两种法定争端解决途径，两者并不相容。《刑法》第399条之二规定民事、行政枉法裁判罪，第399条之一规定枉法仲裁罪，可见刑法对民事行政诉讼和仲裁的刑事规制是予以区别对待的。根据罪刑法定原则，不宜对虚假诉讼罪作扩张解释，虚假仲裁并不能纳入虚假诉讼罪的范畴。张明楷亦持此观点，但其同时提出，如果当事人凭借通过虚假仲裁获得的调解书或裁决书向法院申请执行，属于以捏造的事实提起民事诉讼，可纳入虚假诉讼罪的规制范畴。[①]该观点也被最高人民法院、最高人民检察院《关于办理虚假诉讼刑事案件适用法律若干问题的解释》所吸收采用。

二、检察机关开展虚假仲裁监督的正当性分析

（一）检察机关开展虚假仲裁监督的必要性

1. 现行法律对虚假仲裁规制存在盲区

通过上文关于对规制虚假仲裁法律规定的梳理，体现了以下三个特点：一是案外人救济途径受限。劳动争议仲裁中有利害关系的案外人可以申请参加仲裁或由劳动争议仲裁委员会通知其参加，但在商事仲裁中案外人都无权参加仲裁。当案外人事后发现虚假仲裁侵害其合法权益时，只有当仲裁裁决或调解书进入执行程序时，案外人才有权向法院申请不予执行，对当事人自动履行虚假仲裁裁决或调解书的领域，案外人并无救济途径。民事诉讼法规定了第三人撤销之诉制度，可运用于虚假诉讼救济，但关于虚假仲裁，法律还未规定案外人享有撤销之诉的权利。二是各个机关的职能受限。仲裁委员会对虚假仲裁裁决或调解书并无自行撤销的权利。法院一般只对进入执行程序的仲裁裁决或调解书进行审查，在当事人、案外人有证据证明系虚假仲裁和法院认为损害公共利益的情形下，才裁定撤销或不予执行。检察机关并无对仲裁裁决或调解书的直接监督权，只能通过对法院执行阶段关于是否撤销、不予执行仲裁裁决或调解书方面的裁定或执行行为进行检察监督，从而

---

① 参见张明楷：《虚假诉讼罪的基本问题》，载《法学》2017年第1期。

实现对仲裁裁决或调解书的间接监督。刑法并未规定虚假仲裁罪，公安机关对进行虚假仲裁的当事人开展刑事侦查只能从拒不执行判决、裁定罪，妨害作证罪，帮助毁灭、伪造证据罪，伪造、变造、买卖或盗窃、抢夺、毁灭国家机关公文、证件、印章罪，伪造公司、企业、事业单位、人民团体印章罪等其他罪名入手，在相关机关移送线索的情况才进行侦查，一般不会主动侦查。

2. 虚假仲裁可能成为虚假诉讼的替代领域

随着刑法对虚假诉讼入罪，最高人民法院《关于防范和制裁虚假诉讼的指导意见》，最高人民法院、最高人民检察院《关于办理虚假诉讼刑事案件适用法律若干问题的解释》，最高人民法院、最高人民检察院、公安部、司法部《关于进一步加强虚假诉讼犯罪惩治工作的意见》等规定的出台，关于打击虚假诉讼的法律规定逐步完善，公检法三家对虚假诉讼的打击力度逐渐加大，积累了经验并形成合作机制。相比而言，关于虚假仲裁一是刑法并未对其入罪；二是关于规制虚假仲裁的法律规定仍有所欠缺；三是公检法三家尚未形成合作机制，对虚假仲裁的监督存在真空地带。仲裁具有更高的私密性，程序更为简单，成本更低、效率更快，在打击虚假诉讼高压态势下，当事人可能选择更为低成本、隐秘、高效、安全的仲裁来达成其非法目的，虚假仲裁成为虚假诉讼"接盘手"可能性极大。

（二）检察机关开展虚假仲裁监督的可行性

1. 检察机关通过开展虚假诉讼监督积累了丰富的经验

检察机关开展的虚假诉讼监督已形成一定的规模并取得了良好的成效，2017年至2019年3月，全国检察机关共监督民事虚假诉讼案件5455件，其中提出抗诉1140件，提出再审检察建议2787件，提出检察建议1528件，向有关部门移送犯罪线索497件。① 检察机关查办的虚假诉讼监督案件数量逐步上升，成为民事检察监督工作新的增长点。最高人民检察院对查办虚假诉讼监督案件建立了案例指导制度，发布的第十四批指导性案例均为虚假诉讼监督案件，并对典型案例进行收集、总结和汇编，对查办虚假诉讼已积累了

---

① 最高人民检察院第六检察厅编著:《最高人民检察院第十四批指导性案例适用指引（民事虚假诉讼）》，中国检察出版社2019年版，第55页。

丰富的经验。虚假诉讼与虚假仲裁在形式、手段、规律等方面均具有共通性，检察机关查办虚假诉讼的经验做法可以运用于查办虚假仲裁。

2. 检察机关的职能属性有利于开展虚假仲裁监督

一是检察机关承担刑事、民事、行政检察监督等多方面职能，可以有效整合内部监督资源，实现信息共享和优势互补。一方面，承担刑事侦查、监督职能和承担民事、行政监督职能的部门可以通过建立内部合作机制，从刑事和民事方面实现虚假仲裁线索的互通有无，并形成双向监督合力，如在民事案件中发现仲裁员涉嫌枉法仲裁的，可以移送侦查，如武平县检察院在查办虚假仲裁案件中发现仲裁员曾某涉嫌枉法仲裁，移交侦查查明犯罪事实后，曾某因枉法仲裁罪被追究刑事责任；查实仲裁员枉法仲裁的，可以反之对其仲裁的裁决或调解书进行监督。刑事检察部门在开展扫黑除恶专项斗争、打击"套路贷"以及审查起诉拒不执行判决、裁定罪，妨碍作证罪，帮助毁灭、伪造证据罪等刑事案件中，发现涉嫌虚假仲裁线索的，可以移送民事检察部门审查。另一方面，检察机关因履行批捕、起诉和法律监督职能，对接法院、公安机关、行政机关并负有监督职责，其所处地位有利于在构建虚假仲裁监督大合作机制中起到联系者、推动者、凝聚者的作用。二是检察机关享有的调查核实权有利于查明虚假仲裁事实。仲裁中不管是当事人还是案外人，向法院申请撤销、不予执行仲裁裁决或调解书的条件均需有证据能够证明系虚假仲裁，在当事人恶意串通"手拉手"仲裁的情形下，案外人很难去证明存在虚假仲裁情形。检察机关享有的调查核实权可以从多方面收集、固定证据，从而构建证据体系证明虚假仲裁事实的存在，解决案外人取证能力不足和取证手段受限的难题。三是检察机关开展虚假仲裁监督是法定监督权的重要组成部分。检察机关是宪法规定的法律监督机关，对法律的正确实施负有监督职责。我国检察院所承担的法律监督职能包括对守法的监督、执法的监督与司法的监督，凡是适用、运用、执行法律的过程都属于法律监督的对象。当事人进行虚假仲裁，属于利用合法的仲裁、司法程序实现其非法目的，甚至其中还可能夹杂个别仲裁员或法官枉法仲裁、徇私枉法的行为，破坏了法律的正确实施，损害了仲裁、司法的权威和公信力，检察机关开展虚假仲裁监督是其履行监督职能的一项重要工作，应成为其拓展延伸检察监督职能新的领域和新的着力点。

3. 检察机关探索开展虚假仲裁监督成效良好

检察机关对虚假仲裁监督的探索正处于起步阶段，2018年，最高人民检察院在部署开展民事行政非诉专项活动中就已要求加强对虚假仲裁和违法公证的监督，共同防范虚假诉讼行为向仲裁、公证环节蔓延。各地检察机关也对开展虚假仲裁监督相继进行了探索，以福建省为例，2016年以来福建省检察机关共查办虚假仲裁案件33件，涉案金额达5700万余元，已挽回经济损失3300万余元，其中，劳动仲裁31件、经济仲裁2件；经审查后向法院发出执行监督检察建议33份，向仲裁委员会发出检察建议14份，检察建议均已得到法院和仲裁委员会的采纳；移送犯罪线索并被刑事立案2件4人，其中涉及仲裁员1名，已被法院以枉法仲裁罪判处有期徒刑6个月，缓刑1年。福建省检察机关开展的虚假仲裁检察监督取得了良好的法律、社会效果，为维护司法和仲裁公正，促进社会诚信体系建设做出了积极贡献。

三、检察机关开展虚假仲裁监督存在的问题和困难

（一）监督来源不宽

一方面，检察机关承担的民事检察监督职能在群众中知晓率并不高，虚假仲裁又属于新兴的一种违法行为，隐秘性高，受到虚假仲裁侵害的当事人、案外人得知权益受损时，在主张权益保护时一般选择向仲裁委员会、劳动仲裁委员会、法院等反映，很少向检察机关申请监督。通过当事人、案外人申请监督途径受理的虚假仲裁监督案件数量极少，以福建省检察机关2016年以来查办的33件虚假仲裁监督案件为例，属于依申请监督启动的只有2件，其他31件均系依职权监督启动。另外，检察机关探索虚假仲裁监督尚处于起步阶段，大部分检察机关均未就虚假仲裁监督与法院、公安机关、仲裁委员会、劳动仲裁委员会、律师协会、人力资源和社会保障部门等外部单位建立线索移送机制，从外部途径及时获取虚假仲裁监督线索缺乏相关机制有力推动和保障。

（二）监督范围不广

如上文所述，检察机关并不能直接对仲裁裁决或调解书进行监督，而是通过对法院执行裁定或行为的监督间接实现虚假仲裁监督。如案外人申请不予执行仲裁裁决或调解书，法院裁定驳回不予执行申请错误的，检察机关可以通过检察建议要求法院依法支持案外人的不予执行仲裁裁决或调解书申请，通过对仲裁裁决或调解书执行力的限制从而让虚假仲裁的目的最终落空。然而，局限于执行阶段的检察监督并不能实现对虚假仲裁全方位、全流程的监督，局部监督和事后监督难以充分发挥检察机关虚假仲裁监督的优势和效能。

（三）监督合力不够

对法院来说，检察机关处于监督者的地位，如果检法两家不能就虚假仲裁监督通过沟通取得共识，法院难免会存在抵触情绪。对于仲裁委员会、劳动仲裁委员会来说，检察机关与其职能交叉较少，如果两者之间没有建立相关的合作机制，基本上处于各司其职、互不相通的状态。对公安机关来说，与检察机关之间更多在于普通刑事案件的衔接上，除非检察机关以妨碍作证罪，帮助、毁灭伪造证据罪，拒不执行判决、裁定罪等其他刑事罪名为由移送相关线索并主动要求开展合作，否则公安机关对虚假仲裁一般以属于经济纠纷不宜介入为由不予立案，更不会主动进行侦查。在虚假仲裁规制的问题上，如果没有建立各个机关的协作机制，虚假仲裁就如漏网之鱼，游弋于各个机关互不交叉的真空区域之中。

四、完善检察机关开展虚假仲裁监督的建议

（一）加强线索来源机制建设

有效解决案源问题是检察机关开展虚假仲裁监督的关键所在。拓宽案源渠道可以从以下两个方面着手：一方面，通过加大普法力度，从群众中获取线索。检验检察机关是否确实做到以人民为中心的标准之一就是能否将普法工作深入群众中，让法治理念植入群众头脑中。检察机关要将虚假仲裁监督职能融入更广泛的普法之中，通过新闻媒体、微信、微博、抖音、宣传册、

新闻发布会公布典型案例等多种媒介和途径,让更多的群众能够知悉并有意识地远离和防范虚假仲裁,受到虚假仲裁侵害时可以及时向检察机关反映或申请监督。另一方面,检察机关要加强与法院、公安机关、仲裁委员会、劳动仲裁委员会、律师协会、人力资源和社会保障部门等单位的沟通联系,就虚假仲裁问题相互探讨、筛选、研判涉嫌虚假仲裁的案件线索并双向移送。如漳浦县检察机关查办的17件虚假仲裁系列案线索由法院移送,将乐县检察机关查办的13件虚假仲裁系列案线索由公安机关在办理拒不执行裁定罪中发现并移送。检察机关还可以通过裁判文书网、企查查、新闻媒体、相关行政机关门户网站等平台,运用大数据平台,研发、引进大数据分析系统,通过信息化、科技化手段收集、筛选、分析、研判、抓取虚假仲裁监督线索,营造网状全覆盖模式,最大范围地摸排虚假仲裁线索。

(二)延伸监督范围

当前检察机关对虚假仲裁的监督主要通过对法院的执行监督开展,监督的范围和内容主要是法院的裁定和执行行为,如不予执行裁定书、驳回案外人异议申请裁定书、驳回案外人执行异议之诉生效裁判、劳动仲裁中的先予执行行为等,监督的方式主要是抗诉或检察建议。同时,检察机关通过审查仲裁裁决或调解书发现仲裁员存在参与虚假仲裁的嫌疑,可以依法将其犯罪线索移送有关部门查处,查明仲裁员的犯罪事实,从而实现对人监督与对事监督、刑事监督与民事监督的相互融合、互相补强。检察机关在虚假仲裁监督领域可在监督范围、内容和方式上进一步探索,如收到案外人关于正在进行状态虚假仲裁的反映,检察机关通过审查发现该仲裁存在虚假可能的,可与仲裁委员会加强沟通,提醒仲裁委员会在仲裁过程中更加审慎,可向当事人及委托代理人讲明诚信仲裁义务及虚假仲裁应承担的法律责任,规劝当事人及委托人及时终止虚假仲裁行为。如果当事人仍然坚持不撤回仲裁申请,要求仲裁庭在仲裁过程中要强化审核义务,通过对证据加强审查,要求当事人到庭接受询问,对专门性问题进行鉴定,自行收集相关证据等方式方法,查明事实,依法作出仲裁裁决。检察机关对虚假仲裁高发地区也可以向相关部门发出检察建议,要求其加强监管义务,进一步防范和查处虚假仲裁行为。如福建省检察机关针对虚假劳动仲裁问题向福建省人力资源和社会保障厅发出检察建议,建议其完善劳动仲裁工作指导和仲裁员管理制度,指导劳动仲裁机构和仲裁员严格执行劳动仲裁工作规则和进一步规范办案程序，督促劳动仲裁机构强化证据审查和调查力度等，福建省人力资源和社会保障厅予以回复采纳并针对检察建议内容完善了相关机制，还制定了关于诚信参与仲裁告知书和承诺书，为防范和查处虚假劳动仲裁奠定了坚实的基础。如果检察机关发现律师参与策划虚假仲裁的，还可以向司法局发出检察建议，向律师协会通报相关情况，从而对律师违法行为作出相应处理，如涉嫌刑事犯罪的移送公安机关侦查。

（三）善用调查核实权，夯实证据基础

大部分虚假仲裁由当事人之间恶意串通，证据通常比较单一，双方又形成攻守同盟，突破难度极大。检察机关在调查核实中，因缺乏强制力保障，依靠向当事人询问获取口供很难，只能通过调查取证取得客观证据证明当事人进行虚假仲裁的事实。检察机关可以将查办虚假诉讼积累的经验做法灵活运用于虚假仲裁监督中。调查取证可以从以下几个方面着手：

1. 从人入手

一查仲裁当事人的身份信息。通过户籍、公司档案、职工花名册、工资表、社会保险、医疗保险和公积金证明、工商登记等查明当事人是否具有仲裁当事人的真实身份。如漳州市检察机关办理的俞某与某公司劳动争议纠纷案，检察机关经调查发现该公司并没有聘用俞某，其间，俞某在另一家单位上班并由该单位发放工资和缴纳社会保险，从而证明俞某并不是该公司职工，该案俞某与该公司之间系虚假劳动关系，该公司并未拖欠俞某工资，该案劳动仲裁系虚假仲裁。该案经检察机关发出检察建议后，法院裁定不予执行仲裁调解书。二查当事人与委托代理人是否具有真实委托关系。在劳动仲裁中，经常出现多个当事人同时起诉用人单位并委托同一个代理人，这种情况下可以对当事人进行调查，查明是否真实委托该代理人进行仲裁，仲裁是否出自其真实意愿。三查当事人之间是否存在亲属、同事、朋友、债权债务关系以及其他利害关系。司法实践中经常出现具有特殊关系的债权人为了优先受偿，通过以物抵债并进行仲裁的方式试图取得债务人的财产，从而获得优先受偿，或是将普通债权债务纠纷通过进行劳动仲裁转化为追索劳动报酬争议，从而获得债务人财产的优先分配权。

2. 从银行流水等经济往来入手

查明当事人及案外人的银行流水等经济往来情况，是否通过循环转账制造虚假转账记录。如漳州市检察机关办理的黄某、庄某申请监督案，经查银行流水，查明李某仅有100余万元，通过在数个关系人的关联账户间循环转账，制造了2770万元转账记录的假象，最后各个关系人的关联账户金额均没有变动，庄某、黄某并未实际收到该2770万元的借款。可以证明该案债权债务关系是虚构的，仲裁调解书所依据的证据是伪造的，当事人取得的仲裁调解书依法应当裁定不予执行。该案经检察机关发出检察建议后，法院予以采纳，最终裁定不予执行。

3. 从财产入手

查明讼争标的及关联财产的权属情况。如从不动产登记中心查明讼争房产的权属是否属于仲裁当事人，是否还存在其他共有人，讼争财产是否处于法院的查封、冻结状态等。实践中经常出现夫妻一方与案外人恶意串通，通过虚假仲裁将夫妻共同财产转让并过户给案外人，排除配偶对共同财产的合法所有权，损害配偶的合法权益。还存在为了规避法院的查封，当事人恶意串通倒签日期签订以物抵债合同并提交仲裁，试图通过仲裁裁决办理过户登记或是让法院解除查封，从而规避法院的正常执行行为。

4. 从涉诉入手

查当事人是否还存在其他诉讼或仲裁，之间是否相互关联，当事人是否为多起债权债务纠纷中的被执行人，是否已处于资不抵债状态或已进入或即将进入清算、破产程序等。

5. 从当事人其他情况入手

如劳动争议仲裁中，可以从电费、水费缴交情况查用人单位是否有正常经营，查用人单位是否已把经营场地出租给他人经营，固定《租赁合同》、承租人陈述等证据，从反面证明用人单位已停止经营，不存在拖欠该期间职工工资的情形等。

（四）建立多部门协作配合共同防范和查处虚假仲裁的工作机制，凝聚监督合力

虚假仲裁的打击和防范并不是仅凭检察机关一家就可以，而是要构建各

单位部门共同参与的综合治理机制。最高人民法院对规制虚假仲裁已引起重视，相继出台了一系列司法解释和文件，2020年12月23日召开新闻发布会，首次发布仲裁司法审查年度报告——《最高人民法院商事仲裁司法审查年度报告（2019）》，报告显示：2019年，全国法院旧存仲裁司法审查案件1649件，新收20528件，结案率92.6%；全国法院审结撤裁类案件11029件，其中637件被撤销或部分撤销，撤裁率为5.8%；审结仲裁保全案件3959件，其中3428件得到支持，保全率为86.6%。[①] 检察机关与法院虽处于监督者与被监督者的地位，但在维护司法公正和权威上具有终极目的的同一性，检察机关应在监督中更加注重融入支持，加强检法两家的合作，如在处理撤裁类案件中，检察机关可通过行使调查核实权查明虚假仲裁事实，从而提高撤裁率。同理，检察机关与公安机关、仲裁委员会、劳动仲裁委员会、律师协会、人力资源和社会保障部门等其他外部单位要寻找合作的契合点，建立多元协同的虚假仲裁防范和打击机制。检察机关加强与上述单位的合作可采取两种方式：一是通过会签文件的形式，就查办虚假仲裁达成的共识以及职责分工、程序衔接、法律适用、相互合作等问题形成常态化机制。如福建省检察机关今年正部署各个设区市院与仲裁委员会签订会签文件，为开展合作铺设制度基础。二是通过联合开展打击虚假仲裁专项活动的形式，在合作中进一步凝聚共识，深化打击成效，完善防范对策，从而形成防范和查处虚假仲裁的合力，建立共同防范和遏制虚假仲裁违法行为的联合机制。

（五）加强经验总结，为立法修法提供建议

要构建完善的打击和防范虚假仲裁的法律制度，仲裁委员会自行纠错，案外人参与、异议、撤销之诉，检察机关对仲裁委员会直接监督等制度的建立是必须加以解决的专门问题。检察机关要通过查办虚假仲裁案件进行有益的探索和实践，善于总结提升经验做法，制定办案指引或指南，提炼指导性、典型案例，从而为立法、修法提供实践样本和可操作的建议。如武平县检察机关、将乐县检察机关均采取向劳动争议仲裁委员会发出建议撤销仲裁调解书的检察建议，由劳动争议仲裁委员会撤销虚假仲裁调解书，后检察机关再向法院发出建议终结执行的检察建议，由法院终结执行仲裁调解书。检

---

① 参见《最高人民法院商事仲裁司法审查年度报告（2019）》。

察机关改变只能向法院发出建议不予执行检察建议的方式，直接向仲裁委员会发出检察建议，由仲裁委员会自行撤销仲裁裁决或调解书，该模式将有益于在虚假仲裁的萌芽、开始、进行阶段直接纠正、遏制虚假仲裁行为，避免了因事后才纠正产生的一系列问题，从源头上对虚假仲裁行为进行及时的纠正和打击。

案外人执行异议虚假诉讼的监督路径

王 炜 张 源 王连民*

摘 要：案外人通过提供虚假证据，虚构事实主张的方式排除人民法院的强制执行活动，严重违背了民事诉讼诚实信用基本原则。但由于其证据"虚实交织"、隐蔽性强，使人民法院在审判活动中存在识别盲区。检察机关对案外人执行异议虚假诉讼的监督也尚处于探索阶段，应当在类型化构造的基础上，通过拓展线索来源渠道、灵活运用调查核实权、加强机制建设等走出"监督困局"。

关键词：案外人执行异议之诉 虚假诉讼 检察监督

我国现行执行异议之诉根据提起主体的不同可分为案外人执行异议之诉与申请执行人异议之诉两种类型。案外人执行异议之诉，是指第三人对执行标的享有明确的、可排除执行的法定权利，据此向人民法院提出书面异议请求其不得执行的诉讼类型。其制度意旨在于保障案外人合法权益，通过对执行标的权属的界定来决定是否停止执行。但是实践中，该制度在发挥其正向保障机能的同时极易被案外人滥用，通过与被执行人恶意串通达到妨碍当事人胜诉后判决得以顺利执行的非法目的，不仅妨碍了正常的诉讼秩序，还严重损害了司法权威和司法公信力。[1]

---

* 王炜，甘肃省人民检察院兰州铁路运输分院检察长；张源，甘肃省人民检察院兰州铁路运输分院检察官助理；王连民，山东省滨州市中级人民法院法官助理。

[1] 参见张兴斌、张源：《案外人执行异议虚假诉讼的监督路径》，载《检察日报》2020年2月23日，第3版。

虽然《民事诉讼法》第 14 条确立了检察监督的基本原则,且在其第二编审判程序中又对审判监督程序进行了细化,但关于执行程序监督的规定相对较为简略,只有第 242 条的概括性规定。《人民检察院民事诉讼监督规则》也只是对民事执行活动提出检察建议的决定权限、制发期限及不支持监督申请决定书的制作期限作出了规定。2020 年,全国检察机关共对民事执行活动违法行为提出检察建议 37428 件,同比上升 59.7%,对民事执行活动监督提出检察建议中涉及虚假诉讼 1112 件,同比上升 71.1%。[1]但同期人民法院受理执行案件 1059.2 万件,执结 995.8 万件。[2]可见,执行监督依然存在"短板"。虽然案外人执行异议关涉两个不同的法律程序,一是执行异议。根据《关于人民法院办理执行异议和复议案件若干问题的规定》第 8 条规定,案外人执行异议可划分为基于实体权利对执行标的提出排除执行异议和以利害关系人身份对执行行为提出异议两种类型。在执行异议程序中,如当事人对人民法院作出的裁定未提起诉讼,则检察机关依照执行程序进行监督。二是执行异议之诉。如案外人的执行异议被人民法院驳回,其不服该结果依照审判监督程序提起执行异议之诉,则检察机关适用生效判决、裁定、调解书监督程序。上述执行异议与执行异议之诉皆有可能出现虚假证据,但由于程序一中案外人与当事人如对裁定不服,尚有后续的审判监督程序作为救济,所以在执行活动中对该类案件虚假诉讼的监督空间有限,检察机关应当将重点聚焦于执行异议之诉虚假诉讼。

最高人民法院《关于防范和制裁虚假诉讼的指导意见》中规定对于虚假诉讼高发领域要加大依职权调查及证据审查力度,"两高两部"也联合出台了《关于进一步加强虚假诉讼犯罪惩治工作的意见》。从司法实践来看,人民法院通过对案外人与被执行人所提交证据的形式审查,一般在不能证明其诉请的情况下才予以驳回。案外人执行异议虚假诉讼双方当事人所提交的证据形式完备、内容严谨,加之其他佐证使得人民法院很难通过"形式审查"的方式对其"虚假性"予以认定,再加之是否存在恶意串通,基于案件数量等压力,法官对该类案件也缺乏依职权调查的内生动力。甚至在特定情况下,部分案件中有律师或法官的参与,更加使其"虚假性"在审判阶段难以

---

[1] 参见《最高人民检察院工作报告(2021)》。
[2] 参见《最高人民法院工作报告(2021)》。

识别。因此，检察机关积极探索案外人执行异议虚假诉讼的监督路径具有现实必要性。

一、案外人执行异议虚假诉讼的特征

（一）案外人与被执行人之间关系特殊

案外人执行异议虚假诉讼发生在人民法院对被执行人的财产采取查控措施后，双方虚构法律关系所要达到的目就在于规避执行或拖延执行。由于执行标的一般价值较大，为了避免诉讼利益转嫁他人，规避财产损失风险。被执行人在寻求"合适"案外人的过程中势必会偏向于其亲属、朋友或者关联企业等，利用在伪造证据等方面成本低廉、易于操作的优势达到"恶意串通"之目的。

（二）案外人执行异议虚假诉讼证据"虚实交织"

在当事人主义诉讼模式下，法官处于居中裁判的地位，举证责任的划分归属于被执行人与案外人。最高人民法院《关于适用〈中华人民共和国民事诉讼法〉的解释》第309条规定："案外人或者申请执行人提起执行异议之诉的，案外人应当就其对执行标的享有足以排除强制执行的民事权益承担举证证明责任。"该类诉讼中案外人主张执行异议时向人民法院提交证据的要求一般较高，不仅要有相关合同的约定，还需辅之当事人之间的银行流水记录，才能够达到其对执行标的享有的足以排除强制执行的民事权益，所以绝大多数情况下都是真实证据与虚假证据相互交织，调查取证难度较大。且申请执行人在举证能力方面普遍较为欠缺，难以形成有效对抗，更加加剧了该类案件审查的难度。

（三）案外人执行异议虚假诉讼隐蔽性强

与其他类型虚假诉讼以稀释债权为目的不同的是，案外人执行异议虚假诉讼由于当事人主张权利的差异，其表现形式更加多样，案情也更加复杂，且证明双方主张的证据在形式上较为完备。案外人与被执行人合意所提交的证据通常都不是孤证，形成了较为完整的证据链，且在现有技术条件下，很难对书证形成的时间进行有效鉴定，而实践中通过倒签虚假书证形成案外人执行异议虚假诉讼的情形却大量存在，更有甚者通过合法的行政行为或者确权之诉对执行标的形成"保护障碍"，具有极强的隐蔽性。

二、案外人执行异议虚假诉讼的类型化构造

（一）涉及物权的执行异议之诉虚假诉讼

1. 借名卖房

此类案件是案外人执行异议虚假诉讼的"重灾区"，由于限购政策等因素的影响，现实生活中借名买房的情形大量存在。但人民法院对该类案件在审查过程中比较慎重，不仅会要求案外人提供翔实的证据证明其是实际权利人，还会对双方的交易是否存在违反国家利益或者社会公共利益的情形进行查证，所以对利用他人"特殊身份"等取得房屋"实际所有权"的一般都会作出不予支持的决定。由于人民法院在审判过程中的严格审查，该情形下检察机关通过虚假诉讼介入的空间相当有限。

2. 以物抵债

人民法院在执行过程中如果案外人以其与被执行人之间就该不动产存在"以物抵债"协议为由申请异议，此时不同的法院存在相异的处理方式。其一认为一般不予支持，除非有足够的证据能够还原案件的真实情况；其二则认为只要双方的抵债协议真实且案外人已经合法占有，就应当认定其具有排除强制执行的效力。在第二种情况下，如果人民法院对证据的审查不到位，则有可能出现通过倒签"以房抵债"协议等来规避执行的情形出现。此时检察机关审查该协议的效力时，不能仅仅以协议本身作为认定事实的依据，需着重查明当事人双方之间的债权债务往来凭证等，从而判断是否存在真实的债权债务关系，进而结合房屋等不动产的市场价值、以物抵债是否超过债权债务的数额、是否补足差价等作出综合判定。

3. 机动车交易

《民法典》第225条关于机动车的物权变动采取"登记对抗主义"原则，如果案外人提交了车辆买卖协议及付款凭证，且其已经移转至案外人所有，

此时如果未办理过户登记，案外人能否据此主张执行异议之诉在实践中存有争议。该情形下检察机关需重点审查车辆买卖协议的签订时间是在人民法院采取强制执行措施之前还是之后，其付款是一次性付清还是分期支付。存在的特殊情况是，部分当事人在人民法院立案阶段就已经预算到其败诉的结果，所以其会在人民法院的判决生效之前虚构买卖协议及付款凭证，此时只能通过"单独询问"的方式寻求案件的突破点。

4. 其他动产

一是通过虚构财产处分合同的方式对人民法院采取执行措施的动产予以"转移"，从而达到规避执行的目的。二是股权代持。实践中，由隐名股东实际出资，显明股东持有股权的现象大量存在，人民法院在审查过程中主要根据最高人民法院《关于适用〈中华人民共和国公司法〉的解释（三）》第25条所规定的善意第三人制度判断执行异议人能否善意取得，其以商事交易的外观主义作为判断标准，因此极易忽视双方当事人恶意串通下的虚假诉讼。

（二）涉及债权的执行异议之诉虚假诉讼

1. 租赁合同

根据《民法典》第725条规定的"买卖不破租赁"原则，人民法院的执行活动应当尊重、保障承租人的优先权，据此承租人可以作为提起执行异议之诉的主体，该类情形兼具物权与债券的双重属性。由于检察机关对虚假诉讼进行监督具有"事后性"，所以该情形下监督的空间有限。但是也不能完全排除案外人与被执行人通过签订较长期限租赁合同来规避人民法院执行的情形，一是该房屋在人民法院依法查封后才被租赁。此类情形由于伪造租赁合同极其容易，人民法院很难判定签订合同的日期与查封日期孰先孰后，因此应当成为检察机关监督的重点案件类型。二是该房屋上的出租权设立于抵押权登记后。根据《民法典》第402条规定，以不动产进行抵押时必须办理登记，所以该情形下人民法院在审判环节容易识别，由检察机关进行监督的空间相对较小。

2. 建设工程价款优先受偿

根据《民法典》第807条规定，建设工程价款具有优先受偿性，但在司法实践中，建设工程价款的优先性能否作为其提起案外人执行异议的依据却存在不同认识。一种观点认为，建设工程优先受偿权作为一种特殊权利应当予以特别保护，如果不赋予实际施工人提出执行异议之诉的权利，优先受偿权制度的目的将会落空。①另一种观点认为，建设工程价款优先受偿权的基础权源从本质上属于债权，只是相对于普通债权而言具有优先性而已，因此该权利不足以排除强制执行，也不应当作为提起案外人执行异议之诉的权利基础。②检察机关在案件办理过程中对于该权利基础能否作为案外人执行异议的依据应持慎重态度，由于人民法院内部存在不同意见，目前不宜纳入监督范畴。在第一种观点主导下，案外人依然可以根据最高人民法院《关于适用〈中华人民共和国民事诉讼法〉的解释》第506条以法定优先权为由参与分配，此时检察机关只能对该执行活动进行监督。

3. 虚构权利负担

实践中，被执行人与案外人通过虚构法律关系的方式在执行标的上设置权利负担的情形较为常见。一是在执行标的上设置债权担保；二是通过保留所有权买卖合同虚构动产已经易主的"事实"；三是通过提交欠条与相关合同、转账凭证的方式证明当事人之间存在债权债务，且所有书面材料的签订日期皆由当事人双方填写于人民法院查封或决定执行之前。

（三）涉及离婚协议财产归属执行异议之诉虚假诉讼

夫妻双方在离婚时通常都会涉及财产分割，所以在该情形下虚假诉讼较为常见。实践中，夫妻双方为了逃避因一方债务被强制执行而以离婚协议的形式对其共同财产进行分割，如果该协议的签订时间在债权产生之前，且无恶意串通的主观过错，则可以产生排除强制执行的效力。但是上述"签订时间""主观恶意"的判断都较为困难，所以双方如果达成合意而"假离婚"，在财产分割中涉及房屋时应否遵循物权公示公信原则尚未达成共识。不得不承认的事实是，现实生活中存在双方离婚时将房屋分割给抚养孩子的一方，但尚未变更产权登记的情形，此时如若强制执行，则会导致异议人基本生活无法得到保障。因此，检察机关对该类案外人执行异议虚假诉讼进行监督时应持审

---

① 参见王毓莹、翟如意：《执行异议之诉中排除执行的民事权利类型化研究》，载《人民司法》2019年第28期。

② 参见（2019）最高法民申3207号民事裁定书。

慎态度，着重审查损害国家利益、公共利益及其他人合法权益的情形。

三、案外人执行异议虚假诉讼的监督思路

（一）拓展线索来源渠道

对于案外人执行异议虚假诉讼线索的收集，要树立主动筛查意识，在民事检察部门建立专门的线索筛选、收集小组，针对本地区案件高发领域进行分析研判。目前，浙江省绍兴市检察机关研发的"民事裁判智慧监督系统"可资借鉴，在信息要素化的基础上实现了线索的智能化收集筛选，辅之以人工研判，从根本上解决了虚假诉讼线索不足的难题。在时机成熟之际，最高人民检察院可向全国推广，逐步实现利用信息化手段发现、整合虚假诉讼线索的智能化机制。目前，检察机关应当运用好现有资源，一要充分发挥"12309"检察服务热线及"两微一端"等平台，通过举报奖励的方式鼓励群众提供相关线索。二要借助执行程序与执行异议之诉在程序上的关联性，其虽属于两个完全不同的诉讼类型，但执行异议之诉来源于执行程序，所以应当畅通线索转换、移送机制，注重在执行监督过程中发现执行异议案源。三要充分利用中国裁判文书网、执行信息公开网等，及时跟进同级人民法院案外人执行异议法律文书的排查研习。四要常态化开展案外人执行异议虚假诉讼宣传，引导人民群众积极参与司法活动，畅通线索发现渠道，形成虚假诉讼打击合力，增强民事检察监督的影响力。

（二）灵活运用调查核实权

1. 通过"询其言、观其形"的方式，抓矛盾，破难点

案外人执行异议虚假诉讼的双方当事人之间一般都存在一定的特殊关系，所以应当以当事人之间的关系作为整个案件调查核实的突破口，并在询问当事人时注意其言行表现，通过对比其前后陈述寻找矛盾点，重点观察当事人是否对存在的疑点事实有刻意回避的表现等，从而判断双方之间是否存在恶意串通的主观故意。与其他类型的虚假诉讼中以证明"证据虚假"为中心的调查核实路径不同，案外人执行异议虚假诉讼必须树立客观证据与主观恶意相结合的"双轨制"审查思路。办案人员要充分运用好《人民检察院民

事诉讼监督规则》第63条所规定的询问调查核实措施，对被执行人与案外人分别进行询问，并着重对被执行标的的相关情况进行调查核实，以寻找矛盾之处与破解之道。

2. 坚持"全面撒网"和"重点排查"相结合的阅卷方法

秉持客观公正立场，通过审查卷宗中的庭审笔录判断当事人之间的对抗程度，将重点核查对象聚焦于双方当事人无对抗情形的案件，主要包括缺席审判和在质证阶段大量适用"自认"制度两种情形。案外人执行异议虚假诉讼的当事人为了规避法庭对案件事实的调查，往往通过代理人的方式不亲自出庭，或者出于诉讼利益的考虑，直接不参加庭审活动。为了达到规避执行的目的，在诉讼过程中往往难以出现激烈抗辩，双方之间较为默契，甚至出现一方为另一方"着想"的情形，通过"自认"制度达成共识。但是随着虚假诉讼打击力度的增强及人民法院对"自认"制度的限制适用，双方当事人之间为了达到迷惑法官的目的，会在庭审过程中"表演"激烈对抗的场景，此时检察机关要通过双方对抗的时间长短及胶着状态、对抗结果等综合判断是否属于"虚假对抗"。

3. "定类型、查要点"，依职权主动出击

在物权或财产移转协议案外人执行异议虚假诉讼中，人民法院据以执行的标的一般价值都比较大，出于常理判断案外人与被执行人应当采取签订书面协议的形式。所以检察机关在对该类诉讼进行监督的过程中，如发现无书面协议或者只有复印件而无其他证据佐证时，应当对财产转让的真实性重点审查。并结合转让协议复印件所载内容与一般交易习惯，转让协议约定是否存在违背常理的条款等进行调查核实。此外，关于双方订立书面协议的时间对案外人执行异议虚假诉讼的认定至关重要，但也是该类案件办理中的难点所在，例如，在租赁合同中，很难通过租赁合同所签订时间或者约定的承租起算点来查明其是否晚于人民法院的查封日期。此时检察机关便需要结合合同签订之前定金或者预付款的支付及合同签订之后价款或租金的支付情况等予以判定。在债权案外人执行异议虚假诉讼中，当存在双方一致主张价款是以现金方式一次性或者分批付清时，检察机关应当结合案外人的支付能力，对其在该时段的资金来源进行查证，如其无证据证明交付于被执行人的现金来源且经查证无取款或贷款记录时，一般应当对其主张的真实性予以排除。

但存在的特殊情况是，实践中还存在"循环转账"的情形，即案外人与被执行人通过多个账户循环转账虚增金额以达到规避执行的目的，此时很难单纯通过转账凭证的方式对其之间的虚假交易进行认定。如果案件中的交易是以分期或者分批次付款的方式进行，而持续存在被执行人在案外人将资金转入期间又转出的情形，此时检察机关就应当依职权调取相关账户之间的交易流水。如果案外人与被执行人之间的交易是全部或者部分通过商业承兑汇票的方式完成，则应当查证该汇票是否为伪造或者存在变造的情形。

（三）加强机制建设

1. 积极探索"上下一体、横向协作"的案件办理机制

案外人执行异议虚假诉讼的特点决定了大量案件集中于基层检察院，最高人民检察院和省级检察院更多地侧重于业务指导及协调。分州市院一级主要负责办案资源的统筹与分配，并做好对下指导及跟踪审查工作，集中上下级检察院的人才优势，对重大、疑难案件进行分析研判。基层院要充分发挥调查核实优势，争取地方党委及政府的支持，通过成立办案组、专项活动等形式打开案外人执行异议虚假诉讼的监督困局，并做好典型案例、相关经验的总结上报工作。横向协作要形成信息互享、线索移送、效果反馈、案情通报等运行机制，形成打击案外人执行异议虚假诉讼的合力。首先，加强与人民法院、公安机关的配合，积极探索建立民事判决、裁定、调解书等裁判文书信息共享机制和信息互通数据平台。如果检察机关在案件审查过程中发现当事人可能涉嫌虚假诉讼罪的，要及时移送公安机关，并由刑事检察部门做好立案监督等工作。其次，通过会签文件的形式，与相关银行、行政机关建立顺畅的信息共享机制。对于律师参与虚假诉讼的，要将线索及时移送司法行政机关与律师协会，如果存在监管漏洞，可通过社会治理检察建议的方式督促行政机关依法整改。

2. 加强研究，培育案例，适时出台办案指南

近年来，案外人执行异议虚假诉讼案件的数量上升，人民法院对其打击防范进行了初步探索，但检察机关的监督始终处于缺位状态。最高人民检察院应当通过"专项课题"等形式鼓励检察机关内部及学者等对该问题进行深入研究，为司法办案提供智力支持；也可在探索、积累经验的基础上出台案

外人执行异议监督指南，以适应案外人执行异议案件基数大，但监督缺位、不敢监督或不会监督的难题，为各级检察机关办理该类案件提供遵循。地方各级检察机关要加大案外人执行异议虚假诉讼典型案例培育力度，最高人民检察院力争公布一批对检察机关办案具有借鉴、复制意义的指导性案例或典型案例。此外，为了尽快适应该类案件上升的趋势，应当加大培训力度，开展多种形式、不同层次的培训，对线索发现、调查取证、办案技巧等进行专门培训，以提升检察人员的办案能力，让办案人员"会办案""能办案"。

3. 加大案外人执行异议虚假诉讼宣传力度

各级检察机关要强化落实"谁执法谁普法"的普法责任制要求，通过公布典型案例、普法教育宣传等形式，增强人民群众在案外人执行异议虚假诉讼中的防范意识及寻求检察机关监督的权利救济意识，引导其在发现线索、遭遇侵害时能够及时反映，营造打击防范虚假诉讼的社会氛围。

民事检察制度建设

浅析民事检察案例指导制度理论与实践

沙莉萍　黄维娜[*]

摘　要：近年来，最高人民检察院对案例指导制度工作日趋重视。实践中，案例指导制度也有解释法律、统一法律实施、优化工作方法、回应社会需求等特殊功能和作用，是检察机关完善自身职能发展、回应社会需求、实现社会治理方式的有效途径。目前，民事检察案例指导制度运行仍存在一些问题，通过优化民事检察案例指导体系、强化办案人员运用水平、加大技术应用力度可以更好地促使该制度功效的发挥。

关键词：民事检察　指导案例　职能完善　质效提升

近年来，最高人民检察院对案例指导制度工作日趋重视，发布的指导性案例等数量、种类均明显增多。自 2010 年 12 月至 2021 年 4 月，最高人民检察院已先后发布 28 批指导性案例，其中民事检察专题三批。2018 年以来，发布的案例更是以年均三批的优势远超于既往年均一批的频率。其间，还陆续发布不同类型的典型案例，包括民事执行监督、民事诉讼监督、惩治家庭暴力犯罪、检察改革、服务保障长江经济带、保护知识产权等。本文旨在通过对案例指导制度起源、功能和作用的分析，结合目前民事案例指导制度存在的问题，提出相应的解决建议，期待案例指导制度更好地发挥统一办案标准、规范办案程序、提高办案效率、优化办案方式、提升办案效果等方面的作用。

---

[*] 沙莉萍，浙江省杭州市萧山区人民检察院常务副检察长；黄维娜，浙江省杭州市萧山区人民检察院第六检察部主任。

一、案例指导制度的起源和发展

了解案例指导制度的历史是理解该制度现状的前提。只有充分掌握案例指导的出处来源、发展过程，才能更准确和深入地把握案例指导制度的内在规律和发展趋势。同时，整体案例指导制度与民事检察案例指导制度是包容与被包容的关系，掌握整体概况是了解民事检察案例指导制度的基础，也才能客观地分析民事检察案例指导的现状和发展方向。

（一）制度起源

从宏观方面看，上级机关一直对指导案例编撰工作高度重视并作了总体部署。早在2003年5月，最高人民检察院出台《关于加强案件管理的规定》，明确要进一步加强案例编纂工作，最高人民检察院和省级人民检察院每年要及时编纂和印发对办案工作具有指导意义的案例。2009年2月，中央政法委出台《关于深入学习实践科学发展观解决政法工作突出问题的意见》，明确中央政法机关要加快构建具有地域性、层级性、程序性的符合中国国情的案例指导制度，充分发挥指导性案例在规范自由裁量权、协调法治统一性和地区差别性中的作用，减少裁量过程中的随意性。此外，《2018—2022年检察改革工作规划》中再次提到要创新检察案例指导制度，反映检察机关工作特点，凸显检察机关办案特色，创新典型案例选编和发布方式，强化典型案例指导意义。

从微观层面看，最高人民检察院一方面出台关于案例指导工作的具体规定，另一方面陆续发布了具体的案例，指导案例体系架构已经基本完成。其中，具体规定先后进行过两次修订，最开始版本是2010年7月印发的《关于案例指导工作的规定》（以下简称《规定》），后于2015年12月进行第一次修订，于2019年3月进行第二次修订。修订内容的差别主要在于指导性案例的形成条件、报送案例的程序和案例发布后的应用要求，特别是明确各级人民检察院应当参照指导性案例办理类似案件，检委会审议案件时承办检察官应当报告有无类似指导性案例。从案例的数量规模看，自2018年之后，案例规模发展迅速，28批指导性案例共计110件，其中民事检察指导性案例3批12件。典型案例的数量更庞大，仅2020年就有81批525件案例。案件种类逐渐覆盖刑事、民事、行政、公益诉讼四大检察，其中民事检察典型案例四个主题 90 件。

（二）制度发展

上文已经提到，在最高人民检察院的日益重视下，案例指导体系的建立日益成熟，同时作为一种不成文的法源，指导案例虽具有灵活性、弥补法的不周延的特点，但其制度本身也不可避免地存在局限性的缺点，因此需要演化。以下主要是对《规定》三个版本之间以及实际案例的内容进行分析，说明制度的发展情况。

1. 推选条件变化

一是案件类型更多样。2010 年《规定》列举了职务犯罪立案与不立案、逮捕与逮捕、起诉与不起诉、刑事民事行政抗诉案件、国家赔偿案件、申诉案件等，2015 年修订后去除了具体案件类型的限制，2019 年保留了不作具体规定的做法。这进一步促成案件类型的多样化。二是条件要求更全面。2010 年要求案件已生效，涉及法律适用问题在现行法律规定中不够明确具体的，新类型或容易发生执法偏差的案件，群众反映强烈、社会关注的案件，在事实认定、法律适用、政策把握、法律监督实践中有典型性和代表性的案件，体现法律效果和社会效果的案件。2015 年《规定》增加可以推选证据采信方面体现指导意义的案件。2019 年在 2015 年的基础上增加办案程序符合法律规定要求，在指导意义方面增加办案方法内容，办案效果上还需要体现良好政治效果。

2. 推选程序变化

2010 年规定的流程是最高检各业务部门、省级人民检察院可以向最高检案例指导工作委员会选送，工作委员会初步审查后分送有关业务部门提出审查意见，工作委员会同意的再提交检委会审议决定。2015 年增加审批条件，最高检业务部门推荐的要经过分管检察长批准，省级人民检察院推荐的应经检察长批准或检委会审议决定。2019 年没有对省级推荐案件要求经检察长批准或检委会决定，另外规定业务厅和法律政策研究室分工负责案例的研究编制工作。这体现了案例编制工作分工更明确、效率更高、专业性更强。

3. 案例运用要求变化

2010 年规定指导性案例发布后，各级人民检察院在办理同类案件、处理同类问题时,可参照执行。如果承办检察官认为不应当适用的,应当书面提出意见,报检察长或检委会决定。2015年规定参照指导性案件办理,可以引述为释法说理根据,但不得作为案件处理决定的直接法律依据。2019年在2015年基础上增加检委会审议案件时,承办检察官应当报告有无类似指导性案例,并说明参照适用情况。上述变化表明,强化了在办理同类案件时指导性案例的应用,承办检察官适用指导性案例的义务增强,从可参照变成应当参照,对于特别疑难复杂案件,需要经检委会审议的,应当查询、报告有无类似案件,并说明适用情况。

4. 发展动力来源变化

发展动力来源变化体现在从封闭的外部力量推动到自发地以开放的内源推动。检察机关建立案例指导制度的原因之一是中央政法委等部门提出明确的要求,从这一层面讲发展是外部力量推动的。同时在发展初期,更希望尽快建立应有的体系框架,所以是封闭式的、系统性的发展。几年之后,案例系统已经基本完善,制度发展就从外在的力量推动演变为自己发展需求,如检察改革工作规划提到要创新制度,是从进一步优化制度的需求出发。同时不再仅关注内在职能的发挥,转向回应社会关切,形成与社会经济、政治、文化更适应、协调的体系。最明显的表现就是最高检陆续发布的案例开始专题的形式出现,仅就民事检察而言,2019年5月发布"打击虚假诉讼 共筑司法诚信"为主题的5件典型案例,为办理民事虚假诉讼监督案件程序和标准等方面开展有针对性的指导,推动虚假诉讼监督工作依法规范开展。2020年7月,发布以"加强民事检察监督 精准服务民企发展"为主题的第二十一批指导性案例。2021年5月,为进一步强化民事执行监督职能、提高执行监督精准度,指导各地检察机关依法办理民事执行监督案件发布"民事执行监督"主题的指导性案例。

二、案例指导制度的本体

指导案例的功能和作用是案例指导制度的本体表现,既是提炼指导案例的主要依据和标准,也是将指导案例与普通判例进行区分的"试金石"和"分水岭"。

（一）指导案例的功能

1. 解释法律条文

在法律的具体运用过程中，通常碰到法律规定原则、模糊的问题，虽有有权机关按照程序作出立法解释、司法解释等，但司法解释终究还是以条文的形式呈现，基于各人理解方式和能力有时会出现不同结论。指导案例可以解决这个问题，可以通过具体的案件将法律条文从抽象的变成具体的，从模糊的变成形象的①，从而清楚地表明法条原义。如2018年发布的某工贸公司与某实业公司欠付货款纠纷抗诉典型案例，该案通过检察机关的抗诉，进一步明确了有限责任公司股东清偿责任的性质及构成要件的认定标准，对实践中如何正确理解和适用股东清偿责任的法律条文具有指导意义。

2. 统一法律实施

有些法律条文文字是清楚的，但是法院在适用时出现了错误，此时检察机关开展法律监督纠正法律适用，表面上是对个案裁判结果的改变，实际上为统一法律正确实施。还有一种情形是法律条文设置的是并列的、可选择的概念或措施，如何正确地适用选项，也可以通过具体案例进行展现。前者如黑龙江何某申请执行监督案（检例第110号）：说明执行程序应当按照生效判决等确定的执行依据进行，变更、追加被执行人应当遵循法定原则和程序，不得在法律和司法解释规定之外或者未经依法改判的情况下变更、追加被执行人。检察院依法执行程序中违法变更、追加被执行人的行为既是对个案结果的纠正，也是统一法律实施的表现。后者如2014年公布的陕西刘某与杨某离婚后财产纠纷再审检察建议案，该案按照法律规定既可以提出再审检察建议也可以抗诉，最后检察机关在监督方式上采用了再审检察建议，阐明选择再审检察建议的目的在于这种方式相对简便、柔和，既便利了当事人主张权利，又将矛盾化解在基层，达到了监督的效果。

3. 优化工作方法

检察机关采取不同的工作方法会导致案件结果不同的走向。为了体现案件政治效果、法律效果、社会效果有机统一的导向，指导案例可以推出工作

---

① 参见熊秋红：《准确定位价值功能 充分发挥案例指导作用》，载《检察日报》2019年2月25日，第3版。

方法优秀的案件，从而引导办案人员的方法适用。最高检发布过江苏省某市检察院环境公益诉讼支持起诉案，在该案的民事赔偿部分，检察机关作为支持起诉方支持起诉，追究化工企业的民事责任。贵州黔西南州某市检察院追收土地出让金督促起诉案，展现检察机关通过督促起诉职责的履行，督促诉讼主体及时提起诉讼，可以有效防止国有资产的流失。福建甲光电公司、福建乙科技公司与福建丁物业公司物业服务合同纠纷和解案（检例第80号）则指导检察机关办理民事监督案件，在不影响审判违法监督的前提下，可以引导当事人和解，但必须尊重当事人意愿，遵循意思自治与合法原则，在查清事实、厘清责任的基础上，依法促成和解，减轻当事人诉累，营造良好营商环境。

4. 回应社会需求

张军检察长指出，检察机关编写、制发案例最根本的目的是指导引领检察机关监督办案，落实"谁执法谁普法"要求，加强法治宣传教育。[①] 因此，指导案例的发布是通过法治宣传实现对社会公平、正义、法治需求回应的途径。例如，近几年虚假诉讼行为猖獗，不仅侵害了他人的合法权益，而且严重破坏社会诚信，损害司法公平、公正和公信。为此，2019年5月，最高人民检察院筛选涉及骗取支付令执行、骗取调解书、公证执行、劳动仲裁执行、交通事故保险理赔5件具有代表性和指导意义的典型案例进行发布，召开新闻发布会，有力展示司法机关坚定维护社会公平正义的决心和行动，回应社会公众的期待。

（二）指导案例的作用

从理论层面看，指导案例有不同的作用：

1. 一般作用与具体作用

根据一般与特殊的关系，指导案例具有一般和具体两种作用。一般作用主要是从概括的角度出发，将指导案例的整体作用从普通判例中进行抽离，从而达到普适性效果，如保障法律、司法解释的正确实施，促进检察人员严格、规范执法司法，体现检察职能对三个效果的有机统一等。具体作用是针

---

① 参见《每一名检察官都要有案例意识——最高检召开案例指导工作委员会会议部署案例工作》，载《检察日报》2021年5月8日，第1版。

对每个案例本身特定的情形，体现更具针对性的指导意义。比如，海南某投资有限公司与海南某天然保健品有限公司股权转让合同纠纷抗诉案，指导的是因当事人在审判中隐瞒了重要事实，致使人民法院作出错误的事实认定，判决生效后，发现了新证据的情形。

2. 直接作用和间接作用

这是根据发布的案例对于在办案件的影响是直观的还是潜移默化地进行区分的。指导案例的形成条件之一是对办理类似案件具有指导意义，某些案件体现在证据运用上，某些体现在法律适用上，某些又体现在政策把握上，这些影响对于同类案件的作用无疑是直观的，因此起了直接作用。由于这些办案结论也会对办案人员观念产生影响，因而产生间接作用。比如，对于案件处理的结论除了要考虑法律适用，还要结合政策把握等多角度考量。比如学习某类案例后，会对如何提炼案件的要点、如何加强对普通案件的应用研究有所考虑。这些就是间接作用。

3. 积极作用和消极作用

这个区分标准容易理解，是根据社会意义进行划分的。如果某个案件办理效果特别好，或者对提高办案效率有明显提高，所起的作用就是积极的。相反，某个案例体现的是否定的评价，起的作用就是消极的。这种案例会在典型案例中有所体现，典型案例既可以是提倡学习的，也可以是反面、否定的。

4. 规范作用和社会作用

这是按照案例对于社会公众行为方式的调整进行区分的。规范作用侧重于指导案例对于行为方式可为与不可为的评价，进而促进人们调整自己的行为符合法律规范。比如，公安部、最高人民检察院联合编发的依法惩治妨害疫情防控秩序犯罪的5起典型案例，有效引导人民群众自觉遵守疫情防控的规定。有些案例有利于宣扬法律政策、提高人们的法治意识，比如印发依法惩治家庭暴力犯罪典型案例，意在推动开展反家庭暴力宣传教育，促进建立平等、和睦、文明的家庭关系，维护社会和谐稳定。后者就是社会作用。

三、民事检察案例指导制度的运行现状

案例指导制度的生命在于实施。编撰、发布、运用、研究是案例指导

制度运行的基本方式，也是实践案例指导制度意义的载体。民事检察案例运行的现状是检验制度价值的直观表现形式。目前上级检察机关对于指导案例的重视程度有目共睹，但现实中却出现"上热下冷"的现象，下级检察院特别是基层检察院对于指导案例的运用和发现积极性不高，其中有诸多因素造成。

（一）实践中存在的问题

1. 检察人员对案例指导制度不熟悉

对案例指导制度的不熟悉，包括对制度本身的目的、具体规定内容、案例体系情况、任务要求等不够熟悉。在目前宣传意识强化和互联媒体优势助攻下，检察人员对于最高人民检察院下发的具体案例能够及时接收到。在为数不少的征集案例通知下，也知晓要在日常办案时注意提炼精品案件。但是对于发布具体案例与自己所办案件的紧密性、关联性认识不足，对于发布的案例的指导意义认识不足，对于目前有多少案例与自己业务内容相关不清楚，也对办理同类案件时需要主动或被动回应指导案例的要求不清楚，对于如何撰写指导案例更加不清楚。

2. 援引度不高

一方面由于不熟悉上级机关规定的在办理同类案件时应当参照指导性案例，在向检委会报告案件时应当报告有无类似案例并说明参照适用情况，所以在具体办理案件时没有查询是否存在指导性案例。另一方面与办案思维有关，从实际办案过程看，检察人员在审查案件时会注重法院判决文书中对事实的认定、法律的适用说理部分，也会将本案法官的结论与法院其他权威观点进行比较，从而判断结论是否正确。在这个过程中，注重对既往法院观点的收集，而忽略检察系统的做法和观点。

3. 主动报送案例报送成功率低

下级院报送的案件最终没有被上级院选中的一种情况是收到征集案例通知时间紧，手头没有充足的准备，导致没有合适案件或报送案件质量不高。另一种情况是实践中办案人员也注重自己案件的特殊性，在办理案件时认真总结，同时积极撰写文稿，向上级院报送，但最终被选中的概率较低，这与案例本身指导性意义不足有关，也与撰写的文稿质量不高，还与案件没有针对上级需求有关。还有一种情况是办案人员没有报送案件的积极性，报送案件是否被选用并没有对办案人产生直接的肯定或否定评价。

（二）问题产生的原因分析

1. 案例体系自身不完善

一是案例种类和数量还不充足。通过对网络公开发布的案例查询，目前指导性案例中有虚假诉讼、服务民企发展、执行监督主题，具体涉及民事生效裁判文书监督案例3件，执行监督案例7件，运用调解方式办理案件有1件。典型案例中，有民事诉讼法修改后民事检察监督虚假诉讼、执行活动主题，除虚假诉讼外，其他生效裁判监督案件9件，执行监督案件10件，审判执行人员违法案件5件，支持起诉案件1件，督促起诉案件1件，化解矛盾纠纷案件2件。从案例种类看，尚未覆盖民事检察职能所有领域，如缺乏足够的对审判活动违法监督类型，且生效裁判监督中不同案由的类型也尚不充足。

二是案例查询不便捷。目前可查询案例的渠道有最高人民检察院网站、公报、案例汇编等，但是相应标题以第×批的形式出现，如果承办人想要即时查找到同类案件至少需要经过二次检索，无法通过一次同时检索关键词和"指导性案例"来获取案件，即第一次检索类似关键词获取案件标题和批次，然后再检索批次的具体案件。第二个问题是案例的关键词表述规范性不足。一方面是关键词的性质不一致，有些表明案件种类，如执行监督、仲裁执行监督，有些案件没有表明；有些表明案件的处理方式，如民事抗诉、检察建议，有些没有表明。另一方面和法院发布案例的关键词比较，没有将民事、刑事、行政等基本案件类型标明，也导致案例查询时不方便。

2. 办案人员思维和能力限制

一是对指导性案例的重要性、必要性认识不充分，导致即便上级有相关要求仍然没能落实。一种情况是由于没有了解指导性案例相关问题，直接导致对案例不熟悉、不了解，即便想要运用仍然储备不足。另一种情况是办案人思维限制。办案人审查案件仍然只侧重对法院对争议焦点的结论，而忽略检察系统相关做法和意见，因此不查询、不应用有无相关案例。

二是受办案人能力限制。既有办案人没有理解指导性案例的关键、要旨，因此对于同类案件办理并没有意识到需要参照；也有办案人理解指导性案例，但没有将自己所办案件的关键要点界定准确，导致没有将案件进行关联而参照适用。

3. 制度评价体系不完整

一是现行规定没有列明不参照、不报告的后果。目前规定列明办理类似案件时应当参照指导性案例，在汇报案件时应当报告有无类似案例和参照适用情况，但是对于不参照适用执行的后果没有相关文件说明，导致有些承办人思想上懈怠，未引起重视。

二是对积极运用指导性案例的行为没有肯定机制。在办案结论相同的情况下，有些人积极运用，有些办案人积极收集案件素材、撰写案例，但目前没有相应的肯定评价机制。

三是对指导性案例以外的案例效力没有明确。目前对指导性案例有具体规定，形成了一定程度上的拘束力，但是对发布的典型案例，有些地方还评选出了精品案例等，有无强制力，和指导性案例有什么具体差别等问题尚不明确，其结果将导致检察人员适用疑惑和不重视上述案例。

四、完善民事检察案例指导制度路径分析

完善检察机关民事检察案例指导制度是检察机关更好地完善自身职能发展，回应社会需求，实现社会治理方式的有效途径，特别是在"四大检察"全面协调充分发展背景下对于民事检察质效提升意义重大。

（一）优化民事检察案例指导体系

1. 充实案例数量和种类

现在社会公众对民事检察职能的需求越来越突出，民事检察职能的发挥越来越广泛，需要对每种职能行使有一定的案件予以展现，从而将职能解释得更为清晰。同时，随着社会生活、生产方式变化，人们的行为模式、社会认知都在发生变化，特别是民法典出台后法律的变化，需要有案例及时更新指导办案实践。案件类型的扩充一定程度上需要有足够的数量予以支撑。此外，完善案例体系，需要统一案例编写的格式，比如对关键词的性质和序位

做一些强制要求。

2. 明确案例运用后果和效力

缺乏明确规定积极运用指导案例的效果，忽视指导案例的消极效果，会导致指导案例变成一种可有可无的存在。因此需要出台明确的规定约束不积极运用案例的行为，出台配套的措施激励积极运用案例的行为。另外，需要解决指导性案例、典型案例、精品案例等不同类型案例的关系和效力，让办案人员更有操作性。

3. 加强指导案例宣传培训

让检察人员深刻认识到案例指导工作的重要性、发展现状和任务要求，需要上级部门强化宣传，使知晓指导案例、运用指导案例的氛围更浓烈。实现案例工作的落实，提升检察人员业务能力水平，让办案人对指导案例更具敏感性，除了办案人员自觉学习践行外，系统地组织培训，是有效解决问题的方式。

（二）强化办案人员运用水平

1. 自觉树立案例意识

案例运用是办案的重要一环，案例研究是否全面，能够反映办案结论的科学性和准确性与否。一线检察官在案件办理中，一开始就应当具备案例意识、精品意识。以"求极致"的工匠精神，把案件办好。① 具备案例意识能够促使办案人更全面地考虑证据采信、事实认定、法律适用、办案方法、办案效果等方面问题，从而得出最妥善的结论，也有利于进一步将案件上升为优秀的案例。

2. 确定硬性规范要求

强制规范要求对案例进行运用，是杜绝不重视指导案例的手段。如在办理案件的审查报告格式中要求对有无指导案例、是否参照适用情况必须进行说明，就能达到查找案例的目的。如可以探索在一些终局性的文书释法说理

---

① 参见张杰:《关于做好基层人民检察院指导性案例编研报送工作的思考》，载《中国检察官》2021年第7期。

过程中，必须对同类指导案例进行引述①，既能达到运用案例的目的，又能加强说理的准确性。如在一定场合、与公众互动过程中，加强对指导案例的介绍、宣传，也能扩大办案人员对指导案例的了解程度。

3. 提高综合能力素质

从办案的角度看，需要提高办案人员的综合逻辑思维，重视日常收集习惯、日常关注程度，才能准确地适用案例。从案例编选的角度看，需要提高编选人员对案例特点的敏感性、文笔表达的简明规范化，对案例工作的兴趣程度、积极性，才能有效挖掘案例素材，让案例工作得到充实，又反哺于实际办案，实现相辅相成的结果。

（三）加大技术应用力度

1. 建立专门的案例检索渠道

没有综合的数据库，没有专门的搜索引擎，对于顺畅地检索和发现案例无异于纸上谈兵。如前所述，目前办案时只能通过比较初级的人工检索方式查询相关案例。在大数据运用的背景下，出于规范办案的要求，为了能够实现同案同办、统一法院裁量等目的，需要建立有便捷的系统、方式辅助办案；也可以在现有办案系统中，实现在办案件信息提取、与在办案件信息匹配，嵌入类案推送模块等，实现更智能的案件匹配和信息推送。

2. 加强案例关键要素的技术处理

加强对指导案例的应用，与在办案件类型匹配，需要对发布案例关键要素提取，从而实现类案参照的可行性和便利性。首先，对案例类型，如指导性案例、典型案例、精品案例类型作技术提取。②其次，对职能类型，如生效裁判、审判程序、执行程序、听证、调解、支持起诉等进行提取。最后，对案件的案由、争议焦点、履职特色、工作方法、办案效果等进行提取。在上述步骤之后便基本可以实现类案匹配，从而快速、完整发现可参照的案例，并进行对比分析。

---

① 参见何祎：《在释法说理中强化实践应用》，载《检察日报》2019年2月25日，第3版。

② 参见左卫民：《如何通过人工智能实现类案类判》，载《行政法学研究》2018年第3期。

检察机关民事支持起诉的问题与完善

——以维护弱势群体利益为视角

许光勇*

摘　要：检察机关根据《民事诉讼法》第15条规定开展支持民事起诉工作，符合检察机关国家、社会公共利益守护人的定位，有利于维护社会公平正义。检察机关支持起诉应当从检察工作规律出发，遵从民事诉讼规律。实践中，检察机关支持起诉仍存在问题。通过对检察机关支持起诉工作涉及的案件范围、与当事人诉权的关系、与法院审判权的关系等问题进行探讨，完善检察机关支持起诉制度。

关键词：支持起诉　检察机关　弱势群体　完善

对弱势群体等特殊主体在法律上予以一定的特殊保护，是人文主义精神在法律上的体现，有利于保障人权，缓解社会矛盾，维护社会公平正义。《民法典》第16条、第19条、第496条、第1041条第3款、第1130条第2款等明确了对胎儿、限制行为能力人、消费者、无劳动能力人等特殊主体的权益给予具体保护，同时第128条规定：法律对未成年人、老年人、残疾人、妇女、消费者等的民事权利保护有特别规定的，依照其规定。支持起诉是检察机关保护特殊主体民事权益的重要方式。完善和发展检察机关民事支持起诉制度是检察机关贯彻落实《民法典》，健全协调发展的多元化民事检察工作格局的重要内容。但是在理论与实践中，检察机关民事支持起诉尚有

---

* 许光勇，浙江省台州市人民检察院第四检察部主任。

不少问题需要进一步研究和完善。

一、检察机关民事支持起诉制度的基本情况和问题

（一）检察机关民事支持起诉制度的基本情况

1. 检察机关民事支持起诉的实践情况

自从 2001 年最高人民检察院《关于加强民事行政检察工作若干问题的意见》提出积极稳妥地开展支持起诉工作，对侵害国家利益、社会公共利益的案件，支持有起诉权的当事人向人民法院提起民事、行政诉讼起，检察机关通过积极探索支持起诉，在维护国家利益和社会公益、保障和改善民生方面发挥了巨大作用。根据最高人民检察院向全国人大所作的工作报告显示，从 2016 年全国检察机关办理民事支持起诉案件 3785 件，到 2021 年支持起诉 1.7 万余件。由此可见，支持起诉实践发展势头十分迅猛。

2. 民事支持起诉的法律规定

1982 年《民事诉讼法（试行）》第 13 条规定"机关、团体、企业事业单位对损害国家、集体或者个人民事权益的行为，可以支持受损害的单位或者个人向人民法院起诉"，从立法上确立了民事诉讼支持起诉的原则，此后的民事诉讼法延续了这一规定。虽然对支持起诉制度或有质疑，但是并没有做任何修改。2017 年《民事诉讼法》修改，《民事诉讼法》第 55 条增加第 2 款规定：人民检察院在履行职责过程中发现破坏生态环境和资源保护、食品药品安全领域侵害众多消费者合法权益等损害社会公共利益的行为，在没有前款规定的机关和组织或者前款规定的机关和组织不提起诉讼的情况下，可以向人民法院提起诉讼。前款规定的机关和组织提起诉讼的，人民检察院可以支持起诉。从立法上首次明确人民检察院可以支持起诉，标志着 35 年来支持起诉制度实质化发展迈出了重要的一步。

司法解释和司法文件方面的规定则比立法要提前。在最高人民检察院文件中，2001 年《关于加强民事行政检察工作若干问题的意见》提出，对侵害国家利益、社会公共利益的案件，支持有起诉权的当事人向人民法院提起民事、行政诉讼。2006 年《关于检察机关为社会主义新农村建设服务的意见》提出积极探索对侵害农民工等弱势群体利益的案件支持起诉的做法。2018 年

最高人民检察院民事行政检察厅印发《检察机关民事公益诉讼办案指南（试行）》，将检察机关支持起诉案件的范围扩展到民事公益诉讼，并对支持起诉的启动程序、对象、方式、支持起诉的决定及支持起诉书的内容等问题作出规定，检察机关支持起诉工作得以规范发展。在法院审判方面，2014年最高人民法院《关于审理环境民事公益诉讼案件适用法律若干问题的解释》第11条对支持起诉首次作出规定："检察机关……依照民事诉讼法第十五条的规定，可以通过提供法律咨询、提交书面意见、协助调查取证等方式支持社会组织依法提起环境民事公益诉讼。"这些规定都为实践中特殊主体权益保护支持起诉工作提供了依据。

（二）检察机关民事支持起诉制度存在的问题

1. 对检察机关民事支持起诉的合理性、必要性存在不同认识

长期以来，理论研究中对检察机关支持起诉的合理性、必要性存在不同认识。仅就支持起诉原则本身就颇有否定者，[①] 至于检察机关支持起诉，则认为检察机关支持起诉与处分原则相抵触，当事人有自主决定是否起诉、起诉谁的权利。支持起诉原则所肩负的全部功能就在于在当事人没有起诉时，挑起或者准确地说，帮助当事人挑起一场民事诉讼；检察机关运用公权力支持起诉，会导致民事诉讼中双方当事人之间的不平等，违背了民事诉讼当事人平等原则；检察机关支持起诉影响法官审判独立等。这些理论上的不同认识极大程度阻碍了检察机关支持起诉实践的发展。

2. 对检察机关民事支持起诉的理论研究系统性不足，深度广度不够

支持起诉在立法上长期以来仅仅一条原则性规定，众多民事诉讼法学教科书等对此也近乎一笔带过，没有开展深入研究。如检察机关支持起诉的法理依据，法律地位，支持起诉的范围、对象，支持起诉的程序等，无论是从研究的系统性，还是研究的广度和深度，与前述轰轰烈烈的实践探索，众多的案件数量显然是无法适应的。

[①] 参见陈刚：《支持起诉原则的法理及实践意义再认识》，载《法学研究》2015年第5期。

3. 检察机关民事支持起诉法律规范的缺位

民事诉讼法对检察机关支持起诉没有作具体可操作的规定，虽然检察机关制定了一些规范性文件，但效力层级不足，只能对检察机关的办案起到一定的规范作用。对于审判程序上，支持起诉仍然是一片空白。实践中做法不一，如在法律文书上就有明显体现。有的民事判决书上诉讼当事人的第一行就是支持起诉人××人民检察院，有的民事判决书则将支持起诉人列在原告之后，还有的民事判决仅仅在案件审理过程中表述××人民检察院支持起诉。实践中，这些不一致做法极大地损害了司法的严肃性。

二、检察机关支持起诉制度的必要性与可行性

（一）检察机关支持起诉是实现民法典特殊主体民事权益保护的重要途径

《民法典》第128条规定对未成年人、老年人、残疾人、妇女、消费者的民事权利保护有特殊规定的，依照其规定。根据这一规定，《民法典》和《民事诉讼法》以及其他特殊主体权益保护的部门法构成了我国特殊主体民事权益保护的法律体系。其中，民事诉讼的支持起诉制度是通过民事司法保护特殊主体民事权益的重要途径。

关于对特殊主体权益保护支持起诉的依据，理论上多认为是国家干预或者社会干预，[①]笔者认为争议的焦点不是国家干预或者社会干预是否必须问题，综观人类发展历史，那种认为无须国家干预或者社会干预的状况仅仅是一种空想社会，关键是国家干预或者社会干预的程度和方式问题。除此之外，笔者认为，检察机关对特殊主体权益保护支持起诉还有着现实的必要性和合理性，主要体现在以下方面：

1. 从特殊主体本身来说

特殊主体大多有着经济实力较低、文化程度不高、法律意识不足等弱点，难以有效地通过民事司法手段维护自己的合法权益。在实践中，对特殊主体权益民事司法保护有赖于两方面：一方面，《民法典》等有关特殊主体

[①] 参见陈刚：《支持起诉原则的法理及实践意义再认识》，载《法学研究》2015年第5期。

权益保护的具体条文得到准确适用,从而使特殊主体权益得以最终实现。另一方面,给予特殊主体通过民事司法手段维护合法权益的有效途径,支持起诉即是从源头上提供了这样一个有效途径。

2. 从社会环境来说

对于特殊主体权益保护存在重刑事、强行政、轻民事的现象,同时民事司法保护途径较为单一、薄弱,即使有法律援助、社会公益等组织,往往由于各种原因,也存在保护不到位、乏力等问题。因此,对特殊主体的民事保护亟须一个权威的或者说强有力的部门来负责。

3. 对于检察机关自身来说

检察机关作为国家法律监督机关,肩负法律的统一正确实施的职责,其中就包括监督《民法典》的统一正确实施。如何保护特殊主体的民事权益,除了对民事诉讼的结果、过程、执行开展一般性的监督,确保《民法典》关于特殊主体权益保护的具体条文的准确适用之外,支持起诉也是检察机关实现特殊主体权益保护的重要途径。同时,检察机关作为国家利益、社会公共利益的代表也是检察机关支持起诉的重要依据。习近平总书记在给第二十二届国际检察官联合会年会暨会员代表大会的贺信中指出:"中国检察机关是国家的法律监督机关,承担惩治和预防犯罪,对诉讼活动进行监督等职责,是保护国家利益和社会公共利益的一支重要力量。"无论是大陆法系还是英美法系,检察机关作为国家利益、社会公共利益的代表是不争的共识。德国法学家萨维尼说过:"检察官应担当法律守护人之光荣使命,追诉犯法者,保护受压迫者,并援助一切受国家照料之人民。"[1] 弱势群体保护事关社会公平正义的最终实现,也是社会公共利益的体现。这就要求检察机关承担起公共利益维护者的职责,以支持起诉的方式加强对公共利益的保护。

(二)检察机关民事支持起诉符合诉讼规律

对于检察机关民事支持起诉的法理依据的争议还体现在检察机关支持起诉是否违反民事诉讼规律,具体而言,集中在与当事人处分、诉讼平衡、保持审判独立等问题上。

---

[1] 林钰雄:《检察官论》,法律出版社2008年版,第23页。

1. 检察机关民事支持起诉不影响当事人行使处分权

检察机关支持起诉与当事人处分原则并不抵触，支持起诉是指为了维护国家、集体或者个人的民事权益，发挥企事业单位、机关、团体与民事违法行为作斗争的积极作用，民事诉讼法赋予他们支持受损害的单位或个人向人民法院起诉的权利。[①] 支持起诉的本质是一种辅助性的权利，并不是独立的诉权，只能依附于诉权而存在，当事人不提起诉讼就不存在支持起诉。支持起诉对当事人并没有约束力，当事人既可以接受支持起诉，也可以拒绝支持起诉。所谓"帮助当事人挑起一场民事诉讼"则更无从谈起，试想农民工愿意通过法律途径解决问题，而不是通过上访、跳楼等过激行为影响社会稳定，孰是孰非不言自明。强化法律在维护群众权益、化解社会矛盾中的权威地位，引导和支持人们理性表达诉求、依法维护权益，而通过诉讼解决民事纠纷正是司法的主要功能，因此支持起诉应受到大力提倡而不是反对。

私权自治有利于发挥民事诉讼中当事人的积极性，保护私人利益，弘扬创造精神，实现个性发展，促进生产力的发展。检察机关支持起诉应遵循处分原则，根据处分原则，当事人有权支配自己的实体权利和诉讼权利，当事人是否起诉，应由当事人自主决定，检察机关不得以支持起诉予以任何干涉。为尊重当事人处分权，检察机关支持起诉应当在当事人起诉后作出，而不得在当事人起诉前为支持起诉的意思表示，从而影响当事人起诉的决定。在当事人作出起诉决定之前，只能向当事人进行法治宣传，引导其通过合法的途径保护自己的利益，是否起诉由当事人自主决定，不得以支持起诉为条件要求当事人起诉。同样，当事人起诉谁也应由当事人自主决定。在诉讼过程中当事人自主行使举证权、质证权、陈述权、辩论权等诉讼权利，推进诉讼进程的发展，检察机关不予任何干预。当事人对实体权利的处分，如变更、放弃诉讼请求，达成调解，终结诉讼程序等，即使与检察机关支持起诉的意见存在不同之处，检察机关也不能对当事人进行干预。

2. 检察机关民事支持起诉促进事实上诉讼平衡

民事诉讼中法官与双方当事人之间构成了三角形结构，审判权与诉权、原告与被告之间的诉权相互制约，相互推动，达成平衡。这种诉讼平衡状态

[①] 参见法学教材编辑部《民事诉讼法教程编写组》:《民事诉讼法教程》，法律出版社 1983 年版，第 103 页以下。

既有利于法官审判权的行使和当事人的保护,又有利于案情真相的发现和实现诉讼程序平稳发展。①当事人地位平等是实现这种平衡的重要保障。当事人在诉讼中法律地位平等,这种平等是法律意义上的,但是在实际诉讼中,由于各种原因当事人之间并不能完全实现诉讼中的平等,导致最后处理结果的不公,这种不公在很多情况下是当事人主观上不能控制的。为避免这种情况的发生,有必要建立相应的制度,对较弱一方加以倾斜照顾,以加强其诉讼能力,如诉讼费减免、法律援助等制度就起到避免因当事人客观上的困难,导致诉讼中的不平等的作用。

检察机关支持起诉对于维护诉讼平衡具有积极作用。弱势群体等特殊主体由于客观上的原因,无力保护自己的合法权益,在诉讼中处于弱势一方。虽然有各种社会团体、组织支持,但是由于我国尚处于不发达阶段,社团组织存在资源不足、能力不强、缺乏自治、发展不平衡等诸多问题,发挥参与社会公共管理和服务作用有限。检察机关作为法律监督机关,负有监督国家法律统一实施的职责,自身又具有专业性优势,开展支持起诉可以进一步恢复当事人之间的平衡关系。

检察机关支持起诉不会导致当事人之间的不平等,体现在:首先,检察机关支持起诉保持着客观公正的立场,客观性原则是保证检察机关公正执法的基本准则,检察机关支持起诉保持客观、公正、独立的立场,不偏不倚地履行职责。其次,检察机关支持起诉严格控制案件范围,只有对弱势群体利益受损害等这些客观上容易存在当事人不平等的特殊主体权益保护案件,才会支持起诉。再次,检察机关支持起诉遵循了必要性原则,落脚于辅助作用。对于当事人有足够能力维护自身权益的案件,无须支持起诉。最后,当事人在诉讼中的诉讼攻击与防御始终保持平等。一方提出有利于自己的证据,另一方反驳,提出反证,双方当事人在诉讼中平等对话。检察机关支持起诉不参与当事人之间的诉讼攻击与诉讼防御,因此并不会影响诉讼平等。

3. 检察机关民事支持起诉不妨碍独立审判

独立审判是司法公正的重要保障。根据联合国《关于司法机关独立的基本原则》(1985)第2条规定,独立审判,是指"司法机关应不偏不倚、以

---

① 参见吴如巧、姜洁:《民事诉讼主体结构模型观——以诉讼模式为视角的分析》,载《重庆社会科学》2006年第6期。

事实为根据并依法律规定来裁决其所受理的案件，而不应有任何约束，也不应为任何直接间接不当影响、怂恿、压力、威胁或干涉左右，不论其来自何方或出于何种理由"。我国宪法和相关法律均规定，人民法院、人民检察院依法独立行使审判权、检察权，不受行政机关、社会团体和个人的干涉。审判独立意味着法院享有司法终审权；法官独立判断不受影响；判决具有公信力。① 检察机关支持起诉并不影响法院独立审判。首先，检察机关支持起诉是依附于当事人的诉权，当事人不行使诉权就不存在支持起诉，也不会改变法院二审终审制度，因此不会影响法院的司法终审权；其次，检察机关支持起诉，发表支持起诉意见书，对当事人尚不具有约束力，更谈不上约束法官的判决。即使检察机关另外具有审判监督的身份，也不会影响审判独立，对此早已有公论。② 因此，支持起诉对法官的独立判断不存在任何阻碍，而作为审判独立的裁判公信力问题与检察机关支持起诉也不存在逻辑上的关系。

司法民主和司法独立都以司法公正为共同目标，司法民主要求公众的参与，法官足够有效地洞悉和捕捉社会交往关系中的意见、呼声和共识。③ 司法独立或者说审判独立则应将一切不当干扰排除在审判过程之外，程序正义原则要求所有可能影响裁判结果的事实、理由都必须纳入诉讼程序，经过程序的过滤、检验。④ 通过正当程序，司法民主所要求裁判应当考虑的各种因素与审判独立有效地融合起来。借助于检察机关的支持起诉，社会的呼声和共识得以进入诉讼程序，受到了程序的严格规制，具有了正当性、合法性，实现了司法民主与司法独立的有机统一。

三、完善检察机关民事支持起诉制度

（一）明确检察机关民事支持起诉的法律地位

检察机关在支持起诉案件中，既不是原告，也不是诉讼辅助人，而是

---

① 参见周赟：《当前审判独立不足原因之考辨——从审判独立的逻辑前提说起》，载《法学》2016年第1期。
② 参见杨立新：《民事行政诉讼检察监督与司法公正》，载《法学研究》2000年第4期。
③ 参见韩德明：《司法的独立与民主：价值整合和制度架构》，载《江苏社会科学》2009年第5期。
④ 参见蒋惠岭：《论审判独立的最低保障标准》，载《法律适用》2013年第7期。

具有独立身份的诉讼参与人。民事诉讼中有原被告、第三人、证人、鉴定人员等不同的诉讼参与人,诉讼参与人根据其与诉讼标的利益关系的不同而享有不同的法律地位,如原告作为诉讼标的的法律关系的主体,与诉讼标的有直接的具体的法律关系,享有完整的诉讼权利。第三人与诉讼标的的利益关系则不如原告那样直接,其诉讼权利也不如原告之完整。证人、鉴定人员等诉讼辅助人则与诉讼标没有法律关系。检察机关参与诉讼的法律地位较为复杂,除了检察机关作为国家、社会公共利益的代表,可以直接提起诉讼,还可以作为案件从当事人可以参加诉讼。如《法国新民事诉讼法典》第424条、第425条规定,以下案件法院在处理前,应当通报检察院:(1)涉及亲子关系、未成年人监护安排、成年人监护的设置与变更的案件。(2)先行中止追诉程序、集体核查负债程序、个人破产程序或其他制裁;涉及法人时,裁判清理或财产清算程序、裁判清算与裁判重整程序以及有关公司负责人金钱性责任的案件。(3)其他法律规定检察院应当提出意见的所有案件;对这些案件法院开庭前应通知检察院,判决前应听取检察官意见。此外还有如美国的"法庭之友",诉讼案件当事人以外的个人或者组织,认为其所代表的或所关心的群体的利益已经受到,或者将会受到某个正在诉讼中的案件所涉及的法律问题裁决的影响时,向法院提交的与此案当事人提出的不同的补充信息或辩论意见。[①]在美国的"法庭之友"制度中,副检察总长发挥的作用最大。"法庭之友"可以提交意见书、辩论案件、引入证据、请求调卷令等。检察机关在支持起诉案件中不是案件标的的法律关系之主体,也不同于诉讼辅助人,检察机关与诉讼标的是一种抽象的、间接的利益关系,即诉讼标的维系国家、社会公共利益,系检察机关的职责所在,据此才参与诉讼支持起诉。鉴于检察机关与诉讼标的利益关系的独特性,是现有的诉讼参与人无法涵盖的,笔者认为可以设立支持起诉人,以明确检察机关支持起诉的法律地位。

(二)检察机关民事支持起诉的案件范围

通说认为,支持起诉的案件仅限于侵权行为引起的民事案件。[②]但是笔

[①] 参见邱星美:《制度的借鉴与创制——"法庭之友"与专家法律意见》,载《河北法学》2009年第8期。

[②] 参见谭兵、李浩主编:《民事诉讼法》,法律出版社2009年版,第89—90页。

者认为此论值得商议,《民事诉讼法》第 15 条规定支持受损害的单位或者个人向法院起诉。从词义上"受损害的单位或者个人"与侵权案件中"受害人"并不能等同,"受损害的单位或者个人"强调的受损害的结果,而"受害人"特指侵权行为的对象。"受损害的单位或者个人"不仅包括因侵权行为而受损害,也包括因违约行为受损害,如农民工被欠薪就是基于劳动合同关系的违约行为引起的。而且在侵权责任与违约责任竞合的案件中,如果选择侵权可以支持起诉,选择违约则不能支持起诉,显然不符合法理。

支持起诉的对象是弱势群体。对于弱势群体的范围,目前尚无权威的表述,一般分为生理性弱势群体和社会性弱势群体。[①] 笔者认为,虽然难以对弱势群体下一个科学的定义,但是根据《民法典》的相关规定和司法实践,可以划定弱势群体的范围,即未成年人、老年人、残疾人、妇女、农民工、消费者等特殊主体中经济实力较弱、文化程度不高、法律意识不足等特征的人员。

(三)检察机关民事支持起诉的程序

检察机关支持起诉的程序包括三个阶段,受理审查、作出支持起诉决定、出庭支持起诉。

1. 受理审查阶段

首先,检察机关应审查其是否属于检察机关支持起诉的案件范围,即是否属于特殊主体权益保护的案件。其次,需审查其是否属于支持起诉的对象,即特殊主体权益保护的案件是否属于当事人因客观原因无力维护合法权益。如果当事人自身具备足够的诉讼能力,检察机关不应再支持起诉,以免形成新的诉讼不平等。最后,检察机关还应审查当事人是否有起诉的意愿,检察机关可以进行必要的法治宣传,但是对于当事人诉权的行使,检察机关不能以任何形式进行干涉。如果当事人不愿意起诉,就不属于支持起诉的对象。

2. 作出支持起诉决定阶段

对于支持起诉案件检察机关可以开展必要的调查核实。调查核实是检察

[①] 参见王笑寒:《论我国弱势群体权利保障制度之完善》,载《烟台大学学报(哲学社会科学版)》2017 年第 5 期。

机关履行职责的必要保障，没有调查核实，检察机关就无法判断是否属于支持起诉的案件。有的观点认为，检察机关收集证据，经被支持方当事人认可后，交付被支持方当事人出示。① 笔者认为，检察机关支持起诉调查核实的材料不应交给当事人。检察机关只能向当事人提供有关证据材料的线索、收集证据材料的建议等，协助当事人调查，而不是取代当事人调查。具体是否收集证据材料、如何收集证据材料，如何举证，均应由当事人自己决定。一方面这是当事人处分原则的体现，另一方面也是诉讼平衡的要求，支持起诉对当事人的起诉起支持作用而不是决定作用。如果检察机关将自己运用公权力收集的证据直接交给当事人，将直接导致公权力与另一方私权的对抗，对另一方私权形成新的不平等。

检察机关支持起诉调查核实获取的材料不具有证据效力，检察机关不是诉讼的当事人，没有举证的权利和义务，因此调查核实获取的材料不具有证据效力。但是，检察机关调查核实的材料可以提交给法院，以证明支持起诉的合法性。

检察机关受理审查后根据案件具体情况决定是否支持起诉，支持起诉决定的作出应当在当事人起诉之后，并征求被支持当事人的意见，如果被支持当事人拒绝，检察机关应当尊重当事人意愿，不再支持起诉。如果被支持当事人接受支持起诉，检察机关应当制作支持起诉意见书提交给法院。

3. 检察机关出庭支持起诉

最高人民法院《关于审理环境民事公益诉讼案件适用法律若干问题的解释》第11条规定，检察机关可以通过提供法律咨询、提交书面意见、协助调查取证等方式支持社会组织依法提起环境民事公益诉讼。笔者认为，这一规定明确了检察机关支持起诉的具体方式，包括提供法律咨询、提交书面意见、协助调查取证等，同样适用于特殊主体权益保护的支持起诉案件。这些方式不仅是在当事人起诉之前可以由检察机关行使，在当事人起诉后，检察机关也可以出庭通过这些方式支持当事人庭审。实践中争议较大的是检察机

---

① 参见曹国华、陶伯进：《农民工劳资纠纷司法救济的困境与破解——检察机关支持起诉的角度》，载《河北法学》2012年第6期。

关能否出庭支持起诉以及如何出庭支持起诉，其中不乏有反对的观点。① 笔者认为，检察机关出庭支持起诉发表支持起诉意见，是履行支持起诉职能的必要保障。很难想象仅凭一份事先拟就的支持起诉书，而不顾庭审的实际情况，就能实现支持起诉的目的。关键在于出庭支持起诉的方式与维护庭审的独立性、当事人主体地位的平衡。因此，检察机关支持起诉不应当与当事人进行辩论、代替一方当事人进行诉讼，而是从支持起诉者的立场独立发表对辩论、举证、质证的支持意见，对当事人不具有约束力，仅属于向法庭提交参考意见。

---

① 参见唐绍均、王嘉琪：《环境民事公益诉讼中支持起诉制度的异化与匡正》，载《深圳大学学报（人文社会科学版）》2020年第3期。

民事检察支持起诉的适用与完善

贾妙景 *

摘　要： 民事检察支持起诉制度的设立目的在于帮助弱势当事人实现其诉讼权利，并进一步保障其实体上的权益，以实现公平正义。相较于其他支持起诉主体，检察机关在证据固定、确定侵权人等方面等具有先天优势。但是，由于法律规定过于原则等原因，现阶段检察机关开展支持起诉的实践仍存在一些不足。本文从民事检察支持起诉的现状入手，阐述我国民事检察支持起诉制度的困境，并提出了完善民事检察支持起诉制度的几点建议。

关键词： 民事检察　支持起诉　制度完善

民事检察支持起诉，是指检察机关对损害国家、集体或者个人民事权益的行为，支持受损害主体向法院提起民事诉讼的一项制度。该制度源于苏联民事诉讼的"国家干预"理论，我国1982年《民事诉讼法（试行）》即规定了该制度。但该制度至今在实践中仍然存在问题，亟待加以总结和分析，找寻有针对性的对策。

一、民事检察支持起诉制度的现状

近年来，检察机关不断扩大支持起诉工作的规模，同时也不断丰富支持起诉案件的类型。在规模上，最高人民检察院的统计数据表明，截至2020年底，全国支持起诉案件中平均每年接近两万件由民事检察部门办理，并且

---

* 贾妙景，浙江省金华市人民检察院第四检察部主任、四级高级检察官。

这个数据仍然处在上升中。民事检察支持起诉制度设计的初衷是帮助独立完成诉讼程序存在实际困难的弱势群体（如农民工）提起诉讼，各地检察机关遵循制度设计初衷，在支持农民工讨薪的诉讼不断加大力度，这一类案件在全国民事检察部门支持起诉案件总数中占比已达到65%以上。各地在实务中也在积极拓展案件类型，特殊群体因追索抚养费、赡养费、抚恤金产生的民事争议、消费者因为商家预先收取消费款产生的民事争议、隐私侵权产生的民事争议等都已纳入检察机关支持起诉的案件范围。

从支持起诉的方式看，向法院递交支持起诉意见书并参加庭审是目前检察机关支持起诉的主要表现形式。检察机关对于认为符合支持起诉制度的案件，在提起民事诉讼前，通过向诉讼能力不足的当事人提供法律方面的支持，使双方当事人的诉讼能力处于平等状态，更好地维护当事人的利益。具体来说，首先，在当事人运用法律手段和诉讼技能解决纠纷的能力方面，检察机关可以针对性地为当事人普及案件相关法律法规；其次，在当事人收集证据方面，检察机关可以通过专业能力引导当事人收集证据或者帮助当事人向有关国家机关调取其不能调取的证据，给予当事人切实的帮助与支持。

对于特定的个案来说，因为支持起诉案件的来源不同，检察机关启动支持起诉程序也不尽相同。第一种情形是基于职权发现的案件，由于此时并不知道被侵权人是否知晓自己的权利受到了侵犯，是否愿意通过诉讼来维护自己的权利，以及是否掌握了其他证据，因此在掌握此类案件的线索后，检察机关一般对被侵权人履行通知和告知义务，在征得被侵权人同意的情况下，进入案件下一处理阶段。第二种情形是依当事人申请的案件，检察机关审查该案件符合支持起诉条件后，可以正式受理立案并进行证据收集，即检察机关协助被侵权人进行侵权主体核实确认、确定侵权事实和确定损害后果等工作。

二、民事检察支持起诉制度的价值

全国民事检察支持起诉案件数量呈逐年增长趋势，之所以这项制度被积极适用，是因为该制度具有不可或缺的价值。

首先，检察机关支持起诉工作是践行以人民为中心思想的具体体现。一直以来，民事诉讼采用的都是案件各方当事人平等、法院居中裁判的原则，但是应当看到，民事诉讼各方当事人的诉讼能力存在差异，尤其是未成年人、农民工、老年人等群体，基于不熟悉诉讼程序、证据收集能力较弱等多种原因，不敢、不能起诉或者起诉之后无法获得胜诉，受侵害后的合法权益最终无法得到有效维护。检察机关在个案中支持弱势一方起诉，是"让人民群众在每一个司法案件中都感受到公平正义"的生动实践。

其次，检察机关支持起诉工作是参与社会治理现代化的重要方式。司法是实现社会公平正义的最后一道防线，毫无疑问也是重要的社会治理方式。现阶段我国正处于社会转型发展的关键时期，各类矛盾多发，检察机关发挥职能作用，通过开展支持起诉工作参与社会矛盾纠纷化解，可以更好地打造多元参与、共建共治共享的社会治理新格局。同时，检察机关可以延伸工作触角，针对支持起诉工作中发现的某一领域存在的突出问题，对问题单位以及对该单位具有管理义务的部门提出检察建议，推动社会综合治理能力提升。

此外，检察院在办理支持起诉案件时，把化解矛盾贯穿始终，比如在个案调查取证阶段，通过询问双方当事人的和解意愿，可以为其提供一个和解平台；在向法院提起诉讼后，检察机关与法院构建化解矛盾的联动机制，共同推进矛盾化解工作，进而做到办案三个效果的有机统一。

三、民事检察支持起诉存在的不足

民事检察支持起诉工作在日益发展的同时，也面临着角色定位不够清晰、职责权限不够明确、规则机制不够健全等问题，致使检察机关在支持起诉实践过程中存在困惑。

（一）主体方面

根据《民事诉讼法》第15条规定，"机关、团体、企事业单位"是支持起诉的主体，那么支持起诉的主体能否多个主体共同支持起诉，法律条文中没有明确规定。如果能够支持多主体，有支持顺序吗？如果多个主体都急于支持起诉，检察机关应当选择首先进行监督还是径行支持起诉？此外，我国目前还没有关于支持起诉主体与被支持一方之间的权利义务关系的规定，检察机关在支持起诉方面应承担什么样的义务，当事人之间的权利义务如何划分？①

主体方面另外一个不足是，不是当事人，也不是诉讼代理人的检察机关通过支持起诉制度在个案中支持当事人起诉，检察机关扮演的什么角色没有明确定义。有观点认为，检察机关仅仅是一个支持者、辅助者角色，因为检察机关支持当事人起诉，自身与案件并没有利害关系，没有原被告的诉讼地位。也有观点认为，检察机关的角色是支持者之否定，他们认为检察机关以精神上、道义上乃至法律上、物质上的帮助，与受害者亲友甚至法律援助机构出于同样动机进行同样意味的举动，本质上地位作用无异，如果后者不能称为"支持者"，前者也同样不是"支持者"。更有观点认为，检察机关在支持起诉中扮演的角色是诉讼参与人，因为如果检察机关派员出庭，那么其诉讼地位应该定位在帮助原告一方进行诉讼的诉讼参与人。

（二）支持起诉范围方面

在支持起诉的范围上，从法条上看，可将其理解为对法人、集体和个人权益造成损害的侵权行为的案件。这里的问题是，损害是否必须造成实质性损害。例如，违约责任能否作为支持诉讼的范围？是否需要在支持起诉主体和支持起诉当事人之间产生保护义务或隶属关系？虽然最高人民检察院在2000年《关于强化检察职能保护国有资产的若干意见（讨论稿）》中提出检察机关要在国有资产保护领域依法支持起诉，并且制定了比较详细的操作规则，但最终并未下发。此外，法律也没有对各级检察机关受理支持起诉的案件范围作出明确规定，当前，对支持起诉的案件范围作了较明确规定的为部分地方检察机关。如2012年，四川蓬安县检察机关发布了《蓬安县检察机关办理督促起诉、支持起诉案件若干意见的规定（试行）》，在规定中明确了本级人民检察机关对支持起诉案件来源如何确定是否受理案件，如何立案，如何审结以及如何进行终止审查等均作了较为明确、清晰的说明。试行规定中对检察机关受理支持起诉的案件范围作出了列举规定：如因为企业的环境污染、企业的产品质量问题等造成了不特定的多数民众的人身健康或者物质财产损失；企业的不正当经营、非法宣传等行为侵害消费者的合法权益；用

---

① 参见参见汤维建、王德良：《论公益诉讼中的支持起诉》，载《理论探索》2021年第2期。

工单位拒绝支付劳动者工资报酬、拒绝支付劳动者人身损害赔偿金等情形；互联网企业利用平台侵犯用户隐私的行为等均纳入了检察机关可以支持起诉的案件范围。通过确定检察机关支持起诉的案件范围，可以更好地明确支持起诉主体的职责，有利于支持起诉制度的长久发展。

（三）支持起诉程序和方式方面

我国民事诉讼法虽然规定了支持起诉制度，但这仅仅是原则性规定，没有相应的法律法规、规章制度对支持起诉流程方式作出具体阐述，也没有具体的操作程序和指导意见。检察机关在处理支持起诉案件时由于缺少对应的法规依据，给司法实践带来了随意操作的空间。而且支持起诉在效果上确实达到了将纠纷引入诉讼的目的，但在此也有将诉讼平等的模式打破的嫌疑[①]，某种程度上不利于司法公信力的建立。

（四）法检对检察机关在民事案件中支持起诉认识不统一

目前，个别法院仍会存在这样的观点：民事诉讼中双方主体之间地位平等，犹如等腰三角形，而检察机关是我国的公权力机关，如果其作为支持起诉的主体介入民事争议案件当中，会破坏民事案件中双方主体地位的平衡，造成诉讼当事人双方地位不平等，进而导致当事人诉讼权利义务出现混乱。个别法院甚至不认可民事诉讼法规定的"机关"包括检察机关，对检察机关开展民事检察支持起诉的合法性提出质疑。

四、检察机关支持起诉制度的完善建议

（一）完善支持起诉原则

民事检察支持起诉原则需要贯穿于支持起诉的全过程。第一，检察机关在介入诉讼之前，需要充分尊重当事人的处分权[②]，检察机关可以支持起诉的前提条件必须是存在符合规定的支持起诉事实，并且当事人确有将案件诉诸

[①] 参见郑学磊：《检察机关支持起诉的形式化问题及其规制》，最高人民检察院法律政策研究室、同方知网（北京）技术有限公司"第三届全国检察官阅读征文活动"获奖文选。

[②] 参见王炜、张源：《浅谈民事支持起诉制度的细化与完善》，载《检察日报》2021年5月12日，第7版。

法院的意愿；第二，尊重法院独立行使审判权，检察机关作为行使国家公权力的机关，主体身份具有特殊性，但是在支持起诉中，检察机关应当仅仅发挥辅助作用，避免影响法院对案件的判决；第三，注重争议当事人之间的调解与和解，检察机关支持起诉的本质在于纠纷的解决和当事人利益的保护、国家利益的保护或社会利益的保护，所以在支持起诉过程中，应当时刻将调解与和解理念贯穿其中。

（二）完善支持起诉主体定位

健全检察机关在支持起诉制度的主体定位，应首先明确民事检察支持起诉主体的地位[①]，明确检察机关在支持起诉过程中以何种身份进行支持起诉？检察机关作为支持起诉主体并非民事诉讼的当事人，应正确区分检察机关支持起诉中的主体定位与诉讼代理的区别[②]，使检察机关始终在民事诉讼的前期、中期、后期仅仅扮演支持者角色，避免主体定位不清晰。

（三）完善支持起诉案件范围划分

检察机关开展民事支持起诉工作时，不可避免会对当事人实体权利义务产生影响，所以对检察机关的支持起诉需要给予一定的规制，通过规制严格控制检察机关支持起诉对当事人和法院的"影响"，一方面可以使检察机关支持起诉制度更加发挥其应有功能，另一方面也可以避免检察机关公权过多介入私人领域，造成诉讼地位不对等的局面。也就是说，要保证法院的审判中立，保证当事人的自主。建议对检察机关作为支持起诉的主体的范围作出明确的立法规定，就类型而言，主要包括两类：第一种，被侵权人系独立完成诉讼程序中确实存在实际困难的弱势群体；第二种，被侵权人人数众多，甚至部分被侵权人并不知道其权利受到侵害的案件。具体包括：（1）针对国家利益受损的案件，可以支持起诉。（2）针对以下社会公益案件，可以支持起诉：对人的身体健康或者物质财产造成损害的案件且受害对象不特定；如企业环境污染，社会公众权益受损；因产品质量问题对人的身体健康或者物

[①] 参见刘霞：《新时代司法检察理念下的民事支持起诉制度定位》，载《检察日报》2021年2月3日，第7版。

[②] 参见周立勤：《论支持起诉时检察机关诉讼地位的选择——从民事公益诉讼切入》，载《南海法学》2020年第4期。

质财产造成损害的案件且受害对象不特定；对于在生活中常见的针对消费者的不符合法律规定的行为，如经营者利用其地位优势进行虚假宣传等；对社会公众合法权益受到侵害的案件，如商家利用互联网侵犯公众隐私等。①（3）以弱势群体为对象的案件，可以支持起诉：由于经济困难、文化程度低、社会地位低等原因，导致其在诉讼中缺乏充分的知识和能力，无法完成诉讼程序，进行诉讼对抗。比如侵害精神病人、老年人等特殊人群合法权益的案件等。

（四）完善支持方式

检察机关支持起诉的方式应是辅助方式，而不是干预当事人的诉讼意愿，并且法律支持应当是最主要的方式，检察机关既可以向有需求的当事人提供法律咨询、法律帮助服务，也可以帮助当事人收集、出示证据等。特别是民事诉讼中，检察机关应当尊重当事人的平等地位，避免破坏诉讼中双方的平等地位，所以检察机关在支持起诉过程中一般不应依职权主动代替当事人收集证据。但是，如果出现符合法律规定的特殊情形，检察机关可以在个案中调取相关证据，复印相关证据材料等或者对于案件有利害关系的人员采取调查措施等。不过，一些必要的对检察机关的限制原则仍要贯穿于这一过程中：第一，因为检察机关是以支持起诉的辅助者身份参与到诉讼中的，所以检察机关不能对当事人的请求有求必应，即检察机关调查的范围应当仅限于当事人因为客观存在的原因确实无法获取的证据；第二，即使相关证据由检察机关调查取得，但是如果该证据想成为法院判决的依据，仍然必须要通过民事诉讼法规定的法院质证程序。此外，为了确保当事人的权益确实能够得以维护，检察机关应当将监督职能与支持起诉相结合，如果一方当事人有能力而拒绝履行法院的生效判决，检察机关可以对执行情况进行监督。

（五）做好与检察公益诉讼的衔接

民事诉讼法、行政诉讼法对检察机关开展公益诉讼的范围进行了明确，在行政公益诉讼方面，检察机关在履行职责中发现生态环境和资源保护、食

---

① 参见鲍文波、韩兵、王岩：《通过支持起诉为弱势群体撑腰》，载《检察日报》2020年6月22日，第6版。

品药品安全、国有财产保护、国有土地使用权出让等领域负有监督管理职责的行政机关违法行使职权或者不作为，致使国家利益或者社会公共利益受到侵害的，应当向行政机关提出检察建议，督促其依法履行职责。在民事公益诉讼方面，对污染环境、侵害众多消费者合法权益等损害社会公共利益的行为，检察机关可以向人民法院提起诉讼。由此可见，检察机关开展公益诉讼的多是损害国家利益、社会公共利益的案件，那么，出现损害国家利益、社会公共利益的案件时，检察机关是选择支持起诉还是公益诉讼，如何选择确定实现双赢多赢共赢的方式？特别是国有资产保护方面，虽然历史上曾有检察机关作为原告起诉的民事诉讼案，如2002年浙江省浦江县检察院发现一宗国有房产在拍卖过程中，被恶意串标，以低价卖给个人，为阻止国有资产流失，检察院以原告身份，向当地法院提起民事诉讼，后浦江县人民法院支持检察机关的意见，依法判处浦江县良种场所属的浦阳镇小北门巷48号房地产出让行为无效。但是法院对于检察机关在国有资产保护领域是否具备作为原告的主体资格持有不同意见，最高人民法院在2004年6月17日作出的《关于恩施市人民检察院诉张苏文返还国有资产一案的复函》（〔2002〕民立他字第53号）中明确答复，检察机关以保护国有资产和公共利益为由，以原告身份代表国家提起民事诉讼，没有法律依据，此案件不应受理，如已受理，应当驳回起诉。

笔者认为，在"四大检察""十大业务"不断完善发展的今天，检察机关应更加注重系统思维，充分发挥各项业务职能作用的同时选择最合适的路径，以最低成本实现最好的法治效果。一方面，检察机关应当首先查明是否有相关权利主体，如果有，应当由权利主体自行行使民事权利，检察机关可以建议的方式予以提示，但不应作为权利主体直接向法院提起民事诉讼。实际上，现有法律也已明确规定，检察机关提起民事公益诉讼之前应当履行公告程序确定是否有适格主体。当然，在相关主体行使诉讼权利存在困难或者能力不足的情况下，检察机关可以给予支持起诉。另一方面，检察机关应当查明是否有相关主管部门，如果行政机关违法行使职权或者不作为，检察机关应当及时向行政机关提出检察建议，督促其依法履行职责。通过加强部门间协作，形成工作合力，共同促进民事检察支持起诉的发展完善。

论检察机关民事支持起诉制度

孟祥国[*]

摘 要： 我国《民事诉讼法》中确立了支持起诉制度，为保障国家利益、公众利益、公民利益提供了新的救济渠道，能够更好地维护被侵害人的诉权。然而，立法当中并没有明确检察机关具有民事支持起诉的资格，一定程度限制了维护弱势群体利益效能的发挥。在我国司法实践中，检察机关已经开展了民事支持起诉的相应工作，不仅维护了弱势群体的利益，更保障了社会公益，同时还发挥了检察机关的效能，能够更好地实现司法程序的公平正义。然而，在实践中，检察机关民事支持起诉制度的适用也暴露出了一系列的问题。因此，本文在明确检察机关民事支持起诉概念、特征的基础上，梳理检察机关民事支持起诉的要件，对制度适用的必要性以及紧迫性进行论述，并为制度的完善提出相应的建议。

关键词： 检察机关　支持起诉　民事诉讼　完善建议

一、检察机关民事支持起诉概述

（一）检察机关民事支持起诉的概念

学界现今对于检察机关民事支持起诉制度的概念并没有统一的说法，主要有以下三种观点：第一种观点认为，检察机关民事支持起诉制度是检察院在损害弱势群体利益案件当中，支持弱势群体向法院提起诉讼的行为，此种观点将此制度适用对象限定为弱势群体的利益，排除了其他个人利益和集体

---

[*] 孟祥国，黑龙江省大庆市让胡路区人民检察院干部。

利益。① 因此，此种观点在适用范围上规定过窄。第二种观点认为，检察机关民事支持起诉制度是指依据《民事诉讼法》规定，为了维护国家、社会公民利益，而以民事主体的身份参与到民事诉讼当中的一种行为。这种概念界定实质上损害了此制度的适用范围，将为弱势群体提供法律咨询以及物质帮助，排除在制度适用的范围之外，并没有全面地论述民事支持起诉制度。② 第三种观点认为，检察机关民事支持起诉制度是指以维护国家利益、社会利益为基础，检察机关与原告共同参与民事诉讼的一种行为。③ 这一概念将此制度限定在出庭阶段，排除了检察机关在诉前对民事诉讼的支持，也没有全面评价这一行为。因此，综合上述三种学界观点，此次研究认为，检察机关民事支持起诉制度，是指对损害弱势群体利益以及其他个人利益的案件，检察机关作为民事支持起诉人，为受害主体提供起诉支持，并出庭的制度。

（二）检察机关民事支持起诉的要件

检察机关民事支持起诉制度主要规定在《民事诉讼法》第 15 条中，其规定机关可以作为支持起诉人参与到民事诉讼中。因此，检察机关支持起诉的前提条件应当满足四个要件：

第一，检察机关应当属于机关的范畴。从民事支持起诉的主体来看，主要包括三个类型：机关、社会团体、企事业单位。机关主要指国家行政机关，其属于国家机构的组成部分。社会团体指社会中公民自愿组成的团体，其按照一定章程、共同意愿展开非营利性活动。④ 企事业单位则指以盈利为目的，行使政府职能的非公益性单位。从民事支持起诉主体来看，其并非案件的弱势群体，不具有直接利害关系，因此，通常情况下不具有相应的诉讼主体资格。因此，支持起诉单位不能以自己的名义提起诉讼，只能在精神和物质上提供相应的帮助和支持。对于检察机关是否属于机关的组成部分，存

---

① 参见汤维建、王德良：《论公益诉讼中的支持起诉》，载《理论探索》2021 年第 2 期。

② 参见刘磊、张潾深：《环境公益诉讼检察权的双重职能定位与优化路径》，载《江苏行政学院学报》2021 年第 1 期。

③ 参见黄锡生、余晓龙：《社会组织提起环境公益诉讼的综合激励机制重构》，载《法学论坛》2021 年第 1 期。

④ 参见秦天宝：《论环境民事公益诉讼中的支持起诉》，载《行政法学研究》2020 年第 6 期。

在一定的争议。第二,应当存在损害公民个人利益的行为,受害主体不能起诉或者不方便起诉。此时检察机关作为法律监督机关,负有维护弱势群体地位的职责,为了保障权利弱势群体的诉权,可以通过支持起诉的方式维护其权利。第三,从我国现今立法来看,检察机关享有支持起诉权利的案件,主要包括消费者权益侵权案件、污染环境侵权案件当中的弱势群体权益受损的案件。第四,从检察机关支持起诉案件来看,只能适用已经造成一定损失的案件,支持起诉的方式主要包括提供法律咨询、提供物质帮助、推荐诉讼代理人等。

二、检察机关开展民事支持起诉的必要性及紧迫性

(一)检察机关开展民事支持起诉的必要性

第一,赋予检察机关民事支持起诉权能够保障国家利益。我国社会经济条件逐渐提高,随之而来产生的社会问题也越来越多。例如,近年来环境污染案件所带来的负面影响逐渐显现,出现了一系列的环境保护相关的诉讼。对于上述案件中的弱势群体来说,司法手段是解决上述问题的最佳途径,然而,在司法实践中部分弱势群体处于弱势地位,确实存在收集证据能力较低的问题,使司法诉讼难以有效地进行下去。尤其是在国家公益案件中,案件涉及的范围较广,证据来源较杂,弱势群体难以承担整合证据以及计算损害结果的重任。① 因此想要使诉讼程序继续,只有求助具有公权力的机关提供相应的支持以及技术保障,才能够促进相应主体维护国家公益。

第二,赋予检察机关民事支持起诉权能够更好地保障社会公益。虽然我国立法对于弱势群体权利保障规定较为明确,但是在具体执行上需要检察机关作为民事支持起诉人,对相关案件予以一定的技术支持和物质帮助。例如在产品侵权损害弱势群体利益的案件中,涉及的主体涉案范围较广、案件较为复杂、取证较为困难。这种高额的诉讼成本,弱势群体往往无力承担,如果检察机关能够利用相应的职权以及能力优势,对相应的诉讼证据予以固

---

① 参见唐绍均、王嘉琪:《环境民事公益诉讼中支持起诉制度的异化与匡正》,载《深圳大学学报(人文社会科学版)》2020年第3期。

定，则能更好地保障社会公益。①

第三，赋予检察机关支持起诉权能够更好地保障弱势群体的民事诉权。虽然在我国法律规定公民的权利一律平等，但是弱势群体由于经济收入等差异，民事诉权容易受到实质的侵犯。法律当中的正义不仅包括形式正义，同时还包括实质正义。法律上已经赋予了公民诉权上的形式正义，同时应当注重保障公民诉权的实质正义。弱势群体由于一定的原因，在行使诉权当中容易处于弱势地位，此时检察机关支持起诉制度能够弥补弱势群体的诉权缺失。因此，只有对弱势群体给予一定的救济和保护，才能够真正地发挥我国立法以人为本的理念，为社会的正常运转提供必要条件，更好地维护弱势群体的利益。

（二）检察机关开展支持起诉的紧迫性

完善以检察机关支持起诉为补充的民事诉讼制度，发挥检察机关的监督和检察建议的职能。我国在立法过程中通过试点的方式，将检察建议作为检察机关支持起诉的前置性程序。②之所以加强检察机关支持起诉，主要原因是：

第一，缺少民事支持起诉制度，将使我国检察机关诉讼监督职能难以得到有效的发挥。从环境侵权案件和消费者公益诉讼案件来看，侵权主体不仅难以确定，同时相关证据也难以调取。受害主体往往不具有证明侵权行为与损害结果之间因果关系的能力。因此，此类案件中个人往往放弃向法院提起相关的诉讼。因此，此类案件在司法实践当中并没有呈现显著的增长。检察机关为了维护公共利益，应当监督人民法院的相关活动，从更广的视野来看待民事救济通道是否通畅，因此，检察机关承担支持起诉职能显得尤为迫切。③

第二，从现阶段我国法制发展来看，我国立法落后于我国经济发展。现实社会中出现了较多的新类型案件，这些案件中的弱势群体的利益难以得到

---

① 参见江必新：《中国环境公益诉讼的实践发展及制度完善》，载《法律适用》2019年第1期。

② 参见秦鹏、何建祥：《论环境行政公益诉讼的启动制度——基于检察机关法律监督权的定位》，载《暨南学报（哲学社会科学版）》2018年第5期。

③ 参见李浩：《论检察机关在民事公益诉讼中的地位》，载《法学》2017年第11期。

维护,弱势群体的弱势地位更加明显。此时,在我国立法缺位的情况下,检察机关通过民事支持起诉的方式,帮助受害主体调取相关证据、查证案件事实,能够更有效地维护弱势群体的利益。

第三,从检察机关民事支持起诉制度来看具有可行性。首先,检察机关具有民事支持起诉的职能。我国《民事诉讼法》第 15 条虽然没有直接列明检察机关可以作为民事支持起诉人,但是检察机关作为法律规定的机关,享有法律赋权。因此,在其他主体忽视弱势群体起诉的情况下,检察机关基于维护弱势群体利益的角度可以进行支持起诉。除此之外,我国检察机关在实践中开展民事支持起诉制度,也积累了较为丰富的经验。截至 2019 年,我国检察机关作为民事支持起诉主体,支持起诉案件共计 13800 件。其次,检察机关具有支持起诉的先天性优势。由于检察机关的职能需要,使其在明确侵权主体方面有着便利性。检察机关不仅承担着支持起诉的功能,同时还承担着公诉职能。其对侵权主体的确定更具有经验,能够通过各种手段调取、查证侵权主体。除此之外,检察机关拥有固定证据、收集证据的先天性优势。检察机关往往能够调取公民、个人或者组织,尤其是弱势群体难以调取的相关证据。[①] 最后,检察机关能够更好地确定损害赔偿的数额。事实上,对于弱势群体来说,其难以认定人身损害或者财产损害的具体数额,也难以证明损害和行为之间的因果关系。检察机关能够从数额认定上提供相应的帮助,使弱势群体能够明确具体的诉讼请求。

三、检察机关民事支持起诉实证研究及完善

(一)检察机关民事支持起诉实证研究

第一,对弱势群体审查缺少审查标准。我国立法中并没有对检察机关支持起诉的弱势群体予以明确,实践中认定弱势群体的程序也缺少统一的标准。实践中开启检察机关支持起诉程序往往基于弱势群体的申请,而这些主

[①] 参见陆军、杨学飞:《检察机关民事公益诉讼诉前程序实践检视》,载《国家检察官学院学报》2017 年第 6 期。

体是否能够认定为弱势群体存在疑问。① 从相关裁判文书来看，检察机关支持起诉的弱势群体主要是具有弱势地位。然而，判定弱势地位缺少明确的标准。

第二，民事支持起诉资格缺失。我国《民事诉讼法》第15条中并没有直接列明检察机关具有民事支持起诉的主体资格。因此，在主体资格上存在一定的争议。第一种观点认为，立法中并没有明确机关包括检察机关。由此推断出，检察机关不具有民事支持起诉的主体资格。第二种观点认为，检察机关民事支持起诉是弱势群体为了维护自身利益、社会公益、国家利益的救济途径之一，不应当阻断弱势群体通过此种途径维护上述利益。② 同时，我国立法中并没有将检察机关排除在机关的范围之外。因此，检察机关可以支持起诉。从检察机关本身的专业素质来看，其更具有相应的优势，更能够推动侵权损害案件的展开。

第三，民事支持起诉方式不统一。从实践来看，检察机关民事支持起诉的方式与立法规定存在一定的差异，针对不同案件选择的具体方式有所区别。为了限制检察权的滥用，应当对支持起诉的方式予以一定的统一。

第四，民事支持起诉程序不统一。从检察机关民事支持起诉的程序来看，存在不统一现象。检察机关支持起诉极少派遣检察官出庭支持。支持起诉制度的设置是为了能够使权利弱势群体更好地保障起诉权，因此制度设计更贴近于诉前程序。实务中，检察机关的支持行为均结束在诉前。检察官即使出庭也没有发表相应的意见，仅仅是口头上宣读支持起诉书。司法实践中，虽然检察机关谨慎地行使了权力，但是也应当从法律的层面对支持起诉程序加以完善，明确必经程序的意义和价值。

（二）检察机关民事支持起诉制度的完善建议

第一，应当明确对检察机关支持对象的审查标准。在明确支持起诉对象审查标准上，可以从以下两个方面进行：一方面，应当明确支持个人起诉的相应标准。对于弱势群体想起诉但不能起诉的情况，应当予以一定的具体说

---

① 参见程曙明、林越坚、陈文雅：《检察机关参与社会治理的定位及路径思考》，载《人民检察》2017年第17期。

② 参见刘加良：《检察院提起民事公益诉讼诉前程序研究》，载《政治与法律》2017年第5期。

明。①想起诉而不能起诉是指权利受损人希望通过诉讼解决纠纷，但是由于客观原因使得不能起诉或者不敢起诉。因此，权利受损人想要提起诉讼是支持起诉的前提，这是尊重弱势群体意思自治的体现。②另一方面，在民事支持起诉上，弱势群体的对象应当划分为两类：第一类为经济上具有弱势地位的弱势群体，包括领取生活保障金、由政府抚养的老人或者孤儿、受到重大自然灾害的弱势群体等。同时，在农民工讨薪案件中，可将其认定为弱势群体。第二类为诉讼上具有弱势地位的弱势群体，包括举证能力较弱、证明能力较弱的这类人群。这类人群所维护的利益往往与社会利益有关联。

第二，应当明确检察机关民事支持起诉的主体地位。制度的完善应当在立法的层面上明确检察机关具有民事支持起诉的主体资格，保证检察机关具有行使相应职权的正当性以及合法性。检察机关具有专业的法律知识、实践经验以及举证优势，其能够更好地处理相应的诉讼和纠纷。因此，要在立法当中明确检察院民事支持起诉的资格。具体方式可以在相应的司法解释中，将检察机关纳入机关的范畴，除此之外，还应当明确检察机关作为支持起诉主体的权利与义务。③具体权利包括：审查申请人资格权、调查取证权以及化解纠纷调解权。具体义务包括：提供法律咨询义务、支持起诉义务以及不违反处分原则的义务。

第三，应当明确检察机关民事支持起诉的具体方式。制度的完善应当以立法的方式明确检察机关民事起诉的具体方式，具体包括两类：第一类为调查取证；第二类为派发支持起诉书。调查取证，是指检察机关运用公权力调取相应的证据，用以查明案件事实，帮助弱势群体维护自身的权利。派发起诉书，是指检察机关向法院派发支持弱势群体起诉的相应文书，文书内容记载了案件的起因、经过以及法律适用，能够作为法院裁判的参照依据。

第四，应当明确检察机关民事支持起诉的诉前程序构造。在明确检察机关民事支持起诉诉前程序方面，可以通过两个方面进行：一是明确支持起诉

---

① 参见黄学贤、张牧遥：《检察机关支持公益诉讼制度论》，载《甘肃社会科学》2016年第1期。

② 参见路志强：《司法改革背景下行政强制措施检察监督研究》，载《兰州学刊》2015年第10期。

③ 参见杨金顺：《检察机关提起民事公益诉讼若干问题探析》，载《宁夏社会科学》2015年第5期。

属于诉前程序的立法定位。将支持起诉制度定位为诉前阶段,不仅是对现有立法的贯彻,同时也是对制度本身设立初衷的落实。在起诉之前,检察机关提供相应的物质和精神帮助,更能够推动民事诉讼的解决,维护弱势群体的利益。[①]二是明确诉前程序中的层次构造。从具体的层次程序设置来看,首先,应当明确对案件事实程序的排查,调查弱势群体是否存在取证困难等问题;其次,应当明确是否在行政机关的管辖范围之内;最后,应当组织调解,尽量促成弱势群体双方的自行和解。

检察机关是国家机关,属于支持起诉的主体,无论是检察机关履行监督职责,还是发挥其职能优势,都为检察机关作为民事起诉主体,提供了正当性和合法性的依据。然而,我国现今立法中并没有明确检察机关相应的资格,使现实中检察机关民事支持起诉行为存在的障碍。因此,应当明确检察机关民事支持起诉对象的审查标准,同时在立法中明确支持起诉的主体地位。在细化民事支持起诉具体方式的情况下,落实检察机关民事支持起诉的诉前程序构造。只有将此制度落实到立法当中,才能更好地指导检察机关的民事支持起诉工作。

---

① 参见应松年:《行政公益诉讼试点亟待解决的几个问题》,载《人民论坛》2015年第24期。

检察机关民事支持起诉的实践与思考[*]

陆瑞芳[**]

摘　要： 支持起诉是民事诉讼法赋予检察机关的职能之一。近年来，各地检察机关在支持起诉方面进行了积极探索和有益尝试，为完善支持起诉制度提供了大量实践经验，支持起诉职能日渐成为检察机关服务中心工作、保障民生的重要抓手。但是，由于法律规定不完善、民事诉讼理论制约等因素，检察机关开展支持起诉工作仍存在许多现实困境。检察机关需要厘清理论问题，以明确支持起诉的原则、范围、程序、方式等路径，完善支持起诉制度，满足新时代人民群众对公平正义的更高期待。

关键词： 权利救济　民事支持起诉　检察机关　制度完善

习近平总书记在 2020 年中共中央政治局第二十次集体学习时强调："要加强民事检察工作，加强对司法活动的监督，畅通司法救济渠道，保护公民、法人和其他组织合法权益。"最高人民检察院《"十四五"时期检察工作发展规划》强调，检察机关"十四五"时期要培育权力监督与权利救济相结合的民事检察思维，并提出"完善支持起诉制度，规范支持起诉的范围、条件和程序"的具体任务。检察机关当以此为契机，积极探索将支持起诉作为检察机关参与权利救济、服务中心工作、保障民生的重要抓手，以适用新时

---

[*] 从理论上来分析，支持起诉不仅存在于民事检察中，在行政检察、公益诉讼检察中同样存在支持起诉，但从现有的办案数据来看，大量的支持起诉案件仍为民事支持起诉。本文从实践办案出发，以实证分析为基础，因此讨论的内容仅限于有大量办案数据的民事支持起诉问题。

[**] 陆瑞芳，山西省太原市人民检察院第六检察部副主任。

代人民群众日益增强的法治需求。笔者以 T 市办理的民事支持起诉案件作为实证分析的基础,通过分析检察机关支持起诉的理论基础,提出具有操作性的建议,以期为完善支持起诉制度提供管见。

一、T 市检察机关支持起诉探索实践

检察机关支持起诉制度的完善离不开实践探索。2014 年至 2020 年,T 市检察机关共受理支持起诉案件 2160 件,办结 2001 件,其中,发出支持起诉意见 1685 件,支持率为 84.2%;法院已采纳支持起诉意见 1596 件,采纳率为 94.7%;不支持起诉 235 件,终结审查 63 件,其他处理 18 件。丰富的办案实践积累了大量的经验和做法,也暴露出检察机关在支持起诉工作中存在的问题和不足。

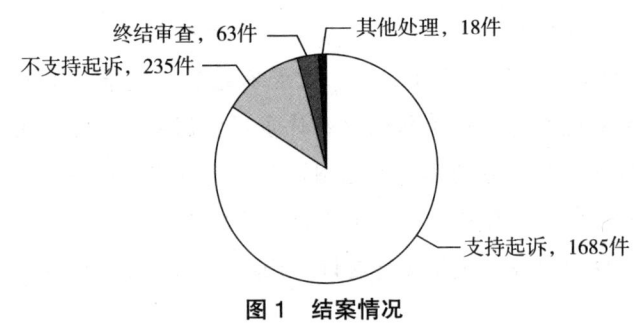

图 1　结案情况

(一)特点及原因分析

通过分析对比数据,T 市检察机关支持起诉案件呈现以下特点:

1. 案件数量显著下降、案件质量得以提升

按照年份分类,支持起诉案件逐年上升达到顶峰后回归理性;支持起诉率、支持起诉意见采纳率相对稳定在高位。究其原因:一是 T 市所在的 S 省检察院一直以来非常重视支持起诉工作,连续七年在全省部署开展针对农民工等弱势群体支持起诉专项活动。二是通过历年工作经验积累,各地支持起诉案件线索来源逐步增多,在 2018 年后出现拐点。三是随着办案数量的理性回归,办案精力集中在高质量的案件线索上,办案质量得以提升。

图2 历年来支持起诉及意见采纳情况

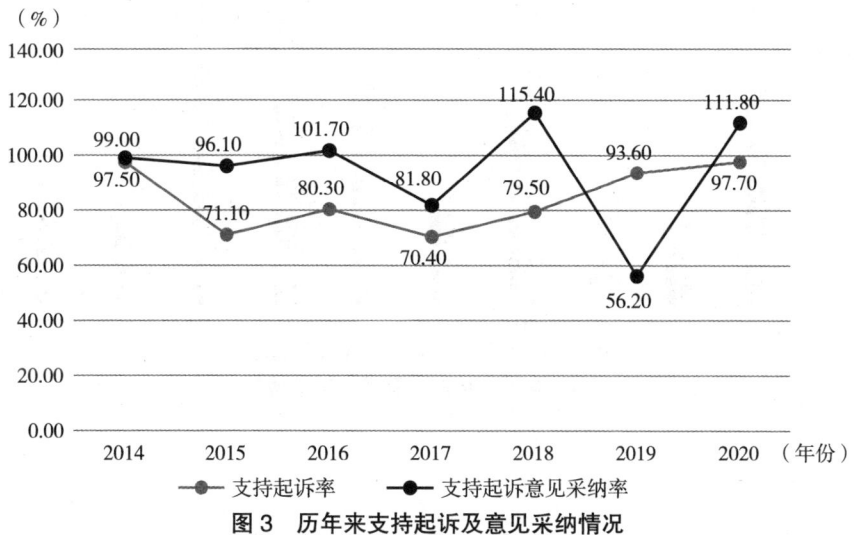

图3 历年来支持起诉及意见采纳情况

2. 案件数量地域分布不均衡，案件质量整体平衡

按照地域分类，T市10个基层院办理的支持起诉案件数量分布不均衡。前六个院为城区院，后四个院为县区院，从各地办理的支持起诉案件数量来看，案件数量与当地经济发展水平虽有一定关系，如I院、J院所在地区经济活动相对较少，支持起诉案件数量也较少，但并不一致，如C院所在地区为T市老城区，经济活动相对较多，但支持起诉案件较少。除个别院因某一年度系列案件不支持起诉或诉前调解终结审查导致支持起诉率、支持起诉意见采纳率较低外,整体支持起诉率、支持起诉意见采纳率较高。究其原因:一是工作重点不同,如有的院民商事案件数量大,生效裁判、审判活动和执行活动监督案件线索较多,工作重心主要集中在生效裁判、审判和执行活动监督上,支持起诉案件数量相对较少;有的院民商事案件数量相对较少,生效裁判、审判活动和执行活动监督案件线索较少,工作重点主要集中在支持起诉等上。二是工作机制差异,如有的院在案件来源方面形成长效工作机制,加强与有关单位的沟通联络广泛拓展案件线索来源,有的院通过典型案件使检察机关支持起诉职能广为人知,案件线索增多,而个别院工作主动性不强,案件线索相对较少。

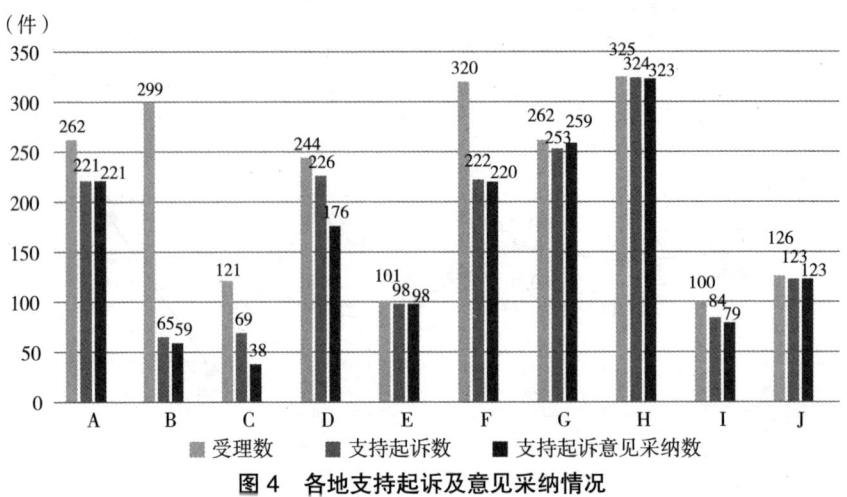

图4 各地支持起诉及意见采纳情况

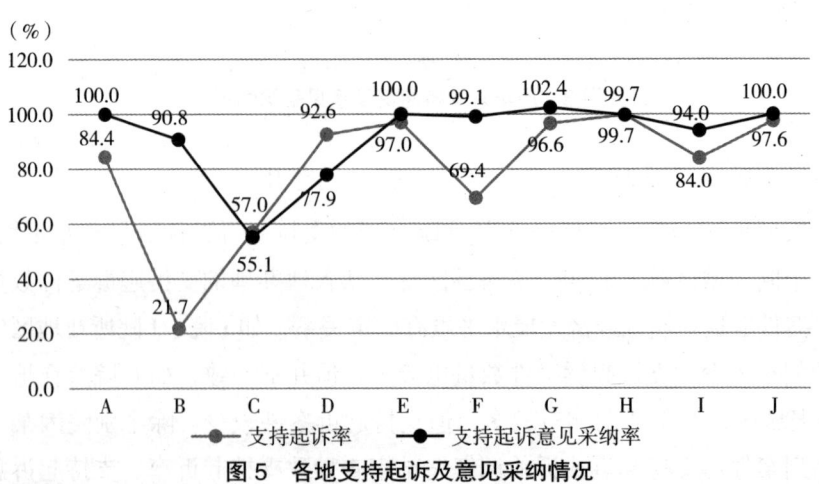

图5 各地支持起诉及意见采纳情况

3. 支持起诉案由多样化，但仍以支持农民工起诉的劳动争议为主

按照案由分类，支持起诉案件类型由单一的劳动争议扩展至人格权纠纷、婚姻家庭继承纠纷、物权纠纷、其他合同纠纷、侵权纠纷等，种类丰富。此外，近年来检察机关也在探索尝试以支持起诉方式通过撤销监护权来维护未成年人的合法权益。其中，劳动争议案由占到59.6%，仍是支持起诉案件的主要类型，支持起诉的对象主要是农民工，占到劳动争议案由的80%左右。究其原因：一是检察机关高度重视支持农民工讨薪工作，连续组织开展专项活动支持、帮助农民工讨薪，各地检察机关在专项活动期间多措并举、多方配合，重点摸排农民工讨薪线索，办理大量支持农民工起诉案件。二是农民工欠薪问题已成为社会问题，开展支持起诉工作是检察机关用心解决好

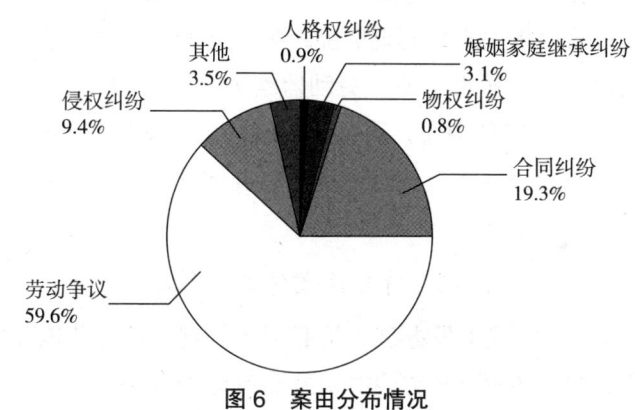

图6 案由分布情况

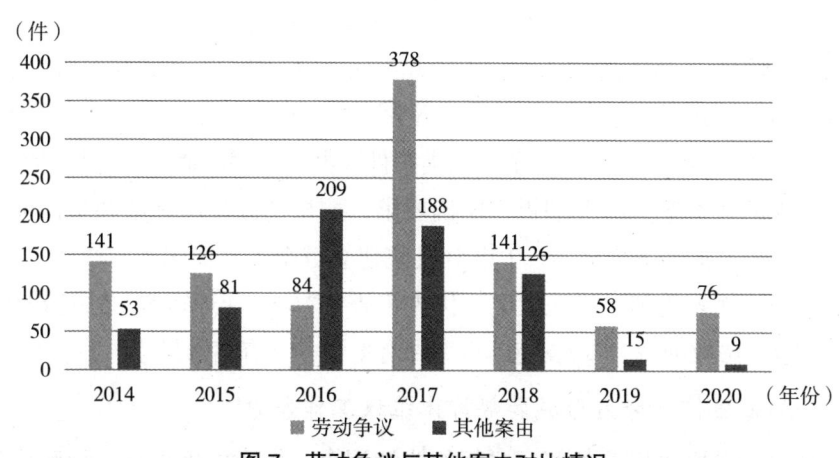

图7 劳动争议与其他案由对比情况

群众揪心事、操心事、烦心事的积极探索，切实增强了人民群众的司法获得感。三是农民工维权能力差，专业知识和诉讼能力欠缺，经济条件有限，需要法律给予特殊关注，这关系到社会和谐稳定，关系到整体公平正义的实现。

（二）成功经验和做法

1. 多措并举，广泛拓展支持起诉案件线索来源

一是内强本领，不断提高自身发现案件线索能力，既注重从日常社会生活中发现支持起诉案件线索，又增强基层派驻检察室、其他部门移送线索等方式扩展线索来源。二是外扩影响，一方面，积极开展对外宣传，将弱势群体作为维权宣传重点，依托"主题宣传月""法律七进"等活动，介绍法律维权渠道，宣传检察机关支持起诉职能；另一方面，加强与党委、政府、人大、政协、法院、法律援助中心、劳动监察大队、劳动仲裁委会员、妇联、残联等机关和部门的信息沟通，通过建立驻法院"支持起诉岗""民事行政检察联络处"等方式，多渠道及时了解弱势群体维权需求，引导其依法理性维权。

2. 规范创新，不断优化支持起诉案件办理程序

一方面，S省检察院下发办理支持起诉案件规定，使各地开展支持起诉工作有章可循；另一方面，S省检察院鼓励各地进行探索创新，积极在全省推广先行先试成果，使支持起诉工作在全省"遍地开花"。如S省检察院将W县院驻法院"支持起诉岗"做法在全省推广，在包括T市Q县、G市等全省42个基层院开展设立驻法院"支持起诉岗"试点工作。T市检察院为优化支持起诉案件办理程序，提高支持起诉案件质量，下发了《关于进一步严把"三类案件"办理质量 严格规范"三类案件"办理程序的通知》，对包括支持起诉在内的三类案件的办理提出明确要求，严格把握程序标准和实体标准，防止凑数案，提高案件质量。T市Q县院建立健全"三优先、三快速"办案机制，即"优先受理、优先立案、优先审查""快速受理审查、快速协作办案、快速司法救助"，实现支持起诉案件有案快办、有案必果。

3. 加强协作，努力形成弱势群体维权工作合力

对内加强检察机关各部门之间的协调配合，形成民事检察、行政检察、

刑事检察共同维护弱势群体合法权益局面;对外加强与公安、法院、法律援助中心、人社、信访等单位的协作配合,形成合力共同维护弱势群体合法权益。T市检察院与司法局会签《关于加强民事行政检察与法律援助协作配合的意见》,派员参与市人社局组织的协助农民工讨薪的大接访活动,各基层院积极与法律援助中心、劳动监察大队、劳动仲裁委员会、妇联、残联等部门沟通协调,实现信息共享,及时获取案件信息,共同帮助弱势群体维权,同时争取法院的支持,保证支持起诉工作取得实效。如T市Q县检察院办理的73位农民工讨薪案,经了解,农民工手中没有任何欠薪证据,用工方也不提交工资表,且出现经营困难,10年期间欠薪500多万元,涉案农民工情绪激动,讨薪未果后在县政府聚集上访,Q县检察院立即启动应急程序,与县劳动仲裁委、法律援助中心等单位沟通协作,对符合仲裁条件的农民工及时引导、帮助其申请仲裁,对符合起诉条件的,支持其向人民法院提起诉讼,纠纷最终得以解决。

4. 检调对接,有效化解弱势群体维权矛盾纠纷

将依法办案与化解矛盾结合起来,把"枫桥经验"运用在办理支持起诉案件中,对于当事人具有和解意愿的支持起诉案件,充分运用和解机制,促进案件及时了结;注重把社会调解力量引入检察环节,会同相关部门贯彻调解优先原则;注重做好当事人息诉服判工作,不断创新息诉机制,努力达到三个效果的统一。

5. 跟进监督,确保支持起诉工作取得实效

为提升民事检察监督质量,T市检察院制定了《关于严格规范民事行政检察监督办案行为的工作办法》,要求承办人摒弃"一诉了之"的理论,对包括支持起诉在内的案件,进行持续跟踪督促,绝不能让监督不了了之。各院在办理支持起诉案件过程中,充分发挥诉讼参与者与法律监督者的双重身份,努力做到从案件受理到法院执行的全程参与和监督,通过支持起诉实现对审判活动、执行活动、生效裁判的监督,确保支持起诉效果。

(三)实务困境及破解尝试

1. 法律依据不足,操作性规则不够明确

近年来,各地检察机关在支持起诉的探索实践中取得了一些成绩,但该

项工作从法律层面没有明确规定，对支持起诉的原则、范围、方式、程序等也无可操作的规则，各地开展此项工作无统一模式，做法各异，参与程度和支持方式做法不一，不利于充分发挥检察机关的支持起诉职能。S省检察院在2018年制定出台了办理支持起诉案件的规定，对统一、规范当地检察机关支持起诉工作具有重要意义。但该规定位阶较低，仍需进一步完善。

2. 民事诉讼理论制约，法检没有达成共识

民事诉讼理论中关于当事人、诉讼代理人、诉讼参加人以及诉讼参与人的内容，均没有明确支持起诉机关的诉讼地位；诉讼构造平衡理论、当事人主义的诉讼模式对检察机关支持起诉提出挑战，检察机关支持一方当事人起诉，打破了原有的诉讼构造，不仅改变了双方原来的平衡状态，而且由于检察机关法律监督者的地位，还会对审判机关施加影响，不利于对对方的保护。正是由于上述民事诉讼理论的制约，司法实务中出现部分人民法院对检察机关支持起诉工作不配合的情形，如在收到检察机关的支持起诉意见后不予回复，不通知检察机关开庭，不将检察机关支持起诉内容写入裁判文书，不向检察机关送达裁判文书等。这就要求检察机关要处理好支持与中立的关系，既要帮助合法权益受到侵害、存在难以或不敢维权的当事人，又要在履职中保持客观公正立场，在正确认定事实的基础上准确适用法律，而不是一味迎合当事人的诉求。相反，如果认为当事人的诉求不合理，不能支持起诉的情形，就当作出不支持起诉的决定。

3. 案件数量虚高、质量参差不齐

从T市检察机关近年来办理的支持案件来看，支持起诉对象单一，主要以农民工为主，案件除支持起诉的原告不同、诉讼金额有差异外，其他内容高度同质，串案、类案大量存在，案件数量虚高。为改变这一现状，T市检察院制定《关于进一步严把"三类案件"办理质量 严格规范"三类案件"办理程序的通知》，通过严格限定支持起诉对象，将法院已经受理立案的案件排除在支持起诉范围外等方法，进一步提高支持起诉案件质量。

二、检察机关支持起诉的理论基础

（一）法律基础

我国《民事诉讼法》第 15 条规定，机关、社会团体、企业事业单位对损害国家、集体或者个人民事权益的行为，可以支持受损害的单位或个人向人民法院起诉。该条虽未将检察机关作为支持起诉人的地位单独明确，但其中的"机关"显然包括检察机关。支持起诉是当事人合法权益获得司法救济或社会救济的重要途径，在当事人权益受到侵害，通过自身力量无法进行救济，特别是其他单位也忽视支持被害人起诉的情况下，检察机关支持起诉对于维护当事人诉讼权利，维护司法公正具有积极意义。

《人民检察院组织法》第 2 条规定，"人民检察院通过行使检察权，追诉犯罪，维护国家安全和社会秩序，维护个人和组织的合法权益，维护国家利益和社会公共利益，保障法律正确实施，维护社会公平正义，维护国家法制统一、尊严和权威，保障中国特色社会主义建设的顺利进行"。这条规定是对检察机关职能的概括性授权，检察机关开展支持起诉工作符合宪法、法律对检察机关的职能定位。

S 省检察院制定的办理支持起诉案件的规定，明确了当事人申请支持起诉的情形、检察机关应当支持起诉的情形、办案程序等具体内容，成为 S 省各基层院办理支持起诉案件的具体工作指引。

（二）法理基础

当前，民事诉讼模式由职权主义向当事人主义偏重，要求各方当事人在民事诉讼中的地位是平等的，法官居中裁判。但由于民事诉讼中当事人在经济能力、法律知识、社会地位等方面差别很大，如劳动争议中劳动者与用人单位之间存在天然的不平等，特别是农民工，由于法律知识欠缺，在权益受到侵害时，面对复杂的诉讼程序、高昂的诉讼成本，只能忍气吞声，或者通过信访等非诉讼方式寻求救济。这种形式上要求的平等造成处于弱势地位的一方当事人在诉讼中实质上的不平等。为了摆脱民事诉讼程序中的这种权利贫困现象，保证国民不论贫富悬殊、能力大小都拥有同等的寻求司法救济的机会，对于那些有单独提起诉讼主张权利而又受阻于各种客观因素的纠纷当事人，国家和社会应进行适当干预，担负给予必要支援的义务，消除走向诉讼之路的障碍，使其起诉或应诉成为可能，并在诉讼程序中给予一视同仁的对待。① 这种符合追求实质上平等司法理念的社会干预制度应运而生。"从法系意识上考察，我国民事诉讼法规定的支持起诉原则，就是对前苏东社会主义国家民事诉讼法奉行的社会干预主义（指导思想）的借鉴及本土化，亦即具有中国特色的社会干预原则。"② 从这个意义上来说，检察机关支持弱势群体起诉，旨在保障被支持对象实现实质正义。

（三）域外经验

根据美国 1947 年《国家劳资关系法》，全国劳工关系委员会是被授权处理不当劳动行为案件的机构，该委员会在委员外，另设一独立行使职权的检察长，其职责在处理控告案件的调查与起诉，全国劳工关系委员会委员的任务则是判断并决定被告是否违反上述法的规定。从职责分工来看，检察长的职责在于调查收集证据和支持起诉。

（四）制度优势

检察机关是我国宪法规定的法律监督机关，其监督属性与对弱势群体和社会利益的维护具有天然的契合性。检察机关作为法律守护人，维护法律上可能遭受不平等待遇的弱势群体的合法权益是其职责所在。

三、完善检察机关支持起诉制度的建议

支持起诉制度仅有《民事诉讼法》第 15 条的原则性规定，缺乏系统、明确的法律规范指引，导致司法实践中存在许多问题。要解决这些问题需要完善制度设计，通过立法形式明确检察机关开展支持起诉工作的原则、范围、程序、方式等基本法律问题，保障检察机关依法、规范开展支持起诉工作。

---

① 参见李德恩：《接近司法视阈下检察机关支持起诉的体制建构》，载《法治研究》2016 年第 1 期。

② 陈刚：《支持起诉原则的法理及实践意义再认识》，载《法学研究》2015 年第 5 期。

（一）明确支持起诉原则

检察机关在履行支持起诉职责和开展支持起诉工作中应遵循一定的原则，结合民事诉讼的基本原则、支持起诉的特点，支持起诉的原则为：

1. 合法性原则

"法无授权即禁止"是公权力行使的一个基本原则，检察权是宪法法律明确赋予的，具有法定性，这就要求检察机关开展支持起诉工作也要依法进行，严格按照法定的范围、对象、程序等履职，依法、规范、理性地行使权力，防止滥用权力，因此，合法性原则是检察机关开展支持起诉工作的首要原则。但是现行法律对支持起诉制度的规定仅有《民事诉讼法》第15条的原则性规定，合法性原则要求检察机关在探索、完善支持起诉制度的过程中，具体的支持起诉活动要在民事诉讼法的总体框架下进行，要遵循合法性原则。

2. 尊重当事人处分权原则

当事人自主处分，是指在民事权利义务纠纷中，当事人有自主决定是否起诉、起诉谁的权利，在当事人没有作出最终抉择之前，任何单位和个人不得干预。弱势群体维护自身民事权益提起的诉讼是民事诉讼，应遵循民事诉讼中私权自治和处分原则。检察机关不得支配当事人行使诉讼权利，不得将自我意志强加于当事人身上。也就是说，检察机关在支持起诉过程中要尊重当事人意愿。如果当事人自愿放弃自己的民事诉权，或者部分实体权利，检察机关不得干预。

3. 谦抑性原则

谦抑性原则与合法性原则、尊重当事人处分权原则是检察机关支持起诉原则的一体两面，正是基于检察机关支持起诉活动要遵循合法性原则，要最大程度尊重当事人处分权，检察机关的支持起诉活动才必须受到限制，避免检察权滥用，防范僭越私权自治底线。具体表现为：一是当事人必须穷尽救济手段，避免检察机关过多、过早介入。二是检察机关办理支持起诉案件，以当事人申请监督为原则，以检察机关依职权监督为例外，而且依职权监督也需要以当事人同意提起诉讼为前提。三是严格限制检察机关的调查核实权，如对调查核实的范围有一定限制，调取的证据需经当庭质证才可作为法院裁判的依据。谦抑性原则与检察机关通过支持起诉畅通司法救济渠道的初衷并不违背。对通过非正常手段进行维权的当事人，检察机关仍应主动作为，理性、及时引导当事人，最大限度地将纠纷纳入诉讼范畴，发挥民事诉讼解决矛盾纷争，保护民事主体合法权益的功能。

4. 尊重审判独立原则

审判独立，是指人民法院依照法律规定对民事案件独立进行审判，不受行政机关、社会团体和个人的干预。检察机关在支持起诉过程中，不能影响法院独立行使审判权。法院审判时依据的是事实和证据，不受检察机关支持起诉的影响，检察机关要尊重法院的审判结果。当然，如果法院的裁判确有错误，检察机关作为法律监督机关可以对生效裁判启动审判监督程序。同时，如果检察机关在派员出席法庭过程中，发现审判人员存在实体或程序上的违法情形时，不可当庭直接干预庭审活动，应在事后提出书面纠正意见。

（二）确定支持起诉范围

结合 T 市检察机关近年来支持起诉工作的探索实践，检察机关支持起诉主要集中在对弱势群体的司法保护。司法实践中的弱势群体主要有两类：一类是自身能力有所欠缺的人，如农民工、下岗职工、老年人、妇女、儿童、残疾人等，由于生理和社会原因，往往不能正确认识和参与诉讼，缺乏诉讼的能力和交涉的能力，往往不知、不能或不敢通过诉讼保护其合法权益，迫切需要法律的帮助。这类人的诉求有其特殊性，如农民工主要是追索劳动报酬，老年人、妇女、儿童等主要是追索赡养费、抚养费、抚育费等，支持起诉的方式既有经济上的支持也有法律上的支持，包括为受害者提供法律咨询服务、帮助当事人聘请律师、辅助当事人调取证据等。另一类限于经济社会结构原因，其诉讼能力比对方明显较低的，如消费者、劳动者、特定事故受害人等。在劳动争议、工伤纠纷、医疗事故纠纷、保险理赔纠纷、产品责任纠纷等案件中，责任方在专业知识和诉讼能力及社会动员能力上具有显著优势，诉讼结构存在严重失衡，受害人得到赔偿十分困难，严重损害了社会公平正义。对这类人支持起诉的方式主要是法律支持和专业知识支持。

（三）规范支持起诉程序

支持起诉职能作为一项民事检察职能，其程序应同检察机关办理民事检察监督案件的程序保持一致，参照《人民检察院民事诉讼监督规则》的相关规定开展支持起诉工作。

1. 受理

应以当事人主动申请为主，根据"受审分离"的原则，由控告申诉检察部门对案件线索和材料进行形式审查，对符合受理条件的，即属于支持起诉范围，且属于本院管辖的，应受理并移送负责民事检察的部门实质审查。

2. 审查

首先，应履行一定的告知程序，保障对方当事人的知情权。其次，应当按照一定的标准和原则进行审查，必要时可以采取一定的调查措施，可以公开听证充分听取各方意见，审慎作出决定。在作出决定前应从法律角度预测诉讼风险，对胜诉可能性极小的案件，不宜支持起诉，应尽量做当事人工作，或者引入司法救济、寻求社会救济等帮助当事人解决实际困难。最后，检察机关审查后决定支持起诉的，应当制作《支持起诉书》，在作出决定后7日内，同调查取得的证据材料一并送达受理诉讼的人民法院；检察机关审查后认为对于不符合支持起诉条件的，应当制作《不支持起诉决定书》，说明不支持起诉理由，在作出决定后15日内发送当事人。

3. 办案期限

遵循民事检察监督案件3个月办案期限的基础上，综合考量支持起诉案件的特殊性，如为了尽快帮助当事人权益得到救济可以缩短办案期限，对于需要进行大量调查核实的案件可以适当延长办案期限。

4. 出庭支持起诉

主要职责是出庭宣读《支持起诉书》，对检察机关调取的证据予以出示并说明，监督法院的审判活动，但发现违法情形的不得当庭干预审判活动，应庭后提出书面纠正意见。

（四）支持起诉方式

检察机关支持起诉职能应贯穿于整个民事诉讼全过程。

1. 诉前

一方面，对诉讼能力欠缺的一方当事人提供法律支持，主要是对涉及的法律知识的讲解，包括实体法和程序法方面，帮助当事人增强运用法律和诉讼途径解决纠纷的能力；另一方面，在特殊情况下可以指导当事人收集证据的方式方法，进行一定的调查核实，补强当事人收集证据的能力。此外，当诉讼主体存在经济困难的情形时，也可以协助当事人申请减免诉讼费、法律援助等。

2. 诉中

出席法庭发表支持起诉意见，针对检察机关调查收集的证据进行举证、质证，参与法庭辩论等。检察机关在法庭辩论中，要根据支持起诉意见与原告的主张情况进行，对意见一致部分，通过辩论补强原告主张；对意见分歧部分，应当尊重当事人独立的诉讼地位和当事人处分权，放弃辩论。

3. 诉后

在裁判生效前继续通过支持起诉的方式，帮助被支持对象上诉、参与二审，在裁判生效后，如果生效裁判确有错误可以监督者的身份对生效裁判进行监督。有反对者认为，"法律监督机关的角色和原告的角色，导致检察机关既是裁判者又是运动员"，[①] 对生效裁判进行监督难免有失公允。但由于我国民事诉讼法规定的检察机关抗诉权是由生效裁判的上级检察机关行使，因此不存在提出支持起诉意见的检察机关又是生效裁判的监督者的问题。执行阶段，支持起诉的检察机关仍可以对法院的执行活动进行监督，因此，执行监督针对的是法院的执行行为而为执行依据。

（五）跟踪监督，确保支持起诉实效

在支持起诉中，检察机关兼具诉讼程序参与者和法律监督者的双重地位，检察机关除了通过调查核实、发表支持起诉意见等方式支持当事人起诉外，还应充分发挥法律监督的职能，确保支持起诉取得实效。如果在一方当事人不及时履行生效民事判决时，检察机关仍应继续给予诉讼主体一定的法律支持和帮助，对人民法院执行过程进行跟踪监督，切实维护被支持弱势群

---

① 王蓉、陈士寅:《关于检察机关不应作为环境民事公益诉讼原告的法理分析》，载《法学杂志》2010年第6期。

体的合法权益。如果发现支持起诉的案件存在《民事诉讼法》第 207 条规定的情形之一的，应当依照法定程序提出抗诉，通过纠正错误的生效裁判维护检察机关支持起诉权威。

（六）功能延伸，实现支持起诉功能最大化

在办理支持起诉案件过程中，对符合司法救助条件的，主动移送线索，将司法救助与支持起诉结合，彰显检察温情；对在办案过程中发现的制度缺陷或某一特定领域存在的突出问题，可向负有管理义务的单位发出综治检察建议，以延伸检察机关履职触角，助力社会综合治理。

民事检察和解制度研究

邬 兰 李雁若 耿姗姗*

摘 要：民事检察和解作为一种创新性的检察监督方式，在化解矛盾纠纷、维护社会大局稳定和司法权威方面发挥着重要作用。但由于目前的民事检察和解工作尚处于探索阶段，立法层面存在空白、适用范围也不明确。因此，亟须进一步强化对其相关问题的研究。本文从民事检察和解的功能价值、存在问题、制度完善等方面进行了阐述，以期对民事检察和解制度的立法及司法实践有所裨益。

关键词：民事检察和解 检察监督方式 现实困境 制度完善

和解作为解决各类纠纷的方式，其在处理争议、修复各类社会关系、维护人与人间正常有序的经济往来等方面承担着其他纠纷解决手段所没有的功能。检察机关基于此，也为更好对人民法院民事诉讼活动实行法律监督，除了提出检察建议和提请抗诉这两种监督方式外，应运而生了一种创新的监督方式——民事检察和解。该监督方式的存在原因之一是某些民事申诉案件因法院判决存在瑕疵但又不符合抗诉条件不能抗诉，通过民事检察和解可以最大化保障申诉人的合法权益；原因之二是某些民事申诉案件虽符合抗诉条件，但是抗诉后社会效果不好会引起新的矛盾纠纷而不宜抗诉，采取民事检察和解的监督方式可使案件的社会效果达到较理想状态。

---

* 邬兰，湖北省仙桃市人民检察院第四检察部主任；李雁若，湖北省仙桃市人民检察院检察官助理；耿姗姗，湖北省仙桃市人民检察院书记员。

一、民事检察和解制度概述

民事检察和解制度,是指检察机关在审查民事申诉案件时,直接引导当事人基于其意思自治权,对原审生效裁判所确定的权利义务重新协商,达成合意并自愿履行,从而终止检察机关抗诉审查程序或提出检察建议审查程序的制度。

(一)民事检察和解是创新性的检察监督方式

检察机关作为法律的监督机关,其对申诉案件均应使用到其监督职能。以往对民事审判活动违法或裁判结果错误的案件,检察机关会采取提出抗诉的方式,使法院再审以纠正其错误,而民事检察和解与检察机关的监督职能也并不冲突。检察机关介入民事纠纷和解享有双重角色,它既是中立的和解者,也是诉讼的法律监督者。对于和解者这一角色而言,检察人员具有公正的人格力量,易获得当事人的信任,同时又具有良好的法律职业技能和职业伦理,有助于纠纷的解决;对于监督者这一角色而言,民事检察和解中,检察机关以对民事审判权的监督为重心,避免权力异化,这也是民事检察和解与其他和解的根本区别之一。民事检察和解实际上改变了法院对当事人之间民事关系的调整,使当事人之间的权利义务关系有了新的内容,并且在达成和解协议后,需将和解协议和对相关判决的检察建议送交原审法院,这也起到法律监督的作用。

(二)民事检察和解是节约诉讼成本的检察监督方式

民事诉讼法对当事人向检察机关申请抗诉或检察建议设置了前置程序,要求当事人通过一审、二审之后,还须向法院提出再审申请,才能向检察机关申诉,故检察机关所接受的民事申诉案件当事人都是经过漫长的诉讼过程走到此阶段,一些潜在的矛盾一触即发。此时民事检察和解的出现,既节约诉讼成本,又在一定程度上能够成为解决当事人纠纷的一条重要路径。执行民事检察和解可免去当事人参与诉讼的成本和等待判决的煎熬,对司法机关而言也有效地节省了司法成本,提高了化解社会矛盾的效率和能力。①

---

① 参见赵芳芳:《民事检察和解构建探讨》,载《人民检察》2013年第2期。

（三）民事检察和解是彰显当事人处分权的检察监督方式

民事检察和解作为检察机关民事诉讼监督职能的延伸，其本质是为社会提供公共服务，同时将当事人的处分权贯穿和解中，也是最大化地保护了当事人意思自治和意思表达，体现了当事人对程序的选择权。一方面，检察机关及时发现双方存在和解的意愿，将双方的意愿代为传达，同时审查和解协议的合法性，并见证双方协议的签订、履行。另一方面，检察机关可以邀请人民调解委员会、作出原生效判决的法官等介入，促使当事人达成和解协议。通过和解更能经济、及时、有效地解决纷争，修复当事人之间的社会关系。

二、民事检察和解制度与相关制度的关系

（一）民事检察和解制度与法院调解制度

上文所述民事检察和解制度源于对检察监督权利的创新，即该和解本质上仍是检察机关在行使其监督职能。但反观法院的调解制度，其实质上与法院裁判权具有同等效力，程序上都有结束诉讼程序和强制执行的效力，更为重要的是，法院调解和一般的裁判相同，均可通过再审予以纠正。[①] 通过法院调解处理民事纠纷实际就是审理民事案件的过程中进行的一项诉讼活动，这也是民事检察和解与法院调解最大的区别。

（二）民事检察和解制度与法院执行和解制度

在构建和谐社会的新形势下，以缓解审判机关人力不足，建设多元化纠纷解决机制为大前提，民事检察和解制度的出现将具有中国特色的调解工作效力发挥到最大化。

通过民事检察和解制度使得双方当事人达成和解协议，既避免反复起诉、上诉、申请再审等程序导致不必要的经济和精神损失，也能够真正做到"将矛盾消灭在基层"，将大量想涌入法院的申诉再审案件进行"泄洪"，不留所谓的申诉缠诉、无序上访等"后遗症"，最终在一定程度上缓解"申诉

[①] 参见刘辉：《民事检察和解的正当性基础及制度构建》，载《国家检察官学院学报》2009 年第 4 期。

难""执行难"。

民事检察和解制度的设立除了能一定程度缓解"执行难",我们还要认真看待这两个和解制度的效力问题。对于法院执行和解制度,最高人民法院《关于适用〈中华人民共和国民事诉讼法〉的解释》第464条及最高人民法院《关于人民法院执行工作若干问题的规定(试行)》第87条规定,和解协议合法有效并已履行完毕的,人民法院作执行结案处理,而民事检察和解制度效力在法律上没有明确的认定,使该制度缺乏强制执行力,不能充分保障当事人的权益。[①]

三、民事检察和解面临的现实困境

(一)立法层面存在空白

现行法律制度并未规定民事检察和解,这使得该项制度在法律上缺少支撑。虽然《人民检察院民事诉讼监督规则》第51条规定,"人民检察院在办理民事诉讼监督案件中,当事人有和解意愿的,可以引导当事人自行和解";第73条规定,"有下列情形之一的,人民检察院应当终结审查:……(三)申请人在与其他当事人达成的和解协议中声明放弃申请监督权利,且不损害国家利益、社会公共利益或者他人合法权益的;……"但上述规定只是对民事检察和解作了抽象描述,并没有详细规定具体操作流程、适用程序、法律后果等,这不利于民事检察和解在实践中的规范适用。

(二)适用范围不明确

在司法实践中,究竟哪些监督类案件能够适用民事检察和解众说纷纭,存在诸多争议,具体来讲:第一,有的认为,民事检察和解的适用范围包括原审裁判没有明显错误,但双方当事人系亲友或邻里的案件。因为这类案件蕴含人情世故、渗透社会伦理,如果机械司法、就案办案,不仅不利于矛盾纠纷的化解,而且还可能引发新的冲突。如果适用民事检察和解,效果就截然不同,一方面可以抚平诉讼带来的创伤,另一方面有利于亲情和友情的延续。第二,有的认为,民事检察和解的适用范围包括原审裁判没有明显错

---

① 参见王水明、郑文:《民事检察和解制度探析》,载《法治研究》2009年第5期。

误，但案情复杂、事实难以查清、当事人诉争标的属于历史遗留问题的案件。随着社会的发展变迁，此类案件涉及的一些法律和政策等问题都发生了不同程度的变化。而且这种变化往往涉及多个政府部门，这时适用民事检察和解可以在平衡双方当事人利益的基础上，最大限度地化解矛盾纠纷。第三，有的认为，民事检察和解的适用范围包括涉及群体利益，处理不当，易激化矛盾，引发公共事件的案件；涉及原审生效裁判确有错误且符合抗诉条件，但当事人之间能够达成和解的案件以及通过抗诉再审改判难以执行回转的案件等。

（三）民事检察和解协议的效力不明确

检察机关主持、引导下当事人签订的民事和解协议不同于法院主持下的和解，法院的和解协议具有强制执行的效力，而民事检察和解协议的效力难以认定。另外，民事检察和解程序或者协议存在瑕疵时，案件当事人应当如何进行救济等问题并不明确，只能依靠当事人之间的相互信赖执行。倘若当事人反悔，司法机关不能追究其法律责任，这样就使民事检察和解陷入一种尴尬的境地。不仅影响当事人对民事检察工作的信任，也可能引发新的矛盾纠纷。

四、民事检察和解制度的完善

（一）完善法律规定，明确民事检察和解的地位、适用范围和协议效力

1. 明确民事检察和解的地位

目前的民事检察工作以事后监督为主导，监督手段主要是抗诉和检察建议。民事检察和解作为一种新的法律监督方式，是对抗诉和检察建议等监督手段的有益补充，在化解社会矛盾和促进社会和谐稳定等方面发挥着巨大作用。在民事检察和解中，检察机关的身份具有双重属性，一方面，检察机关是法律的监督者；另一方面，检察机关充当中间人的角色，促成双方当事人之间的和解。需要注意的是，在促成和解的过程中，检察机关的地位应该是中立的。换言之，检察机关不主动参与民事检察和解工作，仅在民事监督案

件符合和解条件时，一方或双方主动向检察机关提出和解申请，在尊重双方意愿的前提下，检察机关才参与其中，充当中间人的角色，引导双方和解。

2. 明确民事检察和解的适用范围

当事人向检察机关申请监督的案件类型主要有以下几种：一是原审生效裁判认定事实清楚、适用法律正确，并无不当；二是原审生效裁判有瑕疵，但是不符合抗诉条件；三是原审生效裁判确有错误，符合抗诉条件。对于第一种类型的案件，检察机关不适宜介入做和解工作，因为此时的民事检察和解会损害到司法权威。即便是双方当事人主动要求和解，检察机关也不应参与，而是应该释法说理，说服申请人息诉罢访或者引导当事人到法院作执行和解，以实现案结事了人和。对于第二种类型的案件，如果双方当事人有和解的意愿，检察机关应该积极适用检察和解。这样不仅有利于化解矛盾纠纷，而且可以节约司法资源。对于第三种类型的案件，要分情况予以讨论。如果标的额较小、影响不大且涉及当事人私权处分，这时可以进行民事检察和解；如果原审裁判存在严重事实认定错误、法律定性错误或者涉及审判人员违法犯罪、失职渎职等情形的，这时检察机关应该依法予以监督，因为涉及公权领域的事项，不应适用民事检察和解。

3. 明确民事检察和解协议的效力

民事检察和解协议是民事检察和解制度的核心内容，它的效力直接影响着案件当事人不履行和解协议时的权利救济程序。因此，法律有必要明确民事检察和解协议的效力。具体来讲，要明确规定在一方当事人不履行和解协议的情况下，另一方当事人的合法权利该如何进行救济；要明确规定原审生效裁判有瑕疵，但是不符合抗诉条件的案件，当事人不履行已达成的民事检察和解协议，又向检察机关申请监督的，检察机关不再予以受理；要明确规定原审生效裁判确有错误，符合抗诉条件的案件，如果适用了民事检察和解程序，但当事人又不履行和解协议的，这时，检察机关应当恢复对原申诉案件的审查程序，并依法作出抗诉决定。

（二）规范民事检察和解的启动程序

1. 程序开启

针对当事人向检察机关作出和解意思表示的民事监督案件，如果是双方当事人协商一致同意和解，那么在检察机关审查办理案件的整个过程中，都可以开启民事检察和解；如果只有一方当事人有和解意愿，那么检察机关应该与另一方当事人进行沟通，必要时举行公开听证，充分听取案件当事人意见，消除彼此疑虑、减少对立情绪。针对检察机关建议和解的民事监督案件，检察机关在对案件事实、证据、法律适用等方面进行初步审查判断之后，可以有针对性地提出该案适宜和解的建议，但民事检察和解程序的最终启动还要征求双方当事人的同意。

2. 达成和解协议

从某种程度上来说，民事检察和解就是检察机关促成当事人达成民事检察和解协议的过程。检察人员要善于整合资源，为当事人释法说理，帮助和引导他们正确分析案情，促成和解。对于双方当事人最终达成的和解协议，检察机关要进行审查，审查的内容主要包括：协议是否违反法律、行政法规的强制性规定，有无串通损害国家利益、社会公共利益或者他人合法权益的情形，有无以合法形式掩盖非法目的等。另外，由于民事检察和解协议的内容可能与原审生效裁判不一致，所以，检察机关在适用民事检察和解程序办理监督案件时应当告知原审人民法院，并将民事检察和解协议书一并送达。

3. 司法救济

通常情况下，民事检察和解协议是经双方当事人协商一致达成的，当事人对该协议的履行不会产生抵触情绪。双方当事人自愿履行完毕，检察机关就应当终止对案件的审查。但是，如果另一方当事人不履行协议，申请人要求对原申请监督案件重新审查的，检察机关就应当及时恢复审查，并依法作出决定，表明其是否支持对申请监督案件的法律监督。如果是申请人对民事检察和解协议反悔，不履行协议，要求检察机关恢复审查的，检察机关一般应当终止审查，除非有证据证实该和解协议系无效或者可撤销的。[①]

---

① 参见傅国云、胡卫丽：《民事检察和解的适用与程序设计》，载《人民检察》2013年第7期。

(三）加强制度建设，健全民事检察和解制度的相关配套机制

1. 建立民事检察和解风险评估预警机制

民事法律关系纷繁复杂，某些民事监督案件如果处理不好，很有可能使案件当事人心存不满，作出过激举动，进而缠诉缠访。检察机关适用民事检察和解程序办理案件时，可以通过建立风险评估预警机制，对案件风险进行预判，分析可能出现的风险因素及可能发生的不利后果，并制作相应的风险预警工作预案，并将案情、风险评估及相关情况报相关部门备案，做好应对准备。

2. 健全民事检察和解考核机制

民事检察和解类监督案件的办理除了需要检察人员具备民事检察业务专业技能之外，还需要有足够的责任心，需要检察人员充分发挥自身的主观能动性。为此，必须健全民事检察和解考核机制，将运用民事检察和解程序办理的案件数纳入考核项目中，以恰当的激励机制来鼓励检察人员。这样，有利于激发检察人员做好民事检察和解工作的热情，更好地发挥民事检察职能作用，为维护司法公正、促进社会和谐稳定贡献检察智慧和力量。

民事检察和解制度的实践与探索

王　婧　张　敏[*]

摘　要： 民事检察和解是具有司法性质的特殊救济手段，是检察机关立足民事检察职能，积极促成当事人在依法、自愿、公平的前提下达成和解，并撤回监督申请、结束司法程序的一种矛盾化解方式，符合当下我国"能动司法"的办案理念，亦是构建和谐社会、维护社会公平正义的现实需要。但当前我国民事检察和解由于制度不健全、模式不成熟，在检察实践中存在不同声音。本文以民事检察和解的现实价值和客观困难为出发点，结合检察机关民事检察和解的办案实际，积极探索如何提升民事检察和解的办案效果，力求为推动民事检察和解的顶层设计添砖加瓦。

关键词： 民事检察和解　立法完善　实践探索　和解效果

一、民事检察和解的现实价值

民事和解制度是建立在当事人意思自治原则和平等原则基础上，当事人之间针对矛盾纠纷以私法行为方式进行协商，形成合意且在不损害国家利益、社会公共利益或者他人合法权益的前提下解决争议的制度。党的十九届五中全会对司法机关积极参与社会治理提出了新的要求。检察机关作为国家法律监督机关，肩负着维护司法公平公正、促进社会和谐稳定、服务经济高质量发展的历史使命，而使命不仅在于忠诚法律，还应当竭力维护稳定的政

---

[*] 王婧，河北省沧州市人民检察院第五检察部主任、一级检察官；张敏，河北省沧州市人民检察院三级检察官。

治秩序、良好的道德风尚、和谐的社会关系，保护人民群众的合法权益，保障国家的长治久安。

（一）民事检察和解有利于化解社会矛盾，促进社会和谐发展

因检察机关民事检察部门受理的诉讼监督案件多为与经济社会发展、人民群众合法权益密切相关的合同履行、侵权纠纷、劳动争议等领域民事裁判结果监督案件，经法院多级审理，其中或经济关系混乱、或情感错综复杂、或社会矛盾尖锐，影响社会的和谐稳定。针对法院的部分错误生效裁判，虽然检察机关利用抗诉、再审检察建议等职能客观上可以纠错，但一方当事人常为被动接受再审裁判，不能达到内心息诉服判的法律效果，甚至有可能激化矛盾，不利于法院裁判的执行。民事检察和解，通过检察人员对当事人进行充分的释法说理，深入了解当事人的真实诉求，帮助当事人正确面对事实，理解尊重法律，从根源上化解纠纷，定分止争，符合我国构建和谐社会的主导思想，也是检察机关为维护社会稳定、促进和谐发展提供强有力司法保障的必然要求。

（二）民事检察和解有利于拓展民事检察监督渠道，完善社会矛盾化解机制

新形势下，抗诉、检察建议等传统、单一的监督模式和纠错功能已不能满足人民群众对民事检察工作提出的新期待、新需求，民事检察部门应积极借助民法典出台的契机，改变就案办案的机械思维，牢固树立抗诉与息诉并重的理念，在传承司法传统上求突破，在化解矛盾方式上求创新，积极参与社会治理工作，努力构建多元化民事检察监督格局，推动民事检察真正做实、做强。民事检察和解促进社会矛盾在源头上实质性化解，促进民事检察监督从诉讼领域到社会领域延伸，既是民事检察工作顺应时代发展、体现司法温度和检察担当的必由之路，也是检察机关推进社会治理法治化和现代化发展的有效举措。

（三）民事检察和解有利于节约司法资源，保障司法公正高效

司法实践中，当事人对法院民事生效裁判不服，向检察机关申请监督，往往将检察机关视为最后一根"救命稻草"，而抗诉、再审检察建议启动再

审程序的办案周期较长,且法院并非必然采纳检察机关的意见,当事人在付出人力、物力、财力上的高昂成本后,最终不一定换来内心期盼的公平正义,极易对司法制度失去信心,对社会不满情绪增大。检察机关促成当事人和解,做好息诉服判工作,通过利益协调解决多年纠纷,既减轻了法院再审压力,节约司法资源,又减少了当事人诉累,切实维护当事人的合法权益,真正解民忧、办实事,同时也有利于推动解决"执行难"的问题,实现了办案公正与效率的兼具,保证了办案的政治效果、法律效果和社会效果有机统一,这也符合新制度经济学基本的效率原则。

二、民事检察和解的客观困难

民事检察和解是当事人对自己合法权益的自由处分,有其正当性和合理性的基础,体现了检察机关对当事人处分私权利的尊重和保护。检察机关积极引导和解,以当事人的诉求作为解决纠纷的切入点,灵活协调、兼顾利益,弥补部分裁判过于追求形式正义,而忽略实体正义的缺陷,以达到节约诉讼成本、实现司法效益最大化的监督效果,但在实践探索中,亦逐渐显现制度不完善、模式不健全等客观困难。

(一)立法制度的不完善

民事检察和解是在办案实践中摸索总结出的工作经验,虽在司法实践中逐渐被广泛运用,但我国民事诉讼法及其司法解释未对民事检察和解制度作出具体规定,新修订的《人民检察院民事诉讼监督规则》也仅规定"当事人有和解意愿的"检察机关"可以引导当事人自行和解",但是对于具体操作流程、适用范围、强制执行力等并没有详细规定。故检察机关作为国家法律监督机关,检察监督谦抑性、中立性的司法定位,使检察机关"引导和解"在司法实践中就启动模式和运行机制存在争议,容易造成民事检察和解工作与法院强制执行工作的冲突。因此,上层的制度体系构建亟待解决。

(二)和解协议效力不明确

由于立法制度的不完善,民事检察和解是在摸索创新中开展,检察监督阶段达成的和解协议并无法定的正式法律文书作为支撑,《人民检察院民事诉讼监督规则》只是规定申请人撤回监督申请或当事人在达成的和解协议中，声明放弃申请监督权利，且不存在损害国家利益、社会公共利益或者他人合法权益情形的，检察机关应做终结审查处理决定。因检察和解协议不同于法院调解书，法律并未赋予其强制执行力，若一方当事人反悔或不按期履行，极易激化矛盾，造成"和而不解"的尴尬局面，影响检察机关的公信力和检察权威，不利于民事检察和解制度的长远发展。

（三）对和解性质认识不统一

民事检察和解是当事人对私权利的再处分，是在检察机关的引导下对法院生效裁判确定的权利义务关系的再分配。根据判决效力的原理，对法院作出的生效法律文书，非经法律程序不得改变。因此在理论实践中，部分人认为检察机关参与和解，客观上促使当事人不按法院生效裁判履行义务，有损法院裁判文书的既判力。但我国立法的基本原则及精神赋予了当事人充分的意思自治权，除损害国家利益、社会公共利益及他人合法权益的外，当事人均可自由处分自己的民事权利，某种意义上，当事人才是自身的终局裁决者，故在当事人有和解意愿的前提下，检察机关可依法引导和解。

三、多元化纠纷和解模式的实践探索

（一）法律政策与传统风俗的良性互动

中国传统社会民间调解以潜在的道德、礼法为基础，习惯法与国家制定法在调整社会关系中往往相得益彰。在解决具体纠纷时，检察机关应克服法律的僵硬，吸纳风俗习惯，将民间风俗习惯和伦理道德规范引入解决纠纷中，将现实生活中的社情民意融入具体个案中，有效引导当事人和解。具体办案中，以法为先，释法纠正当事人思想上的偏差；以理服人，引导当事人换位思考，明辨是非；以情感人，返璞归真，追根溯源，将真挚情感贯穿始终。

例如，沧州市检察院化解的因房屋所有权纠纷导致父子对簿公堂的检察监督案。2004年胡某某与王某签订房屋买卖合同，该房屋直接过户至其儿子胡某名下，后因政府征收拆迁，换取回迁楼房两套，由此引发房屋产权纠纷。2017年父亲胡某某起诉,请求确认其对案涉两套回迁楼房享有所有权,法院最终判决父子二人对两套楼房共同共有。胡某某不服,向检察机关申请监督。基于双方的至亲关系,检察官借助道德感化、法律引领两条路径,经过多方沟通,最终使父子俩打开心结,双方就楼房的权属分配、父母居住及赡养老人等牵连问题达成一致意见,并签订了和解协议,胡某某自愿撤回监督申请,父子和好如初。该案的成功和解表明,检察机关从社会伦理出发,克服成文法的刻板僵硬,引导扭曲的社会关系得以弥合、重建和恢复,往往胜于单纯"抗诉"所带来的效果,能够更好地化解民间矛盾,促成社会和谐,实现法律、政策与公序良俗的良性互动。

(二)检察机关与其他主体的协同联动

检察机关立足法律监督职能,应着力构建息诉和解联动平台,积极融入政法大调解新格局。已到执行阶段的监督案件,检察人员可与执行法院对接协调、联动发力,以便法检两家及时掌握案件进展情况,共同促成矛盾的实质性化解。达成和解协议、履行完毕的,法院执行结案,检察机关终结审查,体现了"成本最低、效益最大"的办案原则,真正实现案结事了,营造既有利于审判执行,又有利于检察监督的有机衔接模式,形成结构化程序样态,为中国民事司法模式创新方案。

例如,沧州市检察院化解的东莞某公司不服法院判决解除合同并退还货款的检察监督案。东莞某公司因代购合同事宜与青县某公司发生纠纷,提起诉讼要求给付剩余货款,青县某公司反诉要求解除合同,法院最终判决解除合同,东莞某公司返还货款及利息,该案已进入执行环节,东莞某公司被法院纳入失信被执行人名单。办案中,检察官克服机械思维,积极与双方当事人沟通协调,了解到东莞某公司因法院的执行措施,社会信用受到严重影响,导致其无法参与其他项目竞标,面临严峻的经营困难。检察机关主动与法院执行庭对接协调,多次修改调解方案,最终双方当事人自愿达成执行和解协议,并积极履行完毕,法院及时解除了执行措施,申请人向检察机关自愿撤回监督申请,随后该公司顺利参与到项目竞标中,保证了民营企业的正常经营和健康发展。

(三）检察听证与引导和解的交嵌带动

办案中，检察官应创新监督理念，打通民事检察与社会介入之间的制度性壁垒，充分发挥律师、工会、妇联、村委会、居委会、社会公益组织等群体的"助和"作用，尝试将引导和解嵌入公开听证环节，保障当事人的程序参与权、案情表达权、救济保障权等基本程序权。充分运用听证模式，强化民事检察和解的制度感召力、程序吸引力，运用"面对面""背靠背"等方式，使当事人开诚布公、诚实守信，使"听证+和解模式"成为民事检察监督制度中的突出亮点和化解矛盾的崭新窗口。

例如，沧州市检察院化解的高某因其夫死亡要求公司、车主返还保险赔偿款的检察监督案。司机杨某某驾驶货车发生交通事故，造成杨某某死亡、车主受伤、货物损失的严重后果，杨某某负事故的全部责任。事故发生后，公司、车主与杨某某之妻高某一家签订赔偿协议，并约定事故的保险金赔付归公司与车主所有，协议已实际履行。后高某发现实际获赔保险金高于公司、车主的赔付额，遂诉至法院，要求公司、车主返还不当得利。三级法院均未支持高某的诉求，高某向检察机关申请监督。该案双方矛盾突出、情感错综复杂，基于双方当事人均有和解意愿，且该案涉及妇女儿童合法权益保护等问题，检察机关决定召开听证会，邀请妇女联合会、医院、幼儿园、律所等系统5位代表作为听证员参加听证会，广泛听取各界声音，借助外力化解纠纷。听证会上，通过当事人陈述、听证员提问、发言等环节，在厘清事实、责任的基础上，充分释法说理，引导当事人作出理性判断。经过检察官与听证员的共同努力，双方自愿达成和解协议，公司自愿向高某及家人另行给付10万元款项，旷日持久的赔偿款之争最终落幕。

四、提升检察和解效果的制度思考

（一）在顶层设计上寻求制度创建

1. 明确检察和解的地位

民事和解是法律监督的一种方式，维护法律统一正确实施，是民事检察的终极目的。检察机关依法依规参与、引导和解，用法治思维、法治方式促进矛盾的实质性化解，促成当事人及时履行，是对法院审判工作的强化和补充，与法院司法为民、公正司法的工作主线相契合，也是践行双赢多赢共赢监督理念的具体体现。立法上应确立民事检察和解制度，将引导民事检察和解作为民事检察监督工作中优先性、常态性和基础性的业务。

2. 明确检察和解的范围

除有损两益及严重损害他人合法权益等不适合和解的案件，在办案时均应征求当事人的和解意愿，依法履行引导和解程序，运用检察思维、灵活方式，创新发展新时代"枫桥经验"，妥善化解检察环节的矛盾纠纷。和解是案件双方当事人意思自治的体现，无论法院裁判正确与否，笔者认为，检察和解制度在检察实践中均可以前置适用。

3. 明确检察和解协议的效力

各国实践表明，诉讼和解协议兼具实体法和程序法上的效果。由于案件已经人民检察院审查，建议立法将民事检察和解协议纳入司法确认程序，或者赋予其司法强制力，即当事人一方有权以和解协议为依据申请法院强制执行，检察机关亦可依职权向法院移送执行线索，依托和解程序启动执行程序，防止当事人出现随意反悔或其他不诚信行为，浪费司法资源，损害检察权威。

（二）在司法实践中强化制度创新

1. 持续更新办案理念

"理念一新天地宽。"实践中，应将适用于时代发展的法治观念、法治诉求有序导入民事检察办案中。推进诉源治理，探索司法办案、风险评估、矛盾化解同步推进；畅通群众诉求表达、利益协调、权益保障通道，充分做好释法说理工作，把引导和解落实到符合条件的每一起民事检察监督案件中，充分发挥民事检察助力社会和谐的功能价值。

2. 规范适用民事检察和解的程序

首先，做好事前审查，履行好程序告知义务，充分听取双方当事人的意见。检察官应发挥主观能动性，做好调查核实，创建预案，精心做好准备工作。其次，主持召开和解会议或者听证。可以借鉴有关人民法院调解程序的规定，达成意向后，制作并送达民事检察和解协议书。如果改变法院裁判结果的，应将协议书送达给相应人民检察院。最后，做好事后督促。可以采取跟踪督促、电话督促、请求其他组织和个人协助督促等方式方法，确保协议如期履行。可推行和解协议、和解履行、撤回申请同步进行制度，让和解制度在司法实务中绽放更强的生命力。

3. 在外部协作上形成工作合力

不断建立健全检察机关与人民法院的信息共享机制，建立民事检察和解保障制度，从维护社会稳定、促进和谐发展的高度，交换意见，达成共识，切实解决机制障碍，保证民事检察和解协议有效落实。加强与其他部门的沟通联系，如吸收居委会、村委会等与案件无利害关系的单位或个人参与、协助，根据案件具体情况，邀请与案件没有利害关系的人大代表、政协委员、人民调解员、专家、学者等人员参与听证。借助多方力量，形成和解合力，做好息诉罢访、矛盾化解工作，切实让当事人感受到更广泛、更实在的公平正义。

夫妻共债纠纷检察和解制度探析

潘 霞[*]

摘 要：民法典吸收了 2018 年最高人民法院《关于审理涉及夫妻债务纠纷案件适用法律有关问题的解释》的规定，对夫妻一方以个人名义举债的债务承担规则从"共债共还"转为"共债共签"，体现个人在婚姻关系中作为独立个体的法律价值以及不同时代、不同婚姻观念下法律对民事法律关系作出的相应调整。原则上法不溯及既往，检察机关在监督夫妻债务纠纷类案件仍适用审理案件时的规定，再审过程中申请人负有证明债务非基于共同意思表示、未用于共同生活、未用于共同生产经营的举证责任。除传统的生效裁判监督路径，检察和解作为一种破解夫妻债务纠纷诉讼矛盾新路径展现出高效、节约司法成本等优点，应进一步完善检察和解制度，推动检察和解制度在解决诉讼矛盾发挥作用。

关键词：检察和解 夫妻共债纠纷 生效裁判监督

一、问题的提出

民法典对于夫妻债务审理规则的规定，符合现代社会婚姻价值观念，受到理论和实践较为普遍的认可。然而，检察监督仍适用审理案件时的旧法，新法原则上不具有溯及力。新法与旧法在举证责任分配上的变化，将导致审理结果发生巨大的差异。即使新规定更符合人民普遍的价值观，但是审判监督不能以牺牲按旧规定已生效的裁判稳定性为代价，来实现人民朴素的正义

---

[*] 潘霞，江苏省溧阳市人民检察院检察官助理。

感。实践中，对于夫妻债务纠纷检察监督案件，检察机关运用不同的监督方法作出了不同处理，试举两例予以说明。

【案例1】 张某与王某系夫妻关系，2013年，简某起诉至法院请求判令王某、张某归还借款本金92.2万元及相应利息。法院一并向王某、张某送达相应的法律文书，由王某签收。后张某出具授权委托书，由王某全权代理张某参与诉讼。简某与王某达成调解协议，由夫妻共同归还简某借款本金92.2万元及相应利息。法院向王某、张某一并送达调解书，由王某签收。张某不服一审调解，向法院申请再审。法院驳回再审申请。张某遂向检察机关申请监督。经张某申请，检察机关依法委托鉴定所对委托书中张某签名是否为其本人所签。鉴定意见为，委托书中的签名并非张某本人所签，检察机关遂向法院提出再审检察建议。再审过程中，张某举证证明王某所借债务并非基于双方共同意思表示，既未用于家庭共同生活，也未用于共同生产经营。张某具有稳定的工作并无大额举债的需要，张某并未从王某举债中获益。同时，张某通过出入境记录以及证言证明王某具有赌博的恶习，王某所借款项用于赌博的可能性较大。法院经过再审，推翻了原审夫妻共同债务共同偿还的认定，改判该债务由王某一人承担。

【案例2】 2014年5月，谈某的丈夫范某向债权人潘某以个人名义举债100万元，约定相应利息，并由史某作担保。债务到期后，范某一直未予偿还借款。2015年3月，潘某将谈某、范某起诉至法院，要求夫妻二人共同偿还债务100万元及相应利息。在诉讼过程中，范某、谈某委托共同诉讼代理人代为参与诉讼。在溧阳市人民法院的主持下，双方达成了在约定期限内向债权人归还100万元的调解协议。谈某认为，授权委托书为他人伪造，且该笔债务实际为担保人所用，其不应当承担还款责任。由于谈某与范某至今仍为夫妻关系，新法不具有溯及力，仍适用旧法审理，应当推定为夫妻共同债务。检察机关告知谈某可能存在的法律风险以及可能承担的后果，谈某表示愿意和债权人执行和解。检察官为双方主持和解。经过双方反复的磋商，最终债权人潘某与谈某达成由谈某每月归还1000元，归还期限10年，总数12万元，潘某放弃执行谈某其余债权的和解协议。潘某向法院申请中止执行、解除对谈某银行存款的冻结措施。谭某遂撤回监督申请。

以上两个案例是检察机关在夫妻共债检察监督案件中作出的不同处理。一种是检察机关以对生效裁判调解书监督的方式向法院提出再审检察建议，法院以《婚姻法》第41条等相关法律规定、推翻原审判决，改判债务由举债一方承担；另一种是检察机关运用检察和解的方式，使债权人与未举债配偶一方达成和解协议，放弃对其的部分债权，以双方都能接受的和解方案化解矛盾。从第一个案件再审过程来看，法院再审时运用的仍然是婚姻法的规定，新法没有产生溯及力。在婚姻法的框架下，法院对于共同生活所负的债务的解释显然推翻了最高人民法院《关于适用〈中华人民共和国婚姻法〉若干问题的解释（二）》（以下简称《婚姻法解释（二）》）第24条推定为共债的规则，从借款"推定论"回归到婚姻法借款"用途论"的解释，从而使得对于明显不公的夫妻债务案件的改判既不破坏法无溯及力的原则，又使案件得以纠正。两种方式各有风险和利弊。

检察监督实践中，对夫妻债务纠纷的诉讼矛盾解决面临着若干问题。例如，新法是否具有溯及力，新法在何种情况下具有溯及力？如何灵活和正确选择生效裁判调解书监督和检察和解的不同方法，从而实现法律监督和当事人权益的救济？

二、抗诉或再审监督模式

抗诉或者再审监督模式是指对生效裁判调解书提出再审检察建议或者提出抗诉的监督方式。

（一）程序启动的合理性之考量

在夫妻债务纠纷案件中，申请监督一方往往称自己没有参与原审的诉讼，既没有收到传票，也没有收到裁判文书，原诉讼审程序违法，剥夺申请人的诉讼权利。对此，检察机关可以通过委托鉴定等方式鉴定诉讼卷宗中的签名是否为当事人自己所签。如果经鉴定原审的授权委托书签名确系非当事人本人所签，虚假的授权委托导致应当参与诉讼的当事人没有参与诉讼，原审程序违法，符合民事诉讼法提出抗诉或者再审检察建议的条件。

（二）实体证明责任分配之考量

事实上，即使鉴定意见能证实伪造签字的情况，对于后续能否启动再审，或者能否更进一步推翻实体判决，仍需要考量不少因素，原因就在于新法原则上不具有溯及力。即使检察机关可以从程序违法角度提出再审，但是实体上如果申请人不能完成举证责任，其仍然可能面临共债共负的后果，因为并无充分证据推翻夫妻债务"推定论"的正当性。可见，对于申请人而言，实体证明责任的完成是通过生效裁判监督方法使权益得以救济的路径。但是一旦当事人无法完成这种举证责任，又会回到共债共负规则中。"举证责任之所在，败诉之所在"，对申请人而言，能否完整举证责任是该类案件能否得以改判的关键。在民法典的举证责任分配的框架下，举证责任在债权人，但在审判监督程序中，举证责任仍在未举债配偶一方。这也是新法实际不能产生溯及力的表现。当事人仍需通过大量的举证来论证符合特定的情形才可以使案件得到改判。

（三）证明内容之考量

《江苏省人民检察院第六部检察官联席会议纪要》指出，对于已经终审的案件，符合一定条件的可再审改判。其中列举了五种情形：（1）婚姻持续短暂且存续期间无大宗开支，负债用于家庭共用共益的可能性较低的；（2）债务发生在夫妻分居、离婚诉讼等婚姻关系不安定期间，举债人的配偶有未定收入能维持家庭正常开支；（3）债务用途在指向举债人从事赌博、吸毒等违法犯罪活动的高度可能性；（4）债务用途与举债人无直接关联，而是举债一方自愿负担，且与家庭共同生活、共同生产经营无关的，如与家庭共同生活、共同生产经营无关的无偿担保，债务加入等；（5）债务用于婚外同居生活。以上五种情况的列举可以看出，检察机关提起再审或者抗诉的要点回归债务"实际用途论"，核心在认定债务是不是因"共同生活"所负的债务，从而推翻适用《婚姻法解释（二）》第24条的判决。如上述案例一中，启动再审之前，当事人即通过自己提交证据和申请检察机关取证的方式，为后续推翻原审作了充分的举证工作。举证中，申请人实际又参照新规定中债权人的举证责任，从共同意思表示、共同生活、共同生产经营三个主要方面进行举证，从而推翻共债共负的判决。

检察机关在处理这类案件中应综合考虑是否符合启动再审的程序条件、是否具备实体上能够改判的条件，对于申请人的权利救济是否有效果等因素，否则即使提出再审，当事人无法完成举证责任，也可能无救济作用，不仅浪费司法资源，更可能造成其他矛盾。

三、民事检察和解模式

民事检察和解与执行和解是检察机关创新解决诉讼矛盾的方式，具有独特的制度价值。民事检察和解属于当事人对自身权利的自由处分，在不侵害其他当事人或者社会公共利益、国家公共利益的情况下，这种处分是有效处分。执行和解是检察机关组织当事人进行和解，依据《民事诉讼法》第237条[①]，双方可达成执行和解协议，执行和解中当事人可以放弃自己的一部分权利，也可以与被执行人达成延期执行或者分期执行的协议。

民事检察和解制度在夫妻债务纠纷方面具有制度优势。如前所述，夫妻债务纠纷的生效裁判监督，证明责任仍在未举债配偶一方，达到证明标准、完成证明责任具有难度。一旦不能完成证明责任，那么申请人很可能面临举证不能的后果，无益于救济申请人。检察和解则不同。和解是自然人对私权的自由处分，无涉证明责任，甚至能超出原生效裁判调解书的范围，当事人也可以放弃自己的权利。如案例二中，在不损害他人权益的情况下，债权人放弃了自己的部分债权并与申请人达成执行和解，解除对申请人冻结存款的强制措施，达到良好的办案效果。

（一）检察和解之效率考量

相对于传统的诉讼监督，检察和解具有高效的特点。在生效裁判监督的框架下，从启动再审、裁定再审到再审，姑且不论这些程序是否能够一一得以解锁、顺利推进，经历这些司法程序，当事人可能需要花费一年甚至更久的时间。从检察监督实践来看，当事人从原审判决到法院再审再到检察机关申请监督往往已经耗费了一两年时间，如果能达到改判的效果，当事人会认为是"迟来的正义"。如果没有这一改判可能性或者改判可能性较小的情况下，当事人经过三四年，仍不能获得权益救济，反而可能在复杂的程序中模糊了对法律的敬畏和信任。检察机关通过和解及时为当事人打开解决矛盾的通道、提高监督效率，有效解决案件矛盾，减少当事人讼累。

[①] 《民事诉讼法》第237条规定："在执行中，双方当事人自行和解达成协议的，执行员应当将协议内容记入笔录，由双方当事人签名或者盖章。申请执行人因受欺诈、胁迫与被执行人达成和解协议，或者当事人不履行和解协议的，人民法院可以根据当事人的申请，恢复对原生效法律文书的执行。"

（二）检察和解之效果考量

除去效率优势，检察和解也具有良好效果。在夫妻债务纠纷中，夫妻一方举债，大额举债的债权人与举债一方通常关系较为熟悉，债权人对于未举债配偶一方是否从中受益可能是明知的。一些案例中，债权人之所以将未举债配偶一方告上法庭也并非出于本意，而是在举债一方举债之后逃之夭夭，面对拿出的真金白银变成一纸空头欠条，无奈之下将未举债配偶一方告上法庭。人根本上是具有一定理性和同情心的。在此基础上，夫妻债务纠纷中存在检察和解的可能性与空间。检察机关捕捉和解的可能性，及时为当事人组织和解，及时救济未举债配偶一方权益，效果良好。

（三）检察和解之司法成本考量

相对于生效裁判监督，检察和解无论从付出的时间成本、金钱成本还是司法成本而言都是相对较少的。启动再审中的鉴定费用、当事人诉讼中的时间成本、法院启动再审的司法成本、当事人取证的成本等，这些无形的成本，都可能意味着程序正义下，同一个案件要走更繁复的司法程序，检察机关、法院为案件得付出更多司法成本。执行和解则可以免除上述诸多问题，快速解决矛盾且节约司法成本。

四、检察和解制度的运用

检察和解具备高效、便捷的优势，其风险也必然伴生。检察机关作为法律监督机关，其在和解方面的作用是弱于法院调解解决社会矛盾的功能的。法院的调解可以贯穿案件审理的始终，理论上检察机关的和解也可以贯穿案件监督的始终，但是检察机关的首要职能应是法律监督，例如在夫妻债务纠纷中，检察机关是综合考虑监督效果、救济效果，在合理判断法律风险的基础上，运用检察和解制度解决讼争矛盾，从而使检察和解具备正当性基础。

（一）以当事人自愿为前提

检察机关促成执行和解应以事实为基础、以法律责任为依据，恪守中立地位。民事和解在实体上可以产生消灭实体法律关系的效力。检察和解是执行当事人的意思自治行为，在不损害他人利益和国家、社会公共利益的情况下，符合私法自治原则。在执行程序中，当事人的意思自治权利既包括对执行依据中载明的实体权利的处分权也包括对是否达成执行和解协议的决定权。检察机关促成和解应以事实和法律责任为基础，不得超越当事人意思自治的界限。检察机关是监督机关，不应当过分介入私权自治领域。例如，在一些执行案件中，检察机关发现并不是不存在和解化解矛盾的可能性，而是司法机关在执法过程中没有及时提供和解平台，导致案件虽依法办理，矛盾仍然存在。因此，检察机关可以为当事人提供和解机会，在双方当事人自愿的基础上，合理对自己的权利作出处分和让步。

（二）审慎对待和解

案件是否符合和解条件，是否可能存在侵害他人合法权益或者社会公共利益的可能性，检察机关需要全面审查、综合把握，及时捕捉案件和解可能性。对于案件处理要付出的成本、责任、事实、证据，检察机关应当引导当事人认清这些司法成本，从实质性解决矛盾的角度，及时促进和解。但是生效裁判监督更有利于申请人权益的情况下，检察机关仍应当首选生效裁判监督方式。在夫妻债务纠纷类案件中，检察人员应兼顾当事人双方不同的感受，对于债权人来说，付出的是真金白银，可能对未举债配偶一方需要更多的同情和同理心。对于未举债配偶一方，要达到举证责任存在困难，如果能与债权人和解，及时减轻自己的负担，促进讼争矛盾化解也是有效途径。

（三）引入第三方促进和解

对于一些和解困难的案件，检察机关可以引入第三方促进和解达成。当前不少镇区都有百姓议事堂、检察机关也设有听证室，检察机关可以举行听证，邀请人大代表、人民监督员、律师、当地群众等，让第三方参与化解矛盾，从而更有利于恪守检察监督的中立地位。第三方的引入，不仅可以促进执行和解工作，也使检察监督地位更为中立不偏不倚，起到良好的办案效果。

（四）合理的风险防范

民事检察和解包括检察和解、执行和解两种方式。民事检察和解是在检察监督过程中，双方当事人人之间达成一个新的和解协议。执行和解是指在检察机关的组织下，当事人自愿就实现执行依据确定内容达成协议并提交执行机关，执行机关准许按照执行和解协议履行而停止执行程序。执行和解协议履行完毕，执行机关作执行结案处理；当事人不履行和解协议，恢复执行依据的执行。[1] 可以看出，检察和解具有双方当事人在生效法律文书外另行达成和解协议的私权处分性质，而执行和解释是双方当事人达成执行和解由法院予以确认这一私权处分加公权确认的性质。民事检察和解属于当事人对自己权利的处分，检察机关有必要在办理案件过程中，告知当事人每一种选择可能面临的风险和需要承担的责任，引导当事人自愿作出其认为最有利于自己的一种监督方式。同时有必要制定作出详细的执行和解协议，并交由双方签订盖章确认，和解现场应当全程录音录像。由于民事执行和解具有法院公权确认的性质，当事人不履行和解协议后仍可就原生效裁判文书要求执行，因此执行和解的"法律强制力"强于普通的检察和解，具备条件的情况下，建议适用执行和解制度。

---

[1] 参见谭秋桂：《论民事执行和解的性质》，载《法学杂志》2020 年第 11 期。

论监督型调解

杨劲松 唐永刚 吴强林 *

摘 要: 民事检察调解是在检察监督制度和民事诉讼制度审判监督程序下生成的特殊类型调解,根据其特性,亦可称为监督型调解。监督型调解的特殊性表现在面对的矛盾纠纷更加突出和复杂、调解主体是国家的法律监督机关、调解与监督办案相伴而行、可发挥法律监督机关的职能优势、特殊的调解方式和手段等方面。监督型调解符合新时代检察监督理念,对做强民事检察至关重要,应当把调解贯穿到检察机关法律监督全过程,以最大化法律监督成效。监督型调解中,调解主体身份是中立第三方,目标是化解矛盾纠纷,核心是当事人意思自治,方式是引导说服撮合,过程是来回"拉力"式。检察监督过程中的调解并未丧失其监督公权力的本质特征。应当从建立调解基础夯实机制、调解意愿引导机制、调解谈判沟通机制、调解破裂挽回机制、调解成果巩固机制、调解人才培养机制等方面着力,完善民事检察监督型调解制度。

关键词: 民事检察 监督型调解 矛盾纠纷化解

调解是化解矛盾纠纷的基本方式之一,在多元化矛盾纠纷化解背景下,调解因其简便性、快捷性、对利益冲突方损害最小,成为化解矛盾纠纷的较优方式。根据不同标准,可以将调解分为不同种类,比如,按照调解主体的不同,将调解分为人民调解、法院调解、检察调解等;按照纠纷类型分为交通

---

* 杨劲松,浙江省嘉兴市人民检察院检察长;唐永刚,浙江省嘉兴市人民检察院第四检察部副主任、四级高级检察官;吴强林,浙江省桐乡市人民检察院第四检察部副主任、一级检察官。

事故调解、医疗纠纷调解、劳动纠纷调解等。不同类型的调解由于调解的目标任务不同,调解的方式手段不一,调解的时机条件各异,有其各自特征。法院调解作为司法调解,有比较正式的程序性要求,区别于其他调解;人民调解有专门的人民调解法予以规定,也有其特殊性。不同调解体制的形成取决于更微观层面具体制度之间的交互作用、调解制度的相关因素,如民事诉讼制度、政府政策、费用制度、调解人资格和调解提交机制都对特定的调解制度的塑造起到决定作用,这些要素及其组合形式构成了特定的调解模式。① 检察机关在法律监督过程中,通过调解引导当事人达成和解,是解决监督争议的基本方式。和解与调解的区别在于,和解是当事人双方自行协商的结果,调解是第三方居中帮助、协调的结果;和解与调解的联系在于,有些情况或者很多情况下和解是调解的结果,当事人通过调解人的调解达成了和解协议。② 民事检察调解是在检察监督制度和民事诉讼制度审判监督程序下生成的特殊类型调解,根据其特性,亦可称为监督型调解。监督型调解有调解的一般性特征,但与其他调解相比又有较大不同,对做强民事检察意义重大,值得深入探究。

一、监督型调解的特殊性与必要性

无论是从纠纷特征还是调解主体或调解方式与手段来看,监督型调解都区别于其他类型调解而有其独特性。监督型调解与新时代检察监督理念一脉相承,对做强民事检察意义重大,因而有将其作为一个独立主题展开深入研究并在实践中不断完善相关制度的必要性。

(一)监督型调解的特殊性

1.面对的矛盾纠纷更加突出和复杂

对民事检察监督而言,大多数纠纷都已经过一审、二审和再审,进入检察监督环节的申诉案件很少仅仅是因为认定事实错误或适用法律错误,当事人不服判决结果更主要的原因,可能是隐藏在案件背后的复杂的矛盾纠纷。

---

① 参见王福华:《现代调解制度若干问题研究》,载《当代法学》2009年第6期。
② 参见邱星美:《当代调解制度比较研究》,载《比较法研究》2009年第4期。

由于案件已经过几级法院多次审理，这就越发加剧了纠纷的复杂性。案件的社会敏感性、关联性、对抗性增强，潜在的社会风险增大，稍有不慎极易引发新的矛盾和冲突。①有的当事人甚至把败诉归因于司法不公，将怨气发泄到审判机关。对有的当事人来说，案件经过多次审理以后，并非就是事实越查越清、道理越辩越明；相反，许多一开始就遗漏的细节、一些隐藏在案件表象背后的因素，可能导致案件一错再错、越来越远离客观真相，当事人自然怨气越来越重。因此，相较于"原生"矛盾、纠纷首次处理，检察机关在法律监督过程中的调解，面临更加复杂的形势。

2. 调解主体是国家的法律监督机关

监督型调解特指检察机关主持的调解，检察机关是国家的法律监督机关，法律监督的本意就是检察机关为了保证国家法律的统一、正确实施，依照宪法和法律，运用检察权，"对法律实施情况"所进行的监督。②作为专门的法律监督机关，检察机关与其他调解主体相比更具有调解优势。检察机关作为国家的法律监督机关，其履职有特定的法律规范和程序要求，比如，民事检察监督必须依照《民事诉讼法》和《人民检察院民事诉讼监督规则》进行，这就更能确保调解主体的客观性和中立性，提升当事人各方对调解主体的信任度，切实提高调解的公信力。

3. 调解与监督办案相伴而行

在法院调解中，调解和审判是分阶段的。《民事诉讼法》第125条规定，当事人起诉到人民法院的纠纷，适宜调解的，先行调解，但当事人拒绝调解的除外，初步确立了先行调解制度。③检察机关在法律监督过程中的调解则既有别于人民法院的诉前调解，也不同于其他普通调解，对于监督型调解而言，调解和监督办案是相伴而行的。一方面，调解并不排斥监督办案，检察机关主持调解时并不停止监督办案，调解与监督办案在两条并列轨道上按照各自标准有序推进。另一方面，调解依附于监督办案，监督办案获得的与案

---

① 参见傅国云、傅婧：《社会学视野下的民事检察调解》，载《国家检察官学院学报》2013年第5期。

② 参见朱孝清：《论检察》，中国检察出版社2014年版，第154页。

③ 参见蔡泳曦：《民事案件"调解优先"政策再思考——以新〈民事诉讼法〉先行调解制度为视角》，载《现代法学》2013年第5期。

件有关的信息都可被检察机关应用到调解中,但在调解不成时,当事人在调解时所作出的于己不利的承诺不得成为后续监督办案的依据。当双方当事人在检察机关的调解下能够达成一致意见时,监督办案程序转入调解轨道,案件以调解方式结案;当事人不能达成调解合意的,调解程序终结,案件沿着监督办案单轨推进,依法办理。调解与监督办案这种相伴而行的特征是监督型调解所特有的。

4. 可发挥法律监督机关的职能优势

作为国家的法律监督机关,检察机关调解具有其他主体所不具有的职能优势。一是在法律监督轨道上推进调解,由于调解与监督办案相伴而行,检察机关在监督办案过程中,根据审查认定的案件事实、证据以及相关法律法规,对各方过错与责任、案件处理等会形成一定的预判,这种预判可以成为引导当事人调解的依据,从某种意义上来说,这实际上是在监督办案的轨道上推进调解,这与其他调解有着本质上的区别。二是调查核实,无论是从监督办案的角度来看,还是单从调解的角度来看,检察机关在纠纷处理过程中都可以依法开展调查核实,调查核实取得的证据和与案件有关的信息可用于调解,从而引导当事人形成合理预期。三是释法说理,虽然调解并不完全依据法律进行,更多的是依赖传统习惯、道德教化、伦理人情等因素,但完全脱离法律的调解是不现实的。监督型调解中,检察机关可以发挥案例优势,通过举案释法,引导当事人达成合意。

5. 特殊的调解方式和手段

一是全景式观察了解。纠纷解决建立在查清事实、分清责任的基础之上,虽然调解对事实查明和责任区分没有监督办案严格,但查明基础事实真相,分清责任承担有利于更好地主导调解,做好当事人引导说服工作。就监督型调解而言,由于纠纷历经多次庭审,当事人双方观点都已经充分陈述,检察机关对纠纷的处理建立在对事实认定进行全盘审查的基础之上,建立在对法律适用进行充分辨析的基础之上,建立在对证据采信进行全面衡量的基础之上,因此,检察机关监督型调解有条件做到对矛盾纠纷进行全景式观察了解,这是其他各种调解所做不到的。二是中立式调查核实。检察机关作为国家的法律监督机关,其调查核实是中立的,既收集与申请监督方有关的证据,也收集与被申请方有关的证据,既收集对当事人有利的证据,也收集对当事人不利的证据。三是纠错式监督调解。监督型调解中,调解与监督相伴而行,但并非泾渭分明,对于监督办案发现的明显错误,调解过程中,检察机关可以依法向当事人释明并适时以适当方式纠错,对于当事人有调解意愿的,相关错误情形可公开作为双方谈判的筹码。

(二)监督型调解的必要性

1. 监督型调解符合新时代检察监督理念

一是符合以人民为中心的司法理念。习近平总书记指出,人民对美好生活的向往,就是我们的奋斗目标。必须始终把人民放在心中最高的位置,始终全心全意为人民服务,始终为人民利益和幸福而努力奋斗。[1]这不仅是对党和党员干部的要求,也是检察工作的最终目标。随着我国进入社会主义新时代,人民群众对公平正义的追求更普遍、期待更强烈,检察机关必须时刻坚持以人民为中心的司法理念,努力让人民群众在每一个司法案件中感受到公平正义。监督型调解突出了把当事人放在首要位置的基本理念,围绕案件当事人,紧盯当事人之间的矛盾纠纷,以彻底化解矛盾纠纷,实现当事人之间的和谐共处为目标,比起单纯的监督,效果更直接,案件当事人获得感更强,充分体现了以人民为中心的理念。二是与新时代"枫桥经验"内涵一致。"坚持矛盾不上交,就地解决"是"枫桥经验"的精髓。案件进入检察申诉环节,如何切实就地解决矛盾,防止"终审不终"局面进一步加剧,是检察机关必须深入考虑的问题。实践中存在支持申请监督与不支持都可,一纸决定了结案件,不顾矛盾如何演化的做法,这是严重违背"枫桥经验"基本精神的,必须彻底改变。民事检察监督过程中,必须树立监督不是终极目标,彻底化解矛盾解决纠纷才能实现监督效果最优化的理念,而调解则能较好地实现上述目标。新时代"枫桥经验"要求自治、法治、德治相融合,监督型调解是检察机关在依法监督办案的同时,通过调解解决争议的过程,既能发挥检察机关法律监督机关的优势,又能在充分保障当事人意思自治的同时,通过教育说服引导矛盾化解,是自治、法治、德治相融合的生动体现,与新时代"枫桥经验"精神高度契合,具有重要价值。

---

[1] 参见中共中央宣传部:《习近平新时代中国特色社会主义思想学习纲要》,学习出版社、人民出版社2019年版,第40页。

2. 监督型调解对做强民事检察至关重要

民事检察监督的直接目的是对公权力（审判权）的监督，纯粹从直接目的角度而言，作为解决当事人之间争议的方式，调解在民事检察监督中似乎可有可无。但从民事检察监督实践情况来看，调解并非可有可无，而是发挥着极其重要的作用。一方面，检察机关监督公权力（审判权）的目的是督促其纠正审判、执行中的违法行为，改变生效判决和裁定，检察监督过程中，通过调解，使双方当事人合意改变原判决裁定结果，这与以监督方式纠正错误的判决裁定这一最终目标是一致的。另一方面，进入检察监督领域的案件基本上都是纠纷较为激烈、矛盾较复杂的案件，处理这些案件时，检察机关单纯以检察建议或抗诉手段向人民法院提出监督意见，很多时候并不能彻底化解矛盾纠纷，"终审不终"的局面会继续延续，而调解建立在当事人自愿基础上，能有效实现矛盾纠纷的终局性化解。调解是一种合意型纠纷解决机制，程序的目标是取得双方当事人对纠纷解决方案的认同，双方当事人能够就调解协议协商一致或者共同认可调解人提出的调解方案才是调解列车的终点站。① 调解不完全是甚至不一定是基于法律的纠纷解决，调解人可以灵活运用道德、习惯、风俗、人情、关系等法律以外的因素做当事人的工作。② 相较于监督的刚性，调解更为柔性、温和，更能促进激烈矛盾的缓和与复杂纠纷的解决。因此，调解是检察机关开展法律监督的一种基本方式，与检察建议、抗诉等监督方式具有同等重要的作用，应当把调解贯穿到检察机关法律监督全过程，以最大化法律监督成效。

二、监督型调解的理论基础

（一）监督型调解的基本内涵

1. 调解主体身份是中立第三方

从主体身份来看，无论是普通调解还是监督型调解，调解主体与当事人

---

① 参见李浩：《调解归调解，审判归审判：民事审判中的调审分离》，载《中国法学》2013 年第 3 期。

② 参见李浩：《调解归调解，审判归审判：民事审判中的调审分离》，载《中国法学》2013 年第 3 期。

没有利害关系，对当事人之间的矛盾纠纷也没有利害关系，调解主体是中立的。检察机关介入民事纠纷的和解应当具有双重角色，它既是民事诉讼的法律监督者，又是中立的调和者。① 在调解过程中，检察机关可以引导形成调解意愿、把控调解方向、主导调解进程，但不直接影响调解各方的利益。

2. 目标是化解矛盾纠纷

与普通调解一样，监督型调解的最终目标也是彻底化解矛盾纠纷。虽然监督型调解内生于检察机关法律监督过程中，法律监督主要是对公权力（审判权）的监督，但这并不妨碍检察机关在监督过程中优先化解矛盾纠纷。就办案效果角度而言，仅仅对审判权的监督可能无法切实化解矛盾纠纷，监督之后，当事人可能仍然长期奔波在信访、上访的路上。调解是最尊重当事者权利和意愿、管理和实现管理成本最低的方式，成为解决社会矛盾不可或缺的选择。② 在监督审判权的背景下，如果能优先通过调解方式彻底化解矛盾纠纷，无疑是办案效果的最大化、最优化。

3. 核心是当事人意思自治

监督型调解虽然强调调解的"监督性"特质，但这并不意味着对当事人的随意干涉，监督型调解的核心仍然在于当事人意思自治。检察机关既可以在调解中主持、协调，进行法理解释，也可以根据法律政策对各方当事人进行疏通、引导，还可以向各方当事人适时提出建议，但绝不能将检察机关的意志强加于当事人。③ 监督型调解中，"监督性"特质表现为矛盾纠纷的特殊性、调解主体的特殊性、调解主体的职能优势、调解方式和手段的特殊性等方面。以当事人意思自治为基础，通过有效发挥"监督性"特质，才能更好地实现矛盾纠纷化解。

4. 方式是引导说服撮合

调解是以当事人意思自治为基础的纠纷解决方式，作为中立的第三方，调解主体所能做的最主要工作就是引导撮合，也可以说服，但不能强制调解。监督型调解也一样，虽然调解具有"监督"的因素和特性，但这种监督主要是调

---

① 参见傅国云、傅婧：《社会学视野下的民事检察调解》，载《国家检察官学院学报》2013年第5期。

② 参见马建华：《论我国司法调解制度的完善》，载《当代法学》2010年第5期。

③ 参见王春慧：《论民事检察调解》，载《人民检察》2010年第2期。

解主体据以了解事实真相，审核认定证据，分析法律适用的手段和方式，是为巩固调解的基础，优化引导撮合效果，而不是对当事人的强制或威胁。

5.过程是来回"拉力"式

监督型调解也不可能"毕其功于一役"，过程同样是曲折复杂的。与其他调解相比，监督型调解中，由于检察机关边办案监督边调解，检察机关可以发挥职能作用调查核实，可以探知更多事实真相，对各方责任有更清楚的认识，因此能更好发挥调解主体的引导作用，可以更充分地来回"拉力"式引导当事人博弈，最终达成调解协议。

（二）监督型调解与检察监督的本质特征不冲突

就制度设计目的而言，检察监督是对公权力的监督，民事检察存在的目的主要是监督人民法院的审判与执行行为；而检察监督过程中的调解，则是直接介入当事人之间的纠纷。从这个角度来看，检察监督过程中的调解似乎偏离了检察监督本来的制度目的，与立法初衷不符。但深入问题的实质可以发现，对公权力的监督最终需要被监督对象主动纠正违法行为，当这种违法行为对当事人利益产生较大影响时，监督效果进一步表现为原生效判决裁定被纠正。在民事检察监督场合，由于申诉案件多为陈年旧案，矛盾错综复杂。由于案件已经过多次审理，人民法院主动纠错或改变案件结果的概率很小，而矛盾纠纷却始终未能化解。对于裁判结果确实存在问题，当事人并非无理申诉的情况下，如果在检察申诉环节就能以双方当事人都接受的方式将矛盾纠纷化解，案件无须待检察机关提出监督意见后再由人民法院改判，这实际上是最经济、最节约当事人成本和司法成本的处理方式，对于检察机关而言，唯一路径就是在监督过程中组织调解，实现矛盾纠纷化解的稳妥高效。检察监督过程中的调解并未丧失其监督公权力的本质特征，一方面，通过检察机关的调解，当事人之间达成和解协议，对各方权利义务作出妥善安排。这种和解协议实质上是对原生效判决裁定的纠正，经检察机关调解，当事人之间以和解协议排除原生效判决裁定的既判力，这其实也是对公权力（审判权）的监督，只是这种监督并非直接监督，而是从案件处理结果角度所进行的间接监督，但是监督公权力的实质是相同的。另一方面，除了对案件处理结果的协商变更外，当发现案件审理过程中存在其他违法情形时，检察机关还可以就该违法行为直接向人民法院提出监督意见。再者，在调解不成的情况下，检察机关仍然可以转入法定程序轨道，依法提出监督意见。可见，无论监督型调解是否能直接解决私权纠纷，都不影响检察机关对公权力（审判权）的监督。

三、监督型调解的制度完善

为了最大限度发挥监督型调解的作用，提升民事检察监督效能，应当根据监督型调解的特征，构建调解基础夯实机制、调解意愿引导机制、调解谈判沟通机制、调解破裂挽回机制、调解成果巩固机制和调解人才培养机制，有针对性地完善监督性调解制度。

（一）调解基础夯实机制

监督型调解不同于其他普通调解，检察机关在调解过程中应当充分发挥法律监督职能优势，夯实调解基础。一是加强调查核实。调查核实权是法律赋予检察机关的法定职能，为检察机关最大程度查明事实，厘清各方责任提供了强有力支持。监督型调解过程中，检察机关应当充分行使调查核实权，以法院卷宗为基础，对银行账户、资金流水、不动产登记等资料进行系统收集分析，对与案件相关的人员进行深入询问取证。二是全面收集与案件有关的各种信息材料。不断加强与公安、法院、司法、银行、建设等部门沟通联系，畅通信息渠道，加强信息共享，不断夯实监督办案与调解信息基础，既从正面推进案件审查，又从侧面巩固调解基础。如黄某平申诉一案，当事人法律意识淡薄，工程账目混乱，当事人之间利害关系及矛盾纠纷极其复杂。面对申诉人提交的几百页逻辑混乱的申诉材料，承办检察官通过认真阅读案卷和庭审笔录，全面审查当事人提交的申诉材料，在此基础上制作案情简况表、案件诉讼脉络图、资金往来明细表等，将复杂案情简单化，突出案件重点；同时通过全面询问案件知情人，找准隐藏在案件背后的矛盾焦点，为精准调解打下坚实基础。

（二）调解意愿引导机制

由于监督型调解所面对的矛盾纠纷更为突出和复杂，当事人之间一般难以主动形成调解合意,调解意愿的形成,必须以检察机关的有效引导为前提。检察机关在调解过程中,要准确把握各方当事人的利益诉求,充分听取双方的意见,明确分歧核心,深入挖掘隐藏在案件中的深层次矛盾纠葛。要引导当事人正确看待过去的矛盾与将来的生活,适当衡量纠纷利益与诉讼成本利益,准确考量经济利益与人情关系。促使当事人把将来的关系、长远利益纳入当下的纠纷解决,为纠纷解决方案的形成提供更多选项,增加调解成功的可能性。[①]要秉持中立原则,对案件事实查明、法律适用、证据采信等方面作出客观分析,引导各方当事人建立起对检察机关的信任。劝说各方当事人进行换位思考和利弊权衡,消解各方对立情绪,督促各方相向而行、寻找共识,用迅速、便捷手段解决纠纷,为促成调解奠定良好基础。

(三)调解谈判沟通机制

对于申诉案件而言,当事人之间实际上早已"撕破脸皮",以至于历经多次审理仍坚持申诉,在此情形下,要让双方当事人重新回到谈判桌上难度不可谓不大。但仔细分析申诉案件的特征可以发现,由于这类案件耗费的时间和精力巨大,各方当事人实际上都已经不厌其烦,都想尽快结束案件,重回正常生活轨道,这也就为检察调解提供了可能。检察机关要充分发挥桥梁纽带作用,尽量减少对立情绪,营造理性交流和对话的气氛,引导双方当事人重回谈判沟通的赛道上来。就具体谈判沟通过程而言,调解初期宜采用单方联系沟通机制,充分了解各方当事人谈判预期,在此基础上,有取舍性地将各方预期传达给对方,试探各方反应。调解过程中,耐心细致不断沟通联络,通过反复沟通说服,不断缩小双方差距,使双方谈判预期逐渐合理化。在双方谈判预期差距不大、基本可控的情形下,组织双方开展现场调解沟通,检察人员仅作方向性引导,不对具体事宜发表意见,避免损害客观中立形象,失去当事人信任。同时,要善于积极借助外力参与谈判沟通,促进矛盾化解。

(四)调解破裂挽回机制

调解建立在双方当事人合意的基础之上,监督型调解也不例外,任何

---

① 参见李浩:《调解归调解,审判归审判:民事审判中的调审分离》,载《中国法学》2013年第3期。

一方当事人出现反悔，都足以使前期所有工作功亏一篑，即便很多看似已经稳操胜券的案件，也很有可能在最后时刻谈判破裂。在调解破裂时，检察机关不能轻易放弃，这是监督型调解的目标所使然，也是新时代检察监督理念的内在要求。应当从谈判破裂的根源出发，积极查找原因，有针对性地引导挽回。如在董某实现物权担保特别程序监督一案中，在董某与对方当事人基本达成共识的情况下，由于董某妻子极力反对，谈判陷入僵局，对方更是失去耐心，欲抽身离去。承办检察官适时介入，稳定局面，单独与董某妻子沟通，客观分析谈判破裂对其可能造成的不利局面，引导其积极申请司法救助，最终使调解得以顺利进行。

（五）调解成果巩固机制

为了防止调解后反悔情形的出现，检察机关应当及时巩固调解成果。在能够当场履行的情况下，尽可能在签署调解协议时当场履行。在当事人要求附期限履行时，检察机关要在期限届满前及时督促当事人依调解协议履行。当然，防止当事人事后反悔最主要的方法还是公平、公正、公开，要以公平促公正，让双方当事人在调解过程中都能享受到调解带来的利益；要以公开促公正，只有真正建立在当事人充分自愿基础上的调解结果才是公正的，才能最大限度上避免当事人反悔。因此，公平、公正、公开是确保调解成果的前提，督促及时履行是确保调解成果的必要手段。

（六）调解人才培养机制

无论是着眼于民事检察自身长远发展，还是从"四大检察"全面协调充分发展的布局出发，检察机关都应当着力加强民事检察人才培养，尤其要加强监督型调解人才的培养。要通过专项培训、学习交流、挂职锻炼等形式，切实提高民事检察干警业务水平和办案能力。通过选派人员参加最高检、省院专项培训，邀请上级院业务专家授课，选拔检察官挂职锻炼、到法院学习交流，组织干警到兄弟院交流学习先进业务经验，以赛代练提升综合能力等，培养一批民事检察业务人才和民事检察金牌调解员，促进监督型调解的有力推进。

社会治理视野下的民事检察和解问题研究

李江峰[*]

摘　要： 民事检察和解是检察机关在办理民事诉讼监督案件过程中，在合法、自愿的前提下，引导当事人对生效裁判所确定的权利义务重新协商，达成合意并自愿履行的一种纠纷解决方式。本文从社会治理的视角对民事检察和解的正当性、必要性、基本内涵、适用边界，以及和解协议的效力进行探讨，并根据司法实践提出民事检察和解案件的类型化识别规则及和解程序，以期更新监督理念，推动检察机关法律监督职能与社会治理使命实现双赢。

关键词： 民事检察　和解　社会治理

党的十九届四中全会提出推进国家治理体系和治理能力现代化，完善共建共治共享的社会治理制度，并对司法机关参与社会治理提出了明确要求。民事检察和解是检察机关在履行职能中逐渐形成的一种纠纷解决方式，在维护社会稳定、促进社会和谐等方面发挥着积极作用。但由于这项工作法律地位不明确，认识不统一，程序不规范，在理论和实务方面存在较大争议。从社会治理的视角审视民事检察和解面临的问题，对于更新监督理念，推动检察机关法律监督职能与社会治理使命实现双赢，具有重要意义。

---

[*] 李江峰，陕西省人民检察院三级高级检察官。

一、民事检察和解的正当性问题

和解作为一种纠纷化解机制,在刑、民领域均有广泛应用。《刑事诉讼法》在特别程序编专章规定了刑事和解制度。司法实践中,公安机关、检察院、法院对于轻微刑事案件,双方当事人有和解意愿的,均可主持受害人与加害人签订和解协议,由加害人赔偿受害人损失,以弥补因犯罪所造成的损害,而使加害人获得从轻、减轻或免除刑事处罚。[1]相对刑事和解制度,民事检察和解的概念、效力和程序在《民事诉讼法》中没有明确规定,《人民检察院民事诉讼监督规则》仅在第 73 条第 3 项规定,当事人达成和解协议中声明放弃申请监督权利,且不损害国家利益、社会公共利益或者他人合法权益的,人民检察院应当终结审查。有观点认为,"法无授权不可为",检察机关是国家的法律监督机关,其对民事诉讼活动监督的主要目的在于发现错误裁判,促使法院启动再审程序进行纠正,而非解决纠纷。检察机关主持双方当事人进行和解的行为已超越法律监督权,达成的和解协议可能与法院裁判不一致或完全不一致,动摇了生效裁判的既判力,会对审判权造成冲击。相反的观点则认为,民事检察和解协议并非对法院生效裁判的否定,而是当事人根据意思自治原则和处分原则,对其私权的再次处分;检察机关积极促成当事人达成和解协议的行为也并非对法院审判权的不当介入,而是在履行其作为法律监督机关应有的监督职能,既是中立的和解者,也是诉讼的监督者。笔者认为,以上观点均失之偏颇,民事检察和解是一种息诉方式,与检察机关的监督职能无关。对于民事检察和解的正当性,应从以下三个方面分析:

(一)检察和解的法理基础

定分止争是法律的主要功能。法律的生命力不在于法律制度本身,而在于根植于本土文化所体现出来的创造力。对于人民内部矛盾,通过协商的方式引导当事人和解,符合中国传统文化,可以更好地维系经济社会秩序,增强社会包容性。当事人意思自治是民法的基本原则。在审判阶段,法院优先

---

[1] 参见汤沐:《我国刑事和解制度的问题及法律监督措施》,载《法制博览》2021年第3期。

适用调解；在执行阶段，当事人仍可选择执行和解。案件进入检察监督阶段后，当事人出于自愿，放弃所提的监督诉求及相关民事权益诉求，检察机关同样应当尊重当事人的意愿，积极促成双方和解。虽然民事检察和解在法律上没有明确规定，但符合民事立法的基本精神和基本原则，契合我国传统法律文化，体现了社会主义法治理念的本质要求。

从社会学的角度来看，法律是一种有系统、有秩序的社会控制，法律通过社会控制来实现社会治理。[①]任何法律作用于社会总是面临各种既定的和潜在的利益关系干扰。同样，法院通过裁判的方式划定了当事人的权利义务，但程序正义并不能保证实体结果上一定公正，一些纠纷并未因此而化解。对法律监督者而言，准确理解和灵活运用法律精神和原则，全面把握和处理个案中的各种利益关系，通过积极促成和解的方式，实现案结事了，符合法治的目标和社会治理的应有之义。

（二）社会治理的整体性要求[②]

马克思认为，国家职能包括统治职能和社会管理职能。国家治理是国家机构共同体的总体治理。在国家治理与社会治理的关系上，国家治理是社会治理的上位概念，社会治理是国家治理中的重要一环。[③]检察机关作为国家机构的重要组成部分，决定着检察机关既是司法机关也是政治机关，既承担着司法职责也承担着政治职责和社会责任。从国家治理层面看，建立整体性、多元化的社会治理体系符合处理人民内部矛盾、合理配置社会资源的需求。中央相继出台一系列具体措施，要求各级政法机关参与社会治理，综合运用法律、政策、教育和疏导等手段，及时定分止争、维护经济和社会生活的安定有序。在新时代的关键时点，检察权应在保持法律监督权基本属性不变的前提下，立足于办案，能动地参与社会治理，化解深层次社会矛盾，实现检察发展与国家治理的同频共振。

[①] 参见王裕根：《法律的社会治理之维》，载《检察日报》2020年7月4日，第3版。

[②] 参见肖建华：《新时代民事检察监督价值功能》，载《检察日报》2019年6月3日，第3版。

[③] 参见官鸣：《检察机关服务和保障国家治理效能探究》，载《人民检察》2021年第5期。

（三）检察和解的性质

民事检察的职能定位是对诉讼活动的监督，但检察和解体现的并非其法定职能，而是化解纠纷的角色。①如果将检察和解局限于法律监督者的角色，则检察机关对法院正确的裁判和应当抗诉的裁判则不能适用检察和解，这无疑限缩了检察和解的适用范围，不符合参与社会治理的角色定位。从当事人角度看，无论是由法律文书确定的权利，还是以其他方式设立的权利，在本质上都属于个人的权利，当事人在法律规定的范围内对自己权利的处分不应因生效裁判而被否定。对债权人而言，为了让己方权利最有效率地实现，让步是对实现路径作出的修正和变通。对债务人而言，其以放弃申请监督权为代价，借助有公信力的第三方实现了权利救济，检察和解是当事人双赢的结果。从检察机关的角度看，针对司法的刚性与民事纠纷的特点，将检察和解作为息诉的一种手段，可以将检察工作的政治性与法律性统一起来，做到法、理、情的融合，实现司法办案"三个效果"的统一。

二、民事检察和解的必要性问题

替代性纠纷解决方式（Alternative Dispute Resolution，ADR）是指通过非诉的方式解决纠纷的制度，在西方国家比较盛行，并成为现代法律发展的一种趋势。②司法 ADR 是由 ADR 衍生出的一种类型，是指在审判机关的参与下，当事人通过协商的方式达成调解协议，化解矛盾纠纷。③民事检察和解与司法 ADR 较为相似，不同点主要在于客体不同，司法 ADR 解决的是未经法院审理的实体纠纷，而民事检察和解针对的是生效裁判，当事人已通过诉讼的方式取得裁判结果，然而当事人在心理层面不认可该结果，双方纠纷仍然存在。笔者认为，民事检察和解符合非诉讼纠纷解决机制的实质要件，是司法 ADR 的一种表现形式。民事检察和解的优势在于，与人民调解相比，检察机关是公权力机关，检察官是公共利益的代表，具有更高的公信力；与

---

① 参见黄忠顺：《检察和解基本问题研究》，载《法治研究》2011年第10期。
② 参见袁泉、郭玉军：《ADR——西方盛行的解决民商事争议的热门制度》，载《法学评论》1999年第1期。
③ 参见翟磊：《共建共治共享视域下我国司法 ADR 制度构建的法理阐释》，载《中外企业家》2020年第10期。

行政调解相比，检察机关可以跨行业、地域穿透性法律监督，具有较高的权威性；与法院调解相比，检察权不必恪守谦抑性，可以通过调查核实让案件事实更接近真相。民事检察和解的必要性还体现在以下两个方面：

（一）实现实质上的公平正义的需要

习近平总书记指出，要努力让人民群众在每一个司法案件中感受到公平正义，所有司法机关都要紧紧围绕这个目标来改进工作。现代司法强调"形式理性"和"程序正义"，这是法治的必然要求。在当事人主义的民事诉讼模式下，法官受当事人举证能力影响，有时认定的案件事实难免与客观真实有所背离，加之不同的法官运用自由裁量权也会有所不同，由此带来一些案件法院裁判正当，但在实体上却不能彰显公平。还有一些案件在程序上或实体上存在瑕疵，处于监督的两可地带。检察和解通过提供双方协商、对话的平台，在双方的制衡与较量中，缩小差距，逐步实现权益分配的公平，弥补了法院裁判上的不足甚至程序正义与实体正义相背离的缺憾，实现法律效果与社会效果的有机统一。

（二）有利于贯彻精准监督理念

司法是为了让生活更加美好的工具。精准监督的理念体现了"成本最低、效益最大"的原则。在区分是否具有指导、引领意义的基础上，对于程序或实体上确有错误和行使裁量权不当的案件匹配不同监督方式，将抗诉用在对司法理念有纠偏、创新、进步、引领价值的典型案件上，有利于以最小的司法成本最大限度实现社会正义。对虽有错误但不具有典型性的案件，或生效裁判虽有瑕疵但不需要启动再审程序改变裁判结果的案件，当事人如果有调解意愿，采取检察和解的方式，可以减少法院再审案件数量、减轻当事人诉累，节约司法成本，减少经济消耗，更能实现司法资源效益最大化。

三、民事检察和解的概念问题

民事检察和解的理论研究早在2000年就已开展。[①] 2003年，上海市嘉

---

① 参见王书尘：《民行申诉案件当事人自愿和解的处理》，载《人民检察》2000年第8期。

定区检察院总结了"做好民事息诉,化解社会矛盾"的做法。2009 年北京市门头沟区检察院开展"民事申诉案件检察和解的理论与实践"课题研究,对检察和解的理论依据进行了较为系统的阐述。2012 年民事诉讼法修改后,检察监督成为息诉的后端关口,最高检提出对于当事人有和解意愿且具备和解条件的,可以引导当事人和解,但应注意与生效裁判执行工作的衔接。此后,检察和解在实践中得到广泛应用。2020 年,最高检第六检察厅在民事检察工作要点中首次提出,发扬新时代"枫桥经验",树立矛盾化解思维,对当事人有和解意愿的民事诉讼监督案件,积极引导当事人在法律框架内达成和解,实现案结事了人和。从以上发展脉络可以看出,检察和解是在实践中逐渐形成的一种做法,最高检对民事检察和解从谨慎支持到大力倡导,态度发生了重大转变。

由于法律对民事检察和解制度没有作出相关规定,学界对其概念及内涵目前存在一定争议。有观点认为,民事检察和解制度是由检察机关积极介入并促成当事人达成和解的一种纠纷解决机制。有观点从民事检察和解的行为效力来定义,认为民事检察和解,是指检察机关在审查民事监督案件时,引导、支持当事人达成和解协议,从而导致检察机关终止抗诉审查程序的制度;也有观点认为,民事检察和解是检察机关在受理申诉案件后,经审查并在其主持下,达成和解协议后不再执行人民法院原审生效裁判的一种法律活动。[1]有观点从民事检察和解适用范围来定义,认为民事检察是指人民检察院在办理民事监督案件中,认为生效判决确有瑕疵,但不符合抗诉条件的或者判决符合抗诉条件但是无抗诉必要或者不宜抗诉,及符合抗诉条件但不存在原则性或重大错误的情况下当事人主动要求和解的,检察机关促使双方自愿协商,在公正、公平、合法的前提下,达成和解协议而结束审查程序的一种办案形式。[2]也有观点认为,民事检察和解是检察机关对存在错误的民事裁判直接引导当事人基于意思自治,对原审生效裁判确定的权利义务重新进行协商,达成合意并自愿履行协议后不再经过再审程序的纠纷解决方式。[3]

---

[1] 参见刘辉:《民事检察和解的正当性基础及制度构建》,载《国家检察官学院学报》2009 年第 4 期。
[2] 参见罗昌平:《民事检察息诉和解工作探析》,载《中国检察官》2009 年第 1 期。
[3] 参见傅国云、胡卫丽:《民事检察和解的适用与程序设计》,载《人民检察》2013 年第 7 期。

综合以上观点，民事检察和解有以下特征：一是案件具备和解条件。一般情况下，只有当案件存在错误或瑕疵，或虽合法但不合情理，才有可能作出妥协让步。另一方面，生效裁判应当不损害"两益"和其他人合法权益。二是当事人有和解意愿。在合法、自愿的前提下，当事人对生效裁判所确定的内容作出实体性处分。三是检察机关积极促成。在民事诉讼监督案件审查期间，当事人对审查结果之预期尚不确定。检察人员经过对案件调查核实、具体分析，在分清是非、明确利弊之后引导当事人达成和解。笔者认为，从社会治理的视角，可以将民事检察和解的含义可以概括为：检察机关在办理民事诉讼监督案件过程中，在合法、自愿的前提下，引导当事人对生效裁判所确定的权利义务重新协商，达成合意并自愿履行的一种纠纷解决方式。

四、民事检察和解的适用边界问题

检察机关办理民事诉讼监督案件，经承办人审查，会作出如下初步判断：一是生效裁判认定事实清楚、适用法律正确，当事人申请监督的理由不能成立；二是生效裁判虽有瑕疵，但达不到抗诉标准；三是生效裁判在认定事实或适用法律上存在错误或审判程序违法，符合抗诉条件。对于以上三种情形，哪些能够适用检察和解，学界和实务界的观点不一，争议主要集中在第一种、第三种情形上。首先，正确的生效裁判能否适用检察和解。有观点认为，检察机关的和解一定要体现法律监督的性质，对于正确的法院裁判，应当旗帜鲜明地维护，尽量说服申请人息诉罢访；即使当事人主动申请和解，检察机关也不应参与，否则会给社会造成检察机关也是矛盾纠纷化解机关的误解。[1] 有观点认为，尽管生效裁判无明显不当，但裁判结果仍无法得到当事人的认同，检察机关在充分尊重当事人意愿的前提下，可以引导当事人在法律框架内找到利益的平衡点。其次，符合抗诉条件的民事监督案件能否适用检察和解。有观点认为，诉讼与和解的最终目的都是解决纠纷，选择检察和解还是抗诉系当事人的处分权，如果通过检察和解能够实现解决纠纷的目的，则不必启动成本较高的抗诉程序。不能因为存在检察机关抗诉的方式就排斥和解。但有观点质疑，如果对符合抗诉条件的案件不予抗诉，而是

---

[1] 参见郭锐:《论民事检察和解的性质及其救济》，载《人民检察》2012年第20期。

通过民事检察和解的方式结案,就会违背检察机关的法律监督职能。

笔者认为,检察和解仅是息诉的一种方式,其正当性在于它是当事人合法、自愿行使处分权,与案件是否符合监督条件无关。对于不符合监督条件的案件,当事人主动提出和解,检察机关没有理由拒绝。同样,对于符合监督条件的案件,检察机关通过对法院存在错误的判决发出相应的检察建议,也能够达到法律监督的目的,当事人选择和解不会给检察权造成影响。需要注意的是,对于正确的生效裁判,检察机关主要是做好释法说理和息诉罢访工作,不应主动提出检察和解的建议。对于有瑕疵或判决确有错误符合监督条件但抗诉效果不好或易引发新的社会矛盾和冲突的案件,检察机关可以积极引导双方当事人进行和解,但是不得以行使或者不行使检察监督权迫使当事人同意检察和解或采纳检察机关提出的和解建议。

类型化识别是知识积累和经验传递的重要工具。民事监督案件并不都适合检察和解,运用类型化识别的方法,可以降低认知成本,提高检察和解的规范性和成功率。笔者认为,具有以下情形的案件,当事人有和解意愿,检察机关可以积极促成当事人和解:一是有新的证据证明生效裁判认定的事实与客观事实不符,且该事实对裁判结果有影响的;二是生效裁判认定事实所依据的鉴定意见存在瑕疵,对裁判结果有影响的;三是生效裁判适用法律存在瑕疵,裁判结果有失公正的;四是生效裁判举证责任分配错误,裁判结果有失公正的;五是生效裁判适用自由裁量权不当,裁判结果有失公正的;六是生效裁判遗漏或者超出诉讼请求的;七是生效裁判审判程序存在轻微违法,可能影响裁判结果公正的。对于法院裁判中的违法行为,可以在矛盾纠纷实质性化解后,运用检察建议或移送案件线索的方式予以监督。另外,具有以下情形,检察机关应当依法监督而不能适用检察和解:一是当事人单方或双方恶意诉讼,导致法院作出错误判决;二是生效判决损害国家利益、社会公共利益或第三人合法利益;三是审判人员审理该案时有贪污受贿、徇私舞弊、枉法裁判行为。

五、民事检察和解的效力问题

民事检察和解协议是民事检察和解工作的核心内容,其效力事关检察和解制度的存废。和解强调当事人之间的直接性而排斥第三者参与,以示与调解的区分。但在实践中，和解往往不是一种纯粹的自力救济行为，既有公力作用亦有私力推动。①有公力参与的和解是否具有超出民事合同的效力？有观点认为，民事检察和解协议因有检察机关公权力的介入，其效力与一般民事合同应当有所区别。但也有观点认为，基于法院对审判权的垄断，检察和解协议不具有既判力、拘束力，其法律效果与执行和解协议效果相当。根据《民事诉讼法》规定，民事执行中，"一方当事人不履行和解协议的，人民法院可以根据对方当事人的申请，恢复对原生效法律文书的执行"，从该规定可以看出，无论是当事人自行和解还是有法院参与的执行和解，其形成的新的权利义务不能对抗已被法院裁判所确定的权利义务关系。笔者认为，民事检察和解同时具有私法行为和诉讼行为的性质。就其私法行为而言，当事人对民事裁判所确定的权利义务作出实体性处分，当事人形成了一个新的合同，该合同仅是民事合同，不具有强制执行力。就诉讼行为而言，一经检察机关确认，检察监督程序终结，当事人不得再次申请检察机关监督。

　　民事检察和解协议既然是合同，除非立即履行，否则就有违约的可能。当事人一旦不履行民事检察和解协议，相对一方如何保护其正当权益；是向检察机关还是向人民法院寻求救济；是申请检察机关恢复对检察监督案件的审查，还是向法院申请强制执行生效判决；是申请人民法院强制执行民事检察和解协议，还是以民事检察和解协议未履行为由向法院提起新的诉讼，有学者认为，执行和解协议系"程序上的协议，不具有可诉性"。②从民事诉讼法规定看，似乎也印证了这一点。检察和解协议与执行和解协议相类似，应当不具有可诉性。但有观点认为，检察和解协议是当事人以变更生效法律文书确定的权利义务为目的而订立的一种特殊的合同。在这种合同中，债权人只享有请求对方给付的权利，而债务人只负有给付的义务。合同一旦成立，双方必须遵守。债务人不履行时，债权人可依和解协议向法院提起诉讼，请求判令债务人继续履行。笔者认同后一种观点，和解协议是当事人对生效裁判所确定的权利义务作出实体性处分，虽然生效裁判依然具有既判力，但和解协议能够阻却生效判决的强制执行，并对当事人具有合同上的约束力。既然和解协议是一种合同，当然具有可诉性，不过民事检察和解的目的是息

---

① 参见赵芳芳：《民事检察和解构建探讨》，载《人民检察》2013年第2期。
② 张卫平：《民事诉讼法》（第3版），法律出版社2013年版，第469页。

诉，当事人再次起诉违背了和解的初衷，也与和解的目的背道而驰。

六、民事检察和解的程序问题

实体正义的实现要以程序正义为依托。实践中，当事人直接接触的是案件的程序，程序正当会让当事人对和解主持者产生信任，从而提高和解的成功率。当前，民事检察和解缺乏明确的法律依据，学界和实务界对程序规范仍然存在争议。一是检察机关能否主动促进当事人和解。有观点认为，检察机关主持的和解是程序导向型的，应由当事人提出纠纷解决方案，和解者仅仅是程序的推动者，无权对纠纷提出实体性建议或施加压力。实践中，经过法院多次审理，当事人之间的矛盾已经深化，如果单纯地鼓励他们之间进行和解显然不现实。和解协议的达成大部分是检察机关积极作为的结果。笔者认为，除法院裁判正确的案件检察机关不得主动促进当事人和解外，对于符合检察和解范围的案件，检察机关应主动告知当事人其有申请和解的权利，必要时向当事人释明审查结果，明示和解是纠纷的最佳解决方式，并提供有导向性的和解方案。二是检察和解协议是否应当立即履行。有观点认为，由于检察和解协议本身不具有执行力，检察机关督促债务人履行义务只能采取规劝方式进行，故检察和解协议原则上应当立即履行，以发挥检察和解纠纷解决的效益优势。笔者认为，检察和解协议以立即履行为原则，以限期履行为例外。如果当即履行不具有可能性，经双方当事人同意，可以约定分期履行，检察机关应当指导当事人在签订协议时，明确约定未完全履行的后果，是执行原生效裁判还是该和解协议。三是当事人权利受到侵害如何救济。有观点认为，申请人对达成的和解协议反悔，除有证据证实该和解协议系无效或可撤销的，检察机关应终止审查。笔者认为，检察权是一种判断权，根据司法责任制，承办检察官有权对监督案件是否存在错误或瑕疵提出审查意见，该审查意见在未经法定程序上升为检察机关的监督意见前，不等同于检察机关的监督意见。如果检察官对案件审查存在主观认识上的偏差，会将这一错误信息传递给当事人，造成当事人误判，接受检察和解，或者检察官在主持和解中存在以抗促调、以不抗促调或者以拖促调等不当行为，使其权益受到损害。因此，应当赋予当事人向检察机关申请复查的权利。经上级检察机关复查，如果确系原案件承办人审查意见错误或不当行为导致当事人错误处分其权利，则应当撤销终结审查决定，恢复对案件审查，并追究承办人办案责任。

笔者在办理民事诉讼监督案件中，总结了检察和解"七步法"。第一步，全面审查案件，分清是非。重点围绕当事人争议的焦点，审查生效判决在证据采信、举证责任分配、事实认定、适用法律方面是否妥当，必要时要对有关证据进行调查核实，以增强内心确信。对案件有无瑕疵、是否实质公平、有无和解的可能性作出初步判断。第二步，进行类型化识别，区别采取不同的程序。对于生效裁判正确的案件，主要是对申请人做好释法说理，息诉服判工作，除非当事人主动申请和解。对于符合检察和解的案件，办案人主动与当事人见面，充分听取其意见。向当事人出示依职权调查核实的证据材料，适时公开审查意见，引导当事人分清是非、明确责任，同时辅助一定的情、理交流，缓解对立情绪。第三步，告知当事人有申请检察和解的权利，积极做好促和工作。发现双方有和解意愿的，将双方意愿代为传达，使各方获取更多有关案件事实和法律问题的信息，消除或降低不切实际的心理预期，对指标尽量具体化。对于一方有和解意愿，另一方和解意愿不强，或者双方均有和解意愿但在给付数额上难以达成一致的，可以通过同事亲朋、上级单位做相应的配合工作。第四步，必要时组织公开听证或与控申部门对接。对于单方或双方有和解意愿，但在一些问题上难以达到共识时，采取"检察和解+公开听证"的方式，邀请人大代表或政协委员、人民监督员召开听证会，以公开促公信，借助第三方力量促进当事人和解。对于一方当事人确因自身困难无力承担债务的，主动与控申部门对接，采取"检察和解+司法救助"的方式，化解矛盾纠纷。第五步，主持双方达成和解协议。检察机关应对和解协议的合法性进行审查；不能立即履行的，应在和解协议中写明履行期限，不完全履行的后果。如果案件已进入执行程序，检察机关应将达成和解协议的情况告知执行法院，与执行程序相衔接。第六步，督促和解协议履行，终结审查程序。对于分期履行的，检察机关应关注进展情况，提醒义务人遵守承诺。第七步，对公权力监督。对于生效裁判在证据采信、举证责任分配、法律适用上确有错误的案件，依托检察一体化机制，向同级法院提出检察建议，也可以类案监督的方式向法院提出监督意见。对于发现审判人员涉嫌滥用职权、徇私枉法等违纪违法问题的，将案件线索移送监察机关或有侦查权的检察部门予以查处，切实履行好法律监督职责。

民事检察听证制度研究

马 坦*

摘 要：检察听证是民事监督检察办案过程中的一项重要职能，不仅有利于打破传统的闭门办案模式，让当事人及其他人员参与到案件审查的过程中来，而且有利于对标民事检察精准监督理念，实现新时代检察工作的高质量发展。2020年10月20日，最高人民检察院出台了《人民检察院审查案件听证工作规定》，虽然从制度上较《人民检察院民事诉讼监督规则》来说，有了相对系统的规定，但民事检察听证制度仍然存在不完善之处，实践中该制度仍未充分发挥其质效。本文拟从民事检察听证的理论及实践现状出发，探究其存在的问题，并提出相应的改进建议，以期能够更好地发挥检察听证的作用，助力民事监督检察工作的长效发展。

关键词：民事检察 听证 制度完善

一、民事检察听证概述

（一）听证的起源

听证源于英国普通法上的自然公正原则，主要包括两个基本原则，一是任何人或团体在行使权力可能使别人受到不利影响时必须听取对方意见，每一个人都有为自己辩护和防卫的权利；二是任何人或团体不能作为自己案件的法官。[①]在我国，听证程序最早出现在1996年颁布的《行政处罚法》中，

---

* 马坦，上海市杨浦区人民检察院检察官助理。
① 参见王伟、肖辉：《中国检察听证制度探究》，载《犯罪学论坛》2015年第10期。

1997年《价格法》中确立了价格听证程序，2000年实施的《立法法》中设置了立法听证程序。与西方国家不同，我国的听证制度最早适用于行政法领域，主要是指当行政机关作出对当事人不利的决定时，必须听取当事人的意见。从民事监督检察工作来看，《人民检察院民事诉讼监督规则》（以下简称《监督规则》）第49条明确规定了人民检察院办理民事诉讼监督案件的听证程序。《人民检察院审查案件听证工作规定》（以下简称《听证规定》）进一步细化了检察工作中的听证制度。

（二）民事检察听证的概念

民事检察听证，是指人民检察院在办理民事诉讼监督案件过程中，按照一定程序组织案件当事人和有关人员，就案件事实认定和法律适用等问题听取各方意见，并作为案件处理意见的重要参考，同时积极化解当事人矛盾的司法办案活动。

民事检察听证的理论依据有三：一是履行法律监督职责、促进司法公正的要求。《民事诉讼法》第14条①和《监督规则》第2条②对检察机关这一监督职能进行了相关规定。《人民检察院组织法》第6条③也将公正作为检察机关监督的原则。检察听证无疑是检察机关在承办民事监督案件时进行审查的一项重要手段，也是通过程序公正进而促进实体公正的有效方式。只有在充分审查案件事实和法律适用的基础上，才能作出准确的处理结果，更好地发挥民事检察的监督职能。二是落实司法公开、提升司法公信力的要求。《人民检察院组织法》第7条规定，人民检察院实行司法公开。践行以人民为中心的发展思想，要充分保障人民群众的知情权、参与权和监督权。开展检察听证是检察机关践行党的群众路线的有效途径，体现了以公开促公正、用听证赢公信的理念，是检察机关落实"让人民群众在每一个司法案件中感受到公平正义"要求的积极探索。三是推进检务公开、更好地接受人民群众监督

---

① 《民事诉讼法》第14条规定："人民检察院有权对民事诉讼实行法律监督。"

② 《人民检察院民事诉讼监督规则》第2条规定："人民检察院依法独立行使检察权，通过办理民事诉讼监督案件，维护司法公正和司法权威，维护国家利益和社会公共利益，维护公民、法人和其他组织的合法权益，保障国家法律的统一正确实施。"

③ 《人民检察院组织法》第6条规定："人民检察院坚持司法公正，以事实为根据，以法律为准绳，遵守法定程序，尊重和保障人权。"

的要求。《人民检察院组织法》第11条规定："人民检察院应当接受人民群众监督,保障人民群众对人民检察院工作依法享有知情权、参与权和监督权。"检察机关接受人民群众的监督,是检察工作贯彻执行群众路线、倾听群众意见、体现检察为民的重要内容。接受人民群众监督,关键在于保障人民群众对检察工作依法享有知情权、参与权和监督权。没有知情权,参与权就难以实现;没有知情权和参与权,监督权也难以实现。而听证这种方式,通过充分保障人民群众的知情权和参与权,大大提升了检察机关接受人民群众监督的实效性。

(三)民事检察听证的优势

1. 打破传统书面审查的模式

传统的民事检察监督多以书面审查案卷为主,虽然具有一定的便捷高效的特点,但是由于仅停留在书面上,检察人员无法亲历案件过程。古语云:"兼听则明,偏信则暗。"听证更有利于检察机关全面听取各方当事人及其代理人的意见,尤其是听证员独立发表的客观、中立的第三方意见,能够帮助检察机关更加客观准确地认定事实、适用法律,依法公正地对案件作出处理决定。不仅有利于检察机关主动接受社会监督和舆论监督,而且充分保障了当事人的知情权和参与权,消弭当事人、利害关系人及社会公众对司法办案的疑虑,以"看得见""听得到"的形式,真正赢得人民群众对检察工作的理解和支持。

2. 借助"外脑"实现精准监督

张军检察长提出,检察机关不能单打独斗,要充分发挥社会力量,特别是专家学者、专职律师、资深法官、有法律背景的人大代表、政协委员等的作用,共同为人民群众提供更多更优的法治产品、检察产品。借助"外脑"既是法律监督理念的变革,也是民事检察监督强自身的途径。邀请听证员当场对案件处理发表意见,充分借助外部智慧,将社会人士的真知灼见为我所用,真正达到办理一件影响一片的效果,实现民事检察工作的精准监督,形成维护司法公正的合力。

3. 促进当事人息诉罢访、化解矛盾纠纷

民事检察监督案件的当事人相较于其他案件来说,容易产生缠访缠诉的

现象。除了当事人可能对处理结果不满之外，还有一个很重要原因在于检察监督办案过程的幕后化。申请监督人看不到检察机关的案件审查程序运行，也看不到检察工作人员为案件办理所付出的辛勤劳动，一旦案件处理结果未能如愿，极有可能出现不满情绪，甚至会认为检察机关是不作为的偏激思想。因此，正义不但要实现，还要以看得见的方式实现。实行公开听证，对于申请监督人而言，既能保障其权利，又能给予其心灵上的慰藉。双方当事人通过听证会这一平台，能够面对面坐下来就案件事实、法律适用等问题进行公开讨论，不仅有利于检察机关查明问题，而且能为矛盾纠纷的化解奠定良好基础，有助于促成当事人息诉罢访，实现案结事了。

4. 形成对检察官办案权力的监督制约

一方面，社会人士的参与避免了检察官在办案过程中唱"独角戏"，大大削减了检察官直面双方当事人的压力；另一方面，外界人士的参与，在一定程度上形成对办案权力的监督与制约。同步录音录像、网络在线直播更是将检察官办案置于阳光下，倒逼检察官提升个人的业务素质和工作规范程度。

二、民事检察听证制度适用情况及问题思考

（一）民事检察听证适用数量分析

检察机关办理民事诉讼监督案件，可以在民事裁判结果监督案件、执行监督案件、审判人员违法行为监督案件中实施听证。以某市基层检察机关2020年全年办案数量为例进行统计，可以看出在民事裁判监督类案件中，听证的适用比例相对较高，而审违监督案件和执行监督案件中的听证数量为零，说明适用听证制度案件的总体数量较少。

表1 2020年某基层院民事检察听证适用数量分析

类型	审结案件总数	适用听证案件数	听证比例（%）
民事裁判监督案件	216	84	38.9
审违监督案件	132	0	—
执行监督案件	146	0	—
合计	494	84	17

（二）民事检察听证适用中的问题思考

1. 启动听证的标准不一

《监督规则》中的"确有必要"只是一种较为原则性的规定，如何把握"确有必要"，实践中缺乏统一的标准，这在一定程度上会导致适用的困境。《听证规定》的出台，在一定程度上细化了听证的适用情形，具体规定为在事实认定、法律适用、案件处理等方面存在较大争议或者有重大社会影响的案件，可以召开听证会。虽然在一定程度上对适用情形进行了细化，但是仍然过于笼统。这给检察机关判断何种情况属于"确有必要"、何种情形属于"较大争议或重大影响"带来较大裁量空间。同时，各地区对应当听证案件的标准把握不一致，对于听证的理解和重视程度也各不相同，导致有的基层院积极适用听证制度，探索并完善听证制度，有的区院则因为听证标准不够明确，将这一制度"束之高阁"。

2. 缺少不公开听证的相关规定

现行的《听证规定》对民事诉讼监督案件的听证会规定为一般应当公开举行，但实际上民事监督案件类型比较多，有的案件可能会涉及国家秘密或个人隐私等，不宜进行公开听证，因此有必要从制度上对民事检察监督的公开听证与不公开听证作出相应规定。一般情形下，听证应当公开进行，不仅是为了维护当事人的合法权益，更是为了保证听证程序和检察人员工作的规范性。但如果涉及国家秘密或者个人隐私的案件，应当法定不公开听证，如果涉及商业秘密或者是离婚类案件，若当事人不同意进行公开听证，则不适用公开听证。对于公开听证的案件，公民可以申请旁听。

3. 人民监督员在听证中的身份定位思考

根据最高人民检察院《关于人民监督员监督工作的规定》第1条的精神，人民监督员制度建立的初衷是为了加强对检察院办理直接受理立案侦查案件工作的监督，主要参与的是对以往的"三类案件""五种情形"的监督,[①]并非主要针对民事检察案件的监督,但是其"监督监督者"的核心价值理念一直存在并延续。《听证规定》第8条规定,人民检察院可以邀请人民监督员参加听证会,依照有关规定接受人民监督员监督。实践中,人民监督员和听证员的范围存在重叠。比如人大代表、政协委员可以是人民监督员身份,又有可能受检察院邀请担任案件的听证员。因此,在听证过程中人民监督员所具有的双重身份得到了充分体现。一方面要参与听证,对案件的事实认定和处理作出评议;另一方面还要充分发挥其监督职责,监督检察人员的办案过程是否规范合法。从这个意义上来说,人民监督员在听证中的身份定位既是听证员,又是监督者。

4.法官能否参与检察听证的思考

《听证规定》第6条对听证会的参加人采取的是开放式列举,其他相关人员的范围应该如何界定并没有明确规定。实践中,针对民事检察监督案件所涉及的相关人员,还有一个很重要的主体就是案件的法官。无论是民事裁判类案件,还是审违或是执行类案件,都是当事人对于法院的处理结果不满,因而到检察院申请监督。从本质上来说,以上几类案件之所以当事人会申请监督是因为对承办法官的处理结果或承办法官的审判行为不满。但现行的《听证规定》对于法官能否作为听证员参与听证,并没有作出明确规定。听证员的肯定条件为与案件没有利害关系、同时年满23周岁的中国公民即可,否定条件为受过刑事处罚、被开除公职、被吊销律师或公证员执业证书以及有其他严重违纪违法行为。由此来看,与案件没有利害关系的法官是可以作为听证员参与到检察听证过程中来的。邀请法官参与听证的优势在于,法官是具备专业法律知识的人士,对于案情事实的把控以及法律适用和案件处理结果等都能有相较于普通社会人士而言更为清晰准确的判断。但同样我们应当注意,作为被监督案件的承办法官不应当被邀请作为听证员参与案件审查,因为承办法官与被听证案件之间本身就存在一定的利害关系,这样难以保证听证员地位的中立性。

[①] 人民监督员对检察机关拟作撤案、不起诉处理和犯罪嫌疑人不服逮捕决定的职务犯罪案件以及检察机关或检察人员在办案中发生的"五种情形"(应当立案而不立案或者不应当立案而立案;超期羁押;违法搜查、扣押、冻结;应当给予刑事赔偿而不依法予以确认或者不执行刑事赔偿决定;检察人员在办案中徇私舞弊、贪赃枉法、刑讯逼供、暴力取证等)进行监督,提出监督意见。

5. 听证主持人的中立性问题

听证活动的有序开展，依靠听证主持人在听证过程中进行指挥，对双方意见起着收集和疏通作用。与行政听证要求非本案调查人员担任听证主持人不同，《听证规定》第 13 条明确规定，听证会一般由承办案件的检察官或者办案组的主办检察官主持。检察长或者业务机构负责人承办案件的，应当担任主持人。这种规定有利于将听取的意见跟所承办案件需要解决的问题紧密结合起来，有助于争议的实质性化解。但是作为案件的承办检察官，在听证之前难免会对案件的处理有先入为主的判断，甚至会造成难以吸取相关听证员意见的局面。为了保证案件的承办检察官作为主持人的中立性地位，要规范听证主持人制度，严格执行听证程序。听证主持人如果与当事人双方有利害关系，这种利害关系既包括客观上存在的，也包括主观上的偏见，那么案件双方当事人可以向检察机关提出申请，主持人也可自行回避。尽可能确保当事人能够客观、全面地陈述，并且规范听证笔录的记录工作，保证听证的公正性。

6. 部分检察听证活动未充分发挥质效

设立检察听证是为了更好地履行法律监督职责，实现民事检察监督政治效果、法律效果和社会效果的有机统一。但实践中，部分听证活动的效果不佳，具体表现为：有的听证活动流于形式，单纯为了听证而听证；有的听证只是对案卷材料的重复赘述，并没有通过听证对案件事实有新的审查或更进一步的把握；有的听证中听证员对案情缺乏了解，导致听证过程中未能发表有效的意见。

三、提升民事检察听证质效的建议

（一）合理界定适用听证的案件范围

针对民事检察监督案件，不应当仅依照《监督规则》和《听证规定》中较为笼统的可以召开听证会情形的相关规定去套用，而应当结合民事诉讼监督案件的特点进行细化规定。不少地方检察院根据《听证规定》的精神已经出台了地方的相关听证办法，这可以作为我们工作的良好借鉴。建议对于拟提出抗诉的、制发再审检察建议的、案件发现新证据可能影响之前裁判结果的、当事人之间存在和解基础或矛盾纠纷较大的、拟作出不支持监督申请的以及涉及专业领域需要专业人士解答的案件，应当举行听证。以上几种类型的案件，前三种属于需要谨慎处理的，应当经过听证程序细化核查，第四种和第五种情形的案件，由于当事人可能会存在抵触甚至不理解的情绪，通过举行检察听证来促进当事人之间的矛盾纠纷化解，从而推动息诉罢访工作的顺利进行。

（二）分类筛选，提升听证员的合理性

听证员具有独立地位，各类人员担任检察听证员，都应当与案件没有利害关系，并具备能够体现检察听证对听证员特殊要求的一定资质资格条件。为了充分发挥不同类型听证员的优势，提升检察听证的质效，建议听证员可以比照人民监督员建立统一规范的管理制度，如利用听证员数据库，对听证员的遴选、教育、培训、使用、淘汰等实施统一管理。根据民事诉讼监督案件的类型，有针对性地聘请相应的听证员。

一是针对民事裁判类案件，可以视情况邀请法律型专家，比如从事法律工作的人大代表、政协委员、特约检察员、法官、律师等，针对个案中存在的法律问题作出判断，提供意见。二是针对专业类型的案件，可以邀请具备专业知识的人员，如相关领域专家、学者、专家咨询委员等担任听证员，针对案件所涉专业领域问题作出解释说明，提供认定意见。三是对于当事人具有和解基础的或者双方分歧矛盾较大的案件，可以邀请人民调解员、当事人所在单位、居委会或街道工作人员等。这类人员一般具有较高的社会威望，矛盾的调处能力相对较强。邀请这类人员参与听证，能够更好地对当事人进行释法说理，做好息诉服判工作，更有利于强化监督效果。

（三）探索多样化听证模式

《听证规定》第15条对听证会的步骤进行了规定，为听证会的开展提供了相应的流程参考。但是，这一条的规定还较为粗略，实践中听证会的步骤也不是一成不变的，也并非每一个案件都需要按照这种模式进行。因此，在充分结合案件特点和实际情况的基础上，需要探索多样化的听证模式，主要可以分为普通听证模式和简易听证模式。对于拟提出抗诉、制发再审检察建议、案件发现新证据可能影响之前裁判结果以及重大疑难复杂的几类案件，

应当适用普通听证程序,由三人以上单数听证员参与听证,严格按照规定的程序进行听证。对于案情简单、事实认定清楚、争议不大、具有矛盾化解基础的案件,或者是仅有一方当事人到场的案件,听证主持人可以根据实际情况选择、调整或简化上述听证程序,适用简易听证程序,可以邀请一名听证员参与听证。

(四)借助技术手段助力检察听证规范高效

现阶段正处于疫情防控的常态化阶段,为了兼顾防止人员聚集和公开听证的有效开展,可以借助技术手段实行"云听证",实现线上线下对接、场内场外联动。对于有的案件中涉及一方当事人在外地,不便于到场参加听证的情况,同样可以依托线上平台实行网络听证。这样不仅便利了当事人,更是减少人员流动和聚集,助推检察听证的高效。但实施"云听证"也存在一些不可避免的困境,比如无法达到线下听证一样面对面更直观的效果,还有可能会受制于网络环境的影响,因此要加强与技术部门的协调与配合,尽快完善有关检察听证的小程序,或者借助于"腾讯会议"等外部云会议软件进行。

另外,根据《听证规定》第18条规定,检察听证应当全程录音录像,在规范听证程序的基础上,还应当落实好相关的技术支持工作,如保障听证室的录音录像设备正常运转,让听证活动在阳光下进行,经得起法律和社会的监督。

(五)优化检察听证效果

针对部分听证活动没有充分发挥其质效的问题,应当从以下几个方面来完善民事检察听证,进一步优化听证效果。

第一,要改变传统的办案理念,避免单一的书面审查办案模式,从根本上重视听证活动的举行,落实"应听尽听"的相关要求。

第二,完善考核规则,避免单纯地以绝对数量作为考核标准。听证案件的数量可以作为考评的一方面,但所占的比重应该相对小一点,更多的是以听证的质量和效果来进行考评。比如听证的规范程度,听证的评议结果是否影响案件的处理等。在案件评查时可以对民事检察听证的办理情况一并进行评查,如听证相关的书面材料是否齐全,同步录音录像是否留存,录像中的听证程序是否规范等，都可以作为评查的内容。

第三，听证前做好相关准备工作，如提前3个工作日预约听证员并联系好案件当事人，确定听证的时间和地点；提前准备好听证案件的案情简介，便于听证员了解案件情况；申请听证室，提前调试设备，查看听证背景墙屏幕是否显示正常，录音录像设备是否完好，尽可能保障相关的硬件设施运转正常，提升检察听证的工作效率。

第四，强化听证评议意见的约束力。听证员在检察听证中发表的评议意见只是作为承办人处理案件作出决定的重要参考，并不具备法律强制性。建议对听证评议意见作为办案参考依据的重要程度作出明确规定，即当听证评议意见对承办检察官提出的案件拟处意见产生补充作用时，承办人应当充分考虑听证评议意见的合理性；当承办人提出的拟处意见和听证评议意见存在较大分歧不能得出一致结论时，应当将案件报请检察长决定，或者提交检委会讨论，由检察长或者检委会结合听证评议意见作出决定。决定与听证员的评议意见不一致的，承办检察官应当向听证员做好解释说明工作。

以公开促公正、用听证赢公信，听证是提升司法公信的重要途径。检察听证制度要想真正发挥实效，除了制度上的完善，还需要民事检察办案人员要紧紧依托《监督规则》和《听证规定》的精神，树立客观、程序和反馈意识，结合工作实际，贯彻落实好此项制度，推进检察听证乃至民事检察监督的高质量发展。

浅谈民事检察公开听证制度的研究与完善

吴申申 杨泽臣*

摘 要：当前，各地检察机关民事检察部门对适用公开听证制度均作出了不同程度的探索，也在不同程度上存在一定的问题，如民事检察中公开听证程序启动、听证员的筛选、公开听证工作的跨部门协作及听证结果的公开等。本文通过对上述问题进行研究分析，提出了针对性的建议，以期在一定程度上对民事检察公开听证制度进行完善，进一步提高民事检察公开听证的精准性与有效性。

关键词：民事检察 公开听证 精准监督

最高人民检察院在《"十四五"时期检察工作发展规划》中强调，检察机关"十四五"时期要促进提升国家治理效能，全面推开检察听证，坚持"应听证尽听证"，原则上有条件的检察院每年每项业务都要开展，充分用好中国检察听证网。民事检察中引入公开听证制度，既是落实《"十四五"时期检察工作发展规划》的具体表现，也是做强民事检察的重要举措，更是实现精准监督、维护公平正义的现实需要。但在具体运行过程中，民事检察公开听证工作也存在不同的问题，既有程序上的问题，也有内部衔接上的"短板"，更有结果运用上的不足。本文从当前民事检察公开听证实际运行情况出发，对存在的问题进行了梳理，并针对性地提出了完善建议，以期对进一步完善民事检察公开听证制度有所裨益。

---

* 吴申申，湖北省武汉市青山区人民检察院第四检察部主任；杨泽臣，湖北省武汉市青山区人民检察院书记员。

一、民事检察公开听证情况概述

(一) 民事检察公开听证制度概述

《人民检察院民事诉讼监督规则》(以下简称《监督规则》)在第四章"审查"的第二节"听证"(第54条至第61条)部分明确规定,检察机关在办理民事诉讼监督案件中,可以组织有关当事人听证,同时对参加听证的人员范围、组织听证的具体程序等内容进行了规定。

2020年10月20日,最高人民检察院印发《人民检察院审查案件听证工作规定》(以下简称《听证规定》),进一步加强和规范人民检察院以听证方式审查案件工作。《听证规定》中的听证范围基本覆盖"四大检察"核心业务案件,进一步完善了检察听证的法律体系,加强了对于司法实务中检察听证的理论指引。

(二) 民事检察公开听证基本情况

2021年最高人民检察院工作报告中相关数据显示,2020年全年,全国四级检察机关组织听证2.9万件,是2019年的10.8倍,听证后化解率83.7%。2020年全年,全国检察机关提出民事抗诉4994件,提出再审检察建议9900件,对民事审判中违法送达、违法采取保全措施、适用程序错误等提出检察建议3.3万件,对民事执行活动中的违法情形提出检察建议3.7万件。

截至2020年11月,全国检察机关共对4000余件民事监督案件开展听证,其中民事生效裁判监督案件1700余件,民事审判活动监督90余件,民事执行监督案件300余件,支持起诉案件2100余件。[①]

《"十四五"时期检察工作发展规划》提到,充分用好中国检察听证网。但从"中国检察听证网"上获取的数据显示,直播的公开听证案件共102件,刑事案件66件,民事案件7件,行政案件4件,公益诉讼案件8件,其他案件(司法救助案件)17件。从地域上来看,组织直播公开听证会的省份中,江苏、浙江、贵州三省的数据靠前,大部分省尚未利用"中国检察听证网",组织开展公开听证。

[①] 参见冯小光、滕艳军:《民法典实施背景下民事检察实现高质量发展的路径》,载《中国检察官》2021年第1期。

从最高人民检察院公布的检察听证典型案例方面来看，2020年10月20日，最高人民检察院召开"检察听证，让公平正义可触可感可信"的主题新闻发布会，发布5件检察听证典型案例，其中民事检察听证案件1件；2021年2月18日，最高人民检察院发布3件行政检察公开听证典型案例。

上述数据固然有其收集、梳理上的局限性，但从大致趋势上，我们不难得出以下几点认识：一是适用公开听证的案件数呈明显上升趋势，从2019年度到2020年度10.8倍的增长趋势来看，全国各地检察机关在实现"应听证尽听证"上，都作出了不同程度上的努力；二是在推广运用"中国检察听证网"上方面，结果还不理想，成效还不明显，绝大多数省份还没有利用该网站做好公开听证直播，在广泛接受监督方面还存在一定的差距，也从侧面反映了当前检察机关对公开听证的结果运用的局限性；三是在民事检察公开听证方面，民事生效裁判监督案件与支持起诉案件占绝大多数，民事审违活动监督与民事执行监督案件总数，仅前两类案件的1/10，但从最高人民检察院工作报告中披露的民事检察业务数据来看，当前在民事审违活动监督和民事执行监督中，适用公开听证制度的比例还不高；四是民事检察公开听证典型案例还不多，目前最高检关于检察听证的典型案例共发布8起，除行政检察外，其他各类型检察案件适用公开听证制度的典型案例均在1件左右，在指导基层检察机关实现"应听证尽听证"、加强公开听证工作的指引上还有一定的差距。

二、民事检察中引入公开听证的价值功能

（一）有利于保障当事人的合法权益，实现维护公平正义的目的

《听证规定》第6条规定，"人民检察院应当根据案件具体情况，确定听证会参加人。听证会参加人除听证员外，可以包括案件当事人及其法定代理人、诉讼代理人、辩护人、第三人、相关办案人员、证人和鉴定人以及其他相关人员"。在民事检察中引入公开听证制度，为案件当事人双方搭建了平等对话的平台，同时也将民事检察监督案件处理过程，放置在案件当事人的监督、听证员的监督、检察院的监督这三方监督之下。这一过程，不仅有利于让双方当事人通过平等对话的渠道，参与到民事检察监督案件中，促使其

合法权益充分得到保障，进一步提升民事检察监督案件结果的权威性，提升司法公信力；同时，置于三方监督之下的公开听证，让检察机关办理民事检察监督案件更加公开、公正，对检察人员办案能力提升也有了更高要求，通过倒逼检察人员认真履职，保证检察权的规范运行，最终实现维护公平正义的目的。

（二）有利于强化释法说理，落实好"谁执法谁普法"工作责任

结合《监督规则》第59条和《听证规定》第15条的内容来看，民事检察公开听证中，一般有如下步骤：承办检察官介绍案件情况和需要听证的问题—当事人分别说明情况—听证员提问、讨论并发表意见—当事人发表最后陈述意见—主持人进行总结。从上述步骤中，我们不难发现这一过程同样也是释法说理贯穿始终的过程。承办检察官介绍案件情况，是公开听证会上面向当事人的第一次释法说理；听证员在针对提问、充分讨论后，酝酿形成的听证意见，是面向当事人的第二次释法说理；主持人在公开听证会结束前进行的总结发言，是面向当事人的第三次释法说理。从办案人员视角的第一次释法说理，再到第三方监督视角的第二次释法说理，再到充分考虑各方意见后的第三次释法说理，通过反复式的释法说理，进一步强化了说理的针对性、释法的精准性、解结的有效性。最高人民检察院工作报告数据显示，2020年全年听证案件听证后化解率高达83.7%。

（三）有利于实现民事检察的精准监督，进一步提升民事检察工作质效

《听证规定》第4条规定，"人民检察院办理羁押必要性审查案件、拟不起诉案件、刑事申诉案件、民事诉讼监督案件、行政诉讼监督案件、公益诉讼案件等，在事实认定、法律适用、案件处理等方面存在较大争议，或者有重大社会影响，需要当面听取当事人和其他相关人员意见的，经检察长批准，可以召开听证会"。结合《听证规定》内容和听证自身的特点，可以推定，民事检察中适用公开听证制度的案件，大约有以下几类：一是案件存在争议，需要听取当事人及相关人员意见的；二是有重大社会影响的，需要充分考虑各方意见、综合考量的；三是具有典型意义，适合进行释法说理，面向公众进行普法的。无论是上述哪一类案件，组织公开听证程序，通过双方

当事人的对抗及第三方观察建言,都会促使办案人员对新证据、新事实的分析把握更加深入客观,有利于最大限度厘清案件事实,确保办案质量,从而实现精准监督的目标。①

(四)有利于化解矛盾纠纷,规避办案风险的同时防止司法腐败

组织民事检察公开听证过程,实际上就是处理好"听"与"证"两者之间关系的过程。在这个过程中,扮演谁来"听"的角色,既有案件承办检察官,也有检察机关邀请而来的"外脑"们;"听"的内容是案件双方当事人对需要听证的问题作出的进一步说明;"证"则是瞄准案件争议的焦点、症结,听证员有针对性地阐述观点、发表意见,为检察机关办理案件提供参考、指引。"听"与"证"的过程,是解法结、纾民惑的过程,通过听证,既注重保障当事人的合法权益,又通过第三方客观公正地对该案争议焦点发表意见,在此基础上综合形成检察机关处理案件的法理和依据,并通过通俗易懂的语言,促使当事人准确理解案件定性,消除自身疑虑,实现化解矛盾纠纷的效果。在这个过程中,听证员作为与案件无利害关系的第三方,相较办案人员的释法说理而言,其客观中立的立场促使其发言更容易被当事人所接受,进一步强化化解工作实效;同时,对于检察机关而言,听证由于其公开性的特点,听证员也作为监督检察机关公正办理民事检察监督案件的一员,通过其积极参与其中,有利于促进办案人员进一步落实好司法责任制,有效防控办案风险,有效防止司法腐败。

三、当前民事检察公开听证存在的问题

(一)民事检察公开听证制度还不完善

民事检察公开听证制度不完善方面的问题,主要表现为民事检察公开听证的启动标准把握问题。《监督规则》第54条第1款规定,"人民检察院审查民事诉讼监督案件,认为确有必要的,可以组织有关当事人听证。""确有必要"赋予了办案人员启动公开听证极大的自由裁量空间的同时,也导致民事检察监督案件适用公开听证制度标准不一,各地适用情形都不相同的情

---

① 参见姜耀飞:《应完善民事检察听证制度》,载《人民检察》2020年第4期。

况。但是从检察工作实际来看，各地民事检察发展不平衡，呈现的发展态势也不相同，有的地方可能适用公开听证的民事检察监督案件类型多、适用案件数也相对较多，但也存在民事检察监督案件情况在当地当时发展情况中比较典型，可以适用公开听证面向大众进行普法宣传的，这一类案件在《听证规定》出台后，《听证规定》第4条内容针对"四大检察"共性方面，对启动公开听证程序，以"在事实认定、法律适用、案件处理等方面存在较大争议，或者有重大社会影响，需要当面听取当事人和其他相关人员意见的"为条件，对上述问题进行了细化补足。但综合来看，民事检察工作中对启动公开听证程序的案件范围等，尚未作出细致的规定，仍以检察官办案需要为启动出发点。

（二）民事检察公开听证听证员的储备还不充足，筛选机制建立还不完备

检察听证工作邀请听证员参与，其目的是通过无利益相关第三方的介入，进一步保障司法公正、提升司法公信、促进矛盾化解。①《监督规则》第54条第2款规定，"人民检察院审查民事诉讼监督案件，可以邀请与案件没有利害关系的人大代表、政协委员、人民监督员、特约检察员、专家咨询委员、人民调解员或者当事人所在单位、居住地的居民委员会、村民委员会成员以及专家、学者等其他社会人士参加公开听证，但该民事案件涉及国家秘密、个人隐私或者法律另有规定不得公开的除外"。《听证规定》第7条对听证员资格从正反两个方面进行了补充。实际上，在民事检察监督案件中，一旦启动公开听证程序，说明我们需要对案件当事人进行调查，听取各方意见，此时的听证员角色，已然是检察机关办案的"外脑"一角，这一角色特点就对我们的听证员提出了更高的要求：一是要有较高的政治站位，能够自觉把案件放入当地当时的社会经济大局中进行考量衡量，综合发表意见；二是要有较高的法律素养，能够围绕案情，析明其中的法律关系，有针对性地发表与案件相关的看法和建议；三是要有较高的释法说理能力，能将自己的观点与法言法语相结合，转化为群众熟知的群众语言，进一步强化释法说

---

① 参见钟政、王文佼、陈焕友：《关于完善检察听证制度的几点建议》，载《中国检察官》2021年第3期。

理。但是从我们的检察实际来看,在听证员的选任储备上还存在差距,无法实现检察官根据需要对听证员进行筛选匹配,进一步实现办案的精准需要。

(三)民事检察公开听证在检察机关内部跨部门协作配合机制建设还不完善

目前,检察听证活动主要由办案部门自主组织,没有统一的统筹协调负责部门。[①] 从基层检察机关实践来看也确实如此,民事检察公开听证工作以各地民事检察部门为主要组织方,其他部门参与的情况还不多、参与度还不高。在具体开展公开听证工作中,由于听证室设立在"12309"检察服务中心,控告申诉检察部门以提供场地的形式参与了进来,案件管理部门以邀请人民监督员参与公开听证的形式参与了进来。除此之外,其他很多需要跨部门协作配合的问题,诸如"两代表一委员"的邀请、听证会现场会务、听证会信息宣传等工作,都需要依靠民事检察部门自主完成,在一定程度上加重了民事检察部门人员的工作负担,打消了组织公开听证的积极性。

(四)民事检察公开听证结果运用范围还不广

目前,民事检察公开听证在结果运用上范围还不广。根据《听证规定》第15条规定,听证员可以向当事人或者其他参加人提问,同时根据案件情况,可由听证员或者听证员代表发表意见。可见,听证员意见是公开听证的重要内容之一,但在检察实践中,对于听证员的意见,办案人员往往将其视为化解矛盾纠纷的工具之一,或者作为制发检察建议的意见参考之一,仅仅局限在将听证员的意见放到该案个案的办理中去,对听证员的意见中可能涉及社会治理的相关意见时,没有进行深层次分析,深挖其背后的类案,实现由个案监督到类案监督的思维转变。同时,在民事检察公开听证中,还没有形成类似人民监督员评议案件相应的评议反馈机制,对公开听证结果等,没有建立联络反馈机制,在一定程度上打消了听证员参与公开听证的主动性积极性。

[①] 参见赵芮、张晓燕:《检察权视野下的听证制度研究——基于山西省临汾市检察机关听证工作实践》,载《中国检察官》2021年第1期。

四、完善民事检察公开听证制度的建议

(一)完善细化民事检察公开听证制度

根据各地民事检察发展态势,建议由市级或省级民事检察部门,结合本地区民事检察监督案件特点,统一制定或出台民事检察公开听证制度的具体实施细则,对民事检察公开听证程序进一步规范。细则可从以下三个方面进行细化:一是从公开听证程序的启动方面进行细化,结合各地区民事检察监督案件的特点,对启动公开听证的案件条件、范围进一步细化,对基层检察机关办理民事检察监督案件中适用公开听证程序作出统一指导,进一步发挥制度的刚性作用。二是从公开听证的流程步骤方面进行细化,在《监督规则》的流程步骤上,结合《听证规定》中的要求,进一步细化民事检察公开听证的流程与步骤;同时,对承办检察官担任"主持人"这一角色问题,根据需要进行细化,防止既当"裁判员"又当"运动员"这一难以完全客观公正地履行"居中裁判"主持人职能的问题。[1] 三是从公开听证简繁分流方面进行细化,根据不同类别的民事检察监督案件,探索民事检察公开听证适用简繁分流的具体情形,如仅需收集信息、确认事实的案件,需要双方当事人在听证中就某一事实作陈述、举证质证等,检察机关可以综合在案证据对事实作出认定,听证员的参与并非必要,是否可以适用简易听证程序,取消听证员提问、讨论、发表意见环节,增加当事人称述、举证质证等用以查清案件事实的环节,并可赋予承办检察官程序启动权。[2]

(二)建立听证员数据库并完善邀请听证员相关配套机制

民事检察监督案件中,根据个案的不同情形,在适用公开听证中可根据需要邀请不同类别的听证员参与其中,通过对听证员数据库的进一步充实,加强对听证员的选任,更有利于实现民事检察监督的个案精准,具体可从以下三方面进行完善:一是从听证员选任上充实听证员数据库,除法律规定的

---

[1] 参见钟政、王文佼、陈焕友:《关于完善检察听证制度的几点建议》,载《中国检察官》2021年第3期。

[2] 参见毛建中、蔡晨星:《从民事检察听证功能出发完善听证工作》,载《检察日报》2021年3月31日,第7版。

参与人员外，以"具有专业知识背景、相应知识阅历且无利害关系"为标准，遴选人大代表、政协委员、特别检察员及律师等担任评议员，以第三方身份积极参与、辨析情理、劝服安慰。① 二是从民事检察监督案件的类型上，根据不同方向对听证员类别进行一定程度的分类，可适当根据不同需要对同一听证员适配不同类型的标签，从而进入相应分类的听证员数据库，以适配不同类型、不同需要的民事检察公开听证需求。三是从需求导向探索订单式邀请听证员的工作机制，承办检察官在组织公开听证前，在对案件充分把握的基础上，有针对性地选择希望参与到此次公开听证的听证员方向，提出自己的订单需求，相关部门在收到民事检察部门的订单后，根据需求在相应的数据库中随机选择听证员，通过实现个性订单这一基本需求，在充分保证公正公开的基础上，实现民事检察的精准监督。

（三）完善民事检察公开听证内部协作配合机制

在检察实务中，公开听证需要多个部门的协作配合，并非各个业务部门的单打独斗，各基层检察机关要围绕民事检察公开听证或公开听证工作，因地制宜地探索相关内部协作配合机制，应当涵盖以下三个方面的内容：一是明确公开听证统筹协调部门，由于"12309"检察服务中心其窗口属性的功能定位，且各级检察机关检察听证室设置在"12309"检察服务中心内，可将各级检察机关控告申诉检察部门明确为公开听证的统筹协调部门，由控告申诉检察部门提供场地、规范流程，各业务部门配合协作，共同组织好公开听证工作。二是明确听证员邀请部门，目前的听证员含有"两代表一委员""人民监督员"及其他群众代表或专家学者，而在检察实际中，"两代表一委员"联络工作由基层检察院办公室负责，"人民监督员"邀请由案件管理部门负责，其他的群众代表或专家学者则根据承办检察官需要，可自行邀请，在公开听证对外联络邀请听证员上，尚无统一的对外联络机构，可根据需要明确由某一部门统一负责。三是明确公开听证会务保障部门，根据公开听证现场会务需要，可明确由办公室统一负责会议材料的发放及其他会务服务；检察技术部门负责会场电子屏及会标、会议内部录音录像和对外网络直

---

① 参见吴洪江：《论基层检察听证工作的规范化建设》，载《法制与社会》2020年第35期。

播等技术工作；检察宣传部门负责听证会会后宣传、面向公众普法等工作，通过各部门协作配合，共同做好公开听证保障工作，进一步提升公开听证工作质效。

（四）加强民事检察公开听证结果运用

在民事检察公开听证中，通过加强对听证结果的运用，进一步促进民事检察监督案件的办理，进一步强化公开听证制度的刚性与生命力。对于如何运用好民事检察公开听证结果，主要有以下四种方式：一是加强对公开听证的宣传，围绕案件中存在的争议焦点、听证员发表的意见以及主持人的综合发言，结合各地普法工作实际，有针对性地开展普法宣传，增进群众对法律知识的了解。二是进一步加强调查研究，将听证员关于争议焦点的意见，进一步梳理汇总，结合该案进行深入调查研究，在此基础上形成工作情况反映或者理论调研成果，为今后办理该类案件提供理论上的指引及参考。三是积极参与社会治理，对听证员意见中涉及社会治理的相关建议，如在对劳动纠纷案件或其他涉及仲裁案件进行公开听证过程中，听证员就行业漏洞、人员职业操守、法律意识淡薄等发表意见建议时，可以将其作为办案的切入点，由个案监督出发，深挖同类案件的"痛点""堵点"，提出社会治理类检察建议。四是建立听证结果反馈机制，参照人民监督员评议案件的相关规定，建立民事检察公开听证结果反馈工作机制，对采纳了听证员意见的，及时将案件办理结果反馈；对未采纳听证员意见的，积极向听证员进行反馈，阐明具体原因，进一步激发听证员参与听证的主动性、积极性。

论民事检察听证的功能定位与完善路径

严 城 毛建中 蔡晨星*

摘 要：在浙江地区民事检察听证的具体实践中，存在诸多问题掣肘着办案质效，既有民事检察听证制度自身的不够完善，亦包括与其他相关制度的衔接不足。为完善民事检察听证程序，应当在高度重视听证制度的法治意义和听证员队伍的规范建设方面，以及在合理选择听证程序和做好民事检察听证与其他制度的衔接等方面，进一步完善《听证规定》，进而为推进国家治理能力和治理体系的现代化贡献检察智慧。

关键词：民事检察听证 听证功能 听证员 程序选择 制度衔接

检察听证作为检察机关保障人民群众知情权、参与权、监督权的重要方式，对法治中国建设有着极为重要的意义。就民事检察而言，最高人民检察院于 2013 年通过的《人民检察院民事诉讼监督规则（试行）》（以下简称《监督规则》），首次明确规定了听证程序，将其作为案件的审查方式之一。浙江省人民检察院根据上述规定并结合浙江地区的实践情况，于 2019 年制定了《浙江省检察机关办理民事诉讼监督案件听证规定（试行）》（以下简称《浙江听证规定》）。2020 年最高人民检察院通过的《人民检察院审查案件听证规定》（以下简称《听证规定》），则是以制度化、规范化和统一化的方式，对全国各级检察机关"四大检察"听证实践的经验总结和高度提炼。

---

* 严城，浙江财经大学法学院民商法系主任，浙江省杭州市人民检察院检察官助理；毛建中，浙江省杭州市人民检察院第五检察部主任；蔡晨星，浙江省杭州市人民检察院检察官助理。

本文以《听证规定》为基础，以浙江地区相关数据和案件为依托，对近年来浙江地区民事诉讼监督案件中适用听证的情况进行梳理，以期对民事检察听证程序的完善提供切实可行的改进措施。

一、浙江地区民事检察听证制度适用的基本情况

（一）浙江地区民事检察听证制度适用的总体情况

2013年至2019年，民事检察听证制度几乎处于休眠状态，检察官办案主要依靠书面审查方式。即使有沟通和调查需要，一般也采用与单方当事人会面方式进行，很少有双方当事人面对面阐述自己理由的机会。直到2019年底《浙江听证规定》通过后，民事检察听证制度才真正在浙江地区全面铺开。仅在2019年12月至2020年11月30日期间，浙江全省各级检察机关依据《浙江听证规定》共办理民事诉讼监督案件约为18658件，其中生效裁判监督案件数6303件，审判程序监督案件数5423件，民事执行监督案件数6932件。浙江省各级检察机关在办理上述18658件案件中，共召开听证会344次，总体听证程序适用率偏低。

表1 浙江省各地市案件适用听证制度的数量和比例

单位	生效裁判监督办结数	审判监督案件数	执行监督案件数	案件总数	听证数
杭州	1443	1290	1595	4328	90
宁波	950	927	1064	2941	68
温州	724	616	786	2126	30
嘉兴	478	262	523	1263	28
湖州	148	466	431	1045	17
绍兴	774	640	843	2257	10
金华	722	386	468	1576	23
衢州	163	172	248	583	17
舟山	67	0	4	71	4
台州	639	463	729	1831	34
丽水	195	201	241	637	23
总计	6303	5423	6932	18658	344

（二）浙江地区民事检察听证制度适用的具体情况：以杭州地区为例

1. 适用听证制度案件的数量分析

2020年1月至2021年2月，杭州市检察机关共受理民事诉讼监督案件4459件，有210件案件适用听证制度，听证比例为4.71%。从听证制度在不同案件类型中的适用来看，在生效裁判监督案件中适用听证制度的案件比例相对较高，审判程序、执行监督案件中适用听证制度的案件比例较低（表2中审判程序监督比例较高的原因是有113件案件合并进行了1次公开听证，而此情形并非常态）。

表2 各类型案件适用听证制度的数量和比例

时间	类别	案件受理数	召开听证的案件数	听证比例（%）
2020年1月至2021年2月	生效裁判监督	1514	81	5.35
	审判程序监督	1349	114	8.45
	执行监督	1596	15	0.94
	总计	4459	210	4.71

2. 民事检察听证制度的适用效果：以生效裁判监督案件为例

杭州市检察机关就81件生效裁判监督案件召开民事检察听证，对其中35件案件提出监督意见，占比为43.2%；促成调处20件，占比为24.7%；改变承办人原有意见4件，占比为4.9%。可见，民事检察听证制度有利于提高检察机关监督质效，有助于当事人服判息诉。

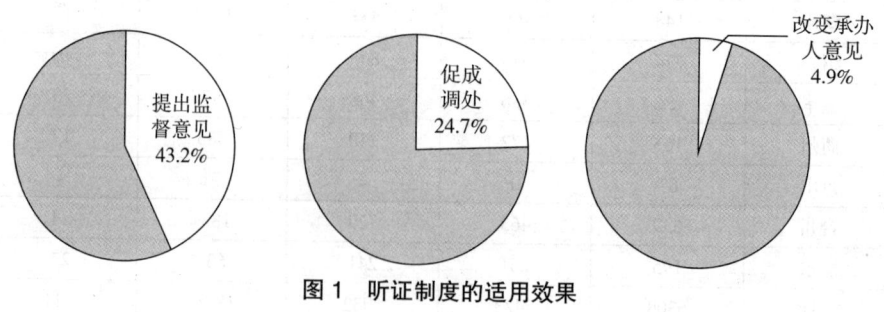

图1 听证制度的适用效果

二、浙江地区民事检察听证制度运行中存在的主要问题

（一）适用听证制度案件的总体数量较少

根据上述分析数据可知，2019 年 12 月至 2020 年 11 月 30 日，全省检察机关办理民事诉讼监督案件 18658 件，其中听证数只有 344 次，民事检察听证制度的适用率较低。在最高人民检察院《听证规定》出台之前，《监督规则》和《浙江听证规定》所建构的民事检察听证程序的具体作用并未得到充分发挥，检察机关在办理民事诉讼监督案件的过程中未将听证作为一项优选程序。

（二）民事检察听证的启动条件和适用范围把握不一致

对于听证程序的启动条件，2019 年《浙江听证规定》第 3 条仅规定检察机关可依职权主动召开案件听证，但判断何种情况即可启动检察听证则给检察机关带来了过大的裁量空间。虽然 2020 年《听证规定》第 4 条进一步赋予当事人申请听证的权利，提高了当事人参与听证的积极性与能动性，但实践中当事人主动申请召开听证的情形甚少。关于听证适用范围，《监督规则》第 54 条规定："人民检察院审查民事诉讼监督案件，认为确有必要的，可以组织有关当事人听证。"应该如何理解"确有必要"，不同地区检察机关采取了不同的判断标准，这就造成了听证制度适用的困境。为明确制度适用，2019 年《浙江听证规定》第 3 条通过具体列举加概括兜底的方式规定了哪些情形属于"确有必要"。2020 年《听证规定》规定对在事实认定、法律适用、案件处理等方面存在较大争议，或者有重大社会影响案件，可以召开听证会，但是实践中对于如何理解"争议较大"，各地检察机关的标准把握不一致。浙江各地民事检察发展的不平衡，以及对听证制度的理解、重视程度不同，导致各地区适用听证制度的积极性存在较大差异。

（三）民事检察听证程序有待完善

较之于《浙江听证规定》仅着重规定事中程序的发言、举证质证顺序等问题，《听证规定》还对听证的事前程序和事后程序等事项作了规定。但《浙江听证规定》中的听证程序非常类似于民事审判程序，并不完全符合民

事检察听证的制度目标和检察属性。《听证规定》没有区分四大检察,导致没有依据不同的案件监督类型作出不同的程序选择,达到程序规范与效率的衡平。此外,确定听证参与人的标准及程序亦不明确。

三、完善民事检察听证制度的具体进路

(一)高度重视民事检察听证制度建设

民事检察听证旨在让当事人、听证员等听证参加人全面参与、充分监督,以"看得见""听得到"的法治形式,真正赢得人民群众对检察工作的理解和支持[①],对法治中国建设有着极为重要的意义。

第一,民事检察听证有利于实现精准监督。检察机关审查案件时应充分获取案件事实信息,全面掌握证据情况,准确适用法律法规。但传统的民事检察监督案件审查以书面审查、"坐堂办案"为主,这种审查模式尽管有效率性、控制性等优势,但其局限性主要表现在:审查程序具有封闭性,既不利于当事人和社会监督,也影响了民事检察的公信力;审查程序排斥当事人的主体作用,将其客体化,既影响了案件事实的查明,也不利于保护当事人的诉讼权利;审查程序将包含私法因素的民事诉讼公法化,私法自治原则未能充分体现。[②] 传统的审查模式对案件情况的审查往往局限于法院一审、二审、再审时归档在案的材料,存在不全面、缺乏亲历性的缺陷,尤其是对一些重大、疑难、复杂案件,仅仅依靠书面审查不足以实现有效监督。检察听证有收集信息、确认事实、咨询论证等功能,是检察机关行使民事检察调查核实权的重要手段。通过听证,检察机关可以当面听取当事人的意见,办案亲历性得以增强。检察机关可以邀请专家、学者等作为听证员,听取听证员独立发表的第三方意见,打破自身专业局限。听证有助于检察机关更加全面、客观、准确地认定事实、适用法律,做到"兼听",避免"偏信",实现精准监督。

[①] 参见杨建顺、高景峰、鲁建武:《检察听证的理论依据与实践发展》,载《人民检察》2021年第1期。

[②] 参见汤维建、王德良:《民事检察听证程序构想》,载《人民检察》2020年第12期。

第二，民事检察听证有利于规范审查工作。检察听证可以提高检察机关的办案规范化程度。司法活动规范与否，很大程度上影响着检察机关法律监督权威和公信力。组织听证活动可以使检察办案处于听证参与人的监督之下，同时接受人大代表、政协委员、法律专家和社区群众的监督，能够从办案程序、法律素养、司法作风等方面考察检察人员[1]，有助于防止"暗箱操作"，倒逼、促使检察人员恪尽职守，增强责任心，提升民事检察监督的规范性。

第三，民事检察听证有利于优化办案效果。检察听证有宣传教育、息诉罢访等功能。一方面，展现了检察机关落实"广泛听取人民群众意见"要求、"保障人民群众参与司法"、主动接受社会监督和舆论监督的态度，使检察权在阳光下运行，有助于提升检察机关的司法公信力，赢得当事人以及人民群众的理解和支持，并达到"监督一案，教育一片，影响社会面"的目的。另一方面，检察机关通过听证全面、客观、准确认定事实，结合听证员客观、中立的意见进行有针对性的释法说理，可以消弭当事人、利害关系人或者社会公众对检察机关执法办案活动的意见和疑虑，有助于解开当事人心结，解决争议，化解矛盾，真正实现案结事了人和。

（二）正确把握民事检察听证特点及功能定位

《听证规定》就检察听证作了统一规范，但是对于"四大检察"而言，由于听证参与主体的诉讼地位、听证所处的诉讼进程、听证证据来源等方面的不同，其各自的听证功能及侧重点亦有不同。

第一，听证参与主体的诉讼地位。民事检察的职能，顾名思义，是对民事诉讼活动进行监督。民事诉讼是平等主体之间因财产关系和人身关系而提起的诉讼，检察机关在听证中一般作为中立的第三方兼听双方意见，承担的是"裁判员"的角色。在刑事诉讼中，检察机关是指控机关，在公益诉讼中，检察机关亦是代表国家维护社会公共利益，故与被指控的犯罪嫌疑人、被起诉的对象存在一定对抗性，在听证中承担的是"运动员"的角色。在行政检察听证中，虽然检察机关是"裁判员"，但行政诉讼和行政行为的当事

---

[1] 参见胡彬华、张英姿、倪晓萍：《民事检察听证工作开展的初衷及实践》，载《人民检察》2020年第12期。

人一方是作为行政行为相对人的公民、法人或其他组织，另一方是作出行政行为的行政机关，与民事诉讼中的平等民事主体也有所区别。

第二，听证所处的诉讼进程。在民事诉讼监督中，检察机关系在法院判决生效后介入，在听证前并未参与法院作出判决的过程。在刑事诉讼中，拟不起诉案件和部分羁押必要性审查案件的听证是在法院审判活动启动前进行的，检察机关有主导决定权，另一部分羁押必要性审查案件以及刑事申诉案件虽在法院审判活动启动后审查，但检察机关在这些案件前期的批准逮捕、审查起诉环节也均有参与。在公益诉讼中，检察机关则是以启动者的身份参与其中。

第三，听证证据的来源。民事诉讼的当事人有义务对自己的主张提供证据加以证明，否则将承担举证不能的不利后果，故检察机关在民事诉讼监督中较少依职权调取证据。在刑事诉讼中，犯罪嫌疑人没有义务自证其罪，故证据应由公安机关、检察机关收集。公益诉讼案件也应由"起诉人"检察机关收集证据。行政诉讼中判断行政行为是否合法，应以行政机关在作出具体行政行为时已固定的证据为标准，故在行政检察中一般不涉及新证据。

因上述不同，"四大检察"听证所具有的确认事实、咨询论证、公正监督等共性功能，在各自的听证中应有不同的侧重。例如，刑事、公益诉讼检察听证因检察机关的"运动员"角色，应更侧重于举证示证和咨询论证；而民事检察听证则因检察机关的"裁判员"角色，更侧重于保护当事人诉权、收集信息、确认事实、息诉息访等功能。再如，因听证证据的来源不同，在民事检察听证中应有当事人举证质证的环节，以发挥民事检察听证收集信息、确认事实的功能，而其他检察听证中则少有此环节。由此可见，相较于其他检察听证，民事检察听证的功能更为多样，因此在制度设计上应当有所区分。

就民事检察听证的基本功能而言，一般包括了保护当事人诉权、收集信息、确认事实、咨询论证、公正监督、宣传教育、息诉息访等多项功能。因民事诉讼涉及的案由繁多，民事诉讼监督案件又包括了民事生效裁判监督、民事审判程序监督、民事执行监督等多种类型，而检察机关在民事诉讼监督中，不仅要查明案件事实、准确适用法律，更多时候还要做好促成调解、息诉罢访等工作。故在不同民事诉讼监督个案中，召开听证的目的、听证在办案中所发挥的功能亦有所不同。

（三）根据民事检察听证功能需要细设民事检察听证程序

作为一种服务于实体的形式，程序不应是一成不变的，应随着实体的需要而变化。因此，如何针对听证事项和监督目标，设置更加多元化、更具灵活性、更有针对性的听证程序体系，需要深入研究。① 民事检察听证与其他"三大检察"听证存在功能差异。在部分民事诉讼监督案件中，检察机关需要承担"裁判员"的角色，通过听证收集信息、确认事实，而《听证规定》所规定的听证会步骤没有举证质证、主持人询问等环节，难以适应民事检察听证的功能需要。此外，民事检察听证在个案中亦发挥了不同作用，故在民事检察听证的具体程序上亦应就不同类型的听证予以不同对待。

第一，区分普通程序和简易程序。根据《听证规定》的要求，检察听证必须邀请听证员参加。笔者认为，仅需收集信息、确认事实的案件，需要双方当事人在听证中就某一事实作陈述、举证质证等，检察机关可以综合在案证据对事实作出认定，听证员的参与并非必要，该类案件适用简易听证程序即可，可就《听证规定》要求的听证会步骤作适当调整，取消听证员提问、讨论、发表意见的环节，增加当事人陈述、举证质证等用以查清案件事实的环节，并可赋予承办检察官程序启动权。但是对于案情复杂，在事实认定和法律适用方面存在较大争议，需要论证咨询的案件，涉及国家利益、社会公共利益，想要通过听证实现公正监督、宣传教育、息诉罢访等目的的案件，则必须适用普通听证程序甚至特别听证程序，由检察长启动听证程序，并邀请合适的听证员参与听证，必要时也可在《听证规定》所要求的听证会步骤的基础上增加用以查清案件事实的环节。

第二，区分事中听证程序和事后听证程序。听证程序可根据案件的审理进程进行区别化设计。案件尚在审理中还未作出最终处理决定的，可适用事中听证程序。此时，听证的功能多为保护当事人诉权、收集信息、确认事实、咨询论证等，检察机关在听证中应侧重于聆听意见、引导流程等工作，给当事人的陈述、举证质证留出更多的发挥空间。但在检察机关已对案件作出处理决定的情况下，此时召开听证多因当事人对处理结果不服甚至出现信访舆情风险，或为达到影响社会面的目的，故听证的功能则更多是息诉息

---

① 参见汤维建、王德良：《民事检察听证程序构想》，载《人民检察》2020年第12期。

访、宣传教育等。此时可适用事后听证程序，根据具体个案简化听证步骤，在听取当事人意见的基础上，检察机关要更注重释法说理、主持调处的工作，并邀请合适的听证员参与听证。为达到"监督一案、教育一片、影响社会面"目的的听证，必要时也可在相关社区举行。

第三，区分结果监督型听证和程序监督型听证。民事诉讼监督案件包括了民事生效裁判监督、民事审判程序监督、民事执行监督等多种类型，针对民事生效裁判监督案件开展的为结果监督型听证，针对民事审判程序监督、民事执行监督案件开展的多为程序监督型听证。检察机关在结果监督型听证中需对案件事实、证据情况作出审查，以判断民事生效裁判事实认定和适用法律是否存在错误，并向当事人做好释法说理。结果监督型听证一般仅涉及双方当事人，参与听证的人员较为单纯。程序监督型案件依职权受理较多，往往不涉及案件实体问题，但需要审判、执行人员对可能涉及的程序违法行为作出解释、提出依据，故参与听证的人员除当事人外，还涉及审判和执行案件的法官、证人、鉴定人等。此类监督对司法机关的公信力有一定影响，法官、鉴定人等可能对参与听证存在抵触情绪，故可探索"听前会议"程序，在公开听证前与审执、鉴定人员进行充分沟通。

（四）重视听证员队伍的规范建设

与《监督规则》侧重以检察官为中心的"听"不同，《听证规定》体现检察职权在意见形成过程中的去中心化、多维度化，全面追求客观公正的趋势。也即《听证规定》的"听"，首先是听证员的"听"，然后才是检察官"听"听证员的评议意见。① 因此，为保障听证质量，充分借鉴"外脑"智慧，如何选择合适的听证员便成为检察听证的重要制度保障。笔者建议，各地检察机关可拟比照人民监督员制度构建一套统一规范听证员的管理制度，切实解决听证员的合理遴选问题。为实现此项目的，需做好三方面工作。第一，通过建立统一的听证员数据库，实现对听证员的遴选、教育、培训、使用、

---

① 参见闫兴振：《深化检察听证工作"六要"》，载《检察日报》2021年2月4日，第3版。

淘汰等统一管理。① 第二，针对不同案情类型对听证员作更细致的类型化建档，方能在处理民事监督案件时更为精准地选拔听证员。对此可以考虑的模型是，至少要区分法律型专家、专门型专家、社会型专家、所在单位或村/居委会有较高社会威望的人士等几大类具有较强矛盾调处能力的社会人士代表"公民参与司法"，更能强化精准监督的效果。第三，听证员参加听证会的角色定位不同，有的是基于行使人民群众的知情权、参与权和监督权而参与听证活动，有的是出于专业论证的需要受邀参与检察听证活动。因此，各地检察机关可基于听证员在听证活动中发挥的功能不同，将听证员参与听证支出的交通费用与必要的误工补贴及专家型听证员参与听证的咨询费等，纳入专门的经费保障制度中。

（五）做好民事检察听证与其他制度的衔接

第一，民事检察听证制度与民事证据规则的衔接问题。检察机关经过听证后决定抗诉或制发再审检察建议的，听证笔录是检察机关依职权形成的书证，还是根据其具体内容分别构成当事人陈述、证人证言、鉴定意见，尚不明确。② 此外，对于证人已在听证程序中出席并接受各方当事人交叉询问的，在民事再审程序中法院是否可以不再通知证人到庭，亦未解决。从民事检察监督行为属于司法行为的定性出发，对于前者，本文更倾向于界定为检察机关形成的书证；对于后者，再审程序中法院可以视情不通知证人到庭。

第二，民事检察听证与诚信诉讼机制的衔接问题。当事人在听证阶段有可能作出虚假陈述，其结果将导致检察机关作出错误的法律监督意见。为防范此种情形发生，在推进民事检察听证的具体实践中，可以比照最高人民法院《关于适用〈中华人民共和国民事诉讼法〉的解释》第110条，要求当事人签署诚信保证书，并在发现当事人虚假陈述后，建议相关机关对其实施一定的强制措施。类似规定可见之于最高人民法院、最高人民检察院、公

---

① 参见李大扬、滕艳军:《民事检察听证制度实证分析》，载《中国检察官》2019年第13期；杨建顺、高景峰、鲁建武:《检察听证的理论依据与实践发展》，载《人民检察》2021年第1期；杨建锋:《发挥好听证员的多元化职能》，载《检察日报》2020年11月4日。

② 参见汤维建、王德良:《民事检察听证程序构想》，载《人民检察》2020年第12期。

安部、司法部联合印发的《关于进一步加强虚假诉讼犯罪惩治工作的意见》（以下简称《意见》）第13条规定，"人民检察院可以建议人民法院依照民事诉讼法的规定，对故意制造、参与虚假诉讼的民事诉讼当事人和其他诉讼参与人采取罚款、拘留等强制措施"。

第三，民事检察听证与妨害听证行为之处罚措施的衔接。当事人在矛盾激化时可能存在如对司法工作人员、听证参加人、证人进行侮辱、诽谤、殴打或打击报复等妨害听证的行为。如何规制此类行为，现行法并未赋予检察机关司法处罚权。该问题涉及未来立法层面的制度间的协调问题。但在当下，可基于现行法框架，参考前述"两高两部"的《意见》，做好与有权处罚的公安机关、法院的衔接，由后者对当事人作出相应处罚便可有效规制此类不法行为。

试论检察听证中专家辅助人的角色与定位

费会平 孙 远 刘 巍*

摘 要：开展检察听证是实现案件审查公开、透明，保证案件质量的重要途径。在面对日益增多的法律外专业问题时，由专家辅助人参加听证，可以协助检察人员有效解决专业难题。检察实务中，专家辅助人参加听证的情况还较为少见。笔者认为，专家辅助人制度作为鉴定制度的重要组成部分，专家辅助人在检察听证中具有类似于"鉴定人"的独立地位，其发表的意见也应归为鉴定意见的范畴。

关键词：专家辅助人 检察听证 专家辅助人意见 鉴定意见

作为司法权的检察权在运行中遇到的行政化倾向是影响司法公正的制度障碍，破解之道是将检察权司法化，即实现从传统的行政审批模式转向对审听证模式。广泛而深入地开展包括民事检察听证在内的各类检察听证是改变传统"坐堂办案"模式的重要途径，能更好地回应新时期人民群众对司法公正的新期待、新要求。

在面对各类层出不穷的新型案件时，将专家辅助人引入检察听证中是开展好听证工作的必然要求。① 然而，专家辅助人在听证活动中应处的位置及功能，现行法律未有明确规定。为厘清专家辅助人制度运行的相关机制，本

---

* 费会平，浙江省湖州市人民检察院二级高级检察；孙远，浙江省湖州市人民检察院四级高级检察官；刘巍，浙江省湖州市人民检察院检察官助理。

① 参见毕玉谦：《民事诉讼专家辅助人制度研究》，中国政法大学出版社2017年版，第4页。

文从专家辅助人在检察听证中的法律定位及功能价值两个维度进行论证，期待对该项制度在检察听证司法实践中的正确运用起到一定促进作用。

一、专家辅助人界定

从我国目前法律规定及司法解释看，有关检察听证及专家辅助人制度的规定均尚显粗略和模糊，理论研究也不充分，更遑论检察听证视野下对专家辅助人制度适用的理解与研究。为能深入开展该项制度在检察听证中的法律地位及价值功能的研究，有必要率先考察清楚该制度的概念、法律渊源及立法现状。

从文义上理解，专家辅助人这一概念包含两层含义：一是指"专家"，即"有专门知识的人"；二是指"辅助人"，即帮助解决专业问题的人，处于辅助地位。其本义是指专家在法官遇到专业问题提供技术支持的辅助角色。随着该项制度的不断发展，专家辅助人适用的不断扩大，其定位早已超越了当初法官辅助人的定位，几乎涵盖了司法活动的各个环节。考察不同法律规范对专家辅助人的规定可以发现，所谓专家辅助人，其实质是相同的，就是指运用专业知识协助办案的人。

（一）专家辅助人制度渊源

我国司法在实践中形成了一套以鉴定人为主，专家辅助人为辅的专家证人制度。其中，既有对英美法系专家证人制度的借鉴与吸收，也有在司法实践中的创造。该制度设计的初衷旨在解决司法人员在办案中遇到的专业知识匮乏的难题。

1. 司法实践渊源

专家辅助人起始的标志性案件是福州的"IP电话案"。[①] 福州市中级人民法院对争议焦点IP电话究竟属于国际电信业务还是互联网信息服务问题拿捏不准。为解决该技术问题，福州市中级人民法院提出由上诉人、被上诉人及法院各自邀请专家出庭作证，当庭说明网络电话与传统电话的同异及国际社

---

① 参见陈荣文：《IP电话案：中国网事第一告——传统法律的窘困》，载《福建公安高等专科学校学报》1999年第1期。

会普遍的处理方式。通过三方专家的当庭阐释，福州中院最终采纳了IP电话属于互联网信息服务的意见，支持了上诉人的诉求，并作出撤销法院一审行政判决的裁定，发回重审的判决。以往，法院遇到技术难题，常规做法是通过自行走访专家，收集信息，形成判断。此种做法容易导致当事人的不信任，常被认为是"暗箱操作"的结果，即使最终的认识正确，当事人也会认为法院没有公正判决。本案中的专家辅助人通过当庭发表意见，不仅解决了技术认知问题，还让当事人感受到了"看得见的正义"。

2. 立法渊源

2002年实施的最高人民法院《关于民事诉讼证据的若干规定》最先提出了专家辅助人的概念①，第61条②中明确规定了有关"有专门知识的人"的应用规则。根据《立法法》的规定，作为一种正式的诉讼制度应该由法律统一作出规制。专家辅助人作为诉讼制度，应当"是从程序上保证公民、法人和其他组织的合法权利的，全国应当统一"。直到2012年，两部诉讼法即《刑事诉讼法》《民事诉讼法》对"有专门知识的人"进行了专门规定，才正式宣告了该项制度的设立。

（二）专家辅助人立法现状与问题

因专家辅助人制度是吸收外来制度的产物，缺乏缜密的制度顶层设计考量，制度设计超出实践经验，加之理论研究不充分，导致了现行法律制度上的不完善，甚至不同法律规范间存在矛盾冲突的情形。只要对现行法律规范有关规定加以观察，便可以很明显发现立法上的任意性与不统一。

1. 立法系统性不强

专家辅助人是学理上对我国立法中"有专门知识的人"的指称。在不同的法律规范中，对专家辅助人的运用有不同的着眼点，存在各法律规范间各言其是的现象，因此专家辅助人的概念并不完全一致。

有关专家辅助人制度的规定散见于各类法律法规中，在前述两部诉讼法及公安机关、检察机关内部工作文件中皆有规定。仔细比较其间区别便会发

---

① 参见最高人民法院行政审判庭编著：《最高人民法院〈关于行政诉讼证据若干问题的规定〉释义与适用》，人民法院出版社2002年版，第305页。

②

现，专家辅助人的运用覆盖了从侦查、起诉、庭审，乃至检察监督等各个环节。上述法律规范中的启动主体、决定机关及功能定位等差异较大，可以看出系不同职能部门出于各自工作需要而制定，缺乏系统性。如《人民检察院审查案件听证规定》具有明显的职权主义色彩，启动主体是检察院，适用阶段涵盖侦查、起诉、开庭前后等，启动方式主要为检察院聘请、指派，或向法院申请；刑事诉讼法规定的启动主体是侦查人员、公诉人、当事人及其辩护人、诉讼代理人等，适用于侦查及庭审阶段，启动方式包括公诉人、当事人及辩护人、诉讼代理人申请，也包括侦查人员的聘请、指派。

2. 立法失于疏简

2012年修订的两部诉讼法是该制度正式设立的标志，也为司法人员应对技术难题提供了有效路径，架构起"鉴定人"+"有专门知识的人"的二元专家机制，具有进步意义。但是，我们也看到两部诉讼法对该项制度的规定仅均增设个别条文，规定过于原则，诸如概念、主体资格、与鉴定人的区分、角色定位等问题均付之阙如，留下了诸多立法空白，也为该制度的理解与运用带来了困惑。

2012年《民事诉讼法》仅在第79条规定"当事人可以申请人民法院通知有专门知识的人出庭，就鉴定人作出的鉴定意见或者专业问题提出意见"。2017年修正后的《民事诉讼法》亦无变化；2012年《刑事诉讼法》第144条、第192条均有涉及，但是可以看到其中"有专门知识的人"或同于鉴定人，或区别于与鉴定人，立法矛盾含糊的特点较为明显，2018年修正后的立法也未对此作出调整。

二、专家辅助人在检察听证中的角色定位

检察听证通过构建类似于庭审的三方结构，可在相当程度上保持检察人员中立地位，防止检察人员既当"裁判员"又当"运动员"的角色错位，以此实现"兼听则明"的法律效果。除此之外，听证效果能否达到预期，还取决于包括专家辅助人在内的听证各方参加人员在体系内角色定位是否清晰。本文将专家辅助人放置在检察听证的制度框架下去考量其应该具备的功能定位，从域外视野下相似角色的法律定位及在检察听证中与其他参加人之间的比较两个维度，探讨专家辅助人在检察听证中的应然法律地位。

（一）检察听证的制度基础

所谓检察听证，《人民检察院审查案件听证规定》，是指检察机关在办理案件过程中，就事实认定、法律适用及案件处理等问题，广泛听取从人大代表、政协委员和社会人士中邀请的听证员及当事人、辩护人、相关办案人员等其他听证会参加人意见的活动。检察听证的种类一般包括民事行政诉讼监督听证、公益诉讼听证以及羁押必要性审查听证、拟不起诉听证、刑事申述听证等。

听证在英美法系中原本的含义就是指"诉讼上应听取双方当事人意见的制度"。我国的检察听证制度自诞生后的二十年间不断发展演进，但仍处于探索阶段，理论机制研究并不充分。特别是近年来，科技发展迅速，社会分工精细化程度越发加深，专司法律职业的法官、检察官在办案中面对愈发增多的专业性问题时，力有不逮的情况屡见不鲜。我国司法实践中，受大陆法系传统做法的影响，司法人员更多依赖鉴定人出具的鉴定意见作为裁判依据。鉴定人作为专业人士参与诉讼的唯一性，使得在专业问题的处理上始终处于封闭状态，无法通过外在力量加以甄别鉴定意见的科学性。因此，引入专家辅助人作为外部力量打破司法鉴定内部闭环的现状，是破解困境的必然选择。

（二）比较法视野下的类似角色的法律定位

专家辅助人制度是由域外制度演变而来，通过探索类似角色如英美法系专家证人、大陆法系鉴定人及日本诉讼辅佐人在诉讼中的法律定位，对我们认识专家辅助人在我国检察听证中的法律地位具有重要参考意义。

1.英美法系专家证人制度

专家证人的概念本身就已经说明了其在法律中的地位，即就专业问题提供意见或结论的证人。[①]但与普通证人也存在明显差异，主要表现在：一是资格要求不尽相同。普通证人的资格一般并无争议，只要是了解案件情况的人都能成为普通证人，而专家证人身份资格常成为争议焦点，诸如相关领域的经验、文化程度、阅历、在行业内的地位等因素都将影响专家意见可采

[①] 参见毕玉谦：《民事诉讼专家辅助人制度研究》，中国政法大学出版社2017年版，第115页。

性的大小。二是证据规则的适用不同。普通证人所作证言仅适用于其所见所闻,具有不可替代性;而专家证人可以就案件事实作出自己的解释说明,具有可替代性,当事人可以自主选择信赖的专家证人。

2. 大陆法系鉴定人的角色定位

鉴定制度是大陆法系国家在诉讼中解决专业问题重点倚重的专家制度,我国专家制度也采取了该模式。鉴定人在大陆法系国家司法体系中具有较高法律地位,一般由法官予以委任,充当法官的助手、辅助人或被称为科学法官。[①]德国法学家卡尔·施密特将其定义为:受法官委托依专门知识提出报告或运用专门知识和法律上对事实的推论帮助法官形成认识的人。鉴定人最终的作用是利用专业知识、技能将法官难以理解的事实经过加工整理得出结论,转化为可被法官理解并运用的鉴定意见。

3. 日本诉讼辅助人的角色定位

在日本,诉讼辅助人也被称为辅佐人,是指"随同当事人、辅助参加人或诉讼代理人在期日一起出庭,并对这些人的陈述予以补充之人"。[②]在日本的司法实践中,辅佐人一般只在涉及专业问题时才被邀请参加诉讼,旨在弥补诉讼参加人专业知识的缺乏。辅佐人并无资格上的限制,也不具备独立的法律地位,其陈述只有得到当事人的认可才具有法律效力。

4. 域外经验的启发

通过观察域外专家制度的实践经验发现,各国对专家的运用并无统一模式,作用和法律地位主要是与其他诉讼参加人之间的关系比较而来。我们从中得到启发:要考察专家辅助人在我国检察听证中的定位问题,主要关涉与其他听证参加人之间的关系比较,需重点考察专家辅助人在检察听证中有没有独立的法律地位、作用能否被其他参加人替代或包含、是否体现独立意志等因素。

(三)与其他检察听证参加人的关系比较

参加检察听证的人员范围较为广泛,与案件无关的听证员及与案件相关

[①] 参见邹明理:《刑事鉴定若干问题比较研究》,载《侦查》1998年第4期。
[②] 唐玉富:《法庭之友:发现真实的扩展与限制》,载《西南政法大学学报》2011年第2期。

的当事人、鉴定人、证人、诉讼代理人等都可以参加听证，这也是举行检察听证实现"兼听"目的的内在要求。专家辅助人在听证中的角色定位与其他参加人的合理区分关系密切。

1. 专家辅助人与当事人的关系

对二者间的关系，学界主流存在"诉讼代理人"和"服务合同"两种学说。"诉讼代理人"说认为，二者是委托代理关系，因专家辅助人是在当事人的委托下开展诉讼活动的，没有独立的法律地位，只是当事人的委托代理人。[1]"服务合同"说则认为，专家辅助人是为当事人提供服务，其作用是根据当事人的要求对鉴定意见进行质证或对专业问题作出说明。笔者认为，上述两种说法均没有考虑到专家辅助人基于"专家"身份的客观中立性，其在专业问题的分析中具有相对的独立性，故在检察听证中，专家辅助人应当具有独立的法律地位。

2. 专家辅助人与鉴定人的区分

两者间存在一些相似之处，如都是具备专业知识和技能的人，需要对案件中的专门问题作出分析和解答。但是，专家辅助人与鉴定人的区别也比较明显。首先，作用不同。鉴定人主要的职责是利用专业知识和专业设备对涉案事实予以分析和解读，作用在于"发现真实"；专家辅助人主要是帮助当事人对鉴定意见进行质证，作用在于"辅助质证"。[2]其次，工作方式不同。鉴定人的工作成效最终是以鉴定意见来体现，专家辅助人要通过参加诉讼、听证等对鉴定意见发表质证意见来体现。最后，在司法鉴定中的地位不同。专门问题从提出到最终被采纳，需要经过两次飞跃。先要实现从证据材料到鉴定意见的飞跃。将一般人无法理解的证据材料加工成通俗易懂的鉴定意见，该过程由鉴定人来完成；紧接着，鉴定意见经过专家辅助人的质证最终被法院或检察院予以甄别后采纳。可见，在司法鉴定制度中，鉴定人是核心，专家辅助人居于辅助地位。

---

[1] 参见赵珊珊：《制度建构的进步与立法技术的缺憾——刑事诉讼法修正案"证人制度"评述》，载《证据科学》2011年第6期。

[2] 参见毕玉谦：《民事诉讼专家辅助人制度研究》，中国政法大学出版社2017年版，第133页。

3. 专家辅助人与证人的区分

专家辅助人与证人的共同点是都为当事人的举证提供协助，都能对参加听证的检察人员的判断产生影响。二者的不同之处在于：证人是案件的亲历者，只能对案情作出客观描述，受意见证据规则的约束，不能作出独立判断，具有不可替代性；专家辅助人需对专业问题进行分析判断，形成自己的意见，不受意见规则的限制，具有可替代性。因此，二者是不同的检察听证参加人。

4. 专家辅助人与诉讼代理人的区分

在检察听证中，二者皆可以得到当事人的委托，发挥一己之长，以增强当事人的能力，这是二者的共性。区别也较为明显。诉讼代理人一般由律师等法律专业人士充任，专长是法律知识与技能，专家辅助人是通晓法律外学科诸如医学、知识产权、信息技术等知识的专业人士。诉讼代理人可以受当事人全权委托替代当事人出席听证，专家辅助人不能完全替代当事人，仅对专业问题的解答提供帮助。

（四）专家辅助人在检察听证中角色的整体考量

笔者认为，在检察听证中，尽管专家辅助人或受检察院指派、聘请，或受当事人委托，但并不因此丧失独立性，其功能和作用也并非其他参加听证的人所能替代。相反，专家辅助人作为具有特殊技能的一类群体，制度设计之初就是因需要平衡鉴定意见单方性倾向而存在，具有"准鉴定人"的属性。专家辅助人受职业道德及检察听证程序约束，其仍然是科学代表人，在处理专业问题时理应保持客观和理性。专家辅助人的意见最终会对检察人员形成约束，检察人员需在审查报告中说明采纳专家意见与否的理由。总之，专家辅助人在检察听证中具有"准鉴定人"的角色定位，是不依赖其他参加人而存在，具有独立地位的听证参加人。同时，检察听证的核心主体应是检察院与当事人，专家辅助人在其中起帮助作用，居于次要地位。

三、专家辅助人在检察听证中的功能分析

专家辅助人在检察听证中所起作用要通过其发表的意见来实现。因此，

要确定专家辅助人在听证中的功能,焦点问题是要明晰专家辅助人意见自身的法律属性及其功能的实现方式。

(一)专家辅助人意见的法律属性

专家辅助人对鉴定意见或对专业问题所发表的意见究竟能否作为独立的一类证据加以认定,即是否具有类似鉴定意见的法律地位问题,《刑事诉讼法》《民事诉讼法》均未作出规定,学界对此也争议不断。肯定说与否定说都没有形成优势认知,导致司法实务操作上的混乱。

肯定的意见也不尽相同。一种观点认为,专家辅助人的意见应作为一种证据使用,属于专家证言的范畴。支持该结论的学者通常从专家证人的概念出发,分析其所发表的意见对鉴定人鉴定意见的作用和影响,进而论述作为专家证言使用的方式方法等问题。如有学者认为,诉讼辅助人意见仅在对与案件相关的专业知识事实发表的意见才具有证据性质。[①]有学者主张,专家辅助人的意见应属于证据中的"鉴定意见",其理论根据是《刑事诉讼法》第 197 条"有专门知识的人出庭,适用鉴定人的有关规定"。

持否定观点的学者一般认为,专家辅助人参与诉讼的目的主要是协助办案者对鉴定问题作出独立判断,并不具有证据法上的证据效力。其作用仅是帮助司法办案人员获取信息的一种渠道,不是法定的证据类型。

笔者认为,无论是在听证中还是在诉讼中,专家辅助人的地位都是独立的,所发表的意见应与其法律地位相一致,具有证据属性。与此同时,鉴于上文的分析,专家辅助人具有"准鉴定人"的法律地位,专家辅助人制度是鉴定制度的组成部分。相应地,专家辅助人的意见应当属于鉴定意见的范畴,其理由有以下几点:

首先,两者性质一致。我国效法大陆法系国家,将鉴定意见规定为法定的证据种类。鉴定意见与专家辅助人意见的性质具有内在一致性。二者通常都是以书面形式对专门问题发表意见,具有言词证据的属性。都是对专业问题基于科学常识和技术手段形成结论,形成过程具有科学性、客观性。就立法本意而言,专家辅助人制度就是作为鉴定人制度的有益补充而呈现,具有

[①] 参见郭华:《专家辅助人制度的中国模式》,经济科学出版社 2015 年版,第 177 页。

天然的一致性。

其次，参加听证的当事人地位的平等性决定专家辅助人意见应属鉴定意见。《刑事诉讼法》规定了对专家辅助人的出庭，参照适用鉴定人的制度。立法上即明确了专家辅助人"准鉴定人"的法律地位，其在检察听证、参加诉讼等活动中，应参照适用鉴定人的作证权利、承担作证义务。从控辩平等的角度考虑，控方出具的鉴定意见与辩方出具的专家辅助人的意见应具有相同性质，更具有合理性。

最后，专家辅助人意见归属于鉴定意见可更好地保障案件实体正义的实现。司法实践中，无论在检察院审查阶段还是在法院庭审阶段，若将专家辅助人的意见仅视作"当事人的陈述"，其被采纳的概率相较于鉴定人鉴定意见将极大降低。个中原因既源于专家辅助人身份的非官方性，也源于其意见证据属性的非法定性。若将专家辅助人意见纳入鉴定意见的范畴，则为意见的作用发挥提供制度支撑，有利于司法公正的实现。

（二）专家辅助人在检察听证中的功能实现方式

专家辅助人在检察听证中所起作用主要通过意见效力来体现，作用方式一般有三种：其一，不参加听证，协助当事人分析鉴定意见及解决专业问题。专家辅助人不参加听证，仅在听证前对案件所涉鉴定意见提供参考意见，为当事人在听证会上的质证提供帮助。其二，不参加听证，仅提供书面意见。专家辅助人运用其专业技能协助当事人对鉴定意见的科学性和可信度进行分析。此种情形下，专家辅助人意见的效力不单独呈现，而是作为当事人、辩护人、诉讼代理人等的意见的构成部分发挥作用。其三，参加听证，发表意见。此种方式应是最常用的方式，最能发挥专家辅助人的专业特长。在听证会现场，通过口头及书面形式对鉴定意见提出质疑或对专业问题发表看法，当场接收检察人员及其他当事人的询问，能达到意见效力的最大化，与听证会开放公正的内在要求相贴合。

（三）专家辅助人意见在检察听证中的功能

专家辅助人制度作为鉴定制度的重要组成部分，其功能一般被认为是通过对鉴定意见提出质疑来实现。然而，仅强调质疑的功能则有失偏颇，实际上，专家辅助人意见属于鉴定意见的范畴，在检察听证中具备肯定和质疑的双重功能。

一方面，专家辅助人当然地可以提出对鉴定意见的否定性看法，质疑鉴定程序、鉴定手段及鉴定意见等方面存在的问题，从而削弱鉴定意见的证据效力，影响参加听证的检察人员对该证据的采信。另一方面，不排除专家辅助人意见对鉴定意见存在部分或全部的认同和肯定。在专家辅助人因一方当事人聘请而对鉴定意见提出质疑的情况下，鉴于专家辅助人立场具有的相对独立性，肯定一部分而否定另外一部分的情况极有可能出现。在受检察机关委托参加听证的场合，专家辅助人主要的作用是对出现争议的鉴定意见或难以理解的专业问题作出判断、解释，此时出现完全赞同鉴定意见的情况也在情理之中。

此外，如前文所述，专家辅助人意见也应属于鉴定意见的范畴，具有独立的证据效力，在没有鉴定意见的场合，其本身也可被视作具备鉴定意见的效力。如2012年发生在福建厦门的宠物狗索赔案。原告的拉布拉多犬在过马路时被肇事司机撞死，原告要求索赔，认为拉布拉多犬价值4.5万元，加上精神损害抚慰金等总计8.45万元。保险公司对宠物狗的价值认定表示质疑，请求法院做司法鉴定。法官经了解后发现，鉴定机构无法对宠物狗的价值做鉴定。最终，法院委托公安部南京警犬研究所的一名警督出具了专家意见，据此才得以作出最终裁决。[①]

综上所述，专家辅助人在参加检察听证的过程中具备独立的身份，具有"准鉴定人"的法律地位。其发表的意见不仅具备质疑鉴定意见的功能，同时，作为鉴定意见的组成部分，也具备肯定鉴定意见甚至在缺乏鉴定意见的情况下，直接作为证据予以采纳的效用。正确认识专家辅助人在检察听证中的地位、功能，对充分发挥专家辅助人的专长具有重要的司法实践意义。

[①] 参见陈捷、辽远：《狗被撞死索损失　厦门法院首次请专家证人出庭鉴定宠物价值》，载《海峡导报》2013年12月14日。

论民事智慧检务及其发展方向

张 驰[*]

摘 要：民事智慧检务是保证民事检察工作健康、快速、跨越式发展的重要技术支撑，有利于全面提升民事检察监督质效，统一检察监督标准，全面实现完整监督与精准监督的目标。未来民事智慧检务的发展应当坚持贯彻习近平总书记关于三个"更加注重"的重要指示、满足民事检察监督业务的特殊需要、保持与智慧审判协调发展的基本原则，并在打破智慧司法的"数据鸿沟"，由一些办案人员引领开发，强化对智慧司法本身的审查和监督等方向上有所发展。

关键词：民事检察 智慧检务 人工智能

一、民事智慧检务的重要意义

民事智慧检务是检察机关在"互联网+"背景下将互联网、大数据、区块链、人工智能等新兴技术应用于民事检察业务当中的重要举措和形式，是"四大检察"智慧检务系统中的重要组成部分，是保证民事检察工作健康、快速、跨越式发展的重要技术支撑手段和配套制度保障。其在功能上既可以服务于各级检察机关中民事检察部门的日常司法行政管理工作，也可以服务于各类具体民事检察业务中的司法办案工作。近年来，随着整个检察系统智慧检务工作的不断推进，作为一个特殊子系统的民事智慧检务也有所发展，并在部分地方的实践探索中取得了可喜的成绩。如绍兴市检察院借助自主研

---

[*] 张驰，最高人民检察院检察官助理。

发的"民事裁判文书智慧监督系统"对当地30余万份民事裁判文书进行大数据分析,从中发现了大量虚假诉讼类案件的线索并启动了有效的监督,从而做到了个案监督与类案监督并重,依申请监督与依职权监督并行,初步实现了民事检察监督的转型升级。[①] 也有检察机关利用具备深度学习能力的文本分类算法模型来从互联网上的海量公开信息中主动采集和筛选民事检察监督线索,以解决民事检察业务案件监督线索较少、案源不足的问题。[②] 总体来看,民事智慧检务的充分发展对于民事检察监督工作具有以下几个方面的重大意义:

(一)有利于全面提升民事检察监督质效

最高人民检察院在民事工作要点中已经明确提出要"充分运用信息化智能化手段推进民事检察工作。研发关键信息自动抓取软件,推进案件线索收集信息化。积极推进智能检务建设,提升民事检察监督质效"。一方面,民事智慧检务系统可以借助语音识别、文本信息智能提取、智能辅助阅卷等技术实现电子卷宗随案同步生成,极大地节约办案人员花费在谈话记录、案卷制作、文书校对等机械性事务工作上的时间和精力,从而可以让办案人员更加专心地投入处理专业性事务的工作中,以利于提高办案质量。另一方面,民事智慧检务系统也能够借助远程视频询问和数字化出庭等应用程序来延伸和拓展检察人员的办案空间,不但可以使办案人员利用互联网办案平台及时调阅、查看偏远地区的案卷材料,也可以方便其随时随地借助便携式设备和应用软件与相关人员进行实时沟通、文书传递、手续办理等协调办公,从而赋予办案人员更多克服时空限制的办案能力,全面提升民事检察业务的办案效率。

(二)有利于实现监督标准的统一

由于缺乏充分的互联互通、数据共享以及人工智能辅助,传统的民事检

[①] 参见曾于生、黄昶盛:《以信息化为引领合力打造虚假诉讼监督新模式》,载《人民检察》2019年第14期。

[②] 参见王宏堃:《互联网+民事检察:应用人工智能实现民事检察监督线索的监测与发现》,载《新时代民事检察的理论与实践——第十五届国家高级检察官论坛论文集》,中国检察出版社2019年版,第789—799页。

察监督工作难免会因为具体办案人员的能力、素质差别,以及所处外部环境发展的不平衡等因素而出现零散化、碎片化的特征,各地区在监督理念、监督标准和监督效果等方面也会存在巨大差异。先进的民事智慧检务辅助办案系统可以依赖于集合海量相关案例形成的大数据,运用人工智能手段来分析、提取、整合、抽象大多数办案人员对某个法条、理论、证据类型、证明模式等案件关键要素的分析角度、推理过程和基本态度,从而提炼出最能够被普遍认可的办案思维模式、逻辑论证过程、案件事实认定,以及相关法律适用的一般标准。[①]一旦统一的智慧检务系统能够在全国各级检察机关得到推广适用,则各地检察机关在监督理念、能力、方法等方面的差异将会很容易通过方便、快捷的技术支持加以抹平,从而保证全国范围内的法律监督标准、监督效果实现真正的统一。

(三)有利于全面实现完整监督和精准监督的目标

民事检察监督所针对的民商经济案件是社会生活中涉及范围最广,发生频率最高的案件类型,使民事检察部门在理论上将要承担整个检察系统中最大的监督案件负荷。然而,现实情况则是民事检察部门不但与对应的人民法院民事审判部门相比在机构设置和人员数量上存在巨大差距,而且在检察系统内部也属于"轻量级"的部门,因此其实际的案件监督数量只占理论范围中的很小比例,根本无法实现完整监督的目标。此外,民商经济法也是各类法律渊源、相关案例、法学理论、实践经验等法律知识数量最多、更新速度最快的部门法,使民事检察办案人员因此承受着较大的法律知识更新压力。一旦办案人员的知识储备出现陈旧、落后和局限等问题,精准监督的目标也就显然无法实现。因此,只有智慧检务才能破解民事检察案多人少的矛盾,通过先进的科技手段来弥补个体办案人员在体力、智力方面的局限性和滞后性。也只有借助大数据、人工智能等手段才可能使对所有类型的天量民商经济案件进行自动监督、筛查,从而实现民事检察监督的完整性目标。也只有借助先进的民事智慧辅助办案系统才有可能及时为办案人员推送最新、最完整、最相关的法律规范和参考性案例,并对办案人员可能作出的错误决定及

---

① 参见潘庸鲁:《人工智能介入司法领域的价值与定位》,载《探索与争鸣》2017年第10期。

时预警，以此来保证民事检察监督的正确性和精准性。

二、发展民事智慧检务的基本原则

民事智慧检务是现代科技与司法制度和民事检察业务相结合的新生事物，目前仍然处于发展和探索阶段，国内外也很少有成熟的理论和经验加以借鉴。为保证其发展方向的正确性，未来的民事智慧检务工作应当至少坚持以下几个基本原则：

（一）坚持习近平总书记关于三个"更加注重"的指示，服务于"智慧司法"系统的总体发展目标

2021年1月，习近平总书记对政法工作作出重要指示时强调政法机关在"十四五"期间的各项工作应当"更加注重系统观念""更加注重法治思维""更加注重强基导向"，这实际上也是给民事智慧检务工作的未来发展提出了总体的思路和要求。因此，未来的民事智慧检务工作首先要更加注重系统观念，必须从宏观角度找准自身在整个智慧司法大系统中的层级定位和功能属性，在进行发展、创新的同时必须保证在基本的设计理念、功能模块、运行系统、软件版本等方面做到能够与整体的智慧检务、智慧司法系统之间保持一致或有效衔接，避免因重复建设产生的浪费和碎片化的创新造成的系统间矛盾与冲突。其次，民事智慧检务建设要更加注重法治思维，避免将民事智慧检务定位为一项纯粹的科学技术性工作，明确其是社会主义法治建设过程中的重要组成部分，始终坚持在系统构建的各个方面和环节都贯彻和体现习近平法治思想和社会主义核心价值观。不但在系统的建设目标上要服务于社会主义法治事业，而且其建设过程本身也应当符合现代法治理念，在自身建设的同时也要积极推动相关的立法建设，保证智慧检务能够在正式、合法、科学的上层规范性文件指引下统一、有序、协调开展，避免"遍地开花""各自为政"的"运动式""应急式"工作方式和由此导致的浪费和冲突。最后，民事智慧检务还要更加注重强基导向，即牢记民事检察工作所承担的"努力让人民群众在每一个司法案件中感受到公平正义"的基本使命，确保该系统的内容和功能符合党和人民对民事检察工作的基本期待和要求，努力使广大基层群众获得最优质的民事法律监督产品，为一线办案人员提供

最高效、便捷的专业辅助服务。

（二）关注民事检察监督的特殊性，满足民事检察工作的特殊需求

民事智慧检务虽然也应当包括语言信息识别、电子卷宗自动生成、统一办公平台等智慧检务的通用功能，但由于民事检察业务在监督对象、案件来源、办案手段等方面具有许多特殊性，相应地，民事智慧检务还必须具备一些能够有效解决民事检察工作中特殊困难的专有功能。例如，无论是大数据信息抓取，还是人工智能辅助办案都离不可完整、可靠、具有足够体量的案例数据作为实现以上功能的基础。由于检察机关在刑事诉讼中同时承担着特定类型案件的侦查职能、绝大多数案件的公诉职能和所有案件的法律监督职能，使其实际办理的刑事案件数量要大于人民法院的案件数量，并接近于公安机关的刑事办案数量，因此可以自身办理的案件为主体构建独立的大数据案例库和相应的智慧辅助办案系统，因此，目前的智慧检务系统在服务刑事检察业务方面的功能和效果显得更为突出。但检察机关在普通民商事案件中并不具有当事人的身份，其对民商事案件的介入方式主要以事后监督为主。除少数支持起诉、公益诉讼、刑事附带民事诉讼的案件之外，民事检察部门并不掌握绝大多数民商事案件的诉讼材料和诉讼过程，因此根本不可能仅靠自身办理的案件来搭建具有足够体量和完整程度的大数据案例库，由此导致以此类数据库为基础的人工智能辅助办案系统也无法通过对足够数量案例的反复学习、演练、纠错来提升在逻辑推理、事实认定和法律适用等方面的智能程度，从而使当前的民事智慧检务在准确性、完整性和有效性上还无法满足现实工作的需求。未来民事智慧检察系统的发展显然应当在充分了解民事检察特殊规律的基础上，探索、开发能够有助于解决民事检察工作困难的独有功能和特殊技术手段，使民事智慧检务真正成为民事检察监督工作的有力帮手。

（三）关注智慧审判的最新发展成果，保证民事智慧检务与民事智慧审判的同步协调发展

智慧审判与智慧检务同为我国"智慧司法"的重要组成部分，同时也是检察监督的重要对象之一，因此必然对智慧检务的发展方向、功能设计、质效评价等方面产生巨大的影响。近年来，以知识产权法院、互联网法院、金

融法院为代表的专门法院数量和类型都有显著增加，且其管辖的案件类型恰恰都是属于民事检察监督的对象范围之内。设立专门法院的法律效果不仅仅体现为对特定类型民商事案件的集中管辖，而且往往也包含着一定程度的实体与程序性规则的创新和发展。如互联网法院的产生就带来了立案、审理、举证、执行等一系列新的工作模式和诉讼规则，尤其是因新冠肺炎疫情防控而导致的线上审判模式的推广正在推动诉讼参与各方在证据提交、请求说理、法理证明等方面发生着悄然的改变，最终将会引发当事人的诉讼方式和人民法院的审判模式都发生重大的改变。总体来看，智慧审判的发展既给民事智慧检务提供了宝贵的经验，需要民事智慧检务认真、全面地学习、参考和借鉴，同时也给民事智慧检务工作提出了重大的挑战和更高的要求。未来的民事智慧检务应当在工作理念、工作模式和工作方法等方面与智慧审判的发展相适应，甚至还要保持适度的先进性和前瞻性，以此来保证民事检察监督工作的正当性和有效性。

三、民事智慧检务的发展方向

虽然近年来我国智慧检务已经取得了长足的进步，但以语音自动识别、电子卷宗制作、法律资料检索、诉讼文书自动生成为代表的通用功能在总体的智慧程度上仍然处于弱人工智能阶段，而对办案人员帮助最大的案件事实比对与认定、法律关系与构成要件的分析与定性、参考案例的自动筛选与推送等辅助办案功能的智慧化程度还有待提高。除了应当尽快解决实践当中普遍存在的盲目追求智能范围的广度而忽略深度、忽视司法活动的多元化与差异性、技术开发与一线需求断层等问题[①]外，未来的民事智慧检务还应当确定以下几个基本方向：

第一，打破智慧司法系统内部的"数据鸿沟"，通过搭建统一的政法系统办案平台来链接各个智慧司法子系统中的"数据孤岛"，实现各政法机关之间的数据共享和互联互通。为了有效提升司法公开的范围和人民群众参加诉讼的便捷程度，智慧法院建设在近年来已经取得了一系列较为丰硕的成果，如中国审判流程信息公开平台、中国庭审直播公开平台、中国裁判文书

---

① 参见杨焘、杨宁：《现实与理想：检察机关智能建设现状考察与未来展望——以Z市G区检察院智慧检务试点为分析样本》，载《西南政法大学学报》2021年第2期。

公开平台、中国执行信息公开平台、最高人民法院诉讼服务网、全国企业破产重整案件信息网、中国司法案例网、全国法院诉讼活动通知查询网、中国司法大数据服务网、人民法院调解平台、人民法院诉讼资产网等一系列智慧办案系统和司法公开平台。如能够在科学、全面、充分论证的基础上，法院系统与检察系统之内进行深入、友好地沟通与合作，根据相关法律规定和公认的司法规律、司法理念来科学划分智慧审判与智慧检务各自的功能定位、侧重方向和业务范围，统一司法大数据的规格标准，实现司法大数据的共享和平台系统之间的互联互通，则既可以为民事诉讼监督提供新的方法和途径，有效解决制约民事监督对象不完整的难题，也可以为民事智慧检务的充分发展提供具备足够体量的相关案例大数据库，提升民事智慧检务系统的学习、模拟、辅助办案能力，推动民事智慧检务尽快由当前的弱人工智能阶段提升到强人工智能阶段，甚至是超强人工智能阶段，从而使民事智慧检务的发展程度达到质的飞跃。

第二，加强民事检察办案人员与技术人员之间的深度沟通、合作，培养同时精通民事检察业务和前沿智慧检务技术的复合型人才，坚持由办案人员为主导共同开发符合民事检察特有规律的民事智慧检务子系统。不可否认的事实是，当前智慧检务系统的开发实际上以外部科技公司与检察院内部的技术人员为主，而真正作为用户的一线办案人员则几乎没有参与研发。① 其结果就是，当前智慧检务只是在实现文书制作、语音识别、要素提取等通用功能上取得了较大的突破，但在实际帮助解决特定专业问题的专有功能方面还缺乏高质量的成果。事实上，民事检察监督业务在监督的目标理念、对象范围、案件性质、法律渊源、办案流程、数据统计等方面与其他检察业务之间存在巨大的差异，只有实际一线办案人员才最了解民事检察监督工作的特殊规律、特殊需求和特殊困难。要想达到民事智慧检务的专业化、多样化、个性化、智能化目标，就必须保证一线办案人员在民事智慧检务开发过程中的引领和主导地位，确保该子系统的特殊功能满足民事检察监督工作的实际需要。

第三，加强对智慧审判、智慧检务本身所依赖的大数据、人工智能技

---

① 参见杨焘、杨宁：《现实与理想：检察机关智能建设现状考察与未来展望——以Z市G区检察院智慧检务试点为分析样本》，载《西南政法大学学报》2021年第2期。

术的审查和监督。当前智慧检务、智慧审判的一个重要发展趋势就是运用人工智能技术在帮助办案人员进行案件事实重构、法律关系认定、准确条文适用，甚至是实体处理结果作出等领域进行深度介入。不过，智慧司法的科学性、有效性、合法性在很大程度上取决于其所依赖的司法大数据是否完整、准确，以及对这些大数据进行分析、提取、使用的相关算法是否科学、正当和透明。随着智慧司法系统功能的不断延展和其对司法人员的影响程度持续加深，其背后所依赖的算法规则也越来越类似于正式的法律规范对案件的处理结果发挥着实质性的决定作用。与此同时，智慧司法通过类案推送、裁判比对、数据分析等辅助办案系统给予办案人员更多的提示、指引，并对偏离度过大的案件自动预警、及时评查，以最大限度地实现"类案类判"。智慧司法的这些功能虽然有助于在形式上强化办案过程与结果的客观性、统一性，[1]但也极大地限制了办案人员的主观能动性和自由裁量权的行使，甚至可能因过度使用机械性的逻辑推理而压缩、取代正常人类情感和朴素正义观念的适用空间，存在以"数据决策"替代"办案人决策"的风险。[2]因此，未来的检察监督不仅要监督司法人员的办案过程和案件的实体处理结果，还应当对智慧司法系统所依赖的大数据库的真实性、完整性，以及算法规则的透明性、合理性、局限性进行分析研判，避免因过度依赖算法而导致的"机械司法"，以保持智慧司法本身的正当性和有效性。

---

[1] 参见田幸、成立、王平荣：《人工智能带来的司法革命》，载《人民司法》2019年第7期。

[2] 参见季卫东：《人工智能时代的司法权之变》，载《东方法学》2018年第1期。

大数据与民事检察工作融合模式研究

徐 赟*

摘 要：大数据与民事检察工作融合模式是检察机关立足民事检察职能，运用大数据思维理念和技术工具，从事业务工作的基本方式方法，是对民事检察数据汇聚、整合、应用等方面的一定调整、重塑与创新。大数据与民事检察工作融合具有其必要性和可行性。本文针对大数据与民事检察工作融合中存在的问题，提出了其工作融合模式的建议：以开放理念为先导，以数据治理为底座，以法律法规为基准，以应用事实为依据，以内外协同为中枢，以队伍建设为保障。

关键词：大数据 民事检察 智慧检务 数字化转型 融合模式

一、基本概念

（一）大数据

大数据（big data）是经特殊技术与新处理模式处理的，具有更强决策力、洞察发现力和流程优化能力的，海量、高增长率和多样化的海量数据集。[1]其包含三项内容：一是技术，是指能够使计算能力和算法精度最大化的技术；二是分析，是指通过数据的筛选和对比而进行分析的工具；三是方

---

* 徐赟，上海市金山区人民检察院第五检察部检察官助理。

[1] 参见陶建平：《"智慧检务"建设的分析与展望》，载《中国检察官》2020年第1期。

法论,是指认为大数据能够产生更加真实、客观和精准的结果的一种理念。①

(二)大数据与民事检察工作融合模式

大数据与民事检察工作融合模式是检察机关立足民事检察职能,运用大数据思维理念和技术工具,从事业务工作的基本方式方法,是对民事检察数据汇聚、整合、应用等方面的一定调整、重塑与创新。

二、大数据与民事检察工作融合的必要性与可行性

(一)大数据与民事检察工作融合的必要性

1. 推进智慧检务建设之需要

第十五次全国检察工作会议上,张军检察长提出,务实推动检察工作高质量发展,要把科技强检作为重要支撑。智慧检务建设要有更高目标——引领、助推检察工作高质量发展。要更加贴近基层检察办案,切实遵循科学化、智能化、人性化原则,让一线检察人员有切切实实的获得感。②作为智慧检务重要依托的大数据技术,其与民事检察实务的深度融合,是智慧检务建设的应有之义。

2. 实现上海城市数字化转型之需要

2020年底,上海市委、市政府公布《关于全面推进上海城市数字化转型的意见》,明确城市数字化转型的总体要求。《意见》指出,要坚持整体性转变,推动"经济、生活、治理"全面数字化转型……把牢人民城市的生命体征,打造科学化、精细化、智能化的超大城市"数治"新范式。民事检察工作的数字化转型,是切实履行法律监督职责,推动城市社会治理新范式的必然要求。

3. 做强民事检察工作之需要

最高人民检察院在《"十四五"时期检察工作发展规划》中强调,检察机关"十四五"时期要做强民事检察……精准开展民事裁判结果监督……健全虚假诉讼防范、发现和制裁机制……深入推进民事执行监督,加强执行与

---

① 参见吴伟光:《大数据技术下个人数据信息私权保护论批判》,载《政治与法律》2016年第7期。
② 参见陈章、张宁:《智慧检务:引领助推检察工作高质量发展》,载《检察日报》2021年2月20日,第1版。

监督信息法检共享平台建设。[①] 通过大数据技术赋能，可实现海量裁判文书信息筛选，发现个案难以识别的虚假诉讼线索；对比分析、类案推送功能可辅助查找异常裁判结果，实现民事裁判结果精准监督；信息共享平台建设，可进一步畅通数据流转渠道，为民事检察数据应用提供支撑。

（二）大数据与民事检察工作融合的可行性

1. 上海检察大数据应用基础较为扎实

近年来，上海检察大数据的主要应用：

一是研发上海刑事案件智能辅助办案系统（以下简称206系统）。该系统配套制定上海刑事案件证据收集、审查规则，确保证据标准的一致性；其配套改造项目具备知识索引、智能阅卷、证据链审查、文书生成、卷宗下载、案件流转等功能。系统自上线以来，保持稳定运行。目前已实现试点范围内特定罪名电子卷宗的单套制流转。

二是推进统一业务应用系统2.0版全市部署应用。上海市人民检察院协调开发专门接口，实现与206系统数据交互；在最高检支持下，对系统2.0版数据库表、业务字段进行分析、梳理、研发，为检察官全流程业绩考评、基层院考核等本地应用提供数据支持。

三是开发公益诉讼线索收集和智能推送平台。该平台对接了包括全国检察机关统一业务应用系统、举报平台、行政执法和网络信息等多个数据源，目前试运行阶段每天自动收集约4000条数据。[②] 较大程度地缓解了公益诉讼线索的收集、筛查难题，促进办案起点由找线索向筛线索转移。

四是参与上海市公共数据资源平台数据共享。为强化业务协同办理，上海市政府制定《上海市公共数据和一网通办管理办法》，由上海市大数据中心组织实施一网通办工作，建设大数据资源平台。其依据需求清单，确立公共数据资源四大基础库：人口库、法人库、空间地理基础信息库、常用电子证照库，开展数据汇聚、治理工作，促进公共数据整合应用。上海市人民检

---

① 参见徐明、戴佳：《培育权力监督与权利救济相结合的民事检察思维》，载《检察日报》2021年4月17日，第2版。

② 参见刘潇潇：《从大数据模型看公益诉讼线索筛查原则》，载《检察日报》2020年9月24日，第7版。

察院参与公共数据平台共享,拓宽了办案关联数据的获取渠道。

2.兄弟省市的成功经验可提供借鉴

例如,浙江省绍兴市人民检察院自主研发的"民事裁判文书智慧监督系统",对近三年来绍兴法院系统……民事裁判文书进行大数据分析,重点挖掘借贷纠纷等四类案件……形成了"智能排查—人工审查—深入调查(移送侦查)—判决监督"的"四步法"裁判监督模式,将民事检察从个别、被动的监督转变为全面、主动的监督。[①] 又如,内蒙古自治区赤峰市检察院搭建的电子卷宗共享平台,可调取法院民事监督类案卷,节省了卷宗调取的在途时间。

三、大数据与民事检察工作融合问题

(一)民事检察数据汇聚难度大

数据源是数据应用的起点。目前,民事检察工作所需数据尚未从来源上实现有效汇聚。一是数据来源较为复杂。若将民事检察数据分为内圈、中圈、外圈。内圈即指检察机关内部数据。其数据主要源于统一业务应用系统,但仍有部分数据散落于其他应用管理系统中。中圈可视为政法机关数据。其数据主要源于法院,也有小部分的其他司法机关数据。外圈为政务机关及外网数据。如行政机关数据、银行财产信息、网络舆情信息等。二是数据交互机制尚不完善。例如,民事检察调卷问题。虽有206系统协同通道,但仅限于刑事诉讼流程。民事检察所需法院材料仍以线下调取为主。再如,案件关系人财产信息查询问题。同样也采取了个案线下调取的传统方式。办案时间、距离成本较高。三是系统、平台间的数据接口问题。特别是检察机关外部数据,是否能够实现线上数据交互,有待技术进一步评估、开发。数据汇聚难度大,单个数据源数据量小,不利于以海量为特征的大数据分析、碰撞技术的发挥。

(二)民事检察数据整合相对欠缺

民事检察数据整合问题表现在:一是数据标准不一致。民事检察数据

[①] 参见曾于生:《借力人工智能打造民事裁判监督新模式》,载《检察日报》2019年8月4日,第3版。

来源多，数据所属系统因研发时期、研发主体、研发目标差异，数据标准不一，数据类型混杂。二是数据重复。在一些业务关联、需求相近的应用系统中，存在数据重复的情况。三是数据填录质量参差不齐。案件信息查询时，若遇案卡填录错误、不准确，将直接影响检察人员对案情的研判。强化数据整合，让单套标准化数据适用于各系统应用场景，有助于找准民事检察与刑事、行政、公益诉讼检察业务的契合点，实现业务对接，开展部门协作。

（三）民事检察大数据应用不足

1. 业务辅助应用不足

经梳理检察基础业务流程，可以发现，线索筛查、案卡填录、远程视频、阅卷、案例检索等均为四大检察通用业务应用场景。其中，案卡智能回填、智能阅卷在206系统中有所开发应用，线索筛查功能在公益诉讼线索收集和智能推送平台体现。而民事检察业务对通用能力的借鉴较少。

2. 业务系统应用不足

支撑民事检察核心办案需求的大数据应用存在空白点。事实上，民事检察不乏核心需求与痛点。如知识查询服务、类案推送、流程管理等问题，均待解决。然而，上述业务需求并未转化为系统开发需求。究其原因：一是对大数据处理模式的不适应。部分检察人员习惯于原有办案模式，对参与大数据应用积极性不高。二是部分应用系统设计不智能、不科学。未真正贴合检察业务需求，导致检察人员在大数据应用中难有获得感。三是认识不清晰。对于检察人员能做什么，必须做什么，系统能协作什么，高效实现什么的认识、梳理不够。提出的需求不明确，无法转化为系统可实现的操作路径。四是对接不充分。应用系统开发过程中，检察业务人员需要分阶段跟进，进行需求对接。面对人案矛盾突出的现实，检察官除完成办案任务之外，投入大量精力于开发应用系统，无疑是加重负担。

四、大数据与民事检察工作融合模式

笔者认为，大数据与民事检察工作融合模式应当是以开放理念为先导，以数据治理为底座，以法律法规为基准，以应用事实为依据，以内外协同为枢纽,以队伍建设为保障。

(一) 以开放理念为先导

生活的数字化转型推动着社会基础规则(法律)的变化。与之相应,司法工作模式也应作出调整。大数据时代下,民事检察工作与大数据的融合是已然,也是必然。以开放理念接纳大数据,是对时代的顺应。同时,大数据能够完成传统人工统计无法胜任的工作量。认识到这一价值,唯有学习、应用,方能应对数据洪流的冲击,推进民事检察工作高质量发展。

(二) 以数据治理为底座

一是建立统一的数据标准、规范。设计数据规则就不同来源、类型的数据进行数据清洗,实现数据的标准化、规范化。二是将整合后的数据汇集到统一数据平台上,以此作为检务数据的资源池。三是以数据平台为中心,向外推送规范化数据。确保同一数据对外呈现时,形式标准,避免因不规范引起的歧义和解读困难。四是根据数据调用需求,设置民事检察数据主题库、专题库。例如,以人、案、物、组织、知识等划分主题库。主题库下设专题库。可将案主题划分为实体库、程序库和质效库。实体库以统一业务应用系统内设置的民事检察案件类型作细分。程序库依据案件各个流程、阶段划分。质效库以法律效果、社会效果、专项效果(以民事检察专项工作为要点,如扫黑除恶、保护营商环境等)分类。

(三) 以法律法规为基准

智慧检务要实现科学化,必须以法律法规为基石。大数据应用也只有符合司法规律时,才能具有强大的生命力。具体而言:一是要以民事诉讼法、民事诉讼监督规则为准则,规范系统流程。必要时,可绘制业务流程图,以供系统应用开发。二是要读懂民法典等民事法律法规内在的要素、逻辑。将法条之要素化,再辅之以业务、技术逻辑,形成模型算法。三是以民事法律法规构建类案知识图谱,以完善大数据的应用、展示。

(四) 以应用事实为依据

一是要立足于民事检察工作之实际需求与痛点,列明大数据应用的需求清单。二是要确认需求对应的现有业务规则（法律法规或制度机制）是否明确、清晰。三是要确认待开发的应用系统是否有现实基础，即是否存在同类已开发系统，以评估技术难度。四是厘清数据来源，确认数据可获取的渠道。五是考虑民事检察实际应用场景，测算业务复用度。结合系统应用、开发中的实际情况，确保论证结果的客观、真实。六是根据项目论证结果，划分近期、中期、远期项目。

（五）以内外协同为枢纽

1. 完善检察业务内部协同机制

一是强化民事检察部门与刑事、行政、公益诉讼检察部门线索双向移送机制，拓宽四大检察数据交换维度。二是建立"信息技术＋案件管理＋业务办案"协同联动机制。由民事办案部门细化需求，参与制定数据基础应用规则；案管部门审查数据，分析数据反映现象、趋势、问题。技术部门管控数据，确保数据交互、流转有序。三是形成市院、分院、区院三级院上下联动机制，盘活检察数据资源。

2. 探索推动与政法、政务机关数据资源更深层次共享

一是建立与法院等政法机关数据共享机制。立足于具体案件，实现审判、执行、监督数据全流程覆盖，延伸数据链条，为民事检察监督提供前后端数据依据。二是立足检察职能，梳理一网通办数据资源。与既有政务公共数据平台做好需求对接；类案、专项行动启动协商机制，确保数据来源充实，形成打击合力。

（六）以队伍建设为保障

组建大数据技术—业务专业团队，挖掘、培养既懂民事检察业务又懂大数据技术的复合型人才，推动办案需求向具体、可操作性技术语言转化，及时消解需求与应用不完全契合的难题。具体而言，一是要明确队伍定位及人员考核机制。二是提升项目管理能力，以对应不同工作任务，开展项目论证，做好人机分工。三是提升民事检察业务经验集成、实务规则提炼能力。引领者应为集大成者。以经验、能力集成型专业化大数据队伍助推民事检察高质量发展，为做强民事检察保驾护航。

民事检察"倒三角"现象的存在原因、危害及化解建议

徐 涛*

摘 要：民事检察"倒三角"现象长期存在有其制度层面、操作层面、实践层面等方面的逻辑必然，但是，民事检察"倒三角"现象导致多方面问题，危害民事检察监督事业健康发展，有必要下大力气予以化解。本文从民事检察案件繁简分流、民事检察官初任职规定、全面废止复查制度、时效筛选机制、推动精准监督类案监督等方面提出化解建议，供参考。

关键词：繁简分流 监督质量 常态管理 精细监督 监督优势

当前，民事检察监督领域存在办案"倒三角"现象，即基层检察院缺乏民事检察监督案件，越往上层级，案件量越多，但是检察官数量并没有因此向上增加，出现了比较严重的倒挂和不均衡问题。基层院缺案办，导致人员逐步被抽离到其他业务条线。随着经济社会发展，上级院"案多人少"矛盾日渐突出，大量案件矛盾上移，不能在当地消减。基层院与上级院案件办理数量与检察官配置呈现倒挂趋势，民事检察的"倒三角"现象较为严重，人员配备不符合办案实际情况需要。

一、民事检察"倒三角"现象形成的原因

民事检察"倒三角"现象，可以说，从民事检察监督制度建立的那一天

---

* 徐涛，青海省人民检察院检察官助理。

起就注定存在。只不过长期以来，不少人仅仅把这种民事检察"倒三角"作为一种现象，而没有过多负面评价它，也没有思考如何去解决它。民事检察办案的"倒三角"出现，并随着案件量的增加而变得越来越严重。进一步发展下去，可能加剧相对的基层院"人多案少"，上级院"案多人少"的尴尬局面，制约民事检察工作发展。

出现民事检察"倒三角"现象的第一个原因，也是最根本的原因，既是民事检察工作的客观规律所决定的，也是民事检察制度所决定的。民事检察业务也就是民事检察监督，主要有三方面：一是生效裁判监督；二是审判人员违法行为监督；三是执行监督。生效裁判监督的监督对象是生效裁判，我国实行两审终审制，只有极少数案件适用一审终审制。要进入民事检察生效裁判监督流程，无论是一审终审还是二审终审的案件都必须要经过法院再审程序，这是硬性要求。经过再审程序的生效裁判，绝大多数都经过了二审，经过二审就必然是由市州中级法院以上所作出。对于生效裁判监督，规定是由上级检察院和同级检察院进行监督，下级检察院无法进行监督，那么绝大多数生效裁判监督案件要由市州及以上检察院进行管辖。实践中，生效裁判监督案件占据民事检察监督案件的大多数，这就从制度层面上决定了民事检察"倒三角"现象的存在，并将随着案件量的增长而愈演愈烈。

第二个原因，复查制度的存在进一步加重了民事检察"倒三角"现象。复查制度不论是在民事实体法、程序法体系中，还是在《人民检察院民事诉讼监督规则》等司法解释中都没有规定。这项制度是作为检察机关的内部纠正程序而存在的，其法律效果彰显不足。民事检察监督环节对于当事人而言几乎零成本，民事检察人员付出大量时间精力，其中绝大多数案件作出复查维持决定。绝大多数复查案件，空耗时间精力，增加司法成本，影响其他案件时间精力投入，法律效果有限。实践中，出现这样一种趋势，办案量大的省为了提高司法效率，停止执行复查制度；办案量小的省，为了提高办案量，继续执行复查制度。法律是一项经验的累积，反思的凝练。每一个检察人员作为自然人，不可能面面俱到，人的精力总是有限的。要有时间让检察人员静下心来思考、反思，提高工作能力。复查制度的存在加重了检察人员投入在低效的重复劳动中的时间和精力，这必然导致运用在其他具备监督价值案件中的时间和精力减少。复查还有向上走的特点，由上级检察院对下级检察院的决定进行复查，进一步加重了民事检察"倒三角"现象。

第三个原因，上级检察院办案力量不足。对于检察机关公诉、侦查监督、执行监督、公益诉讼、职务犯罪检察等业务条线的检察官来说，去基层淬炼确实有利于新入额检察官加强业务能力培养，因为大量案件聚集在基层。但是，民事检察条线的大量案件在市州院以上，民事检察条线的新入额检察官去基层院任职并不能达到通过办理大量案件进行淬炼的可能。各条线新入额检察官一般到基层院任职，可能进一步减弱民事检察条线的办案力量。特别是司法体制改革后，办案以检察官为中心，可能加剧民事检察"倒三角"现象。

第四个原因，民事检察一体化办案机制存在客观困难和运行障碍。为了化解民事检察"倒三角"现象所带来的办案人员与案件数量错配现象，民事检察一体化办案机制不失为一种临时性解决办法，其主要意旨是上下一体化办案，借调、抽调基层院检察人员到上级院参加办理。这种体制虽然有助于缓解上级院的"案多人少"压力，但是这种方式存在缺陷。首先，它实际上部分打破了上下级检察院之间的相互监督关系，特别是在一些极端情况下，由于民事检察队伍本身人数较少，可能导致回避制度无法执行，违背监督程序，影响公正监督。其次，它只是一种临时性人事调整措施，受限于有关部门的政策要求变化，可能面临挑战，从而导致被借调、抽调人无法借调、抽调等情况。

二、民事检察"倒三角"现象的危害

民事检察"倒三角"现象的存在，不利于民事检察干警提高办案能力。民事检察"倒三角"现象的存在，使大量案件累积于市州院以上，民事检察办案人员没有充足的时间去反思和总结，因此法律经验累积较为缓慢，导致司法办案水平提高较慢，而办案水平提高较慢又会反过来加剧民事检察"倒三角"现象。

民事检察"倒三角"现象的存在，不利于案件公平处理。民事检察监督程序是当事人在《民事诉讼法》规定的所有司法环节中，所能寻求的最后一项司法救济手段，对于一些确有错误案件的当事人而言意义十分重大。民事检察监督环节处理应当更为慎重。但在实践中，民事检察"倒三角"现象的存在，导致"案多人少"现象，大量案件聚集于市州院以上，碍于人数的限制，民事检察人员并没有充分的时间，以更加从容、更加细致的方式查漏补缺，尽最大努力去维护司法公平正义。实践中可以发现这样一种倾向，面临"案多人少"矛盾，法官囿于投入一个案件的时间是不足的，得益于案件流程化处置的规范不断丰富，法官逐渐习惯于流程化处置案件，高效规范处理案件，这样的处置方式可以讲在大多数案件处理中并没有问题，但在少部分案件中却出现处理结论显失公平的情况。此时，检察机关应发挥"啄木鸟"的功能，精细化处置民事检察监督案件，发挥好最后一道司法救济闸门的效用。但检察机关同样面临"案多人少"矛盾，检察人员没有足够的精力和时间精细化处理案件，民事检察监督的法律作用发挥大打折扣。

民事检察"倒三角"现象的存在，造成司法资源的浪费。民事检察"倒三角"现象，其本质是司法资源与民事检察案件需要之间的不匹配。在民事检察实践中，由于申请民事检察监督程序乃至申请复查程序对于当事人而言几乎是零成本的，导致大量当事人倾向于申请民事检察监督程序。在经过一次民事检察监督程序后，相当数量当事人仍然选择继续寻求复查程序的支持，因为再进行一次复查程序对他们而言几乎是零成本的，而他们所期待的结果是案件朝着更利于自己的方向前进。这样增加的案件数量相当多是缺乏监督价值的案件，特别是复查案件，检察人员要付出同样的时间精力、适用同样的法律程序去做，但通过复查程序最终纠正的案件较少，浪费了宝贵的司法资源。

民事检察"倒三角"现象的存在，导致民事检察监督优势无法发挥。在民事检察监督领域，检察机关是监督者的身份，审判机关是被监督者的身份。监督者要体现监督效果，应当具有比监督者更高的水平，至少在面对民事检察监督个案时应当具有更高的监督水平，否则面对确有错误裁判和审判执行违法行为怎么纠正呢？民事检察监督又应当以怎样的姿态和资格去监督审判行为、监督生效裁判、监督执行行为呢？检察官相较于法官而言，至少有两点显著优势：一是检察官面临案件较少，有更多时间、精力去处理单个案件。二是法官办案累积易形成惯性思维，在个别案件中影响公正裁判，检察官既具备对当事人的公正裁判思维，也具备对法官的监督思维，可以通过发挥精准监督、精准发力的民事检察监督优势达到监督效果。但是，民事检察"倒三角"现象的存在，导致检察官相较于法官的监督优势无法发挥，无法实现精准监督，精细监督。

三、化解民事检察"倒三角"现象的建议

第一,建议推动民事检察环节的案件繁简分流。检察官面对的各个民事检察监督案件复杂度、难度是各不相同的,但无论是简单案件,还是复杂案件,其法律程序是一样的,并且复杂案件数量远低于简单案件数量。简单案件虽案情、法律关系相对简单,但法律程序并不因此简化,大量简单案件同样需要适用完整法律程序,这大大占用了检察官的办案时间和精力。相应地,没有充足的时间精力,耐心细致去分析、研究复杂案件,可能客观上导致复杂案件办理质量降低,同时具有广泛推广经验价值的复杂案件难以被研究透彻。因此,要化解民事检察"倒三角"现象,就有必要探索民事检察监督案件的繁简分流,考虑对简单案件进行程序简化。简化措施,比如简单案件无须询问申请人和其他当事人或举报人等有关主体,可径行采取文书监督模式。民事检察环节的简单案件怎么判断?检察监督作为审判行为的后续监督手段,可以采取"跟随制",审判环节采取简易案件办理程序的,原则上检察环节可得采取简易案件办理程序;但在当事人申请监督理由存在法院适用简易案件办理程序错误的情况下,检察环节不采取简易案件办理程序。

第二,建议充分考虑民事检察条线对初任检察官任职的特殊需求。民事检察"倒三角"现象客观存在,并在制度层面上有其逻辑必然。司法体制改革之后,检察办案的核心是检察官,并且检察官对其所办案件终身负责。与之不相适应的是,《检察官法》第17条对于初任检察官规定,一般到基层检察院任职,并且基层院检察官向上遴选设置许多限制条件。对于检察机关公诉、侦查监督、执行监督、公益诉讼、职务犯罪检察等业务条线而言,确实办案量的"大头"在基层检察院。但是民事检察条线的大量案件却在市州院及以上,存在"倒三角"现象。让所有条线的初任检察官一般到基层院任职,可能加剧民事检察条线案件量与检察官数量错配,加剧民事检察"倒三角"现象,影响民事检察事业健康发展。因此,建议考虑修改《检察官法》关于新入额检察官一般到基层检察院任职的规定,充分考虑民事检察业务条线的特殊性,增强上级院办案力量,推动形成与业务工作量相适应的民事检察官数量纵向分配格局。

第三,建议废止复查制度。实践中,各省(区、市)操作情况也不一样,有的省在执行复查制度,有的省已经暂停执行复查制度。复查制度采用

与民事诉讼监督案件相同的法律程序，付出相当的时间精力，却收效甚微。对于下级院已经审查终结的案件，再按照相同程序进行一次审查，仅有极少数案件作出复查改变决定，最终得到改判的更加稀少。付出与回报严重不成正比，给一线民事检察人员带去不必要的负担，造成了司法资源的浪费。因此，笔者建议废止复查制度。

第四，建议建立民事检察案件时效筛选机制。司法是有成本的，特别是有时间成本的，所以才有诉讼时效制度。这既是为了节约司法资源，提高司法效率；也是为了确保法律关系稳固，促进社会和谐稳定。民事检察作为一项检察监督制度和司法内部救济制度，亦不应当脱离司法对时间成本进行限制的理论边界。无论是审判环节的一审、二审还是再审程序，均有起诉、上诉或申请时效限制。但是在民事检察监督案件中，《人民检察院民事诉讼监督规则》并没有对当事人或案外人申请或举报规定申请监督的时限，导致大量陈年旧案进入检察监督程序，同时带来多方面问题。一是大量陈年旧案进入检察监督程序，案件基于的审判裁决所确定的法律关系早已固化，再以现行民事检察监督程序去撬动有关法律关系，既不利于社会关系稳固，也不利于社会和谐稳定。二是民事检察监督制度不规定时效限制，可能给予当事人不合理期待，民事法律实体及程序制度不断发展变迁，不能以现今的实体及程序制度去适用当时的法律事实，从而造成非必要的诉累，影响服判息诉工作的顺利开展。三是民事检察监督案件没有时效限制，可能导致当事人怠于行使自身的诉讼权利，实践中甚至因此出现证据灭失的情况，不利于法律争议及时准确化解。当然，不做时效限制会增加民事检察案件量，加剧民事检察"倒三角"现象。因此，当事人申请或案外人举报的申请监督应当规定时效限制。这个期间不能过短，从而影响民事检察监督制度作为司法内部最后一道救济手段的价值实现，但也不能过长，造成前述问题。参照《民法典》关于诉讼时效的一般规定和《民事诉讼法》关于当事人申请再审的时效规定，结合实践经验，建议规定为当事人或案外人申请民事检察监督，应当在生效判决、裁定生效之日起3年内或审判人员违法行为发生之日起3年内或执行监督情形发生之日起3年内提出，逾期提出监督申请的，不予受理。

第五，建议推动民事检察精准监督、类案监督。精准监督与粗放监督相对，粗放监督就案论案，不注重发现案件背后的监督重点、制度漏洞、对人监督情形，以完成案件办理、走完民事检察监督程序为主；精准监督讲求监督质量，以维护当事人合法权益、维护司法权威、维护公平正义为导向，注重发现案件背后的深层次问题。类案监督与个案监督相对，个案监督片面追求案件办理数量，办理案件多而粗浅，甚至将一个案件拆分成多个案件进行办理，监督效果彰显不足，损害检察监督权威；类案监督针对一个法院或一个法官办案中普遍存在的某方面问题进行集中监督，减少与审判机关之间的对抗，类案监督是实现精准监督的重要方式。但在类案监督中，要防止出现以一般性工作建议替代高质量监督，要增强跟进监督力量，防止出现检察建议年年发、诉讼顽疾年年有的情况。要推动精准监督、类案监督，就要发挥好考核的"指挥棒"作用，摒弃传统唯办案数量的考核导向，增加类案监督、精准监督在考核分数中的权重，突出监督质量、监督效果导向，以适应新时代民事检察工作需要。